VH

Grundlagen der Schulpädagogik

Band 50

Lehren und Lernen – aber wie?

Empirisch-experimentelle Forschungen zum Lehren und Lernen im Unterricht

Von

Martin Wellenreuther

7. korrigierte Auflage

Schneider Verlag Hohengehren GmbH

Grundlagen der Schulpädagogik
Herausgegeben von Jürgen Bennack, Astrid Kaiser, Rainer Winkel
Mitbegründet von Ernst Meyer

Umschlagentwurf: Gabriele Majer, Aichwald

Umschlagfoto: © XtravaganT – Fotolia.com

Gedruckt auf umweltfreundlichem Papier (chlor- und säurefrei hergestellt).

Bibliografische Information der Deutschen Nationalbibliothek

Die Deutsche Nationalbibliothek verzeichnet diese Publikation in der Deutschen Nationalbibliografie; detaillierte bibliografische Daten sind im Internet über ›http://dnb.d-nb.de‹ abrufbar.

ISBN: 978-3-8340-1310-1 – **7. korrigierte Auflage**

Schneider Verlag Hohengehren, Wilhelmstr. 13, D-73666 Baltmannsweiler

Homepage: www.paedagogik.de

Printed in Germany – Druck: Djurcic, Schorndorf

Inhaltsverzeichnis

Vorwort des Herausgebers der Reihe

„Wie Polizisten eines Suchkommandos kriechen wir auf Knien und Händen der Wahrheit entgegen."
Ian McEwan, 2001

Es gibt Bücher, die regen nicht nur an oder auf, sondern die bereiten auch Verdruss und Ärger. Das vorliegende Buch, ausgerechnet der 50ste Band unserer Reihe, ärgert mich gewaltig. Und ich hoffe, dass möglichst viele Pädagogen, Theoretiker und Praktiker, von diesem Verdruss, diesem Ärger ergriffen werden. Wie das? Mit geblähten Backen oder auch vollem Mund oder geschwollener Brust verkündet(e) mancher Pädagoge, vor allem in sicherem Abstand gegenüber der Praxis, seine Heilslehren, in denen die Reizwörter zu wahren Türmen aufgebaut werden: Offener Unterricht, Freiarbeit, Team Teaching, NLP, Projektunterricht, Selbstgesteuertes, Außerschulisches, Praktisches, Vernetztes Lernen und immer wieder: Gruppenunterricht, Gruppenunterricht, Gruppenunterricht. Und damit die Türme nicht umkippen, werden ab und zu kleinere Haftbrettchen dazwischengeschoben – also momentan: Portfolios, Stationenlernen und Streitschlichtung. Um nicht missverstanden zu werden: All diese fabelhaften Dinge sind Teile bzw. Merkmale der Schulreform und werden nicht nur von mir bis zum letzten Atemzug verteidigt. Das also ist nicht ihr Skandalon. Skandalös aber ist es, dass wir immer noch nicht wissen oder zu wenig darüber wissen, ob sie das halten, was sie versprechen. Treten die gewünschten Effekte wirklich ein? Sind sie nachhaltig? Leisten sie das, was sie versprechen zu leisten? Sind sie überhaupt das, was sie vorgeben zu sein? Verstehen verschiedene Pädagogen ganz Verschiedenes unter, sagen wir, der „Inneren Differenzierung", einer „Gruppenrallye" oder einem „Handlungsorientierten Unterricht"? Wie objektiv, valide und reliabel sind eigentlich unsere schulreformerischen Versprechungen? Dass und wie wenig gesichertes Wissen wir Pädagogen bezüglich unserer eigenen Forderungen haben, führt uns *Martin Wellenreuther* entlang der Frage „Lehren und Lernen – aber wie?" schonungslos vor Augen. Das ist ärgerlich, aber absolut not-wendig. Und so, wie man sich über einen schlechten Wetterbericht, noch dazu kurz vor einem lange geplanten Ausflug ärgert, so wird man auch durch diese Bestandsaufnahme nicht gerade froh gestimmt.

Bei dieser Kritik aber bleibt *Wellenreuther* nicht stehen. Im Gegenteil: Eindrucksvoll demonstriert er, wie bestimmte Methoden bzw. Unterrichtsprozesse evaluiert werden können: empirisch, genauer: experimentell überprüft werden können. Ein solches Unternehmen hat es in dieser Stringenz sowie in diesem Umfang in der deutschen Pädagogik, die doch „Erziehungswissenschaft" genannt werden möchte, noch nicht gegeben. Um diesen Standard zu erlangen und damit auch den internationalen Anschluss zu finden, sind gewaltige Forschungsbemühungen erforderlich. Ein zweiter Grund also, warum (s)ein löbliches Unterfangen nicht nur Freude bereitet.

In seinem 2002 auch auf Deutsch erschienenen Roman *Atonement* (Abbitte) lässt der in Oxford lebende Schriftsteller *Ian McEwan* seine Heldin, die er von ihrem 13. bis zu ihrem

77. Geburtstag gnadenlos verfolgt, am Schluss stöhnend bekennen: „Wie Polizisten eines Suchkommandos kriechen wir auf Knien und Händen der Wahrheit entgegen.“ Recht haben sie, die fiktive Schriftstellerin *Briony Tallis* und ihr lebender Romancier. Aber die Literaten waren schon immer bescheidener als die Wissenschaftler, die sich an den weisen Rat des *Sokrates* halten sollten, der ein ums andere Mal bekannte: Eigentlich weiß ich nur das genau, was ich nicht weiß. Und diese Einsicht ist mit Sicherheit ärgerlich – oder?

Rainer Winkel
im Namen der Reihenherausgeber
und im heißen Sommer des Jahres 2003
Berlin/Bad Godesberg

Vorbemerkungen

Dieses Buch zum Thema „Lehren und Lernen im Unterricht" soll Studierenden, Lehrernovizen und Lehrern helfen, Unterrichtsprozesse auf dem heutigen Wissensstand zu planen und zu reflektieren. Das Buch gliedert sich in vier Teile:

- Teil I: Bildungskatastrophen und Professionalität
- Teil II: Lernen und Gedächtnis
- Teil III: Erklären – Klassen führen – Schüler motivieren
- Teil IV: Lernarrangements gestalten

Grundlage der Darstellungen sind empirische Forschungen, wobei im Zweifel nicht Erfahrungsberichte von Lehrern, sondern experimentelle Forschungen zum Beleg herangezogen wurden. Damit wird Pädagogik eine ganz „normale" empirische Wissenschaft, die in der Pflicht steht, möglichst strenge Belege für ihre Methoden zu liefern.

Diese Neupositionierung der Unterrichtspädagogik zwingt zu Differenzierungen: Die Frage ist nicht, ob man „offen" und „schülerzentriert" oder „geschlossen" bzw. „lehrerzentriert" unterrichten soll, sondern, unter welchen Voraussetzungen Schüler viel und mit Lernfreude lernen können. Wieweit ist es sinnvoll, in der Phase des Erwerbs neuen komplexen Wissens Schüler Dinge selbst entdecken zu lassen? Wann können Schüler ihre Lernprozesse selbst steuern oder wann führt eine Steuerung durch den Lehrer zu besseren Lernergebnissen? Wann ist Zuhören lernwirksamer als aktiv anderen etwas zu erklären? Und wann ist entdeckendes Lernen wirksamer als das Präsentieren von Wissen? In welcher Phase des Lernens ist kooperatives Arbeiten besonders wirksam und wann sollte auf das Erklären des Lehrers nicht verzichtet werden? Es geht nicht um die Frage, ob Lehrer Unterrichtsprozesse lenken und organisieren sollen, sondern um die Frage, wie Lehrer den Prozess von der Aneignung neuen Wissen bis hin zur festen Verankerung im Langzeitgedächtnis strukturieren sollten, damit Schüler möglichst viel nachhaltig lernen.

Die vollständige Überarbeitung von „Lehren und Lernen – aber wie?" hatte drei Ziele:

1. Die Einarbeitung neuerer Forschung,
2. die Prüfung grundlegender Annahmen wichtiger Lernarrangements für die Schule,
3. und die Verdeutlichung der Bedeutsamkeit methodologischer Standards für die Bewertung von Forschungen.

Bei der Einarbeitung neuerer Forschung stand ich vor der Frage, nach welchen Kriterien diese Auswahl am besten erfolgen sollte. Mittlerweile sind unzählige neue Studien erschienen, darunter qualitative und quantitative, experimentelle und quasi-experimentelle, Querschnittsstudien und Längsschnittstudien. Bei der Auswahl hielt ich mich an die „Masochismusregel": Es sollten vor allem Studien berücksichtigt werden, die Hypothesen über Unterrichtsprozesse streng prüfen. Ich habe deshalb vor allem neue experimentelle Studien berücksichtigt. Studien, die als „Beifang" der großen Ländervergleichsstudien anfallen, habe ich bewusst nicht berücksichtigt, da diese Studien trotz Verwendung komplexer statistischer Verfahren Hypothesen nicht streng prüfen.

Der Hype um die Mega-Analysen von Hattie (2013) machte es erforderlich, die Möglichkeiten und Grenzen von Meta-Analysen etwas genauer unter die Lupe zu nehmen. Hattie trifft den pädagogischen Zeitgeist, wenn er auf der Basis vieler Studien die Bedeutung des Lehrers und der Unterrichtsqualität in den Vordergrund drückt. Er profitiert dabei von einem fundamentalen Sicherheitsbedürfnis – schließlich werden Unmengen von Daten in seinen Analysen berücksichtigt. Sieht man sich jedoch die Basis der Meta-Analysen an, so trübt sich dieses Bild ein: (1) Die Meta-Analysen berücksichtigen meist nur Studien aus dem letzten Jahrhundert, (2) die Primärstudien, welche in den Meta-Analysen berücksichtigt werden, variieren sehr stark in ihrer methodischen Qualität. Man kommt nicht unbedingt der Wahrheit näher, wenn problematische Meta-Analysen mit guten Meta-Analysen zu einer Mega-Analyse zusammengemischt werden. Nach meiner Überzeugung wird der Erkenntnisstand in einem Wissensgebiet besser erfasst, wenn man die neuesten experimentellen Forschungen, sofern diese auch methodisch überzeugen, berücksichtigt.

Eigentlich sollte dieses Buch gar nicht publiziert werden. Ich habe zunächst 2003 mein Manuskript an viele Verlage geschickt – und freundliche Absagen eingesammelt. Matthias von Saldern machte mich dann auf den Schneider-Verlag aufmerksam, der sich bereit erklärte, „Lehren und Lernen – aber wie?“ in der Reihe „Grundlagen der Schulpädagogik“ zu veröffentlichen.

Beim Schreiben dieses Buchs wurde ich von vielen Personen tatkräftig unterstützt. Besonders wichtig waren für mich die vielen Diskussionen, die ich mit Karin Nölle führte. Fachlich wurde ich bei der ersten Auflage des Buchs vor allem durch Hanns-Günther Roßbach im Bereich „Lehr-Lernprozesse“, durch A. Helmke im Bereich „TIMSS“ und „Qualitätssicherung im Bildungswesen“, durch Birgit Rißland im Kapitel über „Lernen und Gedächtnis“, durch Silwia Wilbeg im Kapitel über „Erklären eines Sachverhalts“ und durch Christofer Seyd im Bereich „pädagogische Leitbilder“ und „Qualitätssicherung im Bildungswesen“ unterstützt. Auch Studierende haben mir vor allem bezüglich der Lesbarkeit und Verständlichkeit der Texte wertvolle Hinweise gegeben. Hier ist insbesondere Janina Lux, die das ganze Projekt in redaktioneller Hinsicht betreute und die mir auch viele inhaltliche Anregungen gab, Kathrin Borchardt, die mir bei der Überprüfung und Korrektur des Literatur- und Sachverzeichnisses half, sowie Yvonne Kaiser zu nennen. Wertvolle inhaltliche und redaktionelle Anregungen habe ich außerdem von Eike-Katrin Hansen, Anja Hirt und Kathrin Strupeit erhalten.

Die vollständige Überarbeitung eines solch umfangreichen Werks nach fünf Auflagen wurde durch einzelne Publikationen vorbereitet. Zu vielen der zentralen Themen habe ich Aufsätze geschrieben, z. B. zu den Themen „Konstruktion und Instruktion“, „wirksames Fördern in der Schule“, „effektive Hausaufgaben“ sowie „kooperatives Lernen“. Bei diesen Veröffentlichungen wurde ich tatkräftig von H. Christiani unterstützt. Außerdem hat mir T. Ehmke zahlreiche kritische Hinweise zu den Kapiteln 2 (Methodologische Grundlagen) und 4 (Methoden des Übens) gegeben. Ferner hat mir meine Tochter Maren bei der Literaturrecherche geholfen.

Ihnen allen möchte ich für diese Hilfen herzlich danken!

Lüneburg, Sommer 2013 Martin Wellenreuther

Teil I: Bildungskatastrophen und Professionalität

Warum lernen unsere Kinder nicht mehr richtig schreiben? Warum ist das Leistungsniveau in Bayern höher als in Nordrhein-Westfalen? Warum gelingt es Finnland besser als uns, Schülern eine hohe Lesekompetenz zu vermitteln? Und warum sind asiatische Staaten wie Japan, China, Singapur und Südkorea erfolgreicher, Nachwuchs im Bereich Mathematik und Naturwissenschaften auszubilden, obwohl in diesen Staaten Methoden lehrerzentrierten Unterrichts dominieren?

Wurde nicht an den Hochschulen einer modernen und innovativen Pädagogik mit Freiarbeit, Wochenplan, Stationen- und Gruppenarbeit, mit Individualisierung und mehr Heterogenität das Wort geredet, um vom verhassten Frontalunterricht wegzukommen? Haben sich Lehrer nicht Schülerorientierung und Selbständigkeitsförderung auf die Fahnen geschrieben? Und das war nun der Dank!

Wahr ist: Vielen Lehrkräften an Schulen und Hochschulen fehlt das methodische Rüstzeug, um Spreu vom Weizen, Mode von echter Innovation zu trennen. Deshalb wird in den folgenden beiden Kapiteln eine wissenschaftliche Grundlage zur Bewertung der Fundiertheit von Unterrichtsmethoden entwickelt.

- Im *ersten Kapitel* wird dies Ausgangslage unseres Bildungssystems am Beispiel von TIMSS und Pisa diskutiert.
- Im *zweiten Kapitel* geht es um die Frage, mit welchen Forschungsmethoden am besten die Fundiertheit neuer pädagogischer Methoden bewertet werden kann.

Solche Kenntnisse sind notwendig, um die Pädagogik aus ihrer Unmündigkeit – d. h. ihrer Abhängigkeit von sog. pädagogischen Autoritäten – zu befreien.

1. TIMSS[1], PISA[2] und die deutsche Lernkultur

In einer internationalen Studie zum Kenntnisstand in Mathematik erreichen deutsche Schüler, insbesondere Schüler aus bildungsfernen Schichten, nur mäßige Leistungen. In kaum einem anderen Land ist der Zusammenhang zwischen sozialer Herkunft und Schulabschluss so stark wie in Deutschland. Für ein hoch industrialisiertes Land ist dies nicht befriedigend. In Japan gelingt es hingegen, einen weit größeren Anteil von Schülern mit sehr hohem Kompetenzniveau heranzubilden, während gleichzeitig der Anteil von Schülern mit minimalen Kenntnissen in Mathematik deutlich niedriger ist.

Doch warum bestehen diese großen Kompetenzunterschiede? Welche Rolle spielt dabei Drill in Nachhilfeschulen, verständnisorientiertes Lernen, längere effektiv genutzte Unterrichtszeit oder verständlichere Schulbücher mit ausgefeilten Lehr- und Übungssequenzen?

Durch die Ergebnisse bei TIMSS und PISA wurde bei Politikern eine hektische Betriebsamkeit ausgelöst. Welche Maßnahmen dabei im Mittelpunkt standen, soll kurz dargestellt werden. Es ist fraglich, ob dadurch das deutsche Bildungssystem wirklich so reformiert wurde, um auf längere Sicht im Bildungswesen konkurrenzfähig zu werden. Diese Frage wird im letzten Kapitel wieder aufgegriffen.

1.1 Einführung

In Politik und Pädagogik hielt man sich hierzulande bisher an ein bewährtes Muster: Augen zu und durch. Sollte man sich wegen einer internationalen Vergleichsstudie zum Kenntnisstand in Mathematik und Naturwissenschaften (TIMSS) beunruhigen lassen, und das in Zeiten, in denen wichtigere Probleme auf der Tagesordnung stehen? Haben wir nicht das allerbeste Bildungssystem, in dem nur Leistung das schulische Fortkommen bestimmt? Wo alle Schüler die Schulform besuchen, die sich auf ihre Leistungsmöglichkeiten optimal einstellt? Die mehr theoretisch Begabten kommen aufs Gymnasium, die mehr praktisch Begabten auf die Realschule und die „Leistungsschwachen" auf die Hauptschule. Kinder aus sozial schwachen Familien haben die Chance, einen höheren Bildungsabschluss zu erwerben. Das Bildungssystem ist durchlässig, wenn auch vor allem nach unten. „Unbegabte" haben eben nichts auf dem Gymnasium zu suchen. Schließlich leben wir in einer Leistungsgesellschaft, in der es gilt, die Tüchtigsten auszuwählen und zu fördern.

Als die Ergebnisse der TIMS-Studie längst vergessen waren, kam die Diskussion um die *Green Card.* Plötzlich stellte man fest, dass Deutschland nicht genügend Informatiker ausbildet und deshalb die Einreise ausländischer Computerspezialisten erleichtern muss. Man blickte neidisch nach Indien, wo ein Überschuss an Computerspezialisten produziert wird. Und man erinnerte sich plötzlich, dass schon TIMSS auf Defizite in der mathematisch-naturwissenschaftlichen Ausbildung in Deutschland hingewiesen hatte.

Der dritte Tiefschlag, den das „Land der Dichter und Denker" zu verkraften hatte, war *PISA.* Die ersten Ergebnisse der Studie bezogen sich auf die Lesekompetenz. Hier rutschte Deutschland abgeschlagen auf einen der hinteren Plätze. Nun konnte man die Probleme nicht mehr einfach „aussitzen". Konnte es tatsächlich sein, dass Länder wie Kanada, Finnland, Island, Japan und Korea Schüler aus bildungsfernen Schichten weit besser förderten, ohne dass gleichzeitig die Eliteförderung darunter litt?

---

[1] TIMSS bedeutet **T**hird **I**nternational **M**athematics and **S**cience **S**tudy.

[2] Pisa steht für „**P**rogramme for **I**nternational **S**tudent **A**ssessment"

In der PISA-Studie steht:

> *„Einige Länder [zeigen], dass eine hohe durchschnittliche Bildungsqualität mit einer ausgewogenen Verteilung der Bildungserträge einhergehen kann: In Kanada, Finnland, Island, Japan, Korea und Schweden liegt das Leistungsniveau der Schülerinnen und Schüler auf der Gesamtskala Lesekompetenz über dem Durchschnitt, während die Effekte des wirtschaftlichen, sozialen und kulturellen Status auf die Schülerleistungen zugleich unterdurchschnittlich stark ausgeprägt sind. Umgekehrt liegen die durchschnittlichen Ergebnisse der Schüler auf der Gesamtskala Lesekompetenz in der Tschechischen Republik, Deutschland, Ungarn und Luxemburg deutlich unter dem OECD-Durchschnitt, während die Leistungsunterschiede zwischen in sozioökonomischer Hinsicht privilegierten und benachteiligten Schülern dort zugleich überdurchschnittlich groß sind." (OECD 2001, S. 251f.)*

Im Jahr 2007, also zehn Jahre nach Veröffentlichung der TIMS-Studie, beklagt die Industrie erneut einen Fachkräftemangel. Man solle deshalb ausländische Spezialisten anwerben. Gesucht werden Ingenieure im Elektronik- und Maschinenbaubereich. Eine neue OECD-Studie belegt, dass Deutschland im Bildungsbereich noch weiter zurück gefallen ist. Pisa 2009 zeigt hingegen erstmalig eine leichte Verbesserung der Kompetenz im unteren Leistungsspektrum.

TIMSS und PISA haben positive Entwicklungen angestoßen, z. B. im Bereich der Frühförderung und der sprachlichen Förderung von Migranten. Für die Schulen konzentrierten sich die Reformen auf die Festlegung neuer Standards, die externe Evaluation der Schulen, z. B. durch Schulinspektionen, und die Durchführung externer Tests zur Überprüfung des Erreichens der festgelegten Standards. Die Vorstellung scheint zu sein, man müsse nur die richtigen verbindlichen Standards festlegen und zugehörige Tests durchführen, um das Bildungssystem Deutschlands nach vorne zu bringen.

Die Frage ist jedoch komplizierter. Es kommt vielleicht gar nicht so sehr, wie TIMSS und Pisa glauben machen, auf die Höhe des erreichten Leistungsniveaus oder die Fähigkeit einer breiten Anwendung des Gelernten an, sondern in gleichem Maße auf die Entwicklung einer hohen Anstrengungsbereitschaft sowie auf die Bereitschaft zu unabhängigem, kritischem und kreativem Denken. Ein fundiertes kritisches Denken setzt eine breite und tiefe Wissensbasis voraus. Doch stellt sich für jeden Bereich die Frage, wie weit und wie tief die schulische Bildung gehen sollte, um dem Schüler damit möglichst viele Chancen zu eröffnen. Dabei sollte auf jeden Fall gewährleistet sein, dass Schüler in der Schule so viel Wissen erwerben, damit sie in der Lage sind, wenigstens eine Lehre zu absolvieren. Auch nützen hohe kognitive Fertigkeiten wenig, wenn der Schüler die Lust am Lernen und am Anwenden des Gelernten in neuen Situationen verloren hat. Zur Kompetenz, die erworben werden soll, zählen nach Weinert nicht nur die jeweils erforderlichen kognitiven Fähigkeiten und Fertigkeiten, sondern auch

> *„die damit verbundenen motivationalen, volitionalen und sozialen Bereitschaften und Fähigkeiten, um die Problemlösungen in variablen Situationen erfolgreich und verantwortungsvoll nutzen zu können." (Weinert 2001, S. 27f.)*

Es ist an der Zeit, einmal genauer hinzusehen und die Hintergründe zu analysieren. Es begann mit TIMSS.

1.2 Die TIMS-Studie

Wichtigstes Ziel der TIMS-Studie, an der 45 Staaten teilnahmen, ist die präzise *Beschreibung* des Kenntnisstandes der Schüler in Mathematik und Naturwissenschaften im internationalen Vergleich, jedoch *nicht die Erklärung* dieser Befunde.

Stichprobe: Die TIMS-Hauptstudie begann in der BRD im Frühjahr 1994 zum Ende der 7. Klasse. Zum ersten Messzeitpunkt 1994 wurden 3.286 Schüler der 7. Jahrgangsstufe, zum zweiten Messzeitpunkt nochmals 3.464 Schüler der 7. Jahrgangsstufe und 3.419 Schüler der 8. Jahrgangsstufe ausgewählt. In Deutschland war die Untersuchung längsschnittlich angelegt, in den anderen Ländern querschnittlich (vgl. Baumert, Lehmann et al. 1997, S. 45/46).

„Die TIMSS-Leistungstests sind in Deutschland, wie auch in den meisten Teilnehmerstaaten, weitgehend lehrplan- und unterrichtsvalide. Zwischen 90 und 95 Prozent der mathematischen und naturwissenschaftlichen Testaufgaben sind Stoffgebieten entnommen, die nach den Lehrplänen der Länder bis zum Ende des 8. Jahrgangs im Unterricht behandelt werden sollen. Im Durchschnitt wurden etwa 80 Prozent dieser Stoffgebiete nach den Angaben der Fachlehrer auch tatsächlich bis zum Abschluss der 8. Klasse unterrichtet" (Baumert, Lehmann et al. 1997, S. 55).[3]

Methodisch ist TIMSS in mehrfacher Hinsicht interessant:

- In der bundesdeutschen Stichprobe wurden die gleichen Schüler zu verschiedenen Zeitpunkten (zum Ende der 7. und der 8. Jahrgangsstufe) untersucht. Dadurch war es möglich zu schätzen, wie viel in einem Schuljahr dazugelernt wurde.
- Die Größe der Stichprobe erlaubte ferner Vergleiche zwischen einzelnen großen Bundesländern bzw. Ländergruppen.
- TIMSS wurde durch vertiefende Untersuchungen wie die TIMS-Video-Studie ergänzt, um die zwischen USA, Japan und Deutschland festgestellten Unterschiede erklären zu können.

Ergebnisse von TIMSS im internationalen Vergleich: Die Gesamtheit der deutschen Schüler der 8. Klasse (Alter 14,8 Jahre) erreicht einen durchschnittlichen Punktwert von 509 Punkten. Dieser Wert liegt fast exakt beim internationalen Mittelwert von 513 Punkten. Ähnliche Werte erreichen angelsächsische Länder wie England, Schottland, Irland, Australien, Kanada und die USA. Die deutschen Hauptschüler der 8. Klasse erreichen im Mittel einen Wert von 446, Realschüler von 504, Gymnasiasten von 573. Die Spitzenwerte werden von den asiatischen Ländern erreicht: Singapur: 643 Punkte, Korea: 607 Punkte und Japan: 605 Punkte. Auch in der deutschsprachigen Schweiz wird mit 590 Punkten im Mittel ein Wert erreicht, der noch über dem Durchschnittsniveau der deutschen Gymnasiasten liegt. Die Schüler des gymnasialen Bildungsgangs (8. Klasse) erreichen somit im Mittel nicht das durchschnittliche Leistungsniveau des gesamten unausgelesenen Jahrgangs der deutschsprachigen Schweiz, geschweige denn das Niveau aller Achtklässler in den asiatischen Staaten (vgl. Baumert, Lehmann et al. 1997, S. 90). Die Mathematikleistungen, die in Deutschland eine Leistungsspitze von 5% des Jahrgangs erzielt, erreichen in Japan gut 30% der im Durchschnitt sogar jüngeren Achtklässler (vgl. Baumert, Lehmann et al. 1997, S. 220).

[3] Zur Testentwicklung und -Interpretation von TIMSS gibt es auch kritische Stimmen; einen kurzen Überblick findet man bei Kaiser (1998).

Vergleicht man die Testwerte deutscher und japanischer Schüler anhand der Leistungsfortschritte, die in einem Schuljahr erzielt werden, so beträgt der Leistungsunterschied im Fach Mathematik gut drei Jahre, und zwar gleichmäßig über alle Leistungsgruppen hinweg (vgl. Baumert, Lehmann et al. 1997, S. 220).

Besondere Sorgen muss allerdings der verhältnismäßig große Anteil von Schülern bereiten, deren Leistungsniveau so niedrig ist, dass sie den Anforderungen der heutigen Berufswelt nicht genügen. Deutschland kann sich rühmen, einen großen Teil von Schulabgängern zu produzieren, der demotiviert und resigniert ist. Nach Pisa 2000 gehört *„Deutschland zu den Staaten, in denen die potentielle Risikogruppe schwacher und extrem schwacher Leser relativ groß ist. Ihr Anteil an der Alterskohorte beträgt in Deutschland rund 23 %."* (Pisa 2000, S. 401). Auch die Pisaergebnisse von 2010, die von manchen Bildungspolitikern schon als Wende zum Besseren gefeiert wurden, geben nur begrenzt Anlass zur Hoffnung:

„Berlin – Deutschlands Schüler haben in den vergangenen Jahren gegenüber Gleichaltrigen in anderen Ländern ein wenig aufgeholt. Die neue Pisa-Studie 2009 ergibt: Die Lesefähigkeiten der 15-Jährigen haben sich gegenüber dem Jahr 2000 um 13 auf 497 Punkte verbessert. Sie erreichen allerdings im Vergleich zu anderen Industriestaaten nur ein durchschnittliches Niveau.

Insgesamt ist der Abstand zu den Spitzenländern weiter enorm. Schüler in Korea (539 Punkte) und Finnland (536) haben gegenüber deutschen Neuntklässlern einen Vorsprung von rund einem Schuljahr ...

Im internationalen Vergleich erreichen vor allem asiatische Staaten Spitzenwerte. Die besten Ergebnisse erreichten Schüler im chinesischen Shanghai, gefolgt von Südkorea. Unter den Top fünf befinden sich zudem Hong Kong und Singapur. Finnland landet in dem Gesamtranking, in dem nicht nur die OECD-Staaten, sondern auch Partnerländer und -regionen aufgeführt werden, auf Platz drei. Einer der größten Verlierer ist Österreich: Es verlor deutlich an Punkten und ist bei der Lesekompetenz im Vergleich der OECD-Staaten auf dem viertletzten Rang.

Die wichtigste Erklärung für das verbesserte deutsche Ergebnis bei der Lesekompetenz: Die Zahl der 15-Jährigen, die nur auf Grundschulniveau oder schlechter lesen können, ist zurückgegangen. Im Jahr 2000 fielen 22,6 Prozent in diese schwächste Kategorie – jetzt sind es noch 18,5 Prozent, fast genau der Durchschnitt der OECD-Staaten. Der Rückgang um rund vier Prozentpunkte ist allerdings vergleichsweise gering. In Lettland zum Beispiel waren es 13 Prozentpunkte." (B. Menke, Spiegel Online vom 7.12.2010)

Unterschiede zwischen den Bundesländern: Auch die Unterschiede zwischen den Bundesländern sind in der TIMS-Studie beträchtlich. Bei einem Vergleich von zwei großen Bundesländern (Bayern und Nordrhein-Westfalen) zeigte sich, dass die Schüler in Bayern den Schülern in Nordrhein-Westfalen um 1 1/2 Jahre voraus sind. Dieser Unterschied ist statistisch abgesichert, also nicht durch Zufall zu erklären.

1.3 Erklärungsversuche für das schlechte Abschneiden der deutschen Schüler

Schon am Anfang ihres Kommentars zur TIMS-Studie gehen Baumert, Lehmann et al. (1997) kritisch auf bestimmte, in der bundesdeutschen Diskussion beliebte, Erklärungsansätze ein. Sie schreiben:

> *„Ob ein Schulsystem zentral oder dezentral verwaltet wird, ob es die Halb- oder die Ganztagsschule präferiert, ob es gegliedert oder integriert organisiert ist, hat – wie die Befunde von TIMSS zeigen werden – offensichtlich für die Ertragslage des mathematisch – naturwissenschaftlichen Unterrichts in der Mittelstufe keine eigenständige Bedeutung. Die Muster der deskriptiven Ergebnisse sprechen dafür, systematische Erklärungen für substantielle Leistungsunterschiede in der die Schule tragenden Kultur – der generellen Wertschätzung schulischem Lernens und der Bereitschaft zu Anstrengung und spezifischen Unterstützungsleistungen – sowie in der Gestaltung des Fachunterrichts selbst zu suchen." (vgl. Baumert, Lehmann et al. 1997, S. 18/19)*

Durch TIMSS kann nicht endgültig geklärt werden, welche Ursachen für die Leistungsunterschiede zwischen den Ländern verantwortlich sind. Für die Erklärung der guten Schulleistungen japanischer (bzw. asiatischer) Schüler kommen verschiedene Ursachen in Betracht, die man in folgende Bereiche gliedern kann:

- *Rahmenbedingungen des Unterrichts*
- *Unterrichtliche Bedingungen*
- ***Unterstützung außerhalb der Schule***
- ***Ein Prüfungssystem mit höheren Leistungsanforderungen***

Im Folgenden soll untersucht werden, welche Faktoren als Erklärung für den Kompetenzunterschied zwischen Japan und Deutschland näher in Betracht kommen:

1. Rahmenbedingungen des Unterrichts

Unter den *Rahmenbedingungen des Unterrichts* kommt die *Klassenfrequenz* als entscheidender Faktor nicht in Betracht, weil

- in Japan eher höhere Klassenfrequenzen die Regel sind und
- empirische Forschungen eine *deutliche* Wirkung der Klassenfrequenz auf die Kompetenzentwicklung nicht bestätigen.

Auch das *Schulsystem* scheidet als wesentlicher Faktor aus, weil sowohl Staaten mit einem noch stärker differenzierenden Schulsystem (z. B. Singapur) als auch Staaten mit einem geringer differenzierenden Schulsystem hohe Kompetenzen erreichen (z. B. Japan). Die *Anzahl der Unterrichtsstunden* könnte hingegen ein wichtiger Faktor sein. In der Tat gibt es Belege, nach denen die Anzahl der über das ganze Schulleben erteilten Mathematikstunden in Japan erheblich höher liegt. Gestützt auf Analysen von Stevenson, Lee & Stigler (1986) schreiben Helmke und Hesse (2002):

> *Bezüglich der Ferien und Stundenplangestaltung „ergab ein Vergleich (...), dass die amerikanischen Kinder die Schule im Durchschnitt an 178 Tagen pro Jahr, die chinesischen und japanischen Kinder dagegen an 240 Tagen pro Jahr besuchen. Der durchschnittliche Schultag ist bei japanischen Schülern um eine Stunde ... länger als der Schultag in den USA. Summiert man dies, dann ergibt das enorme Unterschiede in der Jahresunterrichtszeit. So kommen die Kinder in Japan während der ersten neun Schuljahre auf 14.490 Schulstunden, die deutschen dagegen lediglich auf 9.450 (...)"*

Außerdem wird der Mathematikunterricht in Japan nur von *Fachlehrern* durchgeführt, und diese Mathematiklehrer haben ein deutlich niedrigeres Stundendeputat als ihre deutschen Kollegen (etwa 20 Stunden pro Woche).[4]

[4] Da japanische Lehrer im Durchschnitt Klassen mit 34 Schülern (im Vergleich zu etwa 24 in Deutschland) unterrichten, sind die Ausgaben für Lehrer nicht höher.

2. *Unterrichtliche Bedingungen*

Einiges spricht dafür, dass *eine andere Art des Unterrichtens* die wichtigste Ursache der höheren Kompetenz japanischer Schüler ist. Diese Art des Unterrichtens wird durch eine andere Lernphilosophie sowie eine andere Konzeption von Unterrichtsmaterialien unterstützt. Im Kern geht es dabei um einen problemlösenden, fragend-entwickelnden Unterricht, in dem Schüler in den Prozess der Entwicklung eines Gegenstandes aktiv einbezogen werden. Über diese andere Art des Unterrichtens schreiben Stigler & Hiebert (1999, S. 49):

> *„Wir sehen Lehrer, die vor der Klasse über ein Thema dozieren oder den Schülern erzählen, wie sie eine Aufgabe lösen können oder die Schüler auffordern, Eigenschaften oder Fakten durch wiederholtes Rezitieren zu memorieren. Es ist besonders interessant, dass diese Aktivitäten häufig in Verbindung mit Schüleraktivitäten des Problemlösens und des Austauschs von Lösungsmethoden unter Schülern auftreten."*

Durch solche Aktivitäten des Lehrers werden den Schülern vielfältige Verständnishilfen angeboten, die sich auf das vorhandene Wissen beziehen (vgl. dazu auch Aebli 1968; Helmke 1988; 2003).

Populär werden solche Methoden „direkten Instruierens" neuerdings durch die offenkundigen Erfolge von Salman Khan, der durch Video-Clips zwei Millionen Schülern per Internet kostenlos Nachhilfe erteilt. Im Fokus vom 8. 8. 2011, S. 58 steht dazu:

> *„Frontalunterricht? Seit Jahrzehnten gilt die klassische Lehrmethode bei Reformpädagogen als anrüchig. Dass die ganze Klasse zur Tafel schauen muss, wo der Lehrer quadratische Gleichungen löst oder über den Dreißigjährigen Krieg referiert, schränke das selbständige Denken der Lernenden ein, bemängeln Kritiker.*
>
> ***Frontalunterricht!** Salman Khan hat es mit dieser scheinbar antiquierten Methode geschafft, zum populärsten und wahrscheinlich erfolgreichsten Lehrer der Welt zu werden. Zwei Millionen Menschen besuchen jeden Monat die Schule des Amerikaners, die Khan-Akademie (www.khan-academy.org)."*

Diese Art des Unterrichtens durch vielfältige massive Hilfen und ausführliche Erklärungen ist nach allem, was wir durch empirische Forschung wissen, sehr lernwirksam.

Neben der äußeren Form des Unterrichts dürfte somit die *Qualität des Erklärens und Strukturierens* eine wesentliche Rolle für das Erreichen eines hohen Kompetenzniveaus spielen. Auch hier gibt es nur indirekte Belege (vgl. Ma 1999; Seyd 2005). Danach sind nur etwa 20 % der Mathematiklehrer an Grundschulen (bzw. elementary schools) in Deutschland und Amerika in der Lage, verständnisorientiert und prozessorientiert korrekte Erklärungen zu Standardproblemen der Grundschulmathematik zu entwickeln. Diese Fähigkeit ist bei chinesischen und damit vermutlich auch bei japanischen Mathematiklehrern in weit höherem Maße gegeben (vgl. Ma 1999).

Ein weiterer Grund für die bessere Unterrichtsqualität in Japan und China könnte in der Einrichtung der *„Lesson* Study" liegen. Jeder Lehrer hat im Rahmen dieser *Lesson-Study* etwa ein- bis zweimal im Schuljahr seinen Unterricht anderen Lehrern vorzustellen. Dazu wird in Kooperation mit anderen Lehrern ein schriftlicher Unterrichtsentwurf ausgearbeitet, der dann im Unterricht erprobt und aufgrund der gemachten Erfahrungen und der vorgetragenen Kritik sorgfältig überarbeitet wird. Auf diese Weise ist in China und Japan eine Form lebenslanger unterrichtsnaher Weiterbildung von Lehrern fest im Bildungssystem verankert.

Eine höhere *Qualität der Unterrichtsmaterialien* ist eine wesentliche Voraussetzung für eine höhere Unterrichtsqualität. Unterrichtsmaterialien beeinflussen in doppelter Weise das Lernen der Schüler:

a) Direkt, da die Schüler mit Hilfe von verständlichen Schulbüchern eher in Eigenarbeit lernen können als mit Schulbüchern, die Erklärungen von Lehrern voraussetzen.

b) Indirekt, da verständliche Schulbucherklärungen Lehrern die Durchführung eines lernwirksamen Unterrichts erleichtern.

In der Forschungsliteratur gibt es noch keine direkten Belege, dass Schulbücher für die Erklärung der Kompetenzunterschiede bedeutsam sein könnten. Unbestritten ist, dass Schulbücher eine wesentliche Grundlage für den Unterricht sind. So schreiben Stevenson und Stigler *(1992, 213)*

> *„Übungsbücher und Lehrerhandbücher bilden zusammen mit den Schulbüchern den Kern eines Großteils des Unterrichts (...). Viel zu wenig Aufmerksamkeit ist auf die Entwicklung dieser Werkzeuge des Unterrichts verwandt worden. Genauso wie beim Unterrichten wissen wir genug, um gute Schulbücher und Lehrerhandbücher herstellen zu können; es gelingt uns nur nicht, das, was wir wissen, in die Praxis umzusetzen."*

Zwar zeigt eine deskriptive Studie, dass Erklärsequenzen japanischer Mathematikschulbücher eher bestimmten Qualitätskriterien genügen als US-amerikanische Schulbücher (vgl. Mayer, Sims &Tajika 1995). Damit ist aber nicht geklärt,

(1) ob deutsche Mathematikschulbücher in ähnlicher Weise wie US-amerikanische Schulbücher strukturiert sind, und

(2) ob die bestehenden Unterschiede zwischen den Schulbüchern Kompetenzunterschiede erklären können.

Nach der Studie von Mayer, Sims und Tajika (1995) sind japanische Schulbücher für Mathematik „Erklärbücher". In Deutschland und den USA wird eher die Auffassung vertreten, durch viele Übungen würde Mathematik quasi nebenbei gelernt. Entsprechend sind hier Schulbücher in Mathematik vor allem als „Übungsbücher" konzipiert(vgl. dazu Mayer et al. 1995).

In der zitierten Arbeit von Mayer et al. (1995) werden japanische Mathematikbücher mit US-amerikanischen Schulbüchern verglichen. Die Ergebnisse dieses Vergleichs stützen die hier vorgelegte Interpretation. So schreiben die Autoren (S. 449):

> „Im Durchschnitt waren 81 % der Seiten in japanischen Schulbüchern der Erklärung von Problemlösungsprozeduren gewidmet (63 % betonten gelöste Aufgabenbeispiele und 18 % darauf bezogene Illustrationen), verglichen mit 36 % in US-Schulbüchern (25 % betonten gelöste Aufgabenbeispiele und 11 % darauf bezogene Illustrationen).
>
> ... Im Durchschnitt werden 45 % der Seiten in US-Schulbüchern mit Aufgaben belegt, verglichen mit 19 % in japanischen Schulbüchern ... US-Schulbücher verwendeten 19 % ihrer Seiten für irrelevante Illustrationen, verglichen mit 0 % in japanischen Schulbüchern."

Derzeit gibt es noch keine hinreichenden Belege, dass Schüler leichter mit Hilfe japanischer Mathematikschulbücher im Vergleich zu westlichen Schulbüchern lernen (vor allem deutschen und US-amerikanischen).

Es gibt noch einen weiteren Unterschied zwischen japanischen und deutschen Mathematik-Schulbüchern: Japanische Mathematik-Schulbücher werden in jahrelanger Entwicklungsarbeit in Forschungsschulen erprobt. Vor einer Zulassung unterliegen sie danach einer strengen Qualitätskontrolle durch das Bildungs- und Erziehungsministerium. Demgegenüber liegt die Entwicklung neuer Mathematik-Schulbücher in Deutschland weitgehend in der Hand eines Teams von Mathematikdidaktikern und besonders qualifizierten Lehrern. Die Qualitätsprüfung an Schulen nimmt in Deutschland einen weit geringeren Stellenwert ein. Ferner prüfen die zuständigen Kultusministerien bei der Zulassung nur sehr begrenzt die methodische Güte der Schulbücher (vgl. Wellenreuther 2010b).

3. Unterstützungsleistungen außerhalb der Schule

Möglicherweise spielen in Japan auch zusätzliche *Unterstützungsleistungen außerhalb der Schule* eine wichtige Rolle, z. B. Nachhilfeschulen (Juku). Hinzu kommt eine größere Bereitschaft der Familien, in die Bildung der Kinder zu investieren. Ito (1997, S. 454 ff.) schreibt darüber:

> *„Das Bildungssystem … besteht aus zwei Elementen: Während die öffentlichen Schulen die kooperative Harmonie als 'kollektive Erwartung an die egalitäre uniforme Erziehung' verkörpern, vertreten die privatwirtschaftlich geführten Vor- und Nachbereitungsschulen, so genannte 'Juku', die Konkurrenz als 'individuelle Erwartung an die beschäftigungsvermittelnde Erziehung'. Zahlreiche Schüler führen in Japan ein Doppelleben. Tagsüber werden sie in den Schulen in einer harmonischen Atmosphäre unterrichtet; abends werden sie in den Vor- und Nachbereitungsschulen, die sie zum Bestehen der Aufnahmeprüfungen fakultativ besuchen, so unterrichtet, dass sie in den Examen mehr Punkte als ihre Rivalen erzielen können."*

Hierzu gehört auch ein anderes Prüfungssystem bzw. ein anderes *System der Abschlussprüfungen,* das die Verantwortlichkeit der Schulen erhöht, hohe Kompetenzstandards zu erreichen. Auf diese Abschlussprüfungen werden die Schüler durch den Unterricht, durch ein System von Nachhilfeschulen und durch elterliche Unterstützung vorbereitet.

1.4 Eingeleitete Konsequenzen

TIMSS und Pisa haben zu einer hektischen Betriebsamkeit der deutschen Bildungspolitiker geführt. Im Jahre 2003 erschien das sog. Klieme-Gutachten. Dort wurden Vorschläge für eine Lösung der Probleme im Bildungssystem vorgeschlagen, die in Teilen sehr schnell umgesetzt wurden: Insbesondere wurden verbindliche Bildungsstandards sowie Maßnahmen zu einer verstärkten Output-Kontrolle des Bildungswesens erlassen. Schulen sollten für ihre Leistungen stärker zur Rechenschaft gezogen werden. Dabei konnten sich die Politiker auf folgende Aussage des Klieme-Gutachtens berufen:

„Die internationalen Ergebnisse der PISA-Studie, insbesondere die sehr guten Ergebnisse der skandinavischen Staaten und einiger anglo-amerikanischer Staaten, lassen vermuten, dass Länder, die systematische Qualitätssicherung betreiben – sei es durch regelmäßige Schulleistungsstudien oder durch ein dichtes Netz von Schulevaluationen – insgesamt höhere Leistungen erreichen." (Klieme, Avenarius, Blum, Döbrich, Gruber, Prenzel, Reiss, Riquarts, Rost, Tenorth & Vollmer 2003, S. 13).

Eigentlich hätte diesem Kreis von Fachleuten klar sein müssen, dass hier eine kühne Behauptung aufgestellt wird. Es wird behauptet, die guten Ergebnisse der skandinavischen Staaten und einiger anglo-amerikanischer Staaten seien auf eine systematische Qualitätssicherung zurückzuführen. Eine systematische Qualitätssicherung würde folgende Maßnahmen erfordern

(1) Einführung verbindlicher Bildungsstandards,
(2) Durchführung zentraler Prüfungen (wenigstens auf Länderebene),
(3) Durchführung von Vergleichsarbeiten,
(4) Durchführung von Ländervergleichsstudien und
(5) Durchführung von Schulinspektionen u. a. m. (vgl. Wellenreuther 2011a).

Für eine Verschärfung der Output-Kontrolle der Schulen war eine genaue Klärung der Frage, warum Deutschland im Bildungswesen unbefriedigende Leistungen erbrachte, nicht mehr nötig. Man kannte ein Rezept, das Linderung versprach.

Wenn Staaten ein „modernes" Qualitätssicherungssystem im Bildungswesen eingerichtet haben, dann können gute oder schlechte Ergebnisse dieser Staaten entweder mit diesem Qualitätssicherungssystem zusammen hängen oder mit anderen Faktoren. Finnland erreicht z. B. bei Pisa sehr gute Ergebnisse. Dies heißt jedoch nicht, dass das in Finnland etablierte System der Qualitätssicherung für diese „guten" Ergebnisse verantwortlich ist. Es gibt viele andere Faktoren, in denen sich das deutsche Bildungssystem vom finnischen Bildungssystem unterscheidet. Staaten mit einem Qualitätssicherungssystem im Bildungswesen zeigen sehr unterschiedliche Ergebnisse.

Wenigstens ein Punkt war beim Ländervergleich Japan – Deutschland unstrittig: Der große Leistungsunterschied beider Bildungssysteme. Nicht einmal dieser Punkt trifft auf den von Klieme et al. angestrengten Vergleich zu: Die skandinavischen Länder schneiden bei TIMSS und Pisa sehr unterschiedlich ab, und die USA – sicherlich ein wichtiges anglo-amerikanisches Land, erzielen ähnlich bescheidene Ergebnisse wie Deutschland, obwohl in den USA in vielen Bundesstaaten ein scharfes Bildungsmonitoring durchgeführt wird. Genauere Analysen in den USA zeigen: Die enttäuschenden Ergebnisse in den USA haben vor allem eine Ursache, die schwerlich durch verschärfte Output-Kontrollen zu beheben ist: Die Armut. Wenn man bei der Berichterstattung über die Leistungen der USA die innerstädtischen Schulen aus der Stichprobe entfernt hätte, hätten die USA ein Spitzenergebnis – ähnlich wie Finnland – erreicht (vgl. Berliner 2009). Auch in Deutschland haben wir im unteren Leistungsbereich ein besonderes Problem. Um hier etwas zu bewegen, wurde im Klieme- Gutachten die Einführung von Mindeststandards gefordert. Dieser in die richtige Richtung gehende Vorschlag wurde von den Bildungspolitikern nicht aufgegriffen. Stattdessen einigte man sich auf Regelstandards. Damit besteht für kein Bundesland eine juristisch einklagbare Verpflichtung, sich in besonderem Maße um die Förderung der schwächeren Schüler zu bemühen.

Politiker können die Verschärfung von Kontrollen leicht als Beweis ihrer Handlungskompetenz verkaufen. Ein schärferes Durchgreifen ist zwar populär, provoziert aber auch Gegenreaktionen: Dazu zählen folgende intelligente Problemlösungen:

Wie Schulen auf Leistungsdruck intelligent antworten

Lehrer machen vor dem drohenden Pisa-Test in den fraglichen Fächern ein stupides „Testtraining", ohne dabei nachhaltig die relevanten Kompetenzen zu vermitteln. Sie können auch die Leistung in ihren Klassen dadurch steigern, dass sie Schülern bei der Testbearbeitung Hinweise geben. Ferner kann den schwächsten Schülern empfohlen werden, beim Testtermin wegen Erkrankung zu Hause zu bleiben. Auch dies steigert das durchschnittliche Leistungsniveau. Solche illegitimen Handlungen sind bei verschärfter Outputkontrolle zu erwarten, wie am Beispiel USA belegt werden kann (vgl. Nichols & Berliner 2007).

Eigentlich hätte man auch in Deutschland bei den armen Kindern aus bildungsfernen Milieus, also z. B. bei bestimmten Migrantenkindern, ansetzen müssen. Ohne eine Lösung des Problems einer völlig unbefriedigenden Förderung leistungsschwächerer Schüler ist auch in Deutschland eine deutliche Anhebung des Leistungsniveaus kaum möglich. Und genau hier hilft ein verschärftes System des Bildungsmonitorings nicht weiter. Die Leistungsfähigkeit des Bildungssystems eines Landes wird durch das Zusammenwirken vieler Faktoren bestimmt. Dazu zählen u. a. die Art der Aus- und Weiterbildung der Lehrer, die Verfügbarkeit qualitativ zertifizierter Schulbücher, sowie ein System gestufter Fördermaßnahmen, um eine Grundbildung in der Muttersprache, in Mathematik und in den Naturwissenschaften zu gewährleisten. Ob durch Verschärfung des Systems der Output-Kontrolle eine nennenswerte Qualitätsverbesserung des Bildungssystems erreicht wird, ist durchaus fraglich (vgl. Wellenreuther 2011 a).

1.5 Zusammenfassung

Da die Entwicklung von Kompetenzen vor allem im Unterricht erfolgt, liegt die Vermutung nahe, in der Art des durchgeführten Unterrichts die entscheidende Ursache für die zwischen Japan und Deutschland bestehenden Unterschiede anzusehen. Auf diese mögliche Erklärung haben schon Stevenson und Stigler (1992) aufmerksam gemacht. Die höhere Unterrichtsqualität in Japan wird durch zwei Faktoren unterstützt:

- die Institution der *„Lesson Study"*, die für eine lebenslange Lehrerfortbildung sorgt, und
- die Verfügbarkeit von Mathematikschulbüchern, die aufgrund ihrer Konzeption den Lehrern einen an hohen Standards orientierten Unterricht ermöglicht.

Der entscheidende Punkt, der die Wirksamkeit von „Lesson Study" und Mathematikschulbüchern bestimmt, liegt jedoch nach meiner Überzeugung in einer anderen Auffassung unterrichtsnaher Qualitätssicherung. In Deutschland sowie in den USA gehen wir davon aus, man könne Lehrer in einer relativ kurzen Zeit ausbilden. Doch nach fünf Jahren Ausbildung haben wir noch nicht den fertig ausgebildeten Lehrer. *Jeder Lehrer benötigt Unterstützung durch intensive lebenslange Kooperation mit anderen Lehrern sowie durch qualitätsgeprüfte Schulbücher.* Aus der Expertenforschung wissen wir, dass in jedem Bereich die Ausbildung zum Experten mindestens zehn Jahre *„deliberate practice"* benötigt (vgl. Ericsson 1996, S. 23f.). *Deliberate Practice* entspricht genau dem, was im Rahmen der Lesson Study getan wird: Unterricht wird sorgfältig geplant, der Entwurf wird von Expertenlehrern beobachtet, kritisiert und überarbeitet, danach im Unterricht erprobt, und aufgrund der gemeinsamen Erfahrungen weiter verbessert. Durch die Lesson Study wird die Unterrichtsqualität nachhaltig erhöht, weil Lehrer, die nachweislich ihre Schüler zu einer hohen Kompetenz führen, auch einen entsprechend großen Einfluss auf das Diskussionsergebnis der Lesson Study haben.

Auch in der Entwicklung japanischer Mathematikschulbücher spielen Methoden der unterrichtsnahen Qualitätssicherung die entscheidende Rolle. Neuerungen in Schulbüchern werden hier über mehrere Jahre in Forschungsschulen erprobt und haben danach vor ihrer Zulassung harte Realitätsprüfungen zu bestehen.

Formen der Qualitätssicherung, die in der Industrie längst fest etabliert sind, sind im deutschen Bildungssystem noch immer nicht institutionell verankert. Kulturelle Traditionen führen ein zähes Leben. Bestimmte Formen offenen Unterrichts wie Stationsarbeit und Wochenplanarbeit werden in Deutschland ohne empirische Belege für wirksam gehalten, während andere Methoden (z. B. direkte Instruktion) pauschal verurteilt wurden. Wenn Methoden von pädagogischen Autoritäten empfohlen wurden, reichte dies als Beleg ihrer Wirksamkeit aus. Aber auch Mehrheiten und pädagogische Autoritäten können irren: **Was sich in der Praxis anscheinend bewährt hat, kann sich bei strenger experimenteller Prüfung als unwirksam erweisen.** *Die Praxis zeigt nämlich nicht, was mit Hilfe einer anderen Methode erreicht worden wäre.* Wenn man dies berücksichtigen will, müssen pädagogische Empfehlungen durch experimentelle Forschungen zum Lehren und Lernen im Unterricht belegt werden (vgl. dazu Kap. 2).

Anhang zu Kapitel 1

Tab. 1: Nationen und Schulformen innerhalb Deutschlands nach mittlerer Fachleistung Mathematik* (aus Baumert 1998, S. 28–29)

Nation	Mathematikleistung Mittelwert (Standardfehler)	Standardabweichung	Jahrgangsstufe	Mittleres Alter
Singapur	643 (4.9)	88	8	14,5
Korea	607 (2.4)	109	8	14,2
Japan	605 (1.9)	102	8	14,4
Schweiz (deutsch) [1, 3]	590 (3.2)	---	8	15,1
Hongkong	588 (6.5)	101	8	14,2
Deutschland (Gymnasium) [1, 2, 3]	573 (3.9)	74	8	14,7
Belgien (Fl.) [2]	565 (5.7)	92	8	14,1
Tschechische Republik	564 (4.9)	94	8	14,4
Schweden [1]	554 (4.4)	---	8	14,9
Slowakische Republik	547 (3.3)	92	8	14,3
Schweiz (insgesamt) [3]	545 (2.8)	88	7 oder 8	14,2
Dänemark [1]	542 (2.9)	---	8	14,9
Niederlande [3]	541 (6.7)	89	8	14,3
Slowenien	541 (3.1)	88	8	14,8
Bulgarien [3]	540 (6.3)	110	8	14,0
Österreich [3]	539 (3.0)	92	8	14,3
Frankreich	538 (2.9)	76	8	14,3
Ungarn	537 (3.2)	93	8	14,3
Russische Föderation	535 (5.3)	92	7 oder 8	14,0
Australien [3]	530 (4.0)	98	8 oder 9	14,2
Irland	527 (5.1)	93	8	14,4
Kanada	527 (2.4)	86	8	14,1
Belgien (Fr.) [3]	526 (3.4)	86	8	14,3
Thailand [3]	522 (5.7)	86	8	14,3
Israel [3]	522 (6.2)	92	8	14,1
Deutschland [1, 2, 3]	509 (4.5)	90	8	14,8
Neuseeland	508 (4.5)	90	8,5–9,5	14,0
England [3]	506 (2.6)	93	9	14,0
Deutschland (Realschule) [1, 2, 3]	504 (5.9)	73	8	14,7
USA [2]	500 (4.6)	91	8	14,2
Schottland [3]	498 (5.5)	87	9	13,7
Lettland (LSS) [3]	493 (3.1)	82	8	14,3
Spanien	487 (2.0)	76	8	14,3
Island	487 (4.5)	73	8	13,6
Griechenland [3]	484 (3.1)	88	8	13,6
Rumänien [3]	482 (4.0)	89	8	14,6
Litauen [3]	477 (3.5)	80	8	14,3
Zypern [3]	474 (1.9)	88	8	13,7
Portugal	454 (2.5)	64	8	14,5
Deutschland Hauptschule [1, 2, 3]	446 (4.0)	73	8	15,0
Iran, Islamische Republik	428 (2.2)	59	8	14,6
Kuwait [3]	392 (2.5)	58	9	15,3
Kolumbien	385 (3.4)	64	8	15,7
Südafrika	354 (4.4)	65	8	15,4

* In der Schweiz und der Russischen Föderation wurde je nach Landesteil der 7. oder 8. Jahrgang, in England, Schottland und Kuwait der 9. Jahrgang und in Australien sowie Neuseeland der 8. oder 9. Jahrgang untersucht.

[1] Die 8. Jahrgangsstufe entspricht aufgrund des höheren Alters nicht den internationalen Stichprobenvorgaben.

[2] Internationale Stichprobenvorgaben nur durch Ziehung von Ersatzschulen erreicht.

[3] Internationale Stichprobenvorgaben nicht erreicht (Technische Einzelheiten siehe Martin & Kelly 1996).

Quelle: IEA, Third International Mathematics and Science Study

2. Methoden empirischer Unterrichtsforschung

Forschungen sollten möglichst eindeutig feststellen, wie sich bestimmte Unterrichtsbedingungen auf Schüler auswirken. Zu strengen Prüfungen von Hypothesen eignet sich am besten das Experiment, da durch Experimente am ehesten Zusammenhänge zwischen Unterrichtsmerkmale und Lernen überprüft werden können. Andere Forschungstypen (z. B. Erfahrungsberichte, quantitative deskriptive Studien, Längsschnittstudien) können zusätzliche Informationen liefern, erlauben jedoch keine strengen Hypothesenprüfungen. Deshalb sind experimentelle Prüfungen für den Erkenntnisfortschritt in der Unterrichtspädagogik unverzichtbar. Dass solche experimentellen Forschungen schon in großer Zahl durchgeführt wurden, wird in diesem Buch durch die Darstellung vieler beispielhafter Experimente belegt.

Experimentelle Forschung benötigt für die Bewertung von Unterrichtsmethoden ein Maß. Dieses Maß wird durch einen Vergleich zwischen ansonsten „gleichen" Versuchs- und Kontrollklassen geliefert. Vergleichbarkeit zwischen diesen Versuchs- und Kontrollgruppen wird durch Zufallsaufteilung (z. B. von 50 Schulklassen auf Versuchs- und Kontrollgruppen) erreicht. Erfahrungsberichten ***fehlt dieser für die Bewertung erforderliche Vergleichsmaßstab; sie sind „maßlos". Für die Überprüfung der Wirksamkeit einer Methode haben Erfahrungsberichte deshalb*** *nur einen begrenzten Wert.*

2.1 Einführung

Nach Einsiedler (1995, S. 210) *„hat das empirische Forschungsparadigma in der Schulpädagogik [in Deutschland] keine große Bedeutung erlangt. Gründe dafür sind u. a. fehlende Forschungsausstattung, Missverständnisse hinsichtlich eines 'technologischen' Zweck-Mittel-Begriffs der empirischen Pädagogik, die Komplexität empirisch-quantitativer Methoden."* Empirische Unterrichtsforschung wurde vor allem von Seiten der kritischen Theorie mit einem Anspruch konfrontiert, dem die Unterrichtsforschung nicht genügen konnte: Sie sollte *„den umfassenden Einfluss schulischen Erziehens und Unterrichtens auf die Lernfähigkeit sowie die Entwicklung der Heranwachsenden untersuchen."*

Damit wurden die Weichen für eine Forschungsorientierung gestellt, die immer den ganzen Unterrichts- und Erziehungsprozess im Blick behält und die damit nicht mehr pragmatisch „isolierte" Lehr-Lernprozesse im Unterricht untersuchen kann. Experimentelle Forschung wird unter solchen Vorzeichen leicht als technologische Forschung diffamiert (vgl. Terhart 1997). Da sich experimentelle Forschung auf die Prüfung der Wirkung einzelner Faktoren konzentrieren muss, kann sie das Ganze nicht hinreichend im Blick behalten. Dieser überhöhte Anspruch an empirische Unterrichtsforschung trug wesentlich dazu bei, dass in der deutschen Pädagogik experimentelle Forschung nicht richtig etabliert ist (vgl. Wellenreuther 2009b).

Ein tieferes Verständnis pädagogischer Prozesse ist ohne experimentelle Forschung jedoch nicht möglich. Experimentelle Forschung liefert die Grundlage für ein Verständnis von Ursachen. Beim Nachweis von Ursachen bzw. von Kausalität müssen drei Voraussetzungen erfüllt werden:

- *Reliable Kovariation:* Die Bedingung (bzw. Ursache) muss reliabel mit einer bestimmten Wirkung verbunden sein, d.h. auch bei verschiedenen Personengruppen und in verschiedenen Situationen müssen vergleichbare Effekte auftreten.
- *Zeitliche Abfolge:* Die Bedingung übt ihren Einfluss dabei zeitlich *vor* der festgestellten Wirkung aus.

- *Ausschluss relevanter alternativer Erklärungen:* Andere mögliche Ursachen bzw. alternative Erklärungen sollten durch geeignete Methoden gezielt ausgeschlossen werden.

Wenn man sich um die Erfüllung dieser drei Bedingungen bemüht hat, dann ist Kausalität zwar noch nicht endgültig bewiesen. Aber man weiß mehr, wie bestimmte Faktoren den Lernerfolg beeinflussen.

2.2 Forschungstypen

Empirische Primärstudien kann man grob in drei Gruppen aufteilen: (1) *Deskriptiv-explorative Forschung,* (2) *Hypothesenprüfende Forschung und* (3) *Entwicklungs- und Trainingsforschung.* Darauf aufbauend gibt es *(4) Sekundäranalysen, welche die Ergebnisse von Primärstudien zusammenfassend auswerten. Diese Sekundäranalysen kann man* in *traditionelle Zusammenfassungen* und in *Meta-Analysen* differenzieren. *Ziel von* Sekundäranalysen ist die möglichst präzise Beschreibung des Erkenntnisstands in einem Forschungsgebiet. Im Folgenden wird auf die Stärken und Schwächen der verschiedenen Forschungstypen eingegangen.

(1) Deskriptive Forschung

Erfahrungsberichte

Erfahrungsberichte spielen in bestimmten „praxisnahen" Fachzeitschriften die entscheidende Rolle. In solchen Erfahrungsberichten berichten z. B. Praktiker oder Didaktiker über Erfahrungen, die in einer Schule mit bestimmten Methoden gemacht wurden. Solche Erfahrungsberichte haben alle Freiheiten einer Erzählung. Schließlich habe man mit dieser Methode gute Erfahrungen gemacht, insbesondere habe man neueste Erkenntnisse der Neurowissenschaft und der Entwicklungspsychologie berücksichtigt.[5]

Mit solchen „Argumenten" wird die Methode „begründet". Eine genauere quantitative Überprüfung der Methode im Vergleich zu einer alternativen Methode erscheint als reine Zeitverschwendung. Dennoch ist eine Bewertung irgendeiner pädagogischen Frage aufgrund von Erfahrungsberichten schwerlich möglich. Schon Herbart hat in seiner Allgemeinen Didaktik[6] auf den wunden Punkt solcher Berichte hingewiesen. Er schreibt dort:

> *„Wollten wir nur sämtlich bedenken, dass jeder nur erfährt, was er versucht, ein neunzigjähriger Dorfschulmeister hat die Erfahrung seines neunzigjährigen Schlendrians, er hat das Gefühl seiner langen Mühe. Aber hat er auch die Kritik seiner Leistungen und seiner Methode?"*

[5] Solche Argumentationen findet man z. B. im Internet, um offenen Unterricht mit Wochenplan- und Stationenarbeit, neue Modelle einer flexiblen Eingangshase, oder um die sog. Reichen-Methode zu begründen. Solche Methoden können unter ganz bestimmten Umständen sinnvoll sein. Allerdings müssen auch diese Methoden einen Wirksamkeitsnachweis erbringen.

[6] Herbart 1982², Bd. 2, S. 19. Und an anderer Stelle schreibt Herbart (1982², Bd. 1, S. 125): „... pflegen alle Praktiker in ihren Künsten sich sehr ungern auf eigentliche, gründlich untersuchte Theorie einzulassen: sie lieben es weit mehr, das Gewicht ihrer Erfahrungen und Beobachtungen gegen jene geltend zu machen, ... die Tätigkeit des Erziehers geht hier unaufhörlich fort: auch wider seinen Willen wirkt er gut oder schlecht ... er erfährt nur *sich,* nur sein Verhältnis zu den Menschen, nur das Misslingen seiner Pläne ohne Aufdeckung der Grundfehler, nur das Gelingen seiner Methode ohne Vergleichung mit den vielleicht weit rascheren und besseren Fortschritten besserer Methoden." (Hervorhebungen wie im Original)

Erfahrungsberichte führen keinen *objektiven Vergleich mit alternativen Methoden durch*, deshalb fehlt dem Erzähler oder Berichterstatter – wie Herbart richtig bemerkt, – die Methode. Unser Dorfschulmeister behauptet ja: *Wenn er „seine" Methode einsetzt, würden bessere Ergebnisse als bei einer alternativen Methode eintreten.*

An einem Beispiel möchte ich dies kurz erläutern. In einem Heft der Zeitschrift „Pädagogik" (12/1997) wird das Thema Binnendifferenzierung abgehandelt. Es wird in diesem Heft über Erfahrungen mit Binnendifferenzierung in verschiedenen Schulen berichtet, z. B. welche Auffassungen die Lehrer über die Realisierungsmöglichkeiten in Berliner Gesamtschulen sehen, wie die Erfahrungen in der Bielefelder Laborschule sind usw.. Man erfährt dadurch aber nichts darüber, wie sich eine bestimmte Methode der Binnendifferenzierung tatsächlich im Vergleich zu einer anderen Methode der Binnendifferenzierung oder im Vergleich zu „normalem" Unterricht auswirkt. Vermutlich müsste man dazu Lehrer auswählen und diese für die alternativen Methoden trainieren. Solche Forschungen wurden schon durchgeführt (vgl. Lou, Abrami, Spence, Poulsen, Chambers, D'Apollonia 1996). Der desolate Zustand bundesdeutscher pädagogischer Forschung zeigt sich gerade darin, dass dieser Kenntnisstand in diesem Themenheft „Binnendifferenzierung" einer Fachzeitschrift nicht dargestellt und diskutiert wird.[7]

Die Methode der freien Erzählung prüft keine Behauptungen oder Aussagen in irgendeinem strengeren Sinne. Auch wenn sich der Erzähler um Objektivität bemüht, sind solche Berichte stark durch die „ideologische" bzw. die pädagogische Position des Erzählers geprägt. Solche Erzählungen unterstellen immer unausgesprochen, die angepriesene Methode würde die angestrebten Lernziele besonders schnell und umfassend erreichen, *wenn man sie mit der Wirksamkeit alternativer Methoden vergleichen würde.* Eine entsprechende Wirksamkeitsprüfung mit Vergleichsgruppen wird aber gar nicht durchgeführt. Stattdessen wird die Wirksamkeit der eingesetzten Methode aus dem Vergleich der Klassenleistungen vor Beginn des Einsatzes der fraglichen Methode (Vortest) und nach Beendigung des Einsatzes der Methode (Nachtest) erschlossen. Lehrer sind Experten im Unterrichten und es müsste schon fast mit dem Teufel zugehen, wenn nach einer längeren pädagogischen Betreuung kein Unterschied zwischen Vor- und Nachtest festzustellen wäre. Hinter einem solchen „Erfolg" können bei einem Vergleich mit einer Kontrollgruppe drei Möglichkeiten stehen (s. Tab. 2):

Tab. 2: Die Beurteilung von Methodenwirkungen durch Lernzuwächse (Differenz Vor- zu Nachtest) in Erfahrungsberichten

	Versuchsklasse(n) (neue Methode)	**Kontrollklasse(n)** (herkömmliche Methode)
1. Möglichkeit	12*	15
2. Möglichkeit	12	12
3. Möglichkeit	12	9

* Bei diesen fiktiven Ergebnissen handelt es sich um arithmetische Mittelwerte.

In allen drei hier dargestellten Fällen beträgt der Lernzuwachs bei Verwendung der neuen Methode 12 Punkte. Je nach Erfolg bei Einsatz der alternativen Methode in den Versuchs- oder

[7] Eine Ausnahme stellt der Aufsatz von P. M. Roeder dar (vgl. Roeder 1997).

Kontrollklassen kann dieser Lernzuwachs positiv oder negativ bewertet werden. Hinter einer Erfolgsmeldung über die Wirksamkeit einer neuen Methode kann also ein glatter Misserfolg („neue Methode schlechter!"), kein Erfolg („gleich gut") oder ein Erfolg (neue Methode „besser") stecken. *Eine objektive Einschätzung würde einen Vergleich zwischen Versuchsklassen mit ansonsten gleichen Kontrollklassen voraussetzen.* Dieser Wirksamkeitsvergleich wird bei Erfahrungsberichten nicht durchgeführt.

Ein genauerer Wirksamkeitsvergleich hätte folgende Voraussetzungen:

1. *Die zu prüfende Methode sollte zusammen mit einer alternativen Methode theoretisch und an praktischen Beispielen hinreichend präzise verdeutlicht werden (theoretische und operationale Definition).* Dies ist insbesondere bei vagen Begriffen wie Binnendifferenzierung oder „offener Unterricht" erforderlich, weil sonst eine Zuordnung des Ergebnisses zur Methode nicht sinnvoll ist.
2. *Alle relevanten alternativen Erklärungen sollten möglichst durch die Anlage der Untersuchung ausgeschlossen* werden: Relevante alternative Erklärungen für die Effekte einer neuen Unterrichtsmethode sind:
   a. Der festgestellte Lernzuwachs ist auf Reifung, Lernanstöße der Eltern [8] oder von Freunden zurückzuführen.
   b. Die Schüler hätten durch die tradierte Methode genauso viel gelernt.
   c. Die neue Methode war nur erfolgreich, weil sie neu war (Novitätseffekt) oder weil ein besonders qualifizierter Lehrer diese Methode umgesetzt hat.
   d. Die Lehrer der Versuchsgruppe haben sich beim ersten Einsatz besonders angestrengt; bei einem erneuen Einsatz wären die Ergebnisse deutlich schlechter.
   e. Die Leistungsmessung habe die Versuchsgruppe bzw. die neue Methode bevorzugt (z. B. weil die Aufgaben vor Durchführung des Tests in der Versuchsgruppe, nicht aber in der Kontrollgruppe, direkt eingeübt wurden.
3. *Der festgestellte pädagogische Effekt (Unterschied zwischen Versuchs- und Kontrollklassen) sollte praktisch bedeutsam sein (Kosten-Nutzen-Verhältnis).*

Eine der einfachsten Erklärungen für positive Effekte in Erfahrungsberichten wäre z. B., bei der „traditionellen" Methode wären gleich gute oder noch bessere Ergebnisse erzielt worden. Allein schon zum Ausschluss dieser Erklärung sind Vergleichsgruppen unerlässlich. Erfahrungsberichte lassen also offen, ob die angewendete Methode selbst den fraglichen Effekt erzielt hat oder dieser Effekt auf andere Faktoren zurückzuführen ist. Deshalb zählt man in der Wissenschaft solche Berichte auch nicht zu den empirischen Untersuchungen im engeren Sinne, auch wenn sie für den Pädagogen bzw. Lehrer informativ sein können.[9]

---

[8] Erinnert sei hier an die Interpretation der Ergebnisse der TIMS- Studie. Die vergleichsweise guten Ergebnisse in Japan wurden wesentlich auf Unterstützungsleistungen zurückgeführt, die außerhalb des normalen Schulunterrichts durch Eltern, Nachhilfe oder Nachhilfeschulen erbracht werden. Tatsächlich könnten die Effekte aber auch durch einen qualitativ besseren Unterricht zurück zu führen sein.

[9] Hier einige Beispiele für solche Erfahrungsberichte: Meiser, G. & Wolter, U.: Situation Schulwechsel – Unterrichtsvorschläge zur Vorbereitung auf den Übergang in eine weiterführende Schule – 4. Schuljahr. In: Hegele, I. (Hrsg.): Lernziel: Offener Unterricht 1997², 21–36. Burg, S.: Schreibwerkstatt – Plädoyer für einen neuen Weg im Schreibunterricht. Bericht aus einem 4. Schuljahr. In: Hegele, I. (Hrsg.): *Lernziel: Offener Unterricht* 1997², S. 77–96. Es spricht nicht unbedingt für das Niveau der Pädagogik in Deutschland, dass sie sich noch in großem Umfang auf derartige „Erfahrungsquellen" stützt.

Quantitativ-deskriptive Studien

Ziel ist hier die präzise Beschreibung von Schulen und insbesondere von Unterricht. Untersuchungen zur präzisen quantitativen Beschreibung der Wirksamkeit von Unterricht in verschiedenen Ländern fallen in die Kategorie der quantitativ-deskriptiven Studien (z. B. TIMSS und PISA). In solchen deskriptiven Studien werden Fragen nach dem Ist-Zustand untersucht („Wie-ist-Fragen"). Wichtige Gütemaßstäbe dieser deskriptiven Studien sind Repräsentativität und Messgenauigkeit. Qualitativ-orientierte Studien sollen Hinweise auf Zusammenhänge liefern, die dann in Experimenten genauer geprüft werden. Die TIMS-Videostudie soll als Beispiel für eine quantitative deskriptive Studie dargestellt werden (nach Wellenreuther 2009b, S. 718)

„Quantitativ-deskriptive Studie

Die TIMSS-Videostudie[10] *zum Mathematikunterricht in den USA, Japan und Deutschland*

Ziel: Hinweise für Erklärungen der Leistungsunterschiede zwischen Japan, den USA und der BRD finden.

Methode der Untersuchung: **In die Stichprobe gelangten 50 japanische Schulklassen der achten Klassenstufe, 81 Klassen aus den USA und 100 Klassen aus Deutschland. Man bemühte sich um Repräsentativität, wobei die Klassen per Zufall aus den Klassen der TIMSS-Hauptstudie gezogen** werden sollten.

Methodische Probleme: Aufgrund von Teilnahmeabsagen mussten in Deutschland die Hälfte der Klassen durch vorher festgelegte Ersatzklassen ersetzt werden. In den USA haben statt der geplanten hundert Klassen nur 81 teilgenommen. In Japan wurde überwiegend Geometrieunterricht aufgezeichnet (in Japan 78 % der aufgezeichneten Stunden, in den USA 12 %). In Japan wurden die Klassen entweder vom Schulleiter oder vom nationalen japanischen Institut für Bildungsforschung ausgewählt. Es kann nicht geklärt werden, in welchem Umfang durch diese Besonderheiten der Stichprobenbildung die Repräsentativität der Ergebnisse gefährdet wurde.

Codierung der Ergebnisse: Zur Analyse der einzelnen Stunden wurden allgemeine Beobachtungskategorien gebildet, die mit ausreichender Übereinstimmung (mindestens 80 %) von unabhängigen Beobachtern erfasst werden konnten.

Voruntersuchungen: Um eine hohe Aufnahmequalität einer Stunde in jedem Land sicherzustellen, wurden vor Beginn der Hauptuntersuchung insgesamt 28 Aufnahmen in den drei Ländern durchgeführt. 30 Unterrichtsprotokolle aus jedem Land wurden so tabellarisch zusammengefasst, dass alle Hinweise auf das Land entfielen (Blindversuch). Diese Protokolle wurden dann von amerikanischen Mathematikern und Mathematikdidaktikern hinsichtlich ihrer Qualität beurteilt. Außerdem wurden die Lehrer zusätzlich noch befragt.

Ergebnisse: Die Experten bescheinigten 30 % des japanischen Unterrichts eine hohe Qualität (57 % eine mittlere Qualität), verglichen mit 23 % des deutschen und 0 % des amerikanischen Unterrichts. Während im deutschen Unterricht 89 % der Unterrichtszeit (USA 95 %) der Stunden auf die Einübung von Routineprozeduren verwandt wurde, betrug der entsprechende Prozentsatz in Japan 42 %. Hier wurde viel mehr Zeit auf die Anwendung mathematischer Konzepte (Japan 14 %, BRD 6 %, USA 5 %) sowie auf Problemlöse- und Denkaufgaben verwandt (Japan 44 %, Deutschland 5 % und USA 0 %).

Grenzen: Auch wenn die Stichproben völlig repräsentativ wären, bliebe eine Interpretation der einzelnen Ergebnisse schwierig, weil alternative Erklärungen nicht ausgeschlossen werden können."

---

[10] Bei der Darstellung stütze ich mich auf die Zusammenfassung des Max Planck Instituts für Bildungsforschung in Berlin, die im Internet veröffentlicht ist.
(vgl. http://www.mpib-berlin.mpg.de/TIMSS-Video/TIMSS_homepage/html/method.htm).

Für solche quantitativ-deskriptiven Studien sind zwei Gütekriterien wichtig: Die Repräsentativität der Stichproben (Zufallsstichproben aus relevanten Grundgesamtheiten, häufig mit Stratifizierung) und die Messvalidität. So muss in der TIMS-Videostudie gewährleistet sein, dass der Unterricht nach den gleichen Kategorien evaluiert wird und die „Gutachter" in übereinstimmender Weise die Unterrichtsaufzeichnungen einschätzen.

Explorative Quer- und Längsschnittuntersuchungen

Hierunter fallen Befragungen von einzelnen ausgesuchten Lehrern, deren Verhalten im Unterricht beobachtet wird (z.B. Experten-Novizen-Vergleiche). So kann man den Unterricht von Mathematiklehrern, bei denen die Schüler sehr viel lernen, mit dem Unterricht von Mathematiklehrern vergleichen, deren Schüler wenig lernen (vgl. Evertson, Emmer und Brophy 1980). Oder man untersucht Schulen mit herausragenden Ergebnissen oder Lehrer, bei denen die Schüler besonders hohe Leistungsniveaus trotz widriger Bedingungen erzielen (Pressley, Raphael; Gallagher & DiBella 2004; Pressley, Gaskins, Solic & Collins 2006). Solche Vergleiche kann man mit Hilfe von Befragungen und Unterrichtsbeobachtungen durchführen. Wenn diese Untersuchung nur zu einem bestimmten Zeitpunkt durchgeführt wird, spricht man von einer *Querschnittsuntersuchung*; wenn sich die Messungen über einen längeren Zeitraum erstrecken und mehrfach die Untersuchungseinheiten getestet werden, spricht man von einer *Längsschnittuntersuchung.* Solche Vergleiche können *Hinweise* liefern, wie sich Expertenlehrer in ihrem Erklärverhalten von Anfängern unterscheiden und welche Faktoren für den Unterrichtserfolg bedeutsam sind. Dies setzt allerdings voraus, dass man Lehrer auswählt, die tatsächlich Experten sind. Dies kann man dadurch feststellen, dass man z.B. nach zweijährigem Unterrichten prüft, wie viel die Schüler gelernt haben (vgl. Helmke 1988). Auch solche Studien erlauben nur grobe Einblicke in das Unterrichtsgeschehen, alternative Erklärungen werden in der Regel nicht hinreichend ausgeschlossen. Eine strenge Hypothesenprüfung ist durch diese Methoden nicht möglich.

Als Beispiel einer explorativen Studie kann eine Untersuchung von Wilkinson & Townsend (2000) zum Lesenlernen in Neuseeland angesehen werden. Hier wurde der Lese- und Schreibunterricht von sog. „best practice Lehrern" in Neuseeland untersucht, wobei Neuseeland nach PISA zu den Spitzenländern bezüglich der Lesekompetenz gehört.

Lesenlernen in Neuseeland

Wilkinson und Townsend (2000) haben Experten-Lehrer untersucht, von denen aufgrund der Lernergebnisse ihrer Klassen aus früheren Jahren bekannt war, dass sie einen vorzüglichen Leseunterricht durchführen.

Als kennzeichnend für die Arbeit stellten sich aufgrund von Befragungen und Unterrichtsbeobachtungen folgende Punkte heraus:

1. Die Lehrer hatten ihre Unterrichtsmaterialien nach Kompetenzstufen in den Regalen sortiert: Die Lesebücher in Neuseeland werden nach einem Farbenrad grob in drei Schwierigkeitsstufen eingeteilt: Anfänger, erstes Lesen und flüssiges Lesen. Innerhalb dieser Gruppen werden dann für die übrigen Lesematerialien nach Farbnuancen noch weitere Unterteilungen vorgenommen.
2. Die Schüler einer Klasse werden nach der erreichten Kompetenzstufe in bis zu sieben leistungshomogene Gruppen eingeteilt. Der „adaptive" Unterricht wird überwiegend in diesen

leistungshomogenen Gruppen durchgeführt. Um Schüler in die passenden Lerngruppen einzuordnen, werden Berichte von früheren Lehrern, eigene Beobachtungen in der ersten Unterrichtswoche sowie Ergebnisse von Tests berücksichtigt. Die Unterschiedlichkeit der Schüler wird als normal angesehen. Durch die Differenzierung in viele homogene Lerngruppen werden die Lehrer möglicherweise für die Größe der bestehenden Unterschiede sensibilisiert.

3. Für den Leseunterricht gilt als Lernziel, möglichst alle Schüler zur Kompetenz „flüssiges Lesen" zu führen: Wenn trotz dieser gezielten Förderung ein Kind innerhalb der dafür vorgesehenen Zeit nicht lesen lernt, kümmert sich an jeder Schule zusätzlich eine Fachkraft individuell so lange um das Kind, bis die Defizite aufgeholt sind (vgl. Faust 2002). Ferner scheint der Lehrer in seinem Unterricht noch durch eine Hilfskraft zusätzlich unterstützt zu werden (Wilkinson & Townsend 2000, S. 465).

Beim Lernziel „flüssiges Lesen" handelt es sich um eine absolute Norm. Das Erreichen der Zwischenstufen zum Erreichen dieses Endziels ist klar geregelt: Ein Schüler muss beim Lesen einer Geschichte seiner Kompetenzstufe 95 % der Wörter richtig lesen, um in die nächst höhere Kompetenzstufe aufzusteigen. Schüler steigen so von Kompetenzstufe zu Kompetenzstufe auf. Entscheidend für den Erfolg des neuseeländischen Leseunterrichts scheint dieses adaptive Unterrichten leistungshomogener Gruppen zu sein.

Die internationale empirische Forschung zur jahrgangsübergreifenden Differenzierung in Grundschulklassen belegt, dass eine Kombination folgender Faktoren eine besonders intensive Form der Förderung von Schülern ermöglicht:

a) Bildung homogener Leistungsgruppen,
b) Einsatz von dem Lernstand angepasster Unterrichtsmaterialien, und
c) das Unterrichten in diesen homogenen Lerngruppen nach der Methode der direkten Instruktion (vgl. Gutiérrez & Slavin 1992; Roßbach & Wellenreuther 2002).

Die Entwicklung angepasster Unterrichtsmaterialien hat im Rahmen einer solchen Förderung die Funktion, den Lehrer zu entlasten, damit er sich auf die gezielte Förderung seiner Schüler konzentrieren kann. Die Lehrer werden durch differenzierende Arbeitsaufträge an die Gruppen schon genügend gefordert.

Was können also solche Studien leisten? Neben der Beschreibung von Phänomenen können sie *Hinweise* auf Ursache-Wirkungszusammenhänge geben. Im Unterschied zu den Erfahrungsberichten wird in ihnen in der Regel ein Vergleich mit alternativen Verfahrensweisen durchgeführt. Fragen nach den Ursachen bzw. der Kausalität können jedoch in ihrem Rahmen nur unzureichend beantwortet werden: Die in *Korrelationsstudien* ermittelte Zusammenhänge geben lediglich Hinweise auf kausal wirkende Faktoren des Unterrichts. *Deshalb sollten die Ergebnisse von Längsschnittstudien und anderen „Korrelationsstudien" durch nachfolgende experimentelle Studien überprüft werden* (vgl. Gage & Needels 1989).

(2) Hypothesenprüfende Forschung

Hier geht es um den Nachweis von Ursachen für die Wirksamkeit bestimmter Methoden. Dieser Nachweis wird am besten durch Experimente[11] mit Randomisierung der Versuchseinheiten

[11] Viele Methodologen halten die Durchführung randomisierter Experimente für den „Goldstandard". Die Güte einer empirischen Untersuchung hängt jedoch nicht nur an der Frage der Zufallsaufteilung der Versuchseinheiten auf Versuchs- und Kontrollgruppen, sondern auch an Faktoren wie der *Güte der Implementierung* der Unterrichtsmethoden, der *Konstruktvalidität der Messungen* sowie der *Vermeidung eines systematischen Versuchspersonenschwunds* in bestimmten Gruppen.

geführt. In einem randomisierten Experiment werden die Versuchseinheiten – meistens sind das Schüler oder Studenten – per Zufall auf Versuchs- und Kontrollgruppen aufgeteilt. Nur wenn alle möglichen alternativen Erklärungen durch die Anlage der Untersuchung ausgeschlossen werden können, ist ein gültiger Wirkungsnachweis geführt. Repräsentativität spielt bei diesen Forschungen eine untergeordnete Rolle[12]. Wichtig ist allerdings die Frage eines *selektiven Versuchspersonenschwunds*: Wenn in der Kontrollgruppe z. B. ein größerer Anteil an Probanden das Experiment abbricht, kann dies zu falschen Folgerungen führen.

Im Folgenden sprechen wir von einem *echten Experiment* nur dann, wenn in ihm nach theoretischen Gesichtspunkten eine Behandlung variiert wurde. So haben Cardelle-Elawar und Corno (1985) in einem der wenigen „echten" Experimente bestimmte Aspekte der Hausaufgabenkontrolle systematisch variiert: In der Versuchsgruppe wurden die Hausaufgaben dreimal in der Woche kontrolliert und in bestimmter Weise kommentiert. In der Kontrollgruppe wurde den Schülern als Hausaufgabenkontrolle lediglich mitgeteilt, ob die Antworten richtig oder falsch waren. In *„natürlichen" Experimenten* zur Wirkung von Hausaufgaben sagt man einer zufällig ausgewählten Gruppe von Lehrern, ein halbes Jahr Hausaufgaben aufzugeben, während man die Kontrollgruppe bittet, für ein halbes Jahr keine Hausaufgaben zu stellen. Solche „natürlichen" Experimente zur Wirksamkeit von Hausaufgaben informieren nur darüber, welche Wirkung Hausaufgaben haben, die im schulischen Alltag gestellt wurden. „Echte" Experimente liefern hingegen Hinweise zur potentiellen Wirksamkeit von Hausaufgaben. Im Folgenden wird deshalb nur dann von einem Experiment gesprochen, wenn eine *systematische Bedingungsvariation* vorliegt.

Nach Cook (2007, S. 332 f.) ist die Überlegenheit von Experimenten mit Randomisierung für den Nachweis kausaler Zusammenhänge in Bereichen wie Philosophie, Psychologie, Kriminologie, Medizin, Vorsorgeforschung, und frühkindliche Erziehung etc. unbestritten. Methodenbücher halten Experimente mit Randomisierung in der Regel für den Goldstandard empirischer Forschung.[13] Experimentelle oder quasi-experimentelle Studien (vgl. Campbell & Stanley 1970) untersuchen „Warum-Fragen", d. h. Ursache-Wirkungszusammenhänge. Die Methode des Experiments wird unten am Beispiel des Zusammenhangs zwischen Lernarrangement (Strukturiert vs. offen) und Vorwissen (vorhanden, nicht vorhanden) erläutert (vgl. Wellenreuther 2009 b, S. 719).

Experimente mit Randomisierung

Strukturiertes oder offenes Lernarrangement? (Tuovinen / Sweller 1999)

Ziel: Überprüfung der Hypothese, dass bei der Aneignung neuen Wissens eine klar strukturierte Einführung zusammen mit einer Erläuterung an Lösungsbeispielen erheblich effektiver ist als eine offene Vorgehensweise, in welcher der Lerner die zu lernenden Inhalte auswählen darf. Diese Vorhersage wurde aus der Cognitive Load Theorie von Sweller abgeleitet.

[12] Hypothesenprüfende Forschung stützt sich in der Regel nicht auf *eine* Überprüfung, sondern auf verschiedene, voneinander unabhängige Prüfungen an verschiedenen Orten, in etwas unterschiedlichen Situationen, mit verschiedenen Personengruppen. Im strengen Sinne geht es dabei nicht um Repräsentativität im Sinne einer Voraussetzung für die Verallgemeinerung von Ergebnissen einer Stichprobe auf die Grundgesamtheit, sondern um Wiederholbarkeit (Replizierbarkeit) der Befundmuster einer Untersuchung.

[13] Die besonders geringe Häufigkeit solcher Experimente in der pädagogischen Forschung führt Cook (2007, 238) auf die besondere „Kultur" in der Pädagogik zurück. Nur 1 % der Dissertationen in der pädagogischen Forschung verwenden in den USA als Forschungsmethode das Experiment mit Zufallsaufteilung.

Methode: Insgesamt bestand die Stichprobe aus 32 Lehrerstudenten für das höhere Lehramt, die nach ihrem Vorwissen in Bezug auf das Datenbankprogramm FileMaker Pro in zwei Gruppen unterteilt wurden: Eine mit und eine ohne Vorwissen. Diese beiden Gruppen wurden dann per Zufall auf zwei Gruppen aufgeteilt *(Randomisierung)*, eine, in der in vorstrukturierter Weise bestimmte Probleme analog zu vorgegebenen Lösungsbeispielen bearbeitet werden sollten. Die andere Gruppe wurde aufgefordert zu versuchen, ähnliche Probleme wie in der Einführung mit Hilfe des Programms sowie der mitgelieferten Datenfiles zu lösen. Die Trainingszeit wurde in allen Bedingungen gleich gehalten.

Ergebnisse: In der Gruppe ohne Vorwissen konnten diejenigen, die in der Trainingszeit durch Lösungsbeispiele angeleitet wurden, im anschließenden Test doppelt so viele Aufgaben richtig lösen wie Lehrerstudenten, die explorierend geübt hatten (d = 1,15). Hatten die Studenten allerdings Vorwissen mit Datenbankprogrammen, waren die Leistungen in der explorierenden Gruppe etwas besser (nicht signifikant).

Grenzen: In der Wissenschaft verlässt man sich in der Regel nicht auf *ein* randomisiertes Experiment, sondern prüft, ob sich der gefundene Zusammenhang auch in anderen Kontexten bestätigen lässt (Für die Wechselwirkung zwischen Kenntnisniveau und Unterrichtsmethode vgl. Kalyuga / Chandler / Sweller 2001; Kirschner / Sweller / Clark 2006).

Die Gültigkeit eines Experiments wird nach folgenden Gütekriterien beurteilt:

Kriterien zur Bewertung von Unterrichtsexperimenten (vgl. Wellenreuther 2009b)

1. Interne und externe Validität (Hauptkriterium „Ausschluss alternativer Erklärungen") [14]

a) Die ***interne Validität*** eines Experiments wird am besten durch die Zufallsaufteilung der Versuchseinheiten auf Versuchs- und Kontrollgruppen erreicht (*Randomisierung)*. Man kann z. B. ganze Schulklassen oder Schüler per Zufall den verschiedenen Versuchsbedingungen zuordnen. Falls eine Randomisierung nicht möglich ist, sollten wenigstens nach relevanten Merkmalen wie Vorwissen, Motivation oder soziale Schichtzugehörigkeit gleiche Gruppen durch „Matching" bzw. *„Parallelisierung"* gebildet werden.[15] Ferner werden in einem Experiment systematisch Bedingungen variiert.[16]

b) Die ***externe Validität*** bezieht sich auf die Frage der Übertragbarkeit bzw. der Verallgemeinerbarkeit der Ergebnisse. Meist wird man dieses Kriterium auf eine Reihe von Experimenten beziehen. Für die Pädagogik ist z. B. wichtig, ob eine Methode nur in einem Laborexperiment mit Einzelbetreuung von Schülern unter streng standardisierten Bedingungen experimentell überprüft wurde, oder ob die Methode auch unter „normalen" Unterrichtsbedingungen überprüft wurde. So gibt es z. B. zur Frage der Wirksamkeit von Lösungsbeispielen viele Laborex-

[14] Gütekriterium für Experimente ist der Ausschluss alternativer Erklärungen und damit die eindeutige Interpretierbarkeit der Ergebnisse. Repräsentativität spielt als Gütemaßstab in Experimenten keine Rolle (vgl. Wellenreuther 2000).

[15] Zum Ausschluss alternativer Erklärungen gilt die Parallelisierung als etwas weniger effizient als die Randomisierung, weil bei der Parallelisierung immer nur eine begrenzte Zahl von Faktoren zur „Gleichmachung" von Versuchs- und Kontrollgruppen verwendet werden können und außerdem die Auswahl der Faktoren, die zum Gleichmachen ausgewählt werden, immer etwas willkürlich erscheint. Man kann immer argumentieren, wichtige Faktoren seien bei dieser Gleichmachung nicht berücksichtigt worden.

[16] Zur *systematischen Bedingungsvariation* gehört, dass *explizit aufgrund theoretischer Überlegungen eine Bedingung variiert wird.* Eine systematische Bedingungsvariation liegt nicht vor, wenn den Personen im Feld (z. B. Lehrenden) die Definition des Merkmals überlassen wird.

perimente (z. B. Paas & Merriënboer 1994), aber sehr wenige Experimente in Schulen (z. B. Carroll 1994).

2. Implementierungsgüte der „Behandlungen"

Hier geht es um die Frage, ob die Methode, die in bestimmter Weise definiert wurde, auch im Experiment in gültiger Weise umgesetzt wurde. Man überprüft dieses Kriterium, indem man mehrfach die Ausführung der Methode nach bestimmten relevanten Merkmalen beobachtet. Man kann dann z. B. für jede Gruppe oder Klasse ein Maß für die Implementierungsgüte feststellen: Gruppen oder Klassen, die sich streng an die festgelegten Kriterien gehalten haben, solche, in denen dies nur teilweise gegeben war und solche, in denen dies unzureichend gegeben war. In zusätzlichen Analysen kann man sich dann um den Nachweis bemühen, dass bei gültiger Umsetzung der Methode die Ergebnisse deutlicher die formulierte Hypothese bestätigen als bei ungültiger Umsetzung.

3. Messgüte der Wirkungen („Validität", „Reliabilität" und „Objektivität")

Verschiedene Messungen der *erzielten Wirkungen* werden zu verschiedenen Zeitpunkten erhoben mit Messinstrumenten, deren Validität[17] und Reliabilität[18] durch frühere Untersuchungen hinreichend belegt ist. So ist es z. B. besser, wenn ein Merkmal sowohl durch einen standardisierten Test als auch durch einen für das spezielle Untersuchungsthema eigens entwickelten Test überprüft wird statt nur durch einen speziellen Test; ferner sollte die Wirkung zu verschiedenen Zeitpunkten geprüft werden (Ausgangszustand, direkt nach Beendigung, 14 Tage nach Beendigung, 2 Monate nach Beendigung einer „Behandlung"). Es sollten nicht nur Lerntests, sondern auch Transfertests verwendet werden. Für die durchgeführte Untersuchung sollte belegt sein, wie hoch die Beurteiler- oder Raterübereinstimmung ist (z. B. bei standardisierten Beobachtungen).

Ein besonderes Problem stellt die Fairness der ausgewählten Messmethoden dar. Wenn in der einen Gruppe mit Aufgaben gearbeitet wurde, die auch in den Nachtest auftreten, in den anderen Gruppen jedoch mit anderen Aufgaben gearbeitet wurde, hat man die „neue" Methode unzulässig bevorzugt. Ein „besseres" Ergebnis dieser Gruppe sagt dann nur begrenzt etwas über die tatsächliche Wirksamkeit der Methode etwas aus.

Generell gilt in der experimentellen Forschung das *Masochismusprinzip*[19]: Danach sollte es sich der Forscher möglichst schwer machen, seine Hypothesen zu bestätigen. Wenn er dann dennoch die aufgestellten Hypothesen bestätigt, sind diese Ergebnisse auch eher ernst zu nehmen.

---

[17] Die Validität eines Messinstruments kann man prüfen, indem man Experten in dem jeweiligen Inhaltsbereich einschätzen lässt, ob das Messinstrument tatsächlich das misst, was es messen soll (Prüfung der Inhaltsvalidität). Empirisch kann die Validität z. B. überprüft werden, indem die Stärke des Zusammenhangs mit Messinstrumenten geprüft wird, die das gleiche Merkmal erfassen sollen, oder indem gut bestätigte Hypothesen mit Hilfe des neuen Messinstruments erneut geprüft werden.

[18] Reliabilität bezeichnet die Genauigkeit und Zuverlässigkeit eines Messinstruments. Eine Methode zur Verbesserung der Reliabilität ist die Erhöhung der Anzahl von Testaufgaben. Reliabilität ist eine notwendige, aber keine hinreichende Bedingung für eine gute Validität eines Messinstruments.

[19] Das Masochismusprinzip besagt: Forscher sollten es sich möglichst schwer machen, ihre Hypothesen zu bestätigen. Schwer macht es sich der Forscher, wenn er z. B. durch Verwendung verschiedener Vergleichsgruppen eine Bestätigung der Hypothese erschwert. Ein konkretes Beispiel bietet die Kontroverse zwischen Klauer einerseits und Hager und Mitarbeitern andererseits. Klauer hat die Wirkung seines Programms zum Training bestimmter Intelligenzmerkmale mit der Intelligenzentwicklung von Schülern, die in der Klasse unterrichtet wurden, verglichen. Hager et al. haben dagegen eingewendet, man hätte es sich dadurch zu leicht gemacht, ein positives Ergebnis zugunsten des Programms zu erreichen. Beim induktiven Training nach Klauer würden Schüler individuell gefördert. Man müsse somit zum Vergleich eine Vergleichsgruppe wählen, in der die Schüler gleich viele individuelle Förderungen z. B. im Rahmen eines Wahrnehmungstrainings erhielten. Nach diesem Masochismusprinzip ist das Argument von Hager et al. gültig (vgl. Hager & Hasselhorn 1993; Klauer & Phye 2008).

Für die Beurteilung der Objektivität ist wichtig, dass die Durchführungsbedingungen in allen Gruppen vergleichbar sind und die auswertenden Personen nicht die Zugehörigkeit der Testbögen zu den verschiedenen Bedingungen kennen. Wichtig sind Angaben zur Übereinstimmung der Auswertungsdaten zwischen verschiedenen, voneinander unabhängigen Beobachtern, vor allem wenn es sich um komplexe qualitative Daten handelt, die dem Auswerter einen gewissen Interpretationsspielraum lassen.

4. Unterrichtspraktische Relevanz:

Hier geht es um das Verhältnis von Aufwand und Ertrag („kleiner Einsatz, große Wirkung"). Ausgangspunkt für die Bewertung der Stärke eines Effekts sind nicht die gefundenen Mittelwertsunterschiede, sondern die *Effektstärken* (vgl. dazu S. 30 ff.). Man kann z. B. feststellen, dass die Klassengröße einen kleinen Effekt auf die Leistungsentwicklung von Schülern hat (vgl. Mosteller 1995), allerdings deuten viele Ergebnisse darauf hin, dass unter bestimmten Voraussetzungen eine Verminderung der Klassenstärke in innerstädtischen Schulen eine bessere Förderung ermöglicht. Daneben ist wichtig, ob Unterrichtsinhalte untersucht werden, die für schulisches **Lernen insgesamt wichtig sind, (z. B. von Grundfertigkeiten wie Lesenlernen, Zahlenfakten, Zahlenverständnis, Lernen der abstrakten Darstellung von Sachverhalten).**

Dies sind einige wichtige Gesichtspunkte für die Bewertung der Güte von Experimenten. Um diese genauer verstehen und anwenden zu können, benötigt man vertiefte Kenntnisse in quantitativen empirischen Methoden (vgl. Wellenreuther 2000).

Wie schon am Beispiel der TIMS-Studie gezeigt wurde, können deskriptive Untersuchungen Fragen nach Ursachen nicht schlüssig beantworten. *Fragen, was erreicht werden könnte, wenn bestimmte Bedingungen vorhanden wären, können nur durch experimentelle Studien beantwortet werden.* Deshalb sollte experimentell geprüftes Wissen über Unterrichtsprozesse die Grundlage professionellen pädagogisches Handelns sein.[20]

Die Unterscheidung zwischen deskriptiver und experimenteller Forschung ist für die Bewertung von Forschungsergebnissen und damit auch für eine empirisch gestützte Grundlegung der Unterrichtspädagogik von entscheidender Bedeutung. Unter Methodenexperten ist unstrittig, dass nur experimentelle Forschung die Wirkung von bestimmten Unterrichtsfaktoren oder Unterrichtsmethoden streng prüfen kann (vgl. Campbell & Stanley 1970; Gage & Needels 1989; Gage 1996; Carnine & Gersten 2000; Wellenreuther 2000; 2009b).

Carnine & Gersten (2000, S. 139) schreiben dazu:

[20] Eine nähere Begründung dieser Position findet man auch in einem Aufsatz von Mosteller, Light & Sachs (1996). Clinton wurde bei seinem Programm der Einstellung von 100000 neuen Lehrern durch diesen Aufsatz beeinflusst. Der Aufsatz mit dem Titel „Sustained Inquiry in Education: Lessons from Skill Grouping and Class Size" befasste sich einerseits mit dem unbefriedigenden Forschungsstand über leistungsdifferenzierende Maßnahmen, andererseits mit Bedingungen, unter denen die Einrichtung kleiner Klassen besonders wirksam ist. Danach bringt eine deutliche Reduktion der Klassengröße unter 20 Schüler nur unter speziellen Bedingungen einen nennenswerten Effekt: In den ersten beiden Grundschuljahren, wenn intensiv mit leistungshomogenen Gruppen mit speziell dafür entwickelten Unterrichtsmaterialien gearbeitet werden kann. Insbesondere scheint eine Verminderung der Klassengröße angebracht, wenn Schulen ihre Schüler überwiegend aus unteren sozialen Schichten rekrutieren.
Auch wenn die auf Klassengröße zurück gehenden Effekte nicht sehr groß sind, scheint der Befund, dass von kleinen Klassengrößen vor allem Kinder unterer sozialer Schichten profitieren, wichtig zu sein. Dieser Befund konnte auch bei einer Analyse der TIMSS-Befunde für Schweizer Schulen bestätigt werden (vgl. Moser 1997, S. 213).

„... auf einer fundamentalen Ebene scheint es vernünftig zu sein, die Bewusstheit zu schärfen, dass jede Art von empirischer Forschung – ohne Berücksichtigung ihrer Qualität – letztlich entweder deskriptiv oder experimentell ist ...

Deskriptive Forschung ist ein sehr wirksames Werkzeug, um Probleme zu analysieren und komplexe Probleme fassbarer und verständlicher zu machen. Sie kann gute Dienste für die Entwicklung von Theorien leisten und hilft, Probleme einer Intervention zu verstehen ...

Dennoch kann deskriptive Forschung nur innovative Strategien vorschlagen, die Schülern vermittelt werden sollen, sie kann nur die Grundlage für die Entwicklung solcher Strategien bilden. Sie kann nicht prüfen ... oder validieren. Sie kann keine verallgemeinerbaren Strategien identifizieren, die wahrscheinlich die Leistungen von Schülern verbessern. Nur die experimentelle Forschung kann das leisten. Experimente zeigen manchmal, dass Ansätze, die vielversprechend in der Phase deskriptiver Forschung erscheinen, den meisten Schülern nicht helfen, Mathematik zu lernen."

Im Labor- und im Unterrichtsexperiment können *gleichzeitig mehrere Merkmale systematisch variiert werden*. So wurden in einem Experiment von Cordova & Lepper (1996) gleichzeitig die Faktoren „Personalisierung – JA/NEIN" und „Mitentscheidungsmöglichkeiten – JA/NEIN" unabhängig voneinander variiert.[21]

Für die Pädagogik ist eine Prüfung von Behaltens- und Transfereffekten besonders wichtig. Bei der Prüfung der Größe der erzielten Wirkungen wird in der Regel die Größe der Unterschiede in den Leistungen zwischen Versuchs- und Kontrollgruppe direkt nach Beendigung des fraglichen Unterrichts, eine Woche danach oder nach einem längeren Zeitraum festgestellt. Dadurch kann festgestellt werden, ob die erzielten Wirkungen dauerhaft sind oder nicht. Forschungen zur Wirkung von Übungsmethoden zeigen z. B., dass massiertes Lernen nur kurzfristig zu Lerngewinnen führt, die schon nach 2 Tagen in sich zusammenfallen, während verteiltes Lernen sowie das Überprüfen des eigenen Lernstands sich positiv auf das Behalten des Lernstoffs auswirkt (vgl. Kapitel 4, insbesondere den Abschnitt 4.5). Auch ein Unterrichtsexperiment zur Wirksamkeit von Exkursionen zeigte, dass kurz nach Beendigung der Exkursion noch kein deutlicher Unterschied im Lernergebnis der verschiedenen Exkursionsformen feststellbar war. Ein viertel Jahr später zeigten sich hingegen sehr deutliche Behaltenseffekte (vgl. MacKenzie & White 1982). Man kann somit bei einmaliger Wirkungsprüfung zu falschen Feststellungen bezüglich der Wirksamkeit der fraglichen Methode kommen.

Manche Pädagogen halten Experimente mit Kindern für unmoralisch. Man sollte jedoch sehen, dass tagtäglich in der Praxis ein riesiges, natürliches Experiment mit Kindern durchgeführt wird.[22] Die Prozesse, die diesem natürlichen alltäglichen Experiment zu Grunde liegen, sind in ihrem Zusammenwirken keineswegs hinreichend erforscht. Um diese Prozesse genauer zu verstehen, ist eine Durchführung von Labor- und Schulexperimenten sowie von Trainingsexperimenten unverzichtbar.

---

[21] Auf dieses Experiment wird in Abschnitt 8.3.1, S. 380–382 genauer eingegangen.

[22] Wer die Frage der Verantwortbarkeit experimenteller Forschung aufwirft, sollte auch die Frage der Verantwortbarkeit dieses naturwüchsigen Experiments beantworten.

Zu den Unterrichtsexperimenten gehören z. B. Experimente zu Fragen zur Wirksamkeit von Tutorenerklärungen,[23] von vorstrukturierenden Hilfen, von bildhaften didaktischen Veranschaulichungen, von Motivierungstechniken, von Merkmalen der Lehrtextgestaltung (z. B. ihrer Kohärenz) etc. Man konzentriert sich bei diesen Forschungen auf bestimmte eingegrenzte Fragen („Module des Unterrichts") und versucht zu klären, unter welchen Voraussetzungen diese Module ihre volle Wirksamkeit entfalten.

Experimente können sich an unterschiedlichen Methodologien orientieren. Die meisten für die Pädagogik relevanten Experimente, über die in diesem Buch berichtet wird, orientieren sich an der statistischen Methodologie, die von Fisher (1925) für die Biologie bzw. die Agrarwissenschaften entwickelt wurde und in deren Zentrum die Methode der Randomisierung zum Ausschluss der Zufallshypothese steht. Auf dieser Methodologie, die durch die Arbeit von Campbell & Stanley (1970) am nachhaltigsten geprägt wurde, baut auch die *Versuchsplanung* für pädagogische Untersuchungen auf.

Eine Alternative dazu ist m.E. die Methode der auf Skinner zurückgehenden Verhaltensanalyse. **Experimente der Skinner-Schule belegen an kleinen Versuchsgruppen, welche Wirkungen sich aus der Variation bestimmter Bedingungen ergeben. Dabei wird großer Wert auf den Nachweis** kausaler Beziehungen gelegt. Beispiele für Experimente dieses Typs sind Untersuchungen über den Einsatz älterer Schüler als Tutoren (Johnson & Bailey 1974), über die Wirkung von Münzverstärkungsprogrammen (Staats & Butterfield 1965 oder über die Wirkung von Hausaufgaben (Harris & Sherman 1974, vgl. dazu S. 171 f. in diesem Buch).

(3) Entwicklungs- und Trainingsforschung

Zunächst soll auch für die Trainings- und Entwicklungsforschung ein konkretes Beispiel genauer vorgestellt werden (nach Wellenreuther 2009b, S. 719).

„Entwicklungs- und Trainingsforschung

Wie leseschwache Kinder leichter lesen lernen (Iversen/Tunmer 1993)

Ziel: Die Wirksamkeit einer revidierten Fassung des Trainingsprogramms *Reading Recovery* (Clay 1993).

Besonderheit des Programms: Wichtigster Punkt war eine stärkere Gewichtung der Fertigkeit des phonologischen Dekodierens. Schüler sollten begrifflich auf die Verknüpfungen zwischen visuellen Mustern und Lauten unterschiedlicher Wörter vorbereitet werden. Hierbei wird z. B. die Nutzung von Phonogrammen betont, z. B. »ight« (light, fight, might und sight). Die stärkere Gewichtung solcher Übungen wurde durch experimentelle Forschungen zum operativen Umgang mit Silben und Buchstabenklustern motiviert, der von entscheidender Bedeutung für das Lesenlernen ist (vgl. Bryant/Bradley 1985). Die Entwicklungsarbeit wurde hier also durch vorherige experimentelle Forschung geleistet.

Methode: Die Studie wurde an 23 Schulen in Rhode Island mit 26 speziell für »Reading Recovery« ausgebildeten Lehrern durchgeführt. 64 leseschwache Schüler aus 34 Klassen nahmen an

[23] Vgl. Kap. 6 sowie Farkas & Durham, R. 2006, Renkl, A., Mandl, H.: Kooperatives Lernen: Die Frage nach dem Notwendigen und dem Ersetzbaren. In: Unterrichtswissenschaft. Zeitschrift für Lernforschung, 1995, Jg. 23, Heft 4, 292–300; Renkl, A.: Lernen durch Erklären – oder besser doch durch Zuhören? In: Zeitschrift für Entwicklungspsychologie, 1996, Band XXVIII, Heft 2, S. 148–168.

der Untersuchung teil. Zwei Gruppen von Lehrern, die voneinander keine Kenntnis hatten, wurden an verschiedenen Orten für die Durchführung des alten bzw. des revidierten Programms *Reading Recovery* trainiert. Danach wurden Kinder ausgesucht, die für eine individuelle Leseförderung in Betracht kamen. Diese wurden dann per Zufall drei Behandlungsgruppen zugeteilt: Eine mit dem alten Programm Reading Recovery, eine mit dem neuen, modifizierten Programm und eine dritte mit dem Standard-Förderprogramm für leseschwache Schüler.

Ergebnisse: Alle mit Reading Recovery geförderten Schüler konnten nach Beendigung der individuellen Förderung im normalen Klassenunterricht erfolgreich mitarbeiten. Beim modifizierten Programm benötigte man dafür 42 halbstündige Sitzungen, beim Standardprogramm 57 Sitzungen.

Offene Fragen: Durch weitere Forschung sollte geklärt werden, wie die hohen Kosten reduziert werden können. (1) Man sollte das Programm so modifizieren, dass man gleichzeitig mit zwei oder drei Schülern arbeiten kann (vgl. Iversen/Tunmer/Chapman 2005). (2) sollte man mehr mit freiwilligen Erwachsenen arbeiten, die von Lesespezialisten in Schulen angeleitet werden (Farkas 1998; Johnston/Invenizzi/Juel 1998)."

Zwischen hypothesenprüfenden Untersuchungen und Trainingsstudien gibt es fließende Übergänge (vgl. Iversen, Tunmer & Chapman 2005; VanLehn, Graesser, Jackson, Jordan, Olney & Rosé 2007). Experimente in der Pädagogik kann man in hypothesenprüfende und programmprüfende Experimente unterteilen. Programmprüfende Experimente bezeichnet man als Trainingsexperimente.

Die Planung und Durchführung von Trainingsexperimenten soll zunächst an der Übersicht 1 verdeutlicht werden. In Phase 1 werden vergleichbare Gruppen von Lehrern bzw. Klassen durch *Zufallsaufteilung* (*Randomisierung*) von Klassen bzw. Lehrern zusammengestellt. In Phase 2 wird eine Behandlung bzw. ein Training bei einer Versuchsgruppe von Lehrern durchgeführt (z. B. eine Lehrerfortbildung), eine andere vergleichbare Gruppe (Kontrollgruppe) erhält kein solches Training.[24] In Phase 3 unterrichten beide Gruppen von Lehrern über einen bestimmten Zeitraum (z. B. ein Jahr). In dieser Phase sollte geprüft werden, ob und in welchem Umfang es den Lehrern der Trainingsgruppe und der Kontrollgruppe gelingt, die zentralen Merkmale der untersuchten Methode zu verwirklichen. In der vierten Phase wird dann gemessen, wie viel in beiden Gruppen gelernt wurde.

Der Vorteil eines Trainingsexperiments besteht darin, verschiedene Maßnahmen zu kombinieren, um eine möglichst starke Wirkung zu erzielen. Der Nachteil eines Trainingsexperiments im Unterschied zum Labor- oder Unterrichtsexperiment ist, dass eine eindeutige Rückführung der Ergebnisse auf die variierten Faktoren nicht möglich ist. So kommen in einem Trainingsexperiment von Good, Grouws und Ebmeier (1983) verschiedene Faktoren für die Lernerfolge aktiven Mathematikunterrichts in Betracht: Eine systematische Methode des Zusammenfassens und Wiederholens von Inhalten, eine andere Methode des Stellens und Kontrollierens von Hausaufgaben, eine bestimmte Form der Strukturierung des Unterrichts u. a. m. Die Ergebnisse von Labor- und Unterrichtsexperimenten sind eindeutiger, weil hier die relevanten Faktoren systematisch variiert werden. Dabei wird im Laborexperiment sehr häufig mit Computern gearbeitet,

[24] Vgl. Good et al. (1983), S. 30 f., Anderson, Evertson & Brophy (1979), Fennema, Carpenter, Peterson, Chiang & Loef (1989).

weil dadurch eine weitgehend standardisierte Betreuung der Probanden in Einzelversuchen möglich ist.

Übersicht 1: Phasen eines Trainingsexperiments

1. Phase (Bildung der Versuchs- und Kontrollgruppen)	**2. Phase (Training)**	**3. Phase (Implementierung)**	**4. Phase (Messung der Effekte bzw. der Lern- und Behaltenswirkung)**
Bildung von vergleichbaren Gruppen, damit die Ergebnisse möglichst eindeutig interpretierbar sind. Beste Methode: **Zufallsaufteilung** von **50 Klassen (beste Methode).** Zweite Methode: **Parallelisierung.** Parallelklassen (z. B. nach Leistungen in einem Vortest) werden gebildet.	Training für die Methoden, z. B. durch ein Schulungsmanual, im Rahmen eines Weiterbildungsseminars usw. **Versuchsgruppe:** Erhält ein Training über **den Einsatz einer neuen** Methode. **Kontrollgruppe:** Erhält kein Training, unterrichtet nach der tradierten Methode.	Umsetzung der fraglichen Methoden im Unterricht: In Versuchs und Kontrollgruppe sollte das unterrichtet werden, was geplant war. **Empirisch muss hier** geprüft werden, in welchem Umfang die Lehrer die fraglichen Methoden auch im Unterricht einsetzen.	*Direkt nach der „Behandlung" sowie Wochen nach* dem durchgeführten Unterricht werden Messungen durchgeführt, z. B. 0, 1, 6, 12 oder 36 Wochen **nach Beendigung der Behandlung.** Dies ist wichtig, um Lern- und Behaltens- sowie Transfereffekte, bezogen auf kognitive und soziale Lernziele, festzustellen.

Pädagogik ist, wie die Medizin, eine technische Disziplin. Sie hat zu erforschen, wie bestimmte Faktoren zu kombinieren sind, um möglichst starke Lerneffekte zu erzielen *(z. B. „Wie wirksam ist ein neues Förderprogramm zum Leselernen?").* Nach dem Entwicklungsstand eines Programms kann man zwei Phasen unterscheiden: Eine *formative Phase*, in der es um die Entwicklung und erste Überprüfung eines Programms geht, und eine *summative Phase*, in der experimentell die Wirksamkeit des Programms überprüft wird. In der Regel bleibt die formative Phase eher verborgen, während im Rahmen der summativen Phase zur Wirksamkeit des Programms Experimente durchgeführt werden.

Für die Trainingsforschung ist besonders der Gesichtspunkt „praktische Bedeutsamkeit" wichtig. Dabei geht es um die Frage der Kosten-Nutzen-Relation. Ein Programm, das viel kostet und wenig bewirkt, kann wirksam sein, seine praktische Bedeutsamkeit ist jedoch aus Kostengründen beschränkt, auch wenn man durch große Versuchs- und Kontrollgruppen diese geringe Wirksamkeit statistisch nachweisen kann.

Im Trainingsexperiment werden nicht verschiedene Faktoren systematisch variiert, sondern diese Faktoren bewusst zu einem Programm kombiniert, dessen Wirksamkeit im Vergleich zu alternativen Programmen oder Methoden zu prüfen ist. In einem Trainingsexperiment über aktiven Mathematikunterricht (vgl. Good, Grouws & Ebmeier 1983)[25] sollten die Lehrer der Trainingsgruppe z. B. in bestimmter Weise Hausaufgaben stellen und kontrollieren und an bestimmten Tagen (DI – FR) den Unterricht mit einigen Kopfrechenaufgaben beginnen. Ferner sollten sie länger und stärker verständnisorientiert neue Konzepte und Verfahrensweisen einführen und

[25] Auf dieses Experiment von Good, Grouws und Ebmeier (1983) wird ausführlich im Abschnitt 8.2 eingegangen.

erklären (DI – FR jeweils 20 Minuten), montags immer eine ausführliche zwanzigminütige Wiederholung des in der letzten Woche behandelten Stoffs geben usw. Auf diese Änderungen in den Unterrichtsroutinen wurden die Lehrer der Versuchsgruppe durch ein Trainingsmanual vorbereitet, in dem diese Verfahrensweisen beschrieben wurden. Zusätzlich wurden diese Vorgehensweisen anhand konkreter Beispiele in einem Workshop diskutiert.

Da in der Versuchsgruppe somit gleichzeitig verschiedene Unterrichtsroutinen verändert werden, kann der Einfluss einzelner Faktoren nicht mehr isoliert werden. Jedoch kann man durch Befragung oder durch Unterrichtsbeobachtung zusätzliche Informationen einholen, in welchen Faktoren sich Versuchs- und Kontrollgruppen besonders stark unterscheiden (vgl. Evertson, Emmer, Sanford & Clemens 1983). So zeigte sich in dem Unterrichtsexperiment von Good, Grouws & Ebmeier (1983), dass Lehrer bestimmte Punkte sehr gut in ihrem Unterricht berücksichtigen bzw. umsetzen können (z. B. die regelmäßige Hausaufgabenkontrolle), andere Punkte dagegen nicht (ausführliche, schülergemäße Erklärungen geben). Die erzielten Effekte werden dann auf die Faktoren zurückgeführt, die auch tatsächlich im Unterricht der Versuchsgruppe umgesetzt wurden.

Wenn in einem Unterrichtsexperiment keine Wirkung festgestellt wird, kann dies also zwei mögliche Gründe haben: (1) Die neue Methode übt tatsächlich keine stärkere Wirkung aus als die tradierte Methode, oder (2) es ist den Lehrern gar nicht gelungen, wesentliche Teile der neuen Methode im Unterricht auch anzuwenden. Deshalb ist es in der Unterrichtsforschung mittlerweile üblich, zusätzlich die Gültigkeit der Umsetzung der einzelnen Elemente einer bestimmten Methode z. B. durch Unterrichtsbeobachtungen und zusätzliche Befragungen einzuschätzen. Falls geringe Wirkungen erzielt wurden, und außerdem festgestellt wurde, dass einige Lehrer der Versuchsgruppe gar nicht in der Lage waren, die neue Methode einzusetzen, sollte man prüfen, ob diese unterschiedliche Implementierung auch zu unterschiedlich starken Wirkungen geführt hat. Wenn Lehrer, die relevante Merkmale gut umgesetzt haben, auch starke Effekte erzielen, dann bestätigt dies den theoretischen Ansatz der Untersuchung. Die Prüfung einer angemessenen Umsetzung der relevanten Merkmale ist von großer praktischer Bedeutung, weil Informationen über die Schwierigkeiten der Umsetzung eines Programms Hinweise auf noch bestehende Schwächen des Trainingsprogramms bzw. der Methode geben.

(4) Meta-Analysen und Zusammenfassungen

Einführung

Zusammenfassungen (Reviews) und Meta-Analysen haben die Aufgabe, den Kenntnisstand in einem Untersuchungsgebiet herauszuarbeiten. Die schwierigste Aufgabe ist zunächst, alle zur Forschungsfrage durchgeführten empirischen Studien zu finden. Die Suche erstreckt sich dabei auf in Zeitschriften veröffentlichte Studien sowie Dissertationen und Reports. Dazu müssen *Auswahlkriterien* aufgestellt und diskutiert werden. Die Güte dieser Auswahlkriterien für die Auswahl der Studien bestimmt letztlich, wie glaubwürdig die Ergebnisse sind.

In den letzten 50 Jahren wurden Zusammenfassungen (Reviews) zunehmend durch Meta-Analysen ersetzt. Den traditionellen Zusammenfassungen wurde vorgeworfen, die vorhandenen Daten zu stark nach fragwürdigen Kriterien auszuwerten. Effekte werden leicht übersehen, wenn sie wegen kleiner Stichprobenumfänge nicht „signifikant" werden, auch wenn es sich um starke Effekte handelt. Kleine, aber konsistent auftretende Effekte würden leicht übersehen werden. Meta-Analysen berücksichtigen auch solche Studien, in denen aufgrund kleiner Stichprobenumfänge keine signifikanten Effekte aufgetreten sind. Meta-Analysen könnten die vorhandenen Daten objektiver auswerten, weil sie die in einem Gebiet aufgetretenen Effekte durch Berechnung einer durchschnittlichen *Effektstärke* beschreiben.

Effektstärken sind standardisierte Maße für die Stärke von Zusammenhängen. Grundlage für die Berechnung der durchschnittlichen Effektstärke sind *alle* ausgewählten empirischen Studien. Man untersucht, wie groß der durchschnittliche Effekt ist, wenn alle bisher durchgeführten Untersuchungen berücksichtigt werden. Die Effektstärke wird in folgender Weise berechnet: $d=(M_{VG}-M_{KG})/S_{KG}$., wobei es sich bei M_{VG} um das das arithmetische Mittel in der Versuchsgruppe und bei S_{KG} um die Standardabweichung der Messwerte in der Kontrollgruppe handelt[26].

Meta-Analysen werten die Ergebnisse von Primärerhebungen zu einer bestimmten Thematik aus, z. B. zum Pygmalioneffekt. Man sucht also zunächst zur ausgewählten Thematik alle Experimente in allen Fachzeitschriften, Dissertationen und unveröffentlichten Forschungsberichten, bewertet diese Studien im Hinblick auf die Einhaltung methodologischer Mindestkriterien und prüft dann, wie stark im Durchschnitt bei den methodisch „sauberen" Studien der festgestellte Effekt war. **Bei Metaanalysen handelt es sich somit um *Sekundäranalysen*, also um keine eigenständigen empirischen Untersuchungen. Metaanalysen gibt es z. B. zu Fragen wirksamer Unter**richtsfaktoren allgemein[27], zum offenen Unterricht[28], zu Hausaufgaben (Cooper 1989) sowie zur Rolle extrinsischer Verstärker bei hoher intrinsischer Motivation[29]

Wenn man die Ergebnisse einer Vielzahl von Untersuchungen analysiert, kann man zusätzlich auch *Kontexteffekte* genauer untersuchen: Man kann z. B. prüfen, ob bestimmte Unterrichtsformen in bestimmten Klassenstufen besonders erfolgreich sind. So gibt es z. B. Hinweise, dass Hausaufgaben besonders in höheren Klassenstufen lernwirksam sind (Cooper 1989). Oder man überprüft, ob Studien hoher methodischer Qualität zu anderen Folgerungen gelangen als Studien geringer methodischer Qualität.

Effektstärken

Bausteine für Metaanalysen sind die in den empirischen Primärerhebungen erzielten Effekte. Diese Effekte werden in sog. Effektstärken (d. h. in Einheiten der Standardabweichung[30] der Messwerte) ausgedrückt (vgl. das Zahlenbeispiel im Kasten). *Effektstärken beschreiben Mittel-*

[26] Der Effekt einer Studie wird durch die Effektstärke berechnet. Im einfachsten Fall ergibt sich die Effektstärke in zwei Rechenschritten: (1) Bildung der Differenz zwischen den Mittelwerten der Versuchs- und Kontrollgruppe, und (2) Teilung der Differenz durch die Standardabweichung der Kontrollgruppe. In Fällen, in denen nicht klar ist, was Versuchs- und was Kontrollgruppe ist, bildet man die „gemittelte" Standardabweichung.

[27] Wang, M. C., Haertel, G. D., Walberg, H. J.:Toward a Knowledge Base for School Learning. In: In: Review of Educational Research, 1993, Vol. 63, No. 3, 249–294. Zur Kritik an dieser Metaanalyse vgl. Hedges & Waddington (1993) und Singer (1993).

[28] Giaconia, R. M., Hedges, L. V.: Identifying Features of Effective Open Education. In: Review of Educational Research, 1982, Vol. 52, No. 4, 579–602. Furtak, Erin Marie, Seidel, Tina, Iverson, Heidi und Briggs, Derek C. (2012): Experimental and Quasi-Experimental Studies of Inquiry-Based Science Teaching: A Meta-Analysis. *Review of Educational Research.September 2012, Vol. 82, No. 3, pp. 300–329.*

[29] Cameron, J., Pierce, W. D.: Reinforcement, Reward, and intrinsic Motivation: A Meta Analysis. In: Review of Educational Research, 1994, Vol. 64, No. 3, 363–423; Kritik daran vgl. Lepper, Keavney & Drake (1996).

[30] Die Standardabweichung von Messwerten ist ein Maß für die Streuung der Messwerte. Sie wird bestimmt, indem (1) zunächst bei jedem einzelnen Messwert die Differenz zwischen Messwert und arithmetischem Mittelwert gebildet wird. Diese Differenzen werden dann (2) quadriert. Danach wird (3) die Summe dieser quadrierten Werte gebildet. Diese Summe wird danach (4) durch die Anzahl der Messwerte minus 1 geteilt (n - 1). Zum Schluss wird aus dem erhaltenen Wert dann die Quadratwurzel gezogen.

wertsunterschiede zwischen Versuchs- und Kontrollgruppe in Standardabweichungseinheiten. Effektstärken sind somit Maße, die von der Größe der Streuung der Messwerte unabhängig sind. Diese Unabhängigkeit von der Größe der Messwertstreuung ist beim Vergleich von Mittelwertsunterschieden nicht gegeben. Wenn der erste Test z. B. halb so viele Aufgaben enthält wie der zweite Test, würde sich beim zweiten Test ein größerer Mittelwertsunterschied ergeben, auch wenn kein größerer Effekt erzielt wurde. Im Rechenbeispiel unten wurden in der zweiten Untersuchung mehr Testaufgaben verwendet; deshalb ist hier der Mittelwertsunterschied zwischen Versuchsgruppe und Kontrollgruppe größer. Trotz größerer Mittelwertsdifferenz ist die Effektstärke in der zweiten Untersuchung kleiner als in der ersten Untersuchung, weil die Standardabweichungen in der zweiten Untersuchung größer sind.

Untersuchung 1: Test mit 20 Aufgaben		Untersuchung 2: Test mit 40 Aufgaben	
Versuchsgruppe (mit Partnerarbeit) (Messwerte von 10 Schülern)	Kontrollgruppe (ohne Partnerarbeit) (Messwerte von 10 Schülern)	Versuchsgruppe (mit Partnerarbeit) (Messwerte von 10 Schülern)	Kontrollgruppe (ohne Partnerarbeit) (Messwerte von 10 Schülern)
12	6	28	12
14	4	23	16
8	13	17	28
6	10	15	23
15	9	19	19
12	7	31	32
11	8	26	30
9	10	22	25
10	10	35	20
12	12	33	14
M[31] $_{VG}=10{,}9$ S_{VG}[32] $=2{,}73$	$M_{KG}=8{,}9$ $s_{KG}=2{,}73$	$M_{VG}=24{,}9$ $S_{VG}=6{,}5$	$M_{VG}=21{,}9$ $S_{KG}=6{,}5$
Mittelwertsunterschied 2 Punkte Effektstärke $=(M_{VG}-M_{KG})/S_{KG}=0{,}73$		Mittelwertsunterschied 3 Punkte Effektstärke $=(M_{VG}-M_{KG})/S_{KG}=0{,}46$	

Die Effektstärke ist das geeignete Maß, um die Effekte verschiedener Untersuchungen miteinander vergleichen zu können. Dies wird durch die Berechnung im Kasten verdeutlicht. Der größere Mittelwertunterschied in der zweiten Untersuchung deutet auf einen größeren Effekt hin (3 Punkte). In der ersten Untersuchung beträgt der Mittelwertsunterschied nur 2 Punkte. Berücksichtigt man jedoch die unterschiedliche Messwertvariabilität in den beiden Untersuchungen, dann zeigt sich, dass in der ersten Untersuchung die größere Wirkung erzielt wurde.

[31] M steht hier für das arithmetische Mittel der Messwerte der jeweiligen Gruppe.

[32] S_{VG} steht für die Standardabweichung in der Versuchsgruppe. Die Standardabweichung ist ein Maß für die Streuung der Messwerte. Wenn Messwerte ungefähr normalverteilt sind (z. B. glockenförmig verteilt), dann liegen etwa 68 % aller Messwerte innerhalb einer Standardabweichung um das arithmetische Mittel; 95 % liegen etwa innerhalb von zwei Standardabweichungen um den Mittelwert. Im Kasten werden zwei Untersuchungen miteinander verglichen, in denen jeweils die gleiche Methode der Partnerarbeit (PA) erprobt wurde. In beiden Untersuchungen wurden allerdings unterschiedliche Tests zur Messung der Wirkung der Partnerarbeit eingesetzt.

Cohen schlägt folgende Bewertung der Effektstärken vor:

- Kleiner Effekt d = 0,2
- Mittlerer Effekt d = 0,5
- Starker Effekt d = 0,8

Hattie (2013) hat eine Effektstärke von 0,4 als „Umschlagpunkt“ vorgeschlagen. An diesem sollten die gefundenen Ergebnisse gemessen werden. *„Man kann vernünftigerweise behaupten, dass mindestens die Hälfte aller umgesetzten Programme, mindestens die Hälfte aller Lernenden und die Hälfte aller Lehrpersonen diesen U-Punkt einer Veränderung von d = 0,40 als Folge ihrer Handlungen erreichen können und auch tatsächlich erreichen.“* (Hattie 2013, S. 21).

Eine Effektstärke von 0,73 in der ersten Untersuchung deutet auf einen in der empirisch-pädagogischen Forschung starken Effekt hin, eine Effektstärke von 0,46 in der zweiten Untersuchung auf einen mittleren Effekt (vgl. Cohen 1988[2]). Ein Mittelwertsunterschied von z. B. drei Punkten, der mit einem Test mit wenigen Aufgaben erzielt wurde, ist anders zu bewerten als der gleiche Mittelwertsunterschied, wenn dieser mit Hilfe eines Tests mit vielen Aufgaben erzielt wurde. Deshalb wird zum Vergleich der Stärke von Wirkungen die Effektstärke verwendet.

Die Güte von Meta-Analysen – ein Beispiel

Die Güte von Metaanalysen kann nach bestimmten Gesichtspunkten bewertet werden. Sie hängt davon ab, ob z. B. überwiegend „methodisch saubere“ Untersuchungen in der Analyse verwendet werden, ob die Ergebnisse nach verschiedenen Merkmalen differenziert aufgelistet werden u. a. m. Besonders wichtig ist eine genaue Spezifikation der zu prüfenden Methode. Dies soll an einem Beispiel zum erkundungsbasierten Unterricht verdeutlicht werden (vgl. Furtak et al. 2012).[33]

In der Meta-Analyse von Furtak et al. wird die Wirksamkeit *erkundungsbasierten Unterrichts* im Vergleich zu *normalem Unterricht* untersucht. Dieser normale Unterricht soll nach Furtak et al. (2012, S. 301) in *„traditioneller, vortragsbasierter Weise“* durchgeführt werden, während in der *„Versuchsgruppe irgendeine Form erkundungsbasierten Lernens“* angewendet werden soll. Die Bandbreite dessen, was als erkundungsbasiertes Lernen gehalten wird, ist allerdings sehr breit.

> *„Zum Beispiel könnte eine Studie unter Erkundung verstehen, dass Schüler Daten zur Beantwortung einer Frage zusammentragen, die der Lehrer aufgeworfen hat, verglichen mit einer Studie, in der Schüler Daten analysieren, die der Lehrer geliefert hat. In einer zweiten Studie könnte ein Lehrer Schüler anleiten, Erklärungen zu einem wissenschaftlichen Phänomen zu entwickeln, und dieses Lernarrangement mit einer Bedingung vergleichen, in der die Schüler mit der Unterstützung eines Online-Tools arbeiten.“* (Furtak et al. 2012, S. 302)

Oft orientieren sich die Studien zum erkundungsbasierten Unterricht an der „Conceptual Change“-Theorie, nach der es wesentlich ist, die vorhandenen Theorien und Verständnisse der Kinder zu berücksichtigen und aufgrund von Versuchen und Argumenten zu widerlegen (vgl. Posner, Strike, Hewson und Gertzog 1982).

[33] Ein weiteres Beispiel für eine problematische Meta-Analyse ist die von Qin, Johnson & Johnson (1995). Auf diese Metaanalyse wird genauer in Kapitel 9 eingegangen.

Um die Meta-Analyse von Furtak et al. (2012) kritisch bewerten zu können, habe ich die Primärstudien analysiert, die zur durchschnittlichen Effektstärke des erkundungsbasierten Unterrichts von d=+0,5 durch sehr große Effektstärken den größten Beitrag leisten.

Auffällig ist zunächst, dass hier ganz verschiedene Unterrichtsmethoden in einen Topf geworfen werden. Einige Studien verwenden den *Lernzirkel* als Unterrichtsmethode, andere bestimmte Formen des computerunterstützten Unterrichts, weitere lassen *Begriffshierarchien (Mind Maps)* erstellen. Manche Studien zeigen, dass ein vom Lehrer strukturierter Unterricht eher lernförderlich ist als ein weniger strukturierender Unterricht. Gleichwohl sollen Schüler eigene Erkundigungen durchführen und Daten selbst analysieren bzw. selbst erheben.

Die größte Schwäche der Studien, die mit großen Effektstärken in die Meta-Analyse von Furtak et al. (2012) eingingen, liegt in der Wahl der Kontrollgruppe. In der Regel wird zum Vergleich ein bornierter Frontalunterricht verwendet, in dem Schüler durch Aufgaben nur angeleitet werden, Texte im Schulbuch durchzulesen. Indem man zum Vergleich einen solchen Strohmann verwendet, macht man es sich leicht, die innovative Methode als lernwirksam und „erfolgreich" darzustellen.[34]

Wie im Rahmen einer Meta-Analyse manipuliert werden kann, soll am Beispiel einer Studie von Alexander, P. A., Fives, H., Buehl, M. M., & Mulhern, J. (2002) dargestellt werden. Diese Studie hat zwei hohe, positive Effektstärken zur Meta-Analyse von Furtak et al. beigetragen (d=+1,74 und d=+0,96).[35]

Galilei und die Kirche (Alexander et al. 2002)

In der Studie von Alexander et al. (2002) wurden Schüler der sechsten oder siebten Klassenstufe *in der Versuchsbedingung* in die Zeit von Galileo versetzt. Sie sollen seine Position auf dem Hintergrund der Position der Kirche und von Galilei verstehen.

Versuchsklassen: Die Überzeugungsdiskussion wurde von einem der Autoren in den beiden Versuchsbedingungen orchestriert. Der Fokus lag dabei auf folgender Fragestellung: *„Sollten wissenschaftliche Erkenntnisse von der Öffentlichkeit ferngehalten werden, wenn sie Konfusion oder Unruhe auslösen könnte?"*

In den Versuchsgruppen orientierte der Lehrer zunächst die Schüler auf das Thema, indem er auf die Schüler Namenskarten der relevanten historischen Personen verteilte (Galileo, Copernicus, Ptolemäus, Papst Urban VIII, and Cardinal Bellarmine). Dadurch konnte der Lehrer diese Schüler an verschiedenen Stellen der Lektion bitten, die Position der entsprechenden Personen einzubringen.

[34] Dies widerspricht der Masochismusregel, nach der es sich Forscher schwer machen sollen, die vertretenen Hypothesen zu bestätigen. Nur durch die Verwendung von „Strohmann-Kontrollgruppen" kann man zu einer durchschnittlichen Effektstärke von +0,5 zugunsten des erkundungsbasierten Unterrichts gelangen. Dem steht dann gegenüber, dass auch für direkte Instruktion eine durchschnittliche positive Effektstärke von über +0,59 belegt werden kann (vgl. Hattie 2013, S. 242). Wenn man als Kontrollgruppe anspruchsvolle direkte Instruktion verwendet hätte, würde dieser offenkundige Widerspruch verschwinden. Experimentelle Studien zeigen dann deutliche Effekte zugunsten direkter Instruktion (vgl. dazu Karpicke und Blunt 2011 a; Klahr & Nigam 2004; Matlen & Klahr 2012; Stull & Mayer 2007).

[35] Ich habe mir vor allem die Studien genauer angesehen, die durch eine hohe positive Effektstärke zu Gunsten des erkundungsbasierten Unterrichts auffallen und die damit wesentlich die hohe durchschnittliche Effektstärke des erkundungsbasierten Unterrichts erklären.

Dann wurden die Schüler aufgefordert, zur Fragestellung der Stunde („Sollten wissenschaftliche Erkenntnisse von der Öffentlichkeit ferngehalten werden, wenn sie Konfusion oder Unruhe auslösen könnte?") aufgrund der verteilten Texte eine Position zu dieser Fragestellung zu entwickeln, die dann entweder in einem fragend-entwickelnden Unterricht oder in Gruppenarbeit diskutiert und als Argumente herausgearbeitet wurden. Die Pro- und Kontra-Argumente zur vorgegeben Fragestellung sollten farbig hervorgehoben werden. Der Lehrer hielt dann über das Leben Galileis einen Vortrag, wobei auch auf die möglichen Auswirkungen auf die Öffentlichkeit eingegangen wurde. Über zwei verschiedene Texte, die teilweise vom Lehrer vorgelesen oder als Lesetexte verwendet wurde, wurden die Positionen von Galilei und von der Kirche übermittelt. Zum Schluss sollten die Schüler nochmals alle wichtigen Argumente bezüglich der Fragestellung der Stunde auf einer c festhalten. Die Schüler sollten dabei nochmals ihre ursprüngliche Position reflektieren.

Vergleichs- bzw. Kontrollklassen: In den Vergleichsklassen stützten sich die Lehrer auf ein Lehrbuch, in dem Galilei und andere Wissenschaftler nur kurz erwähnt wurden. Die Lehrer bemühten sich, die Schüler auf die verbindlichen Tests vorzubereiten. Nähere Angaben zum Unterricht fehlen, **es wurde offensichtlich nicht überprüft, inwiefern in den Kontrollklassen überhaupt die gleichen Inhalte wie in den Versuchsklassen vermittelt wurden.**

Ergebnisse: In den Vergleichsklassen war das Ergebnis im Nachtest niedriger als im Vortest. Hingegen gab es in den beiden Versuchsbedingungen einen deutlichen Lernzuwachs. Dabei erzielte die lehrergeführten Klassen ein deutlich besseres Ergebnis als die schülergeführten Klassen. Die von Furtak et al. ermittelten Effektstärken für den erkundungsbasierten Unterricht wurden durch Vergleich mit den Kontrollklassen bestimmt. Auf eine Effektstärke von 1,74 kam man z. B., indem vom durchschnittlichen Lernzuwachs in den Versuchsgruppen der durchschnittliche Lernzuwachs in der Kontrollgruppe abgezogen wird und das Ergebnis dann durch die Standardabweichung der Kontrollgruppe geteilt wurde.[36]

Bewertung der Studie: Was sagt diese Studie tatsächlich über die Wirkung erkundungsbasierten Unterrichts aus? Zunächst einmal ist bekannt, dass ein sorgfältig geplanter Unterricht, in dem die Schüler Pro- und Kontra-Argumente austauschen und in dem das vermittelte Wissen in den Kontext der damaligen Zeit gebracht wird, mehr bringt als eine Stunde, die Schüler hauptsächlich zu einem oberflächlichen Lesen eines Schulbuchtextes animiert. Wichtige Faktoren für das Lernen im Unterricht sind *Kontextualisierung, Personalisierung* sowie ein *wiederholtes Herausarbeiten wesentlicher Gedanken*. Der in dieser Studie festgestellt Lernerfolg der Versuchsgruppe ist nur deshalb so eindrucksvoll, weil das Arbeiten mit dem Schulbuch in der Kontrollgruppe völlig wirkungslos war. Ein Großteil der in den Versuchsklassen vermittelten Inhalte wurde in den Vergleichsklassen nicht behandelt. Deshalb kann man aus den dargestellten Befunden m. E. nichts über die Wirkung erkundungsbasierten Unterrichts ableiten. Gleichwohl ist unbestritten, dass eine angeleitete tiefe Erarbeitung von Inhalten z. B. durch Anfertigung von Listen über die Pro- und Kontra Argumente bezüglich einer Aufnahme der neuen Ideen in der Öffentlichkeit zu einer tieferen Verankerung im Langzeitgedächtnis führt als ein oberflächliches Lesen eines Schulbuchtextes.[37]

---

[36] Konkret wurde in der lehrergestützten Versuchsbedingung ein Lernzuwachs von 6,59 erzielt, in der Kontrollbedingung ein negativer Lernzuwachs von - 0,48. Wenn man von 6,59 das negative Lernergebnis von - 0,48 abzieht, erhält man als nicht-standardisierten Effekt 7,07. Teilt man diesen „Lerneffekt" durch die Standardabweichung in der Kontrollbedingung (S_d=4,07), ergibt sich die Effektstärke von 1,74.

[37] Ärgerlich ist, dass man über die Gestaltung des Unterrichts in den Kontrollklassen keine genaueren Informationen erhält. Je schlechter aber das Ergebnis in der Kontrollklasse ist, umso besser schneidet der erkundungsbasierte Unterricht ab!

Formal hängt die Möglichkeit, über die Kontrollgruppe die Effektstärke einer Methode zu manipulieren, damit zusammen, dass die Effektstärke der jeweiligen Methode nicht nur durch die (1) Meßwertvariabilität (Standardabweichung der Messwerte) bestimmt wird, sondern auch (2) vom Mittelwert der Versuchsgruppe und (3) vom Mittelwert der Kontrollgruppe abhängig ist. Der Forscher kann vor allem durch zwei Maßnahmen die Effektstärke erhöhen: *Einmal durch Erhöhung der Lernwirksamkeit der Bedingung in der Versuchsgruppe, zum anderen aber auch durch Verminderung der Lernwirksamkeit in der Kontrollgruppe.* In der Untersuchung von Alexander et al. wurden beide Methoden eingesetzt: In den Versuchsgruppen wurde der Unterricht sorgfältig geplant, während in der Kontrollgruppe eigentlich gar nicht unterrichtet wurde. Man überließ hier die Schüler weitgehend sich selbst, bestimmte Aufgaben mit Hilfe des Schulbuchs zu bearbeiten.

Fraglich ist, was man aus dieser Meta-Analyse bezüglich erkundungsbasierten Unterrichts ableiten kann. Wenn in den Versuchsklassen Faktoren wie Strukturierung durch den Lehrer, Elaboration der Hauptgedanken, Personalisierung und Kontextualisierung der Inhalte realisiert wurden, stellt sich die Frage, was diese Faktoren mit einem erkundungsbasierten Unterricht zu tun haben. Diese Faktoren tragen dazu bei, dass Schüler im Rahmen direkter Instruktion viel lernen. Wie aber ist hier direkte Instruktion von erkundungsbasiertem Unterricht abgrenzbar? Niemand wird ernsthaft bestreiten, dass ein unkontrolliertes, oberflächliches und selbstgesteuertes Arbeiten mit dem Schulbuch zu einem geringen Lernzuwachs führt.

Wenn man Meta-Analysen wie die von Furtak et al. (2012) analysiert, gewinnt man den Eindruck, dass alle Unterrichtsmethoden, die in den aufgeführten Primärstudien angewendet werden, besonders effektiv sind. Wenn man dies jedoch anhand experimenteller Forschung genauer prüft, gelangt man zu anderen Folgerungen. Ich nenne hier nur ein paar Studien, die grundlegende Annahmen erkundungsbasierter Methoden in Frage stellen:

1. D. Klahr konnte in mehreren Studien nachweisen, dass das direkte Vormodellieren und Erklären von Methoden des Experimentierens zu deutlich höheren Lernniveaus führt als erkundungsbasierter Unterricht (vgl. Chen & Klahr 1999; Klahr & Nigam 2004; Matlen & Klahr 2012).
2. Viele experimentelle Studien zeigen, dass bei komplexen Lerngegenständen das Erläutern und Verdeutlichen der neuen Inhalte anhand von Lösungsbeispielen und Veranschaulichungen, die mündlich erläutert werden, zu den besten Lernergebnissen führen. Später, wenn die neuen Schemata fest etabliert sind, können Lösungsbeispiele und breite, ausführliche Erklärungen eher lernhinderlich sein (vgl. Tuovinen und Sweller 1999; Clark, Kirschner und Sweller 2012; Kirschner, Sweller & Clark 2006).
3. Karpicke und Blunt (2011) untersuchten die Effektivität der Methode, Begriffshierarchien (Mind-Maps) zu erstellen. Das Erstellen von Mind Maps gilt als eine sehr effektive Methode erkundungsbasierten Unterrichts. Verglichen wurde diese Methode mit einer Methode, nach dem Durcharbeiten des Lehrtextes aus dem Gedächtnis alles Wesentliche aufzuschreiben. Danach konnten diese Gedächtnisskizzen aufgrund des Lehrtextes überarbeitet werden. Danach wurde eine zweite Gedächtnisskizze angefertigt und auch diese wieder überarbeitet. Die Lernzeit war in beiden Bedingungen gleich. In dieser zweiten Bedingung behielten die Lerner mehr Informationen als durch Herstellung von Mind Maps.
4. In einer Studie von Stull und Mayer (2008) sollten in der einen Bedingung Grafiken, Flussdiagramme etc. selbst erstellt werden, während in der anderen Bedingung Experten diese Diagramme und Grafiken anfertigten, so dass diese nicht selbst entwickelt werden mussten. Das Studieren dieser vorgefertigten Grafiken erwies sich nicht nur als erheblich zeiteffektiver; durch Studieren dieser Grafiken wurde auch deutlich mehr gelernt.

Diese Untersuchungen wurden in der Meta-Analyse von Furtak et al. nicht berücksichtigt. Entsprechend begrenzt ist deshalb der Aussagewert der Meta-Analyse von Furtak et al. (2012).[38]

Hattie 's Mega-Analysen: Viel Licht, aber auch viel Schatten

Hattie gebührt das Verdienst, eine breite Öffentlichkeit über Ergebnisse empirisch-pädagogischer Forschung informiert zu haben. Zu diesen Ergebnissen gehört beispielsweise, dass in vielen Lernphasen eine aktiv- informierende Rolle des Lehrers zu weit besseren Lernergebnissen führt als eine passive, beratende Rolle (vgl. Hattie 2013, S. 297). Solche auf experimentelle Forschung gestützten Empfehlungen sind insbesondere für ein Land wichtig, in dem noch vor kurzem führende Vertreter der Pädagogik meinten, vor den Gefahren experimenteller Forschung warnen zu müssen (vgl. Terhart 1997).

Hattie stützt sich in seinen *Mega*-Analysen auf Meta-Analysen, und diese Meta-Analysen basieren auf Primärstudien: Bei diesen Primärstudien sollte es sich um „gute" experimentelle Studien handeln. Dies hat die kritische Analyse der Meta-Analyse von Furtak et al. (2012) gezeigt. **Besonders problematisch wird es allerdings, wenn neben experimentellen Studien auch Korrelationsstudien (z. B. Befragungen von Lehrern und Schülern zu einem bzw. zu verschiedenen Zeitpunkten) als Primärstudien akzeptiert werden.** Hattie lässt in seinen Meta-Analysen auch Korrelationsstudien (Quer- und Längsschnittstudien) als Primärstudien zu. Dies ist aus verschiedenen Gründen fragwürdig:

1. Bei solchen Korrelationsstudien ist eine eindeutig identifizierbare „Ursache" oder „Behandlung" nicht identifizierbar. Diese müsste durch weitere experimentelle Studien isoliert werden.
2. Eine Kontrolle alternativer Erklärungen ist in Korrelationsstudien nicht in befriedigender Weise möglich.

Korrelationsstudien können starke Effekte vortäuschen, die in Wirklichkeit nicht existieren. Higgins und Simpson (2011) geben für die Umrechnung von Korrelationen in Effektstärken folgendes Beispiel. Schülervorhersagen bezüglich ihrer Leistung korrelieren sehr hoch mit der tatsächlich erreichten Leistung, und zwar im Bereich zwischen $r = 0{,}67$ und $0{,}90$. Im Buch von Hattie wird diese Korrelation auf eine Effektstärke von $d = 3{,}10$ umgerechnet. Es macht dennoch wenig Sinn, den Glauben der Schüler an ihre Leistung als Ursache ihrer Leistung anzusehen. Wenn der Gaube allein schon eine solch wirkmächtige Ursache wäre, dann müsste man nur noch diesen Glauben erhöhen, um die gewünschte Leistungserhöhung zu erreichen. Hier zeigt sich, zu welchen absurden Konsequenzen eine derartige Aufweichung der Auswahlstandards von Primärstudien führt.

Hattie (2013, S. 12 f.) weicht somit die Anforderungen an die Gütestandards einer Meta-Analyse zu stark auf. Außerdem hat er offensichtlich nicht einmal stichprobenweise die Güte der verwendeten Meta-Analysen durch Analyse der zugrunde liegenden Primärstudien geprüft. So stellt er z. B. selbst fest, dass die Meta-Analysen der Johnson's zur Wirksamkeit kooperativen Lernens hohe Effektstärken erzielen, die weit über denen anderer Forscher liegen. Wenn er analysiert hätte, wie in diesen Meta-Analysen die Auswahl von Studien erfolgte, hätte er diese Meta-Analysen gar nicht berücksichtigen dürfen (vgl. dazu Kap. 9, S. 438 ff.).

Wie wichtig eine intensive Analyse der Primärstudien einer Meta-Analyse ist, hat die Prüfung der Meta-Analyse von Furtak et al. (2012) gezeigt. Hier wurden z. B. dadurch die Effektstärken

[38] Ähnlich problematisch sind einige Meta-Analysen zum kooperativen Lernen (vgl. dazu Kapitel 9).

zu Gunsten des erkundungsbasierten Unterrichts manipuliert, indem erkundungsbasierter Unterricht mit einer Karikatur von Unterricht verglichen wurde, der zu einem Lernverlust führte. In der Studie von Alexander et al. (2002) führte der Unterricht in der Kontrollbedingung zu einem Lernverlust zwischen Vortest und Nachtest. Durch diesen Lernverlust in der Kontrollgruppe ergaben sich für die beiden Versuchsbedingungen sehr positive Effektstärken zu Gunsten des erkundungsbasierten Unterrichts (d = 1,737 und d = 0,956)! Gleichwohl wurden beide Effektstärken bei der Berechnung der durchschnittlichen Effektstärke für erkundungsbasierten Unterricht berücksichtigt (vgl. Furtak et al. 2012).

Hattie hat recht, wenn er darauf hinweist, dass „Randomisierung" kein ausreichendes Kriterium für eine valides Experiment ist. Hoher Versuchspersonenschwund kann den Aussagewert von Experimenten mit Randomisierung beeinträchtigen. Dies sollte jedoch eher zu einer Verschärfung der Auswahlkriterien von Primärstudien als zu einer Aufweichung führen.

Der geringe Erkenntnisfortschritt in der Hausaufgabenforschung über die letzten 50 Jahre hin und der beträchtliche Erkenntnisfortschritt in der Gedächtnisforschung zeigt die Bedeutsamkeit systematischer experimenteller Forschung. Die „natürlichen" Experimente und Korrelationsstudien führen zu irreführenden Ergebnissen. In der Hausaufgabenforschung wird z. B. auf der Basis „natürlicher Experimente[39]" das Märchen vom geringen Einfluss der Hausaufgaben in der Grundschule verbreitet (vgl. S. 162–173).

Standards „guter" Meta-Analysen:

Die Diskussion um die Meta-Analyse von Furtak et al. (2012) sowie um die Meta-Meta-Analyse von Hattie (2013) macht deutlich, wie wichtig die Berücksichtigung bestimmter Standards für die Güte von Meta-Analysen ist. Die Güte von Meta-Analysen hängt von mehreren Faktoren ab.

(1) Methodische Qualität der berücksichtigten Primärstudien (interne Validität): Vor allem sollte es sich bei den Primärstudien um *experimentelle und quasi-experimentelle Studien mit systematischer Bedingungsvariation handeln? Quer-und Längsschnittstudien bzw. Korrelationsstudien sollten ausgeschlossen werden,* weil sie keine wirksame Drittvariablenkontrolle durchführen. Eine systematische Bedingungskontrolle findet auch z. B. bei sog. *natürlichen Experimenten* nicht statt, z. B. wenn in per Zufall ausgewählten Schulen Hausaufgaben aufgegeben und in der Vergleichsgruppe von Schulen keine Hausaufgaben aufgegeben wurden.

(2) Explikation der relevanten theoretischen Begriffe und Kontrolle der Umsetzung (Konstruktvalidität; Implementierungsgüte): Dazu zählt auch eine Abgrenzung zu anderen „benachbarten" Begriffen. So sollte in einer Meta-Analyse über die Wirkungen erkundungsbasierten Unterrichts genau geklärt werden, was erkundungsbasierten Unterricht ausmacht. Vor allem sollte erkundungsbasierter Unterricht von direkter Instruktion abgegrenzt werden.

(3) Passung zwischen Hypothese und Design: Besonders schwierig ist dies, wenn es um die Prüfung von *Interaktionseffekten* geht. In der Pädagogik ist z. B. die Frage der Wirkung externer Verstärker (bzw. extrinsischer Belohnungen) auf die intrinsische Motivation umstritten. Die einschlägigen experimentellen Studien belegen, dass unter bestimmten Voraussetzungen die intrinsische Motivation von Kindern durch Verwendung extrinsischer Belohnungen vermindert wird, und zwar nur dann, wenn eine Belohnung für die Ausführung einer „intrinsisch motivierten Handlung" in Aussicht gestellt und gegeben wird (vgl. Lepper, Greene und Nisbett 1973). Es

[39] Im Natürlichen Experiment wird die Wirkung der alltäglichen Hausaufgabenpraxis überprüft, in echten Experimenten wird hingegen geprüft, wie sich bestimmte „optimierte" Bedingungen der Hausaufgabenpraxis auswirken (vgl. Cardelle-Elawar & Corno 1985; Stoeger & Ziegler 2008).

macht dann wenig Sinn, in einer Meta-Analyse alle Untersuchungen, in denen die Merkmale „extrinsische Belohnung" und „intrinsische Motivation" vorkommen, in einen Topf zu werfen und die durchschnittliche Effektstärke der Wirkung extrinsischer Belohnung auf die intrinsische Motivation festzustellen. Die theoretische erwartete Bedingungskonstellation (1. hohe intrinsische Motivation, 2. Belohnung wird für eine Handlung in Aussicht gestellt, 3. Belohnung wird gegeben) müsste auch in der Meta-Analyse berücksichtigt werden (vgl. Lepper, Henderlong, und Gingras 1999).

Meta-Analysen müssten solche *Interaktionseffekte* berücksichtigen. Für das Beispiel zur Wirkung extrinsischer Belohnung auf die intrinsische Motivation bedeutet dies: Die Meta-Analyse sollte nur Studien berücksichtigen, in denen eine extrinsische Belohnung für eine intrinsisch schon hinreichend motivierte Handlung erwartet und gegeben wird. Ein anderes Beispiel für einen Interaktionseffekt ist der Expertise-Reversal-Effect (Tuovinen & Sweller 1999). Wenn z. B. Schüler bestimmte Schemata gebildet haben, dann profitieren sie mehr von der selbständigen Aufgabenbearbeitung und anschließendem inhaltlichen Feedback, während schwächere Schüler mehr von Lösungsbeispielen profitieren (vgl. Expertise-Reversal-Effect; Tuovinen & Sweller 1999). Clark, Kirschner und Sweller (2012, S. 6) beschreiben diesen Effekt in folgender Weise:

> *„Während Experten oft bei geringer Lenkung Erfolg haben, haben fast alle anderen Personen nur dann Erfolg, wenn sie volle, explizite unterrichtliche Anleitung erhalten (und nicht irgendwelche essentiellen Inhalte oder Fertigkeiten entdecken sollen)."*

(4) Faktoren der extrinsischen Validität (Übertragbarkeit auf die Schule): Eine Meta-Analyse ist dann besonders überzeugend, wenn sie die Effekte nicht nur in Laborstudien nachweist, sondern auch unter unterrichtsnahen Bedingungen. Dazu gehört auch, wie streng die Lernzeit sowie der sog. Novitätseffekt kontrolliert wurde, und ob nicht nur das Gelernte *behalten,* sondern auch auf neue Anwendungssituationen *transferiert* werden kann. Eine Möglichkeit, den Novitätseffekt auszuschließen, besteht z. B. darin, die „Behandlung" über einen längeren Zeitraum hin durchzuführen. (Methode wird nicht nur *eine* Stunde, sondern z. B. *drei Monate* über insgesamt 40 Unterrichtsstunden eingesetzt).

Meta-Analysen haben die Möglichkeiten erheblich verbessert, statistische Daten verschiedener Untersuchungen auszuwerten. Ihre Stärke liegt in der Berücksichtigung von Daten aus vielen experimentellen Studien und in der Möglichkeit der Analyse von Moderatorvariablen. Meta-Analysen können Forscher aber auch dazu verleiten, Äpfel mit Birnen zu vermischen, um daraus dann für eine bestimmte Fragestellung Honig zu saugen (vgl. Slavin 1984). Diese Gefahr besteht insbesondere dann, wenn unter einer wenig konkreten Fragestellung (z. B. Lernwirksamkeit „erkundungsbasierten" naturwissenschaftlichen Unterrichts) Studien zusammengetragen und analysiert werden. Statt Studien über die Erarbeitung von Begriffshierarchien mit Studien, in denen computerbasiert gelernt wird oder in denen verschiedene Überzeugungstechniken angewendet oder im Rollenspiel modelliert werden, in einen Topf zu werfen, sollte genauer untersucht werden, unter welchen Bedingungen einzelne Methoden (z. B. Begriffsnetze, Mind Maps herstellen) lern- und zeiteffektiv eingesetzt werden können (vgl. dazu Stull & Mayer 2007; Karpicke & Blunt 2011). Für einen Erkenntnisfortschritt ist m. E. wesentlich, zu spezifischen Fragestellungen und Methoden die Forschungen zusammenzutragen, z. B. zur Wirkung von Lösungsbeispielen oder zu bestimmten Formen von Tests mit zugehörigem Feedback. Eine

Analyse solcher Studien kann unser Wissen über die Voraussetzungen erweitern, unter denen die untersuchten Unterrichtsmethoden wirksam sind.

Stufen der Fundiertheit

Die hier dargestellten Gütekriterien empirischer Forschung stellen für einen Großteil der empirisch arbeitenden Pädagogen der internationalen „scientific community" die Arbeitsgrundlage dar.[40] In zwei für das US-Bildungsministerium verfassten Gutachten wird z. B. jede Methodenempfehlung nach folgenden Kriterien kritisch beurteilt, die als „Stufen der Fundiertheit" („Levels of Evidence") bezeichnet werden.

Stufen der Fundiertheit (nach Pashler et al. 2007b, S. VI)

Stark	„Im Allgemeinen erfordert die Einstufung „stark" Studien mit einer hohen internen Validität (d. h. Studien, deren Versuchsplanung kausale Schlüsse ermöglicht) sowie einer hohen externen Validität (d. h. Studien, die insgesamt die Bandbreite von Personen und Rahmenbedingungen erfassen, auf die sich die Empfehlung bezieht, damit die Folgerung gestützt wird, dass die Ergebnisse auf diese Personen und Rahmenbedingungen generalisiert werden können). Eine starke Empfehlung für diesen Praxisführer wird operationalisiert als: – Ein systematische Übersicht über die Forschungsarbeiten, die den Standards des What Works Clearinghouse entsprechen und die die Effektivität des Programms, der Praxis oder des Ansatzes untermauern, ohne dass sich dazu widersprechende Evidenz ähnlicher Forschungsqualität finden lässt; ODER … – Für Messungen sollten Angaben zur Reliabilität und Validität vorgelegt werden, die den Standards für Testen im Bildungsbereich sowie des psychologischen Testens entspricht.
Mittel	Im Allgemeinen erfordert die Empfehlung Studien mit einer hohen internen Validität, aber einer mittleren externen Validität oder Studien mit einer hohen externen Validität und einer mittleren internen Validität. Eine mittlere Empfehlung für diesen Praxisführer wird aus Studien abgeleitet, die starke kausale Folgerungen erlauben, aber bei denen die Verallgemeinerbarkeit unsicher ist oder, welche die Verallgemeinerbarkeit belegen, aber der kausale Zusammenhang nicht hinreichend belegt ist. Mittlere Fundiertheit in diesem Praxisführer wird operationalisiert als: – Experimente oder Quasiexperimente, die den Standards von What Works Clearinghouse entsprechen und die die Wirksamkeit des Programms, der Praxis oder des Ansatzes mit kleinen Stichproben und/oder anderen Implementierungsbedingungen belegen … ODER – Vergleichsgruppenstudien, die keine Gleichheit der Gruppen im Vortest belegen und deshalb den Standards von What Works Clearinghouse nicht entsprechen, aber die a) konsistent erhöhte Werte für Teilnehmer eines bestimmten Programms, Praxis oder

[40] vgl. Pashler, Bain, Bottge, Graesser, Koedinger, McDaniel, & Metcalfe 2007 b; Gersten, Beckmann, Clarke, Foegen, Marsh, Star, & Witzel 2009. In Deutschland ist eine solche gemeinsame Arbeitsgrundlage allerdings noch nicht zu sehen!

	Ansatzes zeigen und b) die keine weiteren gravierenden Einschränkungen der internen Validität außer der fehlenden Gleichheit beim Vortest aufweisen (z. B. nur ein Lehrer oder nur eine Klasse pro Bedingung, ungleiche Lernzeiten in den Gruppen oder verzerrte Messungen der abhängigen Variable; – Korrelationsforschungen mit starken statistischen Kontrollen für die ungleiche Zusammensetzung der Gruppen sowie endogener Faktoren. Es gibt keine der Empfehlung widersprechenden Ergebnisse. ODER – Bezüglich der Messungen sollte die Reliabilität der Messungen entsprechend den Standards für Testen im Bildungsbereich sowie des psychologischen Testens gegeben sein, …
Niedrig	Im Allgemeinen bedeutet die Einstufung der Fundiertheit der Empfehlung als niedrig, dass sich die Empfehlung auf Expertenmeinung stützt, die sich auf starke Befunde in benachbarten Gebieten oder aus Theorien in angrenzenden Gebieten und/oder auf Expertenmeinung stützt, die direkt durch Daten untermauert wird, deren Fundiertheit aber nicht die Ebene einer mittleren oder starken Empfehlung erreicht. Niedrige Fundiertheit wird als Evidenz operationalisiert, die nicht das Niveau einer mittleren oder starken Ebene der Fundiertheit erreicht.“

2.3 Möglichkeiten und Grenzen experimenteller Methoden in der Pädagogik

2.3.1 Die Auswahl eines passenden Analysemodells für Interaktionseffekte

Unterrichtsforschung bezieht sich vor allem auf die Frage, *wie sich Bedingungen des Unterrichts auf Wissen, Motivation und auf soziales Verhalten der Schüler auswirken.* Bei der Wahl eines falschen Analysemodells können Interaktionseffekte unentdeckt bleiben.[41] Ein bekanntes Beispiel dafür ist der sog. *Matthäus-Effekt*[42] („Wer hat, dem wird gegeben“). Nach diesem Effekt profitieren alle Schüler von einer bestimmten Methode, aber die leistungsstärkeren Schüler profitieren *mehr* von ihr als die schwächeren Schüler. Bei der Überprüfung der Wirkung der Sesamstraße wurde z. B. festgestellt, dass die benachteiligten Kinder durch das Sehen dieser Serie viel lernen konnten. Die Kinder aus mittleren und höheren Sozialschichten lernten jedoch durch das Sehen dieses Bildungsprogramms noch mehr, so dass ein negativer kompensatorischer Effekt resultierte (vgl. Cook, Appleton, Conner, Shaffer, Tamkin & Weber 1975). Auch beim Lesenlernen konnte ein solcher Matthäus-Effekt festgestellt werden (vgl. Stanovich 1986).

Um Interaktionseffekte aufdecken zu können, müssen Persönlichkeitsfaktoren wie Intelligenz, Vorwissen oder Gewissheitsorientierung im Analysemodell berücksichtigt werden. Wenn wir z. B. Frontalunterricht mit Kleingruppenunterricht vergleichen, kann es sein, dass sich zunächst beide Methoden in ihrer Lernwirksamkeit nicht unterscheiden. Dennoch können *bestimmte* Schüler von der einen Unterrichtsform mehr profitieren, andere dagegen mehr von der anderen (vgl. Huber et al. 1992). So lernen *gewissheitsorientierte Schüler* am leichtesten im Frontal-

[41] Man spricht in der Forschung von „Interaktionseffekten“. Als Beispiele hatten wir im letzten Abschnitt das extrinsische Belohnen intrinsisch motivierter Handlungen sowie den „expertise-reversal effect“ behandelt.

[42] Matthäus – 25, 29.

unterricht, während Schüler, die offene, mehrdeutige Situationen vorziehen, durch offene, projektorientierte Formen sowie durch Gruppenarbeit mehr profitieren können.

In Übersicht 2 wird der Ablauf eines Unterrichtsexperiments dargestellt, das einmal statistisch mit einem falschen Analysemodell (Analysemodell I) und einmal korrekt (Analysemodell II) ausgewertet wird:[43]

Im ersten Analysemodell gleichen sich die Effekte aus, die auf Unterrichtsmethode und Gewissheitsorientierung zurückgehen. Erst durch die getrennte Erfassung von Unterrichtsmethode und Gewissheitsorientierung werden die im „Hintergrund" ablaufenden Prozesse sichtbar: Bei hoher Gewissheitsorientierung wird im Frontalunterricht erheblich mehr als bei Gruppenarbeit gelernt, bei niedriger Gewissheitsorientierung mehr durch Gruppenarbeit.

Übersicht 2: Interaktionseffekt zwischen Unterrichtsmethode und Personenmerkmalen (Angenommene Mittelwerte)

<table>
<tr><td colspan="2">Zufallsaufteilung von 40 Schulklassen auf die Bedingung „Frontalunterricht" (20 Klassen) und „Gruppenarbeit" (20 Klassen)</td></tr>
<tr><td>Analysemodell I
Vergleich zweier Unterrichtsmethoden</td><td>Analysemodell II
Vergleich zweier Unterrichtsmethoden bei Berücksichtigung eines Personenmerkmals (z. B. Gewissheitsorientierung)</td></tr>
<tr><td>Prüfung des Unterschieds zwischen den beiden Unterrichtsmethoden
Mittelwerte (M) für
Frontalunterricht M=30 | Gruppenarbeit M=30</td><td>Prüfung der Wechselwirkung zwischen Unterrichtsmethode und Gewissheitsorientierung
| Frontalunterricht | Gruppenarbeit
Hohe Gewissheitsorientier. | M=35 | M=25
Niedr. Gewissheitsorientier. | M=25 | M=35</td></tr>
<tr><td>Interpretation
Es gibt keine Unterschiede zwischen den Unterrichtsmethoden, weil die Effekte verdeckt werden</td><td>Interpretation
Bei zusätzlicher Berücksichtigung des Persönlichkeitsmerkmals „Gewissheitsorientierung" treten große Unterschiede in der Wirksamkeit der Methoden auf (Interaktionseffekt).</td></tr>
</table>

2.3.2 Die Notwendigkeit experimenteller Forschung in der Pädagogik

Bildungsforscher, die sich stark im Bereich der Qualitätssicherung und der Entwicklung von Tests für nationale und internationale Vergleichsuntersuchungen engagiert haben, erwecken manchmal den Eindruck, dass sich in Deutschland *eine empirische Wende in der Erziehungswissenschaft* vollzogen habe. Dabei wird auf die Quantifizierung der Evaluation von Schulen im Regionen- und Ländervergleich verwiesen (vgl. Köller, Knigge & Tesch 2010). Diese Einschätzung übersieht, dass eine *echte* empirische Wende ohne einen Ausbau der Kapazitäten *im Bereich experimenteller Forschung* nicht möglich ist. Zumindest müsste man die in anderen Ländern durchgeführte experimentelle Forschung berücksichtigen und für die Schulpraxis nutzbar machen.[44] Deutschland hat in der Pädagogik deshalb höchstens eine *halbe* empirische

[43] In der Forschung werden solche Wechselwirkungseffekte (bzw. Interaktionseffekte) zwischen Behandlungen und Personenmerkmalen meist als Aptitude-Treatment-Interactions (ATI) bezeichnet.

[44] Beywl und Zierer (2013) schreiben in ihrem Vorwort zu J. Hatties Buch „Visible Learning": Forschende im Bereich Erziehungswissenschaft verfassen „nur in geringem Maß englische Artikel" und rezipieren „englische Artikel … es liegt die Vermutung nahe, dass nicht alle Erziehungswissenschaftler des Englischen und seiner Fachsprache so mächtig sind, dass sie über die Breite des in Hatties Buch dargelegten bildungswissenschaftlichen Wissens ohne Weiteres ein treffendes Verständnis entwickeln können." (Hattie 2013, VII).

Wende vollzogen. Vermutlich werden in einem kleinen Land wie den Niederlanden deutlich mehr experimentelle pädagogische Forschungen durchgeführt als in Deutschland!

Dass man sinnvoll nur von einer halben empirischen Wende sprechen kann, zeigt sich auch in den vielen komplexen statistischen Analysen von Quer- und Längsschnittstudien z. B. mit Hilfe von Strukturgleichungsmodellen. Bei diesen stärker differenzierenden Analysen bemüht man sich, durch Einbeziehung möglichst vieler Faktoren und Verwendung komplexer statistischer Modelle[45] die Prozesse der Wirklichkeit zu modellieren. Dass solche Forschungen zu falschen Schlüssen Anlass geben können, mag folgendes Beispiel aus der Hausaufgabenforschung verdeutlichen:

Das Kontrollverhalten der Eltern bei Hausaufgaben

Im Rahmen einer Längsschnittstudie zur Leistungsentwicklung in den *Klassenstufen fünf bis acht* werden auch Fragebögen zum Kontrollverhalten der Eltern bei den Hausaufgaben verteilt. Bei der Prüfung des Zusammenhangs zwischen der Höhe der Leistung und dem **durch Fragebögen ermittelten Kontrollverhalten der Eltern stellt man fest, dass bei Schülern mit positiver Leistungsentwicklung die Eltern ein autonomieförderndes Verhalten zeigen.** Aus diesen Ergebnissen wird gefolgert, autonomieunterstützendes Verhalten fördere die Leistungen der Schüler.

Demgegenüber halte ich folgendes Szenario für genauso plausibel:

Schon in den ersten Grundschulklassen werden Eltern, deren Kinder sich in ihren schulischen Leistungen positiv entwickeln, bestimmte Standards für die Hausaufgabenerledigung im Rahmen einer *autoritativen Erziehung* durchsetzen. Ich bin mir nicht sicher, ob man dieses Verhalten als „autonomiefördernd" bezeichnen kann. Da sich die Leistung dieser Schüler dann positiv entwickelt, können die Eltern dann zunehmend auf „autonomiegefährdende" Hausaufgabenkontrollen verzichten. Einen anderen Entwicklungspfad nehmen Schüler, um deren Hausaufgaben sich die Eltern in der Grundschule gar nicht interessieren oder die sich schon in der Grundschule in den Prozess der Hausaufgabenerledigung in einer Weise einmischen, dass kein Gefühl eigener Selbstwirksamkeit entwickelt wird. In der Sekundärstufe mischen sich diese Eltern dann stärker in die Hausaufgaben der Kinder ein, um dadurch auf die schlechter werdenden Leistungen ihres Kindes zu reagieren.

Leider wurden diese Vermutungen durch die Hausaufgabenforschung noch nicht überprüft (vgl. Helmke, Schrader und Hosenfeld 2004; Stoeger und Ziegler 2008; Wellenreuther 2013). Vielen Hausaufgabenstudien liegen Längsschnitte von der 5. bis zur 9. Klassenstufe zu Grunde, Längsschnitte von der 1. Klassenstufe bis zur 9. Klassenstufe gibt es m. W. nicht.

Die Übertragbarkeit experimenteller Forschungsergebnisse auf die Schulwirklichkeit ist ein ernsthaftes Problem. Für die Beurteilung einer methodischen Empfehlung ist nicht nur die interne Validität, sondern auch die externe Validität bedeutsam. In dem von Pashler et al. (2007 b) erstellten Gutachten wird z. B. geprüft, ob zur fraglichen Maßnahme sowohl Laborexperimente, die eine hohe interne Validität ermöglichen, als auch Unterrichtsexperimente unter

[45] Gemeint sind hier Modelle hierarchischer Regression, Pfadanalyse sowie neuere Verfahren der Kausalanalyse. Zur Kritik an diesen Verfahren vgl. Freedman 1991.

realen Schulbedingungen durchgeführt wurden. Nur wenn beide Informationsquellen belegen, dass die Maßnahme zu positiven Ergebnissen führt, wird eine „starke“ Empfehlung ausgesprochen.

In dem von Pashler et al. herausgegebenen Gutachten werden 9 pädagogische Maßnahmen aufgrund der bislang durchgeführten Forschung mehr oder weniger stark empfohlen. Zwei Maßnahmen erhalten eine *starke* Empfehlung, vier Maßnahmen die Empfehlung „*mittel*“, und drei Maßnahmen die Empfehlung „*niedrig*“. Folgende Maßnahmen erhalten eine „starke“ bzw. eine „schwache“ Empfehlung:

Beispiele für empirische Fundiertheit „stark“ und „schwach“:

Maßnahme 5: „*Verwende Tests, um Lernen zu fördern. Verwende Tests zur aktiven Rekonstruktion von Informationen in allen Phasen des Lernprozesses, um die Fähigkeit zu nutzen, aktives Rekonstruieren zum Aufbau von Gedächtnisspuren im Langzeitgedächtnis zu nutzen.*“

Maßnahme 5a: „*Verwende Vorfragen, um in ein neues Gebiet einzuführen.*“ [Einstufung „schwach“]

Maßnahme 5b: „*Verwende kleine Tests, um Schüler wiederholt zentralen Inhalten auszusetzen.*“ [Einschätzung „stark“]

Maßnahme 7: „*Stelle tiefe Erklärungsfragen. Verwende Aufforderungen, die Schüler ermutigen, tiefe Fragen zu Unterrichtsinhalten zu stellen und zu beantworten. Diese Fragen befähigen Schüler, mit Erklärungen zu antworten und unterstützen ein tiefes Verständnis der Unterrichtsinhalte.*“ [Einstufung „stark“]

Bei der Empfehlung 5b zur Wirksamkeit kleiner Tests zu Lernzwecken wird von den Autoren auf folgende Labor- und Schulexperimente verwiesen: Roediger & Karpicke (2006a; eine aktuelle Forschungsübersicht), neuere Forschung (Butler & Roediger 2007, McDaniel, Roediger & McDermott 2007, Bjork 1988); Forschungen zum Vergleich Testen versus nochmaliges Durchlesen des Studienmaterials (Gates 1917, McDaniel & Fisher 1991; Carrier & Pashler 1992, Roediger & Karpicke 2006b, McDaniel, Anderson et al. 2007).

2.4 Konstruktivistische Vorstellungen, situiertes Lernen und experimentelle Forschung

Einführung

Nach der traditionellen Vorstellung von Thorndike sollte in der Schule kleinschrittig vorgegangen werden (vgl. Resnick & Hall 1998). Die Schüler sollten entsprechend ihren Fähigkeiten das ihnen zumutbare Lehrangebot erhalten. Hierbei waren die Schüler eher passive Informationsempfänger und keine aktiven, konstruktiven Individuen. Diese Auffassung hat für leistungsschwächere Schüler verhängnisvolle Konsequenzen. Diese Schüler erhalten die weniger herausfordernden Kurse, ihnen werden theoretische Begriffe und Zusammenhänge vorenthalten, weil sie zu einem tieferen Verständnis nicht fähig wären.

Einen Gegenentwurf zu diesem traditionellen Verständnis vom Lernen in der Schule bieten der pragmatisch-konstruktivistische Ansatz sowie neuere radikale Ansätze zum Konstruktivismus sowie zum situierten Lernen. In diesem Abschnitt soll auf radikale Formen des Konstruktivismus und des situierten Lernens näher eingegangen werden. Es geht dabei um die Frage, ob die im Konstruktivismus und beim situierten Lernen formulierten Grundannahmen immer zutreffen. Dazu müssen diese Annahmen daraufhin geprüft werden, ob sie mit unserem empirisch geprüften Wissen über das Lernen übereinstimmen.

Der radikale Situationismus kann als eine Gegenbewegung zur kognitiv orientierten Psychologie verstanden werden (vgl. Brown 1997, Greeno 1997, 1998). Eine zentrale Forderung radikaler Vertreter dieses Ansatzes ist, Lernen müsse in realen Kontexten bzw. durch Simulation solcher Situationen in der Schule erfolgen. Jedenfalls sei es unerlässlich, im Unterricht einen stärkeren Bezug zum realen Leben herzustellen. Entsprechend soll Formen der Projektarbeit sowie Fragestellungen der Lebens- und Berufswelt ein größeres Gewicht gegeben werden (vgl. dazu Kap. 8).

Ein zentrales Problem jeglicher Wissensvermittlung ist das sog. Transferproblem. Dabei geht es z. B. um die Frage, wie sehr durch das Lernen in der Schule das spätere berufliche Handeln vorbereitet bzw. gefördert wird. **Der Schule wird hier von Seiten des Konstruktivismus vorgeworfen, sie produziere nur *„träges Wissen"*, das schnell vergessen wird und das auf die tatsächlichen späteren Anwendungsgebiete in Beruf und Gesellschaft nicht angewendet werden könne.** Daraus ergebe sich, dass schulisches Lernen mehr in den Anwendungskontexten stattfinden sollte bzw. stärker Anwendungen im Beruf berücksichtigen sollte.

Anderson, Reder & Simon (1996) rekonstruieren den radikalen Konstruktivismus und Situationismus in vier Postulaten. Ihre Diskussion zeigt, wie solche Postulate durch empirische Forschung kritisiert werden können. Durch Berücksichtigung neuerer Forschungen wird diese Diskussion fortgeführt (vgl. Clark & Mayer 2008). Im Folgenden werde ich die Kritik von Anderson, Reder & Simon (1996) summarisch wiedergeben.

Die Kritik am Konstruktivismus und Situationismus durch Anderson, Reder und Simon (1996)

Erstes Postulat: *Eine Handlung ist in der konkreten Situation, in der sie auftritt, verankert.*

Damit wird z.B. gemeint, dass die Handlungsmöglichkeiten an die Lernsituation gebunden sind, in der sie erworben wurden. In diesem Zusammenhang wird häufig auf eine Untersuchung über brasilianische Straßenkinder hingewiesen, die Mathematik anwenden können, um auf der Straße Verkäufe zu tätigen, aber nicht in der Lage sind, entsprechende Aufgaben zu lösen, wenn diese in der Schule gestellt werden. Dies demonstriert nach Anderson, Reder und Simon höchstens, dass Fertigkeiten, die in Alltagssituationen praktiziert werden, nicht auf schulische Situationen übertragen werden. Die Umkehrung, dass in der Schule gelernte Algorithmen von einem Einzelhandelskaufmann nicht angewendet werden können, folgt daraus jedoch nicht. Sicherlich muss man genauer reflektieren, durch welche Faktoren ein Transfer unterstützt werden kann. In einigen Situationen konnte ein Kontexteffekt festgestellt werden. So haben Taucher beim Tauchen Schwierigkeiten, das zu erinnern, was sie an Land gelernt haben bzw. an Land das zu erinnern, was sie beim Tauchen gelernt haben. Es ist jedoch unzulässig, von solchen Beispielen zu folgern, solche Kontexteffekte würden in allen möglichen Situationen auftreten. Eine gewisse Variation von Situationen scheint manchmal notwendig zu sein, mindestens genauso wichtig ist jedoch die prägnante Herausarbeitung der wesentlichen abstrakten Merkmale und ihrer Einübung.

Klauer (2001) gibt dazu ein überzeugendes Beispiel. Man kann feststellen, dass Schüler häufig gedankenlos Textaufgaben lösen. Nehmen wir folgende Aufgabe: „Die beste 100 m Zeit von Hans beträgt 13 sec. Wie lange braucht er für 1000 m?" (Reusser & Stebler 1997) Schüler neigen dazu, ohne nachzudenken 13 sec. x 10 zu rechnen. Dieses Verzehnfachen ist nur gerechtfertigt, wenn es sich um eine proportionale Zuordnung handelt. Dafür kann man Schüler durch entsprechende Erklärungen und Übungsaufgaben sensibilisieren. Durch Herausarbeitung des relevanten deklarativen Wissens und dem Stellen von Aufgaben, die ein tieferes Nachdenken erfordern, kann solchen unsinnigen Lösungen vorgebeugt werden (vgl. Wellenreuther 1995). Es geht beim Transferlernen auch um die Vermittlung des notwendigen abstrakten Wissens – deklaratives Wissen ist abstraktes Wissen.

Da bisher die Frage der Situationsgebundenheit von mathematischen Kenntnissen kein Thema in der Forschung war, sind auch die vielen positiven Beispiele für Transferlernen gar nicht als solche ausgewiesen worden.[46]

Zweites Postulat: *Wissenstransfer findet nicht zwischen Aufgaben statt.*[47]

Wissen, das völlig an den Aufgabenkontext gebunden ist, kann nicht auf andere Kontexte transferiert werden. In der Forschung gibt es sowohl Beispiele für keinen bzw. für geringen Transfer und Beispiele, in der Lerner das Gelernte auf neue Situationen transferieren. Offensichtlich spielen dabei der Übungsaufwand und die Art der Repräsentation eine wichtige Rolle. Transfer hängt vor allem davon ab, in welchem Umfang Aufgaben gemeinsame Elemente teilen. Singley & Anderson (1989) brachten Versuchspersonen zunächst verschiedene Texteditoren bei und prüften dann, wie viel Zeit sie einsparten, wenn sie danach einen zweiten Texteditor lernten. Es konnte gezeigt werden, dass die Editoren, die nach dem Lernen des ersten Editors eingeübt wurden, schneller gelernt wurden. Es fand also ein Transfer statt, obwohl die Oberflächenstruktur der Programme stark unterschiedlich war. Offensichtlich lernten die Personen implizit auch die Tiefenstrukturen der Programme, die ziemlich ähnlich waren. Nach Singley & Anderson vollzieht sich der Transfer mathematischer Kompetenz über verschiedene Bereiche nach ähnlichen Prinzipien: Transfer variiert als eine Funktion der gemeinsamen symbolischen Elemente. Die Ergebnisse der durchgeführten Experimente zeigten eher mehr als weniger Transfer an, als aufgrund theoretischer Überlegungen vorhergesagt wurde (zur Transferforschung vgl. Chen & Klahr 1999).

Die Überlegungen werden an dem klassischen Röntgen-Beispiel von Duncker erläutert, das auch in der berühmten Versuchsserie von Gick & Holyoak (1980, 1983) verwendet wurde:

> *„Angenommen, Sie sind Arzt und haben einen Patienten, der einen inoperablen Magentumor hat. Sie können ihn einer Bestrahlung unterziehen, die das Gewebe zerstören kann, wenn sie mit hinreichender Intensität durchgeführt wird. Wie können Sie die Strahlen so einsetzen, dass sie möglichst nur den Tumor und nicht das umgebende gesunde Gewebe zerstören?"*

[46] Die im Kap. 3 und 4 dargestellten Untersuchungen von R.E. Mayer sowie zur Theorie der Überlastung des Arbeitsgedächtnisses haben das Ziel, Transferlernen zu fördern.

[47] Eine genaue Differenzierung zwischen Postulat (1) und (2) ist schwierig. Aufgabenkontexte sind virtuelle Situationen …

Vor der Röntgen-Aufgabe lasen die Versuchspersonen eine Geschichte über ein analoges militärisches Problem und seine Lösung. Bei diesem Problem will ein General eine Festung stürmen, und dies ist über viele verschiedene Zufahrtswege möglich. Die Wege sind aber so vermint, dass bei einer Begehung durch große schwere Truppenteile eine Explosion eintritt. Die Lösung besteht darin, die militärischen Kräfte aufzusplittern und von allen Seiten her die Festung anzugreifen. Nach dem Lesen dieser Geschichte waren 30 % der Versuchspersonen in der Lage, das Röntgen-Problem zu lösen, immerhin waren dies 3-mal so viel wie in der Kontrollgruppe (10 % Lösung; ohne vorheriges Lesen des analogen Beispiels). Der Transfer ließ sich noch deutlich steigern, wenn den Versuchspersonen gesagt wurde, sie sollten auf die allgemeinen Aspekte der Problemlösung achten. Viele Studien zeigen übereinstimmend, dass Transfer dadurch gesteigert werden kann, wenn er durch multiple Beispiele vorbereitet und gleichzeitig auf das Potential des Transfers hingewiesen wird.

Drittes Postulat: *Dinge abstrakt einzutrainieren nützt wenig.*

Danach sei ein isoliertes Einüben einer Fertigkeit unabhängig von ihrer möglichen Anwendung wenig sinnvoll. **Stattdessen sollen die Lehrer im Klassenzimmer wie Meister in der Lehrlingsausbildung die gewünschten Fähigkeiten vormachen.**

Wenn abstrakte Instruktion ineffektiv ist, kann dies an der Instruktion selbst oder an illegitimen Anforderungen der Praxis liegen. Wenn z. B. Polizisten, die gerade ihre Ausbildung an der Polizeiakademie abgeschlossen haben, gesagt wird, nun vergesst einmal alles, was ihr dort gelernt habt, dann kann dies auch bedeuten, dass sie verlernen sollen, was sie über die Einhaltung von Bürgerrechten gelernt haben. Dies kann dann dazu führen, dass in der Praxisphase falsche und fragwürdige Anforderungen gestellt werden. Es ergibt sich hier also eher das Problem, die praktische Lehre des Polizeinovizen zu verändern, als die Phase abstrakten Lernens[48].

Eine recht deutliche Demonstration der Wirksamkeit abstrakter Instruktion ist Biederman & Shiffrar (1987) gelungen. In ihrer Untersuchung ging es um die Geschlechtsbestimmung von Ein-Tages-Küken. Diese ist gewöhnlich recht schwierig. Personen brauchen in der Regel eine jahrelange Lehre, um diese Trennung sicher zu beherrschen. Ergebnis eines 20-minütigen fokussierenden abstrakten Trainings war, dass durch die sehr deutlichen visuellen Darstellungen Lehrlinge zu einer Kompetenz geführt wurden, die Experten im Verlauf mehrerer Jahre erreichen.

Im Grunde geht es nach Meinung der Autoren um folgende Frage: Abstraktes Training allein genügt nicht, es muss noch durch zusätzliches Training in relevanten Anwendungskontexten ergänzt werden. Wenn ein sehr spezifisches Training gegeben wird, müsste für jedes neues Gebiet ein neues Training durchgeführt werden. Wenn jemand über Jahre eine sehr spezifische Tätigkeit ausführen will, dann ist er mit einem sehr spezifischen Training gut beraten. Wenn jedoch die Kosten des Zusatztrainings gering und technologische Veränderungen wahrscheinlich sind, oder wenn das Berufsspektrum, auf das sich der Lerner einstellen muss, recht breit ist, dann ist ein abstraktes Training verbunden mit zusätzlichem spezifischem Training die sinnvollere Alternative.

[48] Ähnliche Probleme können auch in der zweiten Phase der Lehrerausbildung auftreten. Auch hier wird zuweilen den Novizen empfohlen, alles zu vergessen, was sie an der Universität gelernt haben. Bei vielen theoretischen Inhalten mag dies vernünftig sein, sicherlich jedoch nicht bei allen. Jeder Novize sollte z. B. eine klare Vorstellung von Gedächtnisprozessen, Prozessen der Wissensstrukturierung und des Klassenmanagements haben (vgl. Kap. 3, 4, 5, 6). Dieses Wissen ist empirisch gut fundiert. Im Referendariat sollte es dann darum gehen, dieses theoretische Wissen in Handlungsroutinen zu verfestigen und zu automatisieren.

Theorien der Informationsverarbeitung in der kognitiven Psychologie gehen meist von der Vorstellung aus, Lernen sei am effektivsten, wenn Abstraktes mehrfach anhand unterschiedlicher konkreter Beispiele verdeutlicht wird. Eine Vielzahl von Experimenten stützt diese Position und belegt gleichzeitig, dass abstraktes oder konkretes Lernen *allein* jeweils ineffektiver als eine Kombination ist.

Viertes Postulat: *Unterricht sollte in komplexen sozialen Umwelten erfolgen.*

Häufig ist es sinnvoll, Fertigkeiten allein und isoliert zu üben, auch wenn man z. B. in einer Mannschaft oder in einem Orchester später zusammen arbeiten muss. Man muss also nicht nur die geforderten Kompetenzen allein in mühevoller Übungsarbeit einüben, sondern auch das Zusammenarbeiten in der Mannschaft bzw. im Orchester zusätzlich einüben. Die für das langjährige Einüben erforderliche Anstrengung wird nicht ohne sozial-emotionale Unterstützung entwickelt. Es ist keineswegs von Natur aus für die große Mehrheit von Schülern motivierend, sich mit echten komplexen mathematischen Problemen herumzuschlagen.

Häufig wird von Vertretern kooperativen Lernens auf die Vorteile des sozialen Aspekts hingewiesen. Nach dem Modell von Johnson & Johnson (1989) versteht man unter kooperativem Lernen Praxisgemeinschaften („communities of practice"), in denen Individuen zusammenarbeiten, um ihre individuellen Fähigkeiten zu erweitern. Die Effekte kooperativen Lernens sind keineswegs so positiv, um ein so weitreichendes Postulat zu stützen. Verwiesen wird auf einen Bericht von Druckman & Bjork (1994) sowie auf die bekannten negativen Begleiterscheinungen, die mit dem kooperativen Lernen einhergehen (z. B. der Trittbrettfahrereffekt, vgl. Salomon & Globerson 1989 sowie Kapitel 9). Wenn das *Herstellen von Gruppenprodukten* gefordert wird, und diese Produkte am schnellsten von den „fähigen" Gruppenmitgliedern hergestellt werden können, muss man sich nicht wundern, wenn die schwächeren Schüler in einer solchen Gruppenarbeit abgehängt werden und wenig dazulernen können.

Wichtig ist auch, den Erfolg am individuellen Lerngewinn der einzelnen Gruppenmitglieder zu messen. Außerdem ist ein sorgfältiges Training der Gruppen im Geben und Anfordern qualitativ geeigneter Hilfen (Erklärungen, Erläuterungen) erforderlich: Schüler müssen z. B. lernen, dass das Vorsagen richtiger Antworten die Mitschüler nicht dazu befähigt, selbst kompetent zu werden. Sie müssen durch entsprechende Beispiele in den verschiedenen Fächern „gute" Erklärungen von weniger guten Erklärungen unterscheiden lernen. Und sie müssen lernen, Fragen zu stellen, die den Mitgliedern der Gruppe verdeutlichen, wo Verständnisschwierigkeiten liegen. Es ist naiv, verschiedene Schüler in einer Gruppe zusammen zu fassen und von solch einer Gruppenarbeit segensreiche Effekte zu erwarten (vgl. dazu Kap. 9). Zusammenfassend stellen Anderson et al. (1996, S. 10) fest:

> *„Im allgemeinen konzentriert sich das situierte Lernen auf einige in der kognitiven Psychologie gut dokumentierte Phänomene und übersieht viele andere: Auch wenn Kognition teilweise kontextabhängig ist, ist sie teilweise auch kontextunabhängig; obwohl es dramatische Misserfolge beim Transfer von Wissen gibt, gibt es auch dramatische Erfolge; während konkrete Instruktion hilft, hilft auch abstrakte Instruktion; während einige Leistungen von einem Training in einem sozialen Kontext profitieren, profitieren andere davon nicht ..."*

Greeno (1997) hat in seiner Antwort auf die Ausführungen von Anderson et al. (1996) die empirische Evidenz ihrer Argumente nicht in Frage gestellt. Seiner Meinung nach geht es bei dieser Kontroverse weniger um Fragen empirischer Evidenz als um die Frage, ob nicht der situative Ansatz Anlass zu anderen Fragestellungen und Forschungen gibt als der kognitive Ansatz. Entsprechend tritt er dafür ein, beide Forschungsparadigmen als konkurrierende Forschungsprogramme zu begreifen. Er schreibt (Greeno 1997, S. 5): *„Obwohl ich den situativen Ansatz für aussichtsreicher halte, scheint mir die beste Strategie zu sein, wenn beide Perspektiven energisch weiterentwickelt werden."*

Anderson, Reder & Simon (1997) widersprechen dieser Folgerung. Sie bevorzugen weiterhin die kognitive Perspektive, weil sie empirisch am ehesten eine Lösung der Lernprobleme verspreche. Insbesondere weisen sie darauf hin, dass es sich als sehr erfolgreich herausgestellt habe, Wissen in einzelne Komponenten zu zerlegen und zu prüfen, welche dieser Komponenten erforderlich sind, um bestimmte komplexe Fähigkeiten oder Fertigkeiten in einer spezifischen zeitlichen Abfolge zu erwerben. Solche *Aufgabenanalysen* können dann pädagogisch dafür genutzt werden, zu prüfen, welche Schüler noch bestimmte kognitive Defizite haben, um bestimmte Inhalte erfolgreich lernen zu können. Wenn zuerst diese Defizite abgebaut werden, können Schüler, die zuvor erhebliche Lernschwierigkeiten hatten, auch diese schwierigen Inhalte lernen. Dabei wird auf die Untersuchung von Palincsar & Brown (1984) verwiesen, nach denen ältere Schüler mit Leseschwierigkeiten erst dann ein höheres Leseniveau erreichen konnten, nachdem sie wichtige grundlegende metakognitive Fähigkeiten wie „Zusammenfassen", „Schwierigkeiten identifizieren", „Fragen stellen" usw. erworben hatten: Das Leistungsniveau beim Leseverständnis erhöhte sich bei diesen Schülern vom 20. Perzentil auf das 56. Perzentil.

Inzwischen haben sich die Streithähne an einen Tisch gesetzt und sich über wichtige Gemeinsamkeiten verständigt. Im Wesentlichen einigten sich die Kontrahenten darauf, dass sowohl Elemente, die vom kognitivistischen Ansatz hervorgehoben werden, als auch Elemente, deren Bedeutung vom situierten Lernen unterstrichen wird, für das Lernen bedeutsam sind. Insofern gilt es, einseitige Akzentuierungen zu vermeiden (vgl. Anderson, Greeno, Reder & Simon 2000).[49]

2.5 Zusammenfassung und Ausblick

Allzu leicht wird bei erkenntnistheoretischen Kontroversen übersehen, dass es gar nicht um „Instruktion" oder um „Konstruktion", um „geschlossenen" oder um „offenen" Unterricht geht, sondern um die *Situierung von Lehr- Lernmethoden im Lernprozess.* Bestimmte Methoden wie *Vormachen (Modeling), das Verwenden von Lösungsbeispielen oder von Veranschaulichungen helfen beim Aufbau neuer Schemata,* sie sind jedoch eher lernhemmend, wenn Schüler die Schemata schon in einer ersten Gestalt aufgebaut haben. Beim Verankern der gelernten Schemata sind dann andere Methoden wie Scaffolding, aktives Bemühen um ein selbständiges Lösen von Aufgaben und eigenes Erkunden und Übertragen des Gelernten auf neue Anwendungsbereiche wichtig. Dabei stehen wir vor zwei Herausforderungen:

1. Beim Erwerb komplexen Wissens muss der Begrenztheit des Arbeitsgedächtnisses Rechnung getragen werden (vgl. Kapitel 3), und

[49] Die Diskussion wird von Klauer (2001) zusammenfassend dargestellt.

2. zur festen Verankerung des Wissens im Langzeitgedächtnis müssen Inhalte und Prozeduren aktiv konstruiert, rekonstruiert und zunehmend selbständig auf neue Bereiche transferiert werden (vgl. Kapitel 4).

Während am Anfang des Lehr-Lernprozesses direktes Instruieren durch Erklären anhand von Lösungsbeispielen, durch Veranschaulichungen und durch konkretes Modellieren erforderlich sind, und in dieser Phase massive Hilfen zum Aufbau neuer Schemata notwendig sind (vgl. Kirschner, Sweller & Clark 2006), wird danach zunehmend selbständiges Problemlösen in verschiedenen Kontexten gefordert. Passives Durchlesen von Lehrtexten – ohne vorher die Begrenztheit des eigenen Könnens zu erfahren – ist in dieser Lernphase weit weniger lernwirksam als die Bearbeitung offener, herausfordernder Probleme. Aber auch in dieser Phase kann das Lesen von Lehrtexten effektiv sein, wenn es im Anschluss an eigene Lösungsbemühungen erfolgt, die dem Lerner die Grenzen des eigenen Könnens demonstrieren (vgl. VanLehn, Graesser, Jackson, Jordan, Olney & Rose 2007). Ohne eine solche Motivierung durch Bewusstheit der eigenen Wissensgrenzen ist ein passives Lesen von Lehrtexten kaum lernförderlich. *In dieser Phase der festen Verankerung im Langzeitgedächtnis hat dann aktives Explorieren, Entdecken und Erproben seinen Platz* (vgl. MacKenzie & White 1982).

Die Ausführungen in den folgenden Kapiteln haben der Situiertheit der Lehr- Lernmethoden im Lernprozess Rechnung zu tragen. Grundlegend dafür ist ein tieferes Verständnis von Gedächtnisprozessen. Hier spielen Prozesse der Aufnahme und Verarbeitung von Informationen im Arbeitsgedächtnis und der Abspeicherung von neu erworbenen Schemata im Langzeitgedächtnis eine Rolle (vgl. Kapitel 3 und 4). Auch Prozesse der Wissensstrukturierung, d. h. des verständlichen Erklärens und eines aufeinander aufbauenden Übungsangebots (vgl. Kapitel 5), das integrierende Ideen und vielfältige Anwendungsmöglichkeiten nicht vernachlässigt, sind wichtig, ferner alle Faktoren, die dazu führen, dass Schüler sich auf das Lernen in der Schule konzentrieren können und ihnen Lernen Spaß macht (vgl. Kapitel 6 und 7). Gerade weil Lernprozesse so komplex sind, können Lehrer in ihren Vorgehensweisen und Strategien eigentlich niemals auslernen. Sie sind auf Anregungen, Denkanstöße, auf Rückmeldungen über ihren eigenen Unterricht und seine Auswirkungen angewiesen.

Teil II: Lernen und Gedächtnis

Das vorherrschende Verständnis vom Lernen wurde durch die sog. kognitive Wende Anfang der fünfziger Jahre des letzten Jahrhunderts in grundlegender Weise verändert (vgl. G. A. Miller 2003). Lernen bedeutete bei den traditionellen Lerntheorien [1] die Erhöhung der Wahrscheinlichkeit von Verhaltensweisen durch *positive und negative Verstärkung* (operantes bzw. instrumentelles Konditionieren) bzw. durch *Kontiguität primärer und sekundärer Stimuli* (klassisches Konditionieren). Diese „Lerntheorie" war jedoch nicht in der Lage, den raschen Erwerb neuen Verhaltens oder neuen Wissens zu erklären (Bandura 1962). Das gewünschte Verhalten musste ja erst einmal „per Zufall" auftreten, damit es verstärkt werden konnte. Dadurch wird der Prozess des Wissenserwerbs unglaublich langsam. Dem steht entgegen: Schon kleine Kinder lernen in kurzer Zeit unglaublich viel.

In den beiden folgenden Kapiteln werden Ergebnisse der Gedächtnisforschung dargestellt, in denen Lernen als aktiver Prozess der Informationsverarbeitung dargestellt wird. In diesem Prozess muss grob zwischen zwei Phasen unterschieden werden:

1. Der *Phase des Erwerbs* neuen Wissens. In dieser Phase muss der *Begrenztheit des Arbeitsgedächtnisses* Rechnung getragen werden (vgl. Kapitel 3), und
2. der *Phase der Festigung und Verankerung* im Langzeitgedächtnis (vgl. Kapitel 4).

In den letzten Jahren hat es in der Lern- und Gedächtnisforschung eine stürmische Entwicklung gegeben. Ein zentraler Befund dieser Forschungen ist die Neubewertung der Wirkungsweise von Tests. Entsprechend differenzierter wurden in der Neubearbeitung von „Lehren und Lernen – aber wie?" die experimentellen Nachweise der Wirkung von Tests dargestellt.

---

[1] Tatsächlich war die Situation etwas komplexer: Auch in der Lernpsychologie gab es schon kognitiv orientierte Theorien, z. B. die von Edward C. Tolman. Als Vorläufer und wichtige Vertreter der kognitiven Psychologie können K. Lewin, N. Chomski, J. Piaget, J. Bruner, U. Neisser und H. Simon gelten.

3. Die Aneignung von Wissen über das Arbeitsgedächtnis

Übersicht: Schulisches Lernen bezieht sich immer auf die Frage, wie Informationen aufgenommen und mit vorhandenem Wissen vernetzt, strukturiert und integriert werden, bis sie in der Wissensstruktur fest verankert sind. Für die Aneignung spielen Gesichtspunkte der Begrenztheit des Arbeitsgedächtnisses eine zentrale Rolle, für die Prozesse der Verankerung des Wissens Gesichtspunkte der Übungsstrukturierung.

Für schulisches Lernen ist der Aufbau eines neuen Schemas unter Bedingungen wichtig, die eine optimale Konzentration auf die zu lernenden Elemente erlauben. Diese Konzentration ist nur möglich, wenn das erforderliche Vorwissen vorhanden ist und die Lernsituation das Arbeitsgedächtnis nicht überfordert. Insbesondere bei komplexen Lernaufgaben und hierarchischer Wissensstrukturierung sollte eine Überlastung des Arbeitsgedächtnisses vermieden werden. Bestimmte traditionelle Vorgehensweisen, insbesondere das frühzeitige selbständige Lösen komplexer Aufgaben, behindert eine solche Konzentration auf das Lernen, während andere Lernaufgaben (z. B. die Analyse gelöster Aufgaben, die Verwendung von Visualisierungen mit in die Visualisierung integrierten Erläuterungen) das Lernen erleichtern.

3.1 Die Architektur unseres Gedächtnisses

(a) Primär- und Sekundärwissen

Das Wissen, das Menschen im Verlauf ihres Lebens erwerben, kann in zwei Klassen aufgeteilt werden (vgl. Geary 2007; Sweller 2011):

a) *Biologisch unterstütztes Primärwissen*, d. h. Wissen, das sich alle Menschen ohne systematische schulische Unterweisung erwerben (*„natürliches Lernen“*, z. B. Sprechen, Gehen) und
b) *Sekundärwissen*, das ohne systematische Unterweisung durch die Schule und ohne eigene Anstrengung in der Regel nicht erworben wird (z. B. Lesen- und Schreibenlernen, Verwendung schriftlicher Rechenverfahren, Anwenden komplexer Methoden der Mathematik).[1]

Die Leichtigkeit, mit der Menschen die Muttersprache lernen, ohne dass es besonderer schulischer Anstrengungen bedurfte, hat dazu geführt, dieses natürliche Lernen als Vorbild für schulisches Lernen zu nehmen. Schulisches Lernen sollte durch Kopieren des natürlichen Lernens genauso leicht und mühelos vonstatten gehen. Wenn man jedoch davon ausgehen muss, dass schulisches Lernen biologisch nicht unterstützt wird, ist eine solche Übertragung nicht statthaft. Während „natürliches Lernen“ fast keiner Anstrengung bedarf, ist der Prozess des Erwerbs und festen Verankerung des „Sekundärwissens“ mit Mühe, Schweiß und Anstrengung verbunden. Im Folgenden beziehe ich mich ausschließlich auf Prozesse der Aneignung dieses Sekundärwissens durch systematische Unterweisung.

[1] Sweller (2011, S. 41) ordnet kognitive oder metakognitive Strategien dem biologisch unterstützten Primärwissen zu. Jeder Student weiß, wie er Wissen organisieren kann. Sweller bemerkt dazu: *„If a university student, for example, cannot organize information, it is more likely that he or she suffers from the complexity of the particular information with which he or she is dealing with rather than an ignorance of how to organize information... The use of the same or a similar area in teaching and testing cannot exclude the possibility that learners have merely acquired domain-specific knowledge, rather than knowledge of how to organize information.“* Nach Sweller müssten Personen, die ein Strategietraining erhalten, nicht nur in dem Bereich, in dem die Strategien vermittelt und angewendet wurden, bessere Leistungen erbringen, sondern auch in anderen Bereichen. Ein experimenteller Beleg dafür gibt es nach Sweller nicht.

(b) Lernphasen

Beim Lernen sind vor allem zwei Phasen zu unterscheiden:

- die Phase der ersten Aneignung von Wissen über das Arbeitsgedächtnis,
- die Phase der Verfestigung, Konsolidierung und Automatisierung von Wissen im Langzeitgedächtnis.

Diese Unterteilung ist von grundlegender Bedeutung.

Phase der ersten Aneignung von neuem Wissen: Hier sind die Begrenzungen unseres Arbeitsgedächtnisses beim Aufnehmen und Verarbeiten neuer Informationen zu berücksichtigen. Informationen gelangen in das Arbeitsgedächtnis und gehen gleich wieder verloren, wenn sie nicht in bestimmter Weise aufbereitet, wiederholt und erinnert werden (vgl. Übersicht 3). Wissen, das schon fest im Langzeitgedächtnis verankert ist, belastet das Arbeitsgedächtnis nicht. Aus diesem Grund ist die Kenntnis des Vorwissens der Schüler von zentraler Bedeutung für den Unterricht.

Da dieses Arbeitsgedächtnis in seiner Kapazität sehr begrenzt ist, muss man sich genau überlegen, wie viele Informationen auf welche Weise dargeboten werden, um eine erste „Gedächtnisspur“ anzulegen.

Phase der Verfestigung, Verflüssigung und Automatisierung von Wissen: Wenn die einmal entwickelten Gedächtnisspuren wiederholt geübt und mit dem übrigen Wissen vernetzt werden, erhöht sich die Chance, dieses Wissen längerfristig verfügbar zu machen. Erst wenn Wissen in diesem Sinne gegen Vergessen geschützt wird, kann man von nachhaltigem schulischem Lernen sprechen.

Bei der folgenden Darstellung orientiere ich mich an dieser Unterscheidung zwischen der Phase der ersten Aneignung von Wissen und der Phase der Verfestigung und Konsolidierung. Entsprechend werde ich in diesem Kapitel auf die mit dem Arbeitsgedächtnis zusammenhängenden Prozesse genauer eingehen. In Kapitel 4 gehe ich auf die Prozesse der Konsolidierung und festen Verankerung des Wissens im Langzeitgedächtnis ein.

(c) Die Struktur des Gedächtnisses

Übersicht 3: Die Struktur des Gedächtnisses (vgl. Baddeley 1986, 1990; Cowan 2001; Edelmann 1996)

	Arbeitsgedächtnis	**Langzeitgedächtnis**
Funktion	Aufnahme und erste Verarbeitung von Informationen	Langfristige Speicherung von Informationen
Haltezeit (Zerfalldauer) und physiologische Entsprechung in der Nervenzelle.	Etwa 2 Sekunden, danach muss die Information wiederholt bzw. aufgefrischt werden, um nicht vergessen zu werden. Man spricht hier von in neuronalen Systemen kreisenden Erregungen.	Möglichweise lebenslänglich, solange die Abrufwege für die Gedächtnisinhalte bekannt sind. Die Gedächtnisinhalte im Langzeitgedächtnis beruhen auf strukturellen bzw. stofflichen Veränderungen in den Synapsen, durch die die Nervenzellen lose miteinander verknüpft sind.

Kapazität	**Etwa 5 Einheiten.** Diese Einheiten können unterschiedlich groß sein. Ein komplexes Schema zur Lösung eines bestimmten Gleichungstyps kann eine Einheit umfassen. Für die **gleichzeitige Verarbeitung** von Informationen können kaum mehr als zwei Einheiten im Arbeitsspeicher gehalten werden.	Fast unbegrenzt. **Einheiten** werden auch als **Schemata** oder als **Chunks** bezeichnet. Durch langwierige Lernprozesse können diese Einheiten sehr komplex und umfangreich sein. Problem der Zugänglichkeit von Informationen: Um sich zu erinnern, braucht man die richtigen Auslöser (Situationen oder Begriffe).
Struktur	**Das Arbeitsgedächtnis besteht aus** (1) **Exekutive** (2) einem **episodischen Puffer** und (3) **zwei Hilfssystemen,** (3a) der phonologischen Schleife und (3b) dem visuell-räumlichen Skizzenblock. Diese Hilfssysteme sind jeweils nochmals unterteilt in einen **Kurzzeitspeicher** und ein **Wiederholsystem** (Rehearsal).	Großhirnrinde mit rechter und linker Hemisphäre: – Die linke Hemisphäre ist für begriffliche, abstrakte und analytische Leistungen zuständig, hier befindet sich auch das Sprachzentrum; – die rechte Hemisphäre ist u. a. für bildhafte räumliche Muster zuständig. Diese kognitiven Muster sind eng mit **emotionalen und affektiven** Erinnerungen im **limbischen System** verbunden.

Grundlegend ist die Unterteilung in Arbeitsgedächtnis und Langzeitgedächtnis (vgl. Übersicht 3). Als wesentliches Ziel pädagogischer Bemühungen kann gelten, Informationen so zu vermitteln, dass sie durch das Arbeitsgedächtnis aufgenommen und verarbeitet werden können, um dann aufgrund dieser Verarbeitung langfristig im Langzeitgedächtnis in einer leicht abrufbaren Weise abgespeichert zu werden.

Was spricht überhaupt für die Existenz von zwei verschiedenen Gedächtnissystemen? Es gibt verschiedene Versuche, die zeigen, dass die Erinnerung an Informationen erschwert wird, wenn beim Präsentieren der Information eine gänzlich andere Tätigkeit (z. B. das Aufsagen von „Freitag-A, Samstag-B, Sonntag-C“ usw.) gleichzeitig auszuführen war (vgl. Baddeley 1986). Durch Ausüben einer anderen Tätigkeit, die keine Ähnlichkeit mit den zu lernenden Inhalten hatte, wurde eine Erklärung durch Interferenz[3] ausgeschlossen. Die Erklärung dieser Unfähigkeit zu erinnern wird dadurch erklärt, dass durch solche parallelen Tätigkeiten ein inneres Auffrischen der Gedächtnisspur durch Wiederholung vermieden wurde. *Informationen, deren Wiederholung bzw. Auffrischung unterbunden wird, werden somit offensichtlich sofort wieder vergessen.* Kurzfristiges Vergessen von Informationen, die im Arbeitsgedächtnis waren, hat also etwas damit zu tun, dass sich gar keine Gedächtnisspur im Langzeitgedächtnis bilden konnte, während Interferenzphänomene etwas mit dem Vergessen von Inhalten im Langzeitgedächtnis im Sinne einer Überlagerung zu tun haben (Beispiel: Erinnern einer früheren Telefonnummer ist besonders schwer, da diese durch die neue quasi überlagert wird).

[3] Interferenz tritt bei ähnlichen, miteinander konfligierenden Inhalten auf: Anstatt Huhn wird dann Hund erinnert oder, wenn eine Person in letzter Zeit mehrfach zur Wahlurne gegangen ist, dann vermischt sie leicht die dabei gemachten Erinnerungen miteinander.

3.1.1 Das Arbeitsgedächtnis

Unser Arbeitsgedächtnis verhält sich bei der Aufnahme und Verarbeitung neuer Informationen wie ein Flaschenhals, weil es nur wenige Informationen *gleichzeitig*[4] „behalten" kann. Wenn die aufzunehmenden Informationen noch verarbeitet werden sollen, sinkt die Kapazität des Arbeitsgedächtnisses weiter ab. Dadurch wird das Lernen *neuer Inhalte* stark eingeschränkt. Dies wird uns bewusst, wenn wir in einer fremden Stadt jemanden nach dem Weg fragen.

Nichts geht mehr!

Jeder hat es schon erlebt: Wir sind in einer großen, unbekannten Stadt und fragen nach dem Weg. „*... die Straße runter,* an *der ersten Ampel links, an der nächsten rechts ist die U-Bahn-Station X-Platz, dann in die Linie 4 Richtung ... bis ...* " Spätestens an dieser Stelle merken Sie, dass Sie vollkommen überfordert sind. An einem gewissen Punkt gibt man auf und schaltet ab. Wenn zu viele neue Informationen auf die Sinne einströmen, kommt es zu einer Überlastung. Es geht gar nichts mehr. Wenn wir uns mit diesen Informationen aktiv auseinandersetzen, also zum Beispiel der Beschreibung in Gedanken folgen, sinkt die Kapazität noch einmal deutlich. Dann bitten wir vielleicht: „Langsam, also ich steig am X-Platz in die U-Bahn. Wie geht es jetzt weiter?" So verschaffen wir uns Freiraum und reduzieren die Überlastung. Die gleichen Überlastungsprobleme haben Schülerinnen und Schüler, wenn etwas Neues durchgenommen wird. (vgl. Born 2008)

Die Speicherkapazität des Arbeitsgedächtnisses ist nach neueren Forschungen auf etwa 5 *Chunks* begrenzt[5], während die Kapazität des Langzeitgedächtnisses als quasi unbegrenzt gilt. Wenn diese Chunks verarbeitet (z. B. kombiniert, kontrastiert) werden sollen, also Gegenstand intensiver Reflexion sind, dann reduziert sich die Verarbeitungskapazität des Arbeitsgedächtnisses noch einmal substantiell auf zwei bis drei Chunks (vgl. Sweller, Merriénboer & Paas 1998).

Das Arbeitsgedächtnis hat trotz dieser Kapazitätsbegrenzung eine zentrale Rolle bei der ersten Aneignung von Kenntnissen (vgl. Baddeley 1986, 1990). Die über die Sinne aufgenommenen Informationen werden automatisch gefiltert, wobei die Aufmerksamkeit z. B. durch Zielsetzungen gesteuert wird. Chunks sind Informationseinheiten, die durch Formen der Gliederung und Bündelung im Langzeitgedächtnis unterschiedlich groß sein können. Wer in einem Bereich noch über sehr wenige Kenntnisse verfügt, dessen Chunks (Informationseinheiten) sind entsprechend klein. Wer z. B. vielfältige Informationen mit Restaurants gesammelt hat, wird ein entsprechend differenziertes Schema von Restaurants im Langzeitgedächtnis gespeichert haben. *Entsprechend schnell und flexibel kann er in verschiedenen möglichen Situationen reagieren und neue Informationen über Restaurants verarbeiten.* Ein Chunk ist also nichts anderes als ein mehr oder weniger komplexes Schema, das im Langzeitgedächtnis gespeichert ist.

Dem Abspeichern von mehr oder weniger komplexen Elementen liegt der *Prozess des Chunking zu* Grunde. Beim *Chunking* werden bestimmte Elemente gruppiert und als Schemata gemeinsam abgespeichert, z. B. speichern wir das Datum 1492 zusammen mit Informationen zur Entdeckung Amerikas durch Kolumbus ab. 1492 ist dann ein Element, während die Zahl 1396 ver-

---

[4] Es geht beim Arbeitsgedächtnis nicht darum, wie viele Informationen z. B. in einer Unterrichtsstunde aufgenommen und nacheinander im Langzeitgedächtnis abgespeichert werden können, sondern um die Menge neuer Informationen, die gleichzeitig im Gedächtnis aufgenommen und berücksichtigt werden können.

[5] Früher nahm man eine Begrenzung auf 7 Cunks ± 2 Chunks an (vgl. Miller 1956) an. Neuere Forschungen belegen, dass nur etwa fünf Chunks im Arbeitsgedächtnis behalten werden können (vgl. Cowan 2001).

mutlich für die meisten Leser viel schwerer zu behalten ist, weil diese Zahl nicht im Langzeitgedächtnis zusammen mit anderen Informationen abgespeichert ist. Zahlen wie 265070193 sind viel schwieriger zu lernen als BAFDILTUN, weil BAFDILTUN in drei Silben zerlegt werden kann, und zwar BAF, DIL und TUN, und nur diese Silben als Elemente einzuprägen sind. Zufällige Folgen von Konsonanten kann man sich viel schwerer einprägen, weil sie nicht so leicht in solche Unterelemente gruppiert werden könnten (vgl. Baddeley 1990, S. 31).

Das Arbeitsgedächtnis ist durch seine Kapazitätsbegrenzung für das Lernen neuer Inhalte immer ein Engpass. Die tatsächliche Begrenztheit der Informationsaufnahme über das Arbeitsgedächtnis wird meist deutlich unterschätzt, weil es z. B. in jeder Schulklasse einige Schüler gibt, die fast mühelos scheinbar große Mengen an Informationen aufnehmen und verarbeiten können. Wir neigen dann dazu, dies der besonderen Intelligenz dieser Kinder zuzuschreiben. Wichtiger ist jedoch, dass schon in der ersten Klasse gravierende Kenntnisunterschiede zwischen den Schülern bestehen, und diese Unterschiede den tatsächlichen Kapazitätsengpass verschleiern, der bei Schülern mit niedrigem Vorwissen besteht.

Für das Lesen und Schreiben von Wörtern ist die Fähigkeit zum Zergliedern eines Wortes (phonologische Bewusstheit) aus Gründen der Begrenztheit des Arbeitsgedächtnisses von zentraler Bedeutung. Die Fähigkeit zum Zergliedern von Wörtern z. B. in Silben bereitet diese für eine Gedächtnisverarbeitung vor. Das ist der Grund, weshalb bei Schülern mit erheblichen Lücken in dieser Fähigkeit zum Gliedern in Silben das Lesen- und Schreibenlernen kaum möglich ist.

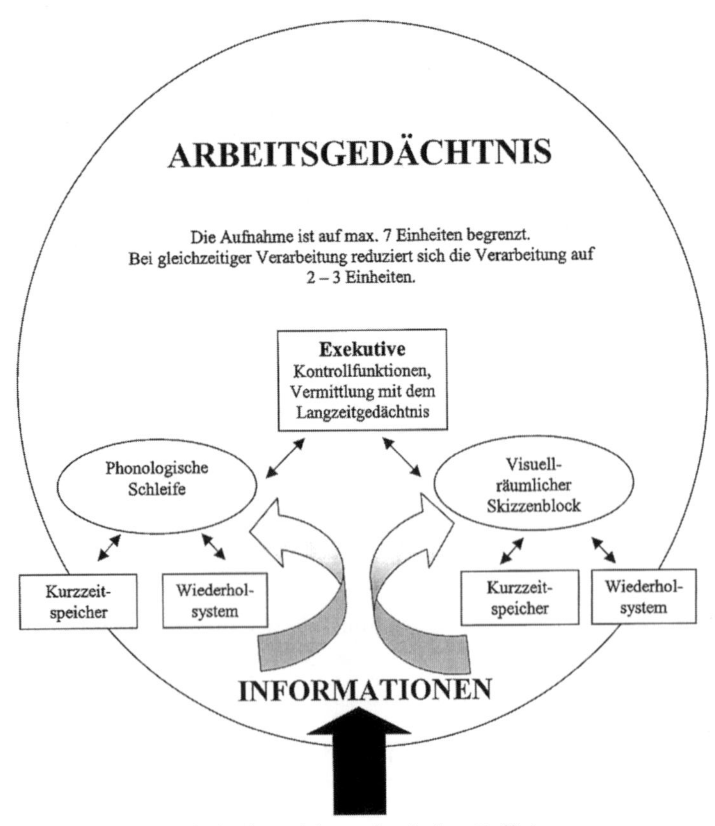

Abb. 1 Die Struktur des Arbeitsgedächtnisses (ohne episodischen Puffer)

Bei der Darstellung der Struktur des Arbeitsgedächtnisses beziehe ich mich auf ein von Baddeley und Hitch entwickeltes Modell, weil dieses durch empirische Forschung derzeit am besten bestätigt ist (vgl. Baddeley 1986, Baddeley, Gathercole & Papagno 1998, Gathercole 1998).

Nach diesem Modell besteht das Arbeitsgedächtnis aus vier Komponenten, und zwar

1) der zentralen Exekutive,
2) dem episodischen Puffer,
3) den beiden Hilfsystemen (3a) der phonologischen Schleife (phonological loop) und (3b) dem visuell-räumlichen Skizzenblock.

Die Exekutive: Die Aufgabe der Exekutive besteht darin, die Koordination des Informationsflusses im Arbeitsgedächtnis zu steuern. Sie stellt eine Verbindung zwischen den beiden Hilfssystemen und dem Langzeitgedächtnis her, indem z. B. bestimmte Abrufstrategien angewendet werden. Außerdem wählt die Exekutive Strategien zur Bearbeitung der Informationen aus; z. B. ist sie für die Steuerung von parallel auszuführenden Handlungen sowie für eine logische Durchkämmung der eingehenden Informationen zuständig.

Sweller (2004, S. 26) geht davon aus, dass hinter der Exekutiven das im Langzeitgedächtnis gespeicherte Können steckt. Dieses Können entscheidet darüber, welche Informationen interessant sind und entsprechend im Rehearsalsystem wiederholt werden müssen und welche Informationen unwichtig sind. Doch diese Exekutive versagt auf unbekanntem Terrain, und scheinbar ist die Person dann darauf angewiesen, alle Möglichkeiten einer Problemlösung per Zufall auszuprobieren. In dieser Situation kann jedoch das Wissen anderer Personen die Rolle einer zentralen Exekutive übernehmen. Sweller (2004, S. 26) schreibt dazu:

> *„Das Wissen anderer Personen, in mündlicher oder schriftlicher Form übermittelt, kann als zentrale Exekutive agieren, wenn eine eigene, schemabasierte Exekutive nicht verfügbar ist... Viele Unterrichtsprozeduren empfehlen explizit Techniken, die vor allem eine Zufallsgenerierung von Lösungen empfehlen, deren Richtigkeit anschließend geprüft wird. Alle auf entdeckendes Lernen bezogenen Empfehlungen fallen in diese Kategorie. Es ist unwahrscheinlich, dass auf diese Weise eine zentrale Exekutive erfolgreich handeln kann.*
>
> *Die Alternative dazu ist direkte, unterrichtliche Anleitung, durch die fehlende Schemata ersetzt werden und durch die den Lernern erlaubt wird, eigene Schemata aufzubauen, ohne dabei in den schwierigen, zeitaufwendigen Prozess des fast grenzenlosen Zufallsgenerierens mit anschließendem Testen zu gelangen."*

Der episodische Puffer:

Baddeley (2000) ergänzte das Arbeitsgedächtnismodell durch einen episodischen Puffer. Dieser speichert Repräsentationen, die phonologische, visuelle und räumliche Informationen integrieren und die nicht in den beiden Hilfesystemen gehalten werden (z. B. semantische und musikalische Informationen). Da in diesem Teil des Arbeitsgedächtnisses Informationen zu einer einheitlichen episodischen Repräsentation verbunden werden, wird dieser Teil des Arbeitsgedächtnisses in Anlehnung an Tulvin's episodischem Gedächtnis als episodischer Puffer bezeichnet. Im Unterschied zum episodischen Gedächtnis werden diese episodischen, integrierten Inhalte jedoch nur kurzfristig, und nicht langfristig abgespeichert.

Hilfsysteme des Arbeitsgedächtnisses sind *die phonologische Schleife* und *der visuell-räumliche Skizzenblock.*

Die phonologische Schleife: Die phonologische Schleife ist auf die Aufnahme von verbalen Informationen und von Lauten spezialisiert; sie kümmert sich z. B. um eine verdeckte Wiederholung. Damit spielt sie für das Sprachen- und Lesenlernen eine zentrale Rolle. Die phonologische Schleife besteht aus zwei Komponenten: dem passiven, phonologischen Kurzzeitspeicher und dem aktiven, mündlichen Rehearsal (Wiederholsystem). Informationen gelangen in dieses System entweder durch die Wahrnehmung von Lauten, durch die Aufnahme sprachlicher Informationen beim Lesen, die innerlich lautlich umkodiert werden oder über die Auslösung sprachlicher Codes beim Sehen von Gegenständen. Die Informationen im phonologischen Kurzzeitspeicher werden etwa binnen 2 Sekunden vergessen, – sie zerfallen, wenn sie nicht wiederholt werden. Wenn ausgewählte Informationen innerhalb dieser 2 Sekunden wiederholt werden, haben diese Informationen eine „Überlebenschance". Um kurze Wörter wie „Hund" zu wiederholen, braucht man weniger Zeit als für längere Wörter wie Giraffe, weshalb man sich solche kurzen Wörter schneller bei einer seriellen Erinnerung von Wortlisten merken kann. Dieser Effekt verschwindet, wenn man Personen bei dieser Aufgabe gleichzeitig irgendwelche irrelevanten Dinge *hersagen* lässt. Hersagen blockiert das innere lautliche Wiederholen, das erforderlich ist, wenn etwas gelernt bzw. behalten werden soll.

Forschungen zum sog. *Modalitätseffekt* zeigen, dass sprachliches Lernen über den phonologischen Kurzzeitspeicher verläuft. Sprachliche Informationen können entweder visuell oder lautlich präsentiert werden. Wenn nun sprachliches Lernen neuer Wörter immer über den phonologischen Speicher erfolgt, müsste sprachliches Lernen bei visueller Präsentation langsamer verlaufen als bei lautlicher Präsentation. Dies konnte empirisch tatsächlich bestätigt werden. Erklärt wird dieser Effekt damit, dass visuell präsentierte Information zuerst lautlich umkodiert werden muss, bevor sie dann im phonologischen Rehearsalsystem aufgefrischt werden kann, um nicht gleich wieder zu zerfallen.[6]

Es bestehen Unterschiede in den Gedächtnisleistungen bei Kindern zwischen vier und sieben Jahren, obwohl diese noch nicht das Rehearsalsystem nutzen können. Diese Unterschiede werden damit erklärt, dass ältere Kinder schneller sprechen können und sich dadurch der Zerfall der Gedächtnisspuren weniger stark auswirkt. Ein weiteres Problem ergibt sich dadurch, dass Unterschiede in der Gedächtnisspanne zwischen Kindern höheren Alters bestehen bleiben, auch wenn die Möglichkeit zur Nutzung des Rehearsalsystems unterbunden wurde. Hier wird angenommen, dass durch Abrufen wichtiger Begriffe aus dem Langzeitgedächtnis das Arbeitsgedächtnis entlastet wird: Begriffe wie Gorilla oder Giraffe aus dem Langzeitgedächtnis abzurufen ist viel weniger gedächtnisbelastend als das Erinnern von Non-Wörtern wie *taffost* oder *crepog*.

[6] Ein direkter Beleg für dieses Umkodieren ergibt sich aus den Fehlern, die beim Lernen auftreten. Dabei stellte man fest, dass diese Lernfehler eher etwas mit den Lauten als mit der orthographischen bzw. bildhaften Gestalt des Wortes zu tun hatten: Ein D *(/DE/)* wird als W *(/WEZ)* und nicht als ein O (/O/) fälschlich erinnert, obwohl die Ähnlichkeit der visuellen Gestalt zwischen D und O größer ist. Die Entstehung der phonologischen Schleife verläuft für ihre beiden Sub-Systeme unterschiedlich. Nach dem derzeitigen Stand der Forschung entwickelt sich der phonologische Kurzzeitspeicher schon im frühesten Kindesalter, während das mündliche Rehearsalsystem sich erst im Alter von etwa sieben Jahren herausbildet. Bei Kindern unter sieben Jahren kann man bei Gedächtnisaufgaben z. B. keine Lippenbewegungen erkennen. Lernen scheint sich bei diesen jüngeren Kindern vor allem auf visuelle Aspekte zu konzentrieren. So ergab sich z. B. in einer Untersuchung mit fünfjährigen Kindern, denen Bilder mit Gegenständen gezeigt wurden, wobei diese Gegenstände unterschiedlich lange Bezeichnungen hatten, keine Unterschiede im Hinblick auf die Wortlänge. Wenn diese Kinder jedoch in Wiederholstrategien der jeweiligen Wörter zu diesen Bildern unterrichtet wurden, ergaben sich die bekannten Unterschiede im leichteren Erinnern der kurzen Wörter.

Das Rehearsalsystem spielt eine wichtige Rolle beim Erinnern von Textinhalten. Wenn man Personen, die sich Sätze einprägen sollen, während des Lernprozesses auffordert, immer die gleiche Folge von Wörtern laut aufzusagen (z. B. „das, das, das, ...“), dann wird der Prozess des Einprägens stark beeinträchtigt. Dies wird dadurch erklärt, dass eine Nutzung des phonologischen Wiederholsystems durch die Artikulation von „das, das, das, ...“ verhindert wird, das sonst beim Textlernen verwendet wird. Um die Rolle des inneren Wiederholens auszuschalten, und damit seine Funktion nachweisbar zu machen, wird in Experimenten gezielt diese Technik des Hersagens von „das, das, das ...“ eingesetzt.

Mit diesem Modell sind einige Effekte leicht zu erklären, die für den Sprachunterricht (muttersprachlich und fremdsprachlich) wichtig sind. So kann man einen engen Zusammenhang zwischen Vokabel- bzw. Wortschatzwissen oder syntaktischem Wissen einerseits und Leseverstehensleistungen andererseits feststellen. Dabei ist davon auszugehen, dass das Wortwissen und das syntaktische Wissen aus dem Langzeitgedächtnis schnell abrufbar sind. *Wenn ein schneller Abruf aus dem Langzeitgedächtnis möglich ist, wird das Arbeitsgedächtnis nicht wesentlich belastet.* Wenn Worte in ihrer Bedeutung nicht sicher gekonnt werden oder syntaktische Strukturen nicht leicht verstanden werden, steigt die Belastung des Arbeitsspeichers stark an und ein Verstehen des Sinns wird zunehmend schwieriger. Besseres lexikalisches und syntaktisches Wissen bedeutet, dass die Personen schnell auf das gespeicherte Wissen in ihrem Langzeitgedächtnis zurückgreifen können, ihr Arbeitsgedächtnis wird dabei wenig belastet, sie können sich auf das Verstehen des Textes – also auf die Verarbeitung semantischer Informationen – besser konzentrieren (vgl. Schmidt 2000). Zusammenfassend schreibt Schmidt (S. 95):

> *„Die begrenzte Kapazität des Arbeitsgedächtnisses kann nur dann für den Aufbau der semantischen Repräsentation voll genutzt werden, wenn das Arbeitsgedächtnis durch die Automatisierung der niedrigeren Verarbeitungsstufen – der graphophonischen, der lexikalisch-formalen und der syntaktischen Ebene – entlastet ist, sodass Kapazität für die Strategien- und Aufmerksamkeitssteuerung sowie für die Informationsspeicherung verfügbar bleibt.“*

Auf diesem Hintergrund kritisiert Schmidt eine konstruktivistisch orientierte Lesedidaktik, nach der ein Strategietraining zur verbesserten Nutzung von Kontexthinweisen Personen mit Schwierigkeiten beim Leseverstehen helfen soll. Sinnvoller wäre es, an den defizitären Grundkenntnissen anzusetzen (vgl. Hirsch 2000). Sprachkenntnisse müssen automatisiert verfügbar sein, damit genügend Kapazität für das Verstehen des Textes frei wird. „*Gute* Leserinnen können Kontexthinweise besser nutzen, weil sie aufgrund besserer Dekodierkenntnisse genügend Kapazität für den Einsatz von Strategien zur Verfügung haben.“ (Schmidt 2000, S. 97)

Der visuell-räumliche Skizzenblock: Der visuell-räumliche Skizzenblock des Arbeitsgedächtnisses ist für die Verarbeitung von visuellen und räumlichen Informationen zuständig. Auch hier wird eine Untergliederung in einen visuellen Kurzzeitspeicher und ein Wiederholsystem angenommen.

Studien zur Entwicklung des visuell-räumlichen Skizzenblocks zeigen, dass jüngere Kinder stärker auf die Nutzung dieses Systems beim Einprägen visueller Informationen angewiesen sind als ältere Kinder. Dies zeigt sich z. B. beim Einprägen von ähnlichen visuellen Gegenständen (Schreibstift, Gabel) im Gegensatz zu visuell unterschiedlicheren Gegenständen (Puppe, Bad). Fünfjährige haben mit dem Einprägen der visuell ähnlichen Gegenstände größere Mühe als bei den visuell unterschiedlichen Gegenständen, während bei den 10-Jährigen kein Unterschied mehr besteht. Dies wird darauf zurückgeführt, dass ältere Kinder zusätzlich Bildinformationen verbal enkodieren und damit sich die visuelle Ähnlichkeit nicht mehr erschwerend auf das Einprägen auswirkt.

Die Fähigkeit, sich visuelle Informationen einzuprägen, erweitert sich beträchtlich zwischen dem 5. und 11. Lebensjahr. Mit 12 Jahren wird schon fast die maximale Kapazität eines jungen Erwachsenen erreicht; sie ist dann um das Drei- bis Vierfache größer als im Alter von fünf Jahren. Es ist jedoch auch hier anzunehmen, dass die enorme Ausweitung der Gedächtniskapazität eng mit der Möglichkeit verbunden ist, komplexe visuelle Muster aus dem Langzeitgedächtnis abzurufen. Geprüft wird diese Annahme, indem z. B. verlangt wird, während der Gedächtnisaufgabe ab einer bestimmten Zahl vorwärts oder rückwärts zu zählen. Durch das Zählen wird das Funktionieren der zentralen Exekutive und damit die Verknüpfung mit dem Langzeitgedächtnis unterbunden. Ferner verhindert das laute Sprechen die Nutzung des phonologischen Wiederholsystems. Unter solchen Voraussetzungen wird der Vorteil der älteren Kinder beim Einprägen visueller Informationen erheblich reduziert. Der Anstieg der Gedächtnisspanne für das Einprägen visueller Informationen wird somit auf drei Faktoren zurückgeführt: (1) Auf eine echte Zunahme der Kapazität, (2) auf die Umkodierung visueller Information durch Nutzung des phonologischen Wiederholsystems, und (3) durch Nutzung schon gespeicherter visueller Muster aus dem Langzeitgedächtnis, wobei die zentrale Exekutive eine Rolle spielt.

3.1.2 Die Entwicklung des Langzeitgedächtnisses bei Kindern

Eine wichtige Unterscheidung ist die zwischen semantischem und episodischem Gedächtnis. Unter semantischem Gedächtnis versteht man das Weltwissen, also alle Kenntnisse, die wir über die Welt haben. Dazu gehört das Wissen über die Bedeutung von Wörtern, über die Namen von Personen, über Tatsachen. Nicht dazu gehört das Wissen über Umstände und Gelegenheiten, unter denen dieses Wissen erworben wurde. Darauf bezieht sich das episodische Gedächtnis. In ihm sind alle Erinnerungen enthalten, die sich auf die Episoden, unter denen bestimmte Erfahrungen gesammelt wurden, beziehen. Weiter zurückreichende Erfahrungen, an die wir uns erinnern können, werden als autobiografisches Gedächtnis bezeichnet.

Man geht in der Forschung davon aus, dass das autobiografische Gedächtnis meist nur bis in das Alter von etwa 3 1/2 Jahren zurückreicht (vgl. Gathercole 1998). Die Unfähigkeit, sich weiter zurück zu erinnern, wird auch als *kindliche Amnesie* bezeichnet. Häufig ist es bei länger zurückreichenden Erinnerungen schwer zu sagen, ob es sich um echte Erinnerungen oder um spätere Erzählungen, an die man sich erinnert, handelt. Für diese kindliche Amnesie gibt es verschiedene Erklärungen. Eine geht davon aus, dass ein Kind noch keine entwickelten Schemata über die immer wiederkehrenden Ereignisse verfügt, und dass es ihm deshalb nicht möglich ist, sich das Unübliche oder Besondere zu merken.

Untersuchungen von Kindern selbst allerdings zeigen, dass diese schon sehr früh detailreiche Erinnerungen aufbauen. So können sich zweijährige Kinder durchaus an Ereignisse erinnern, die mehrere Tage und Wochen zurück liegen; bei 2 1/2 Jährigen konnte man Rückerinnerungen von bis zu einem halben Jahr feststellen. Solche Erinnerungen an weit zurückhegende Erlebnisse werden damit erklärt, dass daran mehrfach erinnert wurde. Durch mehrere Studien konnte gezeigt werden, dass durch solche wiederholten Erinnerungen die Fähigkeit des Rückerinnerns erheblich verbessert werden konnte.

Offensichtlich spielt die Fähigkeit des Kindes, Ereignisse zu strukturieren und in einen gegliederten Zusammenhang zu bringen, für die Entstehung der Fähigkeit, sich genau an weiter zurückreichende Erlebnisse zu erinnern, eine wichtige Rolle. In diesem Zusammenhang sind die Ergebnisse einer Studie von Pillemer (zit. nach Gathercole 1998, S. 17f.) interessant, die dieser mit Kindergartenkindern durchführte. Das zu erinnernde Ereignis war ein Feueralarm, der durch brennendes Popkorn in einem anderen Teil des Kindergartens ausgelöst wurde und bei dem die Kinder aus dem Gebäude evakuiert wurden. Pillemer testete die Kinder einmal 14 Tage nach dem Vorfall und danach sieben Jahre später nochmals. Dabei teilte er die Kinder in zwei Gruppen auf: eine Gruppe, die bei diesem Vorfall 3 Jahre und eine Gruppe, die 4 Jahre alt war. Sieben Jahre später konnten 57 % der älteren Kinder einen vollständigen oder wenigstens einen fragmentarische Bericht über die damals stattfindenden Ereignisse geben, verglichen mit 18 % der jüngeren Kinder. 86 % der älteren Kinder konnten sich bei Vorgabe einer Multiple-Choice-Frage noch an den Raum erinnern, aus dem die Kinder beim Feueralarm evakuiert wurden, während die jüngeren daran keine Erinnerung mehr hatten (reines Rateergebnis). Diese große Differenz in der Erinnerungsleistung ist doch einigermaßen erstaunlich.

Pillemer nimmt an, dass für die Fähigkeit zum Erinnern der Grad an kausalem Verständnis für die narrative Struktur des Ereignisses entscheidend ist. Die älteren Kinder können den Zusammenhang zwischen den Elementen des Geschehens besser verstehen. Je höher somit die narrative Kohärenz zur Zeit des Vorfalls ist, desto besser ist die Gedächtnisspur organisiert und desto besser ist die Übereinstimmung mit den narrativen Schemata, mit denen die unvollständigen Erinnerungsspuren Jahre später erinnert werden. Auch wenn diese Erklärung plausibel klingt, können alternative Erklärungen immer noch nicht sicher ausgeschlossen werden, z.B. die Erklärung, dass eine bessere Erinnerungsleistung gefunden wird, wenn die Messungen von Vertrauten des Kindes und nicht von Fremden erhoben werden (vgl. Gathercole 1998, S. 18).

3.2 Die erste Aneignung von Wissen und Fertigkeiten

Schulische Probleme, die mit der Begrenztheit der Kapazität des Arbeitsgedächtnisses zusammenhängen, können unter zwei verschiedenen Perspektiven analysiert werden:

1. Welche Aufgaben und welche Situationen verursachen Schülern Schwierigkeiten, die in der Klasse vergleichsweise geringe Fertigkeiten in der Nutzung des Arbeitsgedächtnisses aufweisen?
2. Wie findet Lernen bei Novizen insbesondere bei komplexen Aufgaben statt, wenn Aufgaben das Arbeitsgedächtnis überlasten und dadurch das Lernen erschweren?

Zunächst werde ich in diesem Abschnitt auf die erste Fragestellung eingehen. Die zweite Fragestellung wird in den folgenden Abschnitten dann im Zusammenhang der Erläuterung der kognitiven Belastungstheorie (Cognitive Load Theorie) behandelt.

3.2.1 Arbeitsgedächtniskapazität und Lernen

Durch eine Vielzahl von empirischen Studien wird belegt, dass Schüler mit einer gering entwickelten Gedächtnisspanne Leistungsschwierigkeiten in der Schule entwickeln. Gathercole, Lamont und Alloway (2006, S. 220) stellen z.B. für Großbritannien fest:

> *„Durch gering entwickelte Arbeitsgedächtnisfertigkeiten ergeben sich substantielle Lernschwierigkeiten. In England konnte für Schüler mit 7, 11 und 14 Jahren gezeigt werden, dass diese Schüler niedrige Leistungen bei landesweiten Leistungsüberprüfungen erbringen."*

Neuere Studien von Alloway und Alloway (2010) deuten darauf hin, dass Arbeitsgedächtnisfertigkeiten im Alter von fünf Jahren die späteren schulischen Fähigkeiten im Lesen, Schreiben und Rechnen besser vorhersagten als die Intelligenz. Die dahinter stehenden Prozesse sind noch nicht hinreichend aufgeklärt. (vgl. Gathercole et al. 2006). Unklar ist auch, welche Situationen und Aufgaben Schüler mit vergleichsweise gering entwickelten Fertigkeiten des Arbeitsgedächtnisses überfordern. Um dies zu erkunden, haben Gathercole et al. (2006) Schüler der ersten Klassenstufe mit niedrigen Arbeitsgedächtniswerten im Unterricht beobachtet. Dabei konnten sie Folgendes feststellen:

1. Diese Schüler hatten mit dem Befolgen komplexer Arbeitsanweisungen erhebliche Probleme. Ein Beispiel für eine solche Aufforderung ist:

> *„Lege Deine Arbeitsblätter auf den grünen Tisch, lege die Hinweiskarten in Deine Federmappe, lege den Stift weg und komme nach vorne und setz Dich auf den Teppich" (Gathercole et al. 2006, S. 226)*

Damit Schüler solche komplexen Arbeitsanweisungen befolgen können, müssen sie in der Lage sein, wesentliche zusammengehörige Informationen zu einem „Chunk" zu verbinden: Ein solcher Chunk wäre „Platz aufräumen". Dadurch könnte der Lehrer obige Arbeitsanweisung in folgender Weise reduzieren: *„Räume deinen Platz auf. Danach setze Dich vorne auf den Teppich."* Solche Routinen müssen mehrfach eingeübt werden, damit sich die erforderlichen Chunks im Langzeitgedächtnis bilden können.

2. Eine andere Anforderung bestand darin, im Sprachunterricht die Anzahl von Wörtern eines Satzes zu zählen und den Satz danach ins Heft zu schreiben. Der Schüler muss hier also sowohl die Wörter des Satzes als auch die Anzahl der Wörter kurzfristig im Arbeitsgedächtnis vorhalten. Er war ohne Hilfe des Lehrers nicht in der Lage, sich den Satz zu merken und jedes Wort zu isolieren und zu zählen. *(Gathercole et al. 2006, S. 227).* In diesem Fall könnte man statt einer Arbeitsanweisung zwei Arbeitsanweisungen machen, die hintereinander gestellt werden.

3. In den von Gathercole et al. untersuchten Klassen wurden häufig Hilfsmittel wie Dienes-Blöcke, Abakus und Zahlenstrahl etc. eingesetzt, um dadurch das Lernen zu erleichtern. Durch diese Hilfsmittel sollten die Zahlen anschaulich repräsentiert werden. Gleichwohl hatten die Kinder mit reduzierten Fertigkeiten der Nutzung des Arbeitsgedächtnisses Schwierigkeiten, diese „Hilfsmittel" zu nutzen. Diese Kinder verwendeten lieber ihre Finger als den Zahlenstrahl. Z. B. sollte die Anzahl von Enten auf zwei Karten mit Hilfe des Zahlenstrahls gezählt werden. Ein Kind schaffte es nicht, mit einer Zahl auf dem Zahlenstrahl – entsprechend der Enten auf Karte 1 – zu beginnen und die Anzahl der Enten auf der zweiten Karte dazu zu zählen. Es zählte stattdessen mit seinen Fingern.

4. Auch das Zählen bestimmter Wörter in einem Text fiel diesen Kindern schwer. Offensichtlich war ihre Kapazität durch das Lesen und Verstehen des Textes so stark ausgelastet, dass keine Kapazität für das Zählen übrig blieb *(Gathercole et al. 2006, S. 228).*

Nach Gathercole et al. (2006, S. 233) enthält eine typische Klasse mit Neunjährigen sowohl Kinder, die bezüglich ihres Arbeitsgedächtnisses auf der Stufe von sechsjährigen stehen als auch Kinder, die schon auf der Stufe von 14-Jährigen angekommen sind. Dabei kann davon ausgegangen werden, dass sich die Kapazität des Arbeitsgedächtnisses vom 6'ten bis zum 14'ten Lebensjahr etwa verdoppelt. Die Schüler mit mangelnden Voraussetzungen machen bei der Erledigung von Aufgaben zahlreiche Fehler. Die Aufgabe müsste somit darin bestehen, eine

Lernumgebung diesen Kindern möglichst frühzeitig anzubieten, die diesen Schülern mehr positive Erfahrungen beim Lernen ermöglicht. Auf diese Weise könnten die Fertigkeiten im Umgang mit dem Arbeitsgedächtnis erheblich erweitert werden.

Eine angemessene Unterstützung von Kindern mit einem gering entwickelten Arbeitsgedächtnis scheitert oft daran, dass diesen Kindern eine willentliche Unaufmerksamkeit attestiert wird. Kindern, die nicht aufpassen, sind dann selbst schuld, wenn sie wenig lernen. Um solche Fehldiagnosen zu vermeiden, sollte frühzeitig bei Kindern, die Lehrern bei entsprechenden Aufgaben auffallen, Tests zur Fertigkeit der kurzfristigen Speicherung von Informationen im Arbeitsgedächtnis durchgeführt werden.

Hart und Risley (1995) konnten zeigen, dass schon im Alter von drei Jahren die sprachlichen Unterschiede zwischen Kindern unterschiedlicher sozialer Herkunft gewaltig sind[7]. Dies äußert sich z. B. im Umfang des Wortschatzes. Für die Vermittlung des Lesens und Schreibens in der Schule bedeutet dies, dass einige Kinder fast ohne Mühe Lesen und Schreiben lernen, während andere Kinder über die für das Lesen- und Schreibenlernen notwendigen Voraussetzungen (z. B. eine ausreichende phonologische Bewusstheit) noch nicht verfügen. Ähnlich große Unterschiede dürften bei Schuleintritt auch beim Zahlbegriff existieren. Da der Unterricht bestimmte Voraussetzungen bezüglich der vorhandenen Kenntnisse macht, die bei schwächeren Kindern nicht erfüllt sind, werden diese Kinder zunehmend überfordert und verknüpfen dann diese negativen Erfahrungen mit dem schulischen Lernen.

3.2.2 Die Überlasttheorie des Arbeitsgedächtnisses

(1) Vom Erwerb neuen Wissen zur festen Verankerung im Langzeitgedächtnis

In welchem Ausmaß ist effektives Lernen auf Vormachen (Modeling), auf Erläuterung an Beispielen, auf Vorstrukturierung und Segmentierung sowie auf pädagogische Anleitung und Hilfen angewiesen? Der Pädagogenstreit um das erforderliche Ausmaß der Anleitung beim Erwerb von Wissen, um entdeckendes oder um expositorisches Lernen währt schon über ein halbes Jahrhundert. Noch immer gilt es bei vielen Pädagogen als „modern" und „progressiv", Schüler Neues möglichst selbständig entdecken zu lassen.

In den letzten beiden Jahrzehnten haben sich die Befunde verdichtet, dass der Erwerb neuen Wissens am schnellsten durch Vormachen, durch explizite Erklärung und durch die strukturierte Anleitung von Experten erfolgt. Der tiefere Grund für diesen Sachverhalt liegt in der menschlichen Gedächtnisarchitektur: Um komplexe Probleme lösen zu können, muss im Langzeitgedächtnis eine breite und tiefe Wissensbasis vorhanden sein. Um diese Wissensbasis zu entwickeln, werden die notwendigen Elemente Schritt für Schritt über das Arbeitsgedächtnis aufgenommen und in das Langzeitgedächtnis übertragen. Dieser Prozess verläuft langsam, weil das Arbeitsgedächtnis in seiner Kapazität begrenzt ist (vgl. Clark, Kirschner & Sweller 2012).

Wissenserwerb bedeutet im Wesentlichen die Integration neuen Wissens in vorhandene Schemata oder die Bildung neuer Schemata im Langzeitgedächtnis. Eine Überlastung des Arbeitsgedächtnisses durch vorzeitige Aufforderungen zu selbständigem Problemlösen verlangsamt den Lernprozesses. Dieser Lernprozess von der Aufnahme neuen Wissen und Fertigkeiten bis zur Ausdifferenzierung von Schemata im Langzeitgedächtnis kann in folgende Phasen differenziert werden:

[7] Die Studie von Hart und Risley wird am Anfang von Kapitel 5 genauer dargestellt.

1) *Aufmerksamkeitsfokussierung* auf die relevanten Elemente der Instruktion,
2) *Aktivierung des Vorwissens:* Die neuen Informationen müssen in die schon vorhandenen Schemata integriert werden. Dazu müssen diese Schemata aus dem Langzeitgedächtnis in das Arbeitsgedächtnis übertragen werden.
3) *Elaborierung* der neuen Unterrichtsinhalte durch Bemühungen zur *aktiven Reproduktion und Anwendung der Inhalte,*
4) *Enkodieren* der neuen Schemata in das Langzeitgedächtnis, und
5) *Aktive Rekonstruktion der gelernten Schemata* zur Anwendung im Arbeitsleben. (nach Clark, Nguyen & Sweller 2006, S. 40)

Die Fähigkeit, die neu gelernten Schemata auf reale Probleme anzuwenden, hängt davon ab, wie groß die Ähnlichkeit der Lernsituation mit der Anwendungssituation ist.

Beim schulischen Lernen hat der Lehrer zwei Probleme zu bewältigen:

a) *Vermeidung einer Überlastung des Arbeitsgedächtnisses beim Erwerb von Wissen:* Hier stehen dem Lehrer prinzipiell zwei Möglichkeiten zur Verfügung: Die Verminderung der „überflüssigen" extrinsischen Belastung z. B. durch längeres Arbeiten mit Lösungsbeispielen sowie die Segmentierung und Reihung der zu vermittelnden Informationen in einer Weise, um eine Überlastung der Kapazität des Arbeitsgedächtnisses zu vermeiden. Jede Überlastung führt zu einer Verlangsamung des Lernprozesses.
b) *Vermeiden des Vergessens nach Abschluss der Erwerbsphase:* Dazu führt der Lehrer Wiederholungen und Vertiefungen des Gelernten auch nach Klassenarbeiten durch. Wenn solche Elaborierungen, Rekonstruktionsbemühungen und Anwendungen des Gelernten auch nach Abschluss von Unterrichtseinheiten unterbleiben, gehen die gelernten Kompetenzen wieder verloren.

Schemata ähneln verschmierten, aber bezüglich prototypischer Merkmale sicher identifizierbaren Gestalten. Wenn wir lesen, dann können wir aus einer unendlichen Vielzahl von Mustern einer Seite Bedeutung ableiten, weil wir Schemata haben, durch die wir Buchstaben, Worte und Kombinationen von Worten kategorisieren können. Durch den Aufbau einer zunehmenden Anzahl immer komplexerer Schemata, die Elemente niedrigerer Schemata zu höheren, komplexeren Schemata kombinieren, entwickelt sich die Fähigkeit zur Bewältigung komplexer Aufgaben.

Der Aufbau von Schemata ist ein aktiver, konstruktiver Prozess. Dies kann man am Lesen verdeutlichen. Am Schulanfang konstruieren Kinder Schemata für Buchstabenfiguren, die ihnen erlauben, eine unendliche Anzahl von (handgeschriebenen) Gestalten einer kleinen Anzahl von Kategorien zuzuordnen. Diese Schemata sind die Grundlage für Schemata höherer Ordnung, wenn sie zu Silben und später zu Wörtern kombiniert werden. Später können diese zu Schemata noch höherer Ordnung in Satzteilen verbunden werden. Letztlich erlauben solche Schemata den Lesern, eine Seite schnell zu überfliegen und dabei Bedeutung zu entnehmen.

Der Aufbau komplexer Schemata ist der Schlüssel zur Erklärung menschlichen Problemlösens. Ein hochkomplexes Schema „Autofahren", das in automatisierter Form anwendbar ist, belastet das Arbeitsgedächtnis nicht mehr. Wir können deshalb das Arbeitsgedächtnis verwenden, uns zu unterhalten oder über ungelöste Probleme nachzudenken. Fast mühelos werden Informationen berücksichtigt, die zur Steuerung des Autos beachtet werden müssen. Über vergleichbare komplexe Schemata verfügt jede Hausfrau, die in einer bestimmten Weise alle lästigen Aufgaben quasi automatisch erledigt oder ein Handwerker, der über ein komplexes Diagnoseschema für die Reparatur einer Geschirrspülmaschine verfügt. Eine weitere Verbesserung solcher Schemata ist jedoch mit erheblichem zusätzlichen Aufwand verbunden.

Clark, Nguyen und Sweller (2006, S. 39) schreiben dazu:

> *„Jede Aufgabe, die hunderte Male ausgeführt wird, wird im Langzeitgedächtnis verankert. Wenn sie automatisiert ist, kann die Fertigkeit mit wenig oder ohne eine Belastung des Arbeitsgedächtnisses ausgeführt werden. Tatsächlich werden diese Fertigkeiten unbewusst ausgeführt. Wenn ich z. B. diesen Absatz schreibe, kann ich die Buchstaben automatisch eintippen. Da ich keine mentalen Ressourcen für das Tippen benötige, kann ich meine begrenzte Kapazität meines Arbeitsgedächtnisses für die Bildung sinnvoller Sätze und Absätze verwenden."*

(2) Die kognitive Belastungstheorie

Die Cognitive Load-Theorie (vgl. Sweller, Merrienboer & Paas 1998)[8] betont die Grenzen der Belastung des Arbeitsgedächtnisses. Bei einer Überlastung werden unnötige Anstrengungen erforderlich, die das Lernen stark verlangsamen. Die Überlastung ergibt sich aus drei verschiedenen Belastungsformen:

(1) Der intrinsischen Belastung („intrinsic cognitive load"), die aus der *Verbundenheit oder Interaktivität der einzelnen zu verarbeitenden Elemente resultiert.* Diese Interaktivität der Elemente bestimmt die objektive Schwierigkeit der Aufgabe,
(2) *der extrinsischen Belastung („extraneous cognitive load"), die sich auf die Art der Gestaltung der Informationen bezieht und*
(3) *der lernförderlichen Belastung („germane cognitive load")*, die sich aufgrund einer aktiven Verarbeitung der dargebotenen Informationselemente ergibt.

Wenn intrinsische und extrinsische Belastung zu einer Überlastung führen, ist kein Freiraum für eine aktive Verarbeitung der dargebotenen Informationen übrig. Lernen kann ohne aktive Verarbeitung nicht stattfinden. Die durch eigenes Bemühen um Verständnis erfolgte lernförderliche Belastung ist für das Lernen eine notwendige, aber keine hinreichende Bedingung.

Wenn die einzelnen Elemente weitgehend isoliert voneinander gelernt werden können, dann besteht eine niedrige *Interaktivität* unter ihnen (Beispiel *Vokabellernen)* und die intrinsische kognitive Belastung ist gering. Bauen die Elemente hingegen aufeinander auf, dann besteht eine hohe Interaktivität. Bei hoher Interaktivität, und damit hoher intrinsischer Belastung, ist die Belastung des Arbeitsgedächtnisses hoch. Beim Lernen der Grammatik einer Sprache besteht eine solche hohe Interaktivität der einzelnen Elemente. So können wir die erforderliche Reihenfolge der Wörter in einem englischen Satz *nur* verstehen, wenn wir *alle* Wörter eines Satzes betrachten. Auch mathematische Probleme haben eine hohe Elementinteraktivität. Nehmen wir als Beispiel einen Schüler, der lernen soll, in der Gleichung $a/b=c$ den Nenner auszumultiplizieren. Der Schüler muss gleichzeitig bedenken, dass beide Seiten der Gleichung mit b multipliziert werden müssen, damit die Gleichheit beider Seiten nicht verändert wird. Der Ausdruck b/b auf der linken Seite ist das Ergebnis dieser Multiplikation mit b, wodurch ein Ausdruck entstanden ist, der zu 1 gekürzt werden kann. Dies führt zur Gleichung $a=cb$. Lernen ohne Verständnis würde bedeuten, dem Schüler nur beizubringen, er könne b auf die rechte Seite bringen; dies vermindert die Belastung des Arbeitsgedächtnisses; das grundlegende Schema, das später auch wieder angewendet werden kann, wird dabei aber nicht gelernt. Übrigens wird man von Verstehen nur dann sprechen, wenn man Material zu lernen hat, das sich durch eine hohe Interaktivität auszeichnet.

[8] Die folgende Darstellung orientiert sich an diesem Aufsatz sowie an Clark, Nguyen & Sweller 2006.

Interaktivität bzw. intrinsische kognitive Belastung hängt von der Breite und Tiefe des Vorwissens in dem fraglichen Bereich ab. Der gleiche Text kann für einen Experten leicht und verständlich geschrieben sein, ist aber für einen Novizen völlig unverdaulich. Aufsätze in Fachzeitschriften können für Experten völlig verständlich sein, während Laien beim Lesen kaum einen Satz verstehen. Lehrtexte, die für Schüler geschrieben sind, sind in der Regel für Experten langweilig und uninteressant, weil sie längst bekannte Informationen in einer viel zu ausführlichen Form enthalten. Entsprechend hat man bei der Bestimmung der intrinsischen kognitiven Belastung des Arbeitsgedächtnisses immer die pädagogische Aufbereitung des Informationsmaterials und die Expertise des Lerners zu berücksichtigen.

Interessant ist die Belastungstheorie aufgrund ihrer konkreten Vorschläge zur Gestaltung von Lernumgebungen. Betrachten wir einmal folgende Beispiele:

- Ein Lehrer hat ein neues Verfahren eingeführt und an einem Beispiel erläutert. Danach verteilt er ein Arbeitsblatt mit 15 Aufgaben dazu.
- Ein anderer Lehrer erläutert das gleiche Verfahren, danach verdeutlicht er dieses Verfahren an mehreren Lösungsbeispielen, die teilweise gemeinsam an der Tafel entwickelt werden, diskutiert verschiedene mögliche Lösungsverfahren und verteilt dann ein Arbeitsblatt an die Schüler. Während die meisten Schüler die Aufgaben allein oder in Partnerarbeit lösen, fordert der Lehrer einige leistungsschwache Schüler auf, mit ihm noch weitere Aufgaben gemeinsam zu besprechen und zu lösen.

Was spricht für die erste und was für die zweite Vorgehensweise?

Für die erste Vorgehensweise spricht, dass den Schülern damit eine Chance zum entdeckenden Lernen gegeben wird. Nach dem derzeitigen Kenntnisstand ist dieses entdeckende Lernen aber nur für Schüler lernwirksam, die das Verfahren schon weitgehend beherrschen und für die deshalb ein einziges Lösungsbeispiel zum Lernen genügt. *Entdeckendes Lernen* ist aber nicht für die Schüler geeignet, die einige Punkte noch nicht hinreichend verstanden haben, also für die Mehrheit der Klasse.

Für die zweite Vorgehensweise spricht, dass sie die Lernmöglichkeiten aller Schüler, also auch die der schwächeren, berücksichtigt. Ein Vorgehen nach dem Muster des zweiten Lehrers führt zu einer besseren Förderung der schwächeren Schüler, weil die wesentlichen Punkte an mehreren Beispielen an der Tafel verdeutlicht werden. Dadurch haben alle Schüler die Möglichkeit, sich auf die Punkte zu konzentrieren, die sie beim ersten Erklärversuch noch nicht verstanden haben. Das Angebot an die schwächeren Schüler, noch weitere Aufgaben gemeinsam mit dem Lehrer zu lösen, signalisiert diesen Schülern, dass auch von ihnen erwartet wird, dass sie das neue Verfahren lernen. Gleichzeitig wird von den stärkeren Schülern ein früheres selbstständiges Lösen von Aufgaben erwartet.

Nach der Cognitive-Load-Theorie[6] (vgl. Sweller, Merrienböer & Paas 1998; Clark, Nguyen & Sweller 2006) findet Lernen statt, *wenn genügend freie Kapazität für ein aktives Operieren der Inhalte vorhanden ist und diese freie Kapazität auch aktiv genutzt wird.* Wenn die intrinsische Belastung (z. B. die Schwierigkeit der Aufgabe) nicht verändert werden kann, ist die Lernumgebung so zu gestalten, dass die extrinsische Belastung möglichst gering ist. Die eingehenden Informationen werden aufgenommen und verarbeitet, wenn sie in das zur Verfügung stehende Arbeitsgedächtnis passen, dessen Kapazität auf wenige Elemente begrenzt ist. Noch geringer ist die Kapazität des Arbeitsgedächtnis, wenn Informationen zu *verarbeiten sind,* d. h. sie zu organisieren, kontrastieren oder zu vergleichen sind. In diesem Fall können Lernende vermutlich meist nur *zwei bis drei Informationselemente* gleichzeitig während der Verarbeitung berücksichtigen.

Diese extrinsische kognitive Belastung ist das, was der Lehrer durch die Art der Präsentation der Inhalte positiv oder negativ beeinflussen kann. Die wichtigsten Methoden sind dabei das *Verwenden von Lösungsbeispielen* bzw. von Veranschaulichungen (Visualisierung zusammen mit mündlicher Erläuterung) sowie das *Segmentieren* bestimmter Teile. Beim Segmentieren werden in einem ersten Schritt zu wichtigen Teilaspekten Schemata im Langzeitgedächtnis gebildet. Wenn diese Schemata zu Teilaspekten fest im Langzeitgedächtnis verankert sind, können diese Teilaspekte in einem zweiten Schritt zusammen behandelt werden, weil ein Prozessieren dieser Informationen aus dem Langzeitgedächtnis das Arbeitsgedächtnis nicht mehr belastet.

Man kann die kognitive Belastungstheorie in folgender Weise zusammenfassend darstellen:

<table>
<tr><td>Lernförderliche Anstrengung (Germane Cognitive Load)
Ohne eigenes Bemühen des Lerners findet kein Lernen statt. Er setzt selbst aktiv die verschiedenen Teile miteinander in Beziehung und baut sich dabei eine kohärente Erklärung auf.</td><td rowspan="3">Begrenzte Kapazität des Arbeitsgedächtnisses</td></tr>
<tr><td>Extrinsische kognitive Belastung (Extraneous cognitive load)
Diese Belastung kann durch die pädagogische Gestaltung beeinflusst werden, und zwar z. B. durch Lösungsbeispiele und Veranschaulichungen mit integriertem Text.</td></tr>
<tr><td>Intrinsische kognitive Belastung (Intrinsic cognitive load)
Eine hohe objektive Aufgabenschwierigkeit ensteht durch hohe Elementinteraktivität: Diese Form der Belastung kann durch Segmentieren vermindert werden: Zuerst werden einzelne Teile isoliert gelernt, dann werden diese Einzelteile zusammengefügt.
Die Belastung wird auch durch subjektive Faktoren wie ängstliche Gedanken erhöht.</td></tr>
</table>

Theorie und Forschung zur Überlastung des Arbeitsgedächtnisses konzentrieren sich bislang auf die *kognitiven* Aspekte der Informationsverarbeitung. Vermutlich wird die Kapazität des Arbeitsgedächtnisses jedoch auch durch *emotionale Erfahrungen,* die mit bestimmten Situationen verknüpft sind, beeinträchtigt. Ein Schüler, dem bei der Aufgabenbearbeitung ständig Gedanken in den Sinn kommen, die an der eigenen Fähigkeit zur Lösung der gestellten Aufgaben zweifeln lassen, hat begrenzte Möglichkeiten, die vom Lehrer oder durch einen Text präsentierten Informationen aufzunehmen und zu verarbeiten (vgl. Tobias 1985). Ein stark an Wettbewerb und Übertreffen der Mitschüler orientiertes Lernklima kann sich leistungsmindernd auswirken. Ein Lehrer kann z. B. eine Klassenarbeit, die sehr schlecht ausgefallen ist, mit folgenden Worten zurückgeben: *„Von euch war ja sowieso nicht mehr zu erwarten, mit diesen Fähigkeiten gehört ihr einfach nicht auf diese Schule. Es gibt nur zwei Ausnahmen in dieser Klasse: Irene und Volker haben eine gute Arbeit geschrieben."* Mit dieser Mutmaßung über die Leistungsfähigkeit seiner Schüler wird der Lehrer in vielen Fällen sogar recht behalten, weil sich diese „schlechten" Schüler bei diesem Lehrer schwer auf die präsentierten Inhalte konzentrieren können, während ihnen parallel die gemachten Vorhaltungen durch den Kopf gehen.

3.2.3 Methoden des Umgangs mit der Begrenztheit des Arbeitsgedächtnisses

Wie lässt sich nun diese Theorie auf die Planung pädagogischer Maßnahmen anwenden? Ich gehe im Folgenden auf verschiedene mögliche Anwendungen der Theorie ein, zu denen experimentelle Prüfungen vorliegen. Dabei werden verschiedene Effekte dargestellt, zu denen experimentelle Forschungen vorgenommen wurden und die durch die Theorie erklärt werden können. Diese Effekte sind auch deshalb interessant, weil sie in vielen Fällen den gängigen schulischen Praktiken widersprechen. Es handelt sich dabei um folgende Effekte:

1. Der mit *Zielfreiheit* verbundene Effekt (oder warum es manchmal sinnvoll ist, eine mathematische Aufgabe offen zu formulieren, ohne genaue Zielvorgabe).
2. Der Effekt von ausgearbeiteten *Lösungsbeispielen* (oder warum es in vielen Fällen unsinnig ist, nach dem Erklären einer komplexen Sache gleich Aufgaben dazu aufzugeben).
3. Der *Aufmerksamkeitsteilungseffekt* (oder warum Schüler leichter lernen können, wenn Text in eine Grafik integriert wird).
4. *Redundanzeffekte* (oder warum überflüssige Erläuterungen das Lernen behindern können).
5. *Modalitätseffekte* (oder warum es günstiger ist, eine visuelle Skizze sprachlich zu kommentieren, als eine textliche Erklärung[9] zusätzlich mündlich zu erklären).
6. *Variabilitätseffekt* (oder warum eine breite Streuung unwesentlicher Merkmale einen Transfer erleichtert).

Das Verständnis dieser Effekte ist wichtig, um schulische Lernprozesse optimieren zu können. Deshalb werde ich diese Effekte im Folgenden genauer erläutern.

(1) Der mit Zielfreiheit verbundene Effekt

Nehmen wir einmal folgendes Aufgabenbeispiel:

Ein Auto wird gleichmäßig vom Ruhezustand 1 Minute lang beschleunigt. Seine Endgeschwindigkeit ist 2 km/Min. Wie weit ist es gefahren?

Ein Schüler wird zur Lösung vermutlich eine Ziel-Mittel-Analyse durchführen. Dieser Prozess erfordert vom Schüler, das Ziel (gefahrene Strecke) sowie das, was gegeben ist, (die gefahrene Zeit und die Endgeschwindigkeit) zu betrachten. Außerdem sollte er Problemlösungsoperatoren finden, um die Differenzen zwischen dem, was gegeben ist und den Zielen zu reduzieren. Zur Lösung muss der Schüler bestimmte Formeln kennen, z. B. dass sich die Durchschnittsgeschwindigkeit ergibt durch die Formel

$$\text{Durchschnittsgeschwindigkeit} = 0{,}5 \times \text{Endgeschwindigkeit, und}$$
$$\text{Strecke} = \text{Durchschnittsgeschwindigkeit} \times \text{Zeit}$$

Die Gleichung „Strecke = Durchschnittsgeschwindigkeit × Zeit" enthält die Zielvariable „Strecke". Wenn für *Durchschnittsgeschwindigkeit* und Zeit Werte bestimmt werden können, dann ist die Aufgabe gelöst. Die Gleichung „Durchschnittsgeschwindigkeit = 0,5 × Endgeschwindigkeit" enthält die Zwischenzielvariable „Durchschnittsgeschwindigkeit". Wenn die Endgeschwindigkeit gefunden wird, dann kann die Durchschnittsgeschwindigkeit berechnet werden. Endgeschwindigkeit ist gegeben …

[9] Bei der Verwendung von Folien oder von Power-Point-Präsentationen tritt häufig solch eine doppelte sprachliche Darbietung auf, wenn die Folien oder der projizierte Text mündlich erläutert werden, während die Zuhörer den Text lesen.

Solche Problemlösungen mit Hilfe von Ziel-Mittelanalysen sind extrem gedächtnisbelastend. Bei hoher Gedächtnisbelastung können neue Schemata nur mühsam aufgebaut werden, Lernen fällt also schwer. Lernen und Problemlösung sind in solchen Fällen unterschiedliche und inkompatible Prozesse. Deshalb ist es ungünstig, in der Phase des Erwerbs eines neuen Schemas eine konventionell strukturierte Aufgabe mit vorgegebenem Ziel zu stellen. In solchen Fällen scheint es für den Aufbau der benötigten Schemata günstiger, *zielfreie offene Aufgaben* zu formulieren. Statt der oben angegebenen Aufgabenstellung würde man dann schreiben:

Zielfreie Aufgabenformulierung

Ein Auto wird gleichmäßig vom Ruhezustand 1 Minute lang beschleunigt. Seine Endgeschwindigkeit ist 2 km/Min. Berechne den Wert von so vielen Variablen wie du kannst.

Durch diese Aufgabenstellung werden eine Ziel-Mittelanalyse und die damit verbundene Gedächtnisüberlastung vermieden.

Lösung der Aufgabe bei zielfreier Aufgabenformulierung

„Um dieses Problem zu lösen, muss der Problemlöser irgendwelche Operatoren finden, in diesem Fall eine Gleichung, die auf die gegebenen Voraussetzungen anwendbar ist. Die gegebenen Voraussetzungen sind, dass die Zeit = 1 Minute und Endgeschwindigkeit = 2 km/Min betragen. Nehmen wir an, dass die Gleichung „Durchschnittsgeschwindigkeit = 0,5 Endgeschwindigkeit“ die einzige Gleichung ist, die der Problemlöser direkt auf die gegebenen Voraussetzungen anwenden kann. Wenn diese darauf angewendet wird, entsteht ein neuer Problemzustand und der Problemlöser muss nun erneut eine Gleichung finden, die angewendet werden kann. In diesem Fall kann die Gleichung Entfernung = Durchschnittsgeschwindigkeit × Zeit angewendet werden, und ein Wert für die Entfernung wird ermittelt.“ (Sweller et al. 1998, S. 272)

Der Problemlöser ist auch bei der zielfreien Strategie zur gleichen Lösung gelangt, er hat die gleichen Gleichungen aufgestellt und exakt die gleichen Werte ermittelt. Die ablaufenden kognitiven Prozesse sind jedoch anders. Bei der offenen, zielfreien Aufgabenformulierung wird das Arbeitsgedächtnis weit weniger belastet, Lernprozesse finden müheloser statt. Empirisch wurde dieser Tatbestand in verschiedenen Experimenten z. B. zu Problemen aus der Geometrie und der Biologie bestätigt. Bobis, Sweller & Cooper (1994) konnten diesen Effekt auch bei Grundschülern nachweisen. Sie zeigten, dass Schüler, die Aufgaben zum Falten von Papier in Geometrie ohne präzise Zielangabe bearbeiteten, in nachfolgenden Aufgaben bessere Leistungen erbrachten als Schüler, die sofort unter der Bedingung präziser Zielangaben lernten.

(2) Der Effekt von ausgearbeiteten Lösungsbeispielen

Einführung

Anwendbares Wissen enthält einerseits Wissen um abstrakte Prinzipien und Gesetzmäßigkeiten und andererseits konkretes Wissen über Anwendungsbeispiele für dieses abstrakte Wissen. Der Unterricht muss sich um eine Balance zwischen diesen Wissensformen kümmern, also um eine Balance von theoretischem und konkretem Wissensangebot. Ein wichtiges Mittel, die Anwendbarkeit abstrakten Wissens zu lernen, ist die Arbeit mit Lösungsbeispielen. Durch die Arbeit mit Lösungsbeispielen kann eine *Integration abstrakten und konkreten Wissens* gefördert werden (vgl. Renkl, Schworm & Hilbert 2004).

Ausgearbeitete Lösungsbeispiele setzen sich aus der Aufgabenstellung, den einzelnen Lösungsschritten und der Lösung zusammen. Zusätzlich enthalten sie oft noch Erklärungen zu den einzelnen Lösungsschritten. Das Arbeiten mit solchen ausgearbeiteten Lösungsbeispielen vermindert bei Novizen die extrinsische Belastung und hilft dadurch beim Aufbau neuer kognitiver Schemata. Die Verwendung von Lösungsbeispielen an Stelle sofortiger Aufgabenbearbeitung erleichtert somit die Aneignung neuer Schemata.

Die übliche Vorgehensweise bei der Einführung eines komplexen neuen Inhalts im Unterricht ist: Der Lehrer führt kurz in den neuen Inhalt ein (z. B. eine neue Methode in Mathematik oder eine neue Zeitform in einer Fremdsprache), grenzt den Inhalt zu bisher behandelten Inhalten ab, und verdeutlicht vielleicht noch das zu Lernende an *einem* Lösungsbeispiel. Dazu werden dann Aufgaben gestellt. Die Schüler sollen möglichst frühzeitig selbständig Aufgaben lösen. Wenn die Schüler die ersten Aufgaben dann gelöst haben, werden diese dann an der Tafel diskutiert. Nach Renkl, Schworm und Hilbert (2004) wird im deutschen Mathematikunterricht in etwa 90 % der Fälle in dieser Weise mit *entwickelten Lösungsbeispielen* gearbeitet.

Effektives Arbeiten mit Lösungsbeispielen bedeutet jedoch eine Ausweitung des Arbeitens mit Lösungsbeispielen **in der Phase der Einführung eines neuen Verfahrens. Es sollte mit vier bis** sechs Lösungsbeispielen gearbeitet werden, damit der Schüler genügend Möglichkeiten hat, neue Schemata im Langzeitgedächtnis aufzubauen, mit deren Hilfe er danach selbständig Aufgaben erfolgreich bearbeiten kann.

Das Arbeiten mit solchen Lösungsbeispielen ist dann besonders lernwirksam, wenn

1. Wissen um abstrakte Prinzipien und konkrete Anwendungsbeispiele *integriert* werden, und
2. Schüler durch entsprechende Aufforderungen dazu angehalten werden, sich die Lösungsschritte zu erklären.

Eine Integration von Wissen um abstrakte Prinzipien und konkreten Beispielen ist für einen Transfer im mathematisch-naturwissenschaftlichen Bereich erforderlich. Renkl, Schworm und Hilbert (2004) führen dazu aus:

> *„Die Forschung zum Transfer bzw. trägen Wissen zeigt, dass weder Wissen um abstrakte Prinzipien alleine noch das bloße Wissen um konkrete Fälle / Beispiele zu anwendbarem Wissen führt … Um nutzbares Wissen zu fördern, sollten nicht nur die beiden Wissensarten vermittelt werden, sondern es ist vor allem dafür zu sorgen, dass beide Wissensarten integriert werden. Dies heißt zum einen, dass einem Lehrenden nicht nur abstrakte Prinzipien präsentiert werden, sondern auch Anwendungsfälle, die (a) den Lernenden aufgrund von Ähnlichkeiten zu vorliegenden Anwendungssituationen daran erinnern können, dass ein Prinzip einschlägig ist … Zum anderen bedeutet eine integrierte Wissensstruktur auch, dass nicht nur konkretes, episodisches Wissen über Anwendungsfälle vorhanden ist, sondern ebenso vom Konkreten auf die zugrunde liegenden Prinzipien abstrahiert werden kann, so dass das episodische Wissen aus seiner Kontextuierung herausgehoben wird.“* (Renkl, Schworm und Hilbert 2004, S. 78)

Eine solche Integration von Abstraktem und Konkretem kann durch Aufforderungen, einzelne Schritte eines Lösungsbeispiels anhand der relevanten Prinzipien oder Gesetzmäßigkeiten zu erklären, gefördert werden.

Formate des Umgangs mit Lösungsbeispielen

Es gibt viele verschiedene Formate des Umgangs mit Lösungsbeispielen.

Format 1: Studium mehrerer Lösungsbeispiele, danach Lösen mehrerer Aufgaben

Format 2: Lösungsbeispiel 1 – strukturgleiche Aufgabe 1,
Lösungsbeispiel 2 – strukturgleiche Aufgabe 2,
Lösungsbeispiel 3, strukturgleiche Aufgabe 3 usw.,

Format 3: Lösungsbeispiele mit Fading out:
Lösungsbeispiel vollständig gelöst,
Lösungsbeispiel mit letztem Lösungsschritt ungelöst,
Lösungsbeispiel mit den zwei letzten Schritten ungelöst,
Lösungsbeispiel mit drei Schritten ungelöst ...

Das Studium von Lösungsbeispielen ist nach der Belastungstheorie von Sweller mit einer niedrigeren kognitiven Belastung des Arbeitsgedächtnisses verbunden als das sofortige selbstständige Lösung von Aufgaben. Ein genaues Studium von Lösungsbeispielen ist deshalb für ein müheloses Lernen hilfreicher als die Bearbeitung ungelöster Aufgaben. Dies ist deshalb zu vermuten, weil der Lerner sich bei der Analyse der Aufgabenlösungen auf die Aspekte des Lösungsvorgangs konzentrieren kann, die er noch nicht richtig verstanden hat.

„Im Gegensatz zu konventionellen Aufgaben lenken die Lösungsbeispiele die Konzentration auf Problemzustände und die damit verbundenen Operatoren (z. B. Lösungsschritte) und ermöglichen damit den Lernern, verallgemeinerte Lösungen und Schemata zu entwickeln. Da sie sich auf nichts anderes zu konzentrieren brauchen, müsste sich die Belastung des Arbeitsgedächtnisses verringern. Diese Überlegung führt zu der dem Alltagsverstand widersprechenden These, dass das Studium von Lösungsbeispielen den Aufbau verallgemeinerter Schemata und den Lerntransfer mehr fördert als die Lösung vergleichbarer normaler Aufgaben." (Sweller, Merrienboer & Paas 1998, 273)

a) Lernen mit gelösten Aufgabenserien und zugeordneten Übungsaufgaben

In den Untersuchungen von Zhu und Simon (1987) ging es z. B. um die Faktorisierung quadratischer Gleichungen der Form $x^2 + ax + b$. Eine verständliche Erklärung der Faktorisierung quadratischer Gleichungen vor der Klasse ist vermutlich sehr schwierig. Ein zentrales Problem längerer Erklärungen besteht darin, dass durch sie das Arbeitsgedächtnis schnell überlastet wird und dann nur noch bruchstückhaft bestimmte Informationen aufgenommen werden können. *Dieses Problem der optimalen Passung einer mündlichen Erklärung an die kognitiven Voraussetzungen der Schüler ist bei komplexen Erklärproblemen für eine Schulklasse kaum lösbar.* Deshalb haben Zhu und Simon (1987) statt mündlicher Erklärungen gelöste Aufgabenserien eingesetzt. Nach dem Studium einer gelösten Aufgabenserie erhielten die Schüler jeweils ähnliche Übungsaufgaben. Um diese lösen zu können, mussten sich die Schüler *eigene Gedanken* über die Lösungsmethode machen und diese Methode versuchsweise erproben. Durch Proberechnungen konnten sie dann jeweils selbst überprüfen, ob die verwendete Lösungsmethode zu einer richtigen Lösung geführt hat. Zur Verdeutlichung werden unten verschiedene gelöste Aufgabenserien zusammen mit den zugehörigen Übungsaufgaben aufgelistet (nach Zhu & Simon 1987, 165).

Entscheidend ist dabei natürlich die Entwicklung der aufeinander aufbauenden Komponenten, zu denen dann jeweils gelöste Aufgaben vorgelegt werden. Diese gelösten Serien repräsentieren die einzelnen Komponenten der Fähigkeit, die entwickelt werden soll. Zunächst werden die einfachsten Aufgaben genommen, dann eine Schwierigkeit hinzugefügt, usw. Nur wenn solche Serien die Teilkomponenten der komplexeren Fähigkeit umfassen, sorgfältig aufeinander aufbauen und hinreichende Übungen zum Verankern im LZG enthalten, werden Schüler damit schnell lernen können.

Gelöste Aufgabenserie I:	Übungsaufgaben dazu:
$x^2+5x+6=(x+2)(x+3)$ $x^2+7x+6=(x+1)(x+6)$ $x^2+8x+12=(x+2)(x+6)$ $x^2+7x+12=(x+3)(x+4)$ $x^2+13x+12=(x+1)(x+12)$	$x^2+11x+18=(\quad)(\quad)$ $x^2+9x+18=(\quad)(\quad)$ $x^2+19x+18=(\quad)(\quad)$
Gelöste Aufgabenserie II:	**Übungsaufgaben dazu:**
$x^2+5x+6=(x+2)(x+3)$ $x^2-5x+6=(x-2)(x-3)$ $x^2+7x+6=(x+1)(x+6)$ $x^2-7x+6=(x-1)(x-6)$	$x^2+9x+18=(\quad)(\quad)$ $x^2-9x+18=(\quad)(\quad)$ $x^2-11x+18=(\quad)(\quad)$
Gelöste Aufgabenserie III:	Übungsaufgaben dazu:
$x^2+5x-6=(x-1)(x+6)$ $x^2-5x-6=(x+1)(x-6)$ $x^2+x-6=(x-2)(x+3)$ $x^2-x-6=(x+2)(x-3)$	$x^2+4x-12=(\quad)(\quad)$ $x^2-4x-12=(\quad)(\quad)$ $x^2+x-12=(\quad)(\quad)$

Zhu & Simon (1987) konnten durch ihre Untersuchungen, die sie in Peking durchführten, zeigen, dass durch solche gelösten Aufgabenreihen die Schüler *schneller und* mit mehr Verständnis lernten als durch traditionellen erklärenden Unterricht. Die Zeitersparnis betrug dabei etwa ein Drittel der im traditionellen Unterricht benötigten Zeit. Allerdings schließen die Autoren nicht aus, dass dabei auch so etwas wie ein Neuigkeitseffekt eine Rolle gespielt haben könnte: Die Schüler arbeiteten vielleicht konzentrierter, weil die Methode neu war. Dagegen spricht allerdings, dass ähnlich positive Ergebnisse erzielt wurden, wenn die Methode drei Jahre lang in Mittelschulen in Algebra und Geometrie eingesetzt wurde.

Praktisch bedeutsam wird diese Methode auch dadurch, dass Lehrer von der anstrengenden Arbeit des mündlichen Erklärens vor der Klasse weitgehend entbunden werden. Sie können sich dadurch intensiver um einzelne Gruppen von Schülern mit besonderen Verständnisschwierigkeiten kümmern. Statt sich auf lange, mündliche Erklärungen konzentrieren zu müssen, können Schüler bei der Vorgabe von Lösungsserien kritische, unverstandene Aspekte bearbeiten.

Bei mündlichen Erklärungen müsste der Lehrer die möglichen Schwierigkeiten der Schüler erahnen und daraufhin seine Erklärungen in möglichst schülergemäßer Form formulieren. Wenn ein Schüler dann an einer Stelle einen Aufgabenschritt nicht versteht, der Verständnisfaden also abreißt, dann ergibt sich für den Schüler nicht die Möglichkeit, die Erklärung zurückzuspulen. Es wäre dann erforderlich, die Erklärung durch Visualisierungen im Sinne konzeptueller Modelle zu ergänzen (Mayer 1989). Doch auch in diesem Fall, wie auch bei einer Ergänzung durch schriftliche Erklärungen, ergibt sich noch eine vergleichsweise hohe Belastung des Arbeitsgedächtnisses, weil der Schüler immer wieder auch die Aspekte durcharbeiten müsste, die er schon verstanden hat.

Zhu und Simon (1987) fassen ihre Ergebnisse in folgender Weise zusammen (S. 160):

> „Unsere Experimente liefern überzeugende Daten für die Möglichkeit, mehrere mathematische Fertigkeiten durch sorgfältig gewählte Folgen von Lösungsbeispielen zu unterrichten, ohne dass auf Vorträge oder direkte Instruktion zurück gegriffen werden muss. Beim Lernen mit Hilfe dieser Methoden waren die Schüler mindestens so erfolgreich und manchmal auch erfolgreicher als beim Lernen mit Hilfe konventioneller Methoden, und meistens schafften sie das Lernpensum in kürzerer Zeit ....
>
> Weil die Prozesse des Lernens mit Beispielen gut an das computerunterstützte Lernen angepasst ist, hat diese Methode ein beträchtliches Potential. Ob Computer oder Papier und Bleistift eingesetzt werden, ist gleichgültig: Die hier dargestellten Methoden verschaffen den Lehrern mehr Zeit, in der auf besondere Schwierigkeiten eingegangen werden kann."

b) Lernen mit mehreren Lösungsbeispielen

Das Experiment von Paas & Merrienboer (1994)

In ganz anderer Weise wurden Lösungsbeispiele in einem Experiment verwendet, das von Paas & Merrienboer (1994) mit Studenten von Technischen Fachschulen durchgeführt wurde. Inhaltlich wurden Beispiele aus der Dreieckslehre (Satz des Pythagoras) und der Trigonometrie verwendet.

Einführung: Alle Studenten erhielten zunächst eine allgemeine Einführung in die geometrische Theorie, die für die nachfolgenden Aufgaben benötigt wurde. Die geometrische Theorie wurde anhand von vier gelösten Aufgaben erläutert.

Bedingungsvariation: Alle Studenten hatten sechs Aufgaben zu bearbeiten. In der *Kontrollgruppe* sollten die Studenten die gestellten Aufgaben ohne Lösungen oder Lösungshinweise bearbeiten. In der *Versuchsgruppe* wurden dagegen alle sechs Probleme vollständig gelöst vorgestellt, und diese Lösungsbeispiele sollten sorgfältig analysiert werden. Zusätzlich wurden beide Gruppen nochmals in zwei Hälften aufgeteilt. Die eine Hälfte erhielt sehr ähnliche Aufgaben, die andere Hälfte erhielt sehr unterschiedliche Aufgaben. Dadurch sollte geprüft werden, ob die Variabilität der Aufgaben den Transfer auf die Lösung neuer Aufgaben unterstützt.

Testphase: In der dritten Phase wurden allen Studenten zur Messung der Effekte die gleichen Testaufgaben vorgelegt.

Die Ergebnisse des Experiments stimmen sehr gut mit den Vorhersagen überein: Wenn die Studenten sich nach der Instruktionsphase um die Lösung von „echten" Aufgaben bemühten, konnten sie einen deutlich geringeren Prozentsatz richtig lösen als unter der leichteren Bedingung, unter der sie nur die gelösten Aufgaben zu studieren hatten. Ferner zeigte es sich, dass unter der Bedingung „Vorgabe gelöster Aufgaben" bei hoher Variabilität der Aufgaben der Transfererfolg noch einmal deutlich gesteigert werden konnte (der Lösungsprozentsatz stieg von 49% auf 62%). Die Deutlichkeit der Ergebnisse (vgl. Tabelle 3) spricht für sich:

WORKED EXAMPLES AND TRANSFER

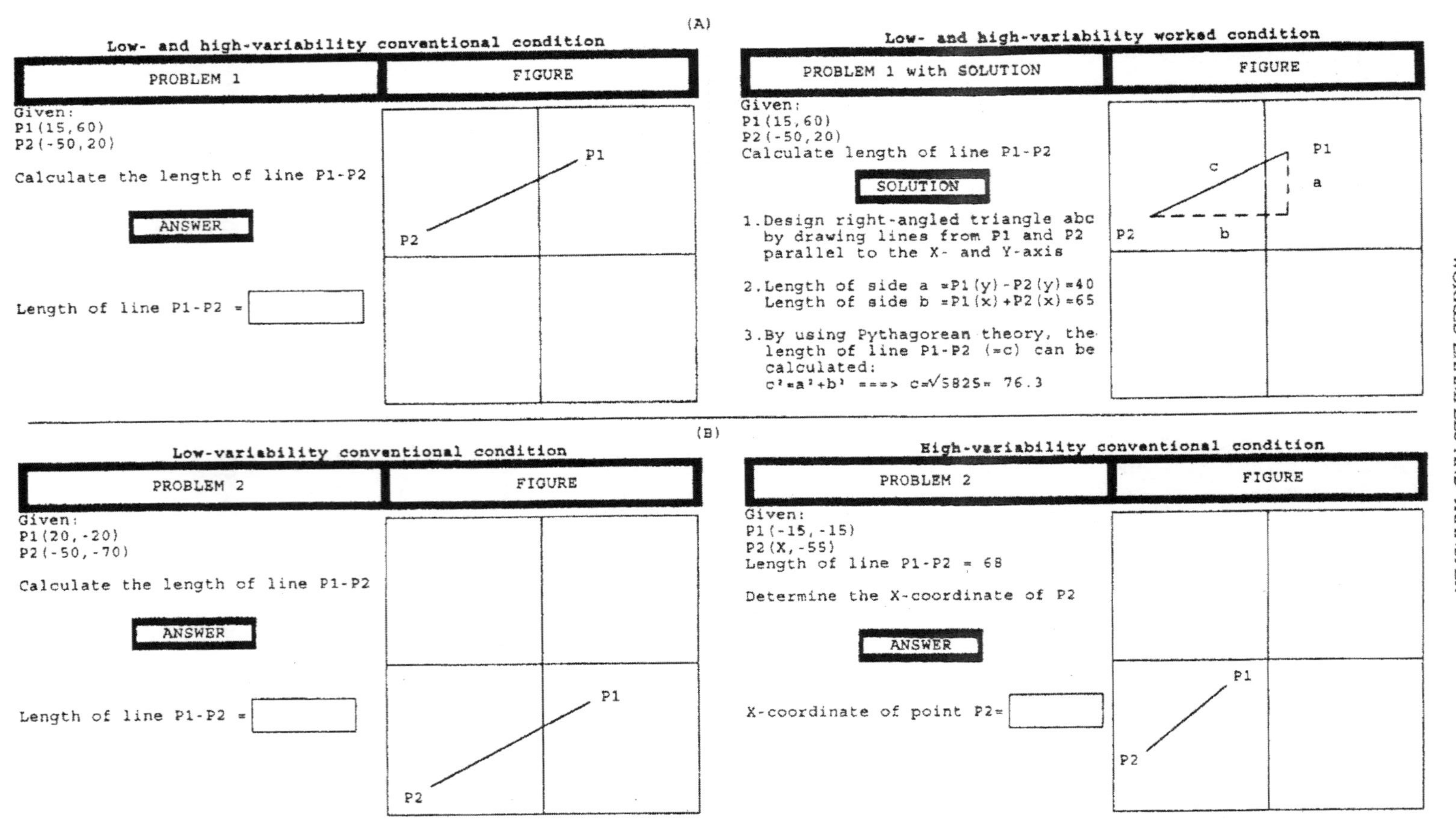

Figure 2. (A) First practice problem of the low- and high-variability condition in a conventional and worked format. (B) The second practice problem of the low- and high-variability conventional condition. (These problems are translated from the Dutch language.)

Tab. 3: Lösungsprozentsatz unter den verschiedenen Bedingungen (Standardabweichung in Klammern, nach Paas & Merrienboer 1994)

Aufgaben mit ...	niedriger Variabilität	hoher Variabilität
Aufgaben lösen	29[10] (12)*	28 (17)
Lösungsaufgaben studieren	49 (14)	62 (16)

* Standardabweichungen in Klammern

Dieses Ergebnis ist aus folgendem Grund bemerkenswert: Einmal ist der festgestellte Effekt, der auf das Studieren der Lösungsbeispiele im Unterschied zum Aufgabenlösen zurückgeht, sehr stark (d > 1,5) und damit pädagogisch interessant. Ferner ist dieser Effekt wichtig, weil er gängigen pädagogischen Überzeugungen gänzlich widerspricht. Danach soll nur ein Üben anhand *echter* Übungsaufgaben die Fähigkeit zum nachfolgenden Lösen von Mathematikaufgaben verbessern. Diese Überzeugung kommt auch in dem Spruch zum Ausdruck „Übung macht den Meister", denn das Analysieren von gelösten Aufgaben wird eben nicht als echtes Üben aufgefasst.

Das Arbeiten an gelösten Aufgaben ist nicht nur erheblich effektiver, es kostet auch weniger Mühe. Die Studierenden benötigten für das Bearbeiten der gelösten Auf gaben nur 10 Minuten im Vergleich zu etwa 22 Minuten in der Kontrollgruppe. Obwohl die Lernphase, die für den Aufbau der Schemata aufgewendet wurde, nicht einmal halb so lang war wie unter „normalen" Übungsbedingungen, so ergab sich dennoch ein mindestens doppelt so hoher Lernerfolg. *Diese Befunde beziehen sich allerdings auf relativ komplexe mathematische Probleme, die eine hohe Belastung des Arbeitsgedächtnisses erfordern.* Nur in solchen Fällen sind derartig starke Effekte zu erwarten, also z. B. bei entsprechenden Aufgaben in der Mathematik, bei Grammatikproblemen, bei der Computerprogrammierung oder in der Physik.

Übrigens benötigten die Studierenden zum „Lösen" der Testaufgaben (Transferaufgaben) unter den verschiedenen Bedingungen die gleiche Zeit, und zwar für die sechs Aufgaben etwa 26 Minuten. Bezüglich des wahrgenommenen Arbeitsaufwands ergab sich, dass die Studierenden, die mit den Lösungsbeispielen gelernt hatten, bei den Testaufgaben – die ja konventionell zu lösen waren – subjektiv eine niedrigere Anstrengung empfanden.

Der Effekt von Lösungsbeispielen (Musterlösungen) auf die erste Aneignung neuer Lösungsschemata wurde auch in anderen Untersuchungen belegt (vgl. Cooper & Sweller 1987). *Die Verwendung von Lösungsbeispielen zu Instruktionszwecken kann aufgrund der durchgeführten Experimente als eine der wirksamsten Methoden für den Unterricht angesehen werden. Die Verwendung von ausgearbeiteten Lösungsbeispielen kommt einer strukturierten Instruktionsmethode gleich, bei der die Aufmerksamkeit des Lernenden sich nur auf die Elemente zu konzentrieren braucht, die für die Entwicklung eines Schemas wichtig sind, bevor von ihm verlangt wird, in analoger Weise selbst Aufgaben zu lösen.*

c) Zur Reihenfolge von Lösungsbeispielen und Übungsaufgaben

Das Experiment von van Gog, Kester & Paas (2010)

In einem neueren Experiment (vgl. van Gog, Kester & Paas 2010) ging es hauptsächlich um die Frage, welche Vorgehensweise für das Lernen im Fach Physik (Thema: Widerstand und Stromkreise) zum größten Lernerfolg führt:

[10] Die Werte in der Tabelle wurden auf ganze Prozente gerundet.

Gruppe 1	Gruppe 2	Gruppe 3	Gruppe 4
2 Lösungsbeispiele + 2 Lösungsbeispiele studieren	2 Lösungsbeispiele studieren, danach 2 Aufgaben lösen	2 Aufgaben lösen, danach 2 Lösungsbeispiele studieren	2 Aufgaben lösen, danach 2 Aufgaben lösen

In jeder Gruppe wurden somit in der Trainingsphase die gleichen Aufgaben bearbeitet.

Für die Vorgehensweise, zuerst die Übungsaufgaben zu bearbeiten und danach die Lösungsbeispiele zu studieren, spricht, dass die Schüler durch die Übungsaufgaben für ihre Defizite sensibilisiert werden und danach die Lösungsbeispiele mit mehr Motivation studieren. Für die alternative Vorgehensweise spricht hingegen, dass die Schüler zuerst durch das Studium der Lösungsbeispiele die notwendigen Schemata aufbauen können, mit denen sie danach die Übungsaufgaben lösen.

Die Ergebnisse bestätigten sehr deutlich die zweite Vermutung: Wenn die Schüler zuerst die **Lösungsbeispiele studieren konnten und dann nachfolgend die Übungsaufgaben bearbeiteten, erzielten sie im folgenden Nachtest deutlich höhere Testwerte als bei umgekehrter Reihenfolge.** Zudem wurde festgestellt, dass auch das ausschließliche Studieren von Lösungsbeispielen die gleiche Lernwirkung hatte wie die Reihenfolge „Studieren der Lösungsbeispiele und nachfolgend Lösen von Übungsaufgaben". Den guten Lernergebnissen korrespondierten auch die niedrigen Werte für die mentale Belastung. In der folgenden Tabelle 4 werden die wichtigsten Ergebnisse dargestellt.

Tab. 4

	Gruppe 1 Lösungsbeispiele – Lösungsbeispiele (n=26)	Gruppe 2 Lösungsbeispiele – Übungsaufgaben (n=22)	Gruppe 3 Übungsaufgaben – Lösungsbeispiele (n=26)	Gruppe 4 Übungsaufgaben – Übungsaufgaben (n=26)
Mentale Belastung in der Traingsphase	4,92 (2,10)	4,85 (1,85)	6,76 (2,09)	6,49 (1,79)*
Lerntestergebnisse	4,75 (2,56)	4,70 (2,78)	2,48 (2,31)	2,66 (1,58)

* Mittelwerte, in Klammern die zugehörigen Standardabweichungen.

Besonders bemerkenswert sind die Unterschiede für die Reihenfolgen „zuerst Lösungsbeispiele studieren, dann Aufgaben lösen" im Vergleich zu „zuerst Aufgaben lösen, dann Lösungsbeispiele studieren". Die erste Reihenfolge führte sowohl bei der kognitiven Belastung wie auch beim Lernen zu günstigeren Ergebnissen.

Die Autoren weisen darauf hin, dass die Gründe für das negative Abschneiden bei der Reihenfolge „Übungsaufgaben, dann Lösungsbeispiele" noch unklar sind. Sie verweisen auf folgende Möglichkeiten: (1) die Schüler studieren das Lösungsbeispiel bei dieser Reihenfolge weniger intensiv als bei der umgekehrten Reihenfolge, weil sie die Defizite ihrer Leistungen gar nicht wahrnehmen, (2) die Schüler studieren die Lösungsbeispiele weniger intensiv, weil sie durch die erfolglosen Bemühungen bei der Lösung der Übungsaufgaben demotiviert wurden, oder (3) die Schüler erliegen beim Lesen der Lösungsbeispiele der Illusion, alles verstanden zu haben.

Ferner ist noch unklar, welche meta-kognitive Prozesse beim Lernen mit Lösungsbeispielen eine Rolle spielen.

d) Lösungsbeispiele, direkte Instruktion und entdeckendes Lernen (Tuovinen & Sweller 1999)

Man kann die direkte, strukturierte Instruktion auch offenen unstrukturierten Lernformen des entdeckenden Lernens gegenüberstellen. So wurden in einem Experiment von Tuovinen und Sweller (1999) Studenten in den Gebrauch eines Datenbankprogramms (FileMaker Pro) eingeführt. Bei der Analyse der Ergebnisse schien es sinnvoll, zwischen Studierenden, die noch keinerlei Erfahrungen mit Datenbankprogrammen hatten, und denen mit Erfahrung zu differenzieren. Die Ergebnisse sind in der folgenden Tabelle aufgeführt:

Tab. 5: Strukturierte Instruktion vs. freie, durch offene Fragen angeregte Exploration

	Strukturierte Instruktion mit Lösungsbeispielen	Durch offene Fragen angeregte Exploration
Keine vorherigen Erfahrungen mit einem Datenbankprogramm	30[11] Punkte (16) (n=8)	15 Punkte (10) (n=9)
Vorherige Erfahrung mit einem Datenbankprogramm	31 Punkte (13) (n=8)	36 Punkte (15) (n=7)

Das deutlichste Ergebnis ist der Unterschied von über 15 Punkten innerhalb der Gruppe mit niedrigem Vorwissen (ohne vorherige Erfahrungen mit Datenbankprogrammen). Hier ist das Ergebnis der Studierenden, die mit den Lösungsbeispielen gearbeitet hatten, statistisch deutlich besser als in der Explorationsgruppe. Solche Lerner müssen sich viele neue Schemata erst aneignen, und eine Suche nach geeigneten Problemlösungsschritten ohne strukturierte Hilfen erweist sich für diese Studierenden als sinnloses Herumprobieren. Entsprechend war die Belastung des Arbeitsgedächtnisses bei Studenten der Explorationsgruppe ohne Vorkenntnisse bei weitem am höchsten.

Hier deutet sich an, dass Methoden entdeckenden Lernens, die für viele „progressive Unterrichtsmethoden" eine Grundlage bilden, für die erste Aneignung neuer Schemata als ungeeignet betrachtet werden müssen. Dieses Ergebnis kehrte sich um, wenn Studierende schon Erfahrungen mit Datenbankprogrammen hatten. Allerdings ist der Unterschied mit 5 Punkten deutlich geringer.[12] Bei guten Vorkenntnissen scheint ein offenes Vorgehen zu etwas besseren Ergebnissen zu führen (vgl. auch Kalyuga, Chandler & Sweller 2001).

e) Faktoren, die bei der Arbeit mit Lösungsbeispielen zu beachten sind

Die Effektivität der Arbeit mit Lösungsbeispielen kann auch durch Herauslösung und konkrete Bezeichnung der relevanten Teilschritte erhöht werden. So hat Catrambone (1996, 1998) in verschiedenen Versuchen zeigen können, dass durch explizite Nennung eines zusätzlichen Schrittes bei der Berechnung von Wahrscheinlichkeiten die Fähigkeit zum Lösen von Transferaufgaben erheblich gesteigert werden konnte. Die explizite Nennung der relevanten Teilschritte er-

[11] Arithmetischer Mittelwert; in Klammern dahinter steht jeweils die zugehörige Standardabweichung.
[12] Dieses Ergebnis ist statistisch nicht signifikant, was u. U. auf die kleine Stichprobengröße zurückzuführen ist.

laubt dem Lerner bei neuartigen Aufgaben besser, die wesentlichen Schritte zu erinnern bzw. zu rekonstruieren.

Die positiven Wirkungen von Lösungsbeispielen hängen in starkem Maße davon ab, dass sich die Schüler intensiv mit ihnen auseinandersetzen. Schüler entwickeln bei Verwendung von Lösungsbeispielen leicht *Verständnisillusionen*. Wenn Lösungsbeispiele dem Lerner nahe legen, die Aufgabe sei doch recht leicht, und ihn nicht veranlasst, schrittweise die Tiefenstruktur des Gegenstands zu rekonstruieren, werden solche Verfahren keine positiven und nachhaltigen Effekte haben. Deshalb kann es sinnvoll sein, das Analysieren von Lösungsaufgaben den kognitiven Möglichkeiten des Lerners anzupassen. Diese kognitiven Möglichkeiten verändern sich im Verlauf eines durch Lösungsbeispiele strukturierten Lernprozesses. Ein Experiment von Stark (1999) belegt z. B., dass sich unvollständig gelöste Lösungsbeispiele unter bestimmten Voraussetzungen noch stärker positiv auf den Transfer auswirken als vollständig gelöste Aufgaben. Eine aktive Generierung von Teilantworten scheint für das Lernen wichtig zu sein. Dabei sollte das Lösungsbeispiel im Sinne Wigotsky's eine optimale Herausforderung im Sinne der *Zone nächster Entwicklung*[13] darstellen (➔ Kap. 5).

Um eine optimale Passung zwischen den kognitiven Möglichkeiten der Lerner und der Strukturierung von Lösungsbeispielen zu erreichen, sollten die gelösten Aufgaben innerhalb einer Unterrichtssequenz variieren. Am Anfang dieser Sequenz könnten eher vollständig gelöste Lösungsbeispiele verwendet werden, während am Ende des Lernprozesses, in der Phase der Sicherung und Konsolidierung, konventionelle oder nur sehr unvollständig gelöste Aufgaben verwendet werden könnten. Bei einer Untergliederung in Komponenten könnte in dieser Weise sowohl für die einzelne Komponente wie auch bei einer zusammenfassenden Behandlung aller Komponenten verfahren werden. In analoger Weise wurde z. B. häufig in den Stützpfeilern Mathematik verfahren (vgl. Wellenreuther 1994, 1995, 1996). Zu vermeiden ist, dass starre Lösungsschemata entwickelt und damit Barrieren für die Entwicklung neuer adaptiver Lösungsschemata aufgebaut werden. Eine Abfolge „gelöste Aufgabe, dann ungelöste Aufgabe, danach wieder gelöste Aufgabe usw." könnte einer solchen Tendenz entgegenwirken. Zusätzlich sollte auf eine starke Variabilität von Oberflächenmerkmalen geachtet werden.

Renkl, Schworm & Hilbert (2004) stellen dar, dass sowohl Lehrer als auch Schulbücher wenig professionell mit Lösungsbeispielen umgehen. Ein grundlegendes Problem scheint zu sein, dass Lehrer die Arbeit mit Lösungsbeispielen gar nicht als einen wesentlichen Aspekt der Einführung in einen Gegenstand begreifen; entsprechend werden Lösungsbeispiele meist erst bei der Diskussion von Aufgabenbearbeitungen verwendet. Auf diese Weise wird riskiert, dass sich wegen der kurzen Erklärphase falsche Schemata entwickeln, die dann mühsam wieder verlernt werden müssen. In 83 % der analysierten Schulbücher wird ferner (in der Regel) nur *ein* Lösungsbeispiel vorgegeben, obwohl die Forschung eindeutig belegt, dass zur Ergänzung der abstrakten Einführung und Erklärung eines Gegenstands die Darbietung mehrerer Lösungsbeispiele notwendig ist.

[13] Die „Zone nächster Entwicklung" bezieht sich auf den Bereich kognitiver Anforderungen, der für den Lerner optimal ist, also weder eine Unterforderung noch eine Überforderung darstellt und die er durch Hilfen bewältigen kann. Erklärungen, Hilfestellungen und auch Lösungsbeispiele sollten möglichst diesen kognitiven Möglichkeiten angepasst sein. Dazu gehört auch, dass sie nicht die Kapazität des Arbeitsgedächtnisses übermäßig belasten, also möglichst gut auf das Vorwissen und auf die Kapazität des Lerners hin „titriert" sind. In nur 15 % der analysierten Videosequenzen kamen Lösungsbeispiele direkt nach der Einführung von Prinzipien, in nur 7 % bei der Einführung in ein neues Thema vor (vgl. Renkl et al. 2004, S. 82).

„Lehrer haben eine andere Auffassung zum Ziel des beispielbasierten Lernens als die Protagonisten dieser Lernart (Förderung primär der Rechenfertigkeit, nicht primär des Verständnisses). Entsprechend verwenden sie auch nicht mehrere Lösungsbeispiele und Maßnahmen zur Selbsterklärungsförderung, um durch Beispiele Verständnis sicherzustellen, bevor Aufgaben zum Lösen vorgegeben werden. Wissen um wichtige Beispielmerkmale ist nur in Ansätzen vorhanden. Ebenso haben Lehrer gegenüber dem beispielbasierten Lernen nachvollziehbare Einwände (z. B. Eindimensionalität der Lösungen), die zum Großteil aber durch einen Einsatz von Lösungsbeispielen, der dem „State of the Art" entspricht, entkräftet werden können." (Renkl et al. 2004, S. 89)

Im Vergleich zur Lösung von konventionellen Aufgaben vermindert das Studium von Lösungsbeispielen die Belastung des Arbeitsgedächtnisses. Ein genaues Studium solcher Beispiele ist deshalb für ein müheloses Lernen hilfreicher als die Bearbeitung ungelöster Aufgaben. Dies ist deshalb zu vermuten, weil der Lerner sich bei der Analyse der Aufgabenlösungen auf *die* Aspekte des Lösungsvorgangs konzentrieren kann, die er noch nicht richtig verstanden hatte.

„Im Kontrast zu konventionellen Problemen lenken die Lösungsbeispiele die Konzentration auf Problemzustände und die damit verbundenen Operatoren (z. B. Lösungsschritte) und ermöglichen damit den Lernern, verallgemeinerte Lösungen und Schemata zu entwickeln. Da sie sich auf nichts anderes zu konzentrieren brauchen, sollte die Belastung des Arbeitsgedächtnisses gering sein. Diese Überlegung führt zu der dem Alltagsverstand widersprechenden These, dass das Studium von Lösungsbeispielen den Aufbau verallgemeinerter Schemata und den Lerntransfer mehr fördern sollten als die Lösung vergleichbarer Probleme." (Sweller et al. 1998, S. 273)

In der Phase des Aufbaus neuer Schemata können sowohl die Verwendung verschiedener Veranschaulichungsmittel oder längerer mündlicher Erklärungen die Kapazität des Arbeitsgedächtnisses überschreiten. Damit Schüler aus Lösungsbeispielen lernen, eignen sich insbesondere Aufforderungen, welche die Schüler zu einem vertiefenden Verständnis des Lösungsbeispiels motivieren. Während dieses Prozesses des Schema-Aufbaus können bestimmte Handlungen auch lernhemmend wirken. So hat Renkl (1996) in einer Studie festgestellt, dass Lerner nach einem Selbststudium durch *Zuhören (passives Operieren)* mehr lernten als durch *aktives Lehren* der neu gelernten Inhalte. Renkl (2011) bemerkt dazu:

„...Lernen durch Lehren, – ein 'Paradebeispiel' für aktives Lernen aus der Perspektive des aktiven Tuns – [kann] die Lernenden in Stress versetzen und sie überfordern ..., wenn sie erst begonnen haben, sich einen Stoffbereich zu erschließen. Diejenigen, die nach der ersten Selbstlernphase den Stoff (hier Wahrscheinlichkeitsrechnung) anderen erklärten, die dieselbe Selbstlernphase gerade hinter sich gebracht hatten, lernten weniger als die passiv Zuhörenden."

Entscheidend ist wohl, dass die geistigen Aktivitäten nicht die Arbeitsgedächtniskapazität überlasten. Vielmehr sollten sie ein Reflektieren der zentralen Ideen und Prinzipien erfordern.

(3) Der Aufmerksamkeitsteilungseffekt (split-attention effect)

Unter bestimmten Voraussetzungen führen auch Lösungsbeispiele nicht zu der notwendigen Reduktion der Belastung des Arbeitsgedächtnisses. Nehmen wir den Fall, in dem ein Sachverhalt durch ein Diagramm erklärt wird und der erläuternde Text (die Legende) unter dem Diagramm platziert ist. Das Diagramm allein verrät nichts über die Lösung des Problems. Die Textaussagen können wiederum nicht verstanden werden, wenn sie nicht mit dem im Diagramm dargestellten Sachverhalt verbunden werden. Der Lerner muss also beide Informationsquellen, Diagramm und darunter stehenden Text, integrieren. Während er das Diagramm betrachtet, muss er Teile des darunter stehenden Textes im Gedächtnis vorhalten, bei Analyse des Textes die zugeordneten Teile des Diagramms. Diese Integration ist mit einer starken Gedächtnisbelastung verbunden.

Abb. 2 Beispiel für Aufmerksamkeitsteilung

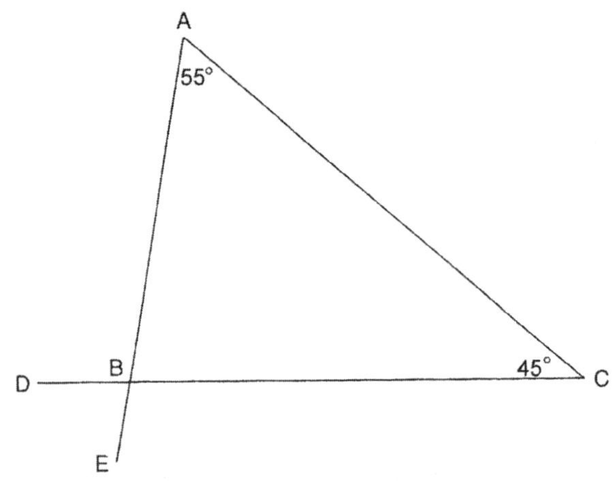

Bestimme in der obigen Figur den Winkel für DBE.

Lösung:

Winkel ABC = 180° – Winkel BAC – Winkel BCA = 180° – 55° – 45°
= 180° – 55° – 45° = 80°
(die Innenwinkel eines Dreiecks haben die Winkelsumme von 180 Grad).

Winkel DBE = Winkel ABC = 80°
(vertikal gegenüberliegende Winkel sind gleich)

Abb. 3 Integriertes Beispiel ohne Aufmerksamkeitsteilung

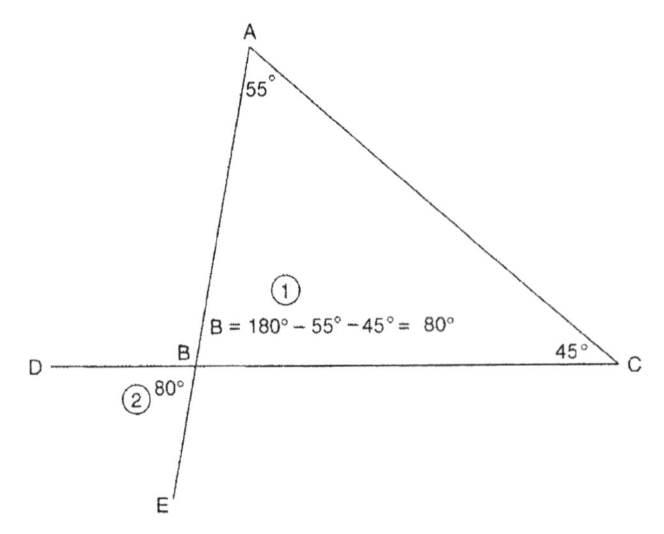

Eine Alternative zur Anforderung, beide Gegenstände (Diagramm und Text) durch abwechselnde Konzentration auf Diagramm und Text zu integrieren, stellt die Herstellung integrierter Beispiele dar (vgl. Abbildung 3). In dieser integrierten Darstellung stecken alle Informationen wie in Abbildung 2, der Lerner muss aber hier nicht mehr zwischen beiden Informationsquellen hin und herspringen, um sie zu integrieren. Untersuchungen mit solchen integrierten Darstellungen im Vergleich zu konventionellen Darstellungen (Diagramm und darunter erklärender Text) belegen, dass integrierte Darstellungen lernwirksamer sind. Allerdings stellt sich dieser Effekt nur bei ausreichend schwierigem Lehrmaterial ein, also bei Material mit einer hohen Interaktivität seiner Inhaltselemente. Es macht übrigens keinen Unterschied, ob das Material in textlicher Form oder über Bildschirm am Computer präsentiert wird; entscheidend ist, ob es in integrierter Form oder nicht integrierter Form dargeboten wird.

(4) Der Redundanzeffekt

Der Redundanzeffekt tritt auf, wenn verschiedene Informationsquellen jeweils für sich alle Informationen enthalten[14]. In diesem Fall kann man mit Hilfe jeder einzelnen Informationsquelle allein die erforderlichen Inhalte aufnehmen und verstehen. Wenn also z. B. Text und Diagramm jeweils für sich alle erforderlichen Informationen enthalten, dann führt diese Doppelinformation zu einer unnötigen Belastung des Arbeitsgedächtnisses und verhindert damit ein wirksames Lernen. In einer Untersuchung von Chandler & Sweller (1991) wurde z. B. der Blutkreislauf anhand eines Diagramms erläutert. Zum Diagramm gab es textliche Erläuterungen, obwohl das Diagramm auch für sich schon zu verstehen war. Unter solchen Voraussetzungen ist das Lernen mit Diagramm ohne Text wirksamer. In einer Untersuchung von Kalyuga, Chandler & Sweller (1998) erhielten Elektrikerlehrlinge ein Diagramm eines Stromkreislaufs zusammen mit erläuterndem Text. In diesem Fall konnte gezeigt werden, dass die Lehrlinge zum Verständnis des Diagramms den Text zusätzlich in integrierter Form benötigten. Wenn allerdings die Lehrlinge Schemata zur Analyse solcher Diagramme erworben hatten, trat der Redundanzeffekt auf: Nun erschwerte die zusätzliche textliche Information das Lernen. Auch andere Untersuchungen deuten mittlerweile darauf hin, dass Lerner, die bestimmte Schemata noch nicht entwickelt haben, solche integrierenden textlichen Informationen benötigen, während auf solche Informationen bei Personen, die über die entsprechenden Schemata verfügen, verzichtet werden sollte (vgl. Yeung, Jin & Sweller 1997). In der empirischen Literatur findet man viele Beispiele für den Redundanzeffekt. Miller fand schon 1937, dass Kinder Hauptwörter besser lesen lernten, wenn die Wörter ohne Bilder präsentiert wurden. Zur wechselvollen Geschichte der Rezeption des Redundanzeffekts schreiben die Autoren[15]:

[14] Der Redundanzeffekt sollte nicht mit den Effekten wiederholten Übens verwechselt werden. Der Redundanzeffekt bezieht sich auf die Verarbeitung von Informationen zu einem Zeitpunkt, Übungen beziehen sich auf mehrere Zeitpunkte.

[15] Möglicherweise trifft diese Aussage nur auf die erste Phase des Erwerbs neuer Schemata zu. In dem von VanLehn et al. (2007) durchgeführten Experiment haben die Studenten sehr viel von Minilektionen gelernt, die durch Aufgreifen bekannter Fehllösungen die Informationen in redundanter Form darboten.

„Der Redundanzeffekt wurde in verschiedenen Zeiträumen entdeckt, vergessen und wiederentdeckt. Für diese Geschichte gibt es nach unserer Auffassung zwei Gründe. Erstens ist dieser Effekt kontraintuitiv. Viele Personen nehmen intuitiv an, redundantes Material hätte neutrale Wirkungen und würde Schülern Lerngelegenheiten bieten. Es kann schwierig sein zu akzeptieren, dass Redundanz gravierende negative Wirkungen haben kann. Zweitens wurde der Effekt niemals in einem detaillierten theoretischen Rahmen diskutiert. Folglich wurde es leicht gemacht, diese negativen Effekte zu vernachlässigen und als Irrungen zu betrachten, die nicht weiter verfolgt werden müssen …

Wir kennen keine experimentellen Forschungen, durch die Vorteile der Redundanz belegt werden würden …" (Sweller et al. 1998, S. 276)

Der Redundanzeffekt hat auch deshalb eine wechselhafte Geschichte, weil er quasi mit dem Modalitätseffekt interagiert: Redundanzeffekte als das Lernen behindernde Effekte treten auf, wenn das Arbeitsgedächtnis in einer Modalität – also im visuellen oder im auditiven System – überlastet wird. Dies wird in einem Experiment von Mayer, Heiser & Lonn (2001) belegt. Studierende konnten die relevanten Informationen einer durch einen Sprecher erläuterten Animation[16] über das Thema „Die Ursachen der Blitzentwicklung" am besten aufnehmen, wenn sie nicht durch zusätzliche Textzeilen unter den Bildern oder durch zum Thema passende Video-Clips ergänzt wurden. In diesem Fall konnten sie durch mündliche Erläuterung (Belastung des phonologischen Speichers) und zugehörige Animation (Belastung des visuellen Skizzenblocks) am besten ein integriertes Modell des relevanten Inhalts konstruieren. Zusätzliche textliche Informationen oder Videoclips beanspruchen hier zusätzliche Verarbeitungskapazität und lenken dadurch vom Lernen des Wesentlichen ab. In diesem Fall gilt somit: Sparsameres Lernarrangement führt zu besserem Lernen und Behalten.

In einer neueren Studie wurde der Redundanzeffekt auf das Lesenlernen angewendet (Torcasio und Sweller 2010). In Büchern zum Lesenlernen ist es üblich, neben den Text, den der Schüler dekodieren soll, passende Illustrationen einzufügen. Dadurch sollen die Schüler motiviert und in ihren Dekodierbemühungen unterstützt werden. Die Autoren hingegen vermuten, dass durch die beigefügten Illustrationen die aktiven Dekodierbemühungen der Schüler vermindert werden, weil sie sich zur Rekonstruktion der Geschichte ja auch auf die Illustration stützen können.

Torcasio und Sweller (2010, S. 661) schreiben:

„Es ist anzunehmen, dass das Einfügen der Illustrationen in den Text eine redundante Information darstellt, die mit dem Lernen interferiert. Wenn die Kapazität des Arbeitsgedächtnisses den Illustrationen eher als dem Text gewidmet wird, wie das bei jüngeren Kindern wahrscheinlich der Fall ist, stehen diese Ressourcen nicht mehr für die Dekodierung zur Verfügung. Natürlich ist das Dekodieren des Textes wichtiger für das Lernen als das Betrachten der Illustrationen. Das Entfernen solcher Illustrationen kann das Lesenlernen verbessern."

Die Trainingsphase (9 Tage) des Experiments wurde in Einzelversuchen durchgeführt.

Lernphase-Leseübung: In der Trainingsphase verbrachte jedes Kind 5 – 10 Minuten mit dem Versuchsleiter. Die Kinder wurden per Zufall auf die Bedingung „Nur Text" und „Text mit zugehörigen Illustrationen" aufgeteilt. Jedes Kind las dem Versuchsleiter aus dem Buch laut vor,

[16] Animationen sind Abfolgen von Bildern.

wobei der Versuchsleiter alle auftretenden Fehler notierte. Wenn das Kind ein Wort nicht lesen konnte oder nicht versuchte, es zu lesen, las der Versuchsleiter das Wort insgesamt vor.

Lernphase-Testübungen: Nach dem Lesen erhielt das Kind 10 „Sichtwörter“ aus dem gerade gelesenen Text und wurde aufgefordert, diese Wörter zu lesen. Die Wörter wurden auf einzelnen Karten präsentiert. Alle Karten wurden in beiden Gruppen in gleicher Weise eingesetzt.

Danach wurden den Schülern 10 Sätze auf Karten zum Lesen präsentiert, von denen 5 Sätze aus dem gerade gelesenen Text stammten und 5 Sätze, die neu waren, aber aus Wörtern zusammengesetzt waren, die im Text vorkamen. Diese Sätze waren ohne Bilder und für beide Gruppen gleich. Der Versuchsleiter notierte dabei die Lesefehler.

Die Ergebnisse in der anschließenden Testphase waren eindeutig zugunsten der „Nur Text-Gruppe“ (vgl. Tabelle 6).

Tab. 6: Fehler in der Lernphase (Testübungen) sowie in der Testphase

	Text mit Illustrationen	Text ohne Illustrationen	Effektstärke[17]
Lernphase – Testübungen: Sichtwortfehler	35,6 (14,8)*	23,3 (10,1)	0,83
Lernphase – Testübungen: Satzfehler	68,5 (33,9)	37,7 (23,3)	0,91
Testphase: Fehler bei neuarrangierten Sätzen	5,9 (3,9)	3,0 (2,7)	0,74
Testphase: Fehler bei neuen Sätzen	7,5 (4,1)	4,2 (2,7)	0,80
Testphase: Satzfehler	19,9 (10,0)	10,4 (7,2)	0,95

* Mittelwerte, in Klammern Standardabeichungen

Dieser lernhinderliche Effekt von Bildern und Illustrationen tritt, wie in einem zusätzlichen Experiment geprüft wurde, nur auf, wenn die Bilder zum Text passen und damit das Erinnern des Textes erleichtern. Beim Lesenlernen ist entscheidend, dass Schüler sich vollständig auf das Dekodieren konzentrieren. Dies bedeutet nicht, dass beim Lesenlernen auf Bilder und Illustrationen verzichtet werden sollte. In anderen Situationen wie z. B. beim Vorlesen aus Büchern oder beim späteren Lesen, wenn Kinder schon flüssig lesen können, sind Bilder und Illustrationen sicherlich geeignet, die Lesemotivation und das Interesse am Lesen zu erhöhen.

(5) Modalitätseffekte

Es gibt nun Aufgaben, die arbeitsteilig durch Nutzung beider Hilfesysteme des Arbeitsgedächtnisses bearbeitet werden können. Man nutzt z. B. das eine Hilfesystem, die phonologische Schleife, wenn der Lehrer etwas mündlich erklärt. Dagegen wird durch Grafiken oder Aufgaben, die eine Visualisierung oder eine räumliche Verortung erfordern, das zweite Hilfesystem, der visuell-räumliche Skizzenblock, benötigt. Beide Hilfssysteme, also phonologische Schleife und visuell-räumlicher Skizzenblock, arbeiten teilweise unabhängig voneinander. Entsprechend kann die mögliche Gedächtnisbelastung erhöht werden, wenn gleichzeitig beide Systeme belastet werden. Man kann den Effekt der Aufmerksamkeitsteilung dann vermeiden, indem man gleichzeitig zwei Kanäle benutzt: Bestimmte Informationen werden visuell, andere auditiv (mündlich) vermittelt. M. E. ist dieser Effekt gerade für das Unterrichten wichtig, da hier oft mündlich etwas erklärt wird (auditiver Kanal), und parallel das Wichtigste an der Tafel visuell

[17] Die Effektstärken wurden von mir eingefügt. Bei der Berechnung wurde jeweils die Mittelwertsdifferenz durch die Standardabweichung der Kontrollgruppe (Texte mit Illustrationen) geteilt.

als Skizze festgehalten werden kann. Dies ist der Bedingung überlegen, in der beide Informationen in einer Modalität (z. B. lautlich als Text in schriftlicher und mündlicher Form) gegeben werden. So ist es problematisch, einen Text, der als Text auf eine Leinwand im Rahmen einer Power Point Präsentation projiziert wird, nochmals vorzulesen oder gleich mündlich zu erläutern, weil dieses Vorlesen mit dem gleichzeitigen stillen Lesen interferiert. Sinnvoll ist hingegen, ein Diagramm mündlich zu erläutern (vgl. Abbildung 3). In Untersuchungen konnte gezeigt werden, dass solche audio-visuellen Präsentationen höhere Lernergebnisse bei schwierigem Material (Material mit hoher Elementinteraktivität) erbrachten.

(6) Der Variabilitätseffekt

Variabilität in den verwendeten Aufgabensituationen erhöht den Lerntransfer. Dieser Effekt wurde z. B. im Experiment von Paas & Merrienboer (1994) bestätigt: Studierende, die in der Lernphase recht unterschiedliche Lösungsbeispiele zu bearbeiten hatten, konnten erheblich sicherer Transferaufgaben lösen (vgl. Tabelle 3). Dieser Effekt tritt allerdings nur ein, wenn die Studierenden in der Lern- und Einübungsphase mit Lösungsbeispielen arbeiten konnten. Immerhin war der Lösungsprozentsatz hier bei hoher Variabilität um etwa 15 % höher. Bei Verwendung von konventionellen Aufgaben in der Lern- und Übungsphase trat der Variabilitätseffekt nicht auf (der Lösungsprozentsatz war hier nicht größer, sondern geringfügig geringer).

Warum ist ein positiver Effekt hoher Variabilität nur bei geringer Belastung des Arbeitsgedächtnisses zu erwarten? Hohe Variabilität führt zu einer stärkeren Belastung des Arbeitsgedächtnisses. Wenn die Arbeitsgedächtnisbelastung zu hoch wird, findet kaum noch ein effektives Lernen statt. Andererseits scheint eine hohe Variabilität erforderlich für einen breiten Transfer zu sein. Bei konventionellen Aufgaben ist ohnehin eine Überlastung des Arbeitsgedächtnisses gegeben; zusätzliche Variabilität führt zu einem weiteren Anstieg der Gedächtnisbelastung. Entsprechend sagt diese Theorie voraus, dass zusätzliche Variabilität nur unter Bedingungen geringer Gedächtnisbelastung einen positiven Effekt haben kann.

Der Variabilitätseffekt verdeutlicht übrigens, dass die Art des Lernens in der Phase der ersten Aneignung neuer Schemata schon beträchtlichen Einfluss auf die spätere Verfügbarkeit und Anwendbarkeit des gelernten Wissens hat. Offenkundig verhindert ein Arbeiten an zu eng ausgewählten Lösungsbeispielen einen breiten Transfer. Bei der Behandlung geometrischer Eigenschaften von Rechtecken sollten nicht nur Aufgaben einmal für den Umfang und danach bei Behandlung der Fläche für die Flächenberechnung gewählt werden. Zusätzlich ist erforderlich, in einem dritten Abschnitt Aufgaben zu stellen, bei denen nicht von vornherein klar ist, welches Verfahren (Umfang- oder Flächenberechnung) zu wählen und anzuwenden ist. Erst solche *vermischten Aufgaben* stellen den Schüler vor eine natürliche Aufgabensituation. Ein isoliertes Einüben und Überprüfen von Teilfähigkeiten zeigt keineswegs, ob der Schüler die zu lernenden Begriffe und Verfahrensweisen wirklich gelernt hat (vgl. dazu Aebli 1968, Wellenreuther 1994, 1996)[18].

[18] Aebli (1968) weist ausdrücklich darauf hin, dass in seiner Unterrichtseinheit zur Umfangs- und Flächenberechnung schon frühzeitig eine genaue begriffliche Abgrenzung der Umfangs- von der Flächenberechnung vorzunehmen ist. Wenn zuerst die Umfangsberechnung behandelt wurde und danach in die Flächenberechnung eingeführt wird, dann sollte nach Aebli sofort auch eine begriffliche Abgrenzung zwischen Umfangs- und Flächenberechnung erfolgen und nicht erst später, indem man ein paar vermischte Aufgaben stellt. Auch wenn dadurch die Lernaufgabe schwieriger wird, könnte sich dieses Verfahren im Sinne einer bessere Vorbereitung des Transfers auszahlen.

Variabilität kann sich somit auf verschiedene Ebenen beziehen:

- die Variabilität innerhalb einer Aufgabenklasse (z. B. Aufgaben zum Erweitern von Brüchen),
- die Variabilität innerhalb zweier benachbarter Aufgabenbereiche (gemischte Aufgaben zum Erweitern und Kürzen) und
- die Variabilität innerhalb mehrerer Aufgabenklassen (Aufgaben zu Erweitern, Kürzen, Vervielfachen und Teilen von Brüchen).

Sicheres Beherrschen bedeutet, dass Schüler Aufgaben lösen können, in denen aufgrund der verwendeten Begriffe unklar ist, welche Verfahren auszuwählen sind. Um das Lösen solcher gemischter „Transferaufgaben" zu erleichtern, sind alle diese Schwierigkeitsstufen im Unterricht bzw. in den Schulbüchern zu berücksichtigen.

Abschließende Bemerkungen zur Theorie der Überlastung des Arbeitsgedächtnisses

Diese Theorie über die Belastung des Arbeitsgedächtnisses ist ein sehr gutes Beispiel für eine in vielen Praxisgebieten der Pädagogik anwendbare Theorie. Sie ist ein positives Beispiel für die Aussage: Nichts ist praktischer als eine gute Theorie. Dies zeigt sich vor allem darin, dass mit dieser Theorie Vorhersagen gemacht werden können, die gängigen „Erfahrungen" und „eingefahrenen Vorgehensweisen" widersprechen. So kommt dem Lernen mit Lösungsbeispielen oder mit integrierten Darstellungen besonderes Gewicht zu, während das traditionelle Üben mit „echten" Aufgaben einen gänzlich anderen Stellenwert erhält. Die Aussage „Übung macht den Meister" bekommt durch die Theorie einen anderen Sinn.

In der Theorie wird nicht explizit auf Probleme der Verständlichkeit von Wissensdarstellungen eingegangen (vgl. Kap. 5). Eine verständliche Textdarstellung, die ein gewohntes Gliederungsschema verwendet und deren Sätze und Abschnitte so aufeinander aufbauen, dass sie im Arbeitsgedächtnis während des Lesens verarbeitet werden können, entlastet das Arbeitsgedächtnis und lässt damit Raum für die Entwicklung neuer Schemata. Man sollte sich vielleicht abschließend die Frage stellen, welche Ideen bei dieser Theorie am wichtigsten sind. Es handelt sich m. E. um folgende Ideen:

1. Vorausgesetzte Kenntnisse müssen flüssig verfügbar sein, um bei komplexen Problemen neue Wissenselemente ohne eine Überlastung des Arbeitsgedächtnisses einführen zu können. Wenn Elemente (z. B. vorausgesetzten Kenntnisse) aus dem Langzeitgedächtnis abgerufen werden können, dann belasten sie das Arbeitsgedächtnis kaum.
2. Die Lernsituation muss eine Konzentration auf die für das Lernen wichtigen Elemente erlauben. Dies ist z. B. durch eine stärkere Berücksichtigung von gelösten Aufgaben, durch parallele Nutzung von visuellem und phonologischem Eingangskanal (Modalitätseffekt) und durch Integration von Texten in Veranschaulichungen möglich.

Das Arbeitsgedächtnis kann dadurch entlastet werden, indem zunehmend komplexere Schemata sukzessiv aufgebaut, eingeübt und automatisiert werden. Und hierbei wird eine weitere Differenzierung wichtig: Die Differenzierung zwischen der Phase der ersten Aneignung von Schemata und der Phase der Anwendung der gelernten Schemata auf die Lösung von Problemen. Zuerst sollte der Lehrer an einen Aufbau der erforderlichen Schemata, vor allem durch Arbeiten mit Lösungsbeispielen denken, erst danach an ihre Anwendung in konventionellen Aufgaben. Das passt allerdings schlecht zur pädagogischen Ungeduld …

3.3 Texte, Veranschaulichungen und mündliche Erläuterungen im Unterricht

Eine zentrale Frage der Unterrichtsforschung ist die nach dem Zusammenspiel von mündlicher Erklärung, schriftlichem Text und von visuellen Darstellungen (Bildern, Graphiken, Veranschaulichungen). Zu dieser Frage wurde eine Vielzahl von empirischen Untersuchungen durchgeführt (vgl. Mayer 1997), deren Ergebnisse widersprüchlich und dadurch recht verwirrend anmuten. Erst durch neuere theoretische Arbeiten, vor allem durch die Theorie zur Überbelastung des Arbeitsgedächtnisses sowie durch eine Theorie von R. E. Mayer über Multimedia-Effekte beginnen wir die Prozesse genauer zu verstehen, die bei der Interaktion verschiedener Medien eine Rolle spielen. Dabei wird deutlich, dass allgemeine Aussagen wie „ein Bild sagt mehr als tausend Worte" unter bestimmten Bedingungen richtig, unter anderen hingegen falsch sind. Dies hat mehrere Gründe:

Ein Bild im Sinne einer Visualisierung eines Gegenstandes kann je nach Format und Güte der Gestaltung geeignet oder ungeeignet sein, den Gegenstand zu verdeutlichen; nach dem Vorwissen der Schüler verständlich oder unverständlich sein; ohne erläuternden Text verständlicher sein als mit erläuterndem Text; für Schüler mit gutem räumlichen Vorstellungsvermögen geeignet sein; für solche mit geringem räumlichen Vorstellungsvermögen ungeeignet. Ohne die Kenntnis solcher Faktoren ist eine Prognose der Lernwirksamkeit von Bildern und Graphiken nicht möglich.

Für den Unterricht ist wichtig, die Medien möglichst so einzusetzen, dass Schüler sich die zu lernenden Inhalte in relativ kurzer Zeit aneignen können. Die Informationen sollten so dargeboten werden, dass sie in der Phase der Aneignung eines neuen Schemas in die vorhandene Wissensstruktur integriert werden können. Das Arbeitsgedächtnis funktioniert in dieser Phase wie ein enges Nadelöhr: Wenn zu viele neue Informationen gleichzeitig zu berücksichtigen sind, werden die Verarbeitungsprozesse sehr langwierig und kostspielig. Bei diesen Prozessen der Informationsverarbeitung hat der Schüler einen ständigen Abgleich mit dem schon vorhandenen Wissen durchzuführen, das aus dem Langzeitgedächtnis abgerufen werden kann.

Um Phänomene der Überlastung des Arbeitsgedächtnisses zu vermeiden, stehen dem Lehrer verschiedene Möglichkeiten zur Verfügung:

1. Er kann zuerst anhand eingängiger, aus der Lebenswelt der Kinder stammender Beispiele einen Gegenstand im Dialog mit seinen Schülern entwickeln und wesentliche Punkte an der Tafel festhalten (zentrale Aussage, graphische Verdeutlichung). Der Lehrer strukturiert die Informationen, sodass sie seriell Punkt für Punkt den zu lernenden Gegenstand entwickeln. Bei dieser Entwicklung im Dialog nutzt der Lehrer zwei „Prozessoren" der Schüler, die weitgehend voneinander unabhängig sind: das auditive (mündliche Erläuterungen) und das visuelle Arbeitsgedächtnis (Tafelbild: zentrale Aussagen, Veranschaulichungen).

2. Hingegen führen bestimmte beliebte Vorgehensweisen zu einer doppelten Beanspruchung des visuellen Arbeitsgedächtnisses. Dies ist der Fall, wenn der Lehrer eine Grafik durch zusätzlich erläuternden Text, der unter der Grafik positioniert ist, kombiniert. Er verlangt dann, dass Schüler die textlichen Erläuterungen auf die relevanten Elemente der Grafik beziehen können. In solchen Fällen ist eine *integrierende textliche Erläuterung,* also eine Erläuterung in der Grafik selbst besser geeignet, weil sie eine zusätzliche Koordination von Text und Grafik abnimmt. Noch wirksamer ist jedoch eine mündliche Erläuterung der Grafik, weil hierbei eine Überlastung des visuellen Arbeitsgedächtnisses vermieden wird.

3. Bei *komplexen Sachverhalten* kann der Lehrer zunächst einige vollständig oder teilweise gelöste Aufgaben präsentieren und diese bearbeiten lassen: Schüler können hier Sätze ergänzen, um sie zu einem genauen Studium der Beispiele anzuregen, und es kann zunehmend eine eigenständige Lösung der Aufgaben gefordert werden. Dies ist besonders bei Inhalten, deren Verständnis Probleme bereitet, sinnvoll.

Im Folgenden möchte ich kurz auf einige empirische Untersuchungen zur Integration von Bildern und Texten eingehen. Mayer & Anderson (1991) untersuchten am Beispiel der Wirkungsweise einer Handpumpe (Fahrradpumpe), wie *sprachliche Erläuterungen* und *Animationen* am besten zusammenwirken. Animationen sind hierbei Abfolgen von Bildern, die einen Prozess verdeutlichen. Die textlichen Erklärungen sollten vor allem eine Zuordnung von Text und Bildinhalten erleichtern, da nur dann eine Überbelastung des Arbeitsgedächtnisses vermieden wird. Wenn der Lerner lange nach den zugehörigen Bild- und Textelementen suchen muss, benötigt er unnötig viel Zeit, um das dargebotene Wissen in seine Wissensstruktur zu integrieren.

Im Versuch von Mayer & Anderson (1991) wurde angenommen, dass eine parallele Darbietung von sprachlicher Erläuterung zusammen mit der Animation wirksamer ist als eine vorgezogene Erklärung mit einer darauf folgenden Animation. Durch eine parallele Darstellung ist eine Vernetzung zwischen beiden Informationsquellen leichter möglich. Entsprechend wurden zwei Versuchsgruppen gebildet:

- Eine Gruppe, in der die mündliche Erläuterung jeweils vor der Darbietung der Animation präsentiert wurde,[19] und
- eine Gruppe, in der die mündliche Erläuterung immer parallel zur Animation präsentiert wurde.

Folgende „Animation“ wurde in dieser Untersuchung verwendet, wobei der hier dargestellte Text als mündliche Erläuterung zur Animation gegeben wurde:

„Wenn der Hebel nach oben gezogen wird, bewegt sich der Kolben nach oben, das Innenventil öffnet sich, das Außenventil schließt sich, und Luft tritt in den Innenraum der Pumpe ein.“

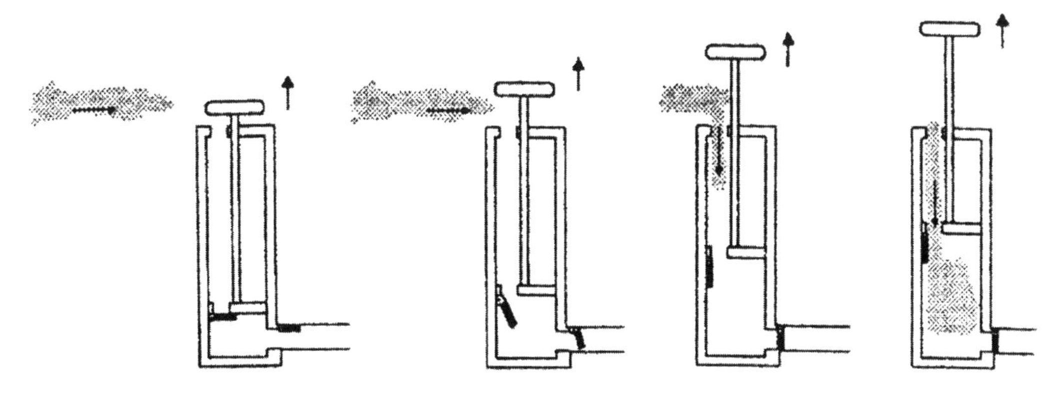

[19] Da diese Präsentationsabfolge dreimal hintereinander geschah, war z. B. die zweite sprachliche Erläuterung sowohl vor der zweiten Animation als auch nach der ersten Animation.

„Wenn der Hebel nach unten gedrückt wird, bewegt sich der Kolben nach unten, das Innenventil schließt sich, das Außenventil öffnet sich, und Luft strömt aus dem Inneren der Pumpe aus."

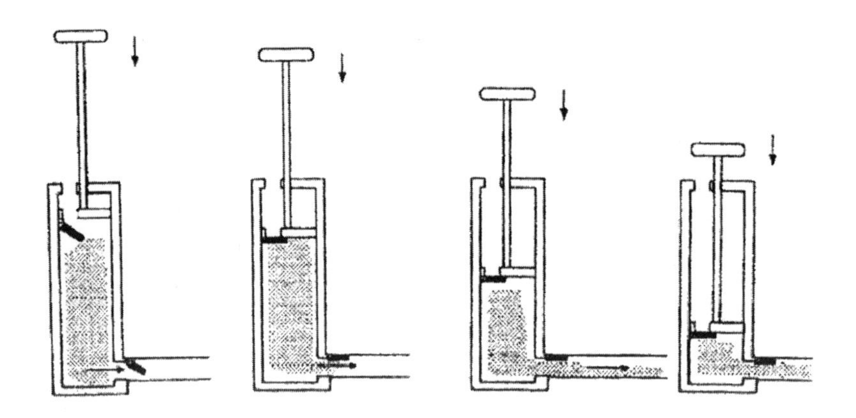

Diese Animationen zusammen mit den mündlichen Erläuterungen wurden den Lernenden dreimal hintereinander präsentiert.

Ergebnisse: Wie vorhergesagt, ist die Bedingung „Animation wird parallel sprachlich erläutert" viel effektiver als die Bedingung, zuerst sprachliche Erläuterung und dann Animation. Bei paralleler Darbietung wurden 50% mehr Lösungen zu den vorgelegten Problemaufgaben formuliert.

In einem weiteren Experiment wurde versucht, den Effekt textlicher Erläuterung von dem Effekt der bildhaften Darstellung zu isolieren. Dazu wurden vier Gruppen gebildet: (1) eine Kontrollgruppe (ohne mündliche Erläuterung oder Animation), (2) nur mündliche Erläuterung, (3) nur Animation, (4) mündliche Erläuterung zusammen mit Animation. Bezüglich des Problemlösens bei nachfolgenden Transferaufgaben zeigte sich, dass die Ergebnisse bei alleiniger mündlicher Erläuterung oder alleiniger Animation nicht von denen der Kontrollgruppe zu unterscheiden waren. Dies bedeutet, dass unter den Bedingungen „Nur Animation" oder „Nur mündliche Erklärung" kaum etwas dazugelernt wurde. Mayer und Anderson schließen daraus:

> *„Trotz des gegenwärtigen Enthusiasmus bezüglich der Lernwirksamkeit von Animationen zeigen unsere Ergebnisse, dass Animation ohne Erläuterung buchstäblich den gleichen Effekt auf das wissenschaftliche Verständnis hat wie keine Instruktion. Auch wenn die Instruktion sowohl Worte und Bilder enthält, zeigen unsere Ergebnisse, dass das Präsentieren von verbalen und visuellen Erklärungen, ohne sie miteinander zu verbinden, weniger hilfreich ist als das Koordinieren verbaler Erläuterungen mit Animation."* (Mayer & Anderson 1991, S. 490)

Richard E. Mayer hat noch eine Reihe weiterer Experimente zur Verwendung bildhafter Verdeutlichungen in Verbindung mit verbalen Erklärungen durchgeführt (vgl. Mayer 1989). Nach Mayer sollten vier Bedingungen erfüllt sein, damit solche Illustrationen die vermutete positive Wirkung entfalten können:

1. Der zugehörige Text muss die Abläufe erklären,
2. der Lerner sollte den zu lernenden Sachverhalt noch nicht kennen,
3. die Illustrationen sollten auch tatsächlich den Text sachlich erläutern, zum Text passen und ihn nicht nur illustrieren (ausschmücken), und
4. der Prüftest am Ende sollte sich auf die relevanten Inhalte beziehen.

In dem Experiment wurde den Studenten, die noch niemals ein Auto repariert hatten, ein Text über das Bremssystem gegeben, wobei die Versuchsgruppe zusätzlich noch eine Illustration des Bremssystems mit den zugehörigen Bezeichnungen bekam (vgl. Abbildung 4), die Kontrollgruppe dagegen nur den Text. Die Hypothesen des Versuchs waren:

(1) Die Illustrationen verbessern das Erinnern der erklärten Informationen, nicht aber der sonstigen im Bild enthaltenen Informationen.
(2) Illustrationen verbessern den Transfer, aber nicht das wörtliche Erinnern.

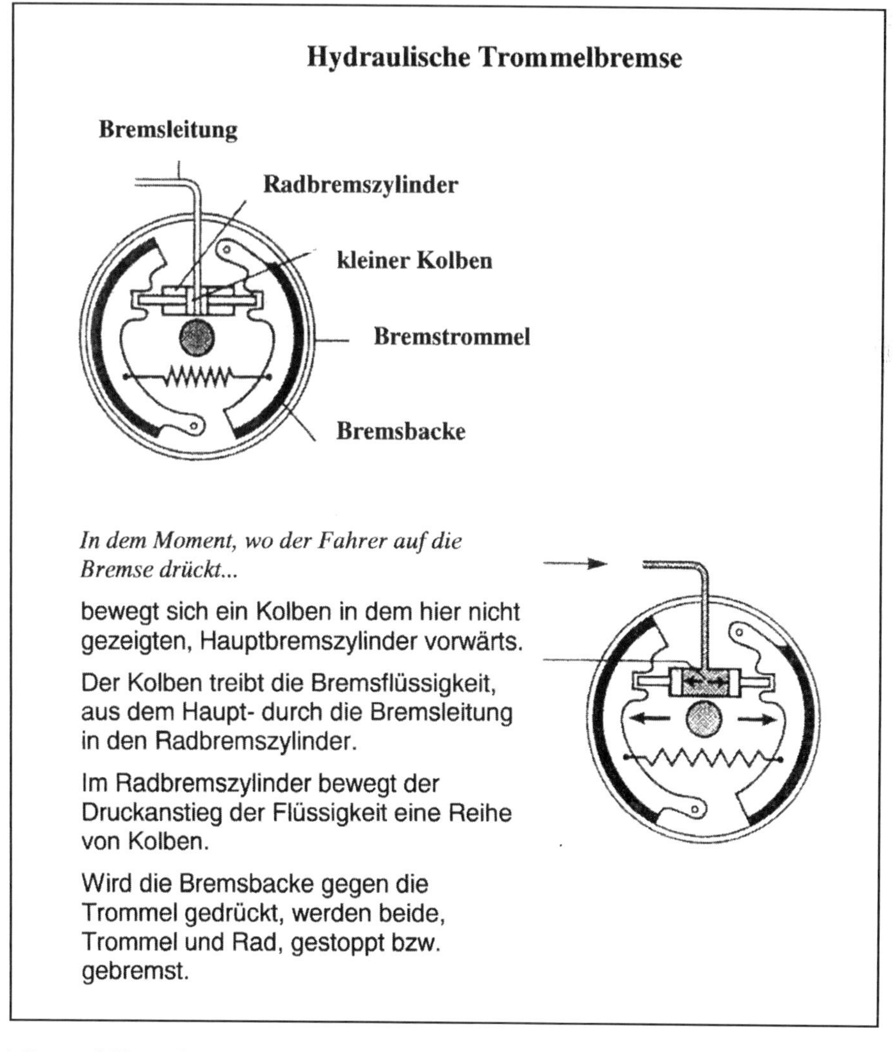

Abb. 4 Text und Illustration einer hydraulischen Trommelbremse

Beide Hypothesen wurden bestätigt.

Bei der vorhergehenden Diskussion der Informationsaufnahme und -Verarbeitung wurde der Aspekt der Begrenztheit unseres Arbeitsgedächtnisses besonders hervorgehoben. Eine Überlastung des Arbeitsgedächtnisses wird durch eine integrierende Darstellung von Bild- und Textinformationen vermieden. Wenn es um die Darstellung und Erklärung von *Vorgängen* geht, benötigen wir zum Verständnis ein Festhalten verschiedener Zustände durch Bilder und eine parallele, auf die Bilder bezogene Erläuterung der Mechanismen, die eine Veränderung dieser Zustände bewirken. Beispiele hierfür sind die Erklärung von Bremssystemen, der Funktionsweise einer Fahrradpumpe, die Entstehung von Gewittern oder das Lernen im Sinne eines klassischen Konditionierens. In allen diesen Fällen kann man den gesamten Prozess in Teilschritte zerlegen und diese Teilschritte jeweils erklären. Für solche Erklärprobleme stellt sich die Frage einer optimalen Passung von mündlicher, textlich-schriftlicher und grafisch-bildlicher Information. Genauer ist dabei zu untersuchen, auf welche Weise eine Integration von textlicher und bildhafter Information bei Lernern angeregt werden kann, die diesen die Konstruktion eines zutreffenden Erklärmodells der ablaufenden Vorgänge ermöglicht.

Zu dieser Frage wurden folgende Hypothesen empirisch geprüft und bestätigt (vgl. Mayer 1997):

1. Integrierte Darstellungen sind voneinander getrennten Darstellungen (z. B. Text unter einer Grafik) überlegen.
2. Durch eine integrative Darstellung von schriftlich-textlicher und bildhafter Information wird die Bildung eines zutreffenden Erklärmodells besser unterstützt als durch alleinige Präsentation von schriftlich-textlicher oder bildhafter Information.
3. Durch eine integrative Darstellung von mündlich-erklärender und bildhafter Information wird die Bildung eines zutreffenden Erklärmodells besser unterstützt als durch alleinige Präsentation von mündlich-erklärender oder bildhafter Information.
4. Durch eine integrative Darstellung von mündlich-erklärender und bildhafter Information wird die Bildung eines zutreffenden Erklärmodells besser unterstützt als durch eine integrative Darstellung von schriftlich-textlicher und bildhafter Information.

Diese vier Aussagen treffen allerdings nur unter den Voraussetzungen

(1) niedriger Vorwissensstand bezüglich des zu lernenden Gegenstands, und

(2) ein mindestens normal entwickeltes räumliches Vorstellungsvermögen zu.

Wenn schon Vorwissen vorhanden ist, dann können die textlichen Informationen überflüssig sein; sie belasten dann nur unnötig das Arbeitsgedächtnis. Im Zweifel ist übrigens die graphische Information für den Schüler, der schon über Kenntnisse zu dem Lerngegenstand verfügt, der textlichen Information vorzuziehen. In diesem Falle bewahrheitet sich also die Aussage, ein Bild sagt mehr als tausend Worte.

Wichtig ist bei all diesen Aussagen über eine sinnvolle Verknüpfung verschiedener Informationen, dass diese in integrierter Form gegeben werden. Durch diese integrierende Darstellung wird das Arbeitsgedächtnis des Lerners entlastet, ein erheblicher Teil der sonst erforderlichen Koordination von Text- und Bildelementen wird dadurch dem Lerner abgenommen. Er kann sich umso stärker auf die wesentlichen Elemente konzentrieren. Allerdings sind solche textlichen Informationen nur sinnvoll, wenn das Bild für den Lerner ohne Text nicht zu deuten ist.

Die in den obigen Hypothesen dargestellten Zusammenhänge sind empirisch gut bestätigt. Die Forschung hat zudem gezeigt, dass die fraglichen Zusammenhänge stark sind. Bezogen auf die wichtigste Klientel der Pädagogik, Schüler mit geringem Vorwissen und „normalem" raumzeitlichen Vorstellungsvermögen, müsste eine systematische Berücksichtigung dieser Hypothesen im Unterricht zu einer deutlichen Leistungssteigerung beitragen. Besonders bemerkenswert sind diese Effekte bei Grafiken, die *mündlich* erläutert werden. Dies hängt vermutlich damit zusammen, dass hierbei zwei teilweise unabhängige Teile des Arbeitsgedächtnisses benutzt werden, und zwar das auditive und das visuelle (vgl. dazu den Modalitätseffekt).

3.4 Durch Handeln oder durch Sehen lernen?

Viele Pädagogen sind sich bei dieser Frage einig: Wirklich nachhaltig lernen können wir nur, wenn wir Dinge erkunden, entdecken und herausfinden. Insbesondere im naturwissenschaftlichen Unterricht können Schüler nur dann nachhaltig etwas lernen, wenn sie Hypothesen aufstellen, Daten erheben und auswerten und die Ergebnisse diskutieren. Eine neue Meta-Analysen gibt den Vertretern dieser Position recht: Danach zeigen die analysierten Studien, dass erkundungsbasiertes Unterrichten[20] deutlich bessere Lernergebnisse erbringt als normaler Unterricht. Die Effektstärke zu Gunsten erkundungsbasierten Unterrichts beträgt danach $d=+0{,}5$ (vgl. Furtak, Seidel, Iverson und Briggs 2012)[21].

Es gibt verschiedene Begründungen für diese Position. Eine davon ist der Conceptual Change Ansatz (vgl. Posner, Strike, Hewson, & Gertzog. 1982). Nach diesem halten Schüler beharrlich an ihren Alltagstheorien fest, wenn sie nicht die Gelegenheit erhalten, diese Alltagstheorien streng zu prüfen. Dabei müssen sie sich zunächst ihrer Alltagstheorien bewusst werden. Wenn vorschnell dann diesen Kindern eine Theorie übergestülpt wird, lernen sie diese nur oberflächlich – wenn der Test das oberflächlich angeeignete Wissen überprüft hat, wird dieses Wissen wieder durch die alte Theorie überschrieben. Man spricht in diesem Zusammenhang auch von *trägem Wissen*, das ist Wissen, das unzureichend mit dem vorhandenen Alltagswissen verknüpft ist. Es kann deshalb in relevanten Anwendungssituationen nicht abgerufen werden.

Gleichwohl gibt es einige Argumente, die gegen einen radikalen erkundungsbasierten naturwissenschaftlichen Unterricht sprechen.

1. Unterrichtsdauer: Erkundungsbasierter Unterricht verbraucht erheblich mehr Zeit. Dieses Mehr an Zeit sollte nur dann investiert werden, wenn die empirischen Belege zeigen, dass jeder Inhalt nur in dieser zeitintensiven Weise gelernt werden kann.

2. Maß an Anleitung: Es ist immer noch strittig, wieweit das Planen und Durchführen von Untersuchungen von den Schülern ohne nähere Anleitung erfolgen kann (vgl. Kirschner, Sweller & Clark 2006; Klahr & Nigam 2004).

3. Selbständige Erarbeitung bzw. Entdeckung vs. vollständige Präsentation der zu lernenden Informationen: Es ist fraglich, ob Schüler Neues wirklich selbst entdecken oder ob es nicht immer notwendig ist, Neues vorzustellen und dann auf die relevanten Anwendungsfelder zu übertragen (vgl. Clark, Kirschner & Sweller 2012). Insbesondere geht es dabei um die Frage, ob neues Wissen und Fertigkeiten nicht immer zunächst anhand von Beispielen, Lösungsbeispielen und Visualisierungen eingeführt und erläutert werden müssen, weil ein zufälliges Entdecken nicht nur unglaublich viel Zeit kosten würde, sondern auch auf jeweils wenige Schüler begrenzt bliebe. Wer nicht die erforderliche Entdeckung macht, dem darf diese dann auch nicht mitgeteilt werden.

---

[20] Ich habe hier „inquiry-based teaching" mit „erkundungsbasiertem Unterrichten" übersetzt.

[21] Auf die methodologische Qualität dieser Meta-Analyse bin ich auf S. 32 ff. genauer eingegangen.

Lernen durch Handeln oder durch Sehen? (Stull & Mayer 2007)

Problemstellung: Nach dem gemäßigt-konstruktivistischen Ansatz ist nicht das Handeln entscheidend. Wichtig ist nur, ob das Lernarrangement die für verständnisorientiertes Lernen erforderlichen kognitiven Prozesse auslöst. In dem Experiment von Stull und Mayer (2007) wurde dieser Frage nachgegangen. In drei Experimenten sollten die Personen zu einem wissenschaftlichen Text über Probleme der Vermehrung entweder selbst Grafiken und Diagramme *entwickeln (learning by doing)* oder die zum Text von Experten entwickelten Veranschaulichungen studieren *(learning by viewing)*. Die Autoren gingen von der Vermutung aus, dass das Studieren der Grafiken, die von Experten zur Verdeutlichung der Wissensstrukturen angefertigt worden waren, zu einem tieferen Verständnis („Transferlernen") führen.

Ergebnisse: Diese Hypothese wurde in allen drei Experimenten bestätigt. Die Effekte im Transfer-Test zum Vergleich „Sehen" vs. „Handeln" waren bei geringer Komplexität[22] mit d=0,84 am stärksten. Beim Behaltenstest gab es keine signifikanten Unterschiede. Der stärkste Effekt bezog sich auf die benötigte Lernzeit. Im dritten Experiment verbrauchte die Versuchsgruppe (Studieren der von Experten entwickelten Veranschaulichungen) weniger als die Hälfte der Lernzeit wie die „Handlungsgruppe" (d=+2,51).

Interpretation: Die Autoren erklären die Effekte mit der kognitiven Belastungstheorie. Alle Versuchspersonen lasen zunächst den Text, um sich mit Hilfe von „essential processing" eine Wissensbasis zu bilden. Diese Wissensbasis wird mit Hilfe des Behaltenstests überprüft. Die Analyse bzw. die Konstruktion der graphischen Darstellungen erforderte „generatives Prozessieren" der Informationen. Verständnis auf der Basis der Analyse der graphischen Darstellungen zu entwickeln ist eine Form des „generative processing". Zusätzlich ist die Analyse vorhandener graphischer Darstellungen weniger kognitiv belastend, so dass mehr Kapazität für die Herausarbeitung der zentralen Ideen und Zusammenhänge übrig bleibt. Dieses tiefe Erarbeiten von Verständnis wird durch den Transfer-Test erfasst. (nach Stull & Mayer, S. 816f.). Eine solche Fokussierung auf wesentliche Punkte ist jedoch nur bei geringer Komplexität möglich, wenn die Anzahl der zu analysierenden graphischen Darstellungen nicht zu hoch ist.

Offene Punkte: Zu vermuten ist, dass Personen mit einem hohen Kenntnisstand eher durch selbständiges Handeln profitieren als Personen mit geringem Kenntnisstand. Da sich Schulen jedoch in der Regel um Schüler mit niedrigem Kenntnisstand kümmern müssen, sind sie in starkem Maße auf Hilfen und Anleitungen angewiesen. Für diese Schüler sind graphische Verdeutlichungen Lernhilfen, um unter Anleitung des Lehrers den tieferen Sinn von naturwissenschaftlichen Texten zu verstehen.

Die Studie von Stull und Mayer (2007) belegt, dass aktives Handeln und Konstruieren keineswegs immer lernförderlich sind. Renkl (1996) konnte in einem weiteren Experiment zeigen, dass nach einer Selbstlernphase die Aufgabe, das gerade Gelernte anderen Studierenden zu erklären („aktives Tun"), zu einem geringeren Lernerfolg führte als das „passive" Zuhören bei diesen Erklärungen.

Die Studie von Stull und Mayer (2007) verdeutlicht auch die Schwierigkeiten, die empirische Forschung bei der Klärung von Wirkfaktoren des Unterrichts zu bewältigen hat. So gibt es z.B. eine ganze Reihe von Experimenten, in denen die Versuchsgruppe Mind Maps, Begriffsnetze bzw. grafische Verdeutlichungen von Zusammenhängen entwickeln sollte. Oft lesen die Lernenden der Kontrollgruppe nur Texte in Schulbüchern. In diesen Experimenten findet man in

[22] Hohe Komplexität heißt in diesem Experiment Studieren bzw. Entwickeln vieler Veranschaulichungen.

der Regel sehr deutliche Befunde zu Gunsten des erkundungsbasierten Unterrichts. Man interpretiert diese Ergebnisse dann als Bestätigung erkundungsbasierten Lernens. Wenn man die entsprechenden Schulbuchtexte durch Veranschaulichungen, die von Experten entwickelt wurden, ergänzt hätte und die Lernzeit konstant gehalten hätte, wären in diesen Experimenten vermutlich ganz andere Ergebnisse eingetreten. Vieles spricht dafür, dass sich dann die Ergebnisse in ihr Gegenteil verkehrt hätten. Solche Forschungen (vgl. Ugwu, O. & Soyibo, K. 2004) stützen somit keineswegs die These, dass Schüler in den Naturwissenschaften am besten durch Nachmodellieren von Handlungen, wie sie echte Forscher ausführen, lernen.

Man sollte aus Forschungen, welche für bestimmte Voraussetzungen die Effektivität des Lernens mit Lerntexten belegen (vgl. Stull & Mayer 2007; VanLehn, Graesser, Jackson, Jordan, Olney & Rosé 2007), nicht die Folgerung ableiten, Schüler sollten im naturwissenschaftlichen Unterricht keine Experimente durchführen. Ich halte es für unbedingt erforderlich, dass Schüler in jedem Jahr eine bestimmte Mindestanzahl von Experimenten unter Anleitung des Lehrers planen und durchführen und diese Forschungen in einem Portfolio dokumentieren. Um dies zu ermöglichen, müssten Schulen entsprechend ausgestattet werden. Gerade für jüngere Schüler müssen präzise Handlungsanweisungen geschrieben und erprobt werden. Erst das Zusammenspiel von Experimentieren und Textarbeit mit Hilfe sorgfältig entwickelter Schulbücher ermöglicht einen effektiven naturwissenschaftlichen Unterricht. Es ist somit wenig hilfreich, Experimentieren oder Schulbucharbeit gegeneinander auszuspielen.

3.5 Schlussbemerkungen: Schulisches Lernen und das Nadelöhr Arbeitsgedächtnis

Die Überlasttheorie des Arbeitsgedächtnisses bezieht sich auf das Lernen komplexer Inhalte. Sie ist ein positives Beispiel für die Aussage, es gäbe nichts Praktischeres als eine gute Theorie: Mit dieser Theorie können Vorhersagen gemacht werden, die eingefahrenen Vorgehensweisen widersprechen. Wissen kann nur dann über die Sinne aufgenommen und verarbeitet werden, wenn freie Arbeitsgedächtniskapazität (ein reflexiver Freiraum) verfügbar ist. Deshalb kommt dem Lernen mit Lösungsbeispielen oder mit Grafiken, in die Text integriert ist, besonderes Gewicht zu, während das traditionelle Üben mit „echten" ungelösten Aufgaben einen gänzlich anderen Stellenwert erhält. Auch die Aussage „Übung macht den Meister" bekommt durch die Theorie einen anderen Sinn.

Folgende Ideen sind grundlegend für die dargestellte Theorie:

1. Vorausgesetzte Kenntnisse aus dem Langzeitgedächtnis müssen flüssig verfügbar sein, damit bei komplexen Problemen neue Wissenselemente ohne eine Überlastung des Arbeitsgedächtnisses eingeführt werden können. Wenn Elemente aus dem Langzeitgedächtnis abgerufen werden können, dann belasten sie das Arbeitsgedächtnis nicht.

2. Die Lernsituation muss eine Konzentration auf die für das Lernen wichtigen Elemente erlauben. Dies ist z. B. durch eine stärkere Berücksichtigung von Lösungsbeispielen, durch parallele Nutzung von visuellem und phonologischem Eingangskanal (Modalitätseffekt) und durch Integration von Texten in Veranschaulichungen möglich.

3. „Verständliche" Lehrsequenzen führen leicht zu Verständnisillusionen. Um diesen vorzubeugen, müssen Lerner in zunehmendem Maße zur selbstständigen Generierung von Antworten veranlasst werden.

Das Arbeitsgedächtnis kann durch den Aufbau von zunehmend komplexeren Schemata im LZG entlastet werden. Zuerst sollte der Lehrer an einen Aufbau der erforderlichen Schemata z. B. durch die Analyse mehrerer Lösungsbeispiele denken, erst danach an ihre Anwendung in konventionellen Aufgaben.

In diesem Kapitel haben wir den Erwerb neuer Kenntnisse und Fertigkeiten durch Präsentieren von Erklärungen, durch Vormodellieren von Problemlösungen, durch Verdeutlichen von Fertigkeiten anhand von Lösungsbeispielen und Visualisierungen erklärt. In diesem Lernprozess gibt es immer eine Informationsquelle (in der Regel der Lehrer, manchmal auch Mitschüler, Eltern, Texte oder audiovisuelle Medien) und Informationsempfänger (in der Regel Schüler). Gemeinsam ist diesen Methoden, dass in der Regel Erwachsene in Schulen ihre Kenntnisse und Fertigkeiten vorstellen und die Kinder durch Beobachtung diese Informationen aufnehmen. Es gibt natürlich noch einen weiteren Fall des Erwerbs neuer Kenntnisse und Fertigkeiten: Dass eine Person per Zufall Dinge erprobt und dabei auf neue Zusammenhänge stößt. Dieser Fall tritt aber in Wirklichkeit sehr selten auf, und wenn, dann vor allem in der Wissenschaft und nicht in der Schule.

Zwischen der Theorie des Beobachtungslernens und dem Lernen durch Lösungsbeispiele bestehen enge Zusammenhänge. In beiden Fällen geht es um den Erwerb neuer Schemata durch Beobachtung von Modellen oder Analyse bzw. aktives Elaborieren von beobachteten mündlichen oder schriftlichen Äußerungen. In diesem Kapitel wurde davon ausgegangen, dass Lehrer Schüler *direkt* instruieren. Man kann jedoch auch *indirekt* durch Beobachtung von Lehr-Lernsequenzen lernen, wobei nicht der Schüler indirekt durch die Beobachtung des Lehrens instruiert wird. Nach dem Beobachtungslernen können Lernprozesse nicht nur durch Beobachtung eines Modells in Gang gesetzt werden, sondern stattdessen auch durch Videos von Lehr-Lernsequenzen. In diesem Fall beobachten Schüler z. B. Tutorenarbeit in einem Gebiet, in dem sie gerade selbst unterrichtet werden. Neuere Forschungen zeigen, dass Schüler durch Anschauen von Videos unter bestimmten Voraussetzungen viel lernen können. (vgl. Craig, Chi & VanLehn 2009). Dies ist deshalb besonders interessant, weil das Arbeiten mit Videos erheblich kostengünstiger ist als das Arbeiten mit geschulten Tutoren.[23]

[23] Wenn die tutorielle Betreuung von Computerprogrammen übernommen wird, ist Tutorenarbeit auch vergleichsweise kostengünstig. Allerdings ist die Entwicklung einer Software, die in ihrer Lernwirksamkeit einer durch menschliche Tutoren angeleiteten Tutorenarbeit gleichkommt, sehr kostenaufwendig (vgl. VanLehn, Graesser, Jackson, Jordan, Olney & Rosé 2007). Vergleichsweise kostengünstiger ist die Herstellung von Videos, wobei diese sorgfältig optimiert werden können, bevor sie für den Einsatz an Schulen bereitgestellt werden (vgl. auch Reusser 2005).

4. Die Verankerung von Wissen im Langzeitgedächtnis

Nach der ersten, fragilen Bildung eines neuen Schemas kommt die Übung des Neu-Gelernten, die Wiederholung und Anwendung in neuen Kontexten, Verknüpfen des Gelernten mit Emotionalem, mit der persönlichen Lebenswelt. Empirische Forschung belegt die große Bedeutung von Wiederholungen im Sinne verteilten und vermischten Lernens sowie des Abrufens des Gelernten durch Tests. Auch eine vielfältige Verknüpfung abstrakter Inhalte mit konkreten Beispielen und sinnlichen Erfahrungen ist wichtig, wenn flexibel anwendbares Wissen und nicht träges Wissen vermittelt werden soll. Auch die Art des Einübens ist wichtig: Bringt ein massiertes Lernen vor einer Klassenarbeit langfristig mehr als verteiltes Üben, das sich über die gesamte Lerneinheit erstreckt, vorausgesetzt, die Übungszeit ist gleich? Und welche Rolle spielen Zusammenfassungen oder Wiederholungen, die ein Schüler selbst erstellt, für ein effektives Abspeichern von Informationen, verglichen mit Zusammenfassungen, die der Lehrer gibt?

4.1 Langzeitgedächtnis und Problemlösen: Wann macht Übung den Meister?

Dieser Teil über den Zusammenhang von Üben und Können gliedert sich in folgende Abschnitte

1. „Deliberate Practice“: Wie Schachspieler zu Schachgroßmeistern werden
2. Verschiedene Wissensformen
3. Lernen als Kompetenzentwicklung
4. Was für Experten leicht ist, wird beim Unterrichten leicht vergessen
5. Nachhaltiges Lernen statt stures Abarbeiten des Stoffplans

1. „Deliberate Practice“: Wie Schachspieler zu Schachgroßmeistern werden

Im folgenden Kapitel wird davon ausgegangen, dass die erste Phase des Lernens, der Erwerb neuen Wissens durch mündliche oder schriftliche Erklärung, Modellieren oder Veranschaulichung abgeschlossen ist. Damit dieses erworbene Wissen nicht vergessen wird, muss es in bestimmter Weise aufbereitet, wiederholt und vertieft werden. Was alles erforderlich ist, um Inhalte fest im Langzeitgedächtnis zu verankern, soll im Folgenden dargestellt werden.

Wie lernen Personen, Probleme zu lösen? Wie werden Personen zu Experten in einem Bereich? Kann man das Lösen von Problemen überhaupt lernen oder hängt diese Fähigkeit vor allem von der angeborenen Begabung ab?

Sehen wir uns dazu eine klassische Untersuchung von de Groot an, der schon 1946 Untersuchungen veröffentlicht hat, in denen die „Gedächtnisleistungen“ von Schachmeistern mit denen von Novizen verglichen wurden. Er stellte fest, dass Schachmeister im *Rekonstruieren von Stellungen aus dem Gedächtnis* Novizen *weit überlegen waren*: Nachdem Schachmeister jeweils 5 Sekunden die Stellung betrachten konnten, konnten sie 70 % der Figuren richtig platzieren, verglichen mit 30 % der Novizen. Offenkundig konnten sich die Schachgroßmeister in kurzer Zeit viel mehr Informationen einprägen. Bestätigt dieses Ergebnis die These, dass Experten über ein besseres Gedächtnis verfügen?

Wenn Schachgroßmeister Genies mit herausragender Intelligenz und überdurchschnittlicher Gedächtnisspanne wären, müssten sie auch herausragende Leistungen *bei völlig unbekannten Schachstellungen* zeigen. Versuche von Chase und Simon (1973) zeigten jedoch: Die herausragenden „Gedächtnisleistungen“ der Schachgroßmeister verschwanden, wenn sie unnatürliche, in der Turnierpraxis nicht vorkommende Schachstellungen rekonstruieren sollten. Nicht die Gedächtniskapazität (größere Merkfähigkeit) der Großmeister, sondern die „Datenbank“ ihres Langzeitgedächtnisses, welche die Großmeister durch eine mindestens zehnjährige Übungspraxis – man spricht hierbei von 10 Jahren „deliberate practice“ – mühsam aufgebaut hatten, war somit die Ursache ihrer überlegenen *„Erinnerungsleistung“*.[24]

Die enormen Rekonstruktionsleistungen der Schachmeister werden durch die Verfügbarkeit hochkomplexer Schemata erklärt, die durch *konzentrierte Übungspraxis* im Langzeitgedächtnis verankert wurden. Im Verlauf ihrer Entwicklung vom Novizen zum Schachgroßmeister wurden mindestens 100000 Stellungen zusammen mit den zugehörigen besten Zügen im Langzeitgedächtnis gespeichert. Aufgrund dieses Wissens sind Schachmeister Novizen überlegen. Konkret wird der Schachmeister durch das Sehen der Schachstellung an Schemata erinnert, z. B. an die Turnierpartie „Capablanca – Aljechin 1942 in Havanna, 32. Zug in der sizilianischen Verteidigung, Aljechin hätte besser den f-Bauern gezogen ...“. Diese Schachpartie hat der Großmeister natürlich schon häufig theoretisch analysiert; er kennt dazu viele andere ähnliche Partien, bei denen verschiedene Varianten erprobt wurden.

Das menschliche kognitive System gewinnt also seine Leistungsfähigkeit aus einer breiten, in vielfältiger Weise miteinander vernetzten Wissensbasis im Langzeitgedächtnis.[25] Für die Entwicklung zum Experten oder Virtuosen reicht Begabung nicht aus. Auch bei hoher Begabung ist ein konzentriertes Üben in ausgeruhtem Zustand notwendig. Auch Rahmenbedingungen sind wichtig, z. B. gute Trainer und Methoden des Trainings. Unter solchen Voraussetzungen können die erforderlichen Kompetenzen im Langzeitgedächtnis verankert werden. Eine hochtalentierte Person wird ohne hohe Motivationsbereitschaft und Hartnäckigkeit kein Experte werden. Letztlich macht die vielfältige Verankerung von systematisch aufeinander aufbauenden Übungserfahrungen eine Person nach einer 10-jährigen Übungspraxis zum Experten. Die Fähigkeit zum Problemlösen leitet sich somit weniger aus überragenden allgemeinen Fähigkeiten (z. B. Gedächtnisleistungen) ab, sondern aus dem, was konkret an Informationen in einer vielfältig verfügbaren Form im Langzeitgedächtnis gespeichert ist. Der Schachmeister ist dem Laien nicht aufgrund seiner höheren Gedächtniskapazität überlegen, sondern aufgrund dessen, was er in jahrelangem Studium in seinem Langzeitgedächtnis fest verankert hat.

Was versteht man eigentlich unter *„deliberate practice“*? Bei dieser „konzentrierten Übungspraxis“ muss der Lernende bzw. der Lehrer oder Coach folgende drei Fragen zum Können in einem Gebiet beantworten:

1. *Was* kannst Du schon?
2. *Wie gut* kannst Du das schon?
3. Was kannst Du *als Nächstes* lernen und verbessern?

Für eine konzentrierte Übungspraxis benötigen wir nach Ericsson (2008) (a) präzise definierte Ziele, (b) eine Motivation, sich verbessern zu wollen, (c) Rückmeldungen zum Leistungsstand und (d) vielfältige Möglichkeiten zur Einübung und Verbesserung der Leistung.

[24] Dies soll nicht bedeuten, dass Talent keine Rolle spielt. Aber auch hochtalentierte Personen benötigen etwa 10 Jahre konzentrierter Übungspraxis, um Experte in einem Gebiet zu werden (vgl. Howe, Davidson & Sloboda 1998 sowie die kritischen Stellungsnahmen dazu in „Behavioral and Brain Sciences 1998, 21, 399–442).

[25] In der Forschung zum Problemlösen gibt es auch noch andere Forschungsparadigmen, die aber m. E. für die Pädagogik nicht eine vergleichbar wichtige Rolle spielen wie die Expertenforschung. In vielen Forschungen geht man z. B. der Frage nach, wieweit die Fähigkeit zum Problemlösen durch das Studium von Geschichten mit ähnlicher Struktur erleichtert werden kann. In Abschnitt 4.3 (Problemlösen durch Wissenstransfer) wird darauf kurz eingegangen.

Sich voll auf einen Gegenstand zu konzentrieren, erfordert viel Kraft und Konzentration. Eine konzentrierte Übungspraxis beschränkt sich auf etwa vier Stunden pro Tag. Damit eine volle Konzentration in dieser Phase möglich ist, sollten zwischendurch bewusst Pausen eingeplant werden. Auch eine Mittagsruhe ist sinnvoll, um sich danach wieder auf den Gegenstand konzentrieren zu können.

Ericsson und Charness schreiben dazu:

> „Die Musikvirtuosen in den beiden besten Gruppen übten länger konzentriert am Tag, schliefen mehr als die Musikvirtuosen mit geringerem Können und schliefen auch länger als ihre Altersbezugsgruppe. Der zusätzliche Schlaf resultierte vor allem aus einem Mittagsschlaf. Experten maximieren die Zeitdauer, die sie einer konzentrierten Übung der Trainingsziele ohne Müdigkeit widmen können. Viele Meisterlehrer oder Trainer betrachten Praxis in einem ermüdeten Zustand nicht nur als vergeudete Zeit, sondern auch schädlich für ein weiteres Verbessern der Leistung ...
>
> Interessanterweise ist die Zeit konzentrierten Übens, die Individuen aufwenden, über verschiedene Gebiete sehr ähnlich und bewegt sich nahe an vier Stunden pro Tag.“ (Ericsson & Charness 1994, S. 741)

Heute ist in der Expertenforschung unbestritten, dass diese konzentrierte Übungen über etwa 10 Jahre in jedem Gebiet erforderlich ist, um zu einem Experten zu werden. Talent und die Kenntnis von Problemlösungsstrategien reichen somit nicht aus, um auf ein hohes Niveau zu gelangen. Wichtig sind zusätzlich folgende Faktoren: Frühzeitiger Beginn systematischen, angeleiteten Übens, die Anleitung durch „gute“ Trainer, und die Teilnahme an Turnieren bzw. Wettbewerben, um dadurch Rückmeldungen über den erreichten Leistungsstand zu erhalten. Entsprechend schreiben Ericsson, Krampe und Tesch-Römer (1993, S. 368):

> „Erstens erfordert die konzentrierte Übungspraxis Zeit und Energie für die Individuen sowie Zugang zu Lehrern, Trainingsmaterial und Trainingsmöglichkeiten. Wenn das Individuum ein Kind oder ein Heranwachsender ist, muss jemand in der Umgebung des Kindes bereit sein, für Trainingsmaterial, professionelle Lehrer sowie für Trainingsmöglichkeiten und Wettkämpfe zu bezahlen.
>
> Zweitens ist zu berücksichtigen, dass konzentriertes Üben nicht an sich motivierend ist. Die Leistungsträger betrachten sie als instrumental, um weitere Leistungsverbesserungen zu erzielen ...
>
> Drittens handelt es sich beim konzentrierten Üben um eine anstrengende Tätigkeit, die pro Tag nur für eine begrenzte Zeit ausgeübt werden kann.“ (Ericsson, Krampe, Tesch-Römer 1993, 368 f.)

2. *Verschiedene Wissensformen*

Unter verschiedenen Wissensformen verstehen wir

- *Faktenwissen:* Kenntnis historischer Fakten, von Begriffen und Definitionen, von Vokabeln beim Erlernen einer Fremdsprache, von Einmaleinsfakten.
- *Automatisierte Fertigkeiten:* Bewegungsabläufe beim Sport, beim Schreiben, Tippen, beim Spielen von Musikinstrumenten, beim Umgang mit Geodreieck und Lineal, beim Abarbeiten schriftlicher Rechenverfahren.

- *Komplexe Problemlösungsfähigkeiten:* Lösen eines mathematischen Anwendungsproblems, das Schreiben eines gut gegliederten Aufsatzes, das Verfassen einer Gedichtinterpretation oder eines Geschichtsreferats.

Diese verschiedenen Wissensformen sind nicht unabhängig voneinander. Wer sich eine komplexe Problemlösungsfertigkeit aneignen will, benötigt in der Regel auch automatisierte Fertigkeiten und Faktenwissen. Wer ein Referat über ein historisches Thema (z. B. die neue Ostpolitik von Willy Brandt) schreiben will, braucht einen guten Überblick über die historischen Fakten, er benötigt die weitgehend automatisierte Fähigkeit, schnell und sinnverstehend Aufsätze zur neuen Ostpolitik lesen, verstehen, bewerten, und einordnen zu können; zum Schreiben des Referats kann es hilfreich sein, einigermaßen flüssig und fehlerfrei tippen zu können usw.

Noch in einer anderen Hinsicht kann verdeutlicht werden, wie eng verschiedene Wissensformen aufeinander bezogen sind: Damit wir uns auf die Besonderheiten eines schriftlichen Rechenverfahrens konzentrieren können, muss der Kopf möglichst von jeder unnötigen Belastung befreit sein. Wenn ein Schüler die Einmaleinsfakten nicht sicher beherrscht, dann kann er sich auf die **Besonderheiten des schriftlichen Rechenverfahrens gar nicht konzentrieren: Er hat nicht genügend „Arbeitsspeicher" zur Verfügung, weil er sich auf das Berechnen der Einmaleinsaufgaben** zusätzlich noch konzentrieren muss und die Kapazität dieses Arbeitsspeichers begrenzt ist (vgl. Stern 1992). Bei einer komplexeren Textaufgabe dagegen ist es wichtig, dass ein Schüler sich zuerst einen Lösungsplan erarbeiten kann, um danach weitgehend automatisiert die verschiedenen zur Lösung erforderlichen Teilschritte abzuarbeiten.

Diese Beispiele verdeutlichen, dass für das Lösen komplexer Aufgaben das Abrufen von Fakten aus dem Langzeitgedächtnis sowie das automatisierte Beherrschen verschiedener Teilfertigkeiten wichtige Voraussetzungen sind. Und eine solche Automatisierung ist – wie z. B. das Erlernen eines Musikinstruments oder einer motorischen Fertigkeit wie das Schreibmaschinenschreiben oder das Inline-Skaten zeigt – nur durch kognitiv kontrolliertes systematisches und häufiges Üben zu erreichen[26]. Wenn man sich einmal vor Augen führt, wie häufig solche Fertigkeiten von Kindern geübt werden, bis sie automatisiert sind, und dem gegenüberstellt, wie verpönt das Einschleifen von Fertigkeiten in der Schule auch bei Lehrern zuweilen ist, dann ist zu vermuten, dass notwendige Fertigkeiten in der Schule häufig nicht ausreichend geübt werden.

Es macht somit wenig Sinn, eine Wissensform gegen die andere auszuspielen. Expertenwissen zeichnet sich gerade durch eine breite Wissensbasis aus, die besonders gut durchstrukturiert ist und deshalb in effizienter Weise benutzt werden kann. Diese Wissensbasis wird nicht nebenbei erworben. Ihr Erwerb setzt viel Übung, also eine intensive Beschäftigung, Durchgliederung und Strukturierung von Wissensgebieten mit Hilfe zahlreicher Wiederholungen voraus. Um ein Schema jedoch *einüben* zu können, muss es in der Phase der Aneignung in seinen Grundzügen schon erworben worden sein. Diese Phase des Erwerbs eines neuen kognitiven Schemas folgt

[26] Bei dieser Automatisierung scheint eine enge kognitive Kontrolle für eine Optimierung des Lernprozesses unbedingt erforderlich. Heymann (1998, S. 9) schreibt dazu: „In den fortgeschrittenen Stadien des Instrumental- und Sportunterrichts bevorzugt man deshalb bis heute den Einzelunterricht: der professionelle 'Trainer' gibt Rückmeldungen für das immer wieder erneute Bewusstmachen der entscheidenden Kriterien und damit zugleich – ob ausgesprochen oder nicht – für eine Perfektionierung der mentalen Kontrolle und der inneren Vorstellungsbilder." Durch dieses Coachen wird der Schüler für die Beurteilungskriterien und ihre Anwendung sensibilisiert, er internalisiert sie zunehmend, bis er sie selbst – als Meister seines Fachs – auf die Kontrolle des eigenen Verhaltens anwenden kann.

dabei anderen Gesetzmäßigkeiten als die Phase der Übung und der Konsolidierung, also einer stabilen Integration in das Langzeitgedächtnis.

3. Lernen als Kompetenzentwicklung

Die Entwicklung grundlegender Kompetenzen wie Lesen, Schreiben und Rechnen[27] ist für den Aufbau höherer Kompetenzen notwendig. Diese Kompetenzen sollten rechtzeitig erworben werden, weil auf ihnen das weitere Lernen aufbaut. Zusätzlich sollte dafür gesorgt werden, dass die Motivation zum Lernen erhalten bleibt. Unter Kompetenzen versteht man nach F. E. Weinert

> *„die bei Individuen verfügbaren oder durch sie erlernbaren kognitiven Fähigkeiten und Fertigkeiten, um bestimmte Probleme zu lösen, sowie die damit verbundenen motivationalen, volitionalen und sozialen Bereitschaften und Fähigkeiten, um die Problemlösungen in variablen Situationen erfolgreich und verantwortungsvoll nutzen zu können."* (Weinert 2001, S. 27 f.)

Kompetenzen sollten demnach drei Voraussetzungen erfüllen:

1) Sie beziehen sich nicht auf die vielen spezifischen Inhalte, die im Unterricht gelernt werden, sondern auf die allgemeinen Fähigkeiten und Fertigkeiten, die zum Lösen von Problemen benötigt werden.
2) Kompetenzen sind die später, z. B. im Berufsleben, noch verfügbaren Fähigkeiten und Fertigkeiten. So mag es sein, dass ein Schüler sicher das Lösen von Gleichungen mit einer Unbekannten beherrscht, aber dennoch nicht in der Lage ist, später im Alltagsleben dieses Wissen produktiv anzuwenden, z. B. für eine konkrete Situation eine Gleichung aufzustellen und diese dann zu lösen.
3) Kompetenzen beziehen sich auch auf die im Verlauf des Unterrichtens vermittelten Motivationen. Weinert spricht von volitionalen und sozialen Bereitschaften. Wenn ein Hauptschüler z. B. einen Abscheu vor allen geistigen Aktivitäten wie Lesen, Schreiben und Rechnen entwickelt, dann ist dieses Kriterium nicht erfüllt.

Eine rigide Orientierung am Stoffplan kann dazu führen, dass ein zunehmender Anteil von Schülern faktisch aus dem Unterricht ausgeschlossen wird, weil schon bei den Grundfertigkeiten (flüssiges Lesen, Schreiben und Rechnen) große Defizite bestehen. Wenn man diesen Ausschluss aus dem Unterricht vermeiden möchte, müsste man den Unterricht in den ersten Schuljahren so strukturieren, dass möglichst alle Schüler z. B. am Ende des zweiten Schuljahres die Kompetenzen sicher verfügbar haben, die für ein Weiterlernen in der dritten Klassenstufe erforderlich sind. Damit sich die Schule ausreichend um diese „Kernkompetenzen" kümmern kann, müsste an erster Stelle eine „Entrümpelung" des Lehrplans bzw. des Kerncurriculums stehen. Dies würde einen Freiraum schaffen, in dem sich Lehrer um die notwendige gezielte Förderarbeit bei den schwächeren Schülern im Bereich zentraler Kompetenzen kümmern können.[28]

Die Kompetenzen, die in einer mindestens neunjährigen Schulzeit erworben werden sollen, können in eine Vielzahl einzelner Wissenselemente untergliedert werden. Manche Wissenselemente werden zum Erwerb anderer Wissenselemente benötigt, manche Wissenselemente

[27] Diese Fähigkeiten sind die eigentlichen „Schlüsselkompetenzen".

[28] Dies bedeutet natürlich nicht, dass die stärkeren Schüler vernachlässigt werden. Ihnen können in dieser Zeit zusätzliche herausfordernde Aufgaben gestellt werden.

werden nur vermittelt, weil an ihrem Beispiel etwas Allgemeines verdeutlicht werden soll. Wissen kann konkret gegenständlich oder abstrakt, also auf Allgemeines abzielend, sein. Es kann aufeinander aufbauen, also *hierarchisch* bzw. *vertikal* strukturiert oder nebeneinander gereiht, also *horizontal* gegliedert sein, ohne dass tiefere Verbindungsstücke herausgearbeitet werden. Wissen kann so vermittelt werden, dass es zur Lösung komplexer Aufgaben benutzt werden kann, es kann aber auch so vermittelt werden, dass es kaum praktisch angewendet werden kann.

Wichtigstes kognitives Ziel der Schule ist die Vermittlung komplexer Fertigkeiten und Fähigkeiten. Diese enthalten sowohl *deklarative* wie *prozedurale* Elemente. Wissen ist in diesem Sinne meist janusköpfig:

- Wir wollen bewusst und reflexiv wissen, wie wir Dinge bezeichnen und klassifizieren können und wie diese Dinge zusammenhängen. Dieses bewusste Wissen benötigen wir, um uns Gedanken über die Welt zu machen (*Wissen als deklaratives Wissen*). Ein Großteil dieses deklarativen Wissens wird durch Übung und Automatisierung zu prozeduralem Wissen, das bewusster Steuerung nur noch teilweise zugänglich ist.
- **Wir wollen Verfahrensweisen beherrschen, ohne bei ihrer Ausführung noch lange nachdenken zu müssen. Wenn ich lese, dann muss dieses in weitgehend automatisierter Weise vonstatten gehen, ohne dass ich mich auf die Erfassung einzelner Buchstaben oder Silben konzentrieren muss.** Wer eine schriftliche Rechenaufgabe lösen will, der ruft quasi automatisch bestimmte Fakten aus seiner Erinnerung ab *(Wissen als prozedurales Wissen)*.

Komplexe Fertigkeiten setzen sich aus vielen Teilkomponenten zusammen, wobei diese Teilkomponenten teilweise sehr allgemeiner und sehr spezifischer Natur sein können. Schule hat sich zunächst auf solche Grundbausteine zu konzentrieren, die im Rahmen *vieler* verschiedener komplexer Fertigkeiten eine wichtige Rolle spielen. Unbestritten ist sicherlich, dass die sogenannten Basics wie Lesen, Schreiben und Rechnen Voraussetzung zur Entwicklung höherer und komplexerer Fertigkeiten und Fähigkeiten sind. Wenn ich einen Text verfassen will, muss ich nicht nur über einen umfangreichen Wortschatz verfügen, ich muss auch Buchstaben ohne langes Nachdenken flüssig schreiben können, wissen, wie grammatikalisch richtige Sätze gebildet werden, bestimmte Stilmittel beherrschen usw. Die *flüssige* Beherrschung dieser Teilfertigkeiten beeinflusst die Fähigkeit zur Lösung komplexer Aufgaben. *Spezifisches Anwendungswissen* ist hingegen für schulisches Lernen weniger wichtig: Ob die Einzelheiten der Gewinnung von elektrischer Energie durch Wasserkraft, durch Windkraft oder durch Atomenergie verstanden werden, mag für ein tieferes Verständnis der Technologie der Prozesse der Stromgewinnung wichtig sein, ist aber z. B. für das Lernen der Grundprinzipien der Stromgewinnung unbedeutend. Diese können an *einem Beispiel exemplarisch* verdeutlicht werden.

4. *Die Vergesslichkeit von Experten beim Unterrichten*

Lehrer stehen bei der Unterrichtsplanung vor der Aufgabe, sich Gedanken zu einzelnen Inhalten, ihre Strukturierung, zu Lösungsverfahren und Prinzipien zu machen, die Schüler einer bestimmten Klassenstufe lernen sollen, um bestimmte Probleme auf einem bestimmten Qualitätsniveau bearbeiten und lösen zu können. In der Regel unterrichten Lehrer die Fächer, in denen sie selbst in ihrer Schulzeit gute Leistungen erbracht haben. Für sie sind die erforderlichen Schritte beim Problemlösen in Fleisch und Blut übergegangen, alles erscheint einfach und völlig unkompliziert. Durch die langjährige eigene Übungspraxis ist für die Fachlehrer die Ausführung der beim Problemlösen erforderlichen Schritte automatisiert, um dadurch quasi mühelos entsprechende Aufgaben lösen zu können. Dieser Vorteil des Experten wird zu einem Nachteil, wenn diese Experten sich in die Nöte des individuellen Schülers hineinversetzen sollen. Schätzungen von Experten der Kognitionspsychologie besagen, dass etwa 70 % der Prinzipien und Strategien, die Experten zum Problemlösen einsetzen, über das Bewusstsein nicht verfügbar sind (vgl. Clark 2009, S. 164).

„Wegen der engen Kapazitätsgrenzen des Arbeitsgedächtnisses ist es wahrscheinlich, dass die meisten mentalen Prozesse, die das Lösen von Aufgaben und das Lernen unterstützen, weitgehend automatisiert und unbewusst sind … Wenn Unterrichtsexperten über 70 % ihres prozeduralen Wissens kein Bewusstsein besitzen, welche Konsequenzen ergeben sich daraus für ihre Schüler oder Mitarbeiter? Im letzten halben Jahrhundert haben Studien zur Interaktion zwischen Fähigkeiten und unterschiedlichen Unterrichtsmethoden … konsistent immer wieder gezeigt, dass Schüler mit geringeren Fähigkeiten oder niedrigerem Kenntnisstand durch unvollständige, unstrukturierte oder ungenaue Informationen deutlich stärker beeinträchtigt werden als die Schüler mit höheren Fähigkeiten oder höherem Wissensstand." (Clark 2009, S. 163f.)

Clark berichtet von einem Experiment, das die Bedeutung dieser Erkenntnis für schulisches Lernen verdeutlicht. In diesem Experiment sollte Ärztenovizen das fachgerechte Anlegen eines zentralen Venenkatheders lernen. Nach der traditionellen Methode des „SEHEN – EINMAL ANWENDEN – EINMAL LEHREN" (vgl. Clark 2009, S. 166) demonstriert der Experte zunächst die einzelnen erforderlichen Schritte und erklärt sie dabei. Danach soll der Novize unter den kritischen Blicken des Experten diese Methode einmal praktizieren und bekommt dazu vom Experten Feedback. Danach soll er die Methode einem anderen Novizen schrittweise vorführen und sie dabei erklären, während der Experte diese Vorführung beobachtet.

Wenn nun aber Experten gar kein Bewusstsein über alle notwendigen Schritte beim Anlegen eines zentralen Venenkatheders haben, weil sie diese Techniken automatisiert haben, dann ist zu erwarten, dass die Vorführung durch die Experten bestimmte Schritte auslässt. Dies stellt für die Ausbildung dann möglicherweise ein ernstes Problem dar. Um die Ausbildung zu verbessern, müsste man eine Methode finden, mit der die unbewussten Elemente der Prozedur wieder sichtbar gemacht werden kann. Die Methode, die in diesem Fall angewendet wird, ist *die kognitive Aufgabenanalyse*: Dabei führt man z. B. zur Methode mit verschiedenen Experten ein Interview durch, um auf dieser Grundlage eine erste Abfolge der notwendigen Schritte festzulegen. Man legt diese Abfolge den Experten dann nochmals vor, damit diese in Ruhe prüfen können, ob alle wesentlichen Punkte berücksichtigt sind; falls bestimmte Punkte fehlten, können diese noch ergänzt werden. Auf dieser Grundlage wurde ein Instruktionsprogramm entworfen. Die Wirksamkeit dieses Programms wurde mit der Wirksamkeit des traditionellen Programms verglichen. Dabei zeigte sich, dass die mit Hilfe des Programms Trainierten in verschiedenen Hinsichten deutlich bessere Handlungskompetenzen besaßen. Insbesondere traten bei der späteren Anwendung bei Ärztenovizen, die mit Hilfe des neuen Programms ausgebildet worden waren, deutlich weniger ernsthafte Behandlungsfehler auf.

Diese *Methode der Aufgabenanalyse* versucht somit, durch Befragen verschiedener Experten die einzelnen erforderlichen Schritte zusammenzustellen, die in der aktuellen Situation des Vorführens nicht bewusst verfügbar sind. Wenn man diese Erkenntnisse auf schulisches Lernen bezieht, steht man vor einem schwerwiegenden Dilemma: Man kann sich bei der Ausbildung nicht ohne Weiteres auf die Ratschläge der Experten verlassen, weil für diese viele Punkte so klar und selbstverständlich sind, dass sie diese gar nicht auf Anhieb erinnern können. Um diese Probleme zu lösen, müssten somit Entwicklungsforschungen unter Nutzung der kognitiven Aufgabenanalyse durchgeführt werden. Verschiedene Lehrer entwickeln in Forschungsschulen Lektionen für Unterrichtsstunden, Unterrichtseinheiten bzw. für die relevanten Gebiete und erproben diese in verschiedenen Schulen, diskutieren den aufgezeichneten Unterricht mit verschiedenen Experten, überarbeiten die Entwürfe usw. In dieser Weise werden z. B. in Japan neue Kapitel bzw. Abschnitte in Schulbüchern entwickelt.

Aus diesen neueren Befunden der Kognitionspsychologie ergibt sich, dass Lehrer bei der konkreten Strukturierung von Inhalten Hilfe durch Forschungen benötigen, die Fragen einer didaktischen Strukturierung untersuchen. Die leistungsschwächeren Schüler sind insbesondere darauf angewiesen, dass die Erklärsequenzen *vollständig* sind (vgl. Clark, Kirschner und Sweller 2012). Clark schreibt dazu (2009, S. 164):

> *„... Studien, welche den Zusammenhang zwischen den Fähigkeiten der Schüler und den unterschiedlichen Instruktionsmethoden untersuchen, ... haben immer wieder festgestellt, dass leistungsschwächere Schüler, also Schüler mit niedrigem Fähigkeitsniveau oder niedrigem Vorwissensstand und/oder mit niedriger Motivation größere Lernschwierigkeiten entwickeln, wenn die Instruktion unvollständig, unstrukturiert oder fehlerhaft ist.*

5. *Nachhaltiges Lernen*

Schulischer Unterricht sollte sich also um *nachhaltiges Lernen* zum Aufbau einer breiten und tiefen Wissensbasis bemühen, weil diese breite Wissensbasis Vorraussetzung für die Fähigkeit zum Problemlösen ist. Diese breite und tiefe Wissensbasis entwickelt sich nur dann, wenn Inhalte und Fertigkeiten vielfach trainiert und auf konkrete Probleme angewendet werden. Wir lernen nicht nachhaltig, wenn wir dem Curriculum Genüge tun und jeden vorgeschriebenen Inhalt im Rahmen einer Unterrichtseinheit intensiv behandeln. Kompetenzen entwickeln sich erst dann, wenn diese Kenntnisse vielfach nach Beendigung der Unterrichtseinheit wieder aufgegriffen und in vertiefter Weise wiederholt werden.

Wenn Schüler jeweils nur für die nächste Klassenarbeit etwas lernen, um danach das Gelernte möglichst schnell wieder zu vergessen, war der vorherige Unterricht sinnlos. Schulisches Lernen muss deshalb der Tatsache Rechnung tragen, dass ohne ein Wiederholen und ein vertieftes erneutes Aufbereiten von Wissen das Gelernte nach kurzer Zeit wieder vergessen wird. Nach Heymann (1998, S. 7 f.) ist es ein bei Lehrenden und Lernenden häufig anzutreffender, folgenschwerer Irrtum:

> *„«Informationsaufnahme» bereits mit «Lernen» gleichzusetzen... Lernen ist ein Prozess, in dem der Informationsaufnahme ein wiederholtes Bewusstmachen (Erinnern), ein Herstellen von Verbindungen zu anderen Informationen und ein Anwenden des «neuen» Wissens folgen muss. Gelernt haben wir etwas Neues – ganzgleich, ob es sich dabei um Informationen, Prozeduren, Kompetenzen, oder Einstellungen handelt – erst dann, wenn es uns auch später noch zur Verfügung steht: wenn es uns entweder automatisch präsent ist oder wenn wir darauf, sobald wir es brauchen, bewusst zurückgreifen können."*

Für die feste Verankerung von Informationen in unserem Langzeitgedächtnis verwenden Gedächtnispsychologen häufig das *Bild einer Bibliothek.* Einer solchen Bibliothek gleicht unser Langzeitgedächtnis. Für eine effektive Nutzung dieser Bibliothek ist es wichtig, ein gut strukturiertes System von Schlagwörtern und Querverweisen zu haben, um schnell an die gewünschte Information zu gelangen. Wenn dieses System schlecht gegliedert ist, bestimmte Begriffe nicht im System berücksichtigt und bestimmte häufige Verbindungen zwischen ihnen nicht im System eingearbeitet sind, dann ist auch nur eine sehr eingeschränkte Nutzung dieser Bibliothek möglich. Deshalb ist eine *ständige Aktualisierung, Vertiefung und Verbreiterung* dieses Katalogisierungssystems der beste Weg, um die Fähigkeit zum Problemlösen zu verbessern. Und deshalb macht es auch keinen Sinn, möglichst viel neues Wissen aneinander zu reihen, ohne sicherzustellen, dass das Gelernte auch später, nach der Klassenarbeit, wieder aufgefrischt und mit neuen Wissensinhalten vernetzt wird. Neue Inhalte müssen mit dem vorhandenen Wissen vielfältig verknüpft sein, und auch diese Verknüpfungen müssen elaboriert, wiederholt, und so oft erinnert werden, bis sie so fest im Langzeitgedächtnis verankert sind, dass sie schnell auf verschiedenen Wegen abgerufen werden können.

Damit erweist sich eine weitere „Alltagsweisheit" über das Lernen als irrig: *Nach dieser Irrlehre haben wir schon ausgelernt, wenn wir etwas „verstanden" haben.*[29] Leider glauben wir häufig viel zu schnell, etwas schon zu können und hinreichend verstanden zu haben, beginnen etwas Neues und vergessen dabei das zuvor Gelernte. Aufgrund dieses Irrglaubens vernachlässigen wir ein systematisches Wiederholen: Wir bemühen uns dann nicht mehr, das vermeintlich Verstandene aktiv zu erinnern und erneut frei zu rekonstruieren. Später stellen wir dann fest, dass wir das Gelernte höchstens noch bruchstückhaft erinnern können. Auch Verstandenes muss nämlich in einem gewissen Sinne *überlernt, angewendet* und *aktiv* in bestimmten Zeitabständen erinnert werden, um sicher verfügbar zu sein. Zwar erleichtert Verstehen das Erlernen und Behalten von Wissen, denn Verstehen bedeutet die Strukturierung und Verknüpfung zusammengehöriger Wissenselemente sowie eine tiefere Verarbeitung dieser Wissenselemente durch Erarbeitung neuer Strukturen. Auch das Herstellen von Sinn durch Anbindung des Wissens an positive Gefühle, an Emotionen bzw. an die Befriedigung von Bedürfnissen erleichtert das Lernen; dies ist vor allem dann wichtig, wenn das Interesse an der Sache relativ gering ausgeprägt ist. Entsprechend formuliert Heymann zwei Faustregeln für das Üben beim Aneignen von Wissen (Heymann 1998, S. 8):

- „Wiederholen durch *aktives Erinnern* ist effektiver für ein dauerhaftes Verfügbarhalten als (passives) Wiederlesen und Wiederhören."
- *Erkennen von Sinn* (Verständnis) und *Verbinden mit positiven Gefühlen* erleichtert das 'Merken' eminent."

Etwas Nachlesen (kurzes Überfliegen) führt zu einem oberflächlichen Lernen. Wer selbständig Fragen zum Text stellt und diese beantwortet, wer nach wesentlichen Merkmalen, dem Kern der Geschichte fragt, der verlangt man von sich ein aktives, tiefes Durcharbeiten der Materie. Auch beim Erstellen einer eigenen Zusammenfassung handelt es sich um ein solches aktives Lernen.

[29] Heymann (1998) formuliert diesen Irrtum so: „Wenn ich etwas verstanden habe, verfüge ich darüber." Er erläutert dies aber durch „Verstanden gleich 'für immer' gelernt", was m. E. meiner Formulierung eher entspricht.

4.2 Phasen der Kompetenzentwicklung

Automatisierung ist ein wichtiger Prozess beim Aufbau von Schemata. Zunächst bezieht sich ein Schema auf eine eng umgrenzte Gruppe von ähnlichen Aufgaben. Damit ein breiteres und komplexeres Schema gebildet werden kann, muss durch eine breite Palette möglicher Anwendungen des Schemas die Bildung eines solchen allgemeineren und komplexeren Schemas angeregt werden. In der Phase der Entwicklung eines Schemas werden die Informationen bewusst mit dem Schema in Beziehung gesetzt. Ziel längerer Übung ist die automatisierte Verfügbarkeit von Schemata. Dabei kann man zwei Punkte unterscheiden:

- Das automatisierte Erkennen, ob ein Problem zu einem Schema gehört, und
- das automatisierte Ausführen von Operationen beim Lösen der Aufgaben (vgl. Cooper & Sweller 1987).

Gewöhnlich entwickelt sich eine Automatisierung durch lange und intensive Praxis. Das mit Mühe und Anstrengung erworbene Wissen muss immer wieder aufgefrischt und wiederholt werden. Dies geschieht weniger durch passives nochmaliges Lesen, als durch aktives Rekonstruieren und vielfältiges Anwenden in neuen Kontexten. Auch das verteilte Üben (im Unterschied zum massierten Üben) sowie das Mischen von Übungen (im Unterschied zum Blocken ähnlicher Aufgaben) ist für eine effektive Übungspraxis wichtig.[30] So können Erwachsene in der Regel lesen, ohne bewusst jeden Buchstaben zu verarbeiten, während ein Kind, das gerade lesen lernt, jeden einzelnen Buchstaben mühsam entziffern muss. Entsprechend müssen die Lehrmethoden dem jeweiligen Kenntnisstand Rechnung tragen.

Für die Notwendigkeit vielfältiger Übungen hat der Volksmund gleich mehrere Redewendungen parat: „Es ist noch kein Meister vom Himmel gefallen.“ „Ohne Fleiß kein Preis“. Für einen Geniestreich gilt in der Regel „99 % Transpiration, 1 % Intuition“, was ja bedeuten soll, dass nur bei rechtzeitigem Arbeitsbeginn und entsprechend harter Arbeit auch etwas gelernt („geschafft“) werden kann. Forschungen über die Entstehungsgeschichte genialer Werke oder von Expertenwissen belegen, dass es etwa einer *10jährigen intensiven Beschäftigung* in einem Themenbereich bedarf, um zu wahrem Können zu gelangen. Diese Aussage scheint auch für Genies wie z.B. Mozart zu gelten, der ja sehr gezielt musikalisch geschult wurde. Mozarts große Werke sind erst nach langjähriger Erfahrung entstanden.

Beim *Erwerb von Fertigkeiten* kann man nach Anderson (1988, S. 219) drei Phasen unterscheiden:

(1) Eine *kognitive Phase* der deklarativen Kodierung, in der es darum geht, die verschiedenen Elemente der Fertigkeit einzeln kennen zu lernen und kognitiv auseinander zu halten. Diese kognitive Phase entspricht der Phase der ersten Aneignung neuen Wissens. Im Gedächtnis wird eine Reihe von Fakten gespeichert, die zur Fertigkeit gehören. Die einzelnen Elemente müssen anfangs einzeln erinnert werden, wenn die entsprechende Handlung zuerst ausgeführt wird. Anderson wählt als Beispiel hierfür eine erste Fahrstunde. Man hat gelernt, wo die Gangschaltung und die Fußbremse sich befinden, wie die Gänge einzulegen sind, ruft sich diese Fakten ins Gedächtnis, um danach dann die Handlungen auszuführen. Beim Erlernen der Addition von Brüchen wird man zuerst lernen, was Zähler und Nenner eines Bruches bedeuten, was bewirkt wird, wenn nur der Zähler vergrößert wird oder nur der Nenner vergrößert wird, dass für gleiche Bruchteile verschiedene Brüche geschrieben werden können, wie man erweitert und dass zum

[30] Vgl. dazu Abschnitt 4.5

Addieren von Brüchen die Brüche zuerst gleiche Nenner erhalten müssen. Zu diesen Teilzielen können dann schon einzelne Übungen erfolgen. Erst danach sollte das Addieren eingeführt werden.

(2) Eine assoziative Phase, in der nach Anderson zwei wichtige Dinge geleistet werden:

- Eine sukzessive Vervollständigung des Verstehensprozesses, wobei es gilt, noch bestehende Verständnisfehler zu finden und diese auszuräumen.
- Eine Verstärkung der Verbindungen zwischen den verschiedenen Elementen.

Einzelne Handlungen werden schon verkettet und langsam automatisiert. Wenn ich nun Brüche addiere, dann prüfe ich zuerst, ob sie einen gleichen Nenner haben; falls nicht, erweitere ich sie so, dass sie gleiche Nenner haben. Erst dann kann ich sie addieren. Wenn ich diese mehrschrittige Prozedur ausführe, werde ich nicht jeweils die Begründungen dafür innerlich wiederholen, sondern nur die Schritte in der gelernten Reihenfolge abarbeiten. Dazu muss ich mich an die korrekte Abfolge der Schritte erinnern.

(3) *Eine Automatisierungsphase:* Hier werden die Handlungen zunehmend automatisiert. Durch viele Übungen wird die Fertigkeit immer schneller ausgeführt, bis sie quasi ohne Erinnern der einzelnen Schritte automatisch und weitgehend unbewusst abläuft.[39] Personen, die Meister in ihrem Fach im Sinne automatisierter Fertigkeiten sind, haben oft enorme Schwierigkeiten, die Dinge ihres Fachs verständlich zu erklären, weil viele einzelne Punkte für sie selbstverständlich geworden sind, und sie diese deshalb bei ihrer Erklärung vergessen. Solche Probleme dürften besonders stark in den hochabstrakten Fächern mit hoher Elementinteraktivität eine Rolle spielen.

Was für den Lehrer oder die leistungsstarken Schüler selbstverständlich ist, kann für schwächere Schüler sehr schwierig sein. Einem „Könner" ist gar nicht mehr bewusst, welche einzelnen Schritte bei der Lösung eines Problems erforderlich sind. Schließlich wurde das prozedurale Wissen so lange eingeübt, bis diese Prozeduren ohne Bewusstsein abgespult werden können.

Schemata können auch für komplizierte Regelgefüge entwickelt werden. Wenn wir eine Gleichung wie $(a+b)/c=d$ lösen sollen, dann wissen wir vermutlich automatisch, dass es am besten ist, zuerst den Nenner durch Multiplikation beider Seiten mit c zu beseitigen. Schüler jedoch, die solche Verfahren gerade lernen, müssen sich mühsam an die richtige Prozedur erinnern: *„Muss ich bei dieser Art von Problemen zuerst den Nenner ausmultiplizieren oder ziehe ich b in beiden Seiten ab?"*

Lerner, die mehr komplexe, automatisierte Schemata aus dem Langzeitgedächtnis abrufen können, haben damit auch mehr Arbeitsgedächtnis verfügbar und können sich deshalb komplexeren Problemen zuwenden. Entsprechend hat ein Leser, der Schemata für Buchstaben, Worte und Satzteile automatisiert hat, die Möglichkeit, sich auf die Bedeutung eines Textes zu konzentrieren. Weniger geübte Leser können dies nicht. *Unterricht hat sich deshalb nicht nur um den Aufbau von Schemata, sondern auch um ihre Automatisierung zu kümmern.*

Ein effektives Unterrichten der leistungsschwachen Schüler sollte alle für die Lösung von Aufgaben nötigen Schritte rekonstruieren und dazu Forschungen (z. B. kognitive Aufgabenanalysen) durchführen: Durch Interviews mit verschiedenen Experten sowie durch eine dadurch angeleitete Zusammenstellung von Lösungsschritten kann man sich bemühen, eine zunehmend vollständige Unterrichtssequenz zu entwickeln. Diese kann man dann erproben und aufgrund weiterer Erprobungen ergänzen. Für die schwächeren Schüler reicht es nicht, solche Fertigkeiten einmal fast beiläufig kennen zu lernen. Wenn im fünften Schuljahr immer noch 20 % aller Schüler nur stockend lesen können, dann bedeutet dies, dass diese Schüler Mühe haben, mit Hilfe von Texten zu lernen, weil sie sich beim Lesen gar nicht auf den Sinn des Textes konzentrieren können. Um dies zu vermeiden, müssen Schulen flexibel im Sinne gezielter kompensatorischer Förderangebote auf die unterschiedlichen Fähigkeiten und Fertigkeiten ihrer Schüler reagieren. (vgl. Wellenreuther 2009c)[31] Dabei kann man *drei Ebenen der Förderung* unterscheiden:

1. Ebene: Nach Einführung eines neuen komplexen Inhalts in der Klasse werden die schwächeren Schüler an einem Tisch versammelt, um mit ihnen Fragen der Lösung der ersten Aufgaben des Arbeitsblatts zu klären. Man versucht dabei die Hilfe so zu dosieren, dass diese Schüler befähigt werden, die Aufgaben selbständig zu lösen.

2. Ebene: Bei etwas größeren Lerndefiziten in einem Fach sollte rechtzeitig *Förderunterricht* gegeben werden, wobei sich dieser an den neueren Kenntnissen orientieren sollte (im Fach Mathematik vgl. Gersten et al. 2009). Die Aufgabe des Förderunterrichts liegt darin, Schüler so weit zu fördern, dass sie dem normalen Klassenunterricht gewinnbringend folgen können.

3. Ebene: Bei noch größeren Lerndefiziten müssen noch intensivere Fördermaßnahmen rechtzeitig eingeleitet werden. Besonders geeignet ist dafür eine *individuelle Förderarbeit* durch Speziallehrer, wie das zum Lesen- und Schreibenlernen in Neuseeland sowie in vielen Schulen der USA mit Hilfe des Programms „Reading Recovery" gemacht wird. (vgl. Wellenreuther 2009c)

Wie am Beispiel der Schachmeister im Vergleich zu den Schachnovizen gezeigt wurden, hängt die Möglichkeit zur Informationsaufnahme in erheblichem Maße vom Vorwissen ab, also von den schon vorhandenen Wissensstrukturen. Wenn Schüler in ein neues Gebiet eingeführt werden, müssen sie in der Regel eine Vielzahl neuer Informationen aufnehmen und verarbeiten. Dazu müssen sie bestehende Schemata erweitern, verändern oder neu bilden. In dieser Situation treten leicht Probleme der Überlastung des Arbeitsgedächtnisses ein. Man muss hier Methoden einsetzen, die den Aufbau und die Erweiterung von Schemata unterstützen. Es macht in dieser Phase wenig Sinn, den Schüler gleich selbst Aufgaben lösen zu lassen – ohne Hilfen durch Lösungsbeispiele oder Veranschaulichungen. In späteren Phasen des Lernprozesses ist dagegen zunehmend bedeutsam, den Schüler Probleme lösen zu lassen, damit er sein Können überprüfen kann. Diese Anforderungen, das Gelernte auf zunehmend komplexere Aufgaben zu übertragen und anzuwenden, führt zu einer Stärkung der Gedächtnisspuren, und dies ermöglicht ein zunehmend müheloses Problemlösen. Ein passives Studieren von Lösungsbeispielen oder von Veranschaulichungen wäre in dieser Phase völlig kontraproduktiv.

Warum der Unterschied zwischen den verschiedenen Lernphasen wichtig ist, kann auch durch ein anderes Beispiel verdeutlicht werden. Ein Text, der für einen juristischen Laien geschrieben ist, muss, um verständlich zu sein, gut gegliedert und in einer verständlichen Sprache geschrieben sein. Ein solcher Text wäre für einen ausgebildeten Juristen eine reine Zumutung. Ähnlich

[31] Erinnert sei hier an das Ergebnis der TIMS-Studie, nach dem die Ergebnisse bei den Hauptschülern als katastrophal zu bezeichnen sind. Dies kann damit zusammenhängen, dass im deutschen Bildungssystem zu wenig Wert auf die Einhaltung solcher Mindeststandards gelegt wird: Man begnügt sich damit, solchen Schülern schlechte Zensuren zu geben oder sie möglicherweise ein Schuljahr wiederholen zu lassen, statt spezifisch wirksam und rechtzeitig zu fördern.

verhält es sich mit Lehrtexten. Sie können für eine bestimmte Schülergruppe mit einem breiten und tiefen Vorwissen gut geeignet sein, überfordern aber dennoch die Möglichkeiten der meisten Schüler. Die kognitive Belastung, die durch die Einführung eines neuen Inhalts verursacht wird, ist nicht für alle Schüler gleich, sondern hängt in hohem Maße von dem verfügbaren Vorwissen der Schüler ab. Mit dem Wissen ist es wie mit dem Spruch aus dem Mathäus-Evangelium: *Wer hat, dem wird gegeben* (vgl. Stanovich 1986). Nicht die besonders Lernbedürftigen profitieren am meisten durch das Sehen der Sesamstraße, sondern die Kinder aus bildungsnahen Schichten. Während Kinder aus diesen Schichten durch Texte sich Wissen zunehmend selbst aneignen können, weil ihnen mehr als 90 Prozent der Wörter des Textes bekannt sind und sie somit den Inhalt der unbekannten Wörter aus dem Kontext erschließen können, versagen bei dieser Aufgabe Kinder aus bildungsfernen Schichten. Für sie sind 20 oder mehr Prozent der Wörter unbekannt, damit können sie bei so vielen unbekannten Wörtern den Sinn der unbekannten Wörter nicht mehr erschließen (vgl. Hirsch 2000).

Viele Vorraussetzungen, die wir ungeprüft im Unterricht bezüglich der Voraussetzungen der Schüler machen, sind uns nicht konkret bewusst. In der Regel nehmen wir z. B. an, Schüler könnten in der Grundschule in gleicher Weise von Texten oder von bestimmten Unterrichtsmethoden der Aufsatzerziehung profitieren. Wenn man z. B. in der dritten Klasse einen Text behandelt, und ein Drittel der Schüler einen größeren Teil der verwendeten Wörter nicht kennt, dann können diese Schüler auch keinen Sinn zwischen den einzelnen Passagen des Texts herstellen. Entsprechend wenig können sie von dem verwendeten Text profitieren. In der Aufsatzerziehung mögen Schüler mit guter sprachlicher Entwicklung von der Diskussion von Kriterien, nach denen eine Geschichte spannend und interessant geschrieben werden kann, viel lernen. Dagegen würden leistungsschwächere Schüler mehr durch einen Vergleich konkreter guter oder schlechter Texte lernen. Durch Vergleichen können relevante Kriterien erarbeitet werden. Die positiven Modelle dienen hier als Lösungsbeispiele, an denen sich die schwächeren Schüler orientieren können. In Mathematik kann es sein, dass der Erwerb flexibler Rechenstrategien oder der schriftlichen Rechenverfahren bestimmte weitgehend automatisierten Fertigkeiten beim Abruf bestimmter Zahlenfakten erfordert (z. B. $3+4$; 4×6; $18+7$). Schüler, die diese Vorkenntnisse nicht haben, sind dann bei der Einführung der neuen Inhalte völlig überfordert.

4.3 Problemlösen durch Wissenstransfer[32]

Wir sprechen von Wissenstransfer, wenn das in einem Gebiet erworbene Wissen auf ein anderes Gebiet übertragen werden kann. Wer in der Schule Latein lernt, soll dabei nicht nur diese alte Sprache, sondern zusätzlich logisches Denken lernen, da Latein bekanntermaßen eine vergleichsweise logische Grammatik besitzt. Wenn ich gelernt habe, ein gültiges Experiment mit Rampen zu planen, soll ich nicht nur lernen, wie man ein gültiges Experiment in dem Gebiet (Rampen) plant, sondern ich soll gleichzeitig lernen, wie man in anderen Gebieten ein gültiges Experiment plant (z. B. zum Pflanzenwachstum). Eine solche Vorstellung vom *„exemplarischen Lernen"* ist Kernbestand der *formalen Bildungstheorie*. Der Lehrer hat sich in der Schule um die Herausbildung bestimmter Lerntechniken und Schlüsselkompetenzen zu kümmern, die der Schüler dann auf die Lösung von Problemen in verschiedenen Bereichen anwenden kann.

[32] Vgl. dazu Abschnitt 2.4, insbesondere S. 46 f.

Nach Mähler und Stern (2006, 787) bestimmt *„die Idee der formalen Bildung, die auf der Vorstellung vom unspezifischen Wissenstransfer beruht, weiterhin unsere Schulkultur. Manchen Schulfächern wie zum Beispiel dem Lateinunterricht wird noch immer eine unspezifische Verbesserung des logischen Denkens und der allgemeinen Lernfähigkeit nachgesagt, obwohl Thorndike (1924) keinerlei Transfereffekte dieses Faches auf andere Schulfächer finden konnte."*

Leider haben sich die hohen Erwartungen der „Bildungstheoretiker" in einen quasi automatischen Transfer durch empirische Forschung nicht bestätigen lassen. *Transfer geschieht in der Regel nicht spontan, sondern bedarf vielfältiger pädagogischer Bemühungen.*

Transfereffekte wurden z. B. im Rahmen folgender Versuchsanordnung erforscht. Versuchspersonen sollten zunächst eine Geschichte lesen, die in wesentlichen allgemeinen Elementen die gleiche Struktur aufwies wie ein Problem, das gelöst werden sollte. So sollte in den berühmten Experimenten von Gick und Holyoak (1980; 1983) das Röntgenproblem von Duncker nach dem Lesen einer Geschichte gelöst werden, die in wesentlichen Aspekten strukturgleich zum Röntgenproblem war. In dieser Geschichte ging es darum, die Festung einer Stadt einzunehmen, deren Zugänge vermint waren. Bei hoher Gewichtsbelastung explodierten die Minen. Wenn die Armee über einen oder über wenige Zugänge die Festung stürmen wollte, würde sie deshalb durch diese Minen zurückgeschlagen. Allerdings konnte man diese Verteidigung dadurch überlisten, indem man die Festung gleichzeitig von allen Zugängen her angriff und dadurch die Gewichtsbelastung der einzelnen Straßen minimierte.

Beim Röntgenproblem ging es nicht um die Stürmung einer Festung, sondern um die Zerstörung eines Tumors. Dieser sollte beseitigt werden, ohne dass das gesunde Gewebe zerstört wird. Die Versuchspersonen sollten auch hier auf die Lösung kommen, dass eine Bestrahlung von allen Seiten mit dem Tumor im Fokus das gesunde Gewebe schont, während der Tumor durch die vielfache Bestrahlung von allen Seiten zerstört wird.

Man kann transferförderliche Bemühungen in drei Stufen untergliedern:

1. *Stufe „Kein spezifischer Transferhinweis":* Den Versuchspersonen wurde die analoge Geschichte („Quellgeschichte Stürmung einer Stadt") zum Lesen vorgelegt. Im zweiten Teil wurde ihnen das Zielproblem („Röntgenproblem") vorgelegt, das sie nun lösen sollten, Es wurden keine Hinweise gegeben, dass die „Quellgeschichte" beim Lösen des Zielproblems helfen könnte. (Lösungsprozentsatz Versuchsgruppe 30%; Kontrollgruppe („ohne Lesen der Quellgeschichte") 10%.
2. *Stufe „Spezifischer Transferhinweis":* Hier erhielten die Versuchspersonen einen expliziten Hinweis, dass das Lesen der Quellgeschichte beim Lösen des Röntgenproblems helfen würde. Der Lösungsprozentsatz stieg in dieser Bedingung deutlich an.
3. *Stufe „mehrere Quellgeschichten":* Man verwendete mehr als eine Quellgeschichte und forderte die Versuchspersonen dazu auf, das den Quellgeschichten gemeinsame Schema zu erarbeiten.[33] Hier gelangen einem Großteil der Versuchspersonen die Ableitung eines allgemeinen Problemlöseschemas und die Lösung des Zielproblems.

[33] Hier ergibt sich ein Berührungspunkt mit der kognitiven Belastungstheorie, die ebenfalls auf die Notwendigkeit der Verwendung mehrerer Lösungsbeispiele verweist, um durch aktives Studieren das gemeinsame allgemeine Schema zu erarbeiten. Auch hier sollten Aufforderungen zum tieferen Erarbeiten der allgemeinen Struktur dieser Lösungsbeispiele das Lernergebnis verbessern. Die Verwendung unterschiedlicher Lösungsbeispiele kann den Transfer verbessern, allerdings nur dann, wenn durch Verwendung von Lösungsbeispielen die kognitive Belastung auf ein niedriges Maß reduziert werden kann (vgl. Paas & Merrienboer 1994).

Eine Forschungsgruppe um David Klahr hat verschiedene Experimente durchgeführt, um Bedingungen des Transfers bei Grundschülern zu untersuchen. In diesen Studien ging es meist um den Erwerb der Fähigkeit, gültige Experimente zu planen (vgl. Chen und Klahr 1999; Klahr und Nigam 2004; Matlen und Klahr 2012). Dazu sollten Grundschüler die Kontrollvariablenstrategie[34] als allgemeines Schema erwerben und auf verschiedene Domänen übertragen lernen. Diese Kontrollvariablenstrategie ist für ein Verständnis wissenschaftlichen Arbeitens von grundlegender Bedeutung. Der zentrale Kern dieser Studien der Forschungsgruppe um D. Klahr ist, dass Schüler am leichtesten diese Fähigkeit zum gültigen Experimentieren erwerben und sie auf andere Bereiche übertragen lernen, wenn sie (1) über eine ausreichende Wissensbasis verfügen – bei den meisten 2. Klässlern fehlt diese noch – und wenn sie (2) in die Methode durch *Vormachen (Modeling) und Erklären* sowie durch zusätzliche *Begründungsaufforderungen* (probe questions) eingeführt wurden. In der Studie von Chen und Klahr (1999) wurde in einer *ersten Phase* zuerst in einem von drei Gebieten Erfahrungen über die Variablenkontrollmethode vermittelt (Sprungfedern, Rampen und Auftrieb), wobei der Umfang dieser „Erfahrungen" variiert wurden:

1. Erfahrungen durch selbständige Exploration („Entdeckendes Lernen")
2. Erfahrungen durch selbständige Exploration und durch Begründungsfragen, ohne direkte Instruktion und
3. Erfahrungen durch *selbständige Exploration* (z. B. Ausprobieren von Rampenexperimenten) zusammen mit expliziter Anleitung durch *direkte Instruktion* (Training durch Vormachen und Erklären) und *Begründungsfragen.*

Direkt nach dem Training bzw. dem Erkunden wurde die Fähigkeit zum Transfer des erworbenen Wissens auf weitere Gebiete überprüft.

Im *zweiten Teil des Experiments* wurde sieben Monate später die Fähigkeit zum weiten Transfer des erworbenen Wissens überprüft. Hier wurde ein Test eingesetzt, in dem die Kinder fünfzehn Experimentalsituationen im Sinne „gültiges" oder „ungültiges" Experiment beurteilen sollten.

In dieser Studie konnten sehr unterschiedliche Transferdistanzen erfasst werden:

- *Naher Transfer* bezog sich auf die Fähigkeit, neue gültige Experimente im gleichen Gebiet zu planen.
- Beim *mittleren Transfer* war das Wissen über das Experimentieren von einem Bereich (Sprungfedern) auf einen neuen Bereich (z. B. Rampen) zu übertragen.
- Von *weitem Transfer* bzw. großer Transferdistanz kann hier beim Nachtest sieben Monate nach Teil I gesprochen werden.

Ergebnisse: Insgesamt zeigte sich, dass Schüler der dritten und vierten Klasse in den ersten beiden Bedingungen zu einem nahen Transfer geführt werden konnten. Ein weiter Transfer auf andere Gebiete sieben Monate später wurde bei Schülern der vierten, nicht aber bei Schülern der dritten Klassenstufe durch das explizite Training unterstützt.

[34] Die Kontrollvariablenstrategie s (CVS-Strategie; Control of Variables Strategy) bedeutet in der Domäne „Rampen": Wenn sich beide Rampen nur in einem Merkmal (z. B. Steilheit) unterscheiden, und alle anderen Merkmale gleich sind (z. B. gleicher Ball, gleiche Rampenlänge, gleiche Rampenoberfläche usw.), hat man ein unkonfundiertes, gültiges Experiment.

„Kinder in Versuchsgruppe 1 (direkte Instruktion + Begründungsfragen) erhöhten ihren Gebrauch der CVS[35] *von 34 % der Versuche in der Explorationsphase auf 65 % in der Messphase nach dem Training und zu 61 % und 64 % in den Transferphasen 1 und 2.*[36] *Diese Ergebnisse zeigen auch, dass explizites Training innerhalb der Gebiete verbunden mit Begründungsaufforderungen der effektivste Weg war, um CVS zu unterrichten. Wenn nur Begründungsaufforderungen gestellt wurden, erhöhte sich die Anwendung der CVS-Strategie nicht signifikant... Drittklässler zeigten die Fähigkeit, CVS-Kenntnisse innerhalb des Bereichs der Mechanik (Sprungfederexperimente, Rampenexperimente und Auftriebsexperimente) auch nach einer Woche zu übertragen. Nur Viertklässler zeigten weiten Transfer sieben Monate später." (Chen und Klahr 1999, S. 1114f.)*

Direkt instruierte Kinder verbesserten nicht nur den Gebrauch der CVS-Strategie, sondern sie verbesserten auch ihr Inhaltswissen in dem Gebiet, *„weil die Anwendung der CVS zu unkonfundierten, informativen Tests domänenspezifischer Konzepte führte."* (Chen & Klahr 1999, S. 118). Es ist zu vermuten, dass bei einem CVS-Training, das sich nicht nur auf eine Domäne, **sondern auf verschiedene Domänen erstreckt, noch deutlich höhere Effekte erzielt werden können.**

Bei der Diskussion der Ergebnisse der TIMS-Studie wurde die These aufgestellt, dass durch den spiraligen Aufbau des Curriculums ein nachhaltiges Lernen der zentralen Inhalte häufig verhindert wird. Konkret steht dahinter folgende Überlegung: Wenn es im Unterricht um den Aufbau neuer Schemata geht, dann sind diese Schemata erst dann für künftige Problemlösungen verfügbar, wenn sie bis zu einer gewissen Flüssigkeit hin gelernt wurden. Dazu zählt nicht nur, dass für genügend Praxis gesorgt werden muss, sondern auch, dass durch die Arbeit am begrifflichen Gerüst eine Differenzierung der zentralen Begriffe und Verfahrensweisen, die im jeweiligen Problembereich eine Rolle spielen, erfolgt ist. Erst eine solche tiefergehende Behandlung einer Thematik, die möglichst alle Schüler zu einer gewissen Meisterschaft in diesem Bereich führen sollte, garantiert, dass auf dem erarbeiteten Wissen aufgebaut werden kann: Der Lehrer braucht dann diese Inhalte im neuen Schuljahr nicht nochmals ganz von vorne behandeln, sondern kann sich auf vergleichsweise kurze Wiederholungen beschränken, um dann im Stoff vorankommen zu können.

Diese Annahme ist keine reine Spekulation, sondern kann sich auf experimentelle Forschungen stützen. Cooper & Sweller (1987) haben eine Reihe von Studien zum Mathematikunterricht durchgeführt, in denen gezeigt werden konnte, dass eine ausreichende Praxis erforderlich ist, um Schüler zu einem eigenständigen Transfer zu befähigen. Sie kritisieren an bisherigen Untersuchungen zur Transferforschung, dass hier meist zu wenig die relevanten Schemata eingeübt wurden. In einem ihrer Experimente (Experiment 4) gingen sie dem Zusammenhang zwischen mehr oder weniger ausführlicher Übungspraxis und der Fähigkeit zum Transfer auf komplexere Anwendungsaufgaben direkt nach. Dazu sollte die eine Versuchsgruppe nur dazu geführt werden, eine konventionelle Aufgabe richtig zu lösen, während die andere Versuchsgruppe nacheinander fünf von sechs konventionellen Aufgaben richtig lösen musste, bevor die Lernphase abgeschlossen wurde. Die *flüssige Beherrschung* des neuen Problemlösungsschemas zeigte

---

[35] CVS steht für Kontrollvariablenstrategie.

[36] Die Transferphasen 1 und 2 bezogen sich auf die Übertragung des Wissens von Gebiet 1 auf die Gebiete 2 und 3 in Phase 1.

sich darin, dass die Schüler mit mehr Übungspraxis für das Lösen konventioneller Aufgaben nur noch ein Viertel der Zeit wie beim erstmaligen Bearbeiten benötigten. Bezüglich der im Vergleich zu den konventionellen, vorher behandelten Aufgaben viel komplexeren Transferaufgabe zeigte sich bei der Gruppe mit längerer Übungspraxis eine Tendenz, weniger grundlegende Fehler zu machen. Deutlicher war jedoch der beträchtliche zeitliche Unterschied beim Lösen der Transferaufgabe: Die Gruppe mit umfangreicherer Übungspraxis benötigte dazu etwa 400 Sekunden, verglichen mit 620 Sekunden bei kurzer Übungspraxis.[37]

Zur Rolle einer Automatisierung von Regeln bzw. von Schemaanwendungen auf die Fähigkeit zum Problemlösen und Transfer bemerken die Autoren:

> *„... Wir vermuten, dass Schemaerwerb und Automatisierung von Problemoperatoren die wichtigsten Einflussfaktoren für die Fähigkeit zum Lösen von Problemen sind ...*
>
> *... Zwei Punkte sollte man beachten: Erstens entwickelt sich eine Automatisierung langsam. Deshalb sollte man bei komplexen Problemlösungsoperatoren nicht erwarten, dass Transfer schon nach dem Lösen von einem oder zwei Aufgaben auftritt ...*
>
> *Der zweite Punkt bezieht sich auf die Bedingungen, unter denen die Praxiserfahrungen am bedeutsamsten sind. Suchstrategien beim Problemlösen wie z. B. Ziel-Mittel Analysen, die in hohem Maße das Arbeitsgedächtnis beanspruchen und welche die Aufmerksamkeit von den Aspekten eines Problems weglenken, die für das Lernen kritisch sind, sind vermutlich schlechte Techniken für Situationen, in denen Lernen das wichtigste Ziel darstellt. Automatisierung kann schneller eintreten, wenn alternative Techniken wie gelöste Aufgaben ein stärkeres Gewicht erhalten."* (Cooper & Sweller 1987 S. 358 f.)

4.4 Leicht und schwer

Nach Weltner (1970) ist das Vergessen das „Dilemma aller Unterrichtspädagogik". Nur ein Bruchteil der Informationen, denen wir uns bewusst oder unbewusst aussetzen, wird vom Arbeitsgedächtnis in das Langzeitgedächtnis überführt. Nur 3–5 % der bewusst wahrgenommenen Informationen ist nach Stunden oder Tagen noch erinnerbar. Genaue Zahlen dazu kann es nicht geben, weil das Behalten von Informationen auch mit dem *Inhaltstyp* (sinnloses, sinnvolles Material), mit dem *Ausmaß des Lernens* (schlecht bzw. oberflächlich gelernt, gut gelernt, überlernt) und der *Abruftechnik* (Erinnern bei Vorgabe von Alternativen versus aktives Rekonstruieren bei offenen Fragen), mit der die Informationen abgerufen werden, zusammenhängt. So wird bedeutungshaltige Information schneller gelernt und behalten als abstrakte, von Kontexten befreite Information (z. B. sinnlose Silben[20], aber z. B. auch das Einmaleins). Auch die Tiefe der Verarbeitung spielt eine Rolle. Bei bedeutungshaltigem Material wird durch eine aktive Verarbeitung und Vernetzung mit dem schon Gelernten eine feste Einbindung in die kognitive Struktur des Schülers erreicht, und diese feste Einbindung verhindert ein schnelles Vergessen bzw. fehlerhaftes Lernen. Halbgelerntes wird im Gedächtnis nicht richtig verankert und kann deshalb später auch nicht erinnert werden. Bei Halbgelerntem ist die nötige Information zwar im Langzeitgedächtnis teilweise gespeichert, aber durch die ungenügende Vernetzung ist der Zugang zum Abrufen bzw. zum Erinnern der Information nicht möglich.

[37] Leider wird im Rahmen dieser Untersuchung nicht geprüft, wie sehr sich längere Übungspraxis auf längerfristiges Behalten auswirkt. Es scheint durchaus möglich, dass dann noch deutlichere Effekte auftreten.

Der Zusammenhang zwischen der Art der zu lernenden Informationen und dem Vergessen wird auch durch folgendes Zitat verdeutlicht:

Ein Großteil der Gedächtnispsychologie wählte sinnlose Silben zum Untersuchungsgegenstand, weil hier frühere Lernerfahrungen am ehesten ausgeschlossen werden können.

„… So sind nach sechs Monaten die Hauptgedanken des Stoffs zu 60 % erhalten, Einzelheiten des Sinns zu 35,9 %, während von den Einzelheiten des Textes nur noch 21,5 % reproduziert wurden. Bei der Analyse der verschiedenen qualitativen Veränderungen am Stoff, die während des Behaltens und Vergessens vor sich gehen, gelangte der Autor zur Schlussfolgerung, dass sich das rapide Vergessen in der ersten Zeit nach dem Lernen mehr auf das wörtlich eingeprägte Material bezieht als auf dessen Inhalt. Die logische Verarbeitung des Stoffs nimmt nicht nur nicht ab, sondern zu und vervollkommnet sich." (Sintschenko 1969, S. 222, zit. nach Thurner 1981, S. 72 f.)

Entsprechend zeigte sich in einer Untersuchung über das Behalten von Inhalten eines Zoologiekurses, dass am Kursende die Teilnehmer viel bei der Benennung von Körperteilen und der Identifikation von Fachausdrücken dazugelernt hatten, etwas weniger hatten sie bei den Punkten „Prinzipien auf neue Situationen übertragen" und „neue Experimente interpretieren" dazugelernt. Bei diesen letzten beiden Punkten wurde bei einer erneuten Messung ein Jahr später allerdings auch kaum etwas vergessen, während besonders die spezifischen Fakten (hier: Benennung von Körperteilen) ein Jahr später zum größten Teil wieder vergessen worden waren (vgl. Gage & Berliner 1996[5], S. 284 f.).

Offensichtlich neigen Personen dazu, sich wichtige Dinge, Bedeutungen oder den Sinn einer Geschichte dauerhafter einzuprägen als einzelne Details. Wichtig dabei ist vermutlich, dass bedeutungshaltige Informationen viel mehr Verbindungen zu gespeicherten Informationen haben. Sie werden damit auch mehrfach auf verschiedenen Wegen abrufbar. Vielleicht wird beim Lernen auch an allgemeine Dinge häufiger erinnert als an einzelne Details. Erziehung und Unterricht fokussiert auf die Erarbeitung des Allgemeinen, und wir sind besonders erfolgreich, wenn wir das Allgemeine schnell erfassen, werden dann dafür belohnt …

Welche Rolle spielt beim Erlernen bzw. Einprägen von Inhalten die gute Absicht, etwas lernen zu wollen? Empirische Forschung zeigt, dass gute Absichten allein wenig bewirken. Anderson (1988, S. 163) stellt in seinem Lehrbuch über kognitive Psychologie fest:

„Es kommt nicht darauf an, ob jemand die Absicht hat, etwas zu lernen oder nicht … Entscheidend ist, wie das dargebotene Material verarbeitet wird."

Doch wie kommt es zu dem Dilemma der Unterrichtspädagogik, nach dem wir nach kurzer Zeit die meisten Dinge, die wir mühsam gelernt haben, wieder vergessen? Wenn wir dafür die Gründe kennen, dann wissen wir auch, was wir dagegen tun können. Eine recht weitverbreitete Theorie ist die von den Gedächtnisspuren bzw. den Engrammen, die durch häufiges Wiederholen gebildet werden. Je häufiger geübt wird, desto tiefer werden dann die „Eindrücke". Dem widersprechen jedoch einige Befunde: Wiederholungen verbessern keineswegs immer die Gedächtnisleistungen. Wichtig sind zwischenzeitliche Pausen, die helfen, Gelerntes zu konsolidieren.

4.5 Methoden effektiven Übens

Die Allgemeinheit von Effekten der Gedächtnisforschung

Da die Lernzeit begrenzt ist, kommt es wesentlich darauf an, zeitsparend zu lernen. Die Gedächtnisforschung hat dazu in den letzten Jahrzehnten eine Fülle von Experimenten durchgeführt. Einige der dabei gefundenen Effekte und Prozesse werden im Folgenden dargestellt. Dabei wird oft implizit unterstellt, dass diese Effekte allgemein gültig sind. Dies ist jedoch keineswegs der Fall.

> Nach Roediger „spiegelt die Tatsache, dass einfache Gesetzmäßigkeiten nicht allgemein gelten, die komplexe interaktive Natur von Gedächtnisphänomenen wieder. Nichtsdestoweniger ist die Wissenschaft des Gedächtnisses robust, wobei die meisten Ergebnisse unter gleichen Bedingungen, wie sie in früheren Experimenten verwendet wurden, leicht reproduziert werden; wenn aber andere Bedingungen, die ursprünglich nicht getestet wurden, variiert werden, können die Effekte verschwinden oder sich umkehren." (Roediger 2008, S. 225)

Bei jedem Effekt kann man Bedingungen finden, unter denen er nicht eintritt. In der Regel treten die Effekte nur bei bestimmten Tätigkeiten und Aufgaben auf. Deshalb ist es wichtig, dass man aufgrund der gegebenen Beispiele versucht herauszufinden, bei welchen Aufgabentypen der Effekt erwartet werden kann. So tritt der Testeffekt bei komplexen Aufgaben mit hoher Elementinteraktivität offenbar nicht ein – eine erste Studie hat dies am Beispiel der Fehlersuche bei Schaltkreisen festgestellt (vgl. Van Gog und Kester 2012). Roediger (2008, S. 228) schreibt:

> „Verbessert Wiederholen das Gedächtnis? Sind verteilte Darbietungen besser als massierte Präsentationen? Führt tiefere, verständnisorientierte Verarbeitung während des Enkodierens zu besseren Behaltenswerten im Vergleich zu weniger verständnisorientierten, oberflächlichen Analysen? Führt aktives Erarbeiten (bzw. aktives Involvieren) von Lernmaterialien zu höheren Behaltenswerten im Vergleich zu passivem Lesen? Vergessen wir immer, wenn Zeit vergeht? Verbessert sich das Behalten, wenn Abrufreize angeboten werden? Wenn wir unser Erkenntnisnetz weit über dieses Gebiet auswerfen und diese Fragen untersuchen, wird die Antwort immer (wie wir sehen werden) sein, 'es kommt darauf an'."

Man wird vermutlich in der nächsten Zeit vermehrt Anstrengungen unternehmen, die Randbedingungen der verschiedenen Effekte genauer zu bestimmen (vgl. Dunlosky, Rawson, Marsh, Nathan, und Willingham 2013). Vorerst bleibt nur die Möglichkeit, sich bei den Experimenten zu den einzelnen Effekten zu fragen, an welchen Personengruppen (jung – alt; hohe – niedrige Intelligenz, usw.) und Situationsmerkmalen (z. B. Art der Aufgabe wie Wortlisten, Sinn von Texten entnehmen; komplexe Aufgaben mit hoher/niedriger Elementinteraktivität) die Effekte getestet wurden. Für diese Persönlichkeits- und Situationsmerkmale können dann diese Effekte am ehesten erwartet werden. Gleichwohl ist es sinnvoll, im Zweifel mehr zu behaupten, als die bisher durchgeführten Experimente eigentlich erlauben.

Im Folgenden werden folgende Fragestellungen untersucht:

1. *Welchen Effekt hat Wiederholung allgemein und das wiederholte Hören eines Textes auf das Faktenlernen und auf das Lernen von konzeptuellen Ideen? (Wiederholtes Hören/Lesen und der Aufbau von Wissensstrukturen)*

2. *Welchen Effekt haben über einen längeren Zeitraum verteilte Übungen im Vergleich zu massierten Übungen, wenn die Übungszeit konstant gehalten wird? (Verteiltes vs. massiertes Üben)*
3. *Welchen Effekt hat eine frühzeitige Mischung von Übungen zu miteinander verbundenen Themen im Vergleich zu einer geblockten Behandlung der gleichen Inhalte (vermischtes vs. geblocktes Üben).*
4. *Welchen Effekt hat es, wenn man Inhalte durch offene Fragen rekonstruieren lässt oder Schüler die gleiche Zeit Texte zu den Inhalten durchlesen lässt? (Testeffekt: Offene Fragen beantworten statt Lehrtext lesen)*
5. *Welchen Effekt hat die Kopplung von Begriffen mit bestimmten Schlüsselwörtern auf das Erlernen der Begriffe? (z. B. Lernen der Hauptstädte von Ländern)*
6. *Welchen Effekt hat das vielfache Wiederholen von Übungen im Vergleich zum Erlernen von Strategien? (Mechanisches Üben versus Strategielernen)*

1. Wiederholung

Lernen durch Wiederholen

Wichtigste Übungsmethode ist die *Wiederholung*. Nicht nur die Häufigkeit, auch die Art der Wiederholung und der Inhalt, der gelernt werden soll, ist für das Lernen wichtig. So ist die Häufigkeit des Übens für das Erlernen einzelner isolierter Fakten oder von sinnlosen Silben wichtiger als bei sinnvollem Unterrichtsstoff, der sich viel schneller einprägt.

Es gibt kaum ein Gebiet, in dem zwischen (geisteswissenschaftlicher) pädagogischer Theorie und pädagogischer Praxis eine größere Diskrepanz besteht als bei der Frage der Häufigkeit des Übens. Ausubel, Novak & Hanesian (1980, S. 369 f.) schreiben dazu:

> *„Wir sind … oft geneigt, die Bedeutung des Trainings in der pädagogischen Theorie als gering einzuschätzen und es als passiv, altmodisch und für den Lernprozess psychologisch unnötig und als ausgesprochen schädlich für aktives sinnvolles Lernen zu betrachten.*
>
> *Die Reformpädagogen leugneten nicht jeden Wert des Übens. Sowohl ihr Eintreten für „natürliches", zufälliges Lernen und für Projekt- und Arbeitsprogramme als auch ihr Schlachtruf „Lernen durch Tun" waren implizit mit dem Bekenntnis zur Wichtigkeit eines angemessenen Übens verbunden. Aber unter angemessenem Üben verstanden sie direkte (konkrete, handgreifliche), ungeplante, autonome (nicht gelenkte) Lernbegegnungen mit verschiedenen (unterschiedlichen) Beispielen des gleichen Begriffs oder Prinzips in nicht künstlich gestellten, „echten" Lebenssituationen. Der Irrtum dieser Pädagogen war, dass sie jedes strukturierte Üben (Trainieren) als mechanisch betrachteten, und dass unstrukturiertes, ungelenktes, unbeabsichtigtes (zufälliges) Üben für Schul-Lernaufgaben maximal effektiv sei, und dass „Tun" notwendig zum Lernen führt, einfach weil es mit direkter Erfahrung verbunden ist und immer wieder in natürlichen Lernsituationen vorkommt."*

Häufiges, regelmäßiges Wiederholen ist besonders beim Einprägen einzelner Fakten wichtig. Frühere Forschungen haben darauf hingedeutet, dass in diesen Fällen ein *Überlernen* sinnvoll ist, z. B. beim Lernen des Einmaleins, bei den schriftlichen Rechenverfahren oder beim Vokabellernen. Bei solchen Inhalten geht es ja um die Automatisierung einer Tätigkeit, Lösungen sollen schnell, ohne langes Nachdenken erfolgen. Neuere Forschungen deuten darauf hin, dass

Überlernen nicht immer einen nennenswerten Beitrag zum festen Verankern von Inhalten im Langzeitgedächtnis leistet. Entscheidend scheint ein systematisches verteiltes Üben zu sein, wobei dieses Wiederholen (im Sinne von Rekonstruieren bei offenen Aufgaben) auch nach Beendigung einer Lektion fortgesetzt werden muss (vgl. Rohrer & Taylor 2006). Auch ein Verankern von Inhalten in Sinnbezügen erleichtert das Behalten. Eine Berücksichtigung dieser Gesichtspunkte nachhaltigen Lernens ist besonders wichtig, wenn sicher verfügbare Kompetenzen am Ende der Schulzeit entscheidend sein sollen.

Übungen sind erst sinnvoll, wenn komplexe Inhalte z. B. mündlich und anhand von Lösungsbeispielen ausreichend eingeführt wurden (vgl. Kap. 3). Der Schüler sollte auch wissen, warum das zu Lernende wichtig ist. Je stärker neue Wissenselemente mit eigenen persönlichen Erfahrungen und Episoden verknüpft werden können, umso leichter lassen sie sich in das Langzeitgedächtnis einbauen. Auch ein Abrufen bzw. Erinnern dieser Informationen ist leichter möglich, weil über diese persönlichen Erfahrungen viele Abrufwege verfügbar sind. Sinnvolles Lernen geht deshalb erheblich schneller vonstatten als das Lernen sinnloser Silben oder von Inhalten, die sich nicht in das vorhandene Wissensnetz integrieren lassen. H. Roth hält *„Wiederholung nur dann für sinnvoll und fruchtbar, wenn sozusagen der ganze Sinngehalt des ursprünglichen Lernaktes beim Wiederholen lebendig erhalten bleibt, wenn also das Lernbedürfnis erhalten bleibt, die Einsicht, der Erfolg, die Belohnung durch die Sache usw.“* Er erzählt dazu folgende Episode (Roth 1965, S. 271):

> *„Die schönste Illustration für die Wertlosigkeit bloßen Übens gibt dazu jener Junge, den sein Lehrer 50-mal schreiben ließ »I have gone«, weil er »I have went« geschrieben hatte, und der dann zum Schluß dem Lehrer einen Zettel schrieb mit den Worten »I have went home«.“*[38]

Es geht also nicht nur um die Häufigkeit der Wiederholung, sondern auch um die Art der Wiederholungen. Dies ist besonders bei komplexeren Aufgaben augenfällig. Für das Training komplexer Fertigkeiten wie z. B. das Spielen von Musikinstrumenten, komplexen motorischen Abläufen (Korbwürfe beim Basketball, Hochsprung) oder das Schreiben eines Aufsatzes benötigt man Experten, die sich genauere Gedanken über den Aufbau dieser komplexen Fertigkeit gemacht haben. Solche Experten haben eine klare Vorstellung über den Aufbau dieser Fertigkeit, und können entsprechende gezielte Hinweise zum weiteren Üben geben. Je besser diese Trainingstheorie und deren Umsetzung sind, umso kürzer dauert das benötigte Training. Entsprechend vertreten Forscher, die sich mit der Entwicklung von *Expertenwissen* befassen, die These, dass es im Kern auf theoretisch angeleitete und reflektierte Praxis[39] und nicht so sehr auf den Umfang der Praxiserfahrungen ankommt. So wird man durch die Analyse von guten Beispielen (z. B. von guten Aufsätzen) und konkreten Hilfen zur Verbesserung von ersten Entwürfen und deren Überarbeitung vermutlich schneller höhere Kompetenzen entwickeln können als durch sture, kaum diskutierte Wiederholungen von schlechter Praxis; fraglich erscheint vor allem, ob ein Schüler aufgrund der roten Kommentare in seiner Ausarbeitung viel lernen kann,

[38] Nicht ganz klar ist allerdings, ob der Schüler hier wirklich nichts gelernt hat oder ob er aus Trotz dem Lehrer diese Mitteilung geschrieben hat. Dennoch scheint mir die Episode wichtig, um sich einprägen zu können, dass nicht nur die Häufigkeit, sondern auch die Art der Wiederholung wichtig ist.

[39] Diese Art des Übens wird im angelsächsischen Sprachgebrauch als „deliberate practice“ bezeichnet (vgl. Ericsson 1996, S. 23 f.). Ein wichtiger Faktor dieser Praxis ist ein hohes Maß an Konzentration, die nur über eine gewisse Zeitspanne (etwa eine Stunde) aufrechterhalten werden kann. Danach ist eine Pause erforderlich.

wenn ihm trotz Anstrengung wieder bescheinigt wurde, versagt zu haben. Deshalb ist auch die Aussage falsch, man brauchte in der Ausbildung vor allem mehr Praxis (z. B. im Lehrerstudium mehr Praktika), denn durch eine kaum reflektierte und korrigierte Praxis wird ein Lehrerstudent kaum etwas dazulernen. In Bereichen wie Schach oder Sport hat man dies längst erkannt und beschäftigt deshalb zum Training von Talenten gute Trainer.

Wiederholtes Hören naturwissenschaftlicher Texte – das Experiment von R. E. Mayer

Ein wiederholtes Behandeln eines Textes ist eine Voraussetzung für ein tieferes Verständnis von Texten. Richard E. Mayer (1983) hat zum Effekt wiederholten Hörens von Texten Experimente durchgeführt, die diese positive Rolle von Wiederholungen bestätigen. Sein Ausgangsproblem war: Was lernt man dazu, wenn man Inhalte mehrfach hört? (oder entsprechende Texte durcharbeitet)

- Nach der *quantitativen Hypothese* wird angenommen, der Lerner würde nur einige weitere Informationen in seinem Gedächtnis speichern. Insofern würden Wiederholungen nur beeinflussen, wie viel gelernt wird.
- Nach der *qualitativen Hypothese* nimmt man an, dass durch die Wiederholung die Qualität der Informationsaufnahme beeinflusst wird. Zunächst versucht der Lerner, sich möglichst viele Einzelheiten einzuprägen. Er konzentriert sich z. B. zunächst auf numerische Fakten, technische Formeln und konkrete Analogien. Bei der dritten Darbietung kann er sich dagegen stärker auf das begriffliche Gerüst konzentrieren, die zentralen Begriffe aufeinander beziehen und die Darstellung in eigene Begriffe übersetzen.

Mayer hat diese Hypothesen[40] anhand zweier Inhalte geprüft: (1) Radar, und (2) Ohm'sches Gesetz. Versuchspersonen waren College-Studenten, denen eine Tonbandaufzeichnung über die entsprechenden Inhalte einmal oder mehrfach vorgespielt wurde. Ich gehe im Folgenden nur auf Experiment (1) über die Wirkungsweise des Radars ein.

Tab. 7: Das Behalten von Einzelheiten und konzeptuellen Ideen bei mehrfacher Präsentation von Inhalten[41]

Präsentation	Behalten (Gesamt)	… von Fakten	Von 14 konzeptuellen Ideen
1mal	18%	2,7	3,1
2mal	20%	2,9	3,1
3mal	37%	3,3	6,7

Zu der begrifflichen Information, die zum Verständnis von Radar erforderlich ist, gehört z. B., dass ein Signal ausgesendet wird, dieses Signal von einem entlegenen Objekt reflektiert wird, dieses zurück gelenkte Signal von der Quelle des Pulses wieder registriert wird usw.

[40] Zusätzlich sollte noch geprüft werden, ob durch Vorgabe einer vorstrukturierenden Informationsübersicht (eines Advance Organizers) eine Leistungsverbesserung gegenüber einer einmaligen Präsentation erzielt werden konnte. Vermutet wurde, dass Advance-Organizer eine wiederholte Präsentation teilweise ersetzen können. Auf die Wirkung dieser Advance-Organizer werde ich im Folgenden nicht weiter eingehen, nicht zuletzt deshalb, weil die Forschungen nur eine relativ geringe Wirkung von Advance Organizern belegen.

[41] Aufgund der von Mayer (1983) mitgeteilten Daten können keine Standardabweichungen und Effektstärken angegeben werden.

Durch die Ergebnisse wird die qualitative Hypothese deutlich bestätigt: Während durch mehrfache Präsentation das Erinnern der Einzelheiten statistisch nicht signifikant verbessert wurde, zeigte sich eine solche Verbesserung in Bezug auf die konzeptuellen Ideen. Dieses Befundmuster konnte auch bei Experiment (2) (Ohm'sches Gesetz) wiederholt werden.

Das wiederholte Lesen eines Textes gilt unter Studierenden als effektive Studiermethode. Gleichwohl zeigen neuere Forschungen, dass ein mehrfaches Lesen im Vergleich zu einmaligem Lesen oft nicht zu besseren Lernergebnissen führt (vgl. Callender & McDaniel 2009). Effektiver sind Strategien, in denen mehrfach unter Anleitung des Lehrers Wesentliches erarbeitet wird. Auch in den Text gestreute Fragen können die Verstehensleistung verbessern. Zu diesen Fragen können korrekte Lösungen vorgelegt werden. Danach sollten die ursprünglichen Antworten überarbeitet werden (vgl. VanLehn et al. 2007; Karpicke & Blunt 2011 a).

Wie am besten geübt wird, hängt davon ab, in welcher Phase des Lernens sich ein Schüler befindet und wie komplex die zu lernenden neuen Inhalte sind. Zunächst einmal müssen Schüler eine Chance zur Aufnahme der wesentlichen Inhalte bekommen. Dies kann der Lehrer unterstützen, indem er zunächst gemeinsam mit den Schülern Inhalte entwickelt, wesentliche Ideen unterstreichen lässt und diese an der Tafel festhält. Schüler müssen in dieser Phase des Erwerbs eine grobe Gestalt der neu zu lernenden Schemata erwerben, bevor eine weitere Einübung und Festigung des gelernten Wissens möglich ist. Oft ist dazu auch ein mehrfaches Studieren der Studientexte erforderlich. Das Experiment von Mayer (1983) zeigte ja, dass die theoretischen Ideen erst nach wiederholtem Bearbeiten deutlich werden.

Auch das Experiment von Paas und Merrienboer (1994) zeigte, dass das Studium mehrerer Lösungsbeispiele am besten den Aufbau neuer Schemata unterstützte. Ein neueres Experiment verglich zwei Bedingungen miteinander: In der einen Bedingung sollten die Lerner vier Lösungsbeispiele zu Schaltkreisen studieren (SSSS-T-T; in der Vergleichsgruppe wurde abwechselnd ein Lösungsbeispiel studiert, danach eine ähnliche Aufgabe gelöst, usw. (STST-T-T). Nach dem Testeffekt, auf den später ausführlich eingegangen werden soll, ist zu erwarten, dass das Gelernte in der Bedingung STST besser behalten wird als in der Bedingung SSSS. Das Gegenteil traf jedoch tatsächlich ein: Die Behaltensleistung war in der Gruppe mit vierfachem Studieren signifikant besser! (vgl. Van Gog & Kester 2012[42])

Wenn eine grobe Gestalt der neu zu lernenden Schemata gebildet ist, müssen diese im Langzeitgedächtnis fest verankert werden. Schüler neigen dazu, im Unterricht zunächst alle Informationen undifferenziert aufzunehmen. Sie können am Anfang einer Lektion noch nicht das Wesentliche sicher identifizieren und bei der Lösung von Aufgaben anwenden. Wenn nach dem Aufbau der neuen Schemata die Informationen nicht mehrfach elaboriert und angewendet werden, können sie später die wesentlichen Dinge nicht mehr zusammenbringen, weil schon nach kurzer Zeit kurzfristig behaltene wichtige Informationen vergessen werden. Wichtig ist deshalb in der Phase der festen Verankerung, Schüler zu einer aktiven Verarbeitung und Auseinandersetzung mit den erarbeiteten Inhalten anzuregen. Dies kann auf folgende Weise geschehen:

- Nachdem an der Tafel wesentliche Punkte festgehalten wurden, sollten die Schüler den Tafelanschrieb in ihr Schulheft übertragen. Sie sollen dadurch die Inhalte aktiv nochmals wiederholen. Sie sind dann eher in der Lage, bei den Hausaufgaben die im Unterricht behandelten Inhalte nochmals zu rekonstruieren.

[42] Dieses Experiment wird auf S. 128 genauer dargestellt.

- Ferner sollte der Lehrer in nachfolgenden Stunden das Wesentliche der vorangehenden Stunden in Zusammenfassungen wiederholen, und zur Verdeutlichung der Bedeutsamkeit dieser Wiederholungen auch von den Schülern solche Zusammenfassungen verlangen (vgl. Leeming 2002).
- Schüler sollten zunächst unter Anleitung und danach zunehmend selbständig Aufgaben bearbeiten. Danach sollte zu den Lösungen ein inhaltliches Feedback gegeben werden – die Rückmeldung, ob die Lösungen richtig oder falsch sind, reicht in der Regel nicht aus. Danach sollten die Schüler die gefundenen Lösungen aufgrund des Feedbacks selbst überarbeiten.

Nicht immer führt mehrfaches Studieren von Texten zu besseren Ergebnissen. Positive Effekte des wiederholten Studierens treten vor allem bei der Aneignung komplexen Wissens auf (z. B. mehrfaches Studieren mehrerer Lösungsbeispiele; Studieren komplexer Lehrtexte in den Naturwissenschaften). Bei geringer Interaktivität der Elemente wird der Effekt der Wiederholung durch andere Effekte (Effekte verteilten und vermischten Übens, Testeffekt) überlagert. Auf die damit verbundenen Prozesse wird in den folgenden Abschnitten eingegangen.

2. Massiert oder verteilt Üben

Die pädagogische Relevanz verteilten Übens

Massiertes oder verteiltes Lernen spielt im alltäglichen Schulbetrieb eine zentrale Rolle. Populär ist z. B. die Auffassung, dass intensives Bearbeitungen eines Themas in einer Doppelstunde mehr bringt als die Behandlung in zwei voneinander getrennten Einzelstunden. Auch intensive Wochenendseminare oder Workshops sollen größeren Lerngewinn bringen als über das Semester verteilte Sitzungen. Im Gegensatz dazu verwies schon Ebbinghaus vor über hundert Jahren auf Vorteile verteilten Übens. Mittlerweile stützen nicht nur Laborstudien, sondern auch Experimente mit ganzen Schulklassen diese These.

Es gibt viele Möglichkeiten, massiert oder verteilt im Unterricht zu üben. Man kann sich z. B. folgendes Experiment vorstellen: Schüler werden per Zufall in zwei Gruppen aufgeteilt: Die Gruppe mit *verteiltem Lernen* bereitet sich an zwei zeitlich deutlich auseinander liegenden Tagen (z. B. 8 Tage vor einer Klassenarbeit und 1 Tag vor einer Klassenarbeit) jeweils eine *halbe Stunde* auf die Klassenarbeit vor, während die Gruppe mit *massiertem Lernen* nur am Tag vor der Klassenarbeit eine *ganze Stunde* für die Klassenarbeit übt. Die Übungszeit ist somit gleich. Die Frage ist dann, wie sich diese beiden Übungsmethoden kurz- und längerfristig auswirken.

	Woche 1	Woche 2	Woche 3 …	Woche 12
Verteiltes Lernen	Übung 1 (30 Min.)	Übung 2 (30 Min.)	Test …	Beh.-Test
Massiertes Lernen		Übung (60 Min.)	Test …	Beh.-Test

Folgendes Ergebnismuster kann hier nach den bisher durchgeführten Studien erwartet werden:

- Kurzfristig führt das massierte Lernen zu einem geringfügig besseren Lernergebnis – die Schüler schreiben also bei einem gezielten Kräfteeinsatz kurz vor der Klassenarbeit eher eine gute Klassenarbeit.
- Im Behaltenstest (z. B. in der 12. Woche) erzielt die Gruppe mit verteiltem Lernen jedoch erheblich bessere Ergebnisse.

In bestimmten Fächern und Klassenstufen sind *verteilte kurze Übungen* eine feste Institution. Viele Mathematiklehrer beginnen z. B. die Stunde mit fünf bis zehn Minuten Kopfrechnen. Auch in den ersten Jahren des fremdsprachlichen Unterrichts werden oft am Anfang der Stunde Wortschatzkontrollen durchgeführt.

Andere Lehrer vertreten die Auffassung, es sei sinnvoller, eigene Übungsstunden durchzuführen, in denen dann viel länger (z. B. eine ganze Stunde) solche Übungen durchgeführt werden. In diesem Fall geht es um massiertes Lernen. Massierte Übungen werden z. B. häufig vor dem Schreiben einer Klassenarbeit durchgeführt.

Die empirische Forschung zur Frage, ob massiertes oder verteiltes Üben bei gleicher Lernzeit effektiver ist, hat immer wieder die höhere Wirksamkeit verteilter Übungen festgestellt (vgl. Dempster 1996; Dunlosky et al 2013; Roediger 2008). In der Regel ist es nicht effizient, so lange zu üben, bis der Kopf raucht. Bei gleicher Lernzeit werden erheblich mehr Informationen *behalten* bzw. im Langzeitgedächtnis gespeichert, wenn Übungen über einen längeren Zeitraum verteilt werden. Diese These wurde durch viele experimentelle Studien belegt. Besonders drastisch waren die Ergebnisse einer Studie zum *Erlernen des Morsealphabets*. In der einen Gruppe lernten Studenten 4 Stunden pro Tag, in der anderen Gruppe 7 Stunden. Die Studenten, die vier Stunden am Tag übten, lernten genau soviel wie die Studenten, die sieben Stunden pro Tag übten (nach Anderson 1988, 224 f.). Pirolli & Anderson (1985) konnten experimentell nachweisen, dass viel mehr gelernt werden kann, wenn die Übungszeit auf zwei Tage anstatt auf einen Tag verteilt wird.

Eine weitere Untersuchung zeigte, dass algebraische Regeln besser behalten werden, wenn man sie nicht massiert, sondern in zeitlichen Abständen übt (nach Anderson 1988, 224 f.). Dempster (1996, S. 318) verweist auf eine Untersuchung von Edwards aus dem Jahre 1917, in der Grundschulkinder „massiert" 6 1/2 Minuten entweder eine Geschichtslektion oder ein arithmetisches Thema bearbeiten sollten. Bei verteilter Übung sollten die Schüler zunächst 4 Minuten diese Lektionen lernen. Mehrere Tage später bekamen sie Gelegenheit, die Lektionen 2 1/2 Minuten zu studieren. Die Gruppe, die später das Material nochmals studieren konnte, aber insgesamt die gleiche Zeit zum Studieren hatte, erzielte eine um 30 % höhere Leistung.

Eine Untersuchung von Pyle aus dem Jahre 1913 (zit. nach Dempster 1996, S. 320) verglich eine Gruppe Drittklässler, die an fünf Tagen jeweils morgens und abends Additionsfakten übten, mit einer Gruppe, die nur einmal am Tag 10 Tage lang die gleichen Übungen ausführte. Auch hier hatte die Gruppe, in der die Übungen über zehn Tage verteilt wurden, bessere Lernergebnisse.

Eine interessante Frage ist, was die Schule derzeit vorrangig begünstigt: Oberflächliches Lernen kurzfristig vor der nächsten Klassenarbeit, wobei diese Klassenarbeit sich auf ein engumgrenztes Gebiet bezieht oder nachhaltiges Fördern von Kompetenzen, die auch noch Monate nach der Lektion verfügbar sind. Bei einem nachhaltigen Lernen zählen die Kenntnisse und Kompetenzen, die auch noch lange nach der Behandlung in einer Lektion vorhanden sind. Um ein solches nachhaltiges Lernen zu unterstützen, müssten Klassenarbeiten immer auch früher behandelte Inhalte angemessen berücksichtigen.

Rohrer und Taylor (2006) haben dazu ein interessantes Experiment durchgeführt, dessen Anordnung in der folgenden Übersicht verdeutlicht wird.

Tab. 8: Lösungsprozentsätze bei verteilter Übung eine Woche oder vier Wochen nach dem letzten Üben (Rohrer & Taylor 2006)

	Woche 1	Woche 2	**Test eine Woche** nach dem letzten Lernen	**Test vier Wochen** nach dem letzten Lernen
verteiltes Üben	5 Aufgaben	5 Aufgaben	70 %	**64 %**
massiertes Üben	/	10 Aufgaben	**75 %**	32 %

Bei diesem Versuch wurden die Gruppen nach der 2. Woche nochmals per Zufall in zwei Gruppen aufgeteilt. Für die eine Gruppe wurde eine Woche später der Nachtest durchgeführt, für die andere Gruppe erst nach vier Wochen.

Beim ersten Test zeigte sich eine leichte Überlegenheit der Gruppe mit massiertem Üben, die einen Lösungsprozentsatz von 75 % (verteiltes Üben 70 %) erzielte. Dies entspricht dem Vorteil, den ein Schüler durch massiertes Lernen vor der Klassenarbeit hat.[43] Beim zweiten Test vier **Wochen nach dem letztmaligen Üben erzielte die Gruppe mit verteiltem Üben einen Lösungsprozentsatz von 64 %, verglichen mit 32 % in der Gruppe mit massiertem Üben.**[44] **Kurzfristig** mag es sich also auszahlen, kurz vor der Klassenarbeit massiert zu üben; langfristig, wenn es um den Kompetenzaufbau geht, führt diese Strategie jedoch zu sehr schlechten Ergebnissen.

Neuere Forschungen deuten darauf hin, dass der Effekt verteilten Lernens vom Verhältnis der Zeit zwischen den Übungssitzungen (Intersektionsinteverall ISI) zur Zeit zwischen letztmaligem Üben und Test (RI) abhängig ist. Nur dann, wenn das RI um etwa das Vierfache größer ist als das ISI, sind Effekte verteilten Übens zu erwarten. Im Experiment von Rohrer und Taylor (2006) trat unter der ersten Bedingung (Testen eine Woche nach letztmaligem Üben) kein Effekt verteilten Übens auf, das Verhältnis von ISI zu RI betrug hier 1 (100 %). In der zweiten Bedingung betrug das Intersektionsintervall 1 Woche, das RI jedoch 4 Wochen, das Verhältnis von ISI zu RI betrug also 1 : 4 = 0,25 (25 %). Man kann davon ausgehen, dass *Effekte verteilten Übens bei einem Verhältnis von 15 % bis 30 % auftreten*. Eine quasi-experimentelle Studie von Bird (2010) konnte zeigen, dass sich bei Berücksichtigung dieses Verhältnisses von Zeitdifferenzen positive Effekte verteilten Übens auch beim grammatikalischen Lernen im Fremdsprachenunterricht nachweisen lassen.

Die Effekte verteilten Übens treten schon bei Vorschülern auf, wie mehrere Studien von Seabrook, Brown und Solity (2005) zeigen. In ihrem dritten Experiment ging es um die Frage, welche zeitliche Aufteilung von Lesübungen bei Vorschulkindern zu einem besseren Behaltenseffekt führt: In der massierten Bedingung wurden pro Schultag 6 Minuten Übungen an einem Stück durchgeführt, in der Bedingung „verteiltes Lernen" wurden über den Schultag verteilt 3 × Übungen von jeweils zwei Minuten durchgeführt. Die Effekte waren auch hier bei einer Übungsdauer von zwei Wochen sehr deutlich: In der Gruppe mit massiertem Lernen wurde ein Lernzuwachs von 1,3 Punkten festgestellt, verglichen mit 8,3 Punkten in der Gruppe mit verteilten Übungen.

[43] Dieser Unterschied ist nicht signifikant.

[44] Der Unterschied zwischen der Gruppe mit verteiltem Üben und der Gruppe mit massiertem Üben im Behaltenstest war signifikant; ferner war die Verminderung der Testleistung in der Gruppe mit massiertem Lernen signifikant; die Verminderung der Leistung in der Gruppe mit verteiltem Üben war dagegen nicht signifikant.

Wie vielfältig die Möglichkeiten der Anwendung verteilten Lernens auf schulisches Lernen sind, zeigt eine Studie zum Erlernen des Alphabets in US-Vorschulen[45] (vgl. Jones & Reutzel 2012). Bisher wurde in US-Vorschulen eine ganze Woche ein Buchstabe behandelt. Dies führt dazu, dass die einzelnen Buchstaben des Alphabets nur einmal im Jahr behandelt werden. Man vermutete, dass die Lernwirksamkeit erheblich gesteigert wird, wenn jeden Tag ein neuer Buchstabe behandelt wird. Es zeigte sich, dass durch ein mehrfaches Behandeln des Alphabets – unter Berücksichtigung der Schwierigkeit der einzelnen Buchstaben und des Lernfortschritts der einzelnen Kinder – eine erhebliche Effizienzsteigerung dieses wichtigen Teils der Lese- und Schreibförderung realisiert wurde. Diese Prognose konnte in einem quasi-experimentellen Versuch an vier Vorschulen bestätigt werden.[46] Jones und Reutzel (2012, S. 459 f.) schreiben dazu:

> „Durch die neue Methode, das Alphabet zu unterrichten, hatten die Schüler zunehmende Erfolgserfahrungen. Als Lehrer konnten wir beobachten, dass das mehrfache Durchlaufen der Zyklen sich bei der Präsentation, der Wiederholung und beim Einüben des alphabetischen Wissens als effektiv erwies. Obwohl die vier Schulen zuvor zu den Schulen mit besonders niedrigen Leistungen zählten, konnten die teilnehmenden Lehrer die Erfolge des neuen Ansatzes bezeugen. Ein älterer Lehrer bemerkte dazu: 'Ich dachte, ein Vorschulkind kann höchstens zum Erkennen der Buchstaben gebracht werden. Und nun sehen wir sie lesen'."

Verteiltes Lernen in der Schule

Auch wenn die Vorteile verteilten Lernens durch Laborexperimente und quasi-experimentelle Studien in Schulen vielfach belegt sind, werden diese Vorteile im alltäglichen Schulbetrieb wenig berücksichtigt. Die Kultur der Klassenarbeit begünstigt oft ein Bulimielernen, und nicht, wie gewünscht, ein nachhaltiges Entwickeln von Kompetenzen. Dies fällt nicht besonders auf, wenn in den Klassenarbeiten nur die zuletzt behandelten Inhalte verlangt werden. Zum einen müssten somit Klassenarbeiten früher gelernte Kenntnisse erneut überprüfen; zusätzlich müssten wesentliche Punkte auch *nach* Klassenarbeiten getestet und wiederholt werden. Dies sehen viele Schulbücher nicht vor – Wiederholungen beziehen sich in der Regel nur auf die gerade behandelte Unterrichtseinheit. Es wird mehrere Monate das Thema Bruchrechnung behandelt, danach folgen der Reihe nach andere Themen, ohne dass die früher gelernten Inhalte über die Bruchrechnung wiederholt werden.

Sprachbücher gehen häufig themenzentriert vor, man behandelt im Englischunterricht das Thema „Haustiere", dann „Kleider", danach „das Leben auf dem Bauernhof". Wiederholungen von Wörtern, die z. B. vor sechs, zehn oder vierzehn Wochen behandelt wurden, sind selten, obwohl eine Wiederholung nach längeren Fristen besonders lernwirksam wäre. Diese Wiederholungen könnten teilweise im Rahmen von Hausaufgaben erfolgen. Möglicherweise vermuten Lehrer zu Recht, dass Schüler nach solchen Fristen das Meiste wieder vergessen haben. Diese Erkenntnis ist sicherlich nicht angenehm. Das „Nachlernen" vollzieht sich jedoch erheblich schneller als das erstmalige Lernen. Im Sinne einer *systematischen Kompetenzentwicklung* sind solche verteilten Wiederholungen unverzichtbar.

---

[45] Der Kindergarten in den USA entspricht der deutschen Vorschule.

[46] Durch die neue Methode, nach der etwa 12 Minuten täglich gearbeitet wurde, konnte der Anteil der Schüler, die Normalwerte erreichten, von 34 % auf 63 % gesteigert werden; verglichen mit 18 % auf 28 % in der Vergleichsgruppe.

Auch eine andere Mikrostrukturierung über den Schultag wird selten durchgeführt. In der Regel wird davon ausgegangen, dass ein längeres intensives Üben effektiver ist als ein über den Schultag verteiltes Üben. Die Studie von Seabrook et al. (2005) zeigte jedoch, dass *drei* über den Schultag verteilte Zweiminuten-Übungen deutlich wirksamer waren als *eine* sechsminütige Übung.

Erklärungsansätze für verteiltes Üben

Voraussetzung für die hohe Effizienz verteilter Übung scheint zu sein, dass die zuvor vermittelten Inhalte wenigstens bis zu einem gewissen Grad verstanden worden sind. Wenn Schüler einen Text nur durchlesen und diesen dann ohne weiteres aktives Bearbeiten beiseite legen, dann haben sie am nächsten Tag fast alles wieder vergessen. Wenn man jedoch durch einen kurzen Test am Ende der Stunde die Schüler nochmals zu einer aktiven Erarbeitung und Wiederholung des Textes anregt, dann ist die Behaltensleistung am nächsten Tag erheblich[47] besser. Vielleicht bedeutet dies, dass eine wenigstens ungefähre Gestalt eines zu lernenden Inhalts (Schemas), also ein „Umriss" zunächst gelernt werden muss, um darauf dann bei späteren verteilten Übungen aufbauen zu können. Liegt eine einigermaßen sichere Beherrschung vor, bringen zusätzliche Übungen in massierter Form wenig Gewinn. Dies kann so weit gehen, dass weiteres Üben überhaupt keinen positiven Effekt mehr hat. Eine einfache Erklärung dieses Effekts wäre, *dass zum Lernen immer auch eine nachfolgende Konsolidierungsphase gehört, und zusätzliches Üben in dieser Zeit nicht wirksamer ist als diese insgeheim physiologisch ablaufende Konsolidierung.* Hinter dieser notwendigen Konsolidierungsphase stecken vermutlich hirnorganische Prozesse.

Eine völlig befriedigende Erklärung der Effekte verteilten Übens steht noch aus (vgl. Dempster 1996). Eine Erklärung besagt, dass das Aufteilen einer längeren Übung in mehrere zeitlich auseinander liegende Übungen die Chancen erhöht, dass unterschiedliche Abrufreize gebildet werden. Diese würden ein späteres Erinnern des Gelernten erleichtern. Möglicherweise spielen auch hirnphysiologische Faktoren eine Rolle: Vielleicht werden in den längeren Ruhephasen dauerhafte Gedächtnisspuren und neue Nervenzellen gebildet. Auch motivationale Faktoren könnten eine Rolle spielen. Wenn man sich in der Zwischenzeit mit anderen Dingen befasst, muss man sich bei erneuter Beschäftigung intensiver mit der Materie auseinandersetzen als man dies bei sofortigem Wiederholen tun müsste. Nach der Theorie von Craik & Lockhart werden Inhalte umso besser behalten, je tiefer sie verarbeitet wurden (vgl. Craik & Lockhart 1972). Bei sofortigem Wiederholen kann man sich ja noch an viele Dinge erinnern, und somit besteht kein Grund, die Inhalte nochmals aktiv zu verarbeiten. Außerdem macht es nach längerer Zeit einfach mehr Spaß, sich erneut mit einer Sache zu befassen; oft ist man überrascht, wie viel in der Zwischenzeit vergessen wurde.

[47] In einem Experiment von Spitzer (1939) war die Behaltensleistung in einer Gruppe, die am gleichen Tag am Ende der Stunde einen vierminütigen Test bearbeitete, am nachfolgenden Tag fast doppelt so gut wie in einer Gruppe, bei der kein solcher Test am gleichen Tag durchgeführt worden war.

3. *Vermischen oder Blocken von Aufgaben*

Beim vermischten Lernen stellen wir uns folgendes Experiment vor: In einer Gruppe werden nacheinander die Inhalte der Prozentrechnung behandelt, also Prozentwertaufgaben, Grundwertaufgaben und Prozentsatzaufgaben. Dazu erhalten die Schüler Blätter, auf denen das Wichtigste zu diesen Aufgabentypen erklärt wird und die Lösung anhand von Lösungsbeispielen erklärt wird. Erst nach der Einführung und Erklärung dieser drei Aufgabentypen erhalten die Schüler vermischte Aufgaben, d. h. die Schüler bekommen keine Hinweise, welchem Aufgabentyp die jeweilige Aufgabe zuzuordnen ist.

In der anderen Gruppe führt man zuerst Aufgabentyp 1 ein. Dazu sollen dann die Schüler Aufgaben bearbeiten. Dann wird der zweite Aufgabentyp behandelt und Aufgaben dazu gestellt. Schließlich wird der dritte Aufgabentyp eingeführt und dazu Aufgaben bearbeitet. In der Regel werden dann zum Ende der Einheit zur Prozentrechnung alle drei Aufgabentypen vermischt geübt. Die Frage ist nun, welche dieser beiden Methoden günstiger für das Lernen ist.

In einem Experiment (vgl. Rohrer & Taylor 2007) ging es um diese Frage des vermischten Lernens. Im Rahmen dieses Experimentes wurde die Volumenberechnung von vier verschiedenen Körpern mit jeweils vier dazugehörigen Aufgaben behandelt. Der traditionellen Vorgehensweise (Inhalt 1 und vier zugehörige Aufgaben, Inhalt 2 und vier zugehörige Aufgaben usw.) wurde eine Mischung von Aufgaben gegenübergestellt, bei der alle Inhalte zunächst studiert werden mussten, um danach in vermischter Form 2mal acht Aufgaben zu bearbeiten. Nach der Bearbeitung der Aufgabe wurde für 10 Sekunden die richtige Lösung gezeigt.

Tab. 9: Lösungsprozentsätze beim Blocken und beim Vermischen von Aufgaben

	Vermischte Aufgaben (Lesen der vier Erklärungen, dazu 4 × 4 gemischte Aufgaben zu den vier Inhalten (jede Aufgabengruppe enthielt in unterschiedlicher Reihenfolge jeweils eine Aufgaben zu den vier Inhalten).	Geblockte Aufgaben (Lesen Erklärung 1, dazu 4 Aufgaben/Lesen Erklärung 2, dazu 4 Aufgaben/Lesen Erklärung 3, dazu 4 Aufgaben/Lesen Erklärung 4, dazu 4 Aufgaben).	Effektstärke
Lösungsprozentsatz in der Trainingsphase (Woche 1 und 2)	60 (21 %)[48]	89 % (12 %)	−1,06
Lösungsprozentsatz nach dem Training (Woche 3)	63 % (36 %)	20 % (27 %)	+1,34

Die Ergebnisse waren überraschend deutlich. Zunächst zeigte sich in der Übungsphase, dass bei geblockten Übungen (Übungen immer zu einem Thema passend) der Lösungsprozentsatz in der Trainingsphase mit 89 % deutlich höher war als bei der Bearbeitung der vermischten Aufgaben (60 %). Dieses Bild kehrte sich jedoch bei den Testergebnissen sehr deutlich um, die eine Woche nach dem letzten Üben erhoben wurden: In der Gruppe mit gemischten Übungen lag der

[48] In Klammern stehen die jeweiligen Standardabweichungen

Lösungsprozentsatz bei 63 %, verglichen mit 20 % bei geblockten Übungen! Dieses Befundmuster konnte in zwei weiteren Untersuchungen wiederholt werden (vgl. Mayfield & Chase 2002; Taylor & Rohrer 2010). Für die Kompetenzentwicklung sind die abschließenden Testergebnisse entscheidend, nicht das schnelle Lösen vereinfachter (geblockter) Aufgaben.

Der scheinbare Erfolg geblockter Aufgaben ist auf Folgendes zurückzuführen: Schüler wissen bei geblockten Aufgaben immer, was von ihnen verlangt wird. Die Anforderung, der die Schüler später genügen sollen, ist aber eine andere: Sie müssen nicht nur eine vorher behandelte Methode sicher anwenden können, sondern zusätzlich entscheiden, welche Methode bzw. welches Verfahren überhaupt anzuwenden ist. Bei der gemischten Vorgehensweise müssen sich die Schüler von Anfang an mit dieser schwierigeren Anforderung auseinandersetzen, was zunächst den Erwerbsprozess zu verlangsamen scheint, sich aber beim wichtigeren Behaltenstest auszahlt.

Der Effekt vermischten Lernens dürfte für die Unterrichtspraxis sehr bedeutsam sein, auch wenn er nach meiner Kenntnis bisher nur für den Mathematikunterricht überprüft wurde. Dafür **sprechen die erzielten sehr starken Behaltenseffekte. Es macht demnach Sinn, z. B. zunächst alle drei „Fälle“ der Prozentrechnung anhand von Lösungsbeispielen einzuführen und dann in der** gleichen Übungszeit wie sonst auch gemischte Aufgaben dazu bearbeiten zu lassen. Ich könnte mir aber auch eine Übertragung auf die Behandlung grammatikalischer Probleme (z. B. verschiedene Zeitformen) beim Sprachenlernen als wichtiges Anwendungsgebiet dieses Effekts vorstellen.

Vermutlich treten diese Ergebnisse vermischten Übens nur ein, wenn die Inhalte hinreichend verständlich eingeführt und an Lösungsbeispielen verdeutlicht wurden. Erinnert sei an die Ergebnisse des Experiments von Paas und Merrienboer (1964), nach dem das Ergebnis dann besonders gut war, wenn die Schüler vorher mehrere stark variierende Lösungsbeispiele zu analysieren hatten. Wenn die Schüler zu früh diese Aufgaben selbständig lösen mussten, war im Endtest kein Effekt der Variabilität der Aufgaben festzustellen.

4. Der Testeffekt: Testen, Selbstprüfen oder nochmaliges Durchlesen?

Über die grundlegende Bedeutung aktiver Rekonstruktionsarbeit, die durch Test-Fragen ausgelöst wird, schreibt Karpicke (2012, S. 157):

> *„Wenn man die fundamentale Bedeutung der Abrufprozesse für ein Verstehen des Lernprozesses kennt, dann ist es überraschend, dass Abrufprozesse in der pädagogischen Forschung keine nähere Beachtung gefunden haben …*
>
> *Es ist wesentlich, Abrufprozesse nicht nur deshalb zu betrachten, weil sie für das Verständnis von Lernprozessen zentral sind, sondern auch, weil das Abrufen selbst ein mächtiges Werkzeug ist, um Lernen zu verbessern. Außerdem fördert aktives Abrufen nicht nur mechanisches, schnell vergängliches Wissen, vielmehr fördert es bedeutungsvolles, nachhaltiges Lernen.“*

Um was geht es beim Testeffekt konkret? Stellen wir uns folgende Situation vor. Schüler werden per Zufall in zwei Gruppen aufgeteilt. Beide Gruppen lesen in der ersten Sitzung zunächst einen Text durch. Danach beantwortet die eine Gruppe einen Test zu diesem Text, während die andere Gruppe den Text nochmals durchliest. Unmittelbar danach sowie eine Woche später beantworten beide Gruppen einen Test. Dabei zeigt sich folgendes Ergebnismuster: Beim sofortigen Lerntest schneidet die Gruppe mit zweimaligem Studieren geringfügig besser ab, beim Behaltenstest eine Woche später jedoch die Gruppe, die den Text nur einmal durchgelesen hatte und die statt eines nochmaligen Lesens des Textes Testfragen beantwortet hatte.

Was kann daraus gefolgert werden? Wenn es darauf ankommt, kurzfristig eine gute Leistung zu erzielen, sollte die Geschichte zweimal gelesen werden. Insofern sind Schüler gut beraten, kurz vor einer Klassenarbeit zu büffeln. Wer aber Wissen langfristig verankern und damit Kompetenzen aufbauen will, sollte Schüler nach der Einführung zu einem aktiven Rekonstruieren des gelernten Wissens durch Tests veranlassen. Neuere Gedächtnisexperimente belegen dies (vgl. Roediger & Karpicke 2006b; Karpicke & Roediger 2007; Butler & Roediger 2007; Karpicke & Roediger 2008). In den von Karpicke und Roediger (2007) durchgeführten Experimenten zeigten sich deutliche Lerneffekte von Tests, die vom Schüler ein aktives Rekonstruieren aller gelernten Inhalte verlangten, verglichen mit einem bloßen Studieren der Inhalte.

In einem ersten Experiment (vgl. Roediger & Karpicke 2006b, S. 250) sollten Studenten die Inhalte zweier Geschichten aus dem bekannten TOEFL-Test lernen („Die Sonne" und „Der Seeotter"). In der Bedingung „Nur Lesen" wurde einer dieser Texte in zwei Lesephasen durchgelesen (Lesezeit jeweils 7 Minuten); in der anderen Bedingung wurde der Text zuerst durchgelesen (Lesezeit 7 Minuten). Danach wurden die Personen aufgefordert, möglichst alle gelesenen Inhalte zu erinnern und auf einem Blatt aufzuschreiben (7 Minuten). Die Lernergebnisse wurden zu drei verschiedenen Zeitpunkten erhoben: 5 Minuten nach dem Studieren bzw. Testen, 2 Tage oder eine Woche später (vgl. Tab. 10).

Tab. 10: Mittlerer Prozentsatz korrekt erinnerter Ideen

	2 mal Lesen	1 mal Lesen, 1 mal Testen	Effektstärken
Test 5 Minuten später	81	75	−0,52
Test 2 Tage später	54	68	0,95
Test 1 Woche später	42	56	0,83

Wenn der Endtest direkt nach der Behandlung durchgeführt wurde, zeigte sich wie beim verteilten Lernen eine leichte Überlegenheit des zweimaligen Studierens (81 % zu 75 %). Nach zwei Tagen ist die Konstellation „zuerst studieren, dann sich testen" deutlich effizienter (54 % zu 68 %). Nach einer Woche haben die Studenten in der Bedingung „einmal Studieren, einmal Testen" deutlich mehr von der Geschichte behalten (56 % zu 42 %). Offensichtlich bringt die Konstellation „Studieren + Testen" für das Behalten mehr als die Konstellation „studieren + studieren".

Diese Ergebnisse wurden in einem zweiten Experiment in eindruckvoller Weise bestätigt (vgl. Roediger & Karpicke 2006b, S. 251 f.). Hierbei wurden die gleichen Geschichten verwendet, der Testeffekt wurde jedoch über folgende drei Bedingungen geprüft:

- Gruppe 1: Vier Lesephasen von jeweils 5 Minuten (Studieren, Studieren, Studieren, Studieren, abgekürzt SSSS)
- Gruppe 2: Drei Lesephasen zu 5 Min., eine Testphase zu 10 Minuten (Studieren, Studieren, Studieren, Testen, abgekürzt SSST)
- Gruppe 3: Eine Lesephase (5 Min.), drei Testphasen (jeweils 10 Min., abgekürzt STTT)

Die Geschichten wurden in der ersten Bedingung durchschnittlich 14,2 mal durchgelesen, in der zweiten Bedingung 10,3 mal und in der dritten Bedingung 3,4 mal.

Ergebnisse: Die Lernergebnisse wurden durch einen an den Versuch sofort anschließenden Endtest (5 Minuten später) sowie nach einer Woche erhoben. Hier zeigte sich, dass direkt im Anschluss an die Lernphase unter Bedingung 1 (SSSS) die Inhalte am besten erinnert wurden (83 %; 78 %; 70 %). Für nachhaltiges Lernen ist aber das Ergebnis eine Woche nach der Lernphase entscheidend. Hierbei konnte die Gruppe mit vier Lesephasen etwa 40 % der Ideen erinnern, verglichen mit 54 % der zweiten Gruppe (drei Lesephasen, eine Testphase) und 58 % der dritten Gruppe (eine Lesephase, danach drei Testphasen). Neuere Untersuchungen belegen, dass sich dieser Effekt nicht nur unter Laborbedingungen, sondern auch im Rahmen der on-line Betreuung von College-Kursen zeigte (vgl. McDaniel, Wildman & Anderson 2012).

Für die Lernforschung ist nicht nur wichtig, unter welchen Bedingungen am meisten gelernt und behalten wird; genauso wichtig ist, nach welchen Gesichtspunkten Lerner ihr Lernverhalten ausrichten. Entsprechend wichtig sind Daten zu den Lernüberzeugungen. Deshalb fragte man Studenten am Ende der Lernphase, wie gut sie Inhalte in einer Woche erinnern würden. Die Bewertung (1) bedeutete „nicht sehr gut“, (7) „sehr gut“. Im Widerspruch zu den tatsächlich aufgetretenen Lernergebnissen waren die Studenten überzeugt, bei vier Lesephasen am meisten zu behalten (M=4,8), bei drei Studierphasen und einer Testphase war diese Überzeugung schon geringer (M=4,2). Bei einer Studierphase und drei Testphasen waren die Studenten am wenigsten überzeugt, die Informationen noch verfügbar zu haben (M=4,0). Es deutet sich hier also an, dass die Lernüberzeugungen über nachhaltiges Lernen nicht mit den tatsächlichen Lernprozessen übereinstimmen. *Die für nachhaltiges Lernen ineffektivste Lernstrategie (viermal durchlesen) hielten die Studenten für die effektivste Lernstrategie!*

Besonders eindrucksvoll sind die Ergebnisse eines Experiments von Karpicke und Roediger (2008) zum Vokabellernen. Dabei ging es um die Frage, wie bei möglichst geringem Zeitaufwand möglichst viel gelernt werden konnte.

Experiment Karpicke und Roediger 2008

In dem Experiment von Karpicke und Roediger wurden vier verschiedene Bedingungen miteinander verglichen.

In der *Standard-Bedingung* wurden zunächst vierzig Wortpaare präsentiert (Enkodieren) und danach getestet (Retrieval-Praxis). Dieser Zyklus von Studieren und Testen wurde viermal wiederholt (ST-ST-ST-ST). Man hatte hier also 40×8=320 Einzelversuche[49].

In der 2. Bedingung wurden die *Wörter nicht weiter studiert*, die einmal gekonnt wurden. Bei jedem Durchgang wurden aber *alle Wörter getestet*. Im Durchschnitt ergaben sich 237 Einzelversuche (160 Testdurchgänge, 77 Lesedurchgänge).

In der dritten Bedingung wurden alle Wörter weiter studiert, auch wenn sie gekonnt wurden; es wurde aber auf ein weiteres Testen der Wörter, die vorher gekonnt wurden, verzichtet (243 Einzelversuche; 160 Lesedurchgänge; 83 Testdurchgänge).

In der vierten Bedingung wurde auf weiteres *Studieren und Testen* der Wörter verzichtet, die vorher einmal gekonnt wurden. (155 Einzelversuche).

Interessant ist hier der Vergleich der zweiten mit der dritten Bedingung, da beide etwa gleichviel Zeit einsparen: Was bringt mehr – immer alles testen oder immer alles studieren?

Die Prüfung der Behaltensleistung erfolgte *1 Woche nach Beendigung der Lernphase.*

Ergebnisse: In der Studierphase waren keine Leistungsunterschiede zwischen den Gruppen erkennbar. Auch die Vorhersagen, wieviel nach einer Woche noch gekonnt wird, lagen in jeder Gruppe bei etwa 50 %. Ganz anders sah es aus, als eine Woche nach dem Training die Behaltensleistung getestet wurde. Bei der *Standardbedingung* wurden genauso wie in der 2. Bedingung (immer alles testen) 80% der Wörter erinnert. Gemeinsam ist diesen beiden Bedingungen die gleiche Anzahl an Tests (160). In Bedingung 3 wurden nur 36% der Wörter richtig erinnert, in Bedingung 4 nur noch 33%! In beiden Bedingungen wurde wenig getestet, also die Studierenden zum Abruf ihres Wissens herausgefordert. Der entscheidende Faktor für das Behalten war also das Testen, und nicht das Studieren. Wenn man die beiden Bedingungen, unter denen wiederholt getestet wurde, zusammenfasst und mit den anderen beiden Bedingungen vergleicht, ergibt sich ein d=4,03 zugunsten der kombinierten Testbedingung!

Die Autoren fassen das Ergebnis folgendermaßen zusammen:

„Die Untersuchung unterstreicht die große Bedeutung des Testens für das Lernen. Wiederholtes Abrufen verbesserte die Behaltensleistung, während das wiederholte Studieren praktisch keinen Lerngewinn erbrachte. Obwohl Pädagogen und Psychologen oft das Testen als einen neutralen Prozess auffassen, der nur das erfasst, was im Gedächtnis gespeichert ist, produziert das Abrufen der Inhalte durch Testfragen mehr Lernzuwachs als zusätzliches Enkodieren (Studieren) …“ (Karpicke & Roediger 2008, 966)

Der Testeffekt tritt auch beim multimedialen Lernen ein. In einem Experiment von Johnson & Mayer (2009) bekamen alle Versuchspersonen zunächst eine kurze Multimedia-Lektion über die Entstehung von Gewittern (Animation plus begleitender Erklärung). In der Kontrollgruppe erhielten die Studenten diese Lektion ein zweites Mal, während die Studenten der Versuchsgruppe stattdessen einen Test zu beantworten hatten. Die Studenten erhielten dabei keine Rückmeldung über die Qualität ihrer Antworten. Auch in diesem Experiment zeigte sich, dass bei

[49] Als Einzelversuch zählt (1) „Studieren eines Wortpaares“ oder (2) „Testen, ob bei Vorgabe des muttersprachlichen Wortes das fremdsprachige Wort erinnert wurde“.

einem *Test direkt nach dem Lernen* die Gruppe mit zweimaligem Lesen bessere Testergebnisse erzielte, während die *„Test-Gruppe"* nach einer Woche ein deutlich besseres Lernergebnis als die *„Gruppe mit zweimaliger Lektion"* erreichte. Interessant erscheint, dass die Gruppe nach zweimaligem Studieren der Lektion den Lernstoff für leichter und ihre Lernbedingung für lernwirksamer als die „Test-Bedingung" hielt. Die Entwicklung effektiver Lernstrategien scheint bei einer solchen falschen Einschätzung der tatsächlichen Wirksamkeit von Lernstrategien schwierig zu sein.

Die Frage der Übertragbarkeit des Testeffekts auf Bereiche außerhalb des Lernens von Vokabeln und der Sinnentnahme bei Texten ist noch nicht befriedigend geklärt. Insbesondere stellt sich die Frage, ob der Testeffekt auch auf den *Erwerb von Problemlösefähigkeiten* übertragbar ist. Die Ergebnisse eines neueren Versuchs von Van Gog und Kester (2012) widersprechen der These, dass der Testeffekt auch beim Erwerb komplexer Fähigkeiten (hier: Schaltkreise konstruieren), anwendbar ist. In diesem Fall lernten die Personen am meisten, die mehrfach das Studienmaterial durcharbeiteten (SSSS), die Testeffektgruppe (STST) lernte deutlich weniger (vgl. Tabelle 11).

Tab. 11: Wiederholt Lösungsbeispiele studieren oder abwechselnd studieren und testen?

	Lösungsbeispiele studieren (n=20)	Abwechselnd studieren und testen (n=20)	Effektstärke
Nachtest (5 Min. nach der Behandlung)	5,83 (2,85)	5,61 (2,63)	/
Behaltenstest (eine Woche nach der Behandlung)	5,15 (2,57)	4,10 (2,20)	d=0,66

Mögliche Gründe werden darin gesehen, dass hier nicht wie z. B. bei Wortlisten zuvor gelernte Wörter wörtlich erinnert und abgerufen werden, sondern mehrstufige Fertigkeiten gelernt werden müssen.

Wie das Beispiel der Studie von Van Gog und Kester (2012) zeigt, bleibt immer noch unklar, wieweit die Befunde zum verteilten und vermischten Üben sowie zum Testeffekt konkret auf die Schulwirklichkeit übertragen werden können. Insbesondere ist unklar, ob und in welcher Weise diese Effekte auch auf das Erlernen komplexer Verfahren übertragbar sind. Nach der kognitiven Belastungstheorie wäre zu vermuten, dass zur Vermeidung einer Überlastung des Arbeitsgedächtnisses beim Lernen komplexer Inhalte zuerst durch Arbeiten mit Lösungsbeispielen und segmentiertem Erarbeiten von Teilstücken ein Aufbau der neuen Schemata erfolgen muss. Vielleicht gelten die Effekte verteilten und vermischten Lernens sowie der Testeffekt erst dann, wenn diese Schemata aufgebaut wurden.

Es ist vermutlich kein Zufall, dass Roediger und Karpicke (2013) zur Anwendung der Effekte verteilten Übens sowie Testens folgendes praktisches Beispiel verwenden, bei dem keine hohe Belastung des Arbeitsgedächtnisses auftreten dürfte[50]:

---

[50] Ich zitiere hier aus einem Beitrag, der in einer Festschrift für Robert A. Bjork erscheinen wird. Das Zitat befindet sich am Ende des Artikels.

> „Ein Schüler möchte die Hauptstädte der 50 Bundesstaaten lernen. Er stellt dazu Karten für jedes Bundesland her, z. B. „Montana“ auf der einen Seite und „Helena“ auf der anderen. Die 50 Karten werden zuerst eine nach der anderen einstudiert, wobei Gedächtnisstützen verwendet werden können (z. B. „meine Tante Helena kommt aus Montana“). Nach diesem Einstudieren werden die Karten gemischt und 10 Minuten später testet man sich, indem der Schüler den Namen des Staates liest und versucht, sich an die Hauptstadt zu erinnern. Egal, ob er die Antwort kennt oder nicht, dreht er die Karte um und studiert die Rückseite … Jede Karte, bei der die Antwort nicht gekonnt wurde, wird unter den Stapel gelegt, um sie in der gleichen Sitzung nochmals zu studieren. Die Anzahl der korrekten Antworten wird für jeden Durchgang festgehalten … Danach legt der Schüler die Karten beiseite und studiert etwas anderes. Stunden später trainiert er dann erneut mit den Karten und testet sich dabei auf die gleiche Weise. Dieser Prozess würde dann am nächsten Tag fortgesetzt und dann sporadisch weiter, je nach Bedarf. Jedes Mal werden die Karten neu gemischt … Wichtig ist das Verteilen der Trainingssitzungen über verschiedene Tage.
>
> Ein kritischer Punkt ist, dass Schüler sich nicht auf ihre Intuition verlassen sollten, wann sie mit dem Trainieren aufhören sollten. Sie würden dann zu früh mit dem Trainieren aufhören. Wenn „Helena“ ein- oder zweimal richtig gewusst wurde, heißt das nicht, dass der Schüler das auf Dauer weiß. Man muss das Training auch mit den gelernten Karten fortführen.“

Es ist gut gesichert, dass beim Lernen von Fakten, die wörtlich erinnert werden müssen und die keine hohe kognitive Belastung für den Lerner mit sich bringen, diese Methode des Trainierens mit Karten angewendet werden kann. Ob und unter welchen Voraussetzungen ein solches Training auch auf komplexe Aufgaben mit hoher kognitiver Belastung übertragbar ist, erscheint fraglich.

5. *Die Schlüsselwortmethode*

Es gibt Lerngegenstände, die aufgrund hoher Interaktivität der Elemente schwer zu lernen sind, weil sie leicht die Kapazität des Arbeitsgedächtnisses überlasten. Solche komplexen Lerngegenstände können mit Hilfe der Methoden, die im Rahmen der Belastungstheorie von Sweller entwickelt wurden, gelernt werden. Daneben gibt es Lerngegenstände, die nicht aufgrund der Interaktivität der Elemente, sondern aufgrund ihrer Abstraktheit schwer im Langzeitgedächtnis verankert werden können. Hierzu zählen große Teile des Vokabellernens, das Lernen von abstrakten Klassifikationen z. B. in der Biologie, von Ländernamen und Hauptstädten. Beim Erlernen solcher „Vokabeln“ ist das bloße Wiederholen im Sinne *verteilter Übung* nicht die beste Methode. Gerade beim Einprägen von sinnlosen Assoziationen, abstrakten Dingen oder auch von Einzelfakten haben sich *Methoden der Elaboration* bewährt, zu denen auch die *Schlüsselwortmethode* zählt. Besonders abstrakte Dinge oder scheinbar sinnlose Assoziationen lassen sich schwer lernen und müssen deshalb häufiger wiederholt werden. Kinder haben z. B. große Schwierigkeiten, Wortassoziationen wie *Kamm-Becher, Fuß-Stuhl, Hammer-Glocke* als Assoziation zu lernen.[51] Das Einprägen solcher Assoziationen kann erleichtert werden, indem

[51] Anderson (1988, S. 111) erzählt dazu folgende Geschichte. Er berichtet über seine traumatischen Erfahrungen bei seinem ersten Experiment zum Paarassoziationslernen. Um möglichst gut im Vergleich zu seinen Kommilitonen abzuschneiden, sagte er sich die assoziierten Paare wie DAX-GIB oder VAT-GES immer wieder vor. Er hoffte dadurch, sich durch häufiges lautes Wiederholen die Silbenpaare für alle Zeiten in sein Gedächtnis einbrennen zu können. Dennoch erzielte er das schlechteste Ergebnis seiner Klasse! Wenn er z. B. das Paar VAT-GES in einen bedeutungshaltigen Satz umgewandelt hätte (Vater erzählt mir Geschichten), hätte er erheblich besser abgeschnitten. Von Gedächtniskünstlern ist bekannt, dass sie lange Zahlenketten in kleine Geschichten umwandeln, und dadurch diese Merkleistungen erbringen.

zusätzlich ein bedeutungshaltiger Satz gebildet wird, der die relevanten Begriffe enthält. Der Satz ist dann leichter zu merken als das Begriffspaar. Wenn z.B. das Begriffspaar „Kamm – Becher" eingeprägt werden soll, dann lernt man dieses Begriffspaar besser, wenn man dazu einen sinnvollen Satz wie *„Der Kamm steht im Becher"* formuliert. Entsprechend kann man sich „sein Fuß ist auf dem Stuhl" leichter einprägen als das Begriffspaar *„Fuß-Stuhl"* usw.

Als Gedächtnisstützen sind vor allem *Eselsbrücken* bekannt, für die häufig Reime verwendet werden: *„Iller, Lech, Isar, Inn, fließen zu der Donau hin, Altmühl, Naab und Regen, fließen ihr entgegen."* Der Lehrer kann für seinen Unterricht auch eigene Gedächtnisstützen entwickeln. So haben Schüler in der Regel einige Schwierigkeiten, sich z.B. Hauptstädte einzuprägen. Hier besteht die Möglichkeit, zwischen Land und Stadt eine bildhafte Gedächtnisstütze zu entwickeln. Angenommen, die Schüler sollen lernen, dass Schwerin die Hauptstadt von Mecklenburg-Vorpommern ist. Es wird somit eine Gedächtnisstütze gesucht, die zwischen dem Bundesland (Mecklenburg-Vorpommern) und der Hauptstadt dieses Bundeslandes eine Verknüpfung herstellt. Eine Möglichkeit wäre ein Bild mit einer **meck**ernden Ziege (**Meck**lenburg-Vorpommern), die um den Hals eine *schwere* Glocke *(Schwerin)* hängen hat.

Die Schlüsselwortmethode kann vor allem das *Fremdsprachenlernen* erleichtern. Verschiedene Experimente haben gezeigt, dass bei richtiger Anwendung dieser Methode das Vokabellernen erheblich erleichtert wird (vgl. Atkinson 1975; Atkinson & Raugh 1975; McDaniel & Pressley 1989). Die Methode bezieht sich vor allem auf Wörter, die konkrete Gegenstände bezeichnen, da hier leichter bildhafte Vorstellungen gebildet werden können als bei Abstrakta. Für die Wirksamkeit der Schlüsselwortmethode sind zwei Aspekte wichtig: Erstens stellt der Lerner eine *akustische Verbindung* zwischen dem Fremdwort und einem vertrauten muttersprachlichen Wort, dem *Schlüsselwort*, her. Das Schlüsselwort sollte *ähnlich klingen* wie das zu lernende Fremdwort (*akustische Verknüpfung*). Zweitens muss zur Verknüpfung *Fremdwort-Schlüsselwort* ein passendes *mentales Bild* erzeugt werden (*mentale Verknüpfung*). Durch diese akustische und mentale Verknüpfung werden mehr Gedächtnisspuren gelegt, über die das Fremdwort abgerufen werden kann.

Das Experiment von Atkinson und Raugh (1975)

Das Experiment von Atkinson und Raugh (1975) erstreckte sich über sechs Tage.

Tag 0: Die Versuchspersonen wurden in die Apparatur (Schreibcomputer, Kopfhörer) eingeführt und die Zufallsaufteilung auf Versuchs- und Kontrollgruppen wurde vorgenommen und die zugehörige Methode wurde erklärt.

Tag 1–3: An jedem dieser Tage wurden Listen von jeweils 40 Wörter geübt. Dazu wurden an jedem dieser Tage *drei Studier- und Testdurchgänge* durchgeführt.

In dem *Studierdurchgang* der Versuchsgruppe wurde jedes neue Fremdwort ausgesprochen und das zugehörige Schlüsselwort zusammen mit der Übersetzung des Wortes gegeben. In der Kontrollgruppe wurde nach der Präsentation des Fremdworts jeweils nur die Übersetzung des Wortes gegeben.

Im *Testdurchgang* wurde das Fremdwort präsentiert und die Versuchsperson hatte dann 15 Sekunden Zeit, die Übersetzung des Wortes in den Schreibcomputer zu tippen.

Tag 4: Hier wurde ein Test des gesamten Testvokabulars (120 Wörter) durchgeführt.

Tag 5: Sechs Wochen später wurde ein vergleichbarer Test nochmals durchgeführt, um die Behaltensleistung zu messen.

Ergebnisse: Im Nachtest erinnerte die Schlüsselwortgruppe 72% der zu lernenden Wörter er, verglichen mit 46% in der Kontrollgruppe[52]. Im Behaltenstest verminderte sich die Erinnerungsleistung auf 43% in der Schlüsselwortgruppe und 28% in der Kontrollgruppe.

Die gefundenen Effekte sind sehr stark. Umso verwunderlicher ist es, dass diese Methode im Fremdsprachenunterricht selten angewendet wird.

In einer neueren Untersuchung wurde der Frage nachgegangen, auf welche Faktoren die Wirksamkeit der Schlüsselwortmethode zurückzuführen ist (vgl. Shapiro & Waters 2005). Die Autoren konnten experimentell zeigen, dass die Leichtigkeit, mit der zum muttersprachlichen Word bildhafte Vorstellungen entwickelt werden konnten, die Leistung stark positiv beeinflusste: Bei Wörtern mit hoher Bildhaftigkeit konnten im direkten Nachtest 74% der Wörter richtig erinnert werden, verglichen mit 23% bei geringer Bildhaftigkeit. Im Behaltenstest stieg die Erinnerungsleistung bei hoher Bildhaftigkeit der Wörter auf 79% an, während sich die Behaltensleistung bei niedriger Bildhaftigkeit auf 14% reduzierte.

Abb. 5 Ein Mediator für Schwerin als Hauptstadt von Mecklenburg-Vorpommern

Ein kleiner Versuch mit allen Hauptstädten der Bundesländer mit meiner damals siebenjährigen Tochter hat mir eindrücklich demonstriert, dass diese Technik sehr wirksam ist. Schüler können auf diese Weise aufgrund weniger Wiederholungen viele Fakten sicher lernen, auch wenn ihnen eine breite Wissensbasis noch fehlt (vgl. dazu Mastropieri & Scruggs 1998). Das Schlüsselwort (der Mediator, das Bild, die Eselsbrücke) ersetzt sozusagen ein noch nicht vorhandenes begriffliches Gerüst, das später entwickelt werden kann, wenn man sich mit einem Gegenstand (z. B. einem Bundesland wie Mecklenburg-Vorpommern) genauer auseinandersetzt.[53]

[52] Die Kontrollgruppe hatte die gleiche Lernzeit. Den Personen in dieser Gruppe war freigestellt, wie sie sich die neuen Wörter einprägen wollte.

[53] Pressley, Levin & Delaney (1982) geben für die Schlüsselwortmethode folgendes Beispiel: Um das Wort „carta" (Brief) im Spanischen zu lernen, kann man es mit einem *phonetisch ähnlichen Wort* verknüpfen (akustische Verbindung) und daraus ein Bild konstruieren (mentale Verbindung). Als phonetisch ähnliches Wort im Englischen wäre „cart" (Einkaufswagen) geeignet. Man könnte dann ein Bild formen, in dem ein großer Brief (carta) in den Einkaufswagen (cart) eines Supermarkts geworfen wird.

6. Mechanisches Üben versus Strategielernen

Wichtig ist auch, dass Lehrer effiziente Übungsmethoden den Schülern explizit und eindringlich vorführen. Bei der *Addition von Zahlen* (z.B. von „2+6“) kann man

1. bei 0 anfangen, zählt dann zuerst eins und eins, und danach noch sechs dazu.
2. Oder man beginnt bei 2 und zählt dann noch 6 Werte dazu,
3. oder man beginnt bei 6 und zählt dann noch 2 dazu.

Die dritte Strategie ist am effizientesten. Am einfachsten wäre es deshalb, dem Schüler diese Strategie einfach beizubringen statt ihm viele zusätzliche Übungsaufgaben zu stellen. Gage & Berliner (1996) schreiben dazu:

> *„In diesem Fall wäre es also weniger sinnvoll, dem Schüler noch mehr Übungsaufgaben zu geben. Sinnvoller wäre es herauszufinden, welche kognitiven Strategien der Schüler benutzt, um* ***Additionsaufgaben zu lösen und ihm dann zu helfen, diese Strategien effizienter zu machen … [Z]um Erfolg kommt man eher, wenn man die kognitiven Strukturen modifiziert, die der Schüler einsetzt, um bestimmte Dinge zu tun.*** *“* (S. 308)[54]

Beim Lesenlernen kann man feststellen, dass die Schüler der Grundschule schon bei Schulanfang sehr unterschiedlich differenzierte Schemata über Geschichten haben: Manche Kinder haben schon komplexe Vorstellungen darüber, was eine Geschichte ist, dass sie einen Anfang und ein Ende hat, dass sich eine Begebenheit an die andere reiht, dass es eine Hauptfigur gibt, die Schwierigkeiten zu überwinden hat, die dann der Reihe nach gelöst werden. Wenn nun ein Kind noch kein Geschichtenschema entwickelt hat, dann kann es die Geschichte schwer verstehen, auch wenn es jedes einzelne Wort entziffern kann. Gage & Berliner schreiben dazu:

> *„… Lesen … ist auch ein sinnstiftender Prozess… Strategien zur Verbesserung der Leseleistung, bei denen der Schüler Wörter und Wortgruppen stückweise verarbeitet, vielleicht noch mit Hilfe von inhaltsleeren Arbeitsblättern, konzentrieren sich wahrscheinlich auf den falschen Aspekt. Dennoch sind solche Techniken verbreitet, besonders bei leistungsschwachen Kindern oder Unterschichtskindern. Es scheint fast so, als ob die Kinder, die die größten schulischen Lernprobleme haben, die Lernmaterialien bekommen, die am schwersten zu bewältigen sind. Sie müssen zuerst dekontextualisierte Aufgaben auswendig lernen, Aufgaben also, die keinerlei Bezug zur Alltagswelt haben … [Solche] Lernaktivitäten sind nicht besonders sinnvoll.*
>
> *Dasselbe lässt sich für die Bereiche des Vokabellernens und der Rechtschreibung festhalten; beides wird oft über das Auswendiglernen vermittelt… [Wir] sollten uns beim Vokabellernen und bei der Rechtschreibung auf solche Worte konzentrieren, denen der Schüler ständig begegnet, beim Lesen, Schreiben oder Sprechen. Kontextgebunden, nicht isoliert lernen wir Wörter am besten.“*[55] (Gage & Berliner 1996, S. 310f.)

[54] Nach Stern (1992) funktioniert diese Arbeit an der kognitiven Struktur im Grundschulalter noch nicht bzw. nur sehr begrenzt. Allerdings liegt der Schwerpunkt ihrer Untersuchungen mehr in der Reihung von Übungsaufgaben und weniger in einer pädagogisch-didaktisch angemessenen Vermittlung effizienter kognitiver Strategien.

[55] Vgl. dazu Anand & Ross (1987) sowie Cordova & Lepper (1996).

Zusammenfassung: Wirksame Lerntechniken und Übungsmethoden

Die neueren Forschungen zu den Faktoren nachhaltigen Lernens ergeben ein recht komplexes Befundmuster. Bei der Bewertung der einzelnen Effekte muss geprüft werden, wie robust sie sind. Dazu gehören Fragen der Generalisierbarkeit der gefundenen Effekte auf verschiedene Personengruppen, Situationen, Fächern und Effektmaße. Eine solche, sehr differenzierte Analyse wurde von Dunlosky, Rawson, Marsh, Nathan, und Willingham (2013) durchgeführt. Die dabei erzielten Ergebnisse werden in folgender Tabelle wiedergegeben.

Tab. 12: Die Lernwirksamkeit von verschiedenen Lerntechniken im Überblick[56]

Lerntechnik	Beschreibung	Nutzen
1. Elaborierende Selbstbefragung („Elaborative interrogation“)	Eine Erklärung generieren, warum eine Tatsache oder ein Begriff zutrifft.	++
2. Selbsterklärung („self explanation“)	Erklären, wie neue mit alter Information verknüpft ist oder Erklären von Schritten bei der Promlemlösung.	++
3. Zusammenfassungen („Summarization“)	Zusammenfassungen verschiedener Längen von Lehrtexten erstellen.	+
4. Unterstreichungen/ Hervorhebungen („Highlighting, underlining“)	Potentiell wichtige Stellen des Lernmaterials werden während des Lesens durch Markern oder Unterstreichen hervorgehoben.	+
5. Schlüsselwortmethode („Keyword mnemonic“)	Schlüsselwörter und mentale Vorstellungen nutzen, um verbales Material miteinander zu verknüpfen.	+
6. Bildhafte Vorstellungen zum Text entwickeln („Imagery for text“)	Während des Lesens oder Zuhörens bildhafte Vorstellungen vom Textmaterial bilden.	+
7. Nochmals lesen („Rereading“)	Nochmals einen Text nach dem ersten Durchlesen lesen.	+
8. Durch Tests sich prüfen („practice testing“)	Sich selbst testen, wie gut man das zu Lernende beherrscht.	+++
9. Verteiltes Üben („distributed practice“)	Einen Übungsplan umsetzen, der die Übungsaktivitäten über einen größeren Zeitraum verteilt.	+++
10. Vermischtes Lernen („interleaved practice“)	Einen Übungsplan umsetzen, der verschiedene Arten von Aufgaben oder der verschiedene Lernmaterialien innerhalb einer Übungssitzung mischt.	++

Die hier dargestellten Lerntechniken sollen ein Vergessen der vermittelten Inhalte verhindern. Vermutlich gibt es große Diskrepanzen zwischen den von Lernenden und Lehrenden verwendeten Lerntechniken und den Lerntechniken, die sich in experimentellen Forschungen als lern-

[56] Die hier dargestellte Tabelle verbindet Angaben von Tabelle 1 (Dunlosky et a. 2013, S. 6) mit Angaben zum Nutzen von Lerntechniken aus Tabelle 4 (S. 45).

wirksam erwiesen haben. Man sollte dabei berücksichtigen, dass hier keineswegs alle Lerntechniken aufgeführt sind, die von Lehrern für lerneffektiv gehalten werden. So wird unter Lehrenden oft die Auffassung vertreten, man müsse die Lehrmethode vor allem dem Lerntyp anpassen. Es gebe den visuellen Typ, den auditiven Typ … Zutreffend ist, dass *je nach Wissensstand* Lernende unterschiedliche Aufgaben und Lehrtexte benötigen. Bei der Vorstellung von den unterschiedlichen Lerntypen handelt es sich dagegen um ein Märchen! (vgl. Kavale & Forness 1987; Rohrer & Pashler 2012).

4.6 Horizontale und vertikale Verarbeitung von Informationen

Horizontale Verarbeitung: Personalisierung und Kontextualisierung

Schulischer Unterricht sollte sich sowohl um eine horizontale wie eine vertikale Verankerung von Informationen im Langzeitgedächtnis bemühen. Eine *horizontale* Verarbeitung ist wichtig, um Informationen möglichst vielfältig und breit zu verankern. Je breiter die Informationsaufnahme angelegt wird, umso vielfältiger werden die Spuren im Gedächtnis verankert. Dadurch **sind sie auch auf vielfältigen Wegen wieder abrufbar bzw. erinnerbar. Breite bzw. horizontale Verarbeitung bedeutet dabei soviel wie genaues Einprägen der Oberflächenmerkmale.**

Was kann man tun, um eine größere Breite der Verarbeitung zu gewährleisten? Vor allem ist hier an eine Ausschöpfung von Erlebnismodalitäten wie Tasten, Riechen, Schmecken sowie präzises inneres Wahrnehmen – angefangen von Bewegungsempfindungen an den Gelenken, Erleben von Freude, Ärger, Furcht – zu denken. Der Bezug zum Arbeits- und zum Erlebnisunterricht ist hier offensichtlich. Erleben meint hier nicht nur Sehen und Hören, sondern auch Bewegungssinn, Temperatursinn, Gleichgewichtssinn, innere Organgefühle (Herzrasen, Angst, Beklemmung).

Nehmen wir als ein Beispiel die Behandlung des Hopfens im Unterricht. Ein Lehrer bringt zum Unterricht Hopfendolden mit und überlässt diese den Kindern. Diese zerreiben die Pflanzen (Tasteindruck), riechen daran, stellen einen bitteren Geschmack fest, sehen sich die Gestalt der Pflanzen an. Diese Eindrücke werden angereichert (Geschmack von Bier, Austausch von persönlichen Erfahrungen über ersten Biergenuss). Durch eine lockere und assoziationsreiche Unterrichtsstunde gelingt eine breite Verankerung des Hopfens im Gedächtnis. Eine solche breite Verankerung wäre kaum durch einen rein verbalen Vortrag über den Hopfen zu leisten.

Besonders Fächer wie Biologie, Sachunterricht, Geographie oder Physik eignen sich für derartige Sinnesanreicherungen von Informationen. Ein Lehrer, der beim Thema „Spinnen" Schüler Spinnen suchen lässt, ein Terrarium im Klassenzimmer aufstellt, einen Spinnenprofessor mit einer leibhaftigen Vögelspinne einlädt, und der am Schluss dann noch einen Film über Spinnen vorführt, wobei dieser Film wesentliche Informationen nochmals zusammenfasst und weiterführt, hat nicht nur in vielfältiger Weise verschiedene Sinne angesprochen, sondern auch einiges dafür getan, dass den Schülern der Unterricht Spaß macht. Man kann aber auch beim Thema Rauchen verschiedene Sinne ansprechen, indem z. B. der Lehrer als passionierter Nichtraucher einen Selbstversuch durchführt, bei dem die Schüler die Reaktionen der Versuchsperson genau in einem vorbereiteten Arbeitsblatt protokollieren sollen: Erhebung des Pulsschlags, des Blutdrucks, der Gesichtsfarbe vor, während und nach dem Rauchen usw.

Solche angereicherten Eindrücke über einen Gegenstand erleichtern das spätere Abrufen von Informationen aus dem Langzeitgedächtnis. Für das Wiedererinnern spielt jedoch auch die

Spezifität der Aufgabe, die später gelöst werden soll, eine Rolle. Das Wiedererinnern (Abrufen von Informationen) wird durch Hinweise, welche die Rekonstruktion von Situationen und Kontexten erleichtern, in denen gelernt wurde, gefördert. Wichtig sind dabei möglichst spezifische Abrufreize, die dem abzurufenden Inhalt ähnlich sind: Die Frage „welche Dreiecke haben wir in der letzten Stunde durchgenommen" ist viel leichter zu beantworten als die Frage „was haben wir in der letzten Stunde durchgenommen".

Ein anderes Beispiel wäre eine Unterrichtsstunde über die Kreuzotter, an die erinnert werden soll. Man kann sich auch hier fragen, durch welche Aufgabenformulierung den Schülern eine Erinnerung am ehesten erleichtert würde. Folgende Alternativen erscheinen zunächst sinnvoll.

1. Erinnere Dich, wir hatten vor 14 Tagen da vorne rechts eine Wandtafel hängen, auf der Schlangen abgebildet waren. Eine davon war eine Kreuzotter. Was weißt Du noch über sie?
2. Der Lehrer hängt nochmals das Wandbild an die Tafel, erinnert daran, dass es vor 14 Tagen dort hing, als dieser besonders schwüle Tag war, und stellt dann seine konkrete Frage über die Kreuzotter.
3. Der Lehrer fragt: „Was weißt Du noch über die Kreuzotter?"[57]

Analog ist die Frage „Wer hat Amerika entdeckt" leichter zu beantworten als die Frage „Wer hat 1492 etwas entdeckt?", weil „Amerika" eine bedeutungsreichere Information ist als 1492, die Verknüpfung „Amerika – Kolumbus" ist wahrscheinlicher gebildet worden als die Verknüpfung „1492 – Kolumbus" (vgl. Thurner 1981, S. 88 f.).

Horizontale Verarbeitung bezieht sich somit auf die Anreicherung von Informationen und Materialien mit vielfältigen Bedeutungen und Sinneseindrücken. Eine wichtige Möglichkeit, schulisches Lernen mit den vielfältigen Alltagserfahrungen der Schüler zu verknüpfen, stellt für den Lehrer der Einstieg in die Thematik und die Auswahl der Beispiele dar, an denen ein Sachverhalt erläutert werden kann. Diese Anreicherungen gewährleisten, dass man sich mit den Inhalten längere Zeit intensiv auseinandersetzt. Die Aufgabe horizontaler Verarbeitung besteht darin, zahlreiche breite Pfade anzulegen, auf denen die gelernten Informationen abgerufen werden können.

Wie wichtig eine solche Verknüpfung zwischen dem vorhandenen Wissen und dem neuen in der Schule zu vermittelnden Wissen ist, belegen Experimente, die von Moreno & Mayer (2000) durchgeführt wurden. Den Autoren ging es bei ihren Experimenten um die Frage, wie sich ein persönlicher im Vergleich zu einem rein sachlichen Erzählstil auf das Lernen auswirkt[58]. So werden vielleicht eher sachlich, fachlich und nüchtern orientierte Menschen versuchen, Informationen klar, verständlich und prägnant dem Schüler zu übermitteln. Dagegen könnten weniger fachlich orientierte Personen davon ausgehen, dass Informationen in einer möglichst personalisierten Weise dem Schüler nahegebracht werden sollten.

[57] Die geringste Erinnerungschance besteht bei c), die beste bei b).

[58] In Schulbüchern wird in der Regel der sachlich nüchterne Stil der Darbietung von Informationen bevorzugt. Eine Ausnahme dazu bildet das Physikbuch von Peter Häußler (2001) mit dem Titel „Donnerwetter – Physik!" Dieses Buch kann Lehrern zahlreiche Anregungen geben, wie im Fach Physik fachlich korrekt, aber in einer für Schüler verständlichen Form argumentiert werden kann.

Machen wir uns vielleicht zuerst einmal klar, was unter einer sachlichen im Unterschied zu einer personalisierten Information zu verstehen ist. Man vergleiche folgende Texte über die Entstehung von Gewittern und Blitzen (nach Moreno & Mayer 2000, S. 732):

Sachliche, unpersönliche Version	**Personalisierte Version**
Kalte feuchte Luft zieht über eine erwärmte Oberfläche und wird erwärmt. Die nahe am Boden befindliche erwärmte feuchte Luft steigt schnell in die Höhe. Weil die Luft beim Aufsteigen kühler wird, kondensiert der Wasserdampf zu Wassertropfen und bildet eine Wolke.	Lass mich erzählen was Dir passiert, wenn sich Blitze bilden. Nimm an, Du stehst draußen und du fühlst, wie die warmen Sonnenstrahlen die Erde erwärmen. Kalte feuchte Luft zieht über eine erwärmte Oberfläche und wird erwärmt. Die nahe am Boden befindliche erwärmte feuchte Luft steigt schnell in die Höhe. Weil die Luft beim Aufsteigen kühler wird, kondensiert der Wasserdampf zu Wassertropfen und bildet eine Wolke. Glückwunsch: Du hast soeben die Geburt deiner eigenen Wolke erlebt.
Die oberen Teile der Wolke erstrecken sich über den Gefrierpunkt, so dass im oberen Teil der Wolke sich Eiskristalle bilden. Manchmal sind die Wassertröpfchen und die Eiskristalle zu schwer, um durch den Aufwind gehalten zu werden. Wenn die Wassertröpfchen und die Eiskristalle durch die Wolke fallen, schleppen sie etwas von der Luft in der Wolke nach unten mit und produzieren dabei Fallwinde (downdrafts).	**Während du beobachtest, bewegst du deinen Kopf zum Himmel. Die oberen Teile deiner Wolke erstrecken sich** über den Gefrierpunkt, so dass im oberen Teil deiner Wolke sich Eiskristalle bilden. Brr! Wenn ich daran denke, wird mir kalt. Manchmal sind die Wassertröpfchen und die Eiskristalle zu schwer, um durch den Aufwind gehalten zu werden. Wenn die Wassertröpfchen und die Eiskristalle durch deine Wolke fallen, schleppen sie etwas von der Luft in deiner Wolke nach unten mit und produzieren dabei Fallwinde (downdrafts).
Wenn diese Fallwinde den Boden erreichen, verteilen sie sich in alle Richtungen und produzieren kalte Windstöße, die man kurz vor dem Beginn des Regens erlebt. *Innerhalb der Wolke* verursachen die steigenden und fallenden Winde das Entstehen von elektrischen Ladungen. Die negativ geladenen Teilchen fallen in den unteren Teil der Wolke, während die meisten positiv geladenen Teilchen in den oberenTeil der Wolke aufsteigen, usw.	Wenn diese Fallwinde den Boden erreichen, verteilen sie sich in alle Richtungen und produzieren kalte Windstöße, die du kurz vor dem Beginn des Regens erlebst. Wenn du in deine Wölke sehen könntest, würdest du ein klares Muster erkennen. *Innerhalb der Wolke* verursachen die steigenden und fallenden Winde das Entstehen von elektrischen Ladungen. Die negativ geladenen Teilchen fallen in den unteren Teil der Wolke, während die meisten positiv geladenen Teilchen in den oberen Teil der Wolke aufsteigen, usw.

Die Grundidee der Autoren ist: Eine personalisierte Information wird leichter und tiefer verarbeitet als eine unpersönliche Information (vgl. dazu auch Anand & Ross 1987), weil sie enger mit den eigenen persönlichen Erfahrungen verbunden werden kann.

Die Autoren gehen von zwei Annahmen aus:

1. Die Verwendung personalisierter Sprache fördert eine Elaboration des Studieninhalts.
2. Teilnehmer benötigen weniger kognitive Anstrengung bei verbaler Information, wenn diese in einem vertrauten Stil (normale Konversation) präsentiert wird (und nicht in Form eines Monologs).

Insgesamt führt danach die personalisierte Form zu einer besseren Elaboration bei gleichzeitiger geringerer kognitiver Anstrengung. Diese Hypothese wird von den Autoren als *Interaktionshypothese* bezeichnet, weil die Personalisierung zu einer Integration und Interaktion zwischen persönlichen Erlebnissen und präsentierten Informationen führt.

Dem steht die *Transmissions-Hypothese* entgegen, nach der menschliche Kommunikation drei Prozesse beinhaltet:

- Enkodierung eines Gedankens in ein Signal durch den Sender,
- die Übertragung des Signals zum Empfänger, und
- die Dekodierung des Signals durch den Empfänger.

Die Transmissionshypothese behauptet, dass zwischen personalisiertem und unpersönlichem Kommunikationsstil kein unterschiedlicher Lerneffekt ausgeht.

Es wurden zunächst zwei Experimente durchgeführt: (1) Ein Experiment, in dem die Texte zu einer schrittweisen Animation über die Entstehung von Blitzen **gesprochen** wurden (Animation am Computer), und (2) in dem die Texte durch eine Textzeile in die Animation eingebaut wurden.

Es wurde erfasst, wie viel vom Text behalten wurde und wie viele kreative Lösungen auf Transferaufgaben gefunden wurden.

Behaltenstest: Folgende Frage wurde gestellt: Bitte schreiben Sie eine Erklärung auf, wie die Blitzentstehung funktioniert. Die Bewertung prüfte, wie viele der 8 Kerngedanken in der Darstellung vorkamen.

Problemlösungstransfertest: Es wurden verschiedene Fragen gestellt: (1) Was kann getan werden, um die Intensität eines Gewitters zu vermindern? (2) Was hat die Lufttemperatur mit dem Blitzen zu tun? (3) Nimm an, du siehst Wölken am Himmel, aber keine Blitze: Warum keine Blitze? (4) Was verursacht die Blitzentstehung? Dazu wurde folgende Anweisung zum Beantworten gegeben: „Bitte gib so lange Antworten, bis wir stopp sagen.“ Die Bewertung prüfte, wie viele kreative Lösungen auf die vier Fragen vorgeschlagen wurden.

Ergebnisse

Tab. 13: Mittlere Transfer- und Behaltenswerte, entsprechende Standardabweichungen, und Effektstärken (ES) für die personalisierten (P) und die neutralen (N) Gruppen.

	Experiment I: Text mündlich zur Animation					Experiment II: Text schriftlich in die Animation integriert				
	Personalisierter Text		unpersönlicher Text		Effektstärke	Personalisierter Text		unpersönlicher Text		Effektstärke
Werte	*M*	*SD*	*M*	*SD*	*ES*	*M*	*SD*	*M*	*SD*	*ES*
Transfer	5,87	1,36	4,31	1,62	1,00	5,09	1,69	2,36	1,71	1,60
Behalten	5,62	1,02	5,44	1,31	0,15	5,73	1,52	5,41	1,62	0,20

M steht für arithmetisches Mittel, *SD* für Standardabweichung, ES für Effektstärke. Die Werte streuen zwischen 0 und 8 beim Behaltenstest und von 0 bis 10 beim Transfertest. In Experiment I waren in Bedingung P und N jeweils 17 Personen (Studenten mit geringem meteorologischem Vorwissen), in Experiment II waren es jeweils 22 Studenten in jeder Versuchsgruppe.

In beiden Experimenten zeigen sich deutliche *Transfereffekte,* wobei die im zweiten Experiment erzielte Wirkung etwas stärker war. Die *Behaltenseffekte* waren jeweils nicht signifikant. Grund dafür könnte sein, dass die jeweils zusätzlich gegebene visuelle Information über die Animation die möglichen Effekte der Personalisierung zunichte machte.

Deshalb wurden weitere Experimente III bis IV durchgeführt, in denen auch Versuchsgruppen ohne Animation verwendet wurden: In diesen Experimenten wurde das Computerspiel „Design-A-Plant" verwendet, das sich auf Probleme der Umweltbiologie bezog. Schüler besuchen einen fremden Planeten, der bestimmte Merkmale aufweist (geringen Niederschlag, schwaches Sonnenlicht.) Aufgabe war, eine Pflanze zu entwickeln, die unter solchen Bedingungen gut überleben konnte (welche Wurzeln, welchen Stamm und welche Blätter sie haben müsste).

Auch hier werden die Unterschiede anhand von Auszügen aus den Versuchsbedingungen erläutert (Moreno & Mayer 2000, S. 733).

Neutrale Version	Personalisierte Version
Einführung in das Programm	
Dieses Programm behandelt, welche Arten von Pflanzen auf verschiedenen Planeten überleben. Für jeden Planet wird eine Pflanze entwickelt. Ziel dabei ist zu lernen, welche Art Wurzeln, Stamm und Blätter den Pflanzen in der jeweiligen Umwelt erlauben zu überleben. Dazu werden während des Programms Hinweise gegeben.	Du wirst mm eine Reise zu verschiedenen Planeten anfangen. Für jeden Planeten wirst du eine Pflanze entwickeln. Deine Aufgabe besteht darin zu lernen, welche Art von Wurzeln, Stamm und Blättern deiner Pflanze gestattet, in der gegebenen Umwelt zu überleben. Ich werde dich auf dieser Reise begleiten und dir einige Hinweise geben.
Einführung in die Umwelt	
Das Ziel ist, eine Pflanze zu entwickeln, die in dieser Umwelt mit starken Regenfällen überleben und sogar gedeihen wird. Sie ist in Bezug auf Wurzeln und Stamm vollkommen, aber die Blätter sollten so flexibel sein, dass sie nicht durch die starken Regengüsse beschädigt werden.	Dein einziges Ziel hier besteht darin, eine Pflanze zu entwickeln, die überleben wird, vielleicht sogar sich gut entwickeln wird in dieser Umwelt mit starken Regenfällen. Sie ist in Bezug auf die Wurzeln und den Stamm vollkommen, aber deine Blätter sollten so flexibel sein, damit sie nicht durch die schweren Regengüsse beschädigt werden.
Blatterklärung	
In sehr regenreichen Umwelten müssen Pflanzen sehr flexibel sein, so dass sie durch den Regen nicht beschädigt werden. Was wirklich zählt beim Regen ist die Wahl zwischen dicken und dünnen Blättern.	Dies ist eine sehr regenreiche Umwelt, und die Blätter deiner Pflanze müssen flexibel sein, so dass sie nicht durch den Regen beschädigt werden. Was wirklich zählt für den Regen ist deine Wahl zwischen dicken Blättern und dünnen Blättern.
Rückmeldung	
Richtige Wurzelwahl: Zu einer Umwelt mit viel Regen passt jede Wurzel.	*Richtige Wurzelwahl:* Ja! Zu dieser Umwelt passt jede Wurzel, die du auswählst.
Richtige Stamm-Wahl: Zu einer Umwelt mit viel Regen passt jeder Stamm.	*Richtige Stamm-Wahl:* Ja! Zu dieser Umwelt passt jeder Stamm, den du auswählst.
Richtige Blatt-Wahl: Die richtige Wahl ist dünne Blätter, die sehr flexibel sind und nicht im Regen brechen.	*Richtige Blatt-Wahl:* Ja! Du hast dünne Blätter ausgewählt, die sehr flexibel sind und durch den Regen nicht brechen.
Falsche Blatt-Wahl: Die richtige Wahl ist dünne Blätter.	*Falsche Blatt-Wahl: Wähle* dünne Blätter!

Im Verlauf des Programms besuchen die Schüler 8 Planeten. Nach der Einführung in die jeweiligen Bedingungen werden Fragen zu den benötigten Wurzeln, zum Stamm und zu den Blättern gestellt. Bei den Wurzeln soll der Schüler z.B. aus einer vorgegebenen Auswahl von Wurzeln eine passende auswählen. Wenn er eine falsche Auswahl trifft, dann erklärt der pädagogische Führer – dieser ist Teil des Computerprogramms – verbal, wie eine passende Wurzel aussehen sollte. Der Schüler kann dann eine zweite Wahl treffen. Bei richtiger Antwort geht es weiter mit dem nächsten Schritt. Bei falscher Antwort zeigt der Führer die richtige Wurzel und macht dann mit dem nächsten Schritt weiter. Diese Verfahrensweise wird dann auch beim Stamm und bei den Blättern verwendet.

In den verschiedenen Experimenten konnten sowohl bei den Transfer- wie bei den Behaltensaufgaben deutliche Wirkungen zu Gunsten der personalisierten Version des Computerprogramms festgestellt werden. Die Wirkungen sind besonders beim Transfer mit Effektstärken von etwa 1,5 Standardabweichungen bei den Experimenten III und IV sehr groß. Wenn die eingestreuten Fragen herausgenommen werden, sinkt der Effekt auf 0,86, ein immer noch deutlicher Effekt. Dies macht aber auch deutlich, wie wichtig es für das Lernen ist, in einem längeren Lernprozess Fragen an den Lerner zu richten, um diesen zu einer aktiven Auseinandersetzung mit dem Inhalt zu veranlassen.

Zu erklären bleibt, warum in der ersten Umgebung kein höherer Behaltenseffekt in der personalisierten Version auftrat. Moreno & Mayer (2000) meinen:

> *„Das Ausbleiben eines Multimedia-Effekts auf das Behalten interpretieren wir durch die zusätzliche Information, die in der Animation enthalten ist. In der früheren Forschung zu Multimedia-Effekten erzielten Schüler, denen wissenschaftliche Erklärungen über mündliche oder schriftliche Erläuterungen zusammen mit Animationen präsentiert wurden, bessere Ergebnisse in Behaltenstests als Schüler, die entweder nur den Text oder nur die Animation erhielten. Wir glauben in Übereinstimmung mit den Ergebnissen in Experiment 1 und 2, dass die Schüler die zusätzlichen visuellen Informationen der Animationen nutzten, um die Behaltensfragen zu beantworten." (Moreno & Mayer 2000, S. 731)*

Die deutlichsten Befunde bezogen sich auf die Lösung von Transferaufgaben. Die Lösung solcher Aufgaben halten die Autoren auch für besonders wichtig, weil sie auf eine tiefere Verarbeitung der Inhalte schließen lässt. Die Transmissionshypothese findet in den Daten keine Unterstützung.

Relevant erscheint die genaue Erklärung für die Interaktionshypothese:

> *„Zunächst einmal führt die direkte Anrede der Schüler dazu, dass sie die eingehenden Informationen als persönliche Information enkodieren und dabei ihre persönliche Erfahrungsbasis aktivieren. Diese persönliche Erfahrungsbasis liefert interne Reize in der Form von Erfahrungen, durch die eine Verarbeitung des Inhalts erleichtert wird, weil eigene Erfahrungen im Gedächtnis zugänglich gemacht werden, die auf die Inhalte der Lektion bezogen werden können. (Burnkrant & Unnava, 1989). Zweitens scheint eine Erklärung in einem vertrauten und authentischen Lernstil weniger Verarbeitungskapazität zu erfordern, um die Informationen zu übertragen und mit Sinn zu verknüpfen." (Moreno & Mayer 2000, S. 731)*

In der Regel werden somit Informationen leichter verarbeitet, in denen der Adressat als Teilnehmer in einem Dialog behandelt wird. Dies könnte daran liegen, dass Informationen in personalisierter Form die interne Erfahrungs- und Erlebnisbasis verbreitern, mit der neue Informationen nun verknüpft werden können: Das neue Wissen wird in die vorhandene Wissensstruktur stärker integriert. Dadurch wird es sowohl leichter aufgenommen als auch vielfältiger vernetzt und kann damit auch wieder über diese angelegten Pfade abgerufen werden. Hingegen bleiben bei der unpersönlichen Darstellungsweise persönliche Erfahrungswelt und schulisches Wissen voneinander getrennt.

Die vertikale Verarbeitung: Zentrale Ideen und Zusammenhänge verstehen

Die vertikale Verarbeitung bezieht sich auf die Verständnistiefe. Durch vertikale Verarbeitung wird an der Verfeinerung des allgemeinen Gerüsts gearbeitet. Den Knoten dieses Gerüsts entsprechen die Schlagwörter eines systematischen Katalogs, die Verbindungsstücke stellen die Zusammenhänge und Verknüpfungen zwischen den Dingen dar[59]. Je stärker die aufgenommenen Inhalte z. B. mit schon gelernten Begriffen und Beziehungen verbunden werden, desto stärker werden die Informationen nach Gemeinsamkeiten und Unterschieden gruppiert. Nach diesem Kriterium können dann auch wichtige Informationen von weniger wichtigen Informationen unterschieden werden, eine Konzentration auf die wichtigen Inhalte durch diese Eingruppierung verbessert die Verankerung im Langzeitgedächtnis. Durch diese Gruppierung werden ferner verschiedene Wege zum Wiedererinnern und Abrufen der Information gebahnt, Informationen können dann leichter über (verschiedene) hierarchische Pfade abgerufen werden.

Gut strukturierte, hierarchisch gegliederte Inhalte werden weit besser behalten als unstrukturierte Texte und Darstellungen. Dies deshalb, weil offensichtlich auch in unserem Gedächtnis die Inhalte in einer gewissen Weise hierarchisch geordnet bzw. vernetzt sind und die Kenntnis des Gliederungsprinzips eine Rekonstruktion der Inhalte erleichtert. Wie wichtig dieser Faktor ist, kann anhand zweier klassischer Experimente verdeutlicht werden.

Collins & Quillian (1969) ließen Versuchspersonen beurteilen, ob Aussagen wie die folgenden wahr oder falsch sind.

- Rotkehlchen fressen Würmer.
- Rotkehlchen haben Federn.
- Rotkehlchen haben Haut.

Die Zeiten für diese Feststellungen wurden gemessen.[60] Wenn das Gedächtnis hierarchisch aufgebaut ist, dann steht auf der obersten Ebene das Tier bzw. irgendein Lebewesen, auf der nächst tieferen Ebene wird dann z. B. nach Säugetieren, Vögeln, Fischen und Insekten differenziert, auf der dritten Ebene dann nach verschiedenen Vogelgruppen, z. B. Singvögel und Raubvögel, auf der vierten Ebene dann verschiedene Vogelarten wie z. B. das Rotkehlchen oder der Mäusebussard. Die oben genannten Eigenschaften gehören vermutlich zu verschiedenen Ebenen, so gehört „Würmer fressen" zu der spezifischen, unteren Ebene, da sie Rotkehlchen direkt charakterisiert. Rotkehlchen „haben Federn" gehört zur Ebene Vogel, und die Eigenschaft „hat Haut" gehört vermutlich zur obersten Ebene: das Rotkehlchen ist ein Tier und deshalb hat es Haut. Je weiter nun die Suchwege im Gedächtnis sind, vorausgesetzt, es ist in dieser Weise hierarchisch

[59] Das Bild von einem Gerüst ist vielleicht etwas irreführend. Vielleicht wäre das Bild von einem kleinen Dorf zutreffender, in dem dann einzelne Häuser für eng zusammenhängende Bereiche stehen ...

[60] Man nennt das „Feststellen der Verifikationszeiten".

strukturiert, umso länger sind die Verifikationszeiten. Entsprechend fielen die Verifikationszeiten der Versuchspersonen aus: Die erste Aussage „Rotkehlchen fressen Würmer" wurde am schnellsten verifiziert (1310 Millisekunden), die zweite dauerte schon etwas länger (1380 Millisekunden), und am längsten dauerte die Verifikation der dritten Aussage, abstraktesten Aussage („Rotkehlchen haben Haut", 1470 Millisekunden). Die präzisen, konkreten Aussagen, die am nächsten an der Realität sind, werden also am schnellsten verifiziert. Daraus zu folgern, dass die theoretischen, abstrakten Begriffe für die Erinnerungsleistungen unwichtig sind, wäre jedoch völlig falsch, wie die Ergebnisse der folgenden beiden Experimente verdeutlichen.

Durch ein Experiment (vgl. Bower, 1970) kann gezeigt werden, wie sehr eine hierarchische Vorgliederung von Informationen das Behalten erleichtert. Die Autoren legten Versuchspersonen hierarchisch geordnete oder ungeordnete Listen von Wörtern vor, die diese nach mehrmaligem Lesen möglichst vollständig rekonstruieren sollten. Bei der geordneten Liste ging man z. B. vom Oberbegriff Mineralien aus, der dann in Metalle und Gesteine aufgeteilt wurde (vgl. Abbildung unten). Die Metalle wurden dann weiter aufgeteilt in seltene und geläufige Metalle und Legierungen, die Gesteine in wertvolle Steine und Bausteine. Wenn die Mineralien in diese Übersicht eingeordnet wurden, dann konnten diese Mineralien viel schneller behalten und wieder abgerufen werden.

Die hierarchische Organisation von Lernmaterial am Beispiel einer Begriffshierarchie (nach Gage & Berliner, 1996, S. 292).

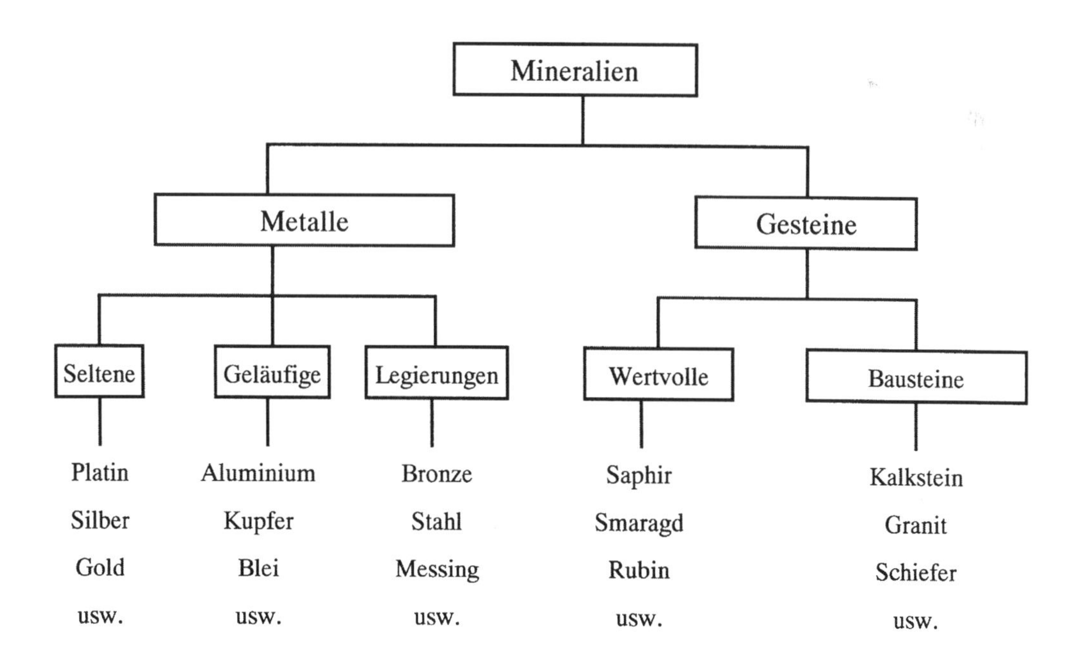

Abb. 6 Die hierarchische Strukturierung von Mineralien

Bower bemerkt dazu (1970, zit. nach Gage & Berliner 1996, S. 293):

> „Es ist offensichtlich, dass die Versuchspersonen, denen die geordneten Listen vorlagen, ungefähr dreimal so viele Wörter erinnern konnten wie diejenigen, denen die wahllos zusammengestellten Listen vorlagen. Vom dritten Versuch an konnten die Versuchspersonen der Gruppe 1 sich an alle 112 Wörter erinnern, während das Erinnerungsvermögen der Gruppe 2 im vierten Versuch noch nicht an das Ergebnis des ersten Versuchs der Gruppe 1 herangekommen war."

Wir gingen davon aus, dass Inhalte im Gedächtnis schon in bestimmter Weise strukturiert sind, und deshalb ein Bezug zu dieser Strukturierung ein Abrufen der Informationen erleichtert. Strukturierungen sind insofern gelernte Schemata, die ein systematischeres Erinnern ermöglichen. *Wenn wir wissen, dass man Gesteine in wertvolle Gesteine und Bausteine untergliedern kann, dann fallen einem zu beiden Kategorien leichter einzelne Beispiele ein, für wertvolle Gesteine z. B. Diamant, Smaragd, Rubin.* Die Systematik zu erinnern ist offensichtlich weniger gedächtnisbelastend als das Erinnern aller einzelnen ungeordneten Gesteine. ***Vertraute Systematiken sind also Abrufhilfen für das Gedächtnis.***

Gegen das Experiment von Bower könnte man einwenden, die Ergebnisse seien auf die Schule nicht anwendbar: In der Schule ginge es meist nicht um das Lernen von Wortlisten. Außerdem seien solche Effekte nur bei Studenten und nicht bei Schülern überprüft worden. Die Übertragbarkeit dieser Befunde auf die Schulpraxis belegt ein Unterrichtsexperiment von D. Dumke (1984), auf das ich hier kurz eingehen möchte. Dumkes Unterrichtsexperiment ist vor allem deshalb interessant, weil er sowohl zwei verschiedene Themen verwendete (das Eichhörnchen, die Eskimos) als auch überprüfte, in welchem Umfang sowohl starke wie auch schwächere Schüler von solchen hierarchischen Strukturierungen profitieren. Insbesondere bei schwächeren Schülern wird von Lehrern häufig vermutet, dass diese mit solchen hierarchischen Gliederungen überfordert würden. Von ihnen wird eher angenommen, dass ein Arbeiten mit einem Lückentext, der keine solche hierarchische Einordnung erfordert, zu besseren Ergebnissen führt. Dumke (1984, S. 48) schreibt dazu:

> *„Die meisten spontanen Lehreräußerungen betrafen diesen Punkt. Es wurde nahezu einheitlich vermutet, dass die schwächeren Schüler hier [bei Verwendung hierarchischer Strukturierung] schlechter abschneiden würden als beim Lückentext."*

Die Untersuchung wurde mit zwölf dritten Klassen aus fünf Grundschulen durchgeführt. In sechs Klassen wurde das Thema „Das Eichhörnchen", in den anderen sechs Klassen das Thema „Eskimos" behandelt. Nach einer Einführung in das Thema (ca. 20 Minuten) erfolgte in jeder Klasse eine Zufallsaufteilung der Schüler in Versuchs- und Kontrollgruppe. Die Arbeit in diesen Gruppen verlief dann in folgenden Schritten (nach Dumke 1984, S. 45):

Versuchsgruppe	**Kontrollgruppe**
Arbeitsbogen verteilen	Arbeitsbogen und Wörterliste verteilen
Hierarchie (höhere Ebenen) erarbeiten und lernen lassen	Arbeitsbogen erklären, Beispiele vorlesen lassen
Wörterliste verteilen	Lückentext ausfüllen lassen
Arbeitsbogen ausfüllen lassen (untere Ebene, stilles Lesen)	stilles Lesen
Wörter nach Oberbegriffen geordnet vorlesen lassen	Text vorlesen lassen

Für die Versuchsgruppe war eine schülergemäße Erarbeitung des Strukturbaums und eine Erläuterung der darin enthaltenen Begriffe wichtig. Der hierarchische Strukturbaum für das Thema „Eskimos" sah wie folgt aus (Dumke 1984, S. 45):

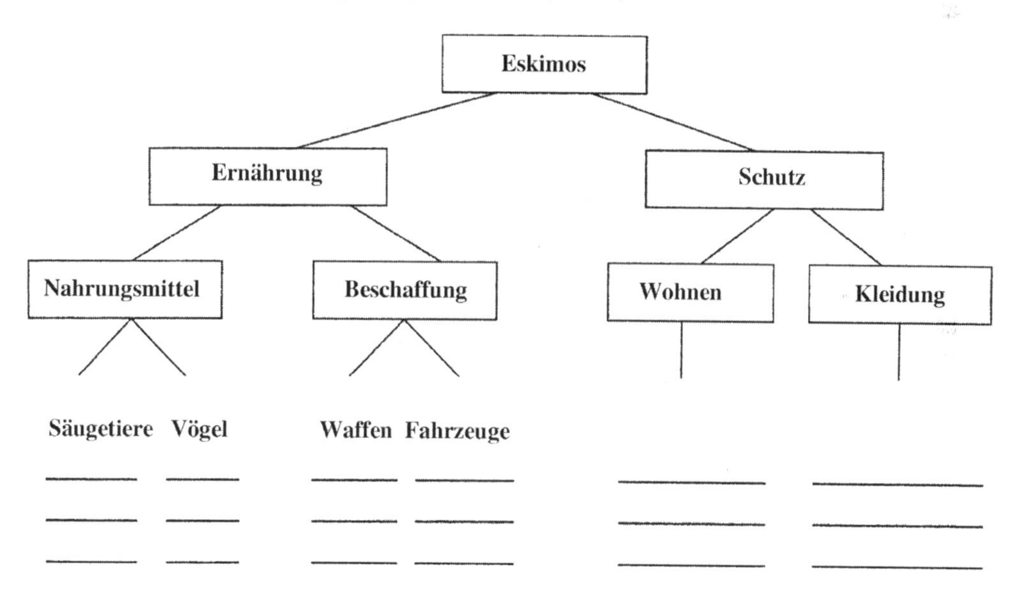

Abb. 7 Der hierarchische Strukturbaum zum Thema Eskimos (nach Dumke 1984, S. 45)

Nach dieser Arbeit in getrennten Gruppen gingen alle Schüler in ihre Klassen zurück, wurden durch ein kurzes Gespräch (5 Min.) abgelenkt, worauf dann ein Behaltenstest durchgeführt wurde (15 Min.). Der Test enthielt Fragen der folgenden Art:

„Was weißt Du über die Wohnung des Eichhörnchens?

____

____

Womit fuhren die Eskimos zur Jagd?"

____

____

Sechs Wochen später wurde noch ein zweiter Nachtest durchgeführt, an dem allerdings nicht alle Klassen teilnehmen konnten. Ich gehe deshalb nur auf die Ergebnisse beim ersten Nachtest ein.

Ergebnisse: Sowohl die stärkeren wie auch die schwächeren Schüler lernten durch die hierarchische Strukturierung deutlich mehr. Die prozentuale Punktzunahme der Versuchsgruppe im Vergleich zur Kontrollgruppe betrug beim Thema Eichhörnchen bei den guten Schülern 24 % und bei den schwächeren Schülern 15 %; beim Thema Eskimos waren es bei den guten Schülern 19 % mehr, bei den schwächeren Schülern 29 %. Beim Thema Eskimos haben die lernschwächeren Schüler der Versuchsgruppe das gleiche Leistungsniveau wie die leistungsstarken Schüler der Kontrollgruppe erreicht (vgl. Dumke 1984, S. 46, 47).

Offensichtlich waren die Annahmen der Lehrer bezüglich der Verständnismöglichkeiten der schwächeren Schüler unbegründet. Diese Schüler lernen mit Hilfe solcher Strukturierungen nicht schlechter, sondern sogar deutlich besser! Voraussetzung dafür ist allerdings, dass die zum **Abrufen der Inhalte gebildeten Oberbegriffe konkret und anschaulich erarbeitet werden.** Die **Ergebnisse von Dumke liefern insgesamt einen konkreten Beleg für die These, dass die herkömmliche Beschulung schwächerer Schüler diese tatsächlich nicht besser, sondern schlechter** fördert. Entsprechend wichtig scheint hier eine Veränderung des pädagogischen Leitbildes von Lehrern über Methoden effektiver Förderung dieser Kinder.

Eine vertikale Verarbeitung von Inhalten wird durch Beantworten mehr oder weniger komplexer Fragen zum Text, durch das Anfertigen von Exzerpten und von schriftlichen Zusammenfassungen, durch Unterstreichungen wichtiger Textstellen oder Textzeilen und durch bewusstes inneres Wiederholen der Kerngedanken gefördert. Gemeinsam ist diesen Techniken, dass Schüler zunächst zu einer inneren Wiederholung der gelernten Inhalte gezwungen werden. Dazu stellen sie dann Thesen auf, die sie auf ihren Wahrheitsgehalt z. B. durch nochmaliges Nachlesen im Text prüfen können. Solche inneren Wiederholungen in der Vorstellung sind für ein Verfügbarmachen der gelernten Inhalte von entscheidender Bedeutung. Nach Cooper, Tindall-Ford, Chandler & Sweller (2001) ist die Technik des inneren Nachvollzugs von Lösungsschritten („Imagining", „innerer Nachvollzug bei geschlossenen Augen bzw. ohne Text") bei der Lösung von Aufgaben für die Phase der Automatisierung und Festigung von Prozeduren von zentraler Bedeutung[61].

Besonders wichtig erscheint, dass Schüler lernen, Zusammenfassungen zu erstellen. Um dies zu lernen, müssen jedoch Lehrer selbst mit gutem Beispiel vorangehen und z. B. das Wichtigste der letzten Stunde wiederholen. Dazu müssen Schüler vier Grundregeln quasi automatisch anwenden lernen:

[61] Solche Methoden des inneren Nachvollzugs scheinen hingegen in der Phase der Aneignung neuer Schemata den Erwerb dieser Schemata eher zu behindern. In dieser Phase scheint ein konzentriertes Studium von Lösungsbeispielen wichtiger zu sein.

> *„(1) Hauptgedanken identifizieren, (2) triviale Informationen übergehen, (3) redundante (sich wiederholende Informationen) übergehen (4) Hauptgedanken mit Nebengedanken verbinden. Schüler, die diese Lernstrategien gelernt haben, können auch bessere Zusammenfassungen erstellen und dadurch mehr aus einem Text lernen ... [Es] gibt Menschen, die es nicht schaffen, selbst einfache Zusammenfassungen zu erstellen ... Auch wenn Schüler lernen, folgende Fragen an eine Geschichte zu stellen, bleibt die Geschichte besser im Gedächtnis: (1) Wer ist die Hauptfigur? (2) Wann und wo passiert die Geschichte? (3) Was tut die Hauptfigur? (4) Welche Gefühle hat sie dabei? (5) Wie geht die Geschichte zu Ende?"* (Gage & Berliner 1996, S. 313)

Durch eine tiefe Verarbeitung werden Begriffe mit übergeordneten Begriffen und Prinzipien verbunden und dadurch strukturiert. Für das Lernen schulischer Inhalte ist das Arbeiten an einem tragfähigen Gerüst bzw. Ordnungssystem, in dem alle Informationen eingeordnet und in ihrer Verbundenheit abgespeichert werden können, von entscheidender Bedeutung. Dieses Gerüst muss nicht nur durch die Entwicklung, Erklärung und Vertiefung der jeweiligen Inhalte, sondern auch durch Wiederholungen, Zusammenfassungen, Rückschauen sowie mit Hilfe der Durchführung häufigerer *informeller Lernkontrollen* aufgebaut werden.

Es gibt verschiedene Versuche, die zeigen, dass die strukturierte Vorgabe von Informationen im Vergleich zu einer unstrukturierten Vorgabe das Lernen enorm erleichtert (vgl. Bower 1970, Lambiotte, Dansereau, Cross & Reynolds 1989). Auch in der Unterrichtsforschung gilt als gut bestätigt, dass ein wohlstrukturierter Unterricht zu besseren Lernleistungen der Schüler führt als ein schlecht strukturierter Unterricht. Unter einem solchen wohlstrukturierten Unterricht versteht man Folgendes:

1. *Transparente Untergliederung der Stunde:* Sie sollte für den Schüler in verschiedene klar voneinander getrennte Unterrichtsschritte gegliedert sein (z. B. zuerst Hausaufgabenkontrolle, dann Einstieg, Übersicht über Gliederung, Erklärung- und Entwicklung neuer Inhalte, Stillarbeit etc.).
2. *Explizite, gut strukturierte Erklärung der neuen Inhalte selbst* (z. B. kohärente Abfolge von Sätzen), wobei diese Erklärungen mit den wichtigsten Punkten an der Tafel bzw. auf dem Overheadprojektor festgehalten werden sollten und für die Schüler im Schulbuch oder Schulheft in einer verständlichen Sprache nachlesbar sein sollten.[62]
3. *Aktive Strukturierung durch die Schüler selbst:* Die Schüler werden zu solchen strukturierenden Zusammenfassungen und Übersichten aufgefordert.

Wenn Schüler zu einer tieferen Verarbeitung von Inhalten bewegt werden können und sich dann eine passende Struktur selbst erarbeiten, dann kann dies der Vorgabe einer Strukturierung durch den Lehrer sogar überlegen sein. Allerdings ist die Erarbeitung einer Struktur durch die Schüler sehr zeitaufwendig und kann deshalb nur selten, und dann vor allem in höheren Klassen, praktiziert werden (vgl. dazu Stull & Mayer 2007).

[62] Vgl. dazu E. Kintsch (1990), Kintsch et al. (1993) sowie Britton & Gülgoz (1993) und von Glowalla et al. (1993). Auf diese Arbeiten wird in Kapitel 5 näher eingegangen. Präsentationen bzw. längere Erklärungen überfordern in der Regel die Möglichkeiten einer effektiven Informationsaufnahme und Informationsverarbeitung. Deshalb ist ein Dialog zwischen Lehrern und Schülern über die neuen Inhalte unbedingt erforderlich, außerdem ist wichtig, dass Schüler selbst zu klären versuchen, ob alle Informationen für sie verständlich waren.

Strukturierung bezieht sich nicht nur auf die gegliederte Vermittlung von Inhalten *innerhalb* eines Themenbereichs, sondern auch auf die *Verdeutlichung von Zusammenhängen zwischen verschiedenen Themenbereichen.* Zur Festigung und Differenzierung verschiedener Inhalte ist es wichtig, alte Ideen, die mit einer neuen Idee in Konflikt geraten könnten, explizit zu wiederholen und von der neuen Idee abzugrenzen. Von Schülern diese Leistung zu erwarten, ist illusorisch: Nicht einmal Studenten bilden beim Bearbeiten verschiedener Abschnitte eines Lehrbuchs selbst die möglichen Querverbindungen (vgl. Glowalla et al. 1993; vgl. Kap. 5). Eine explizite Behandlung solcher Verknüpfungen ist übrigens nicht nur für starke Schüler, sondern auch für Schüler mit Lernschwierigkeiten wichtig.

Was kann man tun, um einem trägen und fehlerhaften Schlussfolgeverhalten von Schülern entgegenzuwirken? Wichtig ist vor allem das Schließen von Kohärenzlücken bei der Formulierung von Erklärungen oder bei der Abfassung von Texten, eine *explizite Behandlung* der wesentlichen Gesichtspunkte, zusammen mit einer Abgrenzung von eher unwesentlichen Merkmalen. Zur Abgrenzung unterschiedlicher Begriffe, die leicht verwechselt werden, muss der Lehrer nach einer ersten Konsolidierung rechtzeitig *Gegenbeispiele* vorlegen, um eine Verfestigung falscher Begriffe und Prinzipien zu verhindern. Wenn sich falsche Prinzipien (z. B. Dividieren bedeutet immer Verkleinern) erst einmal eingeschliffen haben, ist ein Umlernen schwer.

Konkret wird ein Lehrer zunächst die relevanten und irrelevanten Merkmale von Begriffen erarbeiten und danach an verschiedenen Beispielen und Gegenbeispielen die Anwendung dieser Merkmale einüben. Entsprechend wird man bei der Behandlung von Spinnen im Unterricht die gemeinsamen Merkmale aller Spinnen herausarbeiten und sie von Käfern oder anderen Insekten abgrenzen. Wichtig erscheint dabei, dass man Gegenbeispiele auswählt, die auf den ersten Blick zur fraglichen Kategorie passen, aber bei denen dennoch wichtige Merkmale nicht gegeben sind.

Beispiele	**Gegenbeispiele, Ausnahmen (ist abzugrenzen von ...)**
Fische	Wale und Delphine
Spinnen	Insekten (z. B. Fliegen, Käfer)
Frost („alles zieht sich zusammen“)	Wasser („Wasser, das gefriert, dehnt sich aus“)
Vögel (alles, was fliegt)	Strauss, Kiwi, Fledermaus
Kürzen von Brüchen	Teilen, Aufteilen, Verkleinern von Brüchen

Im Unterschied zur horizontalen, breiten, erlebnisunterstützten Aufnahme von Informationen, die fast automatisch erfolgt, wenn entsprechende Lerngelegenheiten für die Sinne gegeben werden, muss die vertikale Verarbeitung stärker vorbereitet und gelenkt werden. Ohne diese vertikale Verarbeitung bleibt erlebnis- oder alltagsnaher Unterricht an der Oberfläche. Im Unterricht sollen abstrakte Begriffe, Regeln, Zusammenhänge vermittelt werden, und die Erarbeitung der inneren Struktur der Dinge erfordert die Herausarbeitung von Ähnlichkeiten und Unterschieden in den verschiedensten relevanten Hinsichten. Auch wenn z. B. abstrakte Begriffe oder Zusammenhänge graphisch und bildhaft verdeutlicht bzw. veranschaulicht werden, bleiben die Zusammenhänge und Begriffe gleichwohl abstrakt und müssen demzufolge in verschiedenen Hinsichten mehrfach tiefer verarbeitet werden.

Flächenberechnung des Parallelogramms

Behalten werden soll, dass die Fläche eines Parallelogramms sich nach der Formel „Grundlinie mal Höhe“ berechnen lässt. Zunächst wird man sich darum bemühen, die bildhafte Vorstellung sowie die dazugehörigen Begriffe wie parallel, Grundlinie, Höhe eines Parallelogramms zu festigen, indem man unterschiedliche Zeichnungen von Parallelogrammen vorgibt bzw. selbst zeichnen lässt und Grundlinien, Höhen und parallele Seiten bezeichnen lässt. Der Begriff der Parallelität sollte anschaulich und zeichnerisch entwickelt werden.

Besonders wichtig im Sinne einer vertikalen Verarbeitung ist die Verknüpfung des Parallelogramms mit verwandten Begriffen (allgemeines Viereck, Rechteck, Quadrat) und die Verwandlung des Parallelogramms in ein Rechteck. Wenn bekannt ist, wie die Fläche eines Rechtecks zu berechnen ist, dann muss nur dazugelernt werden, wie jedes Parallelogramm in ein flächengleiches Rechteck umwandelbar ist. Dieser Zusammenhang muss soweit verstanden werden, dass die Schüler selbst erklären können, wie und warum aus einem Parallelogramm ein Rechteck gebildet werden kann. Die Formel für die Berechnung der Fläche des Parallelogramms braucht dann nicht extra gespeichert zu werden. (vgl. Thurner 1981, 81 f.)

4.7 Feedback

Einführung

In der Phase der Aneignung neuen Wissens ist für das schulische Lernen das Vormachen (Modeling), Erläutern an Lösungsbeispielen und Visualisieren wichtig. Das explizite, alle Schritte umfassende Instruieren steht hier im Vordergrund. Nach der Phase der Aneignung neuen Wissens folgt die Phase des Anwendens, Erprobens und Übertragens des neu Gelernten. In dieser Phase spielen Rückmeldungen über die erreichte Kompetenz die entscheidende Rolle für das feste Verankern von Inhalten im Langzeitgedächtnis. Die Auswertung der zu diesem Aspekt durchgeführten Meta-Analysen weist Feedback mit einem d=0,73 als wichtigstes Mittel des Lehrens und Lernens aus (vgl. Hattie 2013, S. 206 f.; Hattie & Timperley 2007). Es kommt jedoch sehr auf die Lernumwelt an, ob die gegebenen Rückmeldungen diese hohe Wirksamkeit entfalten. Hattie, ein Experte im Bereich Feedbackforschung, stellt seine Schwierigkeiten mit diesem Konzept in folgender Weise dar:

„Als ich diese frühen Ergebnisse in Honkong präsentierte, stellt jemand die Frage, was mit Feedback gemeint sei. Seitdem habe ich mich darum bemüht, das Konzept von Feedback zu verstehen. Ich verbrachte viele Stunden in Klassenzimmern (wo mir die Abwesenheit von Feedback auffiel, auch wenn die besten Lehrpersonen versicherten, sie würden doch ständig Feedback geben). Ich arbeitete mit Lernenden, um deren, Fähigkeit, sich selbst zu helfen, zu verbessern (ohne viel Erfolg) und probierte verschiedene Methoden, Feedback zu geben. Der Fehler, den ich machte, war, in Feedback etwas zu sehen, was *die Lehrpersonen den Lernenden geben*. Das haben sie meist nicht getan, auch wenn sie behaupteten, dass sie es die ganze Zeit tun würden. Das meiste Feedback, das sie gaben, war sozialer und verhaltensbezogener Art. Erst als ich entdeckt habe, dass Feedback besonders wirksam ist, wenn es *der Lehrperson von den Lernenden gegeben wird*, begann ich, es besser zu verstehen. Wenn Lehrpersonen Feedback von den Lernenden einfordern, – oder zumindest offen sind gegenüber dem, was Lernende wissen, was sie verstehen, wo sie Fehler machen, wo sie falsche Vorstellungen haben, wo es ihnen an Engagement mangelt, – dann können Lehren und Lernen miteinander synchronisiert werden und wirksam sein. Feedback an die Lehrpersonen hilft, Lernen sichtbar zu machen.“

Dieses Zitat macht deutlich, dass Fragen des Feedbacks eng mit den Fragen eines adaptiven Unterrichts und mit den Möglichkeiten einer „formativen Leistungsbewertung“ zusammen hängen.

Für ein wirkungsvolles Feedback spielen folgende Fragen eine wesentliche Rolle:

- Ist die Aneignungsphase tatsächlich abgeschlossen, so dass eine erste Erprobung mit anschließender Rückmeldung erfolgversprechend ist? Es kann z.B. sein, dass eine solche Erprobung für 2/3 einer Klasse sinnvoll ist, während für das restliche Drittel ein zusätzliches Instruieren noch erforderlich ist.
- Sind die Schüler bereit, die Rückmeldungen konstruktiv zu nutzen? Wenn sie der irrigen Meinung sind, schon alles zu können, dann werden sie auch durch inhaltliche Rückmeldungen wenig lernen. Schüler sollten also durch Aufgaben, die in ihrer „Zone der nächsten Entwicklung“ liegen, Erfahrungen sammeln können, um falsche Verständnisillusionen rechtzeitig aufzubrechen. Wenn erst in der Klassenarbeit die schwierigen, herausfordernden Aufgaben gestellt werden, ist eine wesentliche Lernchance vertan.
- Wird das Feedback in einer Weise übermittelt, dass es zur Vervollständigung des Können genutzt werden kann? Dies geschieht leichter, wenn die Rückmeldungen den Zusammenhang zwischen den erbrachten Leistungen und den anvisierten kurzfristigen (Was ist mein nächstes Lernziel?) und längerfristigen Lernzielen (Welche Kompetenz will ich erreichen?) verdeutlichen.
- Bezieht sich das Feedback eher auf das Können des Lernenden („Du hast Dich zwar angestrengt, aber dennoch muss ich deine Leistung mit mangelhaft benoten!“) oder ist es rein sachlich im Sinne („Du kannst .... schon ziemlich gut. Worauf du in den nächsten Stunden mehr achten solltest, ist ...“). Sehr häufig nehmen Rückmeldungen die Form von Lob und Tadel an. Dabei stellt sich die Frage, was Rückmeldungen wirksam macht: Der affektive Belohnungswert der Rückmeldung oder der sachliche Informationswert (Relation zwischen erreichtem und anvisierten Leistungsstand).

Rückmeldungen haben (1) einen emotionalen und (2) einen kognitiven Aspekt. Zum ersten Aspekt gehört „richtiges“ Loben und Tadeln, zum zweiten Aspekt der Informationswert, den die Rückmeldung bezüglich der Aufgabenbearbeitung hat. In beiden Fällen ist zu beachten, wie der Schüler eine bewertende Bemerkung hinsichtlich seiner Leistung interpretiert.

Feedback als Lob und Tadel

Lob und Tadel wirken keineswegs immer so, wie sich dies der Lehrer gewünscht hat. In der Regel wird davon ausgegangen, dass Lob bzw. irgendwelche Formen der positiven Anerkennung und des Vergebens von Belohnungen die Auftrittswahrscheinlichkeit des „belohnten“ Verhaltens erhöht, während Tadel die Auftrittswahrscheinlichkeit vermindert. Häufig ist jedoch diese schlichte Theorie falsch. In vielen Fällen spornt Tadel an, während eine „billig“ erreichte Belohnung auch den Lerneifer vermindern kann. Wenn der Lehrer nicht nur die Leistung, sondern auch die investierte Anstrengungsbereitschaft berücksichtigt, macht er damit deutlich, dass der Schüler sich durch eigene Anstrengung verbessern kann. Wenn er dagegen dem Schüler vermittelt, er sei aufgrund beschränkter Fähigkeiten nicht in der Lage, die Dinge zu lernen, wird dadurch dem Schüler mitgeteilt, dass sich weitere Anstrengung nicht lohnt.

Um die *paradoxen Wirkungen von Lob und Tadel* zu verstehen, muss man also berücksichtigen, welche Botschaft Schülern durch Lob und Tadel übermittelt wird. Wenn ein Schüler sich z. B. in einem Fach wenig anstrengen muss und dennoch der Lehrer seine „gute“ Leistung in höchsten Tönen lobt, dann wird dem Schüler damit gleichzeitig signalisiert, dass der Lehrer seine wahre Leistungsfähigkeit gar nicht würdigt. Er lernt daraus, sich weiter im Unterricht nicht besonders anzustrengen, weil geringe Anstrengungen ja schon „belohnt“ werden. Wenn der Lehrer ihn hingegen getadelt hätte mit dem Hinweis, von ihm hätte er im Hinblick auf verschiedene Punkte erheblich mehr erwartet, würde er damit seinen Lerneifer stärker unterstützen. Ganz anders verhält es sich mit einem schwächeren Schüler, der trotz Anstrengung keine befriedigende Leistung erbracht hat. In einem solchen Fall würde sich ein deutliches Lob positiv auswirken, wobei zusätzlich dem Schüler mitgeteilt wird, in welchen Bereichen deutliche Leistungsverbesserungen feststellbar sind und in welchen in Zukunft noch weitere Anstrengungen erforderlich sind. Wenn dieser Schüler trotz seiner Anstrengung für seine Leistung nur getadelt wird, signalisiert ihm das, dass sich wahrscheinlich größere Anstrengungen auch in Zukunft nicht lohnen. Dies macht deutlich, dass Lob und Tadel sich adaptiv auf die investierte Anstrengung des Schülers beziehen sollte (vgl. Rheinberg 1998; Rheinberg & Krug 1999).

Feedback als Lern-Information für den Schüler

Für das Lernen ist der informative Aspekt einer Rückmeldung besonders bedeutsam. Dabei kommt es wesentlich darauf an, wie diese Rückmeldungen erfolgen. Reicht dabei ein kurzer Blick des Lehrers über die Hausaufgaben, wodurch er sich versichert, dass der Schüler die Hausaufgabe ordentlich erledigt hat, oder treten positive Lerneffekte erst ein, wenn konkrete inhaltliche Rückmeldungen gegeben werden? Dabei kann man folgende Arten von Rückmeldungen unterscheiden:

a) Information, ob die Antwort auf eine Frage richtig ist oder falsch
b) Information, was die richtige (Antwort) Lösung ist
c) Klarheit, nach welchen Gesichtspunkten die Bewertung erfolgt
d) Informationen, warum die gegebene Antwort richtig oder falsch ist
e) Aufforderung, nach der richtigen Antwort zu suchen, bis eine richtige Antwort gegeben wird
f) Graphische Darstellung der Leistungsentwicklung bezüglich eines Tests

Wenn nur die Information gegeben wird, ob die gegebene Antwort richtig oder falsch ist, dann geht von der Rückmeldung sogar ein negativer Effekt aus. Positive Effekte treten erst ein, wenn Informationen über die richtige Antwort oder über den Weg zur richtigen Antwort gegeben werden. Rückmeldungen sind in diesem Fall dann zentrale Hilfen zum Aufbau der zu bildenden neuen Schemata (vgl. Bangert-Drowns, Kulik, Kulik & Morgan 1991; Fuchs & Fuchs 1986, Marzano 2006, S. 5 f.).

Konkret bedeutet dies, dass Hausaufgaben- oder Übungskontrollen ohne sorgfältige inhaltliche Nachbesprechungen für das Lernen weitgehend wertlos sind. Auch eine bloße Mitteilung, ob eine Aufgabe richtig oder falsch (bzw. gut oder schlecht) bearbeitet wurde, hilft dem Schüler nicht, sein Wissensgerüst zu ergänzen. Stattdessen sollte der Lehrer für eine inhaltliche Nachbesprechung der Aufgaben *Lösungsfolien* parat haben, die er schrittweise am Overheadprojektor erläutern kann.

Black und Wiliam schreiben in ihrer Literaturübersicht über die positiven Wirkungen eines inhaltlichen Feedbacks Folgendes:

Rückmeldungen können Lernergebnisse verbessern, wenn jeder Schüler spezifische Informationen über seine Stärken und Schwächen erhält, ohne dass die Leistung benotet wird. Somit ist die Art und Weise, in der Schüler über die Stärken und Schwächen ihrer Leistungen informiert werden, entscheidend. ... Wir folgern, dass Rückmeldungen auf Tests, Stillarbeit und auf Hausaufgaben jeden Schüler anleiten sollten, wo er sich verbessern kann, und jeder Schüler sollte unterstützt und Gelegenheiten geboten werden, seine Leistungen zu verbessern." (Black & Wiliam 1998a, 144)

Inhaltliches Feedback sollten somit von den Schülern als Lernchance wahrgenommen werden. Wichtig ist dabei auch, dass explizit auf Fehllösungen und Fehlstrategien eingegangen wird. Wenn man z.B. die richtigen Lösungen anhand einer Overheadfolie durchgeht, sollte man *vor dem Zeigen der richtigen Lösung* von Schülern verschiedene Lösungen nennen lassen. Danach kann man dann – wenigsten bei ausgewählten Aufgaben – die wichtigsten Lösungs- und Fehlstrategien diskutieren.

Die Wirkung der Wiederholbarkeit von kleinen Zwischentests (Martinez & Martinez 1992)

Interessant sind in diesem Zusammenhang auch die Ergebnisse einer Studie, die Martinez und Martinez 1992 veröffentlicht haben. Die Untersuchung wurde mit Studierenden mit mathematischen Schwierigkeiten durchgeführt. Dabei sollte überprüft werden, ob die Wiederholbarkeit eines Zwischentest das Ergebnis im Endtest verbessert. In der Versuchsgruppe konnte jeder Zwischentest bis zu dreimal absolviert werden, in der Kontrollgruppe nur einmal. Die Schüler sollten möglichst einen Lösungsprozentsatz von 80% erreichen (Mastery-Kriterium). In der Versuchsgruppe wurde im Endtest ein Lösungsprozentsatz von 82% erzielt, in der Kontrollgruppe hingegen nur einer von 63%. Dies zeigt, dass schon allein die Möglichkeit zur Wiederholung eines parallelen Tests die Lernleistung steigern kann.

Für die Erklärung der Befunde von Martinez und Martinez (1992) kommen verschiedene Faktoren in Frage:

- *Inhaltliches Feedback:* Die Lerner können sich zu den Punkten, die nach den Testergebnissen noch nicht hinreichend gekonnt wurden, Zusatzinformationen verschaffen und dadurch ihr Wissensnetz „verbessern".
- *Bedeutsamkeit der Prüfungen:* Die Lernwirksamkeit des inhaltlichen Feedbacks wurde im Experiment durch die Bedeutsamkeit der End-Prüfungen für den Studienerfolg unterstützt.
- *Informationsabruf festigt Gedächtnisspuren:* Die Lerner mussten ihr Wissen aus dem Gedächtnis abrufen. Dadurch wurden Gedächtnisspuren gefestigt.
- *Lernsensibilität entwickeln:* Die Lerner konnten das vorhandene Wissen mit dem geforderten Wissen vergleichen. Dadurch wurden Verständnisillusionen aufgebrochen und Hinweise gegeben, was noch genauer gelernt werden müsste.

Vermutlich spielen diese Faktoren zusammen und ergeben insgesamt ein hochwirksames Lernarrangement. Früher nahm man an, dass Tests nur den Lernstand erfassen und keine weitergehenden Lernwirkungen haben. Karpicke und Blunt (2011a, S. 1) bemerken dazu:

> *„Genauso, wie wir annehmen, dass der Akt der Messung eines physischen Gegenstands nicht seine Größe, seine Gestalt oder das Gewicht des Gegenstands verändert, nehmen wir auch an, dass der Akt des Messens des Gedächtnisses nicht das Gedächtnis verändert. Deshalb hat sich pädagogische Forschung und Praxis auf die Verbesserung der Prozesse der Enkodierung des Wissens konzentriert – d. h. wie Wissen 'in das Gedächtnis' überführt wird. Viel weniger Aufmerksamkeit wurde auf die potentielle Bedeutsamkeit von Abrufprozessen für den Lernprozess gerichtet."*

Für effektives Üben und Lernen scheint somit *nach der ersten Aneignungsphase* folgendes allgemeines Grundschema bedeutsam zu sein:

1. *Wissen erarbeiten bzw. anwenden:* Bemühen um die Lösung einer komplexen Aufgabe durch Abrufen des vorhandenen Wissens,
2. *Wissen mit optimaler Lösung vergleichen:* Möglichkeit zum Vergleich „eigene Leistung" – „optimale Leistung" (ausführliche Lösungsbögen mit Begründungen), ohne Bewertung bzw. Benotung der Leistung,
3. *Wissen erweitern:* Überarbeitung der unter (1) erbrachten Leistung.

Dieses Grundschema kommt in verschiedenen schulischen Situationen in etwas abgewandelter Form zum Einsatz, z. B. bei der Wiederholung zentraler Inhalte am Anfang der Stunde oder bei der Zusammenfassung der wichtigsten Ideen am Ende der Stunde. Oft wird dabei der dritte Schritt, die schriftliche Überarbeitung der zuerst gegebenen Lösung, weg gelassen.

Welches Potential in der Anwendung dieses dreistufigen Schemas für das Lernen steckt, zeigen neuere Experimente von Karpicke und Blunt (2011 a).

Begriffsnetze erstellen oder Wissen mehrfach anwenden und prüfen (Karpicke und Blunt 2011 a)

Um sich die Inhalte eines komplexen Textes zu erarbeiten, werden in der Pädagogik häufig elaborative Techniken empfohlen. Eine solche Technik ist die Erstellung von Begriffsnetzen (Concept Maps). Schüler entwickeln dabei Diagramme, in denen die Knoten Begriffe repräsentieren und die Verbindungen zwischen den Knoten die Beziehungen zwischen den Begriffen verdeutlichen. Die Erstellung solcher Begriffsnetze gilt als eine aktive Methode der tieferen Elaboration von Inhalten.

Karpicke und Blunt (2011 a) verglichen die Lernwirksamkeit der aktiven Erstellung solcher Begriffsnetze mit einer Methode, die sich an dem oben dargestellten dreistufigen Schema orientiert.

Erstellung von Begriffsnetzen: In dieser Bedingung lasen die Versuchspersonen zunächst einen wissenschaftlichen Text über den Seeotter (5 Minuten). Danach erhielten sie allgemeine Informationen über die Erstellung von Begriffsnetzen, die an einem konkreten Beispiel erläutert wurden. Danach wurde ein Arbeitsblatt ausgeteilt, auf dem ein Begriffsnetz zum vorliegenden Text entwickelt werden sollte (25 Minuten). Dabei standen sowohl der Text als auch das Beispieldiagramm als Informationsquelle zur Verfügung. Falls das Begriffsnetz vorzeitig fertig war, wurden die Versuchspersonen aufgefordert, das Begriffsnetz auf Detailgenauigkeit zu kontrollieren.

Anwendung des 3-stufen Schemas: Zunächst sollten die Versuchspersonen den Text durchlesen (5 Minuten). Danach sollten sie alle Informationen, die sie noch rekonstruieren konnten, als Text in den Computer tippen (10 Minuten). Danach sollte der Text nochmals durchgelesen werden (5 Minuten), um ihn danach nochmals in einem 10minütigen Zeitintervall zu reproduzieren.

Die Lernzeit war somit in diesen beiden Bedingungen gleich.

Daneben gab es noch *zwei Kontrollbedingungen*:
- Eine, in der die Versuchspersonen den Text lasen (5 Minuten) und
- eine zweite, in der die Versuchspersonen vier Lesephasen mit jeweils 5 Minuten und einer Minute Pause dazwischen hatten.

Danach sollten alle Versuchspersonen angeben, wie viel Prozent der gelernten Informationseinheiten sie unter den verschiedenen Bedingungen in einer Woche noch erinnern konnten (0 %, 10 %, 20 %, ... 80 %, 90 % und 100 %.

Anschließend wurden alle Versuchspersonen verabschiedet und gebeten, eine Woche später zum Nachtest zu kommen.

Ergebnisse: Aufgrund der erstellten Begriffsnetze bzw. der reproduzierten Informationseinheiten konnte der Wissensstand erfasst werden, der direkt nach der Lernphase vorhanden war. In diesem Test zeigte sich zwischen den beiden Versuchsgruppen kein Unterschied. Beim Test eine Woche später zeigte sich ein deutlicher Wissensvorsprung der Gruppe, die nach dem drei-stufigen Schema zweimal das Wissen rekonstruieren mussten. Die Unterschiede waren sehr deutlich (d=1,5).

Das meta-kognitive Wissen über die Lernwirksamkeit der verwendeten Methoden war, wie erwartet, schlecht: Die Versuchspersonen erwarteten, dass das wiederholte Lesen das beste Ergebnis erzielt, weniger erfolgreich sei das einmalige Lesen sowie das Erstellen eines Begriffsnetzes. Das wiederholte Abrufen und Studieren der Informationen wurde für am wenigsten lernwirksam erachtet.

Das Grundmuster in diesem Experiment ist somit (1) das mehrfache Bemühen um eine eigene Lösung und (2) der Realitätscheck durch Vergleich mit einer optimalen Lösung bzw. mit dem Ausgangstext und (3) das Überarbeiten der Lösungen[63].

Das genannte dreistufige Grundmuster findet sich auch in der sog. *Wait-Time Technik*.[64] Bei dieser Technik gibt der Lehrer seinen Schülern die Möglichkeit, ihre Gedanken in Ruhe zu ordnen. Dies gelingt nicht, wenn auf Lehrerfragen immer sofort geantwortet werden soll.

Ausgangspunkt der Wait-Time waren Beobachtungen, dass Lehrer meist wenig Geduld beim Abwarten auf die Schülerantworten aufbringen (Rowe 1986). In der DESI-Videostudie zum Englischunterricht wurde z. B. festgestellt, dass knapp die Hälfte der Lehrerfragen kurzfristig (innerhalb von 3 Sekunden) beantwortet wird. Danach warten nur 11 % der Lehrenden, damit Schüler Zeit haben, auf die Fragen zu antworten. 40 % der Lehrenden geben Hilfestellungen, stellen eine andere Frage, reichen die Frage weiter oder gehen im Stoff weiter. Die mittlere Wartezeit beträgt 6,7 Sekunden. (vgl. Helmke, Helmke, Schrader, Wagner, Nold, und Schröder 2008, S. 354).

Bei der Wait-Time-Technik ist Folgendes zu beachten:

1. Der Lehrer sollte nach dem Stellen einer offenen, herausfordernden Frage genügend Geduld aufbringen, um Antworten abzuwarten. Statt zwei bis drei Sekunden sollte der Lehrer auch einmal bis zu fünf Minuten auf die Antworten warten.

[63] Dieses Experiment wurde von Mintzes, Canas, Coffey, Gorman, Gurley, Hoffman, McGuire, Miller, Moon, Trifone, & Wandersee (2011) kritisiert, worauf Karpicke & Blunt (2011 b) geantwortet haben.

[64] Die Wait-Time Technik ist auch ein Bestandteil der Think-Pair-Share Methode. Bei dieser Methode soll sich jeder Schüler zunächst im ersten Schritt (Think) genauer Gedanken über ein Problem machen, bevor er sich darüber mit seinem Partner austauscht (Share).

2. Er sollte für dieses längere Nachdenken Schüler dazu motivieren, sich zu zweit oder in kleinen Gruppen Antworten zu überlegen und diese zu diskutieren, um diese Antworten dann im nachfolgenden Klassengespräch einzubringen.

In einem Projekt von Black & Wiliam (2000) konzentrierte man sich auf die Wartezeit, die ein Lehrer sich gönnte, bevor er auf eine Frage einen Schüler aufrief. Zunächst stellte man fest, dass diese Zeit normalerweise sehr kurz ist. Daraufhin verlängerten die 24 am Projekt teilnehmenden Lehrer diese Wartezeit. Sie verlangten außerdem häufig, dass Schüler, bevor sie sich melden sollten, in einer Gruppe ihre Antwort diskutieren sollten. Dann änderte man die Art des Drannehmens: Schüler sollten sich nicht mehr melden, und der Lehrer konnte jeden Schüler aufrufen. Falsche und richtige Antworten wurden nun an Schüler weitergereicht, es sollte begründet werden, warum die Antwort richtig oder falsch ist. Durch alle diese Maßnahmen wurden von den Schülern präzisere Überlegungen über die zentralen Fragen gefordert.[65]

Eine andere Möglichkeit der Anwendung des oben genannten Grundmusters besteht darin, den Schülern zunächst eine herausfordernde Aufgabe zu stellen, für deren Lösung sie z. B. 10 Minuten Zeit erhalten. Während der Problembearbeitung geht der Lehrer durch den Klassenraum und macht sich Notizen zu den Lösungsversuchen der Schüler. Nach der Problembearbeitung bittet der Lehrer bestimmte Schüler, ihre Lösung schriftlich an der Tafel festzuhalten und danach die Lösung mündlich zu erläutern. Auf diese Weise können verschiedene Möglichkeiten zur Lösung des Problems dargestellt und häufige Fehler bei der Problemlösung diskutiert werden. In Japan ist dies eine der festgestellten Grundstrukturen des Unterrichts.

Diese Wait-Time-Methode ist auch ein Werkzeug, mit dem das aktuelle Verständnis erfasst werden kann. Auch ein vernünftiger Testeinsatz ist in diesem Zusammenhang wichtig. Sinnvoller als *ein großer Test* über eine ganze Stunde sind *viele kleine Tests,* weil sie nicht nur konkret das Weiterlernen strukturieren, sondern auch der Entwicklung von Testangst entgegenwirken. Eine Woche nach Einführung eines Inhalts scheint ein erster solcher Test sinnvoll, häufigere Tests wären kontraproduktiv. Sorgfalt sollte auf die Formulierung und Ausarbeitung der Fragen gelegt werden, die auch wirklich die zentralen Inhalte erfassen sollten. Auch hierbei ist eine inhaltliche Nachbesprechung der Lösungen anhand einer Lösungsfolie sinnvoll. Am besten sollten diese kleinen Tests in Zusammenarbeit mit anderen Lehrern entwickelt und durchgeführt werden.

4.8 Effektives Üben in der Schule

Die Strukturierung von Übungen

Übungen sollten in ihrer Schwierigkeit von leicht nach schwer strukturiert werden (vgl. Fürntratt 1978). Fürntratt konnte zeigen, dass bei konsequenter Anordnung der Übungen von leicht nach schwer der Lernerfolg am höchsten war; außerdem wurden die Aufgaben mit größerer Freude am Lernen erledigt. Dies widerspricht einer gängigen, aus der Theorie der Leistungsmotivation von Atkinson (1957) abgeleiteten Auffassung. Nach der Theorie von Atkinson (1957) sollen in Leistungssituationen bei Erfolgsmotivierten mittlere Schwierigkeitsgrade besonders lernförderlich sein. Die Ergebnisse von Fürntratt machen deutlich, dass für die Mehrzahl der Lernenden eine konsequente Schwierigkeitsreihenfolge von den leichtesten, die von allen Schülern möglichst fehlerfrei zu lösen sind, zu etwas schwereren bis hin zu schweren Aufgaben am sinnvollsten und effektivsten ist. Dies gilt nicht nur für den Lernerfolg, sondern auch für den

[65] Zit. nach Pellegrino et al. (2001), S. 226 f.

Lernspaß. Fürntratt bemerkt dazu (1978, S. 229): Die Anforderungen an Übungen ändern sich, je länger ein Inhalt oder eine Verfahrensweise eingeübt wurde. In diesem Fall haben Schüler schon viele der erforderlichen Schemata im Langzeitgedächtnis abgespeichert. Einige dieser Schemata sind schon fest verankert, während die Übertragung und Anwendung anderer Schemata noch Mühe bereitet. Hier sollten möglichst verschiedenartige Aufgaben zu dem behandelten Inhalt ausgewählt werden. Damit Schüler in die Lage versetzt werden, die noch vorhandenen Wissenslücken zu füllen, sind in diesem Fall ausführliche inhaltliche Lösungsrückmeldungen erforderlich.

In diesem Sinne sollten Übungen in ihrer Schwierigkeit von leicht nach schwer angeordnet werden (vgl. Fürntratt 1978). Fürntratt konnte zeigen, dass bei konsequenter Anordnung der Übungen von leicht nach schwer der Lernerfolg am höchsten war; außerdem wurden die Aufgaben mit größerer Freude am Lernen erledigt. Dies widerspricht einer gängigen, aus der Theorie der Leistungsmotivation von Atkinson (1957) abgeleiteten Auffassung. Nach der Theorie von Atkinson (1957) sollen in Leistungssituationen bei Erfolgsmotivierten mittlere Schwierigkeitsgrade besonders lernförderlich sein. **Die Ergebnisse von Fürntratt machen deutlich, dass für die Mehrzahl der Lernenden eine konsequente Schwierigkeitsreihenfolge von den leichtesten,** die von allen Schülern möglichst fehlerfrei zu lösen sind, zu etwas schwereren bis hin zu schweren Aufgaben am sinnvollsten und effektivsten ist. Dies gilt nicht nur für den Lernerfolg, sondern auch für den Lernspaß. Fürntratt bemerkt dazu (1978, S. 229):

> *„[D]ie am Anfang eines Trainingsprozesses einzusetzenden Aufgaben müssen konsequenterweise so leicht gewählt werden, dass der Lerner bzw. jedes Mitglied einer lernenden Gruppe sie mit einer Wahrscheinlichkeit von nicht viel weniger als 100 % lösen kann (ein Prinzip übrigens, das im programmierten Unterricht selbstverständlich und vermutlich für dessen Effizienz verantwortlich ist). Diese Konsequenz würde jeder Lehrer oder Trainer ziehen müssen …“*

Zu den verschiedenen Schwierigkeitsniveaus sollten jeweils eine ausreichende Anzahl von Übungsaufgaben ausgearbeitet werden. *Dies ist eine wesentliche Voraussetzung für eine wirksame Förderung aller Schüler.* Es ist wenig sinnvoll, wenn zu bestimmten Inhalten nur sehr einfache und zu anderen Inhalten nur sehr schwierige Aufgaben gestellt werden. Lehrer können nicht davon ausgehen, dass Schulbücher solche Gesichtspunkte in systematischer Weise berücksichtigen (vgl. Mayer, Sims & Tajika 1995; Xin 2007). Den Schülern sollte verdeutlicht werden, was Minimalziele, Ziele für das laufende Schuljahr und darüber hinausgehende Kompetenzziele sind. Wenn Schülern gesagt wird, in vier Wochen wird zu einem komplexen Thema eine Klassenarbeit geschrieben, und dazu müssten sie fünfzig Seiten im Biologiebuch durcharbeiten, dann werden die Schüler wenig motiviert sein, mit diesem kaum überschaubaren Lernstoff überhaupt zu beginnen. Sie schieben das Lernen lange auf, und versuchen dann, durch massiertes Üben kurz vor der drohenden Klassenarbeit die Seiten im Buch durchzuarbeiten. Manche Schüler werden nicht einmal dies tun. Der Lehrer kann in solchen Fällen aber auch ganz anders vorgehen: Er kann nach einem Übungs- und Wiederholungsplan, der den Schülern mitgeteilt bzw. mit ihnen abgesprochen wird, in jeder Unterrichtsstunde bestimmte Teile wiederholen, dazu nochmals Verständnisfragen stellen, kleine Kurztests dazu schreiben. Die Schüler merken dabei, dass ein konsequentes Bearbeiten dieser überschaubaren Lerneinheiten Spaß und den schwer verdaulichen Klotz „Klassenarbeit“ verdaulich macht (vgl. Bandura & Schunk 1981).

Viele Übungsmaterialien, die in Schulbüchern und zugeordneten Übungsmaterialien zur Verfügung gestellt werden, genügen nicht den in sie gesetzten Erwartungen. Die wenigen, zu Übungsmaterialien durchgeführten Forschungen belegen dies. Es ist kein Zufall, dass Schüler aus Japan, Singapur, Hongkong und Südkorea in Mathematik weit höhere Kompetenzen erreichen als Schüler aus westlichen Ländern wie Deutschland und den USA. Besonders auffallend ist die Kompetenz asiatischer Schüler beim Lösen komplexer Sachaufgaben. Eine Studie mit einem Schulbuchvergleich zwischen USA und China (Xin 2007) kommt zu dem Schluss, dass der tiefere Grund hierfür in einer anderen Strukturierung von Sachaufgaben in Schulbüchern zu suchen ist. Schon lange ist bekannt, dass Schüler sich durch bestimmte Schlüsselwörter leicht verleiten lassen, falsche Lösungsverfahren zu wählen. Dazu folgendes Beispiel:

„Im gestrigen Basketballspiel hat Tom 12 Körbe geworfen. Er warf dreimal so viele Körbe wie Fritz. Wie viele Körbe warf Fritz?"

Lernschwache Schüler neigen dazu, solche Aufgaben durch Multiplikation zu lösen; sie verlassen sich dabei auf Schlüsselwörter wie „dreimal", was auf Multiplikation als Lösungsverfahren hinweist. Chinesische Schüler lassen sich durch solche Oberflächenmerkmale von Aufgaben weit seltener verfuhren. Den Grund dafür sieht Xin (2007) in einer anderen Strukturierung der Sachaufgaben in chinesischen Schulbüchern. Während die US-Schulbücher eher geläufige und einfache Sachaufgaben unsystematisch aufnehmen, berücksichtigen chinesische Schulbücher in systematischer Weise verschiedene Typen von Sachaufgaben. Xin (2007, S. 357) zitiert folgende systematische Aufgabenvariation

„aus einem chinesischen Schulbuch der dritten Klassenstufe:

1. Es gibt 24 rote Bälle und 8 blaue Bälle. Wie viel mehr rote als blaue Bälle gibt es?
2. Es gibt 24 rote Bälle. Es gibt dreimal so viele rote Bälle wie blaue Bälle. Wie viele blaue Bälle gibt es?
3. Es gibt 24 rote Bälle. Es gibt dreimal so viele blaue Bälle wie rote Bälle. Wie viele blaue Bälle gibt es?

... [D]as chinesische Schulbuch lieferte den Schülern vielfältige Möglichkeiten, die verschiedensten Abwandlungen einer Aufgabe kennen zu lernen ... Durch systematische Manipulation der Konstruktion der Sachaufgabe und der Position der unbekannten Menge erarbeiteten die Schulbücher die Verbindung von Multiplikation und Division innerhalb eines übergreifenden Problemschemas."

In eine ähnliche Richtung geht eine Analyse von Hoven und Garelick (2007)[66] über die Methodik des Sachrechnens in Singapur. Danach soll die hohe Kompetenz der Schüler aus Singapur beim Lösen mehrstufiger Sachaufgaben damit zusammenhängen, dass sie schon ab dem dritten Schuljahr lernen, wie Sachaufgaben durch Stabdarstellungen visualisiert werden können. Im Kasten werden zwei Beispiele eine leichte und eine schwere Aufgabe – für das Rechnen mit Hilfe des Stabmodells gegeben:

[66] Die Lernwirksamkeit des Stabmodells wurde im Rahmen einer Examensarbeit von M. Vernet (2009) untersucht. Verglichen wurden Klassen, die insgesamt 6 Stunden mit dem Stabmodell in dritten oder vierten Klassen arbeiteten, mit Klassen, die ohne Stabmodell die gleichen Aufgaben im Unterricht bearbeiteten. Es zeigte sich, dass insbesondere die schwächeren Schüler signifikant von der Arbeit mit dem Stabmodell profitierten.

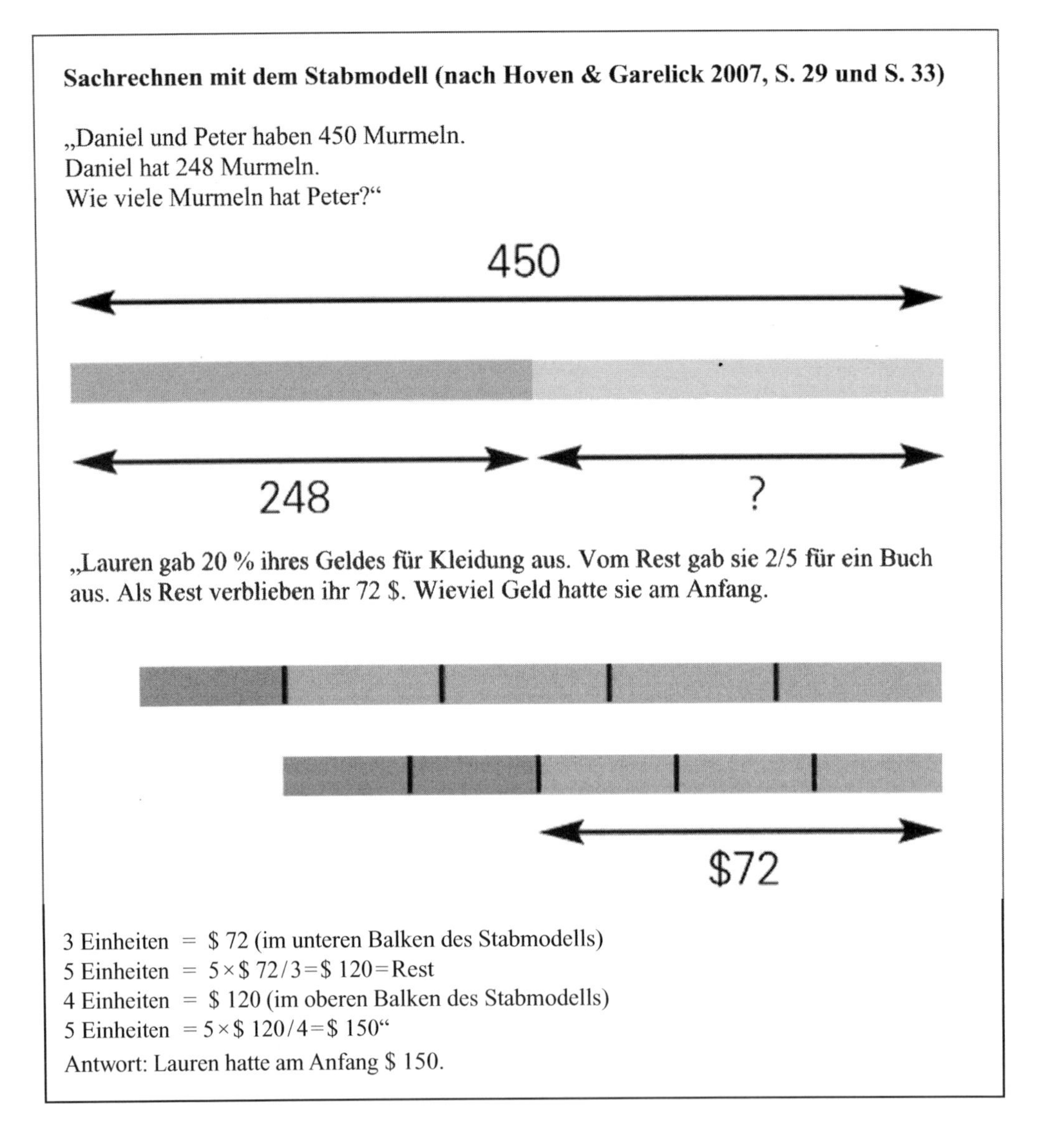

Sachrechnen mit dem Stabmodell (nach Hoven & Garelick 2007, S. 29 und S. 33)

„Daniel und Peter haben 450 Murmeln.
Daniel hat 248 Murmeln.
Wie viele Murmeln hat Peter?“

„Lauren gab 20 % ihres Geldes für Kleidung aus. Vom Rest gab sie 2/5 für ein Buch aus. Als Rest verblieben ihr 72 $. Wieviel Geld hatte sie am Anfang.

3 Einheiten = $ 72 (im unteren Balken des Stabmodells)
5 Einheiten = 5 × $ 72 / 3 = $ 120 = Rest
4 Einheiten = $ 120 (im oberen Balken des Stabmodells)
5 Einheiten = 5 × $ 120 / 4 = $ 150“
Antwort: Lauren hatte am Anfang $ 150.

Anregungsgehalt – Interessantheit, Balance zwischen abstrakten Aufgaben und Aufgaben mit einem Bezug zur Lebenswelt der Schüler:

Nicht zuletzt sollte eine Balance bestehen zwischen abstrakten Aufgaben und Anwendungsaufgaben, die einen Bezug zur Lebenswelt der Schüler herstellen. Solche Übungen fordern den Schüler zum Beispiel dazu auf, in seiner Lebenswelt Beispiele zu suchen (z. B. für schriftliches Addieren und Subtrahieren Kassenzettel). Auch Textaufgaben, die einen Zusammenhang zwischen abstrakten Inhalten und der Lebenswelt des Schülers herstellen, gehören dazu.

Eine Lernumgebung für effektives Üben herstellen

Zunächst möchte ich zwei Formen des Übens diskutieren, die ich für problematisch halte, und zwar

1. Üben im Rahmen der Methode „Lesen durch Schreiben“ und
2. Üben im Rahmen einer Übungsdoppelstunde

1. Üben im Rahmen „Lesen durch Schreiben“ (Reichen 1994)

Ich besuche eine 2. Grundschulklasse in Deutsch. Die Praktikanten, die ich betreuen soll, haben Schwierigkeiten, „normalen“ lehrergeleiteten Unterricht in dieser Klasse durchzuführen. Die Klasse ist daran gewohnt, selbständig („eigenaktiv“) am Wochenplan oder an Aufgabenstationen zu arbeiten. Die Lehrerin sitzt am Lehrertisch und korrigiert Arbeiten. Wenn ein Schüler eine Aufgabenstation bearbeitet hat, zeigt er seine Arbeit einem Chef, also einem Schüler, der die richtigen Antworten kennt und deshalb befugt ist, die Leistungen der anderen Schüler auf einem Laufzettel abzuzeichnen. Bei besonders anspruchsvollen Stationen übernimmt der Lehrer diese Aufgabe.

Die Schüler arbeiten nach der Methode „Lesen durch Schreiben“ nach Reichen. Es herrscht ein ruhiges Arbeitsklima. Die meisten Schüler arbeiten selbständig. Auffällig ist das große Leistungsgefälle: Es gibt Schüler, die kaum einen Buchstaben lesbar schreiben können und Schüler, die schon kleine Geschichten schreiben. Einige Schüler sind völlig demotiviert und malen lustlos irgendwelche Bildchen aus.

Die Reichen-Methode „Lesen durch Schreiben“ geht davon aus, dass Kinder auch in der Schule natürlich lernen. Als Hilfe wird den Kindern eine Anlauttabelle an die Hand gegeben, mit deren Hilfe sie leichter lesen und schreiben lernen sollen. Verpönt ist das Korrigieren von Schreibfehlern.

Seit mindestens 10 Jahren gibt es deutliche empirische Belege, dass bei dieser Methode, wenn sie streng nach den Vorgaben von Reichen umgesetzt wird, die leistungsschwächeren Schüler unter die Räder geraten (vgl. Metze 2008). Folgende Gründe spielen dabei eine Rolle:

- Die phonologische Bewusstheit ist bei einigen Schülern beim Schulbeginn noch nicht hinreichend entwickelt; diese Schüler müssten schon in der ersten Klasse dazu gezielte Förderungen erhalten (vgl. Küspert 2001)
- Die Phoneme werden durch die Anlauttabelle nicht richtig wiedergegeben.
- Lehrer und Chefs können nicht in ausreichendem Maß inhaltliche Rückmeldungen geben, weil Schüler an vielen verschiedenen Aufgaben arbeiten.
- Die Toleranz für Fehlschreibungen brennt falsche Muster in das Gedächtnis ein, die später schwer korrigierbar sind.
- Oft fehlt eine systematische Einführung und gemeinsame Einübung von Buchstaben, Sil-ben und zugehörigen Wörtern, so dass eine Automatisierung grundlegender Prozesse nicht stattfinden kann.
- Durch das individualisierte Lernen ist der Lehrer in seiner pädagogischen Aufgabe der Förderung aller Schüler überfordert.

Da die Schüler für ihr Lernen verantwortlich gemacht werden, wird das Gefühl der Verantwortlichkeit, das Lehrer bezüglich des Lernens in der Klasse haben sollten, reduziert. Dies ist wohl auch einer der Gründe für die Beliebtheit der Methode in Grundschulen (vgl. dazu den SPIEGEL-Artikel „Warum unsere Kinder nicht mehr richtig schreiben lernen" vom 17.6.2013).

2. Eine effektive Übungsdoppelstunde

Eine effektive Übungsdoppelstunde?
In einer Doppelstunde sollen Inhalte aus dem Deutsch- und Mathematikunterricht wiederholt werden. Dazu erinnert der Lehrer kurz an wichtige Punkte, ohne dabei vollständige und korrekte Erklärungen der relevanten Sachverhalte zu geben. Den Schülern werden drei Übungsbögen ausgehändigt: Einen zur wörtlichen Rede; einen zur Längenmaß- und einen zur Flächenmaßumwandlung. Jedes Übungsblatt enthält etwa 50 Teilaufgaben. Außerdem werden Chefs bestellt, die für die Kontrolle der ausgefüllten Bögen zuständig sind und die gegebenenfalls Hilfen geben sollen.

Auf den ersten Blick scheint diese Übungsdoppelstunde wohl strukturiert. Doch was passiert hier mit Schülern, die wesentliche Punkte noch nicht können und deshalb viele Fehler machen? Werden hier unnötig Fehler eingeschliffen? Und was lernen die Schüler dazu, die das Geforderte schon weitgehend beherrschen? Offensichtlich treten hier zwei grundlegende Probleme auf:

1. Die *Passung von Aufgaben und Kompetenzniveau* („adaptive Wissensstrukturierung") und
2. eine sinnvolle *Balance zwischen Übung und Rückmeldung.*

Eine alternative Übungsdoppelstunde könnte z. B. folgende Punkte berücksichtigen:

Am Anfang wird ein diagnostischer bzw. ein informeller Kurztest[67] bezüglich der drei Inhalte geschrieben und aufgrund von Lösungsblättern ausgewertet. Jeder Kurztest enthält zwölf Aufgaben (vier einfache, vier mittelschwere und vier schwere). Die richtigen Lösungen werden kurz besprochen und aufgrund der erzielten Ergebnisse werden die nachfolgenden Übungsbögen verteilt, um eine Passung zwischen Schwierigkeitsgrad der Aufgaben und Kompetenzniveau der Schüler zu erreichen:

- Wer mindestens 10 Aufgaben korrekt gelöst hat, braucht die Übungsblätter zu diesem Inhalt nicht bearbeiten. Diese Schüler bearbeiten die anderen Übungsbögen oder erhalten zusätzliche Aufgaben (als Chefs, Lehrerhelfer).
- Schüler mit höchstens sechs richtigen Antworten bearbeiten Übungsblatt 1 zu dem entsprechenden Inhalt.
- Schüler mit sieben bis neun richtigen Antworten bearbeiten gleich Übungsblatt 2.

Das Übungsblatt 1 enthält neben einfachen Aufgaben auch Lösungsbeispiele und Tipps zur Aufgabenbearbeitung, während Übungsblatt 2 auf solche zusätzliche Hilfen verzichtet und außerdem schwierigere Aufgaben enthält.

Wesentlich ist, dass die Übungssequenzen höchstens 15 Minuten dauern; danach sollten die Lösungen kontrolliert und Fehler sorgfältig besprochen werden. Schüler mit großen Wissens lücken können an einem Tisch zusammengefasst werden. Mit ihnen werden die Aufgaben der

[67] Unter einem informellen Kurztest verstehe ich hier einen schulintern entwickelten Tests zu den jeweiligen Inhalten, der bewusst nach verschiedenen Kompetenzniveaus differenziert.

Übungsblätter besprochen und zusätzliche Hilfen zum Lösen gegeben. Schüler mit guten Kenntnissen könnten bei der Lösungskontrolle als Helfer bzw. als Tutoren eingesetzt werden. Dies setzt allerdings voraus, dass sie für diese Aufgabe geschult wurden. Auch zusätzliche knifflige Aufgaben könnten dieser Gruppe von Schülern gestellt werden, um sie in ihren Möglichkeiten zu fordern.

Ferner könnte der Lehrer 10 Minuten vor Beendigung der Übungsstunde mit den Schülern gemeinsam die wichtigsten Punkte wiederholen, damit das Wesentliche im Langzeitgedächtnis fest verankert wird.

Einer der wichtigsten Punkte ist, dass „massiertes Üben" meist ineffizient ist. Für das Lernen sind Rückmeldungen nach kleinen Übungsphasen von etwa 10 Minuten viel wirksamer. Kurz: Es kommt hier nicht auf stumpfsinniges Üben, sondern auf reflektiertes Üben an („deliberate practice"). Reflektiertes Üben ist auf Rückmeldungen angewiesen.

Schülern ist mehr durch vermischte Übungen und wenig durch das isolierte Einschleifen von Prozeduren gedient. Wenn später verlangt wird, verschiedene Aufgabentypen sicher zu identifizieren, scheitern sie. *Wer im Unterricht nur auf isoliert gelernte Rezepte und Prozeduren setzt, verweigert den Schülern theoretische Anker, mit denen erst die Abspeicherung der Inhalte in effektiver Weise möglich wird.* Dieses Arbeiten mit unverstandenen Rezepten erzeugt somit gerade bei schwächeren Schülern die Defizite, die man eigentlich heilen will. Deshalb sollte z. B. eine Grundlage für die Prozentrechnung schon beim Behandeln der Bruchrechnung gelegt werden (vgl. Wellenreuther 1994, S. 55–57). Beim Unterrichten der Prozentrechnung kann dann das vorhandene Wissen aufgegriffen und vertieft werden (vgl. Zech 1996). Auch eine Angabe, was warum im Unterricht behandelt werden soll, ist für ein effektives Lernen wichtig. Solche Angaben erleichtern eine Konzentration auf das Wesentliche.

Der Umfang der notwendigen Übungen sollte für jeden Schüler danach bemessen werden, wie bedeutsam der zu lernende Inhalt für das *weitere Lernen* des Schülers ist. Wenn ein Schüler beim *Lesenlernen* am Ende des ersten Schuljahrs beträchtliche Defizite aufweist, muss der Lehrer zusätzliche Maßnahmen zur effektiven Förderung dieses Schülers einleiten. Ähnlich verhält es sich mit einfachen *Einspluseinsfakten* oder dem Beherrschen des *Einmaleins,* weil auf deren Kenntnis andere Operationen aufbauen. Die Entwicklung effektiver Übungsserien setzt vertiefte Kenntnisse im entsprechenden fachdidaktischen Bereich voraus. Der einzelne Lehrer ist schon allein aus zeitlichen Gründen überfordert, solche Übungsreihen zu entwerfen. Deshalb sollten hier unabhängige wissenschaftliche Institute die Lehrer mit kompetenzbezogenen Unterrichtsmaterialien versorgen, die den jeweiligen Wissensstand berücksichtigen. So gibt es im Bereich des Lesenlernens eine umfangreiche Forschungsliteratur, in der Übungen für die verschiedenen Stadien des Leselernprozesses entwickelt wurden (vgl. Küspert 2001). Ähnliches gilt für die Mathematik (vgl. Radatz & Schipper 1983). Übungen ohne Berücksichtigung des wissenschaftlichen Kenntnisstandes nützen wenig und können sogar Schaden anrichten. Die Übungspraxis würde zudem für den Lehrer erheblich erleichtert, wenn die schon durchgeführten empirischen Forschungen in systematischer Weise in den Schulbüchern berücksichtigt werden würden.

Das Klassenzimmer – eine vorbereitete Umgebung für Lernen und Üben

Lehrer sollten das Klassenzimmer in eine vorbereitete Umgebung für effektives Lernen und Üben gestalten, um sich auf die vielfältigen Anforderungen des Unterrichtens konzentrieren zu können. In allen Bereichen, in denen Lehrer die Lernbedingungen für ihre Schüler aufgrund ihrer Erfahrungen verbessern können, sollten Lehrer in den ersten Jahren ihrer professionellen Praxis Ordnungssysteme entwickeln, die ihnen eine schrittweise Verbesserung ihrer Unterrichtspraxis ermöglichen. So könnten Sie für folgende Bereiche Ordner anlegen, in denen sie ihre professionelle Praxis dokumentieren und weiterentwickeln:

- *Ordner 1 „Erklären und Einführen":* Geeignete Beispiele, Lösungsbeispiele und Veranschaulichungen in Fächern mit komplexen Aufgaben (Grammatik, Mathematik, Naturwissenschaften), um die Einführungen neuer Fertigkeiten und Kenntnisse immer weiter verbessern zu können.
- *Ordner 2 „Testen und Differenzieren":* Informelle Tests und Klassenarbeiten zusammen mit Lösungsprozentsätzen für die verschiedenen Aufgaben und möglichen Differenzierungsmaßnahmen.
- *Ordner 3 „Übungsmaterialien":* Für verschiedene Klassenstufen bzw. für die Einübung bestimmter Fertigkeiten in Einzelarbeit und in Partnerarbeit (z. B. Karten mit Aufgaben auf der Vorder- und Lösungen auf der Rückseite).

Solche systematischen Sammlungen können die Unterrichtsarbeit wesentlich erleichtern. Die Expertise des Lehrers kommt bei den Übungsmaterialien über die Lösungen auf der Rückseite zum Tragen. Der Lehrer ermöglicht den Schülern durch solche Kartensets ein selbständiges Üben. Brüning und Saum geben für das Fach Chemie im Jahrgang 7 für das Gebiet „Stoffe und ihre Eigenschaften" Vorschläge für ein solches Kartenset. Zur Verdeutlichung zitiere ich die ersten vier Aufgaben aus Brüning/Saum (2009, S. 17):

Vorderseite	Rückseite
Frage 1 Welche Stoffeigenschaften kannst du auch ohne Hilfsmittel überprüfen?	Antwort 1 Aussehen (Farbe), Geschmack, Geruch, Oberflächenbeschaffenheit
Frage 2 Welche Sinne solltest du bei unbekannten Stoffen nicht benutzen?	Antwort 2 Geschmack, Geruch
Frage 3 Löslichkeit ist eine messbare Stoffeigenschaft. Kennst du Beispiele für Lösungsmittel? Nenne 2!	Antwort 3 Wasser, Öl, Benzin
Frage 4 Nenne zwei Beispiele für einen Stoff, der sich in Wasser auflösen lässt!	Antwort 4 Salz, Zucker, Waschmittel, Kleister, Gips, Backpulver

Dem starken Bedürfnis der Lehrer nach Entlastung und Verminderung des Berufsstresses entsprechend haben sich bestimmte Verlage auf die Entwicklung von Übungsmaterialien spezialisiert. Diese Übungsmaterialien bestechen oft durch ihre motivierende Gestaltung. Inhalte werden scheinbar nebenbei vermittelt, so dass sich der Lehrer auf zwei Funktionen seiner Tätigkeit stärker konzentrieren kann: Der individuellen Förderung von Schülern und der Kontrolle der Disziplin.

Natürlich ist die Bereitstellung geeigneter Übungsmaterialien für jeden Lehrer von zentraler Bedeutung, schließlich wird ca. *2 Drittel bis 3 Viertel der Unterrichtszeit* für das Einüben und

Festigen von Kompetenzen benötigt.[68] Umso wichtiger ist jedoch, dass Übungen lernwirksam sind. Dabei sind zwei Gesichtspunkte von zentraler Bedeutung. (1) eine Ordnung der Übungsmaterialien von leicht nach schwer und (2) die Möglichkeit einer zeitnahen inhaltlichen Rückmeldung.

Übungsmaterialien können sich auf die Phase der Einführung und ersten Aneignung im Rahmen eines fragend-entwickelnden Unterrichts oder auf die Phase der Übung, Festigung sowie der Automatisierung von Inhalten beziehen.

In der *Phase der Aneignung* neuen Wissens könnten der Lehrer z. B. Klicker-Systeme einsetzen, die bisher in Deutschland meist nur in Wissensshows eingesetzt werden (vgl. Mayer, Stull, DeLeeuw, Almeroth, Bimber, Chun, Bulger, Campbell, Knight & Zhang 2009). Solche Systeme sind besonders für die Sekundarstufe II sowie für Vorlesungen in der Universität geeignet. Jeder Teilnehmer erhält ein Gerät, auf dem er z. B. die Antwortalternativen A, B, C oder D wählen kann. Der Lehrer (bzw. der Showmaster) kann dann blitzschnell sehen, wie viel Prozent der Teilnehmer Antwort A, B, C oder D gegeben haben. Danach kann er die richtige Lösung vorstellen und begründen. Erste Untersuchungen zeigen, dass durch ca. 3 Fragen pro Vorlesung die Lernwirksamkeit längerer Vorträge gesteigert werden kann. Es wird vermutet, dass diese erhöhte Lernwirksamkeit auf folgende Faktoren zurückzuführen ist: (1) Die Teilnehmer konzentrieren sich stärker auf die Inhalte, weil sie nur dann die Aufgaben lösen können, (2) sie lernen durch die zeitnahen Rückmeldungen auf die gegebenen Antworten, und (3) sie können sich besser auf die Aufgaben vorbereiten, die in der Abschlussklausur gestellt werden, weil diese Aufgaben den im Vortrag gestellten Aufgaben ähneln (vgl. Mayer et al. 2009).

Eine andere Möglichkeit besteht in der Verwendung von *Antwortkarten* oder *Antworttafeln*. Auf diese können Schüler eine kurze Antwort schreiben. Auf ein Zeichen des Lehrers halten dann alle Schüler ihre Antwortkarte hoch. Solche Antwortkarten bieten bestimmte Vorteile: *Alle* Schüler werden aktiviert und müssen aufgrund des bisher Gelernten versuchen, eine Lösung zu finden. Durch die sofort erfolgende Rückmeldung haben Schüler und Lehrer die Möglichkeit, den erreichten Wissensstand einzuschätzen und können danach den weiteren Lernprozess organisieren (vgl. Randolph 2007).

In der *Phase der Übung, Festigung und Automatisierung* von Inhalten stehen dem Lehrer verschiedene Möglichkeiten zur Verfügung. Üblich ist der Einsatz des Schulbuchs oder Übungsbuchs („Bearbeitet die Aufgaben 5–8 auf Seite 26; ihr habt 15 Minuten Zeit. Wer die Aufgaben nicht im Unterricht schafft, soll sie als Hausaufgabe erledigen. Wer frühzeitig alle Aufgaben gelöst hat, kann probieren, ob er Aufgabe 9 lösen kann.“) Wichtig ist, dass der Lehrer bei solchen Übungen für ein konzentriertes Arbeitsklima sorgt und sicherstellt, dass auch schwächere Schüler die ersten Aufgaben bearbeiten können. Dazu kann er diese Schüler an einem Tisch versammeln und die Lösung der ersten Aufgaben mit ihnen besprechen.

Eine weitere wichtige Möglichkeit des Übens in Partner- oder Einzelarbeit setzt die Herstellung von Karten voraus, auf deren Vorderseite die Aufgabe und auf deren Rückseite Lösungen mit Hinweisen zur Lösungsmethode stehen. Solche Karten können u. a. für Bereiche der Groß-Kleinschreibung, des Vokabellernens, der Grammatik sowie für arithmetische Fakten sinnvoll sein, um Schülern, die zentrale Kenntnisse noch nicht erworben haben, zu helfen, diese

[68] Für einen Unterricht, der sich strikt an den Bildungsstandards orientiert, ergeben sich vermutlich andere Relationen zwischen der Einführung von Inhalten und ihrem Einüben und festen Verankern. Zwar hat hier der Lehrer die Gewissheit, alles behandelt zu haben. Er weiß allerdings auch, dass bei einem solchen Unterricht bei den Schülern kaum etwas hängen bleibt.

Wissenslücken zu beseitigen. In solchen Fällen können zusätzliche Übungen z. B. am Nachmittag sinnvoll sein. Diese Übungsarbeit kann z. B. durch einen Elternteil oder durch Bildungspaten in Abstimmung mit dem Klassenlehrer angeleitet werden. Auch im Rahmen von Gruppenarbeit können solche Karten sinnvoll eingesetzt werden, um die Teams auf die Turniere vorzubereiten. Der Vorteil solcher Karten liegt darin, dass hierdurch zeitlich verteilt Übungen durchgeführt werden, die schwächeren Kindern helfen, den Anschluss an die Klasse nicht zu verlieren.

4.9 Hausaufgaben – was ist mit ihnen zu erreichen?[69]

Die Ausgangssituation: Eintausendfünfhundert Stunden – also etwa 1 1/2 Jahre – verbringt ein durchschnittlicher Schüler in Deutschland bis zum 10. Schuljahr mit Hausaufgaben (Lipowski 2004, S. 42). In manchen Bundesländern sind die Zeiten, die Schüler maximal mit Hausaufgaben verbringen sollen, klar geregelt. Die geltende Regelung sieht z. B. für Nordrhein-Westfalen für die Klassen 1 und 2 maximal 30 und für die Klassen 3 und 4 bis 60 Minuten pro Tag vor; bis 90 Minuten für die Klassen 5 und 6 und bis 2 Stunden für die Klassen 7 bis 10.

Gleichwohl wissen wir aufgrund der Hausaufgabenforschung, dass Hausaufgaben keine oder nur sehr geringe Wirkungen in unteren Klassenstufen haben. In den mittleren Klassenstufen werden die Wirkungen dann zunehmend größer (Cooper 1989).

Über die Faktoren, welche die Wirksamkeit von Hausaufgaben bestimmen, wissen wir aber durch Hausaufgabenforschung noch wenig. Die Hausaufgabenforschung steckt trotz mindestens sechzigjähriger Forschungsarbeit *„in den Kinderschuhen"*. (Trautwein 2008, 463)

Die vorherrschende Methode, etwas über die Wirkung solcher Hausaufgaben aussagen zu können, besteht in einem Vergleich von Klassen mit bzw. ohne Hausaufgaben. Nach einer längeren Zeit (z. B. nach einem halben Jahr) wird dann geprüft, ob die Klassen mit Hausaufgaben mehr dazugelernt haben als die Klassen ohne Hausaufgaben. Ein Großteil der experimentellen Hausaufgabenforschung besteht aus solchen „experimentellen" Studien (in Deutschland z. B. Wittmann 1964 und Ferdinand und Klüter 1968).[70] Für die Grundlagenforschung sind „echte" Experimente wichtiger, in denen gezielt bestimmte Faktoren variiert und kombiniert werden, um möglichst starke Effekte zu erzielen (vgl. Wellenreuther 2009 b; 2010 d).

Durch diese Hausaufgabenforschung kann nur grob geschätzt werden, wie sich Hausaufgaben auf die Leistung der Schüler sowie auf ihre Motivation auswirken. Man weiß dadurch nur etwas über die Wirkung von Hausaufgaben, die von Lehrern – oft *ohne lange Überlegung* – am Ende einer Stunde aufgegeben werden und die in der nächsten Stunde *kurz kontrolliert* werden. *Wie sich sorgfältig geplante und kontrollierte Hausaufgaben auswirken, wird durch diese Studien nicht geprüft.*[71]

[69] In diesem Abschnitt stütze ich mich auf einen Beitrag, der in der Zeitschrift SchulVerwaltung NRW erschienen ist (vgl. Wellenreuther 2013).

[70] Seit 2000 spielen außerdem Studien an großen Stichproben eine Rolle, die sich die natürliche Variation der Merkmale für komplexe statistische Analysen zu Nutze machen.

[71] Hier zeigen sich auch sehr deutlich die Grenzen der Meta-Analysen, die zur Hausaufgabenforschung durchgeführt wurden. Zwar kann man aufgrund dieser Meta-Analysen abschätzen, wie sich die alltäglichen Hausaufgaben auswirken (vgl. Hattie 2013, S. 276). Aufgrund der fünf dazu durchgeführten Meta-Analysen wird für Hausaufgaben eine durchschnittliche Effektstärke von d = 0,29 angegeben. Um aber das Potential, das deutlich wird, wenn Hausaufgaben nach lerntheoretischen Gesichtspunkten sorgfältig geplant und eingesetzt werden, zu bestimmen, müssten Trainingsexperimente durchgeführt werden (vgl. Cardelle-Elawar & Corno 1985; Stoeger und Ziegler 2008).

Aufgrund solcher Forschungen soll in unteren Klassenstufen die leistungsfördernde Wirkung von Hausaufgaben gering, in höheren Klassenstufen aber deutlich ausgeprägt sein. Dies bezieht sich nur auf die Förderung im Rahmen von Hausaufgaben. Dass Eltern durch geeignete häusliche Fördermaßnahmen ihre Kinder schon in der Vorschule und in der Grundschule effektiv fördern können, zeigen Forschungen von Huntsinger, José, Larson, Krieg, & Shaligram (2000) zu Förderpraktiken chinesisch stämmiger Eltern in den USA.

Untere Klassen – geringe Wirkungen: Für die Erklärung des Befunds, dass in den unteren Klassenstufen nur geringe Wirkungen von Hausaufgaben feststellbar sind, kommen viele Faktoren in Betracht:

- Schüler können sich noch nicht längere Zeit auf die Hausaufgaben *konzentrieren*, ohne dabei durch die Eltern unterstützt zu werden (vgl. Cooper, Jackson, Nye & Lindsay 2001). Sie müssen zuerst lernen, eine gewisse Zeit selbständig, ohne das anspornende Beispiel anderer Schüler und ohne die Beaufsichtigung durch den Lehrer zu arbeiten.
- Die *zeitliche Dauer* der Hausaufgaben ist in der Grundschule kürzer als in den weiterführenden Schulen,
- In der Grundschule werden eher *einfache Aufgaben* zur Festigung schulischer Inhalte gestellt, durch die eine positive Haltung zu den Hausaufgaben entwickelt werden soll. Von solchen Aufgaben sind nur geringe Lerneffekte zu erwarten.

Vielleicht sind für die spätere Leistungsentwicklung gar nicht die direkten Wirkungen, sondern die *indirekten Wirkungen auf die sog. Arbeitstugenden* (Konzentrationsfähigkeit, Zeitmanagement) wichtig. Außerdem wissen wir aufgrund solcher Forschungen nur, was Alltagshausaufgaben bewirken.

Eine sorgfältig geplante Hausaufgabenpraxis kann vermutlich auch in der Grundschule stärkere Wirkungen erzielen. Um dies zu belegen, müssten gezielt Trainingsexperimente durchgeführt werden, in denen mehrere Faktoren einer wirksamen Hausaufgabenpraxis kombiniert werden. Doch wurden solche Studien auch in den letzen Jahren kaum durchgeführt.

Um die folgende Analyse zu strukturieren, unterteile ich den Prozess des Lernens mit Hausaufgaben in folgende Punkte:

1. Auswahl von Hausaufgaben
2. Vergabe der Hausaufgaben in der Klasse (bzw. per Internet)
3. Bearbeitung zu Hause
4. Kontrolle der Hausaufgaben und Feedback

(1) Die Auswahl von Hausaufgaben

Hausaufgaben werden in der Regel gestellt, damit Schüler das gerade im Unterricht Behandelte wiederholen und festigen. Hausaufgaben sollten gleichmäßig über die Wochentage verteilt, statt „massiert" auf bestimmte Tage konzentriert zu werden. Dabei sind allerdings die Sonderregelungen für das Wochenende zu berücksichtigen.

Verteiltes Lernen: Hausaufgaben, die vom Umfang her begrenzt sind, aber fast nach jeder Stunde aufgegeben wurden, sind wirksamer als Hausaufgaben, die selten gegeben, aber entsprechend umfangreicher sind (Trautwein, Köller & Baumert 2001). Massiertes Lernen „bis der Kopf raucht" bringt deutlich weniger als zeitlich verteiltes Lernen.

Zum verteilten Lernen gehört jedoch auch, dass Aufgaben auch zu früher vermittelten Inhalten gestellt werden müssen. Die Vorstellung, dass einmal Gelerntes immer verfügbar ist, ist bekanntlich falsch. Deshalb gehört zu einer effektiven Hausaufgabenpraxis, dass auch nach den Klassenarbeiten die Kenntnisse und Fertigkeiten immer wieder aufgefrischt werden müssen.

Anforderungsniveau: Hausaufgaben sollten den Schüler in seiner „Zone der nächsten Entwicklung" fordern. Durch sehr schwierige oder sehr leichte Aufgaben können Schüler wenig lernen. Daraus ergibt sich, dass Hausaufgaben auch in gewissem Umfang den Kenntnisstand der Schüler berücksichtigen sollten. Lehrer können z.B. durch schwierigere Zusatzaufgaben, deren Bearbeitung auf einer freiwilligen Grundlage erfolgt, höhere Fähigkeitsniveaus in der Klasse berücksichtigen. Nur wenn alle Schüler die gestellten Hausaufgaben am Ende einer Lerneinheit auch erfolgreich *ohne spezifische fremde Hilfe* lösen können, können sie die für die Entwicklung von Selbstwirksamkeit nötigen Erfahrungen machen.

Durch reine Fleißaufgaben, also sehr einfache Aufgaben, können Schüler wenig lernen. Nach Niggli, Trautwein und Schnyder (2010, S. 47) *„sei wenig herausforderndes, mechanisch-reproduktives Lernen, das nur selten den Bedürfnissen der Schüler entgegenkomme"*, bei der Hausaufgabenpraxis dominant. „Auf der Basis einer Lehrerbefragung konnten Petersen, Reinert und Stephan (1990) beispielsweise zeigen, **dass die Hälfte der Hausaufgaben dem Üben dienten und die restlichen Aufgaben als Ziel das Zusammenfassen, Übertragen, Vorbereiten und Wiederholen verfolgten** ... *[D]er Befund von Cooper (1989) [ist] erwähnenswert, dass repetitive, wenig herausfordernde Aufgaben mit negativen Schülerleistungen assoziiert sind."* (Niggli et al. 2010, S. 48f.)

Mischung von Aufgabentypen: Hausaufgaben sollten Schüler zu einer geistigen Auseinandersetzung mit dem Gegenstand veranlassen. Wir wissen aus der Grundlagenforschung (vgl. Pashler, Bain, Bottge, Graesser, Koedinger, McDaniel, and Metcalfe 2007, S. 29ff.) und z.B. aus der Sinus-Studie (vgl. Lobemeier & Dedekind 2008; Dedekind 2009), dass Aufgaben, die eine tiefere geistige Erarbeitung der Inhalte hervorrufen, eher lernförderliche Wirkungen haben als einfache Wiederholaufgaben. Vermutlich kommt es bei der Zusammenstellung darauf an, dass *eine Mischung* von Übungsaufgaben und Aufgaben zum Verständnis bzw. zum Begründen verwendet wird.

Wenn Schüler wissen, dass bestimmte Aufgaben schwierig sind und es vor allem um das Bemühen um eine Lösung und weniger auf die richtige Lösung ankommt, dann führen solche Aufgaben auch nicht zu größerer Schulunlust.

Sicherlich machen Schüler bei anspruchsvolleren Aufgaben mehr Fehler, aber gerade dies ist für das Lernen wichtig. *Hausaufgaben können Schülern und Lehrern Hinweise geben, wo noch Verständnis- und Wissenslücken bestehen, damit eine Beseitigung dieser Lücken rechtzeitig möglich wird.* Die Forschungen zum „formativen Assessment" sowie zum „Assessment for Learning" belegen die Bedeutsamkeit anspruchsvoller, den Kenntnisstand der Schüler berücksichtigender Aufgaben (vgl. Black & Wiliam 1998). Schwächeren Schülern sollten dabei zusätzliche Hilfen gegeben werden, die ihnen eine Bearbeitung der Hausaufgaben erleichtern. Zu solchen Hilfen gehören Hinweise zur schrittweisen Bearbeitung oder auch Lösungsbeispiele für die Bearbeitung strukturgleicher Aufgaben.

Für den Mathematikunterricht konnte gezeigt werden, dass eine Kombination von Hausaufgaben, welche zur Vorbereitung von Lektionen gestellt werden oder welche früher behandelte Inhalte wieder auffrischen, im Vergleich zu Hausaufgaben, die zu den gerade behandelten Inhalten gestellt werden, zu höheren Lernzuwächsen führen (vgl. Friesen 1975).

Kriterien für die Auswahl von Hausaufgaben: Auf der Grundlage theoretische Überlegungen sind für die Auswahl der Hausaufgaben m.E. folgende Punkte wichtig:

Hausaufgaben sollten ...

1. ... gleichmäßig *verteilt* gestellt werden (z.B. jeden Tag von Mo. bis Do. 10 Aufgaben in Mathematik),
2. ... inhaltlich *gemischt* gestellt werden (nicht nur Aufgaben zum Festigen der Inhalte, die gerade im Unterricht behandelt werden, sondern auch zur Wiederholung früher behandelter Inhalte sowie zur Vorbereitung von Inhalten),
3. *vermischt* gestellt werden (nicht nur Aufgaben zu einem Aufgabentyp, z.B. zur Prozentwertberechnung, sondern von vornherein auch einfache Aufgaben zur Grundwert- und zur Prozentsatzberechnung),
4. ... *verschiedene Schwierigkeitsniveaus* umfassen (leichte, mittelschwere und schwere Aufgaben),
5. ... sich *adaptiv* auf noch vorhandene Wissenslücken beziehen (vgl. Bergan, Sladeczek, Schwartz, & Smith 1991), was zunächst die Durchführung diagnostischer Tests erfordert,
6. ... sollten möglichst *alle Aufgabentypen* enthalten, deren Lösung in den Klassenarbeiten verlangt wird, und
7. ... *Interessen der Schüler aufgreifen* und
8. ... Schülern *Möglichkeiten der Auswahl nach Schwierigkeitsniveau* erlauben.

Zu diesen Thesen gibt es keine direkten Belege aus der Hausaufgabenforschung. Anwendbar sind hier Ergebnisse der Gedächtnisforschung, also einerseits zur Überlastung des Arbeitsgedächtnisses (in Mathematik z.B. halb gelöste Aufgaben; Aufgabenlösungen mit systematischen Fehlern) und andererseits zum verteilten, zum vermischten Lernen sowie zum Testeffekt (vgl. S.118–129).

Vorbereitung im Team: Ein einzelner Lehrer wäre damit überfordert, für jeden Tag nach diesen Kriterien Hausaufgaben aufzugeben. Lehrer könnten allerdings in Teams nach einem festen Schema gezielt Hausaufgaben zusammenstellen und diese dann gemeinsam erproben. Vergleichsweise einfach ist dies bei der Wiederholung der Inhalte eines Schuljahres. So haben Stoeger und Ziegler (2008) in ihrer Trainingsstudie zum selbst-regulativen Lernverhalten von Viertklässlern die Hausaufgaben nach folgendem Schema konstruiert:

- Zunächst wurde zur Addition und zur Subtraktion jeweils eine Aufgabe zum Überschlag und zum nachfolgenden genauen schriftlichen Rechnen gestellt,
- danach waren jeweils eine Aufgabe zur Multiplikation und zur Division (mit Probe oder mit Überschlag) zu bearbeiten,
- darauf folgten dann drei Textaufgaben, und
- zum Schluss sollten die Schüler aus drei Aufgaben (einfach, mittelschwer, schwer) eine auswählen und bearbeiten.

(2) Vergabe der Hausaufgaben in der Klasse

Zu einer guten Hausaufgabenpraxis gehören auch bestimmte Gepflogenheiten und Regeln der Vergabe von Hausaufgaben im Unterricht.

Hausaufgaben, die beim Läuten der Pausenklingel schnell mündlich gestellt werden, haben etwas Willkürliches und werden vermutlich häufig gar nicht erledigt. Viele Lehrer schreiben die Hausaufgaben an einer bestimmten Stelle an die Tafel, und die Schüler werden angehalten, die Hausaufgaben in ihr Hausaufgabenheft zu übertragen. Oft ist es sinnvoll, dass der Lehrer zusätzliche Hinweise zur Bearbeitung gibt. Außerdem kann es bei schwierigen Aufgaben sinnvoll sein, kurz über den Lösungsweg mit den Schülern zu sprechen. Auf diese Weise kann vermieden werden, dass Schüler sich zu lange mit dem Herausfinden eines Lösungswegs quälen müssen.[72]

(3) Bearbeitung zu Hause

Um durch Hausaufgaben lernen zu können, sollten Schüler ausgeruht in einer ruhigen Arbeitsatmosphäre die Hausaufgaben erledigen. Es kommt weniger auf die Länge der Zeit an, die für die Hausaufgaben aufgewendet wird (time on task), wichtiger ist die Qualität dieser Zeit (Plant, Ericsson, Hill, & Asberg, 2005). Eine Stunde konzentriert ohne Störungen Hausaufgaben erledigen kann für das Lernen mehr bringen als zwei oder mehr Stunden, die durch Telefonate, beiläufiges Sehen der Lieblingsserie im Fernsehen oder durch laute Musik begleitet wird.[73]

Wichtige Rahmenbedingungen: Hausaufgaben treten mit attraktiven Medien in Konkurrenz wie Fernsehen, Radio, Handy und Computer sowie mit anderen Verpflichtungen (Sport in Vereinen, Spielen eines Musikinstruments). Im Vergleich dazu sind Hausaufgaben mühevolle Arbeit. **Damit Schüler dennoch durch Hausaufgaben etwas lernen können, sollten bestimmte Rahmenbedingungen geschaffen werden. Dazu zählen im idealen Fall – wobei diese Voraussetzungen** einer effektiven Hausaufgabenpraxis gewiss nicht in jeder Familie realisierbar sind:

Rahmenbedingungen für die Hausaufgabenerledigung

- ein ruhiger, aufgeräumter Arbeitsplatz (kein Radio, kein TV, kein Handy) etc.,
- Zugänglichkeit von Lexika, Wörterbüchern,
- Verabredung von Regeln, wann Hausaufgaben erledigt werden,
- eine Kontrolle der Einhaltung dieser Regeln im Sinne bestimmter Kontingenzen („erst die Arbeit, dann das Vergnügen …“).
- Möglichst geringes *unerbetenes* Einmischen der Eltern während der Hausaufgabenerledigung. (vgl. Wild 2004, S. 45 sowie Ziegler & Stoeger 2005).

Kontrolle durch Eltern: Die Kontrolle der Hausaufgaben durch die Eltern hat einen moderierenden Effekt auf die Wirkung der Hausaufgaben. Bei *strenger Beaufsichtigung und Kontrolle* der Hausaufgaben durch die Eltern sollen Hausaufgaben eine negative Wirkung auf Lernfreude und Lernen (vgl. Trudewind & Windel 1991) haben.

Vermutlich treten diese negativen Wirkungen vor allem ein, wenn sich Eltern in die selbständige Erledigung der Hausaufgaben durch spezifische Hilfen einmischen. Unspezifische Hilfen, die Eltern auf Wunsch des Schülers geben, sind in ihrer Wirkung anders zu bewerten. Ziel sollte sein, dass die Eltern ihre Kontrollen und Hilfen in den höheren Klassenstufen zunehmend zurücknehmen (vgl. Wild und Yotyodying 2011).

[72] Manche Lehrer für die Vergabe der Hausaufgaben auch das Internet. Dies hat den Vorteil, dass auch Kinder, die aus bestimmten Gründen (z. B. Krankheit) am Unterricht nicht teilnehmen konnten, sich über die gerade behandelten Inhalte informieren können. Im Internet können auch didaktische Hinweise und Lösungsbeispiele für strukturgleiche Aufgaben für Schüler und Eltern aufgelistet werden. So kann man, wenn Schüler zu Hause eine Bildergeschichte schreiben sollen, über das Internet eine „gute“ Bildergeschichte zu einer anderen Serie von Bildern hochladen, an der sich die Schüler bei ihrer Bildergeschichte orientieren können (vgl. dazu die Projekte „Klassencockpit“ und „Stellwerk“ in der Schweiz; Oelkers 2004).

[73] T. Ehmke machte mich darauf aufmerksam, dass diese Ausführungen sich vor allem auf die Klassenstufen 1–6 beziehen. In höheren Klassen dürften zunehmend moderne Kommunikationsmittel wie Internet (Skype) und Handy eine Rolle spielen.

Oft bleibt unklar, was konkret unter einem „positiven“ und „negativen“ Kontrollverhalten der Eltern zu verstehen ist. Insbesondere sollten folgende Formen des Kontrollierens, Helfens und Eingreifens differenziert werden:

Positives Kontrollverhalten

1. Die Prüfung, ob die Hausaufgaben erledigt wurden,
2. die *Kontrolle der oben genannten Regeln und Rahmenbedingungen* und dic konsequente Sanktionierung bei Regelverstößen,
3. Kontrollen im Sinne *prozessorientierter Hilfen* (Förderung des Verständnisses, Lerntipps) sowie das *Modellieren von Arbeitstugenden* zum Zeitmanagement, der Verwendung von Hilfsmitteln (Lexika, Internet), sowie von Arbeitstechniken (z. B. Brainstorming vor dem Schreiben eines Berichts, eines Aufsatzes) und Markern wichtiger Stellen bzw. Exzerpieren,
4. das *lose Beaufsichtigen* des Schülers beim Bearbeiten der Hausaufgaben, um bei Schwierigkeiten und bei Hilfesuchen des Schülers *unspezifische Hilfen* im Sinne eines *Scaffoldings* zu geben.

Negatives Kontrollverhalten

5. Das (häufig unerbetene) *Eingreifen* in den Lösungsprozess durch Geben *spezifischer Hilfen*,
6. Kontrollen im Sinne *produktorientierter Hilfen*, die sich auf formale Kriterien der Hausaufgabenerledigung wie Sauberkeit, Vollständigkeit, Korrektheit beziehen,
7. das *Modellieren von Ungeduld und Unzufriedenheit* über die Fähigkeit des Schülers durch den kontrollierenden Erwachsenen.

Während die ersten vier Methoden der Beaufsichtigung und Kontrolle gerade für Schüler der Grundschule sinnvoll sind, können die anderen drei Methoden bei den Schülern erheblichen Schaden anrichten. Es macht somit wenig Sinn, alle diese elterlichen Aktivitäten als problematische Kontrollhandlungen zu brandmarken und zu fordern, dass Schüler für alles selbst verantwortlich sind.

Wild und Yotyodying (2011) kommen zu folgender Einteilung der elterlichen Kontrollhandlungen, wobei sie sich auf Fragebogendaten stützen: autonomieunterstützende Hilfen, strukturgebende Hilfen (Rahmenbedingungen für konzentriertes Lernen herstellen), Einfühlungsvermögen (Interesse für Schularbeit ausdrücken), Hilfen für die Überwindung schulischer Probleme, und Kontrolle durch hohen Druck und Vergabe von extrinsischen Belohnungen.

Vor allem sollte zwischen der Phase des Erlernens einer „guten“ Hausaufgabenpraxis und der Aufrechterhaltung dieser Praxis differenziert werden. Gerade jüngere Schüler benötigen noch Hilfen und Anleitungen im Rahmen bestimmter Regeln.

Vermutlich gelten hier die gleichen Gesetzmäßigkeiten wie bei einem effektiven Klassenmanagement; dabei geht es um einen autoritativen Erziehungsstil, der die Hausaufgabenpraxis nach bestimmten „sinnvollen“ Regeln strukturiert, und nicht um einen kontrollierenden autoritären Führungsstil (Lewin, Lippitt & White 1939; Baumrind 1966).

Ein besonderes Problem stellt sich für Kinder, die durch Eltern, Geschwister oder andere Personen überhaupt keine Hilfe erhalten. Für diese Kinder sollten Schulen zusätzliche Angebote bereitstellen, z. B. indem diese Schüler eine halbe Stunde früher in die Schule kommen können, um hier die Hausaufgaben erledigen zu können.

Effektives Hausaufgabenverhalten der Eltern: Wie am besten durch die Kombination verschiedener Maßnahmen ein effektives Hausaufgabenverhalten entwickelt werden kann, ist weitgehend unerforscht. Die in der Hausaufgabenforschung dominierenden Quer- und Längsschnittuntersuchungen helfen hier nur begrenzt weiter. Die Gründe dafür können anhand einer Längsschnittstudie von Helmke, Schrader und Hosenfeld (2004, S. 272) erläutert werden. Sie stellen z. B. im Rahmen einer Längsschnittstudie mit Schülern der 5. und 6. Klassenstufe fest:

„die Gruppe der Schüler mit besonders erfolgreicher Entwicklung ...zeichnet sich durch besondere elterliche Zurückhaltung aus: Deren Eltern mischen weder bei den Hausaufgaben mit (sei es als Co-Lehrer noch als Kontrolleure) noch investieren sie in gemeinsame Übungs- und Trainingsaktivitäten." Und zur Interpretation ihrer Befunde stellen die Autoren fest: *„Eltern [machen] ihre Unterstützungsmaßnahmen offenbar vernünftigerweise vom Grad der Bedürftigkeit abhängig ... : Je besser die schulischen Leistungen, desto weniger wird interveniert (und vice versa)."* (ebda. S. 264)

Man kann sich allerdings fragen, wie es dazu gekommen ist, dass Eltern von „guten" und besonders lernfreudigen Schülern der fünften und sechsten Klassenstufe wenig kontrollierend in die **Erledigung der Hausaufgaben eingreifen, während Eltern von Gymnasiasten und Realschülern, die in der fünften und sechsten Klassenstufe vermehrt Leistungsschwierigkeiten haben, nun vermehrt** kontrollierend eingreifen. Vielleicht sah das „Kontrollverhalten" von Eltern der lernfreudigen, leistungsstarken Kinder in den ersten Grundschuljahren ganz anders aus. Vermutlich entwickelt sich ein effektives Hausaufgabenverhalten ähnlich wie eine effektive Klassenführung.

Die Wirklichkeit ist noch komplexer: Bei den Eltern von Schülern der Hauptschule und der Förderschule dominiert möglicherweise ein anderes Verhaltensmuster: Die Eltern ziehen sich aus der Verantwortung für die Leistungen der Schüler zurück und reagieren resignativ mit einem laissez-faire Verhalten.

Regeln und Rituale: Für ein „gutes" Klassenmanagement gilt, dass möglichst früh, wenn der Lehrer eine Klasse übernommen hat, Regeln und Rituale vereinbart und durchgesetzt werden sollten (vgl. Evertson, Emmer, Sanford, & Clements 1983). Nur dann sind günstige Voraussetzungen für schulisches Lernen gegeben. Es gibt keinen Grund, weshalb dieser Befund nicht auch für häusliches Lernen gelten sollte.

Möglicherweise wurden bei den Fünft- und Sechstklässlern mit qualitativ guter Hausaufgabenpraxis schon in den ersten Grundschuljahren durch klare und begründete Kontrollmaßnahmen Rahmenbedingungen von den Eltern durchgesetzt, die in der zweiten oder dritten Klasse routinisiert sind.

Durch diese effektive Hausaufgabenpraxis erzielen diese Kinder dann im schulischen Wettstreit Leistungsvorteile, die ihnen dann zusätzlich Lob und Anerkennung einbringen (Matthäuseffekt, vgl. Stanovich 1986). Auf diese Weise gerät das effektive Hausaufgabenverhalten dieser Schüler zunehmend unter die Kontrolle natürlicher Bedingungen. Es ist dann bei diesen Schülern in der fünften und sechsten Klassenstufe kein Einmischen der Eltern mehr nötig.

Die allgemeine Folgerung, Kontrollverhalten sei generell für die Entwicklung einer guten Hausaufgabenpraxis schädlich, kann somit aufgrund dieser Längsschnittstudie nicht gezogen werden.

Der Teufelskreis von Kontrolle und Leistung: Möglicherweise handelt es bei Schülern, die in der fünften und sechsten Klasse von ihren Eltern strenger kontrolliert werden, um eine adaptive Reaktion von Eltern mit hohen Bildungsaspirationen für ihre Kinder auf die schlechten schulischen Leistungen. Wenn sich Eltern in den ersten Grundschuljahren im Sinne eines Laissez-

Faire-Erziehungsstils kaum in die Hausaufgabenpraxis ihrer Kinder einmischen und sich diese Kinder dann, von den Eltern zunächst unbemerkt, schlechte Hausaufgabenpraktiken angewöhnen, fallen diese Kinder im schulischen Wettstreit zurück. Darauf reagieren die Eltern dann mit einem stärkeren Eingreifen und Einmischen in die Hausaufgabenpraxis der Kinder. Durch diese Interventionen verlieren die Kinder dann noch mehr die Lust an der Schule, was die Kontrollbemühungen und das Engagement der Eltern noch weiter verstärkt.

Auch hier muss man differenzieren: Bei den schwächeren Schülern in Realschulen, Hauptschulen und Förderschulen sieht die Entwicklung des elterlichen Verhaltens möglicherweise anders aus: Viele dieser Eltern ziehen sich zunehmend zurück, sind aber gleichwohl unzufrieden mit der Leistungsentwicklung ihrer Kinder.

Ob der Weg zu einer effektiven Hausaufgabenpraxis durch eine Längsschnittstudie in höheren Klassenstufen geklärt werden kann, ist fraglich. Helmke et al. (2004, S. 274) verweisen auf diese Grenzen: Es ist *„erforderlich, nicht-experimentelle Längsschnittstudien (die weitgehend auf paper und pencil-Maßen basieren) um (quasi-) experimentelle, Beobachtungs- und Interviewmethoden zu ergänzen.“* Analoges gilt für Längsschnittuntersuchungen über das Kontrollverhalten von Lehrern (vgl. Trautwein, Niggli, Schnyder und Lüdke 2009).

Eltern reagieren adaptiv auf die Hilfsbedürfnisse ihrer Kinder. Ein „laissez-faire“ Kontrollverhalten in der Grundschule mag zu vergleichsweise schlechten Leistungen führen, auf das die Eltern dann mit verschärften Kontrollen reagieren. Um Fragen der Entwicklung einer effektiven Hausaufgabenpraxis in den ersten Grundschuljahren klären zu können, müssten nicht nur Längsschnittstudien ab der ersten Klassenstufe durchgeführt werden, sondern vor allem Trainingsstudien (z. B. Stoeger und Ziegler 2008).

Einfluss der Lehrpersonen: Lehrer können auf verschiedene Weise die Lernbedingungen, unter denen Schüler ihre Hausaufgaben erledigen, beeinflussen: Erstens können sie auf Elternabenden mit den Eltern über „gute“ Rahmenbedingungen reden. Zusätzlich können sie im Internet kurze Kommentare für das erwünschte Verhalten von Eltern schreiben.

Ferner können sie mit den Schülern Strategien einer erfolgreichen Hausaufgabenpraxis besprechen und teilweise auch einüben (Umgang mit Wörterbüchern und Lexika, Wesentliches unterstreichen, effektives Zeitmanagement).

Wie im Rahmen eines fünfwöchigen schulischen Trainings zum selbst-regulierten Lernen mit Schülern der 4. Klassenstufe Schüler zu einem effektiven, adaptiven Hausaufgabenverhalten angeleitet werden können, zeigt eine Studie von Stoeger und Ziegler (2008):

In dieser Studie wurden Schüler in der ersten Woche zunächst über Rahmenbedingungen einer effektiven selbst-gesteuerten Hausaufgabenpraxis informiert. Danach hatten die Schüler in den vier folgenden Trainingswochen von Mo. bis Do. Hausaufgaben zu erledigen, wobei sie eine Bewusstheit der eigenen Fähigkeiten entwickeln sollten. Bei den zu erledigenden Hausaufgaben sollten sie jeweils angeben, ob sie glauben, diese richtig lösen zu können. Im Unterricht sollte dann bei der Besprechung der Hausaufgaben eingetragen werden, ob die Lösungen richtig waren. Indem die Schüler insbesondere am Ende der Woche jeweils verglichen, wie gut sie ihre Leistungen einschätzen konnten und in welchem Zusammenhang die erzielten Leistungen mit günstigen Rahmenbedingungen der Hausaufgabenerledigung standen, lernten die Schüler, für sich selbst günstige Rahmenbedingungen für eine Hausaufgabenerledigung herzustellen (z. B. keine Ablenkungen durch TV, Computer oder Handy, frühzeitige Erledigung usw.; vgl. Ziegler & Stoeger 2005; Stoeger & Ziegler 2008). Dies hatte auch positive Auswirkungen auf die Leistungen der Schüler.

Alternativ oder ergänzend zum Training in der Schule (vgl. Ziegler & Stoeger 2005) könnte man auch ein Elterntraining durchführen. Nach Wild (2004), die sich am theoretischen Ansatz von Deci und Ryan (2000) orientiert, praktizieren nur 13,5 % der Eltern optimale Formen der Hausaufgabenunterstützung. 12,5 % der Hilfen seien danach dysfunktional, 13,5 % desinteressiert bzw. vernachlässigend und 60,5 % suboptimal. Eine Veränderung der Hausaufgabenpraxis ist über ein schulisches Trainingsprogramm vermutlich eher möglich als über ein Elterntraining, da Lehrer in der Schule am stärksten das Hausaufgabenverhalten der Schüler beeinflussen können und es letztlich darauf ankommt, dass Schüler lernen, selbständig die Rahmenbedingungen der Hausaufgabenerledigung zu bestimmen. Gleichwohl sollten die Eltern in ein solches schulisches Trainingsprogramm einbezogen werden.

(4) Kontrolle der Hausaufgaben / Feedback

Wenn ein Schüler eine halbe Stunde seine Hausaufgaben gewissenhaft erledigt hat, erwartet er auch, dass der Lehrer seine Leistung würdigt. Ein Lehrer, der die Hausaufgaben nicht kontrolliert, muss sich nicht wundern, wenn Schüler ihre Hausaufgaben als reine Zeitverschwendung ansehen.

Allerdings führen Hausaufgabenkontrollen nicht automatisch dazu, dass Schüler durch die Hausaufgaben etwas dazulernen. Zusätzlich sollte ein inhaltliches Feedback erfolgen, das sich bei den schwierigeren Aufgaben nicht nur auf die Nennung der richtigen Lösung beschränkt. Wichtiger ist, den Lösungsweg kurz darzulegen und anhand von Lösungsbögen bzw. Lösungsbeispielen mit Hilfe des OHP zu diskutieren (Bangert-Drowns, Kulik, Kulik & Morgan 1991).

Damit ein Lernen durch Fehlerdiskussionen möglich wird, sollte auf eine Bewertung im Sinne von Noten bei der Hausaufgabenkontrolle verzichtet werden (vgl. Butler 1988).

Zusätzlich kann der Lehrer die Bedeutung von Hausaufgaben unterstreichen, indem er mindestens einmal in 14 Tagen die Hausaufgabenhefte einsammelt und in diesen die Stärken und Schwächen kommentiert. Forschungen belegen, dass ausgewogene Kommentare, die sich auf den individuellen Leistungsstand beziehen und die sowohl Fortschritte wie auch vorhandene Lücken identifizieren, besonders lernwirksam sind (s. Kasten: Das Experiment von Cardelle-Elawar & Corno 1985).

1. Das Experiment von Cardelle-Elawar & Corno (1985):

Eine pädagogisch durchdachte Hausaufgabenpraxis kann deutliche Wirkungen erzielen, wie das folgende Experiment belegt (vgl. Cardelle & Corno 1985). In diesem Experiment sollte ein spezifisches Feedback die Aufmerksamkeit des Schülers auf die Punkte lenken, die noch nicht richtig gelernt wurden.

Stichprobe: 504 Schüler der **sechsten** Klassenstufe aus drei Schulen, Unterrichtsfach Mathematik.

Behandlung: In jeder der drei Schulen sah der Lehrer in der *Versuchsgruppe* **dreimal in der Woche** die Hausaufgaben nach und kommentierte sie. In der *Kontrollbedingung* wurden Rückmeldungen gegeben über die Anzahl korrekter Antworten. Insgesamt wurden in dieser Weise dreißig mal die Hausaufgaben kontrolliert. Ob die Lehrer die Methode des spezifischen Feedbacks beherrschten und tatsächlich anwandten, wurde durch Zufallsstichproben der Hausaufgabenhefte in jeder Klasse geprüft. Dazu wurden in jeder Klasse 3 Hefte von Jungen und 3 Hefte von Mädchen ausgewählt.

Fragen für das Geben von Rückmeldungen: Richtschnur für die Rückmeldungen sollten folgende Fragen sein, die auch beim Training verwendet wurden.
- Wo liegt der zentrale Fehler?
- Was ist der mögliche Grund für diesen Fehler?
- Wie kann ich den Schüler anleiten, diesen Fehler zu vermeiden?
- Was kann als positive Leistung des Schülers positiv hervorgehoben werden?

Beispiele für die Art der gewünschten Rückmeldungen:

„Juan, du weißt, wie man auf Prozente kommt, aber die Rechnung ist in diesem Fall falsch ... Kannst Du sehen, wo der Fehler liegt? (Der Lehrer hat die fehlerhaften Stellen markiert)" „Du verstehst das Wesen und die Bedeutung der Brüche, aber du hast Schwierigkeiten, die Aufgaben zu lösen, wie z. B. ..." „Du weißt, wie man das Problem löst – die Formel ist korrekt – aber du hast nicht gezeigt, dass du verstehst, wie ein Bruch multipliziert mit einem anderen Bruch eine Lösung ergibt, die kleiner ist als jeder der beiden Brüche ($1/2 \times 1/2 = 1/4$)."

Das Training: Die Ausbildung der Lehrer dauerte zwei Tage (insgesamt 7 Stunden). Das Training kombinierte Vortrag, Demonstration, offene Diskussion, und Simulationsübungen.

Die erzielte Wirkung: Der Einfluss dieser Behandlung war sehr stark: Durch die Feedback-Behandlung konnten 24 % der Nachtestleistungen erklärt werden. Einen vergleichbaren Einfluss hatten auch die Vortestunterschiede (Konglomerat aus unterschiedlichem Vorwissen und unterschiedlichen Fähigkeiten). Schwache und starke Schüler profitierten gleichviel. Während sich in den Vortestmaßen Unterschiede in der Mathematikleistung und in der Einstellung zur Mathematik zwischen Jungen und Mädchen zugunsten der Jungen ergaben, verschwanden diese Effekte nach der Behandlung. Wichtig ist die Studie vor allem, weil sie zeigt, dass ein *wenig aufwändiges Training* das Verhalten der Lehrer stark beeinflussen kann und sich diese Verhaltensänderung sehr positiv auf Leistung und Einstellung der Schüler auswirkte.

Lehrer können auch – besonders in unteren Klassenstufen – durch Belohnung von Verhaltens- und Leistungsverbesserungen viel erreichen.

2. Die Experimente von Harris & Sherman

Harris & Sherman (1974) führten zwei Experimente zu den Wirkungen einer streng kontrollierten Hausaufgabenpraxis durch, und zwar ein Experiment in Klassenstufe 6, Sozialkunde („social studies") und ein Experiment in Klassenstufe 6, Mathematik.[74]

In diesen Untersuchungen wurden verschiedene Ansprüche an die Hausaufgabenerledigung mit verschiedenen positiven Konsequenzen gekoppelt. Positive Konsequenzen waren dabei z. B. eine Verlängerung der Schulpause um 10 Minuten oder früherer Schulschluss um 10 Minuten; eine negative Konsequenz war, dass Schüler in der Pause falsch gelöste oder ungelöste Aufgaben nacharbeiten mussten.

Der Lehrer sammelte morgens am Anfang des Unterrichts die Hausaufgabenhefte ein, und sah diese im Verlauf des Tages nach. Die Schüler, die alle Aufgaben bearbeitet hatten, durften dann z. B. 10 Minuten früher zum Mittagessen gehen. Zur Verdeutlichung einige Ergebnisse des Experiments im Mathematikunterricht:

[74] Beide Experimente sind der Skinner'schen Methodologie verpflichtet, entsprechend klein sind die Stichproben: An jedem Experiment nehmen nur jeweils zwei Klassen teil, allerdings sind die festgestellten Effekte der variierten Bedingungen so deutlich, dass relevante alternative Erklärungen weitgehend ausgeschlossen werden können.

Wenn die Schüler bei Erledigung der Hausaufgaben 10 Minuten früher zum Mittagessen gehen konnten, betrug der Prozentsatz der Schüler, welche die Hausaufgaben machten, 85%; ohne Konsequenzen betrug er 16%. Allerdings hatte die bloße Erledigung der Hausaufgaben keine Konsequenzen auf die Fähigkeit, im Unterricht vergleichbare Aufgaben zu lösen (nur um 2% besser).

Dies änderte sich erst, als das Kriterium für die Belohnung entsprechend verschärft wurde. Wenn von den Schülern verlangt wurde, mindestens 60% der Aufgaben richtig gelöst zu haben, um früher zum Mittagessen gehen zu können, erhöhte sich bei den im Unterricht zu lösenden parallelen Aufgaben der Prozentsatz von 36% auf nun 57% richtig gelöster Aufgaben.

Die Auswirkung auf das Lösen von Aufgaben in der Schule konnte noch weiter gesteigert werden, indem nicht nur ein Ziel „mindestens 60% der Hausaufgaben korrekt", sondern auch noch zusätzlich das Ziel „90% der in der Schule bearbeiteten Aufgaben korrekt" gesetzt wurde. Nun lösten 72% der Schüler die Aufgaben in der Schule korrekt; die Bedingung ohne Hausaufgaben nur mit dem Ziel, „90% der schulischen Aufgaben korrekt" – mit möglicher Belohnung bei Erreichen des Ziels – führte allein zu 51% korrekt gelösten schulischen Aufgaben.

Nach diesen Ergebnissen ist von entscheidender Bedeutung, mit welchen Konsequenzen das Leistungsverhalten der Schüler verbunden wurde. Leistungsverhalten der Schüler war dabei nicht nur eine gute Hausaufgabe, sondern auch das gute Lösen von parallelen Aufgaben in der Schule. Für die Güte der Leistung sollte dabei nicht die brave, aber möglicherweise falsche Erledigung der Hausaufgaben maßgeblich sein, sondern die korrekte Aufgabenbearbeitung. Wichtiger für den Lernerfolg scheint zu sein, an die Aufgabenerledigung allgemein, d.h. sowohl an die in der Schule als auch an die als Hausaufgabe gestellten Aufgaben einen Qualitätsanspruch zu stellen und das Erreichen der definierten Zielmarke mit positiven Konsequenzen zu verknüpfen.

In unserer Leistungsgesellschaft entwickeln Kinder, die den schulischen Leistungsanforderungen nicht gewachsen sind, ein geringes Gefühl der Selbstwirksamkeit. Hinzu kommen zunehmend negative Reaktionen von ihrer Umwelt. Dieser Prozess setzt schon mit der ersten Klassenstufe ein, in der die Leistungsdifferenzen zwischen den Schülern schon mindestens drei Jahre betragen (vgl. Hart & Risley 1995). Für die Erledigung der Hausaufgaben brauchen diese Kinder immer mehr Zeit. Je größer die Wissenslücken in bestimmten Fächern sind, umso stärker werden bei den betroffenen Schülern Tendenzen, die Hausaufgaben gar nicht mehr zu erledigen.

Wenn diese Schüler das Zutrauen in die eigene Leistungsfähigkeit verloren haben, werden sie weder durch Bestrafen noch durch Nicht-Beachten ein Gefühl der Selbstwirksamkeit erwerben, diese Aufgaben selbständig lösen zu können. Mehr würden zusätzliche individuelle Fördermaßnahmen bringen. Wichtig ist, diese Schüler zur Erledigung von „sinnvollen" Hausaufgaben zu veranlassen, weil sie nur dadurch Selbstwirksamkeitserfahrungen machen können. Bei erheblichen Wissenslücken muss der Lehrer allerdings für diese Schüler Maßnahmen reflektieren, die ihnen ein Arbeiten in der Zone der nächsten Entwicklung ermöglicht.

Oft liegen die Gründe für eine Verweigerung der Hausaufgabenerledigung aber eher daran, dass Schüler andere Dinge für wichtiger halten, Lehrer Inhalte nicht verständlich erklären oder Lehrer von ihren Schülern nicht akzeptiert werden. Wenn man diese Verweigerung bei Schülern ignoriert, werden die schulischen Probleme noch weiter zunehmen. Es macht m. E. wenig Sinn, bestimmte Schüler faktisch von den Pflichten der Hausaufgabenerledigung zu entbinden.

Nur wenn sie durch Hausaufgabenerledigung erfahren, dass sie die Hausaufgaben selbst lösen können, können Selbstwirksamkeitserfahrungen gemacht werden.

Fazit

Die Literatur zu Hausaufgaben ist heute kaum noch überschaubar. Wenn man [Trainings-]-Experimente zur Wirksamkeit einer qualitativ „guten" Hausaufgabenpraxis sucht, dann wird die Forschungslage sehr dünn (vgl. Elawar & Corno 1985, Harris und Sherman 1974, Stoeger und Ziegler 2008).

Vielleicht ist dies bei der Diskussion unterschiedlicher Entwicklungsverläufe des Kontroll- und Hilfsverhaltens der Eltern deutlich geworden: Wenn in der Grundschule eine effektive, selbstregulative Hausaufgabenpraxis etabliert werden kann, brauchen Eltern in höheren Klassenstufen nicht mehr in die Hausaufgabenpraxis eingreifen. Wenn Eltern die Etablierung einer effektiven Hausaufgabenpraxis z. B. durch ein laissez-faire Verhalten oder durch ein überbehütendes Verhalten in der Grundschulzeit dagegen nicht gelingt und die Schüler dann in höheren Klassenstufen durch schlechte schulische Leistungen *auffallen*, reagieren Eltern oft mit einer Zunahme des Kontroll- und Hilfeverhaltens.

Schulen sollten möglichst frühzeitig auf Hausaufgabenprobleme reagieren durch Zusatzangebote wie optionalen Ganztagsbetrieb oder früheren Schulbeginn, damit auch diese Schüler im Bedarfsfall Hilfe erhalten können.

Für die Ganztagsschule stellt sich die Frage, ob die Hausaufgaben in den Schulbetrieb integriert werden und damit als Belastung zu Hause entfallen könnten. Eine neuere in der Schweiz durchgeführte Untersuchung ist der Frage der Wirkung von in den Unterricht integrierter Hausaufgaben im Vergleich zu traditionellen Hausaufgaben nachgegangen (vgl. Hascher & Bischof 2000).[75] Befürchtungen, dass dadurch das Leistungsniveau sinken würde, erwiesen sich als unhaltbar: Weder war die Leistungsentwicklung der untersuchten 4. und 6. Klässler mit integrierten (Schul-)Aufgaben schlechter, noch waren sonstige negative Effekte festzustellen. Im Gegenteil: Kinder mit integrierten Aufgaben schätzten das Erledigen schulischer Aufgaben eher als vorteilhaft für ihre Leistungen ein und ihre Motivation war höher als die der Schüler mit traditionellen Hausaufgaben. Außerdem hatten sie nach Schulende deutlich mehr Freizeit. Allerdings berichteten die Schüler mit integrierten Aufgaben auch häufiger über ein erhöhtes Hilfsbedürfnis beim Erledigen der Schul-Aufgaben.

4.10 Zusammenfassung: Gedächtnispsychologische Überlegungen zur Kompetenzentwicklung

Die *zweite Phase des Lernens* bezieht sich auf eine *Festigung und Konsolidierung* der neu gelernten Schemata. Eine Vernachlässigung dieser Aufgabe führt dazu, dass das noch fragile Schema vergessen wird. In dieser Phase ist eine horizontale und vertikale Anreicherung und Vertiefung des gelernten Schemas wichtig, um es für künftige Lernprozesse verfügbar zu machen. Eine vertikale, in die Tiefe gehende Verarbeitung von Inhalten ist wichtig, um dem Schüler ein Gerüst zu vermitteln, in das er die vielfältigen Informationen einordnen kann, die er im Laufe seiner Schulzeit lernen soll. Ein Lehrer kann die Entwicklung eines tragfähigen Gerüsts in vielen Hinsichten tatkräftig unterstützen: Dazu gehört die Abgrenzung von verwandten Begriffen, das Geben von Gegenbeispielen, die Verdeutlichung des Zusammenhangs von Begriffen (Überbegriffe, Unterbegriffe) sowie die Manipulation der Begriffe und Verfahrensweisen in der bloßen Vorstellung: Inhalte werden um so besser gelernt und behalten, je stärker sie in vorhandene Bedeutungsnetze eingebaut werden und diese Bedeutungsnetze dabei zu

[75] Die Primarschulkinder haben in der Schweiz auch nachmittags Unterricht.

nehmend strukturiert und differenziert werden. Deshalb hat der Lehrer nach Ausubel (vgl. Ausubel et al. 1980) die Aufgabe, dem Schüler Hilfen für den Bau eines hierarchisch strukturierten Wissensgebäudes zu liefern, damit dieser die Informationen effektiv dauerhaft in ihnen abspeichern kann. Der Lehrer sollte deshalb bei Einführung eines bestimmten Sachverhalts ein vororganisierendes Gerüst in Form von Ankerbegriffen oder von Schlüsselbegriffen geben.

Wichtig ist ferner, dass Übungen nach ihrer Schwierigkeit geordnet und aufgegeben werden, dass sie in verteilter und vermischter Form gestellt werden, interessant sind, nicht nur abstrakt formuliert sind, sondern die relevanten Anwendungskontexte berücksichtigen, und vor allem, dass der Lehrer solche Übungen ernst nimmt und deshalb ihre Bearbeitung systematisch prüft, versucht, häufig gemachte Fehler, die auf Missverständnisse hindeuten, zu identifizieren und darauf im Unterricht einzugehen. Wichtig ist vor allem, Schülern über ausgearbeitete Lösungsfolien oder durch Modelle exzellenter Arbeiten *konkrete inhaltliche Rückmeldungen* zu geben. Die schlichte Rückmeldung, ob eine Aufgabe richtig oder falsch gelöst ist, reicht nicht für ein systematisches Weiterlernen aus. Schüler müssen a) mit Hilfe kleiner formativer Tests eine Bewusstheit ihrer Wissenslücken erwerben und (b) bezogen darauf inhaltliche Rückmeldungen und Hilfen erhalten. Allerdings sollten sie zunehmend auch komplexe Aufgaben selbständig lösen. Bei komplexen Aufgaben ist dabei die Abfolge, (1) Bemühen um eigene Lösung, (2) ausführliche Besprechung der Lösung zusammen mit einer Diskussion häufig auftretender Fehler, und (3) Überarbeiten der eigenen Lösung lernwirksam. Man kann diese Struktur sehr gut bei der Vorbereitung von Klassenarbeiten nutzen.

Eine zentrale Bedeutung für schulisches Lernen hat die Einübung grundlegender Fertigkeiten bis hin zu einer sicheren, flüssigen Beherrschung. Diese Beherrschung muss sorgfältig kontrolliert werden, auch nachdem der entsprechende Stoff behandelt wurde. Dies bedeutet zunächst längere Übungsphasen, die sich über verschiedene Unterrichtseinheiten erstrecken, hat aber dann später den Vorteil, dass man auf diesen Fertigkeiten auch aufbauen kann. Dies ist bei Fertigkeiten wie dem flüssigen Lesen oder dem Beherrschen von Einmaleinsfakten unbedingt erforderlich, weil darauf spätere höhere Leistungen (Lernen und Verstehen von Texten, Anwendung schriftlicher Rechenverfahren) aufbauen. Letztlich wird durch ein solches Festigen des Gelernten Übungs- und Lernzeit eingespart.

Teil III:
Erklären – Klassen führen – Schüler motivieren

„Dann kam der Kandidat, so musste man ihn nennen, um mit dem Unterricht anzufangen. Er war sehr freundlich und gab sich die allergrößte Mühe, herauszufinden, wie man dem Heidi am besten Lesen und Schreiben beibringen könne. Aber Heidi verstand gar nichts von dem, was er sagte. Klara hatte dem Heidi schon erzählt, dass man im Unterricht immerzu gähnen müsse, was aber keiner sehen dürfe, und dass dagegen nichts zu machen sei. Und dass der Herr Kandidat immer alles sehr genau erkläre, aber man sehr wenig davon verstehen könne." (Spyri & Wagner 1990, S. 4)

In diesem Zitat werden drei Probleme angesprochen:

1. Verständlich etwas erklären,
2. Schüler bzw. Klassen führen, und
3. Schüler bzw. eine Klasse motivieren.

Darauf wird im folgenden Teil näher eingegangen.

5. Erklären und Verstehen

Im Mittelpunkt des Kapitels steht die Frage, unter welchen Bedingungen mündliche oder schriftliche Kommunikationen zu einem Aufbau neuer Schemata führen, die dem Schüler das Lösen neuer Probleme ermöglichen. Der Lehrer stellt dabei das Gerüst zur Verfügung, strukturiert Inhalte, und blendet dann zunehmend Hilfen für die Lösung von Problemen aus. Man spricht hier von „Scaffolding im Rahmen der Zone der nächsten Entwicklung".

Um für Schüler verständlich zu sein, sollten Informationen in Texten kohärent aufeinander aufbauen und dabei das Vorwissen der Schüler berücksichtigen. Wie dies versucht werden kann, wird anhand mehrerer experimenteller Studien sowie durch Diskussion der Möglichkeiten und Grenzen des Einsatzes von Schulbüchern im Unterricht diskutiert.

5.1 Soziale Herkunft und Sprachentwicklung

Kinder sind beim Schulanfang kein unbeschriebenes Blatt: Wenn sie in die Schule kommen, haben sie die unterschiedlichsten Lernerfahrungen hinter sich, die sie für die Arbeit in der Schule mehr oder weniger gut positionieren. Ein Lehrer wird in einer ersten Klasse somit Schüler mit einem großen Wortschatz finden, die schon gut argumentieren können und andere Kinder, die kaum einen ganzen Satz formulieren können. Ähnlich große Unterschiede gibt es auch in der Zahlvorstellung der Kinder. Die Bandbreite der kognitiven Leistungen und Fähigkeiten ist in der ersten Schulklasse schon sehr groß. Aus diesen Unterschieden ergeben sich für Lehrer Erklärprobleme, die er häufig auch durch großes Engagement kaum lösen kann. Konkret kann sich dies darin äußern, dass er bestimmten Kindern Dinge fünfmal erklären muss, die er anderen nur einmal zu erklären braucht. Gerade wenn ein Lehrer sich darum bemüht, die Schüler mit erheblichen kognitiven Defiziten so zu fördern, dass sie z.B. beim Lesenlernen nicht den Anschluss verpassen, muss er diesen Schülern zusätzliche Förderung angedeihen lassen.

In einer Untersuchung von Hart & Risley (1995) wurde die sprachliche Entwicklung von Kindern ab etwa dem ersten Lebensjahr bis hin zum dritten Lebensjahr in verschiedenen sozialen Schichten genauer untersucht: 6 Kinder von Sozialhilfeempfängern, 23 Kinder aus mittleren sozialen Schichten („working class parents") und 13 Kinder aus höheren sozialen Schichten („professional parents"). Dazu wurden die Mütter mehrfach zu Hause besucht und dabei die Mutter-Kind-Interaktionen protokolliert. Wichtige summarische Ergebnisse dieser Untersuchung findet man in der folgenden Tabelle.

Tab. 14: Elterliches und kindliches Sprachverhalten nach sozialer Herkunft (Hart & Risley 1995, S. 176)

	Familien					
	13 Familien aus höheren …		23 Familien aus mittleren Sozialschichten		6 Familien mit Sozialhilfe	
	Eltern	Kind	Eltern	Kind	Eltern	Kind
Ermittelter Wortschatz	2.176	1.116	1.498	749	974	525
Anzahl der Äußerungen pro Stunde	487	310	301	223	176	168
Anzahl unterschiedlicher Wörter pro Stunde	382	297	251	216	167	149

Der Tabelle ist zu entnehmen, dass im Alter von drei Jahren der Wortschatz der Kinder aus höheren sozialen Schichten schon mehr als doppelt so groß war wie der von Kindern aus Fürsorgefamilien. Diesen gewaltigen Unterschieden bei der Sprachentwicklung der Kinder entsprechen vergleichbar große Unterschiede im Sprachverhalten der Eltern, das diese ihren Kindern gegenüber zeigen. Dies legt nahe, dass das Sprachverhalten der Eltern das der Kinder beeinflusst.[1]

Um das konkrete Erziehungsgeschehen, das sich in den verschiedenen Haushalten quasi im Verborgenen abspielt, zu verdeutlichen, werden im Anhang (vgl. S. 237 f.) zu diesem Kapitel zwei Transkripte von Mutter-Kind-Interaktionen aus dem Buch von Hart & Risley (1995) vorgestellt. Diese Transkripte sprechen m. E. für sich. Im ersten Fall kümmert sich die Mutter ruhig und entschlossen darum, dass bestimmte Regeln über das Aufräumen des Kinderzimmers eingehalten werden. Sie macht darauf aufmerksam, dass sie nur dann bereit ist, mit den Kindern zu spielen, wenn diese vorher ihre Aufgaben erledigt haben. Insofern verhält sie sich wie ein autoritativer, kompetenter und konsequenter Lehrer. Dagegen fällt im zweiten Fall die Apathie und Interesselosigkeit der Mutter auf, die vor allem dann eingreift, wenn sie sich beim Fernsehen gestört fühlt. Auf die sprachlichen Artikulationsprobleme (unverständliches Gemurmel) ihres Kindes geht die Mutter nicht im Sinne eines Scaffolding[2] ein. Es ist zu vermuten, dass die sprachliche Entwicklung von diesem Kind (Inge) unter diesen Voraussetzungen hinter der Entwicklung anderer Kinder zurückbleibt.

Zwischen dem dritten und dem sechsten Lebensjahr entwickelt sich die sprachliche Kompetenz der Kinder noch weiter auseinander. Wenn die Kinder dann im sechsten Lebensjahr in die Schule kommen, dann sind die Unterschiede zwischen den Kindern so groß, dass eine gemeinsame Beschulung der Kinder schwierig ist. Kinder mit hoher sprachlicher Kompetenz können u. U. schon die einzelnen Buchstaben unterscheiden und einzelne Silben und Wörter lesen. Schwächere Schüler können vielleicht nicht einmal ein Wort in Silben zerlegen, haben Schwierigkeiten in der Lautdifferenzierung usw. Diese enormen Unterschiede versucht man durch frühere bzw. spätere Einschulung der Schüler zwar etwas auszugleichen. Allerdings ist dies eine durchaus zweischneidige Angelegenheit: Wenn man Kinder, die ungünstige Förderbedingungen im Elternhaus vorfinden, wegen der fehlenden „schulischen Reife" ein Jahr später einschult, dann belässt man sie in diesem problematischen Anregungsmilieu, statt sie gezielt auf die Schule vorzubereiten.[3]

5.2 Mündlich etwas erklären

Es gibt viele Möglichkeiten, Schüler in ein neues Wissensgebiet einzuführen: Der Lehrer kann durch Fragen das Vorwissen aktivieren, das Neue mündlich vorstellen und an Beispielen bzw. Lösungsbeispielen erläutern und mögliche Missverständnisse mit den Schülern diskutieren. Er kann durch einen Text, der zuerst gelesen werden soll, ein Bild, das an die Wand projiziert wird oder durch einen kurzen Film einen Denkimpuls geben. Er sollte dabei nicht nur das Vorwissen

---

[1] Natürlich ist das noch kein Beweis: Es ist möglich, dass diese Unterschiede durch genetische Unterschiede determiniert werden. Um diese Erklärung auszuschließen, müssten zusätzliche empirische Studien z. B. mit eineiigen Zwillingen, die in unterschiedlichen sozialen Umwelten aufwachsen, durchgeführt werden.

[2] Scaffolding bezeichnet eine Technik des Hilfegebens, das den Lernstand des Kindes berücksichtigt. Dem Kind werden Hilfen gegeben, die diesen Lernstand schrittweise verbessern (vgl. dazu Abschnitt 5.2.1).

[3] Wichtig ist, dass diese Kinder möglichst früh durch ein entsprechendes sprachliches Förderangebot in Kindertagesstätten und in Kindergärten auf die schulischen Anforderungen vorbereitet werden. Es wäre besonders fatal, wenn diese Kinder solche Einrichtungen nicht besuchen, weil die Eltern dann ein Betreuungsgeld erhalten.

der Schüler berücksichtigen, sondern auch das Neue möglichst verständlich erklären, Wesentliches dabei an der Tafel festhalten, Abstraktes durch konkrete Beispiele verdeutlichen. Bei solchen Einführungen wird er in der Regel versuchen, Schritt für Schritt die neuen Schemata aufzubauen. Er kann in aller Regel nicht darauf warten, bis die Schüler selbst das Neue entdecken.

Sprache ist in der Schule das bei weitem wichtigste Medium zur Übermittlung von Informationen. Ein guter und effektiver Lehrer ist nicht nur einer, bei dem das Lernen Spaß macht, der klare Regeln vorgibt und diese selbst einhält, der weiß, wie er die Einhaltung bestimmter Regeln auch in der Klasse sicherstellen kann, um dadurch eine günstige Lernatmosphäre zu schaffen. Ein wirklich guter Lehrer ist einer, der kompetent und verständlich Inhalte mündlich und schriftlich vermitteln kann. Zusätzlich können durch schriftliche Texte Schwächen der mündlichen Informationsübermittlung ausgeglichen werden. Eine wichtige Rolle spielen deshalb auch schriftliche Texte (z. B. Schulbücher) bei der Vermittlung von Inhalten.

Erklären in der Schule sollte das Vorwissen und die Lebenswelt der Schüler berücksichtigen. Es hat auch gedächtnispsychologische Erkenntnisse zu berücksichtigen: So ist bekannt, dass **mündliche Erklärungen nur soweit verständlich sein können, wie der Schüler die einzeln vorgetragenen Punkte auf eine Reihe bringen kann. Fehlt ein Stück der Perlenkette, dann sind die** nachfolgenden Informationen schwerer zu verstehen. Der Schüler versucht vielleicht noch, das fehlende Stück zu konstruieren, bekommt dann aber eine weitere Information nicht richtig mit. Danach hört er nur noch halb der Erklärung (z. B. dem Lehrervortrag) zu. Bei schriftlichen Erklärungen besteht dagegen grundsätzlich die Möglichkeit, im Text schon Gelesenes nochmals zu lesen. Bei schwierigen Stellen kann man länger verweilen, dem Lehrer dann dazu gezielt Fragen stellen usw.

Um sicher zu stellen, dass Schüler alle relevanten Informationen konstruktiv verarbeiten, ohne wesentliche Punkte zu vernachlässigen, kann der Lehrer

- … den Inhalt anhand von Beispielen aus der Lebenswelt der Schüler verdeutlichen (*Kontextualisierung und Personalisierung*) und dazu zunächst *Lösungsvorschläge sammeln.* Dies kann auch in Gruppenarbeit geschehen (➔ *Wait-Time* Technik; Brainstorming).
- … ein neues Verfahren anhand *ausgearbeiteter Beispiele*[4] erklären. Diese Beispiele veranlassen den Schüler, sich die erforderlichen Erklärungen zu konstruieren. Gerade bei komplexen Problemen, die längere Erklärsequenzen erforderlich machen würden, ist dies eine wichtige Möglichkeit (vgl. Zhu & Simon 1987).
- … Verbindungen zwischen dem schon gelernten neuen Stoff und dem neuen Stoff verdeutlichen, z. B. indem er *Vororientierungen* gibt und dabei den Sinn und Zweck des neuen Inhalts verdeutlicht.
- … die wichtigsten Informationen in Form von Thesen und Regeln an der Tafel festhalten. Durch *Formulierung von Thesen* gibt er den Schülern dann gleichzeitig die Möglichkeit, Einzelinformationen zusammenzufassen.
- … die Erklärung Punkt für Punkt anhand einer *Overheadfolie* entwickeln, dazu offene Fragen stellen, um abzuklären, wieweit die Punkte verstanden wurden.

Ein wesentliches Hindernis, das Lehrer bei der Einführung neuer Wissensinhalte berücksichtigen müssen, besteht in der Begrenztheit des Arbeitsgedächtnisses. Diese Begrenztheit ist vor

[4] Beispiele sind hier sowohl Lösungsbeispiele in Mathematik und den Naturwissenschaften sowie Beispiele für sprachliche Texte wie Berichte, Kommentare, Erörterungen.

allem bei komplexen Inhalten ein Problem. In Kapitel 3 wurde schon dargestellt, durch welche Techniken eine Überlastung des Arbeitsgedächtnisses vermieden werden kann.

Lehrererklärungen sollten deshalb bestimmten Kriterien genügen:

1. Sie sollten Abstraktes mit Konkretem verbinden, indem z. B. zu einer abstrakten Regel immer mehrere konkrete Beispiele möglichst aus der Lebenswelt der Schüler genannt werden.
2. Sie sollten nicht nur Wesentliches mündlich vorstellen, sondern möglichst explizit durch einen Tafelanschrieb oder durch einen verständlich geschriebenen Lehrtext festhalten.
3. Sie sollten sprachlich möglichst einfach und kohärent aufgebaut sein.
4. Lehrererklärungen zu komplexen Inhalten sollten in mehreren Stunden aufgegriffen und an neuen Beispielen erläutert werden.
5. Sie sollten besondere Verständnisschwierigkeiten, die in der fachdidaktischen Literatur in der Regel diskutiert werden, aufgreifen.

Verständliche Lehrererklärungen können das Lernen der Schüler in starkem Maße erleichtern. Schüler lernen besonders viel bei Lehrern, die großen Wert auf tieferes Verständnis und Begründungen legen und dafür einen Teil des selbständigen Übens in Stillarbeit opfern. Dies widerspricht der oft vertretenen Forderung, der *Redeanteil des Lehrers* sollte möglichst gering gehalten werden.[5]

Die Studie von Evertson, Emmer und Brophy (1980)

Von Evertson, Emmer und Brophy (1980) wurde dazu eine aufschlussreiche Studie durchgeführt. Es wurden in dieser Studie zunächst zwei Extremgruppen von Lehrern gebildet: Eine Gruppe von Lehrern, bei denen Schüler sehr viel und mit Spaß Mathematik lernten und eine Gruppe, bei denen die Schüler wenig und ohne Lernfreude lernten. Die Gruppe der „effektiven Lehrer" ließ die Schüler weniger in Stillarbeit üben (19 Minuten pro Unterrichtstunde im Vergleich zu 25 Minuten bei den weniger erfolgreichen Lehrern), dafür nahmen Sie sich erheblich mehr Zeit zum Erklären, Vorführen, Modellieren und Diskutieren mathematischer Konzepte (15,9 Minuten im Vergleich zu 6,8 Minuten).

Mündliche Lehrererklärungen haben einen erheblichen Nachteil: Sie verlangen vom Schüler über einen längeren Zeitraum eine hohe Aufmerksamkeit und Konzentration. Schwächere Schüler verlieren bei längeren mündlichen Erklärungen leicht den roten Faden, weil ihnen bestimmte Wissenselemente, die als bekannt vorausgesetzt werden, im Augenblick nicht geläufig sind. Deshalb sollten neben mündlichen Erklärungen und Diskussionen auch Methoden im Unterricht eingesetzt werden, die mündliche Erklärungen ergänzen oder überflüssig machen. Dazu zählt (a) die Verwendung von gelösten Aufgabenserien, (b) von verständlichen schriftlichen Erklärungen sowie (c) das Festhalten wesentlicher Punkte an der Tafel.

5.2.1 Scaffolding

Scaffolding und die Zone der nächsten Entwicklung

Ein Schüler ist in aller Regel nicht dazu imstande, alle Ideen, Beweise und Erklärungen selbst zu entwickeln und zu konstruieren, sondern ist auf zusammenfassende Darstellungen in Schul-

[5] Es kommt natürlich darauf an, in welcher Phase des Lehr-Lernprozesses man sich befindet. Wenn komplexe neue Begriffe und Verfahren eingeführt werden, muss der Lehreranteil höher sein als in der Phase, in der die vermittelten Inhalte eingeübt werden und Aufgaben bzw. Arbeitsbögen bearbeitet werden.

büchern sowie auf spezifische Erklärungen und Darlegungen des Lehrers bzw. Tutors angewiesen. Der Tutor kann dabei ein anderer Schüler, der etwas erklärt, oder auch ein Erwachsener sein.

Damit Erklärungen und Erläuterungen durch den Schüler aufgenommen und verarbeitet werden können, müssen sie bestimmten Kriterien Rechnung tragen:

1. *Passung neuer Informationen an die vorhandene Wissensstruktur des Schülers:* Sie sollten das Neue mit dem Vorwissen, also mit der schon vorhandenen Wissensstruktur verknüpfen. Dies ist leichter möglich, wenn die Erklärung oder Erläuterung verständlich in der Sprache des Schülers formuliert ist. Zu diesem Kriterium gehören auch angepasste minimale Hilfen: Die Erklärungen sollten adaptiv auf die spezifischen Probleme und Schwierigkeiten des Schülers eingehen, was auch bedeutet, dass die Erläuterungen bei der Bewältigung von Aufgaben zunehmend vermindert werden.
2. *Begrenzung der Informationsmenge pro mündlicher Erklärsequenz:* Insbesondere bei mündlichen Erläuterungen sollte beachtet werden, dass der Schüler je nach kognitivem Entwicklungsstand nur eine bestimmte Informationsmenge pro Zeiteinheit verarbeiten kann. **Bei schriftlichen Erklärungen kann man „zurückblättern", auf Unverstandenem verweilen, bis die Inhalte vom Schüler zusammengefügt werden können. Auch dabei entstehen bei** geringer Verständlichkeit leicht Überforderungen.

Dieses Erklären bezieht sich auf eine *erste Aneignung eines Gegenstands oder einer Fertigkeit.* Im weiteren Lernprozess wird vom Schüler verlangt, durch Lösung zunehmend schwierigerer Aufgaben die Erklärung in die eigene Wissensstruktur zu integrieren und zu verankern. In diesem Prozess sind dann vor allem sachliche Rückmeldungen von Lehrern und Mitschülern zu den Aufgabenbearbeitungen wichtig, die den Schüler zu einer Korrektur seines Verständnisses veranlassen.

Lernen erfolgt am besten in der *„Zone der nächsten Entwicklung" (Wygotski).* Diese „Zone der nächsten Entwicklung" bezieht sich auf den Wissensstand des Schülers und meint die Anforderungen, die für den Schüler aufgrund seiner Kenntnisse eine geistige Herausforderung darstellen.[6] Aufgaben in dieser Zone der nächsten Entwicklung sind weder zu einfach noch zu schwer. Die Methode des Strukturierens und Hilfegebens durch Lehrer oder Tutor bezeichnet man als *Scaffolding*[7]. Schüler können ein Gefühl der Selbstwirksamkeit erwerben, wenn sie überwiegend auf diese Weise in ihrer Zone der nächsten Entwicklung arbeiten können.

Um die Zone der nächsten Entwicklung zu bestimmen, kann man sich nach M. Dehn (1994, S. 57) folgende Fragen vorlegen:

- „Was kann das Kind schon?
- Was muss es noch lernen?
- Was kann es als nächstes lernen?"[8]

---

[6] Ursprünglich wird die Zone der nächsten Entwicklung bei Wygotski sozialkonstruktivistisch definiert: Ausgangspunkt ist die Fähigkeit des Kindes, *selbstständig,* also ohne Eingreifen und Hilfestellung anderer, Probleme zu lösen. Wenn dagegen das Kind Anleitungen und Hilfen von Erwachsenen erhält, dann kann es schwierigere Probleme meistern. *Die Zone der nächsten Entwicklung ist dann die Zone, in der unter Anleitung Probleme gelöst werden können.* Das von mir im weiteren Verlauf verwendete Verständnis vernachlässigt den sozialen Aspekt und verstärkt den Aspekt der Schwierigkeitsstufung. Die Zone der nächsten Entwicklung lässt sich damit auch auf Probleme der Auswahl adaptiver Unterrichtsmaterialien übertragen.

[7] Scaffolding heißt wörtlich „ein Gerüst bereitstellen".

[8] Bei der Frage, was es als nächstes lernen kann, könnte man differenzieren zwischen der Situation, was ein Kind selbstständig als nächstes lernen und was es unter Mithilfe gleichaltriger Schüler oder unter Anleitung von Erwachsenen lernen kann.

Scaffolding ist eine Erklärmethode, die auf diese Zone der nächsten Entwicklung bezogen ist. Im Rahmen eines Scaffolding wird dem Schüler ein Gerüst in Form genau dosierter Hilfen gegeben. Diese Erklärhilfen sollen ihn in die Lage versetzen, das gestellte Problem zu lösen.

Vor allem bei hierarchisch aufeinander bezogenen Lehrinhalten hat man festzustellen, auf welchem Kenntnisniveau ein Schüler steht, um daraufhin mit den Aufgaben fortzufahren, die den Schüler mit etwas höheren Anforderungen konfrontieren. Nehmen wir einmal an, man könne für die Grundschule neun verschiedene Leseniveaus unterscheiden, angefangen vom Erlesen einfachster Sätze (Stufe 1) bis hin zum verständnisorientierten Lesen komplexer Geschichten (Stufe 9). Ein Schüler, der die erste Stufe sicher beherrscht, würde durch Aufgaben der 2. Stufe am besten gefördert, ein Schüler, der schon Aufgaben der 5. Stufe sicher bewältigt, würde am besten durch Aufgaben der 6. Stufe gefördert (vgl. Wilkinson & Townsend 2000). Der Lehrer stellt seine Anforderungen also möglichst in dieser *Zone der nächsten Entwicklung* und vermeidet damit sowohl eine Unterforderung als auch eine Überforderung des Schülers.

Brown (1999, S. 297) unterscheidet folgende drei Stufen beim Lesenlernen:

Phase 1: Mit Geschriebenem vertraut werden („Learning About Print"): Der Schüler soll ein gewisses Grundverständnis von Schrifterzeugnissen erwerben, dazu gehört, zu lernen, dass ein Buch von vorne nach hinten, eine Seite von oben nach unten und eine Zeile von links nach rechts gelesen wird. Dass man aufgrund des eigenen Wissens in Verbindung mit illustrierenden Bildern Vermutungen über den Inhalt anstellt, Interesse für Texte entwickelt usw.

Phase 2: Buchstaben und Silben entziffern lernen („Breaking the Code"): Der Schüler lernt in dieser Phase die einzelnen Buchstaben, lernt Silben zu identifizieren, neu zu verknüpfen, zu prüfen, ob das Erlesene Sinn macht etc.

Phase 3: Flüssig lesen lernen („Going for Fluency").

Für diese Fertigkeitsstufen werden z. B. Lesebücher zusammengestellt. Wenn ein Schüler dann die Bücher einer Fertigkeitsstufe gut bewältigt, kann er am besten durch Lesebücher der nächsten Stufe gefördert werden. Bücher einer leichteren oder einer schwierigeren Stufe wären weit schlechter für eine Förderung dieses Schülers geeignet (vgl. Brown 1999).[9]

Ähnliche Überlegungen zur Berücksichtigung der Zone der nächsten Entwicklung kann man auch im Fach Mathematik anstellen. Hier gibt es genauere empirische Untersuchungen zur Hierarchie der Schwierigkeit von Aufgaben. Man weiß also, welche Art von Aufgaben zuerst von Schülern gelöst werden können, welche danach usw. (vgl. Fennema, Carpenter, Peterson, Chiang & Loef 1989). Auch in diesem Fall wäre es sinnvoll, Schülern im Bereich der Zone der nächsten Entwicklung Aufgaben zu stellen, weil sie dadurch am meisten lernen können.

Scaffolding ist eine Methode, mit der im Bereich der Zone der nächsten Entwicklung neues Wissen vermittelt wird. *Mit Scaffolding sind minimale, direkte Hilfestellungen des Lehrenden gemeint, die sich eng an dem schon vorhandenen Wissen orientieren und durch Fragen, Denkanstößen und Informationen die Wissensstruktur des Schülers erweitern.* Auf Scaffolding (Gerüste bereitstellen) als eine besondere Form der Unterstützung eines Kindes durch einen Erwachsenen gingen als Erste Wood, Bruner & Ross (1976) ein. Dabei versucht der Erwachsene zuerst durch Vormachen (Modellieren), Erklären und Erläutern eine Bereitschaft beim Kind zu schaffen, diese neuen Elemente in sein Wissensrepertoire aufzunehmen. Scaffolding verwendet nach solchen Modellierungen für den Schüler eher anspruchsvolle Fragen. *Eine Gängelung des*

[9] In der Unterrichtspädagogik werden solche Maßnahmen häufig unter dem Stichwort *Leistungsdifferenzierung* abgehandelt. Dabei wird zwischen äußeren und inneren differenzierenden Maßnahmen unterschieden. Zur Wirksamkeit solcher Methoden der Leistungsdifferenzierung vgl. Roßbach & Wellenreuther 2002.

„Entdeckungsprozesses" durch spezifische Fragen, die das Vorwissen des Schülers häppchenweise zum Vorschein kommen lassen[10] ist mit Scaffolding unvereinbar.

Man kann sich nun fragen, wie die Hilfestellungen aussehen sollten, um die gewünschten Lernprozesse beim Schüler auszulösen und zu unterstützen. Stone (1998) hält folgende Merkmale des Scaffolding für bedeutsam:

1. Die genaue Abstimmung (Titrierung) der Erwachsenenhilfe in der Interaktion auf die diagnostizierten Stärken und Schwächen des Kindes.
2. Die Verwendung eines ganzen Spektrums unterschiedlicher Hilfen, angefangen von nichtverbalen, motorischen Modellierungen, bis hin zu längeren mehr oder weniger spezifischen Dialogen.
3. Die zunehmende Ausblendung der Hilfestellung in dem Maße, in dem das Kind die neuen Inhalte in seiner Wissensstruktur verankert hat.

Diese Charakterisierung lässt jedoch offen, welche Komponenten Scaffolding besonders wirksam machen. Nach meiner Überzeugung sind hierbei folgende Faktoren wichtig:

- *Didaktische Modellierung:* Wichtig im Sinne der Zone der nächsten Entwicklung scheint zu sein, dem Kind *kognitiv anspruchsvolle Aufgaben* zu stellen, um es zu einer aktiven Auseinandersetzung mit der Sache anzuregen. Dazu dienen das *modellhafte Betonen und Vorführen einzelner Elemente des Lerngegenstands* durch den Lehrenden und
- *Vermindern der Hilfen,* wobei sich dies sowohl in der Menge der gegebenen Hilfe als auch in der Spezifität der Hilfen ausdrücken kann: Im Verlauf des Scaffolding werden mit zunehmender Kompetenz Hilfen zurückgenommen und weniger spezifische Hilfen gegeben, sodass das Kind zunehmend selbstständiger Aufgaben bewältigen muss.[11]

Ein konkretes Beispiel aus der Arbeit von M. Dehn mag verdeutlichen, was unter Scaffolding zu verstehen ist (vgl. Dehn 1994, S. 136):

„Ich weiß: die Katze

Vier Kinder kommen – verabredungsgemäß – schon eine halbe Stunde vor den anderen Kindern ... Die Klassenlehrerin sitzt in einem großen Korbstuhl ... Christina sitzt allein und versucht das Rätsel zu lesen, das sie sich ausgesucht hat. Auf der Karte steht nur das Rätsel, nicht die Lösung:

Wer schleicht so leise durch das Haus, schleckt Milch und fängt sich Mäuse?

Christina	Frau Schuster, wie heißt das hier? Schlei?
L.	Ja. (nach einem kurzen Blick auf Christina, während des Arbeitens mit Bill.)
Christina	Wer schleicht? (An die Lehrerin gerichtet)
L.	Ja.
Christina	(nur für sich allein) d - u - (guckt hoch) - r, dru Ich glaub', ich weiß schon, dru.

[10] Dieses Problem der Engführung und Gängelung durch Fragen ergibt sich vor allem bei einem fragend-entwickelnden Unterricht, bei dem Schüler scheinbar alle Informationen, Erklärungen etc. selbst finden sollen. Ein anregender Dialog kann sich nur ergeben, wenn offene, anspruchsvollere Aufgaben gestellt werden (vgl. dazu Dubs 1995, S. 133 ff. sowie Abschnitt 7.2).

[11] Zu den Hilfen gehören übrigens nicht nur sachbezogene Hinweise im engeren Sinne, sondern auch das Vormachen von Lösungsstrategien.

L.	dur.
Christina	dur - ch.
L.	Wer schleicht so leise durch das Haus.
Christina	durch, sch -1, schleicht.
L.	Nein.
Christina	schleckt Milch und f:ä:n:g:t s:i:ch eine Mause.
L.	Wer schleicht so leise durch das Haus, schleckt Milch und fängt sich Mäuse?
Christina	Ah, ich weiß: die Katze!
L.	Ja, genau.

Christina schreibt jetzt den Text in ihr Heft. Während des Schreibens buchstabiert sie laut die Wörter. Die Lehrerin sitzt nicht mehr am Tisch."

Die Lehrerin hilft hier auf verschiedene Weise: Sie

- bekräftigt die richtige Antwort („Ja"),
- gibt eine spezifische Hilfe, die beim Erlesen des ganzen Wortes hilft (Statt dru dur -); ferner
- wiederholt sie das schon Gelesene, um zu bekräftigen, dass Christina schon Einiges gelesen hat sowie um das Gelesene im Gedächtnis zu verankern.

Bei der zweiten Wiederholung liest die Lehrerin auch gleich den Rest vor.

Das Vorsagen am Schluss wäre im Rahmen des Lesenlernens nicht sinnvoll. Hier hätte man weitere Hilfen geben können, welche die Schülerin zu einem eigenständigen Erlesen des Satzes geführt hätten. Da Christina hier jedoch ein Rätsel lösen sollte und schon einen größeren Teil des Satzes erlesen hat, ist dieses Vor-Lesen des ganzen Satzes sinnvoll. Die nachfolgende Übung (Abschreiben und dabei Buchstabieren der Wörter) hilft, das Gelernte zu festigen.

Nach Stone (1998, S. 350) ist der genaue Mechanismus, der einem effektiven Scaffolding zugrunde liegt, noch nicht geklärt. Es gibt allerdings in den zum Scaffolding durchgeführten empirischen Untersuchungen einige interessante Hinweise. Ein wichtiger Punkt scheint der Grad der Unspezifität der gegebenen Hilfen zu sein. In einer Untersuchung von Pellegrini et al. (1996) [12] wurden Eltern „normaler" Kinder mit Eltern von Kindern verglichen, die sprachliche Probleme hatten. Die Eltern von „normalen" Kindern gaben diesen eher Hilfestellungen, die als weniger unterstützend (unspezifischer) und kognitiv anspruchsvoller von neutralen Beobachtern eingeschätzt wurden. Ähnliche Befunde berichten auch Wertsch & Sammarco (1985). Auch hier fand man, dass die Eltern der Kinder mit sprachlichen Schwierigkeiten eher dazu neigten, mit spezifischen Eingriffen und Hilfen – also stark unterstützenden Hilfen – zu reagieren. Die Handlungsketten titrierter Hilfestellung waren kürzer, und danach gaben die Mütter auf und lösten die Aufgabe selbst. [13]

Einige Untersuchungen wurden auch über Prozesse und Wirkungen des Scaffolding im Unterricht durchgeführt. In einer post hoc Analyse einer Untersuchung von Englert et al. (1994) verglich Mariage (1995) [14] den Unterrichtsstil von drei Lehrern, deren Schüler den größten Unter-

[12] Zit. nach Stone (1998, S. 355).

[13] Dies entspricht auch Beobachtungen, die ich im Rahmen einer Replikation der klassischen Studie von Rosen & D'Andrade zur Genese von Leistungsmotivation machte: Mütter von hoch erfolgsmotivierten, kompetenten Kindern geben sehr allgemeine, unspezifische Hinweise. Sie trauen ihren Kindern viel zu. Eltern von niedrig motivierten oder sehr misserfolgsängstlicher Kinder greifen eher mit spezifischen Hilfen in das Geschehen ein: Sie trauen ihren Kindern offensichtlich wenig zu (vgl. Wellenreuther 1970).

[14] Zit. nach Stone (1998, S. 358).

richtsfortschritt machten, mit dem von drei Lehrern, deren Schüler den geringsten Unterrichtsfortschritt zeigten. Aufgrund ihrer Analyse folgerte Mariage, dass *die effektiven Lehrer ihren Schülern mehr Verständnisstrategien vormachten (modellierten), eher graduierte Hilfestellungen einsetzten und eine breitere Beteiligung der Schüler am Unterricht realisierten* (vgl. auch Juel 1996).

Beim Scaffolding geht es um das Erläutern und Erklären von Dingen, die der Schüler noch nicht kann. Dieses Erklären und Erläutern im Sinne eines abgestuften Hilfegebens bei der Lösung von Aufgaben ist ein zentrales Moment jeglicher pädagogischer Arbeit. Eine optimale Anpassung von Vorwissen und Scaffolding ist allerdings nur bei individuellen Hilfestellungen möglich. Ziel dieser Bemühungen sollte immer sein, den Schüler in die Lage zu versetzen, Probleme möglichst ohne die Hilfe von anderen Schritt für Schritt zu lösen. Beim Unterrichten von ganzen Schulklassen mit einem breiten Leistungsspektrum steht der Lehrer immer vor dem Problem, dass seine Erklärungen für bestimmte Schüler zu leicht, für andere gerade richtig, und für andere wiederum zu schwer sind. Er sollte deshalb seine Hilfestellungen durch binnendifferenzierende Maßnahmen ergänzen (z. B. Kleingruppenarbeit, Einsatz von Unterrichtsassistenten).

Scaffolding ist die Methode der Wahl bei individuellen Hilfen. Da der Lehrer die Aufgabe hat, die ganze Klasse zu unterrichten, hängt seine Lehrfähigkeit in entscheidendem Maße davon ab, dass er die wichtigsten Punkte mündlich der ganzen Klasse erklärt und dabei ein verständlich strukturiertes Tafelbild, Lösungsbeispiele und Visualisierungen einsetzt. Die Methode des Scaffolding ist dann bei der individuellen Förderarbeit im Rahmen der Still- oder Einzelarbeit sinnvoll. Eine effektive Methode der Förderung schwächerer Schüler könnte darin bestehen, am Beginn der Stillarbeitsphase die schwächeren Schüler zu einer Gruppe zusammenzufassen und mit diesen Schülern das Arbeitsblatt zu besprechen.[15] Wenn ein Lehrer auf die Aufgabe des Erklärens und Vormodellierens zu wenig Wert legt, hat er dies in der nachfolgenden Phase auszubaden, in der die Schüler selbständig Aufgaben bearbeiten sollen.

Scaffolding im Rahmen reziproker Partnerarbeit

Insbesondere durch die Arbeiten von A. King wurden die Mikroprozesse eines wirksamen Scaffoldings herausgearbeitet (vgl. King, Staffieri & Adelgais 1998). In einem Experiment zur reziproken Tutorenarbeit[16] wurden drei Formen von Partnerarbeit miteinander verglichen, für das die Schüler ein spezifisches Training erhielten:

- Ein Grundtraining im Erklären, das alle Gruppen erhielten (E-Training),
- Ein zusätzliches Training im Fragenstellen (IE-Training) und
- Ein weiteres zusätzliches Training im Sequenzieren der Fragen (S-Training).

Die erste Gruppe – die E-Gruppe – erhielt nur das Erklärtraining, die zweite Gruppe – die IE-Gruppe[17] (Fragestellen und Erklären) – erhielt, wie die dritte Gruppe auch, zusätzlich ein Training im Stellen von Fragen. Zusätzlich erhielt nur die dritte Gruppe – die SIE-Gruppe – ein Training im Sequenzieren von Fragen. Dabei ging es um die Einhaltung einer bestimmten Reihen-

[15] Nach meinen Beobachtungen wird diese Methode der Binnendifferenzierung in der Schule selten angewandt. Geläufiger ist es, für die stärkeren Schüler Zusatzaufgaben zu stellen, da diese Schüler oft nur einen Bruchteil der Zeit für das Lösen der Aufgaben des Arbeitsblatts benötigen wie die schwächsten Schüler der Klasse. Es wäre wünschenswert, wenn beide Methoden der Differenzierung in der Schule eingesetzt würden.

[16] Bei reziproker Tutorenarbeit übernehmen Schüler abwechselnd die Rolle des Tutors (Lehrers) und die des Schülers.

[17] IE-Gruppe: I steht für „Inquiry", E für „Explanation".

folge beim Stellen verschiedener Fragetypen. Diese drei Gruppen wurden dementsprechend in unterschiedlich intensiver Weise auf reziproke Tutorenarbeit vorbereitet.

Das Grundtraining: Die erste Gruppe erhielt, wie die beiden anderen Gruppen auch, ein Grundtraining. Dazu gehörten ein Training im *aufmerksamen Zuhören,* wobei die Schüler auch lernen sollten, etwas auf eine Antwort zu warten, wenn eine Frage gestellt worden war, ferner *Techniken des Rückmeldens* (Ermutigen, positives Reagieren auf richtige Antworten), und des *Aufmerksamseins* (z. B. Augenkontakt halten). Den Schülern wurden diese Techniken erklärt und an Videoaufzeichnungen erläutert. Außerdem sollten sie Videosequenzen selbst in Bezug auf diese Techniken analysieren. Zu diesem Grundtraining gehörte ferner noch ein Training im Erklären von Inhalten. Dabei orientierte man sich an dem TEL WHY-Akronym:

> „The TEL WHY acronym stands for **T**ell what you Know to your partner; **E**xplain the why and the how about something, don't just tell what it is or describe it; **L**ink what you are explaining to something your partner already knows so he or she will be sure to understand; tell **W**hy; tell How; use **Y**our own words. Thus, the procedure emphasizes to students the importance of making link's between ideas, explaining how and why to their partners (rather than simply describing), and doing that explaining using their own words (paraphrasing rather than repeating the teachers words)." (King, Staffieri & Adelgais 1998, S. 139)

Die Schüler sollten anhand von Fragen eines Vortests überprüfen, wie weit sie diese Techniken des Erklärens anwenden konnten.

Training im Fragenstellen: Dieses Training war nur für die zweite (IE-Gruppe) und die dritte Gruppe (SIE-Gruppe) vorgesehen. Dazu gehörten offene Fragen wie „Beschreibe ... in deinen eigenen Worten", und „Vergleiche ... und ... in Bezug auf ...". Die Fragen des Tutors sollten ein Memorieren des Gehörten beim Tutee auslösen und zu einem tieferen Verständnis des Gehörten führen. Die Schüler nahmen dann die Rolle eines Tutors (Fragenstellers) und eines Tutees (Erklärers) wechselseitig ein, um anhand der Themen der Einführungslektion, die für eine Erfassung des untrainierten Frage- und Erklärverhaltens gegeben worden war, dieses Fragen und Erklären einzuüben. Die Schüler wurden angehalten, dabei jeweils im Rahmen ihrer Rolle zu agieren (Fragen stellen oder Erklären). Sie wurden darauf hingewiesen, dass *Verständnisfragen* dem Partner helfen, Neues mit Bekanntem zu verbinden, um den Hintergrund des vom Lehrer präsentierten Inhalts besser zu verstehen. Diese Techniken wurden dann auch anhand von Videoaufzeichnungen nochmals identifiziert und analysiert.

Training im Sequenzieren von Fragen: Dieses zusätzliche Training erhielt nur die dritte Gruppe (SIE-Gruppe; „sequenced inquiry for explanation"). In diesem Training wurden die Schüler zuerst im Stellen von *Wissenswiederholfragen* (knowledge-review questions) instruiert, der eine *Denkfrage* nachgeschaltet werden sollte, um dadurch beim Aufbau des Wissens zu helfen. Den Schülern wurde erklärt, dass das Stellen von Wissenswiederholfragen wichtig ist, um das vorhandene Verständnis zu prüfen. Danach sollten die Schüler anhand eines Videos die Sequenzierung von Fragen untersuchen, wurden im Stellen von *Erkundungsfragen* (probe questions) und von *Hinweisfragen* (hint questions) trainiert.

Die Einübung dieser vier Frageformen erfolgte in folgender Weise: Zuerst wurde eine Wissenswiederholfrage gestellt, die der Partner ohne Zeitdruck beantworten sollte. Antwortete der Tutee korrekt, reagierte der Tutor mit Ermutigung und Zuwendung. Falls die Antwort nicht vollständig war, sollte eine Erkundungsfrage gestellt werden. Falls darauf die Antwort unrichtig war, wurden eine oder mehrere Hinweisfragen gestellt. Wenn die Antwort richtig war, wurde darauf positiv zustimmend reagiert und eine Denkfrage angeschlossen, die wiederum, falls notwendig, mit Hilfe von Hinweisfragen zu beantworten war.

Die Untersuchung wurde im Fach Biologie zum Thema „menschlicher Körper" in der siebten Klassenstufe durchgeführt. Um die Sequenzierung von Fragen zu verdeutlichen, übersetze ich einen Teil eines Gesprächsprotokolls (King, Staffieri & Adelgais 1998, S. 141):

Jon	Wie arbeitet das Muskelsystem, Kyle?	Wissenswiederholfrage
Kyle	Gut ..., es dehnt sich und zieht sich zusammen, wenn du dich bewegst.	Verstehensaussage
Jon	Kannst du mehr darüber sagen?	Erkundungsfrage
Kyle	Naja ... gut ...	
Jon	**Warum sind denn Muskeln wichtig, Kyle?**	**Hinweisfrage**
Kyle	**Sie sind wichtig, weil wenn wir sie nicht hätten, dann könnten wir uns nicht bewegen.**	**Verstehensaussage**
Jon	Aber warum arbeiten die Muskeln? Erklär es ausführlicher! Kannst du dazu ein Beispiel geben?	Erkundungsfrage
Kyle	Muskeln haben Sehnen. Einige Muskeln nennt man Skelettmuskeln. Das sind Muskeln, die mit Sehnen an den Knochen befestigt sind, damit sie vorwärts und rückwärts bewegt werden können. Dadurch kannst du gehen und stehen.	Verstehensaussage
Jon	Gut. Völlig richtig!	Genaue Rückmeldung und Ermutigung
Jon	Inwiefern gleichen sich die Skelettmuskeln und der Herzmuskel?	Denkfrage

Im Unterricht stellte der Lehrer zunächst die Inhalte einer Lektion dar (22–30 Minuten), danach wurden diese Inhalte in Partnerarbeit in durchschnittlich 12 Minuten nachbereitet. Insgesamt erstreckte sich der Versuch über 10 Unterrichtsstunden. Die Behandlung durch diese spezifische Art der Tutorenarbeit dauerte somit insgesamt nur 10 × 12 Minuten = 120 Minuten. Innerhalb jeder Sitzung übernahm ein Schüler sowohl die Rolle des Tutors wie auch die Rolle des Tutees.

Man mag sich fragen, ob die Schüler mit diesen Aufgaben nicht völlig überfordert waren. Schließlich muss man, um als Tutor die entsprechenden Fragen stellen zu können, die vom Lehrer präsentierten Inhalte gut verstanden haben. Dieses Problem wurde dadurch gelöst, dass für jede Bedingung und für jede Tutorensitzung Karten entwickelt wurden, auf denen Erklärungen (Gruppe E), Fragen (Gruppe IE) und sequenzierte Fragen standen.

Ergebnisse: Die Autoren konnten in ihrem Experiment bestätigen, dass die SIE-Gruppe am meisten lernte, wobei vor allem die Verstehensleistungen in dieser Gruppe besser waren. Diese Wirkungen blieben auch 8 Wochen nach Beendigung des Versuchs erhalten. Bei der wörtlichen Erinnerung ergaben sich keine Unterschiede.

Der Wert dieser Untersuchung ergibt sich m. E. aus der Analyse der beim Scaffolding ablaufenden Lehr-Lern-Prozesse. Scaffolding in der reziproken Partnerarbeit verdeutlicht die Funktion des Erklärens durch den Schüler (Tutee-Rolle) einerseits und die Funktion des Lenkens, Orientierens und Förderns durch Auswahl und Sequenzierung geeigneter Fragen (Tutoren-Rolle) andererseits. Der Schüler erfährt beide Seiten des Lehr- Lernprozesses als sich ergänzende Pole des individuellen Lernprozesses. Indem in jeder Sitzung die Rollen von Tutee und Tutor getauscht werden, internalisiert der Schüler zunehmend diese Art des vertieften Rekonstruierens und Aneignens von Wissen: *Die Schüler lernen dadurch, sich selbst für das eigene Lernen ein Kontrollgerüst von Fragen für die Aneignung von Wissen anzueignen: Sie internalisieren einen metakognitiven Fahrplan.* Die Autoren schreiben dazu:

„According to a Vygotskian view, as such tutoring progresses, both the tutor and tutee should gain mastery over the scaffolding skill and process. As they do, both partners should internalize the processes for scaffolding so that each individual is eventually able to scaffold his or her learning without the aid of the tutoring partner. Being able to regulate their own learning in this manner presumably enhances feelings of personal responsibility for achievement in both tutor and tutee.“ (King, Staffieri & Adelgais 1998, S. 137)

In der Untersuchung von King et al. (1998) stand die Weitergabe metakognitiven Wissens an die Schüler im Vordergrund. Die Schüler lernten, welche Fragen in welcher Reihenfolge am besten gestellt werden und was im Sinne eines Scaffolding beim Erklären zu berücksichtigen ist. Durch solche Kenntnisse sollen die Schüler in die Lage versetzt werden, sich gegenseitig besser zu helfen, um dabei Fragen und Regeln zu internalisieren, die zu einem effektiven Lernen befähigen. Dadurch versucht der Lehrer das Problem zu lösen, Schüler mit unterschiedlichem Vorwissen effektiv zu fördern.

Probleme reziproker Partnerarbeit

Diese Form der Einübung in effektive Partnerarbeit ist mit einem hohen Aufwand verbunden: Das Training muss entwickelt und erprobt, geeignete Videos zusammengestellt, das Training begleitet werden. Solche Ansprüche sind von einem Lehrer im normalen Unterricht allein kaum zu leisten. Ein Einsatz in der Schule wäre nur zu rechtfertigen, wenn diese Methode im naturwissenschaftlichen Unterricht zu besseren Lernergebnissen führen würde und dadurch der hohe Entwicklungsaufwand gerechtfertigt werden könnte. Insofern ist die Übertragbarkeit der Ergebnisse auf normale schulische Arbeit eingeschränkt.[18] Einige Lernforscher bezweifeln, ob ein Training metakognitiven Könnens allgemeine Kompetenzen entwickelt, die insgesamt das Lernen erleichtern (vgl. dazu Sweller 2004; Kirschner, Sweller & Clark 2006; Sweller, Clark & Kirschner 2010). Nicht meta-kognitives Wissen, sondern eine *breite und differenzierte Wissensbasis* ist die Grundlage für die Fähigkeit zum Problemlösen (vgl. Kap. 4 sowie Chase und Simon 1973).

Beim Unterrichten der ganzen Klasse kann der Lehrer die individuellen Voraussetzungen der Schüler nur begrenzt berücksichtigen. Zunächst wird er für alle Schüler Inhalte einführen und erklären. In der Phase des Übens kann der Lehrer drei *Methoden der Binnendifferenzierung* anwenden: (1) Er kann schwächere Schüler zu einer Gruppe zusammenfassen, um die Aufgaben des Arbeitsblatts gemeinsam durchzugehen und die Methode des Bearbeitens an einzelnen Beispielen nochmals zu erläutern. (2) Danach kann er sich im Rahmen der Stillarbeit weiter um

[18] Durch Intensivierung der Zusammenarbeit in Schulen sowie durch Kooperationen zwischen Hochschulen und Schulen könnten allerdings solche zusätzlichen Entwicklungsaufgaben durchgeführt werden.

individuelle Schwierigkeiten kümmern. (3) Ferner kann er für die stärkeren Schüler herausfordernde Zusatzaufgaben stellen.

5.2.2 Tutorenarbeit – eine wichtige Methode für die Schule?

Partner- und Tutorenarbeit gelten als besonders wirksame pädagogische Methoden bei besonderen Lernschwierigkeiten, vorausgesetzt, die Tutoren werden systematisch geschult und eine begleitende Kontrolle der Tutorenarbeit wird durchgeführt. Die Wirksamkeit einer solchen Tutorenarbeit ist empirisch gut bestätigt (vgl. Fuchs et al. 1997, Wasik & Slavin 1993, Wasik 1998, Torgesen et al. 1999, Mathes, Torgesen & Allor 2001). Deshalb verwenden die meisten pädagogischen Programme bei massiveren Lernrückständen Tutorenarbeit. Ein Training der Tutoren ist vor allem dann von ausschlaggebender Bedeutung, wenn adaptive Lernmaterialien, die sich dem Vorwissen der Schüler anpassen lassen, nicht vorhanden sind und Laien (z. B. Eltern) statt pädagogischer Experten (z. B. Lehrer) als Tutoren auf die pädagogische Arbeit vorbereitet werden.[19]

Ein zentrales Feld pädagogischer Förderarbeit liegt im Bereich des Lesenlernens[20], da die Fähigkeit zum Lesen eine wesentliche Voraussetzung für alles weitere schulische Lernen darstellt (Cunningham & Stanovich 1998). Damit Schüler mit Lernrückständen beim Lesenlernen den Anschluss an ihre Mitschüler nicht verpassen, wurde in den USA ein Gesetz verabschiedet, – der „America Reads Challenge Act" (1997). Konkretes Ziel dieses Programms war, jedes Kind bis zum Ende der dritten Klasse dazu zu befähigen, gut und flüssig zu lesen. Um dieses ehrgeizige Ziel zu erreichen, werden vor allem Tutorenprogramme durchgeführt. Wasik (1998, S. 282 f.) nennt aufgrund einer Metaanalyse von Untersuchungen zur Tutorenarbeit folgende Punkte, die für den Erfolg solcher Tutorenprogramme wichtig seien:

- Die Nennung eines *verantwortlichen Koordinators, der ein Experte im Bereich Lesenlernen ist.*
- *Die fachliche Strukturierung* muss geklärt sein, um bestimmen zu können, wie Vorwissensstruktur und fachliche Struktur im Sinne der Zone der nächsten Entwicklung aufeinander zu beziehen sind. Eine fachliche Unterstützung der Tutorenarbeit erscheint zusätzlich vor allem dann erforderlich, wenn ausgearbeitete und leicht anwendbare Lernmaterialien fehlen, in die das fachliche Wissen eingebaut ist.
- Schulung: Pädagogen (Lehrer, Tutoren) müssen für die Umsetzung der genannten pädagogischen Prinzipien für die verschiedenen Anwendungsfelder geschult werden. Dazu gehört ein Training zur Identifikation des Vorwissens und der noch bestehenden Wissenslücken, um darauf bezogen genau dosierte Hilfen im Sinne eines Scaffolding geben zu können.
- Die enge Verzahnung von Programm und Unterricht.

Der Einsatz älterer Schüler sowie von Paraprofessionals als Tutoren

Im Folgenden wird auf zwei Untersuchungen eingegangen, welche die Wirksamkeit von Tutorenarbeit für bestimmte Bereiche zu belegen. Die erste Untersuchung bezieht sich auf die Förderung mathematischer Grundkenntnisse vor Schuleintritt (Johnson & Bailey 1974), die zweite

[19] Der Einsatz von Laien ist meist aus Kostengründen erforderlich.

[20] Eine ähnlich große Bedeutung hat der Bereich der Lernschwierigkeiten in Mathematik, die in den Klassenstufen 1–3 sichtbar werden und möglichst früh professionell diagnostiziert und soweit möglich durch individuelle Förderarbeit „behandelt" werden sollten. Wenn dies nicht geschieht, können diese Schüler auch komplexere Fertigkeiten nicht erwerben (vgl. Schipper 2005).

Untersuchung auf die Schulung des Lesens bei Schülern der Mittelstufe, die erhebliche Leseschwierigkeiten haben (Mercer, Campbell, Miller, Mercer & Lane 2000).

Zum Unterricht in der ersten Schulklasse sollten die Schüler bestimmte kognitive Voraussetzungen mitbringen: Sie sollten über einen Mindestwortschatz verfügen, um sich verständigen zu können und um den Lehrer zu verstehen, sie sollten bestimmte Vorstellungen von Zahlen haben, bestimmte Zählstrategien anwenden können und im Zahlenraum bis 20 einigermaßen sicher zählen können. Solche Kenntnisse sind bei einigen Schülern nicht vorhanden, und es stellt sich die Frage, was mit solchen Kindern geschehen kann:

1. Wenn solche Kinder nicht eingeschult werden, dann verbleiben sie oft in einem relativ anregungsarmen Milieu. Auch nach einem weiteren Jahr wird sich ihre Leistungsfähigkeit nicht wesentlich durch „Reifung" verbessert haben. Bei einigen dieser Kinder ist dann eine Einschulung in eine Sonderschule für Lernbehinderte unumgänglich.
2. Bei Einschulung trotz erheblicher Defizite kann die Schule besondere Fördermaßnahmen ergreifen. Dies ist meist eine bessere Lösung als eine Zurückstellung des Schülers. Bei schwereren kognitiven Defiziten ist der Lehrer leicht überfordert, da die wenigen Förderstunden bei massiveren kognitiven Defiziten nicht ausreichen.
3. Eine andere Möglichkeit wäre die Einrichtung gezielter Fördermaßnahmen im Kindergarten oder im ersten Schulhalbjahr. Ziel solcher Maßnahmen sollte die Förderung von Kompetenzen sein, die den Schulstart erleichtern.

Solche zusätzlichen Fördermaßnahmen haben dann eine Realisierungschance, wenn sie wenig kosten.

Die Untersuchung von Johnson & Bailey (1974) – der Einsatz älterer Schüler in der Vorschule

Eine vergleichsweise günstige Möglichkeit stellt der Einsatz von älteren Schülern als Tutoren dar. Über die empirische Erprobung eines solchen *Einsatzes von älteren Schülern als Tutoren im Kindergarten*[21] berichten Johnson & Bailey (1974). Die Untersuchung bezog sich auf die Förderung grundlegender arithmetischer Fertigkeiten wie das Kennen der Zahlen von 1-100, was bedeutet, dass das Kind

(1) laut zählen kann,
(2) Gegenstände abzählen kann,
(3) auf eine Zahl in einer Zahlenreihe zeigen kann, wenn diese Zahl genannt wird, und
(4) den Namen einer Zahl nennen kann, wenn auf diese Zahl gezeigt wird.

Da angenommen wurde, dass diese Fertigkeiten für bestimmte Zahlenbereiche einfacher sind als für andere, sollten diese zunächst für den Bereich 1 – 10, danach für den Bereich 11 – 20, dann in Zehnerschritten von 10 – 100 und danach von 21 – 100 trainiert werden.

Für den gesamten Bereich wurde ein Test entwickelt, der am Anfang als Vortest, als Zwischentest 1 und 2 sowie als Nachtest eingesetzt wurde. Die Tutoren wurden an drei aufeinander folgenden Tagen in 30-minütigen Sitzungen auf ihre Arbeit vorbereitet. Sie sollten dabei lernen, klar zu sprechen, richtige Antworten sowie angemessenes Sozialverhalten zu belohnen, unangemessenes Sozialverhalten nicht zu beachten, unrichtige Antworten zu korrigieren und eine Aufgabe zu wiederholen, wenn eine Antwort korrigiert wurde. Ferner wurden mit den Schülern die

[21] Der Kindergarten in den USA ist etwas anderes als der Kindergarten in Deutschland. In den USA ist der Kindergarten die Vorklasse vor der ersten Klasse. Dieser Kindergarten ist Teil der Elementary School.

Lernmaterialien durchgegangen. Dabei wurde ihnen auch erklärt, wie die in einer Sitzung erzielten Leistungen festgestellt und in Listen eingetragen werden sollten. Das gewünschte Verhalten wurde in Rollenspielen erprobt, indem die Tutoren sowohl die Rolle des Tutors wie die des Tutees übernahmen.

Insgesamt wurden auf diese Weise fünf Tutoren ausgebildet. Die Versuchsgruppe bildeten 4 Tutees, deren Entwicklung mit 4 ansonsten vergleichbaren Kindern verglichen wurde. Diese Kinder der Vergleichsgruppe nahmen ohne zusätzliche Förderung am normalen Kindergartenleben teil. Dazu gehörte auch, dass zweimal in der Woche für 3 Minuten arithmetische Fertigkeiten geübt wurden.

Insgesamt erstreckten sich die Tutorensitzungen auf 8,7 Stunden, d. h. 26 Sitzungen mit jeweils 20 Minuten. Nach den Tutorensitzungen schloss sich immer noch eine 10-minütige Spielphase an.

Ergebnisse: Zu Beginn konnten die Kinder der Versuchs- und Kontrollgruppe jeweils 26 % der **Aufgaben lösen. In der Versuchsgruppe erhöhte sich die Leistung im ersten Zwischentest auf 48 % richtiger Lösungen (Vergleichsgruppe 28 %), im zweiten Zwischentest auf 58 % richtiger** Lösungen (Vergleichsgruppe 31 %) und auf 66 % richtiger Lösungen im Nachtest (Vergleichsgruppe 38 %). Die größten Unterschiede zwischen Versuchs- und Kontrollgruppe ergaben sich bei den komplexeren Fertigkeiten, z. B. beim Zählen von Gegenständen im Bereich 11–20, beim Erkennen von Zahlen zwischen 11 und 20 und ihrem Benennen und beim Zählen in Zehnerschritten.

Die Tutoren waren unterschiedlich erfolgreich. Die beiden Schüler, die von ihren Tutoren am wenigsten gelobt wurden, machten die geringsten Fortschritte. Ferner versäumten es drei der fünf Tutoren, nach dem Korrigieren eines Fehlers nochmals die Aufgabe mit der richtigen Antwort zu wiederholen. Solche Punkte werden als Ansatzpunkte für eine Verbesserung der Tutorenschulung angesehen.

Insgesamt muss das durchgeführte Programm als sehr erfolgreich angesehen werden. Die wenigen Stunden intensiver Förderung haben eine beträchtliche Steigerung der Leistungen bewirkt. Der Entwicklungsaufwand für die Unterrichtsmaterialien (Entwicklung von Aufgaben – bzw. Übungsreihen) sowie der erforderliche Aufwand für die Schulung der Tutoren hält sich im Rahmen des Vertretbaren, wenn man bedenkt, dass

- die Unterrichtsmaterialien nur einmal entwickelt werden müssen, und
- die drei Tutorenschulungen für die fünf Tutoren nur insgesamt 1 1/2 Stunden andauerten.

Gravierender erscheint, dass eine Beaufsichtigung und kontinuierliche Betreuung der Tutoren durch einen Betreuer oder Lehrer erforderlich ist. Man könnte sich deshalb fragen, ob dann nicht der Einsatz dieses Erwachsenen als Lehrer einer kleinen Gruppe nicht möglicherweise ähnlich wirksam wäre. Dies wurde im Rahmen dieser Untersuchung leider nicht überprüft. Dagegen spricht allerdings, dass die Unterschiede zwischen den Tutees beträchtlich waren, sodass eine gemeinsame Beschulung nicht leicht gewesen wäre. Gerade bei diesen kleinen Kindern scheint eine individuelle Betreuung wichtig zu sein.

Paraprofessionals als Tutoren für das Lesenlernen in der Mittelstufe (Mercer et al. 2000) –

Auch bei dieser Untersuchung ging es um das Problem, massive Lernrückstände durch besonders effektive Fördermaßnahmen auszugleichen. Der inhaltliche Bereich ist hierbei das Lesenlernen, wobei insbesondere das flüssige Lesen trainiert werden soll. Die vorliegende Untersuchung bezieht sich auf Schüler der Mittelstufe (ab 5. Klassenstufe) mit erheblichen Leseproblemen. Diese Leseprobleme führen letztlich dazu, dass diese Schüler ohne zusätzliche Förderung kaum einen Schulabschluss erreichen könnten. In dieser Untersuchung wurden nicht ältere Schüler, sondern Erwachsene als Tutoren für diese Aufgabe eingesetzt. Es wurde nach einem strukturierten Trainingsprogramm täglich etwa 6 Minuten gearbeitet. Die Förderdauer erstreckte sich über 6 bis 25 Monate; entsprechend wurden drei Gruppen von Schülern gebildet: Eine mit einer Förderdauer von 19–25 Monaten, eine zweite mit einer Förderdauer zwischen 10 und 18 Monaten und eine dritte mit einer Förderdauer zwischen 6 und 9 Monaten. Das Lesetraining umfasste drei Komponenten:

1. *Lautierübungen* (Instruction in phonics, 1–2 Minuten): Hier modellierte der Tutor das Aussprechen von geschriebenen Phonemen, Silben und Nonsensbuchstabenkombinationen, um den Schüler auf das Lesen entsprechender Buchstaben-Lautkombinationen vorzubereiten. Die Schüler sollten dann eine Seite mit entsprechenden Lautierübungen innerhalb einer Minute durchlesen.
2. *Lesen häufig vorkommender Wörter*, die auf ein Blatt geschrieben waren (1–2 Minuten).
3. *Lesen einer Geschichte* (1–2 Minuten). Der Schüler sollte möglichst so schnell lesen, wie er sonst sprach.

Alle drei Übungen waren inhaltlich aufeinander bezogen. Wenn der Schüler länger als drei Sekunden brauchte, um eine Stelle zu lesen, las der Tutor sie. Bei den Übungen sollte der Tutor alle Fehler auf seinem Blatt anstreichen. Immer dann, wenn der Schüler mehr als zwei Fehler machte, wurde ihm die gleiche Übung am nächsten Tag nochmals gegeben. Dadurch wurde sichergestellt, dass die Punkte, die dem Schüler beim Lesen Schwierigkeiten bereiteten, intensiv geübt wurden, bis eine flüssige Beherrschung erreicht wurde.

Am Ende jeder Sitzung wurde gemeinsam in einem Aufzeichnungsbogen eingetragen, wie viele Silben, Wörter und Sätze der Schüler jeweils pro Minute geschafft und wie viele Fehler er dabei gemacht hatte. Der Schüler sollte dadurch motiviert werden, sich selbst realistische Ziele zu setzen.

Ergebnisse: Die meisten Schüler machten erhebliche Lesefortschritte: Es verbesserte sich nicht nur die Flüssigkeit des Lesens, sondern auch die Leseleistung allgemein: Obwohl die Schüler nur ein jeweils kurz andauerndes Lesetraining pro Tag erhielten, das sich über 6–25 Monate erstreckte, verbesserten sich die Leseleistungen in dieser Zeit stärker als in der gesamten Grundschulzeit, die zwischen 45 und 55 Monaten beträgt und vermutlich pro Tag ein längeres Lesetraining umfasst. So stieg die Leseleistung der Gruppe mit etwa dreijährigem Lesetraining um durchschnittlich 3 Klassenstufen.[22] Die Ausgangsleistung lag in dieser Gruppe auf dem Niveau, das „normale" Schüler nach dem ersten halben Schuljahr erreichen. Diese Leistungszuwächse sind auch deshalb erstaunlich, weil anzunehmen ist, dass jüngere Schüler in einer für das Lesen-

[22] Bezogen auf die investierte Zeit waren die Leistungsfortschritte bei zweijährigem Training (2,8 Klassenstufen) und bei einjährigem Training (1,9 Klassenstufen) noch höher. Dies mag damit zusammenhängen, dass am Beginn eines solchen Programms der Neuigkeitswert am höchsten ist und es sich bei der Gruppe, die ein dreijähriges Training bekam, um die Gruppe mit den größten Lerndefiziten handelte.

lernen sensiblen Phase sind. Vermutlich sind für die hohe Wirksamkeit dieses Lesetrainings drei Faktoren entscheidend:

1. Die intensive Betreuung durch einen Tutor,
2. ein gut strukturiertes, aufeinander aufbauendes Leseprogramm, in dem Lautierübungen und Lesen sinnvoller Texte aufeinander bezogen waren, sowie
3. das häufige Wiederholen der Seiten, mit denen der Schüler Schwierigkeiten hatte, wodurch ein schnelles Identifizieren der Silben und Wörter und ihre Umsetzung in Laute gefördert wurde.

5.2.3 Zusammenfassung: Methoden mündlichen Erklärens durch Lehrer und Schüler

Was unterscheidet eine gute mündliche Erklärung von einer weniger guten mündlichen Erklärung? Wie kann man Lehrer oder Schüler darin trainieren, gute Erklärungen zu geben? In welcher Weise sollte der Lehrer bei seinen Erklärungen das Vorwissen der Schüler berücksichtigen? Wie vermeidet man beim mündlichen Erklären eine Überlastung des Arbeitsgedächtnisses? Und unter welchen Voraussetzungen ist es ratsam, auf nähere Erklärungen und Erläuterungen zu verzichten, weil durch die Art der Strukturierung des Lernmaterials Schüler in der Lage sind, sich diese weitgehend selbst zu erarbeiten? Und wieweit können durch den Einsatz von Tutoren Schüler mit massiveren Lernrückständen effektiv gefördert werden? Dies sind einige der Fragen, die in diesem Abschnitt behandelt wurden.

Ausgangspunkt der Darstellung in diesem Kapitel waren die erheblichen Unterschiede zwischen den Schülern: Wie kann man in einer Klasse mit einem breiten Leistungsspektrum verständliche, mündliche Erklärungen geben? Um einen möglichst großen Lerneffekt in der Klasse zu erzielen, sollten die vor der ganzen Klasse gegebenen Erklärungen für möglichst viele Schüler klar und verständlich sein. Verständlich können diese Erklärungen aber nur sein, wenn sie sich in das schon vorhandene Vorwissen einpassen und auch darauf bezogen sind. Wenn man vom einzelnen Schüler ausgeht, kann man Bedingungen für ein optimales Erklärverhalten leicht spezifizieren: Erklärungen und Aufgaben sollten im Bereich der Zone der nächsten Entwicklung stattfinden. Sie sollten die geistigen Möglichkeiten des Schülers herausfordern, ohne ihn zu überfordern. Eine gute Erklärung sollte sich ferner an der Idee orientieren, dem Schüler ein Gerüst bereit zu stellen, in das er sein Wissen integrieren kann. Dazu müssen die Erklärungen an das schon vorhandene Wissen andocken und mit affektiven Gehalten (z. B. der persönlichen Erfahrungswelt) verbunden werden.

Ein solches Scaffolding berücksichtigt also das Vorwissen des Schülers und baut darauf auf. Der Erklärer führt zunächst die neuen Fragestellungen und Inhalte soweit nötig ein. Danach lässt er dieses Wissen in verschiedenen Kontexten anwenden, bis die Inhalte in flüssiger Form verfügbar sind. Wichtig dabei ist, dass dem Schüler herausfordernde, anspruchsvolle Probleme gestellt und nur soweit wie nötig spezifische Hilfen gegeben werden. Hilfen werden im Verlauf des Lernprozesses zunehmend zurückgenommen.

Für das Unterrichten einer Klasse kann ein Lehrer sich zwar an diesen beiden Gesichtspunkten – der *Zone der nächsten Entwicklung* und einem *Scaffolding* – orientieren. Der Bezug ist dann aber nicht der individuelle Schüler, sondern meist der mittlere Schüler. Er wird dann in der Regel die leistungsstärkeren Schüler unterfordern und die leistungsschwächeren Schüler überfordern. Es gibt verschiedene Möglichkeiten, auf diese Situation zu reagieren:

1. Der Lehrer kann schon beim Entwickeln einer Idee wesentliche Punkte hervorheben, diese an der Tafel festhalten und in kurzen Zusammenfassungen wiederholen.
2. Er kann nach einer Erklärung vor der Klasse die schwächeren Schüler im Rahmen der Stillarbeit zu einer Gruppe zusammenfassen, um mit ihnen die Erklärungen anhand einzelner Aufgaben nochmals durchzugehen. Dies ist erheblich wirkungsvoller als die gängige Methode, jedem einzelnen schwächeren Schüler alles individuell nochmals zu erklären.
3. Eine andere Möglichkeit bestünde darin, die leistungsstärkeren Schüler als Erklärhelfer für die schwächeren Schüler zu trainieren und einzusetzen. Diese Möglichkeit bietet sich vor allem bei massiven Lernrückständen an.

5.3 Schriftlich etwas erklären

Erklären mit Texten – ein Beispiel zum Lernen im Physikunterricht

Ausführliches Feedback durch Texte kann unter bestimmten Bedingungen ähnlich lernwirksam sein wie Tutorenarbeit. Diese These kann an einem neueren Experiment zum Physiklernen verdeutlicht werden. Man stelle sich zunächst folgende Situation vor: Im Unterricht habe man über drei Wochen vergleichsweise komplexe Inhalte behandelt. Vor der obligatorischen Klassenarbeit möchte der Lehrer mit seinen Schülern die wichtigsten Inhalte noch einmal durchgehen. Er überlegt sich also, wie er seine Schüler am besten auf die Klassenarbeit vorbereiten kann. Ihm fallen folgende Möglichkeiten ein:

1. Er stellt die wichtigsten Inhalte nochmals in Form einer Power-Point-Präsentation vor. Dadurch stellt er sicher, dass alle testrelevanten Inhalte nochmals wiederholt und erläutert werden.
2. Er lässt die Schüler in Partnerarbeit nochmals die relevanten Seiten im Schulbuch durchlesen, dabei sollen sie noch unverstandene Punkte aufschreiben. Diese Punkte werden dann in der Klasse diskutiert. Außerdem fordert er sie auf, sich selbst Testaufgaben für die bevorstehende Klassenarbeit auszudenken.
3. Er stellt den Schülern 10 Aufgaben, die sie ohne Hilfen wie bei der Klassenarbeit bearbeiten sollen. Wenn eine Aufgabe gelöst ist, kann der Schüler das zugehörige Lösungsblatt abholen, auf dem die Lösung mit erklärenden Hinweisen auch bezüglich möglicher Fehlstrategien zu finden ist. Danach soll der Schüler jeweils seine ursprüngliche Lösung überarbeiten. Erst danach bearbeitet er die nächste Aufgabe usw.

M.E. ist die zweite Vorgehensweise effektiver als die der ersten Methode, deutliche Lernzuwächse dürften allerdings erst bei der dritten Methode auftreten. Die als dritte Möglichkeit dargestellte Methode wurde von einer Forschungsgruppe um VanLehn (vgl. VanLehn, Graesser, Jackson, Jordan, Olney & Rosé 2007) verwendet.[23]

[23] Es handelt sich um das erste von insgesamt sieben Experimenten.

Wann sind tutorielle Dialoge effektiver als Lesen? (VanLehn, Graesser, Jackson, Jordan, Olney & Rosé 2007):

In diesem Experiment[24] sollten Anfangsstudenten der Physik versuchen, das Wissen über qualitative Newton'sche Mechanik auf die Lösung von Alltagsproblemen anzuwenden. Folgende Aufgabe wurde z. B. den Studenten vorgelegt:

„Wenn ein Kleinwagen und ein schwerer Lastwagen kollidieren, auf welchen Wagen ist dann die einwirkende Kraft größer? Welches Fahrzeug wird in seiner Bewegung stärker beeinflusst? Verteidige deine Antworten!" (vgl. VanLehn et al. 2007, S. 58)

Behandlung: Allen Studenten wurden zunächst solche Aufgaben vorgelegt, und es wurde verlangt, in den Computer eine Lösung des Problems einzutippen. Danach wurden die Studenten entweder tutoriell betreut (insgesamt 3 Tutorenbedingungen: Menschlicher Tutor, zwei künstliche Tutoren[25]) oder es wurde ihnen eine *Minilektion* am Bildschirm übermittelt, in der sie in etwas redundanter Form eine korrekte Lösung präsentiert bekamen. In diesen Minilektionen wurden auch explizit verschiedene bekannte Fehllösungen diskutiert. Zum Abschluss bekamen die Studenten Gelegenheit, ihre „Lösung" zu überarbeiten. **Diese Sequenz *„Aufgabenbearbeitung – Hilfen durch Tutoren oder Minilektionen – Überarbeiten der ursprünglichen Lösung"* wurde nacheinander mit insgesamt 10 Aufgaben durchgeführt.**

Ergebnisse: Es ist aufgrund der Forschungen zur Tutorenarbeit zu erwarten, dass in den Tutorengruppen der bei weitem größte Lernzuwachs auftritt. Bloßes Lesen von Lehrtexten soll nach Meinung vieler Pädagogen zu *trägem Wissen* führen. *In diesem Experiment erwies sich jedoch das Lesen der Minilektionen als genauso lernwirksam wie die Tutorenbetreuung.*

Interpretation: Vermutlich führt das Ausprobieren der vorhandenen Problemlösekompetenz zu einer *Bewusstheit der noch vorhandenen Wissenslücken*, und diese Bewusstheit ermöglicht eine aktive und fokussierte Nutzung der Minilektionen durch Lesen. Die Studenten wurden durch die vorherigen Lösungsbemühungen für mögliche Wissenslücken sensibilisiert und dadurch motiviert, sehr genau die Minilektionen zu studieren, um danach jeweils die „Aufgabenlösung" zu überarbeiten.

Dieses Ergebnis ist auch unter praktischen Gesichtspunkten bedeutsam. Das Durchlesen der Minilektionen[26] dauerte die Hälfte der Zeit wie die tutorielle Betreuung. Die Autoren bemerken dazu: *„Die Interaktion zwischen Tutor und Tutee scheint das Lernen zu verlangsamen, ohne dass daraus ein zusätzlicher Lerngewinn resultiert."* (VanLehn et al. 2007, S. 30).

Die hier verwendeten Minilektionen kann man als sehr konkrete inhaltliche Rückmeldungen interpretieren. Solche inhaltlichen Rückmeldungen sind dann besonders effizient, wenn Schüler zuvor ihre eigene Leistungsfähigkeit beim Lösen der Aufgabe erprobt haben und dabei auf Schwierigkeiten gestoßen sind. Eine Bewusstheit vorhandener Wissenslücken scheint Schüler zu motivieren, Texte (Minilektionen) sehr sorgfältig durchzuarbeiten und die gegebenen Informationen für eine Revision der ursprünglichen Lösung zu nutzen.

Lernen mit Hilfe von Minilektionen bezieht sich auf die Phase der Festigung und Konsolidierung des Wissens. Die Motivation zum sorgfältigen Durcharbeiten der Minilektionen war in diesem Fall sehr hoch, weil die Bearbeitung der Aufgaben der Übung studienrelevanter Inhalte

[24] VanLehn et al. haben eine Serie von 7 Experimenten durchgeführt, um zu klären, unter welchen Voraussetzungen tutorielle Dialoge effektiver sind als das Lesen von Texten. Ich stelle hier das erste Experiment dar.

[25] Computer-Tutoring mit „Why2-Atlas" and „Why2-AutoTutor"

[26] Im Anhang zu diesem Kapitel wurde die Minilektion zu der oben dargestellten Aufgabe abgedruckt.

diente. Der Vorteil der Minilektion besteht darin, dass jeder Schüler die Möglichkeit erhielt, zu seinen Fehlern und Lücken Informationen bzw. Feedback zu erhalten. Solche individuellen Rückmeldungen überfordern den Lehrer im „normalen" Unterricht.

Für die Schule ergibt sich bei der Vorbereitung einer Klassenarbeit eine ähnliche Situation wie im Experiment: Wenn Schüler *versuchsweise eine Klassenarbeit schreiben* und danach die Möglichkeit erhalten, ihre Lösungen aufgrund sorgfältig erarbeiteter Minilektionen zu überarbeiten, dürften ebenfalls positive Lerneffekte resultieren. Die Methode hat somit Vor- und Nachteile:

- Vorteile hat die Verwendung von Minilektionen durch ihre hohe Lernwirksamkeit. Schüler können zu ihren jeweiligen Fehlern in den Texten nach konkreten individuellen Hilfen suchen. Lehrererklärungen können nur bedingt zurückgespult oder wiederholt werden, in Texte kann man vor- und zurückblättern und die Teile besonders sorgfältig lesen, die noch Unverstandenes erklären.
- Der Nachteil dieser Methode besteht darin, dass zunächst viel Arbeit in die Entwicklung solcher Minilektionen investiert werden muss, weil in diesen Minilektionen nicht nur die Schritte der Aufgabenlösung möglichst verständlich für die jeweilige Adressatengruppe beschrieben werden, sondern auch die wichtigsten und häufigsten Fehler diskutiert werden sollten.

Texte verständlich gestalten oder Lerner zum Textverstehen befähigen

Texte sind mündliche oder schriftliche Botschaften eines Senders an einen Empfänger. Das Verstehen eines Textes hängt sowohl von der Gestalt des Textes als auch von den Vorkenntnissen, Fähigkeiten und Interessen des Empfängers ab. Textverstehensforschung hat somit zwei Ansatzpunkte:

- Die Optimierung von Texten im Sinne einer bestimmten Adressatengruppe, oder
- die Optimierung der Textempfänger im Hinblick auf Strategien des Arbeitens und des Umgangs mit Texten.

Im Folgenden wird vor allem der Ansatzpunkt der Optimierung von schriftlichen Texten im Sinne einer Verbesserung der Textverständlichkeit gewählt.

Das Problem verständlicher Sprache hängt von der Passung des Textes an die kognitive Struktur des Empfängers ab, gleichgültig, ob dieser Text mündlich oder schriftlich vermittelt wird: Kennt der Empfänger die verwendeten Begriffe und hat er die vorausgesetzten Kenntnisse? In welchem Umfang sollte an diese Vorkenntnisse zunächst einmal erinnert werden? Verbessern zusätzliche Veranschaulichungen und Bilder das Verstehen? Sicherlich kann für eine Person ein Text völlig klar und verständlich sein, der für eine andere völlig unverständlich ist. So mögen für einen Experten Bedienungsanleitungen für einen Videorekorder verständlich sein, ein Laie mag sich dennoch wegen der Unverständlichkeit die Haare raufen. Eine Aussage über die Verständlichkeit eines Textes lässt sich somit immer nur in Bezug auf eine bestimmte Adressatengruppe machen.

Manch einer wird sich sagen, er wisse doch schon genau genug, was eine verständliche oder eine unverständliche Darstellung sei: Man verwende eine schülergemäße Sprache, möglichst wenige Fremdwörter, kurze Sätze. Sicherlich sind auch solche Punkte wichtig. Dennoch betreffen sie nur die Oberfläche eines Textes. Von weit größerer Bedeutung sind Merkmale der Tiefenstruktur eines Textes, insbesondere Merkmale der inneren Gliederung. Dabei wird zwischen der Makrostruktur und der Mikrostruktur eines Textes unterschieden:

- Die *Makrostruktur* bezieht sich auf die Gliederung eines Textes in sinnvoll aufeinander bezogene Teile, Kapitel und Abschnitte.
- Die *Mikrostruktur* meint dagegen die flüssige Abfolge von Sätzen und Satzteilen, die möglichst ohne Brüche[27] aufeinander folgen sollen.

Brüche verlangen vom Leser zusätzliche Schlüsse, die viele Leser nicht zu leisten imstande sind. Durch solche „Stolpersteine" wird ein Text vor allem für schwächere Schüler unverständlich.

Zur Verständlichkeit eines Texts können neben dem eigentlichen Textkörper verschiedene Zutaten beitragen, die manche als eher überflüssig bzw. redundant ansehen werden. Dazu zählen Überleitungen zwischen Kapiteln und Abschnitten, Übersichten über die darzustellende Thematik, um einen Orientierungsrahmen zu geben, sowie am Ende Zusammenfassungen der wesentlichen Ideen. Solche auf den ersten Blick „überflüssige" Textelemente wirken sich, wie viele Untersuchungen belegen, meist günstig auf das Behalten der wesentlichen Ideen aus, weil diese „Redundanzen" wesentliche Punkte im Sinne verteilten Übens wiederholen und damit eine Verankerung der wichtigsten Ideen im Gedächtnis begünstigen.[28]

Die Geschichte der Forschungen über die Verständlichkeit von Texten kann man in drei Abschnitte untergliedern:

1. *Lesbarkeitsforschung:* Suchen nach Lesbarkeitsformeln zur Kennzeichnung der Verständlichkeit eines Textes,
2. *Entwicklung pragmatischer Verständlichkeitskonzepte,* z.B. das Hamburger Verständlichkeitskonzept, und
3. *Entwicklung von Theorien* über Zusammenhänge zwischen *Verstehen und Gedächtnisprozessen* (z.B. Theorie von Kintsch & van Dijk).

5.3.1 Die Verständlichkeit von Texten

Die Lesbarkeitsforschung

Einer der Ansätze, die sich an Textmerkmalen orientierten, war der Ansatz der *Lesbarkeitsforschung.* Man versuchte hier Formeln zu entwickeln, in denen die Ausprägung des Textes hinsichtlich formaler, lexikalischer und syntaktischer Textmerkmale zusammengefasst wurde. Kritisiert wird an diesem Ansatz, dass nur *äußere Textoberflächenmerkmale* berücksichtigt werden und keine Merkmale der inhaltlichen Organisation des Textes, also z. B. der Strukturierung und Organisation von Textinhalten. Ferner wurden die Verarbeitungsprozesse des Rezipienten ausgeblendet. Somit hat der in der Lesbarkeitsforschung verwendete Verständlichkeitsbegriff keine theoretische Begründung in einer Theorie über Verstehensprozesse. Die Formeln haben

[27] Ohne Brüche bedeutet, dass die Sätze inhaltlich *kohärent* aufeinander bezogen sind. Es werden alle Informationen wie an einer Perlenkette vorgestellt, ohne dass wesentliche Informationen vergessen werden. Um sich die notwendigen Schritte bewusst zu machen, sollten Aufgabenanalysen durchgeführt werden (vgl. Crandall 2006).

[28] Der Nutzen beschränkt sich allerdings weitgehend auf solche Zutaten, die den sachlichen Zusammenhang zusätzlich klären. Dagegen lenken „motivierende" Zusätze häufig vom Wesentlichen ab und behindern das Lernen. Eine weitere Einschränkung ist in bezug auf die Adressatengruppe erforderlich: Gewisse Redundanzen sind beim Erwerb neuer Schemata sinnvoll, bei Experten wirken diese ermüdend und erschweren ein schnelles Verstehen.

nur einen recht begrenzten prognostischen und praktischen Wert. Kintsch, W., Britton, Fletcher, Kintsch, E. & Mannes (1993, S. 177) schreiben dazu:

> *„Die Ergebnisse dieser Forschung waren letztlich enttäuschend. Kontrollierte Studien über die Wirkung der Lesbarkeit … haben entweder kleine oder gar keine Wirkungen erbracht."*

Das Hamburger Verständlichkeitskonzept

Der zweite Ansatz, der sich auf Textmerkmale bezieht, ist das sog. Hamburger Verständlichkeitskonzept (vgl. Langer, Schulz von Thun & Tausch 1974). Danach soll ein Text im Hinblick auf vier Dimensionen optimiert werden:

- *Einfachheit:* Einfache Sprache, bekannte, geläufige Wörter, einfache Satzstrukturen, kurze Sätze (Optimum hohe Ausprägung).
- *Gliederung-Ordnung:* Übersichtlichkeit und Geordnetheit der Textinhalte (Optimum hohe Ausprägung).
- *Kürze – Prägnanz:* Sprachaufwand im Verhältnis zum Lehrziel (Optimum mittlere Ausprägung, weder zu kurz, noch zu weitschweifig und redundant), und
- *Zusätzliche Stimulanz:* Anregende, stimulierende Zutaten wie wörtliche Rede, lebensnahe Beispiele (Berücksichtigung nur wirksam bei hoher Ausprägung des Faktors Gliederung-Ordnung).

Dabei sind vor allem die ersten beiden Dimensionen bedeutsam. Ähnlich wie bei der Lesbarkeitsforschung wurde auch hier auf eine genauere theoretische Begründung durch Bezugnahme auf eine Theorie des Textverstehens verzichtet. Die „Dimensionen" wurden „induktiv" gewonnen.[29] Auch wenn die theoretische Fundierung damit etwas fragwürdig erscheint, hat dieser Ansatz in der Praxis gute Ergebnisse erzielt. Als Beispiel für diese Forschung werden wir weiter unten auf das Unterrichtsexperiment von Schulz von Thun, Göbel & Tausch (1973) eingehen.

Tergan (1981) hat das Hamburger Verständlichkeitskonzept in verschiedenen Punkten mit dem stärker kognitionsorientierten Verständlichkeitskonzept von Groeben verglichen und kritisiert, worauf Groeben (1981) in einer eher integrativen Form geantwortet hat. Zur Verdeutlichung möchte ich die wichtigsten Kritikpunkte von Tergan am Hamburger Konzept kurz darstellen (vgl. S. 335 ff):

- Textverständlichkeit wird als textimmanentes Merkmal aufgefasst, auch wenn gesehen wird, dass Verständnisvoraussetzungen auf Seiten des Lernenden bestehen. Der Lerner-Text-Interaktionszusammenhang werde jedoch im Ansatz nicht systematisch berücksichtigt. Bei Groeben kann ein gegebener Text für einen Leser leicht und für einen anderen Leser schwer sein.
- Das Hamburger Konzept geht von einem linearen Zusammenhang zwischen Textverständlichkeit und Lernerfolg aus, man kann jedoch vermuten, dass eine mittlere Verständlichkeit am wirksamsten ist, und eine nicht-lineare Beziehung zwischen Verständlichkeit und Lernen besteht.
- Über die Bedeutung der verschiedenen Dimensionen besteht Uneinigkeit: Nach dem Hamburger Konzept ist die Dimension „Einfachheit" am bedeutendsten, bei Groeben die Dimension „inhaltliche Strukturierung". „Inhaltliche Strukturierung" wird außerdem etwas anders

[29] Verschiedene mehr oder weniger verständliche Texte wurden aufgrund von Eigenschaftspaaren beurteilt, die Ergebnisse wurden dann faktorenanalysiert. Ergebnis der Faktorenanalysen waren dann diese Dimensionen.

als „Gliederung – Ordnung“ definiert: Groeben fasst darunter die Verwendung von „advance Organizern“, sequentielles Arrangieren der textimmanenten Konzepte, Zusammenfassungen am Textende und Hervorhebungen wichtiger Textelemente.

- Eine mittlere Ausprägung der Dimension Kürze-Prägnanz ist nach dem Hamburger Konzept für die Verständlichkeit optimal. Ein Text soll danach weder zu gedrängt bzw. zu dicht noch zu weitschweifig formuliert sein. Groeben hält ein hohes Ausmaß sprachlicher Redundanz zusammen mit einer mittleren Schwierigkeit der sprachlichen Darstellung für optimal.
- Groeben bezieht sich auf die Neugiertheorie von Berlyne (1960), nach der das Verstehen erleichtert wird, wenn der Leser konzeptuelle Konflikte auflösen muss. Dagegen betonen die Hamburger vor allem stimulierende Zutaten wie Ausrufe, wörtliche Rede, rhetorische Fragen zum Mitdenken, lebensnahe Beispiele und witzige Formulierungen.

Die bisher durchgeführten Untersuchungen konzentrieren sich auf kurze Texte, die in einer bestimmten Zeit zu bearbeiten waren. Entsprechend stellt sich die Frage, ob die Befunde auf Situationen übertragbar sind, in denen mit Hilfe längerer Texte ohne Zeitbegrenzung gearbeitet wird. **Eine Untersuchung von Tergan (1979) soll darauf hinweisen, dass unter solchen „natürlichen Lernvoraussetzungen“** ***„kognitive und bildungsmäßige Lernvoraussetzungen eine weitaus größere Rolle spielen als Textmerkmale.“*** (Tergan 1981, S. 358 f.)

Sicherlich ist das Hamburger Verständlichkeitskonzept in theoretischer Hinsicht unbefriedigend. Für dieses Konzept spricht jedoch seine praktische Anwendbarkeit, da es zu guten Ergebnissen (verbesserten Lern- und Behaltensleistungen) führt und mit relativ wenig Aufwand gelernt und angewendet werden kann. Dabei kann sich der Anwender auf eine bestimmte Zielgruppe einstellen und den Text für sie optimieren. Insoweit kann auch in diesem Ansatz der Leser-Text-Interaktion Rechnung getragen werden. Zum Hamburger Verständlichkeitskonzept wurde eine größere Anzahl von Unterrichtsexperimenten durchgeführt (vgl. die Übersicht im Lehrbuch von Tausch & Tausch 1977). Im Folgenden soll ein Experiment dargestellt werden, das mit Gymnasiasten, Realschülern und Hauptschülern der siebten und achten Klassenstufen durchgeführt wurde (vgl. Schulz von Thun, Göbel & Tausch 1973).

Dazu wurden zunächst vier verschiedene Schulbuchtexte für das Gymnasium von drei Experten im Hinblick auf ihre Textverständlichkeit nach dem Hamburger Verständlichkeitskonzept optimiert. Die Texte wurden Schulbüchern mit hoher Auflage entnommen, um damit dem Vorwurf zu entgegnen, es handle sich bei den ausgesuchten Texten um völlig untypische Schulbuchtexte.

Zur Verdeutlichung werde ich auf Seite 199 einen Text in seiner ursprünglichen und in seiner optimierten Form vorstellen. Verwendet wird der Text „Klima im ozeanischen Europa“ (Seydlitz, Bd. 4, S. 3, 321 Wörter).

Ergebnisse: Die deutlichsten Effekte traten beim Thema Klima auf, wobei dieser Text in seiner Originalversion nach Einschätzung unabhängiger Rater auch am wenigsten verständlich geschrieben war. Die Effektstärke betrug hier +0,64. Alle Vergleiche waren zugunsten der optimierten Versionen signifikant – bei der Größe der Stichprobe (Originaltext 137, optimierter Text 140 Versuchspersonen) ist dies allerdings nicht verwunderlich. Auch Angaben über die emotionale Befindlichkeit (Spaß beim Lesen; Erfolgsgefühl, etwas verstanden zu haben) begünstigten die optimierten Textversionen. Ferner profitierten Schüler mit hoher und niedriger Intelligenz in gleichem Maße von optimierten Lehrtexten. Der Leistungszuwachs bei Gymnasiasten, Real- und Hauptschülern ist jeweils gleichgroß.

Klima im ozeanischen europa	
Original-Schulbuchtext	*Optimierter Text*
„Ganz besonders das Klima gibt dem westlichen, halbinselreichen *ozeanischen Europa* eine Sonderstellung. Es liegt in der *gemäßigten Zone.* Vorherrschend sind Westwinde, die vom Atlantik kommen und reichlich Niederschläge bringen, sodass überall Pflanzenwuchs möglich ist. Von Natur ist es überwiegend Waldland. Im Süden reicht Europa bis zum 35. Breitengrad; die Mittelmeerländer sind daher im Sommer den trockenheißen Passatwinden ausgesetzt, im Winter erhalten sie dann mit den wehenden Westwinden genügend Feuchtigkeit. Nach Norden reicht Europa noch fast 5° über den Polarkreis hinaus. In anderen Kontinenten herrscht in solcher Breitenlage arktisches Klima. Doch rechnen wir das südliche Skandinavien noch zum gemäßigten Klimabereich, weil der Golfstrom Wärme aus äquatorialen Breiten weit nach Norden bringt. Nach Osten zu können wir noch das Baltikum und Polen zum ozeanischen Europa zählen, wobei wir uns darüber klar sein müssen, dass in dem weiten Tieflandskeil sich der Übergang vom ozeanischen zum kontinentalen Klima ganz allmählich vollzieht. Das Witterungsgeschehen in Europa wird bestimmt durch Luftmassen, die vom atlantischen Ozean, aus polaren Breiten, vom kontinentalen Osten und vom subtropischen Süden her vordringen und miteinander im Kampfe liegen. Besonders charakteristisch sind die regenbringenden wandernden Tiefdruckgebiete. Das ozeanische Europa, das wir also bis zur Westgrenze der Sowjetunion rechnen, umfasst die Hälfte des gesamten Erdteils, nämlich 5 Mill. km^2; aber es leben hier etwa dreiviertel der Bevölkerung Gesamteuropas, rund 450 Millionen Menschen. Dicht beieinander wohnen sie in Deutschland, Frankreich, Großbritannien, Italien und den kleinen Nachbarstaaten Niederlande und Belgien. Sie allein zählen zusammen 250 Millionen. Im ozeanischen Europa entstand die Technik des Industriezeitalters. Günstige Voraussetzungen waren dafür die reichen Kohle- und Erzlager. Auf Grund der natürlichen Lebensbedingungen erwuchs im ozeanischen Europa innerhalb einer arbeitsamen, erfinderischen Bevölkerung, deren Kultur von Antike und Christentum geprägt wurde, eine einheitliche Lebensform. Sie hebt sich deutlich ab von der ihrer Nachbarn im russischen Osteuropa, im Orient und in Afrika. Trotz der Vielfalt der Landschaften, Völker und Staaten ist dieses ozeanische Europa eine kulturelle Einheit im Weltganzen."	„Das folgende Kapitel enthält Informationen über das ozeanische Europa: Grenzen – Klima – Bevölkerung – Kultur. **Was ist das ozeanische Europa?** Das ist der westliche Teil von Europa. Er heißt so, weil das Klima vom Ozean beeinflusst wird. Das ozeanische Europa ist 5 Mill. km^2 groß, also etwa die Hälfte von ganz Europa. Im Osten reicht es bis zur sowjetischen Grenze (Polen und das Baltikum gehören noch dazu). Im Norden reicht es noch 5° über den Polarkreis hinaus, im Süden bis zum 35. Breitengrad. **Das Klima** Es ist nie sehr kalt *(gemäßigte Zone).* Meist weht der Wind von Westen, vom Atlantischen Ozean. Westwinde bringen viel Regen, sodass überall viele Pflanzen wachsen. Vor allem Wald gibt es hier. Im Süden allerdings, in den Mittelmeerländern, ist es im Sommer sehr trocken und heiß, weil dann die Passatwinde dort wehen. Aber im Winter kommt auch hierhin der Westwind und bringt genügend Feuchtigkeit. Auch das nördliche Skandinavien gehört zur gemäßigten Zone. Wieso das? In anderen Erdteilen zittern die Menschen, die so nördlich wohnen, bereits vor Kälte. Hier aber fließt der Golfstrom und bringt Wärme vom Äquator mit. Im Osten vollzieht sich ein allmählicher Übergang vom ozeanischem zum festländischen (kontinentalen) Klima. Wonach richtet sich das Wetter? Luftmassen aus Norden, Süden, Osten und Westen suchen Einfluss zu nehmen und kämpfen dauernd um den Sieg. Häufig entstehen wandernde Tiefdruckgebiete. Sie bringen viel Regen. **Die Bevölkerung** Das ozeanische Europa ist halb so groß wie ganz Europa. Trotzdem leben hier 3/4 aller Europäer. Das sind 450 Millionen Menschen. Besonders dicht besiedelt sind Deutschland, Frankreich, England, Italien, Holland, Belgien. Hier wohnen allein 250 Millionen Menschen. **Die Kultur** Hier entstand die *Technik des Industriezeitalters.* Warum gerade hier? Reiche Kohle- und Erzlager sind wie geschaffen dafür. Die Bevölkerung arbeitet viel und hat viele gute Ideen. Merkwürdig: Obwohl die Leute an ganz verschiedenen Orten wohnen, ist doch ihre Art zu leben sehr einheitlich. Das kommt daher: Die natürliche Lebensbedingungen (z. B. Klima) sind sehr ähnlich. So konnten Christentum und Antike sich überall gleich auswirken. Diese kulturelle Einheit hebt sich deutlich ab von den Nachbarn der Ozean-Europäer, den Russen, den Orientalen und den Afrikanern.
Mittlere Einschätzung durch 10 Experten der Textverständlichkeit[30]: (1) Einfachheit – 1,1; (2) Gliederung-Ordnung -0,5; (3) Kürze-Prägnanz-0,5; (4) Zusätzliche Stimulanz – 1,4.	(1) Einfachheit + 1,4; (2) Gliederung-Ordnung + 1,7; 3. Kürze-Prägnanz + 0,1; (4) Zusätzliche Stimulanz + 0,3.

[30] Die Werte der Beurteilungsskalen reichen von +2 bis −2. Der größte Unterschied zwischen beiden Versionen ergibt sich mit 2,2 bei Gliederung – Ordnung. Dies verdeutlicht die besondere Bedeutung dieser Dimension für die Verständlichkeit eines Textes.

Diskussion: Die Ergebnisse sprechen für eine Optimierung von Texten, die im Schulunterricht verwendet werden, im Hinblick auf ihre Verständlichkeit. Offensichtlich sind Lehrbuchautoren keine Experten für Textverständlichkeit. Deshalb bietet sich für die Lehrbuchentwicklung ein zweistufiges Verfahren an: Zuerst entwickeln die fachlichen Experten die Texte, die dann in einem zweiten Schritt von Experten für Textverständlichkeit in Abstimmung mit den Fachleuten überarbeitet werden.

Entsprechend fordern die Autoren:

> *„Lehrer und Schüler sollten möglichst nur Schulbücher mit einem hohen Ausmaß in den vier Verständlichkeitsdimensionen verwenden. Hierdurch werden Schülern Millionen von Arbeitsstunden erspart; die Arbeit von Lehrern wird effektiver und befriedigender." (S. 233)*

Dagegen spricht, dass Schüler *auch* lernen sollen, komplexe Texte sinnverstehend zu bearbeiten. Dieses Lernziel sollte jedoch nicht als Entschuldigung für schlecht geschriebene, unverständliche Lehrbücher herhalten. Unter dem Aspekt der besseren Förderung ist es wichtig, Lernen durch verständlichere Schulbücher zu erleichtern. Dadurch können auch Grundlagen gelegt werden, Schüler zu befähigen, auch kompliziertere Texte schrittweise zu erarbeiten.

Das Modell des Textverstehens von Kintsch & van Dijk

Das zyklische Modell des Textverstehens wurde von Kintsch und van Dijk (1978) entwickelt. In ihm wird das Textverstehen in seinem zeitlichen Ablauf dargestellt.[31] Texte bestehen aus verschiedenen Propositionen[32], wobei eine Proposition als eine Bedeutungseinheit definiert wird, welche eine Verbindung zwischen mehreren Konzepten stiftet. Propositionen sind danach die kleinstmöglichen Aussagen, über die man bestimmen kann, ob sie wahr (oder falsch) sind. Das Modell geht ferner von einer Begrenztheit der Informationsaufnahme durch das Arbeitsgedächtnis aus, d. h. der Leser kann beim Lesen in einem Zyklus nur eine begrenzte Anzahl von Informationen aufnehmen und verarbeiten. Informationen werden nacheinander in verschiedenen aufeinander folgenden Verarbeitungszyklen ins Arbeitsgedächtnis eingelesen und in Propositionen (kleine Bedeutungseinheiten) transformiert. Diese Propositionen werden dann aufgrund von Kohärenzkriterien wie Stimmigkeit, zeitliche Reihenfolge, Überordnung-Unterordnung geordnet, integriert und zusammengefasst.[33] Man spricht in diesem Modell davon, die Informationen würden in einem *Kohärenzgraphen* verknüpft.

Während des Lesens befinden sich im Arbeitsgedächtnis zwei unterscheidbare Bestandteile: a) das zentrale Thema, der Sinn des Textes (Makropropositionen, z. B. allgemeine Thesen, Aussagen zum zentralen Thema) und b) Detailinformationen des gerade eingelesenen Textes.

Im *ersten Zyklus* der Informationsverarbeitung werden zwischen 2 und 20 Propositionen eingelesen und im Arbeitsgedächtnis festgehalten. Diese Propositionen werden auf innere Stimmigkeit und Verbundenheit (Kohärenz) überprüft und hierarchisch organisiert. Eine Proposition

[31] Die folgende Darstellung ist etwas abstrakt. Um sie zu verstehen, sollten Sie zusätzlich die Experimente studieren, da diese viele Beispiele enthalten.

[32] Begriffe wie „Proposition" oder „Graphem" werden im Rahmen dieses Modells des Textverstehens anders definiert als im Rahmen der Sprechakttheorie (vgl. König & Wiegers 1992).

[33] Vgl. dazu das Experiment von Britton & Gülgoz (1991), in dem die Anwendung dieser Kriterien an Beispielen erläutert wird. Dieses Experiment wird im Abschnitt 5.4.2 dargestellt.

wird als hierarchiehöchste, d.h. als wichtigste Information festgelegt. Die zweite Hierarchieebene wird von Propositionen gebildet, die der hierarchiehöchsten durch Argumenteinbettung oder Argumentüberlappung untergeordnet sind. Die hierarchiehöchste Proposition hat die beste Chance, in das Kurzzeitgedächtnis übernommen zu werden. Andere, unverbundene oder hierarchieniedrige Informationen werden vergessen. Die bis dahin aufgebaute propositionale Textrepräsentation, die der Leser im Kopf gebildet hat, wird vom Arbeitsgedächtnis in das Langzeitgedächtnis übertragen.

Im *nächsten Zyklus* werden die neuen eingelesenen Informationen mit den noch gespeicherten hierarchiehöchsten Informationen im Arbeitsgedächtnis auf Kohärenz hin verglichen. Der Leser versucht dann, zwischen den eingelesenen Informationen und den im Kurzzeitspeicher vorgehaltenen Informationen Verbindungen herzustellen. Solche Verbindungen können aufgrund von Argumentüberlappungen oder von Wiederholungen hergestellt werden.

Ein neuer Verarbeitungszyklus kann beginnen, wenn Zusammenhänge erkannt werden, also vermeintlich etwas verstanden wurde. Es werden erneut Informationen eingelesen, diese mit denen im Kurzzeitspeicher verglichen, auf Zusammenhang bzw. Kohärenz geprüft. Wurde Kohärenz festgestellt, dann wird die neue Information an die zuletzt gespeicherte Information angehängt usw.

Im Arbeitsgedächtnis wird immer die aus dem vorherigen Zyklus herausdestillierte hierarchiehohe, wichtige Information in den nächsten Zyklus übertragen, damit eine Verknüpfung mit der neuen Information möglich wird. Eine eingelesene Proposition ist dann verarbeitet, wenn sie sich mit einer früher verarbeiteten Proposition verknüpfen lässt. Diese Verarbeitung verläuft „glatt", wenn sich die Informationen in dieser Weise durch *Argumentüberlappungen oder durch* Einbettung verknüpfen lassen. Ist dies aber nicht möglich, kann der Lernende durch Elaborationen oder zusätzliche Inferenzen versuchen, die fehlenden Verbindungen herzustellen. Dazu muss er u. U. längere Zeit grübeln, also in seinem Langzeitgedächtnis nach fehlenden Informationen suchen, nochmals im Text zurückblättern usw. Wenn er dies nicht tut, bleibt der Text unverstanden. Der rote Faden geht verloren.

Ein einfaches und deshalb häufig verwendetes Kriterium für Kohärenz ist die formale Wiederholung von Argumenten oder von ganzen Propositionen. Ein Beispiel mag den Begriff der *Argumentüberschneidung* erläutern. Gegeben sind zwei Sätze:

„John gibt Mary ein Buch."

„Mary liest das Buch."

Der Leser liest beide Sätze und stellt als gemeinsame Argumente, die in beiden Sätzen vorkommen, „Mary" und „Buch" fest. „Mary" und „Buch" bilden also die Argumentsüberschneidung zwischen diesen beiden Sätzen. Wenn solche Argumentüberschneidungen bei Prüfung der Aussagen festgestellt werden, hat der Leser quasi einen roten Faden identifiziert. Einen solchen Text, der Verknüpfungen bzw. Argumentsüberschneidungen enthält, kann der Leser eher verstehen als einen Text ohne solche Zusammenhänge.

Das Verstehen eines Textes bedeutet soviel wie *satzübergreifendes Integrieren*. Die hierarchiehohen Propositionen (Makropropositionen) nehmen hierbei eine besondere Stellung ein. Sie enthalten Argumente, die in nachfolgenden Propositionen wieder aufgenommen werden. Makropropositionen sind z.B. die zentralen Thesen eines Textes. In verschiedenen Untersuchungen konnte gezeigt werden, dass solche Makropropositionen besser behalten werden als untergeordnete Propositionen, gleichgültig, ob diese Makropropositionen am Anfang oder am

Ende eines Textes stehen. Untergeordnete Propositionen werden auch dann schlechter behalten, wenn sie am Anfang eines Textes stehen. Allerdings treten diese Hierarchie-Effekte erst bei Texten ab einer Länge von 50 Propositionen auf (vgl. Christmann 1989, S. 58).[34]

Bei der Kohärenzprüfung werden die Propositionen hierarchisch organisiert: Eine Proposition erhält als wichtigste den Spitzenplatz in der Hierarchie einer Propositionsliste. Darunter stehen auf der zweiten Hierarchieebene alle Propositionen, die durch Argumentwiederholung oder Einbettung einer Proposition verbunden sind. So wird ein *Kohärenzgraph* aufgebaut. Aufgrund dieser Kohärenzprüfung wählt dann ein mentales Selektionsprogramm bestimmte Propositionen aus, die im Kurzzeitgedächtnis vorgehalten werden, um diese dann mit den Propositionen der nächsten Sätze zu vergleichen. Wesentliche hierarchiehohe Informationen werden dann ins Langzeitgedächtnis überführt. Falls sich im Kurzzeitgedächtnis keine Kohärenz feststellen lässt, wird der Verstehensprozess unterbrochen. Der Text ist dann schwer zu verstehen. Wenn es sich um einen hoch motivierten Leser handelt, wird dieser durch zusätzliche Bemühungen versuchen, Zusammenhänge herzustellen und Brücken zu schlagen. Er versucht dann, zusätzlich fehlende Folgerungen zu bilden, um Kohärenz herzustellen.[35]

Die Theorie der zyklischen Textverarbeitung wurde als elementaristisch und additiv kritisiert, da das Verstehen eines Textes als additives Aneinanderreihen elementarer Informationseinheiten (Propositionen) aufgefasst wird. In einer Erweiterung ihres Modells nehmen deshalb van Dijk & Kintsch (1983) an, dass der Leser nicht nur eine *propositionale Repräsentation der Textstruktur* bildet, sondern auch ein sog. *Situationsmodell.* Der Leser entwickelt somit nicht nur eine Repräsentation des Textes, sondern auch eine Repräsentation dessen, was der Text beschreibt. Man könnte somit statt von einem Situationsmodell auch von einem Gegenstandsmodell sprechen. Zu diesem gehören auch zusätzliche Inferenzen, die der Lernende aufgrund seines Wissens bildet, um Kohärenz aktiv herzustellen.

Dieses Situationsmodell entsteht durch aktive Integration von Textinformation mit dem Sachwissen des Lesers (vgl. dazu Mannes & Kintsch 1987). Das Situationsmodell wird parallel zum Modell des Textinhalts zu Beginn des Verstehensprozesses entwickelt und fortlaufend korrigiert und differenziert. Der Leser ist hier nicht ein passiver Rezipient, sondern eher ein aktiver Konstrukteur, der bestimmte Informationserwartungen an den Text hat und prüft, ob diese Erwartungen zutreffen und sich bestimmte Unstimmigkeiten klären lassen. Nach dieser Vorstellung bildet der Leser Inferenzen nicht vorrangig, um Kohärenzlücken des Textes zu schließen, sondern um ein *passendes internes Situationsmodell* zu konstruieren. Auch Kohärenz wird nun nicht mehr ausschließlich durch Argumentüberschneidung oder -einbettung hergestellt, sondern auch dadurch, dass sich zwei Propositionen auf Tatsachen beziehen, die miteinander in Verbindung stehen.

[34] Der Effekt, dass hierarchiehohe Einheiten besser behalten werden als hierarcbieniedrige Einheiten, kann nicht als Beleg der Brauchbarkeit des Modells der zyklischen Textverarbeitung gewertet werden. Zwar kann man vermuten, dass das mehrfache Aufgreifen dieser Propositionen mit diesem Effekt zusammenhängt. Dem steht allerdings entgegen, dass der Effekt auch durch das Abstraktionsgefälle im Sinne Ausubels erklärt werden kann (zuerst die allgemeinen, inklusiven Begriffe, Prinzip der progressiven Differenzierung usw., vgl. Christmann 1989, S. 113 ff.).

[35] Schulbücher können nicht von einem hochmotivierten Leser ausgehen. Deshalb haben sie sich darum zu bemühen, flüssige, gut gegliederte Texte zu verwenden, die vom Leser möglichst wenige zusätzliche Folgerungen erfordern.

Textverstehen wird somit als Prozess der Konstruktion, Elaboration, Evaluation und Revision von mentalen Modellen angesehen. Je nach Ziel des Lesens wird sich der Leser stärker um eine propositionale Repräsentation der Textinhalte oder um die aktive Konstruktion eines Situationsmodells kümmern. So führt die Anweisung, den Text mit dem Ziel zu lesen, nach dem Lesen ein möglichst vollständiges Erinnerungsprotokoll über den Text abfassen zu können, dazu, dass der Leser viele einzelne Satzteile abspeichert und verschiedentlich wiederholt. Er kann sie dann auch eher vollständig rekonstruieren. Andere Anweisungen halten den Leser eher dazu an, sich nur wesentliche Inhalte zu merken und sich aufgrund der wesentlichen Inhalte ein eigenes Modell zu konstruieren. Entsprechend nehmen Kintsch & van Dijk (1983) an, dass beim Leser drei verschiedene Formen der mentalen Repräsentation unterschieden werden können:

- Die *wörtliche Repräsentation der Textoberfläche* (bezieht sich auf die syntaktische Verarbeitung der Textoberfläche).
- Die *propositionale Repräsentation des Textes in seiner Bedeutung* im Sinne der Entwicklung einer propositionalen Mikro- und Makrostruktur (bezieht sich auf die Verknüpfung der aufeinander folgenden Sätze bzw. auf die Kohärenzbildung).
- Die *situative Repräsentation* als ein Abbild der im Text beschriebenen Sachverhalte und Ereignisse – ein Situationsmodell (bezieht sich auf die Integration von Vorwissen und Textinhalten).

Diese drei verschiedenen Repräsentationen werden beim Lesen und Verarbeiten eines jeden Textes gebildet. Lernen findet nach Kintsch noch nicht statt, wenn der Leser eine propositionale Repräsentation des Textes gebildet hat, sondern erst, wenn er ein Situationsmodell entwickelt.

Die Praxis des Textverstehens ist häufig sehr begrenzt, wenn Texte vom Leser das Bilden zusätzlichen Folgerungen oder von Brücken zwischen Abschnitten und Kapiteln verlangen, um ein solches Situationsmodell aufzubauen. Dies wird z. B. durch ein Experiment von Glowalla et al. (1993) belegt, auf das unten genauer eingegangen wird. Auch die Perspektive, die durch den Vorspann eines Textes nahegelegt wird, hat Einfluss auf die Art der Verarbeitung. Kintsch, W., Britton, Fletcher, Kintsch, E., Mannes & Nathan (1993, S. 199) betonen unter Hinweis auf die Experimente von Mannes und Kintsch (1987) sowie von E. Kintsch (1990):

> „Insgesamt scheint es, dass unterschiedliche Perspektiven in einem Bereich Schülern helfen, neue Probleme zu lösen, sich selbst Gedanken zu machen, was sich durch mehr Schlussfolgern äußert, auch wenn sich diese Fähigkeit nicht bei Standard-Tests zur Prüfung von Erinnerungsleistungen zeigen wird. Natürlich hängen diese günstigen Effekte davon ab, ob der Schüler gewillt ist, den nötigen geistigen Aufwand zu investieren und ob er ausreichende geistige Ressourcen hat.“

Die wichtigste Erkenntnis eines Lernenden bei der Kontrolle seines Leseverhaltens ist vielleicht, dass ein Großteil der Informationen, die er aufnimmt, in der Regel schon nach wenigen Sekunden wieder vergessen wird. Je nach *Textart* ist dieser Erinnerungsverlust allerdings unterschiedlich groß: Bei Prosa und Belletristik ist er am geringsten, bei Lyrik ist der Erinnerungsverlust schon etwas größer, bei Sachtexten ist er noch größer und bei Nonsenstexten ist er am größten (vgl. Gage & Berliner 1996, S. 284 f.). Deshalb ist gerade bei Sachtexten von entscheidender Bedeutung, dass der Lerner sich bemüht, das in das *Kurzzeitgedächtnis* aufgenommene Wissen auf wesentliche Punkte zu reduzieren und danach in die schon vorhandene Wissensstruktur in seinem *Langzeitgedächtnis* zu integrieren und fest zu verankern. Allerdings kann man in Sach-

bzw. in Schulbüchern durch Einbau von Erlebnissen und von emotional gefärbten Ereignissen, durch gute Wissensstrukturierung, durch gute Einleitungen sowie geeignete Zusammenfassungen am Ende von Abschnitten dieser Tendenz zum Erinnerungsverlust entgegenarbeiten.

5.4 Empirische Studien zur Theorie des Textverstehens

Im Folgenden sollen einige empirische Untersuchungen zur Überprüfung der Theorie des Textverstehens vorgestellt werden. Diese Untersuchungen sollen nicht nur die Theorie von Kintsch prüfen, sondern auch verdeutlichen, welche Möglichkeiten bestehen, Texte für Schüler durch Anwendung der Theorie von Kintsch verständlicher zu machen, *so dass Schüler durch Lesen und Bearbeiten dieser Texte bei gleichem Aufwand mehr lernen können*. Dabei wird unter „mehr lernen" vor allem verstanden, dass die Fähigkeit der Schüler zum Lösen von Transferaufgaben verbessert wird. Da in der Schule viel mit Texten gearbeitet wird, wären solche Nachweise für eine Verbesserung schulischer Lernbedingungen sehr bedeutsam. Jeder Lehrer, der Arbeitsbögen oder Erklärungen für seine Schüler entwickeln muss, benötigt Kenntnisse darüber, wie er Texte entwickeln kann, mit denen die Schüler bei gleichem Zeitaufwand mehr lernen können. **Außerdem braucht er dieses Wissen, um selbst Schulbücher, auf die er sich in seiner schulischen Arbeit stützen will, kritisch bewerten und auswählen zu können.**

Konkret geht es bei den Untersuchungen, die nun dargestellt werden, um folgende Probleme:

- Wie wirken sich Sachtexte mit guter bzw. schlechter Mikro- bzw. Makrostruktur auf Leser mit unterschiedlichem Vorwissen aus (vgl. E. Kintsch 1990)?
- Wie kann man durch Verbesserung der Kohärenz eines Textes höhere Lernergebnisse bei gleichem Zeitaufwand erzielen (vgl. Britton & Gülgöz 1991)? In dieser Untersuchung wird auch an Beispielen gezeigt, wie man konkret nach bestimmten Prinzipien die Kohärenz eines Textes verbessern kann.
- Wie sollten vorstrukturierende Informationen gestaltet werden, wenn sie nicht nur das Behalten der in einem Haupttext vermittelten Informationen verbessern, sondern auch problemlösendes Denken anregen sollen (vgl. Mannes & Kintsch 1987)?
- In welchem Maße sind intelligente Leser in der Lage bzw. willens, selbst Brücken bzw. Verknüpfungen zwischen Informationen aus weiter auseinander liegenden Texten (z. B. zwischen Kapitel 1 und Kapitel 7) zu schlagen (Glowalla, Rinck & Fezzardi 1993)?

Die Darstellung der Studien konzentriert sich auf einen kurzen Abriss des jeweiligen Problemzusammenhangs und stellt die jeweils zu prüfenden Hypothesen mit den zugehörigen Ergebnissen dar. Diese Ergebnisse werden dann kurz diskutiert. Alle technischen Informationen, die zu einer Bewertung und zu einem tieferen Verständnis der durchgeführten Untersuchungen benötigt werden, werden im Anhang zu diesem Kapitel präsentiert.[36]

5.4.1 Die Mikro- und Makrostruktur von Texten – die Studie von E. Kintsch

Problemstellung: Nach dem Modell des Diskursverstehens von van Dijk & Kintsch (1983) wird angenommen, dass der Leser während des Lesens eine Makrostruktur des Textes konstruiert, indem er Hypothesen über die wichtigsten Punkte aufstellt, sobald genügend Informationen über den Text vorhanden sind.

[36] Die Ausgliederung dieser technischen Informationen wurde vorgenommen, um die Lesbarkeit des Haupttextes zu verbessern.

In der Untersuchung von E. Kintsch (1990) wird geprüft, in welchem Umfang jüngere Schüler im Vergleich zu älteren Schülern oder Studenten eine Makrostruktur bei schultypischen, expositorischen Texten rekonstruieren können. Vermutlich haben diese jüngeren Schüler Schwierigkeiten, Kernaussagen zu identifizieren und sich Wesentliches einzuprägen. Solche Schwierigkeiten müssten bei niedriger Makro-und Mikrostruktur des Textes auftreten. Wenn solche Schüler Sachtexte mit wenig vertrauter Struktur und wenig vertrautem Inhalt erhalten, dann konzentrieren sie sich vorrangig auf die Bedeutung individueller Sätze und Satzpaare und nicht auf die Herausarbeitung des Sinnes.

Methode der Untersuchung

Es wurden Einzelversuche durchgeführt. Die Versuchspersonen sollten zwei verschiedene Texte lesen, die jeweils zwei Entwicklungsländer (Peru versus Argentinien und Indonesien versus Südkorea) in Bezug auf Geographie, Wirtschaft, und Kultur bzw. Gesellschaft miteinander verglichen. Explizit wurde aber nicht gesagt, dass diese Bereiche immer behandelt wurden. Variiert wurde die Mikro- und die Makrostruktur der Texte (jeweils gut/schlecht).

Verwendete Tests und ihre Auswertung

I. Zusammenfassungen erstellen: Kurze mündliche Hinweise informierten die Versuchspersonen über die Art der gestellten Aufgabe mit der Definition dessen, was eine Zusammenfassung ist (die wichtigen Informationen des Textes in einer kürzeren Version). Die Versuchspersonen wurden aufgefordert, den Text mindestens zweimal durchzulesen; ihnen war erlaubt, Stellen zu unterstreichen, Notizen zu machen, oder eine Rohfassung herzustellen. Es bestand keine Zeitbegrenzung und der Text war während des Schreibens immer zugänglich. Nach dem Fertigstellen der Zusammenfassung beantworteten die Versuchspersonen einen kurzen Fragebogen, der sich auf die Länder bezog, die im Text behandelt wurden.

Die Zusammenfassungen wurden in zweierlei Hinsicht ausgewertet: Die *erste Analyse* bezog sich auf die Anzahl der wiedergegebenen Textaussagen versus Anzahl inferierter Textpropositionen, um einen Eindruck vom Prozess der Bedeutungskonstruktion zu erhalten. Die *zweite Analyse* verglich die auf den Text bezogene Information mit der Textorganisation des Autors, um zu sehen, in welchem Maße die Makrostruktur repräsentiert wurde.

Technische Details zur Untersuchung von E. Kintsch finden Sie im Anhang zu diesem Kapitel.

Zur ersten Analyse der Zusammenfassungen

Jede Zusammenfassung wurde in eine Propositionsliste umgeformt, um auszählen zu können, welche Textpropositionen wiedergegeben wurden. Der Rest wurde dann verschiedenen Typen von Inferenzen zugeordnet, und zwar nach der Rolle, die diese Inferenzen im Verstehensprozess spielen:

- *Verallgemeinerungen* werden aus detaillierteren Textaussagen konstruiert; z. B. wurden oft mehrere konkrete Aussagen über die Landwirtschaft in Indonesien zur Aussage wie „Indonesier verwenden primitive Methoden in der Landwirtschaft" generalisiert.
- *Elaborationen* sind Inferenzen, die nicht direkt aus dem Text ableitbar sind, sondern Anwendungen des Vorwissens beinhalten. Z. B. *„Bodenschätze sind wichtig für die Wirtschaft eines Landes"* kann nicht aus den Propositionen des Textes über Peru/Argentinien abgeleitet werden.

- *Neugruppierungen* (reorderings) sind Inferenzen, die den Textinhalt abweichend vom ursprünglichen Text umgruppieren. (Aussagen, die Bezüge zwischen verschiedenen Abschnitten herstellen).
- *Verbindungswörter* (connectives) sind Wörter, die Brücken zwischen Aussagen bilden und deren Funktion darin besteht, Kohärenz zwischen den Gedanken herzustellen (Beispiele: „dazu“, „als Ergebnis“, „jedoch“, „im Gegensatz dazu“, „weil“).

Zur zweiten Analyse der Zusammenfassungen:

Der ursprüngliche Text wurde daraufhin analysiert, wie viele Propositionen auf der obersten Ebene, der zweiten, nächsttieferen bis hin zur vierten Ebene enthalten waren. Die Aussagen der Zusammenfassungen wurden dann diesen zugeordnet.

II. Test- bzw. Probeantworten analysieren: Vier Fragen wurden danach mündlich gestellt. Die Antworten wurden für eine spätere Transkription und Analyse aufgenommen.

- Können Sie mir in wenigen Worten erläutern, um was es in diesem Text hauptsächlich geht?
- **Welches Land wird es in der Zukunft besser haben, wenn Sie nach den Informationen des Textes gehen**?
- Warum denken Sie so?
- Dieser Artikel beschreibt drei wichtige Bereiche, bezüglich derer sich die Länder unterscheiden. Um welche Bereiche handelt es sich dabei?

Ergebnisse

Vergleich der Versuchsgruppen: Besonders deutliche Unterschiede im Sinne der aufgestellten Hypothesen ergaben sich beim Vergleich der Schüler der 6. mit denen der 10. Klassenstufe und den Collegestudenten.

Bei der Anzahl der wiedergegebenen Textpropositionen ergab sich kein Altersunterschied, was sicherlich damit zusammenhängt, dass die Versuchspersonen während des Schreibens der Zusammenfassungen den Text verwenden konnten. Deutliche Unterschiede ergaben sich jedoch bei der Bildung einer Makrostruktur, also von Inferenzen, insbesondere bei den Generalisierungen und Elaborationen. Pro Zusammenfassung machten die Schüler der 6. Klassenstufe knapp 6 Generalisierungen, verglichen mit knapp 18 bei den Probanden der 10. Klassenstufe und 27 bei den Collegestudenten. Die Zusammenfassung der jüngeren Versuchspersonen enthielt als Element der Makrostruktur meist nur die Angabe des allgemeinen Themas („handelt von Argentinien und Peru“) zusammen mit einer Reihe von Textdetails.

Die Versuchspersonen der 6. Klassenstufe reproduzierten knapp 28 % der Textpropositionen, verglichen mit ca. 46 % (Kl. 10) und 50 % (Collegestudenten). Aussagen der obersten Hierarchieebene wurden zu etwa 75 % wiedergegeben, bei Ebene 2 und 3 waren es nur noch etwa 25 %, bei Ebene 4 etwa 45 %. Bei den Versuchspersonen der 6. Kl. überwogen die Detailaussagen sehr deutlich, während die Anzahl der Inferenzen und der hierarchiehohen Aussagen in den höheren Altersstufen anteilsmäßig stark zunahm.

Zur Wirkung einer guten/schlechten Makrostruktur: Die Makrostruktur des vorgegeben Textes wirkte sich auf die Anzahl der Neugruppierungen und Generalisierungen aus. Bei schlechter Makrostruktur wurden mehr Neugruppierungen gebildet. Während sich jedoch bei guter Makrostruktur zwischen den Altergruppen bezüglich der Neugruppierungen keine Unterschiede zeigten, ergaben sich bei schlechter Makrostruktur deutliche Altersunterschiede: Hier ordneten die Älteren stärker die Aussagen um als die Jüngeren. Bei den ältesten Versuchspersonen zeigte sich bei den Generalisierungen ein interessanter Befund: Bei schlechter Makrostruktur bildeten sie *mehr* Generalisierungen, bei den beiden anderen Altersgruppen gab es hier keine nennenswerte Unterschiede. *Bei guter Makrostruktur gelang es der jüngeren Altersgruppe, die Makrostruktur besser wiederzugeben, bei schlechter Makrostruktur reproduzierte sie fast nur noch die Hälfte der Makropropositionen (Hauptideen des Texts), die sie bei guter Makrostruktur reproduzierten.*

Zur Wirkung einer guten/schlechten Mikrostruktur: Wenn die Schwierigkeit des Textes durch Verschlechterung der Mikrostruktur erhöht wurde, ergab sich ein komplexes Befundmuster. Bei schlechter Mikrostruktur wurden weniger Verbindungswörter verwendet, allerdings in unterschiedlicher Weise bei den verschiedenen Altersgruppen: In Kl. 6 ergab sich ein geringer Unterschied, in Kl. 10 ein großer Unterschied, bei den Collegestudenen war kein Unterschied mehr vorhanden. Offensichtlich waren die Schüler der 10. Klasse noch überfordert, solche Verbindungen selbst herzustellen, wenn der Text bei schlechter Mikrostruktur dies von ihnen verlangte.

Merkwürdig ist, dass die Gruppe der College-Studenten unter der Bedingung schlechte Makro -schlechte Mikrostruktur so wenige Elaborationen bildete wie die Versuchspersonen der 6. Kl., und unter dieser Bedingung die Schüler der 10. Kl. weit mehr Elaborationen entwickelten. Ein ähnliches Muster zeigte sich auch bei den „Neustrukturierungen", während bei guter Mikro-Struktur die Ältesten die meisten Elaborationen und Neustrukturierungen produzierten.

Bei der Analyse der Antworten auf die Probeaufgaben zeigten sich teilweise andere Ergebnisse als bei der Analyse der Zusammenfassungen. Insbesondere zeigte sich nun ein deutlicher Stufeneffekt: Die textbezogenen Aussagen von Ebene 1 wurden mit dem höchsten Prozentsatz reproduziert, die von Ebene 2 mit dem zweithöchsten Prozentsatz, usw., während bei den Zusammenfassungen die Aussagen der Stufe 1 und der Stufe 4 am häufigsten reproduziert wurden. Außerdem zeigte sich bei den Probeaufgaben, dass sich hier die Anzahl der Detailpropositionen im Vergleich zu den Makropropositionen umkehrte: Um einen Eindruck zu bekommen, zitiere ich die ganze Tabelle (vgl. E. Kintsch 1990, S. 178)

Tab. 15: Der Prozentsatz von Makropropositionen und Detailaussagen in Zusammenfassungen und in Antworten auf Probefragen als eine Funktion der Altersgruppe.

	Zusammenfassungen		Probeaufgaben	
Gruppe	Makropropositionen	Detailaussagen	Makropropositionen	Detailaussagen
6. Klasse	22,64	42,1	32,57	9,88
10. Klasse	46,33	42,54	54,07	10,03
Collegestudenten	53,38	41,35	55,89	15,44

Bei den Probeaufgaben wurden auch von den jüngeren Schülern vergleichsweise mehr Makropropositionen gebildet, das Verhältnis zwischen Makro- und Detailaussagen liegt in allen Altersgruppen nun konstant zwischen 3:1 und 5:1, wobei dieses Verhältnis in der mittleren

Altersgruppe im Hinblick auf das Erinnern von Details am ungünstigsten ist. Die übrigen Ergebnisse sind komplex und schwer interpretierbar.[37]

Bei der Interpretation der Ergebnisse und der Diskussion ihrer pädagogischen Implikationen weist E. Kintsch darauf hin, dass die geübteren Leser Texthürden durch besondere Anstrengungen zu kompensieren suchten, während die jüngeren Schüler durch solche Anforderungen eher zu „lower level strategies" verleitet wurden.

> *„Es scheint, dass für Schüler mit ausreichend entwickelten Textverarbeitungsfähigkeiten die disorganisierten Texte eine Herausforderung darstellten, um höhere konstruktive Anstrengungen zu investieren als bei den einfachen Texten."* (S. 185)

Dies erinnert mich an alte experimentelle Befunde von Düker (1967), nach denen Versuchspersonen aversive Bedingungen wie Lärm oder Müdigkeit (z. B. durch Alkohol verursacht) durch zusätzliche Anstrengungen überkompensierten, sodass sich solche Erschwerungen nicht in einer Verschlechterung der Leistungsergebnisse nieder schlugen.

Kintsch et al. (1993, S. 190) betonen, dass für wenig geübte Leser mit geringen Vorkenntnissen in einem Bereich besondere Anstrengungen bei der Textgestaltung erforderlich sind.

> *„Ein Weg, dies zu erreichen, wäre, sehr explizite, kohärente Texte zu konstruieren, um die Menge der zusätzlich zu ziehenden Inferenzen möglichst gering zu halten, wie dies Britton und Gülgöz in ihrer Studie getan haben."*

5.4.2 Optimierung der Textverständlichkeit durch Verbesserung der Kohärenz

In der Untersuchung von Britton & Gülgöz (1991) geht es um die Frage, in welchem Umfang die Theorie von Kintsch & van Dijk (1978) bei der Optimierung der Verständlichkeit von Texten sinnvoll angewendet werden kann. Die Autoren greifen auf ein von Miller & Kintsch (1980, zit. nach Britton & Gülgöz 1991) entwickeltes Computerprogramm zurück, mit dem Texte auf ihre Kohärenz überprüft werden können. Dieses Programm simuliert die Art und Weise, wie der Leser eine mentale Repräsentation eines Textes aufbaut. Zunächst nimmt das Programm die erste Proposition eines Textes auf. Danach wird die zweite Proposition geholt und auf Kohärenz mit der ersten Aussage geprüft. Kohärenz wird festgestellt, wenn der zweite Satz bzw. die zweite Aussage eine Idee enthält, die in der ersten Aussage schon erwähnt wurde. Dann nimmt das Programm die dritte Aussage auf, prüft auf Kohärenz usw. Dieser Prozess wird bis zum Ende des Texts fortgeführt.

Wie verhält sich das Programm, wenn es keine Kohärenz herstellen kann? Im Unterschied zum menschlichen Leser, der u. U. durch Bildung zusätzlicher Inferenzen dennoch Kohärenz herzustellen sucht, stoppt das Programm (vgl. dazu die unten dargestellte Textstruktur, nach Britton & Gülgöz 1991, S. 334).

[37] Dies liegt u. U. auch etwas an der Art der Ergebnisdarstellung von E. Kintsch: Es gibt keine Übersichtstabellen, die für die variierten Bedingungen der Makro- und MikroStruktur differenziert nach Alter (bzw. Klassenstufe) die Ergebnisse darstellen.

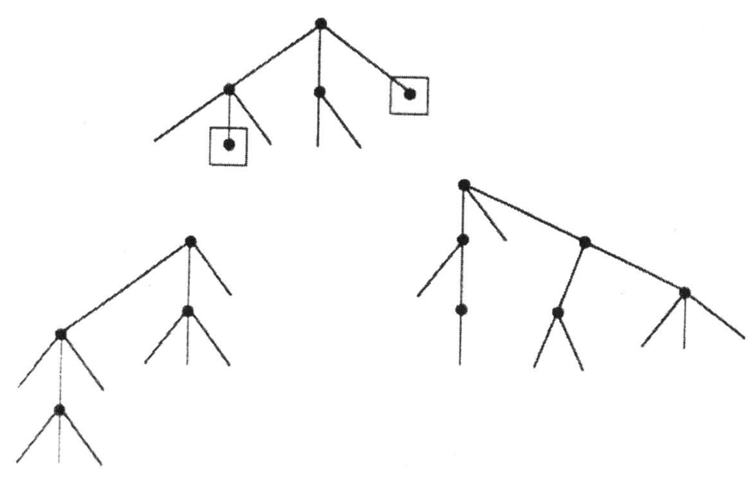

Abb. 8 Textstruktur ohne Kohärenz: Zwei Bindeglieder fehlen

Frühere Untersuchungen hatten gezeigt, dass die Häufigkeit von Kohärenzlücken von Texten in hohem Maße mit der Behaltensleistung der Textinhalte korrelierte ($r=-0{,}80!$). Die vorliegende experimentelle Studie wählte folgende Vorgehensweise: Zunächst wurde ein Text (Luftkrieg in Nordvietnam) auf seine Bruchstellen (Kohärenzlücken) mit dem Computerprogramm untersucht. 40 solcher Lücken wurden gefunden. Danach wurden diese Bruchstellen repariert, indem die fehlenden Inferenzen ergänzt wurden. Zusätzlich wurde noch eine weitere Kontrollversion („heuristische Version") konstruiert, in der der Text mehr nach intuitiven Gesichtspunkten soweit möglich in seiner Lesbarkeit verbessert wurde.

Hypothese: Ein Text, der im Hinblick auf Kohärenz optimiert wurde, erzielt ein schnelleres und besseres Verständnis des Textes.

Im Folgenden soll an konkreten Beispielen die schrittweise Optimierung des Textes durch Anwendung dreier Prinzipien verdeutlicht werden. Durch diese Beispiele soll auch die praktische Anwendbarkeit des Kintsch-Modells verdeutlicht werden.

Ursprüngliche Version

Luftkrieg im Norden, 1965

Gegen Ende des Jahres 1964 hatten Amerikanerin Saigon und Washington begonnen, sich auf Hanoi als der Quelle fortbestehender Probleme im Süden zu konzentrieren.

Aussage 2 hat keine Argumentüberseinstimmung mit Satz 1, sodass das Programm nicht fortfahren kann. Ein informierter Leser wird aber folgern, dass „gegen Ende des Jahres 1964" etwas in Gang kam, was Änderungen 1965 verursachte.

Überarbeitete Version[38]

Luftkrieg in Nordvietnam im Jahr 1965

Anfang 1965 begannen amerikanische Regierungsstellen sowohl in Südvietnam als auch in Washington, ihr Interesse auf Nordvietnam als Quelle des fortdauernden Krieges in Südvietnam zu konzentrieren.

[38] Die Brücken, die als Verbindungsstücke erforderlich sind, um Kohärenz herzustellen, werden unterstrichen.

Durch diese Hinzufügungen ist das Kintsch-Programm nun in der Lage, Kohärenz zwischen den Sätzen herzustellen. Das hierbei verwendete *Prinzip I kann* in folgender Weise formuliert werden:

1. *Überarbeitungsprinzip:* Herstellung von Kohärenz zwischen zwei aufeinander folgenden Sätzen durch **Einbau von Verbindungsstücken.** Sätze werden so umformuliert, dass ein Wort des Vorsatzes im nachfolgenden Satz wieder aufgegriffen wird. Dadurch wird eine Verknüpfung zwischen beiden Sätzen hergestellt.[39]

In der Theorie wird dies als Argumentsüberlappung bezeichnet: Jede Proposition enthält ein oder mehrere Argumente (Ideen), die auch im nachfolgenden Satz vorkommen. Überlappung ist dann gegeben, wenn dasselbe Argument in der folgenden Proposition ebenfalls vorkommt.

Entsprechend dem 1. Prinzip wurden in allen Fällen, in denen der gleiche Begriff gemeint war, aber unterschiedliche Wörter oder Bezeichnungen dafür verwendet wurden, die gleichen Wörter eingesetzt. Z. B. enthielt der ursprüngliche Artikel 12 verschiedene Bezeichnungen für Bombenangriffe, 24 verschiedene Bezeichnungen für amerikanische Amtspersonen, 15 verschiedene Bezeichnungen für Nordvietnam und 6 verschiedene Bezeichnungen für Südvietnam: „Amerikaner" wurde durch „amerikanische Regierungsstellen", „Saigon" oder „Süden" durch „Südvietnam" und „ARVN" durch „südvietnamesische Armee" ersetzt.

Das zweite Prinzip behandelt die Abfolge von bekannter und neuer Information in einem Satz:

2. *Überarbeitungsprinzip:* Das **Alte/Bekannte** sollte immer zuerst, das **Neue** danach dargestellt werden.

In der Theorie wird diese Strategie als „leading edge"-Strategie (zuerst das Alte, dann das Neue) bezeichnet. Fast jeder Satz hat einen alten Teil, der manchmal auch als gegebener Teil bezeichnet wird, und einen neuen Teil. Dazu ein Beispiel:

Original: In dem Maße, wie die Frustration über die Unfähigkeit der ARVN anstieg, den Feind im Feld zu besiegen, stieg der Druck an, Nordvietnam direkt anzugreifen.

Überarbeitung (1): Die Unfähigkeit der ARVN, den Feind im Feld zu schlagen (alt), führte zu einem Anstieg der Frustration (neu).

Überarbeitung (2): Die südvietnamesische Armee war dabei, den Bodenkrieg gegen Nordvietnam zu verlieren und dies führte zu einem Anstieg der Frustration.

(Hier wird zusätzlich die Verständlichkeit erhöht, indem einfache Begriffe eingesetzt werden, z. B. für ARVN „die südvietnamesische Armee", statt „den Feind im Feld zu schlagen", genauer „den Bodenkrieg gegen Nordvietnam zu verlieren").

3. Überarbeitungsprinzip: **Implizite Bezüge** sollen durch **explizite** Bezüge ersetzt werden.'[40]

Stolpersteine durch bloße Anspielungen oder nicht genannte Annahmen sind zuweilen schwer zu erkennen; z. B. hat Frustration immer einen Bezug zu Personen, die frustriert werden. Ent-

[39] Im Originaltext steht: „Principle I: Make the learners Job easier by rewriting the sentence so that it repeats, from the previous sentence, the linking word to which it should be linked." (S. 331)

[40] Im Originaltext steht. „Principle III is to make the learner's Job easier by making explicit any important implicit references; that is, when a concept that is needed later is referred to implicitly, refer to it explicitly if the reader may otherwise miss it." (S. 332)

sprechend wurde in einem Satz zusätzlich angegeben, wer zunehmend frustriert war: amerikanische Regierungsstellen (american officials).

Ergebnisse

Die Studenten wurden nach dem Lesen aufgefordert, möglichst viel von dem, was sie noch erinnern konnten, aufzuschreiben. Außerdem wurde ihnen ein Test zum Schlussfolgern vorgelegt. Der nach den Prinzipien des Textverstehens überarbeitete Text sowie die heuristische Version schnitten beim freien Erinnern und beim Schlussfolgerungstest besser ab als die ursprüngliche Textversion (besonders deutlich sind die Differenzen bei freier Erinnerung: 35,5 Aussagen im ursprünglichen Text, 58,6 im revidierten und 56,2 in der heuristischen Version). Beim Beantworten der faktischen Fragen im multiple-choiceTest ergaben sich keine signifikanten Unterschiede. Ferner wurde die revidierte Fassung deutlich schneller gelesen als die ursprüngliche Fassung – sie ließ sich ohne Brüche lesen.

Damit sich der Leser einen Eindruck über die untersuchten Texte machen kann, habe ich die im Anhang des Aufsatzes dargestellten Texte teilweise übersetzt (s. Anhang zu diesem Kapitel).[41]

Zusammenfassend bemerken Kintsch et al. (1993):

> „Aufgrund der Ergebnisse von Britton & Gülgöz sowie von E. Kintsch ist davon auszugehen, dass Schülern durch einen Unterrichtsansatz mehr gedient ist, der sensitiv auf die Wechselbeziehungen von Textqualität und individuellen Unterschieden von Lesern reagiert. Dieser Unterrichtsansatz sollte die Leser in ihrem eigenen Denken unterstützen, und ihnen nicht das Denken abnehmen."

Allerdings ist diese Aussage sowohl in bezug auf die Art der Aufgaben als auch auf das Vorkenntnisniveau zu differenzieren (McNamara, Kintsch, Songer & Kintsch 1996). Wenn es um die Fähigkeit zur Reproduktion der Textbasis geht, scheinen kohärente Texte generell besser geeignet zu sein. Bei Aufgaben, die tiefere elaborative Prozesse verlangen (Problemlösung, Transfer), lernen Personen mit niedrigem Vorkenntnisstand immer noch am meisten durch einen in jeder Hinsicht kohärenten Text. Bei hohem Wissensstand trifft dies allerdings nicht mehr zu: Solche Personen scheinen durch Stolpersteine bzw. Inkohärenzen eher zu einer tieferen Verarbeitung des Texts angeregt zu werden, was dann zu einer verbesserten Problemlösefähigkeit führt (vgl. dazu auch Mannes & Kintsch 1987).

5.4.3 Die Wirkung vorstrukturierender Hilfen

Auf die Frage, unter welchen Bedingungen Prosainhalte besser behalten werden können, geben die Autoren zu Beginn zwei sich widersprechende Antworten (vgl. Mannes & Kintsch 1987):

- Indem man das Verstehen durch Verwenden von vorstrukturierenden Hilfen (advance Organizern) oder anderen zusätzlichen Hilfsmitteln *erleichtert,* oder
- indem man das Verstehen durch Denkanstöße, die in die Arbeit eingeschoben werden („intratask interference"), *schwerer macht* und somit ein tieferes Verarbeiten der Inhalte anregt.

Ein Vorspann bzw. vorstrukturierende Hilfen *erleichtern* dann das Verstehen, wenn zwischen den Orientierungshinweisen am Anfang und dem Kriteriumstest eine beträchtliche Übereinstimmung besteht und wenn Hilfen vor der Bearbeitung des Textes gegeben werden und nicht

[41] Die englische Originalversion finden Sie in Britton & Gülgöz (1991).

erst danach. Der Grund für die Effektivität von vorstrukturierenden Hilfen scheint vor allem darin zu liegen, dass sie ein Schema für den zu bearbeitenden Text bereitstellen und damit die Aufmerksamkeit der Person auf die relevanten Aspekte des Textes richten.

Auch für die gegenteilige Position gibt es in der Literatur Hinweise. Wenn man die Personen durch *Inkonsistenzen* zwischen Vorspann und Text zu einer tieferen Verarbeitung anregt, kann man dadurch die Behaltensleistung steigern. Allerdings setzt man hier eine hohe Anstrengungsbereitschaft beim Lernenden voraus.

Diese unterschiedlichen Ansätze sind vereinbar mit dem theoretischen Ansatz von Kintsch et al. (1993), in dem verschiedene Ebenen des Textverstehens unterschieden werden:

- Oberflächenerinnerung der tatsächlichen verwendeten Wörter und Sätze.
- Erinnerung der Aussagen und der Textstruktur und
- Erinnerung des im Text verwendeten Situationsmodells.

Diese verschiedenen Erinnerungsleistungen hängen von ziemlich unterschiedlichen Enkodierungsoperationen und Texteigenschaften ab.

Hypothesen

Ein konsistenter Vorspann erleichtert die Bildung einer Textbasis und damit das Beantworten von Testfragen, die von einer guten Textbasis abhängen.[42]

Ein inkonsistenter Vorspann führt zu flexibler Verarbeitung und erhöht die Anzahl der Wissensverbindungen. Dadurch werden die Personen mit inkonsistentem Vorspann zu besseren Problemlösern.

Ferner wurde angenommen, dass die Effekte nach zwei Tagen stärker sind als unmittelbar nach dem Bearbeiten des Textes. Nach einer gewissen Zeit nimmt die Differenzierung zwischen Vorwissen und Text ab. Die Makrostruktur des Textes erhält dadurch ein größeres Gewicht als die Mikrostruktur.[43]

Methode der Untersuchung

Zuerst erhielten die Studenten einen Vorspann, danach einen Text. Im Versuch wurde das Thema Bakterien und Mikroben behandelt.

Vorspann (bzw. vorstrukturierende Hilfen): Ein Eintrag über Bakterien in der Enzyklopaedia Britannica (Koser 1972, zit. nach Mannes & Kintsch 1987) wurde verwendet. Dieser Übersichtsartikel war in verschiedene Haupt- und Unterthemen gegliedert und bezog sich auf alle wichtigen Aspekte von Bakterien (z. B. ihre Gestalt, was für den Haupttext unwichtig war).

- *Der konsistente Vorspann* stellte die Information zusammen, die auch im Text gebraucht wurden, wobei die Gliederungspunkte des Vorspanns direkt der Makrostruktur des Textes entsprachen.
- *Im inkonsistenten Vorspann* orientierte man sich am Eintrag in der Enzyklopaedia Britannica. Die beiden Vorspänne waren im Inhalt identisch, aber unterschiedlich in der Wortwahl und in ihrer Struktur. Sie waren 1.188 bzw. 1.205 Wörter lang.

[42] Kintsch et al. (1993, S. 191) unterscheiden entsprechend zwischen „memory for a text“ und „learning from a text“.

[43] Im Anhang zu diesem Kapitel findet der Leser weitere Details zu dieser Untersuchung.

Text: Ein Artikel aus der Zeitschrift „Science“ mit dem Titel „Industry in Ferment“ (Preuss 1985) wurde leicht modifiziert. Er umfasste dann 2.131 Wörter, das waren 4 1/2 getippte Seiten. Es handelte sich um ein den Teilnehmern unvertrautes, aber interessantes Gebiet. Der Artikel war schwierig und voller Informationen. Er behandelte eine Reihe von Fragen über die Verwendung von Mikroben in der Industrie, insbesondere das künstliche Wachstum von Bakterien und ihre industrielle Verwendung.

Vorgehen: Zunächst wurden alle Studenten mit mehr als einem Semester College-Biologie aussortiert. Die Vorspänne wurden als Textseiten ausgehändigt. Die Teilnehmer (N=40 Studenten) wurden ermuntert, ihre üblichen Studienverhaltensweisen zu verwenden wie Unterstreichungen vorzunehmen oder Notizen zu machen. Es wurde ihnen gesagt, sie würden später zwei Gruppen von Fragen bekommen, und dass ihnen erlaubt würde, zur Beantwortung den Vorspann zu verwenden. Außerdem wurde ihnen gesagt, dass sie das Wissen zur Lösung weiterer Aufgaben benötigen würden, wobei der Vorspann nicht mehr zugänglich wäre. Nach 10 Minuten wurden den Teilnehmern zwei zweiteilige Fragen gestellt, die sie schriftlich beantworten sollten. Zweck dieser Aufgaben war lediglich, die Teilnehmer zu einem guten Lernen des Vorspanns zu motivieren. 5 Minuten waren zur Beantwortung vorgesehen. Danach wurden ihnen für die nächsten 5 Minuten zwei weitere Aufgaben gestellt. Bis dahin konnten die Teilnehmer die Vorspanne bei der Beantwortung der Aufgaben verwenden. Danach wurde der Vorspann weggenommen und die Teilnehmer sollten in 7 Minuten eine Zusammenfassung des Vorspanns erstellen. Die Teilnehmer beschäftigten sich somit etwa eine halbe Stunde mit dem Vorspann. In diesem Teil des Experiments arbeiteten die Studenten in Gruppen von 6 Teilnehmern, ohne allerdings bei der Arbeit zu interagieren. Den Rest der Zeit arbeiteten die Teilnehmer individuell an Computerterminals.

Den Teilnehmern wurde nun gesagt, sie sollten als Nächstes einen Text studieren, über dessen Inhalt sie später getestet würden. Die Art, wie der Text am Bildschirm präsentiert werden sollte, wurde erklärt. Der Text erschien am Bildschirm jeweils in Blöcken von drei oder vier Zeilen. Je nach Satzlänge waren dies zwei, drei oder vier Sätze. Die Darbietungszeit betrug pro Wort 250 msek. Drei Blöcke von Sätzen erschienen jeweils nacheinander auf dem Bildschirm, danach wurde der Bildschirm gelöscht und eine neue Folge von Blöcken erschien. Danach wurde die Hälfte der Studenten mit der Aufforderung entlassen, nach zwei Tagen für weitere Tests zu erscheinen. Ihnen wurden dann dieselben Tests gegeben, die die anderen Teilnehmer sofort erhielten.

Die folgenden fünf Tests wurden immer in derselben Reihenfolge verabreicht:

1. *Zusammenfassung des Textes erstellen* (7 Minuten)
2. *Verifikation:* Den Teilnehmern wurden 24 Aussagen gezeigt, die sie so schnell wie möglich als richtig oder falsch klassifizieren sollten. Es handelte sich um vier verschiedene Arten von Aussagen: wörtliche (4, alle wahr), Paraphrasierungen (4 wahr, 4 falsch), Folgerungen (4 wahr, 4 falsch), und neue Aussagen, die weder Paraphrasen noch vernünftige Folgerungen waren (4 falsch).
3. *Cued Recall:* Die Teilnehmer sollten möglichst alles, was sie über Brasilien und seine Benzin- Situation behalten hatten, in 5 Minuten aufschreiben. Diese Erinnerungsaufgabe bezog sich auf einen Abschnitt über Brasilien und die neue Art, wie Mikroben und Zucker verwendet werden, um Energieprobleme des Landes zu lösen. Dieser Abschnitt erschien am Ende des Textes und war ziemlich unterschiedlich zum übrigen Text.

4. *Problemlösung.* Die Teilnehmer sollten eines der Hauptprobleme der Verwendung von Mikroben in der Industrie in 10 Minuten lösen: Wie kann man wünschenswerte Produkte von nicht wünschenswerten (junk byproducts) trennen.
5. *Reihenfolge:* Die Teilnehmer erhielten 6 alternative Lösungen zu dem oben gestellten Problem und wurden gebeten, diese Alternativen hinsichtlich ihrer Angemessenheit in eine Reihenfolge zu bringen (Zeit: 5 Minuten). Die Hälfte dieser Alternativen waren im ursprünglichen Science-Artikel diskutiert, aber im Text, den die Teilnehmer erhielten, entfernt worden.

Ergebnisse

Zusammenfassung: Es stellte sich heraus, dass die Teilnehmer mit inkonsistentem Vorspann nach 2 Tagen viel stärker dazu neigten, in die Zusammenfassung Inhalte des Vorspanns einzubauen. Außerdem folgten die Versuchspersonen mit konsistentem Vorspann nach zwei Tagen noch viel stärker der im Text verfolgten Gliederung.

Verifikation: Teilnehmer beantworteten alte Aussagen (wörtliche und Paraphrasen) besser als Folgerungen, wörtliche Aussagen (Zitate) besser als Paraphrasen. Bei den alten Aussagen schnitten die Teilnehmer mit inkonsistentem Vorspann genauso gut ab wie die mit konsistentem Vorspann, sie waren aber bei den Folgerungen besser.

Cued Recall: Bei der Auswertung der Ergebnisse zum Cued Recall wurden die Propositionen in verschiedene Stufen unterteilt: Items der Stufe 1 sind typischerweise die wichtigsten Ideen, die der zweiten Stufe die nächstwichtigen usw. Es zeigte sich, wie auch schon in früheren Studien, ein deutlicher Level-Effekt: Ideen der höheren Niveaus wurden besser behalten als die der niedrigeren Niveaus. Ferner reproduzierten die Versuchspersonen mit einem konsistenten Vorspann mehr Propositionen.

Problemlösen: Insgesamt hatten die Teilnehmer ziemliche Schwierigkeiten bei der Problemlösung. Die Teilnehmer mit inkonsistentem Vorspann waren deutlich besser, wobei der Unterschied nach zwei Tagen etwas größer war als direkt nach dem Bearbeiten des Textes.

Reihenfolge: Hier war nach sofortiger Messung noch kein Effekt feststellbar, nach zwei Tagen verbesserte sich die Leistung der Teilnehmer mit inkonsistentem Vorspann, während sich die der Teilnehmer mit konsistentem Vorspann noch verschlechterte.

„*The inconsistent knowledge – text manipulation resulted in a poor textbase representation over time but a superior situation model, that is a cognitive representation of the events, actions, and the general situation described by a text.*“ (Mannes & Kintsch 1987, S. 103)

Um alternative Erklärungen auszuschließen, wurden zwei weitere Experimente durchgeführt:

Zusatz-Experiment 1: Hier ging es um die Frage, welche Wirkung die beiden verschiedenen Vorspänne ohne den Text hatten, da sich die Ergebnisinterpretation ja auf das Zusammenwirken von Vorspann und Text bezog. Wenn die Vorspänne allein die Effekte bedingten, stimmte die gegebene Interpretation nicht. Da die Vorspänne allein ganz andere Effekte produzierten, konnte diese alternative Erklärung verworfen werden.

Zusatz-Experiment 2: Hier sollte den Teilnehmern nur der Text gegeben werden. Dadurch sollte geprüft werden, ob bzw. wie sehr vor allem der konsistente Vorspann einen zusätzlichen Effekt auslöste. Eine weitere Frage war, ob die Verbesserung in der Problemlösefähigkeit, wie sie bei inkonsistentem Vorspann nach zwei Tagen beobachtet wurde, auch beim Textbearbeiten festgestellt werden konnte. Das Lesen eines Textes ohne Vorspann führte zu Ergebnissen, die denen des Lesens mit einem konsistenten Vorspann ähnlich waren. Spontane Verbesserungen in der Problemlösung nach zwei Tagen stellten sich nicht ein.

5.4.4 Mensch-Maschine Systeme erklären (Hagman, Mayer & Nenniger 1998)

Die Arbeit von Britton & Gülgöz behandelt die Möglichkeiten einer Optimierung von Lehrtexten, indem der Text flüssiger und kohärenter geschrieben wird, sodass der Leser möglichst wenige zusätzliche Schlussfolgerungen zu ziehen hat. In bestimmten Situationen reichen solche internen Textverbesserungen nicht aus. Zu denken ist dabei vor allem an Texte, die sich auf die Funktionsweise von Maschinen oder von Computer-Programmen beziehen. In solchen Fällen müssen zusätzliche Informationen zur Wirkungsweise der Maschine bzw. des Programms gegeben werden, damit die Personen ein klares konzeptuelles Modell über die Wirkungsweise des Systems entwickeln können. So haben Hagmann, Mayer & Nenniger (1998) eine Untersuchung über das Erlernen eines Textverarbeitungsprogramms durchgeführt. Hier erhielten die Personen der Versuchsgruppe zusätzliche Informationen, die eine Brücke zwischen den Fragen und Handlungen der Person und dem Computer (Tastatur, Bildschirm) schlagen. In der Kontrollgruppe wurde dagegen nur mit den üblichen Lehrtexten gearbeitet.

Voraussetzung für solche Textergänzungen ist eine Transaktionsanalyse. In ihr werden Transaktionen analysiert: Handlungen (finden, schaffen, bewegen, vergrößern) werden an einem Gegenstand (an der Einfügemarke, den Tasten, im Arbeitsbereich) an einem bestimmten Ort (Monitor, Tastatur) vorgenommen. Die Aufgabe besteht nun gerade darin, diese Zusammenhänge in *einer* visuellen Repräsentation zu verdeutlichen. Indem die relevanten Informationen in eine visuelle Darstellung integriert werden, vermeidet man eine Aufspaltung der Aufmerksamkeit auf verschiedene Gegenstände: Das Lehrbuch, die Tastatur, den Monitor.[44]

Ergebnisse:

1. Ein erstes Ergebnis dieser Studie war, dass die Versuchspersonen, obwohl sie etwa doppelt so viele Textseiten durchzuarbeiten hatten, nur 112 Minuten Lernzeit benötigten (Lernzeit der Kontrollgruppe 100 Minuten). Ein vergleichbares Ergebnis war in der Untersuchung von Britton & Gülgöz (1991) aufgetreten. Auch hier hatten die Versuchspersonen einen längeren, überarbeiteten Text in kürzerer Zeit durchgearbeitet.
2. Ferner behielten sie mehr Informationen (78 % vs. 65 % in der Kontrollgruppe).
3. Der deutlichste Effekt bezog sich allerdings auf die Lösung von Transferaufgaben: Die Versuchsgruppe löste 62 % der Transferaufgaben, verglichen mit 27 % in der Kontrollgruppe. Offensichtlich benötigt man gerade für den Transfer von Wissen ein tieferes Verständnis der Funktionsweise, und dies ist durch isolierte Informationen über Befehlsabfolgen nicht zu vermitteln.

5.4.5 Textbrücken zwischen Kapiteln eines Lehrbuchs – notwendig oder überflüssig?

Problemstellung: In dieser Untersuchung von Glowalla, Rinck und Fezzardi (1993) ging es um die Frage, in welchem Umfang Personen (Studenten) unter verschiedenen Bedingungen eine

[44] Auf diesen Zusammenhang zur Theorie der Überlastung des Arbeitsgedächtnisses gehen die Autoren nicht ein, obwohl er m. E. sehr nahehegend ist.

vernetzte Wissensstruktur selbst aufbauen. Ist es für einen Lehrbuchautoren notwendig, die Inhalte verschiedener Kapitel explizit aufeinander zu beziehen oder leistet der Student es selbst, die fehlenden Brücken durch eigenständige Inferenzen herzustellen? Meistens ist das Wissen über ein Lehrgebiet so umfangreich und komplex, dass es in einer Sitzung bzw. in einem Durchgang nicht bewältigt werden kann. Der Lernende muss dann

- den Inhalt der gerade bearbeiteten Lerneinheit verstehen, und
- das in verschiedenen Kapiteln erworbene Wissen miteinander vernetzen.

Eine Schwäche bisheriger Forschung besteht darin, dass sie sich ausschließlich mit dem Erwerb von Wissen aus vergleichsweise kurzen Texten befasst. Wie Studierende dazukommen, das in verschiedenen Sitzungen erworbene Wissen zu integrieren, bleibt unklar. Um dieses Thema untersuchen zu können, müssen mehrere größere Lerneinheiten (4–5) in ihrem Zusammenhang untersucht werden.

Die Autoren unterscheiden drei Methoden, Bezüge zwischen Inhalten verschiedener Lektionen herzustellen (S. 12/13):

- **„Man erwähnt vorhandene Bezüge nicht einmal, sondern stellt lediglich die einschlägigen Fakten in den verschiedenen Lektionen dar." (implizit)**
- „Ein vorhandener Bezug wird *lediglich erwähnt* und man vertraut darauf, dass die Leser den richtigen Bezug herstellen."
- „Ein vorhandener Bezug wird *erwähnt und explizit erläutert*."

Bei der Erforschung von *narrativen Texten* konnte festgestellt werden, dass Leser viele der erforderlichen Inferenzen selber ziehen. Ob diese Befunde sich auf das Lesen von *Sachtexten* übertragen lassen, ist fraglich, da das bereichsspezifische Wissen beim Lesen von Fachtexten eher gering ist.

Computerunterstützte Lernumwelt: Glowalla et al. haben eine computerunterstützte Lernumwelt geschaffen, die dem Lernenden sowohl ein Höchstmaß an individueller Freiheit als auch die Möglichkeit einer präzisen Erfassung des Lernverlaufs gestattet. Die Informationen auf dem Bildschirm waren zweigeteilt: Links befand sich der Text, rechts dazu Abbildungen, Tabellen etc. Wenn Begriffe unklar waren, hatte der Student die Möglichkeit, dazu Informationen online aus einem Glossar abzurufen. Für die verwendeten fünf Lektionen aus der „Einführung in die Gedächtnispsychologie" konnte auch das Inhaltsverzeichnis jederzeit aufgerufen werden.

Die Darbietungszeiten aller Textabschnitte sowie die Häufigkeiten und Darbietungszeiten aller Glossaraufrufe wurden automatisch erfasst. Das Rückspringen im Text war nicht gestattet. Jede Lektion konnte vom Studierenden einmal oder zweimal abschnittsweise hintereinander durchgearbeitet werden. (Im Versuch: zweimaliges Durcharbeiten).

Die verwendeten Integrationshilfen: Die drei verwendeten Integrationshilfen sollen nun an einem Beispiel des Zusammenhangs von Lektion 2 und 3 verdeutlicht werden. (S. 18)

Lektion 2: Vor über 30 Jahren hat George Miller (1956) herausgefunden, dass die Kapazität des Kurzzeitgedächtnisses sehr begrenzt ist: Man kann im Kurzzeitgedächtnis nicht mehr als sieben Chunks fehlerfrei behalten. [...]

Lektion 3:

Impliziter Bezug	Erwähnter Bezug	Expliziter Bezug
[...] Die Kapazität des Langzeitgedächtnisses scheint quasi unbegrenzt zu sein: Wir können während unseres ganzen Lebens neue Dinge hinzulernen und behalten.	[...] Die Kapazität des Langzeitgedächtnisses scheint quasi unbegrenzt zu sein: Wir können während unseres ganzen Lebens neue Dinge hinzulernen und behalten. Damit unterscheidet sich die Kapazität des Langzeitgedächtnisses fundamental von der des Kurzzeitgedächtnisses.	[...] Die Kapazität des Langzeitgedächtnisses scheint quasi unbegrenzt zu sein: Wir können während unseres ganzen Lebens neue Dinge hinzulernen und behalten. Damit unterscheidet sich die Kapazität des Langzeitgedächtnisses fundamental von der des Kurzzeitgedächtnisses. Im Gegensatz zur unbeschränkten Kapazität des Langzeitgedächtnisses ist die des Kurzzeitgedächtnisses auf etwa sieben 'Chunks' begrenzt.

Ergebnisse: Die Lernumgebung wurde insgesamt als positiv und hilfreich beurteilt. Die Hauptergebnisse beziehen sich auf die 15 Fragen, die zu den Bezügen zwischen den Lektionen gestellt wurden. Insgesamt zeigte sich, dass bei expliziten Bezügen die fraglichen Aussagen schneller als richtig verifiziert wurden. Die Verifikationszeiten betrugen unter der Bedingung „Explizit" 11,8 Sek., bei „Erwähnt" 13,5 und bei „Implizit" 14,4 Sek. Auch bei den Fehlerraten zeigten sich vergleichbare Effekte: 8% (Explizit), 16% (Erwähnt) und 20% (Implizit). Ein Nebenergebnis: Die Textzeilen wurden langsamer gelesen, je expliziter und länger sie waren. Die Autoren erklären ihre Befunde in folgender Weise:

„Explizite Bezüge werden deshalb besser verstanden und behalten, weil sie zur gezielten Integration von Fakten aus verschiedenen Lektionen führen und so zu einer größeren Kohärenz der im Gedächtnis aufgebauten Wissensstruktur beitragen. Ein notwendiger Bestandteil dieser Kohärenzstiftung besteht aber in der gleichzeitigen und aktiven Verfügbarkeit der beiden miteinander zu verknüpfenden Fakten." (S. 20)

Der Nebenbefund, dass die Zeilenlesezeiten mit der Explizitheit der Bezüge anstieg, – die Zeilenlesezeiten war also bei expliziten Bezügen am größten,- spricht gegen die Annahme, *„dass die Versuchspersonen implizite oder erwähnte Bezüge inferiert hätten"*. Wenn sie die Bezüge zusätzlich inferiert hätten, dann hätten die Zeiten bei fehlenden oder impliziten Bezügen nicht kürzer, sondern länger sein müssen! Das Gegenteil trat aber ein. Wenn also Lehrtexte auf die explizite Nennung von Verbindungsstücken verzichten, dann werden diese fehlenden Bezüge offensichtlich von den wenigsten Lesern zusätzlich gebildet.

„Verfasser von Lehrtexten, insbesondere von solchen für ein Publikum mit geringen Vorkenntnissen, sollten sich hinsichtlich des neu zu vermittelnden Wissens nicht auf aktive Verstehens- und Inferenzprozesse ihrer Leser verlassen. Vielmehr sollten die wichtigen Fakten und Bezüge explizit und ausführlich dargestellt werden, um dem Leser die Integration von Fakten aus verschiedenen Unterrichtseinheiten und damit das Verstehen und langfristige Behalten des Wissens über das neue Sachgebiet zu erleichtern." (S. 21)

5.4.6 Schulbücher verständlich gestalten – die Studie von Britton, Gülgöz & Glynn (1993)

Einführung

In welchem Umfang berücksichtigen Schulbücher Kriterien, die nach der Theorie des Textverstehens für das Lernen wichtig sind und die das Lernen der Schüler möglichst erleichtern (vgl. Britton, Gülgöz & Glynn 1993)? Und ist es bei einem vertretbaren Aufwand möglich, die Verständlichkeit von Schulbüchern zu verbessern?

Die Theorie des Textverstehens fasst Textlernen als fortlaufenden aktiven Konstruktionsvorgang auf. Dabei werden zwei parallele Verarbeitungsrichtungen unterschieden: Die aufsteigende (induktive) Verarbeitung wird durch den Text ausgelöst und gesteuert, die absteigende (deduktive) Verarbeitung durch Zielsetzungen, Vorwissen und Verarbeitungsstrategien des Lesers. Entsprechend kann man Prozesse des Textlernens *von außen* grundsätzlich auf zwei verschiedenen Wegen beeinflussen:

(1) Durch die Gestaltung des Textes über den fraglichen Gegenstand,

- Verdeutlichung der Gliederung durch entsprechende Überschriften und Wahl eines logischen Aufbaus für die Abfolge von Textabschnitten *(Makrostruktur des Textes)* oder
- Verwendung einer einfachen Sprache sowie von Sätzen, die mehr oder weniger konsequent aufeinander bezogen sind *(Mikrostruktur des Textes),* oder

(2) durch zusätzliche Instruktionen bzw. Zusätze zum Text wie

- *sprachliche und bildlich-graphische Zusätze,* z.B. Veranschaulichungen, Illustrationen, Leitfragen, vorstrukturierende Hilfen, Zwischenfragen, Zusammenfassungen.
- *Durch mündliche oder schriftliche Instruktionen zur Beeinflussung des Lese- bzw. Hörverhaltens* des Rezipienten, sowie durch mehr oder weniger gezielte Steuerung seines Vorwissens und der Strategien, mit denen der Text bearbeitet wird. Dies kann z.B. durch verschiedene Anweisungen oder durch Zielsetzungen gesteuert werden.
- Durch *Nutzung außersprachlicher Gestaltungsmöglichkeiten (Layout des Textes),* die den Leser auf Themenwechsel vorbereiten (Abschnitte) und auf Wichtiges hinweisen (Unterstreichungen, Fett- und Kursivdruck, Verwenden von verschiedenen Schriftarten und Schriftformen sowie von Farbdruck).

Dies sind nur einige Möglichkeiten bzw. Ansatzpunkte für eine Beeinflussung des Textverstehens von außen. Textverstehen kann jedoch auch durch Einflüsse von innen, d.h. durch die Strategien des Lerners selbst beeinflusst werden. Der Lerner soll den Text so bearbeiten, dass das Wesentliche schnell wieder verfügbar, d.h. rekonstruierbar ist. Hierzu gehören alle *Strategien der Erarbeitung von Texten*, z.B.

- wichtige Passagen eines Textes an- oder unterstreichen, Bemerkungen an den Rand schreiben,
- Wesentliches exzerpieren (z.B. Karteikärtchen anlegen), Übersichten oder Flussdiagramme anfertigen, sich bei schlecht gegliederten Texten die Struktur der Argumentation verdeutlichen, Zusammenfassungen anfertigen (innerlich oder schriftlich),
- mehrfaches Lesen und dabei Annahmen und Hypothesen überprüfen,
- nach gewissen Zeitabständen prüfen, ob die wichtigsten Thesen noch erinnert werden können, diese Thesen zusammen mit ihren Begründungen aufschreiben und danach mit dem Text vergleichen,

- mit sich selbst oder mit anderen Personen über den Text sprechen und das neu Gelernte in vielfältigerWeise anwenden,
- sich fragen, ob der Text die Aufgaben bzw. Ziele erfüllt bzw. nicht erfüllt, wegen derer er gelesen wurde, ob der Text logisch schlüssig ist, ob die Aussagen wahr sind, ob sie streng geprüft wurden, was der Autor gemacht hat, um glaubwürdig zu sein (stellt seine Überzeugungen in Frage, diskutiert Möglichkeiten, diese zu prüfen usw.).

Die Studie von Britton, Gülgöz & Glynn (1993):

Für die Beurteilung von Schulbüchern ist die Makro- und Mikrostruktur des Schulbuchtextes entscheidend. In diesem Zusammenhang sind zwei Fragen interessant:

1. Welche Möglichkeiten bestehen, durch Überarbeiten von Schulbuchtexten im Sinne einer höheren Verständlichkeit bessere Lernergebnisse zu erzielen?
2. In welchem Umfang sind Personen in der Lage, korrekt einzuschätzen, welche Texte für das Lernen in der Schule am besten geeignet sind?

1. Möglichkeiten der Optimierung von Schulbuchtexten

Mit einer Veränderung der Wortwahl und einer Vereinfachung der Satzstrukturen ist es nicht getan, wie die Lesbarkeitsforschung zeigt. Umarbeitungen haben sich auf bestimmte theoretisch relevante Aspekte eines Textes zu beziehen. Bei einer Literaturrecherche fanden Britton et al. (1993) 18 Untersuchungen, die zwei Kriterien genügten:

a) Schulbuchmaterialien wurden umgeschrieben, und
b) die ursprüngliche Textversion wurde danach mit der überarbeiteten Textversion verglichen.

Die US-Schulbuchtexte wurden in diesen Untersuchungen in einem oder mehreren der folgenden Punkte überarbeitet:

- Veränderung der Gliederung des Textes
- Verdeutlichung bzw. Vorankündigung der Struktur des Textes, Einbau von Übersichten, Vorschauen
- Explizite Angabe von Leitideen und Beispielen
- Hinzufügen logischer Verknüpfungen und anderer struktureller Informationen
- Änderung oder Wegnahme von Details

Ergebnisse dieser Analyse: In 16 der 18 Untersuchungen lernten die untersuchten Personen mit Hilfe der überarbeiteten Texte mehr als mit den ursprünglichen Textversionen. Die Verständlichkeit der Schulbuchtexte ließ sich also in den meisten Fällen verbessern. Schulbuchtexte in den USA, die unter ähnlichen Bedingungen hergestellt werden wie in Deutschland[45], sind deshalb vermutlich für schulisches Lernen nicht gut geeignet (vgl. Mayer, Sims & Tajika 1995). Dies entspricht auch den Ergebnissen der Untersuchung von Schulz von Thun et al. (1973), die zum Hamburger Verständlichkeitskonzept dargestellt wurde.

2. Die Fähigkeit zur korrekten Einschätzung der didaktischen Angemessenheit von Texten

Wichtig ist auch die Frage, *in welchem Umfang Personen in der Lage sind zu beurteilen, mit welchen Texten die besten Lernergebnisse zu erzielen sind.* Man kann dies prüfen, indem Personen

[45] In Deutschland sind in der Regel privatwirtschaftliche Verlage für die Entwicklung und den Vertrieb von Schulbüchern zuständig. Die Kultusministerien prüfen in der Regel nur, ob bestimmte formale und inhaltliche Kriterien eingehalten wurden (Übereinstimmung mit den Rahmenrichtlinien, dem Lehrplan). Die methodische Güte wird in der Regel nicht geprüft. Schulbücher werden nicht durch theoretische oder empirische Forschung in einem strengeren Sinne evaluiert, Schulbuchinstitute für solche Aufgaben gibt es nicht.

jeweils zwei Texte vorgelegt werden, von denen man weiß, dass die eine Textform bessere Lernergebnisse erbringt. Die Autoren berichten über eine Untersuchung mit College- Studenten (n=30), denen empirische Vergleichstexte präsentiert wurden. Bei 14 Vergleichen wusste man, dass die überarbeiteten Schulbuchtexte bessere Lernergebnisse brachten. Zusätzlich verwendete man noch 6 Textpaare, bei denen sich die überarbeitete Version nicht als besser in Bezug auf den Lernerfolg erwiesen hatte. Die Studenten hatten bei jedem Paar folgende Frage zu beantworten: *„Wenn der Lernerfolg 24 Stunden nach dem Lesen eines Textes überprüft würde, bei welchem Text würdest du am meisten lernen?"*

Ergebnisse: Von den 14 verbesserten Texten wurden 13 richtig klassifiziert, wenn man als Kriterium annimmt, dass mindesten 70 % der Beurteiler eine bessere Lernbarkeit des umgearbeiteten Texts prognostizieren. Bei den schlechten Revisionen sank der Prozentsatz auf ca. 50 %. Die Autoren schließen aufgrund der Ergebnisse, dass in den meisten Fällen die Geeignetheit eines Textes für das Lernen z. B. durch Komitees richtig beurteilt werden kann. Allerdings sollte nicht übersehen werden, dass bei diesen Vergleichen immer auf eine Parallelversion Bezug genommen werden konnte. Die Situation der Auswahl von Schulbüchern, die Lehrer im Rahmen von Fachkonferenzen durchführen, ist dagegen viel schwieriger. Hier müssen nicht Parallelversionen eines Schulbuchs, sondern unterschiedliche Schulbuchkonzeptionen miteinander verglichen werden.

5.4.7 Zusammenfassung: Konsequenzen der experimentellen Verständlichkeitsforschung

Alle dargestellten Untersuchungen zeigen, dass die Struktur von Texten für das Verstehen dieser Texte von entscheidender Bedeutung ist. Eine gute Mikro- und Makrostruktur eines Textes ist umso wichtiger, je geringer die Vorkenntnisse der Schüler sind.

Beim Lernen aus Texten spielt das Ziel der Bearbeitung eines Texts und das Vorwissen der Schüler eine wichtige Rolle. Für den Fall, dass Schüler eine genaue Rekonstruktion des Textes anfertigen sollen, ist günstig:

- dass sie durch einen mit dem nachfolgenden Text zusammen passenden Vorspann auf den Text vorbereitet werden,
- dass der Text bei geringem Vorwissensniveau sowohl eine gute Mikro- wie auch eine gute Makrostruktur aufweist.

Für den Fall, dass man stärker an einer problemorientierten Erarbeitung eines Textes und der Entwicklung von Problemlösefähigkeiten interessiert ist, gilt:

- Bei schwachen Vorkenntnissen kann die Makrostruktur vom Schüler nur dann rekonstruiert werden, wenn der Lerntext eine gute Makrostruktur aufweist.
- Bei guten Vorkenntnissen können zum nachfolgenden Text inkonsistente Vorspanne und eine schlechte Makrostruktur des Textes vermehrte Anstrengungen bewirken, die zu einer tieferen Verarbeitung des Textes führen.

Durch verständlichere Lehrtexte können für alle Schüler, insbesondere aber für die schwächeren Schüler, erheblich höhere Lernergebnisse erzielt werden (vgl. Schulz von Thun et al. 1973, E. Kintsch 1990, Britton et al. 1993). Bei der Verbesserung der Verständlichkeit sollte allerdings auch berücksichtigt werden, dass Inhalte unter verschiedenen Perspektiven bearbeitet werden sollten. Dies scheint erforderlich, wenn nicht nur die Verbreiterung des Faktenwissens, sondern auch die Problemlösefähigkeit gefördert werden soll. So konnte im Experiment von Mannes &

Kintsch (1987) gezeigt werden, dass durch Vorgabe von Einleitungen zu Texten, die mit dem nachfolgenden Text nicht leicht in Übereinstimmung zu bringen waren, die Problemlösefähigkeit gefördert werden konnte. Daraus ergibt sich, dass bei Berücksichtigung mehrerer Lehrziele (Erinnern von Fakten, von Hypothesen und Zusammenhängen, die Fähigkeit zum flexiblen Umgang mit dem erworbenen Wissen) auch die Kombination verschiedener Methoden ratsam erscheint. Die Gestaltung von Texten, zu denen ja auch Einleitungen, Überschriften und Zusammenfassungen am Schluss gehören, sollte sich somit nicht ausschließlich an einer einfachen, verständlichen sprachlichen Gestaltung orientieren, sondern auch die Befähigung zur flexiblen Anwendung des Wissens im Blick behalten.

Die empirischen Forschungen belegen, dass Schüler durch vermehrte Anstrengung erhebliche Mängel in der sprachlichen Gestaltung eines Textes nicht kompensieren können (vgl. E. Kintsch 1990). Vor allem schwächere Schüler sind damit überfordert. Auch scheint es unrealistisch zu sein, von Schülern zu erwarten, sie würden zwischen Inhalten, die in verschiedenen Lektionen oder Kapiteln behandelt wurden, selbst Bezüge herstellen. Stattdessen sollten Lehrer und Schulbuchtexte solche Bezüge explizit herausarbeiten (vgl. Glowalla et al. 1993).

Texte, die eine Koordination verschiedener Systeme und Handlungen beschreiben, überfordern die Möglichkeiten des Arbeitsgedächtnisses (vgl. Hagman, Mayer & Nenniger 1998). Für diese Fälle gilt, dass eine integrierte Darstellung (Texte werden in die visuelle Darstellung des Gesamtsystems eingefügt) günstiger ist als die isolierte, präzise schriftliche Darstellung von Handlungsabfolgen. Da solche integrierte Darstellungen das Arbeitsgedächtnis entlasten, kann sich der Leser mehr auf die zu lösenden Aufgaben konzentrieren. Entsprechend ist seine Fähigkeit, die gelernten Fähigkeiten zu transferieren, bei integrierten Darstellungen deutlich besser.

5.5 Verständliches Erklären in Mathematikschulbüchern

5.5.1 Einführung

Verständliche Mathematikschulbücher erleichtern Lehrern die Planung und Durchführung eines effektiven Unterrichts. Dazu eine kleine Episode.

> Im Anschluss an die Veröffentlichung von TIMSS stellten wir (Karin Nölle und ich) uns die Frage, welche Ursachen das gute Abschneiden japanischer Schüler in Mathematik hatte. Dazu gab es einige Vermutungen, so z. B. die Vermutung, dass eine wichtige Rolle die Verwendung von Problem- und Beweisaufgaben sowie von Gruppenarbeit im japanischen Mathematikunterricht spielen würde. Um diesen Vermutungen auf den Grund zu gehen, besuchten wir eine japanische Schule in Hamburg und sahen uns dort eine Mathematikstunde an.
>
> In dieser Mathematikstunde entwickelte der Lehrer die Idee der Berechnung des Kreisumfangs. Bei seiner Erklärung rekonstruierte er eine Erklärung Schritt für Schritt an der Tafel. Wie sich beim anschließenden Gespräch mit dem Lehrer herausstellte, entsprach diese an der Tafel entwickelte Erklärung sehr genau der Erklärung, die der Schüler in seinem Mathematikbuch ebenfalls finden konnte. In diesem Unterricht sprach übrigens fast die ganze Zeit der Lehrer, nur selten stellte er den Schülern Fragen.
>
> Beim anschließenden Gespräch erklärte der Lehrer, sein Unterricht sei durchaus typisch für den japanischen Mathematikunterricht, auch wenn die TIMS-Videostudie zu anderen Ergebnissen gelangt sei. Er zeigte uns die in Japan verwendeten Schulbücher. Der Unterschied zu den deutschen Schulbüchern zeigte sich schon beim Durchblättern des dünnen Mathematikbuchs: Japanische Schulbücher sind Erklärbücher, die durch dünnere Übungsbücher ergänzt wurden.

Längere Lehrererklärungen sind in Deutschland verpönt. Jeder Referendar wird dazu angehalten, den Anteil der Lehreräußerungen möglichst klein zu halten. Lehrer sollen stumme Impulse geben, und Schüler möglichst viel selbst entdecken.

Wenn Lehrererklärungen mündlich vor der Klasse entwickelt werden, kann der Schemaaufbau gestört werden, wenn Schüler ein wesentliches Element der Erklärung nicht verstanden haben. Deshalb ist es wichtig, die wesentlichen Punkte an der Tafel festzuhalten, damit jeder Schüler die Erklärung rekonstruieren kann. Zudem wurden zu den einzelnen Punkten kurze Fragen an die Schüler gerichtet, die unglaublich konzentriert den Ausführungen des Lehrers zuhörten. Vermutlich wussten die Schüler, dass sie bei der ersten Einführung in ein komplexes Gebiet nicht alles sofort verstehen konnten. Und sie wussten auch, dass die vom Lehrer im Unterricht gegebene Erklärung im Schulbuch nachgelesen werden konnte.

Verständliche Schulbucherklärungen spielen vermutlich für das Lernen der Schüler sowohl *direkt* wie *indirekt* eine wichtige Rolle:

- *Direkt:* Schüler können verständliche Schulbücher eher selbständig lesen und verstehen, und
- *indirekt:* **Lehrer können auf der Grundlage verständlicher Schulbücher eher einen lernwirksamen Unterricht durchführen.**

Wenn diese beiden Annahmen zutreffen, dann erhält die Frage der Verständlichkeit von Mathematikschulbüchern eine zentrale Bedeutung für das Mathematiklernen.

Im Folgenden soll anhand konkreter Beispiele untersucht werden, in welchem Maße Schulbucherklärungen Gesichtspunkte verständlichen Erklärens berücksichtigen. Im Fokus stehen dabei Erklärungen in deutschen Mathematikschulbüchern. Konkret werden zwei Vergleiche durchgeführt:

1. *Erweitern von Brüchen:* Verglichen wird die Erklärung aus einem Mathematikschulbuch (Griesel/Postel 1988) mit einer Erklärung aus dem Heft „Grundlagen der Bruchrechnung“ (vgl. Zech/Wellenreuther 1992; Wellenreuther 1994).
2. *Division von Brüchen:* Hier wird eine deutsche Schulbucherklärung mit einer japanischen Schulbucherklärung verglichen. Ferner wird die Aufgabensequenz in einem deutschen Mathematikschulbuch mit der eines Schulbuchs aus Singapur verglichen.

Ziel dieser Vergleiche ist nicht in erster Linie Kritik. Wichtiger ist mir, konkrete Beispiele für verständliches Erklären zu geben. Bei diesen Vergleichen wird von einem breiten Begriff von „Schulbucherklärung“ ausgegangen: Er umfasst nicht nur die Einführung neuer Begriffe und Verfahrensweisen, sondern auch die nachfolgende Strukturierung von Übungen bis zum Abschluss einer Lektion durch Tests und Zusammenfassungen.

Für die Gestaltung verständlicher Erklärungen in Schulbüchern sind u. a. folgende Punkte wichtig:

1. *Verständlichkeit und Vollständigkeit von Erklärungen* bei Begrenzung des Informationsumfangs: Die Ideen sollten möglichst verständlich in verbaler, bildhafter und symbolischer Form präsentiert werden (vgl. Mayer, Sims & Tajika 1995).[46]
2. *Vermeidung hoher kognitiver Belastung:* Integration wesentlicher Informationen in die Veranschaulichung, Vermeidung des Aufmerksamkeitsteilungseffekts.

[46] Ein gänzlich anderer Ansatz, Schüler zum Lernen zentraler Ideen anzuregen, ist der von Zhu & Simon (1987). Hier würde man sich auf die Entwicklung von Lösungs- und zugeordneten Aufgabenserien konzentrieren, die sich auf die relevanten hierarchisch strukturierten Komponenten eines Inhaltsbereichs beziehen.

3. *Schwierigkeitsstufung von leicht nach schwer:* Bei den Aufgaben ist eine klare Schwierigkeitsstufung von leicht nach schwer zu realisieren, damit Schüler mit ihren Fähigkeiten vor allem positive Erfahrungen sammeln und dadurch merken, dass sie die geforderten Leistungen erbringen können.
4. *Festigung – Abgrenzung zentraler Ideen durch Übersichten und Zusammenfassungen:* Die wichtigsten Inhalte sollten mehrfach zusammengefasst und von alternativen Ideen abgegrenzt werden. Dic Sequenz von Erklärungen, Aufgaben, Zusammenfassungen und komplexeren Anwendungsaufgaben sollte so lang und ausführlich sein, damit das Gelernte fest und flüssig verfügbar ist.

5.5.2 Das Erweitern und Kürzen von Brüchen – eine Fallstudie

Die Anwendung dieser Gesichtspunkte soll nun anhand des Vergleichs zweier Erklärungen zum Erweitern von Brüchen verdeutlicht werden. Die eine Erklärung entstammt einem Schulbuch (Mathematik heute), die andere Erklärung einem Stützpfeiler Mathematik, der in einer Projektgruppe unter den Gesichtspunkten einer guten Wissensstrukturierung entwickelt wurde (vgl. Wellenreuther 1994; Zech & Wellenreuther 1992).

Sehen wir uns zunächst einmal die Erklärung in „Mathematik heute", genauer an:

Erweitern und Kürzen von Brüchen

Erweitern eines Bruches

Aufgabe

Zu einer Bruchzahl bzw. zu einem Punkt auf dem Zahlenstrahl gehören verschiedene Brüche. Wie kann man aus einem Bruch *andere* Brüche mit demselben Wert erhalten?

Färbe (1) $\frac{3}{4}$, (2) $\frac{6}{8}$, (3) $\frac{9}{12}$, (4) $\frac{12}{16}$ der Quadratfläche grün, gib jeweils den Anteil der grün gefärbten Fläche an und vergleiche.

(1)
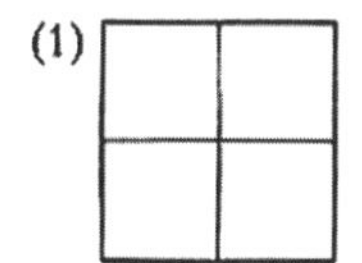
(2)
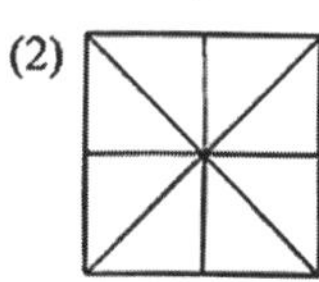
(3)
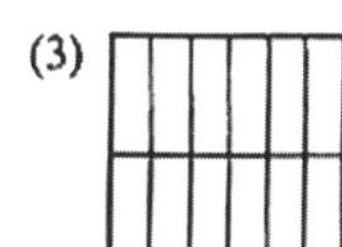
(4)
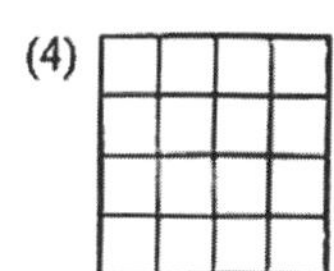

Lösung

(1)
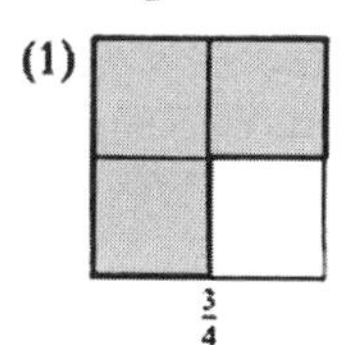
(2)
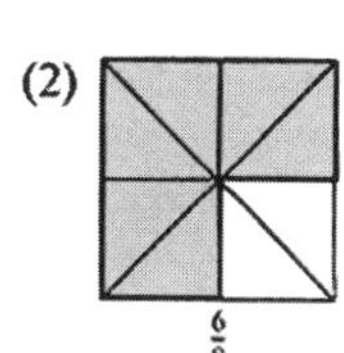
(3)
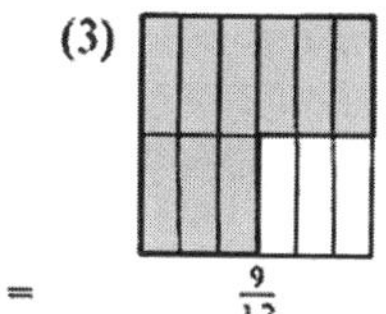
(4)
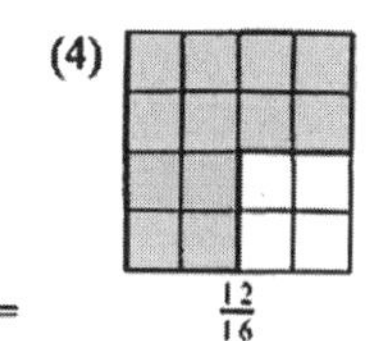

$\frac{3}{4} = \frac{6}{8} = \frac{9}{12} = \frac{12}{16}$

Der Anteil der grüngefärbten Fläche ist stets der gleiche. Zum Beispiel ist bei (2) im Vergleich mit (1) in doppelt so viele Teile, nämlich in 8 statt 4 Teile unterteilt; dafür sind aber auch doppelt so viele Teile, nämlich 6 statt 3, grün gefärbt.

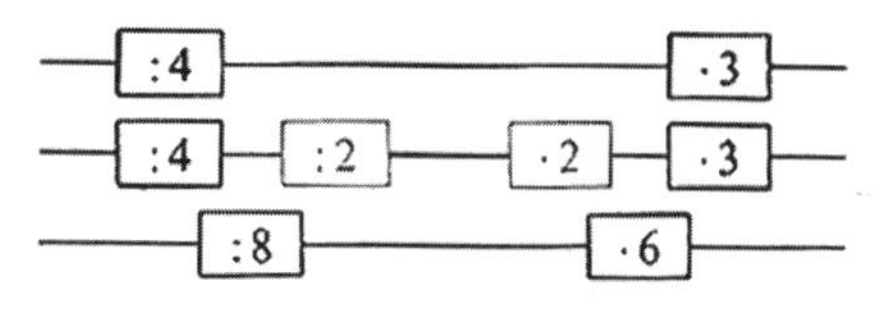

Wenn man die Ausgangsfläche doppelt (dreifach, vierfach, ...) so stark unterteilt, so ist jede Teilfläche nur halb (ein Drittel, ein Viertel, ...) so groß. Andererseits hat man aber doppelt (dreimal, viermal, ...) so viele Teilflächen grün gefärbt.

$\frac{3}{4} = \frac{3 \cdot 2}{4 \cdot 2} = \frac{6}{8}$ $\quad \frac{3}{4} = \frac{3 \cdot 3}{4 \cdot 3} = \frac{9}{12}$ $\quad \frac{3}{4} = \frac{3 \cdot 4}{4 \cdot 4} = \frac{12}{16}$

Das in der Aufgabe angewandte Verfahren nennt man **Erweitern** eines Bruches.

Diese Erklärung ist in folgender Weise gegliedert: Zuerst wird eine allgemeine Aussage formuliert *(„Zu einer Bruchzahl bzw. zu einem Punkt auf dem Zahlenstrahl gehören verschiedene Brüche.")* Danach wird eine Aufgabe gestellt, die im folgenden Schritt gelöst und sprachlich kommentiert wird. Neben der sprachlichen Kommentierung werden Operatoren zur Erläuterung dargestellt. Danach wird der Prozess des Erweiterns als Verfeinern einer Aufteilung sprachlich beschrieben. Zum Schluss wird das Verfahren des Erweiterns an drei Beispielen verdeutlicht.

Man kann an dieser „Erklärung" folgende Punkte kritisieren:

1. Die allgemeine Aussage „Zu einer Bruchzahl ..." wird anhand des Zahlenstrahls verdeutlicht. Bei der nachfolgenden Aufgabe werden zur Repräsentation des Erweiterungsvorgangs Rechtecksflächen verwendet. Dadurch wird die kognitive Belastung unnötig erhöht.
2. Statt ein Lösungsbeispiel zu geben mit Aufgabenstellung, Darstellung der Lösungsschritte und Antwortsatz wird eine Aufgabe gestellt, die zunächst von den Schülern gelöst werden soll. *Eine* mögliche Lösung wird dann als Lösung präsentiert. Nach Van Gog et al. (2011) **wäre eine Strukturierung „Lösungsbeispiel mit Aufgabe und Antwort vorstellen und dann die Lösung weiterer ähnlicher Aufgaben verlangen" verständlicher und lernwirksamer.**
3. Die „Verfeinerung der Aufteilung" wird nicht in einfacher Weise z. B. durch Verdoppeln fortgeführt ($3/4=6/8=12/16$).
4. *Der nachfolgende Text* („Der Anteil der grüngefärbten Fläche ...") ist sprachlich zu kompliziert. Ein Schüler, der das Erweitern von Brüchen noch nicht verstanden hat, kann durch sorgfältiges Lesen die Kernidee nicht verstehen. Dies hätte man z. B. durch Beschreibung des Verfahrens der Erweiterung als „Verfeinern einer Einteilung" verdeutlichen können. Auch der Hinweis, dass durch das Erweitern der Wert des Bruchs nicht verändert wird, ist in diesem Zusammenhang notwendig. Dies muss sprachlich genau formuliert werden. „Es ist gleichgültig, ob Du die Hälfte eines Kuchens, zwei Viertel eines Kuchens oder vier Achtel eines Kuchens bekommst. Du bekommst immer den gleichen Teil des Kuchens, der Wert des Bruchs ändert sich also nicht."
5. *Operatoren:* Die Darstellung der Operatoren rechts zur sprachlichen Erläuterung des Erweiterns erschwert m.E. ein Verstehen der Kernidee.
6. *Zu frühes Einführen eines Verfahrens:* Am Ende dieser Erklärung wird schon das Verfahren zum Erweitern dargestellt. M. E. wäre es sinnvoller, zunächst die grundlegende Idee des Erweitern sorgfältig zu entwickeln. Wenn diese Idee verstanden wurde, ergibt sich dann das Verfahren fast von selbst.

Zum Vergleich nun die Erklärung, die zur Einführung in die Thematik im Stützpfeiler Mathematik gegeben wird (vgl. S. 225, nach Wellenreuther 1994, S. 22): Es wird hier zuerst ein klares Ziel genannt („Du sollst lernen, wie man für denselben Bruchteil eines Ganzen verschiedene Brüche schreiben kann"). Das wird dann durch mehrfache Verdopplung eines Bruchs erläutert. eine kohärent aufeinander folgende zunehmende Aufteilung eines Kuchens wird sowohl anhand einer Rechtecksdarstellung als auch sprachlich erläutert. Betont wird die zentrale Idee: Bei den verschiedenen Aufteilungen („Verfeinerungen") bleibt der Wert der Brüche gleich. Zur Vertiefung wird dann diese zentrale Idee als Merksatz in sprachlich einfacher Form verdeutlicht: *„Erweitern bedeutet soviel wie 'Verfeinern' einer Einteilung: Du bekommst mehr, aber entsprechend kleinere Teile. Bei 2/4 bekommst du z. B. doppelt so viele Stücke, die Stücke sind aber nur halb so groß."* Zur nochmaligen Vertiefung wird dann ein Gespräch zwischen zwei Schülern dargestellt. Hier soll die Idee des Erweiterns („Verfeinerns“) von der Idee des Vergrößerns abgegrenzt werden.

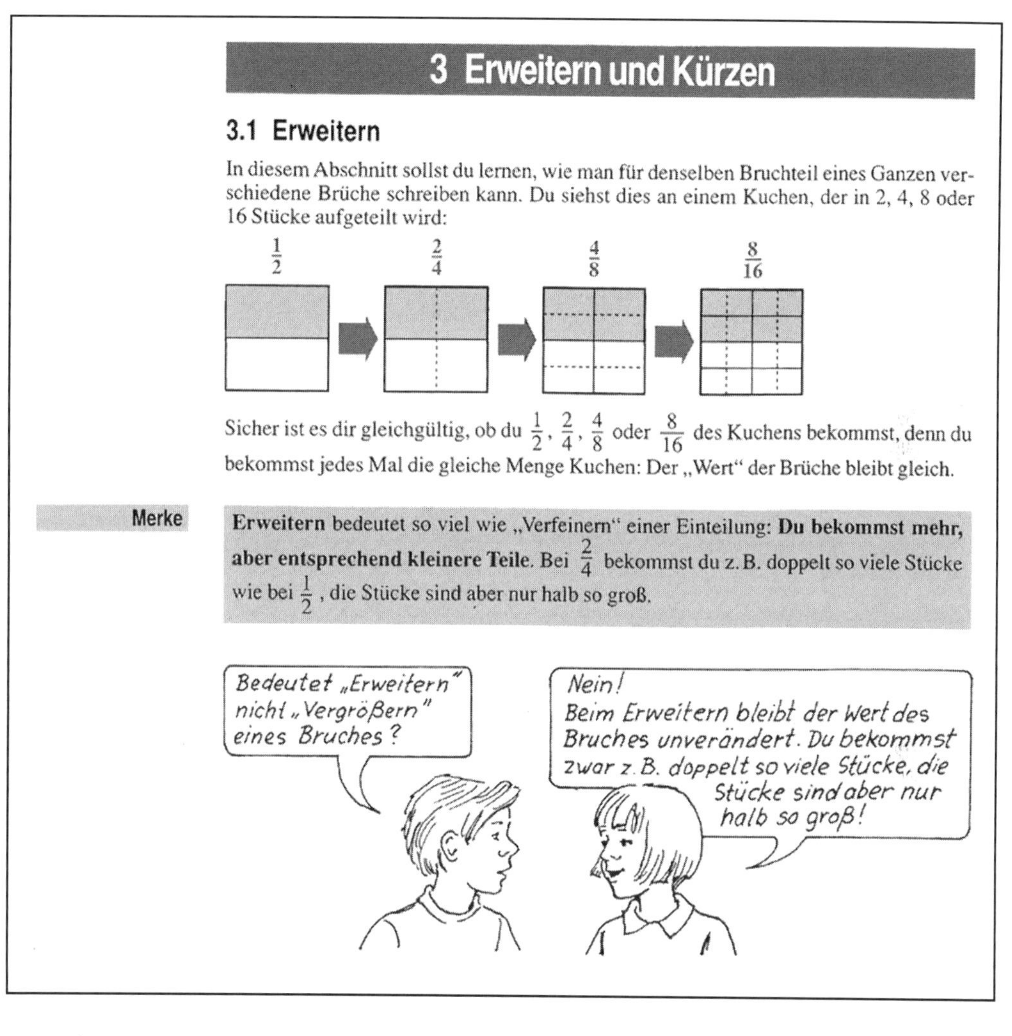

3 Erweitern und Kürzen

3.1 Erweitern

In diesem Abschnitt sollst du lernen, wie man für denselben Bruchteil eines Ganzen verschiedene Brüche schreiben kann. Du siehst dies an einem Kuchen, der in 2, 4, 8 oder 16 Stücke aufgeteilt wird:

$\frac{1}{2}$ $\frac{2}{4}$ $\frac{4}{8}$ $\frac{8}{16}$

Sicher ist es dir gleichgültig, ob du $\frac{1}{2}$, $\frac{2}{4}$, $\frac{4}{8}$ oder $\frac{8}{16}$ des Kuchens bekommst, denn du bekommst jedes Mal die gleiche Menge Kuchen: Der „Wert“ der Brüche bleibt gleich.

Merke

Erweitern bedeutet so viel wie „Verfeinern“ einer Einteilung: **Du bekommst mehr, aber entsprechend kleinere Teile.** Bei $\frac{2}{4}$ bekommst du z. B. doppelt so viele Stücke wie bei $\frac{1}{2}$, die Stücke sind aber nur halb so groß.

Zur Wissensstrukturierung gehört auch die nachfolgende Strukturierung der Aufgaben. Hier wieder zunächst die nachfolgenden Aufgaben des Schulbuchs „Mathematik heute“, S. 75 f.

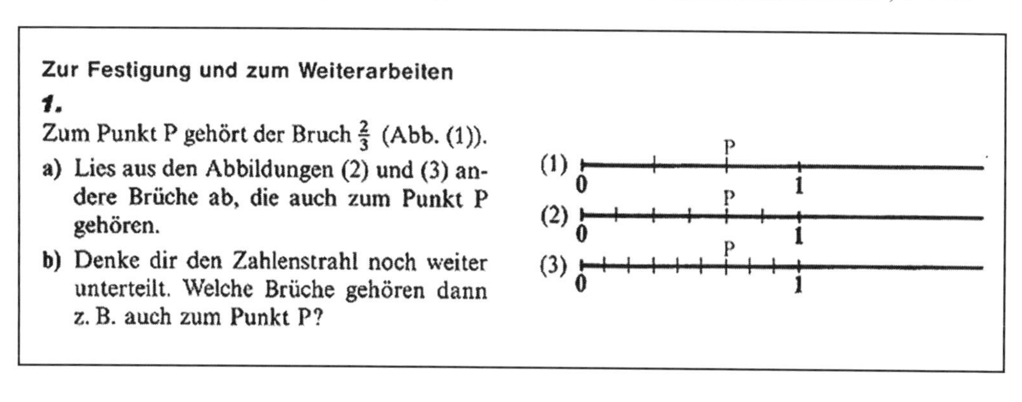

Zur Festigung und zum Weiterarbeiten

1.

Zum Punkt P gehört der Bruch $\frac{2}{3}$ (Abb. (1)).

a) Lies aus den Abbildungen (2) und (3) andere Brüche ab, die auch zum Punkt P gehören.

b) Denke dir den Zahlenstrahl noch weiter unterteilt. Welche Brüche gehören dann z. B. auch zum Punkt P?

2.
Zeichne die Figur dreimal ab. Färbe dann jeweils
(1) $\frac{2}{3}$, (2) $\frac{4}{6}$, (3) $\frac{8}{12}$
der Fläche rot.

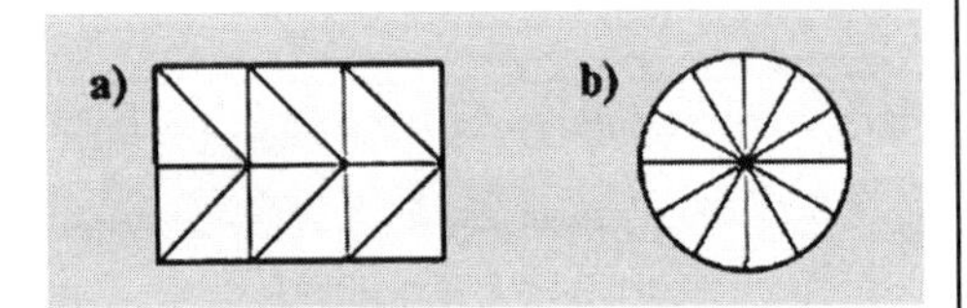

Ein Bruch wird *erweitert*, indem man *zugleich* seinen *Zähler* und seinen *Nenner* mit derselben natürlichen Zahl (*Erweiterungszahl*) *multipliziert*.
Bei dem Erweitern eines Bruches erhält man wieder einen Bruch (Namen) für *dieselbe* Bruchzahl.
$\frac{3}{4} = \frac{6}{8} = \frac{9}{12} = \frac{12}{16} = \frac{15}{20} = \ldots$

3.
Erweitere den Bruch a) $\frac{3}{7}$, b) $\frac{9}{5}$, c) $\frac{11}{8}$, d) $\frac{10}{2}$ nacheinander mit den Erweiterungszahlen 4, 5, 6, 7 und 8.

$\frac{2}{3} = \frac{8}{12}$; $\frac{2}{3} = \frac{10}{15}$; ...

4.
Gib die Erweiterungszahl an. Notiere wie im Beispiel.
a) $\frac{5}{9} = \frac{35}{63}$ **b)** $\frac{7}{8} = \frac{56}{64}$ **c)** $\frac{11}{3} = \frac{55}{15}$ **d)** $\frac{3}{1} = \frac{21}{7}$ **e)** $\frac{6}{7} = \frac{54}{63}$

$\frac{4}{5} \overset{3}{=} \frac{12}{15}$

5.
Erweitere die Brüche $\frac{2}{3}$, $\frac{1}{6}$, $\frac{3}{2}$, $\frac{8}{5}$, $\frac{4}{15}$ und $\frac{3}{10}$ so, daß
a) der Nenner 30 ist, b) der Zähler 24 ist.
Gib jeweils die Erweiterungszahl an.

$\frac{8}{15} \overset{2}{=} \frac{16}{30}$
$\frac{8}{15} \overset{3}{=} \frac{24}{45}$

Zur Übung: 1 bis 15

Die erste Aufgabe fordert von den Schülern einen Transfer des Gelernten auf eine andere Form der Repräsentation von Brüchen: Auf Abbildungen mit Hilfe des Zahlenstrahls. An den vorherigen Erklärungsteil mit den Rechtecksflächen wird damit nicht angeschlossen, die Aufgabe erscheint somit recht schwierig. Die nachfolgende zweite Aufgabe schließt eher an die gegebene Erklärung an, verwendet allerdings so komplexe Figuren, dass ein Erkennen der zentralen Idee unnötig erschwert wird.

Nach diesen zwei Aufgaben, die zum Verständnis der Idee des Erweiterns gestellt werden, wird das Verfahren des Erweiterns sprachlich und symbolisch in einem Kasten erläutert. Warum dabei der Begriff „Erweiterungszahl" eingeführt wird, und was Schüler mit dem nachfolgenden Satz *(„Bei dem Erweitern eines Bruchs erhält man wieder einen Bruch (Namen) für dieselbe Bruchzahl.")* anfangen sollen, bleibt mir unklar. Solche Formulierungen sind für Schüler unverständlich.

Bei den nachfolgenden Aufgaben drei und vier werden zur Erweiterungszahl Übungsaufgaben gestellt. Für Schüler wären diese Aufgaben eher leichter lösbar, wenn man statt von Erweiterungszahl schlicht von Zahl gesprochen hätte. Die nachfolgende Aufgabe ist schwieriger, weil hier die Schüler selbst Brüche erweitern und dann die Erweiterungszahl angeben sollen. Um zunächst die Idee des Erweiterns zu verstehen und anzuwenden, könnte man mit einfacheren Zahlenbeispielen beginnen.

Vergleichen wir dazu die nachfolgenden Aufgaben aus dem Stützpfeiler „Bruchrechnung 1, S. 22 f.

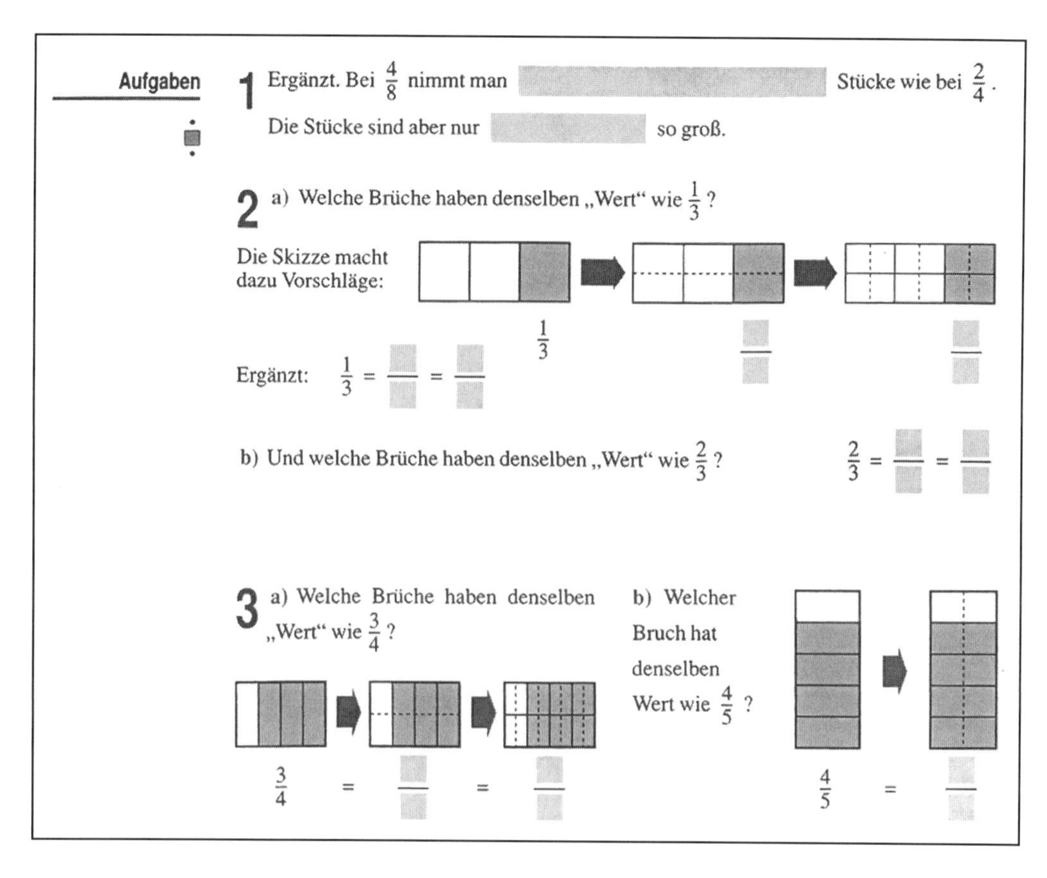

Hier steht zunächst die Idee des Erweiterns als Verfeinern einer Einteilung im Vordergrund. Zur Repräsentation werden Veranschaulichungen verwendet, die auch in der einführenden Erklärung verwendet wurden (Rechtecke). Außerdem kommen in den Aufgaben nur vergleichsweise einfache Brüche vor: Der größte Nenner im Stützpfeiler beträgt 16, im Schulbuch 45.

Erst nach dieser Verdeutlichung der Kernidee wird das Verfahren des Erweiterns dargestellt (vgl. S. 23). Auch hier besteht ein enger Zusammenhang zwischen der bildhaften und der sprachlichen Darstellung. Die Erklärung des Verfahrens „Erweitern eines Bruchs“ ist im Sinne von Mayer, Sims & Tajika (1995) vollständig, weil in ihr sprachliche, ikonische und symbolische Darstellung in verständlicher Weise aufeinander bezogen werden. Die nachfolgenden Aufgaben sind dann nach dem Gesichtspunkt zunehmender Schwierigkeit strukturiert. Während im Schulbuch nach den dargestellten Aufgaben sofort das Kürzen von Brüchen behandelt wird, widmet sich der Stützpfeiler zunächst um eine Einübung und tiefere Verankerung des Erweiterns. Am Schluss (Aufgabe 10–12) werden dann zum Erweitern schwierigere Aufgaben gestellt, die ein tieferes Verständnis erfordern.[47]

[47] Ob diese Strukturierung wirklich optimal ist, müsste genauer empirisch erprobt werden. Die Forschungen zum vermischten Lernen legen nahe, dass Erweitern und Kürzen besser zusammen eingeführt werden sollten. (vgl. S. 123 f.).

- In Aufgabe 10 wird eine Klassensituation dargestellt, in der Schüler verschiedene Antworten zu folgender Aufgabe geben: „Welcher Bruch liegt auf der Maßeinteilung eines Messbechers genau in der Mitte zwischen $^1/_4$ *und* $^1/_2$.
- In Aufgabe 11 und 12 sollen die Schüler wichtige einfache Brüche auf Hundertstelbrüche (Prozente) erweitern, um schon hier eine Verbindung zwischen Bruchrechnung und Prozentrechnung explizit herzustellen. Außerdem haben Schüler im Alltag häufig mit Prozenten zu tun.

3.4 Zusammenfassung zum Erweitern und Kürzen

Zusammenfassung

1. Der Zusammenhang zwischen Erweitern und Kürzen

In der folgenden Skizze wird dargestellt, wie Erweitern und Kürzen zusammenhängen:

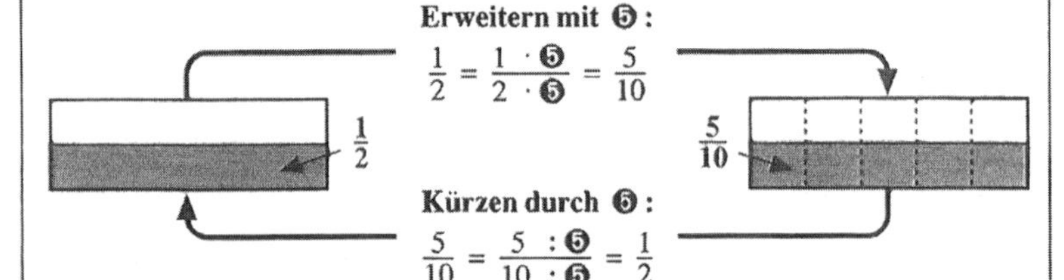

Du siehst daran: **Kürzen ist die Umkehrung von Erweitern.** Beim Erweitern werden Zähler und Nenner mit der gleichen Zahl vervielfacht. Beim Kürzen werden Zähler und Nenner durch die gleiche Zahl geteilt.

Der Wert des Bruches bleibt beim Erweitern und Kürzen gleich. Beim Erweitern erhältst du mehr, aber entsprechend kleinere Teile (**„Verfeinern“**), beim Kürzen weniger, aber entsprechend größere Teile (**„Vergröbern“**).

2. Wozu erweitert oder kürzt man Brüche?

Erweitern: Das Erweitern braucht man vor allem, um Brüche mit gleichem Nenner zu bilden. Dies ist wichtig,

- ➥ um Brüche ihrer Größe nach vergleichbar zu machen und
- ➥ um Brüche addieren und subtrahieren zu können.

Dazu zwei Beispiele:

Vergleich:

$\frac{4}{15}$ ist kleiner als $\frac{1}{3}$ $(= \frac{5}{15})$

(vgl. dazu Seite 35)

Addition:

$\frac{4}{15} + \frac{1}{3} = \frac{4}{15} + \frac{5}{15} = \frac{9}{15}$

(vgl. dazu das Heft Bruchrechnung 2)

Kürzen: Das Kürzen braucht man, um Brüche zu vereinfachen. Einen einfachen Bruch wie $\frac{1}{3}$ kannst du dir besser vorstellen als den Bruch $\frac{5}{15}$.

Häufig genügt ein **Kürzen mit Überschlag.** Um dabei einen möglichst kleinen Fehler zu machen, sollte man Zähler **und** Nenner entweder beide vergrößern oder beide verkleinern; dadurch heben sich die Fehler eher gegenseitig auf (vgl. Seite 29).

Beispiel: $\frac{113}{320} \approx \frac{100}{300} = \frac{1}{3}$

Danach wird im Stützpfeiler erst das Kürzen von Brüchen als Umkehrung des Erweiterns eingeführt. Die Erläuterung der Regel für das Kürzen schließt an die Formulierung des Erweiterns von Brüchen an. Eine Vororientierung wie beim Erweitern schien hier nicht mehr erforderlich. Danach folgen zur Anwendung, Einübung und Vertiefung der Regel einige Aufgaben.

Der Abschnitt „Kürzen mit Überschlag“ vermittelt den Schülern ein Verfahren, mit dem Brüche mit großen Nennern und Zählern zunächst vereinfacht und danach gekürzt werden können. Dadurch soll eine breite Anwendbarkeit des Gelernten gesichert werden. Auch zu diesem Teil werden konkrete Anwendungsaufgaben gestellt.

8 * In den Vereinigten Staaten von Amerika haben die Schüler an 180 Tagen im Jahr Unterricht, in der Bundesrepublik an 220 Tagen und in Japan an 240 Tagen.

a) Welcher Bruchteil eines Jahres ist das jeweils? Rundet und kürzt. Rechnet 1 Jahr = 360 Tage

Vereinigte Staaten: ___ = ___ Bundesrepublik: ___ = ___ Japan: ___ = ___

b) Wie groß ist etwa der Bruchteil der **schulfreien** **Tage** in diesen Ländern?

Vereinigte Staaten: ___ = ___ Bundesrepublik: ___ = ___ Japan: ___ = ___

9 * In der Bundesrepublik sind in einem Jahr an Herzinfarkt gestorben: 48 056 Männer und 33 970 Frauen. Wie groß ist etwa der Bruchteil der Männer und der Frauen von der Gesamtzahl der Personen, die an Herzinfarkt gestorben sind?

Männer: ___ Frauen: ___

10 * Ein Reiterhof mit 12 Pferden hat monatlich folgende Kosten:

Futter: 1000 €, Lohn: 2500 €, Tierarzt: 500 €, Miete: 1500 €, Sonstiges (wie Reparaturen, Versicherungen): 500 €

a) Bestimmt die Bruchteile der einzelnen Ausgabenposten von den Gesamtkosten. Rechnet im Heft.

Futter: ___ Lohn: ___ Tierarzt: ___ Miete: ___ Sonstiges: ___

b) Stellt die Bruchteile als Anteile eines Rechtecks dar:

Von zentraler Bedeutung erscheint, dass die gelernten Inhalte in geeigneter Form nochmals zusammengefasst und dabei auch voneinander abgegrenzt werden. Dies ist zur Festigung der Kernidee unbedingt erforderlich, wie die Forschungen zum vermischten Üben belegen. Dies wird in folgender Form für das Erweitern und Kürzen von Brüchen getan (vgl. Wellenreuther 1994, S. 30–31).

Danach sollen die Schüler einen Test bearbeiten, in dem sowohl Aufgaben zum Verständnis als auch zur Ausführung und Anwendung der gelernten Verfahren enthalten sind. Auch hier geht es vorrangig um einfache Bruchzahlen.

Damit ist allerdings das Kapitel „Erweitern und Kürzen von Brüchen" noch nicht abgeschlossen. In verschiedenen Teilen wird das Verfahren wieder aufgegriffen, so beim Vergleichen von Brüchen und beim Addieren und Subtrahieren von Brüchen. Fast noch wichtiger ist jedoch, dass im Teil vermischte Aufgaben nochmals an einfachen Beispielen eine Zusammenfassung aller gelernter Verfahrensweisen, also auch des Erweiterns und Kürzens gegeben wird und danach dann komplexere Aufgaben aus der Alltagswelt der Kinder gestellt werden, bei denen aus allen gelernten Verfahren das jeweils sinnvolle Verfahren ausgesucht und angewendet werden muss. Solche komplexeren Aufgaben sind wichtig, um sowohl eine tieferes Verstehen als auch einen Transfer des Gelernten auf realitätsnahe Probleme vorzubereiten. Zur Verdeutlichung dazu folgende Seite (Wellenreuther 1994, S. 53)

Zum Abschluss können die Schüler im Stützpfeiler „Grundlagen der Bruchrechnung" ihre Kenntnisse in einem Schlusstest zu den Grundlagen der Bruchrechnung überprüfen. Falls sie dabei feststellen, dass sie in bestimmten Bereichen noch Schwierigkeiten haben, werden sie zum nochmaligen Bearbeiten der entsprechenden Abschnitte im Heft aufgefordert.

Der Vergleich „Schulbuch-Stützpfeiler" sollte verdeutlichen, wie Gesichtspunkte verständlichen Erklärens in Mathematikschulbüchern berücksichtigt werden können: Das neue Verfahren wird an einem elementaren Beispiel modelliert: Erweitern bedeutet Verfeinern einer Einteilung, und nicht Vergrößern eines Teils. Die nachfolgenden Übungsaufgaben schließen kohärent an das Einführungsbeispiel, um das gegebene kognitive Schema sukzessiv zu erweitern und gegen falsche Verständnisse abzugrenzen. Ziel ist dabei ein tieferes Verständnis des Verfahrens, und nicht ein mechanisches Beherrschen des Erweiterns auch bei Brüchen mit größeren Nennern. Zur Vertiefung des Verständnisses werden Zusammenfassungen und Tests zur Überprüfung des erreichten Wissensstands gegeben, ferner werden die Verfahren in den darauf folgenden Abschnitten erneut aufgegriffen und von alternativen (Erweitern-Vervielfachen, Kürzen-Aufteilen) abgegrenzt. Vor allem aber wird von den Schülern eine Anwendung aller gelernter Verfahren auf komplexere Anwendungsaufgaben verlangt, bei denen jeweils entschieden werden muss, welches Verfahren zu wählen und zu verwenden ist.

Gegen den hier dargestellten Vergleich mag man einwenden, die Adressatengruppe für die Stützpfeiler sei doch auch eine andere (schwächere Schüler) als die Adressatengruppe des Schulbuchs. Für leistungsstärkere Schüler seien die Erklärungen in den Stützpfeilern zu einfach und die nachfolgenden Aufgabenteile zu umfangreich. Die dafür erforderliche Zeit sei doch gar nicht vorhanden. Doch scheint gerade dieses letzte Argument fragwürdig: Gerade weil die zentralen Inhalte ohne tieferes Verständnis nicht lange und intensiv genug behandelt werden, sind die Ergebnisse in Deutschland so schlecht wie sie sind. Wer einseitig prozedurales Wissen einübt, ohne parallel dazu ein tieferes Verständnis zu entwickeln, wird dieses oberflächlich angeeignete Wissen schnell vergessen. Das schnelle Voranschreiten birgt bei vielen Schülern die Gefahr, dass sie nichts mehr richtig lernen (vgl. dazu Kap. 1).[48]

5.5.3 Mathematikschulbücher in Deutschland, Japan und Singapur

Einführung

In westlichen Ländern ist die Vorstellung weit verbreitet, dass die hohe Kompetenz asiatischer Schüler vor allem etwas mit erbarmungslosem Drill, Strenge, Disziplin und Prüfungsterror zu tun habe. Mit der westlichen Vorstellung von Menschenwürde, Selbstständigkeit und Unabhängigkeit wäre dies unvereinbar.

Dieses negative Stereotyp der asiatischen Unkultur hat vermutlich die Mehrzahl der westlichen Beobachter lange Zeit davon abgehalten, intensiv die asiatische Schulwirklichkeit zu untersuchen. Forscher wie H. W. Stevenson, die zwischen 1980 und 1990 empirische Feldstudien in asiatischen Schulen (z. B. in Japan und Taiwan) durchführten, kamen schon damals zu einer anderen Bewertung der asiatischen Lernkultur. Mittlerweile belegen Forschungen Folgendes:

- Im asiatischen Unterricht wird größerer Wert auf ein tieferes Verständnis gelegt: Verschiedene Lösungsverfahren, kritische Punkte und typische Fehler werden sorgfältig diskutiert. Auf das Einschleifen von Prozeduren anhand komplexer Rechnungen wird eher weniger Wert gelegt.[49]
- Schulbücher in Japan und Singapur haben sich einem strengen Zertifizierungsprozess zu unterwerfen. Falls neue Einheiten aufgrund von Änderungen des Lehrplans entwickelt werden müssen, wird diese Aufgabe in Japan von interdisziplinären Entwicklungsteams übernommen, die in einem mehrstufigen Prozess die neuen Lektionen entwickeln und in Forschungsschulen erproben (vgl. Lewis, Perry & Hurd 2004).
- Die Kapitel in den japanischen Schulbüchern behandeln Inhalte länger und mehr in die Tiefe gehend, dafür werden *pro Schuljahr weniger Themen* behandelt. Dennoch sind die Mathematikschulbücher erheblich dünner als die in den USA oder in Deutschland.[50]
- Nach Mayer, Sims und Tajika (1995) sind japanische Schulbucherklärungen eher vollständig: Die Argumentation erfolgt immer sowohl auf textlicher, auf visueller und auf symbolischer Ebene.

Zur Lernwirksamkeit von Mathematikschulbüchern gibt es derzeit keine nennenswerte experimentelle Forschung in Schulen. Man hat zwar versucht, Schulbücher aus Singapur in bestimmten Regionen der USA einzusetzen, und hat die Ergebnisse mit den Ergebnissen von Vergleichsschulen verglichen (vgl. Ginsburg, Leinwand, Anstrom and Pollock 2005). Allerdings traten bei

[48] Wir haben deshalb zur Bruchrechnung zwei Stützpfeiler entwickelt: Einen zu den grundlegenden Konzepten der Bruchrechnung (Bruchrechnung 1; Wellenreuther 1994) und einen zum Rechnen mit Brüchen (Addition, Subtraktion, Multiplikation und Division; Wellenreuther 1996). Wenn die schwächeren Schüler lediglich das Heft Bruchrechnung 1 bearbeiten – was wir auch empfehlen – dann lernen sie ein Vielfaches von dem, was sie nach unseren Erhebungen im normalen Unterricht lernen (vgl. Wellenreuther & Zech 1990).

[49] Allerdings gibt es Elemente im japanischen Schulsystem, die eine solche Vorstellung von Drill nähren, z. B. das System der Nachhilfeschulen.

[50] Besonders extrem scheint diese Aufsplitterung der Inhalte für einige US-Schulbücher zu gelten. Während sich in Singapur eine Lektion in der Regel über eine Woche erstreckt, wird dafür in US-Schulbüchern 1–2 Stunden vorgesehen. Es werden dann erheblich mehr Inhalte behandelt, allerdings auf einer eher oberflächlichen Ebene. In Japan und in Singapur soll ein Inhalt so behandelt werden, dass er in den Folgejahren nur kurz wiederholt werden muss (vgl. Schmidt, McKnight & Raizen 1997; Ginsburg, Leinwand, Anstrom and Pollock 2005).

der Erprobung der Schulbücher aus Singapur erhebliche Probleme auf: Insbesondere wurden die Lehrer nicht hinreichend für den Einsatz der neuen Schulbücher vorbereitet; der alte Lehrplan zusammen mit den „high-stakes Tests“ blieb gültig, und diese Testaufgaben entsprachen nicht immer den Test-Anforderungen, die im Singapur-Schulbuch gestellt wurden. Auch war das mathematische Grundwissen der US-Lehrer viel niedriger als das der Mathematiklehrer in Singapur. Der Einsatz der Schulbücher war zu kurz, um z. B. die langfristige Wirkung einer konsequenten Verwendung der Stabdarstellung zur Verdeutlichung der Struktur von Textaufgaben prüfen zu können. (vgl. Hoven & Garelick 2007).

Im Folgenden sollen zwei Schulbuchvergleiche durchgeführt werden.

1. Beim ersten Schulbuchvergleich geht es um *Einführung der Division von Brüchen*. Dabei wird eine Schulbuchseite aus einem deutschen Gymnasialschulbuch mit der japanischen Schulbuchseite zum gleichen Thema verglichen.
2. Beim zweiten Schulbuchvergleich geht es um den *Vergleich zweier Übungsseiten* zum Thema Division von Brüchen. Die deutsche Schulbuchseite stammt aus dem gleichen Gymnasialschulbuch, die asiatische Schulbuchseite stammt aus einem Schulbuch aus Singapur.

Ziel dieser Vergleiche ist es, die Schwierigkeiten zu verdeutlichen, die bei der Entwicklung eines Schulbuchs auftreten, das strengen Kriterien eines fachlich guten und gleichzeitig leicht verständlichen Schulbuchs genügen soll.

Einführung „Division von Brüchen“, Vergleich Deutschland – Japan

Alle Schulbuchvergleiche, die wir hier darstellen, konzentrieren sich auf die Bruchrechnung. Da sich die folgende Diskussion nicht auf experimentelle Forschungen in Schulen stützen kann, wenden wir in der folgenden Diskussion einige Prinzipien der Grundlagenforschung zum Lernen und Verstehen auf die Verständlichkeit von Schulbuchtexten an. Um Lehren und Lernen zu erleichtern, sollten Schulbuchtexte folgenden Kriterien gerecht werden:

- Schüler sollen durch Nach-Lesen die Inhalte verstehen können, mindestens nachdem die Inhalte im Unterricht durch den Lehrer eingeführt und erklärt wurden.
- Lehrer sollen verständliche Erklärungen finden, um mit ihrer Hilfe im Unterricht effektiv unterrichten zu können.
- Ferner sollten Schüler die Erklärungen und Übungsaufgaben des Schulbuchs gewinnbringend im Selbststudium bearbeiten können. Dies ist z. B. bei längerer Krankheit, aber auch zur Nachbereitung des Unterrichts oder für die Vorbereitung einer Klassenarbeit wichtig.

Wir vergleichen zunächst eine deutsche Schulbucherklärung aus dem Schulbuch „Elemente der Mathematik“ (Griesel, Postel & Suhr 2004; Ausgabe Gymnasium, 6. Schuljahr, S. 21–22), weil dieses Schulbuch in niedersächsischen Gymnasien häufig eingesetzt und ferner von Mathematikdidaktikern vergleichsweise positiv bewertet wird (vgl. Rezat 2006). Die Darstellung im deutschen Schulbuch (s. S. 97) vergleichen wir mit Erklärseiten aus einem japanischen Schulbuch „Study with Your Friends. Mathematics for Elementary Schools“, 6.2 für das 6. Schuljahr (vgl. S. 6).

Obwohl in der deutschen Mathematikdidaktik das entdeckende Lernen betont wird, werden in dieser Erklärung keine Zwischenfragen an den Schüler gestellt, um ihn zu einer aktiven Auseinandersetzung anzuregen. Nach Wittwer und Renkl (2008) ist aber ein solcher aktiver Einbezug wichtig, damit Schüler die Erklärung durch eigenes Operieren nachvollziehen. Allerdings wäre der Lernerfolg solcher Bearbeitungen hier fraglich, da insgesamt die extrinsische Belastung zu hoch ist.

1.3.2 Teilen von Bruchzahlen

Aufgabe 1

a) Mutter hat zum Kaffee am Sonntagnachmittag Waffeln gebacken. Es sind noch 4 Herzen (also $\frac{4}{5}$ einer Waffel) übrig. Die beiden Geschwister Karina und Hendrik wollen sich die Herzen teilen. Wie viel erhält jeder? Schreibe dazu einen Quotienten mit einem Bruch.

b) Am Abend gibt es Pizza. Es ist noch $\frac{3}{4}$ einer Pizza vorhanden. Wieder wollen sich Karina und Hendrik das Reststück teilen.
Wie viel erhält jeder? Schreibe dazu auch einen Quotienten mit einem Bruch.

Lösung

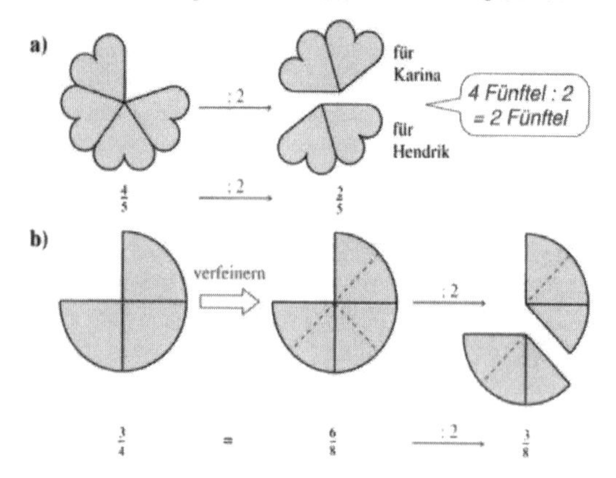

a) Wir schreiben: $\frac{4}{5} : 2 = \frac{2}{5}$

Ergebnis: Jedes Kind erhält $\frac{2}{5}$ einer ganzen Waffel.

b) Damit gerecht verteilt werden kann, wird jedes Viertel in 2 gleich große Teile zerlegt. Das bedeutet:
Der Bruch $\frac{3}{4}$ wird mit 2 erweitert. Dann kannst du wie in Teilaufgabe a) verfahren.
$\frac{3}{4} : 2 = \frac{6}{8} : 2 = \frac{3}{8}$

Ergebnis: Jedes Kind erhält $\frac{3}{8}$ einer ganzen Pizza.

Information

Regeln für das Dividieren einer Bruchzahl durch eine natürliche Zahl

Zur Lösung der Aufgabe $\frac{3}{4} : 2 = \frac{3}{8}$ kannst du auch folgende Überlegungen durchführen:
$\frac{3}{4}$ Pizza stehen zur Verfügung. Jedes Viertel wird an 2 Kinder verteilt. Jedes Kind bekommt dann von jedem Viertel die Hälfte, also 1 Achtel, insgesamt 3 · 1 Achtel.
Du erhältst also das Ergebnis $\frac{3}{8}$ durch Multiplikation des Nenners mit 2.

Zwei Fälle bei der Division einer Bruchzahl durch eine natürliche Zahl

1. Möglichkeit: Nur anwendbar, wenn der Zähler durch die natürliche Zahl teilbar ist

Der Zähler des Bruches wird durch die natürliche Zahl dividiert.
Der Nenner bleibt erhalten.

Beispiel: $\frac{15}{19} : 5 = \frac{15 : 5}{19} = \frac{3}{19}$

2. Möglichkeit: Immer anwendbar

Der Nenner des Bruches wird mit der natürlichen Zahl multipliziert.
Der Zähler bleibt erhalten.

Beispiel: $\frac{12}{7} : 5 = \frac{12}{7 \cdot 5} = \frac{12}{35}$

Weiterführende Aufgaben

2. *Unterschied zwischen Dividieren und Kürzen*

a) Dividiere $\frac{6}{9}$ durch 3. Kürze dann $\frac{6}{9}$ mit 3. Vergleiche.

b) Worin besteht der Unterschied zwischen Dividieren und Kürzen?

2 Berechnung von „Brüchen ÷ Ganze Zahlen"

1 Bei dieser Wand genügen 2 Liter Farbe für eine Fläche von $\frac{5}{6} m^2$. Wie viele m^2 können mit jedem 1 Liter Farbe gemalt werden?

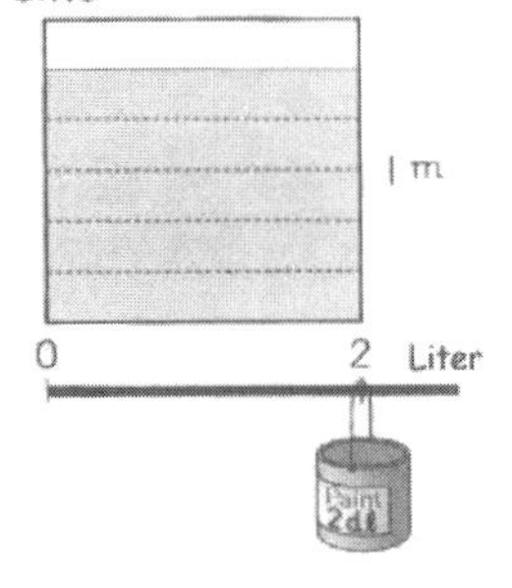

① Schreibe eine Rechnung.

☐ ÷ ☐

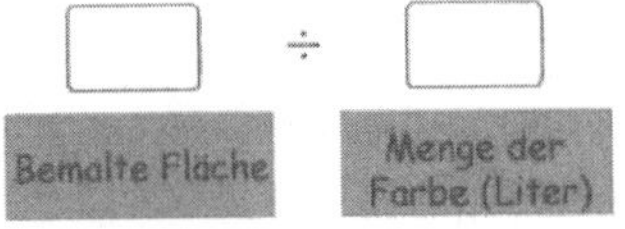

② Wie viele m^2 können mit 1 Liter Farbe gemalt werden? Finde die Antwort, in dem du die Zeichnung rechts färbst.

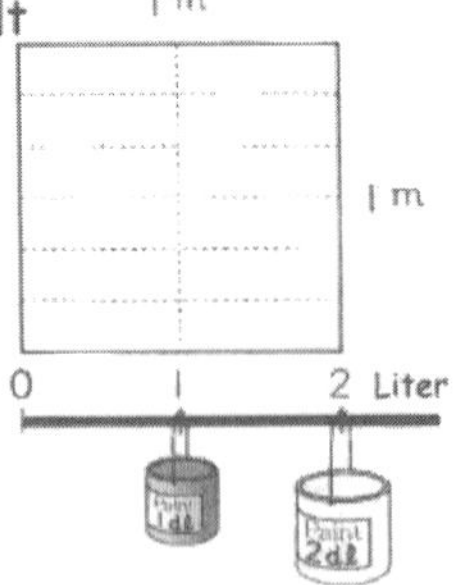

Denke über Situationen nach, in denen du Brüchen durch ganze Zahlen teilst und wie du das berechnet.

Beschreibung der Schulbucherklärungen zum Thema „Teilen von Bruchzahlen“	
Deutsch (6. Klassenstufe)	Japanisch (6. Klassenstufe)
1. Hohe extrinsische Belastung (Aufmerksamkeitsteilungseffekt): *Die Erklärung erstreckt sich über zwei Halbseiten. Schüler müssen die Informationen beider Halbseiten miteinander verknüpfen. Der Schüler muss dazu umblättern, um Informationen der ersten Halbseite mit Informationen der zweiten Halbseite zu verbinden.*	*... niedrige extrinsische Belastung:* *Allerdings enthält die Erklärung überflüssige, ablenkende Details (z. B. Kind und Schweine auf einer Koppel, die umzäunt werden soll).* *Die Erklärung erstreckt sich über vier ganze Seiten. Die erste Erklärseite enthält eine in sich abgeschlossene Erklärung.*
Die Erklärung über die Veranschaulichung durch Kuchenstücke und Waffeln steht auf der ersten Erklärseite links, der erläuternde Text rechts. *Da hier von rechts nach links gelesen werden muss (entgegen der gewohnten Leserichtig), wird Lesen und Verstehen der Erklärseite erschwert.*	*Der Erklärtext steht links und nimmt etwa 3/4 der Seite ein. Die Veranschaulichung rechts verdeutlicht das Halbieren von 5/6.* *Man kann die japanische Erklärung wie einen kohärenten Text in der gewohnten Leserichtung lesen.*
(2) Hohe extrinsische Belastung durch hohe Informationsdichte pro Erklärseite: *– Die Erklärseite (beide Halbseiten zusammen) enthält 236 Wörter*	*... niedrige extrinsische Belastung durch angemessene Informationsdichte* *... verglichen mit 76 Wörtern (1. Erklärseite) Japan)*
Auf der ersten Halbseite stehen zwei Aufgaben, eine zum Aufgabentyp „Lösung durch Teilen des Zählers“ und eine zum Aufgabentyp „Lösung durch Vervielfachen des Nenners“ *(1) 4/5 : 4 ;(2) 3/4 : 2;.*	*... verglichen mit einer Aufgabe zum kritischen Fall „Lösung durch Vervielfachen des Nenners“: 5/6 : 2 = 5/12.*
3. Erkläransatz über das Erweitern: *Zuerst Aufgabenlösung durch Teilen des Zählers; danach wird das allgemeine Verfahren über das Erweitern entwickelt, danach Teilen durch Vervielfachen des Nenners. Das allgemeine Verfahren (Vervielfachen des Nenners) steht nicht im Vordergrund.*	*... Vervielfachung des Nenners.* *Das Teilen eines Bruchs durch Vervielfachen des Nenners steht als zentrale Idee im Vordergrund.*
4. Aktive Beteiligung: Der Schüler wird im Rahmen der Erklärseite am Erklärprozess nicht aktiv beteiligt , z. B. durch eingestreute Aufgaben.	*... wird aktiv durch kleine Aufgaben von der ersten Erklärseite an am Erklärprozess beteiligt.*

Vervielfachen und Teilen von Bruchzahlen **23**

7. Berechne.

a)	b)	c)	d)	e)	f)	g)	h)
$\frac{1}{6} : 4$	$\frac{15}{7} : 8$	$\frac{7}{8} : 3$	$\frac{7}{8} : 5$	$\frac{3}{17} : 5$	$\frac{5}{43} : 7$	$\frac{6}{7} : 5$	$\frac{8}{9} : 7$
$\frac{7}{8} : 3$	$\frac{3}{4} : 3$	$\frac{4}{5} : 7$	$\frac{6}{7} : 9$	$\frac{8}{15} : 5$	$\frac{7}{41} : 5$	$\frac{7}{23} : 8$	$\frac{9}{37} : 8$

8. **a)** Erläutere die Rechenwege von Dennis und Diana. Vergleiche sie.

Zerlege geschickt!

Dennis	Diana
$6\frac{1}{4} : 3$	$6\frac{1}{4} : 3$
$= \frac{25}{4} : 3$	$= 6 : 3 + \frac{1}{4} : 3$
$= \frac{25}{4 \cdot 3}$	$= 2 + \frac{1}{4 \cdot 3}$
$= \frac{25}{12}$	$= 2 + \frac{1}{12}$
$= 2\frac{1}{12}$	$= 2\frac{1}{12}$

b) Berechne günstig.

(1)	(2)	(3)	(4)
$2\frac{4}{7} : 3$	$4\frac{2}{5} : 5$	$48\frac{1}{4} : 12$	$9\frac{1}{5} : 4$
$3\frac{4}{5} : 3$	$12\frac{3}{4} : 6$	$75\frac{1}{2} : 15$	$4\frac{3}{5} : 5$
$1\frac{6}{7} : 3$	$27\frac{7}{8} : 9$	$9\frac{4}{5} : 10$	$8\frac{5}{7} : 7$
$6\frac{7}{8} : 3$	$7\frac{2}{3} : 10$	$4\frac{2}{3} : 3$	$7\frac{5}{6} : 8$

9. **Setze im Heft für □ eine passende natürliche Zahl ein.**

a) $\frac{1}{4} : \square = \frac{1}{12}$ **c)** $\frac{7}{8} : \square = \frac{7}{32}$ **e)** $\frac{7}{\square} : 6 = \frac{7}{48}$ **g)** $\frac{8}{\square} : 10 = \frac{4}{15}$ **i)** $1\frac{2}{7} : \square = \frac{9}{28}$

b) $\frac{3}{5} : \square = \frac{3}{20}$ **d)** $\frac{4}{\square} : 5 = \frac{4}{15}$ **f)** $\frac{9}{\square} : 8 = \frac{9}{56}$ **h)** $\frac{10}{\square} : 7 = \frac{5}{14}$ **j)** $1\frac{5}{8} : \square = \frac{13}{56}$

10. In einer Flasche sind $\frac{3}{4}$ *l* Apfelsaft. Vier Kinder teilen sich den Saft. Wie viel *l* bekommt jedes Kind?

Pfund, alte Gewichtseinheit
1 Pfund = $\frac{1}{2}$ kg

11. Janina möchte das nebenstehende Fruchtsaftgetränk für sich und ihre Freundin Karina zubereiten. Wie viel benötigt sie von den einzelnen Zutaten?

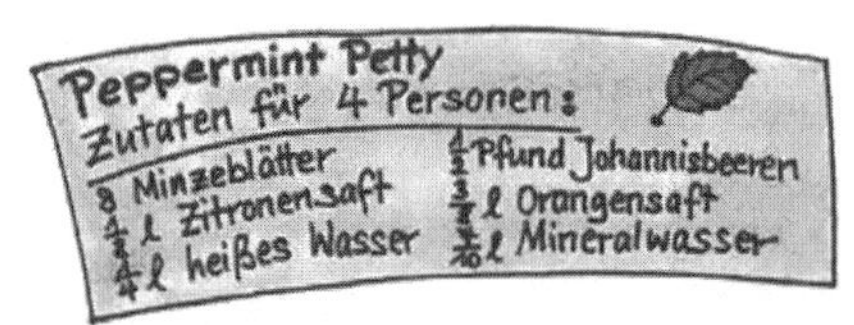

12.

a)	b)	c)	d)	e)	f)
$\frac{16}{21} \cdot 28$	$\frac{12}{15} : 20$	$\frac{3}{7} \cdot 14$	$\frac{34}{85} : 17$	$\frac{138}{92} \cdot 23$	$\frac{57}{38} : 19$
$\frac{16}{21} : 28$	$\frac{12}{15} \cdot 20$	$\frac{3}{7} : 14$	$\frac{34}{85} \cdot 17$	$\frac{138}{92} : 23$	$\frac{57}{38} \cdot 19$

Vermischte Übungen

13. Berechne

a) den 3. Teil von einer halben Tafel Schokolade;

b) den 5. Teil von $\frac{3}{4}$ *l* Milch;

c) den 6. Teil von $1\frac{1}{2}$ Stunden;

d) die Hälfte von $1\frac{3}{4}$ *l* Saft.

14. **a)** Eine Flasche enthält 0,75 *l* Mineralwasser. Wie viel *l* Mineralwasser sind in 12 Flaschen?
Vergleiche die Rechnungen von Jonas und Linda. Nimm dazu Stellung.

Jonas:
0,75 ℓ sind $\frac{3}{4}$ ℓ
$12 \cdot \frac{3}{4}$ ℓ sind 9 ℓ

Linda:
0,75 · 12
75
150
9,00

b) Berechne mit einem Verfahren, das deiner Meinung nach besonders geeignet ist.

(1) Im Keller stehen 15 Mineralwasserflaschen. Jede Flasche enthält 0,7 *l*.

(2) Das Backrezept für einen Kuchen sieht $\frac{3}{8}$ *l* Sahne vor. Für die Hochzeitsfeier will Franziska vier Kuchen backen.

Übungsseite Schulbuch 5A, Singapur (S. 55):

Finde den Wert zu jedem der folgenden Ausdrücke in seiner einfachsten Form!

	(a)	(b)	(c)
1.	$\frac{1}{3}:3$	$\frac{5}{6}:3$	$\frac{9}{10}:3$
2.	$\frac{3}{4}:5$	$\frac{1}{5}:4$	$\frac{8}{9}:6$
3.	$\frac{2}{5}:3$	$\frac{5}{9}:5$	$\frac{5}{6}:10$

4. Ein $\frac{4}{5}m$ langes Seil wird in zwei gleichlange Teile geteilt. Wie lang ist jeder Teil?

5. $\frac{4}{5}$ des bei einem Flohmarkt verdienten Geldes wurde auf vier Parteien aufgeteilt. Welchen Bruchteil des Geldes hat jede Partei bekommen?

6. 6 Kekspackungen wiegen $\frac{3}{10}$ kg. Finde das Gewicht jeder dieser Packungen.

7. Sarah verteilt $\frac{2}{5}l$ Fruchtsaft gleichmäßig auf vier Becher. Wie viel Fruchtsaft ist in jedem Becher?

8. Der Umfang eines quadratischen Blumenbeets beträgt $\frac{3}{4}m$. Finde die Länge jeder Seite in Meter.

9. Frau Schmidt teilte $\frac{3}{4}kg$ Weintrauben gleichmäßig unter ihren 6 Kindern auf. Wie viel kg erhielt iedes Kind?

Übungen zur „Division von Brüchen", Vergleich Deutschland – Singapur

Die Unterschiede zwischen den Schulbüchern beziehen sich nicht nur auf die Erklärteile, sondern auch auf die Art und Strukturierung der Übungen. Im Gegensatz zu der häufig gehegten Auffassung, dass die hohe mathematische Kompetenz in den asiatischen Staaten durch viel Drill und mechanische Übungen erreicht werde, zeigt ein Vergleich der Anteile von Rechenaufgaben zu Sachaufgaben, dass der Anteil der reinen Rechenaufgaben an den Übungsaufgaben in Deutschland deutlich höher ist. Die deutsche Übungsseite (S. 236) enthält 3 Sachaufgaben und 48 Rechenaufgaben, verglichen mit 6 Sachaufgaben und 9 Rechenaufgaben im Schulbuch aus Singapur. Der Anteil der Sachaufgaben ist somit in Singapur deutlich höher. Dies legt die Vermutung nahe, dass sich das Schulbuch aus Singapur mehr um eine Verankerung des Gelernten in relevanten Sachsituationen bemüht als das deutsche Schulbuch.

Die Übungen im Schulbuch aus Singapur haben eine klare Struktur: Zuerst geht es bei den 9 Rechenaufgaben um das Einüben der neuen Prozedur. Danach wird das neue Verfahren in 6 verschiedenen Sachaufgaben angewendet.

Hingegen erscheint die Strukturierung im deutschen Schulbuch als eher willkürlich: Bei den Kästchen-Aufgaben 7–9 handelt es sich um Rechenaufgaben (42 einzelne Aufgaben), dann folgen zwei Sachaufgaben (7 einzelne Aufgaben), dann folgt wieder eine Kästchenaufgabe, wobei abwechselnd Brüche jeweils multipliziert und dividiert werden sollen (6 Aufgaben zur Division von Brüchen). Die Aufgabe 13 ist dann wieder eine Sachaufgabe mit vier Unteraufgaben. Danach wird in Aufgabe 14 eine Sachaufgabe zur Multiplikation von Brüchen mit zwei Unteraufgaben gestellt.

Insgesamt enthält die deutsche Schulbuchseite 63 Aufgaben, die Seite aus dem Singapur-Schulbuch nur 15 Aufgaben. Der Anteil der Sachaufgaben beträgt beim deutschen Schulbuch 24 %, beim Schulbuch aus Singapur 40 %. Positiv fällt auf, dass die deutsche Übungsseite zur Abgrenzung der Verfahren auch Aufgaben zum Multiplizieren von Brüchen stellt, da sich dies positiv auf ein festes Verankern der Verfahrensweisen auswirken dürfte. Allerdings vermittelt die Schulbuchseite aus Singapur eher das Gefühl, dass man alle Aufgaben lösen kann[51], während die deutsche Schulbuchseite wegen der Fülle der Aufgaben eher angsteinflößend wirkt.

Mathematikschulbücher in westlichen Staaten wie den USA und Deutschland sind hauptsächlich als *Übungsbücher* konzipiert. Es wird nicht der Anspruch erhoben, dass Schüler durch Lesen allein mit diesen Büchern gut lernen können. Der Lehrer bleibt bei der westlichen Vorstellung die Vermittlungsinstanz zwischen Schulbuch und Schüler. Die unterschiedliche Konzeption zeigt sich an verschiedenen Punkten:

- Der Anteil der Erklärseiten an der Anzahl der Schulbuchseiten ist im japanischen Schulbuch deutlich höher, wobei die japanischen Erklärseiten kleine Denkaufgaben enthalten.
- Die Erklärseiten berücksichtigen selbst in höherem Maße Gesichtspunkte der Verständlichkeit: Die asiatischen Erklärseiten enthalten weit weniger Informationen, eine Problematik wird meist an einem Beispiel schrittweise entwickelt und parallel an Visualisierungen verdeutlicht. Zugehörige Informationen werden zusammenhängend präsentiert (Vermeidung des Aufmerksamkeitsteilungseffekts).
- Der Schüler wird im japanischen Schulbuch eher als aktiver Lerner, der im Rahmen der Erklärung mitdenken muss und kleine Aufgaben dabei zu lösen hat, behandelt, während er im deutschen Schulbuch eher als passiver Rezipient von Informationen behandelt wird.
- Die Übungsaufgaben sind in den asiatischen Unterrichtsmaterialien stärker nach bestimmten Gesichtspunkten strukturiert (z. B. in Singapur: nach Schwierigkeit und durch die Abfolge „zuerst einfache Rechenaufgaben, danach Sachaufgaben").

Durch die einerseits sehr umfangreichen Übungsteile zusammen mit den knappen und für die Schüler aufgrund der Informationsfülle schwer verständlichen Erklärungen wird den Lehrern

[51] Zum Schulbuch gibt es noch ein Arbeitsbuch, in dem auf vier Seiten 12 Rechenaufgaben und 3 Sachaufgaben zur Division gestellt werden. Zusätzlich wird noch eine Kettenaufgabe gestellt, die ein Abrufen der verschiedenen behandelten Operation erfordert. Bei den ersten vier Rechenaufgaben wird die Aufgabe jeweils durch Stabdarstellungen verdeutlicht.

signalisiert, für das Lernen und Verstehen komme es hauptsächlich auf Übungen an. Viele Lehrer werden dadurch in der Auffassung bestärkt, auch in der Klasse die Inhalte nur kurz einzuführen, und dann zu erwarten, dass die Schüler ein tieferes Verständnis durch die vielen Übungen entwickeln. *Doch das Einüben von unverstandenen Inhalten verhindert eine Verankerung der Inhalte in die vorhandene Wissensstruktur. Solches Wissen wird schneller vergessen als ein tieferes, am Verständnis orientiertes Wissen.*

Viele Lehrer dürften mit der Aufgabe überfordert sein, selbst für Schüler verständliche Erklärungen zu entwickeln, um dadurch die Defizite der Schulbücher auszugleichen. Sogar für Experten ist es schwer, sich in die Verstehensprozesse der Schüler hineinzuversetzen, weil viele Schritte der Problemlösung bei ihnen automatisiert sind und gar nicht mehr bewusst beim Lösen von Problemen berücksichtigt werden. Deshalb ist ein strenger *Zertifizierungsprozess* bei der Zulassung von Schulbüchern erforderlich. Schulbücher sollten dabei curriculare, fachliche, fachdidaktische und empirische Screenings durchlaufen.

Die Entwicklung guter Schulbucherklärungen ist sehr aufwändig. Schließlich müssen drei Informationsstränge zusammengeführt und in möglichst lernwirksamer Weise miteinander verknüpft werden: Das fachliche Wissen, das fachdidaktische Wissen und das pädagogische Wissen. Mit dieser Optimierungsaufgabe sind viele Lehrer überfordert. So sind deutsche und US-amerikanische Mathematiklehrer in der Grundschule nur zu etwa 20 % in der Lage, zu Standardproblemen der Grundschulmathematik befriedigende verständnisorientierte Erklärungen und korrekte Erklärungen der Prozeduren zu entwickeln (vgl. Ma 1999; Seyd 2005). Dagegen ist nach den Ergebnissen der Studie von L. Ma (1999) ein weit größerer Prozentsatz der chinesischen Grundschullehrer dazu in der Lage. Möglicherweise hängt dieses Ergebnis mit drei Punkten zusammen, in denen sich das Ausbildungssystem in China und Japan von dem der USA und der BRD unterscheidet:

- die Institutionalisierung der „Lesson Study", die gewährleistet, dass sich die Erklärkompetenz des Lehrers über das ganze Berufsleben hinweg ständig verbessert;
- die Optimierung der Schulbücher durch einen strengen, sich über Jahre erstreckenden *Entwicklungs- und Zertifizierungsprozess*[52]
- und die Modellierung verständlicher Erklärungen in den Schulbüchern selbst.

Lehrer, die ausführlich und explizit – im Sinne maximaler Hilfen – Inhalte erklären und die gleichzeitig Schüler aktiv in den Lernprozess involvieren, haben die besten Lernergebnisse. Nach Evertson , Emmer und Brophy kann es als Merkmal besonders erfolgreicher Mathematiklehrer gelten, dass sie ihren Schülern die mathematischen Sachverhalte mindestens *doppelt so lange erklären* wie die weniger erfolgreichen Lehrer (vgl. Evertson, Emmer und Brophy 1980).

Schulbuchentwicklung in asiatischen Staaten wie China, Japan und Singapur verläuft nach einem strengen, *empirisch gestützten Zertifizierungsprozess*, der Staaten wie den USA oder der BRD fremd ist. Damit wird ohne Not darauf verzichtet, eine kostengünstige, effektive und nachhaltige Bildungsreform auf den Weg zu bringen. In Japan werden in Forschungsschulen Veränderungen von Schulbüchern sorgfältig entwickelt, probeweise angewendet und erneut geprüft,

[52] Dadurch wird sichergestellt, dass bei den Erklärungen möglichst viele Gesichtspunkte gleichzeitig berücksichtigt werden, an die weder fachlich sehr gute oder auch weniger gute Lehrer beim Erklären im Unterricht ohne Hilfe denken würden. Schulbücher sind in gewisser Weise wie Checklisten, an die sich ein Notfallmediziner halten muss, um professionell zu handeln.

bis sie als ausgereift eingeschätzt werden. Erst danach werden diese Änderungen in die Schulbücher aufgenommen. Im Westen hat der Glaube an die individuellen Fähigkeiten und Kompetenzen einen viel höheren Stellenwert. Entsprechend glauben wir, dass Teams von Schulbuchautoren ohne nennenswerte Kontrolle Schulbücher bis zu dem gewünschten Grad an Professionalität entwickeln können. Das erinnert an den altbekannten Fehler, dass Menschen *den Einfluss der Persönlichkeit über- und den Einfluss der Situation unterschätzen*, obwohl wir z. B. durch die Milgram Experimente oder durch das Stanford – Gefängnisexperiment wissen, dass kleine *situative Faktoren* ungeheure Wirkungen entfalten können (vgl. Ross & Nisbett 1991). Im Automobilbau hat man durch technische Innovationen (z. B. Airbags, Gurte, optimierte Karosserie), also durch Gestaltung der Umwelt des Fahrers, die Sicherheit im Straßenverkehr in unglaublichem Maße steigern können. Eine verbesserte Ausbildung der Fahrer spielt demgegenüber eine zu vernachlässigende Rolle. Warum sollten die in diesen Situationen gemachten Erfahrungen nicht auch auf das Verhalten im Unterricht übertragbar sein? Dies könnte doch auch bedeuten:

- Ein Schulbuch, das die Interessen der Schüler nach überschaubarem Informationsangbot und nach Verständnishilfen ernst nimmt, schafft ein ganz anderes Lernklima als ein Schulbuch, das nur durch zusätzliche Erklärungen des Lehrers „verdaulich" wird.
- Ein solches Schulbuch vermindert die Abhängigkeit des Schülers vom Lehrer, weil der Schüler das Schulbuch eher zum selbstständigen Lernen verwenden kann (Vor- und Nachbereitung des Unterrichts).
- Ferner wird durch ein solches Schulbuch die Unterrichtsarbeit des Lehrers erleichtert, weil durch gute Schulbuchlektionen dem Lehrer bei der Unterrichtsvorbereitung geholfen wird.

Die bislang dargestellten Beispiele für Wissensstrukturierung in Schulbüchern bezogen sich überwiegend auf das Fach Mathematik. Tatsächlich handelt es sich jedoch um ein allgemeines Problem, das in allen Fächern eine wichtige Rolle spielt. Zu den Genehmigungsverfahren im Fach Deutsch in den Bundesländern schreibt Thomé (2011, S. 60, 62):

> „Es ist mehr als unverständlich, wie diese Materialien für den Schuleinsatz die vorgeschriebenen **Genehmigungsverfahren** durchlaufen konnten. Man kann sich über die Unkenntnis und Unverfrorenheit mehr als wundern, mit der Kindern fehlerhafte und didaktisch falsch aufbereitete Lerninhalte vorgesetzt werden ..
> Das Schreibenlernen ist ein Prozess, der sich über viele (= mindestens acht) Jahre erstreckt. Es zeugt **nicht** gerade von **Professionalität**, wenn man die Lerninhalte nicht in leichte bis schwere, oder grundlegend bis weiterführende einteilen kann. Bereiche, die zu früh im Unterricht behandelt werden, bringen die Schüler **nicht schneller** voran, im Gegenteil, **sie verwirren** und werfen sie sogar zurück." (Hervorhebungen von G. Thomé)

5.6 Unterrichten im Sinne verständlicher Wissensstrukturierung

In dem Maße, in dem *die externe Wissensstrukturierung* durch den Lehrer kohärent ist und zur *internen Wissensstrukturierung der Schüler im Sinne der Zone der nächsten Entwicklung* passt, kann der Erwerb von Wissen flüssig und ohne nennenswerte Brüche erfolgen. Solche Brüche entstehen bei Schülern häufig dadurch, dass bestimmte abstrakte Begriffe vorausgesetzt werden, obwohl diese Begriffe noch nicht hinreichend mit der Lebenswelt der Schüler verknüpft sind und deshalb als abstrakte Begriffe ohne konkrete Beispiele (Bedeutungsanker) unverständlich sind.

Lehrernovizen unterschätzen häufig die Bedeutung einer guten Wissensstrukturierung. Zu einer guten Wissensstrukturierung gehört die Herausarbeitung wesentlicher Punkte (das Abstrakte) zusammen mit konkreten Beispielen an der Tafel. Dies entspricht häufig der Erarbeitung der Struktur eines Gegenstands im Sinne eines Strukturbaums (vgl. Dumke 1984). Dazu zwei Beispiele:

1. Es wird in einer einführenden Unterrichtseinheit über die Gestaltung von Texten über verschiedene Möglichkeiten der Formatierung gesprochen. Dies geschieht etwas unsystematisch und beiläufig. Wenn einzelne Schüler auf Fragen, wie eine Textstelle in bestimmter Weise zu formatieren ist, die richtige Antwort wissen, wird das vom Lehrernovizen als Hinweis gewertet, dass alle Schüler solche Aufgaben lösen könnten. Es ist bei dieser Interpretation dann für den Lehrernovizen auch nicht nötig, durch ein *Tafelbild*, in dem das Abstrakte mit verschiedenen konkreten Beispielen verknüpft wird, den Schülern das Wesentliche zusammenfassend zu erläutern. Dies ist aber unbedingt erforderlich, wenn die Schüler, die noch nicht die Materie beherrschen, bessere Lernchancen haben sollen. Man hätte die Ergebnisse der Diskussion in der folgenden Form an der Tafel festhalten können.

Formatierung	**Eingabe von Befehlsfolgen**
Auswahl der Schriftart (z. B. Courier, Times New Roman)	
Auswahl der Schriftgröße (normal 12 pt, 14 pt)	
normal, fett, kursiv	
unterstrichen, nicht unterstrichen	
Abstand zwischen den Zeilen	

2. In einer anderen Stunde wurde in einer vierten Klasse das Thema „ss“ und „ß“ behandelt. In dieser Stunde wurde in sehr gut gegliederter Form anhand verschiedener Beispiele die dazu relevante Regel erarbeitet. Diese Regel wurde dann an die Tafel geschrieben, damit die Schüler sie in ihr Heft übertragen konnten. M. E. wäre es besser gewesen, unter die Regel noch jeweils ein konkretes und prägnantes Beispiel zu schreiben, um daran die Regel zu verdeutlichen.

Bei den hier dargestellten Fällen wurde eine Integration der Wissensstruktur des Gegenstands in die Wissensstruktur des Schülers dadurch erschwert, dass die abstrakten Inhalte nicht an der Tafel anhand konkreter Beispiele erläutert wurden. Solche Verknüpfungen sind erforderlich, um einen Zusammenhang zwischen der Lebenswelt des Schülers und den abstrakten, zu lernenden Sachverhalten herzustellen.

Wissensstrukturierung bedeutet häufig auch eine strukturierte Abfolge von Unterrichtsschritten, wobei zuerst ein Inhalt wiederholt bzw. eingeführt wird, um dann nach einigen gemeinsam gelösten Aufgaben die Schüler vor die Aufgabe zu stellen, selbständig ähnliche Aufgaben zu lösen. In diesem Zusammenhang bedeutet Wissensstrukturierung dann eine Gliederung der Unterrichtsschritte im Bereich der Zone der nächsten Entwicklung.

Dass eine gute Wissensstrukturierung auch eine positive Einstimmung umfassen kann, mag das folgende Beispiel erläutern:

Unterrichtsszenario 1

Die Lehrerin spielt Lieder am Klavier, während die Schüler (Erstklässler) langsam in den Klassenraum kommen, sich setzen und die Lieder mitsingen. Schließlich sind alle Kinder auf ihren Plätzen, und die Lehrerin leitet zum Unterricht über mit dem Lied, „Alle Kinder lernen lesen …“ Die Kinder singen mit, klatschen in die Hände …

Danach beginnt die Lehrerin mit dem Unterricht. Fara hat mal wieder Wörter geschnüffelt, Fu ist verschwunden. Die Lehrerin steht vorne vor der Klasse, ihre ganze Gestik und Körperhaltung drückt aus, dass sie sich an alle Schüler wendet, und dass ihr nichts entgeht …

Die Lehrerin modelliert durch Handgesten und parallele Mundbewegungen ein Wort, das die Kinder raten sollen. Wer es geraten hat, darf selbst ein Wort modellieren. Wenn die Schüler Schwierigkeiten beim Erraten des Worts haben, wird der Schüler gebeten, nochmals die Modellierung des Worts zu wiederholen. So werden drei Wörter geraten …

Danach lässt die Lehrerin wieder Fara nach Wörtern schnüffeln. Sie hat einen Mülleimer mitgebracht, leert ihn aus. Die Schüler stellen zu ihrem Bedauern fest, dass in der Keksschachtel keine Kekse sind; schließlich kommt ein Kind auf das gesuchte Wort „Müll“. Die Schüler wiederholen im Chor „Müll, Müll, Müll“, ein Schüler umkreist an der Tafel das ü.

Danach sollen die Schüler andere Wörter mit ü finden, und diese Wörter werden dann jeweils im Chor wiederholt …

Eindruck über die gesamten 15 Minuten: Die Lehrerin und ihre Schüler sind mit Feuereifer bei der Sache, Disziplinierungen sind nicht erforderlich, die Schüler freuen sich, sind konzentriert. Durch das Mitsingen beim Lied, dem chorweise Wiederholen der Ü-Wörter erhalten alle Schüler vielfach die Möglichkeit, sich aktiv am Unterricht zu beteiligen. Jeder Schüler hat in jeder Phase des Unterrichts damit zu rechnen, aktiv zum Unterrichtsgeschehen einen Beitrag leisten zu müssen. Durch das Lied am Anfang „Alle Kinder lernen lesen“, die anschließenden Lautierungsübungen, unterstützt durch Gesten, und durch die darauf folgende Erarbeitung von Ü-Wörtern hatte der Unterricht einen inneren Zusammenhalt, der den Schülern vielfältige Lernmöglichkeiten bot. Die Lehrerin zeigte sich engagiert, forderte Schüler zu Verbesserungen auf, involvierte die ganze Klasse in die kognitiven Aktivitäten (z. B. durch gemeinsames Wiederholen des genannten Ü-Wortes)[53] … Vermutlich ist eine Wissensstrukturierung, in der es gelingt, von einer positiven Einstimmung und Vorbereitung auf den Inhalt der Stunde zu einer klaren und verständlichen Erklärung und Erläuterung eines Sachverhalts zu gelangen, von dort dann zu einfachen und danach zu komplexeren Anwendungsaufgaben voranzuschreiten, der wich-

[53] Bei diesem Unterrichtsszenario handelt es sich um ein positives Beispiel für direkte Instruktion (vgl. Kap. 8): Der Lehrer steuert den Unterricht, er behält die Fäden in der Hand. Gleichzeitig ist es ein Gegenbeispiel zu einem bornierten Frontalunterricht!

tigste Faktor für einen gelingenden Unterricht. Eine solche Wissensstrukturierung umfasst folgende Punkte:

1. Die Verdeutlichung von Bindegliedern zwischen dem zuvor Behandelten und dem heutigen Unterrichtsstoff (z. B. Inhalt der letzten Deutschstunden und der heutigen Stunde),
2. Verdeutlichung der Gliederung der heutigen Stunde (vorstrukturierende Hinweise, Nennung der wichtigen Lernziele),
3. eine gute Mikrostruktur der Satzabfolgen (im Rahmen von Erklärungen und Erläuterungen, Verknüpfung von abstrakten Begriffen mit konkreten Beispielen),
4. eine Abfolge (1) Erklärung, auch an der Tafel, an einzelnen Beispielen, (2) Anwendung des Gelernten während der Stillarbeit oder einer Gruppenarbeit an neuen Aufgaben ähnlicher Schwierigkeit, (3) Anwendung an Aufgaben mit etwas höherer Schwierigkeit.
5. Die Verdeutlichung des Wesentlichen durch kurze Zusammenfassungen (z. B. am Ende der Erklärphase, am Ende der Stunde).

Zur Verdeutlichung möchte ich nun anhand von drei genauer dargestellten Unterrichtsstunden auf Probleme der Makro- und Mikrostrukturierung eingehen.

(1) Grundschule, 4. Klassenstufe, Fach Deutsch

In der Stunde sollten die Schüler verschiedene Zeitformen von Verben identifizieren und bilden lernen, wobei insbesondere die Bildung des Futurs neu war. Zunächst wurde kurz an Beispielen wiederholt, was die Grundform eines Verbs ist. Danach wurde vom Lehrer an einem Beispiel demonstriert, wie Verbformen für die Gegenwart, die Vergangenheit und die Zukunft gebildet werden. Danach wurden an der Tafel bei anderen Wörtern Lücken in einer Tabelle ergänzt.

Die Tabelle an der Tafel sah etwa so aus:

Grundform Infinitiv	Gegenwart Präsens	Vergangenheit Präteritum	Zukunft Futur
lernen	du lernst du lern – st	er lernte er lern – te	ich werde lernen
fegen	ich	du	er
	er lacht	es	du
	ich	er redete	du
	du	ich	du wirst glauben

Nach dem gemeinsamen Erarbeiten der Lösung wurde dann an die Schüler folgendes Arbeitsblatt ausgehändigt:

Name: ______________________ Datum ______________________

Grundform Infinitiv	**Gegenwart Präsens**	**Vergangenheit Präteritum**	**Zukunft Futur**
fahren	ihr	er	ich
	er	ihr wolltet	du
	es	du	ihr werdet schlafen
	ihr sprecht	wir	
		ich las	
anfangen			

Die Arbeit an der Tafel dauerte etwa 30 Minuten. Dies hing vor allem damit zusammen, dass der Lehrer zusätzlich diskutierte, wie man an konjugierten Formen den Stamm des Verbs und die Endung erkennt und differenziert. Dieses Thema musste im Rahmen der Stunde nicht behandelt werden und erschwerte das Lernen der Inhalte, um die es in erster Linie ging.

Ein weiterer Punkt, der die Wissensstrukturierung in dieser Stunde erschwerte, betraf die Vermengung von verschiedenen Personalpronomen mit Zeitformen. Um die Inhalte einzuführen, hätte man an einem komplett durchkonjugierten Beispiel das Wesentliche erläutern können. Danach hätte man an einem zweiten Beispiel an der Tafel Lücken ergänzen lassen können; damit hätte sich folgendes Tafelbild ergeben:

Grundform Infinitiv	**Gegenwart Präsens**	**Vergangenheit Präteritum**	**Zukunft Futur**
lernen	ich lerne, du lernst, er, sie, es lernt, wir lernen, ihr lernt, sie lernen	ich lernte, du lerntest, er, sie, es lernte, wir lernten, ihr lerntet, sie lernten	ich werde lernen, du wirst lernen, er, sie, es wird lernen, wir werden lernen, ihr werdet lernen, sie werden lernen
wandern	ich ________ du ________ er, sie, es ________ wir ________ ihr ________ sie ________	ich ________ du ________ er, sie, es ________ wir ________ ihr ________ sie ________	ich ________ du ________ er, sie, es ________ wir ________ ihr ________ sie ________

Danach hätte man ein entsprechendes Arbeitsblatt aushändigen können, in dem die Schüler bei ebenfalls zwei Verben alle Formen ergänzt hätten.

Nach Beendigung dieser Phase und einem Abgleich der Ergebnisse hätte man dann einen zweiten Arbeitsbogen aushändigen können, in dem Personalpronomen in den Zeitformen vermischt vorgegeben werden (s. ursprünglicher Arbeitsbogen). Durch zwei Änderungen am Stundenentwurf hätte hier die Wissensstrukturierung verbessert werden können: Einmal durch Abwerfen von Ballast (Vermeiden einer Diskussion über die Differenzierung von Stammform und Endung) und zum zweiten durch eine bessere aufeinander aufbauende Reihung der Schwierigkeiten.

Es war m. E. kein Zufall, dass die Schüler in der Unterrichtsstunde zunehmend unruhiger wurden und sich immer schwerer konzentrieren konnten.

(2) Grundschule, 4. Klassenstufe, Fach Sachunterricht

Der gleiche Lehrer führte in dieser Klasse übrigens eine Stunde Sachunterricht durch, in der die Schüler außerordentlich motiviert und konzentriert mitarbeiteten. In diesem Unterricht ging es um das Kennenlernen verschiedener Niederschlagsformen und ihre Symbolisierung durch Piktogramme. Die Stunde gliederte sich in zwei Phasen:

- Eine Erarbeitungsphase, in der die verschiedenen Niederschlagsformen wiederholt wurden. Diesen Niederschlagsformen wurden Piktogramme zugeordnet.
- In der Übungsphase wurde ein Lückentext verteilt, in dem das wechselhafte Wettergeschehen im Gebirge beschrieben wurde, das eine Familie dazu zwingt, länger als geplant in einer Berghütte zu bleiben.

Die Kinder hatten nun die Aufgabe, in den vorgesehenen Lücken die entsprechenden Piktogramme zu ergänzen, während der Lehrer die Geschichte langsam vorlas. In diesem Fall wurde in der Einführungsphase der relevante Inhalt klar und verständlich vermittelt und danach den Schülern eine Aufgabe gestellt, in der sie das neu erworbene Wissen in einem bedeutungsvollen Kontext (realistische Geschichte) anwenden konnten. Sicherlich war dabei bedeutsam, dass sich die Schüler in die vorgestellte Situation und die dabei auftretenden Gefahren sehr gut hineinversetzen konnten (vgl. Moreno & Mayer 2000). Man mag gegen meine Interpretation, die Konzentration und Motivation hänge hauptsächlich an der unterschiedlichen Wissensstrukturierung, einwenden, vermutlich sei die Tatsache wichtiger, dass einmal Grammatikunterricht, das andere Mal Sachunterricht erteilt wurde. Natürlich kann dies nicht völlig ausgeschlossen werden. Das folgende Beispiel einer guten Wissensstrukturierung im Rechtschreibunterricht widerspricht allerdings dieser Interpretation.

(3) Realschule, 9. Klassenstufe, Deutsch (Grammatik)

Hier war die Wissensstrukturierung ähnlich wie in der obigen Stunde. In einer 9. Realschulklasse sollten Schüler Satzstrukturen erkennen lernen. Ein Erkennen von Satzstrukturen ist eine notwendige Voraussetzung für die Anwendung der Kommaregeln. Der Lehrer analysierte in der Wiederholungs- und Erarbeitungsphase nochmals verschiedene Satzstrukturen (Nebensatz vor Hauptsatz, eingeschobener Nebensatz, nachgestellter Nebensatz). Die Struktur wurde durch ein in der Schule eigens entwickeltes Notationssystem[54] verdeutlicht:

[54] In diesem Notationssystem wurde auch die Art des Nebensatzes jeweils angegeben, N (R) würde z. B. auf einen Relativsatz hinweisen.

Satzstruktur	Beispiele
Vorangestellter Nebensatz: [N(...), =]	Obwohl es regnet, gehe ich zur Schule.
Nachgestellter Nebensatz: [=, N(...)]	Ich habe Hunger, weil ich zwei Tage nichts gegessen habe.
Eingeschobener Nebensatz: [=, N(...), =]	Der Schulweg, auf dem ich gehe, ist nass.

Im zweiten Teil wurde den Schülern eine Inhaltsangabe der Geschichte „Man nannte ihn Pferd" von D. M. Johnson ausgehändigt. Jede der fünf Tischgruppen sollte einen Abschnitt des Texts bearbeiten und die Satzstruktur eines jeden Satzes auf Folie schreiben, um damit die Kommasetzung zu begründen. Im Text kamen in jedem Abschnitt Satzstrukturen unterschiedlicher Komplexität vor.

Obwohl es sich auch hier um eine Grammatikstunde handelte, arbeiteten die Schüler sehr konzentriert und motiviert an den gestellten Aufgaben. Die trockene Grammatik machte ihnen sichtlich Spaß. Meine Erklärung im Nachhinein ist auch hier: Die Schüler fühlten sich durch die gestellten Aufgaben herausgefordert, fanden sie sinnvoll, ohne durch diese Aufgaben unterfordert oder überfordert zu werden. Die Wissensstrukturierung war somit den Möglichkeiten der Schüler gut angepasst. Schwächere Schüler konnten in der Gruppe nachfragen, wie die Aufgaben zu lösen sind und hatten damit eine zusätzliche Lernchance.[55]

Konsequenzen der Unterrichtsanalysen

Vielleicht wird aufgrund dieser konkreten Beispiele deutlicher, warum die Form der Wissensstrukturierung der vielleicht wichtigste Faktor eines guten Unterrichts ist. Dabei sollte zwischen den Möglichkeiten einer guten *Makrostrukturierung* des Unterrichts, seine Gliederung in aufeinander aufbauende Phasen, und einer guten *Mikrostrukturierung* (Kohärenz der Aussagen, Passung zwischen mündlichen und schriftlichen Äußerungen, Hervorhebung wesentlicher Punkte an der Tafel) unterschieden werden. Offenkundig hat eine Wissensstrukturierung, die Schülern eine gute Chance gibt, die vermittelten Inhalte sukzessiv zu verstehen und anzuwenden, viel mit einer positiven Motivierung der Schüler für den unterrichteten Gegenstand zu tun. Es war überraschend, wie konzentriert auch in der Grammatikstunde die Schüler arbeiteten, und zwar auch solche, die sonst wenig aufmerksam waren und dann den Unterricht störten.

5.7 Zusammenfassung: Wissensstrukturierung und Lernen

In diesem Kapitel wurden verschiedene Methoden mündlichen und schriftlichen Erklärens diskutiert, die bei einer Verbesserung der Lernbedingungen in der Schule berücksichtigt werden sollten. Einige der übergreifenden zentralen Ideen dabei waren:

[55] Eine Beobachtung, die ich während der Betreuung des Schulpraktikums im Sommersemester 2011 machte, bestärkt mich in dieser Interpretation. Hier wurde in einer ersten Sitzung von einer Praktikantengruppe geäußert, ihre Klasse sei ziemlich unruhig und undiszipliniert, und zwar vor allem dann, wenn der Lehrer etwas länger an einem Thema mit den Schülern arbeitete. Später sah ich dann eine Unterrichtsstunde über das Erkennen von Nomen, in welcher der Anteil der Lehreräußerungen und des frontalen Unterrichtens sehr groß war, die Inhalte aber sehr gut aufeinander aufbauten. Diese Stunde war merkwürdigerweise eine, in der die Schüler weitgehend konzentriert und motiviert mitarbeiteten.

1. *Schulisches Lernen hat an dem Vorwissen und der Lebens- und Erfahrungswelt der Kinder anzuknüpfen.* Das Lernen neuer Inhalte besteht vor allem in einer Verknüpfung des Vorwissens und der Vorerfahrungen mit den neu zu lernenden Inhalten.
2. Aufgaben und Erklärungen sollten die *geistigen Möglichkeiten der Schüler herausfordern,* d. h. weder unter-, noch überfordern. Anforderungen sollten im Bereich der *Zone der nächsten Entwicklung* liegen.
3. *Lehrer haben die Aufgabe, Schülern zum Einordnen neuen Wissens übergreifende Ideen, Begriffe, Gerüste anzubieten.* Durch Anbieten eines Gerüsts *(Scaffolding)* erleichtern sie den Schülern eine Einordnung und Integration einzelner Wissenselemente.

Auch schriftliche Texte können diese Funktion des Scaffolding erfüllen, indem sie in Einleitungen an das Vorwissen anknüpfen, geeignete Überschriften und orientierende Gliederungen verwenden, die wichtigsten Inhalte zusammenfassen, zentrale Ideen herausstellen und mit Beispielen verknüpfen und indem sie auch komplexe Darstellungen durch Visualisierungen verdeutlichen, in denen kurze Texte integriert sind.

Diese Punkte können durch gedächtnispsychologische Überlegungen ergänzt werden (vgl. Kap. 3 und 4). So ist der Informationsinput sowohl durch die Kapazität des Arbeitsgedächtnisses wie auch durch die Verfügbarkeit von Schemata aus dem Langzeitgedächtnis begrenzt. Diese Grenzen der Verarbeitung von Informationen müssen bei deren Darbietung berücksichtigt werden, gleichgültig, ob diese Informationen mündlich oder schriftlich gegeben werden. Entsprechend dürfen Erklärungen nur in begrenztem Umfang neue Informationen vermitteln. Im zyklischen Textverarbeitungsmodell von Kintsch wird diesem Punkt durch Betonung der Kohärenz (Argumentüberschneidung) und gleichzeitiger Vernachlässigung unwesentlicher Informationen während des Lesens Rechnung getragen. Ein weiterer gedächtnispsychologischer Aspekt, der beim Lernen von Erklärungen und Erläuterungen wichtig ist, ist ihre Verknüpfung mit positiven affektiven Erfahrungen: Wenn man mit bestimmten abstrakten Inhalten positive Erlebnisse verbindet, dann bleiben auch diese abstrakten Inhalte leichter erinnerbar.

In der Schulpraxis können Beispiele aus der Lebenswelt der Schüler durch die verschiedensten Methoden berücksichtigt werden. Lehrer können

- *Schülerbeiträge an der Tafel zu einem bestimmten Thema sammeln und nach bestimmten übergeordneten Gesichtspunkten ordnen und zusammenfassen.* Damit berücksichtigen sie das Vorwissen der Schüler und entwickeln dieses weiter. Wenn sie diese Punkte allerdings nur nennen lassen, dann werden sie vermutlich zum größten Teil sofort wieder vergessen. Die Erklärung, die entwickelt werden soll, wird dann zu wenig durch einen externen „Speicher" (Tafelanschrieb) gestützt.
- Eine andere Gedächtnis-Stütze ist die *Nennung und Begründung des Themas der Stunde* oder das Aufstellen einer These zum Stundenbeginn. Schüler verbinden mit schulischen Aufgaben dann mehr Sinn. Lehrer können diesen Effekt dadurch verstärken, dass sie die Ergebnisse einer Stunde am Ende zusammenfassen bzw. durch Schüler zusammenfassen lassen.
- Weitere Stützen für das Lernen sind die *Verwendung verständlicher schriftlicher Erklärungen, Veranschaulichungen wesentlicher Ideen*, in die textliche Informationen integriert sind (Vermeiden des Aufmerksamkeitsteilungseffektes), sowie ausgearbeitete gelöste Beispielaufgaben, an denen sich Schüler bei der Bearbeitung von Arbeitsaufträgen orientieren können.

Gerade bei komplexen Aufgaben wie dem Schreiben von Berichten, Kommentaren oder Aufsätzen sollte mehr mit konkreten Beispielen (eine sehr gute Beschreibung, schlechte Beschreibung) gearbeitet werden, um an diesen die wesentlichen Punkte herauszuarbeiten. Eine abstrakte Erklärung *nachzuvollziehen,* wenn der Lehrer sie mit seinen Schülern entwickelt, ist eine leichtere Aufgabe als das abstrakt Gelernte auf die Lösung einer neuen Aufgabe anzuwenden. Deshalb sollte ein Lehrer an einfachen und leicht nachvollziehbaren Beispielen abstrakte Sachverhalte verdeutlichen. Die nächste Schwierigkeit für die Schüler besteht dann darin, ähnlich strukturierte einfache Aufgaben selbst zu lösen. Erst danach sollten den Schülern schwierigere Schreib-Aufgaben gestellt werden.

Schon im letzten Kapitel über Lernen und Gedächtnis wurde darauf hingewiesen, wie wichtig ein vertiefendes Erarbeiten, Üben, Festigen und Zusammenfassen für ein nachhaltiges Lernen ist. Lernen ist kein Vorgang, der schon nach einer kurzen Einführung und Erklärung abgeschlossen ist. Weil das Leistungsspektrum in einer Klasse sehr groß ist, kann es kaum gelingen, im Klassenunterricht den geistigen Bedürfnissen aller Schüler Rechnung zu tragen. Wenn man dies weiß, wird man angemessene binnendifferenzierende Maßnahmen durchführen: Der Lehrer kann nach einer gemeinsamen Erklärphase Schülern Aufgaben stellen, die eine Anwendung und Einübung des gerade Behandelten ermöglichen. Dabei kann man die schwächeren Schüler an einem Tisch zusammenfassen und ihnen nochmals die wichtigsten Punkte an einzelnen Aufgaben erläutern. Wichtig dabei ist, dass der Lehrer verschiedene Stützen anbietet, die den Schülern ein Ablegen der Informationen erleichtern.

Mündliche Erklärungen, die durch verständliche schriftliche Erklärungen unterstützt werden, erleichtern eine Verknüpfung von Vorwissen und Lernangebot. Der Vorteil schriftlicher Erläuterungen besteht ja gerade darin, dass Schüler sie wiederholt durchlesen können, dass sie an verschiedenen Stellen, die noch unklar waren, verweilen können und dadurch in die Lage versetzt werden, genauere Nachfragen zu stellen. Die Ausarbeitung guter schriftlicher Erklärungen hilft dem Lehrer, im Unterricht selbst verständlichere mündliche Erklärungen zu geben. Ferner lernen Schüler durch schriftliche und mündliche Erklärungen, die im Hinblick auf ihre sprachliche Verständlichkeit optimiert wurden, nicht nur erheblich mehr (vgl. Schulz vonThun et al. 1973; Britton & Gülgöz 1991; Britton, Gülgöz & Glynn 1993). Empirische Forschung belegt auch, dass Schüler durch verständliche Erklärungen mehr Spaß am Lernen haben. Es ist deshalb anzunehmen, dass durch *eine strenge Zertifizierungspraxis der Schulbücher* eine nachhaltige und kostengünstige Reform unseres Bildungswesens in Gang gesetzt werden könnte.

Während wir uns hier bisher auf die Optimierung von Texten konzentriert haben, betonen einige Forscher mehr die *Optimierung von Strategien der Schüler* beim Lesen komplexer Texte. Sicherlich ist es wichtig, Schülern Strategien zu vermitteln, die sie zum Lesen eines unverständlichen und schwierigen Textes befähigen. Empirische Forschung belegt, dass durch die Optimierung der Verständlichkeit von Texten das Lernen der Schüler erheblich erleichtert wird. Bei schlechter Makro- und Mikrostruktur von Texten können schwächere Schüler auch bei sorgfältigem Lesen kaum etwas lernen (vgl. E. Kintsch 1990). Wenn man die Förderung schwächerer Schüler wirklich verbessern will, sollte man diese Ergebnisse auch berücksichtigen.

Ähnlich verhält es sich mit dem Herstellen von Zusammenhängen und Verknüpfungen zwischen Inhalten, die in verschiedenen Kapiteln oder in verschiedenen Lektionen behandelt wurden. Auch hier kann man behaupten, ein wichtiges schulisches Lernziel bestünde darin, dass Schüler solche Zusammenhänge aktiv selbst herstellen. Empirische Forschung zeigt, dass mit dieser Anforderung auch leistungsstarke Schüler überfordert sind. Nur durch Anstöße des Lehrers oder durch explizite schriftliche Nennung im Text kann erreicht werden, dass Schüler Verbindungen zwischen Inhalten und Themen unterschiedlicher Kapitel oder Lektionen herstellen, auch wenn solche Zusammenhänge nahe liegen. Deshalb sind Wiederholungen, Zusammenfassungen, Gegenüberstellungen und Abgrenzungen als Brücken zwischen verschiedenen Einheiten notwendig (vgl. Glowalla et al. 1993). Dabei spielt auch eine Rolle, dass Dinge von verschiedenen Perspektiven betrachtet werden müssen, um tiefer verarbeitet zu werden (vgl. Mannes & Kintsch 1987). Durch eine Verbesserung der Verständlichkeit von schriftlichen und mündlichen Erklärungen können alle Schüler mehr lernen: Sie können sich auf die wesentlichen Punkte konzentrieren, ihre Kräfte werden nicht mehr durch unnötige Schwierigkeiten, die in der Gliederung der Sätze sowie in der Kompliziertheit der sprachlichen Darstellung liegen, absorbiert.

Die Entwicklung und Verwendung besserer schriftlicher Unterrichtsmittel gibt dem Lehrer auch den nötigen Freiraum, sich rechtzeitig um eine intensivere Betreuung schwächerer Schüler mit grundlegenderen kognitiven Defiziten zu kümmern. Hier scheint ein rechtzeitiges Diagnostizieren von Leistungsrückständen durch Tests und anschließend die Einleitung massiver Maßnahmen dringend geboten. Auch hier kann durch empirische Forschung gut belegt werden, dass Kinder mit erheblichen Defiziten durch bestimmte Fördermaßnahmen wie Tutorenarbeit besser gefördert werden können. Als Tutoren eignen sich vor allem Erwachsene, die eine vergleichsweise kurze Ausbildung für diese Tutorenarbeit erhalten und deren Arbeit durch Experten angeleitet und beaufsichtigt wird. Wenn in der Vorschule und den ersten beiden Klassen Tutorenarbeit in dieser Weise zur sprachlichen oder mathematischen Förderung der Kinder mit erheblichen kognitiven Rückständen eingesetzt werden würde, dann würde man diesen Kindern eine weit bessere Chance geben, auch im nachfolgenden Unterricht in den höheren Klassen mehr zu lernen.

In höheren Klassen können verständliche schriftliche Texte in Schulbüchern den Schülern die Möglichkeit einräumen, die im Unterricht behandelten Inhalte zu wiederholen und zu rekonstruieren. Zusätzlich hat der Lehrer die Möglichkeit, vor Klassenarbeiten probeweise Tests durchzuführen. Zu den gestellten Aufgaben können dann „Minilektionen", also „optimale" Antworten mit Fehlerdiskussionen, verteilt werden, mit Hilfe derer die Schüler dann ihre Testantworten überarbeiten können (vgl. VanLehn et al. 2007). Solche Tests vor Klassenarbeiten sensibilisieren die Schüler für noch vorhandene Lücken in ihrem Wissensgerüst. Diese Bewusstheit ist eine wesentliche Voraussetzung, sich zur Aufgabenkontrolle noch weiter intensiv mit den relevanten Inhalten auseinander zu setzen.

Anhang zu Kapitel 5

1. Transkripte nach Hart & Risley 1995,

2. Minilektion aus der Studie von VanLehn et al. 2007

3. Technische Details zu den empirischen Untersuchungen von Kapitel 5

a) Schulz von Thun, Göbel & Tausch 1973: Zur Wirkung optimierter Schulbuchtexte

b) E. Kintsch 1990: Die Wirkung der optimierten Mikro- und Makrostruktur von Texten auf Schüler unterschiedlicher Klassenstufen

c) Britton & Gülgöz 1991: Die Wirkung von Texten, die im Hinblick auf Kohärenz optimiert wurden

d) Mannes & Kintsch 1987: Zur Wirkung vorstrukturierender Hinweise

e) Glowalla, Rinck & Fezzardi 1993: Textbrücken zwischen weiter auseinander liegenden Abschnitten eines längeren Textes – notwendig **oder überflüssig**?

(1) Transkripte nach Hart & Risley 1995; Übersetzung M. W.

a) Über das Bemühen, beim Durchsetzen einer Regel nett zu sein (S. 83)

Die Mutter betritt das Schlafzimmer, in dem sich Jaron [32 Monate] und seine Schwester [vier Jahre] unter dem Bett versteckt haben. Die Mutter fängt an: „Kinder, ich werde jetzt bis drei zählen, und dann wird es besser sein, wenn ihr unter dem Bett hervorkommt. Eins, zwei." Beide Kinder tauchen auf und die Mutter fügt hinzu: „Ich mag es nicht, wenn ihr unter dem Bett seid, O.K? Wenn Ihr mit dem Doktorkasten gespielt habt, dann stellt ihn bitte wieder weg, O.K.?" Jaron sagt, „Mutter, wo kann ich den verstecken?" Seine Mutter sagt: „Du brauchst ihn überhaupt nicht zu verstecken. Wenn ihr mit dem Doktorkasten gespielt habt, möchte ich, dass ihr ihn wieder aufräumt, O.K.? Und dann werden wir dafür auch irgendeinen Platz finden, O.K.?" Jaron sagt, „gut, du möchtest, dass ich den Tisch aufräume [to do the table]?" Seine Mutter sagt: „Nimm doch den Doktorkasten zuerst, O.K.?" Julie wirft ein: „Ich habe meinen nicht wegzuräumen". Ihre Mutter sagt zu Julie: „Du machst das auch." Und Jaron fügt hinzu, „du auch". Julie schüttelt mit dem Kopf, und ihre Mutter sagt, „schon recht, Julie, du kannst gleich in dein Zimmer gehen. Ich werde heute mit dir nicht mehr spielen. Geh nun und hilf ihm, den Doktorkasten aufzuräumen." Julie sagt „nein", aber sie hilft. Jaron sagt dann, „Mutter, wir sind fertig." Seine Mutter sagt, „Ich danke euch... Habt ihr ihn denn weggestellt ... Stellt ihn nun noch weg. Nehmt ihn und stellt ihn ins Spielzimmer, O.K.?" Während Julie dies tut, sagt die Mutter, „ich danke euch. Ich danke euch vielmals, Kinder."

Dies ist ein kleiner Ausschnitt aus den Interaktionen, die im Verlauf einer Stunde zwischen Mutter und Kindern aufgetreten sind. Das Beispiel verdeutlicht, wie zu Hause das Einhalten und Befolgen von Regeln eintrainiert werden kann. Dabei spielt z. B. das freundliche Hinweisen auf die Regel, die Erinnerung daran, und das Verknüpfen der Einhaltung der Regel mit Konsequenzen eine Rolle („Ich werde heute nicht mit dir spielen"). Im Folgenden gebe ich das Transkript einer ganzen Stunde wieder.

b) Inge und ihre fernsehende Mutter (S. 184–187)

Inges Mutter sitzt im Wohnzimmer und sieht fern. Inge (23 Monate) nimmt die Schlüssel der Mutter von der Couch. Ihre Mutter sagt: „Bring diese Schlüssel zurück. Du sollst damit nicht irgendwohin gehen." Inge antwortet nicht; sie sitzt und spielt mit den Schlüsseln. Ihre Mutter sagt: „Inge, was machst Du mit dem Geld?" Inge geht und holt im Flur die fünf Dollar für die Beobachtung. Die Mutter sagt, „leg es auf den Fernseher", und Inge macht das, ohne etwas zu sagen.

Sie holt einen Löffel aus einer Kaffeetasse und „füttert" ihre Mutter, die sagt: „Das ist gut. Ich danke dir." Inge hält dann den Löffel dem Beobachter entgegen, worauf die Mutter sagt: „Stop Inge, nein." Inge antwortet nicht, und ihre Mutter sagt: „Du sollst nicht die Augen so gegen mich richten." Inge spielt mit dem Löffel und schlägt ihn auf das Radio. Ihre Mutter sagt: „Heh, hör damit auf. Schlag nicht auf das Radio." Inge babbelt vor sich hin und zeigt auf die Küste, die im Fernsehen gezeigt wird; ihre Mutter antwortet: „Das ist dort, wo wir sein sollten, Inge." Inge sagt etwas Unverständliches und ihre Mutter antwortet nicht.

Inge steckt den Löffel in die Kaffeetasse. Ihre Mutter sagt: „O.K., nun lass ihn dort, O.K. Inge?" Inge antwortet nicht; als sie den Löffel wieder nimmt, sagt ihre Mutter: „Komm her, lass mich dich beißen, wenn du damit weiter herummachst." Inge spielt weiter damit. Als sie ihn auf den Küchentisch knallt, sagt ihre Mutter: „Hör damit auf."

Inge geht zum Beobachter und greift nach seiner Ausrüstung. Ihre Mutter sagt: „Du kannst nicht mit seinen Sachen herumspielen." Ihre Mutter sagt zum Beobachter etwas, während Inge weiter an die Ausrüstung heranzukommen versucht, und sagt dann: „Du lässt ihn besser in Ruhe." Inge macht weiter, und die Mutter sagt: „Stop, soll ich etwa Dein kleines Bein schlagen?" Inge sagt sanft: „Nein". Ihre Mutter antwortet: „Huh", und Inge antwortet „nein". Ihre Mutter sagt nun, „es ist besser, wenn Du dich gut benimmst, O.K." Inge sagt, „O.K.". Inge greift sich nun ein Spielzeugstethoskop, spielt mit ihm, wirft es hin, und nimmt dann ihre Tasse vom Frühstückstisch. Ihre Mutter fasst Inge bei der Windel an ohne etwas zu sagen, und dreht sie dann auf der Couch auf die Seite. Inge rollt sich runter und geht zum Beobachter. Ihre Mutter sagt: „Du sollst ihn nicht anfassen!" Inge sagt „ja". „Ja, es ist besser, du bringst deine Kleider in Ordnung." Inge antwortet nicht.

Die Mutter verlässt das Zimmer und geht in das Badezimmer, und Inge folgt ihr, indem sie irgendetwas Unverständliches vor sich hinmurmelt. Ihre Mutter sagt: „Geh zurück, Inge." Inge sagt: „Nein", und die Mutter sagt, „sag nicht 'nein'. Geh zurück. Ich geb dir sonst einen Klaps." Inge geht zum Wohnzimmer zurück.

Inge holt sich den Geldbeutel ihrer Schwester von der Couch. Ihre Mutter sagt: „Lass den Geldbeutel liegen." Inge antwortet nicht; sie beginnt, Münzen aus dem Geldbeutel herauszunehmen und legt sie auf den Frühstückstisch. Ihre Mutter sagt, „gib mir den Geldbeutel." Inge fährt fort, Münzen auf den Tisch zu legen. Ihre Mutter sagt, „und das Geld." Inge antwortet nicht, aber gibt ihrer Mutter den Geldbeutel.

Inge sagt, „Potty" (mag auf den Topf); ihre Muter sagt, „du willst auf den Topf?" und nimmt ihr die Windel ab. Inge geht ins Badezimmer; ihre Muter sagt, „bist du fertig, Inge?" Als Inge ins Wohnzimmer zurückkommt, sagt ihre Mutter: „Hol eine Windel", und nachdem Inge dies getan hat, legt sie ihr die Windel um.

Inge holt einen Ball und sagt „Ball". Ihre Mutter sagt, „es ist ein Ball." Inge sagt „Ball", und die Mutter wiederholt „Ball". Als Inge den Ball in Richtung Fernseher wirft, während sie einen Werbespruch vor sich hinmurmelt, antwortet ihre Mutter: „Du weißt es besser. Warum machst du das?" Inge sagt etwas Unverständliches und ihre Mutter antwortet: „Wirf ihn nicht noch einmal!" Inge setzt sich mit dem Ball auf die Couch, fällt runter. Ihre Mutter sagt: „Wenn du dir nun wehtust, was soll das denn?" Inge kommt zurück auf die Couch, und klettert dann über die Rückseite der Couch. Ihre Mutter sagt nun, „heh, hör mal auf, über meine Couch zu klettern." Sie greift sich Inge und küsst sie. Während sie sie festhält, fragt sie: „Warum bist du so böse? Und klettere hier nicht herum, hörst du, O.K.?“ Inge antwortet nicht. Inge sieht fern und sagt „Lady.“ Ihre Mutter sagt, „sie schläft im Bett.“ Inge murmelt etwas vor sich hin, geht runter von der Couch und fasst den Beobachter an. Ihre Mutter sagt „stopp“. Ihre Mutter holt sich Inges Schuhe und sagt, „zieh deine kleinen Schuhe an.“ Inge wiederholt „deine kleinen Schuhe“, und ihre Mutter sagt, „ziehe deine Schuhe an. Komm her. Du möchtest diesen Schuh anziehen?“ Inge sagt „Ja“; ihre Mutter zieht ihr den Schuh an, ohne noch etwas zu sagen. Inge sieht sich im Zimmer um, und sagt etwas Unverständliches vor sich hin; ihre Mutter sagt, „sieh mal dorthin. Er mag dort liegen. Oh ja, dort ist er.“ Ihre Mutter zeigt Inge den Ball. Inge sagt, „gib mir den Ball. Den Ball gib mir.“ Ihre Mutter zieht Inge den anderen Schuh an, ohne noch irgendetwas zu sagen.

Ihre Mutter verlässt das Wohnzimmer und geht in das Schlafzimmer, Inge folgt. Die Mutter sagt, „willst du ein Bad nehmen?“ Inge murmelt etwas und ihre Mutter sagt, „Ich habe noch nie ein Baby gesehen, das nicht gerne gebadet hätte.“ Inge antwortet nicht. Sie gehen zum Wohnzimmer zurück; Inge nimmt sich das Stethoskop und steckt es in ihre Ohren; sie geht im Zimmer herum, hangelt sich an der Couch hoch und legt sich hin. Ihre Mutter sagt dazu, „Inge, Mädchen, wirst du nun schlafen?“ Inge antwortet nicht.

(2) Minilektion zum Experiment von Van Lehn et al. 2007

Die Minilektion zum Lastwagen-Autoproblem

Aufgabe:

„Wenn ein Kleinwagen und ein schwerer Lastwagen kollidieren, auf welchen Wagen ist dann die einwirkende Kraft größer? Welches Fahrzeug wird in seiner Bewegung stärker beeinflusst? Verteidige deine Antworten!“ (vgl. VanLehn et al. 2007, S. 58)

„Ein wichtiger Punkt, den eine gute Erklärung berücksichtigen sollte, ist: Wenn der Lastwagen und das Auto zusammenstoßen, dann übt jedes Objekt eine Kraft auf das andere Objekt aus. Dieses Kräftepaar wird Aktions-Reaktionskraft genannt. Lass uns einige Eigenschaften von Reaktionskraftpaaren betrachten. Von Newtons drittem Gesetz wissen wir, dass eine Kraft eine gleichgroße entgegengesetzte Reaktionskraft verursacht.

Ferner wissen wir, dass der Lastwagen eine Kraft auf das Auto ausübt, weil es mit dem Auto in Kontakt kommt und das Auto übt eine Reaktionskraft aus, weil es mit dem Lastwagen in Kontakt kommt. Somit treten Aktionskraft und Reaktionskraft als Ergebnis der zwei Körper auf, bei beiden Kräften handelt es sich um Berührungskräfte. Sie sind also vom gleichen Typ. Im allgemeinen haben Aktions- und Reaktionskraft die folgenden Eigenschaften: Sie sind vom gleichen Typ, sie stehen sich in entgegengesetzter Richtung gegenüber und sie sind gleich stark. Wenn deshalb das Auto eine Kraft auf den Lastwagen ausübt, dann übt der Lastwagen die gleiche Kraft in entgegengesetzte Richtung auf das Auto aus.

Hier ist ein wichtiger Punkt, den eine gute Erklärung berücksichtigen sollte. Der Name des Gesetzes oder des Prinzips, das du anwenden kannst, um die Differenz in der Beschleunigung zwischen dem Auto und dem Lastwagen zu bestimmen, ist Newton's zweites Gesetz. Wir wissen, dass Newton's zweites Gesetz einen Zusammenhang zwischen Kraft, Masse und Beschleunigung herstellt. Die Gleichung, die diesen Zusammenhang beschreibt, ist Kraft = Masse mal Bescheunigung. Wenn man dieses Prinzip auf zwei Objekte mit unterschiedlichen Massen anwendet, dann kannst du die relativen Beschleunigungen der beiden Objekte verwenden, um die Beziehung zwischen ihren zugehörigen Massen zu bestimmen. Deshalb hat in diesem Fall das Fahrzeug mit der größeren Masse eine kleinere Beschleunigung. Deshalb kannst du nun erkennen, dass während der Einwirkung die Größe der Beschleunigung des Lastwagens geringer ist als die Größe der Beschleunigung des Autos an jedem Zeitpunkt.

Hier ist ein wichtiger Punkt, den eine gute Erklärung berücksichtigen sollte. Dieser Punkt sollte für dich immer dann vollkommen klar sein, wenn du ein Aktions-Reaktionskraftpaar hast, dass die Größe der Aktionskraft und die Größe der Reaktionskraft gleich groß ist. Als ein Beispiel zur Wirkung der Kräfte, die zu berücksichtigen sind, kannst du daran denken, was passiert, wenn du mit der Faust auf eine Backsteinwand schlägst. Deine Faust übt eine Kraft auf die Mauer aus. Wenn du auf die Mauer stärker einschlägst, kannst du erwarten, dass es mehr schmerzt. Die Größe der Aktionskraft, die von deiner Faust ausgeht, ist gleichgroß wie die Reaktionskraft, die von der Mauer ausgeht. Im allgemeinen ist somit die Größe der Aktionskraft und die Größe der Reaktionskraft gleich groß.

Hier muss ein weiterer Punkt beachtet werden. Lass uns an die Kraft denken, die von der Faust ausgeht, wenn sie die Bachsteinwand trifft. Dieses Szenario kann dir helfen, die Beziehung zwischen Aktion/Reaktionspaar zu erinnern. Wenn du die Wand triffst, dann wirkt Kraft, die auf die Wand einwirkt, in Richtung Wand. Wenn deine Faust die Wand trifft, tut das weh. Die Kraft, die du spürst, wenn die Faust die Wand trifft, ist die Kraft, welche die Wand auf deine Faust ausübt. Die Richtung der Kraft, die von der Wand ausgeht, geht in Richtung Faust. Wenn also die Faust eine Kraft auf die Wand ausübt, dann übt die Wand eine Kraft auf deine Faust aus. Die Kraft gegen deine Faust wird Reaktionskraft der Aktionskraft genannt, die von der Faust auf die Wand ausgeübt wird. Zusammen sind diese beiden Kräfte als Reaktionskraftpaar bekannt.

Lass uns nun einige Eigenschaften von Reaktionskraftpaaren betrachten. Die Richtung der Kraft und die Richtung der Reaktionskraft verlaufen in entgegengesetzter Richtung. Zweitens handelt es sich bei der Kraft der Faust gegen die Wand um eine Kontaktkraft. Kontaktkräfte wie die Kraft deiner Faust gegen die Wand resultieren aus dem physischen Kontakt zwischen zwei Objekten. Somit handelt es sich bei der Kraft, die von der Wand auf deine Faust ausgeübt wird, ebenfalls um eine Kontaktkraft.

Die Größe der Aktions- und der Reaktionskraft können wir nur schätzen, da wir aus der Beobachtung nicht die korrekte Antwort ableiten können. Beachte dabei: Wenn du auf die Wand stärker mit der Faust einschlägst, wird die Faust mehr schmerzen. Davon ausgehend kannst du schätzen, dass die Größe der Kraft und die Größe der Reaktionskraft gleich groß sind. Deshalb haben eine Kraft und ihre Reaktionskraft den gleichen Typ, die gleiche Größe und eine entgegengesetzte Richtung.“ (vgl. VanLehn et al. 2007, S. 59 f.; Übersetzung M. W.).

(3) Technische Details zu den vorgestellten Untersuchungen

a) Schulz von Thun, Göbel & Tausch 1973: Zur Wirkung optimierter Schulbuchtexte

Stichprobe: 514 Schüler des 7 und 8. Schuljahres (19 Klassen), davon 262 Gymnasiasten, 152 Realschüler, 101 Volksschüler.

Originale und optimierte Texte wurden innerhalb der Klassen per Zufall auf die Schüler verteilt. Um Leistungsunterschiede zwischen den Klassen auszuschließen, wurden die Verständniswerte für jede Klasse auf ein arithmetisches Mittel von $M = 500$ und eine Standardabweichung von $s = 100$ normiert. „Die textbedingten Effekte wurden somit gegen die Varianz innerhalb einer Klasse geprüft.“ (Schulz von Thun et al. 1973, S. 229)

Jeder Schüler bearbeitete zwei Texte: Eine Originalfassung und eine optimierte Fassung (bzw. umgekehrte Reihenfolge). Die Reihenfolge der Texte wurde ausbalanciert, „Klima“ wurde immer zusammen mit „Geographischem Geschehen“, „Physik“ zusammen mit „Muskeln“ behandelt.

b) E. Kintsch 1990: Die Wirkung der optimierten Mikro- und Makrostruktur von Texten auf Schüler unterschiedlicher Klassenstufen

Stichprobe: 96 Versuchspersonen, 32 aus Klasse 6, 32 aus Klasse 10, und 32 Collegestudenten; Alter $M_1 = 11{,}6$, $M_2 = 15{,}6$ und $M_3 = 18{,}9$.

Ausschnitte aus den vier Textversionen, um die Operationalisierung von guter/schlechter Makro- und Mikro-Struktur zu erläutern; Text „Peru und Argentinien“. (E. Kintsch 1990, S. 189 ff., Übersetzung M. W.)

(1) *Gute Makro- und gute Mikrostruktur:* Viele Faktoren bestimmen, wie ein Entwicklungsland in die Zukunft blicken kann, ob es sich positiv weiterentwickelt oder eine düstere Zukunft mit Armut und Rückschrittlichkeit vor sich hat. Ein Vergleich zwischen Peru und Argentinien soll diesen Punkt erläutern.

Die erhabenen, schneebedeckten Berge der Anden bedecken den größten Teil von Peru. Sogar die Täler liegen so hoch, dass die Luft dünn und kalt ist. Wo die Berge bis zum Pazifik herunterreichen, regnet es nie und die Luft ist so trocken, dass sogar Holzwerkzeuge und Kleider, die vor Hunderten von Jahren angefertigt wurden, im Sand fast völlig unversehrt erhalten bleiben. Im Kontrast dazu besteht das Kerngebiet Argentiniens aus einer weiten Grasebene, die Pampa genannt wird, wo Cowboys große Viehherden in Ranchs hüten, die so groß wie die in Texas sind. Wo die Flüsse in den Atlantik fließen, breitet sich die Hauptstadt mit Hochhäusern und mächtigen breiten Straßen aus, fast so wie in Paris …

(2) *Gute Makro-/schlechte Mikrostruktur:* Viele Faktoren bestimmen, wie ein Entwicklungsland in die Zukunft blicken kann, ob es sich positiv weiterentwickelt oder eine düstere Zukunft mit Armut und Rückschrittlichkeit vor sich hat. Ein Vergleich zwischen Peru und Argentinien soll diesen Punkt erläutern.

Die senkrecht aufsteigenden, schneebedeckten Berge der Anden erstrecken sich über den größten Teil von Peru. In dieser Höhe ist es sogar in den Tälern kalt und die Luft ist trocken. Wo die Berge zum Pazifik herunterreichen, ist keine Feuchtigkeit in der Luft, und Holzwerkzeuge und sogar Kleider, die vor Hunderten von Jahren angefertigt wurden, bleiben im Sand fast völlig unversehrt erhalten. Die Pampa ist das Argentinische Kernland, eine weite Grasebene, in der Cowboys Herden in riesigen, texasartigen Ranchs hüten. An einer Flussmündung zum Atlantischen Ozean erhebt sich die Hauptstadt, mit Hochhäusern und breiten Avenuen, die einen Vergleich mit denen in Paris aushalten …

(3) *Schlechte Makro-/gute Mikrostruktur:* Viele Faktoren bestimmen, wie ein Entwicklungsland in die Zukunft blicken kann, ob es sich positiv weiterentwickelt oder eine düstere Zukunft mit Armut und Rückschrittlichkeit vor sich hat. Ein Vergleich zwischen Peru und Argentinien soll diesen Punkt erläutern.

Die meisten Peruaner sind Indianer, Abkömmlinge der einstmals stolzen und mächtigen Inkas. Die meisten von ihnen sprechen nicht einmal Spanisch, und wenige können lesen und schreiben. Jedoch gibt es in den Anden reiche Vorkommen von Kupfer, Silber und Blei, und die Regierung hat einige sehr profitable Minen gegründet.

Die Hauptstadt von Argentinien liegt da, wo die Flüsse in den Atlantik münden, mit Hochhäusern und breiten Avenuen, fast so wie in Paris. Im Gegensatz zu Peru leben hier heute sehr wenige Indianer ...

(4) *Schlechte Makro-/schlechte Mikrostruktur:* Viele Faktoren bestimmen, wie ein Entwicklungsland in die Zukunft blicken kann, ob es sich positiv weiterentwickelt oder eine düstere Zukunft mit Armut und Rückschrittlichkeit vor sich hat. Ein Vergleich zwischen Peru und Argentinien soll diesen Punkt erläutern.

Die Mehrheit der Peruaner sind Indianer, die von den einstmals stolzen und mächtigen Inkas abstammen. Die meisten können nicht spanisch sprechen, und wenige haben lesen und schreiben gelernt. Die Berge der Anden sind durchlöchert mit Ablagerungen von Kupfer, Silber und Blei. Der Abbau des Erzes hat sich für die Regierung zu einem profitablen Geschäft entwickelt. Die Hauptstadt von Argentinien erstreckt sich an einer Flussmündung des Atlantischen Ozeans, mit Hochhäusern und breiten Avenuen, die einen Vergleich mit denen von Paris aushalten können. Nur eine kleine indianische Minderheit lebt heute hier ...

c) Britton & Gülgöz 1991: Die Wirkung von Texten, die im Hinblick auf Kohärenz optimiert wurden

Stichprobe: Am Versuch nahmen 170 Studenten („undergraduates") der Universität Georgia teil. 80 von diesen wurden der Bedingung „freie Wiedergabe" (free recall), 90 der Bedingung „Beantwortung des multiple-choice Tests" zugewiesen. Getestet wurde in Gruppen von 2-10 Personen. Den drei verschiedenen Textversionen wurden alle Versuchspersonen per Zufall zugeteilt. Die Textversionen:

- Der Originaltext stammte von der amerikanischen Luftwaffe und enthielt 1030 Wörter.
- Die nach der Theorie von Kintsch & van Dijk umgestaltete Version – die „prinzipiengetreue" (principled) Version.
- Die heuristische Version.

Messung des Gelernten: Freie Erinnerung (free-recall tests): Die Versuchspersonen sollten hierbei alles, an das sie sich erinnerten, aufschreiben. Die Protokolle wurden dann mit einer Liste von 384 Propositionen verglichen, die auf der ursprünglichen Version basierten (also ohne zusätzliche Inferenzen). Faktischer wörtlicher multiple-choice-Test: Zehn Fragen. Schlussfolgerungstest: 32 Fragen. Beispiel dazu:

Die Unfähigkeit der südvietnamesischen Armee (ARVN), den Feind im Feld zu besiegen, wurde bezeichnet als:

- die Ausdehnung des Krieges auf die Luft
- als ein Ergebnis, mit dem Terrain nicht vertraut zu sein
- Mangel an sorgfältig geplanten Strategien

- der Luftkrieg im Norden
- das fortbestehende Problem im Süden *(richtige Antwort)*

Vorgehensweise: Die Versuchspersonen lasen ihren Text „at their own pace", und gaben dabei die Zeiten an, als sie zu lesen begannen und wann sie damit fertig waren. Bei den Lesezeiten gab es keine signifikanten Gruppenunterschiede.

Ausschnitte aus den von Britton & Gülgöz verwendeten Textversionen:

Ursprüngliche Version Luftkrieg im Norden im Jahr 1965

Gegen Ende 1964 hatten Amerikaner in Saigon und Washington damit begonnen, sich auf das fortdauernde Problem im Süden zu konzentrieren. Je mehr die Frustration über die Unfähigkeit der ARVN anstieg, den Feind im Feld zu besiegen, desto stärker erhöhte sich der Druck, Nordvietnam direkt zu bekämpfen. Obwohl zwischen den amerikanischen Regierungsstellen über das Ausmaß der Ausdehnung des Luftkriegs über Nordvietnam weitgehend Einigung bestand, gab es über das Ziel und die verwendeten Mittel erhebliche Differenzen.

Die meisten Mitglieder der Johnson – Administration glaubten, dass man durch Bomberangriffe mehrere Dinge erreichen könnte. Sie würden klar und nachdrücklich zeigen, dass die USA daran gehen, die Kommunisten zu stoppen und das freie Vietnam zu unterstützen. Gleichzeitig würde dadurch die sinkende Moral der Südvietnamesen gestärkt werden. Sie würden Hanoi zwingen, einen zunehmend hohen Preis für die Unterstützung der Vietkongs zu bezahlen. Besonders bei den zivilen Regierungsstellen war die Motivation für ein solches Unterfangen mehr psychologisch als militärisch, der Hauptgrund war hier nicht Hanois Fähigkeit, sondern seine Bereitschaft, den Krieg zu unterstützen. „In Wirklichkeit", erklärte Maxwell Taylor, „besteht das Ziel unserer Kampagne darin, den Willen der politischen Führung zu verändern." (Insgesamt 1030 Wörter)

Revidierte Version

Der Luftkrieg in Nordvietnam im Jahr 1965

Anfang 1965 begannen amerikanische Regierungsstellen sowohl in Südvietnam als auch in Washington ihr Interesse auf Nordvietnam als der Quelle des fortdauernden Krieges mit Südvietnam zu konzentrieren. Die südvietnamesische Armee war dabei, den Bodenkrieg gegen Nordvietnam zu verlieren und dies führte zu Frustrationen bei den amerikanischen Regierungsstellen. Die Frustrationen führten zu dem Druck, Nordvietnam zu bombardieren. Die Idee, Nordvietnam zu bombardieren, fand unter fast allen amerikanischen Regierungsstellen Unterstützung. Dennoch gab es zwischen zivilen und militärischen Regierungsstellen beträchtliche Unterschiede über Ziel und Methoden der Bomberangriffe.

Die meisten der zivilen und militärischen Mitglieder der Johnson – Administration glaubten, dass Bomberangriffe verschiedene Ziele erreichen. Die Bomberangriffe würden klar und nachdrücklich zeigen, dass die Vereinigten Staaten daran gehen, die kommunistische Aggression zu stoppen und das freie Südvietnam zu unterstützen. Gleichzeitig würden die Bomberangriffe die Moral der Südvietnamesen erhöhen, die in dem Maße abnahm, in dem sie den Krieg verloren. Die Bomberangriffe würden auch Nordvietnam einen zunehmend hohen Preis für die Unterstützung des Krieges zahlen lassen. Unter den zivilen Regierungsstellen war die Motivation für die Bomberangriffe mehr psychologisch als militärisch. Für die zivilen Regierungsstellen war das wichtigste Ziel der Bombenangriffe, den Willen der Nordvietnamesen zur Unterstützung des Krieges zu brechen, nicht die Fähigkeit dazu. Maxwell Taylor verdeutlichte in folgender Weise die zivile Sicht der Dinge: „Das Ziel unserer Luftkampagne besteht darin, den Willen der politischen Führung zu verändern." (Insgesamt: 1302 Wörter)

d) Mannes & Kintsch 1987: Zur Wirkung vorstrukturierender Hinweise

Stichprobe: 40 Studenten der Universität von Colorado. Die Hälfte absolvierte das Experiment innerhalb einer einzigen Sitzung, die andere Hälfte vollendete die Tests zwei Tage nach Bearbeiten des Vorspanns zusammen mit dem nachfolgenden Text.

Versuchsplan: 2 × 2 Plan (konsistenter – inkonsistenter Vorspann × Tests direkt nach Lesen des Textes oder nach 2 Tagen).

Folgende Tests waren von den Versuchspersonen zu absolvieren:

- eine Zusammenfassung des Textes erstellen,
- eine Anzahl vorgegebener Aussagen in Bezug auf den Text beurteilen,
- einen Abschnitt des Textes erinnern,
- ein nicht-triviales Problem, das im Text diskutiert wurde, lösen,
- verschiedene alternative Lösungen des vorher gestellten Problems auf ihre Angemessenheit in eine Rangfolge bringen.

e) Glowalla, Rinck & Fezzardi 1993: Textbrücken zwischen weiter auseinander liegenden Abschnitten eines längeren Textes – notwendig oder überflüssig?

Stichprobe: 55 Studienanfänger der Psychologie; aufgrund von Erkrankungen u. a. m. reduzierte sich die Anzahl auf 48 Versuchspersonen, von denen komplette Datensätze vorliegen.

Versuchsplan: „Das Experiment folgte einem Versuchsplan mit dem dreistufigen Messwiederholungsfaktor «Art der Integrationshilfe»: Jede Versuchsperson studierte jeweils ein Drittel der Bezüge zwischen Fakten aus unterschiedlichen Lektionen in den experimentellen Bedingungen «Implizit», «Erwähnt» und «Explizit». Als abhängige Variablen wurden die Verifikationszeiten und Verifikationsfehler bei der Beurteilungsaufgabe der Wissensdiagnose sowie die Lesezeiten der Textabschnitte mit den Integrationshilfen gemessen."

Versuchsablauf: Insgesamt gab es für jede Versuchsperson sieben Sitzungen. Die fünf Lektionen des Kurses wurden jeweils an fünf aufeinanderfolgenden Sitzungen in einer Woche absolviert. In der ersten Sitzung wurde die Versuchsperson in die Lernumgebung eingeführt usw. Nach Abschluss der letzten Lektion wurden den Versuchspersonen Fragen zur Lernumgebung, zum Studientext und zu den verwendeten Studiertechniken gestellt. Drei Tage nach Beendigung der letzten Lektion nahmen die Versuchspersonen an einem Test zur Wissensdiagnose teil: 38 Aussagen wurden zur Beurteilung angeboten. Die Versuchspersonen sollten durch Drücken einer JA- oder einer NEIN-Taste die Richtigkeit der Aussagen beurteilen. Art der Entscheidung und Latenzzeit (Dauer) wurde jeweils registriert. Die Hälfte der Aussagen war richtig, die andere Hälfte war falsch.

„Von Interesse waren für uns insbesondere die Beurteilungen von 15 richtigen Aussagen, die die Bezüge zwischen Inhalten aus verschiedenen Lektionen enthielten. Diese 15 Aussagen waren Paraphrasen derjenigen Sätze, welche die Bezüge genauer erläutern und nur in der Version «Explizit» im Text enthalten waren … Die Verifikationszeiten und -fehler bei der Beurteilung dieser Aussagen wurden analysiert, um den Effekt unterschiedlicher Integrationshilfen zu prüfen …" (S. 18)

6. Klassenmanagement und Klassenführung

Übersicht: Klassenmanagement umfasst alle Lehreraktivitäten, die das Interesse der Schüler auf den Unterricht lenken und sie somit von Verhaltensweisen abhalten, den Unterricht zu stören. Wie viele empirische Forschungen belegen, ist ein „gutes" Klassenmanagement eine der wichtigsten Voraussetzungen für einen lernwirksamen Unterricht.

Das Kapitel gliedert sich in folgende Teile: (1) Ursachen für Probleme beim Klassenmanagement und (2) Methoden bzw. Ansätze zum Klassenmanagement. Der erste Teil behandelt die theoretischen Grundlagen des modernen Klassenmanagements. Geht es um ein Eintrainieren sozialer Verhaltensweisen oder um die Entwicklung eines bestimmten Kontrollverhaltens beim Lehrer? Danach wird auf die Rolle von Erziehungsstilen eingegangen. Welche Vorteile bietet ein autoritativer Erziehungsstil gegenüber einem autoritären oder einem laissez-faire Erziehungsstil? Welche Probleme ergeben sich durch den Übergang von der Grundschule auf die weiterführende Schule?

Im zweiten Teil geht es um die Herausarbeitung der Handlungsmöglichkeiten des Lehrers für ein effektives Klassenmanagement. Dazu werden verschiedene Ansätze zum Klassenmanagement dargestellt: (1) traditioneller Ansatz nach Canter & Canter, Trainingsraum, (2) Techniken der Klassenführung (Kounin) und (3) vorausplanendes Handeln und Einführen von Regeln (Evertson). Diese Ansätze schließen sich nicht gegenseitig aus.

6.1 Einführung

Unter Klassenmanagement können alle Maßnahmen des Lehrers verstanden werden, die dazu führen, dass Lehr-Lernprozesse in der Schule möglichst reibungslos ablaufen. Viele empirische Studien belegen, dass die Verwirklichung eines solchen Klassenmanagements ein wichtiger Baustein effektiven Unterrichts ist (vgl. Wang, Haertel & Walberg 1994; Helmke 1988, 2003).

Modernes Klassenmanagement, das die empirische Forschung berücksichtigt, muss sich vor allem von zwei Positionen abgrenzen:

1) Ein gutes Klassenmanagement sei vor allem ein *hartes und unerbittliches Durchgreifen und Bestrafen* von unangemessenem Schülerverhalten, und
2) ein gutes Klassenmanagement sei vor allem ein *Eintrainieren sozialer Verhaltensweisen.*

Beide Verständnisse führen, wenn sie einseitig betont werden, zu gravierenden Problemen.

Beim ersten Verständnis fehlt die positive Seite der Lehrerrolle, das Zeigen von Verständnis und Empathie, das Helfen bei Lernschwierigkeiten, das Loben und Belohnen positiven Verhaltens. Um ein positives Lernklima zu schaffen, müssen Lehrer die Lernbemühungen der Schüler unterstützen. Sie müssen sich um Lernbedingungen bemühen, die den Schülern positive Selbstwirksamkeitserfahrungen ermöglichen.

Beim zweiten Verständnis wird vorausgesetzt, dass Schüler bestimmte grundlegende soziale Verhaltensweisen erst lernen müssen. Diese Annahme ist schlicht falsch: Ein Schüler, der bei dem einen Lehrer die ganze Stunde über stört und bei Ermahnungen nur freche Antworten gibt, mutiert bei einem anderen Lehrer zu einem braven, lieben und hilfsbereiten Schüler, der scheinbar kein Wässerchen trüben kann und der den Unterricht durch gute Beiträge bereichert. Offensichtlich kann sich der fragliche Schüler sozial verhalten, er muss dieses wünschenswerte Sozialverhalten also nicht erst lernen. Lehrer, die Schülern soziale Verhaltensweisen eintrainieren wollen, vermitteln somit den Schülern Dinge, die diese längst können. Dies schwächt die Autorität der Lehrer, bei denen gestört wird, noch mehr.

Wir kennen aus der Sozialpsychologie viele Fälle, die eine starke Abhängigkeit menschlichen Verhaltens durch Merkmale der Situation belegen (z. B. die Milgram-Experimente, die Asch-Experimente und das Stanford-Gefängnisexperiment; vgl. Ross & Nisbett 1991). Dies spricht dafür, dass Lehrer durch ihr Verhalten ganz unterschiedliche Situationen schaffen: Manche Lehrer können eine Situation herstellen, in der Schüler konzentriert mitarbeiten; andere Lehrer hingegen erzeugen ein Lernumfeld, in dem es mehr Spaß macht, den Lehrer bzw. andere Schüler zu ärgern. Wenn dies richtig ist, dann macht es wenig Sinn, im Unterricht soziales Verhalten zu trainieren, da es sich nicht um ein *Könnens-*, sondern um ein *Wollens-Problem* handelt. Albert Bandura hat schon in den sechziger Jahren des vorigen Jahrhunderts darauf hingewiesen, dass man zwischen dem Erwerb neuen Verhaltens bzw. neuen Wissens und dem schon vorhanden Verhaltens- und Wissensrepertoire zu unterscheiden hat. Der Lehrer muss somit Verhaltensstrategien lernen, die das vorhandene Sozialverhalten der Schüler auslösen und aufrechterhalten.

Kontrollierendes Verhalten ist dabei weit mehr als strenges und bestrafendes Verhalten bei der Verletzung von Regeln. Dies wird auch in den Interviewantworten einer Hauptschullehrerin deutlich, die für ihr gutes Klassenmanagement bekannt ist (vgl. Harper 2009). Eine erste wichtige Voraussetzung für ein effektives Klassenmanagement ist eine enge Zusammenarbeit zwischen den Lehrern einer Klasse, die in der Klasse unterrichten. Gerade bei schwierigen Klassen ist wichtig, dass wenige Lehrer einen Großteil des Unterrichts übernehmen, da die Einwirkungsmöglichkeiten auch von der Präsenzzeit in der Klasse abhängen.

> „Unser Hauptansatzpunkt ist, dass wir tatsächlich im Team arbeiten. Mein Kollege und ich haben alle Fächer, die im Klassenverband unterrichtet werden, unter uns aufgeteilt. Eine optimale Situation. Jeder von uns ist täglich mit mehreren Stunden in der Klasse. Die Schüler haben kaum Lehrerwechsel, sie wissen, dass wir viel miteinander über sie reden und uns nicht ausspielen lassen. Das bringt Ruhe in die Klasse."

Frau Harper nannte in ihrem Interview vor allem folgende Aspekte, durch die sie ein positives Verhalten kontrollierendes Lernumfeld schafft:

> 1. *Hohe Anforderungen, die so von einfach nach schwer strukturiert werden, dass sie auch von den Schülern gemeistert werden können.* „'Ich kann das nicht' höre ich oft, bevor sie sich ihren Arbeitsauftrag überhaupt durchgelesen haben. 'Kann nicht, gibt's nicht' kann ich dann nur sagen, denn in einer neuen Klasse stelle ich zunächst so einfache Anforderungen und schreibe so leichte, kurze Arbeiten, dass (fast) jeder gute Ergebnisse hat. 'Ich hab doch gesagt, dass du das kannst' ist ein Signal, dass ich den Kindern viel zutraue – eine neue Erfahrung für nicht wenige. Wenn sie stolz sind auf ihre Leistung, sind sie immer mehr bereit, sich auf die Inhalte meines Unterrichts einzulassen, und dann kann ich das Niveau auch langsam anziehen. Nach Meinung der Studenten, die zur Zeit ihr Praktikum bei mir absolvieren, können die Schüler meiner 10. Klasse besser Vorträge halten als ihre Kommilitonen – das ist doch was."
>
> 2. *Aufbau einer Vertrauensbeziehung:* „Ich versuche immer so schnell wie möglich eine richtig gute und von Vertrauen geprägte Beziehung in einer neuen Klasse aufzubauen. Dazu greife ich auch oft in meine 'Trickkiste': Ich provoziere oder nutze Situationen, in denen ich mich als zuverlässige Bezugsperson zeigen kann. Wenn sich einer beklagt, dass ein Schüler einer anderen

Klasse ihm z. B. das Cap weggenommen hat, rausche ich aus der Klasse mit Worten wie: 'Das wollen wir ja mal sehen. Meinen Schülern nimmt niemand etwas weg.' Wenn ich kurz danach mit dem betreffenden Objekt zurückkomme, weiß jeder, dass ich mich für meine Klasse einsetze. (Dass ich höflich beim Kollegen an die Tür geklopft habe und um Herausgabe des Caps gebeten habe, muss ja keiner wissen.)"

3. *Konsequentes Verhalten, Belohnung und Strafe:* „Vertrauen schaffen heißt aber nicht nur, ihnen entgegenzukommen, sondern auch im Grenzensetzen zuverlässig zu sein. Ich sage, was ich will und knicke nicht ein, wenn die Schüler versuchen Druck auf mich auszuüben, wenn wir unterschiedlicher Meinung sind. Sie merken schnell, dass ich es aushalten kann, wenn sie mich mal nicht mögen."

Und an anderer Stelle: „Bei aller Zuwendung, bei aller 'mütterlichen' Anteilnahme an den Befindlichkeiten meiner Kids muss eines klar sein: Letzten Endes bin ich der Boss, ich weiß was ich tue und mein Verhalten ist nicht beliebig.

Konsequent zu sein ist ganz bestimmt hilfreich für alle Beteiligten: Ich muss nicht immer wieder erklären, warum ich dies oder jenes will oder nicht will, die Schüler können sich besser auf meine Anforderungen einstellen, weil sie wissen, was auf sie zukommt.

Als ich meine jetzige Klasse als 7. übernommen hatte, waren nur wenige in der Lage sich im Unterricht angemessen zu verhalten. Wir kennen das alle: Zwischenrufe, dumme Bemerkungen, spontanes Aufstehen und Rumlaufen, andere auslachen oder belästigen – die ganze Palette eben. Ich musste immer wieder unterbrechen, um auf dieses Verhalten zu reagieren und wurde dabei auch öfter ziemlich laut. Rumzubrüllen ist nun wirklich nicht mein pädagogisches Highlight, aber ich muss zugeben, dass ich mir manchmal nicht anders zu helfen weiß, oder dass eine schwierige Klasse mich so auslaugt, dass ich für überlegtes Handeln keine Kraft mehr habe.

Auf jeden Fall schiele ich in der Anfangsphase, die auch mal ein Jahr dauern kann, nicht nach irgendwelchen Stoffverteilungsplänen, sondern passe mich den Möglichkeiten mit meiner Klasse an.

Wenn dann das erste Mal eine Stunde gut läuft, gibt es sofort eine Belohnung für uns alle: Wir gehen in der folgenden Stunde auf den Hof oder in die Cafeteria und spielen. Ich sage ihnen dann auch, dass ich begeistert bin und wir uns deshalb eine kleine Auszeit erlauben können. Die Abstände zwischen guten Stunden und Belohnungsstunden vergrößern sich immer mehr. Schüler, die sich im Vorfeld besonders gemein gegenüber anderen gezeigt hatten, dürfen nicht mit. Ich sage vor der Klasse, warum ich so entscheide."

4. *Reagieren auf Schüler, die mit Absicht stören:* „Wenn da gutes Zureden nicht hilft mache ich ihm und der ganzen Klasse klar, und zwar mit entsprechendem Ton und Lautstärke, dass ich mir meinen Unterricht nicht kaputt machen lasse. Das beschriebene Verhalten schreit geradezu nach Sanktionen. Aber hier passe ich auf, dass ich Fehlverhalten auch noch 'belohne', indem ich mich unverhältnismäßig viel mit diesem Kind beschäftige. Außerdem achte ich darauf, was ich leisten kann. Es ist mir schlichtweg zu aufwendig, hinter Unterschriften von Eltern oder abgeschriebenen Schulordnungen herzulaufen. Ich investiere hier Kraft, die mir woanders fehlt, und das auch noch mit einem zweifelhaften Ergebnis. Ich habe herausgefunden, dass es für mich einfacher ist, und trotzdem für den Schüler schmerzhaft ist, wenn ich ihm nicht an den schönen Aktionen mit der Klasse teilnehmen lasse. Schließlich beweist er ja täglich, dass er sich nicht einer Situation angemessen verhalten kann. Das führt dann auch schon mal dazu, dass ich einen Wandertag o. ä. anberaume, nur um diesen Schüler nicht mitzunehmen. In dieser Zeit geht der Schüler in eine andere, viel höhere oder tiefere Klassenstufe."

Angemessenes Kontrollverhalten ist also weit mehr als konsequentes Belohnen und Bestrafen, auch wenn dies eine wichtige Grundlage für ein effektives Klassenmanagement darstellt. Ein solches Klassenmanagement ist kein Selbstzweck. Vor allem dient es *nicht* dazu, Schüler zu willfährigen Untertanen zu erziehen. Klassenmanagement in dem hier vertretenen Sinne ist eine notwendige Bedingung dafür, dass sich Schüler möglichst aktiv und intensiv mit schulischen Inhalten auseinandersetzen. Ein effektives Klassenmanagement ist deshalb eine Voraussetzung für wirksames Unterrichten (vgl. Helmke 1988, 2003; Evertson & Harris 1998). Es stellt das vorausplanende aktive Agieren und nicht das Reagieren auf Störungen in den Mittelpunkt. Auf Störungen des Unterrichts, die auch bei ihm eintreten, reagiert der Lehrer in der Regel sofort, beiläufig, aber konsequent, ohne dabei den roten Faden und das Geschehen in der Klasse aus dem Blick zu verlieren (Kounin 1976). Allerdings kann er sich nur dann auf die Wirkung solcher beiläufiger Ermahnungen verlassen, wenn sich die Schüler insgesamt an bestimmte Regeln gebunden fühlen. *Bei der Übernahme einer neuen Klasse muss sich der Lehrer schlicht bei bestimmten Schülern auch durchsetzen.* Dabei kann man nicht ganz auf Methoden verzichten, die dem Schüler seine Grenzen aufzeigen (vgl. Interview oben, z. B. das Ausschließen eines Schülers von bestimmten schönen Aktivitäten).

6.2 Ursachen für Klassenmanagementprobleme

6.2.1 Ungünstige Rahmenbedingungen

Manche Lehrer erklären ihre Probleme mit Schülern mit ungünstigen Rahmenbedingungen. Ein Lehrer mit über dreißig Schülern, von denen einige noch aus problematischen Erziehungsmilieus kommen, habe erheblich größere Probleme zu bewältigen als ein Lehrer, der in einer kleinen Grundschulklasse in einer wohlsituierten Wohngegend unterrichtet. Eine ähnlich schwierige Situation habe ein Lehrer, der in einer Hauptschule mit hohem Ausländeranteil unterrichtet, die in einem sozialen Brennpunkt einer Großstadt liegt. Die entscheidende Frage ist somit, welchen Stellenwert Fähigkeiten zum Klassenmanagement im Vergleich zu solchen erschwerenden Umständen haben.

Die zu dieser Frage durchgeführte Forschung belegt zwar, dass vor allem die sprachliche Homogenität (hoher/niedriger Ausländeranteil) eine Rolle spielt, doch scheinen die Fähigkeiten des Lehrers zu einem wirksamen Klassenmanagement bedeutsamer zu sein. So fand man in zweiten Grundschulklassen in der SCHOLASTIK-Studie zwar eine deutliche Korrelation von 0,49 zwischen sprachlicher Homogenität der Klasse und Aufmerksamkeitsverhalten, die Korrelation zwischen den Fähigkeiten zu einem effizienten Klassenmanagement und dem Aufmerksamkeitsverhalten lag hier bei 0,42. Das Verhältnis dieser Werte kehrte sich in den höheren Klassenstufen jedoch um: In der dritten und der vierten Klassenstufe sank der Zusammenhang zwischen Aufmerksamkeitsverhalten der Schüler und sprachlicher Homogenität auf 0,33 (3. Klasse) bzw. 0,18 (4. Klasse) ab, während die Korrelation des Aufmerksamkeitsverhaltens mit der Klassenführung auf 0,67 jeweils anstieg. Andere Faktoren wie Klassengröße zeigten überhaupt keinen eindeutig interpretierbaren Effekt (vgl. Helmke & Renkl 1993)! Aufgrund dieser Ergebnisse kann angenommen werden, dass Bedingungen wie hoher Ausländeranteil vermutlich die Arbeit erschweren, dass aber in den meisten Fällen diese Schwierigkeiten durch eine effektive Klassenführung bewältigt werden können.[56]

[56] Gleichwohl wäre es wichtig, möglichst schon vor Schulbeginn Ausländerkinder mit Sprachproblemen durch sprachliche Förderkurse auf die Schule besser vorzubereiten.

6.2.2 Die Illusion vom lieben Schüler

Ein Lehrer, der seine Klasse gut motivieren kann, ist ein „guter" oder ein „effektiver" Lehrer. Die Schüler arbeiten aktiv im Unterricht mit und stören wenig. Wenn eine Klasse hoch „intrinsisch"[57] motiviert bei der Sache ist, dann zeigt sich dies an einer regen Beteiligung, an viel Eigeninitiative und Engagement sowie an einem sachlichen Umgangston. Eine solche Beteiligung sollte dabei nicht aus einer Angst vor schlechten Zensuren oder vor strengen Zurechtweisungen herrühren, sondern vorrangig einem echten Interesse an der Sache entspringen.

Dieses Ideal einer intrinsisch motivierten Klasse ist der Traum eines jeden Lehrers, und zuweilen gelingt es auch, diesen Traum zu realisieren. Allerdings ist es eine pure Illusion, durch Abschaffen aller Zwänge eine hohe intrinsische Motivation der Schüler zu bekommen. Wie nachhaltig solche illusionären Vorstellungen vom Guten im Kind in der Praxis bestraft werden, belegt ein Bericht, den Kurt Zeidler über seine Erfahrungen in einer Hamburger Versuchsschule, in der er ab 1919 unterrichtet hat, verfasst hat.[58] Er schreibt:

> **„Die Kinder nämlich, in viel zu jungen Jahren gemäß den Traditionen der Lernschule mit Unterrichtsstoffen belastet, die ihnen unendlich fern lagen, zeigten sich viel weniger als man vorausge-** setzt hatte, bereit, gern oder gar freiwillig zu arbeiten. Hatten sie früher schon versucht, sich zu drücken, wo es ging, so nun erst recht, wo es ihnen so viel leichter gemacht war – ohne dass deshalb ein Äquivalent für die ausgefallene Leistung sich irgendwo hätte aufzeigen lassen. Lauheit und Nachlässigkeit griffen um sich …
>
> Rat- und hilflos standen die Lehrer diesen Erscheinungen gegenüber und mühten sich, ihre Ursachen zu ergründen und zu beseitigen. Die Versuche, die alte Ordnung und äußere Autorität wieder herzustellen, wurde immer schwieriger und aussichtslos …
>
> Jede Unterrichtsstunde, die früher einfach und selbstverständlich ihren Lauf genommen und ihre zwar geringen, aber sicheren Wirkungen gehabt hatte, wurde nun zu einem mit viel Berechnung konstruierten Kunstgebilde… Es galt, alle Register zu ziehen, die Schüler für sich gewinnen, sie blenden, sie faszinieren, ablenken von sich selber, in einen Strudel künstlich erzeugten Interesses reißen. Wer sein Publikum einzuwickeln wusste, wer sich auf die Mittel der Massensuggestionierung verstand, ein Typ, dem demagogischen Volksredner nicht unähnlich, oder wer über ein gewisses Unterhaltungstalent verfügte, der war obenauf. Die Methodik feierte Orgien …"
> (Zeidler 1925, S. 11 f.)

Die Erfahrungen der Reformpädagogik belegen somit keineswegs, man könne durch Abschaffen von Zwängen oder festen Regeln seine Schüler motivieren. Der Lehrer muss einen Rahmen mit definierten Grenzen vorgeben und dazu Regeln vereinbaren, die möglichst von allen Schülern akzeptiert werden können. Vor allem aber muss er selbst seine Bringschuld erfüllen: Gut strukturierten Unterricht halten, in dem alle Schüler die behandelten Inhalte auch lernen können. Bei leistungsschwächeren Schülern organisiert er Fördermaßnahmen, organisiert in Abstimmung mit den Eltern Nachhilfen, vereinbart mit dem Schüler kurzfristig erreichbare Lernziele, deren Erreichen dann in angemessener Weise belohnt wird, zeigt Interesse für die Probleme des Schülers. In einigen Fällen wird er auch vor unlösbaren Problemen stehen.

---

[57] Intrinsisch motiviert bedeutet von innen, *„von der Sache her motiviert"*; extrinsisch motiviert bedeutet *„durch Belohnungen oder Belohnungserwartungen von außen motiviert"*.

[58] R. Uhle hat mich auf diese Arbeit von Zeidler aufmerksam gemacht.

Jedenfalls sollte er nicht erwarten, die Schüler seien allein schon deshalb interessiert und motiviert, weil er im Unterricht ihre Interessen berücksichtigt, sie danach fragt, welche Projekte gemeinsam durchgeführt werden sollen usw. Motivationen, die durch „Belohnungen" oder „Deals" erzeugt werden, erschlaffen schnell. Und dann spätestens kommt die große Enttäuschung und Verbitterung für den Lehrer: *„Hat man nicht alles getan, um ihnen Gutes zu tun? Und trotzdem danken sie es nicht."* Und weil die Schüler so undankbar sind, fühlen sich Lehrer hilflos und reagieren dann – scheinbar gerechtfertigt – mit umso härterem Durchgreifen. Im Nachhinein Grenzen noch abzustecken, ist kaum möglich, wie empirische Untersuchungen zeigen (vgl. Anderson, Evertson & Brophy 1979, Evertson et al. 1983).

Voraussetzung für ein wirksames Klassemanagement ist somit *ein realistisches, nicht zu idealistisches Menschenbild.* Schüler haben ihre eigenen Interessen und Bedürfnisse, sie wollen zwar in der Regel etwas lernen, scheuen aber zuweilen größere Anstrengungen. Wenn ein Lehrer, der sich nicht durchsetzen kann, Schwächen zeigt, werden diese gnadenlos ausgenutzt. Ein Lehrer, der sich in den Augen der Schüler keinen Respekt verschaffen kann, darf man ärgern. Schließlich sind ja auch die Lernmöglichkeiten bei diesem Lehrer eher begrenzt, denn in einer Klasse mit großen Disziplinproblemen kann kein effektiver Unterricht stattfinden. Als Folge ergibt sich dann möglicherweise folgende Situation (nach Wahl, Weinert & Huber 1997[6], S. 453 f.):

Namen störender Schüler an die Tafel schreiben ...

„In einem fünften Schuljahr der Hauptschule ist es sehr laut. Die Schüler führen viele Seitengespräche. Der Lehrer ermahnt diejenigen Schüler, die sprechen. Wenn dies nicht hilft, schreibt er den Namen des Schülers an die Tafel. Wird ein Schüler wiederholt beim Sprechen ertappt, so erhält er einen Strich unter seinem Namen. Sind drei Striche erreicht, bekommt er als Strafaufgabe eine Heftseite Schönschreiben."

Zwischen der Durchsetzungsfähigkeit und der Erziehungsfähigkeit von Eltern und Lehrern bestehen m. E. enge Verbindungen. Erkenntnisse über effektives Erzieherverhalten von Eltern können deshalb auch auf das Lehrerverhalten in der Schule übertragen werden. Patterson (1982) beschreibt ein solches inkompetentes Elternverhalten in einer Hausaufgabensituation, die unten kurz beschrieben wird. Nach der Auffassung von Patterson ist ein solches ineffektives Erziehungsverhalten die wichtigste Ursache für das Entstehen asozialen Verhaltens.

Hausaufgabensituation

Ein Junge weigert sich, mit den Hausaufgaben anzufangen, obwohl ihn seine Mutter dazu auffordert. Er wendet ein, die Schule sei blöd, die Lehrer würden nur verstaubten Stoff anbieten, im Leben würde man das alles sowieso nicht benötigen usw. Die Mutter ermahnt, straft, hat damit aber keinen Erfolg. Der Junge intensiviert seine Aktivitäten so lange, bis die Mutter ein Nachsehen hat und nicht weiter die Hausaufgabenerledigung verlangt. Sofort danach zeigt sich der Junge von seiner lieben Seite.

Folgende Wirkungsfaktoren kann man in dieser Interaktionssequenz identifizieren:

1) Einmal wird der Junge für sein insistierendes Verweigerungsverhalten belohnt, der Junge lernt dadurch, dass sich ein hartnäckiges, aggressives Verhalten in solchen Situationen auszahlt. Er wird vermutlich ein solches Verhalten in Zukunft eher noch wirksamer einsetzen.

2) Der Junge übt die Inhalte nicht, – er macht ja keine Hausaufgaben, – und kann dadurch in der Schule immer weniger dem Unterricht folgen.
3) Die Mutter lernt, dass ihr Nachgeben dazu führt, dass ihr Junge wieder ein braver Junge ist.

Ähnlich wie bei der Mutter in der geschilderten Erziehungssituation führt ein ineffektives Klassenmanagement längerfristig zu einem Verzicht auf anspruchsvollere Leistungsziele und damit auf wirksamen Unterricht: Kinder werden weniger beaufsichtigt, kontrolliert; gleichzeitig haben sie durch ihren Erfolg beim Abwehren von Leistungsansprüchen effektive Strategien erworben, um sich einer genaueren Kontrolle zu entziehen. Standards werden aufgegeben, Eltern und Lehrer werden zunehmend hilfloser.

Doch wie sieht demgegenüber ein effektives, im Rahmen bestimmter Regeln sich durchsetzendes Erzieherverhalten aus? Ein Beispiel dafür bietet das auf S. 250f. dargestellte Gespräch zwischen einer „effektiven, sich durchsetzenden“ Mutter und ihren beiden Kindern (vgl. Hart & Risley 1995, S. 83). Manche Pädagogen werden vielleicht einer solchen Erziehung nicht zustimmen. Was die Mutter hier mache, sei Erpressung. Solche Pädagogen vergessen dabei **allerdings, dass die Alternative höchstens ein Appell an die Vernunft ist. Und diese Vernunft vorauszusetzen ist bei Kindern dieses Alters schlicht blauäugig**[59]**. Wenn Ermahnungen aber** nichts fruchten, kann die Mutter lauter werden, schreien, und auch dann werden die Kinder nicht unbedingt aufräumen. Vielleicht hilft das Schreien kurzfristig, langfristig werden die Probleme aber eher noch größer. Natürlich kann die Mutter auch selbst aufräumen. Dieses resignative Verhalten entspricht dem Verhalten eines Lehrers, der es aufgrund der Führungsprobleme in der Klasse aufgegeben hat, anspruchvolle Leistungsstandards durchzusetzen.

In der Klasse verfügt ein Lehrer über viele *natürliche Belohnungsmöglichkeiten,* die ihm Macht verleihen, ein wirksames Klassenmanagement durchzuführen. Der Lehrer kann z. B. den Schülern deutlich machen, dass bei konzentrierter Mitarbeit gegen Ende der Stunde die Zeit genutzt werden kann, um mit den Hausaufgaben anzufangen. Ferner kann der Lehrer sich für den Abschluss der Stunde Dinge vornehmen, die den Schülern besonderen Spaß bereiten und dies am Beginn der Stunde mit den entsprechenden Konditionen bekannt geben. Nur dann, wenn die Schüler im Unterricht entsprechend mitarbeiten und sich konzentriert verhalten, kann der Lehrer am Ende der Stunde diese schönen Dinge mit seinen Schülern machen. Allerdings setzt dies voraus, dass Schüler eine echte Chance haben, diese begehrten Güter auch zu bekommen.

6.2.3 Der Unterrichtsstil des Lehrers

Im Kontext einer guten Wissensstrukturierung kann der geschickte Einsatz solcher „erpresserischer Mittel“ dem Lehrer *helfen*, seine Schüler möglichst die ganze Unterrichtszeit auf den Lehrstoff zu konzentrieren. Die Schüler lernen dann viel, und dieser Lernerfolg wiederum motiviert die Schüler, auch in Zukunft mitzuarbeiten. Der Einsatz solcher Mittel schafft somit erst die Voraussetzungen für die Schüler, positive Erfahrungen mit der eigenen Kompetenz zu machen, und diese Kompetenzerfahrungen sind die Grundlage für eine weitere vergleichsweise reibungslose Zusammenarbeit und für weitere positive Kompetenzerfahrungen. Lehrer, die durch Verwendung eines *autoritativen Erziehungsstils* hierfür gute Voraussetzungen schaffen, werden auch von den Schülern geachtet und respektiert. Sie erläutern am Schulanfang die Spielregeln, nach denen sich alle, auch der Lehrer, zu richten haben und setzen diese Regeln am Anfang konsequent auch mit Hilfe von Sanktionen durch. Sie verlassen sich also nicht nur auf

[59] Auch in der Sekundarschule dürfte m. E. ein solcher Glaube an die Macht der Vernunft enge Grenzen haben.

das Verständnis der Schüler, sondern zeigen durch ihr Kontrollverhalten, dass diese Regeln auch durchgesetzt werden (vgl. Baumrind 1975). Durch sein konsequentes Durchgreifen am Anfang ist es möglich, später eher beiläufig auf Regelverletzungen zu reagieren. Dadurch schafft er die Voraussetzungen für gute Lernchancen und eine Grundlage für ein Gefühl der Kompetenz und der Selbstwirksamkeit. Dies ist für die physische und psychische Gesundheit von Lehrern und Schülern von herausragender Bedeutung.

Ein *autoritativer Unterrichtsstil* grenzt sich von einem *autoritären Unterrichtsstil* vor allem durch zwei Merkmale ab:

1. Bei einem autoritativen Unterrichtsstil werden *am Anfang Regeln besprochen und diese vereinbart*. Belohnungen und Bestrafungen können dann durch Verweis auf diese Regeln begründet werden.
2. Es wird *kein unbedingter Gehorsam* gefordert *(„du machst das, weil ich es sage“)*, sondern ein *bedingter Gehorsam* im Sinne eines Befolgens vereinbarter Regeln *(„du machst das, weil wir die Regel vereinbart haben ...“)* sowie eines Konsens über geteilte Werte.

Schüler erhalten hier also einen Orientierungsrahmen, der sowohl von den Schülern als auch von den Lehrern zu beachten ist.

Ein Lehrer mit einem Laissez-Faire Unterrichtsstil, der nicht sofort bei Regelverstößen eingreift und der zunächst alles laufen lässt, läuft Gefahr, dass Schüler seine Gutmütigkeit gnadenlos ausnutzen. Klassen merken sehr schnell, bei welchen Lehrern sie sich in dem Bemühen, Leistungsstandards zu senken, durchsetzen können. Wenn es versäumt wird, von Anfang an klare Grenzen zu setzen, stehen Lehrer vor einem kaum lösbaren Dilemma:

- Sie können versuchen, das Ruder herumzureißen und mit einem *überstrengen Regiment* Ruhe und Ordnung wiederherzustellen.[60] Häufig stellen diese Lehrer dann besonders hohe Leistungsanforderungen, um Schülern zeigen zu können, wie inkompetent sie sind. In dieser Situation können Lehrer und Schüler nur verlieren. Es schwelt dann ein ständiger Machtkampf, unter dem nicht nur der Lehrer, sondern vor allem die leistungsschwächeren Schüler leiden, wenn ihnen vorgeworfen bzw. demonstriert wird, sie seien dumm bzw. unbegabt.
- Der Lehrer verzichtet auf höhere Leistungsanforderungen, seine niedrigen Anforderungen kommen scheinbar den Interessen der Schüler entgegen und die Schüler lassen den Lehrer dafür auch in Frieden (Verhalten wie in der Patterson'schen Hausaufgabensituation).

Beide Alternativen, die als Folge eines *Laisser-faire-Stils* auftreten, sind nicht erstrebenswert. Auch das andere Extrem, von vornherein autoritär bedingungslosen Gehorsam von den Schülern einzufordern, passt nicht in eine demokratische Gesellschaft, in der Schüler zum Mitentscheiden und zu zunehmender Selbstständigkeit und Kritikfähigkeit angeleitet werden sollen. Ein *autoritärer Unterrichtsstil* erzieht die Schüler zu Kadavergehorsam, er macht sie nicht mündig für selbstständiges, unabhängiges und reflexives Handeln.

6.2.4 Schulformwechsel und Adoleszenz

Disziplin- und Motivationsprobleme treten in der Regel mit besonderer Intensität in den weiterführenden Schulen auf. Viele amerikanische Studien belegen, dass mit dem Besuch einer

[60] Die weiter unten diskutierte Studie von Anderson, Evertson & Brophy (1979) zeigt, dass ein nachträgliches Einführen von Klassenregeln wenig Erfolg versprechend ist: Wenn erst einmal schlechte Sitten eingeschliffen sind, dann ist ihre Veränderung sehr schwierig frei nach dem Motto „ist der Ruf erst ruiniert, lebt sich's besser ungeniert“.

weiterführenden Schule eine Vielzahl von Schwierigkeiten auftreten. Schüler erhalten deutlich schlechtere Zensuren, ihre Schulmotivation und intrinsische Motivation sowie das Vertrauen in die eigenen Fähigkeiten sinken, während Schulangst und gelernte Hilflosigkeit zunehmen. Die Erklärung dafür wird häufig in entwicklungsbedingten Veränderungen der heranwachsenden Jugendlichen selbst gesehen, die mit dem Übergang von der Kindheit in den Status eines Erwachsenen fast zwangsläufig einhergehen würden. Zu diesen Änderungen gehören neben körperlichen vor allem psychosoziale Veränderungen der Heranwachsenden selbst. Die Ansprüche bzw. Erwartungen an die soziale Umwelt verändern sich: Die Beteiligung an Entscheidungen, die Berücksichtigung der Wünsche des Jugendlichen, die Achtung ihrer Eigenständigkeit werden zunehmend wichtiger. Gleichzeitig bleibt aber ein starkes Bedürfnis nach Wärme und Geborgenheit, aber auch nach Gerechtigkeit und Fairness wichtig.

Diesen entwicklungsbedingten Veränderungen des Heranwachsenden selbst stehen gravierende Veränderungen in der Schule gegenüber, die durch den Schulwechsel bedingt sind, der meist nach der vierten Klasse erfolgt. Nun besucht der Schüler eine „weiterführende Schule", die verstärkt in den verschiedenen Fächern Fachlehrer einsetzt. Damit geht eine Schwächung der Position des Klassenlehrers einher.[61] Auch die Klassenstärke ist in diesen weiterführenden Schulen häufig größer als in der Grundschule. Ferner sind die Schulen meist erheblich größer und damit unübersichtlicher, in der Regel haben sie einen größeren Einzugsbereich. Damit wird die Chance geringer, dass sich Eltern und Schüler einer Klasse durch persönliche, private Kontakte untereinander kennen; die Bereitschaft der Eltern ist dann niedrig, aktiv am Schulleben teilzunehmen, die Hemmschwelle der Eltern für eine Mitarbeit bzw. Zusammenarbeit mit den Lehrern wird höher.

Wenn es sich bei den zunehmenden Konflikten zwischen Schülern und Lehrern in den weiterführenden Schulen um quasi natur- bzw. entwicklungsbedingte Prozesse handeln würde, dann müssten alle Lehrer in gleicher Weise mit ähnlichen Schwierigkeiten kämpfen. Dies ist offensichtlich nicht der Fall, was darauf hindeutet, dass der entscheidende Faktor das Verhältnis zwischen den Wünschen und Bedürfnissen des Schülers und den darauf bezogenen Verhaltensweisen der Lehrer ist.

Neuere US-amerikanische Forschungen belegen, dass mit dem Wechsel von der Elementary School (die ersten sechs Schuljahre) zur Junior High School einige problematische Veränderungen im Lehrer-Schüler Verhältnis eintreten (vgl. Midgley, Feldlaufer & Eccles 1989 und Eccles, Midgley, Wigfield, Buchanan, Reuman, Flanagan & Mac Iver 1993).

- Gut belegt ist, dass mit dem Wechsel von kleinen zu großen Schulsystemen auch in der Regel eine Verschlechterung des Schulklimas einhergeht. Die Schüler-Lehrer-Beziehungen werden distanzierter und kälter.
- In den Junior High Schools wird mehr Wert auf Disziplin gelegt. Gleichzeitig werden den Schülern eher geringere Möglichkeiten der Beteiligung an Entscheidungen eingeräumt.
- Mit dem Schulwechsel zur Junior High School werden Schüler häufiger in leistungshomogenen Klassen oder Kursen unterrichtet (äußere Leistungsdifferenzierung). Formen der Binnendifferenzierung bzw. des Kleingruppenunterrichts werden seltener angewendet.
- Lehrer der siebten Klasse der Junior High Schools fühlen sich im Vergleich zu Lehrern der sechsten Klassenstufe der Elementary School als Lehrer weniger wirksam, insbesondere, was

[61] Besonders problematisch wird das bei sog. schwierigen Klassen. Hier ist erforderlich, dass der Unterricht weitgehend auf zwei Lehrkräfte verteilt wird, die jeden Tag miteinander Informationen austauschen.

leistungsschwächere Schüler angeht. Dieser Unterschied ist besonders deutlich ausgeprägt.

- Etwas überraschend erscheint der Befund, nach dem Lehrer der Junior High School weniger anspruchsvolle kognitive Aufgaben an ihre Schüler stellen. Nach einer Untersuchung von Walberg, House & Steele (zit. nach Eccles, Wigfield, Midgley, Reuman, Mac Iver & Feldlaufer 1993, S. 94) steigt der Anteil kognitiv wenig anspruchsvoller Aufgaben bis zur neunten Klassenstufe, um erst danach wieder zurückzugehen.
- Ferner werden die Zensierungsmaßstäbe mit dem Übergang zur Junior High School deutlich erhöht. Auch wird nun mehr Wert auf den Vergleich der Schülerleistungen gelegt. Diese strengere Bewertungspraxis hat erheblichen Einfluss auf das Vertrauen der Schüler in ihre eigene Leistungsfähigkeit. Die Verschlechterung der Zensuren ist nicht auf niedrigere Leistungen der Schüler, sondern auf die strengere Bewertungspraxis der Lehrer zurückzuführen. Dies wurde mit Hilfe von Schulleistungstests überprüft.

Für die Schüler ergibt sich daraus eine prekäre Situation: Weder wird ihr Bedürfnis nach Anerkennung und Wärme, noch das nach intellektuellen Herausforderungen in hinreichendem Maße gestillt. Gleichzeitig wird durch die verschärfte Zensierungspraxis das Selbstvertrauen der Schüler in ihre eigene Leistungsfähigkeit unterminiert. Vermutlich reagieren die heranwachsenden Schüler auf diese Situation häufig mit einer Mischung aus Resignation und offener Rebellion. Dies mag bei den Lehrern zu einer verminderten Einschätzung der eigenen Wirksamkeit führen. Man hat diese Veränderungen auf die größeren Schulsysteme, deren zunehmend bürokratische Struktur, die Einführung des Fachlehrerprinzips und auf die Vergrößerung der Klassen zurückgeführt.

Allerdings scheinen diese Situationsfaktoren nicht auf alle Lehrer die gleiche Wirkung zu haben. Eccles et al. (1993, S. 95) berichten von einer Langzeitstudie mit 1329 Schülern, die den Wechsel von der Elementary School auf die Junior High School bezüglich der Unterrichtsqualität von Mathematiklehrern untersuchte.

Tab. 16: Das Gefühl der Selbstwirksamkeit von Lehrern der Elementary School (sechste Klasse) und in der Junior High School (siebte Klasse)

	Gefühl der Selbstwirksamkeit des Lehrers … bei Lehrern der siebten Klasse	
… bei Lehrern der sechsten Klasse	hoch	niedrig
hoch	179 (13%)	559 (42%)
niedrig	117 (9%)	474 (36%)

Danach wechselte die größte Gruppe (559 Schüler) in der sechsten Klassenstufe von einem Mathematiklehrer mit ausgeprägtem Glauben an seine Wirksamkeit[62] zu einem Mathematiklehrer mit gering ausgeprägtem Glauben an die eigene Wirksamkeit, eine zweite große Gruppe

[62] Das zentrale Merkmal ist hierbei „teacher efficacy“, also das Vertrauen in die persönliche Wirksamkeit oder in die Wirksamkeit als Lehrer. Hohe Wirksamkeit wird über einen Test zum Glauben, was ein Lehrer bei seinen Schülern erreichen kann, erfasst. Man weiß aufgrund von Forschungen, dass solche indirekten Masse der Lehrerwirksamkeit (Teacher efficacy) tatsächlich mit bestimmten Wirkungen bei Schülern wie Schulleistungen, intrinsische Motivation und Schulangst zusammenhängen (vgl. Ross 1998).

von 474 Schülern hatte sowohl in der Elementary School wie in der Junior High School einen Mathematiklehrer mit geringem Vertrauen in die eigene Wirksamkeit, 117 Schüler verbesserten sich und nur 179 Schüler hatten beide Jahre Lehrer mit stark ausgeprägtem Glauben an ihre Wirksamkeit. Insgesamt wechselten nach dieser Studie somit 78 % der Schüler in Klassen mit Lehrern, die ein geringes Vertrauen in ihre Unterrichtswirksamkeit hatten. Ferner: In der sechsten Klasse hatten noch 55 % der Mathematiklehrer ein ausgeprägtes positives Gefühl ihrer eigenen Wirksamkeit. In der siebten Klasse verminderte sich dieser Prozentsatz auf 22 %, also weniger als die Hälfte des vorherigen Wertes!

Der entscheidende Punkt betrifft die motivationalen Auswirkungen auf die Schüler: Man konnte in der Studie ebenfalls nachweisen, dass die Lehrer der 7. Klasse mit geringem Vertrauen in ihre eigene Kompetenz entsprechende Wirkungen bei den Schülern hatten: Schüler, die von einem Lehrer, der von seiner Kompetenz überzeugt war, zu einem Lehrer wechselten, der davon deutlich weniger überzeugt war, beendeten das erste Schuljahr mit niedrigeren Erwartungen in sich selbst, schätzten ihre Leistungsfähigkeiten in Mathematik niedriger und die Schwierigkeit des Fachs Mathematik höher ein (vgl. Midgley, Feldlaufer & Eccles 1989). Diese negativen Veränderungen waren nicht bei den Schülern festzustellen, die zu einem Mathematiklehrer wechselten, der von seiner Lehrerkompetenz überzeugt war.

Zusammenfassend schreiben Eccles et al. (1993, S. 99):

> „After the transition to junior high school, early adolescents are often confronted with a regressive environmental change: They experience a decrease in the opportunity to participate in classroom decision making … Not surprisingly, there is also a decrease in intrinsic motivation and an increase in school misconduct …, and these changes are most apparent among the adolescents who report experiencing the greatest mismatch between their needs and their opportunity in classroom decision making…
>
> Field studies of the more successful middle and junior high schools provide numerous examples of classrooms and schools that have more positive and developmentally appropriate learning environments – classrooms and schools with higher teacher efficacy, greater opportunity for meaningful Student participation in both school and classroom decision making, and more positive student-teacher relationships."

Es ist empirisch nicht geklärt, in welchem Umfang in Deutschland vergleichbare Bedingungen anzutreffen sind. Die Berichte über Disziplinschwierigkeiten betreffen auch hier nach meinem Eindruck vor allem weiterführende Schulen. Hier neigt man leicht dazu, alle Disziplinprobleme durch Verweis auf die Pubertät zu erklären. Die amerikanischen Studien zeigen jedoch, dass ein erheblicher Teil der auftretenden Schwierigkeiten an anderen Veränderungen liegt, die mit dem Wechsel von der Grundschule zu den weiterführenden Schulen zusammenhängen. Das Fachlehrerprinzip verursacht Probleme, die durch eine Verbesserung der Aus- und Weiterbildung von Lehrern kaum lösbar sind. Ein Fachlehrer, der in zehn verschiedenen Klassen unterrichtet, kann kaum eine positive Beziehung zu seinen Schülern aufbauen. Die daraus resultierenden Disziplinschwierigkeiten führen im Unterricht dazu, dass dieser ineffizienter wird: Lehrer benötigen nun mehr Zeit für die Lösung solcher Konflikte (vgl. dazu Midgley et al. 1989).

6.2.5 Der Unterricht als Ursache für Probleme des Klassenmanagements

Wie kann ein Lehrer seinen Schülern ein Gefühl ihrer Kompetenz geben, wenn zwischen den Schülern erhebliche Unterschiede in ihrer Leistungsfähigkeit und in ihrem Verhalten bestehen?

Schwierige Schüler machen dem Lehrer in der Regel mehr Arbeit, sie machen ihm das Leben schwer, und es liegt für den Lehrer dann nahe, es diesen Schülern „heim zu zahlen". Leistungsstarke Schüler können damit zu Rande kommen, schwächere Schüler übernehmen dann leicht das Lehrer-Urteil, unfähig und unbegabt zu sein. Die Motivation in solchen Klassen nähert sich dann dem Nullpunkt. Dies geschieht vor allem,

- wenn soziale Leistungsvergleiche in Klassen im Vordergrund stehen und nicht der Schüler danach beurteilt wird, in welchem Umfang er sich angestrengt und seine Leistungen verbessert hat,
- wenn gleiche Ansprüche und Anforderungen an alle Schüler gestellt werden, obwohl sie unterschiedliche Voraussetzungen mitbringen,
- wenn der Unterricht nicht die Möglichkeiten effektiver Gruppenarbeit nutzt, um Sachverhalte schwächeren Schülern ausreichend zu erklären.

Bandura schreibt dazu (1997, S. 175):

> „Es gibt viele Schulpraktiken, die beim weniger talentierten und schlecht vorbereiteten Schüler die Unterrichtserfahrungen in eine ineffektive Erziehung umkehren. Dazu gehört ein gleiches Unterrichtstempo, durch das eine Reihe von Schülern verloren gehen, die mit diesem Tempo nicht Schritt halten können. Das Einsortieren von Schülern in Fähigkeitsgruppen vermindert ferner die wahrgenommene Selbstwirksamkeit von den Schülern, die in den unteren Leistungsgruppen landen, in denen von ihnen wenig erwartet wird, sodass sie in ihren Leistungen noch weiter zurückfallen. Sozial vergleichende Zensurenpraxis kehren pädagogische Bemühungen in solche um, dass sie von vielen als Versagen bewertet werden und von wenigen als Erfolg.
>
> Klassenstrukturen beeinflussen Wahrnehmungen der geistigen Möglichkeiten in großem Umfang durch den relativen Nachdruck, der auf soziale Vergleichsbeurteilungen im Vergleich zu individuellen Selbstbeurteilungen gelegt wird. Die Selbstbewertungen von weniger fähigen Schülern leiden am meisten, wenn die Klasse das gleiche Material behandelt und Lehrer häufige vergleichende Bewertungen abgeben … Bei einer solchen gleichförmigen Struktur, die Wert auf soziale Vergleichsmaßstäbe legt, ordnen sich die Schüler in eine Rangordnung entsprechend ihrer Fähigkeiten mit einem beachtlich hohen Konsens ein. Einmal etabliert sind solche Rankings schwer zu verändern. In diversifizierenden Klassenstrukturen ermöglicht ein individualisierter Unterricht, der auf die Fähigkeiten und Fertigkeiten der Schüler zugeschnitten ist, allen Schülern eine Erweiterung ihrer Kompetenzen und schafft damit weniger Gelegenheit für demoralisierende soziale Vergleiche. Folglich vergleichen die Schüler dann ihren Lernfortschritt mehr mit ihren persönlichen Standards als mit der Leistung anderer…
>
> Ergebnisse vergleichender Studien belegen, dass kooperative Strukturen, in denen Mitglieder sich ermutigen und sich gegenseitig unterrichten, im allgemeinen höhere Leistungen hervorbringen als individualistische oder auf Konkurrenz ausgerichtete Strukturen …"

Diese Überlegungen setzen den allgemeinen Rahmen, innerhalb dessen Verfahren und Techniken des Klassenmanagements ansetzen. In diesem allgemeinen Rahmen spielt die Schaffung günstiger Unterrichtsbedingungen die herausragende Rolle. Die Rolle des Lehrers dabei ist die einer Person, die ihre Verantwortung im Sinne der Entwicklung dieser Fähigkeiten und Kompetenzen in professioneller Weise wahrnimmt. Ziel ist dabei nicht der gehorsame, unkritische Schüler, sondern der zunehmend unabhängig werdende, kritisch und reflexiv denkende Schüler, für den bestimmte soziale Standards in gleicher Weise gelten wie für den Lehrer.

Schüler wollen in aller Regel etwas lernen, und es liegt am Lehrer, ihnen dafür gute Voraussetzungen zu schaffen. Sich um die individuellen Sorgen der Schüler zu kümmern, reicht dabei nicht, wie folgendes Unterrichtsszenario[63] verdeutlicht:

Unterrichtsszenario 2

An einem Freitag versammelt die Lehrerin ihre Schüler (eine zweite Klasse) am Beginn des Unterrichts in der ersten Stunde in einem Morgenkreis. Die Schülerinnen sollen berichten, was sie sich am Wochenende vorgenommen haben. Die Lehrerin beginnt …

Nacheinander erzählen die Schüler mit einem bis zwei Sätzen, was sie sich vorgenommen haben. Wer damit fertig ist, reicht den Tabaluga an den Nächsten weiter. Die Lehrerin kommentiert höchstens ganz kurz die Vorhaben.

Ein Kind erzählt z. B., es feiere am Wochenende seinen Geburtstag, und die Lehrerin fragt nach, wer denn eingeladen sei …

Nach etwa 15 Minuten ist diese Einführungsphase beendet. Nun lesen einzelne Schüler im Morgenkreis den anderen aus einem Buch etwas vor … Wenn sie etwa zwei Sätze, teilweise sehr **undeutlich und stockend, gelesen haben, dann geben sie das Buch weiter, der nächste liest wieder zwei Sätze usw.**

Die Lehrerin kommentiert das Lesen nicht, fordert die Schüler nicht auf, nochmals einen Satz zu lesen …

Der Morgenkreis erscheint als Alibiveranstaltung, in dem zwar jeder kurz zu Wort kommt. Aber die angeschnittenen Probleme können schon allein aus Zeitgründen nicht bearbeitet werden. Wenn belastende Dinge nur kurz angesprochen werden können, dann führt dies keineswegs zu einer besseren Motivierung für den Unterricht, sondern lenkt eher davon ab. Die Erregung bleibt bestehen, die Kinder können sich danach nicht auf den Unterricht konzentrieren. Dass solche Erregungen dadurch nicht abgebaut werden, belegen Forschungen zum umgekehrten Katharsiseffekt (vgl. Ebbesen, Duncan & Konecni 1975). Ein Zusammenhang zwischen der Einführungsphase (Erzählen der Vorhaben) und der ersten Unterrichtsphase (Vorlesen) besteht nicht.

Im Sinne eines ruhigen und konzentrierten Arbeitsklimas ist auch dieses Unterrichtsszenario ein positives Beispiel. Der Unterricht ist hier stark *individualisiert:* Jeder Schüler bekommt nacheinander eine „Chance“, etwas zu berichten, der überwiegende Teil der Klasse wirkt wenig beteiligt. Wenn jeder von 20 Schülern für eine Minute eine solche Chance bekommt, bedeutet dies, dass sich dieser Schüler 1 Minute aktiv beteiligt und 19 Minuten passiv zuhört. Diesem Vorgehen liegt die Annahme zu Grunde, man könne durch individuelles Vorstellen der am Wochenende geplanten Vorhaben das private Leben der Schüler auch in der Schule besser berücksichtigen. Dies[64] scheint auf den ersten Blick verführerisch, nimmt aber in Kauf, dass die Mehrzahl der Kinder nicht aktiv am Geschehen teilnimmt. Ferner kann aus Zeitgründen auf die individuellen Beiträge kaum angemessen eingegangen werden. Neidgefühle und Eifersüchte-

[63] Dieses Unterrichtsszenario wurde wie das Unterrichtsszenario in Abschnitt 6.2 für die Ausbildung von Lehrerstudenten an der Universität Lüneburg aufgezeichnet und ist im Institut für Pädagogik archiviert.

[64] Aus verschiedenen Gründen scheint mir ein solches *Eindringen in die Privatsphäre der Schüler* als sehr problematisch. Vor allem werden Kinder, die in schwierigen Verhältnissen leben, leicht bloßgestellt. Ein Kind, das eigentlich zum Freundeskreis eines Schülers zählt, aber nicht zum Geburtstag eingeladen wird, weil das Kind gar keine Gegeneinladung machen kann, fühlt sich sicherlich beim Berichten über die schöne Geburtstagsfeier nicht wohl!

leien werden zudem dadurch geschürt, dass bestimmte Schüler sehr schöne Dinge vorhaben, andere nicht. Damit scheint auch die Vorstellung, das kurze Aufrufen würde dem einzelnen Schüler wirklich helfen, wenig begründet.

Außerdem erhalten die Schüler in diesem Unterrichtsszenario kaum Lernangebote. So wird beim Vorlesen auf Leseschwierigkeiten, z. B. falsch gelesene Wörter, nicht eingegangen. Durch ein Reagieren auf unverständliches Lesen hätte die Lehrerin deutlich machen können, welche Standards beim Lesen wichtig sind. Solche Standards sind hier weder für den Schüler, der vorliest, noch für die zuhörenden Schüler erkennbar.

6.2.6 Zusammenfassung: Ursachen für Probleme mit dem Klassenmanagement

In diesem Abschnitt wurden vier Ursachenkomplexe für Probleme im Klassenmanagement diskutiert:

(1) *Widrige Rahmenbedingungen* wie Lage der Schule in einem sozialen Brennpunkt, hoher Ausländeranteil, wobei diese Schüler Probleme mit der deutschen Sprache haben, u. a. m. Die dazu durchgeführte Forschung belegt, dass solche ungünstigen Rahmenbedingungen wichtig sein können. Lehrer mit gutem Klassenmanagement können allerdings meist mit solchen Problemen zurecht kommen.

(2) *Ursachen, die mit dem Erziehungsstil des Lehrers zusammenhängen.* Dabei wurde vor allem auf die Konsequenzen eines zu laschen, laissez-faire Erziehungsstils sowie eines autoritären Erziehungsstils eingegangen. Als Konsequenz dieser Analyse ergab sich, dass ein *autoritativer Erziehungsstil* am geeignetsten ist. Hier setzt bzw. vereinbart der Lehrer klare Regeln und Normen, an die er sich selbst auch zu halten hat und die er gegebenenfalls, insbesondere bei Übernahme einer Klasse, mit Hilfe von Sanktionen konsequent durchsetzt. Dabei sollte der Lehrer dem Entwicklungsalter der Schüler durch zunehmende Beteiligung an Entscheidungen und Ermöglichung zunehmender Selbstständigkeit und Selbstverantwortlichkeit Rechnung tragen.

(3) *Ursachen, die mit dem Übergang auf meist größere und anonymere Schulsysteme zusammenhängen.* Hier konnte die neuere Forschung nachweisen, dass nicht nur die Probleme des Übergangs vom Kind zum Erwachsenen („Pubertätsprobleme") die zunehmenden Probleme zwischen Lehrern und Schülern bedingen, sondern vor allem spezifische Faktoren, die mit dem Übergang auf eine neue, meist größere Schule verbunden sind. Einer dieser Faktoren war die Einführung des Fachlehrerprinzips, das dazu führt, dass Lehrer sehr viele Klassen in einem Fach unterrichten müssen, so dass sie in diesen Klassen kaum noch die einzelnen Schüler kennen. Daraus ergeben sich häufig Auswirkungen auf Lehrer und Schüler, die ein effektives Lernen erschweren: Lehrer mit einem niedrigen Stundenanteil in einer Klasse haben ein geringeres Gefühl ihrer eigenen Wirksamkeit beim Unterrichten und können sich nur begrenzt an den Vorkenntnissen der Schüler orientieren. Dies vermittelt den Schülern den Eindruck, dass sich Lehrer um ihre Person, ihr Können und ihre Bedürfnisse nicht angemessen kümmern. Eine problematische Problemlösung dieser Situation scheint für Lehrer zu sein, eine harte Zensierungspraxis zu installieren, ohne dass mit dieser Zensierpraxis notwendig hohe, anspruchsvolle Lernziele verbunden sind.

(4) *Unterrichtliche Ursachen* für Klassenmanagementprobleme: Hier geht es um die Frage, wie weit sich Schule darum kümmert, Schüler entsprechend ihren individuellen Fähigkeiten und Fertigkeiten optimal zu fördern. Insbesondere geht es hierbei um Maßnahmen, die

zur Identifikation von Lernschwierigkeiten führen, auf die der Lehrer dann durch geeignete Maßnahmen reagieren kann (z. B. durch Kleingruppenunterricht mit Schülern, die Verständnisschwierigkeiten haben).

Eine Analyse verschiedener möglicher Ursachen ist eine Voraussetzung für die Entwicklung von Maßnahmenbündeln bzw. Ansätzen, die zu einem wirksamen Klassenmanagement gehören. Bei solchen Ansätzen sind jedoch einige zusätzliche Punkte zu berücksichtigen, die zum Beispiel mit Fragen der Praktikabilität und der Realisierbarkeit in der Schule zusammenhängen. Auf diese Ansätze soll nun genauer eingegangen werden.

6.3 Ansätze des Klassenmanagements

Nach dem traditionellen Paradigma des Klassenmanagements versucht der Lehrer, Disziplinprobleme durch *Belohnungen, Bestrafungen* und damit verbundenen *Belehrungen* zu lösen. Dieses Paradigma ist noch in vielen Köpfen sehr lebendig. Der Lehrer reagiert meist erst, wenn massive Arbeitsverweigerungen auftreten, Aufsässigkeiten, nervende Widerreden, Störungen des Unterrichts. Hingegen zeichnet sich der neue, durch empirische Forschung gestützte Ansatz des Klassenmanagements vor allem durch zwei Merkmale aus:

a) die Betonung von Verhaltensweisen im Unterricht, welche die Aufmerksamkeit der Schüler auf den Unterrichtsgegenstand fokussieren (Kounin) sowie
b) die Betonung *vorausplanender Elemente*, die das Auftreten solcher Störungen unterbinden.

Im Folgenden soll zuerst auf das traditionelle, behavioristisch geprägte Paradigma des Klassenmanagements eingegangen werden. Danach soll dann im Rahmen des neuen Paradigmas genauer erläutert werden, welche konkreten Möglichkeiten des Klassenmanagements, der Motivierung und Orientierung auf den schulischen Gegenstand ein Lehrer überhaupt hat.

6.3.1 Der traditionelle Ansatz: Reagieren auf Disziplinschwierigkeiten mit Belehrung und Sanktionen

Dieser traditionelle Ansatz entspricht vermutlich am ehesten dem Verständnis, das jeder Lehrer mit einem effektiven Klassenmanagement verbindet. In ihm steht das *Reagieren auf Disziplinschwierigkeiten* durch Bestrafungen und Belehrungen im Vordergrund, nicht das *vorausplanende Agieren* zur Vermeidung von Schwierigkeiten. Man vertraut auf die Wirksamkeit von Sanktionen sowie von Belehrungen. Dabei spielt auch der Glaube an die Kraft innerer Einsicht eine Rolle.

Der folgende Abschnitt gliedert sich in folgende Abschnitte:

(1) Ursachen und Anlässe für Disziplinstörungen und Sanktionen
(2) Die Wirkung von Strafen
(3) Traditionelles Klassenmanagement nach Canter & Canter
(4) Der Trainingsraum – eine Form traditionellen Klassenmanagements?
(5) Die Anwendung des traditionellen Ansatzes auf ein komplexes schulisches Beispiel

(1) Ursachen und Anlässe für Disziplinstörungen und Sanktionen

Es soll hier nur kurz auf einige der möglichen Ursachen und Anlässe für Disziplinschwierigkeiten eingegangen werden. So ist hinreichend empirisch belegt, dass bestimmte Erziehungsmilieus und Erziehungspraktiken die Tendenz zu aggressivem Verhalten erhöhen. Insbesondere spielt hier ein inkonsistentes Erziehungsverhalten eine Rolle, bei dem sich das Kind bei wichtigen Punkten gegen den Willen der Eltern manchmal erfolgreich durchsetzen kann (vgl. Patterson 1982). In diesen Familien wird häufig auch von Seiten der Eltern ein stark aggressives Verhalten vorgelebt.

Kinder, vor allem Jungen, lernen dieses aggressive Verhalten durch Beobachtungslernen am Modell ihrer Eltern und übertragen dieses dann auf ihr Verhalten zu Geschwistern sowie zu Schulkameraden. Zusätzlich spielen auch hormonelle und biologische Faktoren eine wichtige Rolle. So ist bekannt, dass Formen offener Aggression bei Jungen häufiger anzutreffen sind als bei Mädchen. Mädchen wiederum scheinen stärker zu Intrigen, zu zänkischem Verhalten sowie zu versteckten aggressiven Handlungen zu neigen. Mädchen können bei pubertierenden Jungen auch eine wichtige Rolle als heimliche Bewunderer und Unterstützer von Jungengewalt spielen. Ferner ist bekannt, dass bestimmte Formen von Aufmerksamkeitsstörungen, die ebenfalls stark gehäuft bei Jungen auftreten, oft mit unruhigen und den Unterricht störenden Verhaltensweisen verbunden sind.

In der Schule gibt es eine große Palette von Situationen, die bei manchen Schülern aggressives Verhalten auslösen. Nach Olweus (1994) treten aggressive, den anderen Schüler verletzende Verhaltensweisen häufig in wenig beaufsichtigten Orten auf: Entlegene, schwer einsehbare Bereiche auf dem Schulhof, auf Fluren, in Klassenzimmern, wenn hier kein Lehrer anwesend ist. Ein anderes Faktorenbündel hängt mit dem unterschiedlichen Erziehungsstil von Lehrern zusammen: Wenn Schüler gerade bei einem sehr autoritären Lehrer Unterricht hatten, der sich effektiv durch Herabwürdigen von Schülerleistungen durchsetzen kann, und danach bei einer lieben, weniger durchsetzungsstarken Lehrerin, dann hat diese Lehrerin möglicherweise die gerade erlittenen Frustrationen und Kränkungen der Schüler durch den autoritären Lehrer auszubaden.

Weitere Anlässe für Unterrichtsstörungen können im Unterricht selbst begründet sein. Wenn Schüler im Unterricht keinen roten Faden erkennen können, sich Erklärungen fast endlos lange hinziehen, ohne dass Schüler ihr Wissen anwenden und erproben können, der Unterricht langweilig ist und die Aufgaben nicht in einer für Schüler lösbaren und herausfordernden Weise formuliert werden, neigen sie verstärkt zu Disziplinstörungen. Auch aggressive, die Person des Schülers verächtlich machende Äußerungen des Lehrers können Anlass für aggressives Verhalten der Schüler sein (vgl. Krumm, Lamberger-Baumann & Haider 1997).

Die Anlässe für aggressives und strafendes Verhalten von Lehrern können ganz unterschiedlich sein: Was für den einen Lehrer ein ungehöriges Verhalten eines Schülers ist, mag für einen anderen Lehrer zum normalen, akzeptierten Verhalten gehören. Patterson, Reid & Dishion (1992) haben in ihren Forschungen festgestellt, dass Eltern, die mit großen Disziplinschwierigkeiten zu kämpfen haben, eine andere Wahrnehmung des Verhaltens ihrer Kinder entwickelt haben. Für sie werden kleine Anzeichen für Unbotmäßigkeiten schon als schwere Verstöße und Disziplinlosigkeiten interpretiert, die zu Bestrafungen und Beschimpfungen führen. Kennzeichnend für diese Eltern ist, dass sie sich ständig über Kleinigkeiten aufregen und sich gleichzeitig bei den schwereren „Delikten" gegen ihr Kind nicht effektiv durchsetzen können.

Vermutlich ist Ähnliches auch für Lehrer zutreffend. Danach dürften Lehrer mit erheblichen Disziplinschwierigkeiten meist so stark für bestimmte Formen unbotmäßigen Verhaltens sensibilisiert sein, dass sie auf kleinste Zeichen von Unbotmäßigkeiten mit sanktionierendem Verhalten reagieren. Sie verlangen von den Schülern, freundlich gegrüßt zu werden, auch wenn sie selbst die Schüler beim Vorbeigehen kaum ansehen. Gleichzeitig erweisen diese Lehrer den

Schülern „Respekt“, indem sie diese bei Kleinigkeiten anbrüllen und persönlich angreifen. Solche Lehrer können z.B. ihre Autorität schon dadurch gefährdet sehen, wenn sich Schüler leise über schulische Inhalte verständigen.

Lehrer bestrafen Schüler in erster Linie durch *negative Sanktionen und negative Reize:* Sie verteilen Strafarbeiten, schimpfen, rügen, ziehen die Fähigkeiten des Schülers in Zweifel, machen Eintragungen, setzen Schüler bei ungebührlichem Verhalten vor die Tür, schicken Eltern einen Brief (per E-Mail ist das heute sehr einfach!), lassen Schüler nachsitzen usw. Bei schwereren Delikten können Eltern in die Schule einbestellt werden, der Schüler verwarnt werden, damit er beim nächsten Vergehen von der Schule verwiesen werden kann. Zur Strafe kann der Schüler auch in die Parallelklasse versetzt werden.

Ein Schüler kann durch *Entzug von Privilegien* bzw. positiven Möglichkeiten bestraft werden: Er darf nicht an einer Klassenfahrt teilnehmen, ein Lehrer kann einen geplanten Ausflug absagen. Statt die Kinder malen zu lassen, sollen sie eine Geschichte abschreiben. Der Lehrer liest nicht, wie vereinbart, eine Geschichte vor, sondern verordnet stattdessen Stillarbeit.

(2) Die Wirkung von Strafen

Problematische Wirkungen

Bestrafungen können das Auftreten von Verhaltensweisen hemmen. Langfristig ist ihre Wirkung umstritten.

> Wichtig für die Wirksamkeit sind *„die Höhe der Belohnungen, die durch aggressive Verhaltensweisen erzielt wird, und das Vorhandensein alternativer Mittel, um die erwünschten Mittel zu erreichen. Die Wahrscheinlichkeit, dass aggressives Verhalten bestraft wird, die Art, die Schärfe und die Dauer der aversiven Konsequenzen und die Zeit, die zwischen den aversiven Handlungen und den negativen Verhaltensfolgen verstreicht, bestimmen ebenfalls die Wirksamkeit der Bestrafung.“* (Bandura 1979, S. 247)

Wichtig ist auch, dass die gleichen Standards bei allen Schülern in konsistenter und konsequenter Weise angewendet werden. Insbesondere bedeutet dies, dass ein Lehrer, der zuerst ein bestimmtes Verhalten längere Zeit zulässt, um dann bestimmte Schüler herauszugreifen, die dann massiv bestraft werden, sich über andauernde Unruhe nicht wundern muss: Er verstößt sowohl gegen das Prinzip, *sofort* störende Verhaltensweisen zu bemerken und darauf zu reagieren, als auch gegen das Prinzip, seine Standards *ohne Ansehen der Person* anzuwenden. Bestimmte Verhaltensweisen sollen sanktioniert werden, nicht Personen. Durch das Dulden der Störungen und das spätere negative Sanktionieren sendet ein solcher Lehrer unklare, widersprüchliche Signale für das erwartete Verhalten der Schüler aus.

Besonders gering dürften die Wirkungen von Bestrafungen sein, wenn die Anlässe von der Mehrheit der Schüler als ungerechtfertigt angesehen werden, auf solche Anlässe inkonsistent reagiert wird, und wenn die Bestrafungen durch den Lehrer von den Mitschülern als Beweis der Stärke eines Schülers gewertet wird. Bestrafungen führen beim Lehrer und beim Schüler zu einer emotionalen Erregung. Bei häufiger Anwendung von Bestrafungen tritt allerdings ein Gewöhnungsprozess ein, der zu stärkeren Bestrafungen herausfordert. Ein bestrafender Lehrer ist immer auch ein Modell für die Nachahmung aggressiven Verhaltens, denn das Bestrafen des

Lehrers selbst kann als aggressives Verhalten angesehen werden. Schüler können dadurch lernen, in ähnlichen Situationen gegenüber schwächeren Mitschülern – aber auch gegen schwächere Lehrer – solche aggressive Handlungen zu praktizieren. Die durch die Bestrafung hervorgerufene Erregung kann eine sachliche Regelung der bestehenden Schwierigkeit zwischen Lehrer und Schüler verhindern, weil bestimmte Reaktionsmöglichkeiten nicht mehr wahrgenommen werden. Deshalb wird in der Literatur häufig davon ausgegangen, dass Bestrafungen nur dann wirksam sind, wenn gleichzeitig auch alternative Verhaltensweisen des Schülers positiv beachtet und belohnt werden können. Auch *konsequente* Ermahnung oder Bestrafung *sofort* nach Eintreten des Störverhaltens durch kurzes Time-out (vor die Tür schicken; kleine Aufgaben übertragen; in die Parallelklasse schicken) sind in der Regel wirksamer als geduldiges Abwarten, um dann bei Fortdauer des Störverhaltens umso härter zu bestrafen. Längere Beschimpfungen oder intensivere Bestrafungen können dann die vorherige Duldung nicht mehr kompensieren. Durch sofortige maßvolle Reaktionen kann der Lehrer demonstrieren, dass das störende Verhalten des Schülers nicht erwünscht ist. Bei stärkeren Reaktionen geht er das Risiko ein, bei Mitschülern Mitleidseffekte auszulösen.

Bei der Frage der Wirksamkeit von Bestrafungen muss zwischen der Wirkung auf den Schüler, der diszipliniert wird, und der Wirkung auf die Klasse unterschieden werden. Möglicherweise erreicht der Lehrer kurzfristig bei dem betreffenden Schüler eine Hemmung seines Störverhaltens. Durch längere Bestrafungs- und Ermahnungsaktionen eines Schülers vor der Klasse vermindert er möglicherweise gleichzeitig die Motivation der restlichen Schüler. Gleichzeitig geht der rote Faden im Unterricht verloren, und auch die anderen Schüler werden unruhig und beginnen, den Unterricht zu stören. Auf dieses Phänomen der unerwünschten Nebenwirkungen der Bestrafung eines Schülers werde ich bei der Diskussion des Ansatzes von Kounin zurückkommen.

Manche psychoanalytisch geprägten Pädagogen vertreten die Auffassung, das Äußern aggressiver Verhaltensweisen und damit auch das Bestrafen selbst sei deshalb notwendig, weil dadurch die aggressiven Spannungen der Person abgebaut würden. Das Herauslassen der erlittenen Frustrationen hätte also eine reinigende, kathartische Wirkung (vgl. Preuss-Lausitz 1999). Auf den Lehrer angewendet würde dies bedeuten, das Bestrafen durch den Lehrer sei für ihn wichtig, um danach wieder ruhig den Unterricht weiterführen zu können. Diese Auffassung wird durch empirische Forschung nicht bestätigt. Stattdessen gibt es ernst zu nehmende empirische Belege für gegenteilige Effekte der Äußerung von Aggressionen: Personen, denen Gelegenheit für das Ausleben ihrer Aggressionen gegeben werden, zeigten danach eine *erhöhte*, und nicht eine verminderte Bereitschaft zu aggressivem Handeln (vgl. Ebbesen, Duncan & Konecni 1975).

Entscheidend für die Wirksamkeit der Strafen ist der Kontext, in dem sie erfolgen. Ganz grob kann man zwei Kontexte unterscheiden: Einen, in dem Lehrer sich überwiegend auf angemessenes „positives" Verhalten konzentrieren und dieses zu bekräftigen suchen und einen, in dem Lehrer überwiegend auf Störverhalten mit Ermahnungen und sich schrittweise steigernden Strafen reagieren. Im ersten Kontext wird auf disziplinarische Störungen meist eher beiläufig eingegangen, um Schülern zu signalisieren, dass ihr Verhalten bemerkt wird. Auch in diesem ersten Kontext kommen Strafen vor, allerdings eher in dem Sinne, Schüler zu Anstrengungen zu bewegen, die ihnen wiederum Anerkennungen einbringen. Strafen sind hier vorhersehbar, da sie sich auf die Verletzung klar definierter und vereinbarter Regeln beziehen. Im zweiten, überwiegend auf Störverhalten fixierten Kontext erweisen sich Strafen als eher unwirksam, vor allem, wenn sie inkonsequent, zu häufig, zu spät und zu allgemein verwendet werden. Das Unterrichtsklima verschlechtert sich dann zusehends, die Lernmotivation wird geringer, die Wirkungen der Strafen nutzen sich ab, sodass der Lehrer zu immer härteren Strafmaßnahmen greifen muss.

Besonders schwierig wird die Situation für Lehrer, wenn Disziplinlosigkeiten von Schülercliquen als Beweis der eigenen Stärke, Überlegenheit und Männlichkeit benötigt werden. In diesen Cliquen gilt als Norm, möglichst das Gegenteil von dem zu tun, was der Lehrer anordnet. Die Wirkung von Bestrafungen verkehrt sich dann in das genaue Gegenteil: Die Schüler, welche am häufigsten solche negative Aufmerksamkeit vom Lehrer gewinnen, erhalten den höchsten Status. Vermutlich ist eine solche Situation jedoch eher selten und nur dann zu erwarten, wenn sich die Schüler aufgrund ihres Leistungsstands oder aufgrund der Arbeitsmarktlage kaum einen Nutzen von der Schule versprechen können.

M.E. liegt ein entscheidendes Problem solcher Situationen darin, dass Schüler zunehmend durch störendes Verhalten Aufmerksamkeit und Zuwendung des Lehrers sowie durch die Mitschüler erhalten. Aus Furcht werden sie es zwar nur selten zum Äußersten, z. B. einer Versetzung in eine andere Klasse oder in eine andere Schule kommen lassen. Auch die Härte der Strafen lässt es geraten erscheinen, das Stören nicht über eine bestimmte Schwelle zu treiben. Gleichzeitig erhalten diese Schüler kaum noch Zuwendung für ihre Leistungen und ihre Anstrengungen: Sie lernen dann weniger und haben damit zunehmend geringere Möglichkeiten, auf positive Weise Aufmerksamkeit und Anerkennung zu gewinnen. Oft wird es in solchen Fällen notwendig, dass ein neues Lehrerteam die Klasse übernimmt. Dieses Team muss zunächst eine Vertrauensbasis schaffen, wobei es sich auch gegen die störenden Schüler massiv durchsetzen muss.[65]

Voraussetzungen wirksamer Strafen

Wenn der Lehrer sich den Schülern gegenüber überwiegend positiv und die Person des Schülers respektierend und nicht nur strafend präsentiert, gehört ein strafendes Verhalten durchaus zu einem normalen und wirksamen Verhaltensrepertoire des Lehrers.[66] Strafen können, wenn sie zur rechten Zeit, konsistent entsprechend abgemachter Regeln und auch ausreichend intensiv erfolgen, wirksam sein, vorausgesetzt, die Erziehungsperson bzw. der Lehrer informiert die Schüler darüber, wie sie sich in sozialer Weise verhalten sollten. Wichtig ist somit auch eine *Begründung für die Bestrafung*, wodurch eine Emotionalisierung der Strafwirkung weitgehend vermieden wird.[67] Unbestritten ist ferner, dass eine sehr effektive Strategie darin besteht, die *Bestrafung einer unerwünschten Verhaltensweise mit der Belohnung einer erwünschten Ver-*

[65] Auf diesen Prozess der Übernahme einer Klasse durch ein neues, für gutes Klassenmanagement bekanntes Team wurde im Abschnitt 7.1 eingegangen (vgl. dazu Harper 2009).

[66] Man geht dabei von einem Menschenbild aus, in dem Erziehung durch Sanktionen notwendig ist. Dieses Bild berücksichtigt m. E. eher die Natur des Menschen als ein Menschenbild, das Aufklärung und Einsicht als einzige erlaubte Steuerungsmittel unterstellt. Wahl et al. (1997^6, S. 456) weisen in diesem Zusammenhang darauf hin, dass auch Lehrer z. B. trotz besserer Einsicht immer wieder zu spät zum Unterricht kommen oder häufig viel später, als sie dies pädagogisch für sinnvoll halten, Klassenarbeiten zurückgeben. Auch neigen sie vor allem dann zu besonders ausführlichen Unterrichtsvorbereitungen, wenn ein Unterrichtsbesuch angesagt ist.

[67] Unakzeptabel ist in diesem Sinne, eine ganze Klasse für das lärmende oder störende Verhalten einzelner Schüler zu bestrafen. Dadurch werden die nicht- störenden Schüler nur zu einer Abwehrhaltung gegen den betreffenden Lehrer geführt

haltensweise zu koppeln: Die Bestrafung eröffnet dem Schüler eine Möglichkeit, sich positiv zu beweisen, und diese Leistung kann dann belohnt werden.

Durch die Begründung der Bestrafung und dem Verweis auf vereinbarte Regeln macht der Lehrer auch deutlich, dass seine Bestrafungspraxis nicht der Person, sondern dem regelverletzenden Verhalten gilt. Schüler sollten auch lernen, das Verhalten des Lehrers bzw. seiner Schüler anders zu interpretieren. Gerade aggressive Schüler interpretieren oft Verhaltensweisen von Schülern oder von Lehrern als bedrohlich, die überhaupt nicht in diesem Sinne gemeint waren.

Für eine wirksame Bestrafungspraxis in der Schule sind m. E. folgende Punkte erwägenswert:

Wirksame Strafen

- Die Lehrer einer Schule sollten eine einheitliche Meinung vertreten. So sollte z. B. als Norm allgemein akzeptiert werden, dass gewalttätige Auseinandersetzungen oder das Verwenden von Drogen bei irgendwelchen Ausflügen, Festlichkeiten u. a. m. verboten sind und bestimmte Bestrafungen nach sich ziehen.
- Die Bestrafung sollte durch Erinnern an die betreffende Regel begründet werden.
- Strafen sollten bei störendem, regelverletzendem Verhalten *sofort* und *konsequent* bei *allen Schülern, die stören, und nicht nur bei den bekannten Störenfrieden,* angewendet werden (Fairness).
- Sie sollte verhältnismäßig zur gemachten Störung („Vergehen“) sein.
- Sie sollte auch als Strafe empfunden werden; bestimmte Bestrafungen wirken bei bestimmten Schülern durch die gewonnene Extra-Beachtung wie eine Belohnung, bei anderen z. B. ängstlichen, sensiblen Schülern dagegen wie eine harte Bestrafung.
- Nicht Rache, sondern *Wiedergutmachung* sollte im Vordergrund stehen. Der Schüler bekommt quasi durch die Bestrafung eine Chance, durch soziales Verhalten seine Störung zu kompensieren: Wer den Unterricht stört, kann eine Aufgabe bekommen, die den Unterrichtsablauf unterstützt, z. B. Informationen zu einem Thema sammeln, einen Klassendienst übernehmen, ein kurzes Referat vorbereiten und halten, schwächeren Schülern etwas erklären usw.
- Beim Verteilen der Strafen sollte der Lehrer möglichst ein positives Verhaltensmodell abgeben, also nicht selbst gegen die Regeln eines wertschätzenden Verhaltens verstoßen. Ein Lehrer, der schlägt oder der durch verletzende Äußerungen Schüler zu disziplinieren sucht, muss sich über ein vergleichbares Verhalten der Schüler z. B. gegenüber Schwächeren nicht wundern.
- Durch den Akt der Bestrafung sollte der Unterrichtsprozess möglichst wenig gestört bzw. unterbrochen werden.

Effektive Bestrafungstechniken in Verbindung mit der Bestärkung angemessener Verhaltensweisen sollen Raum für Umlernprozesse schaffen, weil sonst verfestigte asoziale Verhaltensweisen einen wirksamen Unterricht unmöglich machen. Bestrafungen können Gelegenheiten bieten, positive Erfahrungen mit seinen Fähigkeiten zu machen.

Wenn ein *leistungsstarker Schüler* häufig stört, kann dieser Schüler durch Übertragung einer Aufgabe diszipliniert werden: Er kann z. B. am nächsten Tag ein Kurzreferat halten oder einem schwächeren Schüler in einer Freistunde Nachhilfeunterricht geben. Bei einem störenden Schüler, der leistungsschwach ist, steht der Lehrer vor einem schwierigeren Problem.

Das Kernproblem eines *schwächeren Schülers,* der den Unterricht stört und der keine Hausaufgaben macht, liegt doch darin, dass solche Schüler aufgrund ihrer kognitiven Voraussetzungen nicht in der Lage sind, durch positive Leistungen im Unterricht positive Aufmerksamkeit zu erregen. Meist können sie nur sehr begrenzt dem Unterricht folgen. Wenn diesen Schülern dann nicht Chancen geboten werden, den Leistungsrückstand aufzuholen, bleiben kontrollierende Maßnahmen begrenzt effektiv. Nur: Mit dieser Aufgabe ist ein Lehrer allein überfordert; er benötigt Hilfen durch andere Lehrer, z. B. durch den Beratungs- oder den Vertrauenslehrer und durch den Schulpsychologen. Dennoch:

- Er kann sich überlegen, ob und in welchem Umfang „gute" Schüler diesem Schüler bei der Hausaufgabenerledigung helfen können.
- Er kann im Unterricht den Schüler durch Tutoren zusätzlich betreuen lassen.
- Er kann sich passende Übungsmaterialien überlegen, die der Schüler bearbeiten soll, um sich bei guter Erledigung bestimmte Gratifikationen zu verdienen usw.
- Er kann mit den Eltern ein Gratifikationssystem vereinbaren, in dem vom Lehrer für jeden Tag notiert wird, in welchem Maß es dem Schüler gelungen ist, Störverhalten zu unterlassen bzw. positives Aufgabenverhalten zu zeigen. Diese Karte wird dann den Eltern vorgelegt und bei Verhaltensbesserungen werden Punkte bzw. Gratifikationen verteilt (ein konkretes Beispiel dazu findet man bei Krumm 1993).

(3) Traditionelles Klassenmanagement nach Canter & Canter

In einem von Canter & Canter (1976) entwickelten Ansatz zum Klassenmanagement, der in den USA mit dem Namen der „assertiven Disziplin" (vgl. Canter & Canter 1976) verknüpft ist, stehen solche negativen Sanktionen als Mittel im Vordergrund, um Disziplin in der Klasse zu erreichen.

In einem Buch über Ansätze des Klassenmanagements wird folgende Episode erzählt (vgl. Weinstein 1999, S. 147 f.). Die siebenjährige Tochter Weinsteins kam von ihrem ersten Schultag mit feierlicher Miene zurück und erklärte der etwas überraschten Mutter, sie müsse zwei Schreiben zu Kenntnis nehmen und unterschreiben, die sie am nächsten Tag in der Schule wieder abgeben müsse. Laura hatte auf dem ersten Blatt sorgfältig die Verhaltensweisen eingetragen, die von ihr in der zweiten Klasse erwartet wurden.

1. Folge den Anweisungen,
2. respektiere deine Klassenkameraden,
3. hör zu, wenn irgendjemand spricht,
4. bringe immer Schulbücher, Schreibsachen und Hausaufgaben in die Klasse,
5. gehe ruhig durch das Schulgebäude.

Auf der zweiten Seite stand dann der *Disziplinplan* des Lehrers:

Beim ersten Mal:	Dein Name wird an die Tafel zur Warnung angeschrieben.
Beim zweiten Mal:	Schreibe die Verhaltensregeln in dein Hausaufgabenheft und lass dies deine Eltern abzeichnen.
Beim dritten Mal:	Dir wird die Pause gestrichen.
Beim vierten Mal:	Ein blauer Brief wird nach Hause geschickt.
Beim fünften Mal:	Du wirst deine Eltern benachrichtigen, dass eine Konferenz mit Eltern, Klassenlehrer und Schüler einberufen wird.

Auf der dritten Seite erinnerten dann noch zwei Smileys daran, dass der Schüler für ordentliches, gutes Betragen Belohnungen (Stempel, ein Zertifikat oder eine Anrechnungsschein für irgendeine Attraktion) erwarten kann. Beide Seiten waren aus dem Buch der Canters über assertive Disziplin kopiert, wie Weinstein als Fachmann unschwer erkennen konnte.

Die *Wirksamkeit der assertiven Disziplin* konnte trotz einer bemerkenswerten Popularität dieses Ansatzes in den USA bisher empirisch nicht nachgewiesen werden. Es gibt sogar Hinweise dafür, dass das Programm schädliche Wirkungen ausübt. So fand Parker (1994; zitiert nach Freiberg 1999, S. 8) in einer Untersuchung mit 608 Mittelschülern aus 47 Klassen Folgendes: In den 29 Klassen, in denen *nicht nach* dieser Methode der assertiven Disziplin verfahren wurde, wurde die Lernumgebung als involvierender, kooperativer, mehr durch Lehrerunterstützung gekennzeichnet und als innovativer eingeschätzt als in den 18 Klassen, in denen nach der assertiven Disziplin verfahren wurde. Nach einer Literaturübersicht von Emmer & Aussiker (1987, zit. nach Freiberg 1999) ist davon auszugehen, dass Programme, die sich vor allem an einem konsequenten Kontrollieren von Schülerverhalten durch Sanktionen orientieren, zu einer niedrigen Motivation und zur Schulmüdigkeit der Schüler beitragen.

(4) Der Trainingsraum – eine Form traditionellen Klassenmanagements?

Besonders in höheren Schulklassen (etwa ab 4. Klasse) ist neuerdings die Einrichtung eines Trainingsraums beliebt (vgl. Balke 2001; Bründel & Simon 2007[2]). Schüler werden in diesen Trainingsraum geschickt, wenn sie zum dritten Mal „deutlich" ermahnt wurden. Der Schüler erhält von der Aufsicht führenden Person des Trainingsraums einen sog. Rückkehrplan. In diesem werden Fragen an den Schüler gerichtet, deren Beantwortung zu einer genaueren kognitiven Auseinandersetzung des Schülers mit Tathergang bzw. Fehlverhalten sowie zu möglichen Wiedergutmachungen fuhren soll. Er soll angeben, gegen welche Regel er verstoßen hat und wie er in Zukunft selbst solche Regelverstöße vermeiden will. In folgendem Kasten werden die zu beantwortenden Fragen aufgeführt:[68]

[68] Solche Strafarbeiten sind sicherlich sinnvoller als die allseits beliebten Abschreibaufgaben (z. B. die Schulordnung abschreiben).

„Meine persönliche Stellungnahme

1. Name: ______________________ Datum und Uhrzeit: ______________

2. Schreibe ausführlich und in vollständigen Sätzen auf, warum der Lehrer Dich aufgefordert hat, eine persönliche Stellungnahme zu schreiben. Folgende Fragen sollen Dir dabei helfen, den Hergang des Geschehens genau zu schildern.
   - Was hat sich genau ereignet?
   - Wann war es?
   - Wo geschah es?
   - Wie kam es dazu?
   - Welche Schüler außer Dir waren daran beteiligt?

3. **Überlege und schreibe genau auf, welche Schuld Du an dem Vorfall hast und welche Folgen das für alle Beteiligten hat. Beantworte Dir folgende Fragen:**
   - Hast Du jemand verletzt?
   - Kam es zur Störung, Unterbrechung oder Behinderung des Unterrichts?
   - Gab es Beschädigungen bzw. größere Sachschäden?
   - Fühlte sich jemand durch Beleidigungen in seiner Menschenwürde verletzt?
   - Vermisst jemand sein persönliches Eigentum?

4. Schreib nun in Deiner Stellungnahme auf, wie Du den Vorfall (Schaden) wieder gut machen kannst. Denke dabei an:
   - Eine Entschädigung
   - Eine Entschuldigung
   - Eine Freude bereiten
   - Hilfeleistung anbieten

5. Zum Schluss denke darüber nach, wie Du Dich in Zukunft verhalten musst, damit sich so etwas nicht wiederholt. Schreibe auch dies ausführlich auf. Vergiss nicht Deine Unterschrift.“

Fraglich ist, ob mit Hilfe des Trainingsraums eine wesentliche Verbesserung der Disziplin in der Klasse erzielt werden kann. Das tiefere Problem liegt oft in einem mangelhaften Klassenmanagement der Lehrer selbst. Dieses Klassenmanagement der Lehrer ändert sich durch das Schicken der störenden Schüler in einen Trainingsraum aber nicht. Der Trainingsraum ist zudem eine kostspielige Maßnahme: *Einmal* wird der Schüler vom regulären Unterricht ausgeschlossen, und damit seine Lernprobleme möglicherweise noch verschärft. *Zum anderen* kostet die Abstellung eines Lehrers für den Trainingsraum Geld, das z. B. dann nicht mehr für gezielte Förderarbeit vorhanden ist. Der Trainingsraum löst nicht das eigentliche Problem, das in den Schwierigkeiten bestimmter Lehrer mit der Klassendisziplin besteht.

> „Die Trainingsraummethode gibt dem Lehrer in einer schwierigen Situation eine Verschnaufpause, die zum Erlernen anderer Disziplinierungsmethoden genutzt werden kann. Diese Methoden können durch Intensivierung der Kooperation unter Lehrern sowie durch Fortbildungsveranstaltungen gelernt werden. Lehrer unterscheiden sich in hohem Maße in ihrer Fähigkeit zu einem effektiven Klassenmanagement. Lehrer mit großen Schwierigkeiten bei der Klassenführung neigen dazu, nach dem Strohhalm Trainingsraum zu greifen und sind dann mit der Methode des Trainingsraums sehr zufrieden, genauso wie die Mehrheit der Schüler, die durch die verwiesenen Schüler nicht mehr beim Lernen gestört werden. Es ist deshalb nicht besonders erstaunlich, wenn der Erfolg des Programms durch Lehrer und Schüler insgesamt recht positiv beurteilt wird. Dennoch wissen wir weder, in welchem Maße das Programm wirklich zu einer größeren Lernwirksamkeit des Unterrichts führt, noch ob sich das Arbeitsverhalten der Klasse tatsächlich verbessert.
>
> Es wäre eigentlich nahe liegend, durch geeignete Trainingsmaßnahmen in jeder Schule Lehrern Möglichkeiten anzubieten, effektive, empirisch getestete Methoden eines modernen Klassenmanagements zu lernen. Dies könnte durch Einführung der *Lesson Study* erleichtert werden (vgl. Fernandez & Makoto 2004), bei der jeder Lehrer ein- bis zweimal im Jahr sorgfältig geplanten Unterricht einem Kreis seiner Lehrerkollegen vorführt und dieser Unterricht dann diskutiert wird. Zusätzlich könnten Lehrer, die besondere Schwierigkeiten mit dem Klassenmanagement haben, im Sinne der Lesson Study eng mit Lehrern kooperieren, die für ein effektives Klassenmanagement bekannt sind. Schule wird dadurch nicht nur für Schüler, sondern auch für Lehrer zu einem lernenden System. In solch einer Schule hätte die Trainingsraummethode nur als Möglichkeit, einen Freiraum für Umlernprozesse zu erhalten, einen Platz!" (Wellenreuther 2009 d, S. 100)

In ähnlicher Weise äußerte sich auch Frau Harper in ihrem Interview:

> „Der Trainingsraum ist so eine Soforthilfe, denn er kann Entlastung schaffen. Aber auch diese Methode wäre für mich nur das letzte Mittel. Auf jeden Fall gilt auch hier die Frage nach der Nachhaltigkeit. Bewirkt diese oder jede andere Unterrichtsmethode zur Erlangung einer angemessenen Unterrichtsatmosphäre eine tatsächliche und andauernde Verhaltensänderung? Befördert sie eine nachhaltige Entwicklung im Verhalten des Schülers? Stellen also Kollegen fest, dass sich das Unterrichtsklima nach anfänglich häufiger Nutzung des TR deutlich gebessert hat und der TR immer weniger gebraucht wird, dann hat diese Methode sicher ihre Berechtigung.
>
> Ich selbst nutze den TR zur Zeit nicht, da ich einerseits mit dem festgelegten Prozedere, das zum Entsenden in den TR führt, nicht zurecht komme, andererseits Verhalten gerne sofort, in der jeweiligen Situation korrigiere. Außerdem kläre ich meine Probleme lieber selbst mit meinen Schülern als weitere Personen dazwischenzuschalten, die den betreffenden Schüler eventuell gar nicht kennen." (Harper 2009, S. 52)

Der Trainingsraum ist eine moderne Version des traditionellen Klassenmanagements. Auch hier stehen Strafen zur Disziplinierung im Vordergrund. Allerdings wird hier zusätzlich eine kognitive Auseinadersetzung mit der „Straftat" gefordert. Nach meiner Überzeugung löst der Trainingsraum nicht die Disziplinprobleme. Im besten Fall verschafft er dem Lehrer eine kurze Verschnaufpause, die er zur Verbesserung seines Klassenmanagements nutzen könnte. Der Trainingsraum beseitigt nicht die Ursachen für das Störverhalten, er ersetzt nicht ein Training in einem effektiven Klassenmanagement: Die Schuld für das Störverhalten liegt hier immer nur beim Schüler, auch wenn der Lehrer durch unzureichendes Erklären oder durch inkonsequentes Kontrollverhalten dieses Verhalten begünstigt hat (vgl. Wellenreuther 2009 d).

(5) Ein Beispiel: Junge macht keine Hausaufgaben, stört

Als Ausgangspunkt dient folgendes Beispiel (nach Becker 1995[7], S. 53):

> **Junge macht keine Hausaufgaben, stört**
>
> „Seit einem halben Jahr unterrichte ich (Lehrerin, 26 Jahre) in einer ländlichen Gemeinde ein sechstes Schuljahr. In dieser Klasse macht mir ein Schüler täglich zu schaffen. Er sagt ganz offen, dass er von der Schule nichts hält, macht seine Hausaufgaben sehr unregelmäßig, schlägt seine Mitschüler und stört den Unterricht, indem er z. B. die Füße auf den Tisch legt, mit Papierkügelchen schießt, aufspringt oder im Zimmer umherläuft.
>
> Mitschüler und Eltern möchten den Jungen nicht mehr in der Klasse haben. Die Kollegen beschweren sich dauernd über ihn, er hat sich schon sechs Klassenbucheinträge eingehandelt, und eine Kollegin sprach davon, dass der Schüler untragbar sei und eigentlich in ein Heim gehöre. Die Kollegen haben mir dringend von einem Hausbesuch abgeraten, denn es bestehe die Gefahr, rausgeworfen zu werden. Außerdem sagen sie, dass von dem Jungen nichts anderes zu erwarten sei, da man seine älteren Geschwister kennen gelernt habe.
>
> Der Junge ist jüngstes Kind unter 6 Geschwistern. Die Familie gilt im Dorf als asozial. Der Vater kümmert sich kaum um die Familie, die Mutter arbeitet für den Lebensunterhalt mit.
>
> Ich bin dem Schüler gegenüber ziemlich ratlos. Wenn das so weitergeht, kommt es vielleicht noch zu einem Schulausschluss. Außerdem habe ich das Gefühl zu versagen.“

An diesem Beispiel kann gut verdeutlicht werden, dass der traditionelle Ansatz keineswegs ausreicht, um Probleme eines solchen leistungsschwächeren Schülers zu lösen.

Für jeden Lehrer stellt ein solcher Schüler eine echte Herausforderung dar. Das Stören beeinträchtigt die Aufmerksamkeit aller, ein effektives Unterrichten ist kaum möglich. Der Lehrer muss befürchten, dass das Verhalten eines solchen Schülers die anderen Schüler ansteckt, dass ein Nachgeben bei diesem Schüler dazu führt, dass andere Schüler die gleichen „Rechte“ in Anspruch nehmen. Deshalb sollte er sich bemühen, dieses Problem in den Griff zu bekommen.

Becker hält folgende Maßnahmen für sinnvoll:

(1) Den Schüler für nicht abweichendes Verhalten verstärken („sofern er sich ausnahmsweise angepasst verhält“),
(2) sein [störendes, fehlangepasstes] Verhalten ignorieren, damit er keine Aufmerksamkeit und Zuwendung gewinnt,
(3) mit ihm gemeinsam den Unterricht vorbereiten („sofern dies möglich ist“),
(4) ihn mit der Mutter zur Erziehungsberatungsstelle schicken („wenn keine Änderung des Verhaltens zu erzielen ist“),
(5) mit ihm einen Vertrag schließen,
(6) ihn innerhalb der Klasse umsetzen, sodass er wenig stören kann und dennoch nicht ausgeschlossen wird („sein Platz ist sicherlich mit von entscheidender Bedeutung“),
(7) mit der älteren Schwester Kontakt halten, ihr laufend berichten und sich selbst berichten lassen („die ältere Schwester scheint in diesem Fall fast unentbehrlich“),

(8) weitere Freizeitaktivitäten (neben der DLRG) suchen („sofern dies möglich ist"),
(9) ihm auch in der Schule Erfolgserlebnisse verschaffen („sofern dies möglich ist").

Becker setzt bei seinen Vorschlägen mehr auf die positive Verstärkung angemessenen Verhaltens, auf das Ignorieren von nicht-angemessenem Verhalten und weniger auf das direkte Sanktionieren. Offensichtlich hält er in einem solchen Fall direkte Bestrafungen für unwirksam. Vermutlich wurde dieser Junge auch schon häufiger für das Nicht-Erledigen der Hausaufgaben ermahnt bzw. bestraft. Als negative Sanktion dürfte vom Schüler eine Umsetzung, das Einschalten der Schwester oder einer Erziehungsberatungsstelle empfunden werden. Das eigentliche Problem dieses Jungen, den Anschluss an den Leistungsstand der Klasse zu halten, kann weder durch Bestrafungen noch Belehrungen noch durch die anderen Vorschläge gelöst werden. Es erscheint zweifelhaft, ob weitergehende Maßnahmen wie Einschalten der Erziehungsberatungsstelle, Kontaktaufnahme mit der älteren Schwester oder Abschließen eines Vertrags mit dem Schüler weiterhelfen.[69]

Becker schlägt ferner eine Umsetzung des Schülers vor, um dadurch dem Lehrer bessere Aufsichts- und Kontrollmöglichkeiten zu geben. Ein Schüler, der im nahen Umkreis des Lehrers sitzt, kann engmaschiger überwacht werden, der Lehrer wird dann auch konsequenter und schneller störende Verhaltensweisen bemerken und auf diese reagieren können. Durch die Nähe des Lehrers werden außerdem störende Verhaltensweisen eher von vornherein gehemmt.

Verschiedene Vorschläge beziehen sich auf einen Gedankenaustausch zwischen Lehrer und Schüler. Vermutlich bringen solche Gespräche allein recht wenig, wenn nicht auch konkrete Abmachungen bis hin zu vereinbarten Sanktionen dabei getroffen werden. Wichtiger sind u. U. Gespräche mit anderen Schülern und mit den Eltern, sofern diese überhaupt an schulischen Belangen interessiert sind. Dies ist im vorliegenden Fall fraglich. Auch das Einbeziehen der Schwester eröffnet vermutlich nur begrenzte Chancen. Um den Kontakt zu ihr auf längere Sicht aufrecht zu erhalten, bedarf es zu großer Anstrengungen; vermutlich lässt sich nur ein loser Kontakt halten.

Der Vorschlag von Becker berücksichtigt vielleicht zu wenig die Tatsache, dass der Schüler – vermutlich wegen seiner Wissenslücken – dem Unterricht nur bedingt folgen kann und er aufgrund seiner negativen schulischen Erfahrungen kaum noch für schulisches Lernen motivierbar ist. Auch bei großen Anstrengungen hat er kaum Chancen, durch schulische Leistungen Aufmerksamkeit und Anerkennung zu bekommen. Insofern hat Becker Recht, wenn er in seinem letzten Punkt darauf hinweist, dass der Schüler schulische Erfolgserlebnisse benötigt. Langfristig müsste also das Ziel darin bestehen, dem Schüler positive Kompetenzerfahrungen zu verschaffen. Dazu muss genauer geklärt werden, welche Vorkenntnisse der Schüler hat, um darauf aufbauend ein individuelles Förderprogramm entwickeln zu können. Da bei diesem Schüler

[69] Auf die von Becker vorgeschlagene Handlungsmatrix zur Konfliktlösung gehe ich hier nicht näher ein. Einmal, weil ich eine solche Handlungsmatrix für wenig hilfreich halte: Agieren in Konfliktsituationen erfordert häufig automatisiertes, routinisiertes Verhalten, das ein längeres Reflektieren in der aktuellen Situation nicht erlaubt. Die in den verschiedensten Situationen erforderlichen Verhaltensweisen müssen theoretisch begründet und im Rahmen der Lehreraus- und Weiterbildung trainiert werden. Zum anderen fehlen bei Becker weitgehend theoretische, empirisch belegte Argumente, wie die verschiedensten Konflikte im Rahmen eines „guten" Klassenmanagements zu lösen sind. Wie in dem dargestellten konkreten Beispiel erläutert wird, handelt es sich bei den Vorschlägen Beckers um ad hoc Gedanken, auf die in der Regel jeder Lehrer von selbst kommt, wenn er sich ein wenig Zeit zum Nachdenken nimmt.

offenkundig größere kognitive Defizite vorliegen, müssten hier massivere Maßnahmen ergriffen werden. Solche Maßnahmen könnten z. B. darin bestehen, vor allem für die Bereiche der notwendigen Grundkompetenzen (Lesen, Schreiben, Rechnen) Tutoriate mit Erwachsenen (Lernpaten) oder mit älteren Schülern einzurichten, die von den Lehrern betreut und unterstützt würden. Auch der Einsatz systematischer Münzverstärkungsprogramme kann in solchen Fällen sinnvoll sein (vgl. Staats & Butterfield 1965). Wenn sich seine schulischen Leistungen dem Stand der Klasse annähern, wird auch das Integrationsproblem lösbar.

Einfacher wäre es sicherlich, sich um eine Betreuung der Hausaufgaben in der Schule (z. B. in Freistunden) zu kümmern, bis der Schüler in der Lage ist, die Hausaufgaben zu Hause zu erledigen. Manche Schulen reagieren in dieser Weise auf mehrfaches Versäumen von Hausaufgaben. Diese Praxis muss natürlich mit den Eltern abgesprochen werden. Eine allgemeine Durchsetzung dieser Praxis verhindert, dass sich der fragliche Schüler abgestempelt fühlt.

An dem komplexen Beispiel eines schulmüden, störenden Schülers, der keine Hausaufgaben macht, wurde verdeutlicht, dass unter solchen Bedingungen die Durchführung eines Förderprogramms, das dem Schüler eine reale Chance auf eine Verbesserung seiner schulischen Leistungen eröffnet, vermutlich wichtiger ist als Sanktionen und Belehrungen. Empirische Belege, dass dieser Weg in solch schwierigen Fällen Erfolg versprechend ist, gibt es (vgl. dazu die zitierte Literatur über Tutorenarbeit sowie z. B. Staats & Butterfield 1965). In einem solchen Fall dürfte auch das Ignorieren störenden Verhaltens kaum Erfolg versprechend sein, einmal abgesehen davon, dass mit dieser Forderung jeder Lehrer überfordert sein dürfte. Vermutlich müssen in solch schwierigen Fällen alle Ansätze, die im Kapitel über Klassenmanagement dargestellt werden, durch individuelle Behandlungsprogramme und Therapien ergänzt werden.

6.3.2 Klassenmanagement als konstruktives Agieren in der Klasse – der Ansatz von J. Kounin

Einführung

Die modernen Ansätze zum Klassenmanagement zeichnen sich dadurch aus, dass sie ein vorsorgendes, vorausplanendes Lehrerverhalten sowie ein bestimmtes Führungsverhalten in den Mittelpunkt stellen. Dieses Führungsverhalten erzeugt Lernumgebungen, in denen störende Verhaltensweisen kaum auftreten. Ausgangspunkt dieser neuen Orientierung in der Pädagogik waren Untersuchungen von Kounin zu den Merkmalen von Lehrern mit einem guten Klassenmanagement sowie experimentelle Studien einer Forschungsgruppe um C. Evertson.

Effektives Klassenmanagement ist weit mehr als effektives Disziplinieren von Schülern, auch wenn man nicht verschweigen sollte, dass effektives Disziplinieren auch zum effektiven Klassenmanagement gehört. Bei einem effektiven Klassenmanagement muss ein Lehrer nach Doyle (1987, S. 394 f.) folgende Aufgaben bewältigen: (1) *Vieldimensionalität,* d. h. er muss parallel immer an viele Punkte gleichzeitig denken und die Arbeit der Klasse danach organisieren. Ein Klassenverband ist eine geballte Ansammlung von Personen mit unterschiedlichen Interessen und Fähigkeiten, auf die mit einem beschränkten Fundus an Mitteln (Unterrichtsmaterialien, Lehreraufmerksamkeit, Raumangebot etc.) reagiert werden muss. (2) *Gleichzeitigkeit:* Die Aufgaben müssen häufig gleichzeitig, nebeneinander erledigt werden. (3) *Unverzüglichkeit:* Die Aufgaben sollten möglichst innerhalb eines bestimmten Zeitrahmens „abgearbeitet" werden. (4) *Unvorhersagbarkeit:* Der Lehrer muss häufig auf unvorhersehbare Ereignisse reagieren, ohne dass der gesponnene Faden verloren geht. (5) *Öffentlichkeit:* Die Aktionen finden im Klassenraum, einem öffentlichen Platz statt. (6) *Geschichte:* Er hat sich auf die konkrete Geschichte zu beziehen, die eine Klasse hinter sich hat.

Ein Lehrer hat also gleichzeitig viele Dinge zu berücksichtigen. Er kann sich nicht nur auf einen, sondern muss sich auf alle Schüler einer Klasse konzentrieren.

Der Kounin'sche Welleneffekt

Die Bestrafung eines einzelnen Schülers wirkt sich nicht nur auf diesen Schüler aus, sondern hat auch Auswirkungen auf andere Schüler. Kounin (1976) hat dazu interessante empirische Untersuchungen durchgeführt. Einige dieser Untersuchungen bezogen sich auf den sogenannten Kounin'schen „Welleneffekt". Nach diesem Effekt beziehen sich die eigentlichen Auswirkungen einer Zurechtweisung, z.B. bei Zuspätkommen, nicht nur auf den Zurechtgewiesenen, sondern auch auf den Rest der Klasse. Ausgangspunkt der Forschungen zum Welleneffekt war folgende Situation:

Während seiner Vorlesung bemerkte Kounin in einer der hinteren Reihen einen Studenten, der in eine große Zeitung vertieft war. Kounin fand dieses Verhalten ungebührlich und stellte den Studenten zur Rede. Als Folge kann Kounin dann feststellen, dass sich diese Zurechtweisung vor allem auf die übrigen Zuhörer ausgewirkt hat. Es ist totenstill …

Bei destruktiven Zurechtweisungen wird die ganze Klasse u.U. eingeschüchtert, die Lernlust lässt nach, das Klassenklima wird unangenehm, während bei einer konstruktiven Zurechtweisung solche negativen Effekte ausbleiben. Ferner haben destruktive Zurechtweisungen negative Auswirkungen auf die Beurteilung des Lehrers durch die Schüler: Er wird nun als weniger liebenswürdig, fair oder vertrauenswürdig eingeschätzt. Zudem wird durch destruktive Zurechtweisungen das Niveau der Mitarbeit und der Aufmerksamkeit vermindert. Dies deutet daraufhin, dass affektgeladene Zurechtweisungsformen möglicherweise kurzfristig erwünschte Effekte im Sinne einer eintretenden Grabesruhe erzeugen, dass aber langfristig durch solche Verhaltensweisen die Lust an der Schule nachhaltig gestört werden kann. Solche langfristigen negativen Effekte treten nach Kounin insbesondere bei den Schülern mit geringer Lernmotivation ein, während bei den hochmotivierten eher positive Auswirkungen auf das Verhalten festgestellt werden konnten.

Kounin's Techniken der Klassenführung

Kounin hat in verschiedenen empirischen Studien die Wirkung von Zurechtweisungen überprüft, allerdings ohne ein leicht greifbares Ergebnis festzustellen. Erst nachdem er genauer das Verhalten von Lehrern durch Videokameras dokumentiert hatte, entwickelte er seine Techniken der Klassenführung. Diese Methode der Videodokumentation ermöglichte eine genauere Analyse des Zusammenhangs zwischen Lehrerverhalten und nachfolgendem Schülerverhalten. Bei mehrfacher Analyse von Unterrichtsaufzeichnungen von Lehrern mit „guter" Klassenführung und solchen mit problematischer Klassenführung konnte er nun Folgendes feststellen: Es kommt darauf an, ob sofort auf die richtige Störungsquelle in der Klasse mit einer Zurechtweisung reagiert wird. Kounin beschreibt seine Methode der Analyse von Videoaufzeichnungen in folgender Weise:

> *Die Situation:* „Der Lehrer führt in einer Gruppe im Lesekreis Lautübungen durch. Johnny, der einer Stillarbeitsgruppe angehört, dreht sich um und flüstert Jimmy etwas zu. Der Lehrer blickt auf und sagt: „Johnny, lass die Unterhaltung und beschäftige Dich mit Deinen Additionsaufgaben!"
>
> *Die Analyse:* „Diese Zurechtweisung wurde nun nach Klarheit, Festigkeit, Behandlung des Kindes und anderen Qualitäten bewertet. Aber sie waren für das Verhalten der Kinder gleichgültig. Gab es bei diesem Zurechtweisungsfall sonst noch etwas, was über den Führungserfolg entscheiden konnte? Wir spulten das Band um etwa eine Minute zurück und ließen es dann noch einmal durchlaufen. Dabei wurden wir gewahr, dass in einem anderen Teil des Zimmers zwei Jungen sich Papierflugzeuge zuwarfen. Dies war vor und während der Zeit im Gange, als der Lehrer Johnny für sein Reden zurechtwies … [D]er Lehrer [griff] … bei relativ geringfügigem Fehlverhalten (Flüstern) ein und unternahm nichts gegen ein wesentlich ernsteres (Werfen von Papierflugzeugen) … Der Lehrer ließ nicht erkennen, dass er Augen im Hinterkopf hatte …" (Kounin 1976, S. 89 ff.

Die Auswertung der Videoaufzeichnungen[70] **in den verschiedenen Untersuchungen ergab übereinstimmend,** dass es gar keine großen Unterschiede zwischen Lehrern *im Umgang mit Unterrichtsstörungen* gibt. Oberflächlich betrachtet schimpfen und loben Lehrer ihre Schüler in ähnlicher Weise. Unterschiede ergeben sich dadurch, ob *sofort* und auf die *richtige Störungsquelle* in der Klasse reagiert wird. Ein Lehrer, der sofort auf die richtige Störungsquelle reagiert, zeigt *„Allgegenwärtigkeit"*. Eine solche Allgegenwärtigkeit ist ein wesentlicher Bestandteil eines effektiven Klassenmanagements.

Insgesamt identifizierte Kounin folgende Faktoren des Lehrerverhaltens, die für ein effektives Klassenmanagement bedeutsam sind: (1) Allgegenwärtigkeit bzw. Überlappung, (2) Flüssigkeit/Bewegung im Unterricht, (3) Gruppenaktivierung und Gruppenüberprüfung, und (4) Abwechslung bzw. Sachmotivierung (vgl. Kounin 1976). Auf diese einzelnen Faktoren wird nun genauer eingegangen.

(1) Allgegenwärtigkeit und Überlappung

Allgegenwärtigkeit bezeichnet die Fähigkeit des Lehrers, durch sein Verhalten den Schülern zu vermitteln, alles zu sehen und zu bemerken, auch wenn es sich hinter dem Rücken des Lehrers abspielt. Eine mangelhafte Allgegenwärtigkeit äußert sich in zwei Fehlern: (1) Objekt- und (2) Zeitfehlern.

(1) *Objektfehler:* Er reagiert nur auf das Störverhalten bestimmter Schüler und bemerkt gleichzeitig ähnliches oder schwerwiegenderes Störverhalten von anderen Schülern nicht.

(2) *Zeitfehler:* Er reagiert nicht sofort, sondern erst, nachdem sich eine größere Störkulisse aufgebaut hat, auf das Verhalten der Schüler.

Ein Lehrer beweist somit seine Allgegenwärtigkeit, indem er das Klassengeschehen insgesamt immer im Blick behält und *sofort* auf Störungen der *betreffenden* Schüler reagiert (z. B. „Martin, was wolltest du gerade zur Aufgabe sagen?"), ohne dabei den Unterrichtsfluss stärker zu hemmen und sich in seinen negativen Zurechtweisungen zu verlieren.

[70] Untersuchungen wurden in einer ersten Untersuchung mit 29 Klassen, danach mit 50 Klassen durchgeführt.

Überlappung meint die Fähigkeit des Lehrers, gleichzeitig an verschiedenen Problemen zu arbeiten bzw. auf verschiedene Schülerbedürfnisse zu reagieren.

> Beispiele:
>
> *Positiv:* Der „Lehrer arbeitet mit einer Lesegruppe und Mary liest gerade vor. John und Richard, beide dem Stillarbeitsbereich zugeteilt, unterhalten sich vernehmlich. Der Lehrer schaut zu ihnen und sagt: „Mary, lies weiter, ich höre Dir zu", und fast gleichzeitig: „John und Richard, ich höre Euch reden. Dreht Euch jetzt um und macht Eure Arbeit."
>
> *Negativ:* Im anderen Fall ist der Lehrer ebenfalls mit der Lesegruppe beschäftigt, und Betty liest laut. Gary und Lee, beide von der Stillarbeitsgruppe, rangeln spielerisch miteinander. Der Lehrer schaut zu ihnen hinüber, steht auf, legt das Lesebuch auf den Stuhl, geht auf die beiden zu und sagt ärgerlich: „Schluss mit dem Unfug. Aber auf der Stelle! Lee, Du bist noch nicht fertig mit Deinen Aufgaben. Mach sie jetzt sofort, und zwar richtig! Und Gary, Du genauso! Darauf geht er zum Lesekreis zurück." (S. 93)

Im ersten Fall handelt sich um ein positives Beispiel für Überlappung, im zweiten Fall um ein negatives. Hier stürzt sich der Lehrer geradezu in die Zurechtweisung der störenden Schüler und verliert dabei die Lesegruppe völlig aus den Augen.

Allgegenwärtigkeit und Überlappung sind nicht völlig unabhängig voneinander. Wenn man jeweils den Anteil des Zusammenhangs herausnimmt, der unabhängig vom anderen Faktor ist, zeigt sich, dass Allgegenwärtigkeit der bedeutsamere Faktor ist. Entsprechend folgert Kounin (1976, S. 99), dass „Allgegenwärtigkeit im Vergleich zur Überlappung ... die größere Rolle spielt."

Wahl et al. (1997[6], S. 366f.) fassen diese beiden ersten Kounin'schen Techniken unter dem Stichwort „Sich selbst vervielfältigen können" zusammen: Ein Lehrer sollte danach allgegenwärtig sein, Augen im Hinterkopf haben und nebeneinander mehrere Dinge gleichzeitig tun können. Ein Lehrer kann diese Kompetenzen durch langjährige *deliberate Practice* lernen. Dabei werden die erforderlichen Unterrichtsroutinen weitgehend automatisiert. Erst dadurch, dass der Unterricht nach bestimmten Gesichtspunkten strukturiert ist, die routinisiert abgerufen werden (angefangen von der Begrüßung bis hin zu bestimmten Praktiken zur Beendigung der Stunde), wird es für den Lehrer möglich, sich auf den roten Faden des Unterrichts und auf ein effektives Klassenmanagement zu konzentrieren.

(2) Flüssigkeit, Reibungslosigkeit, Bewegung im Unterricht

Weitere Faktoren einer effizienten Klassenführung sind Reibungslosigkeit des Unterrichtsablaufs (versus Sprunghaftigkeit) und der Schwung („Momentum"), mit dem unterrichtet wird. Es handelt sich um die Fähigkeit des Lehrers, für einen reibungslosen und schwungvollen Unterrichtsablauf zu sorgen (vgl. Wahl et al. 1997[6], S. 367). Wenn ein Unterricht durch unnötigen Leerlauf, Verzögerungen, Punkte, die zum Lernen nicht gehören, Weitschweifigkeiten, Überproblematisieren von Kleinigkeiten gekennzeichnet ist, dann macht der Unterricht weniger Spaß und die Schüler haben nicht so recht Lust, sich am Unterricht aktiv zu beteiligen.

Beispiele: (Kounin 1976, S. 101 ff.)

(1) *Positiv:* „Mary hat soeben ihren Lesevortrag beendet. Die Lehrerin sagt: „Schön, Mary. Und damit sind wir am Ende unserer Geschichte angelangt. Geht nun an Eure Plätze zurück und macht Eure Stillarbeit fertig." Sie schließt ihr Buch, schaut sich etwa drei Sekunden lang im Zimmer um und sagt dann: „So, jetzt dürfen die Bluebirds zum Lesekreis kommen."

(2) Negativ: „Der Lehrer wiederholt mit der ganzen Klasse bestimmte Rechenaufgaben. Richard hat soeben die letzte Aufgabe im Rechenbuch gelöst. Der Lehrer sagt: „Richtig, Richard." Darauf schließt er sein Rechenbuch mit den Worten: „Lassen wir jetzt das Rechnen und holen wir unsere Lesebücher heraus." Als die Kinder sich anschicken, die Bücher hervorzuholen, sagt der Lehrer: „Nun wollen wir einmal sehen: Wie viele von Euch haben alle Aufgaben richtig? ... Sehr gut. Die meisten haben also alles richtig gemacht. In Ordnung, kommen wir nun zu unseren Lesebüchern." (sich widersprechende Anweisungen: Abbrechen der Rechenübungen, Beginn des Leseunterrichts, Zurückkommen auf das Rechnen)

(3) Negativ: **„Der Lehrer führt eine mündliche Leseübung durch. Alle Kinder haben ihre Lesebücher vor sich liegen. Der Lehrer steht vor der Klasse, und Susanne hat soeben einen Abschnitt zuende gelesen. Der Lehrer sagt: „Schön, das genügt. Mary, würdest Du bitte wei**terlesen?" Mary steht auf und beginnt zu lesen. Während der Lehrer zuhört, wandern seine Augen zufällig die Bankreihen hinunter; er geht auf eine Bank zu, an der ein Mädchen sitzt, und sagt: „Was soll denn das da auf dem Fußboden? Dann hebt er eine auf dem Boden liegende Papiertüte auf, indem er bemerkt: „Was hat denn Deine Lunchtüte hier zu suchen? Ihr wisst, dass Ihr Eure Lunchtüten in der Garderobe lassen sollt. Steck sie jetzt weg.!" ... (Sprunghaftigkeit im Sinne von Reizabhängigkeit).

(4) *Negativ:* „Der Lehrer fordert die „Thunderbirds" auf, ihre Plätze zu verlassen und zum Lesekreis zu kommen. Er sagt: „So, jetzt sind die Thunderbirds mit dem Lesekreis dran. John Jones, steh Du bitte mal auf?" John steht auf. „In Ordnung, John, Du gehst jetzt ruhig zu diesem Platz dort." John geht hinüber. „Mary, nun stehst Du auf und setzt Dich da drüben hin." Mary steht auf und geht zu ihrem Platz im Lesekreis. „Richard, jetzt bist Du an der Reihe." Richard geht nach vorn. Dann wendet sich der Lehrer an Margaret und dirigiert sie zum Lesekreis. Dies geht so weiter, bis alle zehn „Thunderbirds" im Lesekreis sitzen, worauf der Lehrer vor der Gruppe Platz nimmt und mit der Leseübung beginnt." (*„Gruppenfragmentierung"* statt der Anweisung „die Thunderbirds kommen nun in den Lesekreis"[71])

Schwung und Reibungslosigkeit hängen eng miteinander zusammen, sind also nicht unabhängig voneinander. Beide wiederum hängen mit dem Ausbleiben von Fehlverhalten und mit der Mitarbeit zusammen. Allerdings scheint „Schwung" der übergeordnete, wichtigere Faktor zu sein.

Viele Faktoren können zu fehlendem Schwung und dadurch zu *Leerlauf im Unterricht beitragen.* Häufig ist es nicht möglich, ein neues Verfahren allen Schülern hinreichend verständlich zu erklären. In der Stillarbeitsphase können dann diese Schüler die gestellten Aufgaben nicht lösen und warten auf Hilfen durch den Lehrer. Falls der Lehrer in dieser Zeit ebenfalls seine Aufgaben bearbeitet, z. B. Hefte korrigiert und sich diese Schüler nicht melden, entsteht für diese Schüler unnötiger Leerlauf. Doch auch wenn sich der Lehrer *der Reihe nach* die Lösungsversuche aller

[71] Solche Routinen müssen vorher in der Klasse eingeübt werden (vgl. dazu S. 62).

Schüler ansieht, vermeidet er dieses Problem nicht. Bis er dann die erforderlichen Hilfen dem letzten Schüler, der die relevanten Punkte noch nicht verstanden hat, individuell erläutern kann, ist möglicherweise die Stunde schon zu Ende. In solchen Fällen ist vor Beginn der Stillarbeit ein Zusammenfassen *der* Schüler erforderlich, die noch Schwierigkeiten mit der selbstständigen Lösung der geforderten Aufgaben haben, um mit ihnen die Lösung einiger Aufgaben des Aufgabenblatts durchzugehen. Dabei kann der Lehrer auch zu parallelen Aufgaben Lösungsbeispiele vorgeben und sie besprechen.

Leerlauf kann auch dadurch entstehen, dass Schüler, die mit den Aufgaben vor Beendigung der Stillarbeitsphase fertig sind, nicht wissen, was sie nun tun dürfen. Häufig wollen sie dann ihre Lösungen dem Lehrer zeigen und stören damit die Konzentration der anderen Schüler, die noch nicht fertig sind. In solchen Fällen ist es sinnvoll, Lösungsbögen auszuhängen, so dass die Schüler unabhängig vom Lehrer ihre Lösungen kontrollieren können. Die dabei zu berücksichtigenden Regeln für das sorgfältige Prüfen der Lösungen sollten vorher in der Klasse besprochen werden. Vor allem müssen Regeln für das weitere Verhalten der Schüler geklärt sein, die mit den gestellten Aufgaben fertig sind und alle Aufgaben richtig gelöst haben: Dürfen diese Schüler mit den Hausaufgaben anfangen, in der Leseecke lesen oder am Wochenplan weiterarbeiten? Wenn solche Punkte von vornherein klar sind, dann können Schüler auch mehr lernen.

Gruppenaktivierung / Überprüfung

Dieser Aspekt beinhaltet wesentlich die Fähigkeit des Lehrers, seine Schüler trotz ihrer Individualität immer auch in ihrer Eigenschaft als Gruppe zu betrachten und zu behandeln. Der Lehrer konzentriert sich auch dann auf die gesamte Klasse, wenn er sich mit einem einzelnen Schüler näher beschäftigt; er bewahrt einen Gruppen- oder Klassenfokus und verdeutlicht dies durch viele Verhaltensweisen, die den einzelnen Schülern bewusst machen, dass der Lehrer sie nicht aus den Augen verloren hat. So ist es z. B. nötig, der Klasse klare Aufgaben zu übertragen, bevor der Lehrer auf einen einzelnen Schüler näher eingeht, ebenso wie es nötig ist, auch währenddessen die übrige Klasse nicht gänzlich aus dem Blick zu verlieren.

Die gesamte Gruppe sollte aktiviert sein, nicht nur einzelne Schüler oder Schülergruppen. Dies ist eine wesentliche Voraussetzung für ein intensives pädagogisches Arbeiten.

Beispiele (Kounin 1976, S. 117 f.):

(1) Der Lehrer weist die Klasse an, einen bestimmten Abschnitt im Lesebuch in Stillarbeit durchzulesen.

Er wartet bis alle Kinder ihr Buch aufgeschlagen und begonnen haben. Dann wendet er sich einem Schüler zu, um mit ihm einige Fragen zu klären.

Während des Gesprächs hält er die Ohren auch gegenüber den anderen Schülern offen und sieht sich gelegentlich um.

Nach Beendigung des Gespräches stellt er einige inhaltliche Fragen zu dem in der Stillarbeit gelesenen Text an die ganze Klasse. So aktiviert er die Gruppe durch Überprüfung.

(2) Vergleich zweier Methoden des Drannehmens: Eine Leseübung kann man durchführen, indem man a) die Schüler der Reihe nach drannimmt, oder b) die Schüler zuerst auf die Aufgabe konzentriert werden und dann der Lehrer irgendeinen Schüler aufruft.

Im zweiten Fall ist die Gruppenaktivierung höher, weil jeder Schüler damit rechnen muss, drangenommen zu werden.

(3) Noch extremer ist folgender Vergleich: Eine Lehrerin hat einem Schüler versprochen, dass er heute dran ist, und dieser Schüler darf alle 40 Wörter der Reihe nach vorlesen. In einer anderen Klasse stellt die Lehrerin die gleichen 40 Leseaufgaben, nimmt aber jedes Mal einen anderen Schüler dran. Die letzten Aufgaben lässt sie alle Schüler im Chor lesen und achtet dabei darauf, dass alle Schüler auch wirklich deutlich hörbar lesen.

Gruppenaktivierung wird über drei Indikatoren ermittelt:

- Beschäftigungsradius,
- Gruppenmobilisierung und
- Rechenschaftsprinzip.

Beschäftigungsradius: Dieser ist hoch, wenn z. B. der Lehrer Schüler an der Tafel Aufgaben lösen lässt, während die anderen Schüler die gleichen Aufgaben bearbeiten. Er ist niedrig, wenn der Lehrer die Schüler auffordert, Aufgaben im Buch zu bearbeiten und gleichzeitig an die Tafel geht und dort ganz andere Aufgaben erläutert. Auch lange Leerzeiten, also Zeiten, in denen die Schüler ohne Aufgaben sind, indizieren einen niedrigen Beschäftigungsradius.

Gruppenmobilisierung: Darunter fallen alle Aktivitäten des Lehrers, Schüler zum Aufpassen anzuhalten (z. B. Drannehmen nach dem Zufallsprinzip, im Chor Antworten geben oder wiederholen lassen).

Rechenschaftsprinzip: Alle Aktivitäten, durch die der Lehrer die Arbeitsleistung der Schüler überprüft. Er geht z. B. durch die Klasse und kontrolliert die Aufgaben der Schüler, während bestimmte Schüler einzelne Aufgaben an der Tafel lösen.

Abwechslung / Sachmotivation

Dieser Aspekt beinhaltet didaktische und methodische Variationen der Unterrichtsmethoden. Das verhindert Langeweile bei den Schülern. Ein gutes Beispiel für methodische Wechsel und ihre möglichen Auswirkungen auf die Motivation ist das Unterrichtsszenario 1 auf Seite 242. Methodische Wechsel sollten berücksichtigen, dass Schüler vor allem beim Aufbau neuer Schemata nur begrenzt aufnahmefähig sind. Dies ist vor allem bei längeren mündlichen Erklärungen ein Problem. Um der Überlastung des Arbeitsgedächtnisses vorzubeugen, sollte der Lehrer nach dem Erklären möglichst sofort Übungsaufgaben stellen, die zuerst in der Klasse, danach in Partnerarbeit oder allein zu lösen sind. Damit wird das neue Schema in das Langzeitgedächtnis überführt. Danach kann er ähnliche Aufgaben mit etwas höherem Schwierigkeitsgrad behandeln, Aufgaben dazu stellen usw.

Zusätzlich kann er solche längeren Erklärsequenzen dadurch strukturieren und motivierender gestalten, indem er das Wesentliche an der Tafel festhält (z. B. Lösungsbeispiele, Skizzen, Strukturhilfen). Auch diese Maßnahme hilft, einer Überlastung des Arbeitsgedächtnisses vorzubeugen. Solche Nutzungen externer Medien (Tafel, Folien) zusammen mit Strukturierungshilfen sind wichtig, um dem Schüler eine Integration und Verdichtung der präsentierten Informationen zu erleichtern.

Beispiel:

Der Lehrer beginnt das Thema mit einem Einstieg in Form von Frontalunterricht. Dabei gibt es einige Bilder (Tafelskizzen) zur besseren Veranschaulichung zu sehen.

Es folgt eine Stillarbeitsphase, in der jeder Schüler für sich an einem Text arbeitet. In dieser Phase setzt sich der Lehrer mit einigen schwächeren Schülern zusammen und geht mit ihnen zuerst nochmals die Aufgaben durch, bevor sie mit der Stillarbeit anfangen. Die Bearbeitung einiger Fragen zum Text erfolgt in Kleingruppenarbeit.

Schließlich werden die Ergebnisse in einem abschließenden Gespräch durch den Lehrer erfragt und der Lehrer fasst die wichtigsten Punkt nochmals zusammen. Die wichtigsten Techniken der Klassenführung nach Kounin (1976) werden zusammenfassend in folgender Übersicht dargestellt:

Übersicht 4: Techniken der Klassenführung nach Kounin (1976)

(1) Allgegenwärtigkeit/Überlappen (Withitness/Overlapping)
Der Lehrer vermittelt den Schülern durch sein Verhalten ein Gefühl, dass er alle Vorgänge in der Klasse mitbekommt, dass er also Augen im Hinterkopf hat. Er reagiert sofort und in spezifischer Weise auf Störungen. Dabei konzentriert sich der Lehrer auf das Unterrichtsgeschehen insgesamt, also auf mehrere gleichzeitig ablaufende Ereignisse. (z. B. Lehrer nimmt sofort mit Schülern, die Unsinn machen, Augenkontakt auf, während er eine Gruppe betreut; er sieht einen Schüler, der zu spät kommt, an, führt aber die Diskussion weiter).

(2) Zügigkeit/Flüssigkeit (Momentum/ Smoothness):
Im Unterricht geht es flüssig, mit Schwung, ohne großen Leerlauf und ohne Sprünge voran. Abschweifungen vom Thema werden vermieden. (z. B. wird ein Lehrer, der merkt, dass die Erklärung eines eher nebensächlichen Begriffs zu viel Zeit kostet und den Gesamtzusammenhang stört, sich eine Notiz machen, um in der nächsten Sitzung diesen Punkt zusätzlich zu erläutern).

(3) Gruppenaktivierung/Überprüfung (Group Alerting, Encouraging accountability):
Die ganze Klasse wird aktiviert und beschäftigt, während der Lehrer sich einem Schüler zuwendet; er macht durch sein Verhalten deutlich, dass er von allen Schülern Aufmerksamkeit und Konzentration fordert, auch wenn ein einzelner Schüler aufgerufen wird. Allen Schülern wird das Gefühl vermittelt, dass ihre Teilnahme beobachtet und bewertet wird. (z. B. können Schüler zufällig bei einer Zusammenfassung der Inhalte befragt werden; man kann am Ende einer Diskussion Schüler bitten, das gerade Behandelte dem Nachbarn nochmals zu erklären).

(4) Abwechslung/Sachmotivierung:
Variieren der Unterrichtsmethode, um Langeweile zu verhindern. Daran ist vor allem bei der Einführung komplexer Verfahrensweisen oder Inhalte zu denken. Hier führen längere Erklärsequenzen zu Überlastungen des Arbeitsgedächtnisses. Wichtig ist deshalb das Einstreuen von verschiedenen Übungsphasen, die Strukturierung der Inhalte von leicht nach schwer, und die Nutzung externer bzw. verschiedener Medien (z. B. Tafel) zur Verdeutlichung der Struktur (Skizzen) oder zur Darstellung von Lösungsbeispielen.

Eine empirische Untersuchung von Rheinberg und Hoss (1979) konnte die Bedeutsamkeit der von Kounin herausgearbeiteten Faktoren für effektives Lehrerverhalten bestätigen. Zusätzlich ergab sich, dass die Störungen mit zunehmender Sanktionshärte zwar abnahmen, aber die Auswirkung der Sanktionshärte auf die Mitarbeit eher negativ war: Zwar verhielten sich die Schüler bei hoher Sanktionshärte etwas ruhiger, aber die Bereitschaft zu aktiver Mitarbeit ließ ebenfalls nach. Dieser Effekt war in den höheren Klassen stärker ausgeprägt.

Zu den Techniken der Klassenführung hat Küppers einen Schüler-Fragebogen entwickelt, mit dem ein Lehrer seine Unterrichtsführung aus der Sicht der Schüler beurteilen lassen kann. Dieser Fragebogen ist in Wahl et al. (1997[6], S. 368 ff.) abgedruckt. Er enthält demnach folgende Aussagen, die alle entweder mit JA oder mit NEIN beantwortet werden sollen.

Fragebogen nach Küppers:

1. Der Lehrer nimmt oft Schüler dran, die mit einem Kuli oder etwas anderem spielen.
2. Der Lehrer bestraft immer nur die Schüler, die wirklich etwas getan haben.
3. Dieser Lehrer ist auch durch Kleinigkeiten aus der Ruhe zu bringen.
4. Bei diesem Lehrer kann man während der Stunden Hausaufgaben machen, ohne dass man ermahnt wird.
5. Auch wenn der Lehrer etwas erklärt, merkt er, was in der Klasse vor sich geht.
6. Bei diesem Lehrer kann man schlecht abschreiben, weil er das meistens merkt.
7. Wenn der Lehrer etwas Neues durchnimmt, dann dauert das oft so lange, dass es langweilig wird.
8. Bei diesem Lehrer muss man dauernd damit rechnen, aufgerufen zu werden, auch wenn man sich nicht gemeldet hat.
9. Wenn der Lehrer etwas an die Tafel schreibt, kann man Sachen durch die Klasse werfen, ohne dass der Lehrer etwas sagt.
10. Auch wenn der Lehrer mit einem einzelnen Schüler spricht, merkt er, was die anderen machen.
11. Der Lehrer geht im Stoff so schnell vorwärts, dass viele nicht mitkommen, und er es noch einmal erklären muss.
12. Auch wenn ich mich etwas ducke, muss ich damit rechnen, dass ich plötzlich drankomme.
13. Man braucht manchmal die ganze Stunde nichts zu sagen, ohne dass dies dem Lehrer auffällt.
14. Dieser Lehrer erklärt auch einfache Sachen so ausführlich, dass wir im Stoff nur langsam vorankommen.
15. Wenn wir in einer Gruppe arbeiten, weiß der Lehrer, ob alle Gruppenmitglieder etwas zum Arbeitsergebnis beigetragen haben oder nicht.
16. Man kann ein Buch aufstellen, um dahinter mit dem Nachbarn zu sprechen, ohne dass dieser Lehrer etwas merkt.
17. Wenn der Lehrer an der Tafel beschäftigt ist, können wir allen möglichen Quatsch machen.
18. Wenn der Lehrer jemanden ermahnt, erwischt er meist den richtigen.
19. Dieser Lehrer nimmt fast immer dieselben dran.
20. Wenn ein Schüler etwas getan hat, schimpft der Lehrer ziemlich lange mit ihm.
21. Dieser Lehrer hat nur wenig Ahnung davon, was in der Klasse wirklich vor sich geht.
22. Wenn der Lehrer sich mit einem einzelnen Schüler beschäftigt, müssen die anderen trotzdem aufpassen, weil sie plötzlich aufgerufen werden können.
23. Dieser Lehrer weiß ziemlich oft nicht, ob ein Schüler selbst etwas getan hat, oder ob es jemand vorgesagt hat.
24. Wenn jemand zum Fenster rausguckt, muss er bei diesem Lehrer damit rechnen, überraschend aufgerufen zu werden.
25. Wenn der Lehrer etwas austeilt, dann hält er sich damit ziemlich lange auf.
26. Dieser Lehrer achtet darauf, dass auch bei Gruppenarbeit alle Schüler mitarbeiten.
27. Man kann während der Stunde bei diesem Lehrer laut sprechen, ohne dass man ermahnt wird.
28. Der Lehrer achtet darauf, dass so ziemlich alle Schüler einmal drankommen.
29. Man hat manchmal das Gefühl, dass dieser Lehrer auch hinten Augen hat.
30. Wenn etwas vorgelesen wird, kann man ruhig etwas anderes lesen, ohne dass dieser Lehrer das merkt.
31. Hat ein Schüler die Hausaufgaben nicht gemacht, so hält sich dieser Lehrer lange mit ihm auf.
32. Der Lehrer bestraft oft die falschen Schüler, weil er nicht weiß, wer wirklich etwas getan hat.
33. Auch wenn der Lehrer an der Tafel etwas Neues erklärt, merkt er, ob jemand aufpasst oder nicht.

Die Aussagen des Fragebogens können in folgender Weise den Kounin'schen Techniken der Klassenführung zugeordnet werden:

Techniken der Klassenführung		**Fragennummern** des **Fragebogens von Küppers**
(1) Allgegenwärtigkeit/Überlappen	Bejahung	1, 2, 5, 6, 10, 12, 18, 24, 29, 33
	Verneinung	4[72], 9, 16, 17, 21, 27, 30, 32
(2) Zügigkeit/Flüssigkeit	Verneinung	3, 20, 25, 31
(5) Gruppenaktivierung/Überprüfung	Bejahung	8, 15, 22, 26, 28
	Verneinung	13, 19, 23
(4) Abwechslung/Sachmotivierung	Verneinung	7, 11, 14

Die Einordnung der Befunde von Kounin: Die Ergebnisse von Kounin lenken die Aufmerksamkeit weg von der Kontrolle und dem Sanktionieren des Verhaltens einzelner Schüler hin zum effektiven Unterrichten einer Klasse: Das Gegenüber des Lehrers, um das er sich zu kümmern hat, ist nicht der einzelne Schüler, sondern die ganze Klasse. Bestimmte Formen der Sanktionierung führen dazu, dass der Lehrer die anderen Schüler aus den Augen verliert. Für die Klasse entstehen dadurch negative Begleiteffekte, welche die positiven Auswirkungen auf den einzelnen Schüler, der gerade diszipliniert wird, möglicherweise bei weitem überwiegen.

Daraus die Folgerung zu ziehen, konsequentes Kontrollieren von Leistungen und Verhaltensweisen sei nicht angebracht, wäre die falsche Konsequenz. Eine solche Konsequenz wäre auch mit der Technik „Gruppenaktivierung/Überprüfung“ nicht vereinbar. Kontrollen sind vor allem dann wichtig und sinnvoll, wenn sie sich auf allgemein akzeptierte Regeln und Vereinbarungen beziehen. Bei Kontroll- und Sanktionshandlungen sollte in aller Regel an diese Vereinbarungen erinnert werden.

Kounin's Techniken beziehen sich auf Verhaltensweisen des Lehrers, die neben einem effektiven methodisch-didaktischen Vorgehen bedeutsam sind. Wenn man sich mit diesen Methoden des Unterrichtens befasst, dann sollte man nicht vergessen, dass neben den Bedingungen, welche die Wirksamkeit dieser Instruktionsmethoden bestimmen, auch die Kounin'schen Techniken zu berücksichtigen sind. Häufig nehmen diese Techniken die Rolle impliziter Annahmen ein, obgleich sie für die Effektivität der einzelnen Verfahren mitentscheidend sein dürften. Dies wird z. B. deutlich, wenn man Trainingsstudien analysiert, in denen die Wirksamkeit bestimmter Unterrichtsmethoden geprüft werden soll. So spielen in der Trainingsstudie zur direkten Instruktion von Good, Grouws & Ebmeier (1983), auf die später genauer eingegangen werden soll, auch Techniken wie Vermeiden von Leerlauf im Sinne von Zügigkeit/Flüssigkeit sowie Techniken der Gruppenaktivierung/Überprüfung eine wichtige Rolle.

[72] Um einen Punktwert pro Technik der Klassenführung zu ermitteln, werden bei allen Fragen, deren Bejahung „gefordert“ ist, die „Ja- Antworten mit (1), Nein- Antworten mit (0) gezählt; bei Fragen mit geforderter Nein-Antwort werden die Nein-Antworten mit (1), Ja-Antworten mit (0) gezählt. Der Summenwert pro Technik gibt dann an, in welchem Ausmaß die entsprechende Technik aus der Sicht eines Schülers oder eines Beobachters realisiert wird.

6.3.3 Klassenmanagement als vorausplanendes Handeln – der Ansatz von C. Evertson

(1) Vorausplanendes Handeln

Der Ansatz von C. Evertson erweitert die Techniken der Klassenführung durch die Betonung vorausplanenden Handelns. Der Umfang, in dem in einer Schule in systematischer Weise die relevanten vorausplanenden Aktivitäten routinemäßig verwirklicht werden, ist entscheidend für die *Professionalität* einer Schule. Entsprechend zentral sind solche Punkte auch bei jeder *Schulinspektion*. Der Grund für die hohe Bedeutung vorausplanenden Handelns liegt darin, dass durch eine Systematisierung vorausplanenden Handelns die Komplexität der Anforderungen an den Lehrer reduziert wird, so dass er sich stärker auf sein Kerngeschäft, das Unterrichten, konzentrieren kann. Eine Systematisierung wichtiger vorausplanender Aktivitäten erfolgt durch die Entwicklung und routinisierte Anwendung von *Checklisten für die verschiedensten Bereiche* (vgl. Evertson & Harris 2003). Die Entwicklung, ständige Überarbeitung sowie Umsetzung solcher Checklisten ist Aufgabe einer Schule, die professionelles Handeln sichern will. Viele empirische Studien belegen, dass die Verwirklichung eines solchen vorausplanenden Klassenmanagements ein wichtiger Baustein effektiven Unterrichts ist (vgl. Wang, Haertel & Walberg 1994; Helmke 1988, 2003).

Die folgende Darstellung orientiert sich am von Evertson u. Mitarbeitern entwickelten Trainingsprogramm COMP (Classroom Organization and Management Program; Evertson & Harris 2003). Das vorausplanende Handeln eines Lehrers kann sich auf a) organisatorische Dinge wie Bestellen von Unterrichtsmitteln und Vorbereitung des Klassenraumes, b) auf die Einführung und Etablierung von Regeln und Ritualen und c) auf die Strukturierung des Unterrichts beziehen. Solche *vorausplanenden Aktivitäten* sind wichtig, damit im Unterricht möglichst wenig Leerzeiten und Ablenkungen auftreten, die dann zu Unterrichtsstörungen führen würden.

Checkliste 1: Die Übernahme einer ersten Klasse

Die organisatorischen Vorbereitungen sind bei der Übernahme einer Klasse besonders aufwendig. Bei der Übernahme einer ersten Klasse sollten vorher …

- Kindergärten besucht werden, um sich einen Eindruck über die Fähigkeiten und Kenntnisse der künftigen Schüler zu verschaffen,
- Listen über zu besorgende Unterrichtsmittel (Schulbücher, Arbeitsmaterialien wie Hefte, Schreibutensilien) erstellt werden,
- der Klassenraum so gestaltet werden, dass die Schüler sich wohl fühlen können,
- ein Terminplan für Konferenzen des kommenden Schuljahrs, Klassenfahrten bzw. Ausflüge und Klassenarbeiten in den Hauptfächern erstellt werden,
- Klassenlisten (vor Übernahme einer Klasse) und Namenskärtchen geschrieben werden,
- Informationen über Problemschüler und über Gesundheitsrisiken von Schülern eingeholt werden,
- Listen über aller relevanten Punkte erstellt werden, die in den ersten Stunden geklärt werden müssen,
- eine präzise Vorstellung über wichtige Regeln und Prozeduren entwickelt werden, die in den ersten Stunden mit den Schülern vereinbart werden sollen,
- ein Brief zur Einladung zu einem ersten Elternabend erstellt werden,
- eine Sitzordnung auf der Basis der vorhanden Informationen über die Schüler ausgearbeitet werden.

Die vorausplanenden Aktivitäten können sich auch auf das soziale und das methodische Klassenmanagement beziehen. Im Folgenden werden einige Punkte dargestellt, die nach Evertson, Emmer, Sanford & Clements (1983) bei einem effektiven Klassenmanagement zu berücksichtigen sind. Diese Punkte waren Grundlage eines Trainingsprogramms von Evertson et al. (1983), wobei jeder Punkt in einem eigenen Kapitel des Trainingmanuals noch anhand mehrerer konkreter Beispiele erläutert wird.[73]

Klassenraum vorbereiten: Stelle sicher, dass Klassenraum und Materialien für das neue Schuljahr vorbereitet wurden. Bei der Einrichtung des Klassenraums ist z. B. daran zu denken,

– dass Bereiche, die häufig besucht werden, möglichst weit auseinanderhegen, um Staus und wechselseitige Störungen zu vermeiden,

– dass der Lehrer den gesamten Raum von seinem Platz aus gut übersehen kann, also z. B. nicht durch Regale oder Schränke bestimmte Bereiche abgetrennt sind,

– dass benötigte Materialien leicht für alle Schüler zugänglich sind (vgl. Evertson, Emmer, Clements & Worsham 1994, S. 3 f.).

Regeln und Verfahrensweisen planen: Der Lehrer sollte darüber nachdenken, welche Regeln die Schüler befolgen sollen, um in der Klasse oder in der Schule insgesamt gut zusammenarbeiten zu können. Besonders wichtig ist das gezielte Einüben und Trainieren von Verfahrensweisen und Routinen wie die Bildung eines Sitzkreises, das Aufräumen des Arbeitstischs vor Beginn einer neuen Unterrichtsstunde, das Verteilen von Arbeitsblättern, das Aufgeben von Hausaufgaben, Vorbereitungen für ein Verlassen des Klassenzimmers zu den großen Pausen oder am Ende des Schultags usw. Hierfür muss geklärt werden, welche Routinen erwartet werden, und *diese Verfahrensweisen werden zu Routinen, indem sie so lange eingeübt werden, bis sie ohne Nachdenken ausgeführt werden können.*

Die Einführung und konsequente Anwendung von Regeln ist eine wichtige Voraussetzung für ein gutes Arbeitsklima in der Klasse. Bei vielen Regeln macht es wenig Sinn, die Schüler an ihrer Gestaltung zu beteiligen. Der Lehrer sollte sich von vorne herein Gedanken über die wichtigsten Regeln machen. Die wichtigsten vier bis fünf Vorschriften sollten für alle sichtbar auf einem Plakat im Klassenzimmer aushängen und an konkreten Beispielen erläutert werden. Es ist nicht damit getan, solche Regeln kurz einzuführen: Sie müssen gelernt, erläutert und konsequent angewendet werden. In höheren Klassen kann man versuchen, diese Grundsätze durch übergeordnete Postulate zu begründen (z. B. „was Du nicht willst, das man Dir tu, das füg auch keinem anderen zu“ , „jeder hat das Recht, gleich und fair behandelt zu werden“.) Ein Beispiel für vier Regeln (Grundschule) wäre:

[73] Da das Trainingsmanual nicht veröffentlicht wurde, aber wichtige Teile in dem Standardwerk zum Klassenmanagement von Evertson et al. (1994³) enthalten sind, habe ich die bei Evertson et al. (1983) genannten Punkte durch Angaben aus dem Buch ergänzt.

Regeln für das Sozialverhalten der Schüler in der Grundschule

1. Wir sind höflich und hilfsbereit. Diese Regel sollte durch Beispiele erläutert werden wie *„warte, bis Du an der Reihe bist"*; sag *„Danke"* und *„Bitte"*; kein Schlagen, nicht jemandem mit abwertenden *„Spitznamen"* rufen bzw. andere ärgern; eingreifen, wenn andere geschlagen, geärgert werden; möglicherweise dann andere, z.B. den Lehrer zu Hilfe holen.
2. Wir achten das Eigentum von anderen. Das fängt an beim Sauberhalten des Klassenzimmers, kein Kritzeln an Wände, Tische usw., geliehene Gegenstände zurückgeben, Dinge von anderen nur benutzen, wenn diese vorher um Erlaubnis gebeten wurden usw.
3. Wir reden im Klassenunterricht nicht dazwischen und bleiben still, wenn andere reden. Dazu gehört auch, dass beim Klassenunterricht die Hand gehoben werden sollte. Diese Regel kann für die Arbeit in Kleingruppen gelockert werden.
4. Wir halten uns an die Regeln der Schulordnung.

Dies sind einige der Regeln, die von Evertson et al. (1994, S. 20) für die Grundschule vorgeschlagen werden. Eine weitere mögliche Regel wäre, im Klassenzimmer immer möglichst leise zu sein, um andere beim Arbeiten nicht zu stören, z.B. bei Gruppenarbeit oder Stillarbeit nur leise miteinander zu sprechen usw.

Es sollten von vornherein *Konsequenzen* für angemessenes und unangemessenes Verhalten in der Klasse festgelegt und den Schülern mitgeteilt werden. Diese sollten dann auch konsequent angewendet werden. Unangemessenes und störendes Schülerverhalten sollte sofort und konsistent unterbunden werden und durch konkrete Verweise auf die abgemachten Regeln begründet werden. Dabei sollte nicht vergessen werden, auch in ausreichendem Maße positives Verhalten zu loben.

Regeln und Prozeduren unterrichten: Die Schüler sollten in der Anwendung dieser Regeln und Prozeduren unterrichtet werden; entsprechende Sequenzen müssen in die ersten Stunden des neuen Schuljahrs eingebaut werden. Auch nach längeren Pausen, z.B. den Sommerferien, ist sofort wieder an die Regeln und Prozeduren zu erinnern.

Aktivitäten zum Schulbeginn: Für die ersten Tage des Schulbeginns sollten Aktivitäten geplant werden, die alle Schüler der Klasse einbeziehen und die geeignet sind, die Klassengemeinschaft zu entwickeln.

Strategien für potentielle Probleme: Für potentielle Probleme sollten Strategien geplant werden. Solche potentiellen Problemfelder sind:

a) *Störungen des Unterrichts*, z.B. wenn Eltern anklopfen und möglichst schnell eine Reaktion auf ein Problem vom Lehrer erwarten, wenn eine Durchsage erfolgt oder der Schulassistent eine Nachricht übermittelt: Für solche Situationen müssen Verhaltensregeln vereinbart werden (z.B. sich leise verhalten, mit Hausaufgaben beginnen, aufgegebene Arbeiten in Ruhe erledigen). Der Lehrer sollte zuerst sicherstellen, dass die Schüler sinnvoll beschäftigt sind und allen klar ist, welche Aufgaben zu erledigen sind, bevor sich der Lehrer dem zuwendet, der „stört" bzw. angeklopft hat.
b) *Störungen durch Leerzeiten:* Es muss geklärt werden, was Schüler machen sollen, wenn sie mit der gestellten Aufgabe fertig sind, während andere Schüler noch an ihr arbeiten (z.B. in einem Buch lesen, mit den Hausaufgaben beginnen, malen). In der Regel ist es nicht sinnvoll, dass sich Schüler dann der Reihe nach an den Lehrer wenden, weil dadurch die Konzentration der noch arbeitenden Schüler beeinträchtigt wird.

c) *Störungen durch inhaltliche Schwierigkeiten:* Manche Schüler verstehen Anweisungen oder Erklärungen nicht, und es ist wenig sinnvoll, vor der ganzen Klasse alles nochmals zu erklären, wenn man beim Rest der Klasse Langeweile vermeiden will. Nachdem die Aufgaben in der Klasse erklärt wurden, kann sich der Lehrer nochmals an diese Schüler wenden, um ihnen die Aufgaben in aller Ruhe zu erläutern. Eine weitere Möglichkeit wäre, gute Schüler zu bitten, diesen Schülern die Anweisungen nochmals zu erklären und sich danach die Lösung einzelner Aufgaben durch diese schwächeren Schüler erklären zu lassen.

Man kann diese Überlegungen zu einer effektiven Nutzung der Unterrichtszeit in folgender Checkliste zusammenfassen:

Checkliste 2: Effektive Lernzeit vergrößern („time an task")

1. Für alle Situationen eindeutige Verhaltenserwartungen stellen (Beispiele: Es klopft, eine Mutter will eine Sache klären; ein Schüler ist mit dem Arbeitsblatt fertig.) Schüler sollten in diesen Situationen wissen, wie sie sich selbstständig sinnvoll beschäftigen können (z. B. am Wochenplan; Lösungen mit Lösungsbogen vergleichen usw.).
2. *Routinen automatisieren: Begrüßung, einen Sitzkreis bilden, sich zur Gruppenarbeit zusammenfinden, sich zum Gang zur Turnhalle aufstellen. Die entsprechenden Routinen müssen am Beginn des neuen Schuljahrs so lange trainiert werden, bis sie automatisch und flüssig und schnell ablaufen.*
3. *Weder Über- noch Unterforderung: Es soll sichergestellt werden, dass alle Schüler die gestellten Aufgaben auch bearbeiten können: An mehr Lösungsbeispielen Dinge verdeutlichen, sich mit den schwächeren Schülern an einen Tisch setzen, um die ersten Aufgaben eines Arbeitsblatts gemeinsam zu lösen.*
4. *Dienste einteilen, die den Lehrer effektiv entlasten (Kopierdienst, Tafeldienst, Ordnung des Klassenraums, Mediendienst, Informationsdienst (kranke Schüler informieren usw.), Helferdienste (Einteilung von Chefs in inhaltlichen Bereichen: Wer zeitnah den Chef für Deutsch fragt, bekommt schnell eine Antwort und kann seine Arbeiten schneller und zügiger erledigen. Dabei muss auch geklärt werden, wie lernwirksame Hilfen aussehen sollen).*
5. *Positive Modelle und Lösungsbeispiele zur Verfügung stellen: Möglichst zu allen Aufgaben Lösungen und positive Beispiele parat halten, die so geordnet sind, dass der Schüler allein damit arbeiten kann. Wenn der Schüler sehr schnell seine Leistungen oder Lösungen mit anderen Leistungen oder Lösungen vergleichen kann, entstehen kaum Leerzeiten. Der Lehrer ist verantwortlich, dass diese Kontrollen sorgfältig durchgeführt werden. Bspw. wenn Schüler lernen sollen, einen Bericht zu schreiben, könnte ein Ordner im Regal stehen mit einigen positiven Beispielen.*
6. *Schüler in Gruppen mit gleichlautenden Problemen zusammenfassen und nicht überwiegend individuell unterrichten oder helfen! (Bei 25 Schülern entfallen bei individueller Betreuung auf einen Schüler höchstens 2 Minuten pro Unterrichtsstunde, bei drei Schülern widmet der Lehrer diesen Schülern sechs Minuten, bei sechs Schülern werden das schon 12 Minuten.)*
7. *Ein transparentes Ordnungs- und Ablagesystem einrichten: Schüler vertrödeln keine Zeit, um Materialien oder Arbeitsbögen zu finden!*

Beaufsichtigen/Überwachen: Ein genaues Beobachten des Schülerverhaltens ist vor allem dann wichtig, wenn die Schüler mit der Arbeit beginnen und man dann feststellen kann, ob die Anweisungen verstanden wurden. Ferner sollte ein Lehrer, während er z. B. eine kleine Gruppe von Schülern unterrichtet, den Rest der Klasse im Auge behalten, sich zwischendurch einzelne Lösungen ansehen und dazu Rückmeldungen geben.

Vorbereiten des Unterrichts: Der Unterricht sollte so vorbereitet werden, dass Lernaktivitäten für die verschiedenen Fähigkeitsniveaus der Schüler möglich sind. Dadurch werden Leerzeiten und Langeweile vermieden.

Verantwortlichkeit der Schüler: Es sollten Prozeduren geplant werden, um Schüler für die Ergebnisse ihrer Arbeit verantwortlich zu machen (z. B. zeitnahes Feedback, klare Aufgabenstellung, konsequentes Überwachen).

Klarheit: Die Informationen oder Anweisungen für die Schüler sollten möglichst klar und eindeutig sein. Das Klassenmanagement muss den Anforderungen der verschiedenen Lernarrangements Rechnung tragen. So muss sich der Lehrer beim Unterrichten einzelner Gruppen z. B. auf zwei Aktivitäten gleichzeitig konzentrieren: Auf die Gruppe, der z. B. etwas erklärt und mit der etwas eingeübt werden soll, und die übrige Klasse, die z. B. in Einzelarbeit oder in Partnerarbeit bestimmte Aufgaben erledigen soll. Entsprechend sorgfältig müssen zunächst der Klasse die Aufgaben gestellt werden. Für Schüler, die bekanntermaßen sehr schnell arbeiten, sollten von vornherein an Zusatzaufgaben gedacht werden, ferner sollte durch Nachfragen kontrolliert **werden, ob die Aufgabenstellungen verstanden wurden. Bevor der Gruppenunterricht begonnen wird, sollte der Lehrer prüfen, ob alle Schüler die gegebenen Aufgaben in Angriff genommen** haben. Nur wenn diese Vorbereitungen getroffen wurden und die Regeln für die Einzelarbeit oder Partnerarbeit klar sind (z. B. „nur Flüstern bzw. sehr leise miteinander reden“), wird der Lehrer beim Gruppenunterricht nicht bzw. nur selten gestört und kann sich dann auf das Unterrichten der kleinen Gruppe einigermaßen konzentrieren.

(2) Das Trainingsexperiment von Evertson et al. (1983)

Das Trainingsexperiment, das im Folgenden dargestellt werden soll, ist Teil eines der größten empirischen Forschungsvorhaben der Unterrichtspädagogik. Die Forschungsgruppe um C. Evertson hat das in der Forschungsgruppe entwickelte Programm in etwa zehn Unterrichtsexperimenten und an mittlerweile über 10000 Schülern erprobt (vgl. Evertson & Harris 1999).

In dem Trainingsexperiment von Evertson et al. (1983) wurden Lehrer mit Hilfe eines umfangreichen Trainingsmanuals, in dem vorausplanende Aktivitäten des Lehrers und Regeln erläutert und anhand vieler Beispiele konkretisiert wurden, auf die Übernahme einer ersten Klasse vorbereitet. An diesem Trainingsexperiment nahmen 41 Lehrer freiwillig teil: 23 Lehrer wurden nach einem Zufallsverfahren der Versuchsgruppe zugeteilt, 18 Lehrer der Kontrollgruppe.

In der Versuchsgruppe wurde vier Tage vor Schulbeginn das Trainingsmanual verteilt. Zur Erläuterung wurde dazu ein dreistündiger Workshop durchgeführt, in dem vor allem die Regeln besprochen und diskutiert wurden, die sich auf die Vorbereitung auf das neue Schuljahr bezogen. In der fünften Schulwoche fand ein zweiter unterstützender Workshop statt, in dem vor allem auf Regeln eingegangen wurde, die ein Aufrechterhalten des Klassenmanagements betrafen.

Die Lehrer der Versuchsgruppe wurden gebeten, den anderen Lehrern nichts vom Manual und den Workshops zu erzählen.

Ergebnisse

In der Versuchsgruppe zeigten die Schüler signifikant seltener unangemessene Verhaltensweisen wie ohne Erlaubnis in der Klasse herumgehen, ohne sich melden eine Antwort in die Klasse rufen, dem Lehrer ins Wort fallen usw., sie zeigten dagegen häufiger aufgabenbezogenes, konzentriertes Arbeitsverhalten (sich melden, Aufgaben bearbeiten etc.).

Zur Überprüfung der Implementierung des Programms sollten Beobachter einschätzen, in welchem Maß den Lehrern eine konkrete Umsetzung der Regel gelang. Besonders deutlich waren die erzielten Effekte bei folgenden Punkten:

- In den Versuchsgruppen waren die Materiahen und Hilfsmittel besser sortiert und organisiert bzw. verfügbar.
- Es gab eher verbindliche Verfahrensweisen, z.B. bezüglich des Meldens und des Redens während des Unterrichts.
- Die Lehrer der Versuchsgruppen reagierten konsequent und schneller mit negativen Konsequenzen auf unangemessenes Verhalten.
- Die Lehrer der Versuchsgruppe verdeutlichten zu Beginn des Schuljahres stärker die erwünschten Schülerverhaltensweisen. Sie erinnerten immer wieder an vereinbarte Regeln. Sie erklären auch häufiger mögliche Konsequenzen bei unerwünschten Verhaltensweisen, erläuterten ihren Sinn etc. Sie zitierten auch häufiger die entsprechenden Regeln, wenn Schüler sich nicht an diese gehalten hatten.
- Die Lehrer der Versuchsgruppe erinnerten und verdeutlichten häufiger bestimmte Arbeitsstandards. Sie wiesen auch eher auf die Verantwortlichkeit der Schüler für ihre Leistungen und Arbeitsergebnisse hin. Sie beaufsichtigten auch die Leistungsfortschritte und die Erledigung von Arbeitsaufträgen der Schüler aufmerksamer.
- Außerdem beschrieben die Lehrer der Versuchsgruppen die Lernziele genauer und sie gaben klarere Erklärungen und Präsentationen.

Ein weiteres Ziel der Trainingsstudie war zu prüfen, ob ein Training der Lehrer der Kontrollgruppe, die Probleme mit dem Klassenmanagement in ihrer Klasse hatten – das waren 9 der 18 Lehrer – noch erfolgreich ist, wenn es *nach dem ersten Halbjahr* durchgeführt wird. Hierbei zeigte sich, dass ein vergleichbares Training zwar die gewünschten Verhaltensänderungen bei den Lehrern erbrachte, sich aber keine deutlichen Veränderungen im Verhalten der Schüler feststellen ließen. Offensichtlich ist eine Rückkehr zu geordneten Verhältnissen dann sehr schwierig, wenn sich erst einmal Klassenmanagementprobleme in einer Klasse eingeschliffen haben.

(3) Der Umgang mit andauernden Verhaltensproblemen

Auch wenn ein Lehrer alle bisher genannten Techniken und Methoden des Klassenmanagements konsequent anwendet, werden bestimmte Probleme übrig bleiben.

Beispiele: Andauernde Verhaltensprobleme

- Ein Schüler beantwortet trotz häufiger Ermahnungen ständig vorlaut die vom Lehrer gestellten Fragen, ohne sich zu melden,
- zwei Mädchen tuscheln ständig, während der Lehrer bestimmte Dinge erklärt, ein Schüler macht keine Hausaufgaben,
- manche Schüler räumen ihren Tisch nicht auf, haben keinen geordneten Schulranzen, usw.
- einige Schüler mobben andere Schüler oder hänseln sie ständig.

Die Diagnose chronischer Probleme: Wichtig ist, dass kritisch geprüft wird, ob die Schwierigkeiten mit mangelnder Allgegenwärtigkeit, inkonsequenter Kontrolle der Einhaltung von Regeln oder mit anderen Aspekten des Lehrerverhaltens in Zusammenhang stehen. Es kann auch sein, dass der Umgang des Lehrers mit störenden Schülern so verletzend ist, dass die betroffenen Schüler ein starkes Bedürfnis nach Rache haben. Manche Lehrer neigen dazu, Verhaltensprobleme mit einzelnen Schülern vor der ganzen Klasse zu besprechen und damit die betreffenden Schüler bloßzustellen. *Häufig ist es sinnvoller, solche Probleme nach der Stunde in einer ruhigen Atmosphäre zu besprechen oder in der Stunde durch eine leise Unterhaltung mit dem Schüler (bzw. den Schülern) deutlich zu machen, dass es sich um eine individuelle Angelegenheit handelt.*

Um zu prüfen, ob es sich um ein anhaltendes Problem handelt, könnte man es mit anderen Lehrern der Klasse diskutieren. Dies ist in einem Kollegium, das intensiv miteinander kooperiert, leichter möglich als in einem Kollegium, in dem jeder Lehrer für sich allein unterrichtet. Wenn mehrere Lehrer die gleichen Probleme mit bestimmten Schülern haben, ist dies ein Hinweis, dass Probleme mit diesen Schülern im Rahmen des normalen Klassenmanagements nicht gelöst werden können.

Die Bedeutung einer Lösung: Wenn ständige Störungen durch bestimmte Schüler den Mitschülern signalisieren, dass der Lehrer bestimmte Probleme nicht in den Griff bekommt und somit **die vereinbarten Regeln nicht für alle gelten, besteht die Gefahr, dass eine Lawine losgetreten wird und sich auch andere Schüler nicht mehr verpflichtet fühlen, sich an die Regeln zu halten.** Der Lehrer muss dann in wirksamer Weise eingreifen, um die notwendigen Rahmenbedingungen für schulisches Lernen zu schaffen. Dies muss er auch den Schülern unmissverständlich klar machen: Es geht nicht um Sympathien oder Antipathien, nicht um die Person des einzelnen Schülers, sondern um die Geschäftsgrundlage für eine gute Zusammenarbeit in der Schule. Stören schädigt nicht nur den Lehrer, sondern vor allem die anderen Schüler, und letztlich den störenden Schüler selbst. Dennoch sollte dieses Fehlverhalten nicht das positive Lernklima zerstören. Störende Schüler sollten Möglichkeiten erhalten, sich durch positive Leistungen zu beweisen.

Wenn Lehrer in extreme Situationen gebracht werden, neigen sie zu folgenden Reaktionen:

- Der Schüler wird vor die Tür geschickt.
- Der Schüler wird zum Rektor geschickt.
- Der Lehrer ruft die Eltern an oder schickt den Eltern einen „blauen Brief". Eine Klassenkonferenz wird einberufen.
- Der Schüler wird in die Parallelklasse geschickt, um dort am Unterricht teilzunehmen.

Diese Reaktionen haben alle bestimmte Vor- und Nachteile. Die Vorteile sind darin zu sehen, dass möglicherweise durch das Einschalten anderer Personen das Problem zunächst gelöst wird. Möglicherweise ist die indirekte Wirkung wichtiger als die direkte Wirkung auf den betreffenden Schüler. So wird den anderen Schülern signalisiert, dass bestimmte Verhaltensweisen nicht akzeptabel sind. Der wichtigste Nachteil besteht m. E. darin, dass der Lehrer durch solche Maßnahmen gleichzeitig auch eine gewisse Hilflosigkeit demonstriert.

Schritte der Problemlösung: Um bleibende Probleme in professioneller Weise lösen zu können, sollte der Lehrer bestimmte Kommunikationskompetenzen beherrschen (vgl. Emmer, Evertson, Worsham 1994, S. 135 f.). Dazu zählen:

1. *Konstruktive Selbstbehauptung:* Das fragliche Problem sollte außerhalb des Unterrichts ernsthaft und unmissverständlich zur Sprache gebracht werden, wobei betont werden sollte, dass das fragliche Verhalten verändert werden muss.

2. *Einfühlsames Reagieren:* Die Schüler sollten Gelegenheit erhalten, die Situation aus ihrer Perspektive darzustellen. Außerdem sollte sich der Lehrer darum bemühen, eine positive Beziehung zu den Schülern aufrecht zu erhalten.
3. *Problemlösen:* Dazu gehören verschiedene Schritte. Wichtig sind vor allem die *gemeinsame Erarbeitung eines Plans,* mit dem das Problem gelöst werden soll, und der Abschluss eines entsprechenden *Vertrags*, auf dessen Einhaltung sich die Parteien verpflichten.

Um ein Problem effektiv lösen zu können, benötigt der Lehrer in der Regel zusätzliche Informationen von den Schülern. Dazu ist ein geschicktes Vorgehen nötig. Bei Evertson finden wir folgende Beispiele für ungeschicktes bzw. vorteilhaftes Lehrerverhalten (nach Evertson et al. 1994, Kap. 7.):

Episode A (unvorteilhaftes, uneinsichtiges Lehrerverhalten):

S. „Ich bleibe nach dem Unterricht nicht da. Sie können das nicht verlangen."
L. „Du musst nach dem Unterricht hier bleiben. Du hast deine Arbeit nicht fertig gestellt."
S. „Nein, ich kann nicht bleiben."

Episode B (einfühlsames Lehrerverhalten):

S. „Ich bleibe nach dem Unterricht nicht da. Sie können das nicht verlangen."
L. „Das ist wahr, das kann ich nicht. Die Entscheidung liegt letztlich bei dir."
S. „Ich kann nicht bleiben."
L. „Ist es für dich ein Problem, nach der Schule hier zu bleiben?"
S. „Ich muss sofort nach Hause kommen."
L. „Es wäre ein Problem für dich, später nach Hause zu kommen?"
S. „Richtig, wir müssen nach der Schule irgendwohin."
L. „Das ist ein schwieriges Problem. Sollen wir uns überlegen, was Du tun könntest?"
S. „Okay". (Nun kann eine andere Lösung des Problems gesucht werden)

Der Lehrer sollte zunächst versuchen, *nur mit den betroffenen Schülern in einer ruhigen Atmosphäre nach der Stunde* über das Problem zu sprechen. Diese Maßnahme trägt der Tatsache Rechnung, dass Verhaltensweisen durch bestimmte Situationen beeinflusst werden. Das Aufbrechen von negativen Verhaltensketten kann nur in einer neuen, neutralen Situation gelingen (z.B. in einem Besprechungszimmer).

Die eigentliche Problemlösung kann in drei Phasen gegliedert werden:

1. *Problemerarbeitung:* Man versucht gemeinsam zu klären, worin das Problem besteht und welche Ursachen es hat. Ein erster wichtiger Schritt auf dem Weg zu einer Problemlösung ist dabei eine genaue, gemeinsam erarbeitete Beschreibung der Situation, die zu der Unterrichtsstörung geführt hat. Der Lehrer muss dabei sehr deutlich aus seiner Sicht benennen, worin das Problem besteht und welche Folgen das Verhalten des Schülers auf andere Schüler und auf ihn hat. Außerdem sollte er dem Schüler die Möglichkeit geben, das Problem aus Schülersicht beschreiben zu lassen. Ziel ist dann eine umfassende Beschreibung der Problemsituation.
2. *Diskussion verschiedener Lösungsmöglichkeiten:* Der Lehrer kann zunächst den Schüler um Lösungsvorschläge bitten. Falls diesem keine Lösung einfällt, kann der Lehrer selbst verschiedene Möglichkeiten vorschlagen. Häufig wird der Schüler versprechen, dass er das unerwünschte Verhalten in Zukunft unterlassen wird.

3. *Einen Vertrag schließen:* Man versucht, sich auf eine Problemlösung zu einigen. Der vereinbarte Lösungsvorschlag sollte bestimmten Kriterien entsprechen: Er sollte realisierbar und realistisch sein; und er sollte das Problem dauerhaft beseitigen. Strafen sind dabei meist keine Lösung; wichtiger ist es, positive Verhaltensmuster aufzubauen. *Der Lehrer sollte also konkret angeben, welche positiven Verhaltensweisen er anstelle des problematischen Verhaltens erwartet.* Dieses positive Verhalten kann er dann belohnen. Man sollte prüfen, ob bezüglich anderer Schüler Konsequenzen zu ziehen sind. Aber auch wenn andere Schüler das Problem mit verursacht haben, sollte die persönliche Verantwortlichkeit des Schülers dennoch betont werden. *Der Lehrer sollte sich bemühen, mit dem Schüler einen Vertrag auszuhandeln, der zeitlich genau festlegt, wann welche Leistungen zu erbringen sind und anhand welcher Kriterien festgestellt werden kann, ob die Leistungen erfüllt wurden.* Es kann durchaus sinnvoll sein, den Vertrag schriftlich auszuarbeiten und ihn dann vom Lehrer und den Schülern unterschreiben zu lassen.

Konkrete Lösungsbeispiele: Entscheidend ist die Berücksichtigung der jeweiligen individuellen Situation des Schülers. Entsprechend einfühlsam sollte der Lehrer versuchen, die gesamte Situation, in der das fragliche Verhalten auftritt, zu verstehen und zum tieferen Verständnis gezielte Fragen zu stellen. Die folgenden Beispiele sollen vor allem zeigen, dass nachhaltige Lösungen für andauernde Probleme je nach Situation ganz unterschiedlich aussehen können.

1. *Situation: Ein Schüler stört, weil er ein Arbeitsblatt nicht bearbeiten kann*

In diesem Fall sollte dem Schüler klargemacht werden, dass er Hilfe durch seine Tischnachbarn oder durch den Lehrer erhalten kann, und dass er lernen muss, danach zu fragen. Man sollte auch prüfen, ob dem betreffenden Schüler durch Zuweisung eines Tutors oder durch Förderunterricht geholfen werden kann. Der Lehrer selbst kann sich die Frage stellen, ob er nach dem Austeilen eines Arbeitsblattes bestimmte Schüler an einem Tisch versammeln sollte, mit denen er die ersten Aufgaben gemeinsam bespricht, und denen er gegebenenfalls Lösungswege nochmals erklärt.

2. *Situation: Ein Schüler stört, indem der auf Fragen antwortet, ohne sich zu melden*

Hier ist eine Anwendung der sog. WAIT-TIME-Technik sinnvoll: Gerade bei komplexen Problemen, die im Unterricht diskutiert werden sollen, könnte es sich als effizient erweisen, Schüler zunächst gemeinsam eine Lösung ausarbeiten zu lassen und ihnen dafür eine längere Zeit (etwa 3 Minuten) einzuräumen. Erst nach dieser Beratungszeit in den Tischgruppen sollen dann Vertreter der Tischgruppen ihre Lösungen vorstellen. In dieser Situation ist es für den auffälligen Schüler kaum noch möglich, sich durch das vorzeitige Nennen einer Lösung hervorzutun. Vor allem aber legt diese Methode ein sorgfältigeres Durchdenken des Problems nahe.

Eine andere Möglichkeit würde darin bestehen, dem offensichtlich eher unterforderten Schüler bestimmte *Verantwortungen* zu übertragen, durch deren Erledigung er in positiver Weise Aufmerksamkeit erhalten kann. Er könnte z. B. zum Tutor für schwächere Schüler ernannt werden oder den Auftrag erhalten, am Ende der Stunde das Wichtigste in eigenen Worten zusammenzufassen. Dazu sollte er sich während des Unterrichts Notizen machen.

Langfristig wirksame Lösungen basieren oft auf einer Veränderung der „ökologischen Situation"; d. h. sie verändern allgemeine Strukturen im Klassenraum oder im Klassenmanagement. Ein Beispiel hierfür ist das Einrichten von Reflexionszeiten für das Lösen komplexerer Aufgaben. Innerhalb dieser Zeiten können alle Schüler ihre Lösungsansätze in der Gruppe vortragen. Dann diskutiert die Gruppe oder die ganze Klasse diese Ansätze. Bei Ordnungsproblemen kann sich der Lehrer fragen, ob für die verschiedenen Aufgaben das System von Ablagekästen in der Klasse ausreichend ist, ob die Verantwortlichkeiten für verschiedene Ordnungsaufgaben hinreichend klar sind oder verbessert werden können.

3. *Situation: Bestimmte Schüler werden gemobbt – andere Schüler greifen nicht ein*

Wenn einige Schüler gemobbt werden, gibt es für den Lehrer verschiedene Handlungsmöglichkeiten. Zunächst hat er vor der Klasse darauf hinzuweisen, dass dieses Verhalten nicht geduldet wird und mit bestimmten Sanktionen gerechnet werden muss, wenn Schüler andere Schüler mobben. Vor allem hat der Lehrer dafür zu sorgen, dass die Schüler, die mobben, zur Wiedergutmachung verpflichtet werden. Eine weitere wesentliche Möglichkeit besteht in der Stärkung der Rolle der „unbeteiligten“ Personen, die das Mobbingverhalten beobachten, ohne einzugreifen. Es muss deutlich gemacht werden, dass Mobben nur in einem Umfeld möglich ist, in dem Schüler nicht zusammenhalten und dass sich Schüler auch „schuldig“ machen, wenn sie nicht eingreifen. Ferner kann der Lehrer versuchen, ein positives Kooperationsklima in der Klasse zu entwickeln, in dem Mobben keinen Platz hat. So ist anzunehmen, dass ein Unterrichtsstil, in dem gegenseitige Konkurrenz und Leistungsvergleiche im Vordergrund stehen, eher zu gegenseitigem Mobben führt als ein Unterrichtsstil, der die besonderen Stärken und Möglichkeiten eines jeden Schülers betont und bei dem Schüler durch gute Kooperation gute Leistungen erzielen können (z. B. durch Verwendung der *Gruppenrallye*). Außerdem kann der Lehrer durch Rollenspiele Schüler, die als Täter aufgefallen sind, in die Rolle des Opfers bringen, um ihnen dadurch ein Gefühl zu vermitteln, wie man sich fühlt, wenn man gemobbt wird.

6.3.4 Zusammenfassung: Forschungsbasiertes Klassenmanagement

Kounin's Techniken sind modellhafte konstruktive Verhaltensmöglichkeiten in der Klasse, um Schüler auf die Unterrichtsinhalte zu konzentrieren. Diese Techniken beziehen sich nicht auf die Methoden der Wissensstrukturierung, also z. B. darauf, in welcher Weise Zusammenhänge zwischen Inhalten hergestellt und neue Inhalte präsentiert werden sollten, um besonders lernwirksam zu sein. Im Ansatz von Evertson werden noch spezifischer die Planungsaktivitäten herausgearbeitet, die einen effektiven Unterricht ermöglichen. Insbesondere wird eine aktive Arbeit mit Regeln betont, die in verständlicher Form eingeführt, vereinbart und immer wieder erläutert werden müssen. Die für ein Klassenmanagement wichtigen Regeln müssen immer am Beginn des Schuljahres bzw. bei Übernahme einer Klasse eingeführt werden. Eine nachträgliche Einführung erscheint nicht mehr möglich, wenn sich erst einmal schlechte Verhaltensroutinen eingebürgert haben. Diese Regeln sollten auf Gegenseitigkeit beruhen und in ein unterstützendes Milieu eingebettet sein.

Ein Lehrer, der effektiv unterrichten bzw. schlicht ein guter Lehrer sein möchte, muss sich gleichzeitig auf alle Funktionen dieser Rolle konzentrieren können: Auf die kontrollierende und motivierende Funktion einerseits und auf die kognitiv-strukturierende Funktion andererseits. Durch die parallele Beschäftigung mit der kontrollierenden und motivierenden Funktion bemüht er sich um gute Rahmenbedingungen für sein Hauptgeschäft, das Unterrichten. Die verschiedenen Ansätze zum Klassenmanagement kann man nach zwei Dimensionen in einem Vierfelderschema ordnen:

1. *Kontrollierendes vs. methodisch-didaktisches Klassenmanagement:* Die meisten Ansätze zum Klassenmanagement beziehen sich auf die Kontrolle des Sozialverhaltens zur Schaffung einer hohen Motivation und Konzentration (Zelle I und III). Wichtig für eine Vermeidung von Störungen im Unterricht sind jedoch auch Bedingungen der methodisch-didaktischen Strukturierung des Unterrichts, um dadurch das Lernen der Schüler zu erleichtern (Zelle II und IV).
2. *Kurze vs. lange Zeitperspektive:* Viele Ansätze beziehen sich auf das direkte Agieren vor der Klasse (traditioneller Ansatz, Ansatz von Kounin, Zelle III), wobei dieses direkte Agieren nochmals unterteilt werden kann in Verhaltensweisen, die sich auf ein Wachhalten der Konzentration und Aufmerksamkeit beziehen (Kounin) und solche, die erst auf störendes Verhalten von Schülern reagieren (traditioneller Ansatz). Der Ansatz von Evertson bezieht sich dagegen vor allem auf prospektives, vorausplanendes Lehrerverhalten mit dem Ziel, dadurch möglichst viele potentielle Störfaktoren auszuschließen (Zelle I).

Der vielleicht wichtigste Bereich des Klassenmanagements bezieht sich auf Probleme der Wissensstrukturierung (Zelle II und IV). Dazu wurden einige wichtige Prinzipien in Kapitel 5 diskutiert. Inhaltlich werden die jeweiligen Probleme in den Didaktiken der Fächer behandelt. Allerdings gibt es auch einige pädagogische Probleme, die im Zusammenhang mit einer pädagogisch reflektierten Verwendung von Tests und Klassenarbeiten sowie von Techniken der Motivierung diskutiert werden können. Diese pädagogischen Probleme werden in den landläufigen Diskussionen um die Fragwürdigkeit der Zensurengebung bzw. von Berichtszeugnissen meist nur am Rande angesprochen.

Professionelles Klassenmanagement muss diese vier Bereiche des Klassenmanagements im Blick behalten.

Übersicht 5: Verschiedene Bereiche des Klassenmanagements

Lehrerhandeln	*Soziales Klassenmanagement* (auf Arbeitsverhalten, Konzentration, Aufmerksamkeit und Motivation bezogen)	*Methodisches Klassenmanagement* (im Sinne einer guten Wissensstrukturierung)
Prospektiv – vorausplanend	I Einführung von Regeln, Ritualen, ihre Einübung, Treffen von Absprachen mit Eltern, mit anderen Lehrern (vgl. Evertson, Emmer, Clements & Worsham 1994)	II Planung von Unterrichtseinheiten, informellen Tests, Klassenarbeiten, Verdeutlichung von Kernideen, von Zusammenhängen zwischen verschiedenen Einheiten (Hierzu gehören z. B. Sachanalysen, didaktische Analysen)
Aktiv – Reaktiv, auf aktuelle Unterrichtsereignisse bezogen	III • Traditionelles Klassenmanagement (Sanktionieren, Belehren), • Techniken der Klassenführung nach Kounin (1976), • Verwenden von Gestik, Körperhaltung, Stimme, um Aktionen des Lehrers zu unterstreichen	IV Adaptives methodisches Verhalten im Sinne von • binnendifferenzierenden Maßnahmen, • durch pädagogische Nutzung von Leistungsmessungen und von Motivierungstechniken, sowie • durch mündliches Erklären im Sinne von Scaffolding, bezogen auf die Klasse, auf Gruppen, auf einzelne Schüler

In diesem Abschnitt wurden drei verschiedene Ansätze behandelt, Probleme des Klassenmanagements zu bewältigen.

(1) *Der traditionelle, behavioristisch geprägte Ansatz,* in dem auf Probleme der Motivation und der Disziplin der Schüler mit Hilfe von Sanktionen (z. B. Strafarbeiten, Eintrag in das Klassenbuch) sowie mit Belehrungen *reagiert* wird. Ein Beispiel für den traditionellen Ansatz ist die „assertive“ Disziplin von Canter & Canter (1976). Dieser Ansatz wird auch im Konzept des Trainingsraums angewendet. Mittlerweile hat sich dieser Ansatz stark den Ansätzen von Kounin und Evertson angenähert, ohne dass dies von den Canters selbst eingestanden wurde (vgl. dazu Weinstein 1999).

(2) *Die Techniken der Klassenführung von Kounin (1976).* Hier steht die ganze Klasse im Mittelpunkt. Der Lehrer hat sein Augenmerk darauf zu richten, dass möglichst alle Schüler am Unterrichtsgeschehen aktiv teilnehmen. Nach Kounin sollte ein Lehrer möglichst allgegenwärtig sein, auf Unterrichtsstörungen behutsam reagieren, Zurechtweisungen sollten sofort und auf die richtige Quelle der Störung bezogen sein, Zeit- und Objektfehler also vermieden werden. Dabei sollte der Lehrer den Unterrichtsablauf nicht aus den Augen verlieren. Der Unterricht sollte zügig und flüssig, ohne Leerlauf vonstatten gehen, die Schüler sollten immer damit zu rechnen haben, dass von ihnen ein Beitrag erwartet wird und außerdem sollte der Lehrer für ausreichenden Wechsel in seinen Verfahrensweisen und Methoden sorgen.

(3) *Der eher übergreifende, stark das vorausplanende Handeln betonende Ansatz von Evertson:* Bei der Übernahme einer ersten Klasse in der Grundschule gehören dazu zunächst alle Planungen, um für das eigentliche Unterrichten gewappnet zu sein: Bestellen von Unterrichtsmaterialien, erste Kontakte mit den Kindern im Kindergarten, erstes Gespräch mit den Eltern, usw. Wichtig sind nach diesem Ansatz Regeln und Vereinbarungen, die möglichst am Beginn der Übernahme einer Klasse getroffen werden sollten. Diese Regeln müssen in Ruhe anhand konkreter Beispiele eingeführt und erklärt werden, damit sich der Lehrer auch später darauf beziehen kann. Klassenmanagement beinhaltet nach diesem Verständnis das Lernen solcher Regeln, deren Nicht-Einhaltung dann auch im Rahmen der getroffenen Vereinbarungen sanktioniert werden kann (vgl. oben, Ansatz 1).

Diese Ansätze schließen sich nicht gegenseitig aus, sondern sind miteinander zu verbinden. So falsch es ist, einseitig bei Regelverstößen nur auf das Sanktionieren und Belehren zu setzen, so wäre es gleicherweise falsch, darauf völlig zu verzichten. Der Lehrer verhält sich autoritativ, indem er vereinbarten Regeln auch Geltung verschafft. Ein *autoritativer* Lehrer ist weder ein *autoritärer* Lehrer, der blinden Gehorsam verlangt, noch ist er ein *„laissez-faire“* Lehrer, der auf klare Regeln und Vereinbarungen verzichtet. Standards und Regeln werden begründet, und von den Schülern wird zunehmend mehr an Selbstständigkeit sowie Übernahme von Verantwortung verlangt. Entscheidend ist m. E., dass der Lehrer durch seine Planungen und durch sein Unterrichtshandeln möglichst alles tut, um einen gut strukturierten, interessanten Unterricht zu gestalten. Schüler können sich auf diesen Unterricht besser konzentrieren, wenn die Regeln für sie klar sind, die in verschiedenen Situationen (Erklärphase, Stillarbeit) wichtig sind.

7. Testen, Argumentieren und Motivieren

Übersicht: In diesem Teil werden Möglichkeiten des Lehrers vorgestellt, die Aufmerksamkeit der Schüler durch Tests auf noch vorhandenen Wissenslücken zu lenken und sie für den Unterricht zu motivieren. Er gliedert sich in drei Abschnitte:

1. *Testen: Hier geht es vor allem um den Einsatz von Tests, um adaptives, auf noch vorhandene Lücken abzielendes Lernen zu ermöglichen.*
2. *Argumentieren im fragend-entwickelnden Unterrichtsgespräch: Die Ergebnisse dieser Analyse werden anhand verschiedener Protokolle sowie auf der Basis empirischer Forschung verdeutlicht.*
3. *Motivieren: Die dabei vorgestellten Experimente beziehen sich z. B. auf Fragen intrinsischer Motivierung, auf die Auswahl von Aufgabenstellungen und das Setzen von Nahzielen sowie auf die Zuschreibung von Leistungen auf Anstrengung oder Fähigkeiten.*

7.1 Testen und Lernen

(1) Einführung

Lernen ist Arbeit und macht nicht immer Spaß. Schüler neigen oft dazu, sich vor dieser Arbeit zu drücken, so gut das geht. Dies betrifft auch einen reformpädagogisch geprägten Unterricht (vgl. das Zeidler-Zitat auf S. 262): Schüler wollen mit möglichst geringem Aufwand möglichst viel erreichen. Dies bedeutet oft, dass sich die Lernbemühungen nicht über die Schulzeit gleichmäßig verteilen. Viele Schüler eignen sich eine Art Bulimie-Lernen an: Sie lernen massiert vor den Klassenarbeiten, um mit möglichst geringem Aufwand eine gute Note zu schreiben, danach wird das Gelernte nicht weiter bearbeitet. Während sich der Schüler auf neue Inhalte konzentriert, wird das Gelernte schnell vergessen. Er intensiviert seine Lernanstrengungen dann wieder vor der nächsten Klassenarbeit, um danach sehr schnell wieder das Meiste zu vergessen. Ein solches Bulimie-Lernen behindert einen systematischen Kompetenzaufbau (vgl. Wellenreuther 2011 a). Entsprechend ist die zentrale Frage dieses Kapitels, durch welche Methoden und Techniken der Lehrer eine gleichbleibende hohe Lernintensität erreichen kann.

Die Techniken des Klassenmanagements spielen vor allem für die Kontrolle des Verhaltens im Sinne einer Fokussierung der Aufmerksamkeit auf den Lerngegenstand eine zentrale Rolle. Für die Entwicklung und Aufrechterhaltung einer hohen Lernintensität und Lernmotivation spielen jedoch noch weitere Faktoren eine Rolle, und zwar

1. die Art und Weise, wie Tests im Unterricht eingesetzt werden,
2. die Art und Weise der Gesprächsführung, und
3. bestimmte Methoden der Motivierung.

(2) Bezugsrahmen

Bei der Bewertung von Leistungen können drei verschiedene Bezugsrahmen verwendet werden:

Der soziale Bezugsrahmen: Als Bezugsrahmen wird hier meist die Leistungsverteilung einer Klasse genommen, in der sich ein Schüler gerade befindet. Wenn ein Schüler im Vergleich zum Leistungsstand in der Klasse eine „gute" Leistung erbringt (eine der fünf besten Arbeiten schreibt), dann wird seine Leistung mit gut oder sehr gut beurteilt. Dies gilt allerdings nur, wenn der Lehrer diesen Bezugsrahmen als ausschließlichen Bezugsrahmen wählt.

Beispiel: Die Ergebnisse einer Klassenarbeit werden in eine Rangreihe gebracht. Es werden zunächst drei Gruppen gebildet: „Gute" Arbeiten, „mittlere" Arbeiten und „schlechte" Arbeiten. Danach wird diese Unterteilung noch verfeinert, die beiden besten Arbeiten erhalten vielleicht ein „sehr gut", die beiden schlechtesten ein „mangelhaft". In der Schulpraxis steht dieser soziale Bezugsrahmen noch immer im Vordergrund.

Der individuelle Bezugsrahmen: Hier werden die Leistungen des Schülers mit seinen früheren Leistungen verglichen. Der Lehrer stellt, bezogen auf frühere Leistungen, bei einem Schüler mehr oder weniger große Leistungsverbesserungen (bzw. -Verschlechterungen) fest.

Beispiel: Der Lehrer teilt dem Schüler bei der Rückgabe der Klassenarbeit, in der er ein „mangelhaft" erhält, mit, „er habe seine Leistung im Vergleich zur letzten Arbeit schon deutlich verbessert."

Der absolute Bezugsrahmen: Hier geht es darum, in welchem Umfang ein Schüler eine präzise definierte Leistung erbringt. So könnte ein Lehrer anhand einer Batterie von Aufgaben unterschiedlicher Schwierigkeit festzustellen versuchen, wie sicher, schnell und flüssig ein Schüler Aufgaben zu schriftlichen Rechenverfahren lösen kann.

Beispiel: Bei der Leistungsbeurteilung eines Schülers teilt man für die einzelnen schriftlichen Rechenverfahren Lösungsprozentsätze mit, wobei die Aufgaben zu den Rechenverfahren nochmals in einfache und schwierige Aufgaben unterteilt werden. Zusätzlich kann am Ende des Schuljahres noch angegeben werden, welche Kompetenz auf der Klassenstufe zu erwarten ist.

Aufgaben zur	Schwierigkeit	Erreichter Lösungsprozentsatz	Geforderte Leistung in Klassenstufe 4
– schriftlichen Addition	– einfach – schwer	90 Prozent 40 Prozent	Mindestens 90 Prozent Mindestens 80 Prozent
– schriftliche Subtraktion	– einfach – schwierig	90 Prozent 30 Prozent	Mindestens 90 Prozent Mindestens 80 Prozent
– schriftliche Multiplikation	– einfach – schwierig	95 Prozent 90 Prozent	Mindestens 90 Prozent Mindestens 90 Prozent
– schriftliche Division	– einfach – schwierig	60 Prozent 20 Prozent	Mindestens 90 Prozent Mindestens 80 Prozent

Eine solche Aufschlüsselung der Leistungen enthält erheblich mehr Informationen als die Ziffernnote „5". Vor allem informiert sie darüber, in welchen Bereichen Lücken bestehen, die durch Fördermaßnahmen geschlossen werden müssen.

Statt Schüler innerhalb einer Klasse miteinander zu vergleichen, werden hier die Leistungen der Schüler mit den zu erreichenden Zielen verglichen. Für jeden Schüler wird ein Leistungsprofil erstellt, aus dem ersichtlich ist, in welchen Bereichen seine Stärken und Schwächen liegen. Die Schule hätte sich in diesem Fall darum zu kümmern, für möglichst alle Schüler in den Klassenstufen festgelegte Minimalziele zu erreichen. Solche Minimalziele sollten sich auf *die* Fertigkeiten und Fähigkeiten beziehen, die für das weitere Lernen in den höheren Klassen von grundlegender Bedeutung sind. Konkret könnte das für die ersten beiden Klassen der Grundschule z. B. bedeuten:

- Für das erste Schuljahr sollte erreicht werden, dass jeder Schüler bestimmte arithmetische Fakten auswendig beherrscht (z. B. 3+4, 5+7, 12−5, 8+_=15 etc.) und einfache Texte flüssig lesen kann.
- Im zweiten Schuljahr sollte jeder Schüler auch schwierigere Texte flüssig lesen können und im dritten Schuljahr das Einmaleins sicher beherrschen.[74]

Auch Berichtszeugnisse oder Lernentwicklungsberichte sollten die Kriterien einer möglichst präzisen, gültigen und objektiven Leistungsmessung erfüllen. Der Wechsel von der Ziffernbeurteilung zum Berichtszeugnis löst dieses Messproblem nicht.[75]

(3) Die Fragwürdigkeit der Zensurengebung

Es existiert eine umfangreiche Literatur zur Problematik der Leistungsbewertung (vgl. Ingenkamp 1971, von Saldern 1999, Ziegenspeck 1999).[76] Diese Literatur beklagt in der Regel die Fragwürdigkeit der Zensurengebung, wobei auf den Sachverhalt verwiesen wird, dass Noten über Klassengrenzen nicht miteinander vergleichbar sind. Der wichtigste Grund, weshalb Leistungsbewertungen subjektiv sind, liegt darin begründet, dass jeder Lehrer für seine Klassen eigene soziale Bezugsrahmen bildet und unterschiedlich hohe Maßstäbe anlegt. Bei *externen Leistungsprüfungen* würden die unterschiedlichen Leistungsstandards, die in Schulen angelegt werden, darin deutlich, dass den einzelnen Noten tatsächlich ganz unterschiedliche Leistungen entsprechen: Das „gut" in einer Klasse der gleichen Klassenstufe kann einem „ausreichend" in einer anderen Klasse entsprechen.

Es macht wenig Sinn, auf jegliche summative Leistungsfeststellung zu verzichten. Eine gute summative Leistungsmessung müsste sich allerdings am absoluten Bezugsrahmen orientieren und Aussagen über die von den Schülern erreichten Kompetenzniveaus erlauben (vgl. Wellenreuther 2011a). Spätestens am Ende seiner Schulzeit bekommt jeder Schüler die Rechnung präsentiert,[77] gleichgültig, ob er mit Lernentwicklungsberichten oder durch Ziffernzeugnisse in der Schulzeit begleitet wurde. Es scheint mir pädagogisch kaum vertretbar, dem Schüler und seinen Eltern durch Lernentwicklungsberichte lange Zeit vorzugaukeln, mit den Leistungen sei alles in Ordnung. Es sollte frühzeitig aufgrund diagnostischer Tests festgestellt werden, welche Kompetenzniveaus der Schüler in den verschiedenen Bereichen erreicht. Solche Diagnosen sind Voraussetzungen für eine effektive pädagogische Betreuung durch den Lehrer. Auch Eltern können bei Hinweisen auf erhebliche Defizite frühzeitig reagieren.

---

[74] Es müsste dabei konkret angegeben werden, was unter flüssiger Beherrschung konkret zu verstehen ist.

[75] Es handelt sich hier nicht nur um ein akademisches, sondern, wie ich persönlich beobachten konnte, um ein echtes praktisches Problem: Einem Schüler, der in einer achten Klasse von einer integrierten Gesamtschule in eine Realschule wechseln wollte, wurde plötzlich bescheinigt, dass er die Ziele einer Realschule für diese Klassenstufe nicht erreicht hat, sodass er die Klasse wiederholen musste. Der Lernentwicklungsbericht hatte diesen Schüler wirksam vor solch negativen Rückmeldungen bewahrt; auch die Eltern, die den Ernst der Lage gar nicht wahrgenommen hatten, konnten nicht rechtzeitig auf diese Situation in irgendeiner Weise reagieren.

[76] Zur Frage, wie Leistungsmessungen in den Dienst eines effektiven Unterrichts zu stellen sind, gibt es hingegen kaum empirische Untersuchungen in Deutschland.

[77] Dies stimmt nicht ganz: Viele Lehrer geben pädagogische, d. h. zu gute Zeugnisse, mit dem Ergebnis, dass potentielle Arbeitgeber das Zeugnis nicht ernst nehmen und eigene Tests durchführen. Ein erster Schritt zur Lösung dieses Problems wären regionale Vereinbarungen zwischen Wirtschaftsverbänden und Schulen. Die Frage der Standards, die an die verschiedenen Abschlüsse anzulegen sind, müsste mit den potentiellen Arbeitgebern in Industrie, Handel und Handwerk abgeklärt werden. Die Überprüfung dieser Standards unter vergleichbaren Bedingungen wäre am ehesten im Rahmen von externen Prüfungen durchführbar.

(4) Valide Tests – aber für welche Ziele?

Die Probleme der Gültigkeit einer schulischen Leistungsdiagnostik können nur im Hinblick auf die Ziele, denen die Leistungsdiagnostik dienen soll, sinnvoll diskutiert werden. Wenn Klassenarbeiten und zugehörige kleine Tests z. B. verwendet werden, um Leistungsprofile der Schüler einer Klasse zu erstellen, dann sind solche Daten viel valider als Daten, die z. B. im Rahmen von Vergleichsarbeiten oder von Abschlussarbeiten festgestellt werden. Dies liegt daran, dass zu den einzelnen inhaltlichen Bereichen vom Lehrer in den Klassenarbeiten und Tests viel mehr Aufgaben von den Schülern zu bearbeiten waren, so dass auf dieser Basis ein Leistungsprofil für jeden Schüler erstellt werden kann. Zur Verdeutlichung mag folgendes Leistungsprofil gelten:

Name		ZAHLEN Natürliche Zahlen	Mit Zahlen schriftlich rechnen	Bruchzahlen (erkennen, darstellen, anwenden)	Brüche erweitern/kürzen	Zusammenhänge Natürliche Zahlen, Dezimalzahlen, Bruchzahlen	GEOMETRIE Symmetrie	Längenmaße/Flächenmasse	Flächen berechnen Vierecke	Körper: Würfel, Quader, Zylinder	Mittlerer Lösungsprozentsatz
Merle B.	Grundniveau	90	95	85	80	60	85	70	85	50	78
	Erweitertes Niveau	60	80	60	50	45	40	45	65	30	53
Gerd W.	Grundniveau	95	102	102	102	90	90	70	70	40	84
	Erweitertes Niveau	90	90	90	85	80	85	50	40	30	76
		84	91	84	79	69	75	59	65	38	73

Dieses Leistungsprofil bezieht sich z. B. auf wichtige Bereiche der Mathematik für das 6. Schuljahr. In allen Tests und Klassenarbeiten, die in diesem Schuljahr durchgeführt werden, sind eine größere Anzahl von Aufgaben zum Bereich „Brüche erweitern/kürzen" enthalten. Vergleichsarbeiten bzw. Abschlussarbeiten enthalten hingegen nur wenige Aufgaben zu diesem Bereich, da sie den Kompetenzstand in vielen Bereichen, die in mehreren Schuljahren behandelt wurden, erfassen wollen. Wenn es darum geht, gültig festzustellen, in welchen Bereichen welches Kompetenzniveau erreicht wurde, sind die Daten der im normalen Schulbetrieb durchgeführten Tests eine valide Basis und nicht die wenigen Aufgaben der Vergleichs- und Abschlussarbeiten.

Wenn ich hingegen Aussagen zur Frage machen möchte, welches Kompetenzniveau meine Klasse insgesamt erreicht hat, dann liefern die Daten der Vergleichsarbeiten und der Abschlussarbeiten die gültigeren Angaben. Und wenn der Lehrer nur wissen möchte, ob ein komplexer Inhalt, den er gerade neu eingeführt hat, verstanden wurde, kann entweder eine Einschätzung des Verständnisses oder die selbständige Lösung einer einzelnen Aufgabe für diesen Zweck hinreichend gültige Messwerte liefern. Nach diesem derzeit in der psychologischen Forschung weitgehend akzeptierten Validitätsbegriff kann also eine Messung für einen bestimmten Zweck gültige Daten liefern, bezüglich anderer Zwecke können die Daten jedoch völlig unvalide sein (vgl. Koretz 2008). Wir können also nicht mehr von *„der"* Validität eines Tests sprechen.

Wenn man Aussagen über das Leistungsniveau einer Klasse machen möchte, muss man entweder normierte bzw. geeichte Tests einsetzen oder die Messungen in absoluten Bezugsrahmen verankern. Auf jeden Fall kann man über Leistungsniveaus einer Klasse nur dann gültige Aussagen machen, wenn man *gleiche Testaufgaben unter vergleichbaren Bedingungen* in allen Klassen[78] einer Klassenstufe einsetzt. Zur Erfassung von Kompetenzen müssten von speziellen Testinstituten Tests und Vergleichsarbeiten entwickelt werden, die den Schulen kostenlos zur Verfügung gestellt werden. Solche Tests hätten gegenüber den herkömmlichen lehrergestrickten Klassenarbeiten folgende Vorteile:

1. Jeder Lehrer könnte mit Hilfe solcher Tests am Anfang und am Ende eines Schuljahres feststellen, welche Kompetenzen seine Schüler entwickelt haben. Damit hätte er ein objektives Maß für seine individuelle Lehrleistung.
2. Da die Lehrer gleicher Klassenstufen die gleichen Tests verwenden könnten, wären die Leistungsmessungen auch zwischen den Klassen objektiv miteinander vergleichbar. Eine solche Vergleichbarkeit ist bei den herkömmlichen lehrergestrickten Klassenarbeiten nicht gegeben.
3. **Die objektiven Vergleichsmöglichkeiten mit den geforderten Kompetenzen sind für die Entwicklung der Anstrengungsbereitschaft der Schüler günstiger als der soziale Vergleich, den die herkömmliche Klassenarbeitspraxis provoziert.**

(5) Die Integration formativer und summativer Leistungsmessung

Clymer & Wiliam (2006/7) haben im Fach Physik zu diesem Problem eine kleine Studie in einer achten Schulklasse durchgeführt. Der erste Schritt war die Entwicklung eines an den Bildungsstandards orientierten Bewertungssystems. Das Schuljahr war in fünf Bewertungszeiträume untergliedert. In jedem dieser Bewertungsabschnitte sollten 10 Bildungsstandards behandelt werden. Für jeden dieser Bildungsstandards wurde konkret aufgelistet, welche Leistungen zu erbringen waren und was jeweils eine sehr gute (2 Punkte; grün), eine gute (1 Punkt; gelb) und eine noch unzureichende Leistung (0 Punkte; rot) darstellte.[79] Die Note für den Bewertungszeitraum ergab sich aus dem Mittel der Bewertungen zu diesen 10 Bildungsstandards. Um ein A zu erhalten, musste der Schüler von 20 Punkten 18 Punkte erreichen.

Am Ende der Bewertungsperiode wurde ein Test durchgeführt, um nochmals zu prüfen, ob der bisher ermittelte Kenntnisstand sich auch in diesem summativen Test bestätigen würde. Falls die Schüler dabei unter dem festgestellten Leistungsstand blieben, wurden sie dazu interviewt. Außerdem wurden ihnen zusätzliche Möglichkeiten gegeben, ihre im Test erzielte Leistung zu verbessern. Wenn der Schüler am Ende der Bewertungsperiode nicht die geforderte Leistung erbrachte, spiegelte sich dies in der Leistungsbewertung für diese Periode. Wenn der Schüler aber später durch zusätzliche Leistungen den Nachweis erbrachte, dass er auch diese Leistungsdefizite noch beseitigen konnte, konnte er seine Note am Ende des Schuljahrs entsprechend verbessern. Die Schuljahresabschlussnote ist somit nicht der Durchschnitt der Noten der 5 Be-

[78] Zur Eichung reicht in der Regel eine Zufallsstichprobe von Klassen einer Klassenstufe.

[79] Die Leistungsbewertungen wurden in eine Leistungsbewertungsmatrix übertragen, wie sie auf S. 309 dargestellt ist. Zur besseren Übersichtlichkeit können die Felder grün, gelb oder rot markiert werden. Lehrer und Schüler können so schnell einen Überblick über die Leistungen erhalten. Sie sehen, wo der einzelne Schüler noch Defizite hat (Zeilenanalyse), und sie sehen, welche Inhalte noch besondere Schwierigkeiten bereiten (Spaltenanalyse).

wertungsperioden, sondern der Durchschnitt des am Ende erreichten Leistungsstands zu allen 50 Standards. Ein wesentlicher Punkt dieses Bewertungssystems besteht darin, dass vor dem Ende des Schuljahres keine Bewertung endgültig ist.

Ergebnisse und Diskussion: Von den Schülern wurde dieses Bewertungssystem positiv aufgenommen. Die Schüler konzentrierten sich nun stärker auf ein Verständnis der Inhalte. Schüler meinten, mehr durch dieses System zu lernen. Auch die Atmosphäre in der Klasse änderte sich: Schüler kontrollierten stärker ihre eigene Leistung, suchten nach Klärungen und befragten dazu Mitschüler oder Lehrer. Zwei Drittel der Schüler sahen den Lehrer als Coach, ein Fünftel als Coach und Richter, und nur einer von 10 Schüler sahen in ihm ausschließlich einen Richter.

Es gibt Hinweise, dass sich auch das Leistungsniveau in der Versuchsklasse[80] deutlich verbesserte. Aufgrund des quasi-experimentellen akters der Studie (Lehrer war auch Projektmitglied und Autor; nur eine Versuchsklasse) sollte man bei der Bewertung der Ergebnisse jedoch vorsichtig sein. Es wäre wichtig, diese Studie als echtes Feldexperiment zu wiederholen.

(6) Leistungen diagnostizieren und wirksam Fördern

(1) Einführung

Die Art und Weise, wie Leistungsmessungen in der Schule eingesetzt werden, beeinflusst in hohem Maße das Lernen und die Motivation der Schüler. Im folgenden Abschnitt soll zunächst diskutiert werden, wie sich das derzeit bestehende System der Leistungsbewertung an unseren Schulen auswirkt. Danach wird auf die Frage eingegangen, wie bestimmte Bedingungen des Testeinsatzes wie Wiederholbarkeit von Einzeltests und die Art der Rückmeldungen auf Tests das Lernen und die Motivation von Schülern beeinflussen. *Auswirkungen des derzeitigen Systems der Leistungsbewertung:* Klassenarbeiten werden in der Regel zum Abschluss einer Unterrichtseinheit durchgeführt. Diese werden dann nach einer mehr oder weniger langen Zeit zurückgegeben. Oft wird sofort nach dem Schreiben der Klassenarbeit mit einer neuen Unterrichtseinheit begonnen. Bei der Beurteilung der Klassenarbeit hält sich der Lehrer dann mehr oder weniger stark an die Gauß'sche Normalverteilung: Die besten Arbeiten erhalten die Note 1, die nächst besten die Note 2 usw. Als normal gilt, dass etwa 20 % der Schüler die Note 4 oder schlechter erhalten. Es wird in der Regel bei Schülern mit gravierenden Wissenslücken nicht vorgesehen, die Wissenslücken im nachfolgenden Unterricht zu beheben. Dies erschwert dann weiteres, darauf aufbauendes Lernen.

Fortdauernde negative Leistungsbeurteilungen führen zu einer Demotivierung, die wiederum eine verminderte Anstrengungsbereitschaft begünstigt. Diese führt dann zu einer Verfestigung der schlechten Leistungen. Eine Demotivierung ist besonders groß, wenn die Leistungsbewertungen relativ zu den in der Klasse erbrachten Leistungen erfolgen, schlechte Leistungen zum Schulwechsel (z. B. vom Gymnasium auf die Realschule) oder zum Wiederholen einer Klassenstufe führen oder wenn Lehrer Klassenarbeiten schreiben, die neben einer Leistungsfeststellung vor allem eine disziplinierende Aufgabe haben *(„Ihr habt nicht aufgepasst, nun könnt Ihr Euch auch nicht beschweren“).* Gravierende Konsequenzen ergeben sich vor allem bei Schülern, die in diesem System fortlaufend schlechte Leistungen erbringen (vgl. Harlen 2012; Ziegenspeck 1973, S. 56ff.).

---

[80] Verglichen wurden die Leistungen der Versuchsklasse mit den Leistungen von Achtklässlern früherer Jahre.

- Schlechte Schüler werden von Lehrern nicht mehr in ihren positiven und negativen Aspekten wahrgenommen, sondern pauschal abgewertet.
- Dauernder Misserfolg senkt das Anspruchsniveau und die Anstrengungsbereitschaft, während dauernder Erfolg die Motivation und Anstrengungsbereitschaft erhöht.

Ich möchte nun auf die Frage eingehen, unter welchen Bedingungen der Einsatz von Leistungsmessungen Lernen und Motivation der Schüler positiv beeinflusst. Es geht dabei um die Bedingungen einer wirksamen *formativen Leistungsbewertung bzw. Leistungsmessung* (vgl. Black & Wiliam 1998a, b). Im Englischen verwendet man anstelle des Ausdrucks „formative Leistungsmessung" auch den Ausdruck „assessment for learning". Bei dieser Leistungsbewertung nutzt man die Leistungsdiagnose, um den nachfolgenden Unterricht an den im Testergebnis festgestellten Fehlern und Problemen zu orientieren. Es wird hier nicht hingenommen, dass etwa 20 % der Schüler in einer Klassenarbeit gerade noch ausreichende oder mangelhafte Leistungen erbracht haben. Vielmehr sieht sich hier der Lehrer in der Verantwortung, die vorhandenen Wissenslücken zuerst zu schließen, bevor mit dem Stoff fortgefahren wird. Auf diese Weise wird sichergestellt, dass auch schwächere Schüler die nachfolgenden Inhalte aufnehmen und verstehen können.

(2) Experimente zur Wirkung verschiedener Testbedingungen

Über die Auswirkung von Bedingungen, unter denen Leistungsmessungen in der Schule durchgeführt werden, gibt es eine Vielzahl von Experimenten (vgl. Black & Wiliam 1998a, b). Ich möchte kurz auf drei dieser Experimente eingehen:

Experiment 1 (Bergan, Sladeczek, Schwarz & Smith 1991): Adaptives Unterrichten

Dieses Experiment wurde mit fünfjährigen Kindern in Kindergärten durchgeführt. Kinder sollten in den grundlegenden kognitiven Fertigkeiten gezielt gefördert werden, in denen kognitive Defizite festgestellt wurden. Die Tests wurden hier also durchgeführt, um die Art der nachfolgenden Förderung festzulegen. 838 Kinder in sechs verschiedenen Regionen der USA aus überwiegend sozial schwachen Familien bildeten die Stichprobe der Untersuchung. Die Lehrer der Experimentalgruppe wurden trainiert, ein Mess- und Planungssystem zu installieren, das erforderte, am Anfang eine Messung durchzuführen, um über die individuellen Lernbedürfnisse für den nachfolgenden Unterricht zu informieren; nach zwei Wochen sollte über den individuellen Lernfortschritt diskutiert werden; nach vier Wochen wurden erneut Messungen durchgeführt, um weitere diagnostische Informationen für den Unterricht zu erhalten. Der Kurs dauerte insgesamt 8 Wochen.

Obwohl die Tests nicht besonders der unterrichtlichen Vorgehensweise angepasst waren, ergaben sich deutliche Effekte des Trainings: Während in der Kontrollgruppe 1 von 3,7 Kindern als Kind mit spezifischen Lernbeeinträchtigungen (particular learning needs) eingestuft wurde und 1 von fünf in Sonderschulen (special education) überwiesen wurde, lag der entsprechende Prozentsatz in der Experimentalgruppe bei 1 von 17 bzw. 1 von 71. Interessant ist diese Untersuchung, weil hier das bestmögliche Messmodell – kriterienbezogene Messung – im Sinne formativer Messung eingesetzt wurde, um nachfolgende Fördermaßnahmen zu instruieren. Man beklagte hier also nicht die Grenzen der diagnostischen Urteilskraft von Lehrern, sondern nahm sie als gegeben hin und entwickelte Messinstrumente, um die diagnostische Urteilskraft der Lehrer zu stärken (vgl. auch Böer 2003).

Experiment 2 (Butler 1988): Inhaltliche Rückmeldungen und die Wirkung von Benotungen

Butler führte eine Studie zur Wirkung von Kommentaren und Noten auf nachfolgende Leistungen durch. Erhielten die Schüler keine Noten, sondern nur Kommentare, dann verbesserten sie ihre Leistungen. Die Gruppe, die Noten und Kommentare erhielt, zeigte ein signifikantes Absacken der Leistungen, ähnlich wie die Gruppe, die nur Noten erhielt.

Eine Note ist eine vergleichende Bewertung der Leistung und bedroht dadurch leicht das Selbstwertgefühl des Schülers. Der schwächere Schüler verliert durch den Leistungsvergleich mit anderen Schülern die Lust, sich inhaltlich noch mit den Stärken und Schwächen seiner Leistung auseinander zu setzen. Leistung wird dann nicht mehr auf Anstrengung, sondern auf Fähigkeit attribuiert: Der Schüler sagt sich dann „ich bin eben *unfähig*, Mathematik liegt mir halt nicht usw." Gerade schwächeren Schülern, denen bescheinigt wird, dass sie trotz Anstrengung wieder versagt haben, wird dadurch die Lernfreude genommen (vgl. dazu auch Abschnitt 5.8.2 über Feedback).

Experiment 3: Wiederholbarkeit von Zwischentests und Ergebnisse in Endtests

Ein weiteres wichtiges Experiment zu dieser Thematik wurde von Martinez & Martinez (1992) durchgeführt. In dieser Untersuchung ging es um die Wirkung der Häufigkeit des Testeinsatzes auf das Lernen von Schülern. Dieses Experiment wurde schon auf S. 150 dargestellt.

Die Ergebnisse dieser drei Experimente belegen, in welch großem Umfang die Bedingungen, unter denen Tests und Klassenarbeiten geplant, angekündigt, geschrieben und ausgewertet werden, selbst von großer Bedeutung für das Lehren und Lernen in der Schule sind, (vgl. Dempster 1992). Solche Experimente zu den Wirkungen unterschiedlicher Testsituationen waren die Grundlage für die Entwicklung von Methoden adaptiven Unterrichtens.

(7) Zusammenfassung: Testen und Lernen

Methoden formativer Leistungsmessung

Methoden der formativen Leistungsmessung dienen dazu, Lehrer und Schüler über das erreichte Kenntnisniveau zu informieren und im nachfolgenden Unterricht auf diese Lerndiagnose adaptiv zu reagieren. Diese Methoden beziehen sich nicht auf Tests am Ende größerer zeitlicher Abschnitte (z.B. eine Woche), sondern auf die Interaktionen im Unterricht (vgl. Leahy, Lyon, Thompson & Wiliam 2005). Rick Stiggins fasst den Kerngedanken in folgender Weise zusammen:

> *„Seit langer Zeit, beginnend in den 1960er Jahren, ... haben wir geglaubt, dass der Weg zur Schulreform durch Verwendung von mehr und besseren standardisierten Tests geebnet wird. Der Fehler, den wir auf allen Stufen gemacht haben, ist zu glauben, dass einmal im Jahr durchgeführte Tests allein hinreichende Informationen und Motivationen liefern können, um das schulische Lernen zu verbessern.*
>
> *Tatsächlich hat dieser Glaube in die Macht standardisierter Tests Bildungspolitiker und Schulführer daran gehindert, sich mit einer vollkommen anderen Art und Weise des Testens auseinander setzen – und zwar mit den von Tag zu Tag durchgeführten Tests – von denen gezeigt werden kann, dass mit ihrer Hilfe erstaunliche Gewinne in der schulischen Leistung erzielt werden können."* (Stiggins 2004, S. 22 f.)

Bei den in Klassenarbeiten gemessenen Kompetenzen werden die Ergebnisse nicht vorrangig im Sinne einer Erweiterung des Wissens genutzt. Dazu werden die Ergebnisse der Klassenarbeiten den Schülern zu spät mitgeteilt. Zudem werden Schülern, welche bestimmte Aufgaben unbefriedigend gelöst haben, nicht an Parallelaufgaben Möglichkeiten geboten, sich erneut zu prüfen. Meist werden die Ergebnisse nur kurz kommentiert. Man weiß jedoch, dass Schüler vor allem durch inhaltlich ausführliche Kommentierungen der richtigen Lösungen aus Fehlern lernen können. Da die Leistung abschließend bewertet wird, wird den Schülern die Motivation genommen, sich weiter noch intensiv mit der Arbeit auseinander zu setzen; was vielleicht noch interessiert, ist, wie gut der Nachbar bzw. Konkurrent abgeschnitten hat (vgl. Butler 1988). Ein weiterer Punkt besteht darin, dass in aller Regel nicht die Leistung bei den einzelnen Aufgaben in Bezug auf die relevanten Bildungsstandards protokolliert wird und deshalb diese Informationen auch nicht für eine präzise Protokollierung der Kenntnisse und Kompetenzen genutzt werden können. Die Note gibt also keine Auskunft darüber, welche Inhalte und Prozeduren gut und welche weniger gut gemeistert wurden. Diese Stärken und Schwächen müssten in einem Leistungsbewertungsbogen festgehalten werden. Dies erleichtert eine individuelle Leistungsförderung.

Adaptives Unterrichten ist auf Informationen über das Verständnis des gerade vermittelten Lehrinhalts angewiesen. Nur wenn Lehrer und Schüler Einblick in das erreichte Verständnis gewinnen, können nötige Anpassungen zwischen Lehrziel und anvisiertem Können erfolgen. In den Aufsätzen der Gruppe um Paul Black und Dylan Wiliam (vgl. Black, Harrison, Lee, Marshall & Wiliam 2003, Leahy et al. 2005 sowie Wiliam 2007) werden folgende Techniken vorgestellt:

(1) Klärung und Verdeutlichung von Absichten und Bewertungskriterien: Bei komplexen Aufgabenstellungen ist es sehr schwierig, genau zu beschreiben, welche Maßstäbe an eine gute Ausarbeitung angelegt werden. In solchen Fällen ist es sinnvoll, mehrere fertige Berichte unterschiedlicher Qualität zu verteilen und mit den Schülern über deren Qualität zu diskutieren. Zunächst können die Schüler versuchen, allein oder in Partnerarbeit die Ausarbeitungen nach ihrer Qualität in eine Rangfolge zu bringen und diese Rangfolge zu begründen. Schüler können durch solche Lösungsbeispiele am besten verstehen, was sie lernen sollen und auf welche Punkte sie besonders achten sollen. Man kommt anhand solcher konkreter Beispiele dann dazu, über Bewertungskriterien zu sprechen, an denen sich die Schüler dann im Unterricht orientieren können.

(2) Führung eines effektiven fragend-entwickelnden Unterrichts: Lehrer sollten sich beim Beobachten der Schüler weniger darauf konzentrieren, ob die Antwort der Schüler richtig ist oder wie „gut" die Antwort ist; wichtiger im Lernprozess ist, dass der Lehrer sich bemüht, die Gedanken der Schüler zu verstehen, um darauf mit Lernimpulsen zu reagieren. Vorab sollte sich der Lehrer Fragen überlegen, mit denen leicht Fehlverständnisse aufgedeckt werden können. Nach Leahy et al. (2005, S. 21) kann ein Lehrer z. B. fragen, wie viel Wasser, das eine Pflanze durch die Wurzeln aufnimmt, durch Schwitzen verloren geht, um darauf dann klären zu können, dass der Transport von Wasser dazu dient, Mineralien und Nährstoffe in der Pflanze zu verteilen. Eine ähnlich produktive Frage in der Bruchrechnung wäre die Frage, welcher Bruch zwischen 1/6 und 1/7 liegt.

Herausfordernde Fragen sind für das Lernen sehr wichtig, wie experimentelle Forschungen belegen (vgl. z. B. Pashler et al. 2007b, S. 29f.). Um schwierige Fragen stellen zu können, müssen sich Lehrer darüber klar werden, was die didaktisch-methodisch kniffligen Fragen einer Unterrichtseinheit sind. Häufig findet der fragend-entwickelnde Unterricht nur zwischen dem Lehrer und einem kleinen Häuflein von 3–6 Schülern statt. Dabei stellt der Lehrer eine Frage und wartet darauf wenige Sekunden, um dann einen Schüler aufzurufen, der sich gemeldet hat. Um diese Praxis zu ändern, kann der Lehrer für diese Phasen vereinbaren, dass sich Schüler zu den vom Lehrer gestellten Fragen nicht melden sollen; Schüler sollten sich nur dann melden, wenn sie eine Frage an jemanden richten wollen. Der Lehrer ruft dann jeden Schüler nach einem Zufallsprinzip auf, wobei er tunlichst vermeidet, einen Schüler für die gegebene Antwort bloß zu stellen. Bei komplexen Fragen kann er die Wait-Time Technik verwenden: Er bittet die Schüler, sich mit ihrem Tischnachbarn z. B. drei Minuten lang eine Antwort zu überlegen. Danach ruft der Lehrer dann irgendwelche Schüler auf (vgl. Black, Harrison, Lee, Marshall, & Wiliam 2003).

Eine andere Technik besteht darin, Mehrfachwahlfragen zu stellen. Schüler haben dann verschiedene Antwortkarten (z. B. A, B, C, D) und können diese Antwortkarten hochhalten. Hierdurch kann der Lehrer leicht feststellen, wie der Lernstand zu dem gegebenen Inhalt ist. Wenn er sieht, dass alle Antworten richtig sind, kann er mit dem Inhalt fortfahren; wenn viele falsche Antworten gegeben werden, kann er den jeweiligen Inhalt nochmals auf andere Weise erläutern. Mehr noch zum Denken angeregt werden Schüler, wenn sie Tafeln verwenden können, auf die sie Antworten schreiben. Der Lehrer kann dann eine Zeit vorgeben (z. B. 10 Sekunden), in der die Antwort auf die Tafel geschrieben werden soll. Die Schüler halten dann auf ein Zeichen des Lehrers die Tafel hoch, so dass sich der Lehrer schnell ein Bild über das Verständnis der Schüler machen kann.

(3) Lernwirksames Feedback geben: Wenn Schüler eine Klassenarbeit mit einer Benotung zurückbekommen, dann ist ein optimales Feedback für Schüler mit relativ schlechten Leistungen nicht mehr möglich. Für die Schüler ist die Information über die schlechte Leistung so stark „ich-bedrohend", dass sie kaum in der Lage sind, noch konkrete Informationen aufzunehmen. Nach Forschungen von Butler (1988) werden Informationen zu den Aufgabenlösungen nur dann aufgenommen, wenn keine Bewertungen im Sinne von Noten gegeben werden.

Feedback sollte zum Denken anregen. Wenn ein Schüler 10 Aufgaben bearbeitet hat, und zwei davon falsch gelöst sind, dann kann man dem Schüler rückmelden, dass zwei der 10 Aufgaben falsch gelöst sind. Er kann dann selbst, u. U. mit seinem Partner, herausfinden, welche Aufgaben falsch gelöst sind und wo der Fehler liegt. Dies bringt sicherlich viel mehr als die Rückmeldung „gut gemacht". Im Zweifel bringen inhaltliche Rückmeldungen, die Punkte benennen, was gut gelungen ist und was noch Schwierigkeiten bereitet, erheblich mehr als die Rückmeldung, welche Aufgaben richtig oder falsch sind.

Bei *komplexen Aufgaben* (Aufsatz, Schreiben eines Versuchsprotokolls) sollten die Rückmeldungen Anregungen für eine Überarbeitung der erbrachten Leistung geben. Eine problematische Praxis ist es, immer neue Aufgaben zu stellen und Ausarbeitungen dazu herstellen zu lassen, die alle noch reichlich unvollkommen sind. Wichtig wäre es, Zeit für mehrfache Überarbeitungen einzuplanen. Erst wenn der Schüler nach mehreren Überarbeitungen eine akzeptable Leistung erbracht hat, hat er das Gefühl, solche Aufgaben gut bewältigen zu können.

Welches Potential in ausführlichen Rückmeldungen steckt, verdeutlicht das von VanLehn et a. (2007) durchgeführte Experiment (vgl. S. 193 f.) In diesem Experiment hatten die Lerner zunächst komplexe Probleme in schriftlicher Form zu lösen. Danach erhielten sie in Form von

Mini-Lektionen Rückmeldungen, in denen auch häufige Fehler und Fehlstrategien diskutiert wurden. Danach sollten die Lerner die ursprünglichen Lösungen aufgrund der erhaltenen Informationen überarbeiten. Das schlichte Lesen der Mini-Lektionen erwies sich in diesem Lernarrangement als genauso lernwirksam wie eine tutorielle Betreuung. Dies erscheint bemerkenswert, da nach überwiegender Meinung Tutorenarbeit die wirksamste Förderung ist. Man kann vermuten, dass eine Übertragung dieses Ergebnisses besonders zur Vorbereitung von Klassenarbeiten sinnvoll ist.

(4) Aktivierung der Schüler: Für einen Lehrer ist es schwierig, nach einer Phase des fragend-entwickelnden Unterrichts abzuschätzen, wie gut die wesentlichen Inhalte von den Schülern verstanden wurden. In der Forschung wird z. B. darauf hingewiesen, dass im Unterricht in der Regel immer noch zu wenig mit konkreten Lösungsbeispielen gearbeitet wird, wobei Serien gelöster Aufgaben oft längere mündliche Erklärungen ersetzen könnten (vgl. Zhu & Simon 1987; Carrol 1994). Auf jeden Fall ist es wichtig, dass der Lehrer in Erfahrung bringt, wie die Schüler ihr Verständnis des Gegenstands selbst beurteilen. Dazu können Schüler Ampel-Karten **hochhalten: Eine rote Karte bedeutet „Nichts bzw. wenig verstanden", ein grüne Karte dagegen „habe alles bzw. das Meiste verstanden". Natürlich könnte man auch drei Farben verwenden, z. B. neben rot und grün noch gelb.** Gelb würde dann für „zur Hälfte verstanden/teilweise verstanden" stehen. Der Lehrer kann dann z. B. nach der Einführung fragen, wie gut das Erklärte verstanden wurde. Wenn dann überwiegend rote Karten hochgehalten werden, wird der Lehrer das Wesentliche nochmals an weiteren Lösungsbeispielen erläutern (wobei man die Vollständigkeit der Lösung variieren sollte: Eines vollständig gelöst, eines halb gelöst, eines ohne Lösung). Wenn aber nur wenige Schüler die rote Karte nehmen, kann er diese Schüler an einem Tisch versammeln, und mit diesen Schülern gemeinsam die ersten Aufgaben eines Arbeitsblatts bearbeiten. Auf jeden Fall wird der Lehrer durch solche Karten darauf aufmerksam gemacht, wie das Verständnis des jeweiligen Lerngegenstandes ist, und kann dadurch Maßnahmen einleiten, die sicherstellen, dass alle Schüler über die Mindestkenntnisse, die für ein Voranschreiten im Lehrplan erforderlich sind, auch verfügen.

Die Integration von Methoden formativer und summativer Leistungsbewertung

Man kann sich die Möglichkeiten summativer Leistungsmessung an einem Gedankenexperiment verdeutlichen.

> Modell 1 – das Zukunftsmodell: Der Lehrer gibt am Anfang des Schuljahres bekannt, welche Inhalte in diesem Jahr vermittelt werden sollen und zu welchen Zeiten dazu Klassenarbeiten und vorbereitende Kurztests geschrieben werden. Die Klassenarbeiten und zugehörige Kurztests sollten aufgrund der Bearbeitung im Unterricht leicht bis mittelschwer sein. Die vorbereitenden informellen Klassenarbeiten sollen die Schüler über ihren Kenntnisstand informieren, ihnen zeigen, um welche Probleme und Aufgaben es geht und welche sie davon lösen können. Sie sollten geschrieben werden, sobald die Inhalte in einem ersten Überblick erworben wurden. Diese informellen Tests können auch eine Grundlage für binnendifferenzierende Maßnahmen sein. Die Klassenarbeiten werden schnell (binnen einer Woche) durchgesehen und benotet im Sinne von (1) „Lernziele gut erreicht", 2) „befriedigend erreicht", (3) „knapp erreicht" bzw. (4) „nicht erreicht". Wer die Lernziele verfehlt hat, darf die Klassenarbeit in einer Parallelversion eine Woche später wiederholen. Die häufigsten Schwierigkeiten und Probleme werden bei Rückgabe der Klassenarbeit besprochen und aufgetretene Fehler werden korrigiert. Wenn die Ergebnisse bei einem größeren Teil der Schüler die gesetzten Lernziele verfehlen, wird die Arbeit wiederholt.

Modell 2 – das gängige Modell: Der Lehrer schreibt nach kurzfristiger Ankündigung die Klassenarbeit, häufig ohne genauere Abstimmung mit Kollegen der Parallelklasse oder Lehrern der gleichen Klassenstufe an anderen Schulen. Er gibt die benoteten Arbeiten nach drei bis vier Wochen zurück. Bei schlechtem Ausgang wird die Arbeit nicht wiederholt. Er bespricht kurz den Ausgang der Arbeit, geht auf häufige Fehler nochmals ein.

Die Schilderung der beiden Modelle der Leistungsbeurteilung soll verdeutlichen, dass für eine gute Praxis verschiedene Faktoren eine Rolle spielen, und zwar:

- Die *Transparenz* der Inhalte, zu denen Kurztests und Klassenarbeiten geschrieben werden, durch *Veröffentlichung eines Plans am Anfang des Schuljahres,* wann welche Klassenarbeiten zusammen mit den vorbereitenden Tests geschrieben werden sollen und welche Themen in diesen Klassenarbeiten behandelt werden sollen. Diese Transparenz wird auch durch Nennung von Beispielaufgaben, aber vor allem durch das Schreiben vorbereitender Kurztests gewährleistet.
- Die *gleichmäßige Verteilung von Tests bzw. Klassenarbeiten über das Schuljahr.* Eine solche gleichmäßige Verteilung ist günstiger als eine Massierung dieser Arbeiten vor den Zeugnissen (vgl. S. 118–123).
- Die *Häufigkeit von Tests.* Wenn Tests Lehrer und Schüler über den erreichten Lernstand informieren und damit auch zeigen, welche Inhalte mehr oder weniger flüssig beherrscht werden, dann gehören Tests zu einem adaptiven Lernprozess. Solche Tests haben also eine zentrale Funktion für das weitere Unterrichten, und diese Funktion muss nicht mit der Aufgabe der Selektion vermischt werden. Außerdem ist das Testen selbst zusammen mit Feedback sehr lernwirksam (vgl. den Testeffekt, S. 124 f.).
- Die *„Unterrichtsvalidität" der Kurztests und Klassenarbeiten* im Sinne der Behandlung im Unterricht: Die Tests sollten vorrangig das behandeln, was im Unterricht mit ausreichender Gründlichkeit auch behandelt wurde. Bei jedem Test werden viele, jedoch nicht alle Aufgaben unterrichtsvalide sein. Deshalb informieren Tests nicht nur über den Leistungsstand der Schüler, sondern auch darüber, welche Punkte noch nicht ausreichend im Unterricht behandelt wurden.
- Die *prinzipielle Wiederholbarkeit* von Tests, da bei den meisten Klassenarbeiten und Tests nicht die Klassifikation und Selektion der Schüler, sondern ihr Lernen im Vordergrund der Leistungsfestellungen während des Schuljahres stehen sollte. Deshalb sollte den Schülern die Möglichkeit eingeräumt werden, bei Verfehlen der wichtigsten Ziele die Klassenarbeit in einer Parallelform zu wiederholen.
- Die *Orientierung an einem absoluten Bezugsrahmen,* der durch Vergleichsarbeiten sowie durch ausformulierte Kompetenzmodelle mit entsprechenden Aufgaben für die verschiedenen Kompetenzstufen konkretisiert werden kann. Traditionelle Klassenarbeiten mit Noten sollten zum größten Teil durch summative Tests ohne Noten ersetzt werden, wobei diese summativen Tests jedoch Aussagen über den Grad der Erreichung bestimmter Kompetenzen erlauben sollten. Hier ist entscheidend, wie kompetent Schüler in einem absoluten Sinne sind und wie schnell sie sich weiterentwickeln, und nicht, ob und in welchem Maße ein Schüler mehr kann als ein anderer Schüler. Auf der Basis der erstellten Leistungsprofile kann dann für jeden Schüler ein Arbeitsplan ausgearbeitet werden.

- Wie das Experiment von VanLehn et al. (2007) gezeigt hat, kann die Vorbereitung auf eine summative Prüfung des Leistungsstands viel besser für das Lernen der Schüler genutzt werden, indem *nach Probearbeiten ausführliches inhaltliches Feedback* zur Lösung der einzelnen Aufgaben gegeben wird.
- Die *Qualität und Zusammenführung der Rückmeldungen* zu den geschriebenen Tests. Die *Qualität* der Rückmeldungen bezieht sich auf die Art der Nachbesprechung der Ergebnisse eines Tests. Schüler sollten möglichst gute Chancen bekommen, um die richtigen Lösungen auf die gestellten Aufgaben verstehen zu können. Deshalb sollten die Erklärungen des Lehrers möglichst für alle Schüler verständlich sein. Aufgaben, mit denen viele Schüler Schwierigkeiten hatten, können in Form kommentierter Musterlösungen schriftlich erläutert werden.

Am ehesten werden die genannten Gesichtspunkte einer lernförderlichen Praxis der Leistungsbewertung im Modell 1 verwirklicht. Hier erhalten die Schüler am ehesten die Chance, sich auf die Leistungsansprüche einzustellen, sie erhalten lernwirksame Rückmeldungen, und zwar einmal durch die informellen Vortests, zum zweiten durch das schnelle Nachsehen der Arbeiten. So **ist aufgrund empirischer Forschung bekannt, dass sich kleine Tests positiv auf das Leistungsniveau einer Klasse auswirken, vorausgesetzt, sie werden sofort, möglicherweise gemeinsam mit** den Schülern, korrigiert und die Fehler werden diskutiert und geklärt (vgl. Dempster 1996). Solche kleine Tests können z. B. 14 Tage vor einer größeren Klassenarbeit geschrieben werden, um festzustellen, wo die spezifischen Verständnislücken bzw. Stärken der Schüler liegen.

In diesem Sinne argumentiert auch Ingenkamp (1995, S. 25):

> *„Leistungsbeurteilung zur Optimierung des Lernprozesses ist immer dadurch gekennzeichnet, dass der Lehrende den Lernfortschritt des Lernenden sorgfältig beobachtet, dass er richtige Lernschritte (in Abständen) bestätigt und falsche (möglichst sofort) korrigiert, dass er dabei auch über den Lernfortschritt informiert und immer versucht, die Mitverantwortung des Lernenden für die Gestaltung des Lernprozesses zu fördern."*

Entgegen dem schlechten Ruf, den Tests haben, wirkt sich ein häufigeres Schreiben von Tests eher leistungssteigernd aus. So lag nach einer Metaanalyse von Bangert-Drowns, Kulik & Kulik (1991) die Leistung in den Klassen, in denen häufig Tests durchgeführt wurden, um eine viertel Standardabweichung über der Leistung der Klassen, in denen seltener Tests durchgeführt wurden. Natürlich muss man hierbei aufpassen: Ständiges Testen mag durchaus auch kontraproduktiv wirken. Vermutlich gibt es eine kurvenlineare Beziehung zwischen Häufigkeit des Testens und Lernerfolg: Seltenes Testen und sehr häufiges Testen ist vermutlich gleichermaßen wenig lernförderlich. Nur gibt es vermutlich kaum Lehrer, die zu häufig Tests durchführen, weil das Durchführen und Nachsehen von Tests auch arbeitsaufwändig ist.

Kleine, nicht bewertete Tests geben dem Lehrer wichtige Hinweise, um auf dieser Grundlage binnendifferenzierende Maßnahmen organisieren zu können. Alle Schüler mit grundlegenderen Schwierigkeiten können zu einer Gruppe zusammengefasst werden. Mit dieser Gruppe führt der Lehrer dann nochmals Kleingruppenunterricht durch, erklärt wesentliche Punkte nochmals, leitet diese Schüler beim Lösen von Aufgaben an, während der Rest der Klasse z. B. Aufgaben in Gruppenarbeit diskutieren und lösen kann. Solche kleinen Tests brauchen nicht zensiert zu werden, um diese Wirksamkeit zu entfalten. Bei Versagen können Schüler eine weitere Chance erhalten, das zu lernen, was gelernt werden sollte. Der Lehrer sieht hier seinen Auftrag darin, die

Schüler in die Lage zu versetzen, gute Leistungen zu erbringen, und nicht darin, die Schüler für schlechte Leistungen zu bestrafen.

Die Qualität der Leistungsbewertungspraxis hängt somit offensichtlich von einer Vielzahl von Faktoren ab. Eher unwesentlich erscheint mir, bei der Bewertung von Klassenarbeiten mehr als die verwendeten vier Kategorien (gut, befriedigend, knapp erreicht, nicht erreicht) zu verwenden. Man sollte allerdings nicht übersehen, dass für die Qualität der Förderung neben einer guten Bewertungspraxis insgesamt noch viele andere Faktoren bedeutsam sind (z. B. Faktoren der Wissensstrukturierung, der Schwierigkeitsstufung der Übungen, der Wiederholungen wesentlicher Punkte durch den Lehrer usw.).

Die bisherige Diskussion über eine gute Praxis der Leistungsermittlung und -bewertung hat für das Handeln des Lehrers folgende Konsequenzen:

- Eine *enge Kooperation unter Lehrern* ist erforderlich, um für die Fächer einer Klassenstufe vergleichbare Arbeiten zu konzipieren und sich über die anzulegenden Maßstäbe zu verständigen.[81] Alle geschriebenen Klassenarbeiten sollten in einem Fachordner gesammelt werden, der allen Lehrern sowie den Elternvertretern zugänglich sein sollte.
- Lehrer haben sich um *rechtzeitige Ankündigungen* durch einen Aushang in der Klasse über Zeitpunkte und Inhalte der zu schreibenden Arbeiten zu kümmern, am besten für das ganze oder wenigstens für ein halbes Schuljahr. Dadurch würden die Lehrer auch gezwungen, sich rechtzeitig untereinander über die Termine zu verständigen, eine Klassenarbeitsrallye vor den Zeugnissen könnte vermieden werden.
- Eine *gleichmäßige Verteilung* der in einem Fach zu schreibenden Arbeiten zusammen mit den jeweils dazu zu planenden informellen Tests sollte dabei angestrebt werden. Die informellen, vorbereitenden Tests sollten jeweils etwa zwei bis drei Wochen vor einer Klassenarbeit geschrieben werden.
- Die Ergebnisse der Klassenarbeiten bzw. der zur Vorbereitung geschriebenen Tests sollten möglichst schnell den Schülern mitgeteilt werden, weil sie nur dann für weiteres Lernen daraus einen nennenswerten Nutzen ziehen können. In vielen Fächern können die Arbeiten von vornherein so konzipiert werden, dass sie schnell korrigiert werden können. Bei bestimmten Themengebieten (z. B. Aufsatzunterricht) ergeben sich hier allerdings erhebliche Probleme.
- Wenn Klassenarbeiten schlecht ausgefallen sind, sollte sich der Lehrer eingestehen, dass es offenkundig nicht gelungen ist, die wichtigsten Inhalte zu vermitteln. In solchen Fällen sollte die Arbeit nicht gewertet und zum gleichen Thema eine neue Arbeit geschrieben werden.

7.2 Argumentieren

(1) Der fragend-entwickelnde Unterricht

Problematischer und anspruchsvoller fragend-entwickelnder Unterricht: Für manche deutsche Pädagogen ist die Haltung zu jeder Form eines lehrergeleiteten Unterrichts ganz klar. Da Lehrer in diesem Fall Inhalte ohne Beteiligung der Schüler selbst auswählen, sie strukturieren und in vielen Fällen auch konkrete Hilfen zum Lernen der Inhalte geben, engen sie den Handlungs-

[81] Auf die Kriterien und Verfahrensweisen der Erstellung solcher Klassenarbeiten kann im Rahmen dieses Buchs nicht näher eingegangen werden.

spielraum des Lerners ein. Damit führen solche Anleitungen und Strukturierungen zu Unselbständigkeit und Abhängigkeit vom Lehrer. Denn wie sollen Schüler selbständiges Denken erwerben, wenn ihre Gedankenführung durch den Lehrer im Unterricht kleinschrittig gegängelt wird? Nach einer solchen Vorstellung vom Lehren und Lernen darf der *Lehrer dann nur noch als Lernberater* tätig werden. Diese Auffassung hat einen großen Vorteil: Man braucht sich nicht mehr um verschiedene Formen der Gesprächsführung bzw. eines fragend-entwickelnden Unterrichts zu kümmern, da es nur *den* problematischen, abzulehnenden fragend-entwickelnden Unterricht gibt.

Von der Vorstellung, dass es eine einzige Form des fragend-entwickelnden Unterrichts gebe, der aufgrund genereller Nachteile insgesamt abzulehnen sei, scheinen Esslinger-Hinz, Unseld, Reinhard-Hauck. Röbe, Fischer, Kust und Däschler-Seiler (2007) in einem neueren Buch auszugehen. Sie schreiben, ohne die Möglichkeit verschiedener Formen fragend-entwickelnden Unterrichts auch nur zu erwähnen (S. 166):

> **„Der fragend-entwickelnde Unterricht hat … mindestens vier gravierende Schwächen:**
>
> - ***Für Lehrer ist es in diesem methodischen Arrangement sehr schwierig, mit der Heterogenität*** *der Lerngruppe umzugehen und nur sehr wenige können mit dieser Form erfolgreich arbeiten. Eine Schüleräußerung, die nicht in das Konzept der Lehrperson passt, weil sie z. B. über das Thema hinausführt, ist für den Lehrer nicht „zielführend" und wird entweder nicht weiter beachtet oder in irgendeiner Form als „unpassend" zurückgewiesen. Damit werden vielleicht die kreativsten und produktivsten Lösungen nicht weiter verfolgt …*
> - *Was im „sokratischen Dialog" vielleicht noch gelingt – in größeren Lerngruppen erweist sich der fragend-entwickelnde Unterricht als extrem individualisierungsfeindlich. Nicht nur in der Rezeption, also der Aufnahme neuen Wissens, sondern auch in der Entwicklung neuer Gedanken und Ideen zwingt er alle Teilnehmer einer Lerngruppe auf einen „Denkweg" …*
> - *Die Interaktionssituation wird extrem von der Lehrperson beherrscht. Die Redeanteile des Lehrers sind im Vergleich zu denen der Schüler sehr hoch; die Bewertung, ob ein Redebeitrag als „passend" und „zielführend" akzeptiert wird, obliegt allein dem Lehrer …*
> - *Eine weitere Schwäche liegt darin, dass Schüler nicht nur in der Sache etwas lernen, sondern auch über die sozialen Verkehrsformen und Regeln, die in dieser Form dem erfolgreichen Lernen nicht unbedingt förderlich sind: z. B. sich melden, warten, bis man aufgerufen wird, gemeinsames Voranschreiten im gleichen Takt …*
>
> *Darüber hinaus suggeriert der fragend-entwickelnde Unterricht dem Lehrer, das Problem sei dann von allen Schülern verstanden, wenn der Gedanke aus seiner, des Lehrers Sicht, „entwickelt" ist, der Lernprozess sei damit kontrolliert erfolgreich zu gestalten …"*

Man mag sich verwundert fragen, worüber die Autoren hier diskutieren. Vielleicht ist ihnen schlicht nicht bewusst, dass es fragend-entwickelnden Unterricht ganz unterschiedlicher Qualität gibt. Es erscheint wenig sinnvoll, über „den" fragend-entwickelnden Unterricht pauschalisierend Aussagen zu treffen.

Wie groß die qualitativen Unterschiede zwischen einem guten und einem problematischen fragend-entwickelnden Unterricht sein können, sollen die folgenden beiden Interaktionsprotokolle verdeutlichen. Diese Protokolle wurden beim gleichen Lehrer im Rahmen eines Projekts zum „Assessment for Learning" erstellt (nach Black, Harrison, Lee, Marshall & Wiliam (2003,

S. 36 ff.; Übersetzung M. W.). Sie belegen, wie sehr Lehrer durch konkrete Anleitung und Rückmeldung über ihr Verhalten im Unterricht ihr Handlungsrepertoire verändern können.

Unterrichtsszenario 3: Fragend-entwickelnder Unterricht als abfragender Unterricht

„Lehrer:	Richtig, ich möchte, dass Sie sich jetzt alle konzentrieren, weil ihr einige Informationen benötigt, bevor wir mit dem heutigen Experiment beginnen. Okay, heute werden wir über diesen … *Hält einen Amperemeter hoch.*
Lehrer:	Jeder weiß, wie wir diesen bezeichnen und wo wir ihn finden? Geht in der Klasse herum und zeigt Gruppen das Amperemeter.
Lehrer:	Schaut genau hin. Wo habt ihr etwas wie dieses gesehen. Ihr könntet so etwas vorher schon gesehen haben. Mit was hat das zu tun? Zwei Schüler melden sich. Der Lehrer wählt einen aus.
Lehrer:	Ja … Jay?
Jay:	Mit Strom, Sir.
Lehrer:	Das ist richtig. Du kannst es in Stromkreisen verwenden. Jeder weiß, wie dieser bezeichnet wird? Dieses Wort hier hilft. Kannst Du lesen, was es besagt?
Carolyn:	Amperes.
Lehrer:	Und wie wird das Gerät bezeichnet, das Ampere misst? …

Diese erste Form des fragend-entwickelnden Unterrichts verdeutlicht ohne Zweifel einen problematischen, lehrergeleiteten Unterricht: Der Lehrer stellt enge, geschlossene Fragen, auf die es nur jeweils eine korrekte Antwort gibt; offene, diskussionswürdige Fragen werden kaum gestellt. Schüler fühlen sich blamiert, wenn sie hier eine falsche Antwort geben. Sie bekommen bei dieser Unterrichtsform ständig demonstriert, dass sie unfähig sind. Deshalb schürt ein solcher Unterricht auch Angst. Er ist deshalb nicht gut geeignet, das schon vorhandene Wissen der Schüler zu aktivieren und zu bearbeiten.[82]

Treffen diese Punkte wirklich auf jede Form des fragend-entwickelnden Unterrichts zu? Um dies diskutieren zu können, soll ein weiteres Unterrichtsszenario vorgestellt werden. Dieses Unterrichtsszenario stammt vom gleichen Lehrer sieben Monate später.

Unterrichtsszenario 4: Offener fragend-entwickelnder Unterricht

Lehrer:	Wir sehen uns heute an, wie Pflanzen wachsen. Ich weiß, dass ihr darüber schon Einiges in der Grundschule gelernt habt, und ich gebe euch etwas Zeit, euch darüber mit eurem Nachbar zu unterhalten, was ihr darüber schon wisst. *Die Schüler beginnen, darüber untereinander zu diskutieren.*
Lehrer:	Nicht melden. Erst will ich Euch noch etwas Zeit zum Nachdenken geben. *Der Lehrer holt hinter dem Schreibtisch zwei Geraniumpflanzen hervor, davon ist eine gut entwickelt, die andere kümmert.*

[82] Vermutlich haben Esslinger-Hinz et al (2007) nur diese Form des fragend-entwickelnden Unterrichts vor Augen.

Lehrer: Ms. James hat beide Pflanzen letzten Frühling umgetopft, sie waren damals gleich groß. Ich denke, sie sind an unterschiedlichen Stellen des Vorbereitungsraums gestanden. Ferner vermute ich, etwas ist unterschiedlich mit der Ernährung der Pflanzen gelaufen. Denkt kurz darüber nach und unterhaltet euch dann darüber mit eurem Nachbarn. Warum glaubt ihr, die Pflanzen sind so unterschiedlich gewachsen?
Die Klasse ergießt sich in laute Diskussionen zwischen den Partnern … Nach vier Minuten stoppt der Lehrer die Diskussion.

Lehrer: Okay, Ideen?
Die Hälfte der Klasse reckt die Finger in die Höhe. Der Lehrer wartet nochmals drei Sekunden.
Weitere drei Schüler melden sich.

Lehrer: Monika – deine Gruppe?..

Monika: Die eine ist größer, weil sie am Fenster stand.

Lehrer: Am Fenster. Mmm. Was denkst Du, Jamie?

Jamie: **Wir dachten, dass**

Lehrer: **Ihr dachtet …?**

Jamie: Dass die dicke Pflanze mehr Licht gegessen hat.

Lehrer: Ich glaube, ich weiß, was Monika und Jamie meinen, aber kann jemand diese Gedanken zusammenbringen? Fenster – Licht – Pflanze?
Wieder meldet sich wieder etwa die Hälfte der Klasse. Der Lehrer wählt ein Kind aus, das sich nicht gemeldet hat.

Lehrer: Richard.

Richard: Mh. ja. Wir dachten, ich und Dean, dass sie größer wurde, weil sie mehr Nahrung bekommen hat.
Einige Schüler heben ihre Finger höher. Der Lehrer deutet auf Susan und nickt.

Susan: Nein, sie wächst, wo es viel Licht gibt und das ist nahe am Fenster.

Lehrer: Mmmm. Richard und Dean denken, die Pflanze hätte mehr Futter bekommen, Susan … und Stacy ebenfalls? Ja. Susan denkt, die Pflanze sei so groß, weil sie mehr Licht bekommen hat. Was meinen die anderen? Tariq?

Tariq: Es ist das Licht, das die Photosynthese auslöst. Pflanzen ernähren sich durch die Photosynthese.
Der Lehrer schreibt Photosynthese an die Tafel.
Fast alle Hände gehen in die Höhe.

Lehrer: Okay. Kann denn jemand die Begriffe Pflanze, Licht, Fenster, und Photosynthese zusammenbringen und mir erzählen, warum diese Pflanzen so unterschiedlich geworden sind.
Der Lehrer wartet 12 Sekunden. Als er die Diskussionen beendet, gehen zehn Hände nach oben. Fünf weitere gehen in der Pause noch in die Höhe ….

Lehrer: Okay, Carolyn?

Carolyn: Die Pflanze … Die große Pflanze hat mehr Licht bekommen durch das Fenster und weil die Pflanzen durch Photosynthese ihr eigenes Futter herstellen, ist sie..

Jamie: Größer.

Lehrer: Danke, Jamie. Was denken die anderen über Carolyns Idee?
Viele Schüler nicken mit dem Kopf.

Lehrer:	Ja, sie ist größer, weil sie mehr Licht hatte und mehr Photosynthese betreiben konnte. So, Richard und Dean, wie passt eure Idee dazu?
Dean:	Sie war falsch, Sir.
Richard:	Nein, sie war nicht falsch. Wir meinten das, Photosynthese. Pflanzenfutter.
Dean:	Genau!
Lehrer:	So. Könnt ihr uns eure Idee nochmals erklären, indem ihr dabei den Begriff Photosynthese benutzt?
Richard:	Photosynthese ist, was Pflanzen machen, wenn sie sich ernähren und größer werden.
Lehrer:	Nicht schlecht. Erinnert mich, dass wir darauf zurückkommen, das zu erklären, wenn wir das Experiment durchgeführt haben.

Die beiden Beispiele verdeutlichen, dass fragend-entwickelnder Unterricht sehr unterschiedliche Formen annehmen kann. Man kann sich vermutlich sehr schnell darauf einigen, dass die hier dargestellte zweite Form des fragend-entwickelnden Unterrichts eher Schüler motiviert und zum Nachdenken und Lernen anregt. Was unterscheidet die beiden Formen des fragend-entwickelnden Unterrichts?

Erste Form: Abfragen spezifischen Wissens, geschlossene Fragen	**Zweite Form: Offene Problemdiskussionen**
kurze, geschlossene Fragen	ausführliche, offene Problemfragen
häufig nur eine einzige Antwort richtig	Antworten sind komplexer, in ganzen Sätzen, Fehler werden als Problem weitergegeben
Begriffe werden abgefragt	Vorschläge zur Problemlösung werden von den Schülern gegeben
auf Schülerantworten wird nicht länger gewartet	Es wird lange auf Schülerantworten gewartet; manchmal lässt der Lehrer die Schüler untereinander diskutieren
nur zwei bis drei Schüler beteiligen sich am Unterricht	die meisten Schüler beteiligen sich, Schüler gehen kritisch auf Schülerbeiträge ein
über das Denken der Schüler erfährt der Lehrer sehr wenig	... erfährt der Lehrer sehr viel. Der Lehrer fasst Ideen zusammen, wiederholt sie

Diese zweite Form ist nach dieser Analyse eher lernförderlich und motivierend:

- Es werden herausfordernde Aufgaben gestellt, und durch solche herausfordernden Aufgaben wird mehr gelernt als durch einfache Fragen (vgl. Craig, Sullins, Witherspoon et al. 2006; Wisher & Graesser 2007).
- Die Diskussion über die verschiedenen wesentlichen Aspekte eines Inhalts bereitet eine Struktur vor, in die das nachfolgende Wissen eingeordnet werden kann.
- Schüler können eher ihr persönliches Wissen einbringen. Da dies bei offenen Fragen durch viele Schüler erfolgt, wird eine breitere Assoziationsbasis geschaffen, das eigene Wissen wird besser mit dem zu lernenden Wissen verknüpft, ein breiterer Transfer des Gelernten ist

möglich (*Personalisierung und Kontextualisierung*, vgl. Anand & Ross 1987 und Cordova & Lepper 1996[83]).

Ein weiterer Punkt ist aber vielleicht noch wichtiger: Der Lehrer modelliert hier ein sachlich-abwägendes kritisches Argumentieren. Auf der Basis eines solchen Argumentationsstils werden Schüler am besten gegen jegliches einseitiges und dogmatisches Argumentieren geimpft. *Ein solches Argumentieren ist das genaue Gegenteil dessen, was als autoritäre Art des Argumentierens gelten kann*. Der Lehrer versucht hier, die Argumente aller Schüler zu würdigen. Am besten verdeutlicht er dabei durch Lautes Denken, welche verschiedenen Aspekte zu berücksichtigen sind. Eine solche Art des Argumentierens nach sachlichen Erwägungen bei Einhaltung bestimmter Standards wie Objektivität, intersubjektive Überprüfbarkeit und Wahrheit ist das genaue Gegenteil einer Erziehung zur Unmündigkeit. Sie ist vielmehr die Grundlage demokratischer Entscheidungsprozesse.

Pädagogisches Argumentieren über fragend-entwickelnden Unterricht muss diese unterschiedliche Formen der Gesprächsführung berücksichtigen. Damit verbietet es sich, pauschalisierend **Aussagen über den fragend-entwickelnden Unterricht zu treffen. Es gibt ganz verschiedene Formen des fragend-entwickelnden Unterrichts, die vermutlich ganz unterschiedliche Wirkungen** auf das Lernen und auf die Motivation der Schüler haben.

Möglichkeiten und Grenzen des fragend-entwickelnden Unterrichts: Der fragend-entwickelnde Unterricht kann eingesetzt werden, wenn früher behandelte Inhalte erneut behandelt und ein Begriffsnetz an der Tafel entwickelt werden soll. Man kann hier einen fragend-entwickelnden Unterricht als *Einstieg* in ein neues Thema wählen. In der Regel setzt fragend entwickelnder Unterricht voraus, dass einige Schüler Vorkenntnisse haben, durch die eine erste Problemlösungsskizze erarbeitet werden kann. Diese Problemlösungsskizze kann dann der Ausgangspunkt für eine Präzisierung und Erweiterung des vorhandenen Wissens sein. Ein solcher fragend-entwickelnder Unterricht ermöglicht dem Lehrer, Informationen über den aktuellen Leistungsstand seiner Schüler zu erhalten. Er kann dadurch seine Lernangebote diesem Leistungsstand anpassen, also in der Zone der nächsten Entwicklung durch ein klassenbezogenes Scaffolding arbeiten. Außerdem werden die Schüler dazu gebracht, ihr Wissen zu rekonstruieren.

Es macht jedoch wenig Sinn, komplexe, noch nicht behandelte Inhalte lang und breit im Rahmen fragend-entwickelnden Unterrichts erarbeiten zu lassen, da dies einer völligen Überforderung der Schüler gleich käme. Man vergeudet wertvolle Lernzeit und verleitet die Schüler nur zum Herumraten. Hier sollte statt eines erarbeitenden Unterrichts verständliche Erklärungen mit Lösungsbeispielen und Visualisierungen vom Lehrer angeboten werden (vgl. Clark, Kirschner & Sweller 2012). In den unteren und mittleren Klassenstufen spielen solche Lehrererklärungen eine wichtige Rolle; erst in höheren Klassenstufen kann auch bei komplexen Inhalten mit Lehrtexten sinnvoll gearbeitet werden.

Die grundlegende Lerneinheit des fragend entwickelnden Unterrichts besteht (1) aus einer Frage oder Aufgabe, (2) einer Lösung und (3) einer inhaltlichen Rückmeldung zur Lösung. Dabei stützt sich der Lehrer in der Regel auf die Meldungen der Schüler. Wenn die Fragen herausfordernden Charakter haben und ein positives Lernklima herrscht, werden sich viele Schüler melden. Der Lehrer kann dann verschiedene Schüler aufrufen und Antworten geben lassen, die wiederum diskutiert werden können. Es können aber nicht alle Schüler antworten.

[83] Diese beiden Experimente werden im Abschnitt 7.4 genauer dargestellt.

Allerdings können Schüler auch durch ein aufmerksames Verfolgen der Argumente, die von anderen Schülern oder vom Lehrer eingebracht werden, etwas lernen. Ideal wäre allerdings, wenn jeder Schüler eine Antwort geben könnte und dann diese Antworten diskutiert werden könnten. Es gibt hier zwei Möglichkeiten, diesen Punkt im Rahmen eines fragend-entwickelnden Unterricht zu berücksichtigen:

(a) *Antwortkarten:* Man lässt die Schüler auf einer Karte eine kurze Antwort aufschreiben. Diese Antwortkarten werden dann auf ein Zeichen hochgehalten, so das sich der Lehrer ein Bild von dem Lernstand der Klasse machen kann (vgl. Randolph 2007).

(b) *Clicker:* Hierbei handelt es sich um ein elektronisches Antwortsystem für Mehrfachwahlfragen. Der Lehrer stellt damit Mehrfachwahlfragen. Schüler wählen auf die Mehrfachwahlfrage anonym die Antwort aus, die sie für richtig halten. Es kann dann blitzschnell bestimmt werden, welche Antworten wie oft gewählt wurden (vgl. Mayer, Stull, DeLeeuw, Almeroth, Bimber, Chun, Bulger, Campbell, Knight, & Zhang 2009).

Empirische Forschungen belegen, dass die Verwendung solcher Systeme verschiedene Vorteile hat. Nach einer Meta-Analyse der einschlägigen empirischen Studien über Antwortkarten lässt sich durch ihre Verwendung ein höheres Leistungsniveau erreichen (bei Tests d=0,38; bei informellen Tests („Quizzes") d=1,08). Die Teilnahme der Schüler verbesserte und das Störverhalten der Schüler verminderte sich.

Clicker-Systeme wurden bisher vor allen an Universitäten oder in der Erwachsenenbildung eingesetzt. In einer Studie von Mayer et al. (2009) lernten die Studenten in einer Lernumgebung, in der pro Vorlesung 2 bis 4 Fragen mit dem Clicker-System gestellt wurden, deutlich mehr (d=0,38 und d=0,40) als in den beiden Kontrollbedingungen (Kontrollbedingung 1: Die Aufgaben wurden ohne Clicker-System gestellt, Kontrollbedingung 2: Es wurden keine Fragen gestellt.). Über die in diesem Antwortsystem relevanten Faktoren schreiben die Autoren:

> „Die Lösung der stichprobenhaften Aufgaben und das Erhalten sofortiger Rückmeldung kann aktives kognitives Prozessieren in dreierlei Art und Weise fördern: (a) Vor der Beantwortung von Fragen können die Studenten aufmerksamer die Inhalte aufnehmen und verarbeiten, (b) während der Beantwortung der Fragen werden sich die Studenten stärker bemühen, das Material zu organisieren und zu integrieren, und (c) nach dem Erhalt von Feedback können die Studenten metakognitive Fertigkeiten entwickeln, wie gut sie die Vorlesungsinhalte aufnehmen und verstehen können und wie Aufgaben der Abschlussklausur zu bearbeiten sind. (Mayer et al. 2009, S. 53)

Beide Systeme verlangen eine Aktivierung der ganzen Klasse. Schüler werden dazu gebracht, eine Antwort zu geben, und dies ist eine wichtige Voraussetzung für das Lernen. Am Ende einer Lerneinheit zu komplexen Inhalten (z.B. Texte verfassen; Naturwissenschaftliche Kenntnisse anwenden) sind vermutlich Ansätze, die von Schülern zunächst die Ausarbeitung einer komplexen Antwort erfordern, die dann aufgrund zusätzlicher kleiner Lehr- bzw. Lösungstexte korrigiert und überarbeitet werden, sinnvoller als solche Antwortsysteme (vgl. VanLehn et al. 2007).

(2) Klassenbezogenes Scaffolding

Bislang wurde die Wirkung dieser Formen des fragend-entwickelnden Unterrichts auf Motivation und Lernfreude von Schülern nur in Ansätzen erforscht. In einer Untersuchung (vgl. Turner, Meyer, Cox, Logan, DiCintio & Thomas 1998) wurden Interaktionen im Mathematikunterricht identifiziert, die zu einem hohen Engagement und aktiven Einbindung der Schüler in den Lehr-Lernprozess führen und solchen, die ein solches Engagement eher unterbinden. Zunächst haben diese Autoren Klassen identifiziert, die sich durch ein hohes oder niedriges Motivationsniveau der Schüler auszeichneten.[84] Für diese Klassen wurden dann aufgrund von Unterrichtsbeobachtungen Interaktionsprotokolle angefertigt. Diese Protokolle zeigen, dass Lehrer eine Vielzahl von Möglichkeiten haben, in Schülern Interesse für ein Fach zu wecken oder es abzutöten. Ich möchte deshalb, bevor über verschiedene Experimente zu einzelnen Motivierungstechniken berichtet wird, zunächst verschiedene Handlungsmöglichkeiten des Lehrers darstellen. Danach soll anhand einer Auswahl aus diesen Interaktionsprotokollen gezeigt werden, wie Lehrer durch die Formulierung von Fragen zusammen mit ihrem Eingehen auf Schülerantworten ein hohes Motivationsniveau in ihrer Klasse erzeugen bzw. verhindern können.

Ein Unterricht, in dem die Handlungskategorien (1) bis (3) im Vergleich zu den Handlungskategorien (4) bis (6) deutlich überwiegen, wird die Schüler stärker für den Unterricht motivieren und zu einer höheren Anstrengungsbereitschaft veranlassen. Genau dies war das Ergebnis der **Studie von Turner et al. (1998). Bei den Handlungskategorien (1) bis (3) werden die Schüler als ernst zu nehmende Diskussionspartner im Problemlösungsprozess behandelt. Es werden unspe**zifische Hilfen angeboten (z. B. ein Problem in Teilprobleme zerlegen), herausfordernde Aufgaben statt reiner Wissensfragen gestellt und es wird darauf hingewiesen, dass die Aufgaben schwierig sind, sodass eine Lösung auch als Leistung empfunden werden kann.

Übersicht 6: Handlungsmöglichkeiten des Lehrers zur Förderung hohen Schülerengagements (leicht abgeändert nach Turner et al. 1998)

I. Positives klassenbezogenes Scaffolding (Handlungskategorien 1–3)		
Kategorie	Definitionsmerkmale	Beispiele
(1) Handlungsangebot („negotiation“)	Anpassung des Unterrichts an die Schüler und Hinführung zu einem tieferen Verständnis.	„Lasst uns das Problem in verschiedene Teilprobleme aufgliedern!“ „Welche Angaben benötigen wir, um die Aufgabe zu lösen?“
(2) Übertragung/Fördern von Verantwortlichkeit zum Begründen von Antworten.	Unterstützung der Entwicklung strategischen Denkens, von autonomem Lernen, und von tieferem Verständnis, indem entsprechende Standards formuliert werden.	„Erkläre die Strategie, die du verwendet hast, um zur Lösung zu kommen“ „Du müsstest zu einer Regel kommen, um deine Antwort zu begründen.“ „Lasst uns sehen, ob deine Antwort richtig ist.“
(3) Intrinsisches Unterstützen	Unterstreichen von Lernzielen: Herausforderungen werden als wünschenswert angesehen, ebenfalls die Übernahme von Risiken, indem positiv auf Fehler reagiert und Lernfortschritt beachtet wird.	„Das mag schwierig aussehen, aber wenn du dich richtig damit auseinandersetzt, wirst du mehr dafür bekommen als du investiert hast!“ „Genau dies ist der Punkt, wo du mit dem Denken anfangen solltest!“ „Diese Antwort ist großartig, Habt ihr bemerkt, was er machte, als er …

[84] Es handelt sich hier also um eine ex post facto Untersuchung, und nicht um ein Experiment. Die Durchführung eines Experiments würde hier auch auf ethische Bedenken stoßen.

II. Negatives klassenbezogenes Scaffolding (Kategorien 4–6)		
(4) Impuls – Antwort – Bewertung	Die Routine, Wissensfragen zu stellen, Antworten abzuwarten und sofort als falsch oder richtig zu bewerten. Die Autorität des Lehrers oder des Textes als Quelle der Wahrheit wird betont.	„Was ist der Kehrwert von 34/56?" „56/34". „Sehr gut!" „Was ist die Antwort bei der Zahl 13?" „Im Buch haben sie das auf diese Weise gelöst."
(5) Prozeduren	Anweisungen geben und Prozeduren einführen oder Schülern sagen, wie zu handeln und zu denken ist (d. h. Lernen als eine Tätigkeit des Aufpassens und Aufschreibens auffassen).	„Hört genau zu und schreibt auf, was ich sage." „Wir wissen alle, dass der Kehrwert von 34/56 56/34 ist." „Schreibt das in das Heft, es geht einfach darum, sich das Muster einzuprägen." „Ihr solltet aufpassen!" „Holt eure Bücher raus und nummeriert die Arbeitsblätter von 1 bis 25."
(6) Extrinsische Unterstützung	Durch Randbemerkungen Schüler motivieren, sich auf andere Aspekte als das Lernen zu konzentrieren (z. B. auf den Schwierigkeitsgrad der Aufgabe) oder das Verwenden von Drohungen oder negativen Erwartungen, um dadurch das Befolgen von Anweisungen zu erreichen.	„Was du wieder für eine schöne Schrift hast, es ist immer wieder eine besondere Freude, deine Hefte zu zensieren!" „Wenn ihr euch entscheidet zuzuhören, dann lernt ihr vielleicht auch etwas Mathematik!" „Ich möchte, dass eure Eltern diesen Test unterschreiben." „Ich war schockiert durch diese Noten! Es handelt sich doch um ganz leichten Stoff!"

An den von Turner et al. (1998) erstellten Interaktionsprotokollen lässt sich erkennen, in welcher Weise solche Interaktionsmuster die Motivation von Schülern stärken oder hemmen können. Ich werde deshalb einige Ausschnitte davon wiedergeben:

Unterrichtsszenario 5: Stark motivierte Klasse, Lehrer mit 10-jähriger Unterrichtspraxis. Es geht um die Berechnung von 23/31X13/86. Es handelt sich um eine Klasse mit durchschnittlichem Leistungsniveau. L steht für Lehrer, S für Schüler.

[Zu Beginn der Stunde stellt der Lehrer die Bruchrechenaufgabe „21/31 x 13/86".] L: Ist die Antwort für diese Aufgabe kleiner als die kleinste Zahl, die in der Aufgabe vorkommt? Ist sie zwischen den zwei Zahlen? Oder ist sie größer als die größte Zahl? Ihr sollt das ohne jegliche Rechnung beantworten. Ihr sollt eine Regel herausfinden, mit der ihr eure Antwort begründen könnt… Habt ihr dazu Fragen? [Kein Schüler antwortet.] …

L: Seid still! Ihr könnt euch zuerst die Antwort durch Multiplizieren ausrechnen, aber dann müsst ihr mir mit einer Verallgemeinerung kommen.

[Nach einem zweiten Versuch, in Gruppen die Aufgabe zu lösen, ruft der Lehrer wieder die Klasse zusammen.]

L: Nun lasst uns die Sache von einer anderen Seite betrachten. Ich glaube, dass euch die großen Zahlen verwirrt haben, als ihr multipliziert habt. Wer hat die Antwort?

S: 2760.

L: Das ist nun wirklich eine große Zahl, und wenn wir sie betrachten, dann scheint sie einen niederzudrücken. Aber lassen wir sie einfach einmal weg. Diese Zahl 23/31 …, kann mir jemand eine Zahl mit einer Stelle im Zähler und einer Stelle im Nenner nennen, die ungefähr so groß wie 21/31 ist? Ungefähr gleichgroß?

[Nachdem der Lehrer vorgemacht hat, wie man die erste Zahl „verkleinern“ kann, gibt er die Aufgabe wieder an die Gruppe zurück, die nun das Gleiche mit der Zahl 13/86 machen soll. Der Lehrer fragt einen Schüler, der nicht genau weiß, was er machen soll, sodass der Lehrer wieder die Problemstellung vereinfacht und modelliert, wie man am besten eine einfache Bruchzahl findet, die 13/86 ungefähr repräsentiert. Dritter Anlauf:]

L.: Was ist ungefähr gleichgroß wie? [Schweigen für eine Minute]

L: Gut, irgendjemand hat irgendwas gesagt. Vielleicht solltest du darüber nachdenken. Jemand sagte drei Achtel. Ein anderer sagte 1 Siebtel. Sandra, hast du einen Vorschlag?

S.: Nein.

L: Sandra, wie würdest du anfangen, wenn du auf die 13/86 siehst und einen Bruch mit einer einstelligen Zahl im Zähler und Nenner schreiben willst? Hast du eine Idee? [Schüttelt den Kopf „nein“.]

L: OK, sieh dir die 13/86 an. Was ist, wenn ich diese Zahl einfach weglasse und einfach dann zum nächsten Zehner runde, was ist 13, gerundet zur nächsten 10? Sandra? [Keine Antwort.]

L.: Wenn ich zur nächsten 10 runde, Sandra, guck auf die Einer, wenn sie kleiner als 5 sind,

Sandra: 10.

L: **Ja, es ist 10. Guck auf die 86, gerundet auf den nächsten Zehner. Es ergibt sich … Sandra: 90.**

[L fragt nach etwas ausgefeilteren Schätzungen für 13/86. Er hat dann an der Tafel mehrere Schätzungen stehen. Wenn ein Schüler eine falsche Schätzung macht, sagt er „rechne nochmals rückwärts“ …]

L: Nun lasst uns 3/4 mal 1/7 ansehen, weil diese Zahlen ungefähr gleichgroß sind wie 23/31 mal 13/86. Wenn wir uns diese beiden Zahlen genau ansehen, was könnt ihr mir über 3/4 sagen? Nennt mir einige Eigenschaften. (Der Lehrer kehrt zum ursprünglichen Problem zurück, verwendet aber vereinfachte Brüche).

[Schüler nennen Eigenschaften wie „Kleiner als Eins.“ „Größer als 1/2.“ „Kann nicht weiter gekürzt werden.“]

Was ist nun an diesem Protokoll auffällig? M.E. die Geduld und Hartnäckigkeit, mit der der Lehrer das Ziel verfolgt, ein anspruchsvolles und herausforderndes Problem mit seinen Schülern zu diskutieren, um zu einer Lösung zu kommen. An diesem Problem hält der Lehrer fest, auch wenn er merkt, dass die Schüler große Schwierigkeiten mit der Lösung haben. Indem er an diesem Problem festhält, bleiben auch der rote Faden und die Wissensstrukturierung für die Schüler nachvollziehbar. Um den Schülern eine Lösung zu ermöglichen, gibt er viele Hilfen, die strategisch oder wenn möglich, unspezifisch sind. Da er diese Hilfen der ganzen Klasse gibt, kann man hier von einem klassenbezogenen Scaffolding sprechen. Durch diese dosierten Hilfen kommen die Schüler überhaupt in die Lage, zum gestellten Problem einen Beitrag zu leisten.

Unterrichtsszenario 6: Eine niedrig motivierte Klasse, Lehrer mit 2 Jahren Unterrichtspraxis. Die Klasse hat ein niedriges Leistungsniveau. Das Beispiel verdeutlicht, in welcher Weise dem Zensieren Gewicht beigemessen wird und wie mit dem Textbuch umgegangen wird.

L: Als ich die Arbeiten nachsah, war ich über manche Ergebnisse wirklich sehr schockiert. Und ich denke mir, ihr werdet es ebenfalls sein. Ich denke, einige Ergebnisse waren so la la, und andere waren meiner Meinung nach verheerend.

S: [Lärm nimmt zu.] Bekommen wir sie zurück?

L: Ich werde sie Euch zurückgeben. Ich will Folgendes: Jede einzelne falsche Aufgabe sollt ihr heute Abend oder morgen als Hausaufgabe berichtigen und mir zurückgeben. Tatsächlich will ich dieses Blatt spätestens bis Mittwoch zurückbekommen. Alle falsch gerechneten Matheaufgaben möchte ich mit der richtigen Antwort zurückbekommen.

S: Hat jemand 100 erreicht?

L: Nein.

S: Niemand hat 100 erreicht? [Seufzt]

L: OK, Jungen und Mädchen, Sch ... Ich würde sagen, wenn ihr bei diesem Test einen Wert unter 75 erreicht habt, dann habt ihr wirklich noch einiges zu tun. Ich möchte dieses Quiz mit der Unterschrift von Mama oder Papa darunter. Ich wünsche, dass Mama und Papa darüber Bescheid wissen, wo wir stehen.

S: Nein!

S: Haben wir die Arbeit den Eltern vorzulegen? Ist das eine Voraussetzung, um die Klasse zu bestehen?

L: Wenn ihr keine Unterschrift vorlegt, werde ich zu Hause anrufen. ...
[Später behandelt der Lehrer die Umwandlung von Maßeinheiten.]

L: [Der Lehrer verweist die Schüler auf das Schulbuch.] OK, lasst uns einen Blick auf Buchstabe „B“ unter dem Schwimmer werfen, der sich bereit macht, unter der Plattform durchzutauchen [bezieht sich auf ein Bild im Schulbuch]. John, lies, was unter B steht. [John liest.] Ein Meter ist 100 cm ist 1000 mm. Was ist das Muster, Jungen und Mädchen, von Metern... zu Millimetern? Roberto? OK, falls es 4 sind, was ist die nächste Zahl? Vierhundert. Und wie viel Millimeter würden es sein? Wie viele Nullen würden bei Metern ergänzt, um zu Zentimetern zu kommen? Hat jemand dieses Muster gefunden?

Nun schaut zum Buchstaben „C“: Ein Zentimeter ist 1/100 eines Meters. Dieses Mal, Jungen und Mädchen, haben wir *einen* Zentimeter. Wir gehen nun rückwärts. Wie viele Meter sind ein Zentimeter? Wie viele Millimeter hat ein Zentimeter? Dieses Mal, Bill, sage ich, wie viele Zentimeter ich habe. Wir sind im Zentrum. Wenn ihr, Jungen und Mädchen, eine Dezimalzahl aufschreibt, wenn wir diese hier hinstellen würden – diese unsichtbare Dezimalzahl, wir nehmen an, sie sei hier, aber wir beachten sie nicht immer – ob es richtig ist, nach zwei oder nach einer oder nach vier [Stellen das Komma zu setzen] ... eine, zwei. [Wiederholt]. Wie kamen wir zu den Millimetern? Dieses Mal setzten wir den Dezimalpunkt nach zwei Stellen richtig und wir veränderten drei Stellen ... eine, zwei, drei. Wenn du dir das für Meter überlegst, wie gelangt dann das Buch zu einer Antwort bei Buchstabe C? Was taten sie? Seht ihr hier ein Muster? Irgendjemand?

L: Was ist das Muster, Ashley? Ein Zentimeter ist gegeben und wir gehen zurück zu den Metern. Wir nennen das 1/100stel von einem Meter. Was ist das Muster? OK, passt auf. Unsere Dezimalstelle ist hier. Wenn wir sie verändern, verändern wir sie um eine Stelle ... um zwei Stellen. Ich schlage vor, schreibt das jetzt auf, da wir mit dem Muster nicht vertraut sind. Wir verändern die Zahl um zwei Stellen ...

Kommentar: Vielleicht ist der Unterschied zum vorherigen Protokoll so auffällig, dass man ihn gar nicht näher kommentieren muss. Haben Schüler hier überhaupt eine Chance, Dinge in Ruhe sich zu erarbeiten und zu verstehen? Der Lehrer gibt den Schülern zunächst sehr deutlich zu verstehen, dass die Leistungen der Schüler miserabel sind und dass die Eltern davon Kenntnis nehmen sollen. Beim Erklären der Umwandlungen kommt es dem Lehrer nur um ein oberflächliches Nachbeten von Mustern an. An keiner Stelle macht er eine Pause, um den Schülern Gelegenheit zu geben, in Ruhe über eine Frage nachzudenken. Häufig werden gleichzeitig mehrere Fragen gestellt. Auch eine Erklärung zu einem formulierten Problem wird an keiner Stelle sukzessiv erarbeitet, indem der Lehrer notwendige Hilfen gibt, unspezifische Hilfen gibt, oder Brücken baut. Entsprechend kommen die Schüler überhaupt nicht in die Situation, Erfolgserfahrungen zu sammeln, sie erfahren nur, dass sie nichts können, und dass ihnen nur das Nachahmen von vorgegebenen Mustern zugetraut wird.

Unterrichtsszenario 7: Eine wenig motivierte Klasse mit mittlerem Leistungsniveau, Lehrer verfügt über 22 Jahre Unterrichtserfahrung. Die Interaktionen beziehen sich auf Prozeduren und auf extrinsisches Belohnen, und sehr wenig auf die drei ersten Kategorien eines positiven, klassenbezogenen Scaffoldings. Im Protokoll geht es um die Interpretation graphischer Angaben aus Kreisdarstellungen im Rahmen der Prozentsatzberechnung.

L: OK, diese Zahl repräsentiert 100%. Also repräsentiert die ganze Küstenlinie von 12383 Meilen 100%. Das ist eine etwas seltsame Zahl, aber so ist sie halt. Nun wird gesagt, die Atlantische Küste sei 17% davon. Wie finden wir aber 17% von 12383. Erinnert euch daran, als wir solche Aufgaben behandelten ... Rhonda?

S: 5. [L schreibt an die Tafel, was der Schüler sagt.]

S: Nein, es ist 383. [L antwortet nicht auf diesen Schüler.]

L: Und sie machten dies im Buch und das besagt, dass sich 2105 und 11 Hundertstel ergaben. Ja?

S: Wo kam denn 17% heraus?

L: Woher sie auf 17% kamen? Das ist eine sehr gute Frage. Wie kamen sie darauf, was denkt ihr? [Schüler antworten ihm hinten in der Klasse.] Etwas, was ihr herausfinden müsst, ... das ist eine sehr gute Frage, Susan, ... was ist, wenn das Einzige, was ihr wisst, die 12383 ist. Ihr habt keine Vorstellung, dass die Küste des Atlantischen Ozeans 17%, die Golfküste 13%, die Arktische Küste ..., alles, was ihr wisst, ist dies und alles was ihr habt, sind die Meere.

S: Addiere sie.

L: Was wäre, wenn die Zahl 2105,11 gegeben wäre. Was wäre, wenn das gegeben wäre?
Wie würdet ihr herausfinden, dass dieses 17% sind? Lasst es uns umgekehrt machen. Was denkst du, Lance?

S: [Fast unhörbar] Abziehen ...

L: Gut, abziehen würde ich nicht. Ich würde was tun? Te ... [intoniert „T“]

S: Aufteilen.

L: Ich würde was tun wollen?

S: Teilen.

L: Teilen! Dies ... was ist das im Verhältnis zu dem? Sodass es 2105 von 12383 wäre? Das ergibt dann 17 von 100? Es ist im Grunde ein Kürzungsplan. OK, das ging für uns ziemlich schnell, und wir gehen das nochmals durch. Seht euch diese Kuchendarstellung an, verwendet Daten aus der Kreisdarstellung. Wie lang ist die Golf-Küstenlinie? 13%, aber 13% von was? Andrew?
[Die Schüler beginnen mit der Antwort, der Lehrer schließt sich an.]

L: 12383.

L: Auf diese Weise finden wir das heraus. Welche Küste hat den kleinsten Anteil an der Küstenlinie?

S: Die arktische Küste.

L: Die arktische Küste. Wie finden wir denn heraus, was die Meilenlänge ist? Wir müssen 8% von ... nehmen.
[Schüler beginnen zu antworten.]

L: [Unterbricht.] Ja, ... wir haben 8% mal 12383 zu berechnen.

Kommentar: Auch in diesem Fall ist kaum erkennbar, wie Schüler durch notwendige Hilfen und Fragen in strukturierter Form an eine Lösung des Problems herangeführt werden, sodass sie das Gefühl entwickeln können, selbst fähig und in der Lage zu sein, etwas zur Lösung eines Problems beitragen zu können. Auch in diesem Fall hätte es sich ja angeboten, zunächst die Zahlen zu vereinfachen oder ein einfaches Problem als Hilfestellung zu entwickeln, an dem der Lösungsweg hätte erarbeitet werden können (z. B. Großbritannien mit einer Küstenlänge von etwa 1000 Meilen, Südküste hat davon 15 % ...). Kurzum: Auch hier findet kein gutes, nachvollziehbares klassenbezogenes Scaffolding statt.

7.3 Experimente zur Motivierung von Schülern

Die Ausgangssituation

Zwischen der Motivationstheorie des Alltagsverstands und den empirisch geprüften Motivationstheorien besteht eine nicht unbeträchtliche Kluft. Die Motivationstheorie des Alltagsverstands konzentriert sich auf Punkte wie Loben oder Verteilen von Stempeln, auf tröstende Worte bei Misserfolgen, auf Methodenwechsel, auf die Modulation der Stimme, auf den Einsatz von Medien, den Einbau von überraschenden Ereignissen und auf Zensuren als Leistungsansporn.

Weniger offenkundig, aber für die Schulpraxis ebenfalls wichtig sind Techniken der Motivierung, die mit einer angemessenen Wissensstrukturierung, der Auswahl von Aufgaben, dem Setzen von konkreten Nahzielen oder dem Belohnen von Leistungsverbesserungen zu tun haben. Wichtig sind ferner Faktoren, die zu einem persönlichen oder einem situational bedingten Interesse an einem Gegenstand führen (vgl. Mitchell 1993). Für die Pädagogik ist vor allem das situationale Interesse bedeutsam.

Um einen Einblick in neuere Ansätze der Motivierung zu geben, werde ich im Folgenden auf folgende Techniken zur Motivierung der Schüler eingehen:

- Angemessenes Trösten nach einer mangelhaften Klassenarbeit,
- die Vereinbahrung von Verträgen, Zielen und Ansprüchen und darauf erfolgende Belohnungen,
- die Verbesserung der Aufgabenauswahl durch Kontextualisierung und Personalisierung von Aufgaben und Stärkung des Lebensbezugs von Aufgaben,
- die Induktion und Verabredung kurzfristig erreichbarer Nahziele, wobei durch eine sorgfältige Aufgabenstrukturierung eine Untergliederung in erreichbare Nahziele möglich ist,
- ein Attribuierungstraining „du bekommst keine Belohnung, weil du das Leistungsziel nicht erreicht hast; du musst dich mehr anstrengen", im Unterschied zum Vermeiden jeglicher Misserfolgserfahrungen,
- Belohnungen von individuellen Leistungsverbesserungen (Anstrengung und Leistungsverbesserung, nicht relative Leistung im Vergleich zur Klasse werden belohnt),
- Fremdsteuerung oder Selbststeuerung bei lernschwächeren Schülern.

Die zu diesen Punkten dargestellten Untersuchungen können das Handlungsrepertoire des Lehrers erweitern. Ich gehe dabei von der Annahme aus, dass ein Lehrer durch sein Handeln viel zur Motivierung seiner Schüler beitragen kann. Die Auffassung, man solle beim Motivieren ausschließlich auf die inneren Kräfte des Schülers sowie auf die reine intrinsische Motivierung durch die Sache setzen, wird heute von Motivationstheoretikern kaum noch vertreten.

(1) Motivieren durch Trösten, Loben und Tadeln

Für die neue Statistikvorlesung hatte ich mir viel vorgenommen. Ich hatte einen verständlichen Text verfasst, der die Inhalte aus dem Lehrbuch nochmals in verständlicher Form präsentierte, hatte viele Lösungsbeispiele in den Text eingearbeitet und viele einfache Übungsaufgaben eingefügt. Den Studenten teilte ich mit, dass sie keine Angst vor Statistik zu haben brauchten. Schließlich sei alles für sie in einer verständlichen Form aufbereitet worden. Die Studenten hörten konzentriert zu. In der vierten Sitzung dann gab es einen Aufstand: Die Studenten warfen mir vor, völlig unverständlich zu sein ...

Ich versuchte, aus diesen bitteren Erfahrungen Konsequenzen zu ziehen. In einer der nächsten Vorlesungen hielt ich am Anfang folgende Ansprache: „Liebe Studierende, Sie haben sicherlich schon gehört, dass Statistik schwer ist. Ich kann Ihnen versichern, dass Sie in vielen Sitzungen zunächst sehr wenig verstehen werden. Ihre Geduld wird auf eine schwere Probe gestellt. Um etwas hier wirklich zu verstehen, brauchen Sie eine hohe Frustrationstoleranz. Sie müssen die hier präsentierten Inhalte zu Hause sorgfältig nachbereiten und in einer Arbeitsgruppe offene Punkte diskutieren und Missverständnisse ausräumen. Sie sollten in der Gruppe auch einige Übungsaufgaben lösen. Vielleicht verstehen Sie schon mehr, wenn ich die wesentlichen Ideen zum zweitenmal oder zum drittenmal erkläre. Ich habe mich zwar angestrengt, ein verständliches Skript zu erarbeiten, in dem Sie vieles nachlesen können. Trotzdem können Sie die Dinge nur verstehen, wenn Sie sich anstrengen und mit sich selbst geduldig sind."

Die Studierenden blickten mich freundlich an. Es gab keinen Aufstand, die Studenten arbeiteten konzentriert mit, stellten Fragen.

Im Unterricht sollen Schüler für das Lösen von Aufgaben und Problemen motiviert werden. Sie sollen lernen, sich über einen längeren Zeitraum anzustrengen und zu konzentrieren. Dazu legt der Lehrer unter Berücksichtigung des Vorwissens und der Möglichkeiten des Schülers die Standards fest, für deren Erreichung das Kind seine Anerkennung, sein Lob, eine gute Note oder eine extra Belohnung (z. B. einen Stempel) bekommen kann. Schüler erfahren tagtäglich, dass gute Leistungen und gutes Benehmen belohnt werden, und die meisten Schüler wetteifern um diese Belohnungen. Gleichzeitig versuchen Kinder, diese Belohnungen mit einem minimalen Kraftaufwand zu erreichen. Dies alles erscheint so offensichtlich, dass man darüber eigentlich kein Wort zu verlieren bräuchte.

Durch die Forschung der letzten Jahrzehnte wurde die kognitive Seite von Leistungsbewertungen immer mehr in den Mittelpunkt gerückt. Dabei geht es um die Frage, welche Informationen ein Kind aus dem Verhalten des Lehrers entnehmen kann. Nehmen wir einmal an, ein Schüler habe in einem Mathe-Test schlecht abgeschnitten. Ein Lehrer kann dann den Schüler auf ganz verschiedene Weise trösten (vgl. Rattan, Good & Dweck 2012, S. 735):

1. Besänftigendes Feedback („Comfort Feedback"): „Ich weiß, dass Du im allgemeinen viele Talente hast – aber es ist halt so, dass dir Mathe nicht liegt. Ich will Dich daran erinnern, welch gute Leistungen Du in den anderen Fächern zeigst. Ich will, dass Du mich richtig verstehst: Ich möchte, dass Du weißt, wie wir weiter verfahren werden. Ich werde dich nicht in der Klasse drannehmen, damit Du nicht zu sehr unter Druck gerätst und ich werde Dir einfachere Aufgaben geben, damit Du Dich mit Deinen Leistungen in Mathematik wohler fühlst. Ich versichere Dir, dass ich mich um Dich kümmere. Lass uns in Kontakt bleiben bezüglich der Frage, wie Du in der Klasse zurecht kommst."

2. Strategisches Feedback („Strategy Feedback"): „Ich weiß, dass Du im Allgemeinen viele Talente hast. Ich möchte, dass Du Deine Arbeitstechniken veränderst und dass Du mit einem Tutor zusammen arbeitest. Ich will, dass Du mich richtig verstehst: Ich werde Dich in der Klasse häufiger aufrufen und ich werde Dir mehr herausfordernde Aufgaben stellen. Ich versichere Dir, dass ich mich um Dich kümmere. Lass uns in Kontakt bleiben bezüglich der Frage, wie Du in der Klasse zurecht kommst."
3. Form des Tröstens (Kontroll-Feedback): „Ich weiß, dass Du im Allgemeinen viele Talente hast. Ich versichere Dir, dass ich mich um Dich kümmere. Lass uns in Kontakt bleiben bezüglich der Frage, wie Du in der Klasse zurecht kommst.

Die unausgesprochene Botschaft der ersten Form des Tröstens ist: *Eigentlich hat es keinen Zweck, sich in Mathematik besonders anzustrengen, weil dafür die erforderliche Begabung fehlt.* Dagegen kann man nichts tun, man muss sich damit abfinden. Zusätzliche Anstrengungen sind überflüssig. Tatsächlich wirkt eine solche Botschaft demotivierend. Dem Schüler werden keine Möglichkeiten aufgezeigt, wie er die Situation verbessern kann. Die zweite Form des Tröstens spornt den Schüler an, sich mehr anzustrengen, um seine Leistungen zu verbessern. Der Lehrer macht hier deutlich, was er erwartet, damit sich der Schüler in seinen Leistungen verbessert. Schüler halten einen Lehrer, der solches strategisches Feedback gibt, für pädagogisch engagierter als einen Lehrer, der die Leistungen des Schülers vor allem auf seine geringe Begabung in Mathematik zurückführt.

Man kann somit durch die Art des Feedbacks Schülern Botschaften übermitteln, welche die Motivation von Kindern zerstören. Auf einige Faktoren, die beim Belohnen und Tadeln wichtig sind, möchte ich im Folgenden eingehen (vgl. dazu auch den Abschnitt 4.7 über Feedback).

(1) Manche Lehrer *loben ihre Schüler sehr häufig,* ohne dass die Kinder dafür sich nennenswert anstrengen müssen. Das Lob wird dadurch entwertet und wirkungslos. Es hat seine Funktion als Information, eine gute Leistung erbracht oder sich konzentriert zu haben, verloren. Loben ist sinnvoll, wenn Schüler sich bei der Aufgabenbearbeitung anstrengen müssen. Es ist aber wenig sinnvoll, wenn Schüler gelobt werden, die sich überhaupt nicht angestrengt haben.

(2) Ein zweiter Aspekt häufigen Lobens ist wichtig: Wenn der Lehrer schon bei der Erledigung sehr einfacher Aufgaben lobt, signalisiert er damit den Schülern, dass er von ihnen keine besseren Leistungen erwartet. Die Schüler folgern daraus, der Lehrer halte nicht viel von ihren Fähigkeiten. Folglich brauche man sich auch nicht anzustrengen. Wenn Schüler Aufgaben nicht gut bewältigt haben, und der Lehrer sagt, *„das habt ihr wirklich toll gemacht"*, dann macht sich der Lehrer unglaubwürdig und erweckt den Anschein, sich billig einschmeicheln zu wollen. Dafür haben Schüler ein feines Gespür. Lehrer sollten vor allem positiv die Anstrengung und das Bemühen um eine gute Leistung würdigen, sie sollten die unterschiedlichen Anstrengungen beim Belohnen berücksichtigen.

(3) *Tadel ist oft „belohnender" als Lob.* Tadel und Kritik einer mittelmäßigen Leistung bei einem Schüler, dem man viel mehr zutrauen kann, kann motivierender wirken als vorschnelles Loben: Der Tadel informiert den Schüler, dass der Lehrer viel von ihm hält, er seine Fähigkeiten und Fertigkeiten schätzt. Vorschnelles Loben zeigt dem Schüler dagegen, dass der Lehrer von seinen Fähigkeiten wenig überzeugt ist: *„Für dich ist diese Leistung sehr gut, mehr kann ich von dir sowieso nicht erwarten."* Bei diesen, dem Alltagsverstand konträren Wirkungen von Lob und Tadel spricht man in der Literatur auch von *paradoxen Wirkungen* (vgl. Rheinberg 1998; Rheinberg & Krug 1999).

(4) *Belohnen setzt* voraus, dass klare Standards für Schüler gesetzt werden. Diese Standards sollten für den Schüler nachvollziehbar und überprüfbar sein. Dies ist bei komplexen Aufgaben wie beim Aufsatzschreiben schwierig. Damit Schüler ein Gefühl für Standards in diesen komplexeren Gebieten erhalten, sollten die Standards in der Klasse diskutiert und anhand von positiven Beispielen („guter Aufsatz“) verdeutlicht werden. Die Schüler sollten dann selbst verschiedene Aufsätze bewerten und diese Bewertung anhand der formulierten Standards begründen. Schüler sollten das Gefühl haben, fair behandelt zu werden.

(5) Belohnen heißt nicht nur Loben. Belohnen ist auch das Vergeben von Stempeln, Sternen, das Eintragen guter mündlicher Leistungen in das Notenbuch, aber auch das Gewähren bestimmter Dinge, z. B. in die Spielecke gehen zu können, um dort spielen zu dürfen, auf ein attraktives Ziel hinzuarbeiten (z. B. eine kleine Wanderung mit gemeinsamem Picknick im Freien), 10 Minuten vor Beendigung der Stunde auf den Schulhof zum Spielen gehen können, in einem Buch lesen dürfen, das für die Schüler spannend ist und das der Lehrer aushändigt. Auch das Übertragen von Verantwortung kann Belohnungswert haben. Entscheidend ist, dass der Lehrer die Konditionen klärt, unter denen diese Belohnungen gewährt werden und dass er sich auch an diese Abmachungen hält.

(6) Viele Pädagogen stehen der Vergabe von Belohnungen sehr kritisch gegenüber. Sie behaupten, dass durch „extrinsische Verstärkungen“ die intrinsische Motivation der Kinder zerstört wird. Insbesondere wird in diesem Zusammenhang auf die Ergebnisse eines Experiments von Lepper, Greene und Nisbett (1973) verwiesen. In diesem Experiment sank die intrinsische Motivation von Kindern, wenn diese Kinder a) hoch intrinsisch motiviert waren, b) eine Belohnung für die Ausführung der intrinsisch motivierten Handlung versprochen bekamen und c) diese Belohnung auch erhielten. Belohnungen sind jedoch vor allem dann wichtig, wenn es gilt, einem Schüler aus einem Leistungstief herauszuhelfen. Diese Schüler sind in der Regel nicht hoch intrinsisch motiviert. Die Studie von Lepper et al. bezieht sich jedoch auf die Wirkung extrinsischer Belohnungen bei hoch intrinsisch motivierten Kindern. Es gibt viele empirische Studien, in denen die motivierenden Effekte von Belohnungen bei lernmüden Schülern bestätigt wird. Wie bedeutsam externe Belohnungen für die kognitive Entwicklung eines schulmüden Schülers sein können, zeigt z. B. ein Experiment von Staats und Butterfield (1965).

(2) Verträge, Zielerreichung und Belohnungen in der Schule
(Hopkins, Schutte & Garton 1971)

Ausgangspunkt war die Beobachtung, dass die Kinder zweier Klassen (der ersten und der zweiten Klassenstufe) ihre Aufgaben in der Stillarbeitsphase am Ende des schulischen Vormittags sehr langsam und unkonzentriert erledigten. Wenn Kinder mit den gestellten Arbeiten fertig waren, dann hatten sie auf ihren Plätzen zu warten, bis alle anderen Mitschüler ihre Aufgaben erledigt hatten. Die fleißigen Schulkinder wurden somit für ihr zielgerichtetes, konzentriertes Arbeiten bestraft. Um das Arbeitsverhalten aller Schüler zu verbessern, wurde mit den Kindern eine neue Abmachung getroffen: Sie würden in die separate Spielecke gehen können, wenn sie ihre Aufgaben sorgfältig erledigt hatten. Dazu mussten sie dem Lehrer die Aufgaben vorlegen, der jeweils die Zeit notierte und die Aufgaben überprüfte. In der Regel durften dann die Schüler in die Spielecke. Zusätzlich wurde noch ein weiterer Faktor variiert: Die Anforderungen wurden in einer späteren Phase der Untersuchung erhöht, sodass sich die Schüler mit der Erledigung der gestellten Aufgaben noch mehr anstrengen mussten, wenn sie noch in der Spielecke spielen wollten.

Beide Bedingungen, sowohl die Einführung der neuen Abmachung als auch die Erhöhung der Anforderungen, wirkten sich auf die Schnelligkeit des Bearbeitens, auf die korrekte Bearbeitung sowie auf den Umfang der pro Zeiteinheit geleisteten Aufgaben stark aus. Im Vergleich zur ursprünglichen Leistung erhöhte sich z. B. die Anzahl der geschriebenen Buchstaben pro Minute von durchschnittlich 6 auf fast 12 Buchstaben in der ersten Klasse, in der zweiten Klasse gab es einen vergleichbaren Anstieg von 7 auf 14 Buchstaben pro Minute.

(3) Kontextualisierung und Personalisierung

Im Mathematikunterricht intrinsisch motivieren (Cordova & Lepper 1996)

Dieses Experiment bezieht sich auf die Frage, warum bei Schulbeginn bis zur dritten Klasse die meisten Schüler der Grundschule noch hochmotiviert sind, doch dann diese Motivation immer stärker verlieren. Man kann sich fragen, (1) welche Ursachen dieser Motivationsverlust hat und (2) welche Möglichkeiten die Schule hat, auf diese Situation zu reagieren.

Schon Dewey, später J. Bruner, sahen eine Ursache in einer Dekontextualisierung[85] des Unterrichtens. Lehrer präsentieren Ideen und Aufgaben in abstrakter Form. Dahinter steht die Idee, auf diese Weise eine Generalisierung des Gelernten zu fördern. So kommt es, dass sich diese Lernumgebungen in entscheidenden Hinsichten von den Lernumgebungen unterscheiden, in denen Kinder Neugierde und Interesse entwickeln. In „natürlichen Lernumgebungen“ werden immer die Anwendungskontexte mitgeliefert. Und solche Anwendungskontexte enthalten in der Regel Hinweise in Bezug auf die praktische Nützlichkeit der Tätigkeit und deren Verbindung zu den eigenen Interessen, Hobbies usw.

Neuere Forschungen haben gezeigt, dass neue Inhalte besser gelernt werden, wenn sie zusammen mit Kontexten, Personen und Beispielen gelernt werden, die für den Lernenden einen hohen Motivationswert besitzen (vgl. Moreno & Mayer 2000). Lernaktivitäten sollten deshalb in möglichst bedeutungshaltigen Kontexten stattfinden. In dem von Cordova & Lepper durchgeführten Experiment wurden solche Überlegungen auf verschiedene Versionen eines Computerspiels übertragen. Das Computerspiel für die Kontrollgruppe nannte sich schlicht „Mathe-Spiel“. Daraus wurde dann in einer Fantasie-Grundversion das Spiel „Space-Quest“, in einer anderen Version wurde das Spiel „Treasure Hunt“ genannt. Bei „Space-Quest“ wurde den Schülern suggeriert, Anführer (Commander) einer Raumflotte zu sein, die einen ungemein wichtigen Auftrag zu erledigen hatte: Die Erdlinge von einer drohenden Energiekrise zu befreien. Um dies zu tun, musste der Planet Ektar erreicht werden, auf dem noch alternative Energiequellen vorhanden waren. Durch verschiedene Variationen (Kontextualisierung durch Fantasie-Kontext, Wahlmöglichkeiten, Personalisierung) wurde der mathematische Kern des Spiels nicht berührt.

Es wurde geprüft, wie innerhalb einer Fantasieeinbettung durch zwei Strategien die intrinsische Motivation erhöht werden kann. Bei der ersten Strategie handelt es sich um *Personalisierung,* die mit der Neugiermotivation in Verbindung gebracht werden kann, und bei der zweiten um das *Gewähren von Mitentscheidungsmöglichkeiten,* die mit dem Bedürfnis nach Selbstbestimmung zusammenhängt.

[85] Von „Dekontextualisierung des Unterrichts“ spricht man, wenn Ideen und Inhalte nur noch abstrakt, also losgelöst von den Kontexten und Bereichen, in denen sie normalerweise auftreten, behandelt werden. Ein Beispiel dafür wäre, man behandelt in der Mathematik nur noch reine Additionsaufgaben (2+3=?), keine Aufgaben, in denen konkrete Anwendungssituationen dargestellt werden (z. B. Zwei Kinder spielen auf dem Spielplatz. Drei weitere Kinde kommen hinzu. Wie viele Kinder sind es nun zusammen?)

Insgesamt wurden *fünf Bedingungen* untersucht: Eine Kontrollbedingung, in der Schüler am ursprünglichen Computerspiel arbeiteten und vier weitere Bedingungen, in denen das Computerprogramm leicht abgeändert wurde: Das Spiel wurde in einen Fantasiekontext gestellt, wobei zusätzlich zwei Faktoren in jeweils zwei Ausprägungen variiert wurden: (1) Personalisierung (Ja, Nein) und (2) Wahlmöglichkeiten (Ja, Nein).

Die fünf Bedingungen des Experiments waren:

(1) Kontrollgruppe: *Keine* Fantasieeinbettung des Computerspiels, *keine* Wahlmöglichkeiten, *keine* Personalisierung
(2) Fantasieeinbettung ohne Wahlmöglichkeiten und ohne persönliche Ansprache
(3) Fantasieeinbettung *mit* Wahlmöglichkeiten und *ohne* persönliche Ansprache
(4) Fantasieeinbettung *ohne* Wahlmöglichkeiten und *mit* persönlicher Ansprache
(5) Fantasieeinbettung *mit* Wahlmöglichkeiten und *mit* persönlicher Ansprache

Methode der Untersuchung

Stichprobe: 31 **Jungen und 41 Mädchen der 4. und 5. Klasse aus zwei Privatschulen bei San** Francisco, die getrennt nach Geschlecht per Zufall auf die 5 Bedingungen verteilt wurden. Wegen Umzug fielen 2 Kinder aus, sodass eine Stichprobe von 70 Schülern letztlich übrig blieb. Das Durchschnittsalter war 10,5 Jahre.

Computerspiel: Das Computerspiel sollte mathematische Kenntnisse und Fertigkeiten vermitteln. Im Vordergrund standen dabei arithmetische Fertigkeiten und Problemlösungskenntnisse. Ziel des Spiels war, gegen den Computer als zweiter Spieler zu gewinnen und als erster in möglichst wenigen Zügen (Zug gleich eine Aufgabe) eine Strecke von 50 Schritten auf der Zahlenlinie von 1–50 zu bewältigen. Dazu sollten die Schüler drei vorgegebene Zahlen (z. B. 3, 2, und 4) möglichst geschickt kombinieren, um möglichst schnell voranzukommen (z. B. (2+3) x 4=20; bei (3−2) x 4=4 hätte man ein viel kleineres Ergebnis erhalten). Um auf der Zahlenlinie voranzukommen, hat der Spieler also bei jedem Zug jeweils drei Zahlen aus dem Bereich 1–5 in einer für ihn günstigen Weise mit Hilfe der Addition, Subtraktion, Multiplikation und Division sowie mit Hilfe von Klammern zu kombinieren. Dabei mussten alle drei vorgegebenen Zahlen verwendet werden; keine der drei vorgegebenen Zahlen oder keine Operation durfte häufiger als einmal verwendet werden. Die resultierende Zahl entsprach der Anzahl der Schritte, die die Person auf der Zahlenlinie vorangehen konnte. Wenn der Schüler sich verrechnet hatte, wurde er vom Computer darüber unterrichtet und erhielt von ihm die richtige Antwort. Er konnte allerdings auf der Zahlenlinie in diesem Zug nicht weiter marschieren.

Um das Spiel interessant zu machen, gab es zusätzlich bestimmte Sonderregeln:

- Wenn man direkt auf die Zielfelder („Target zones") 10, 20, 30, oder 40 gelangte, konnte man 10 Felder weiter vorrücken.
- Wenn man genau auf einen der beiden Abkürzungspunkte gelangte, die bei jedem Spiel an einer anderen Stelle plaziert waren, konnte man ebenfalls 10 Felder weiter vorrücken.
- Eine dritte Sonderregel besagte, dass immer dann, wenn der Spieler auf dasselbe Feld kam wie der Gegenspieler (der Computer), der Computer 2 Zielzonen zurückgehen musste.

In allen drei Spielversionen wurde das Spiel bei 1 begonnen. Wer zuerst die 50 erreicht – Spieler oder Computer – hatte gewonnen.

Ferner konnten die Spieler unter *zwei Schwierigkeitsstufen* auswählen. Bei der ersten wählte der Computer immer den bestmöglichen Zug, bei der zweiten wählte der Computer solche Züge aus, die keine große Distanz zwischen dem Spielstand des Schülers und dem des Computers aufkommen ließen.

Ferner konnte der Spieler verschiedene Hinweise erhalten. Der MÖGLICH-Hinweis bestand daraus, dass der Spieler das entsprechende Feld anklickte und die gewünschte Zahl eingab. Der Computer gab dann darüber Auskunft, ob durch die Verknüpfung der jeweils angegebenen Zahlen diese Zahl im Rahmen der vorgegebenen Regeln zu erhalten war, z. B. bei den Zahlen 3, 3, 4 die Zahl 4. Die FORM-Hilfe ging insofern noch etwas weiter, als sie die Struktur der Verknüpfung angab, die zum optimalen Zug führte. Der Schüler hatte dann noch über die optimale Einfügung der Zahlen in diese Form zu entscheiden, z. B. bei „(__ + __) x __."

Am Ende eines jeden Spiels bekam der Spieler eine Zusammenfassung seiner Leistung zu sehen, und zwar die Anzahl der Züge, Anzahl der richtig gelösten Aufgaben, die Anzahl der falsch gelösten Aufgaben, zusammen mit Erklärungen und richtigen Lösungen, und wie oft er die Sonderregeln genutzt hatten.

Die *Wahlmöglichkeiten* bezog sich bei der Fantasieversion „Space Quest" auf die Auswahl des Raumschifftyps (Icons für Shuttle, Rakete, Sternschiff oder Weltraumfahrrad) sowie auf das eigene Bestimmen des Raumschiffnamens.

Die *Personalisierung* bestand darin, dass der Schüler mit Namen angesprochen wurde. Seinen Namen konnte er immer auf dem Spielfeld lesen (Christians' Zug). Schon in der Einführung wurde dann von Commander Christian gesprochen, gute Züge wurden namentlich kommentiert (gelobt), z. B. wenn der Schüler eine Raumstation erreicht hatte und zehn Züge weiter gehen konnte oder wenn er auf das Eintrittsfeld für den intergalaktischen Tunnel gelangte. (Positive Rückmeldungen wurden auch im Mathe-Spiel gegeben, allerdings ohne Namen). Auch die Namen von Freunden wurden eingebaut.

Ergebnisse

Beliebtheit des Spiels: Fragen zur *Beliebtheit des Spiels* ergaben, dass vom Kontext, von der Personalisierung, und den Wahlmöglichkeiten deutliche Wirkungen ausgingen, Wechselwirkungen konnten nicht festgestellt werden. Die Variationsbreite der intrinsischen Motivation in den verschiedenen Bedingungen wurde durch Fragen mit sieben Antwortalternativen erfasst: Antwort (1) entsprach *„mag ich überhaupt nicht"*, Antwort (7) entsprach *„sehr, sehr gerne"*. In der Kontrollgruppe (reines Mathespiel) ergab sich ein Durchschnittswert von 3,97, was so viel bedeutet wie „mag ich etwas"; in Bedingung V(Fantasiebedingung plus Personalisierung plus Mitentscheidung) wurde ein Durchschnittswert von 6,5 erzielt („mag ich sehr gerne"). Ähnliche Ergebnisse zeigten sich auch bei anderen Messungen der intrinsischen Motivation der Schüler.

Bei den *Werten, die während des Spiels erhoben wurden* wie „durchschnittliche Anzahl von Feldern während eines Zuges", Häufigkeit der Verwendung von Hinweisen", „Prozentsatz, in dem die schwierigere Version des Spiels gewählt wurde" usw., ergab sich Folgendes: Vor allem fällt auf, dass in der Fantasie-Version weit häufiger die schwierigere Spielversion gewählt wurde! Ferner zeigte sich eine stärkere Vorliebe für komplexe Operationen und für eine strategische Spielweise unter der Fantasiebedingung.

Lernergebnisse: Dazu wurde ein Test mit 20 Aufgaben durchgeführt (s. Tabelle 17).

Tab. 17: Lernergebnisse im Posttest (Mittelwerte und Standardabweichungen)

Bedingungen	Arithmetische Mittelwerte	Standard-abweichungen
Kontrollgruppe: Keine Fantasieeinbettung des Computerspiels, keine Wahlmöglichkeiten, keine Personalisierung	9,21	1,71
Fantasieeinbettung *ohne* Wahlmöglichkeiten und *ohne* persönliche Ansprache	10,36	2,09
Fantasieeinbettung *mit* Wahlmöglichkeiten und *ohne* persönliche Ansprache	10,64	2,53
Fantasieeinbettung *ohne* Wahlmöglichkeiten und *mit* persönlicher Ansprache	12,79	2,08
Fantasieeinbettung *mit* Wahlmöglichkeiten und *mit* persönlicher Ansprache	14,36	2,30
*** Der Test zur Reihenfolge der Operationen bestand aus 20 Aufgaben; die maximale Punktzahl betrug 20.**		

Alle Haupteffekte waren hochsignifikant[86], wobei die Auswirkung der Personalisierung stärker war als die Auswirkung der Wahlmöglichkeiten. Auffallend ist, dass vom Mathespiel zur reinen Fantasiebedingung nur etwa *ein* Punkt hinzukommt, vom Mathespiel (Kontrollgruppe) zur Bedingung V (Kontext + Wahlmöglichkeiten (Ja) + Personalisierung (Ja) *fünf* Punkte! Dies macht deutlich, dass durch die anderen beiden Bedingungen das Spiel noch viel interessanter gestaltet werden konnte.

Interpretation: In einigen früheren Studien zeigte sich kein Effekt der Wahlmöglichkeiten; dies wird darauf zurückgeführt, dass in diesen Studien nur eine Sache zu entscheiden war, während in Studien, in denen sich Effekte zeigten, mehrere Wahlentscheidungen zu treffen waren.

Beide Variablen, Personalisierung und Wahlmöglichkeiten, sind Manipulationen mit dem Ziel, die Selbst-Bedeutsamkeit der Aktivität zu erhöhen. Sie wirken auf diese Weise durch die Art der Aktivität selbst, kontrastiert zu Strategien, die eine Steigerung des Bedeutungsgehalts über die Bedrohung der Selbstachtung erreichen.

Die demonstrierten erheblichen Wirkungen sind deshalb besonders ernst zu nehmen, weil der Kern des mathematischen Spiels gar nicht verändert wurde: Alle diese Variationen bezogen sich nur auf die Art der Präsentation der gleichen mathematischen Ideen und Aufgaben.

Bei der Interpretation ist natürlich zu berücksichtigen, dass es sich um Schüler der vierten und fünften Klasse handelt. Es bleibt fraglich, inwieweit die Ergebnisse auf ältere Schüler oder auf Erwachsene übertragbar sind. Da aber bei den Wahlmöglichkeiten nur relativ unwichtige Dinge zu entscheiden waren, ist anzunehmen, dass bei Entscheidungen über wichtigere Fragen noch deutlichere Effekte auftreten.

Für das Lernen am Computer scheint ein Prinzip wichtig zu sein, das von Malone und Lepper (1983) formuliert wurde. Danach ist zwischen Aktivitäten, die zum Erlernen des Materials erforderlich sind, und Aktivitäten, die erforderlich sind, um Spaß zu haben, zu unterscheiden.

[86] Hochsignifikant bedeutet, dass die Ergebnisse allein per Zufall sehr selten auftreten würden. Die Effektstärke zwischen Kontrollgruppe und der Gruppe „Fantasieeinbettung" mit Personalisierung und Wahlmöglichkeiten beträgt d= 2,2.

Wenn diese Aktivitäten identisch sind oder sich gegenseitig verstärken, dann sind positive Lerneffekte zu erwarten. Schließen sie sich gegenseitig aus oder konkurrieren sie miteinander, dann sind eher negative Effekte zu erwarten. Man kann z. B. den Zusammenhang zwischen dem Ziel, das Spiel zu gewinnen und dem Ziel, die erforderlichen mathematischen Kenntnisse zu erlernen, miteinander vergleichen. Am besten sollten sich diese gegenseitig unterstützen; dies ist hier gegeben, weil der Schüler möglichst gute Kenntnisse benötigt, um das Spiel zu gewinnen. Anders ist es, wenn beide Ziele völlig unabhängig voneinander sind oder die Spaßkomponente des Spiels sogar vom Erlernen der gewünschten Fähigkeiten ablenkt.

(4) Personalisierung und Konkretisierung

Textaufgaben im Mathematikunterricht (Anand & Ross 1987)

Man wird nun sicherlich im Unterricht nicht ständig Inhalte in Fantasiekontexte einbetten können. Auch gibt es an unseren Schulen längst nicht genügend Computer, um Schüler spielerisch mathematische Probleme lösen zu lassen. Auch den Wahlmöglichkeiten und der Personalisierung der Aufgabenstellung sind enge Grenzen gesetzt. Man kann sich deshalb fragen, welche konkreten Möglichkeiten die neuere Instruktionsforschung bereithält, mit denen der Lehrer unter normalen Schulbedingungen seine Schüler besser motivieren kann.

In der Zeit ab dem dritten Schuljahr, in der die Motivation der meisten Schüler abnimmt, werden auch die Lehrer angehalten, stärker zwischen den Schülern nach den erreichten Leistungen zu differenzieren. In der BRD äußert sich das darin, dass ab dem dritten Schuljahr meist keine Berichtszeugnisse mehr, sondern Ziffernzeugnisse zu schreiben sind. Hierdurch tritt immer stärker der soziale Vergleich in den Vordergrund: Bestimmte Schüler, die schon mit sehr guten Voraussetzungen in die Schule kamen, halten immer noch ihre guten Leistungen, Schüler mit schlechteren Voraussetzungen bekommen nun immer deutlicher zu spüren, dass sie diese unterschiedlichen Startchancen durch Anstrengungen nur teilweise ausgleichen können.

In dieser Situation wird es umso wichtiger, die Schüler nicht durch unsinnige Anforderungen zu belasten. Solche Belastungen können mit der Art der Erklärungen sowie mit der Übungsstrukturierung zusammenhängen. Ein weiterer wichtiger Punkt hängt mit der Art der Aufgabenformulierung zusammen. Wie schon am Beispiel des Experiments von Moreno & Mayer (2000) verdeutlicht wurde, hängt der Zugang zum Erfahrungswissen der Schüler stark von der Art der verwendeten Sprache ab. Deshalb wäre zu erwarten, dass z. B. in Mathematik Aufgaben, die den Schülern eine Verknüpfung zu ihrer eigenen Lebenswelt erleichtern, besser geeignet sind, als abstrakt formulierte Textaufgaben. Wie solche Aufgaben für Schüler der 5. und 6. Klassenstufe zu gestalten sind, wurde genauer in einem Experiment von Anand und Ross (1987) untersucht.

Ausgangssituation: Schüler haben in Mathematik häufig Schwierigkeiten mit Textaufgaben. Diese Schwierigkeiten haben weniger mit den Rechenschwierigkeiten der Schüler als mit Schwierigkeiten, den Text zu verstehen, zu tun. Gute Lesefähigkeit und Erfahrungen mit den verwendeten Aufgabenstrukturen können das Lösen der Aufgaben erleichtern. Im Mathematikunterricht behindern abstrakte Kontexte (z. B. die Verwendung symbolischer Variablennamen wie X und Y), unrealistische Kontexte (z. B. ein übertriebenes Science Fiction-Thema) oder hochtechnische Kontexte (z. B. mit komplexen physikalischen Prinzipien) das Erlernen, weil solche Kontexte vom Schüler die Übertragung wenig vertrauter Wörter und Problemanwendungen in seine kognitive Struktur erfordern, und diese Kontexte wenig Beziehung zu den Lebenserfahrungen der Schüler haben.

Die Untersuchung von Anand & Ross (1987) geht von der Annahme aus, dass die Einbindung mathematischer Regeln in vertraute und sinnvolle Kontexte Lernen erleichtert. Es ging in dieser Untersuchung zum computerunterstützten Unterricht vor allem um zwei Punkte: (1) die Wirkung der Personalisierung des Kontextes, wenn jeder Schüler eine eigens auf ihn zugeschnittene und personalisierte Präsentation bekommt, (2) die Wirkung der Berücksichtigung der Interessen und Hobbies der Kinder bei der Formulierung der Aufgaben. Ferner sollte geprüft werden, ob Ergebnisse früherer Untersuchungen auch bei Grundschülern der 5. und 6. Klassenstufe gelten.

Diese Überlegungen wurden anhand einer Einheit zur Division von Brüchen, und zwar Teilung einer ganzen Zahl durch einen Bruch, untersucht. Die der Universität angeschlossene Schule verwendete ein individualisiertes Lernsystem, in dem Schüler der 5. und 6. Klasse gemeinsam in Kursen unterrichtet wurden. Zur Lösung wurden vier Schritte vorgeschlagen:

- Identifiziere zuerst Dividend und Divisor.
- Schreibe dann die ganze Zahl als Bruch.
- **Bilde danach den Kehrwert vom Divisor.**
- **Multipliziere dann den Dividenden mit dem Kehrwert des Divisors, um das Ergebnis zu erhalten.**

Diese Schritte wurden dann auf vier Aufgaben angewendet. Die Lektion wurde schriftlich über den Computer vermittelt.

Die drei verschiedenen Bedingungen für das Formulieren der Textaufgaben werden durch Beispiele im Kasten erläutert.

Abstrakte Textaufgabe:

Hier sind drei Gegenstände. Jeder wird halbiert. Wie viele Stücke erhält man insgesamt?

Textaufgabe mit konkretem Kontext:

Billy hatte drei Zuckerstangen. Er teilte jede in zwei Teile. Wie viele Zuckerstangenstücke hat Billy dadurch erhalten?

Personalisierte Textaufgabe:

Josephs Lehrerin, Frau Wilhelm, überraschte ihn am 15. Dezember, indem sie Joseph drei 'Hershey Bars' schenkte. Joseph halbierte jeden von ihnen, sodass er das Geburtstagsgeschenk mit seinen Freunden teilen konnte. Wie viele Stücke Hershey Bars hatte nun Joseph für sich und seine Freunde?

Die personalisierten Versionen benötigten 2,5mal mehr Wörter als die abstrakte Textaufgabe und doppelt so viele Wörter wie die konkretisierte Textaufgabe.

Ergebnisse

Die folgende Tabelle zeigt die Behandlungsmittelwerte und Standardabweichungen der verschiedenen Gruppen in den Nachtestmessungen.

Tab. 18: Leistungsunterschiede bei Behandlungen mit verschiedenen Aufgabentypen

	Behandlungsgruppen				
Untertests	**Kontroll-gruppe**	**Abstrakt**	**Konkret**	**Personalisiert und konkret**	**Alle Gruppen**
Kontext (6 Aufgaben)					
M	0,29	1,38	2,38	4,00	2,01
SD	0,62	1,71	2,16	1,88	2,16
Transfer (3 Aufgaben)					
M	0,13	0,33	0,42	0,75	0,41
SD	0,34	0,56	0,72	0,74	0,61
Erkennen („recognition", 2 Aufgaben)					
M	0,70	0,50	0,79	1,21	0,81
SD	0,75	0,66	0,78	0,59	0,73
Gesamt (11 Aufgaben)					
M	1,12	2,28	3,58	5,95	3,21
SD	0,85	2,16	2,76	2,49	2,19

Anmerkung: n=24 in jeder Gruppe; M=arithmetischer Mittelwert; SD=Standardabweichung

Die Behandlungsgruppen unterschieden sich nicht in der durchschnittlichen Lernzeit von etwa 19 Minuten. Es zeigt sich ein sehr deutlicher positiver Effekt der Personalisierung. So ergibt sich beim Gesamttest, dass in der Lernbedingung „abstrakte Formulierung" die Schüler im Mittel 2,3 Aufgaben lösen konnten, bei konkreter Formulierung waren es schon 3,6 Aufgaben und bei der zusätzlich noch personalisierten Formulierung waren es 6 Aufgaben. Obwohl die Schüler also in der personalisierten Bedingung in der gleichen Lesezeit das 2,5-fache lesen mussten, lernten sie dennoch erheblich mehr! Übrigens profitierten besonders schwächere Schüler von der personalisierten Version.

Eine Funktion personalisierter Aufgaben besteht darin, dass die Regelanwendungen im Gedächtnis mit bedeutungsvollen, integrierten Ideen verknüpft werden. Diese Funktion erleichtert das Verstehen der Logik der einzelnen Schritte (z. B. identifiziere zuerst Dividend und Divisor …) in einer Weise, wie dies in einer realistischen Problemlösungssituation gebraucht wird.

Die Studie zeigt in eindrucksvoller Weise, dass die Anpassung des Problem-Kontexts an die Lebenswelt der Schüler eine effektive Möglichkeit zur Reduktion von Verständnisschwierigkeiten darstellt. Es scheint ein schlechter Rat zu sein, möglichst wenig mit sprachlichen Mitteln zu arbeiten. Wenn ein Lehrer es versteht, Schülern verständlich formulierte, sprachlich längere Aufgaben zu stellen, die einen Anwendungsbezug haben, der für die Schüler interessant und geläufig ist, dann erreicht er damit viel mehr, als wenn er überwiegend „nackte" und abstrakte Aufgaben stellt. Die Ergebnisse dieses Experiments passen somit gut zu den Ergebnissen der

Untersuchungen von Moreno & Mayer (2000) über die Wirkung einer personalisierten Sprache auf das Lernen abstrakter Inhalte (vgl. S. 135–140).[87]

(5) Kurzfristig erreichbare konkrete Lernziele

Wir haben uns einmal wieder zuviel vorgenommen: Eine Hausarbeit und zwei Referate stehen noch auf dem Programm, Literaturarbeiten zur Vorbereitung der Examensarbeit sind noch zu erledigen. Nun schieben wir den Berg von Aufgaben vor uns her, und der Gedanke an all das, was noch zu erledigen ist, bereitet uns Magengrimmen. In derartigen Situationen können wir in folgender Weise reagieren:

- Wir listen alle Aufgaben auf und nehmen uns vor, diese in den verbleibenden 5 Wochen zu bearbeiten.
- Wir formulieren einen Arbeitsplan, in dem wir grob angeben, was wir in der ersten Woche, der zweiten Woche, der dritten Woche usw. machen wollen.
- Wir formulieren einen detaillierten Arbeitsplan, in dem wir für jeden Tag festlegen, was und wie viel gearbeitet werden soll.

Erfolgreiches und effektives Arbeiten hängt in großem Umfang davon ab, wie wir solche Aufgaben für uns festlegen. Dabei können wir uns (1) hohe oder niedrige Standards setzen, (2) diese Standards können sehr konkret und präzise oder vage formuliert sein und (3) sie können sich auf einen kurzen Zeitraum oder auf längere Zeiträume beziehen. Wie wichtig solche Überlegungen auch für die Schule sind, zeigt ein berühmtes Experiment von Bandura & Schunk (1981), auf das ich im Folgenden eingehen möchte.

Zentrale Hypothese dieser Untersuchung war, dass eine hohe Leistung und eine hohe Motivation am ehesten zu erreichen ist, wenn sich Schüler kurzfristig erreichbare Lernziele setzen.

Hinter dieser Hypothese steht folgende Überlegung: Wenn ich mir ein Ziel setze, das z. B. innerhalb einer Stunde erreichbar ist, und dann dieses Ziel erreiche, dann bin ich mit mir zufrieden und werte das Ergebnis meiner Bemühungen als Erfolg. Ganz anders reagiere ich dagegen, wenn ich mir für die kommende Woche, den kommenden Monat oder das kommende Semester grobe Ziele setze. Wenn ich dann bestimmte Leistungen erbracht habe, dann stehe ich immer noch vor einem Berg von Aufgaben und bin entsprechend unzufrieden mit mir. Wichtig ist somit, dass eine Person es schafft, ihre Fernziele in leicht erreichbare Unterziele zu gliedern, deren Erreichen der Person dann zeigt, dass sie auf dem besten Weg ist, die anspruchvollen, in der ferneren Zukunft liegenden Ziele ebenfalls zu erreichen.[88]

Zum Versuch

Die Schüler sollten das Verfahren der schriftlichen Subtraktion lernen. Die Fähigkeit zum schriftlichen Subtrahieren wurde in sieben verschiedene Teilfertigkeiten untergliedert, und für jede dieser Teilfertigkeiten wurde eine schriftliche Lektion ausgearbeitet. Das Material eignete sich zum Selbststudium. In jeder Lektion wurde zunächst die fragliche Teiloperation erklärt und danach jeweils anhand von zwei Beispielen erläutert. Die nachfolgenden sechs Seiten enthielten dann Aufgaben zu dieser Operation. Voruntersuchungen hatten ergeben, dass die Aufgaben

[87] Beim Schulbuchvergleich hatten wir festgestellt, dass in den asiatischen Schulbüchern der Anteil von Textaufgaben höher ist. Möglicherweise ist auch dies ein Grund für den Lernerfolg der asiatischen Schüler.

[88] Man kann sich z. B. vornehmen, jeden Tag eine Seite zu schreiben, dann hat man in zwei Wochen ein Referat ausgearbeitet, in einem Jahr ein Buch …

einer Lektion bei konzentriertem Arbeiten von diesen Kindern in 25 Minuten gelöst werden konnten.

Die Kinder wurden an Einzeltische gesetzt, sodass sie unabhängig voneinander arbeiteten, die Arbeitsmaterialien wurden ihnen ausgehändigt und es wurde ihnen gesagt, dass sie an diesen Arbeitsmaterialien sieben 30 minütige Sitzungen arbeiten konnten.

Der Versuchsleiter ging immer die erste Seite einer Lektion mit jedem Kind durch, indem er diese dem Kind vorlas. Den Kindern wurde gesagt, dass sie immer, wenn sie eine neue Lektion beginnen wollten, zum Versuchsleiter gehen sollten, damit er ihnen diesen Abschnitt vorlesen konnte. Danach sollten sie sich an die Lösung der Übungsaufgaben machen.

Stichprobe: Für die Untersuchung wurden 40 Kinder im Alter von 7,3 – 10,1 Jahren ausgewählt (Mittleres Alter war 8,4 Jahre), davon 21 Jungen und 19 Mädchen. Diese Kinder wurden durch Lehrer aus sechs Klassen ausgewählt. Kriterium war, alle Schüler sollten erhebliche Rechenschwierigkeiten haben.

Versuchsplan: Es gab drei verschiedene „Behandlungen“:

- *Nahzielgruppe (Proximal Goals):* Hier schlug der Versuchsleiter den Kindern vor, sich für jede Sitzung 6 Seiten Übungsaufgaben vorzunehmen. Dieser Vorschlag wurde zu Beginn der ersten und der zweiten Sitzung gemacht. In den folgenden Sitzungen wurde nicht mehr daran erinnert.
- *Fernzielgruppe (Distal Goals):* Hier wies der Versuchsleiter die Kinder darauf hin, sie sollten sich vornehmen, alle 42 Seiten mit insgesamt 258 Übungsaufgaben bis zum Ende der siebten Sitzung zu lösen. Diese Hinweise des Versuchsleiters wurden als Vorschläge, nicht als Vorschriften unterbreitet, damit die Kinder auch das Gefühl haben konnten, dass sie sich selbst ihre Ziele setzten.
- *Kontrollgruppe 1:* In einer dritten Gruppe wurden den Kindern keine Ziele vorgeschlagen. Es wurde ihnen gesagt, sie sollten so viele Seiten schaffen, wie sie konnten.
- *Kontrollgruppe 2:* Eine vierte Gruppe hatte alle Messungen über sich ergehen zu lassen, bekam aber keine Behandlung (keine Zielanweisung und kein Training im Lösen von Subtraktionsaufgaben).

Messungen

- Es wurde ein Leistungstest mit 25 Aufgaben eingesetzt, wobei 8 Aufgaben der Schwierigkeit nach den Trainingsaufgaben entsprachen, 17 Aufgaben erforderten etwas komplexere Anwendungen.
- Ferner wurde ein Test zur Erfassung des Gefühls der Selbstwirksamkeit und
- ein Test zur Höhe der intrinsischen Motivation durchgeführt.

Um die Stärke des Gefühls der Selbstwirksamkeit zu erfassen, ging man folgendermaßen vor: Der Versuchsleiter stellte sich zunächst in verschiedenen Entfernungen zum Kind auf fragte, wie sicher es sei, diese Entfernungen im Weitspringen bewältigen zu können. Sie sollten die Gewissheit, mit der sie die vorgegebenen Weiten springen konnten, jeweils auf einer Messskala von 100 Punkten angeben. Zur Messung des Gefühls der Stärke mathematischer Selbstwirksamkeit wurde diese Weitsprungsituation dann auf die mathematische Fähigkeit übertragen: Den Kindern wurden nacheinander jeweils für zwei Sekunden auf Karten Subtraktionsprobleme gezeigt, und sie sollten jeweils auf einer 100 Punkte-Skala angeben, mit welcher Sicherheit sie diese lösen konnten.

Das Interesse am Lösen solcher mathematischer Aufgaben wurde nach Beendigung der Behandlung erfasst, indem den Kindern zwei neue Stapel von 10 Aufgabenseiten gezeigt wurden. Der Versuchsleiter erklärte, dass er eine andere Aufgabe für die Kinder hätte, die sie ausführen sollten. Ein Stapel enthielt 60 neue Subtraktionsaufgaben unterschiedlicher Schwierigkeit, der andere Stapel enthielt Aufgaben zu Ziffern-Symbolzuordnungen aus dem Wechsler-Intelligenztest für Kinder. Den Kindern wurde freigestellt, an welchen Aufgaben sie dann in den folgenden 25 Minuten arbeiten wollten. Die Anzahl der Subtraktionsaufgaben, welche die Kinder in dieser Zeit dann freiwillig lösten, wurde als Maß für die intrinsische Motivation genommen.

Der Testleiter wusste bei der Durchführung der Messungen nicht, zu welcher Gruppe ein Kind gehörte.

Ergebnisse

Die Ergebnisse waren sehr deutlich: Beim Leistungstest[89] mit 25 Aufgaben zur schriftlichen Subtraktion lösten die Kinder der Nahzielgruppe über 80 % der Aufgaben, verglichen mit etwa 50 % in der Fernzielgruppe und der Gruppe ohne irgendeine Zielvorgabe. Die Kontrollgruppe (vierte Gruppe) löste weniger als 10 % der Aufgaben. In der experimentellen Unterrichtsforschung kommen solche starken Effekte äußerst selten vor.

Ähnlich deutliche Ergebnisse fand man auch in Bezug auf die Stärke der Selbstwirksamkeit der Kinder in den verschiedenen Gruppen. In der Nahzielgruppe lösten sie im Durchschnitt freiwillig etwa 14 Aufgaben, verglichen mit weniger als zwei Aufgaben in der Fernzielgruppe.

In den ersten vier Sitzungen brauchten die Kinder der Nahzielgruppe im Durchschnitt pro Sitzung 21 Minuten, verglichen mit 29 Minuten (Fernzielgruppe) und 30 Minuten (Keine Zielangabe). Trotz kürzerer Bearbeitungszeit hatte die Nahzielgruppe schon 74 % der gesamten Aufgaben bearbeitet, die Fernzielgruppe 55 % und die Gruppe ohne Zielangabe 53 %.

Diskussion

Die Autoren interessiert vor allem, wie Kinder mit Schwierigkeiten in einem Bereich durch Setzen von erreichbaren Nahzielen motiviert werden können. Sie üben damit Kritik an Forschungen, in denen gezeigt wird, dass bei Kindern unter ganz speziellen Bedingungen eine vorhandene intrinsische Motivation durch Vergabe von Belohnungen vermindert werden kann: Bei Kindern, die intrinsisch hoch motiviert sind, führt das Versprechen und Vergeben von Belohnungen für die Ausführung dieser interessanten Tätigkeiten zu einer Verminderung der intrinsischen Motivation (vgl. Lepper, Greene & Nisbett 1973). In der Schule dürfte sich in der Regel eher das hier untersuchte Problem stellen: Kinder mit massiven Defiziten in einem Bereich haben keine Lust, sich mit Aufgaben in diesem Bereich zu befassen, weil sie schon viele frustrierende Erfahrungen mit solchen Aufgaben gemacht haben. Für diese Kinder ist es wichtig,

- ein gut aufeinander aufbauendes Programm zu erhalten, in dem die Fertigkeiten ihrer Schwierigkeit nach bearbeitet werden können;
- ferner sollten dann erreichbare Nahziele gesetzt werden. Das Erreichen dieser Nahziele vermittelt den Schülern dann ein Gefühl von Kompetenz.

[89] Die Tests wurden am Ende der vierten Sitzung durchgeführt, um zu vermeiden, dass unterschiedliche Bearbeitungszeiten eine Rolle spielen konnten. Danach konnte auch die Fernzielgruppe das Programm unter der Bedingung „Nahziele" zu Ende bringen, damit alle Teilnehmer vom Programm in ähnlicher Weise profitieren konnten.

Es ist erstaunlich, wie stark sich die Bedingung „Setzen erreichbarer Nahziele“ auf das Leistungsvermögen und das Gefühl der Selbstwirksamkeit auswirkte. Bandura & Schunk schreiben dazu:

> „Die Studienergebnisse bestätigen die allgemeine These, dass Fertigkeiten, die im Rahmen zeitnah erreichbarer Kompetenzstandards eingeübt werden, Interesse an wenig geschätzten Gebieten fördern. Wenn der Lernfortschritt erst an viel später erreichbaren Zielen gemessen wird, können sich ähnliche Leistungen als demotivierend erweisen, weil ein großer Unterschied zwischen der gegenwärtigen Leistung und den in der Zukunft zu erreichenden Standards besteht. Daraus ergibt sich, dass das Interesse sinkt, auch wenn sich Schüler im Prozess die Fertigkeiten aneignen.“

Mittlerweile gibt es eine schwer überschaubare Anzahl empirischer Untersuchungen, in denen die Bedeutung von konkreten, erreichbaren Zielsetzungen für die Leistungssteigerung von Schülern untersucht wird (vgl. Alschuler 1969; Locke & Latham 1990; Pintrich & Schunk 1996; Covington 1998). Schüler werden dabei dazu motiviert, sich in naher Zukunft erreichbare Ziele zu setzen und das Erreichen dieser Ziele zu kontrollieren. Wenn Schüler die Erfahrung machen, dass sie Ziele, die gerade noch für sie erreichbar sind, tatsächlich auch erreichen, entwickeln sie ein Gefühl der Kompetenz und der Selbstwirksamkeit.

Allerdings sind viele Schüler auf die Hilfe von Lehrern beim Setzen dieser Ziele angewiesen. Es ist zu vermeiden, dass Schüler sich zu niedrige Ziele setzen, weil sie dann niemals ihre Möglichkeiten und Grenzen erfahren und sich mit niedrigen Leistungen zufrieden geben. Hingegen führt das Setzen zu hoher Leistungsziele dazu, dass Schüler überwiegend negative Erfahrungen machen. Auch in diesem Fall können sie kein Zutrauen in die eigene Kompetenz entwickeln. Anzustreben sind somit Zielsetzungen des Schülers, die im Bereich der *Zone der nächsten Entwicklung* liegen. Dazu gehören Aufgaben, die für den Schüler gerade noch zu bewältigen sind und die somit für ihn noch eine Herausforderung darstellen. Um sich solche Ziele setzen zu können, müsste der Schüler über Aufgaben, die in der nächsten Zeit auf ihn zukommen, gut informiert sein. Ferner müssten diese Ziele nach Schwierigkeit klar strukturiert sein. Meist ist jedoch weder die eine noch die andere Bedingung erfüllt. An diesem Beispiel zeigt sich, dass eine gute Wissensstrukturierung auch in Bezug auf Lernziele und ihnen zugeordnete Aufgaben eine wesentliche Voraussetzung für eine Verbesserung schulischer Lernbedingungen ist.

Was könnte ein Lehrer tun, um Schüler zu einem verbesserten Zielsetzen zu bringen? Wichtig wäre zunächst, die Schüler zu Beginn einer neuen Unterrichtseinheit über die Ziele und die genaue Gliederung der Inhalte zu informieren. Dazu gehören möglicherweise auch genauere Informationen darüber, wie viel Schüler bisher in vergleichbaren Klassen nach einer bestimmten Zeit gelernt haben und welche Aufgaben von den Schülern danach gekonnt werden sollten. Wenn die Schüler wissen, wie viel Zeit vergleichbare Schüler benötigt haben, um bestimmte Ziele zu erreichen, dann könnte man sich gemeinsam darum bemühen, diese Ziele in etwas kürzerer Zeit zu erreichen. Die Schwierigkeit besteht dann darin, diese groben Fernziele in verbindliche erreichbare Nahziele herunterzubrechen. Dazu kann der Lehrer zu jedem Unterthema eine Reihe von Aufgaben formulieren und versuchen, diese Aufgaben nach Schwierigkeit in eine Rangreihe zu bringen. Hinzu kommt, dass zusätzlich immer eine Reihe von Aufgaben berücksichtigt werden sollten, die sich auf die Wiederholung bestimmter Voraussetzungen sowie auf die Verknüpfung verschiedener Themen beziehen. Pragmatisch könnte man dann in folgender Weise verfahren:

- Man fordert die Schüler auf, genau festzustellen, wie viele Aufgaben einer bestimmten Art sie in einer bestimmten Zeit geschafft haben.
- Außerdem vereinbart man mit ihnen, dass sie sich für den nächsten Tag jeweils etwas mehr vornehmen sollten. Dies kann bedeuten, dass sie sich darum bemühen, eine gleichgroße Anzahl etwas schwierigerer Aufgaben in der gleichen Zeit zu lösen.

Solange es Schulbuchautoren nicht gelingt, für die Fächer solche nach Schwierigkeiten gut strukturierten Aufgabenserien anzubieten, die man dann für solche Trainings zum „Zielsetzen lernen“ einsetzen könnte, ist die Nutzung von Motivationstheorien für die schulische Praxis nur bedingt möglich.

Alschuler (1969) löste dieses Problem auf elegante Weise. Er forderte seine Schüler auf, den genauen Lösungsprozentsatz für das Lösen des Tests, der jeweils am Ende der Woche geschrieben wurde, vorherzusagen. Für die Genauigkeit ihrer Vorhersage wurden die Schüler mit Spielgeld belohnt. **Bei einer deutlichen Über- oder Unterschätzung ihrer Leistung konnten sie Geld verlieren. Diese Bedingung allein führte schon zu einer beträchtlichen Leistungssteigerung.**

(6) Selbst- oder sozialnormbezogenes Feedback zu Leistungen (Shih & Alexander 2000)

Neben der Frage, ob erreichbare Nahziele gesetzt werden, spielt für die Motivierung in der Schule eine wichtige Rolle, welcher Bezugsrahmen für die Bewertung von Leistungen gewählt wird. Man kann hier grob zwischen zwei Möglichkeiten unterscheiden:

- *Die selbstbezogene oder schülerbezogene Bewertung (individuelle Bezugsnormorientierung):* Hierbei wird als Bezugsrahmen die Leistung genommen, die der Schüler früher erreicht hatte. Entscheidend ist für die Leistungsbewertung, ob der Schüler seine Leistungen im Vergleich zu früher verbessert hat.
- *Die normbezogene Bewertung (soziale Bezugsnormorientierung oder auf definierte Leistungen bezogene Bewertung):* Hier wird eine Norm zur Bewertung herangezogen. Als Normen können irgendwelche konkreten Lernziele (z. B. „kann sicher Brüche erweitern und kürzen“) oder ein sozialer Bezugsrahmen („der Schüler liegt im unteren Leistungsdrittel, er hat die drittschlechteste Arbeit geschrieben“, 4−) genommen werden.

In vielen Bundesländern werden in den ersten beiden Klassenstufen der Grundschule Berichtszeugnisse gegeben, in denen konkret angegeben wird, wie gut der Schüler die geforderten kognitiven Lernziele erreicht hat. Auf eine Notengebung wird verzichtet. Der Vergleich mit dem Leistungsstand der anderen Schüler ist hierbei noch nicht besonders wichtig. Dies ändert sich ab der dritten Klassenstufe, da nun Noten vergeben werden, die zunehmend auf einem Vergleich der Leistungen in der Klasse beruhen. Es ist zu vermuten, dass diese Änderung der Bewertungspraxis dazu beiträgt, dass die Motivation der mittleren und der schwächeren Schüler ab der dritten Klassenstufe zunehmend geringer wird. Diese Schüler machen in zunehmendem Maße die Erfahrung, dass sich Anstrengung nicht lohnt, da ein Aufholen der schulischen Defizite, um gute Noten zu erreichen, sehr schwierig ist.

Die Bedeutung unterschiedlicher Bewertungsstrukturen wurde in einem Unterrichtsexperiment in Taiwan überprüft (Shih & Alexander 2000). Versuchspersonen waren 84 Schüler der vierten Klassenstufe (Schüler von drei Klassen), Unterrichtsthema war die *Addition und Subtraktion*

von Brüchen (vier Schulstunden: (1) Addition von Brüchen mit gleichem Nenner, ohne Umgruppierung – 1/7+3/7, (2) ... mit Umgruppierung – 4/5+3/5, (3) Subtraktion von Brüchen mit gleichem Nenner –, ohne Umgruppierung – 7/11–5/11, (4) mit Umgruppierung – $3\frac{1}{3} - 1\frac{2}{3}$. Diese Stunden waren schriftlich so ausgearbeitet und mit konkreten Beispielen erläutert, dass die Schüler nach diesen schriftlichen Materiahen selbst arbeiten konnten. Jedes Packet enthielt etwa 70 Übungsaufgaben.
Im Versuch wurde die Wirkung von zwei Faktoren untersucht: 1. Die Art des Feedbacks über die vorher erzielte Leistung (individuell oder sozialnormbezogen) und 2. die Festlegung eines Ziels für die heutige Sitzung.

- *Individuelles Feedback vs. sozialnormbezogenes Feedback*: Beim individuellen Feedback erhielten die Schüler in der zweiten Sitzung die Information, wie viele Aufgaben sie in der ersten Sitzung richtig gelöst hatten. Beim sozialnormbezogenen Feedback erhielten die Schüler in der zweiten Sitzung darüber Feedback, wie viele Aufgaben Schüler ihres Leistungsquartils gelöst hatten.

- *Zielsetzung JA/NEIN*: Auf der Basis dieses Feedbacks wurden die Schüler dann aufgefordert, für die heutige Sitzung sich ein Ziel zu setzen (bzw. sie wurden nicht dazu aufgefordert)

Tab. 19: Leistungen und Selbstwirksamkeit bei unterschiedlichem Bewertungsrahmen und unterschiedlicher Zielsetzung (Nachtest)

	Zielsetzung JA		Zielsetzung NEIN	
	Feedback		Feedback	
	Individuell	sozialnormbez.	Individuell	sozialnormbez.
Leistung Bruchrechnen				
Mittelwert	55,1	50,2	55,0	47,7
Standardabw.	8,5	9,0	10,0	11,3
Selbstwirksamkeit				
Mittelwert	95,6	91,0	97,2	91,8
Standardabw.	6,2	6,7	4,0	7,9

* Der Leistungstest bestand aus 72 Aufgaben, wobei es sich um Parallelaufgaben zu den vorher bearbeiteten Übungsaufgaben handelte; Werte wurden auf eine Stelle hinter dem Komma gerundet.

Sowohl im Leistungstest als auch beim Test des Gefühls der Selbstwirksamkeit, die ähnlich wie bei Bandura & Schunk (1981) erfasst wurde, ergaben sich deutliche Effekte des Bewertungssystems: Das individuelle Feedback führte sowohl zu signifikant besseren Leistungen als auch zu einem deutlich höheren Gefühl der Selbstwirksamkeit. Dagegen hatte das bloße Zielsetzen zusätzlich keinen bedeutenden Einfluss. Diese Effekte sind recht erstaunlich, wenn man bedenkt, dass sie sich schon aufgrund des Einflusses einer Unterrichtswoche zeigten. Interessant wäre es, den kumulativen Einfluss solcher Feedbackstrukturen über einen erheblich größeren Zeitraum zu erforschen, denn schließlich besuchen Kinder nicht nur eine Woche, sondern 10 Jahre und länger Schulen, in denen sie bestimmten Feedbackbedingungen unterworfen werden.

(7) Ängstlichkeit, Hilflosigkeit und Anstrengungsattribuierung

Auf welche Ursachen führen Kinder Misserfolge zurück, die aufgrund von Tests als hilflos oder die als leistungstüchtig („mastery oriented") eingestuft wurden? Nach Diener und Dweck (1978) erklären 52% der hilflosen Kinder ihre schlechte Leistung mit mangelnder Begabung, verglichen mit 0% der leistungstüchtigen Kinder. Dagegen spielten bei den leistungstüchtigen Kindern sowohl mangelnde Anstrengung (24% zu 3%), fehlendes Glück (21% zu 3%) als auch ein unfairer Versuchsleiter (24% zu 7%) die entscheidende Rolle.

Für die weitere Entwicklung der Kinder hat diese Tendenz der Erklärung von Misserfolgen dramatische Konsequenzen: Wenn ängstlich-hilflose Kinder diese Attribuierungshaltung beibehalten, dann ist es für sie unmöglich, etwas gegen Misserfolge zu unternehmen: Sie starren wie das Kaninchen auf die Schlange, unfähig, durch eigenes Bemühen aus der Misserfolgsspur heraus zu kommen.

Ein solches Verhalten löst bei Personen, die etwas Mitgefühl haben, den unbändigen Wunsch aus, dem ängstlich-hilflosen Kind zu helfen. Diese Hilfe-Reaktionen können dann von den **ängstlich-hilflosen Kindern als nochmalige Bestätigung angesehen werden, dass sie für die Bewältigung der Aufgaben nicht hinreichend begabt sind. Hier entwickelt sich somit ein gefähr**licher Kreislauf, der diese Kindern dazu antreibt, zunehmend solchen das Selbstwertgefühl schädigenden Leistungssituationen aus dem Weg zu gehen.

Doch wie sollte man auf solche Kinder im Unterricht reagieren? Reicht es z. B., bei solchen Kindern erfolgreiche Aufgabenbearbeitungen besonders herauszustellen und zu loben? Oder signalisiert man dadurch dem Kind nur wiederum, dass man es nur für gering begabt hält?

Häufig wird in der Pädagogik von der These ausgegangen, Erfolg und darauf folgende Belohnungen seien der wichtigste Anreiz für weiteres motiviertes Arbeiten. Somit müsste man gerade die Kinder, die Schulangst haben und deshalb Anforderungen in bestimmten Bereichen meiden, vor weiteren Misserfolgserfahrungen schützen. Man vermutet dabei, dass häufige Misserfolgserfahrungen die Schulangst noch verstärken. Dem steht allerdings entgegen, dass man Schüler auch dazu befähigen muss, Misserfolgserfahrungen, denen sie im weiteren Leben ja immer wieder ausgesetzt sind, konstruktiv zu verarbeiten. Dazu müsste man Schüler gezielt Misserfolgserfahrungen aussetzen, um ihnen effektive Wege des Umgangs mit Misserfolgserfahrungen vermitteln zu können. Dazu sind sie nicht in der Lage, wenn das Lernarrangement in der Schule sie vor Misserfolgserfahrungen schützt.

Zu diesem Problem wurde von C. S. Dweck (1975) ein interessantes Experiment mit Schülern durchgeführt. Jeder Schüler nahm dazu an 25 Einzelsitzungen teilt. Alle ausgewählten Schüler reagierten auf Misserfolgserfahrungen mit Vermeidungsverhalten und Verzicht auf weitere Anstrengungen. In diesem Experiment machte die eine Gruppe – die *Nur-Belohnungsgruppe* – im Training durch Auswahl leicht zu lösender Aufgaben *ausschließlich positive Erfahrungen*, indem sie alle Aufgaben löste und dafür durch den Versuchsleiter mit Tokens[90] belohnt wurden. Auf die seltenen Misserfolgsfälle reagierte der Versuchsleiter in dieser Gruppe nur mit dem Hinweis, dass die Lösung falsch sei und ging zur nächsten Aufgabe über. In der anderen Gruppe – *der Attribuierungsgruppe* – wurden in jeder Trainingsserie bei etwa jeder 5. Aufgabenstellung ein Aufgabenpäckchen mit schwierigeren Aufgaben eingebaut, die in der gegebenen Zeit für diese Schüler nicht zu lösen waren. In diesen Fällen sagte der Versuchsleiter: *„Du solltest zwei*

[90] Tokens sind Spielgeld oder Chips. Man kann diese sammeln und später gegen etwas Belohnendes eintauschen.

Aufgaben lösen, hast aber nur eine (oder keine) Aufgabe gelöst. Das bedeutet, du solltest dich mehr anstrengen.“[91] Wichtig ist hier: Für diese Versuchsgruppe dominierten immer noch die positiven Erfahrungen (viermal Erfolg, einmal Misserfolg; bei 20 Aufgabenpäckchen pro Sitzung also 16 Erfolgserfahrungen, verglichen mit 4 Misserfolgserfahrungen).

Das Ergebnis dieses Experiments war sehr deutlich: Wenn man die Schüler der „Erfolgsgruppe“ Misserfolgen aussetzte, dann reagierten sie nach dieser Erfolgstherapie genauso wie vor der Therapie: mit Angst, Vermeidung und gravierender Verschlechterung ihrer Leistung. In der Attribuierungsgruppe reagierten sie auf negative Erfahrungen nicht mehr mit Leistungsverschlechterungen, sondern in der Mehrzahl sogar mit leichten Leistungsverbesserungen. Dweck (1975, S. 683/684) schreibt dazu:

„Die Kinder, die unterrichtet wurden, Fehler auf unzureichende Anstrengung zurück zu führen, waren in der Lage, sich nach Fehlern in der Testsituation anzustrengen. Dass der Misserfolg zu einem Reiz wurde, die Anstrengung zu erhöhen, wird durch das Ergebnis gestützt, dass fünf der sechs Versuchspersonen mit Attribuierungstraining ihre Leistung nach der Misserfolgserfahrung erhöhten …

Entgegen unserer Erwartung zeigten die Versuchspersonen in der „Erfolgsbedingung“ keine konsistente Verbesserung ihrer Reaktion auf Misserfolg …

Jedes Programm für Kinder, die Schwierigkeiten mit dem Umgang mit Misserfolgen haben, ist gut beraten, Misserfolgserfahrungen nicht zu vermeiden, indem nur Erfolge erzielt werden und Fehler nicht beachtet werden. Vielmehr sollte man mit dem Problem direkt umgehen. Das soll nicht heißen, dass man Misserfolge in großem Umfang verwendet oder dass Misserfolge an sich wünschenswert sind, vielmehr benötigt man Misserfolge als Vehikel, damit das Kind lernen kann, mit Fehlern umzugehen.“

(8) Fremdsteuerung oder Selbststeuerung bei leistungsschwachen Schülern

In dieser Studie von Metcalfe, Kornell und Son (2007) wurde das Lernen naturwissenschaftlicher Begriffe durch ein Computerprogramm gesteuert. Probanden waren 14 Schüler der 6. und 7. Klasse aus einer innerstädtischen Schule aus der Süd Bronx, New York.

Das Computerprogramm wendete grundlegende Prinzipien der kognitiven Psychologie an wie z. B.

- *Effekt multimodaler Darbietung:* Erläuterung von Inhalten an verschiedenen Beispielen in verschiedenen Kontexten ist wirksamer als an einem Beispiel.
- *Testeffekt:* Häufiges Testen des gesamten gelernten Inhaltes ist effektiver als bloßes nochmaliges Studieren der Inhalte.
- *Generierungseffekt:* Aktives Generieren ist effizienter als passives Erarbeiten (z. B. nochmaliges Durchlesen).
- *Effekt verteilten Lernens:* Über verschiedene Sitzungen verteiltes Lernen ist effektiver als massiertes Lernen in einer Sitzung.

Zur motivierenden Lernumgebung gehörte auch, dass bei richtigen Antworten der Computer „applaudierte“, während er bei falschen Antworten cool eine sachliche Rückmeldung gab. Nicht gekonnte Wörter wurden häufiger präsentiert als gekonnte Wörter.

[91] Die Feedbackstruktur hatte einen mittelstarken Einfluss (Effektstärke beim Leistungstest 0.52, bei der Selbstwirksamkeit 0,41).

Vorgehensweise: Zunächst wurde eine Definition vorgelegt:

> *Vorfahre – eine Person, von der man abstammt; ein Organismus, aus dem spätere Organismen hervorgingen.*

Es wurden dann drei Sätze präsentiert, die mit den entsprechenden Begriffen zu ergänzen waren:

1. *Das Mammut ist ein* ________________ *des modernen Elefanten.*
2. *Venus weiß, dass ihre* ________________ *von Afrika kamen und war daran interessiert, ihre Wurzeln kennen zu lernen.*
3. *Bob war überrascht, als er erfuhr, dass seine* ________________ *aus Norwegen kamen, denn das bedeutete, dass er teilweise ein Norweger ist.*

Es wurden also mehrere Beispiele gegeben, um eine mehrfache Verankerung des Begriffs zu ermöglichen. **Außerdem mussten die Schüler das Gelernte sofort aktiv anwenden, indem sie den entsprechenden Begriff in die Lücken einzusetzen hatten.**

Verglichen wurden die Ergebnisse dieses Computerprogramms mit einer Bedingung selbstgesteuerten Lernens.

Versuchsdurchführung

Die Durchführung fand im Rahmen eines Nachschulprogramms statt. Wöchentlich wurde eine Sitzung á 35 Minuten durchgeführt. Die Behandlung erstreckte sich über sieben Wochen. Auch für das Selbststudium wurde eine ruhige Arbeitsatmosphäre geschaffen, die Schüler hatten voneinander getrennte Arbeitsplätze, bei Fragen standen mehrere Tutoren zur Verfügung.

Erste Sitzung:

Durchführung eines Vortests. Den Schülern wurden in Zufallsreihenfolge Wörter vorgelegt, um das Vorwissen zu prüfen (xxxxxxxxxxx= ________). Bei Erreichen des Ziels „120 unbekannte Begriffe“ wurde der Pretest beendet.

Sitzung 2–5
- 40 Wörter Computerprogramm (10 neue Wörter pro Sitzung)
- 40 Wörter Selbststudium (selbst weiterlernen)
- 40 Wörter kein Studium

Das Computerprogramm strukturierte den Ablauf in drei Phasen

1. Testen: Alle Begriffe, die bisher schon behandelt wurden, wurden erneut getestet (Definition + eine Anwendung). Bei richtiger Antwort Applaus, sonst Beepton mit Vorgabe der korrekten Antwort.
2. Zehn neue Wörter präsentieren (Definition + eine Anwendung in einem Beispielsatz)
3. Neue Wörter einstudieren: Jeweils Definition: Xxxxx= ________________ und eine Anwendung. Die Schüler sollten das gesuchte Wort eintippen.

Richtige Antwort: Applaus, sonst ein witziger Beepton mit Vorlegen der richtigen Antwort. Dann: Erneut Vorlage der Definition, bis zu viermal. Dann wurde die richtige Antwort gezeigt und ausgesprochen.

Die Definitionen der neuen Wörter wurden mehrfach in unterschiedlicher Reihenfolge behandelt ...

Sitzung 6: Wiederholung aller Wörter
Sitzung 7: Nachtest

Ergebnisse

Es wurde bei gleicher Lernzeit geprüft, wie viel die Schüler bei Computersteuerung und bei Selbststeuerung lernen. Dabei zeigte sich ein dramatischer Unterschied zu Gunsten des Computerprogramms. Bei gleicher Lernzeit wurden bei selbst gesteuertem Lernen nur 10 Prozent der gelernten Inhalte gekonnt, verglichen mit 71 % bei Computersteuerung. Dieser enorme Unterschied ergab sich bei vergleichsweise leistungsschwachen Schülern. In weiteren Experimenten konnte gezeigt werden, dass der positive Effekt des Computerprogramms auch bei leistungsstärkeren Schülern eintritt, allerdings war hier der Unterschied zwischen Computerprogramm und Selbststudium deutlich geringer.

Offensichtlich sind hauptsächlich leistungsschwache Schüler mit der Aufgabe einer Selbststeuerung des Lernens überfordert; aber auch bei Studenten spielt das Problem der *Verständnisillusion,* das ein aktives Erarbeiten und erneutes Rekonstruieren von Inhalten verhindert, immer noch eine wichtige Rolle.

Diskussion

Die Frage der Selbststeuerung spielt bei den offenen Unterrichtsmethoden eine zentrale Rolle. So wird bei Methoden wie *Stationsarbeit* und *Wochenplan* eine Fähigkeit zur Selbststeuerung unterstellt. Dabei macht man sich nicht immer ganz klar, was eine solche Fähigkeit umfassen sollte. In der Regel ist man z. B. bei der *Wochenplanarbeit* zufrieden, wenn der Schüler in der Lage ist, sich die verfügbare Arbeitszeit so einzuteilen, dass er am Ende der Woche alle Aufgaben bearbeitet hat. Da die Reihenfolge der Bearbeitung den Schülern freigestellt ist, werden viele mit den Aufgaben beginnen, die ihnen am meisten Freude bereiten, also mit Aufgaben, in denen sie vergleichsweise gute Leistungen erbringen. Die Aufgaben in den Bereichen, in denen der Schüler die meisten Schwierigkeiten hat, werden dagegen eher aufgeschoben. Dies wird oft dazu führen, dass diese schwierigen Aufgaben von den Schülern gar nicht mehr zufriedenstellend bewältigt werden können. Sie erhalten dafür dann auch überwiegend ein negatives Feedback.

Für das Lernen ist jedoch entscheidend, dass die Schüler die kognitiven Operationen ausführen, die noch nicht fest im Langzeitgedächtnis verankert sind. Um im Bereich der Zone der nächsten Entwicklung arbeiten zu können, muss sich jeder Schüler mit den Aufgaben auseinander setzen, die unter Anleitung des Lehrers bzw. von leistungsstarken Mitschülern gerade noch bewältigt werden können. Wenn der Schüler solche Aufgaben aufschiebt und sie erst am Ende der Woche anfertigt, dann kann er sie auch unter Anleitung nicht mehr erfolgreich bewältigen. Seine Motivation, sich in Zukunft solchen Aufgaben zu widmen, wird durch solche Erfahrungen noch weiter vermindert.

Wenn Schüler selbst bestimmen können, welche Aufgaben zuerst und welche später bearbeitet werden sollen, dann hat dies nicht nur Vorteile (z. B. erhöhte Motivation), sondern auch Nachteile: Da in den Freiarbeitsstunden die Schüler an verschiedenen Aufgaben arbeiten, ist es oft nicht möglich, mehrere Schüler zu einer Gruppe zusammenzufassen und mit ihnen die Bearbeitung ganz bestimmter Aufgaben zu besprechen. Deshalb ist ein engagierter Lehrer zu individuellen Hilfen gezwungen, obwohl er damit in einer Klasse von 25 Schülern heillos überfordert ist (vgl. Wellenreuther 2009b). Weil leistungsstarken Schüler mit dem Wochenplan frühzeitig fertig sind, kann der Lehrer mit ihnen die Aufgaben sorgfältig nachbesprechen. Die schwachen Schüler haben hingegen Schwierigkeiten, die Pflichtaufgaben rechtzeitig fertig zu stellen. Dadurch erhalten sie weniger inhaltliches Feedback und Zuwendung. Dies geschieht vor allem dann, wenn Lehrer sich die Wochenplanaufgaben nur anzusehen, wenn diese insgesamt bearbeitet sind.

7.4 Zusammenfassung: Testen, Argumentieren, Motivieren

Das Klassenmanagement des Lehrers wird durch drei Pfeiler in seiner Wirkung verstärkt: (1) Durch eine adaptive Strukturierung der Inhalte, die durch einen gezielten Testeinsatzes ermöglicht wird, (2) durch einen sachlich-abwägenden fragend-entwickelnden Unterricht, der durch die Modellierung kritisch-abwägenden Denkens auf die Beteiligung an demokratischen Entscheidungsprozessen vorbereitet, und (3) durch verschiedenene konkrete Möglichkeiten, Engagement und Motivation der Schüler im Unterricht zu fördern.

Im *ersten Teil* dieses Kapitels gingen wir von der These aus, dass eine gute Wissensstrukturierung die vielleicht wichtigste Methode zur Motivierung der Schüler darstellt. Das vorherrschende Modell der Leistungsbewertung betont zu stark den Vergleich mit anderen Schülern; schwächere Schüler werden durch vergleichende Leistungsmessungen zunehmend demotiviert, sich weiter anzustrengen, weil ihnen durch das Ergebnis der Leistungsprüfungen signalisiert wird, dass ihre Leistungen nicht ausreichen, auch wenn sie sich angestrengt haben. Deshalb sollten Tests in stärkerem Umfang genutzt werden, um den Kenntnisstand der Schüler besser mit den konkreten Lernangeboten der Schüler zu verbinden. Dies setzt voraus, dass die Bedeutung vergleichender Benotungen von Leistungen zurück gedrängt wird. Tests erhalten dann stärker die Aufgabe, das nachfolgende Lernangebot zu steuern. Dazu werden Leistungsprofile erstellt, die wichtige Hinweise für eine gezielte Förderung der einzelnen Schüler geben. Wichtig sind hier auch viele Methoden, die im Rahmen des „Assessment for Learning" entwickelt wurden (z. B. Wait-Time Technik, Rückmeldung über Verständnisstand durch Karten (rot, gelb, grün), Beteiligung am Prozess der Leistungsbewertung, Verwendung kleiner Tests, Wiederholbarkeit summativer Tests).

Im *zweiten Teil* dieses Kapitels ging es um die Vorstellung verschiedener Formen eines fragend-entwickelnden Unterrichts. Anhand verschiedener Beispiele wird gezeigt, dass es sehr problematische und sehr anspruchsvolle Formen fragend-entwickelnden Unterrichts gibt. Dadurch wird verdeutlicht, dass pauschalisierende Aussagen über *„den"* fragend-entwickelnden Unterricht nicht sinnvoll sind. Ein offener fragend-entwickelnder Unterricht bietet vielfältige Möglichkeiten, die Schüler auf neues Wissen vorzubereiten bzw. das gelernte Wissen weiter zu vertiefen. Dabei spielt das Verwenden herausfordernder tiefer Aufgaben, die Verankerung der Inhalte in der Lebenswelt der Kinder sowie die Personalisierung des Lernens eine wesentliche Rolle. Vor allem aber ist für mich das Modellieren eines sachlich abwägenden Argumentationsstils des Lehrers wichtig, um durch eine solche Strukturierung des Klassengesprächs Schüler auf die Teilnahme an demokratischen Entscheidungsprozessen vorzubereiten. Eine pauschale Ablehnung dieses Potentials eines offenen fragend-entwickelnden Unterrichts ist somit vor allem dann nicht zu rechtfertigen, wenn schulische Bildung zur Mündigkeit erziehen soll.

Zudem gibt es empirische Belege dafür, dass ein qualitativ anspruchsvoller fragend-entwickelnder Unterricht eine wesentliche Möglichkeit darstellt, Schüler für den Unterricht zu motivieren.

Im *dritten Teil* wurden die Ergebnisse zu den Wirkungen verschiedener Motivierungstechniken vorgestellt, wobei insbesondere ihre Bedeutsamkeit und Praktikabilität für den Unterricht diskutiert wurde. Eine These war dabei, dass *Bemühungen der Schüler* um gute Leistungen angemessen beachtet, bewertet und belohnt werden sollten. Zu viel Lob kann unerwünschte negative Effekte haben, während gut dosierter Tadel sehr motivierend wirken kann. Jedenfalls sollte sich der Lehrer darüber im Klaren sein, dass Rückmeldungen nicht nur einen affektiven Wert haben. Der ist häufig nicht einmal der wichtigste. Oft ist die sachliche Information über die konkrete Lösung wichtiger: Wer für schwache Leistungen viel Lob erhält, von dessen Leistungsvermögen kann der Lehrer keine gute Meinung haben.

Die wichtigsten Ergebnisse zu den Motivierungstechniken lassen sich in folgenden Punkten zusammenfassen:

(1) Ein Gefühl der Kompetenz kann in der Schule entwickelt werden, wenn durch die Art des Fragens und Antwortens des Lehrers Schülern Gelegenheiten eingeräumt werden, sich an der Lösung von Problemen aktiv zu beteiligen. Dies erscheint nur möglich, wenn Lehrer Schülern Zeit geben, auch Lösungsbeiträge liefern zu können. Dies verdeutlicht, wie wichtig für Lehrer Kompetenzen eines klassenbezogenen Scaffoldings sind (vgl. Turner, Meyer, Cox, Logan, DiCintio & Thomas 1998).

(2) Im Rahmen eines solchen das Gefühl der Selbstwirksamkeit stärkenden Unterrichts spielt ein Klima eine Rolle, in dem Fehlversuche nicht als Versagen, sondern als notwendige Schritte auf dem Weg zu Kompetenz und Meisterschaft angesehen werden. Fehler und Misserfolge sind hier nicht das Ergebnis mangelnder Begabung, sondern höchstens Ergebnis mangelnder Anstrengung. Misserfolgsängstliche Schüler müssen durch offen geäußerte Attribuierungen des Lehrers lernen, ungenügende Leistungen auf unzureichende Bemühungen zurück zu führen (Dweck 1975).

(3) Klare Vereinbarungen über erwartete Leistungen und damit verknüpfte Belohnungen und Attraktionen spielen eine wichtige Rolle für die Motivierung der Schüler. Wenn klar gelegt ist, dass Belohnungen vom Erreichen bestimmter Mindeststandards abhängig ist, deren Einhaltung kontrolliert wird, kann durch systematische Verknüpfung von Arbeit und Lohn eine deutliche Leistungssteigerung erzielt werden (vgl. Hopkins, Schutte & Garton, 1971, Harris & Sherman 1974).

(4) Man kann eine Erhöhung der Motivation der Schüler durch ein Zusammenstellen von Themen und Aufgaben erreichen, die etwas mit dem Leben der Kinder zu tun haben. Dies zeigt sich z. B. in den Untersuchungen von Cordova & Lepper (1996) sowie von Anand & Ross (1987). Wenn Schüler im Grammatikunterricht Sätze hinsichtlich ihrer Struktur analysieren sollen, um das zuvor behandelte Wissen anwenden zu können, dann ist es motivierender, Sätze aus einer sinnvollen Geschichte zu verwenden statt sinnlos aneinander gereihte Sätze. Es ist mittlerweile für mathematische Aufgaben gut belegt, dass lebensnahe komplexe Aufgaben für Schüler leichter und motivierender sind als nackte, rein abstrakte Aufgaben. Dies braucht allerdings nicht dazu zu führen, dass der Lehrer darauf verzichtet, den abstrakten Kern in schülergemäßer Form herauszuarbeiten. Um flexibel anwendbares Wissen zu erzeugen, muss eine Balance zwischen Abstraktem (Struktur zentraler Ideen) und Konkretem (unterschiedliche Beispiele und Anwendungen) gesucht werden.

(5) Es sollten erreichbare Ziele für jeden Tag konkret formuliert werden. Durch ihr Erreichen können Schüler Vertrauen in die eigene Leistungsfähigkeit gewinnen. Dagegen wirken Ankündigungen, *„in den nächsten zwei Monaten werden wir uns mit dem Thema Bruchrechnung beschäftigen und dabei folgende Themen über 30 Schulbuchseiten behandeln"*, eher entmutigend. Am Ende jeder Woche sollte ein kurzer informeller Test geschrieben werden, damit Lehrer und Schüler prüfen können, ob das Gelernte verfügbar ist und auch wirklich verstanden wurde. (vgl. Bandura & Schunk 1981).

Die von Bandura & Schunk angewendete Methode der Festlegung und Vereinbarung konkreter Nahziele ist m. E. von großer Bedeutung für die Schule, obwohl diese Technik selten gezielt angewendet wird.

Teil IV: Lernarrangements gestalten

Lange Zeit waren die Verhältnisse in der Pädagogik ganz klar: Es gab die Guten und die Bösen. Die Guten vertraten offenen Unterricht, Stationenarbeit, Wochenplan, Freiarbeit und Gruppenunterricht. Sie kämpften für die wahren Interessen der Schüler, setzten sich für Schülerorientierung, Selbständigkeit, Kritikfähigkeit und Kooperationsfähigkeit ein, also für Schlüsselkompetenzen, deren Förderung eine geringere Gewichtung von Grundwissen mehr als ausglich. Wer als progressiv und innovativ gelten wollte, musste für die Übernahme solcher „offener" Methoden kämpfen. Pädagogen, die dem pädagogischen Zeitgeist zu trotzen schienen und einen lehrergeleiteten Unterricht vertraten, wurden als konservativ, altbacken und unwissend diffamiert.

Merkwürdig war: Es fragte kaum einer, welche Wirkungen diese neuen Methoden tatsächlich hatten. Wo waren denn die empirischen Belege für die vielfältigen Hoffnungen, die mit den neuen Methoden verknüpft wurden? Wurden die Schüler tatsächlich kritischer und selbständiger? Lernten sie durch diese Methoden besser, Probleme zu lösen? Und gibt es nicht Situationen, in denen direktes Instruieren vor allem lernschwächeren Schülern die besten Lernchancen gibt? Müsste man nicht differenzieren, also fragen, unter welchen Bedingungen z.B. lehrergeleiteter Unterricht, Stationenarbeit oder Wochenplanarbeit zu günstigen Ergebnissen führt?

F.E. Weinert, ein eingefleischter Empiriker, wies schon 1999 auf die Vorteile direkter Instruktion hin (vgl. Weinert 1999, S. 33):

> „Die zweckmäßigste Lehrstrategie zur Steuerung des systematischen Lernens ist die 'direkte Instruktion'; eine Methode, die fälschlicherweise mit dem zu Recht kritisierten Frontal- oder Paukunterricht verwechselt wird. Das Gegenteil ist der Fall: Direkte Instruktion wird zwar vom Lehrer gesteuert, ist aber schülerzentriert! Der Lehrer legt unter Berücksichtigung der in seiner Klasse verfügbaren Vorkenntnisse die Lernziele fest. Er (oder sie) stellt Fragen unterschiedlicher Schwierigkeit, organisiert, strukturiert, kontrolliert, korrigiert und evaluiert die Lernfortschritte der Schüler beständig und sorgt dafür, dass Fehlinformationen und Wissenslücken vermieden oder schnell beseitigt werden."

In den folgenden Kapiteln sollen Bedingungen und Prozesse identifiziert werden, unter denen Schüler am besten lernen. Dies soll in den kommenden beiden Kapiteln versucht werden.

8. Direkte Instruktion – handlungsorientierter Unterricht – offener Unterricht

Unterrichtsqualität kann unter drei Perspektiven diskutiert werden: (1) Was ist „gute" direkte Instruktion, (2) Was ist guter „handlungsorientierter Unterricht" und (3) was ist „guter" offener Unterricht. Eine solche Darstellung aus drei verschiedenen Blickwinkeln setzt voraus, dass es nicht die einzig seligmachende Unterrichtsmethode gibt.

*Die theoretischen Grundlagen für eine differenzierte Analyse der Unterrichtsmethoden wurden in den letzten Kapiteln gelegt: Um wirksame direkte Instruktion, handlungsorientierten Unterricht und offenen Unterricht planen und durchführen zu können, muss der Lehrer möglichst viel über die erste Aufnahme von Informationen über das Arbeitsgedächtnis und die langfristige Festigung von Inhalten und Fertigkeiten im Langzeitgedächtnis wissen (vgl. Kap. 3 und 4), er muss Techniken der Wissensstrukturierung im Unterricht anwenden können (z.B. verständliches mündliches und schriftliches Erklären, vgl. Kap. 5). Vor allem muss er wissen, wie er die Schüler motivieren kann. **Denn ohne eine Fokussierung der Aufmerksamkeit und ohne die Entwicklung einer Sachmotivation kann ein effektives Lernen in der Schule schwerlich stattfinden** (vgl. Kap. 6 und 7).*

8.0 Einführung: Was ist guter Unterricht?

Für viele Pädagogen ist klar: Wenn sich Lehrer für die richtigen Unterrichtsmethoden entscheiden, dann können sie auch effektiv unterrichten. Wer sich für offenen, innovativen und schülerzentrierten Unterricht entscheidet, fördert dadurch Selbständigkeit und Methodenkompetenz. Lehrerzentrierter Unterricht kann dies nicht leisten. Je weiter man den Anteil des Lehrers am Unterrichtsgespräch und an der Steuerung des Unterrichts eindämmen kann, umso besser. Bei einem fragend-entwickelnden Unterricht ist in jedem Fall der Lehreranteil zu hoch ist (vgl. Abschnitt 5.2). Schließlich sollen Schüler ja lernen, alle Probleme selbständig zu lösen. Deshalb müssen schon in der Grundschule Schüler durch Stations-, Wochenplan- und Freiarbeit *selbstständiges Arbeiten* lernen. Wir benötigen deshalb in der Schule mehr offenen Unterricht.

Dass solche Überzeugungen auch im internationalen Kontext relevant sind, mag folgendes Zitat belegen:

> Eine Botschaft aus Neuseeland
>
> *„Jedes Jahr halte ich Vorträge vor angehenden Lehrpersonen und sehe, dass sie bereits mit dem Mantra »Konstruktivismus ist gut, direkte Instruktion ist schlecht«, indoktriniert sind. Wenn ich ihnen die Ergebnisse dieser Meta-Analysen zeige, sind sie erstaunt und werden oft wütend… Was Kritiker allzu oft mit Direkter Instruktion assoziieren, ist didaktisches, von der Lehrperson geleitetes Sprechen vom Lehrertisch aus."* (Hattie 2013, S. 204)

Die Frage, ob der Lehrer *instruieren* oder ob er Schüler überwiegend Dinge *erkunden* und *entdecken* lassen sollte, begleitet die Pädagogik von Anfang an.[1] Eine Zuspitzung der Diskussion

[1] Erinnert sei hier nur an die Diskussion um die Phasenlehre Herbarts bzw. um den Herbartianismus, an die Unvereinbarkeit der Positionen von Thorndike und Dewey, an den Streit zwischen Bruner und Ausubel, sowie an die Auseinandersetzung zwischen Konstruktionismus, Situationismus und Kognitivismus (vgl. Andersen, Reder & Simon 1996; Greeno 1997, 1998)

auf die Frage, was ist die einzig richtige, gute, lerneffektive und nachhaltig motivierende Unterrichtsmethode, birgt die Gefahr in sich, dass das Kind mit dem Bade ausgeschüttet wird.

Manches deutet darauf hin, dass „Konstruktivisten" und „Kognitivisten" unterschiedliche Phasen des Lehr- Lernprozesses betonen. Kognitivsten fokussieren stärker Prozesse der Wissensaneignung und dabei auftretende Probleme der Überlastung des Arbeitsgedächtnisses, während sich Konstruktivisten mit Wochenplanarbeit, Freiarbeit und Stationslernen stärker auf Prozesse der Einübung, Anwendung und Festigung des neu erworbenen Wissens konzentrieren.

Ein Ende des Streits um die richtige Methode ist nicht in Sicht, weil es lernwirksame und motivierende direkte Instruktion gibt und lähmenden, bornierten Frontalunterricht, lange sich hinziehende, langweilige Stationsarbeit und erfrischende, in Doppelstunden segmentierte Stationsarbeit.

Direkte Instruktion bezieht sich nicht nur auf die Prozesse der Aneignung neuen Wissens, sondern auch auf die Frage der Einübung, Festigung und Anwendung dieses Wissens.

Das folgende Kapitel gliedert sich in folgende Abschnitte:

1. Direkt instruieren bzw. lehrergeleitet unterrichten,
2. Handlungsorientiert unterrichten (Aebli's handlungsorientierter Unterricht, Projektunterricht und Exkursionen),
3. Offen Unterrichten (Wochenplanarbeit, Freiarbeit und Stationsarbeit), und
4. Fördern und differenzieren

8.1 Direkte Instruktion

Lehrer kennen den Stellenwert direkter Instruktion für die Wissensvermittlung – zumindest die meisten Lehrer. Entgegen den Vorschlägen mancher „Theoretiker" praktizieren sie – wenn auch mit ungutem Gefühl – lehrergeleiteten Unterricht.[2] Ein Großteil des inhaltlichen Wissens – nach Hage et al. (1985) mindestens 75 % – wird durch Methoden der direkten Instruktion vermittelt. In 307 der untersuchten 45-Minuten Stunden fanden Roeder und Sang (1991, S. 161) an Berliner Haupt- und Gesamtschulen nur 11 Stunden mit Gruppenunterricht (3,6 %); bei Doppelstunden erhöhte sich dieser Anteil auf 11 %. Direkte Instruktion findet danach in ca. 90 % des Unterrichts statt. Direkte Unterweisung ist somit die am häufigsten verwendete Unterrichtsmethode.

Man kann grob drei Formen lehrergeleiteten Unterrichts unterscheiden:

1. *Frontalunterricht*[3], in dem alle Macht vom Lehrer ausgeht, u. U. bei Störungen mit schlechten Beurteilungen und Noten reagiert wird, und die Verhaltensweisen des Lehrers eine gewisse Willkür aufweisen. Wenn Schüler etwas nicht verstehen, dann ist dies nicht auf

[2] Bei zwei unterschiedlichen Anlässen musste ich die Erfahrung machen, dass sich viele Lehrer (in Schulen und Hochschulen) regelrecht schämen, wenn sie sich zu einem lehrergeleiteten Unterricht bekennen sollen. (1) suchten wir Lehrer vierter Grundschulklassen für einen Vergleich „direktes Instruieren" versus „Stationsarbeit". Während es sehr einfach war, Klassen für die Stationsarbeit zu finden, erwies es sich als äußerst schwierig, drei Lehrer für die Bedingung „direkte Instruktion" zu finden (Hinrichs 2003). (2) In gleicher Weise schwierig war es, für ein Projekt zur Aneignung komplexen Wissens in Mathematik Kooperationspartner zu finden, da ein Modellieren komplexer Ideen durch den Lehrer natürlich nur im Rahmen direkten Instruierens möglich ist.

[3] Pädagogen, die für offenen Unterricht eintreten, sehen häufig nur diese Form des lehrergeleiteten Unterrichts und grenzen sich dann davon ab. Sie sehen nicht, dass es sowohl bornierten Frontalunterricht als auch sehr guten lehrergeleiteten Unterricht gibt.

Unzulänglichkeiten des Erklärens, sondern auf die Dummheit der Schüler zurückzuführen (vgl. dazu die Negativ-Beispiele zum fragend-entwickelnden Unterricht, Abschnitt 7.2).

2. *„Normaler“, lehrergeleiteter Unterricht:* Der Lehrer ist für die Einführung und Erläuterung neuer Inhalte zuständig und orientiert sich dabei am mittleren Schüler. Regeln und Routinen sind in verständlicher Weise eingeführt und ihre Befolgung wird im Sinne der Allgegenwärtigkeit konsequent sanktioniert. Der Lehrer wiederholt Inhalte, gibt inhaltliches Feedback, kontrolliert Hausaufgaben, organisiert Gruppenarbeit.

3. *Direkte Instruktion:* Zusätzlich zu (2) bemüht sich der Lehrer, Schüler entsprechend ihrer erreichten Kompetenz im Rahmen der Zone der nächsten Entwicklung zu fördern bzw. zu fordern. Leistungsstarke Schüler erhalten zusätzliche, herausfordernde Aufgaben, und schwächere Schüler erhalten nach der Einführung neuer Inhalte zusätzliche Hilfen, um Mindestanforderungen erfüllen zu können. Das Lehrerverhalten orientiert sich an dem, was über effektives Unterrichtsverhalten bekannt ist (z.B. ausreichend Lösungsbeispiele geben, mehrfach Dinge an Beispielen erläutern, systematische Wiederholungen wesentlicher Inhalte durchführen, ausführliches, inhaltliches Feedback geben usw.).

Direkte Instruktion wird häufig auch als explizite Instruktion bezeichnet. Unter expliziter Instruktion verstehen z. B. Gersten, Chard, Jayanthi, Baker, Morphy und Flojo (2009, S. 1210) *„(1) Der Lehrer erläutert Schritt für Schritt einen Plan zur Lösung des Problems, (2) dieser Schritt für Schritt Plan sollte spezifisch für die Lösung eines bestimmten Aufgabentyps sein (im Unterschied zu einer allgemeinen Lösungsheuristik) und (3) sollte von den Schülern verlangt werden, dass sie die gleichen Schritte und Vorgehensweisen verwenden, die der Lehrer vorgemacht hat.“*

Im Folgenden soll nur dann von „direkter Instruktion“ gesprochen werden, wenn diese Unterrichtsmethode unser Wissen über wirksam strukturierten Unterricht in den verschiedenen Lernphasen berücksichtigt. Kern eines effektiven lehrergeleiteten Unterrichts ist seine *Adaptivität*: Der Lehrer hat zu prüfen, wo die Schüler stehen und was sie können bzw. was sie noch nicht können, um danach bestimmen zu können, was als Nächstes gelernt werden kann. Von der Phase des Lernens ist abhängig, wie groß der Redeanteil des Lehrers sein sollte.[4] In der ersten Phase ist der Lehreranteil eher hoch; danach wird den Schülern zunehmend eine selbständige Problemlösung zugemutet. Man kann grob folgende Lernphasen unterscheiden:

Aneignung neuen, komplexen Wissens: Wenn die Schüler neue komplexe Inhalte neu erwerben sollen und die schon vorhandenen Schemata für eine erfolgreiche Aufgabenbearbeitung nicht reichen, muss der Lehrer in diese neuen komplexen Inhalte einführen: Er erklärt dabei die grundlegenden Ideen, hält diese an der Tafel fest, erläutert das Lösen von Aufgaben an *mehreren*

[4] Die generelle Empfehlung, nach welcher der *Redeanteil des Lehrers* möglichst gering sein sollte, ist m. E. nicht sinnvoll. Wenn ein komplexes neues Verfahren eingeführt und erklärt wird, dann muss der Redeanteil des Lehrers hoch sein. Erinnert sei in diesem Zusammenhang, dass *erstens* der Redeanteil im japanischen Mathematikunterricht erheblich höher als in Deutschland ist und dass *zweitens* nach der Studie von Evertson, Emmer und Brophy (1980). Lehrer, bei denen Schüler sehr viel und mit Spaß Mathematik lernten, Schüler weniger in Stillarbeit üben ließen (19,07 Minuten pro Unterrichtstunde im Vergleich zu 25,4 Minuten bei weniger erfolgreichen Lehrern), dafür nahmen Sie sich erheblich mehr Zeit zum Erklären, Vorführen, Modellieren und Diskutieren mathematischer Konzepte (15,86 Minuten im Vergleich zu 6,81 Minuten). In offenen Methoden (z. B. Stationsarbeit) werden oft, um den Lehreranteil niedrig zu halten, anstelle der Lehrererklärung schriftliche Erklärungen gegeben. Dieser „Lehrerersatz“ ist m. E. erst in höheren Klassenstufen sinnvoll (vgl. VanLehn et al. 2007).

Lösungsbeispielen, modelliert seine Gedanken beim Lösen von Aufgaben, *visualisiert die wesentlichen Punkte an der Tafel.*

Erste Phase der Anwendung: Wenn die Schüler mit Hilfe solcher „Erklärungen" durch den Lehrer neue Schemata in einer groben Gestalt aufgebaut haben, sollten die Schüler zunehmend selbständig Aufgaben lösen. Dazu hat der Lehrer die Schüler mit Aufgaben zu versorgen, an denen sie ihr neues Wissen erproben und anwenden sowie ihr Verständnis der neuen Methode artikulieren können. Aufgaben sollten von leicht nach schwierig strukturiert sein. Schülern sollten *inhaltliches Feedback* über Stärken und Schwächen beim Lösen der Aufgaben erhalten, um aufgrund des Vergleichs zwischen der eigenen Problemlösung und einer „guten" Problemlösung eine Bewusstheit ihres Kenntnisstands zu erreichen. Diese Bewusstheit ist wiederum Voraussetzung dafür, dass Schüler die inhaltlichen Rückmeldungen zur eigenen Problemlösung sorgfältig studieren. Solche Rückmeldungen sollten übrigens auch häufig vorkommende Fehler diskutieren (vgl. VanLehn et al. 2007).

Phase der Verzahnung und der Automatisierung: In dieser Phase sollen Schüler das gelernte Wissen mit anderen Inhalten verknüpfen und in zunehmend komplexen Situationen anwenden. Wenn die gelernten Techniken und Konzepte nicht immer wieder aufgegriffen, wiederholt und auf einem höheren Niveau vertieft werden, wird mühsam Gelerntes vergessen. Eine befriedigende Kompetenzentwicklung ist ohne wiederholtes und vertieftes Aufgreifen schon gelernter Inhalte im Sinne verteilten und vermischten Lernens nicht möglich. So können schon in der Bruchrechnung einfache Aufgaben der Prozentrechnung behandelt werden, und auch nach der Behandlung der „eigentlichen" Prozentrechnung sollten die gelernten Techniken z. B. in der Zinsrechnung und bei der Diskussion von sinnvollen Prozentuierungen in Kreuztabellen wieder aufgegriffen und vertieft werden.

Der Gegenstand eines solchen lehrergeleiteten Unterrichts ist die ganze Klasse, und nicht der einzelne Schüler. Das Schlagwort von der *„Individualisierung des Unterrichts"* führt in die Irre (vgl. Wellenreuther 2009c). Zur effektiven Förderung sollte der Lehrer Schüler bestimmter Kompetenzstufen in Schülergruppen zusammenfassen, um diese Schüler dann gemeinsam fördern zu können. Bei 25 Schülern einer Klasse bleiben bei strikter Einzelförderung 2 Minuten für den einzelnen Schüler übrig, *eine solche „Individualisierung" erweist sich damit als besonders ineffektive Form der Förderung*[5]. Wenn der Lehrer dagegen sechs leistungsschwächere Schüler als Gruppe zusammenfasst und diesen Hilfen anbietet, dann hätte er bei 2 Minuten pro Schüler für die Förderung dieser sechs Schüler 12 Minuten zur Verfügung. Innerhalb dieser 12 Minuten kann jeder dieser sechs Schüler erheblich mehr lernen als bei zwei Minuten individueller Förderung und 10 Minuten Stillarbeit! Da die leistungsstarken Schüler weniger Hilfen vom Lehrer benötigen, kann der Lehrer sich in der Regel noch erheblich länger um die leistungsschwachen Schüler kümmern.

In ähnlicher Weise wird direkte Instruktion von Helmke & Weinert (1997, S. 136) charakterisiert:

[5] Manche Lehrer meinen, Schüler können nur etwas lernen, wenn sie ihr Wissen selbst konstruieren, indem sie möglichst selbständig Aufgaben lösen. Erklärungen würden nur auf fruchtbaren Boden fallen, wenn sie vom Schüler gewünscht werden. Ich habe Klassen erlebt, in denen Lehrer an ihrem Pult saßen und Schüler fast die ganze Stunde nur noch Aufgaben bearbeiten ließen. In diesen Klassen lernten die Schüler nach meinem Eindruck noch weniger als in Klassen, in denen sich Lehrer bemühten, Schüler individuell zu fördern.

> *„Sie ist zwar – im Gegensatz zu manchen kritischen Einwänden – das Gegenteil eines bornierten Paukunterrichts, doch wird das Lernen der Schüler in der Tat sehr stark durch den Lehrer gesteuert. Er gibt die Ziele vor; zerlegt den Unterrichtsstoff in kleine, überschaubare Einheiten; vermittelt das notwendige Wissen; stellt Fragen unterschiedlicher Schwierigkeit, sodass der einzelne Schüler die richtige Lösung mit großer Wahrscheinlichkeit finden kann; er sorgt für ausreichende Übung; kombiniert in zweckmäßiger Weise Klassen- Gruppen- und Individualarbeit; kontrolliert beständig die Lernfortschritte der einzelnen Kinder und hilft in möglichst unauffälliger Art bei der Vermeidung oder Überwindung von Lernschwierigkeiten.“*

Andere Autoren betonen integrierende, zusammenfassende Ideen, die Schüler in ihre Wissensstruktur aufnehmen sollen (Kameenui & Carnine 1998). Wichtig erscheint vor allem, dass der Lehrer den Lernprozesses von der ersten Aneignung neuen Wissens und neuer Fertigkeiten bis hin zur Verankerung im Langzeitgedächtnis strukturiert.

Direkte Instruktion ist *keine klar umrissene Unterrichtsmethode*. Wie für jede Unterrichtsmethode **gilt auch für die direkte Instruktion: Sie kann aufgrund unseres Wissens über Lehren und Lernen optimiert werden. Für die weitere Diskussion soll direkte Instruktion ein Oberbegriff für** alle Unterrichtsformen sein, in denen der Lehrer

1. direkt das Unterrichtsgeschehen von der ersten Aneignung komplexen Wissens bis hin zum sicheren Beherrschen von Kompetenzen lenkt und kontrolliert, und
2. in denen er die Übermittlung von Informationen, die Strukturierung von Aufgaben dazu sowie die Kontrolle der Aufgabenlösungen selbst im Sinne der Unterrichtsforschung steuert.

Als Kernbild direkter Instruktion kann man sich einen Unterricht vorstellen, in dem der Lehrer vor der Klasse steht, Dinge mit den Schülern entwickelt, erklärt oder wiederholt, Anweisungen zur Arbeitsweise in der Stillarbeitsphase gibt, die Lösungen der Schüler kontrolliert, dazu detailliiert inhaltliche Rückmeldungen gibt, und besondere Schwierigkeiten mit der Klasse diskutiert. Um dafür die erforderliche Aufmerksamkeit der Schüler zu gewinnen, muss der Lehrer nicht nur in der Lage sein, schülergemäße Erklärungen gemeinsam mit den Schülern zu entwickeln. Er muss vor allem auch die Techniken eines effektiven Klassenmanagements und einer effektiven Klassenführung beherrschen.

Direkte Instruktion erstreckt sich über verschiedene Unterrichtsphasen (Einführung, Wiederholung, Anwendung, Vertiefung). In dieser Unterrichtsmethode haben sowohl kurze Vorträge und Erklärungen wie auch Formen kooperativen Lernens einen Platz. So kann in der Phase der Übung und Anwendung in einem solchen Unterricht sowohl Stillarbeit, Partnerarbeit oder Gruppenarbeit durchgeführt werden, wobei der Lehrer die Arbeit der Schüler in dieser Übungsphase genau beobachtet und bei Schwierigkeiten eingreift.

8.1.1 Planung und Durchführung direkter Instruktion in verschiedenen Lernphasen

Direkte Instruktion bezieht sich auf alle Phasen des Lernprozesses, angefangen bei der Aktivierung des Vorwissens, der ersten darauf bezogenen Darstellung der neuen Wissenselemente, der Gestaltung vielfältiger, aufeinander bezogener Übungen bis hin zur Festigung, Konsolidierung und Abgrenzung dieses Wissens von anderen Inhalten. Ziel ist eine flüssige und verständnisorientierte Beherrschung dieses Wissens und der zugehörigen grundlegenden Fertigkeiten (z. B. Lesen, Schreiben, Rechnen).

In idealisierter Form können folgende Elemente direkter Instruktion von der Planung bis zur konkreten Durchführung des Unterrichts unterschieden werden:

Planungsüberlegungen vor Beginn des Unterrichts

1. *Klärung individueller Voraussetzungen,* z. B. des Vorwissens, der Interessen und Ängste: Effektiver Unterricht knüpft an das Vorwissen an und stellt sich die Frage, was als Nächstes gelernt werden kann.
2. *Klärung didaktischer Voraussetzungen,* z. B. der zu vermittelnden Inhalte und ihrer Struktur; dazu gehören auch empirisch validierte Lernzielhierarchien (vgl. Heritage 2008)[6]; Prüfung der Frage, wie diese Inhalte an die vorhandenen Kenntnisse und Motivationen angebunden werden können. Dazu werden Fach- und Schulbücher zu Rate gezogen.

Unterrichtshandeln in einer Unterrichtsstunde

1. Schritt: Wiederholung, Geben von vorstrukturierenden Hinweisen, Verknüpfung von Vorwissen, Vorerfahrungen mit dem neu zu lernenden Inhalt

Anfangs können Wiederholungen, Hausaufgabenkontrollen oder Ähnliches durchgeführt werden. Die Lektion beginnt, indem das Lernziel der Stunde erläutert wird. Dabei wird z. B. durch vorstrukturierende Hinweise (advance Organizer) auf vorhandene Kenntnisse und auf Interessen der Schüler Bezug genommen.

2. Schritt: Präsentation der Inhalte unter Berücksichtigung individueller und didaktischer Voraussetzungen

Neue Inhalte werden durch den Lehrer präsentiert und teilweise zusammen mit den Schülern erarbeitet, neue Begriffe und Ideen von alten abgegrenzt, anhand von Beispielen und Gegenbeispielen werden zentrale Merkmale herausgearbeitet und Fragen dazu gestellt. Dabei wird die Begrenztheit des Arbeitsgedächtnisses bei der Aufnahme und Verarbeitung neuer Informationen berücksichtigt (Verwendung von Lösungsbeispielen und von Visualisierungen mit integriertem Text usw.).

3. Schritt: Anwendung neuen Wissens in verschiedenen Sozialformen (Einzelarbeit, Gruppenarbeit, Partnerarbeit) und Zusammenfassung

Diese Phase kann in folgende Punkte untergliedert werden:

(1) *Stellen von Aufgaben* und kurze Vorbesprechung der erwarteten Leistung.

(2) *Selbständige Bearbeitung* der Aufgaben. Wichtig ist hier eine Strukturierung der Aufgaben von leicht nach schwer. Der Lehrer gibt Schülern unspezifische Hinweise, um ihnen eine selbständige Lösung zu ermöglichen. Leistungsstarke Schüler erhalten zusätzliche, herausfordernde Aufgaben, schwächere Schüler können an einem Tisch mit dem Lehrer die ersten Aufgaben des Arbeitsblatts besprechen.

(3) *Inhaltliches Feedback* zu den Lösungen: Ohne ein inhaltliches Feedback bringt ein Bemühen um die Lösung von Aufgaben Schüler nicht weiter. Dieses Feedback sollte auch die Diskussion von Fehlern und Fehlstrategien umfassen.

(4) *Überarbeitung:* Nach solchen ausführlichen inhaltlichen Rückmeldungen ist eine Überarbeitung der ursprünglichen „Lösungen" sinnvoll (z. B. als Hausaufgabe).

(5) *Zusammenfassung:* Lehrer oder Schüler fassen die wichtigsten Punkte zusammen.

[6] Heritage spricht in diesem Zusammenhang von „Learning Progressions".

Fortführung der Lektion in anderen Unterrichtsstunden

Wiederholung wesentlicher Punkte unter Berücksichtigung der Schwierigkeiten der Schüler

Kurze Wiederholung am Anfang der nächsten Stunde (vgl. Leeming 2002): Der Lehrer erklärt, welcher Teil der gesamten Lektion schon behandelt wurde, was noch zu bearbeiten ist, und was nun als nächstes zu bearbeiten ist. Dann wird mit neuen Inhalten angefangen…

Weitere Wiederholungen: Nach mehreren Sitzungen wird das bisher insgesamt Behandelte wiederholt, wobei diese Aufgabe nicht nur vom Lehrer, sondern auch vom Schüler geleistet werden soll. Auf diese Weise wird eine Verdichtung und Integration des neuen Wissens in die kognitive Struktur unterstützt.

Abschließende Prüfung: Gegen Ende der Lektion wird nochmals eine Sammlung von Aufgaben und Fragestellungen formuliert, die den Schüler zu einer tieferen und verständnisorientierten Wiederholung und Zusammenfassung der vermittelten Inhalte anregen.

Festigung durch weitere Vernetzungen: Bei der Vermittlung der nächsten Lektion (bzw. der nachfolgenden Lektionen) macht der Lehrer immer wieder auf früher behandelte Punkte aufmerksam und ordnet diese in ein überschaubares und für Schüler nachvollziehbares kognitives Netz ein.

Lernen ist ein aktiver und vom Lehrer angeleiteter Informationsverarbeitungsprozess, der sich von der ersten Aneignung über das Arbeitsgedächtnis bis hin zur festen Verankerung im Langzeitgedächtnis erstreckt. In diesem Prozess hat der Lehrer die Besonderheiten unseres Gedächtnissystems zu berücksichtigen:

1. *Begrenztheit der Kapazität des Arbeitsgedächtnisses:* Bei der Einführung neuer Inhalte ist die Informationsaufnahme sehr stark eingeschränkt, entsprechend werden zunächst Beispiele bzw. Lösungsbeispiele analysiert, Visualisierungen erläutert, Wesentliches vormodelliert, und
2. *Verankerung im Langzeitgedächtnis: Es werden* vielfältige, reich miteinander vernetzter Abrufwege angelegt durch vielfältige Übungen, kleine Tests mit anschließendem inhaltlichen Feedback, Wiederholungen, Zusammenfassungen und Abgrenzungen von Ideen.

Nicht nur einzelne Bruchteile, sondern die *Inhalte der gesamten Einheit* sind in ihrem Zusammenhang und ihren inneren Bezügen dem Schüler zu vermitteln. Der Lehrer kann in vielfältiger Weise den Lernstand sowie die persönlichen Erfahrungen und Interessen der Schüler berücksichtigen. Der erreichte Leistungsstand sagt dem Lehrer, ob es sinnvoll ist, neue Inhalte einzuführen oder ob er nochmals wesentliche Punkte erklären soll, ob dazu Übungen zusätzlich angeboten werden müssen usw. Entsprechend schreibt Brophy (1986, S. 1071):

„Die Schülerleistungen sind am höchsten, wenn der Lehrer das Material strukturiert, indem er Übersichten, vorstrukturierende Hinweise, oder einen Überblick über die Ziele der Stunde gibt; indem er die Inhalte erläutert und die Übergänge zwischen verschiedenen Unterrichtsphasen verdeutlicht; indem er die Teile der Sitzung zusammenfasst, während sie entwickelt werden, und indem er die wichtigsten Ideen am Ende der Stunde zusammenfasst."

Das Wichtigste ist, dass sich der Lehrer für den Lernerfolg seiner Schüler verantwortlich fühlt und deshalb aktiv den Unterricht so strukturiert, dass möglichst viele Schüler zu einem inneren Nachvollzug der Inhalte angeregt werden. Der Lehrer geht nicht davon aus, dass Schüler selbst alles entdecken, weil dies aus Zeitgründen nicht realisierbar ist (vgl. dazu Ausubel 1973[7]). Stattdessen vermittelt er selbst die zentralen Inhalte, verdeutlicht Zusammenhänge, provoziert die Schüler durch offene Fragen zum Nachdenken. Im Mittelpunkt stehen zentrale, abstrakte Ideen, die Schüler in die Lage versetzen, die Vielzahl von Einzelinformationen zusammenzufassen, zu gliedern und dafür eine ökonomische Gedächtnisstruktur aufzubauen. *Erst der Aufbau einer solchen gut gegliederten Wissensstruktur im Gedächtnis mit Hilfe aufeinander bezogener Ideen ermöglicht dem Schüler, über diese Strukturen Wissen abzuleiten, zu entfalten und Probleme selbständig zu lösen.*

8.1.2 Empirische Prüfung direkter Instruktion

Durch experimentelle Laborforschung. Hier werden einzelne Faktoren auf ihre Lernwirksamkeit hin überprüft. Einige dieser Experimente beziehen sich auf die Phase der Aneignung komplexen Wissens[8]. Andere Experimente befassen sich mit den Prozessen bei der festen Verankerung des Wissens[9]. In Gutachten und Forschungsübersichten (vgl. Clark, Kirschner & Sweller 2012; Pashler et al. 2007b; Gersten et al. 2009; Dunlosky et al. 2013) werden die Ergebnisse dieser Experimente zusammenfassend diskutiert.

Experimentelle Laborforschung kann belegen, dass die zentralen Aspekte direkter Instruktion hoch lernwirksam sind. Man kann diese Forschungen grob durch die *Interaktionshypothese* zusammenfassen: Danach gelten bei der Einführung neuen Wissens, vor allem wenn dieses komplexer Natur ist, Methoden als lernwirksam, die das Arbeitsgedächtnis nicht überlasten (z. B. Lösungsbeispiele studieren, Visualisierungen mündlich erklären, Texte in Visualisierungen integrieren). Clark, Kirschner und Sweller (2012) charakterisieren diese Phase des Lernens als *„fully guided instruction“*: Sie schreiben:

> „Der Ansatz mit teilweiser Anleitung hat verschiedene Namen erhalten, u. a. entdeckendes Lernen, problembasiertes Lernen, forschendes Lernen, Erfahrungslernen oder konstruktivistisches Lernen. . .Forschungen über das letzte halbe Jahrhundert haben überwältigende und eindeutige empirische Belege geliefert, dass für alle Menschen außer Experten partielle Anleitung während des Unterrichts signifikant weniger effektiv ist als vollständige Anleitung.“ (Clark, Kirschner und Sweller 2012, S. 7)

[7] vgl. dazu http://www.uncwil.edu/people/kozlovm/effective features.html. Kern der Argumentation von Ausubel (1973) ist die These, Entdeckungslernen sei für den Erwerb von Wissen dem Expositionslernen weit unterlegen, was das Verhältnis von Aufwand und Ertrag in der Schule angeht. Dies bedeutet nicht, völlig auf entdeckendes Lernen zu verzichten, nur ist es vermutlich häufig sinnvoller, schon Gelerntes auf neue Bereiche zu übertragen und teilweise dann zu modifizieren, als die Schüler ständig das Rad neu erfinden zu lassen . . . Das wichtigste Argument, das gegen die Verabsolutierung der These, schulisches Lernen müsse vorrangig entdeckendes Lernen sein, spricht, ist jedoch, dass diese These empirisch nicht begründet ist. In den meisten Bereichen und Anwendungen ist Expositionslernen, das am Verständnis der Schüler ansetzt, Medien optimal nutzt, und allgemeine Aussagen durch konkrete Beispiele belegt, dem entdeckenden Lernen weit überlegen (vgl. Neber 1973, Wellenreuther 2011b).

[8] Vgl. Paas und Merrienboer (1994) oder Cooper & Sweller (1987) über das Studieren von Lösungsbeispielen im Vergleich zu frühzeitigem Aufgabenlösen, und die Studien von Tuovinen und Sweller (1989) sowie von Kalyuga, Chandler & Sweller (1998) über die Interaktion zwischen Vorwissen und Studiermethode.

[9] Beispiele wären die Experimente zum Testeffekt (Karpicke & Roediger 2008), zum verteilten Lernen (Rohrer & Taylor 2006), zum vermischten Lernen (vgl. Rohrer & Taylor 2007) oder zur Wirksamkeit von Exkursionen (MacKenzie & White 1982).

Andere Gesichtspunkte gelten, wenn die Schemata im Langzeitgedächtnis nach einer längeren Lernphase (z. B. nach 1 bis 2 Unterrichtsstunden) grob verankert sind. Nun sind verteilte und vermischte Übungen wichtig. Entscheidend für diese Phase ist, dass Schüler selbständig Aufgaben lösen und dazu ihr vorhandenes Wissen *abrufen*. Aktive Abrufprozesse scheinen für nachhaltiges Lernen in dieser Phase von entscheidender Bedeutung zu sein. Man kann dieses Abrufen auch als *„entdeckendes Lernen"* bezeichnen: Wenn Schüler alles, was sie durch Lehrererklärungen, Visualisierungen und Lösungsbeispiele gelernt haben, im Feld (im Moor, im Museum, im Zoo) z. B. anwenden müssen, dann ist dies für die Schüler „entdeckendes Lernen".

M. E. ist dieses Verfahren der experimentellen Prüfung von Kernelementen direkter Instruktion das wichtigste Verfahren der Wirksamkeitsprüfung, da es den Blick auf zentrale Lernprozesse lenkt. Zudem hat diese experimentelle Forschung gegenüber der experimentellen Trainingsforschung zwei Vorteile:

- Das *Implementierungsproblem* im Sinne eines Umtrainierens von Lehrern im Sinne effektiver direkter Instruktion stellt sich nicht.
- **Laborexperimente zu ausgewählten Faktoren sind leichter durchführbar als große, viele Schulklassen umfassende, über einen längeren Zeitraum sich hinziehende Feldexperimente.**[10]

Die bisher zur direkten Instruktion durchgeführten Meta-Analysen bestätigen ihre hohe Lernwirksamkeit, auch wenn in diesen Analysen nicht alle Merkmale gleichzeitig berücksichtigt wurden. Nach Hattie (2013, S. 242 f.) liegt die durchschnittliche Effektstärke von direkter Instruktion bei d=0,59[11]. Allerdings gelingt es nach allem, was wir wissen, nur einem Bruchteil von Lehrern, alle genannten Merkmale gleichzeitig in optimaler Form im Unterricht zu verwirklichen (vgl. Evertson, Emmer & Brophy 1980, Helmke 1988). Deshalb wird aufgrund der durchgeführten empirischen Untersuchungen die Wirksamkeit der direkten Instruktion als Unterrichtsmethode eher unterschätzt.

8.2 Ausgewählte Forschungen zur Wirksamkeit direkter Instruktion

Im Folgenden wird auf verschiedene Untersuchungen eingegangen, die sich um die Ermittlung lernwirksamer Faktoren direkter Instruktion kümmern. Dazu zählen folgende Forschungen (1) experimentelle Studien zum Lernen experimenteller Methoden im Grundschulalter (Klahr & Nigam 2004; Matlen & Klahr 2012, (2) eine Längsschnittstudie von A. Helmke und (3) ein Experiment zum aktiven Mathematikunterricht (Good, Grouws & Ebmeier 1983).

Das Experiment von Klahr und Nigam (2004) sowie von Matlen und Klahr (2012)

Schüler der dritten und vierten Klasse sollten selbst ein gültiges Experiment planen. In einem solchen gültigen Experiment darf nur ein Faktor (z. B. Steilheit der Rampe) variiert werden. Alle anderen Variablen werden konstant gehalten[12]. Folgende Hypothesen wurden geprüft:

---

[10] Z. B. stellt sich bei kleineren Experimenten nicht das Problem einer schrittweisen Ausdünnung der Versuchsgruppen, das sich fast zwangsläufig ergibt, wenn sich ein Versuch über eine längere Zeit erstreckt.

[11] Meist wurde in diesen Metaanalysen vorrangig Merkmale zur Einführung neuen Wissens und neuer Inhalte berücksichtigt. Einzelne Faktoren, die sich auf die Einübung und Festigung von Inhalten beziehen, erreichen allein noch höhere Effektstärken (z. B. formativ Leistungen bewerten d=0,90; Feedback d=0,73; verteiltes Üben d=0,71)

[12] Die Autoren bezeichnen diese Strategie als CVS-Strategie (Control of Variables Strategy). Wenn sich die beiden Rampen nur in einem Merkmal (z. B. Steilheit) unterscheiden, und alle anderen Merkmale gleich sind (z. B. gleicher Ball, gleiche Rampenlänge, gleiche Rampenoberfläche usw.), hat man ein unkonfundiertes, gültiges Experiment.

1. Schüler lernen durch direkte Instruktion mehr über das Planen und Durchführen von gültigen Experimenten.
2. Schüler, die durch entdeckendes Lernen zu hoher Kompetenz gelangt sind, unterscheiden sich bei nachfolgenden Tests, in denen die gelernte Kompetenz auf neue Problemlösesituationen angewendet werden muss, nicht von Personen, die diese Kompetenz durch direkte Instruktion gelernt haben.[13]

Material

Das Material bestand aus zwei Rampen. Beide Rampen hatten einen leicht ansteigenden stufigen Auslauf. Folgendes konnte variiert werden: Höhe der Rampe (steil vs. flach), Oberfläche der Rampe (rau vs. glatt), Länge der Rampe (lang oder kurz), Beschaffenheit des Balls (Golfball oder Gummiball). Die Kinder konnten außerdem feststellen, wie weit die Kugel rollte, um die Wirkung einer Bedingung zu prüfen. Die Stufung der Rampe erlaubte eine genaue Distanzmessung.

Versuchsdurchführung/Explorationsphase

Zu Beginn der Explorationsphase wurden die Rampenmaterialien erläutert. Danach wurde das Vorwissen der Kinder geprüft: Sie sollten dazu vier Experimente entwerfen: Zwei, mit denen die Wirkung der Steilheit der Rampe geprüft werden konnte, und zwei, um zu prüfen, wie die Länge der Rampe den Weg des Balles beeinflusst. Jedes Kind erhielt nach der Anzahl der korrekt geplanten *unkonfundierten* Experimente einen Punktwert (max. 4 Punkte).

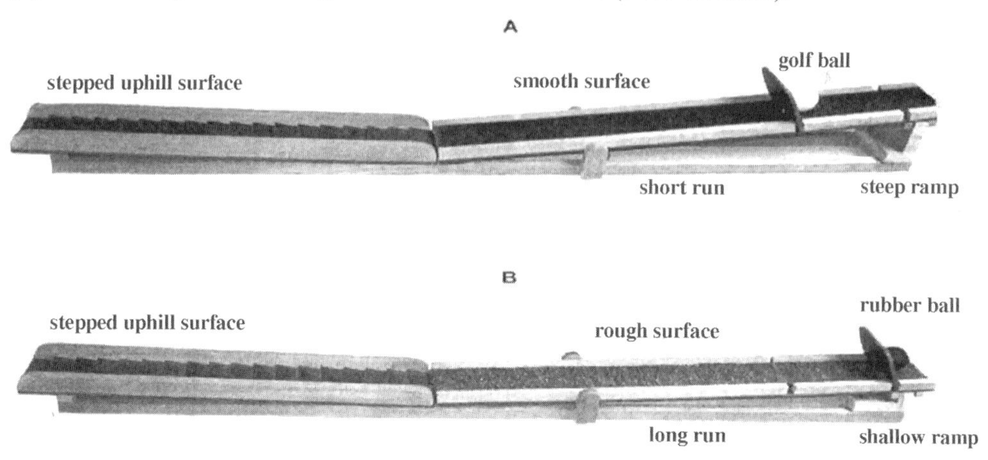

Abb. 9

Bedingungsvariation

Bedingung „direkte Instruktion“: Der Versuchsleiter stellte bestimmte Experimente (konfundierte und nicht-konfundierte) vor und fragte die Schüler, ob man durch dieses Experiment auch sicher nachweisen könne, ob eine Variable einen Effekt auf das Ergebnis hatte. Es sollte dabei um den Nachweis der Wirkung zweier Variablen gehen: Der <u>Steilheit</u> und der <u>Länge</u> der Rampe. Danach erklärte der Versuchsleiter, warum man bei den unkonfundierten Experimenten ein-

[13] Vertreter konstruktivistischen Lernens gehen davon aus, dass Kinder, die etwas durch eigenes Entdecken gelernt haben, dieses Wissen eher anwenden und transferieren können.

deutige Aussagen treffen konnte, bei den konfundierten Experimenten dagegen nicht. Dabei beschränkte er sich auf die Variablen Steilheit und Länge der Rampe.

Bedingung „entdeckendes Lernen": Die Schüler planten ihre eigenen Experimente, wobei sie sich ebenfalls auf die Prüfung der Wirkung der beiden Variablen konzentrieren sollten, allerdings ohne Erklärungen oder Rückmeldungen zu bekommen.

In beiden Bedingungen waren die Kinder aktiv.

Messphase

(1) Direkt nach der Trainingsphase wurden alle Kinder erneut aufgefordert, vier Experimente zu planen. Zwei davon sollten die Wirkung der Rampenlänge prüfen (was schon früher untersucht worden war), und zwei die Wirkung der Rampenoberfläche. Den Kindern wurden dabei keine Rückmeldungen gegeben. Kinder, die mindestens drei Experimente gültig planten, wurden als „Meister" bezeichnet.

(2) **Eine Woche später wurde geprüft, in welchem Maße die „Meister" beider Gruppen ihr Wissen auf die Bewertung von Postern übertragen konnten. Der Versuchsleiter, der die Kinder nicht** vom ersten Tag her kannte, bat alle Kinder um eine Bewertung von zwei Postern, die von Sechstklässlern einer anderen Schule entwickelt worden waren. Sie sollten auch Vorschläge zur Verbesserung der Poster entwickeln, damit diese bei einem staatlichen Wettbewerb vorgezeigt werden konnten. Ein Poster untersuchte den Effekt, den die Anzahl der Löcher in einem Tischtennisball darauf hat, wie weit der Ball mit Hilfe eines Katapults geschleudert werden kann. Das andere Poster verglich das Arbeitsgedächtnis von Jungen und Mädchen für eine Menge von Objekten.

Ergebnisse

Tab. 20 Anzahl richtig geplanter Experimente

	Direkte Instruktion	Entdeckendes Lernen
Vortest	1 (n=52)	0,6 (n=52)
Nachtest	3,1 (n=52)	1,5 (n=52)

Nachtest: Die Kinder konnten die Schüler in der Gruppe mit direkter Instruktion 3,1 gültige Experimente planen, verglichen mit 1,5 bei entdeckendem Lernen. Der Unterschied im Nachtest ist signifikant bei einer Effektstärke von d=0,725. Damit ist die erste Hypothese deutlich bestätigt.

Transfer auf die Beurteilung von Postern, eine Woche später: Alle Kinder, die in der Messphase mindestens drei gültige Experimente geplant hatten, wurden als CVS-Meister klassifiziert. 40 der 52 Kinder (77 %) in der Bedingung „direkte Instruktion" wurden Meister, verglichen mit 12 der 52 Kinder (23 %) in der Bedingung entdeckendes Lernen. Bei der Analyse der Poster zeigten sich keine signifikanten Differenzen zwischen den beiden Meistergruppen; CVS-Meister auf Grund entdeckenden Lernens waren CVS-Meistern auf Grund von direkter Instruktion nicht überlegen. Damit ist die zweite Hypothese bestätigt.

Die Ergebnisse dieses Experiments belegen sehr deutlich die Bedeutsamkeit direkten Instruierens bei der Aneignung neuen Wissens. Danach wird durch direkte Instruktion schneller gelernt. Die Forschungsgruppe um D. Klahr hat dieses Ergebnis in mehreren Experimenten erhärtet. Für die Übertragung des Gelernten auf die Beurteilung von Postern spielt es keine Rolle, ob Meisterschaft durch direkte Instruktion oder entdeckend gelernt wurde.[14]

Ein neues Experiment der Forschungsgruppe (vgl. Matlen & Klahr 2012) versucht herauszufinden, unter welchen Voraussetzungen Grundschüler (3. Klasse) sich Wissen über Fragen gültigen Experimentierens so aneignen, dass es auch noch nach längerer Zeit verfügbar ist. Dabei wurden zwei Faktoren geprüft: (1) Der Umfang der Anleitung und (2) die Reihenfolge starker bzw. geringer Anleitung. Dazu wurden vier verschiedene Gruppen gebildet HH, HL, LH, und LL, wobei H für großes Ausmaß, L für geringes Ausmaß an Anleitung (bzw. für entdeckendes Lernen) steht. HH bedeutete, dass die Schüler zwei Trainingseinheiten mit hohem Umfang an Anleitung über gutes Experimentieren erhielten, wobei zwischen diesen Trainingseinheiten eine Woche lag. Man wählte diese Reihenfolgen, um auch prüfen zu können, ob die Reihenfolge LH, die nach Meinung einiger Konstruktivisten am ehesten nachhaltiges Lernen verspricht, der Reihenfolge HL überlegen ist (Kapur 2009; Dean and Kuhn 2007; Schwartz, Chase, Oppezzo, & Chin 2011). Matlen und Klahr hingegen vermuteten, dass starke, explizite Anleitung der entscheidende Faktor ist, der zu mehr nachhaltigem Lernen führt und dass die Reihenfolge keine Rolle spielt.

Behandlung: Die Unterschiede der beiden Bedingungen werden nach Matlen & Klahr (2012) tabellarisch dargestellt:

	Umfang der Anleitung	
	Hoch	Niedrig
Planung der Experimente	Durch Versuchsleiter und Kind	Durch das Kind
Anzahl der Experimente	2 gültige und 2 ungültige	Bis zu 8 (von irgendeinem Typ)
Beispiel-Fragen	„Ist das ein kluges oder ein unkluges Experiment?" „Können wir bei diesem Experiment sicher sein, dass X einen Unterschied macht?"	„Warum hast du dein Experiment in dieser Weise aufgebaut?" „Können wir bei diesem Experiment sicher sein, dass X den Unterschied macht?"
Erklärungen	Der Versuchsleiter erklärte, warum ein Experiment klug oder nicht klug geplant war, und warum das Kind sicher bzw. nicht sicher sein konnte, ob X den Unterschied bewirkte.	Keine Erklärungen
Zusammenfassung	Der Experimentator fasste das Wichtigste über die Planung von Experimenten zusammen	Keine Zusammenfassung

Ergebnisse: Fünf Monate nach dem Training wurde nochmals ein Rampen-Test durchgeführt. Dabei wurde ein Schüler zum Experten erklärt, wenn er von vier Versuchen drei gültige Versuche plante. In Bedingung HH wurden alle Schüler zu Experten, in Bedingung HL 91 %, in Bedingung LH 86 % und in Bedingung LL 54 % ($p \leq 0{,}01$). Alle Ergebnisse deuten darauf hin,

[14] D. Kuhn hat gegen die Studie eingewendet, dass die Unterschiede zwischen den Gruppen nach einer Zeit von etwa 6 Monaten nicht mehr feststellbar wären. Für diese Behauptung gibt es empirische Belege (vgl. Strand-Cary & Klahr 2008). Es kann im Nachhinein nicht eindeutig geklärt werden, auf welche Faktoren dies zurückzuführen ist. Es gibt Hinweise, dass es sich bei der untersuchten Stichprobe um Schüler mit sehr guten Vorkenntnissen gehandelt hat und Schüler mit sehr guten Vorkenntnissen auch ohne direkten Unterricht weiterlernen (vgl. dazu Zohar & David 2008; Matlen & Klahr 2012).

dass bei starker und expliziter Instruktion (HH) mehr als in den übrigen Bedingungen gelernt wurde. Zwischen den beiden Reihenfolgen HL und LH ergab sich kein wesentlicher Unterschied.

Matlen und Klahr fassen ihre Ergebnisse am Ende ihres Artikels in folgender Weise zusammen:

> *„Die Ergebnisse stimmen insgesamt mit den aus der kognitiven Belastungstheorie abgeleiteten Prognosen überein, dass Novizen von einem hohen Maß an Anleitung profitieren …*
> *Abschließend ist festzuhalten, dass die Ergebnisse deutlich der These widersprechen, direkte Instruktion reiche nicht aus, um robustes Lernen zu erzeugen und oberflächlicher Transfer sei ein Kennzeichen dieses Ansatzes. Stattdessen bestätigen die Ergebnisse, dass Novizen, wenn sie sich in Gebiete einarbeiten, die wenig Hinweise auf Fehler und Fehlvorstellungen bieten, mit minimal angeleiteter Instruktion ohne direktes Instruieren kein optimales Lernergebnis erzielen."*

Damit ist die Debatte über Lernarrangements für nachhaltiges Lernen im naturwissenschaftlichen Unterricht sicherlich noch nicht abgeschlossen. Wichtig scheint mir zu sein, dass über den Zeitraum von fünf Monaten verschiedene Tests des erworbenen Wissens durchgeführt wurden. Von diesen Tests gehen vermutlich direkte Behaltenseffekte aus. Ohne diese Tests wäre die Vergessensrate in den Bedingungen mit starker, expliziter Anleitung viel höher gewesen. Dies legen die in Kapitel 4 dargestellten Experimente zum Testeffekt nahe.

Direkte Instruktion in Hauptschulklassen – eine Längsschnittuntersuchung

Die Untersuchung von Helmke (1988) zur Wirksamkeit des Mathematikunterrichts in fünften und sechsten Hauptschulklassen, auf die im Folgenden eingegangen wird, wurde in Deutschland als Längsschnittuntersuchung durchgeführt.

Wenn man empirisch die Frage nach dem „guten" Unterricht klären will, geht man bei Längsschnittuntersuchungen häufig in folgender Weise vor:

- Man prüft zuerst in den verschiedenen Bereichen (z. B. in Deutsch, Mathematik, Englisch) die *Ausgangsleistungen bzw. das Vorwissen* mit Hilfe geeigneter Tests.
- Die ausgewählten Schulklassen werden dann über einen längeren Zeitraum (mindestens ein Jahr) „beobachtet": Geschulte Beobachter sollen Merkmale, die vermutlich mit gutem Unterrichten zusammenhängen, in diesen Klassen mehrfach beobachten und einschätzen.
- Die gleichen Leistungstests werden zusammen mit anderen Tests z. B. am Ende von zwei Jahren erneut eingesetzt, um danach die Differenz zwischen den Testwerten zu Beginn und nach Ablauf der zwei Jahre ermitteln zu können. Die Klassen, die viel dazugelernt haben, sind Klassen mit gutem Unterricht, die Klassen, die am wenigsten dazugelernt haben, sind die Klassen mit weniger gutem Unterricht.

In den letzten Jahren wurden in Deutschland mehrere Längsschnittuntersuchungen zu Fragen eines effektiven Klassenunterrichts durchgeführt (vgl. Helmke 1988; Weinert & Helmke 1997; Treinies & Einsiedler 1996). In der Untersuchung von Helmke (1988) wurden Optimalklassen nach den Kriterien „überdurchschnittlicher Leistungszuwachs" und „Verminderung der

Leistungsstreuung" gebildet.[15] 39 Hauptschulklassen wurden vom Beginn des fünften bis zum Ende des sechsten Schuljahrs empirisch begleitet. Sechs dieser Klassen, d. h. etwa jede sechste Klasse, erfüllten die genannten Kriterien einer Optimalklasse. In diesen Klassen lernten die Schüler vergleichsweise viel, ohne dass die Leistungsstreuung größer wurde.

Nach Helmke, der sich bei seiner Analyse auf die Literatur zur Wirksamkeit direkter Instruktion stützt, kommt zwei Merkmalen der Status notwendiger Bedingungen zu:

- der *Instruktionsintensität* (effektive Zeitnutzung für unterrichtliche Belange, deshalb straff lehrergeleiteter Unterricht), und
- der *Adaptivität des Unterrichts* (Eingehen auf individuelle Lernprobleme).

Instruktionsintensität wird vor allem durch ein effektives Klassenmanagement erreicht, Adaptivität z. B. durch binnendifferenzierende Maßnahmen (Kleingruppenunterricht, nochmaliges Erklären). Ferner geht Helmke davon aus, dass dem Merkmal „Klarheit und Strukturiertheit" des Unterrichts zusätzlich eine förderliche Bedeutung zukommt; ein Fehlen oder eine unterdurchschnittliche Ausprägung dieses Merkmals könne „jedoch kompensiert werden" (Helmke 1988, S. 50).

Ergebnisse: Bei einem Vergleich zwischen diesen Optimalklassen und den übrigen Klassen stellt sich als Profil der Optimalklassen Folgendes heraus:

„Die Klassenführung ist außerordentlich effizient. Der Lehrer hat die Klasse, umgangssprachlich ausgedrückt, „im Griff". Disziplinstörungen kommen selten vor, und wenn sie vorkommen, greift der Lehrer unverzüglich ein ... Beispielsweise kommt es in Optimalklassen selten vor, dass (a) Schüler nach Beendigung der Stillarbeitsphase nicht wissen, was sie anschließend tun sollen, (b) Verzögerungen eintreten, weil kein Ordnungsdienst (für Tafelreinigung etc.) eingeteilt ist, oder dass (c) der Lehrer wegen Lappalien (z. B. Bleistiftspitzen) um Erlaubnis gefragt wird.

[Zur Lehrstofforientierung:] Lehrer in Optimalklassen nutzen die zur Verfügung stehende Unterrichtszeit intensiv für die Behandlung von Unterrichtsstoff. Mit anderen Worten: Es wird wenig Zeit für außerfachliche Aktivitäten verbracht ...

Eine vergleichsweise geringe Rolle spielt die Klarheit und Verständlichkeit der Lehreräußerungen. Zwar liegen auch hier die Lehrer der Optimalklassen in Führung; der Abstand zu den anderen Gruppen ist jedoch relativ gering ...

Das herausragende Ergebnis ist sicher das hohe Ausmaß an Adaptivität in den Optimalklassen ..." (Helmke 1988, S. 64 f.).

Helmke untergliedert dieses Merkmal der Adaptivität in vier Komponenten:

a. die Schaffung geeigneter Formen der Lehr-Lern-Organisation als Voraussetzung für individualisierende Maßnahmen (häufige Bildung von Kleingruppen),

[15] Zur Frage der Vereinbarkeit der Steigerung des Lernleistungsniveaus und der Verringerung von Leistungsunterschieden gab es eine Kontroverse zwischen Treiber & Weinert (1985) auf der einen und Beck, Bromme, Heymann, Mannhaupt, Skowronek & Treumann (1988a, b) auf der anderen Seite. Strittig war, ob die bessere Förderung schwächerer Schüler in leistungsegalisierenden Klassen nicht auf Kosten einer effektiven Förderung der stärkeren Schüler ging. Allerdings helfen „Durchschnitte" bei der Beantwortung solcher Fragen nicht weiter. Ohne Zweifel gibt es Klassen, in denen eine Förderung möglich ist, die nicht auf Kosten der stärkeren Schüler erfolgt (vgl. dazu auch Treinies & Einsiedler 1996).
In der Studie von Helmke ergab sich, dass in den Klassen, in denen eine Verringerung der Leistungsstreuung erzielt wurde, die stärkeren Schüler weniger und die schwächeren Schüler besser gefördert wurden.

b. die Variation der Schwierigkeit von Anforderungen in Abhängigkeit von der Leistungsstärke. Es werden häufiger auch anspruchsvolle, auf Verständnis, Anwendung und Problemlösung zielende Fragen gestellt. Der Anteil solcher Fragen ist doppelt so hoch wie in den übrigen Klassen.
c. Dennoch geben in diesen Klassen deutlich weniger Schüler an, durch zu schwierige Fragen überfordert zu werden.
d. Die Hauptsorge der Lehrer in den Optimalklassen gilt den schwächeren Schülern.

In diese Adaptivität des Unterrichts gehen somit alle Bemühungen des Lehrers ein, Schüler mit Lernproblemen zu unterstützen, um ein weitere Vergrößerung des Leistungsgefälles zu verhindern. Alle Schüler sollen das Gefühl erhalten, die wichtigsten Inhalte verstehen und anwenden zu können.

Eine Schlüsselrolle für das gleichzeitige Realisieren der Zielkriterien *„überdurchschnittlicher Leistungszuwachs"* und *„Verminderung der Leistungsstreuung"* ist nach Helmke der Tempofaktor: Auf Geschwindigkeit z. B. beim Kopfrechnen wird wenig Wert gelegt. Weitere Faktoren, in denen sich die Lehrer der Optimalklassen von den übrigen Lehrern unterscheiden, sind eine höhere diagnostische Sensibilität (affektive bzw. motivationale Voraussetzungen der Schüler werden stärker gewichtet) und eine positivere Gestaltung der Lehrer-Schüler-Beziehung (versteht viel Spaß etc.). Wichtigstes Ergebnis dieser Studie ist vermutlich, dass bestimmte Kernelemente direkter Instruktion wie effizientes Klassenmanagement und gute Wissensstrukturierung (Lehrstofforientierung) zusammen mit einer hohen diagnostischen und pädagogischen Sensibilität (Adaptivität) zu den relativ besten Unterrichtsergebnissen führen.

Kritische Diskussion der Ergebnisse: In den USA wurden schon Mitte der siebziger Jahre verschiedene ähnliche Untersuchungen wie die Untersuchung von Helmke durchgeführt, z. B. über die Wirksamkeit des Mathematikunterrichts (vgl. Evertson, Emmer & Brophy 1980, Good, Grouws & Ebmeier 1983). Auch diese Untersuchungen orientieren sich am Modell direkter Instruktion. Die Ergebnisse der naturalistischen Feldstudie von Good, Grouws & Ebmeier (1983) und die Ergebnisse der Studie von Evertson, Emmer & Brophy (1980)[16] stimmen in wesentlichen Punkten mit der Studie von Helmke überein: Effektive Lehrer stellen höhere Leistungsanforderungen an ihre Schüler, geben häufiger Hausaufgaben auf und verfügen über eine effiziente Klassenführung. Dadurch war auch die Lernzeit (time on task) in den Klassen der effektiveren Lehrer länger, da weniger Zeit für das Ermahnen oder Disziplinieren der Schüler benötigt wurde. Doch gab es in der Studie von Evertson et al. (1980) auch einige Unterschiede zu den Ergebnissen der Studie von Good, Grouws & Ebmeier (1983) sowie zur Studie von Helmke (1988):

- Hier stellten die effektiven Lehrer sowohl mehr Produkt – als auch mehr Prozessfragen als die weniger effizienten Lehrer; in der Studie von Good et al. (1983) stellten die effizienteren Lehrer weniger Verständnisfragen und die gleiche Anzahl an Produktfragen.

[16] Diese Längsschnittuntersuchung bezog sich auf die siebte und achte Klassenstufe. Kriterien für die Bildung der Extremgruppen der effektiven und der weniger effektiven Lehrer waren (1) Leistungszuwachs und (2) positive Einschätzung des Unterrichts durch die Schüler. Effektive Lehrer waren also die Lehrer, die große Leistungszuwächse erzielten und deren Unterricht durch die Schüler positiv bewertet wurden. Mit einem Leistungstest wurden die Ausgangsleistungen kontrolliert. Trotz gleicher Ausgangsleistungen ergaben sich in einem später durchgeführten Leistungstest Unterschiede zwischen den Klassen, die auf das unterschiedliche Lehrerverhalten zurückgeführt werden konnten. Das Lehrerverhalten wurde dabei über Unterrichtsbeobachtungen ermittelt.

- Der deutlichste Unterschied bezog sich in der Studie von Evertson et al. (1980) auf die Unterrichtszeit, in der Inhalte entwickelt, eingeführt und erklärt wurden. Die effektiven Lehrer verwendeten für dieses Einführen und Erklären in einer fünfzigminütigen Unterrichtsstunde im Durchschnitt *23 Minuten* (46% der Unterrichtszeit), die weniger effektiven Lehrer dagegen nur *11 Minuten* (22% der Unterrichtszeit). Bei den ineffektiveren Lehrern war die Stillarbeit dafür um *6 Minuten* länger.

Dieser Unterschied im Erklärverhalten der Lehrer passt gut zu den dargestellten Überlegungen zur Bedeutsamkeit verständlicher Erklärungen im Rahmen eines klassenbezogenen Scaffolding. Vermutlich werden diese positiven Effekte nur erzielt, wenn Schüler durch sie in interessante und herausfordernde Probleme hineingeführt werden. Mit nervtötendem Abfragen sowie – als Konsequenz – einem passiven, rezeptiven Schülerverhalten hat ein solches Erklär- und Diskussionsverhalten des Lehrers nichts zu tun.

Durch die Längsschnittuntersuchung von Helmke werden einige grundlegende Annahmen zur direkten Instruktion bestätigt. Dennoch gibt es zwei Punkte, die man an dieser Studie kritisieren kann und auf die ich kurz eingehen möchte:

1. Kriterien zur Auswahl der „Optimalklassen".
2. Bedeutung klarer und verständlicher Darstellungen und Erläuterungen.

1. Kriterien zur Auswahl der „Optimalklassen": Die gewählte Vorgehensweise der Bestimmung der Optimalklassen hat ihre Grenzen, wie Helmke freimütig einräumt (Helmke 1988, S. 68 f.):

> „Am wenigsten modelladäquat verhält sich der Lehrer der Klasse 5. Bis auf seine überdurchschnittlich effiziente Klassenführung unterscheidet sich dieser Lehrer bei keinem weiteren der geprüften Unterrichtsmerkmale vom Durchschnitt aller Lehrer und erzielt dennoch eine überdurchschnittliche Leistungs- und Egalisierungsentwicklung. Auf Kleingruppenunterricht verzichtet er völlig, und auch die von uns erhobenen Rahmenbedingungen des Unterrichts dieser Klasse sind eher ungünstig ... [Klassengröße, Ausländeranteil, Intelligenzniveau]...
>
> ... Diese Klasse nimmt eine einsame Spitzenstellung hinsichtlich der Verschlechterung buchstäblich aller von uns erfasster motivationaler und affektiver Schülervariablen ein. Am deutlichsten ist dabei der drastische Rückgang der Lern- und Schulfreude... [Es] hat den Anschein, als sei in der Klasse die doppelte kognitive Zielerreichung zu Lasten einer extremen affektiven Belastung der Schüler erfolgt ..."

Nach Weinert ist ein wesentlicher Aspekt der Kompetenzentwicklung die Aufrechterhaltung einer gewissen Lernfreude (vgl. Weinert 2001, S. 27 ff.) Die Einordnung als Optimalklasse ist deshalb problematisch. Helmke's Meinung nach zeigen sich hier die Grenzen eines Vorgehens, bei dem die Güte eines Unterrichts nach den beiden Kriterien, (1) Vermehrung inhaltlichen Wissens bei (2) möglichst gleichmäßiger Förderung aller Schüler, bemessen wird. Zusätzlich müsste die affektiv – motivationale Entwicklung der Schüler als Auswahlkriterium für eine Optimalklasse berücksichtigt werden.

Die Ergebnisse der Studie von Evertson et al. (1980) passen besser in das theoretische Gerüst, das auch durch experimentelle Forschung gestützt wird. In der Studie von Evertson et al. (1980) wurden nur solche Lehrer als effektiv bezeichnet, die zwei Kriterien genügten: Lehrer, die *erstens hohe Leistungszuwächse* und die *zweitens positive Schülereinstellungen zum Lernen* bewirkten. In dieser Hinsicht ergibt sich ein wesentlicher Unterschied zur Studie von Helmke

(1988), der zur Auswahl seiner effektiven Lehrer nur Leistungskriterien verwendete. Vermutlich sind deshalb die Ergebnisse von Evertson et al. (1980) für die Bewertung der Merkmale einer effektiven direkten Instruktion aussagekräftiger als die Ergebnisse von Helmke.

2. Bedeutung klarer und verständlicher Darstellungen und Erläuterungen: Es ist etwas unklar, wie das schwache Ergebnis bezüglich der Klarheit und Verständlichkeit der Erklärungen und Erläuterungen zu bewerten ist. Inwieweit bezieht sich das Merkmal „Klarheit und Verständlichkeit" überhaupt auf zentrale Aspekte des Unterrichts wie „Strukturiertheit" oder „Verständlichkeit der Erläuterung und Erklärung neuer Konzepte und Verfahrensweisen bzw. der Zusammenhänge zwischen ihnen"? Verständlichkeit, die sich auf die häppchenweise Verabreichung von kleinen Wissenselementen konzentriert, ohne zusätzlich durch „Makropropositionen" die Zusammenhänge zu verdeutlichen, ist eine unzureichende Verständlichkeit und Strukturiertheit. Verständlichkeit bedeutet auch, komplexe, ansprechende und lebensnahe Probleme am Anfang des Unterrichts zu stellen, in denen dann die vermittelten Informationen verankert werden können und Zusammenfassungen am Ende der Stunde zu geben, die erneut eine Integration und Verankerung der Informationen erleichtern. Vermutlich sind nur die wenigsten Lehrer zur Anwendung eines so verstandenen Konzepts der Verständlichkeit und der Wissensstrukturierung fähig, solange schriftliche Vorbilder für „gute" Erklärungen in den Schulbüchern weitgehend fehlen (vgl. Ma 1999). Wenn Lehrer solch ein vertieftes Konzept von Verständlichkeit und Klarheit anwenden würden, dann würden sich m. E. auch entsprechend deutliche Effekte zeigen.

Wenn alle Lehrer bei der Entwicklung und Erläuterung komplexerer Zusammenhänge Defizite haben (vgl. dazu Leinhardt & Smith 1985, Leinhardt 1989), und sich nur in einigen mehr äußerlichen Punkten der Verständlichkeit (z. B. bei der Verständlichkeit von Anweisungen) Unterschiede zwischen Lehrern ergeben, dann kann man aufgrund solcher Ergebnisse nicht schließen, Merkmale wie Klarheit und Verständlichkeit seien eher unbedeutend.

Es ist auch möglich, dass längere, sprachlich verständliche Erklärungen ermüdend wirken, weil sie das Arbeitsgedächtnis des Schülers überfordern. Damit wäre die diesem Merkmal „Verständlichkeit der Erklärungen" zugrunde liegende Theorie problematisch. Es gibt ernst zu nehmende theoretische Argumente, dass auch verständliche mündliche Erklärungen das Arbeitsgedächtnis überfordern. Wesentlicher scheint, in welchem Maße der Lehrer die Phase der ersten Aneignung neuer Schemata erleichtern kann, indem er durch Verwendung von Lösungsbeispielen, durch Nutzung verschiedener Kanäle (auditiv / visuell) und durch Integration von graphischer und textlicher Information das Arbeitsgedächtnis entlastet.

Eine methodische Anmerkung zum Schluss: Bei der Interpretation der Ergebnisse sollte man nicht vergessen, dass es sich bei der Untersuchung von Helmke (1988) um eine Längsschnittuntersuchung handelt. Lehrer wurden hier nicht eigens für eine optimale direkte Instruktion trainiert. Umso erstaunlicher sind die festgestellten deutlichen Zusammenhänge zwischen den Merkmalen direkter Instruktion und dem Lernzuwachs der Schüler. Zu den zentralen Merkmalen direkter Instruktion gehören die Merkmale, durch die sich die Optimalklassen auszeichnen, insbesondere effektive Klassenführung, klare Lehrstofforientierung und Verwendung binnendifferenzierender Maßnahmen, um einer Vergrößerung der Leistungsheterogenität der Klasse entgegenzuwirken. Dennoch sind die ausgewählten Klassen vermutlich immer noch in verschiedenen Hinsichten *suboptimal.* Es gibt empirische Hinweise, dass Lehrer sehr selten Inhalte zusammenfassen und komplexere Zusammenhänge in ihrem Zusammenhang verständlich erklären. Wie will man aber die Wirksamkeit solcher Merkmale feststellen, wenn Lehrer sie gar nicht ohne zusätzliches Training realisieren?

Aktiver Mathematikunterricht (Good, Grouws & Ebmeier 1983)

Am überzeugendsten kann die Wirksamkeit direkter Instruktion durch Unterrichtsexperimente überprüft werden. Im Folgenden wird eine experimentelle Prüfung der Wirkung direkter Instruktion im Mathematikunterricht dargestellt.

Die Grenzen von Längsschnittsuntersuchungen kann man überwinden, wenn man zusätzlich im Anschluss an eine Längsschnittuntersuchung in einem zweiten Schritt Trainingsstudien durchführt. In ihnen werden Lehrer in der Umsetzung von solchen Merkmalen trainiert, von denen angenommen wird, dass sie für die Effektivität des Unterrichts wichtig sind. In Trainingsstudien wird nicht nur die Zielerreichung geprüft, sondern auch die Frage, in welchem Maße Lehrer durch das Training gelernt haben, die entsprechenden Merkmale im Unterricht anzuwenden (vgl. Anderson, Evertson & Brophy 1979, Good, Grouws & Ebmeier 1983). Solche Trainingsstudien können genauer prüfen, welche Bedingungen (d.h. geänderte Verhaltensroutinen des Lehrers) bestimmte Änderungen bei den Schülern nach sich ziehen.

Aber auch praktische Gesichtspunkte sprechen für solche Trainingsstudien: In ihnen wird untersucht, in welchem Umfang es möglich ist, normales, natürliches und „eingefahrenes" Lehrerverhalten im Sinne eines effektiveren Unterrichts zu verändern. So führten in der Untersuchung von Helmke (1988) nur 6 von 39 Lehrern einen Unterricht durch, der den Kriterien „überdurchschnittlicher Leistungszuwachs" und „Verminderung der Leistungs-Streuung" gerecht wurde. Es stellt sich damit die Frage, ob eine Verbesserung des Unterrichts der übrigen Lehrer durch relativ einfache Trainingsmaßnahmen erreicht werden kann. Die im Folgenden dargestellte Trainingsuntersuchung zeigt nur, dass unter bestimmten Bedingungen in den USA eine deutliche Veränderung von Lehrerverhalten möglich ist. Allerdings ist bekanntlich die Situation der Lehrer in den USA weit weniger konsolidiert als in Deutschland, wo Lehrer, wenn sie einmal verbeamtet sind, sich kaum noch zusätzlichen externen Prüfungen zu stellen haben.[17]

Das Trainingsprogramm für das Feldexperiment: Vor dem Trainingsexperiment führten die Autoren eine naturalistische Feldstudie durch, die im Aufbau mit der Längsschnittuntersuchung von Helmke (1988) vergleichbar ist. Dadurch sollten zusätzliche Belege für die Bedeutung bestimmter Vorgehensweisen im Rahmen eines effektiven Unterrichts gewonnen werden. Die folgende Übersicht (vgl. S. 374 f.) listet die zentralen unterrichtlichen Verhaltensweisen auf, die den Lehrern im Training vermittelt werden sollten.

Erläuterung dieser Unterrichtsphasen

Tägliches Wiederholen: Diese erste Unterrichtsphase hatte verschiedene Funktionen. Die Schüler konnten sich langsam wieder in das hineindenken, was im Mathematikunterricht gerade behandelt wurde. Sie übten Kenntnisse, die bei den verschiedensten Verfahren des schriftlichen Rechnens vorausgesetzt werden müssen, sie stellten Ergebnisse ihrer Hausaufgaben dar und erläuterten sie, um dazu Rückmeldungen zu erhalten. Nach Kontrolle und Besprechung der Hausaufgaben sollte *drei bis fünf* Minuten lang Kopfrechnen geübt werden. Der Lehrer sollte

[17] Möglicherweise erleichtert eine weniger abgesicherte berufliche Stellung auch die Einstellung, sich neuen Erfahrungen und Erkenntnissen gegenüber offen zu verhalten.

dabei die Art der Lösung an einem Beispiel modellieren, dann eine neue Aufgabe stellen, die in analoger Weise zu bearbeiten war usw. (z. B. 6 mal 12 = 6 mal 10 + 6 mal 2 = 60 + 12 = 72. 8 mal 12 = …; 6 mal 15 = …).

Entwicklung: Viele Probleme entstehen, weil Lehrer bei der Entwicklung und Erklärung neuer Inhalte zu wenig beachten, den Zusammenhang mit früher behandelten Themen zu verdeutlichen. Schüler, die solch einem Unterricht ausgesetzt sind, versuchen häufig, sich an Regeln zu erinnern, nach denen man arbeiten kann. Sie konzentrieren sich dann nur auf mechanische Fertigkeiten. Wenn die Schüler nicht verstanden haben, warum sie ein bestimmtes Verfahren oder eine Regel verwenden dürfen, dann bereitet ihnen jedes neue Problem große Schwierigkeiten. Die eine Seite des Mathematiklernens, das deklarative Wissen, fehlt, um danach den Einsatz von Verfahrensweisen steuern zu können. Die Fähigkeit der Schüler, Gelerntes auf neue Situationen zu übertragen, wird dadurch stark beeinträchtigt. Unverstandene Regeln und Prozeduren sind in der kognitiven Struktur des Schülers nicht fest verankert. Deshalb werden sie schnell vergessen, wenn neue Regeln „gelernt“ werden.

Zur Unterrichtspraxis: **Anfangs sollte der Lehrer auf die in der Stunde vorausgesetzten Fähigkeiten eingehen. Danach wird der neue Begriff, Idee oder Fähigkeit aktiv verdeutlicht. Man sollte sich davor hüten, zu früh Aufgaben zu stellen, bevor die neue Idee genügend klar verdeutlicht wurde.** Dafür sollte der Lehrer *10 Minuten* reservieren.

Übersicht 7: Zeitliche Strukturierung des aktiven Mathematikunterrichts als Modell direkter Instruktion

Tägliches Wiederholen („daily review“; erste 8 Minuten außer Montag)
- Wiederholen von Konzepten und Fähigkeiten in Verbindung mit der Hausaufgabe
- Einsammeln und Besprechen der Hausaufgaben
- Durchführen von Kopfrechenübungen

Entwicklung („Development“; ungefähr 20 Minuten)
- Kurze Konzentration auf vorausgesetzte Fähigkeiten und Begriffe
- Konzentration auf den Sinn und Fördern des Verständnisses bei den Schülern durch lebendige Erklärungen, konkrete Verdeutlichungen, Illustrationen usw.
- Beurteilen des Schülerverständnisses
  a) Verwenden von Verständnis- und Faktenfragen (product/process questions) im Sinne einer aktiven Interaktion
  b) Verwenden von kontrollierter Praxis
- Wiederholen und Erarbeiten des Sinngehalts, soweit erforderlich

Stillarbeit (seatwork; ungefähr 15 Minuten)
- Für ununterbrochene erfolgreiche Praxis sorgen
- Sich darum kümmern, dass die Arbeit nicht ins Stocken gerät („keep the ball roling“), jeder engagiert arbeitet („momentum“) und sein Engagement aufrecht erhält
- Wachsam sein – Der Lehrer lässt die Schüler wissen, dass ihre Arbeit am Ende der Phase überprüft wird
- Verantwortlichkeit („accountability“) – prüft die Arbeit der Schüler

Aufgeben der Hausaufgaben

- Werden regelmäßig außer freitags am Ende der Mathematikstunde gegeben
- Sollten ungefähr 15 Minuten Arbeit zu Hause erfordern
- Sollten ein bis zwei Wiederholungsaufgaben enthalten

Besondere Wiederholungen

1. *Wöchentliche Wiederholung/Stabilisierung („maintenance")*
   a) Wird montags in den ersten 20 Minuten durchgeführt
   b) Konzentriert sich auf die Fähigkeiten und Begriffe, die in der letzten Woche behandelt wurden
2. *Monatliche Wiederholung/Stabilisierung*
   a) Wird jeden vierten Montag durchgeführt
   b) Konzentriert sich auf Fähigkeiten und Begriffe, die seit der letzten monatlichen Wiederholung behandelt wurden.

Danach sollte der Lehrer prüfen, wieweit die Schüler die Erklärung verstanden haben. Der Lehrer kann dazu 1. mündlich Fragen stellen. Die Autoren empfehlen, dass der Lehrer in dieser Phase kurze produktorientierte Fragen stellt, also Fragen, die prüfen, ob der Schüler die richtige Antwort geben kann. Der Lehrer kann das Interesse am Verstehen dadurch wach halten, dass er Prozesserklärungen nachliefert („Ja Tina, das ist richtig, weil ....")

Ein anderer 2. Weg für Lehrer, das Verständnis der Schüler zu prüfen, besteht darin, eine schriftliche Aufgabe zu stellen. Auf Schnelligkeit und Genauigkeit sollte dabei kein besonderer Wert gelegt werden. Wichtig ist nur, dass der Lehrer sehen kann, wieweit die Schüler den neuen Inhalt verstanden haben. Darauf kann er, bezogen auf die gemachten Beobachtungen, nochmals die Idee erklären, eine zweite Aufgabe stellen usw. Diese Phase sollte etwa *5 Minuten* andauern.

Danach, wenn ein gewisses Maß an Verständnis ersichtlich war, lässt der Lehrer dazu passende Aufgaben lösen. Hierbei wird dann größerer Wert auf Schnelligkeit, Genauigkeit und Fertigkeit beim Lösen dieser Aufgaben gelegt. Der Lehrer sollte allerdings, um die Aufgabenlösungen sofort kontrollieren zu können, nicht mehr als 2 Aufgaben stellen. Die Schüler sollten nicht länger als 1 Minute ohne Rückmeldung über die Richtigkeit ihrer Lösung arbeiten, um möglichst viele mögliche Missverständnisse zu vermeiden.

Stillarbeit: Bezieht sich auf die Arbeit, die Schüler allein an ihren Plätzen erledigen. Die Schüler sollten dabei alles Notwendige zur Aufgabenbearbeitung wissen. Deshalb ging der Stillarbeitsphase eine Phase kontrollierter Übung voraus. Der Sinn der Stillarbeit liegt darin, dass Schüler nun das üben können, was ihnen zuvor erklärt wurde. Damit wird das zuvor Gelernte gefestigt und stabilisiert.

Forschungsergebnisse deuten darauf hin, dass die Schüler sich in der Stillarbeitsphase zu wenig engagieren – sie brauchen für die Erledigung der gestellten Aufgaben zu lange. Zu oft hören Lehrer mit einer aktiven Beaufsichtigung auf, wenn sie die Aufgaben für die Stillarbeit gestellt haben: Lehrer schreiben dann etwas an die Tafel, sehen Arbeiten nach oder beschäftigen sich mit nur einem Schüler. Die wichtigste Aufgabe des Lehrers bestünde dann darin, von den Schülern zu verlangen, die gestellten Aufgaben zu erledigen und ihre Arbeit aktiv zu beaufsichtigen.

Zur Unterrichtspraxis: Jeden Tag sollten 10–15 Minuten Stillarbeit angesetzt werden. Dies reicht für die Entwicklung einer gewissen Fertigkeit, ohne dass sich die Schüler langweilen. Wichtig ist, dass die Aufgaben leicht genug sind, damit sie von den Schülern erfolgreich bearbeitet werden können. 75 % der Schüler sollten in der Lage sein, die Aufgaben in der gegebenen Zeit erfolgreich zu bearbeiten. Den Schülern sollte deutlich gemacht werden, dass es in dieser Phase darauf ankommt, die Aufgaben genau zu bearbeiten. Wenn schwächere Schüler dabei nur wenige Aufgaben genau gelöst haben, ist das besser, als mehr Aufgaben ungenau zu bearbeiten.

Die Aufgabenbearbeitung sollte kontrolliert werden. Bevor der Lehrer einzelnen Schülern individuelles Feedback gibt, sollte er sicher sein, dass alle mit den Aufgaben angefangen haben. Wenn einzelne Schüler nicht anfangen, geht der Lehrer z. B. zum Tisch, und fordert den Schüler auf, mit den Aufgaben anzufangen etc. Während der Bearbeitung sollten die Schüler möglichst wenig unterbrochen werden. Schüler können nur dann für ihre Leistungen verantwortlich gemacht werden, wenn sie gute Arbeitsbedingungen haben. Z. B. ist es eine Unsitte, zwischendurch zu fragen, wie viele Schüler schon die ersten 5 Aufgaben gelöst haben. Nur dann, wenn allgemeine Schwierigkeiten festgestellt werden, die sehr viele Schüler haben, sollte der Lehrer auf diese eingehen.

Schüler und Lehrer sollten ein möglichst präzises Bild von den Leistungsstärken und –Schwächen gewinnen. Außerdem sollten Schüler durch entsprechende Testfragen für ihre Anstrengungen zur Rechenschaft gezogen werden. Deshalb sollten gegen Ende dieser Phase einzelne Schüler aufgerufen werden, die ihre Lösung angeben und erklären sollen. Der Lehrer kann dabei auch bestimmte systematische Fehler aufgreifen, um Missverständnisse auszuräumen. Auf diese Weise wird alles getan, um die Lösung der Hausaufgaben für die Schüler zu erleichtern. Die Hefte mit der Stillarbeit sollten dann eingesammelt werden.

Hausaufgaben: Hausaufgaben sollten nicht zu lang sein (etwa 15 Minuten); sie sollten durch die Schüler erfolgreich zu bearbeiten und auf die im Unterricht behandelten Inhalte bezogen sein. Außerdem sollten sie regelmäßig gegeben und ebenfalls regelmäßig auch kontrolliert werden. Eine Differenzierung nach den Tagen der Woche erscheint sinnvoll: Am Donnerstag sollten sich die Aufgaben auf eine Wiederholung des in der Woche behandelten Stoffs insgesamt beziehen; die Hausaufgabe kann dann etwas umfangreicher sein (20 Minuten). Die Erledigung dieser Donnerstags-Hausaufgabe sollte vom Lehrer *regelmäßig nachgesehen und bewertet* werden. Sonst sollten die Hausaufgaben in Partnerarbeit gegenseitig kontrolliert werden. Dazu sollte jede richtige Aufgabe angekreuzt werden, um danach die Anzahl der richtig gelösten Aufgaben zu bestimmen. Diese Angaben sollte der Lehrer in sein Bemerkungsheft (Log-Buch) eintragen. Der Lehrer kann auch bei jeder Aufgabe fragen, wie viele Schüler sie nicht richtig gelöst haben, und Aufgaben, die auf besondere Schwierigkeiten gestoßen sind, ausführlicher behandeln. Wenn bei vielen Aufgaben Schwierigkeiten aufgetreten sind, sollte der Lehrer nochmals ausführlicher die entsprechenden Inhalte erklären.

Hausaufgaben sind ein wichtiger Bestandteil dieses Programms, da Lehrer und Schüler einen beträchtlichen Teil ihrer Zeit damit verbringen. Hausaufgaben bestimmen zu 25 % die Note in Mathematik, dies sollte auch den Eltern mitgeteilt werden. Außerdem sollte den Eltern auch etwas genauer erläutert werden, nach welchen Gesichtspunkten Hausaufgaben gestellt werden.[18]

[18] Bei der Bewertung dieses Punktes ist zu beachten, dass Hausaufgaben im amerikanischen Ganztagsschulsystem eine kleinere Rolle spielen als in dem deutschen Halbtagsschulsystem. In Deutschland besteht vermutlich eine viel größere Gefahr, dass eifrige Eltern bei einer derartigen Hausaufgabenpraxis des Lehrers ihren Kindern die Hausaufgaben abnehmen, damit ihre Kinder gute Noten bekommen.

Planung und Durchführung des Feldexperiments

Die Behandlungsphase dauerte vom 03.10.77 – 25.01.78. 40 Lehrer von 4. Klassen nahmen teil, die teilnehmenden 27 Schulen wurden per Zufall in Versuchs- und Kontrollgruppen aufgeteilt, um zu vermeiden, dass in einer Schule beides, Behandlung bzw. keine Behandlung durchgeführt werden musste. In diesem Fall wäre eine Beeinflussung der Kontrollgruppe durch das Behandlungsprogramm sehr wahrscheinlich gewesen. Die Behandlung umfasste

- eine 1½-stündige Erläuterung des Programms,
- die Aushändigung der schriftlichen Fassung des Programms, zusammen mit der Aufforderung, es zu lesen und über eine konkrete Umsetzung nachzudenken,
- 14 Tage später wurden in einer 1½-stündigen Nachbereitung Fragen zum Programm beantwortet.

Der Aufwand für dieses Training der Lehrer war somit nicht sonderlich groß; insofern kann man hier zu Recht von einer Intervention auf unterer Stufe („low level Intervention") sprechen.

Den Lehrern der Kontrollgruppe wurde mitgeteilt, dass sie vor Februar keine Detailinformationen zum Programm erhalten sollten. Sie würden dann auch über ihr eigenes Verhalten in der Klasse informiert werden. Sie sollten im Unterricht so wie bisher weiter unterrichten.

Alle 40 Lehrer wurden, mit wenigen Ausnahmen, 6-mal in der Klasse beobachtet.

Ergebnisse

Unterschieden sich die Lehrer der Versuchsgruppe von denen der Kontrollgruppe in der gewünschten Weise?

Dazu wurde geprüft, ob sich der Unterricht in den Versuchs- und den Kontrollgruppenklassen auch in den Punkten, die für das Programm wichtig waren, deutlich unterschied. Besonders deutliche Unterschiede ergaben sich bei folgenden Punkten:

- Durchführung von Wiederholungen („Did the teacher conduct reviews"?) T[19] (91 %),K (62 %).
- Überprüfte der Lehrer die Hausaufgaben? (79 % – 20 %)
- Führte der Lehrer Kopfrechenübungen durch? (69 % – 6 %)
- Gab es Stillarbeit? (80 % – 56 %)
- Engagierte der Lehrer die Schüler aktiv zur Stillarbeit (in den ersten 1 1/2 Minuten)? („Did the teacher actively engage students in seatwork (first 1 1/2 Minuten)? (71 % – 43 %)
- Gab der Lehrer Hausaufgaben? (66 % – 13 %).

Die größten Unterschiede bezogen sich somit auf die Hausaufgaben und ihre Kontrolle zusammen mit Wiederholungen, Kopfrechenübungen und Stillarbeit. Diese Variablen korrelierten auch am stärksten mit den Lerngewinnen der Schüler. Die gewünschten Unterschiede ließen sich dagegen nicht bei Aspekten der Entwicklung und Erklärung feststellen, obwohl dies das vielleicht wichtigste Merkmal des Programms war. Die Autoren geben dafür folgende Erklärung:

[19] T steht hier für Trainings- bzw. Versuchsgruppe, K für Kontroll- bzw. Vergleichsgruppe.

> „... Der Grund mag darin liegen, dass sich die Lehrer mehr auf die Anforderungen konzentrierten, die vielleicht leichter umzusetzen waren. Ansonsten mag eine Rolle spielen, dass die Lehrer das erforderliche Grundwissen fehlte, um die Entwicklungsphasen entsprechend gestalten zu können."

Man sollte jedoch berücksichtigen, dass es seit 1977 erhebliche Fortschritte in der lernwirksamen Gestaltung von Einführungen und Erklärungen gibt. Heute würde man wegen der Überlastung des Arbeitsgedächtnisses mehr mit Lösungsbeispielen und Serien gelöster Aufgaben in der Erklärphase arbeiten. Erste Forschungen dazu gab es aber erst ab 1985 (vgl. Sweller & Cooper 1985).

Welchen Lernerfolg hatte das Programm?

Vor Beginn des Behandlungsprogramms erzielten die Schüler der Kontrollgruppe signifikant bessere Ergebnisse als die Schüler der Behandlungsgruppe (Unterschied ca. 1 Punkt). Nach **dem Programm verbesserte sich die Kontrollgruppe durchschnittlich um 4,9 Punkte, die Versuchsgruppe jedoch um 8 Punkte. Dies spricht eindeutig für eine Wirksamkeit des Programms.** Zur Prüfung der Stabilität der Effekte führte die Schulbehörde im April erneut Tests in den Schulen durch; auch dabei – also drei Monate nach Beendigung des Programms – schnitten die Schüler der Versuchsgruppe noch signifikant besser ab.

Bei den Lehrern der Kontrollgruppe zeigte sich erneut ein Zusammenhang, den die Autoren in ihrer Vorstudie – der naturalistischen Feldstudie – beobachtet hatten: Lehrer, die die *ganze* Klasse unterrichteten, hatten entweder sehr gute oder sehr schlechte Ergebnisse, Lehrer, die häufiger Gruppenunterricht durchführten, erzielten mittelgroße Lernzuwächse.

Hatte das Programm Einstellungsänderungen zu Folge?

Die Schüler der Versuchsgruppe hatten eine etwas positivere Haltung zum Unterricht als die Schüler der Kontrollgruppe. Die Leistungsgewinne traten somit nicht auf Kosten der Einstellung ein. Bedingungen wie „regelmäßiges Geben von Hausaufgaben" oder „Stillarbeit" führen nicht notwendig zu geringerer Freude am Unterricht, wie oft behauptet wird. Auch die Einstellung der Lehrer der Versuchsgruppe hinsichtlich einer Fortführung des Programms war positiv, obwohl das Programm mehr Vorbereitung erforderte. Zusammenfassend bemerken die Autoren:

> *„Insgesamt war die affektive Reaktion der Lehrer auf das Programm extrem positiv. Ihre Antworten deuteten eine allgemeine Bereitschaft an, in Zukunft das Programm weiter zu verwenden. Dies deutet darauf hin, dass das Programm keinen großen zusätzlichen Aufwand erforderte, der für den durchschnittlichen Lehrer nicht hinnehmbar wäre."* (Good, Grouws & Ebmeier 1983, S. 78)

Andere unabhängige Forscher haben bei erneuter Durchführung des Trainingsprogramms diese positive Einstellung von Lehrern ebenfalls festgestellt. Das Programm wurde in anderen Gegenden eingesetzt und auf seine Wirksamkeit hin getestet. Insgesamt waren die Ergebnisse auch hier positiv.

Nachwort: Die Rolle von Entwicklungen und Erklärungen

In dieser Untersuchung konnte trotz des Trainings der Lehrer kein deutlicher Unterschied im Erklärverhalten der Lehrer in Versuchs- und Kontrollklassen erzielt werden. Dies mag verschiedene Gründe haben: Vermutlich kommt es vor allem auf ein qualitativ gutes Erklärverhalten an, das am Vorwissen der Schüler ansetzt und dieses durch anspruchsvolle Fragen weiterentwickelt. Ein solches Erklärverhalten lässt sich nicht durch ein kurzes Training vermitteln. Die Studie von Evertson et al. (1980) zeigt jedoch, dass im Mathematikunterricht explizites verständliches Erklären von zentraler Bedeutung ist.

Ein anderer Faktor ist das Zusammenspiel von mündlicher und schriftlicher Erklärung zur Entlastung des Arbeitsgedächtnisses. Erinnert sei an dieser Stelle an die Interpretation der TIMS-Befunde. Es gibt Hinweise, dass der Erfolg des Mathematikunterrichts in bestimmten asiatischen Ländern vor allem damit zu tun hat, dass hier mathematisch argumentiert und diskutiert wird und die Mathematikbücher mathematisches Argumentieren und Erklären modellieren. In den USA sind Mathematikbücher dagegen – wie in Deutschland – vor allem Übungsbücher zum Einschleifen und Festigen weitgehend unverstandener Ideen.

Dies könnte darauf hindeuten, dass möglicherweise eine längere Erklärphase im Unterricht nur dann ihre Wirksamkeit entfaltet, wenn sie durch ausführliche schriftliche Erklärungen ergänzt wird.[20] Auf solche ausgearbeiteten schriftlichen Erklärungen kann sich dann der Lehrer in seinem Unterricht stützen, sie geben ihm ein Gerüst, auf das er sich bei mündlichen Erklärungen beziehen kann.

Es gibt jedoch auch ernstzunehmende Argumente gegen bestimmte mündliche Erklärungen. Gerade bei längeren mündlichen Erklärungen besteht das Problem der kognitiven Überbeanspruchung des Arbeitsgedächtnisses, da die präsentierten Inhalte in der Regel aufeinander aufbauen und Verständnisschwierigkeiten an bestimmten Stellen weitere Verständnisschwierigkeiten beim nachfolgenden Aufnehmen Verarbeiten der Informationen nach sich ziehen. Es gibt in der Mathematik viele Probleme, bei denen bestimmte Aspekte zunächst isoliert erklärt werden sollten, um diese danach zu kombinieren. Und bei bestimmten Problemen ist das Erklären der anzuwendenden Vorgehensweise beim Problemlösen so kompliziert, dass sich als Alternative eher die Methode der gelösten Aufgabenserien empfiehlt (vgl. Zhu & Simon 1987).

8.3 Handlungsorientierter Unterricht

Im Folgenden soll anhand verschiedener Beispiele vor allem verdeutlicht werden, unter welchen Voraussetzungen in einem solchen Unterricht viel gelernt wird. Im Mittelpunkt steht die Frage, welche Faktoren einen effektiven handlungsorientierten Unterricht ausmachen. Dabei kommen viele Faktoren in Betracht:

- Das *Operieren mit konkreten Materialien* und Veranschaulichungsmitteln,
- die *Entschleunigung des Prozesses der Einführung neuer Konzepte und Verfahrensweisen.* Ein von Einheit zu Einheit hastender Unterricht, in dem eine Vertiefung und eine Vernetzung von Inhalten zu kurz kommen, wird dabei abgelehnt.
- Eine *systematische Kopplung von Konkretem und Abstraktem* im Sinne einer wechselseitigen Vernetzung,

[20] Dies ist ein Punkt, der empirisch m. W. noch nicht genauer überprüft wurde.

- *Methoden erkundungsbasierten Lernens* (Aktivierung der Schüler durch eigenes Sammeln und Bewerten von Informationen, Durchführung eigener Forschungen, Präsentation von Ergebnissen etc.)

Im Folgenden sollen drei Untersuchungen genauer dargestellt werden:

1. Eine experimentelle Untersuchung zur Lernwirksamkeit von Exkursionen,
2. Eine quasi-experimentelle Studie zum Projektunterricht, und
3. der handlungsorientierte Unterricht von Aebli, der anhand einzelner Unterrichtsprotokolle verdeutlicht wird.

Im Mittelpunkt der Darstellung steht die Studie von Aebli, die m. E. auch heute noch viele Anregungen bereithält.

8.3.1 Handlungsorientierter Unterricht im Rahmen von Exkursionen (Geographieunterricht)

Problemstellung und theoretischer Ansatz: Die Arbeit von MacKenzie & White (1982) trägt den Titel *„Feldarbeit in der Geographie und Strukturen des Langzeitgedächtnisses.“*

Über die Wirkungen der Feldarbeit in der Geographie im Sinne von Exkursionen, die mit Schülern veranstaltet werden, gibt es bislang nur wenige empirische Untersuchungen. Und die wenigen bisher durchgeführten Untersuchungen lassen eine ausgearbeitete theoretische Grundlage für eine pädagogisch begründete Feldarbeit vermissen. Die Autoren versuchen, diesen Mangel zu beseitigen, indem sie sich dabei auf eine von Gagné und White entwickelte Theorie stützen.

Nach dieser Theorie werden im Langzeitgedächtnis vier Arten von Informationen gespeichert: Verbales Wissen, intellektuelle Fertigkeiten, Bilder und Episoden. Verbales Wissen umfasst Tatsachen und Glaubenshaltungen und kann auch als Aussagenwissen (propositional knowledge) bezeichnet werden. Intellektuelles Wissen besteht aus Erinnerungen, wie bestimmte Aufgabenklassen zu bearbeiten sind. Bilder beziehen sich auf bildhafte oder graphische Darstellungen oder Repräsentationen im Gedächtnis, Episoden dagegen auf persönliche Erlebnisse. Zentrale Hypothese von Gagne & White ist nun, dass das Erinnern irgendeines Elements eine Funktion der Verbundenheit dieses Elements mit anderen Elementen ist und dass insbesondere neu gelerntes verbales Wissen und intellektuelle Fertigkeiten besser behalten werden, wenn sie mit leicht erinnerbaren Episoden verknüpft sind. Wenn also neu erworbenes Wissen mit Episoden, die während einer Exkursion erlebt werden, assoziiert wird, dann wird dieses Wissen besser behalten.

Der zweite theoretische Ansatz, von dem die Autoren ausgehen, betont die aktive Verknüpfung des Vorwissens mit den neuen Informationen. Wittrock nimmt in seinem Lernmodell an, dass effektives Lernen nur stattfindet, wenn der Schüler dazu gebracht werden kann, die neuen Informationen und Erfahrungen mit seinen Vorkenntnissen zu verbinden. Dies gelingt nur, wenn der Schüler das neue Informationsmaterial aktiv bearbeitet und dadurch selbst Bedeutung stiftet und Zusammenhänge herstellt. Deshalb versuchten die Autoren, zwei verschiedene Formen der Exkursion zu entwickeln, eine, in der im Sinne von Wittrock aktiv gelernt wurde, und eine andere, in welcher durch Erläuterungen des Lehrers bzw. durch schriftliche Erklärungen und Erläuterungen Verknüpfungen gebildet werden. Neben diesen zwei Formen der Exkursion wurde noch eine Vergleichsgruppe mit untersucht, welche das gleiche Lernprogramm wie die beiden Exkursionsgruppen bearbeitete, aber selbst keine Exkursion durchführte.

Um den Versuch zu verstehen, sollten vor allem die Unterschiede zwischen den beiden Exkursionsformen deutlich sein:

Die traditionelle Exkursion: In einer traditionellen Exkursion wurde jedem Schüler für jeden einzelnen der fünf zu besichtigenden Plätze ein Hefter mit einem Feldführer mitgegeben. Die Erläuterungen im Feldführer sollten die im Lernprogramm gegebenen Erklärungen ergänzen. Der Lehrer kontrollierte und überwachte die Aktivitäten der Schüler. Er lenkte die Aufmerksamkeit der Schüler auf alle Aspekte, welche die Schüler beobachten sollten, wozu der Feldführer als Checkliste diente. Die Schüler verifizierten Daten, die auf der Checkliste genannt wurden, suchten jedoch keine eigenen Informationen. Die Vegetationsabschnitte wurden vollständig im Führer beschrieben, und die Schüler hatten nur anzugeben, dass sie da waren. Es waren keine ungewöhnlichen „besonderen" Ereignisse eingeplant. Nach Abschluss der Hälfte der Exkursion hatten die Schüler eine Reihe von Fragen zu beantworten, und sie hatten noch einige andere kleine Aufgaben zu erledigen, aber im Allgemeinen waren sie Empfänger von Informationen, und keine Entdecker.

Die prozessorientierte Exkursion: In der prozessorientierten Exkursion erhielten die Schüler auf jedem der fünf Plätze einen Antwortbogen, einen Hefter, eine Karte der Gegend, wo sie sich gerade befanden und eine Tabelle über die Gezeiten. Der Lehrer hatte die Aufsicht, während die Schüler allein oder in Gruppen die Aufgaben lösten und im Antwortbogen eintrugen. Alle Fragen, die im Zusammenhang mit den gestellten Aufgaben auftraten, beantwortete der Lehrer, wenn die Schüler sie trotz Anstrengung nicht lösen konnten; er schlug Handlungen vor, um zu einer Lösung zu kommen, und prüfte die Genauigkeit der Daten und der Beschreibungen. Gruppendiskussionen wurden häufig durchgeführt. Ständig wurde von den Schülern verlangt, bestimmte Dinge zu tun: beobachten, prüfen, aufschreiben, Fragen beantworten. Einige ungewöhnliche Ereignisse („Episoden") wurden arrangiert, z. B. das Durchqueren eines Mangrovensumpfs, den Salzgehalt des Laubwerks schmecken, über Klippen klettern, im Meer waten.

In der traditionellen Exkursion sahen die Studenten die gleichen Dinge wie in der prozessorientierten Exkursion, sie verweilten auch an jedem Platz die gleiche Zeit. Sie wiederholten Informationen häufiger, taten selbst aber viel weniger.

Eingesetzte Tests: Es wurden zwei verschiedene Tests eingesetzt. Ein Leistungstest, der sich auf die behandelte Geographie der Küste bezog, und ein Verknüpfungstest, der prüfte, ob bestimmte Episoden mit bestimmten Inhalten verknüpft wurden.

Die Erfahrungen mit dem Mangrovensumpf machten die Schüler der prozessorientierten Exkursion selbst, während die Schüler der traditionellen Exkursion diese Erfahrungen nur bei ihrem Lehrer beobachten konnten, der im Sumpf einsank, während sie selbst einen festen Weg benutzten.

Versuchsplan: Am Versuch nahmen insgesamt sechs Klassen teil, 3 Klassen der 8. Klassenstufe und 3 Klassen der 9. Klassenstufe. Diese Klassen wurden innerhalb der beiden Klassenstufen per Zufall den drei Versuchsgruppen zugeordnet: (1) prozessorientierte Exkursion, (2) traditionelle Exkursion und (3) Kontrollgruppe (zweistündiges Lernen in der Klasse aufgrund des für alle verbindlichen Lernprogramms). Die Exkursion dauerte in beiden Versuchsbedingungen 4½ Stunden, dazu gehörten 80 Minuten Busfahrt. Direkt nach Beendigung der Lernphase wurde der Leistungstest und der Verknüpfungstest durchgeführt. Der Leistungstest wurde ein zweites Mal 12 Wochen später eingesetzt, um die Behaltensleistung zu prüfen.

Ergebnisse: In dem Versuch zeigten sich sehr deutliche Effekte zugunsten der prozessorientierten Exkursion. Die Schüler in der prozessorientierten Exkursion erzielten schon beim Leistungstest bessere Ergebnisse als die Gruppe, die eine traditionell organisierte Exkursion erlebt hatte. Die Ergebnisse im Behaltenstest waren jedoch noch viel deutlicher: Während hier die Schüler mit prozessorientierter Exkursion sehr wenig verlernt hatten, halbierte sich bei der anderen Exkursionsform fast das zuvor erzielte Lernergebnis. Deutlich geringer waren die geschlechtsspezifischen Effekte und die Auswirkung der Klassenstufe – die Jungen erzielten etwas bessere Lernergebnisse.

Tab. 21: Die Wirkung verschiedener Exkursionsformen auf Lernen und Behalten

	Prozessorientierte Exkursion (n=52)	Traditionelle Exkursion (n=44)	Kontrollgruppe: Lernprogramm ohne Exkursion (n=45)
Lerntest	33,1*	29,2	26,3
Behaltenstest (12 Wochen nach Lerntest; nach Sommerf.)	28,8	17,2	13,5

* Bei den Werten in den einzelnen Zellen handelt es sich um arithmetische Mittelwerte.

Wie unterschiedlich die Informationen behalten wurden, wird deutlich, wenn man bestimmt, wie viel von dem ursprünglich Gelernten behalten wurde. Bei der prozessorientierten Exkursion waren dies 90 %, verglichen mit 58 % bei der traditionellen Exkursion und 51 % in der Kontrollgruppe.

Bewertung des Versuchs: Insgesamt kann die Untersuchung als eine deutliche Bestätigung der theoretischen Überlegungen von Gagné & White über das Behalten von Informationen angesehen werden. Offensichtlich spielt beim längerfristigen Behalten die Verknüpfung von Episoden mit anderem Wissen eine wichtige Rolle. Außerdem scheint *in dieser Phase der Anwendung von Wissen* sehr wichtig zu sein, dass die Schüler nicht nur Dinge gezeigt und erklärt bekommen, sondern selbst *aktiv werden, also z. B. selbst Dinge erkunden, Hypothesen aufstellen, diese prüfen, Beobachtungsaufgaben erledigen* usw.[21] Nicht Handeln an sich, sondern die Qualität des Handelns ist entscheidend. Handeln allein im Sinne von *„eine Exkursion mitmachen"* genügt somit nicht.

Die hohe Behaltensleistung bei der prozessorientierten Exkursion erinnert an den *Testeffekt*: Danach ist zur Konsolidierung der schon vorhandenen Gedächtnisspuren ein *Abruf der vorhandenen Informationen* entscheidend. Nochmaliges Studieren entspricht hier dem passiven Zuhören, wenn der Lehrer seine Vorträge hält.

8.3.2 Projektarbeit im Vergleich zu Frontalunterricht

Thema des Unterrichtsversuchs von T. Meyer (1997) war der Treibhauseffekt. In zwei Versuchsklassen (Frontalunterricht, handlungsorientierter Unterricht) wurden fünf Stunden diesem

[21] Aufgrund des Experiments kann nicht geklärt werden, welchen Beitrag diese beiden Faktoren – (1) aktives Suchen von Informationen, um gestellte Aufgaben beantworten zu können und (2) persönliche Erlebnisse – unabängig voneinander auf das Lernergebnis haben.

Thema gewidmet. Diese beiden Versuchsklassen sollten mit einer Kontrollklasse (kein Unterricht zum Thema) verglichen werden. In diesen drei Klassen wurden zur Messung des Vorwissens ein Vortest und zur Erfassung des Lernerfolgs ein Nachtest durchgeführt.

Im Frontalunterricht (Kontroll- bzw. Vergleichsgruppe) wurden folgende Themen behandelt:

- Chemische Zusammensetzung der Atmosphäre
- Der natürliche Treibhauseffekt
- Der zusätzliche, vom Menschen verursachte Treibhauseffekt
- Die Emission klimawirksamer Spurengase als Ursache
- Die klimatischen Folgen des zusätzlichen Treibhauseffekts
- Der Energiesektor als Hauptemittent klimawirksamer Spurengase
- Mögliche Folgen der Klimaänderung
- Energiesparen

Der Handlungsorientierte Unterricht (Projektarbeit, Versuchsgruppe) ging von folgendem Planungsraster aus:

1. Einstiegsphase	In dieser ersten Unterrichtsstunde wurde in das Thema eingeführt, die gesamte Thematik wurde anhand von Materialien, die für den Frontalunterricht erstellt worden waren, überblicksartig dargestellt.
2. Verständigung über das Handlungsprodukt	Es wurden dann verschiedene Möglichkeiten der Herstellung eines Handlungsprodukts diskutiert (Flugblätter verteilen, Plakate erstellen und in den anderen Klassenzimmern aushängen oder einen Umweltdrachen basteln, der in der Aula aufgebaut werden sollte.) Auf diesen letzten Vorschlag einigte man sich.
3. Erarbeitungsphase	Die weiteren vier Unterrichtsstunden wurden für die Herstellung des Umweltdrachens verwendet. Die Schüler arbeiteten zwei Stunden im Klassenzimmer (sechs Gruppen à fünf Schüler): Es wurde Material gesichtet, Grafiken erstellt, Material ausgewählt. In der vierten und fünften Stunde wurde dann der Drache aus drei verschiedenen Stellwänden zusammengesetzt, wobei der Kopf und Schwanz zusätzlich angebaut wurden. Jede der sechs Arbeitsgruppen hatte die Aufgabe, für jede Stellwand eine Seite zu gestalten.
4. Auswertungsphase	Diskussion über die Arbeitsprozesse und das Arbeitsergebnis am Ende der fünf Unterrichtsstunden.

Ergebnisse: In beiden Versuchsgruppen konnte ein Lernerfolg festgestellt werden, allerdings war dieser im Frontalunterricht deutlich größer.[22] Vom handlungsorientierten Unterricht gehen positive Effekte sowohl auf die Einstellungen als auch auf die Handlungsbereitschaft aus. Ferner konnte festgestellt werden, dass zwischen Wissen und Handeln kein Zusammenhang bestand. Dies bedeutet: Man kann viel über die drängenden Probleme der Menschheit wissen, ohne dadurch dazu angeleitet zu werden, etwas zur Verbesserung der Bedingungen zu tun.

Bewertung des Versuchs: Es handelt sich um ein „Quasi-Experiment". Die Behandlung (Frontalunterricht versus handlungsorientierter Unterricht) wurde nur in zwei Klassen erprobt. Entsprechende Vorsicht ist deshalb bei der Interpretation der Ergebnisse geboten. Das schlechtere

[22] Leider teilt der Autor für die beiden Versuchsgruppen die Lernergebnisse in Form von Mittelwert und Standardabweichung nicht mit; über die Größe der Wissensunterschiede kann man somit nur spekulieren.

Abschneiden der Projektgruppe im Wissenstest ist bemerkenswert, weil dieser Versuchsklasse etwas mehr Unterrichtszeit als der Kontrollgruppe (Frontalunterricht) eingeräumt wurde. Durch den handlungsorientierten Unterricht wurden die Einstellung und die Bereitschaft zum Handeln positiv beeinflusst, ein Ergebnis, das schwer zu bewerten ist. Leider wurde kein Behaltenstest, z. B. nach einem halben Jahr, durchgeführt. Vielleicht wäre dann der Wissensvorsprung der frontal unterrichteten Klasse verschwunden.

Dieser Versuch verdeutlicht m. E. das Grunddilemma, vor dem ein Lehrer bei der Planung und Durchführung von Projektarbeit steht: Er hat möglicherweise einen noch größeren Vorbereitungs- und Planungsaufwand zu tragen, und dennoch ist der Unterrichtsertrag eher geringer als im normalen Unterricht. Zwar sind bestimmte Kinder über weite Strecken mit größerem Interesse bei der Sache, andere haben jedoch große Mühe, sich mit ihren Vorschlägen und Bemühungen in die Gruppenarbeit einzubringen und resignieren deshalb.[23] Der im Vergleich zum Aufwand erzielte bescheidene Erkenntnisgewinn der Projektgruppe hängt vermutlich mit der Arbeitsteilung unter den Gruppen bei der Herstellung der Produkte und der zu kurzen Präsentation der Arbeitsergebnisse zusammen. **Hier treten die gleichen Probleme wie beim Gruppenpuzzle auf: *Schülerexperten können nur begrenzt Wissen so präsentieren, dass die Informationen auch verstanden und behalten werden können*.** Lehrer können aufgrund ihres tieferen pädagogischen und inhaltlichen Wissens die Inhalte vermutlich besser erklären und strukturieren. Ferner überfordern längere Präsentationsphasen bei den jeweils zuhörenden Schülern die Aufnahmekapazität des Arbeitsgedächtnisses.

Aus diesem Dilemma kann man m. E. nur ausbrechen, indem man eine undogmatische Haltung zur Projektarbeit und zur direkten Instruktion entwickelt, also die Projektarbeit nicht mehr in „Reinform“ und mit Alleinvertretungsanspruch zu kultivieren versucht. So könnte der Lehrer die Einführung in die Thematik selbst strukturieren und die wichtigsten Punkte zusammen mit den Schülern erarbeiten. Nach dieser Einführungsphase könnten in Gruppen ausgewählte Themen als Referate ausgearbeitet werden. Diese Referate werden dann gehalten, aufgrund der in der Diskussion genannten Kritikpunkte überarbeitet und in einem Portfolio abgeheftet. Danach wird die relevante Information im Unterricht nochmals wiederholt. Zur Festigung des Wissens wird ein informeller Test geschrieben, der auf die Klassenarbeit vorbereiten soll. Vorläufig abgeschlossen wird die Lektion dann durch eine Klassenarbeit. Allerdings wird man bei einer Kombination beider Unterrichtsmethoden etwas mehr Unterrichtszeit benötigen. Wenn dadurch allerdings nachhaltiger gelernt wird, indem das Wissen besser behalten[24] wird und außerdem sinnvolle Handlungsbereitschaften entwickelt werden, ist dieser zusätzliche Aufwand zu rechtfertigen.

---

[23] Bezogen vor allem auf den Unterricht in berufsbildenden Schulen formuliert Beck: „Die einseitige Ausrichtung des Unterrichts an handlungsorientierten Methoden birgt die Gefahr in sich, den Schülern zwar viel Interessantes zu bieten, ohne aber sorgfältig aufgebauten Wissensstrukturen und dem Einüben von notwendigen Grundfertigkeiten und -fähigkeiten noch die genügende Aufmerksamkeit zu schenken.“ (Beck 1994, S. 193) Und zum Interesse der Schüler als dominantem Selektionskriterium bei der Entscheidung über zu behandelnde Inhalte bemerkt er, dies sei gefährlich, da „im späteren Leben auch Uninteressantes benötigt werden kann.“ (a. a. O.)

[24] Ich nehme nicht an, dass die im Projektunterricht gelernten Inhalte besser behalten werden (vgl. Klahr & Nigam 2004), sondern dass ein besserer Behaltenserfolg durch die nochmalige Behandlung bzw. Vertiefung des Gelernten nach dem Projektunterricht erreicht wird.

8.3.3 Der handlungsorientierte Unterricht von Aebli – eine Form direkter Instruktion?

Einführung

Im Folgenden gebe ich eine kurze Zusammenfassung der theoretischen Überlegungen Aeblis, die dieser in seiner ersten größeren Arbeit, der Psychologischen Didaktik, formuliert hat. Dieses Werk ist schon 1951 in französischer Sprache erschienen[25]. In diesem Werk werden die theoretischen Grundlagen seiner Unterrichtsmethode zusammen mit einem Unterrichtsversuch dargestellt, den Aebli 1949 zum Thema „Berechnung von Umfang und Fläche des Rechtecks" durchgeführt hat. Dieses Buch ist interessant, weil es die theoretischen Überlegungen Aeblis durch den Vergleich zweier Unterrichtseinheiten konkretisiert. Ich werde zuerst die theoretischen Überlegungen Aebli's zusammenfassen. Danach werde ich Aeblis Protokolle des modernen und des traditionellen Unterrichts in Ausschnitten wiedergegeben.

Aiblis Arbeiten sind heute noch grundlegend für die Verdeutlichung der Begriffsbildung in der Mathematik. Er zeigt an vielen Beispielen, welche geistigen Operationen notwendig sind, um komplexe Begriffe und Schemata zu bilden und nachhaltig zu verankern. In der Schweiz haben die Arbeiten Aebli's den Mathematikunterricht nachhaltig geprägt, was vermutlich zu den – im Vergleich zu Deutschland – deutlich besseren Ergebnissen bei den internationalen Vergleichsuntersuchungen beigetragen hat.

Der theoretische Ansatz: Die Rolle von Handlungen bei der Aneignung von Begriffen

Ausgangspunkt der Analyse von Aebli ist die traditionelle Unterrichtslehre des Anschauungsunterrichts, die als sensualistisch-empiristisch bezeichnet wird. In diesem Anschauungsunterricht wird z. B. der Begriff „gewöhnliche Brüche" eingeführt, indem Flächen und Linien (Kreise, Rechtecke, Geraden u. a.) oder Gegenstände wie Äpfel betrachtet werden, die in verschiedene Anzahlen von Sektoren bzw. Abschnitte unterteilt sind. Die Eindrücke aus den verschiedenen Bildern prägen sich nach der Auffassung der Vertreter des Anschauungsunterrichts unserem Bewusstsein ein, und zwar durch einen Vorgang, welcher der Aufnahme eines Bildes auf einer photografischen Platte entspricht. Dann folge ein Abstraktionsvorgang, mit dessen Hilfe wir von den Bildern zum allgemeinen abstrakten Begriff des Bruches übergehen. Dabei komme es zur Ausscheidung der nebensächlichen Merkmale wie Form, Farbe, Stoff des Ganzen und seiner Teile. Diese Ausscheidung der zufälligen Züge rühre von der Wahrnehmung verschiedener Gegenstände her, die alle in eine gegebene Anzahl von Teilen zerlegt sind. So behalten wir nur einen schematischen Kern der verschiedenen Bilder, nämlich den allgemeinen Begriff eines in gleiche Teile zerlegten Ganzen, kurz den Begriff „Bruch" (vgl. Aebli 1968[3], S. 17–19).

Häufig genügt es nicht, einem Schüler etwas zu erläutern und zu erklären: Solange Schüler nicht dazu gebracht werden, selbst Dinge zu erkunden und zu prüfen, und dabei ihr eigenes Wissen mit dem neu zu erwerbenden Wissen verknüpfen, werden viele Schüler nicht diese

[25] Es handelt sich dabei um die Dissertation von H. Aebli, die von Jean Piaget betreut wurde und unter dem Titel „Didactique psychologique. Application à la didactique de la psychologie" 1951 in französischer Sprache veröffentlicht wurde. Diese Arbeit wurde später in die deutsche Sprache übersetzt (vgl. Aebli 1968[3]).

abstrakten Begriffe bilden.[26] Im Zentrum des Lernens steht somit das *geistige Operieren* und *Nachmodellieren*. Die Schüler müssen dazu gebracht werden, selbst aktiv bestimmte Operationen ausführen, und durch diese Operationen werden die Strukturen der Dinge mit den vorhandenen Wissensstrukturen verknüpft. Ein Erklären durch den Lehrer ohne dieses aktive Operieren reicht für das Lernen nicht aus. Aebli schreibt dazu:

> *„Will der Lehrer, dass der Schüler sich tatsächlich den [Bruch-]Begriff aneignet, so muss er den Schüler anregen, ... die in einem Kreise enthaltenen Sektoren abzuzählen, sie aufeinander zu legen (wirklich oder in Gedanken) und ihre Gleichheit festzustellen,“* (vgl. Aebli 1968³, S. 21)

Ferner müsse er die Kreise nach der Anzahl der Sektoren ordnen, feststellen lassen, dass die Teile umso kleiner werden, je größer die Anzahl der Sektoren wird. Er kann die Schüler dazu Handlungen durchführen lassen (abzählen, bestimmte Brüche selber herstellen), er kann die wesentlichen Gesichtspunkte herausarbeiten lassen.

> ***„Aber immer und überall muss das Kind die wahrnehmbare Größe bestimmten Handlungen – hier Rechenoperationen – unterwerfen; andernfalls wird man es niemals zur Bildung eines Begriffs anregen.“*** (vgl. Aebli 1968³, S. 21)

Im Zentrum eines solchen handlungsorientierten Unterrichts stehen bei Aebli nicht *irgendwelche Handlungen* wie z. B. das Zeichnen und Bemalen von Zahlbildern, sondern die *Operationen,* durch die ein Begriff definiert werden kann.[27] Es muss also ein sachlich begründeter Zusammenhang zwischen Handlung bzw. Operation und dem zu lernenden Begriff bestehen.[28] Entsprechend schlägt er vor, dass Schüler die Operationen wie Addieren und Subtrahieren, durch die Zahlen erzeugt werden können, konkret ausführen, damit sie sich die entsprechenden Handlungen bei Aufgaben richtig vorstellen können. Im weiteren Lernprozess werden dann diese Vorstellungen zu abstrakten Begriffen verdichtet. Durch Handeln und Operieren sollen somit schrittweise kognitive Strukturen aufgebaut werden. Bei den *leistungsstärkeren Schülern* ist dieser Begriffsbildungsprozess schon so weit fortgeschritten, dass sie auch im traditionellen Anschauungsunterricht noch viel lernen können. Die *schwächeren Schüler* benötigen hingegen diese handlungsorientierte Verankerung der Begriffe. Sie müssen solche *operativen* Übungen zu diesen abstrakten Begriffen durchführen. Entsprechende Differenzierungsmaßnahmen

[26] Es ist schwer zu entscheiden, welche Gründe hierfür entscheidend sind. Vermutlich spielt eine Rolle, dass bei mündlichen und schriftlichen Erklärungen diese schwer mit den Gedanken und Vorstellungen der Schüler zu verknüpfen sind, der Lehrer bzw. der Text also über die Köpfe der Schüler hinwegredet. Ferner wird bei längeren Erklärsequenzen leicht die Kapazität des Arbeitsgedächtnisses überfordert, was dazu führt, dass der rote Faden verloren geht, keine „vollständige“ Erklärung mehr beim Schüler ankommt. Dabei kann vor allem beiden schwächeren Schülern eine Rolle spielen, dass vorausgesetzte Komponenten nicht flüssig verfügbar und somit nicht sicher aus dem Langzeitgedächtnis abrufbar sind.

[27] In der Kognitionspsychologie ist der erste Schritt für die Entwicklung eines effektiven pädagogischen Programms das Durchführen einer Aufgabenanalyse. Dabei geht es – wie bei Aebli – um das Zusammenstellen aller kognitiver Handlungen, die erforderlich sind, um Probleme in dem entsprechenden Zielgebiet zu lösen (vgl. dazu Clark 2009; Schaafstal, Schraagen und van Berlo 2000).

[28] Ein solcher Zusammenhang besteht z. B. nicht, wenn im Rahmen eines Projekts zum Thema „Treibhauseffekt“ viel Zeit zum Basteln eines Drachens aufgewendet werden muss; man hätte stattdessen zu den Faktoren, die den Treibhauseffekt verursachen, Versuche durchfuhren können. Dies wäre jedoch vermutlich mit einem noch größeren Planungsaufwand für den Lehrer verbunden gewesen.

sollten deshalb vom Lehrer von vornherein für die schwächeren Schüler geplant werden.[29]

Handeln bedeutet bei Aebli nicht unbedingt, dass Schüler in der realen Welt diese Handlungen ausführen und erproben. Den Möglichkeiten der Schule entsprechend schlägt er vor, dem Schüler praktische Probleme *fiktiv zu* stellen.

„Da wir bei unserem Flächenexperiment nicht die Flächen wirklicher Felder miteinander vergleichen konnten, musste ich mich damit begnügen, meinen Schülern den Plan einer Anzahl von Feldern zu geben und ihnen eine fiktive praktische Aufgabe zu stellen; sie verlangte, dass Flächen gemessen und verglichen würden …

Ich habe jedoch die Erfahrung gemacht, dass selbst fiktive praktische Aufgaben ein lebhaftes Interesse beim Kind wecken, vorausgesetzt, dass es ihm die didaktische Organisation ermöglicht, die Lösung durch effektives Handeln zu gewinnen." (Aebli 1968³, S. 98)

Nach Aeblis Methode *„bietet man der Klasse keine fertig vorbereiteten Bilder, sondern lässt diese vor ihren Augen entstehen … Der Lehrer oder ein von ihm aufgerufener Schüler teilt vor der Klasse verschiedene Gegenstände oder Flächen in eine gegebene Anzahl von Teilen. Die Schüler werden dazu aufgefordert, diesen Darbietungen zu folgen. Was geht nun in den Zuschauern vor? … Der Schüler vollzieht die ihm vorgeführte Operation innerlich mit."* (Aebli 1968³, S. 61/62)

Nicht alle Schüler sind fähig oder willens, diese Operationen innerlich nachzuvollziehen. Dem Lehrer stellt sich somit die didaktische Aufgabe, Formen der Ausführung für Operationen zu suchen, die interessanter sind und ein aktiveres Arbeiten erfordern als die innerliche Nachahmung der Darstellungen des Lehrers.

Schüler sind motivierter, wenn sie selbst Dinge entdecken, erkunden und erproben können. Er sagt dazu[30]:

„Vor allem ist erwiesen, dass die Schüler dem Unterricht ein Interesse entgegenbringen, das direkt proportional ist zu dem Maß an Handlungsmöglichkeiten, die man ihnen einräumt. Ihr Interesse ist größer, wenn sie die Lösung einer Aufgabe selber finden, als wenn sie nur der Demonstration der Lösung beiwohnen dürfen; es ist größer, wenn sie selber mit konkreten Gegebenheiten arbeiten können als wenn sie sich die Gegebenheiten vorstellen müssen oder sie nur als Zuschauer betrachten dürfen … Je mehr ein Stoff sinnentleert ist, umso schwerer ist er zu memorieren und um so rascher wird er vergessen." (Aebli 1968³, S. 25/26)

Voraussetzung dabei ist allerdings, dass die Handlungen und Operationen direkt den zu lernenden Begriff definieren, sodass durch die Operationen die Begriffe aufgebaut werden können.

Aebli stellt sich somit die Frage, welche geistigen Tätigkeiten erforderlich sind, um einen Begriff zu bilden. Diese Fragestellung entspricht im Wesentlichen der Aufforderung, vor dem Unterrichten eine Aufgabenanalyse durchzuführen, wie dies z. B. von L. Ma (1999) durchgeführt wurde. Es ist kein Zufall, dass sich Aebli dabei an leistungsschwächeren Schülern orien-

---

[29] Entsprechend hat Aebli in seinem „modernen" handlungsorientierten Unterricht mit den schwächeren Schülern gezielt die Klassenarbeit bzw. den abschließenden Test vorbereitet, während die leistungsstarken Schüler in dieser Zeit selbständig Aufgaben bearbeiten sollten.

[30] Es handelt sich hier nicht um reines entdeckendes Lernen, sondern um ein strukturiertes, vom Lehrer angeleitetes Entdecken in Gebieten, in denen alle Kinder schon konkrete Vorerfahrungen haben.

tiert: Für sie ist wichtig, dass der Aufbau neuer kognitiver Strukturen alle relevanten Elemente berücksichtigt. In der kognitiven Belastungstheorie wird der gleiche Punkt betont: Schüler sollten zunächst unterschiedliche Lösungsbeispiele analysieren, Verständnisfragen dazu beantworten, wobei der Lehrer den Lernprozess lenkt und strukturiert, und wichtige Punkte an der Tafel visualisiert und erklärt. Da die Analyse der Beispiele bzw. Lösungsbeispiele zu einem neuen Gebiet viele neue Elemente sichtbar werden lässt, kann man hier in einem gewissen Sinne von einem entdeckenden Lernen sprechen.

Aebli's moderner, handlungsorientierter Unterricht

Um den zentralen Punkt der geistigen Erarbeitung eines neuen Begriffs zu verdeutlichen, soll zunächst die erste Unterrichtsstunde der Unterrichtseinheit „Fläche und Umfang von Rechtecken" dargestellt werden. Diese Stunde ist typisch für Aebli's modernen, handlungsorientierten Unterricht. Dieser moderne Unterricht wird dann mit der ersten traditionellen Unterrichtsstunde zum gleichen Thema verglichen. Der Unterricht wurde in zwei sechsten Klassen durchgeführt.

„Erste Unterrichtsstunde: Der Umfang des Rechtecks (17. Juni 1949, 10.00 – 10.50 Uhr)

Ich händige jedem Schüler ein kariertes Blatt aus.

Lehrer: Wir wollen den Plan eines Gartens zeichnen! Seine Länge ist 7 m, seine Breite 4 m. Wir wählen den Maßstab 1 : 100.

Schüler: Wir müssen ein Rechteck zeichnen ... Die Länge beträgt 7 cm, die Breite 4 cm.

Lehrer: Macht es! (Der Lehrer zeichnet das Rechteck an die Wandtafel. 4 dm × 7 dm.)

Lehrer: Ich möchte wissen, wie lang der Zaun ist ...

Das Verhalten der Schüler zeigt, dass sie diese Aufgabe mühelos lösen. Von sich aus schlagen sie alle möglichen Formen der Umfangsberechnung vor. Ihre Vorschläge sind folgende:

4 m + 7 m + 4 m + 7 m = 22 m

4 m + 4 m + 7 m + 7 m = 22 m

2 x 4 m = 8 m; 2 x 7 m = 14 m; 8 m + 14 m = 22 m

4 m + 7 m = 11 m; 2 × 11 m = 22 m.

Ich tue so, als wunderte ich mich, dass das Ergebnis immer das gleiche ist; aber die Schüler erklären mir, dass man einfach die Gesamtlänge des Zaunes in verschiedener Weise zusammengesetzt hat (Assoziativität der Operation!).

Lehrer: Vergrößern wir unseren Garten!

Wir fügen einen Streifen von 1 cm Breite (1 dm an der Wandtafel) an der Grundlinie des Rechtecks hinzu, wobei wir aber den alten Zaun unangetastet lassen. Wir erhalten so zwei Rechtecke – miteinander verbunden –, die zusammen ein Rechteck von 5 cm × 7 cm bilden (s. Abbildung 9). Zum besseren Verständnis müssen wir nun eine Vereinbarung über die Bezeichnungen treffen, die wir für die Seiten der Rechtecke verwenden wollen. Wir führen die Ausdrücke 'Umfang', 'Länge' und 'Breite' ein.

Der Umfang des vergrößerten Rechtecks wird jetzt auf die verschiedenen bereits angegebenen Arten berechnet. Dann wird die Länge des ersten Rechtecks noch um 2 cm vergrößert (von 4 cm × 7 cm auf 4 cm × 9 cm). Die gleichen Rechnungen werden ausgeführt. Schließlich vervollständigen wir die bisher gezeichnete zusammengesetzte Figur zu einem großen Rechteck von 5 cm × 9 cm, in das jetzt Rechtecke von 4 cm × 7 cm und 4 cm × 9 cm und die ergänzenden Rechtecke enthalten sind (vgl. Abbildung 9).

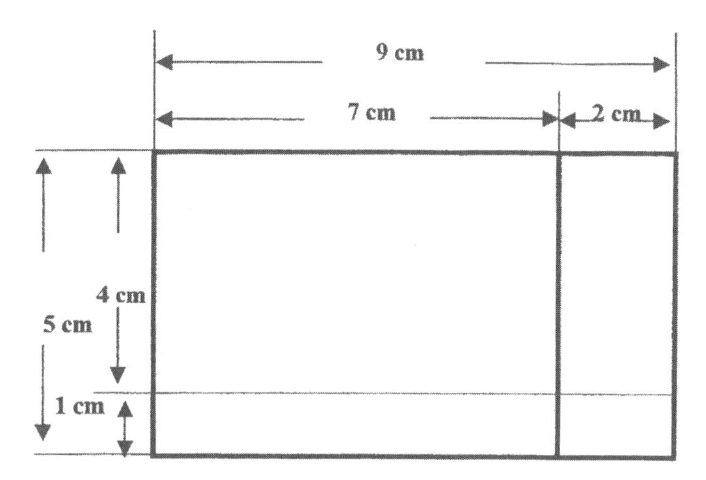

Abb. 10 Plan eines Gartens nach mehreren Vergrößerungen.[31]

Jetzt führen wir das folgende Spiel durch: Jeder Schüler denkt an eines der Rechtecke, das er eben gezeichnet hat. Seinen Kameraden gibt er nur die Rechnung, durch die man den Umfang erhält, z. B. 2 cm + 5 cm + 2 cm + 5 cm. Diese müssen dann in der zusammengesetzten Figur das Rechteck finden, dem diese Beschreibung entspricht. Sie zeigen es an der Wandtafel und berechnen gleichzeitig den Umfang. Die Schüler geben sich viel Mühe, um versteckte Rechtecke zu finden, und wenden alle vorher erarbeiteten Arten der Umfangsberechnung an. Folgende Beschreibung wird z. B. gegeben: 'Für das Rechteck, das ich meine, muss man 2 × 2 cm rechnen; der Umfang ist 14 cm.' Die schwierigste Beschreibung, welche die Schüler fanden, hieß: 'Die Breite ist 2 cm und der Umfang ist 14 cm.' Man sieht, diese Formel schließt schon die umgekehrte Operation ein, die darin besteht, die Länge einer Seite zu suchen, wenn man Umfang und Länge der anderen Seite kennt.

Schließlich berechnen wir noch einmal durch einfache Addition jeden der Umfänge, und dann löschen wir eine Seite nach der anderen aus, wobei wir jedes Mal von der Summe des Umfangs den Wert der ausgelöschten Seite abziehen, z. B. 22 dm − 4 dm = 18 dm, − 7 dm = 11 dm, − 4 dm = 7 dm, − 7 dm = 0.

Da die Operation sehr gut erfasst worden ist, brauchen wir keine Regel für die Berechnung des Umfangs aufzustellen oder irgendein besonderes Verfahren für die Berechnung vorzuschreiben. Von sich aus wählt die Mehrzahl der Schüler die Form: 2 a + 2 b.

Während der restlichen Zeit (ungefähr 10 Minuten) berechnen die Schüler, jeder für sich, den Umfang der folgenden Rechtecke: 26 m × 14 m; 21 m × 27 m; 47 m × 19 m; 68 m × 25 m. Wer fertig ist, stellt sich selbst weitere Aufgaben." (Aebli 1968³, S. 131 – 133)

An diesem Beispiel wird deutlich, dass es Aebli hier vor allem um die Schaffung von virtuellen Möglichkeiten, gedanklich abstrakte Operationen nachzuvollziehen, geht. Für die Umfangsberechnung heißt dies:

1. Der Lehrer verwendet Beispiele aus der Erfahrungswelt des Kindes (Garten). Dieser Garten wird von den Schülern maßstabsgerecht gezeichnet.

[31] Die neun in dieser Figur enthaltenen Rechtecke waren Gegenstand eines geometrischen Spiels (operatorische Übung).

2. Er lässt die Schüler verschiedene Möglichkeiten der Lösung selbst herausfinden und stellt sie an der Tafel gegenüber.
3. Er vergrößert diesen Garten durch Vergrößerung der Länge und der Breite, so dass sich insgesamt 9 Teilflächen ergeben. Er lässt die Verfahren der Berechnung des Umfangs sich konsolidieren, indem er zu den Teilflächen ein Ratespiel durchführen lässt.

Aebli's traditioneller Unterricht

„*Erste Unterrichtsstunde: Der Umfang des Rechtecks (22. Juni 1949, 9.00 – 9.50 Uhr)*

An der Wandtafel habe ich eine Skizze vorbereitet, die ein Gemälde von 4 dm zu 7 dm mit einem schmalen Rahmen darstellt.

Lehrer: Der Rahmenmacher möchte wissen, eine wie lange Rahmenleiste er braucht, um ein Gemälde von dieser Größe einzurahmen. Was muss er tun?

Schüler: Er muss die Länge und die Breite des Gemäldes messen und zweimal die Länge und zweimal die Breite nehmen.

Ich messe die beiden Seiten und schreibe die Maße an die vier Seiten der Skizze.

Lehrer: Welche Rechnung muss der Einrahmer jetzt ausführen?

Die Schüler schlagen die folgenden Formen vor:

$4\,dm + 4\,dm + 7\,dm + 7\,dm = 22\,dm$
$2 \times 4\,dm + 2 \times 7\,dm = 22\,dm$
$(4\,dm + 7\,dm) \times 2 = 22\,dm.$

Die letzte Form der Rechnung wird an die Wandtafel geschrieben.

Lehrer: Nehmen wir an, die Länge des Gemäldes sei 9 dm. Wie groß wäre dann die gesamte Länge des Rahmens? (Die Aufgabe wird gelöst.) –

Wenn das Gemälde 5 dm auf 7 dm …; 5 dm auf 9 dm messen würde, …?

Lehrer: Ihr habt jetzt gefunden, wie man die Gesamtlänge des Bilderrahmens berechnen kann. Wir wollen versuchen, die Formel für diese Berechnung zu finden. – Wie nennt man die Form dieses Gemäldes?

Schüler: Man nennt sie Rechteck.

Lehrer: Die Linie, welche das Rechteck umgibt, heißt 'Umfang'! Diese Seite hier heißt 'Länge', jene 'Breite' des Rechtecks.

Könnt ihr sagen, wie man den Umfang des Rechtecks berechnet?

Die Schüler versuchen verschiedene Formulierungen zu folgendem Merksatz, der an die Wandtafel geschrieben wird:

'Man berechnet den Rechtecksumfang, in dem man die Summe von Länge und Breite mit 2 multipliziert.'

Ich gebe drei Minuten Zeit zum Auswendiglernen der Regel, dann wird sie von mehreren Schülern aufgesagt.

Wir suchen nach einer Kurzformel für die Regel und schreiben sie in der folgenden Weise auf:

$U = (l + b) \times 2$ [*l* steht für „Länge“, b für „Breite“ des Rechtecks]

Zur Wiederholung und Anwendung wird folgende Aufgabe gelöst:

Berechne die Länge des Zauns eines rechteckigen Gartens von 14 m auf 26 m! –

Die folgende Form zur Lösung dieser Aufgabe wird festgelegt:

26 m + 14 m	= 40 m
2 × 40	= 80 m
Umfang	= 80 Meter (Zaun)

Während der restlichen Zeit schreiben die Schüler die Regel von der Wandtafel ab, veranschaulichen sie durch ein Rechteck von 4 cm × 7 cm und lösen folgende Aufgaben, die in der Form von Skizzen mit Maßangaben gestellt werden:

9 m × 15 m (Umfang?); 21 m × 27 m (Garten: Zaun?); 19 m × 49 m (Feld: Grenze?); 25 cm × 68 cm (Gemälde: Rahmen?); 35 dm × 28 dm (Kinoleinwand: Rahmen?).“ (Aebli 1968[3], S. 150–151)

Vergleich der beiden Einführungsstunden

- Im traditionellen Unterricht wurde als Einführungsbeispiel ein Bilderrahmen verwendet: Der Einrahmer hat einen Rahmen zu fertigen. Im modernen Unterricht wurde ein Garten als Einführungsbeispiel verwendet.
- Der Lehrer hat an der Tafel eine Skizze vorbereitet, statt die Schüler selbst eine Skizze anfertigen zu lassen.
- Der Lehrer schreibt den letzten Lösungsvorschlag an die Tafel und beeilt sich dann, die „gültige“ Formel für die Umfangsberechnung an die Tafel zu schreiben.
- Die Schüler werden aktiv, indem sie die Formel von der Tafel abschreiben und dann einige Übungsaufgaben zu verschiedenen Beispielen (Garten: Zaun, Feld: Grenze, Gemälde: Rahmen, Kinoleinwand: Rahmen) zur Berechnung von Umfangen lösen.

Im traditionellen Unterricht wurde in der Regel so verfahren, dass sehr schnell eine Regel bzw. eine Rechenmethode entwickelt und dann verbindlich festgehalten wurde, *ohne zuvor eine ausreichende Erfahrungsgrundlage anzulegen*. Danach sollten die Schüler die schnell entwickelte Formel anwenden und auswendig lernen. Im modernen Unterricht wurde zuerst *eine flexible Vorstellungsgrundlage* aufgebaut: Die Schüler sammelten vielfältige Erfahrungen über die Veränderung des Umfangs bei schrittweiser Veränderung der Seiten einer Fläche.

Der folgende Ausschnitt aus der Unterrichtseinheit zu Umfang und Fläche von Rechtecken, und zwar die dritte Unterrichtsstunde, soll *das operative Durcharbeiten eines Begriffs* noch genauer verdeutlichen.

Moderner, handlungsorientierter Unterricht – Ausschnitt dritte Unterrichtsstunde

… „Der Lehrer fordert jetzt die Schüler auf, das karierte Blatt vorzunehmen. Sie zeichnen darauf ein Gitter von Quadratzentimetern.

Jeder Schüler erhält einen Streifen aus kräftigem Papier in L-Form. Diese Winkel gestatten es, auf dem Gitter Rechtecke aller gewünschten Maße abzugrenzen und ihre Größen in beiden Richtungen beliebig zu verändern.

Lehrer: Zeigt ein Rechteck mit einer Länge von 8 cm und einer Breite von 3 cm (siehe Abb. 11)!

Schüler: Ich zeige drei Streifen von 8 cm^2, das macht 24 cm^2.

Der Lehrer fordert die Schüler auf, die Zahl der Streifen und der in den Streifen enthaltenen Quadratzentimeter zu vermehren und zu vermindern.

Außerdem verlangt er bereits die folgenden inversen Operationen:

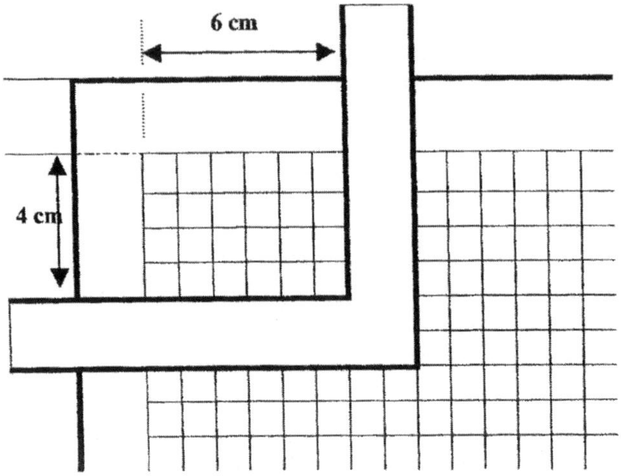

Abb. 11 Mit Hilfe eines Winkels aus festem Papier können die Schüler auf einem Netz von Quadratzentimetern Rechtecke in allen möglichen Größen zeigen.

'Zeigt mit Hilfe von 4 Streifen, 8, 20, 12, 32 cm^2!' usw. Und:

'Zeigt mir Streifen von 8 cm^2, 32, 24, 48 cm^2!' usw. Unter diese Divisionsaufgaben mischt er Multiplikationsaufgaben, was die Schüler daran hindert, automatisch vorzugehen. – Schließlich suchen sie alle möglichen Arten, eine Fläche von 12 cm^2 aufzubauen:

1×12 cm^2, 2×6 cm^2, 3×4 cm^2; 4×3 cm^2, 6×2 cm^2; 12×1 cm^2.

Der mündliche Teil der Stunde dauert 35 Minuten; die Beteiligung der Schüler ist sehr gut. In den restlichen 10 Minuten lösen die Schüler noch zwei Aufgaben. Sie sind in Form einer Zeichnung gestellt, die ein Rechteck von 6 cm × 14 cm darstellt, das bereits in Streifen aufgeteilt ist. Lösung:

6 Streifen von	14 cm^2	2×6 cm	= 12 cm
6×14 cm^2	84 cm^2	2×14 cm	= 28 cm
Fläche	84 cm^2	Umfang	= 40 cm."

(Aebli 1968[3], S. 139–140)

Man kann sich fragen, welche Aspekte bei solchen Übungen von zentraler Bedeutung sind: Ist es der Variationsreichtum der Aufgaben, der im modernen Unterricht größer ist, oder sind es die zusätzlichen Möglichkeiten, selbst aktiv zu werden oder sind es die vielen mit dem operativen Üben einhergehenden Perspektivwechsel, die eine tiefe Elaborierung der zentralen Begriffe erzwingen. Vermutlich spielen alle Punkte zusammen eine Rolle. Die Nähe der Überlegungen zu unseren früheren Überlegungen zum Aufbau neuer Schemata sowie zur Konsolidierung und tiefen Verankerung von Begriffen und ihren Zusammenhängen untereinander durch vielfältige Übungen ist offensichtlich, wobei Aebli zusätzlich das Verdienst zukommt, genauere Vorstellungen zur Art der zu stellenden Übungen entwickelt zu haben.

Der von Aebli durchgeführte Unterrichtsversuch

Aebli hat zu seinem Unterrichtskonzept zwischen Juni und Juli 1949 einen eigenen Unterrichtsversuch mit zwei sechsten Schulklassen durchgeführt. Verglichen wurde dabei seine „moderne Konzeption des Unterrichtens" mit „traditionellem" Unterricht. In beiden Klassen war Aebli selbst der Lehrer.

Beim Vortest zeigte sich in der Klasse, die traditionellen Unterricht erhalten sollte, im Durchschnitt ein etwas besseres Ergebnis (24 Punkte im Vergleich zu 20 Punkten). Außerdem ist die Kontrollklasse auch etwas größer (26 Schüler im Vergleich zu 23 Schülern).[32]

Für seinen modernen Unterricht hat Aebli sieben Unterrichtsstunden benötigt, für den traditionellen dagegen nur 5 Stunden. Er begründet diese Bevorzugung der modernen Gruppe auf folgende Weise:

> *„Der traditionelle Unterricht lässt kein Bedürfnis nach reichlicherer Zeit für die Bildung von Begriffen und Operationen sichtbar werden. Es scheint tatsächlich, dass die Schüler im traditionellen Unterricht rascher vorankommen. Dieser Anschein beruht vor allem auf der Tatsache, dass man den wahren Schwierigkeiten ausweicht, indem man die Aufgaben so stellt und anordnet, dass Verwechslungen zwischen den Operationen ausgeschlossen sind und der Schüler die Lösung rein mechanisch finden kann."* (Aebli 1968³, S. 128)[33]

Ergebnisse: Aebli differenziert die Mitteilung der Ergebnisse nach dem Leistungsniveau der Schüler im Vortest (vgl. Tabelle 22). Alle Schüler, die im Pretest 22 oder mehr Punkte erreicht hatten, erzielten im Nachtest mit etwa 98 % der zu erreichenden Punkte ein sehr gutes Ergebnis. Bei diesen guten Schülern wurden keine gravierenden Unterschiede zwischen den beiden Gruppen festgestellt.[34]

---

[32] Es handelt sich hierbei um die Schüler, die auch am Unterrichtsexperiment teilgenommen haben. Die Kontrollklasse hatte eine Klassenstärke von 36 Schülern, die Versuchsklasse von 30 Schülern. Offensichtlich fielen eine Reihe von Schülern wegen Krankheit aus. Die Anfangsunterschiede werden bei der Analyse der Effekte berücksichtigt.

[33] Wenn alle Schüler bestimmte Kompetenzen aufbauen sollen, braucht guter Unterricht in der Regel mehr Zeit als Rahmenrichtlinien, Kerncurriculum oder die verbindlichen Bildungsstandards vorsehen. Deshalb muss eine grundlegende Bildungsreform zunächst die Bildungspläne so ausmisten, dass für die zentralen Inhalte im Unterricht genügend Zeit übrig bleibt.

[34] Die Ergebnisse verlieren etwas an Glanz, wenn man den Unterrichtserfolg in beiden Schulklassen ohne Berücksichtigung des schulischen Leistungsniveaus der Schüler im Vortest berechnet: Die Schüler mit traditionellem Unterricht erreichten dann im Durchschnitt 24,65 Punkte, die Schüler der modernen Gruppe 25 Punkte. Wenn man berücksichtigt, dass die Pretestergebnisse in der traditionellen Gruppe um vier Punkte über denen der modernen Gruppe lagen, ergibt sich rein rechnerisch ein Zugewinn der modernen Gruppe von etwa viereinhalb Punkten. Um die Stabilität und Übertragbarkeit dieses Ergebnisses abschätzen zu können, wäre eine Replikation des gesamten Versuchs unter besser kontrollierten Bedingungen und mit einer größeren Anzahl geschulter Lehrer und Schulklassen wichtig.

Tab. 22: Ergebnisse des Unterrichtsversuchs von Aebli, differenziert nach dem Leistungsniveau der Schüler

	Schwächere Untergruppe (mit 8–21 Punkten im Anfangstest)		Leistungsstärkere Untergruppe (mit 22–30 Punkten im Anfangstest)	
	Traditionelle Gruppe (n=8)	Moderne Gruppe (n=13)	Traditionelle Gruppe (n=18)	Moderne Gruppe (n=10)
Pretest: Durchschnittliche Punktzahl bei der Anfangsprüfung	14,8	13,3	25,6	26,4
Abschlusstest: Durchschnittszahl der in Angriff genommenen Aufgaben	27,5	23,2	/	/
Prozentsatz der falschen Operationen, bezogen auf die Anzahl der in Angriff genommenen Aufgaben	37,3%	7%	1,7%	1%
Durchschnittliche Anzahl der richtigen Lösungen	14,6	21,6	29,1	29,4
Prozentsatz der richtigen Lösungen, bezogen auf die Anzahl der in Angriff genommenen Aufgaben	53,2%	93%	97,7%	99%

Ein völlig anderes Bild ergibt sich bei der schwächeren Gruppe[35]: Hier werden in der modernen Gruppe 93% der Aufgaben richtig gelöst, verglichen mit 53% in der traditionellen Gruppe. Wichtigster Grund für diese Differenz im Lösungsprozentsatz ist die Unsicherheit bei der Wahl der Operation: Die schwächeren Schüler in der traditionellen Gruppe berechneten den Umfang, wenn eine Flächenberechnung gefordert war oder sie berechneten die Fläche, wenn eine Umfangsberechnung verlangt wurde. Dies deutet auf eine große begriffliche Unsicherheit in dieser Gruppe hin. Insgesamt bestätigen die Ergebnisse somit sehr deutlich die Unterrichtskonzeption von Aebli. Ein weiterer Grund ist allerdings, dass die Schüler in der traditionellen Gruppe auch mehr Aufgaben in Angriff nehmen. Die Schüler der modernen Gruppe verhalten sich offensichtlich reflexiver; sie überlegen länger, was zu berechnen ist.

Kritik am Unterrichtsversuch von Aebli: Man mag gegen den Unterrichtsversuch von Aebli einwenden, dass die guten Ergebnisse bei den schwächeren Schülern auf die größere Unterrichts-

[35] Es ist hier nicht zu klären, wie der zugrunde liegende Lernmechanismus aussieht. Liegt das bessere Lernergebnis bei diesen schwächeren Schülern, (1) an diesen vielfältigen Handlungen, die Schüler bottom up (von unten her, daten- bzw. erfahrungsgeleitet) mit den vielfältigen Erfahrungen zu dem relevanten Begriff versorgen und damit entsprechende konstruktive Tätigkeiten des Schülers auslösen oder daran, dass bei den Schülern, wenn sie Operationen handelnd ausführen, (2) Probleme der Überlastung des Arbeitsgedächtnisses nicht so leicht entstehen, weil man sich automatisch für die Entwicklung neuer Begriffe mehr Zeit nimmt. Oder hängen die Effekte damit zusammen, dass (3) die Schüler durch die Ausführung andersartiger motorischer Handlungen (als Schreiben) stärker für die relevanten Aspekte des Begriffs interessiert werden? (4) Eine weitere Erklärungsmöglichkeit besteht in der Anzahl der durchgeführten Übungen: Das Konzept des operativen Durcharbeitens eines Begriffs zwingt den Lehrer zu mehr und vielfältigeren Übungen, und dies führt zu einer besseren Konsolidierung und Verankerung der Begriffe.

dauer zurückzuführen sind und nicht auf den andersartigen Unterricht. Selbst wenn diese Interpretation zutreffend ist: Für den traditionellen Unterricht besteht eigentlich kein Grund, länger ein Thema zu unterrichten, wenn dieses augenscheinlich verstanden wurde. Verstehen heißt bei den beiden Unterrichtsmethoden etwas Unterschiedliches: In der traditionellen Gruppe löst der Schüler aufgrund von Schlüsselwörtern (Fläche, Umfang) nach Standardverfahren und Formeln die Aufgaben, in der modernen Gruppe muss er zunächst gründlich überlegen, nach was in der Aufgabe gefragt wird. Die Lösungsverfahren ergeben sich dann weitgehend aufgrund des Verständnisses der Begriffe und Verfahren. Wenn Aebli bei jeder Aufgabe gesagt hätte, was zu berechnen ist, wäre das Ergebnis in der traditionellen Gruppe besser gewesen. Allerdings wird im wirklichen Leben auch nicht gesagt, was zu berechnen ist; insofern sind die Ansprüche Aebli's berechtigt.

Man mag ferner kritisieren, dass Aebli in der Klasse, die nach der traditionellen Methode unterrichtet wurde, eine größere leistungsstarke Gruppe gebildet hatte (zwei Drittel) als in der Klasse mit modernem Unterricht (die Hälfte). Bezogen auf diese leistungsstarken Schüler ergab sich ja kein nennenswerter Unterschied. Vielleicht wäre der Unterschied etwas geringer ausgefallen, wenn die Grenze zwischen der Gruppe der leistungsstarken und der leistungsschwächeren Gruppe etwas anders gezogen worden wäre.

Natürlich handelt es sich bei dem Versuch von Aebli nicht um ein strenges Unterrichtsexperiment. Einmal hat Aebli selbst den Unterricht in beiden Klassen durchgeführt; damit setzt er sich dem Vorwurf aus, er habe durch sein Unterrichtsverhalten das Ergebnis in seinem Sinne beeinflusst. Ob die Ergebnisse in ähnlicher Weise auch im Rahmen eines echten Experiments auftreten würden, bleibt offen. Man müsste wie beim Experiment von Good, Grouws und Ebmeier (1983) dann etwa 40 Schulklassen per Zufall beiden Bedingungen zuteilen und die Lehrer beider Gruppen für ihre Methode trainieren. Durch Beobachtung des Unterrichts müsste geprüft werden, ob die Lehrer in der Lage sind, diese Methoden auch umzusetzen. Ein solcher strenger Unterrichtsversuch zur Methode von Aebli wurde noch nicht durchgeführt.

Ein anderer Kritikpunkt bezieht sich auf die Prüfung der Stabilität des Lernerfolgs. Das Ergebnis wäre noch überzeugender gewesen, wenn etwa nach einem viertel oder einem halben Jahr eine zweite Messung des Unterrichtserfolgs durchgeführt worden wäre. Bei einer solchen Messung hätte man auch bei der leistungsstarken Gruppe, die nach der modernen Methode unterrichtet wurde, ein besseres Ergebnis im Vergleich zu dem der traditionellen Gruppe erwarten können.[36] Auch bei den leistungsschwächeren Schülern wäre ein besseres Behalten des Gelernten zu erwarten gewesen.

Ein weiterer Punkt bezieht sich auf die relevanten Wirkfaktoren des Unterrichtsversuchs. Aebli weist selbst darauf hin, dass seine moderne Unterrichtsmethode auch Einfluss auf die Entwicklung von Motivationen und Lernhaltungen haben müsste, denen er nicht durch eigens entwickelte Messungen nachgegangen ist. Entsprechend schreibt er:

[36] Aebli geht bei der Interpretation seiner Ergebnisse auf diesen Punkt nicht näher ein. Er scheint davon auszugehen, dass seine moderne Methode in den höheren Klassen nur für die weniger fähigen Schüler erforderlich wäre. Er schreibt: „In den höheren Klassen der Volksschule und in der höheren Schule rechtfertigt sich das verlangsamte Unterrichtstempo, das mit dem Vollzug konkreter Manipulationen verbunden ist, nur für die weniger begabten Schüler.“ (Aebli 1968³, S. 172). Dieser Punkt ist m. E. aber durchaus strittig: Wenn man nachweisen könnte, dass auch diese „begabteren“ Schüler bei Anwendung der traditionellen Methode das Gelernte sehr schnell vergessen und die Phasen der Wiederholung später dann mehr Zeit erfordern als die moderne Methode mit kürzeren Wiederholphasen, dann würde ein solches Ergebnis auch in höheren Klassen für eine gründlichere Erarbeitung des Stoffes durch alle Schüler nach der modernen Methode sprechen.

„Sollten beispielsweise die aktiven Methoden bei Ihnen ein tieferes Interesse für den behandelten Stoff geweckt, ihren Geschmack am Nachforschen und Ihre Initiative gefördert haben, sollten die Schüler dabei Arbeits- und Denkmethoden erworben haben, wirksam und reich an Möglichkeiten der weiteren Entwicklung, wäre schließlich ihre soziale Entwicklung im Lauf der gemeinsamen Entwicklung begünstigt worden, so hätten wir doch in den Ergebnissen ihrer Prüfungsarbeiten nichts wahrgenommen." (Aebli 1968[3], S. 171)

Leider wurden diese Prüfungen von Aebli nicht durchgeführt.

Einordnung des „modernen" Unterrichts von Aebli

Der traditionelle Unterricht überfordert nach Aebli die schwächeren Schüler. Ohne die begrifflichen Grundlagen wirklich erfahren und verstanden zu haben, bietet man ihnen Verfahren an, mit denen sie bestimmte Aufgaben lösen können. Ein tieferes Nachdenken, ein verständiges Problemlösen, eine weitere Entwicklung ihrer begrifflichen Strukturen wird dann nicht mehr verlangt. **Der Lehrer traut diesen Schülern ein tieferes Verständnis nicht zu. Deshalb gibt er ihnen gleich ein sicheres Lösungsverfahren an die Hand. Insbesondere versagen diese Schüler dann,** wenn in Aufgaben Begriffe vorkommen, die den in den Formeln verwendeten Begriffen nicht entsprechen. Wenn also z. B. in einer Aufgabe der Grasertrag von zwei Wiesen miteinander verglichen werden soll, und nicht explizit gesagt wird, dass eine Flächenberechnung verlangt wird, neigen solche Schüler dazu, den Umfang zu bestimmen.

Das Problem liegt hier auch in einer falsch verstandenen Elementarisierung im Sinne einer jeweils isolierten Behandlung von Teilthemen. Wer für sich getrennt Umfänge und danach Flächen berechnet, weiß nicht wirklich, *wann* Flächen und Umfänge zu berechnen sind. Bei geblocktem Lernen entsteht eine Illusion des schnellen Könnens, die erst offenkundig wird, wenn vermischte Aufgaben gestellt werden. Auf dieses Problem sind wir im Zusammenhang mit dem „vermischten Lernen" eingegangen (vgl. S. 123ff.). Im vorliegenden Fall sollten die Schüler drei Dinge lernen:

- Die Umfangsberechnung von rechteckigen Flächen,
- die Flächenberechnung von Rechtecken, und
- die Unterscheidung zwischen Situationen, in denen Flächen- oder Umfangsberechnungen durchzuführen sind.

Im traditionellen Unterricht lernen Schüler in einer Einheit die Umfangsberechnung, und in der nächsten Einheit die Flächenberechnung. Wenn nach der Behandlung des Umfangs jedoch mit der Flächenberechnung begonnen wird, dann spätestens muss der Begriff der Fläche von dem des Umfangs differenziert werden. Insofern gehört das Wissen über die Umfangsberechnung auch zum konzeptuellen Wissen über die Flächenberechnung.

„So fängt man mit dem Umfang des Rechtecks an, um dann, getrennt davon, zur Behandlung einer Fläche überzugehen. Man führt in einer Reihe von ersten Stunden den Satzgegenstand ein, dann nimmt man nacheinander andere Satzteile in Angriff usw. Der zugrunde liegende Gedanke ist, jeden Begriff isoliert zu formen, – aus Furcht, ein Eindruck könne den anderen auslöschen. Man glaubt, die Erkenntnis nach einem atomistischen Schema aufbauen zu können, indem man einen Bestandteil mit dem anderen verbindet; aber man vergisst, dass es gerade die gegenseitigen Beziehungen sind, die verschiedene Begriffe abgrenzen und klarstellen." (Aebli 1968[3], S. 24)

Eine einfache Demonstration an Bildern reicht für schwächere Schüler nicht aus, um den Begriff zu bilden. Sie benötigen operative Übungen zum Verständnis der Zusammenhänge zwischen den relevanten Größen. Ohne solche Übungen sind sie später beim Arbeiten mit Symbolen nicht mehr in der Lage, sich an die Bedeutung der grundlegenden Begriffe zu erinnern und müssen sich deshalb sklavisch an einer Regel orientieren.

> *„So kommt es, dass die herkömmliche Unterrichtsweise, indem sie künstlich isoliert, was zueinander in Beziehung gestellt werden müsste, das Kind am Verstehen hindert und es zwingt, seine Zuflucht zum Auswendiglernen und zu Wortformeln zu nehmen."* (Aebli 1968[3], S. 25)

Diese falsch verstandene Elementarisierung erschwert einen Transfer auf die Probleme des Alltags, weil die Verknüpfungen zwischen Alltagsbegriffen bzw. Alltagserfahrungen einerseits und den zugehörigen abstrakten Begriffen andererseits nicht gelernt werden. In der Aufgabe muss dann das entsprechende Schlüsselwort (z. B. Fläche oder Umfang) vorkommen. Vom Schüler wird verlangt, sich an die entsprechende Formel und das Standard-Lösungsverfahren zu erinnern, um die Aufgabe richtig zu lösen. Wenn das Schlüsselwort „Fläche" fehlt und in der Aufgabe danach gefragt wird, wie viel Dünger für einen rechteckigen Acker benötigt wird, der eine bestimmte Länge und Breite hat, bekommen die Schüler Schwierigkeiten zu erkennen, dass die Aufgabe etwas mit Flächenberechnung zu tun hat. Entsprechend schlägt Aebli vor: Statt in einer Aufgabe nach der Größe einer Fläche zu fragen, wird gefragt, ob der Grasertrag einer Wiese größer ist als der einer anderen, oder man fragt nach dem pflügbaren Land. Man kann auch nach der Größe der Wand fragen, die anzumalen ist. Um die Schüler den Wert von *π entdecken* zu lassen, schlägt Aebli vor, die Länge eines Eisenstabes abzuschätzen, die man braucht, um ein Wagenrad mit einem bestimmten Durchmesser zu bereifen. Seiner Meinung nach haben derartige Problemformulierungen folgende Vorteile:

- Sie sind für den Schüler verständlicher, da ein direkter Bezug zur Lebenswelt des Schülers besteht;
- sie verzichten auf die Verwendung einer Fachsprache oder auf unnötige Symbolik,
- und sie erleichtern einen Transfer auf praktische Probleme (vgl. Aebli 1968[3], S. 97).

Um eine breite begriffliche Grundlage zu legen, genügt es häufig nicht, von vielfältigen möglichen Anwendungen des abstrakten Begriffs auszugehen, um den abstrakten Begriff mit möglichst vielen Erfahrungen zu verknüpfen. Auch die Erarbeitung des Begriffs durch Operieren in verschiedene Richtungen ist wichtig. So kann man bei der Erläuterung des Bruchbegriffs zunächst vielfältige Anwendungen aus der Lebenswelt des Schülers verwenden. Danach erfolgt eine weitere Präzisierung über eine Darstellung verschiedener Bruchsituationen. Eine weitere Differenzierung erfolgt dann durch Erläuterung des Erweiterns als Verfeinern eines Bruchs (z. B. doppelt so viele Teile, die aber nur jeweils halb so groß sind). Eine weitere Präzisierung des Bruchbegriffs ergibt sich dann durch die Darstellung des Kürzens als Vergröbern eines Bruchs (z. B. halb so viele Bruchteile, die aber doppelt so groß sind). Diese Verfahren des Erweiterns und Kürzens sind dann abzugrenzen von Verfahren des Verdoppelns oder Halbierens von Brüchen usw. (vgl. Wellenreuther 1994, 1996).

In ähnlicher Weise verfährt Aebli auch bei der Behandlung der Umfang- und Flächenberechnung von Rechtecken. Hier wird ein tieferes Verständnis der Flächenberechnung eines Rechtecks erreicht, indem nicht nur Aufgaben im Sinne von „Streifen eines bestimmten Flächeninhalts mal Anzahl der Streifen" gestellt werden. Zusätzlich werden auch Aufgaben gestellt, in denen die Operation umgekehrt wird: Man fragt nun nach dem Flächeninhalt eines Streifens, wenn man von einer bestimmten Fläche und von einer bestimmten Anzahl von Streifen ausgeht. Oder man fragt nach der Anzahl von Streifen, wenn der Flächeninhalt des Rechtecks gegeben ist und bekannt ist, wie groß die Fläche eines Streifens ist. Aebli bezeichnet solche Aufgaben als *operatorische Übungen* bzw. als *operatives Durcharbeiten eines Begriffs*. Ziel solcher Übungen ist die Bildung einer beweglichen Operation. Aebli schreibt dazu:

> *„Allgemein kann man sagen, dass die Möglichkeit, die Aufgaben durch ein mechanisches Verfahren zu lösen, ... für gewisse Schüler immer eine Versuchung ist.*
> *Aus all diesen Tatsachen ergibt sich die unbedingte Notwendigkeit, dem gemeinsamen Forschen oder der Erarbeitung eines neuen Begriffs oder Verfahrens Lektionen folgen zu lassen, in deren Verlauf der neu eingeführte geistige Akt wieder durchdacht wird, und zwar in einer Form, die es keinem Schüler erlaubt, sich durch mechanisches Vorgehen von der Aufgabe zu drücken ... So muss die Operation präzisiert und beweglich gemacht werden ...*
> ***Zwei ... Eigenschaften [von Operationen] spielen in der Unterrichtspraxis eine besonders wichtige Rolle: Reversibilität (Umkehrbarkeit) und Assoziativität (Gruppierbarkeit). Wenn das Verständnis einer Operation einschließt, dass sie sowohl direkt als auch umgekehrt ausgeführt werden kann, so muss sich die operatorische Übung auf beides erstrecken.*** *“* (Aebli 1968³, S. 110 f.)

Solche operatorischen Übungen sollen auch im Sachunterricht durchgeführt werden. So schlägt Aebli für den Geographieunterricht nicht nur vor, Probleme der Erosion durch Regenfälle im Sandkasten nachzuspielen, wenn die Erde ohne Baumschutz ist; man kann auch rückwärts das Problem diskutieren, indem man über das Auftauchen von Malaria im Wallis berichtet und fragt, wie es dazu gekommen ist.[37]

Eine Einordnung des „modernen“ Unterrichts, wie ihn Aebli vertritt, fällt schwer. In ihm sind die Elemente einer optimierten direkten Instruktion enthalten, da auch im modernen „handlungsorientierten“ Unterricht über weite Strecken vom Lehrer alle wesentlichen Impulse ausgehen und der Lehrer den Unterricht strukturiert und lenkt. Der Lehrer ist für die Erarbeitung der Inhalte in der Klasse verantwortlich, lenkt durch Fragen, entwirft ein Tafelbild, fasst Schülerbeiträge zusammen. Aeblis traditioneller Unterricht entspricht hingegen eher einem bornierten Frontalunterricht, der weitgehend über die Köpfe der meisten Kinder hinweggeht.

Auch *Gruppenarbeit* spielt in seinem Konzept eine wichtige Rolle, wobei gewisse Ähnlichkeiten mit der Gruppenrallye bestehen: Auch Aebli geht davon aus, dass zunächst der Lehrer das Problem klar mit den Schülern zu erarbeiten hat, und Gruppenarbeit erst dann Sinn macht, wenn bestimmte begriffliche Unklarheiten im Klassengespräch schon beseitigt wurden. „... *ein Problem, das vor allem zum Aufbau neuer intellektueller Strukturen führen soll, [ist] besser für die gemeinsame Diskussion geeignet, wogegen ein Problem, das sich in erster Linie mit der Anwendung schon erworbener Strukturen beschäftigt, eher für Gruppenarbeit in Frage kommt“*. (Aebli 1968³, S. 107)

Die Durchführung von Gruppenarbeit hält Aebli auch aus Gründen der Persönlichkeitsentwicklung für wichtig:

---

[37] Aebli berichtet, dass im 18. Jahrhundert im Kanton Glarus an den Berghängen viele Bäume gefällt wurden. Dadurch wurden die Erdmassen abgeschwemmt und sammelten sich im Talausgang an. Zu bestimmten Zeiten wurden dann die Ufer überschwemmt, und nach und nach entwickelte sich dort ein Sumpfland, das Brutstätte für Malariamücken war (Aebli 1968³, S. 113).

> *„Die Einordnung in die menschliche Gesellschaft, die Zusammenarbeit mit anderen, lässt das Kind seine anfänglichen egozentrischen Absichten überwinden und führt es zu einem beweglichen, in sich zusammen hängenden Denken …*
> *Schüler, die ständig gezwungen werden, Gesichtspunkten Rechnung zu tragen, die nicht ihre eigenen sind, … werden kaum starre, stereotype geistige Gewohnheiten erwerben können."* (Aebli 1968[3], S. 74/75)

Gruppenarbeit setzt für ihn allerdings eine genauere didaktische Planung als der lehrerzentrierte Unterricht voraus. Weil der Lehrer in die Gruppenarbeit nicht mehr eingreifen kann, müssen die Aufgaben vorher genau durchdacht werden. Wenn die Gruppenarbeit beendet ist, sollten die Schüler über die Ergebnisse ihrer Gruppenarbeit berichten, und der Lehrer hat dann bei Unklarheiten und Fehlern die Aufgabe, sich durch entsprechende Erklärungen und Rückmeldungen einzuschalten.[38] Dies ist vor allem deshalb wichtig, weil gerade schwächere Schüler in der Gruppenarbeit häufig besondere Schwierigkeiten haben und beim Besprechen der Ergebnisse dann die Möglichkeit besteht, durch Erklärungen und Rückmeldungen die Verständnislücken dieser Schüler zu schließen. (vgl. Aebli 1968[3], S. 99 f.)

Gerade weil Gruppenarbeit für schwächere Schüler häufig eine Überforderung darstellt, wendet Aebli eine bestimmte Form der Kombination von Gruppenarbeit und Kleingruppenunterricht an:

> *Die leistungsstärkeren Schüler sollen bestimmte Aufgaben in Gruppenarbeit lösen, während der Lehrer mit dem schwächeren Drittel der Klasse die zu lösenden Aufgaben durchgeht und die Schüler dabei zu befähigen sucht, die gestellten Aufgaben zu verstehen und selbständig zu lösen.*

8.3.4 Möglichkeiten und Grenzen handlungsorientierten Unterrichts

Handlungsorientierter Unterricht als „fully guided instruction"

Viele Formen handlungsorientierten Unterrichts überfordern leistungsschwächere Schüler, während leistungsstarke Schüler mit ausgedünnten Erklärungen und Hilfen durchaus noch zurechtkommen. Die Lernwirksamkeit des traditionellen Unterrichts genügt den Ansprüchen der „guten Schüler"; um den Lernbedürfnissen der leistungsschwächeren Schüler gerecht zu werden, müssen neue Begriffe breiter verankert, mehr Beispiele aus der Erfahrungswelt der Kinder gegeben, mehr operative Übungen durchgeführt, mehr mit Hilfsmitteln der Kontextualisierung und der Personalisierung gearbeitet werden. Vor allem muss eine breite begriffliche Grundlage gelegt werden. Dazu brauchen wir in Mathematik Schulbücher, die sich viel stärker um Erklärungen und Begründungen kümmern. Lehrer dürfen nicht der Versuchung erliegen, dass das schnelle Auffassen und Lernen der guten Schüler ein Maßstab für das Voranschreiten im Unterricht ist. Dies entspricht sowohl den Ergebnissen der Längsschnittstudie von Helmke (1988) als auch dem Befund, dass erfolgreiche Mathematiklehrer sich vor allem um eine breite

[38] Dies entspricht dem Engagement des Lehrers im Rahmen der prozessorientierten Exkursion (MacKenzie & White 1982): Auch hier hatten die Schüler Probleme zunächst selbst zu lösen. Erst wenn sich dabei Schwierigkeiten ergaben, befragten sie dazu ihren Lehrer. Wenn Schüler an Problemen aktiv gearbeitet haben und dann noch offene Fragen bestehen bleiben, dann sind Erläuterungen und Erklärungen viel effektiver, als die üblichen „vorauseilenden" Erklärungen, die auf Probleme eingehen, die Schüler noch gar nicht haben und für die sie sich deshalb häufig gar nicht interessieren.

Verständnisgrundlage für schwächere Schüler kümmern (vgl. Evertson, Emmer und Brophy 1980).

Handlungsorientierter Unterricht muss sich Fragen nach seiner Wirksamkeit und seiner Effizienz (Verhältnis von Aufwand und Ertrag) gefallen lassen. Die selbständige Entwicklung von Diagrammen, Schaubildern und Mind-Maps zu Verdeutlichung wesentlicher Punkte von Texten kostet im Unterricht viel Zeit. Schüler können bei gleicher Lernzeit mehr lernen, wenn Experten solche Diagramme oder Schaubilder entwickeln, so dass der Schüler diese parallel zur Erarbeitung des Textes studieren kann (vgl. Stull & Mayer 2007). Anstatt Mind-Maps selbst zu entwickeln, können Schüler bei gleicher Lernzeit mehr lernen, wenn sie nach sorgfältigem Studieren eines Textes ihre Erinnerungen der Inhalte niederschreiben und danach diese Erinnerungen aufgrund erneuten Textstudiums überarbeiten. Dieser Zyklus sollte zweimal durchgeführt werden, was so viel Zeit wie die selbständige Erstellung von Mind-Maps kostet (vgl. Karpicke & Blunt 2011). Unter bestimmten Umständen ist sogar das bloße Studieren von Texten äußerst lernwirksam, und zwar dann, wenn Schüler oder Studenten versucht haben, komplexe Aufgaben zu lösen und danach für sie verständlich geschriebene Texte erhalten, in denen auch Begründungsdiskussionen geführt werden (vgl. VanLehn et al. 2007).

Es macht keinen Sinn, handlungsorientierten Unterricht gegen direkte Instruktion auszuspielen. Handlungsorientierter Unterricht bezieht sich häufig auf die Phase der Einübung und Anwendung von neu gelernten Inhalten und Fertigkeiten, bei direkter Instruktion denkt man hingegen fälschlicherweise oft nur an die Phase der Einführung, Erklärung und Erläuterung neuen Wissens. Während beim Erwerb neuen Wissens Gesichtspunkte schrittweiser Aneignung, verständlichen Erklärens und Erläuterns unter Berücksichtigung der Begrenztheit des Arbeitsgedächtnisses bedeutsam sind, spielen bei einer Exkursion, in der das zuvor gelernte Wissen auf die Umwelt konstruktiv angewendet werden soll, Prozesse der Festigung im Langzeitgedächtnis *durch Abrufen von Informationen* eine wichtige Rolle. Wie wir schon beim Testeffekt (vgl. 4.5, Punkt 4) diskutiert haben, sind solche Abrufprozesse oft lernwirksamer als nochmaliges Darstellen oder Studieren der relevanten Informationen.

Die Diskussion handlungsorientierten Unterrichts wird nicht selten mit problematischen, ideologischen Argumenten geführt. Manche sprechen vom Projektunterricht als der Hochform des handlungsorientierten Unterrichts (vgl. Gudjons 1992), mit dem das Jammertal des Lernens aus zweiter Hand endlich beendet werden könne. Um die Diskussion über die Wirksamkeit handlungsorientierten Unterrichts auf eine solide Basis zu stellen, sollte man von der *Interaktionshypothese* ausgehen. Danach ist bei der Einführung neuer komplexer Inhalte das Arbeiten mit Lösungsbeispielen, das explizite Modellieren neuer Techniken durch den Lehrer und ein Visualisieren wesentlicher Gedanken sinnvoll (vgl. Paas und Merrienboer 1964; Klahr und Nigam 2004; Matlen und Klahr 2012). Dieser Prozess der Einführung sollte entschleunigt werden. Man präsentiert Schülern nicht einfach neue Inhalte, sondern stellt dazu Verständnisfragen, lässt anhand von Lösungsbeispielen wesentliche Ideen verdeutlichen, lässt Schüler ihre Verständnisse begründen, verengt den Inhalt nicht vorzeitig auf bestimmte Formeln und deren Ausführung. Später im Lernprozess, wenn neue Schemata in ihrem Grundriss aufgebaut sind, werden zunehmend Elemente entdeckenden Lernens wichtig (vgl. MacKenzie & White 1982).

Handlungsorientierter Unterricht im Sinne Aeblis empfiehlt sich aus kognitionstheoretischen Gründen. Seine Überlegungen zur Begriffsbildung, z. B. zur operativen Durcharbeitung, haben heute noch Gültigkeit. Man kann Aeblis modernen Unterricht als eine bestimmte Form direkter Instruktion auffassen, der von borniertem Frontalunterricht (Aeblis traditioneller Unterricht) abzugrenzen ist. Zu dieser direkten Instruktion gehören in der Phase der Anwendung und Konsolidierung des Wissens Exkursionen, Projekte und Experimente.

In bestimmten Fächern wie Biologie, Geschichte, Geographie, Physik und Chemie ist handlungsorientierter Unterricht im Sinne der Durchführung von Experimenten, mit denen Hypothesen geprüft werden können, von herausragender Bedeutung. Schüler müssen hier auch die Methodologie einer strengen Prüfung von Aussagen in der Schule lernen (vgl. Klahr & Nigam 2004; Zohar & David 2008). Der Lehrer hat diese Kompetenzen im Rahmen direkter Instruktion zu demonstrieren und zu modelleiren, dazu klare Anweisungen für nachfolgendes Erproben in Gruppenarbeit zu entwickeln, wobei er die Arbeit der Gruppen sorgfältig zu kontrollieren hat. Probleme müssen dann in der Klasse diskutiert, neue Versuche geplant werden, wobei von den Schülern dann eine zunehmende Selbstständigkeit erwartet werden kann.

In der deutschen Diskussion um eine „bessere Schule" wird handlungsorientierter Unterricht als Gegenbild der derzeitigen Schule präsentiert. So schreibt Gudjons (1992, S. 57):

> *„Wenn die Schule als sinnvolle Institution erhalten bleiben soll, wird sie etwas dagegen setzen, was moderne Medien nicht leisten: über Sinnlichkeit, Erfahrung, Tätigkeit/Handeln kognitive Strukturen aufzubauen, – handlungsorientierten Unterricht … »Handelnd handeln lernen«, ist das Entscheidende, was die Schule der Überlegenheit perfektionierter Informationsvermittlung entgegenzusetzen hat!"*

Handlungsorientierter Unterricht und direkte Instruktion sind jedoch kein Gegensatz. Handlungsorientierter Unterricht, wie er bei Aebli als „moderner Unterricht" vorgestellt wird, verweist auf Bedingungen, unter denen direkte Instruktion besonders lernwirksam ist. Entscheidend dabei sind nicht die Handlungen in der sozialen Umwelt außerhalb der Schule, sondern *aktives geistiges Operieren aller relevanten Schritte,* die zum Lösen von Aufgaben erforderlich sind. Die entscheidende Frage ist somit nicht, ob genügend „handelnd" gearbeitet wurde, sondern *ob die Lernumgebung die Schüler zur selbständigen Ausführung der für die Lösung von Problemen erforderlichen geistigen Tätigkeiten angeregt hat* (vgl. Stull & Mayer 2007) und ob ein günstiges Verhältnis zwischen Aufwand und Ertrag steht. Wenn ich, dem Dogma des eigenständigen Handelns folgend, Schüler Diagramme selbst entwickeln lasse, und die Schüler dafür ein Vielfaches an Zeit benötigen, ohne dadurch mehr zu lernen, dann ist der Lernertrag handelnden Unterrichts nicht ausreichend. Wirksamer handlungsorientierter Unterricht findet in der Regel im Rahmen von direkter Instruktion statt, die durch einzelne Phasen der Gruppenarbeit unterbrochen wird. Dies zeigt der von Aebli vertretene „moderne Unterricht" sehr deutlich.

Diese kognitionstheoretische Begründung handlungsorientierten Unterrichts ist m.E. völlig ausreichend. Zusätzliche Begründungen durch Verweis auf gesellschaftliche Veränderungen sind nicht erforderlich. Sicherlich können im Rahmen handlungsorientierten Unterrichts auch *Erfahrungen aus erster Hand* gemacht werden, z.B. indem ein Bauernhof besucht wird, dabei bestimmte systematische Beobachtungen durchgeführt werden, die dann im nachfolgenden Unterricht ausgewertet werden können. Es fällt schon auf, dass die Beispiele für handlungsorientierten Unterricht in aller Regel naturwissenschaftlichen Fächern entstammen (Biologie, Sachunterricht, Sozialkunde, Physik, Chemie), Bereiche wie Rechtschreibung, Grammatik, Lernen von Vokabeln, Einüben von Einmaleinsfakten und ähnliche andere „normale" Schulgegenstände werden dagegen nicht erwähnt.

Erkenntnistheoretische Probleme

Die Attraktivität handlungsorientierten Unterrichts leitet sich vielleicht gerade aus einer Unbestimmtheit des Handlungsbegriffs ab. Man spricht von Denkhandlungen, verbalem Handeln, motorischem Handeln, von intrinsisch motiviertem Handeln, von selbsttätigem Handeln. Handeln kann im Klassenverband, in Gruppenarbeit, in Partnerarbeit oder allein, es kann an gleichen oder an verschiedenen Aufgaben erfolgen. Handeln kann sich auf Basteltätigkeiten, komplexe Handlungsabläufe oder auf Handlungen beziehen, die zu eng umgrenzten Aufgaben erfolgen. Sprechen wir schon von Handeln, wenn Schüler aufmerksam bei einer Exkursion den *Erklärungen des Lehrers zuhören* oder erst dann, wenn die *Schüler selbsttätig bestimmte Aufgaben erledigen*?

Dahinter steckt ein gravierendes *theoretisches* und *erkenntnistheoretisches* Problem. Das theoretische Problem besteht in der Charakterisierung der Bedingungen, unter denen handlungsorientierter Unterricht zu organisieren ist, um die erwünschten Ergebnisse im Hinblick auf kognitives und soziales Lernen zu erzielen. Wenn es nicht gelingt, genaue Prognosen zu formulieren, **wann Handeln Lernen begünstigt, fehlt der Theorie handlungsorientierten Unterrichts jeglicher empirischer Gehalt. Im Nachhinein kann man immer leicht sagen, es habe sich um einen echten** (oder unechten) handlungsorientierten Unterricht gehandelt. Die gleiche Methode (z. B. „Lesen von Texten“) kann jedoch in der einen Lernumgebung zu aktivem kognitiven Operieren führen, während sie in anderen Situationen zu einer passiven und unmotivierten Informationsaufnahme und damit zu *trägem Wissen* führt.

Ein Beispiel hierfür liefern die Experimente der Arbeitsgruppe um VanLehn et al. (2007): Wenn die Studenten sich zuerst um eigene Problemlösungen bemüht hatten und danach Mini-Lektionen lasen, in denen auch häufig auftretende Fehler diskutiert wurden, und sie danach ihre Problemlösungen überarbeiteten, war die Lernwirksamkeit des Lesens der Minilektionen sehr hoch. Offensichtlich ist für eine aktive Aufnahme und Verarbeitung von Textinformationen eine Bewusstheit der eigenen Stärken und Schwächen erforderlich. In einer anderen Lernumgebung, in der zunächst eine Problemlösung nicht gefordert wird, reicht das Lesen der Minilektionen zum Lernen nicht aus – Lesen führt hier nur zu trägem Wissen.

Das erkenntnistheoretische Problem besteht in der möglichen *Zirkularität der Argumentation*. Wenn handlungsorientierter Unterricht nur dann verwirklicht wurde, wenn Schüler aktiv und motiviert arbeiten, dann wird immer vom Ergebnis her argumentiert. Behauptungen über handlungsorientierten Unterricht sind dann von vornherein immer wahr; sie können bei dieser Art des Argumentierens nicht widerlegt werden. Ein Projektunterricht, der zu lustlosem, inaktivem Verhalten führt, wäre dann kein handlungsorientierter Unterricht. Es ist deshalb unbedingt erforderlich, von den Bedingungen des Unterrichts her klar zu definieren, was unter handlungsorientiertem Unterricht zu verstehen ist.

Ausschlaggebend für das Lernen ist nicht das motorische Handeln, sondern die Ausführung der relevanten geistigen Tätigkeiten. Neuere empirisch-experimentelle Forschung belegt, dass nicht das aktive Handeln der entscheidende Faktor für das Lernen ist, sondern das *aktive kognitive Operieren* (vgl. Stull & Mayer 2008 sowie Karpicke & Blunt 2011).

8.4 Offener Unterricht

Lange war es verpönt, nach der empirischen Basis einer Unterrichtsmethode zu fragen, vor allem wenn die herrschende pädagogische Lehre bestimmte Unterrichtsmethoden als „progressiv“ und „innovativ“ verklärte. Noch immer gibt es im Bereich des offenen Unterrichts einen erheblichen Mangel an seriöser empirischer Forschung (vgl. Furtak et al. 2012[39]). Für viele Pädagogen ist selbstevident, was progressiver und innovativer Unterricht ist. Empirische Forschungen seien deshalb überflüssig. Ich habe erhebliche Zweifel an den ethischen Grundlagen dieser Haltung. Könnte es nicht sein, dass Methoden offenen Unterrichts letztlich nur ganz bestimmten gesellschaftlichen Schichten dienen? Warum sind viele „progressive“ Pädagogen *ohne ernstzunehmende Forschung* vollkommen sicher, dass die innovativen pädagogischen Methoden offenen Unterrichts tatsächlich die gewünschten Wirkungen erzielen? Man sollte nicht vergessen: Im Zeichen des Guten ist immer das größte Unheil angerichtet worden.

Eine wesentliche Rolle in der Diskussion um lehrergeleiteten Unterricht scheinen Annahmen über die Entwicklung von Selbständigkeit sowie der Kompetenz zum Problemlösen zu sein. Offene Methoden sollen danach in besonderer Weise die Selbständigkeit der Schüler fördern. Was dabei unter Selbständigkeit verstanden wird, ist m.E. nicht ganz klar. Man kann folgende Begriffe von Selbständigkeit unterscheiden:

Formen der Selbständigkeit

1. Selbständigkeit als allein arbeiten, ohne auf Anweisungen des Lehrers zu warten, im Sinne sich sinnvoll selbst beschäftigen können.
2. Selbständigkeit als freie Auswahl von Stationen im Rahmen von Stationsarbeit oder als freie Entscheidung im Rahmen von Wochenplanarbeit, an welchen Wochentagen welche Aufgaben von mir bearbeitet werden.
3. Selbständigkeit als Fähigkeit, über eine schwierige Frage nach Einholen und Studium von Informationen zu wohl begründeten Entscheidungen zu gelangen.
4. Selbständigkeit als Fähigkeit, möglichst selbständig und professionell in Bereichen Probleme ohne fremde Hilfe bewältigen zu können.

Offene Unterrichtsmethoden sollen Selbständigkeit und Mündigkeit der Schüler besser als lehrergeleiteter Unterricht fördern. Dies stimmt vielleicht, wenn man Selbständigkeit der ersten oder zweiten Form meint. Man kann aber von der Förderung der Selbständigkeit im ersten und zweiten Sinne nicht auf die Förderung von Selbständigkeit im dritten und vierten Sinn schließen. Dies hat gute Gründe: Sowohl die dritte wie auch die vierte Form der Selbständigkeit setzt eine breite Wissensbasis voraus, und nach allem, was wir wissen, wird diese breite gut durchstrukturierte Wissensbasis am besten durch bestimmte Methoden systematischen Instruierens, insbesondere durch direkte Instruktion, entwickelt.

8.4.1 Begriffliche Klärungen

Wie sind moderne Unterrichtsmethoden wie Wochenplanarbeit und Stationenlernen zu bewerten, wenn man unser Wissen über Lernen und Gedächtnis berücksichtigt? Unter welchen Bedingungen sind diese Methoden lernwirksam? Welche Gruppen von Schülern können besonders viel durch diese Methoden lernen und welche Schüler eher wenig? Und vor allem: Unter welchen Voraussetzungen sind diese Methoden des offenen Unterrichts lernwirksam und unter welchen nicht?

[39] Auf die methodologischen Mängel der Meta-Analyse von Furtak et al. (2012) wurde in Kapitel 2 genauer eingegangen.

Bei der folgenden Diskussion wird – wie beim lehrergeleiteten Unterricht – von der Annahme ausgegangen, dass es unterschiedliche Möglichkeiten der Verwirklichung dieser Methoden gibt. Bei allen Formen des offenen Unterrichts steht das selbstständige Bearbeiten von Aufgaben im Vordergrund. *Wie komplexe Inhalte im Rahmen „offenen Unterrichts" am besten eingeführt und erklärt werden, ist nach meiner Kenntnis nicht genau geklärt.*[40] Zum offenen Unterricht gehört Freiarbeit, Wochenplanarbeit sowie Stationsarbeit bzw. Werkstattunterricht. Ich werde im Folgenden vor allem auf Stationsarbeit und auf den Wochenplan eingehen.

– *Wochenplan:* Kinder erhalten für eine ganze Woche Aufgaben, die sie in der Schule oder zu Hause bearbeiten sollen. Sie müssen dabei lernen, die Aufgabenbearbeitung gleichmäßig über die Wochentage zu verteilen, um den Wochenplan auch rechtzeitig zu beenden. Variationen der Wochenplanarbeit ergeben sich durch das Maß der Kontrolle durch den Lehrer, die Art der Einführung (sofort für die ganze Woche oder zuerst nur für zwei Tage, drei Tage etc.), durch die Art der Nachbesprechung (individuelle Kontrolle oder Besprechen der Aufgaben in der Klasse), Nutzen von Möglichkeiten des kooperativen Arbeitens und der Zusammenarbeit mit dem Elternhaus usw.

Der Lehrer überlässt den Schülern die Reihenfolge der Bearbeitung der Aufgaben des Wochenplans. Dadurch wird es schwierig, den Schülern persönlich zeitnah Rückmeldungen zu ihrer Arbeit zu geben, da der Lehrer mit einer individuellen Betreuung der einzelnen Schüler überfordert wäre. Um diesen Schwierigkeiten zu entgegnen, könnte der Lehrer sich (a) auf ein Chefsystem[41] oder (b) auf Lösungsbögen stützen, um dadurch den individuellen Betreuungsbedarf zu reduzieren. Es stellt sich dabei allerdings die Frage, ob ein solches Feedback vor allem für die leistungsschwächeren Schüler ausreichend ist.

– *Stationenarbeit:* Stationenarbeit meint ein Unterrichtsarrangement, in dem ein Lehrer für eine, zwei oder mehrere Stunden Aufgaben-Stationen aufbaut. Die Stationen enthalten bestimmte mehr oder weniger komplexe Aufgaben, wobei zwischen Pflichtaufgaben und Zusatzaufgaben differenziert werden kann. Der Schüler kann in der Regel selbst die Reihenfolge der Bearbeitung der Stationen festlegen. Die Leistungen werden meistens von Chefs nachgesehen, d.h. von Schülern, die vom Lehrer in die Kontrolle der Bearbeitung einer Station eingewiesen wurden.

8.4.2 Formen der Stationenarbeit

Variationen der Stationenarbeit ergeben sich vor allem aufgrund der *Dauer* und *Situierung* der Stationenarbeit.

Dauer: Stationenarbeit kann im Rahmen *einer Übungsstunde* vor einer Klassenarbeit durchgeführt werden, eine *Doppelstunde* mit einer sorgfältigen Hinführung und Ergebniskontrolle umfassen, sie kann sich aber auch zusammenhängend auf *bis zu dreißig Stunden* erstrecken.

Situierung: Stationenarbeit kann in „segmentierter Form" als Lernarrangement im Rahmen einer einzelnen Stunde oder im Rahmen einer Doppelstunde als Übungsteil eingebettet sein. In diesem Fall wird im Unterricht zunächst in ein neues Thema eingeführt, zu dem dann z.B. 3

[40] Man gewinnt manchmal den Eindruck, dass Vertreter des offenen Unterrichts die Phase der Vermittlung neuer Inhalte entweder nicht diskutieren oder darauf vertrauen, Schüler könnten sich alles aufgrund eigener Erfahrungen, durch Auswahl und Lesen von Texten sowie durch Diskussionen untereinander selbst beibringen. Wenn man von dieser Voraussetzung ausgeht, wird man vor allem Kinder aus bildungsfernen Milieus benachteiligen.

[41] Bei einem Chefsystem werden bestimmte Schüler darauf vorbereitet, bestimmte Aufgaben der Mitschüler zu kontrollieren und Feedback zu geben.

Stationen (Arbeitsblätter) zu bearbeiten sind. Man kann dann in den Stationen zwischen Grundaufgaben und herausfordernden Zusatzaufgaben differenzieren. Nach der Stillarbeitsphase werden die Lösungen entweder durch die Schüler aufgrund von Lösungsbögen kontrolliert oder mit dem Lehrer anhand einer Lösungsfolie Schritt für Schritt nachbesprochen.

Alternativ dazu kann Stationenarbeit aber auch eine Vielzahl von z. B. 30 Stationen umfassen, die dann von den Schülern z. B. über drei Wochen in verschiedener Reihenfolge abgearbeitet werden. Bei dieser Form der Stationenarbeit sind eine Vorbereitung der einzelnen Stationen und eine gemeinsame Diskussion von Lösungen kaum möglich. Der Schwerpunkt liegt dann notwendig auf individueller Betreuung.

Diese Methoden der Stationenarbeit erfreuen sich insbesondere in Grundschulen großer Beliebtheit. Übungen im Rahmen einer solchen Stationenarbeit werden in der Regel in *beliebiger Reihenfolge* bearbeitet. Bei z. B. fünf Lernstationen kann der erste Schüler mit der dritten Station beginnen, danach die fünfte Station bearbeiten, dann die erste, die vierte und zum Schluss die zweite, während ein anderer Schüler mit der ersten Station beginnt, dann die zweite absolviert, die dritte, vierte und zum Schluss die fünfte. Alle Schüler sollen in der Regel alle Stationen durchlaufen, wobei für die besseren Schüler zusätzliche Schwierigkeiten in die Aufgaben eingebaut werden können.

Stationenarbeit wird häufig auch als Werkstattunterricht bezeichnet. Unterschieden werden im Wesentlichen zwei Arten des Werkstattunterrichts (vgl. Niggli, 2000, S. 59 f.):

- *Übungswerkstätten*, in denen es um die Einübung und Vertiefung von Inhalten geht, die zuvor im Unterricht schon behandelt wurden.
- *Erfahrungs- und Informationswerkstätten*, in denen Schüler zu einem Thema vielfältigen Informationen und Erfahrungen ausgesetzt werden sollen. Nach der Aufnahme dieser Informationen soll dann zu der jeweiligen Lernstation eine Aufgabe erledigt werden.

Neu im Unterschied zu traditionellen Übungsaufgaben ist, dass Schüler selbst bestimmen können, wann sie die Stationen bzw. Aufgaben des Wochenplans innerhalb der Woche lösen; man bezeichnet deshalb diese Methoden auch als Methoden des offenen Unterrichts. Wichtig ist dabei, dass die Schüler alle gestellten Grund-Aufgaben erledigen.[42]

Jeder Lernstation kann ein Chef zugeteilt werden. Der Chef einer Station hat aufgrund genauer Kenntnis der Aufgabe und ihrer richtigen Erledigung die Leistungen der anderen Schüler beim Bearbeiten der Aufgaben dieser Station zu bewerten und auf einem Laufzettel abzuzeichnen. Bei besonders anspruchsvollen Aufgaben übernimmt der Lehrer diese Aufgabe. Zum Abschluss einer Werkstatt können Schüler das, was sie in Eigenregie an Kenntnissen und Fertigkeiten erworben haben, präsentieren.

8.4.3 Beispiele produktiver Stationsarbeit

M. E. kann man Gesichtspunkten effektiven Lernens am besten in kleinen Stationen gerecht werden, die sorgfältig durch den Lehrer vor- und nachbereitet werden können. Für solche kleinen Formen der Stationenarbeit kenne ich drei Beispiele:

1. *Stationenarbeit im Sport:* Man kann z. B. im Sportunterricht vier Stationen aufbauen, an denen die Schüler unter Anleitung bestimmte Bewegungsformen einüben sollen. Dies ist sicherlich oft sinnvoller, als nacheinander jeweils alle Schüler eine Bewegungsform trainie-

[42] Dabei kann nach Grundaufgaben, Zusatzaufgaben und freiwilligen Knobelaufgaben differenziert werden. Leistungsschwächere Schüler brauchen dann nur die Grundaufgaben zu erledigen.

ren zu lassen. Allerdings benötigt man bei Übungen, die verletzungsanfällig sind, mehrere Aufsichtspersonen.

2. *Stationenarbeit zur Vorbereitung einer Klassenarbeit:* Eine andere Möglichkeit besteht in einer gezielten Vorbereitung einer Klassenarbeit durch verschiedene Stationen. Der Lehrer kann dabei die Schüler auffordern, zuerst jeweils die Stationen zu bearbeiten, mit denen sie noch die größten Schwierigkeiten haben. Nach 10 bis höchstens 20 Minuten Stationenarbeit kann der Lehrer dann eine sorgfältige inhaltliche Nachbesprechung der einzelnen Aufgaben durchführen.
3. *Stationenarbeit zur Durchführung von kleinen Projekten bzw. Experimenten:* Eine dritte Möglichkeit wäre die Nutzung von Doppelstunden mit dem Ziel, bestimmte Erkundungen und kleine Projekte oder Experimente in der ersten Stunde sorgfältig vorzubereiten, wobei auch die geplanten Aufgaben erläutert und der Zusammenhang zum bisher erarbeiteten Wissen hergestellt wird. Häufig benötigt man hierfür eine Doppelstunde, weil gerade durch die sorgfältige Vor- und Nachbereitung eines Projekts oder eines Experiments Schüler etwas lernen können. Diese Form der Stationenarbeit eignet sich insbesondere für den naturwissenschaftlichen Unterricht.

Bei diesen Formen der Stationenarbeit bleibt dem Lehrer die Rolle des Erklärers, der Dinge für Schüler verständlich macht, der gemeinsam mit den Schülern Zusammenhänge erarbeitet und der Gerüste für eine Abspeicherung der relevanten Informationen zur Verfügung stellt. Er hat immer noch die Aufgabe, inhaltliches Feedback zu geben, Fehler zu korrigieren, auch wenn er sich bei dieser Aufgabe auch auf die Hilfen seiner „Chefs“ stützen kann.

Diese Formen der Stationenarbeit, wie sie anhand der drei Beispiele dargestellt wurden, bereichern das verfügbare Methodenrepertoire des Lehrers. Kennzeichnend für solche Formen der Stationenarbeit sind folgende Merkmale:

1. Der Lehrer stellt am Anfang der Stationenarbeit die einzelnen Stationen vor und verdeutlicht ihren inneren Zusammenhang.
2. Die Aufgaben berücksichtigen den individuellen Lernstand, indem für die verschiedenen Kompetenzniveaus Aufgaben formuliert werden.
3. Schüler erhalten zeitnah nach der Bearbeitung von Stationen Rückmeldungen über die erbrachte Leistung.
4. Der Lehrer kontrolliert und beaufsichtigt die Schüler beim Bearbeiten der Aufgaben.
5. Der Lehrer fasst mit den Schülern am Schluss der Stunde (bzw. einer Doppelstunde) nochmals die wesentlichen Punkte, die gelernt werden sollten, zusammen.

Diese Gesichtspunkte können in *kleinen Stationen* realisiert werden, wie dies anhand der drei Beispiele verdeutlicht wurde.

8.4.4 Zur Problematik langer Stationsarbeit

Einführung und theoretische Grundlagen

„Das Stationenlernen entspricht ...Erkenntnissen der Lernforschung, die zugesteht, dass Menschen recht unterschiedlich lernen. Durch die Beteiligung möglichst vieler Sinnesorgane und den Wechsel der Eingangskanäle soll im Stationenlernen das Lernen insgesamt positiv beeinflusst werden." (Reich 2003, S. 4) „Das Stationenlernen kann eine methodische Antwort auf Motivationsprobleme von Schülern sein, auf individuelle Unterschiede innerhalb einer Gruppe von Lernenden eingehen, Probleme durch einseitige oder stark zentralisierte Wissensvermittlung vermeiden, bei Störungen des Lernens Vieler durch Einzelne, bei Passivität oder Bewegungsdrang von Schülern oder bei Lernschwierigkeiten durch Leistungsdruck eine geeignete Hilfe bieten ... Die Lernenden müssen bei der Stationenarbeit aktiv werden, sie können nicht mehr nur passiv zuhören. Sie können ihren Weg durch den Stoff... selbst wählen, dadurch werden ihre besonderen Neigungen und Fähigkeiten aufgewertet ... Hemmende Selbstvergleiche mit anderen Lernenden ... können, bei entsprechender Konzeption, stark vermindert werden ... Störungen treten hier nur punktuell auf, ihnen kann sich die Lehrerin zuwenden, weil der Gesamtablauf nicht in jedem Augenblick von ihr abhängt." (Reich 2003, S. 4 f.) „Generell ist diese Methode... nicht in hohem Maße von der Präsenz einer Leitungsperson abhängig." (Reich 2003, S. 8) „Gerade längere Phasen der Stationenarbeit sind typisch für den offenen Unterricht." (Reich 2003, S. 10). „Die Methode kostet in der Vorbereitung sehr viel Zeit. Dafür ermöglicht sie sowohl auf der Inhalts- als auch der Beziehungsebene sehr positive Lernerfahrungen." (Reich 2003, S. 13).

Stellen wir uns vor, ein Lehrer, der mit den Widrigkeiten des Unterrichtens tagtäglich konfrontiert ist, liest diese Argumente. Vielleicht geht es ihm wie einem älteren Menschen, der sich für eine Kaffeefahrt werben lies. Für ihn zählt, mit möglichst wenig Investment möglichst viel zu erleben (Reise machen, Leute kennenlernen). Ihm kommt nicht in den Sinn, kritische Fragen nach dem Geschäftsmodell zu stellen. Schließlich will der Organisator der Kaffeefahrt nur das Beste. Ähnlich verhält es sich mit dem Verfechter der Stationenarbeit. Er kann darauf verweisen, dass viele Lehrer sehr gute Erfahrungen mit Stationenarbeit gemacht hätten. Der Lehrer könnte sich stärker zurücknehmen, die Schüler lernten Verantwortung zu übernehmen. So viele Leute können nicht irren. Eine Frage nach der empirischen Basis[43], nach empirischen Belegen für die Argumente pro Stationenarbeit erübrigt sich somit.

Für mich ist nicht nachvollziehbar, warum Leute, denen solche Versprechungen gemacht werden, nicht danach fragen, ob die Verheißungen auch streng empirisch überprüft worden sind. Man kann theoretisch viel behaupten. Könnte es nicht sein, dass sich für Lehrer durch Stationenarbeit der Stress zwar verringert, die leistungsschwächeren Schüler aber kaum noch etwas dazulernen? Diese Schüler werden dann für diesen mäßigen Lernerfolg auch noch zur Rechenschaft gezogen. Schließlich sind die Schüler für ihren Lernerfolg nun weitgehend selbst verantwortlich. Und könnte es nicht auch sein, dass Stationenarbeit nur unter ganz spezifischen Bedingungen wirksam ist, über die der Verfechter der Stationenarbeit aber kein Wort verliert?

[43] Von einer empirischen Basis kann man nur sprechen, wenn ein experimenteller Nachweis der Wirksamkeit gelungen ist (vgl. dazu Kap. 2). Bei positiven Bewertungen einer Methode handelt es sich nicht um einer strenge Prüfung der Wirksamkeit dieser Methode.

Empirische Forschung soll Menschen davor schützen, Rattenfängern auf den Leim zu gehen. Ich kenne keine einzige, ernstzunehmende empirische Untersuchung zur relativen Lernwirksamkeit langer Stationenarbeit, welche diese „Argumente" von Reich (2003) untermauern würde[44]. Die einzigen empirischen Untersuchungen zur Lernwirksamkeit langer Stationenarbeit haben wir in Lüneburg durchgeführt, und zwar:

1. Eine Studie über einen Vergleich „direkte Instruktion – lange Stationenarbeit" (vgl. Hinrichs 2003), und
2. eine Studie zur relativen Lernwirksamkeit direkter Instruktion, segmentierter Stationenarbeit und langer Stationenarbeit (Gruber und Nill 2012).

Bei den langen Formen der Stationenarbeit bearbeiten Schüler über viele Stunden hinweg die Aufgaben der verschiedenen Stationen, oft ohne dabei zeitnahes Feedback von den Chefs bzw. vom Lehrer zu erhalten. In diesen langen Stationsarbeiten kann der Erwerb neuen Wissens nur über Texte und Veranschaulichungen in den Stationen vermittelt werden. Solche Texte sind gerade für schwächere Schüler oft schwer verständlich. Die Chefs prüfen nur kurz, ob die Aufgaben richtig oder falsch gelöst wurden, eine inhaltliche Erklärung ist für viele Chefs zu schwierig.

Zudem kann der Lehrer bei dieser Form der Stationenarbeit nur einzelne Schüler *individuell* fördern, da z.B. die schwächeren Schüler an unterschiedlichen Stationen arbeiten. Bei 20 bis 30 Schülern entfallen dann pro Unterrichtsstunde auf den einzelnen Schüler eine bis höchstens fünf Minuten individueller Förderung. Da schwächere Schüler für die Bearbeitung der aufgestellten Stationen sehr viel Zeit benötigen und ihnen die Reihenfolge der Bearbeitung frei gestellt ist, hat der Lehrer kaum sinnvolle Möglichkeiten, das Wesentliche einzelner Stationen mit mehreren schwächeren Schülern zu diskutieren und herauszuarbeiten. Man geht hier also von der Vorstellung aus, dass auch lernschwache Schüler Wesentliches allein durch Bearbeitung der gestellten Aufgaben lernen können.

Eine sich über viele Stunden erstreckende Form der Stationenarbeit erfreut sich vor allem in Grundschulen großer Beliebtheit. Vielleicht hängt diese Beliebtheit damit zusammen, dass solche langen Stationen von Verlagen angeboten werden und damit Lehrer von der aktiven Planung und Gestaltung des Unterrichts weitgehend befreit werden. Der Lehrer entwickelt (bzw. übernimmt) z.B. zum Thema Frühling eine Reihe von Stationen, an denen die Schüler bestimmte Aufgaben erledigen sollen. Aufgaben einer Frühlingswerkstatt könnten z.B. sein:

- Ein Frühlingsgedicht auswendig zu lernen,
- typische Frühblüher aus einer Reihe verschiedener Blumen herauszusuchen,
- in einem Aquarium das Wachsen und Gedeihen von Kaulquappen zu bestimmten Zeiten zu beobachten und Veränderungen zu notieren.

Unbestritten ist m.E., dass Erfahrungs- und Informationswerkstätten eine Methode sind, um über einen komplexen Gegenstand zu informieren und Assoziationen dazu anzuregen. Die freie Wahl der Reihenfolge der Stationen durch die Schüler bedeutet jedoch, dass Werkstattunterricht nur für horizontale Aneinanderreihungen von Wissens- und Erfahrungselementen geeignet ist, eine tiefere Wissensstrukturierung im Sinne eines gegliederten Aufbaus ist in ihrem Rahmen

[44] Es ist natürlich möglich, dass ich mich in diesem Punkt irre. Ich habe in meiner früheren Vorlesung zur „Didaktik und Methodik" dem Studenten einen finanziellen Anreiz von 10 € versprochen, der eine fundierte empirische Studie zur relativen Lernwirksamkeit von Stationenarbeit vorlegen würde. Leider wurde dieses Geld nie abgerufen!

kaum möglich. Die Folgen dieser freien Wahl der Reihenfolge für die Aneignung von Wissen sind m. E. schwerwiegend. Doch hängt an dieser freien Entscheidung nicht nur die organisatorische Durchführbarkeit dieser Methode, sondern auch ihr Markenzeichen, die Mitbestimmung der Schüler über die Reihenfolge ihrer Arbeit.

Gliederungen und Strukturierungen haben jedoch, wie z. B. die Forschungen von Bower (1970) und Dumke (1984) gezeigt haben, einen lernerleichternden Effekt. Strukturierungen ermöglichen dem Schüler, die Vielfalt der Informationen zu reduzieren und Wesentliches zu lernen. Der Verzicht auf Wissensstrukturierung überlässt dem Schüler letztlich die Aufgabe der Strukturierung, und mit dieser Aufgabe dürften insbesondere die schwächeren Schüler überfordert sein.

Ein anderer Punkt bezieht sich auf die Frage, ob und in welchem Umfang ein solches Stationenlernen geeignet ist, intensive Übungen zu ersetzen. Nach meinem Eindruck spielen Übungen zum sicheren Beherrschen einer Fertigkeit im Rahmen solcher Stationen keine Rolle. *Wichtig sind gerade der Variationsreichtum der Aufgaben und das Ansprechen möglichst vieler Sinne.* Nun ist dieses Ansprechen verschiedener Sinne sicherlich im Rahmen von Übungen wichtig, weil ohne Zweifel die Verknüpfung starker Sinneseindrücke mit Informationen horizontales Lernen erleichtert. Dies deutet darauf hin, dass Werkstattunterricht für ein erstes Kennenlernen eines Gegenstandes wichtig sein kann, dass aber die vermittelten Informationen im Rahmen des normalen lehrerzentrierten Unterrichts sorgfältig nachbereitet, strukturiert und vertieft werden müssen. Auch eine umgekehrte Reihenfolge scheint möglich: Der Lehrer entwickelt mit seinen Schülern zuerst ein Gerüst bzw. eine Struktur, um danach die Schüler verschiedene Stationen bearbeiten zu lassen. Solche Vor- oder Nach-Übungen sind vor allem dann wirksam, wenn sie in eine Unterrichtsstunde oder in eine Doppelstunde integriert sind. Zur weiteren Vertiefung könnte der Lehrer nach Bearbeitung der Stationen nochmals das Wesentliche zusammenfassen, kleine Tests dazu schreiben, Hausaufgaben dazu aufgeben usw.

Folgende Punkte sollte der Lehrer m. E. bei der Planung und Durchführung von Werkstattunterricht bedenken:

1. Reicht das Durchlaufen der verschiedenen Stationen, um irgendwelche Lernziele zu erreichen oder sind vor und nach der Bearbeitung der Stationen zusätzliche Strukturierungen und Vertiefungen erforderlich?
2. Steht der hohe Aufwand, der mit der Planung und Durchführung von Werkstattunterricht verbunden ist, in einem verantwortbaren Verhältnis zum Ertrag dieser Methode? Eine Frühlingswerkstatt kann durchaus 20 Unterrichtsstunden kosten. Stationen müssen genau geplant, im Klassenzimmer oder in Gruppenräumen auf- und abgebaut werden, was viel Zeit und Energie kostet. Nach einer solch langen Unterrichtszeit muss man sich fragen, was von den Inhalten der Werkstatt wirklich bei den Schülern hängen geblieben ist und ob diese Lernerfolge den Aufwand an Vorbereitung und an Unterrichtszeit lohnen.
3. Können anspruchsvollere Lernziele, die mit einem Beherrschen von Fertigkeiten oder mit einem tieferen Verständnis zusammenhängen, durch diese Methode wirklich erreicht werden, oder gibt es dafür möglicherweise geeignetere Methoden? Damit zusammenhängend stellt sich die Frage, ob die eingeteilten Chefs bei den ihnen übertragenen Stationen überhaupt in der Lage sind, das Erreichen anspruchvollerer Lernziele festzustellen.
4. Während der Stationenarbeit wird sich der Lehrer in der Regel nur um eine Station bzw. um einzelne Schüler einer Station intensiv kümmern können. Die schwächeren Schüler müssen sich mit dem Bearbeiten der Stationen sehr beeilen und benötigen dennoch mehr Zeit. Dem

kann man zwar durch zusätzliche Aufgaben für diese leistungsstarken Schüler entgegenwirken. *Es ist aber in der Regel nicht wie im normalen Unterricht möglich, die schwächeren Schüler zu einer Gruppe zusammenzufassen.*

Um anspruchsvollere Lernziele realisieren zu können, weicht man bei Übungswerkstätten vom Grundsatz interessengeleiteter Wahl der Aufträge ab. Niggli bemerkt dazu:

> *„Es macht wenig Sinn, aus einem Übungsangebot beliebige Inhalte auszuwählen und zu üben. Lücken müssen aufgrund leistungsdiagnostischer Informationen geschlossen werden. Daran müssen die Lernenden ein Interesse haben. Auch die Reihenfolge der Bearbeitung ist nicht frei. Zu bestimmten, abgrenzbaren Fähigkeitsbereichen sollten Übungspakete gestaltet werden. Diese sollten so intensiv bearbeitet werden, bis der Stoff einigermaßen sitzt. Bevor zu einem neuen Themenbereich gewechselt wird, sollten mit Hilfe von Tests Lernfortschritte festgestellt werden."* (Niggli 2000, S. 69)

Lange Stationsarbeit: Die quasiexperimentelle Studie von Hinrichs

Empirische Forschungen zur Wirksamkeit dieser besonderen Form der Erfahrungs- und Informationsdarbietung sowie dieser Art der Übung gibt es m. W. nicht. Dies überrascht, wenn man sich die zunehmende Beliebtheit dieser Methode in Grundschulen vor Augen führt. Die einzige mir bekannte Untersuchung zur Lernwirksamkeit[45] dieser Langform der Stationenarbeit wurde von Hinrichs (2003) in Lüneburg durchgeführt. Für die Methode „Stationenarbeit" konnten ohne Schwierigkeit vier vierte Klassen gefunden werden. Für die Methode „direkte Instruktion" wurden nach längerem Suchen drei Klassen gefunden. Man hatte den Eindruck, dass Lehrer Schwierigkeiten hatten, für solch eine „altbackene" Methode zur Verfügung zu stehen. Dennoch kann man davon ausgehen, dass alle Lehrer im Unterricht die Methode praktizierten, die sie selbst bevorzugten und mit der sie sich auch im alltäglichen Schulbetrieb identifizieren konnten.

Im Vorwissenstest zeigten sich keine Unterschiede zwischen den Gruppen. In beiden Gruppen erstreckte sich der Unterricht auf 10 Unterrichtsstunden. Natürlich haben die Schüler im Rahmen der Stationenarbeit gelernt: Sie erzielten im abschließenden Test im Durchschnitt 21 Punkte; bei direkter Instruktion erreichten die Schüler aber 32 Punkte. Dieser statistisch signifikante Unterschied war über eine längere Zeitphase stabil. Allerdings waren die Eltern der Klassen mit Stationenarbeit über die miserablen Ergebnisse der Klassenarbeit sehr ungehalten, so dass zu vermuten ist, dass sie mit ihren Kindern nachfolgend die Inhalte vertieften. Zwar wurde dadurch beim Behaltenstest der Abstand zwischen den Gruppen etwas kleiner, blieb aber immer noch signifikant. Bezüglich der Motivation ergaben sich keine Unterschiede.[46]

[45] Studien zur Lernwirksamkeit fokussieren einen Vergleich, wobei die zu vergleichenden Gruppen in bezug auf Vorkenntnisse oder Motivation vergleichbar sein sollten. Um dies sicherzustellen, werden in einer experimentellen Studie Versuchseinheiten (Schüler oder auch Klassen) per Zufall auf Versuchs- und Kontrollgruppen aufgeteilt. Wenn – wie in der Studie von Hinrichs – eine solche Zufallsaufteilung nicht möglich ist, muss wenigstens nachgewiesen werden, dass sich Versuchs- und Kontrollklassen bzw. die Versuchspersonen in den verschiedenen Bedingungen vor der Behandlung (hier „Stationenarbeit vs. direkte Instruktion) nicht unterscheiden. Studien ohne Zufallsaufteilung nennt man auch quasi-experimentelle Studien (vgl. Wellenreuther 2000).

[46] Oft wird argumentiert, Schüler seien für Stationenarbeit besonders stark motiviert. M. E. trifft dies nicht zu. Die schwächeren Schüler fühlen sich oft überfordert, hängen rum und trauen sich nicht, ihre Probleme zu äußern. Sie malen dann am liebsten Bilder aus. Oft verhalten sie sich besonders still, um nicht aufzufallen.

Wie ist dieses Ergebnis der Stationenarbeit zu erklären? M.E. spielen folgende Gründe eine Rolle:

- Bei langer Stationenarbeit wird weitgehend auf eine vertiefte Herausarbeitung des wesentlichen Kerns verzichtet, der bei direkter Instruktion in mehrfacher Weise verdeutlicht wird (Wiederholung am Anfang der Stunde; Zusammenfassung am Ende der Stunde).
- Die eigentliche Sachstruktur geht durch die Möglichkeit der freien Auswahl der Reihenfolge der Stationen verloren.
- Die Möglichkeit, Schülern mit Verständnisschwierigkeiten zu einer Gruppe zusammenzufassen und ihnen dann etwas nochmals zu erklären, besteht bei dieser Stationenarbeit nicht, da sich die hilfedürftigen Schüler über die verschiedenen Stationen verteilen und damit jeweils unterschiedliche Erklärbedürfnisse haben.[47]
- Die schwächeren Schüler benötigen für die Stationen mehr Zeit als die leistungsstärkeren Schüler. Deshalb ergibt sich zusätzlich das Problem einer sinnvollen Beschäftigung dieser leistungsstarken Schüler (z. B. als Chefs; Zusatzaufgaben in den Stationen).
- Die Schüler erhalten nach Bearbeitung einer Station oft nur oberflächliche Rückmeldungen über die Qualität der geleisteten Arbeit. Für das Lernen ist inhaltliches Feedback wichtig. Ausführliche inhaltliche Rückmeldungen sind nur in Einzelfällen individuell möglich.
- Schüler sind nach meinen Beobachtungen oft nur daran interessiert, die Stationen als erste fertig bearbeitet zu haben. Dies führt zu oberflächlichem Arbeiten.

Die meisten hier genannten Argumente sind auch auf *Wochenplanarbeit* übertragbar. Auch hier ergibt sich *ein massives Feedbackproblem*: Wenn die Schüler über die ganze Woche an ihrem Wochenplan arbeiten, ist es sehr schwierig, geeignete Termine für eine sorgfältige Nachbesprechung der geleisteten Arbeit zu finden. Die Schüler können ja auch beim Bearbeiten des Wochenplans selbst bestimmen, wann sie bestimmte Aufgaben erledigen. Dies erschwert ein zeitnahes Feedback. Man könnte somit erst am Ende der Woche eine gemeinsame inhaltliche Besprechung der Aufgaben durchführen. Im „normalen" lehrergesteuerten Unterricht *könnten* die Schüler jeden Tag inhaltliche Rückmeldungen über die geleistete Hausaufgaben sowie über die in Stillarbeit erledigten Aufgaben erhalten.[48]

Direkte Instruktion, segmentierte Stationsarbeit und lange Stationsarbeit im Vergleich – die Studie von Gruber und Nill (2012)

Der Charakter dieser langen Stationenarbeit ändert sich völlig, wenn man die lange Stationenarbeit in sich segmentiert (z. B. in Stunden oder Doppelstunden). In den Segmenten werden dann jeweils ganz bestimmte Stationen bearbeitet (z. B. vier Stationen). Der Lehrer kann dabei die Schüler auf die neuen Stationen vorbereiten, klären, ob wesentliche Lernvoraussetzungen erfüllt sind und jeweils am Schluss mit den Schülern das Wesentliche zusammenfassen. Wenn der Lehrer die Möglichkeit erhält, den Kern der Sache mit den Schülern herauszuarbeiten und mehrfach zu wiederholen, dann kann auch eine sich länger hinziehende Stationenarbeit wirksam werden. In solchen Doppelstunden bleiben dem Lehrer hinreichende Möglichkeiten der

[47] Bei klar strukturierter direkter Instruktion ist ein solches adaptives Geben von Hilfen eher möglich; hier kann man Schüler, die den behandelten Inhalt noch nicht verstanden haben, zu einer Gruppe zusammenfassen und die Verständnisschwierigkeiten ausräumen (vgl. Aebli 1968, S. 144 f.)

[48] Nach meinen Beobachtungen wird in der Schule oft nur geprüft, ob die Hausaufgaben erledigt wurden. Für das Lernen sind jedoch inhaltliche Rückmeldungen und Fehlerdiskussionen wichtig.

Strukturierung und Vertiefung. Er kann auch das Ergebnis jeder Station mit den Schülern besprechen und inhaltliches Feedback dazu geben. Da die Ergebnisse dieser Projektarbeit zeitnah diskutiert und korrigiert werden, ist eine in dieser Weise konzipierte Stationenarbeit vermutlich genauso lerneffektiv wie direkte Instruktion.

Die neue Untersuchung berücksichtigt Erfahrungen, die in der ersten Untersuchung zum Vergleich Direkte Instruktion – Lange Stationsarbeit gemacht wurden (vgl. Hinrichs 2003). Man konnte der Untersuchung von Hinrichs vorwerfen, nur eine ganz bestimmte Form der Stationenarbeit untersucht zu haben, bei der „richtigen" Stationsarbeit wären andere Ergebnisse eingetreten. Könnte es nicht eine Form der Stationenarbeit geben, die zu ähnlich guten Ergebnissen wie die direkte Instruktion führt? (vgl. Wellenreuther 2011 a, S. 154 ff.). Um dieses Argument in der neuen Untersuchung zu berücksichtigen, haben wir in der Studie zusätzlich eine zweite Form der Stationenarbeit überprüft, die *segmentierte Stationenarbeit*. Bei dieser Stationenarbeit wird der Unterricht in Stundenblöcke von jeweils zwei Stunden segmentiert. Die Strukturierung der Inhalte bleibt dadurch erhalten. Am Anfang eines Stundenblocks wird in den Klassen mit segmentierter Stationsarbeit das Vorwissen aktiviert und anhand von Visualisierungen und konkreten Beispielen in die neuen Inhalte eingeführt. Danach wird an zugehörigen Stationen gearbeitet. Gegen Ende des Stundenblocks wird dann zusammen mit den Schülern nochmals das Wichtigste des Doppelstundenblocks zusammengestellt.

Bei dieser segmentierten Stationsarbeit kommen deutlich mehr Wiederholungen und Zusammenfassungen der Inhalte vor als in der langen Stationsarbeit. Deshalb erwarteten wir, dass das segmentierte Stationenlernen zu ähnlichen Lernergebnissen führt wie die direkte Instruktion. Im Kasten wird ein Informationsblatt, das die Lehrer in der Bedingung „Segmentierte Stationsarbeit erhielten, dargestellt.

Informationsblatt „Segmentiertes Stationenlernen"

Bei dieser Unterrichtsmethode handelt es sich um eine bestimmte Form der Stationenarbeit. Das Stationenlernen wird hier in jeweils Zwei-Stunden-Blöcke segmentiert. Ein Zwei-Stunden-Block gliedert sich in drei Phasen:

1. Einführung: Der Lehrer führt in die neuen Inhalte ein und stellt Zusammenhänge mit früher behandelten Inhalten her. (ca. 20 min)
2. Stationenlernen: Schüler bearbeiten etwa 3–4 Stationen. (ca. 45 min)
3. Abschluss des Blocks und Zusammenführung der Inhalte: Der Lehrer gibt zu den Aufgabenlösungen Feedback und fasst mit den Schülern die Inhalte zusammen (ca. 25 min)

Im Unterschied zur langen Stationenarbeit bietet die segmentierte Stationenarbeit die Möglichkeit, dass der Lehrer am Anfang der Doppelstunde in die Inhalte einführt und sie strukturiert. Am Ende der Doppelstunde erhalten die Schüler Rückmeldungen zu ihren Aufgabenlösungen, die behandelten Inhalte werden zusammengeführt und diskutiert. Innerhalb der Blöcke werden z. B. 4–6 Stationen angeboten, wobei die Schülerinnen und Schüler entscheiden können, in welcher Reihenfolge sie diese Stationen bearbeiten wollen. Nach der Einführung in die Inhalte des jeweiligen Stundenblocks bearbeiten die Schüler selbstständig die in den Stationen gestellten Aufgaben. In der Abschlussphase wird Feedback zu den bearbeiteten Stationen gegeben. Zum Abschluss werden die behandelten Inhalte zusammengefasst und mit den bisher behandelten Inhalten verbunden.

Im Wesentlichen umfasst das „Segmentierte Stationenlernen" in der Einführungs- und Abschlussphase Merkmale der direkten Instruktion. In den Blöcken zwischen diesen Phasen findet das Stationenlernen statt. Innerhalb der Blöcke entscheiden die Schüler zwar selbst über die Reihenfolge der Bearbeitung der Stationen, jedoch beziehen sich die Angebote auf einen zuvor ausgewählten Bereich der Lehrkraft. Das segmentierte Stationenlernen ist daher nicht ganz so offen gestaltet wie das übliche Stationenlernen. Es handelt sich eher um eine Kombination direkter Instruktion und konventioneller Stationenarbeit.

Durchführung der Studie: Die Untersuchung stellte uns zunächst vor das Problem. Klassen zu finden, in denen diese drei Methoden angewandt werden konnten. Die Lehrer sollten nur die Unterrichtsmethoden verwenden, die sie aus freien Stücken auch im Unterricht verwenden würden. Es war besonders schwierig, Lehrer und Klassen zu finden, die mit direkter Instruktion arbeiten wollten. Wir wollten mindestens für jede Methode drei Klassen untersuchen, also insgesamt 9 Klassen. Nach langem Suchen gelang es uns, drei Klassen für die Bedingung „direkte Instruktion", vier Klassen für die Bedingung „Segmentierte Stationsarbeit[49]" und drei Klassen für die Bedingung „Lange Stationsarbeit" zu finden.

In allen Klassen beschäftigten sich die Schüler die gleiche Zeit mit der Unterrichtseinheit die Spinne.

Ergebnisse: Insgesamt werden unsere Annahmen durch die Untersuchung bestätigt (vgl. Tabelle 23).

Tab. 23: Testleistungen im Vortest, Nachtest und im Behaltenstest bei direkter Instruktion, segmentiertem Stationenlernen und bei langer Stationenarbeit.

	Direkte Instruktion (n=63)	Segmentiertes Stationenlernen (n=84)	Langes Stationenlernen (n=54)
Vortest (a)	9,8 (1,87)*	9,9 (1,92)	9,6 (1,9)
Nachtest (b)	20,9 (5,01)	20 (6,61)	14,9 (5,08)
Behaltenstest (c)	19,6 (5,1)	17,2 (6,72)	16,2 (4,87)

* Mittelwert, Standardabweichung in Klammern.
(a) Maximale Punktzahl im Vortest 17 Punkte; (b) maximale Punktzahl im Nachtest 31 Punkte und (c) im Behaltenstest 28 Punkte. Bei der Auswertung der Testbögen wurde im Vergleich zu Studie 1 ein leicht modifiziertes Kodiersystem verwendet.

Es gibt zwischen den drei Gruppen keine deutlichen Unterschiede im Vorwissen. Die Unterschiede zwischen Direkter Instruktion sowie Segmentiertem Stationenlernen einerseits und langer Stationenarbeit andererseits sind hingegen im Nachtest signifikant (bei $p \leq 0{,}01$).

Für den Vergleich „Direkte Instruktion – Lange Stationsarbeit" ergibt sich eine Effektstärke von 1,16 zu Gunsten der direkten Instruktion, für den Vergleich „Segmentiertes Stationenlernen – langes Stationenlernen" eine Effektstärke von 0,98 zu Gunsten segmentierten Stationenlernens; für beide Vergleiche ergeben sich somit starke Effekte. Der Unterschied zwischen Direkter Instruktion und Segmentierter Stationenarbeit ist nicht signifikant. Dies deutet darauf hin, dass

[49] Unter diesen vier Klassen mit segmentierter Stationsarbeit war auch eine dritte Klasse enthalten.

bei segmentierter Stationsarbeit ähnlich gute Ergebnisse wie bei direkter Instruktion erzielt werden.

Beim Behaltenstest ist nur noch der Vergleich „Direkte Instruktion – Lange Stationsarbeit" signifikant zugunsten der direkten Instruktion (Effektstärke bei über 0,6). Auffällig ist, dass bei langer Stationsarbeit nach dem Nachtest scheinbar etwas dazugelernt wird. Wie dieses Ergebnis zu erklären ist, bleibt unklar. Vielleicht spielt eine Rolle, dass in einer Klasse mit langer Stationsarbeit der Behaltenstest schon vier Tage nach dem Nachtest eingesetzt wurde. Eine andere mögliche Erklärung ist, dass die Schüler durch die unbefriedigenden Ergebnisse im Nachtest motiviert wurden, sich einige Dinge in der Mappe nochmals anzusehen.

Zusätzlich wurden in der Studie die Schüler auch nach ihrer Motivation im Unterricht gefragt. Es wurde folgende Frage gestellt:

„Wieviel Spaß hat Dir die Unterrichtseinheit „Die Spinne" gemacht?
(1) Gar keinen Spaß (2) wenig (3) etwas (4) großen (5) sehr großen Spaß.

Für die Gruppe „Direkte Instruktion" ergab sich ein Mittelwert von 3,13 (Standardabweichung 0,9), für die Gruppe „segmentiertes Stationenlernen" 3,31 (0,74) und für die Gruppe „lange Stationsarbeit" 2,5 (1,17). Auch bezüglich der Motivation der Schüler erhalten wir Ergebnisse, nach denen in der Gruppe „direkte Instruktion" und in der Gruppe „segmentiertes Stationenlernen" motivierter gearbeitet wurde als in der Gruppe „lange Stationsarbeit". Beide Vergleiche sind bei $p \leq 0,02$ signifikant.

Fazit: Auch die neue Studie von Gruber und Nill (2012) Studie zeigt, dass Schüler im Rahmen langer Stationenarbeit vergleichsweise wenig lernen. Dieses Ergebnis hatten wir auch in der früheren Untersuchung von T. Hinrichs erhalten. Dies bedeutet jedoch nicht, dass es sich bei Stationsarbeit immer um eine wenig effiziente Lernmethode handeln muss: Wenn man eine Lerneinheit in Doppelstundenblöcke unterteilt und innerhalb dieser Stationenarbeit die neuen Inhalte einführt und am Ende des Blocks gemeinsam mit den Schülern zusammenfasst, werden ähnlich gute Ergebnisse erzielt wie bei direkter Instruktion. Bezüglich der Lernmotivation schneidet die segmentierte Stationsarbeit am besten ab[50].

Die hier dargestellten Ergebnisse können nicht auf alle Formen von Stationenarbeit übertragen werden. Eine andere Form der Stationenarbeit sind reine Übungswerkstätten, die z. B. vor einer Klassenarbeit durchgeführt werden können. Es wäre deshalb sinnvoll, experimentell weitere Formen der Stationsarbeit zu erproben.

Merkwürdigerweise habe ich im Rahmen der Betreuung von Praktika häufig die nach meiner Überzeugung problematische Langform der Stationenarbeit erlebt. Lehrer gehen bei dieser Methode von der Vorstellung aus, Schüler könnten sich schon in der ersten Klassenstufe selbst organisieren und sich selbst durch Lesen die wichtigsten Dinge beibringen. Nur selbst erarbeitetes Wissen sei wertvoll, alles Wissen, was der Lehrer präsentiert, könne von den Schülern nicht aufgenommen und verarbeitet werden. Die Schuld für das Versagen einzelner Schüler liegt dann nicht mehr beim Lehrer, sondern beim Schüler, der mit der falschen Lernhaltung an die Sache herangeht. Wie das Trainingsexperiment von Metcalfe, Kornell und Son (2007) zeigt, ist mit dieser Art der Selbstorganisation der Großteil der Schüler völlig überfordert.

[50] Allerdings ist der Unterschied zur direkten Instruktion nicht signifikant

Der wichtigste Kritikpunkt an dieser Methode sind m. E. die begrenzten Möglichkeiten einer systematischen Förderung leistungsschwacher Schüler. Durch die offene Struktur und die „Selbstständigkeit“ der Schüler fühlt sich der Lehrer für den Lernerfolg der Schüler nicht mehr verantwortlich. Schülern mit Schwierigkeiten braucht dann auch nicht geholfen zu werden. Ferner ist es im Rahmen dieser Methode kaum möglich, schwächere Schüler in einer Gruppe zusammen zu fassen und gezielt zu fördern, weil diese Schüler an verschiedenen Stationen beschäftigt sind und ohnehin mehr Zeit benötigen. Deshalb haben vor allem schwächere Schüler bei direkter Instruktion bessere Lernchancen.

M. E. kann Stationenarbeit Schüler mit vielfältigen Informationen und Erfahrungen vertraut machen, eine Vor- und Nachbereitung im Klassenunterricht scheint jedoch unbedingt zusätzlich erforderlich zu sein, wenn diese Informationen nicht sehr schnell wieder in Vergessenheit geraten sollen. In England waren Methoden offenen Unterrichts wie Werkstattunterricht lange Zeit sehr populär. In dem Maße, in dem hier Fragen nach dem tatsächlichen Lernerfolg aufkamen, verschwanden diese Methoden in der Versenkung.[51] Vielleicht sollte man daraus wenigstens die Konsequenz ableiten, solche Methoden mit einer gewissen Behutsamkeit einzusetzen. In der Regel sollten bestimmte offene Unterrichtsmethoden (kurze, segmentierte Stationen) in den lehrgangsgestützten Unterricht integriert werden, in dem dann wesentliche Punkte erneut aufgegriffen, wiederholt und vertieft werden.

8.5 Fördern und differenzieren

(1) Differenzierungsmaßnahmen allgemein

Maßnahmen zur Bildung leistungshomogener Gruppen werden vor allem außerhalb Deutschlands von vielen Pädagogen als eine wesentliche Voraussetzung für wirksames pädagogisches Handeln angesehen. Die empirische Forschung stützt die hohen Erwartungen in diese Idee jedoch nur begrenzt. Mosteller, Light & Sachs (1996) kommen in ihrer Metaanalyse zu dem ernüchternden Fazit, dass man trotz umfangreicher Forschung zu dieser Frage immer noch kein abschließendes, empirisch hinreichend fundiertes Urteil fällen kann. Sie schließen ihre Analyse über die Wirkungen der Leistungsdifferenzierung mit folgender Aussage:

> „Zusammenfassend ist festzustellen, dass unser wichtigstes Ergebnis sich nicht auf die genaue Effektstärke für XYZ-Differenzierung, den Joplin Plan, Binnendifferenzierung oder Jahrgangsklassendifferenzierung bezieht. Das wichtigste Ergebnis ist, dass angemessene, breit angelegte, auf verschiedene Orte sich beziehende Forschungsstudien über Leistungsdifferenzierung noch nicht durchgeführt wurden, obwohl die Themen als zentrale Fragen innerhalb der Pädagogik fast das ganze Jahrhundert über diskutiert wurden.“ (Mosteller, Light & Sachs 1996, S. 814)

[51] Vertreter offener, schülerorientierter Unterrichtsformen unterstellen in der Regel eine positive Wirkung dieser Methoden auf das Interesse der Schüler am Fach oder auf das Gefühl der Selbstwirksamkeit; eher das Gegenteil ist empirisch belegt: So zeigen Befunde im Zusammenhang mit der Auswertung von TIMSS in der Schweiz, dass Beteiligung, Interesse und das Gefühl der Selbstwirksamkeit in den Klassen mit überwiegend fremdgesteuertem Unterricht (direkte Instruktion, lehrgangsbezogen) höher ist als in den Klassen mit stärker betontem selbstgesteuertem Lernen. Moser (1997, S. 192) erklärt die Ergebnisse damit, *„dass in Klassen, in denen mehrheitlich fremdgesteuertes Lernen stattfindet, vermutlich mehr Klarheit und Strukturiertheit des Unterrichts vorherrscht, sowie die Effektivität der Klassenführung sich positiv auszuwirken vermag.“*

Maßnahmen der Differenzierung bzw. der effektiven Förderung sollen sicherstellen, dass alle Schüler möglichst viel lernen. Es gibt viele verschiedene Formen der Differenzierung, die man grob in Formen äußerer und innerer Differenzierung unterteilen kann.

- *Maßnahmen der äußeren Differenzierung* (z. B. Verteilung der Schüler nach dem Leistungsprofil auf Hauptschule, Realschule und Gymnasium, Fachleistungsdifferenzierung z. B. in kooperativen Gesamtschulen)
- *Maßnahmen der inneren Differenzierung* (Zusammenfassung schwächerer Schüler, um mit ihnen die ersten Aufgaben eines Arbeitsblatts zu besprechen; zusätzliche Aufgaben für die stärkeren Schüler, unterschiedliche Arbeitsblätter und Hausaufgaben je nach individuellen Stärken und Schwächen).

Differenzierungsmaßnahmen können auf drei Ebenen erfolgen (vgl. Wellenreuther 2009 c, 2010 a):

1. Ebene: Innere Differenzierung im Rahmen des normalen Klassenunterrichts
2. Ebene: Förderarbeit im Förderunterricht
3. Ebene: Individuelle Förderung durch Speziallehrer bzw. Tutoren.

Hierbei muss man berücksichtigen, in welchem Maße Schüler hinter dem Leistungsstand der Mehrheit einer Klasse zurück sind.

Erste Ebene der Förderung: Bei geringen Schwierigkeiten reicht es in der Regel, wenn der Lehrer nach Einführung in einen Gegenstand alle Schüler, die mit einer selbstständigen Bearbeitung des Arbeitsbogens überfordert sind, zu einer Gruppe zusammenfasst und die ersten Aufgaben mit ihnen gemeinsam löst (vgl. dazu auch Aebli 1968). Lernerleichternd wirkt auch eine verstärkte Nutzung von ausführlichen, an der Tafel dokumentierten Lösungsbeispielen, weil diese Methode eine Konzentration des Schülers auf die Punkte, die nicht verstanden wurden, ermöglicht (vgl. Renkl, Schworm & Hilbert 2004).

Eine weitere Methode ist das Diskutieren von Fehlern, wobei man allerdings Schülern ausreichend Zeit zum Nachdenken einräumen muss. Hierbei ist gut die *Wait-Time-Technik* anwendbar: Der Lehrer stellt eine anspruchsvolle offene Frage und bittet die Schüler, zusammen mit einem Partner Lösungsmöglichkeiten zu erarbeiten. Dafür gibt er eine Zeit vor (z. B. 3 oder 5 Minuten). Danach ruft er verschiedene Schüler auf, deren Vorschläge an der Tafel festgehalten und zur Diskussion gestellt werden.

Zweite Ebene der Förderung: Bei größeren Lerndefiziten stellt sich die Frage eines wirksamen Förderunterrichts in kleinen Lerngruppen. Der Lehrer übernimmt hier im Rahmen direkter Instruktion die Lernsteuerung, Auch hier ist von zentraler Bedeutung, dass die einschlägige Forschung in den jeweiligen Inhaltsbereichen berücksichtigt wird. So gibt es für den Bereich des Lesenlernens eine Vielzahl experimenteller Forschungen, die ein systematisches Fördern phonologischer Bewusstheit durch einen klar gegliederten Lehrgang nahe legen. Dabei spielt der operative Umgang mit Buchstaben, Silben und Wörtern eine wesentliche Rolle.

Wesentlich erleichtert wird eine solche Förderarbeit z. B. durch Unterrichtsmaterialien, die für Schüler verständlich geschrieben sind, so dass sich Schüler unter Anleitung von Lehrern und Eltern zunehmend selbstständig mit den betreffenden Inhalten auseinander setzen können. Durch solche für das selbstständige Lernen optimierte Materialien erhalten Lehrer ein Mittel an die Hand, um effektive Förderarbeit durchführen zu können. Allerdings muss dann die dafür erforderliche Entwicklungsforschung auch als ernstzunehmende Forschung durchgeführt werden – Entwicklungsforschung ist im Bereich der Automobilindustrie oder in der Medizin etwas Selbstverständliches, nur in der Pädagogik ist das Technische, Machbare verpönt.

Wer angesichts der Forschungslage glaubt, er müsse das Lesenlernen analog zum „natürlichen" oder entdeckenden Lernen organisieren (Methode nach Reichen), begeht schlicht einen Kunstfehler.

Hier zeigt das Dogma offenen Unterrichts, zu dem bekanntlich auch offenes „natürliches" Lernen gehört, sein „wahres Gesicht": Es führt dazu, dass Kinder aus bildungsnahen Schichten gefördert, während Kinder bildungsferner Schichten vernachlässigt werden.

Der Förderunterricht sollte auf der Basis des derzeit erreichten Kenntnisstands geplant und möglichst mit Hilfe zertifizierter Unterrichtsmaterialien durchgeführt werden. Ein mechanisches Üben führt in aller Regel nur zu Langeweile und Frust (vgl. Schipper 2005). Küspert (2001, S. 158)[52] kritisiert den gängigen Förderunterricht in folgender Weise:

> „Schaut man sich die Förderstunden genauer an,... müssen [wir] immer wieder eine Reihe von Mankos feststellen:
>
> - Vielfach werden Kinder mit unterschiedlichen Problembereichen (Lesen, Schreiben, Rechnen, Sprachverständnis) in den Fördergruppen zusammengewürfelt.
> - Oftmals sind die Gruppen (mit acht oder mehr Kindern) für eine effiziente Förderung der einzelnen Kinder zu groß.
> - Vielfach kommen Kinder erst dann in eine Fördergruppe, wenn sie bereits große Schwierigkeiten mit dem schulischen Lernen haben. Gerade Lese- und Rechtschreibprobleme werden in vielen Fällen nicht schon im Ansatz erkannt, sondern erst, nachdem bereits ernstes Versagen eingesetzt hat.
> - Häufig besitzen die Lehrkräfte, die die Förderstunden halten, keine spezielle Ausbildung oder können nur auf wenige Kenntnisse aus wenigen Fortbildungsveranstaltungen zurückgreifen.
> - Die inhaltliche Arbeit in den Fördergruppen bezieht sich vielfach auf reines Wiederholen des durchgenommenen Stoffs (= Lernzeitverlängerung). Auf die individuellen Ursachen für die Lernschwierigkeiten kann in diesem Rahmen nicht eingegangen werden.
> - Unsere Erfahrung zeigt, dass die Kinder die Teilnahme an diesen Gruppen häufig sogar als 'Strafe' erleben. Sie fühlen sich nicht individuell betreut und sehen auch keinen Erfolg für sich selbst."

Förderstunden, die etwas bringen, sollten nach Küspert folgende Kriterien erfüllen:

a) Die Aufgaben sollten spezifisch die Bereiche betreffen, in denen die Schüler zentrale Defizite haben; dazu müssen bestimmte diagnostische Tests durchgeführt werden.

b) Die Förderung sollte möglichst früh, am besten im Kindergarten und in der ersten Klasse, beginnen, nicht erst, wenn das Kind schon in den Brunnen gefallen ist und die Förderung nur noch als Strafe empfunden werden kann.

---

[52] Petra Küspert ist eine der führenden Forscherinnen auf dem Gebiet des Lesen- und Schreibenlernens. Das zitierte Buch (Küspert 2001) kann als Einführung in den neueren Forschungsstand jedem Lehrer empfohlen werden. Sie hat in der Würzburger Forschungsgruppe mit W. Schneider an der Entwicklung von Förderprogrammen für die Entwicklung phonologischer Bewusstheit mitgearbeitet (vgl. Schneider, Küspert, Roth, Vise & Marx 1997, Forster & Martschinke 2001).

c) Die Gruppe, in denen an diesen Aufgaben gearbeitet wird, sollten etwa vier Schüler umfassen.
d) Es sollten Unterrichtsmaterialien bzw. Spiele eingesetzt werden, die wissenschaftlich erprobt sind und die den Kindern Spaß bereiten.
e) Die Bearbeitung sollte von Personen angeleitet und kontrolliert werden, die das nötige Fachwissen aufweisen.

Viele Lehrer stellen sich vermutlich gar nicht das Ziel einer flüssigen Beherrschung von Grundfertigkeiten für *alle* Schüler, bevor die komplexeren Fertigkeiten behandelt und eingeübt werden. Vermutlich gibt es in diesem Punkt zwischen Lehrern erhebliche Unterschiede. Falls aber die hier vorgelegte Argumentation zutreffend ist, dann hätten die Schüler, deren Lehrer auf eine flüssige Beherrschung von Grundfertigkeiten zu spät und zu wenig intensiv Wert legen, auf Dauer erheblich schlechtere Lernergebnisse in ihrer Klasse. Möglicherweise ist diese unterschiedliche Gewichtung solcher Fertigkeiten der tiefere Grund für die erheblichen Leistungsunterschiede zwischen Klassen, die von verschiedenen Lehrern unterrichtet werden.

Dritte Ebene der Förderung: **Professionelle Bildungssysteme wie z. B. das neuseeländische oder das schwedische Bildungssystem gehen noch einen Schritt weiter, indem für Schüler mit** gravierenden Lerndefiziten speziell ausgebildete Lehrer eingesetzt werden. So erhalten Schüler mit massiveren Lernrückständen im Lesenlernen nach dem ersten Schuljahr in Neuseeland etwa 60 individuelle Fördersitzungen mit einem Förderlehrer, eine Maßnahme, die viel kostet, die aber den Schülern eine echte Chance bietet, am normalen Unterricht wieder mit Lernfreude teilzunehmen (vgl. Clay 1993). Diese Chance bietet der offene Unterricht in aller Regel schwächeren Schülern nicht.

(2) Flexible Eingangsphase und jahrgangsübergreifende Differenzierung

Die Ausgangssituation

In der flexiblen Eingangsphase werden verschiedene Jahrgangsklassen vermischt. Dies kann aus organisatorischen Gründen oder aus konzeptuellen Gründen erforderlich sein. Wenn eine kleine Grundschule vor der Schließung bewahrt werden soll, ist man gezwungen, verschiedene Klassen zusammen zu legen. Nehmen wir einmal an, eine Grundschule hätte aufgrund des Geburtenrückgangs bzw. wegen starker Migration (z. B. in den neuen Bundesländern) statt früher 100 Schüler nur noch 45 Schüler. Um Schülern weite Schulwege zu ersparen, will man diese Grundschule weiterführen und sie in zwei Klassen unterteilen: Eine *erste Klasse* würde die Klassenstufen 1 und 2 umfassen, eine *zweite Klasse* würde die Klassenstufen 3 und 4 umfassen.

Durch die Altersmischung wird die Heterogenität der Schüler einer Klasse weiter erhöht. Dies kann Chancen und Risiken mit sich bringen. Chancen können sich dadurch ergeben, dass die älteren Schüler den jüngeren in verschiedenen Hinsichten helfen. Sie erklären die geltenden Regeln und Rituale. Die leistungsstärkeren Schüler können den schwächeren Schülern Dinge erklären und Verständnishilfen im Sinne eines Scaffoldings anbieten.

M. E. ist die zentrale Frage nun, in welcher Weise das Lernen in diesen heterogenen jahrgangsgemischten Klassen zu organisieren ist, wenn man die Schüler mindestens gleichgut wie in der vollen Grundschule mit Jahrgangsklassen fördern will. Im Wesentlichen gibt es dazu zwei Konzepte:

- Das Konzept der Bildung zweier Lerngruppen (meist 1. Klassenstufe und 2. Klassenstufe) oder von zwei oder mehr leistungshomogenen Untergruppen, und
- das Konzept einer offenen Lernumgebung für die ganze jahrgangsgemischte Gruppe mit individuellem Lernen an Lernstationen, Wochenplan und Freiarbeit.

Ursprünglich bezog sich das von Goodlad und Anderson (1959) eingeführte Konzept einer Nongraded Elementary School auf die Bildung leistungshomogener Lerngruppen. Dem liegt die Annahme zu Grunde, dass die Heterogenität in der Jahrgangsklasse zu hoch ist und ein effektiverer Unterricht durch Bildung leistungshomogener Gruppen erleichtert wird. Die Nutzung der Leistungsunterschiede in altergemischten Lerngruppen stand dabei nicht im Vordergrund (Roßbach 1999, S. 81).

Neben diesen zwei Grundmodellen gibt es Mischformen. Häufig wird in den Hauptfächern Deutsch und Mathematik nach dem ersten Konzept gearbeitet, in den anderen Fächern (Sachkunde, Musik, Turnen und Religion) wird hingegen die gesamte Gruppe gemeinsam unterrichtet. Nach einer bundesweiten Erhebung von Schmidt (1998, zitiert nach Roßbach 1999, S. 80) verteilen sich die Konzepte jahrgangsübergreifenden Unterrichts in folgender Weise:

> „Danach verfolgt die Mehrheit der Lehrkräfte (44 %) einen jahrgangsbezogenen Abteilungsunterricht, und ein knappes Zehntel (9 %) bildet leistungshomogene Lerngruppen, in denen dann auch Kinder aus verschiedenen Jahrgangsgruppen sitzen. Ein Drittel der Lehrkräfte lässt Kinder unterschiedlichen Alters und unterschiedlicher Leistungsfähigkeit zusammen arbeiten – bildet also bewusst heterogene Lerngruppen. Ein knappes Siebtel (13 %) betont eine Individualisierung der Lernprozesse (individuelle Arbeitspläne)."

Nach diesen Angaben ist zu vermuten, dass Lehrer in den Hauptfächern meistens nach Modell 1 verfahren. Auf dieses Modell wird hier zunächst nicht mehr näher eingegangen, weil es im Grunde eine Anwendung der direkten Instruktion auf die Herausforderung „größere Heterogenität" ist. Allerdings kann es sein, dass sich mittlerweile mehr Lehrer konsequent an dem zweiten Modell orientieren, weil dieses Modell von vielen Hochschulpädagogen bevorzugt wird. In diesem Modell können reformpädagogische Ansätze der letzten Jahrzehnte stärker berücksichtigt werden (vgl. Laging 1999). Auf dieses zweite Modell möchte ich nun kurz eingehen.

Jahrgangsgemischtes Lernen als offener Unterricht

Heterogenität als Ressource: Auch in altershomogenen ersten Jahrgangsklassen beträgt die Altersdifferenz zwischen 2 und 3 Jahren. Laging sieht in der großen Heterogenität der jahrgangsgemischten Gruppe vor allem eine Ressource, die zum Ausgleich problematischer gesellschaftlicher Verhältnisse genutzt werden sollte. So schreibt Laging (1999):

> „Die Differenz unter den Kindern soll der Motor zur Selbständigkeit und zum individuellen Lernen sein. Dieser Gedanke scheint unter den Bedingungen heutigen Aufwachsens erneut an Bedeutung zu gewinnen ..." (S. 18)
>
> „Die größere Unterschiedlichkeit der Kinder in der altersgemischten Gruppe verlangt vom Lehrer/von der Lehrerin einen individualisierten, mindestens aber einen sehr viel differenzierteren Zuschnitt der Lernaufgaben, als dies in der Jahrgangsklasse der Fall ist." (S. 20)

> „Ein Neudenken von Schule und Unterricht – wie es Hentig (1993[2]) gefordert hat, – muss also grundsätzlicher ansetzen, allein auf der unterrichtsorganisatorischen oder methodischen Ebene ist dies nicht möglich. Dann würde sich nur der traditionelle Unterricht unter einer veränderten Organisation erneut etablieren, wie dies im Abteilungsunterricht der 50er und 60er Jahre der Fall gewesen ist …“ S. 23)
>
> „Das Alter wird zur sozialen Größe und kann in konstruktiver Weise einen Selbsterziehungsprozess der Gruppe in Gang setzen, wie dies in der Jahrgangsklasse nicht möglich ist … Die vielen Reformansätze, vor allem im Grundschulbereich (wie etwa Freie Arbeit, Wochenplanarbeit, Ganzheitlichkeit, Projekte, Rhythmisierung u. ä.) können erst zu ihrer vollen Blüte gelangen, wen die Jahrgangsklasse zu Gunsten der altersgemischten Gruppe aufgelöst wird und sich die nötige Heterogenität einstellt.“ (S. 23)

Dieses radikale Konzept jahrgangsgemischten Unterrichts in der Eingangsphase setzt auf das Helferprinzip: **Der Lehrer ist nun hauptsächlich kritischer Begleiter des Lernprozesses, gibt in Ausnahmefällen Hilfen, sofern die Erläuterungen durch andere Schüler nicht ausreichen.** Außerdem sollen sich Schüler durch das verwendete Lehr-Lernprogramm Neues überwiegend durch Lesen aneignen. Je nach dem, wie radikal dieses Konzept umgesetzt wird, verzichtet der Lehrer auf Einführungs- und Erklärphasen vor der ganzen Klasse oder vor einer Untergruppe. Manche Verfechter halten schon solche Erklärungen für höchst problematisch, weil dadurch den Schüler nur Wissen eingetrichtert werden würde. Andere suchen jedoch eine Balance zwischen Einführen und Erklären einerseits und selbständigem individualisierten Anwenden und Erproben andererseits.

Schulisches Lernen – natürliches Lernen? Wie folgendes Zitat belegt, orientiert sich das reformpädagogisch inspirierte Modell jahrgangsgemischten Unterrichts am natürlichen individualisierenden Lernen. So schreibt Laging (1999, S. 10)

> „Im Alltag der Kinder wird nicht linear von einem (meist Erwachsenen) zum anderen (meist das Kind) gelernt. Die Aneignung der Welt verläuft in komplexen Beziehungssituationen, in denen Lehren und Lernen nur noch schwerlich auseinander zu halten sind. Kinder haben bereits Erfahrungen und sie machen ständig neue Erfahrungen, indem sie etwas tun – „Lernen ist tun“ (Lambrich / Scholz 1992, S. 292). Mit der Institutionalisierung des Lernens in Form der Schule und der Jahrgangsklasse zählt nicht die eigene Art der Kinder, sich die Welt anzueignen, sondern die Gleichmäßigkeit der Bildung durch eine einseitige Lehr- Lernbeziehung. Dieser Tendenz zur Egalisierung wird durch die alten und neuen reformpädagogischen Bestrebungen eines individualisierenden und für Kindererfahrungen offenen Unterrichts versucht entgegenzuwirken. Dabei sind diese und andere Reformansätze (wie Berichtszeugnisse, fachübergreifendes Lernen, Lernen in Projekten, Ganzheitlichkeit, Schulleben u. a.) letztlich nichts anderes als der Versuch, aus der Homogenisierungsproblematik herauszukommen.“

Das Feindbild hier ist bornierter Frontalunterricht, der einer kindgemäßen Entfaltung entgegenstehen soll. Ein Bemühen um eine differenzierte Diskussion lehrergeleiteten Unterrichts ist nicht zu erkennen. Im reformierten jahrgangsgemischten Unterricht wird der Lehrer in seiner Funktion als Wissensvermittler zunehmend überflüssig, weil sich die Kinder gegenseitig helfen: Der Lehrer wird zum Berater, der nur etwas erklärt, wenn er ausdrücklich darum gebeten wird.

Auffällig ist, dass in diesen Diskussionen um die flexible Eingangsphase in den meisten Fällen unterstellt wird, eine grundlegende Reform sei nur durch eine Kopplung jahrgangsgemischter Gruppen mit offenem Unterricht möglich. Entsprechend wird die Bildung leistungshomogener Lerngruppen von vornherein abgelehnt.

> Altersgemischter Unterricht „erfordert differenzierte und individualisierte Arbeitsformen ... Das Alter wird zur sozialen Größe und kann in konstruktiver Weise eine Selbsterziehungsprozess der Gruppe in Gang setzen, wie dies in der Jahrgangsklasse nicht möglich ist... Die Schwierigkeiten der Jahrgangsklasse, die seit ihrer Einführung bestehen (und das sind die Gleichsetzung des Entwicklungsalters mit dem kalendarischen Alter, die Gleichschrittigkeit des Unterrichts in den Fächern, der jahrgangsbezogene Lehrplan, die Vergleichbarkeit der Zensuren und das Elend des Sitzenbleibens und Wiederholens) können nur überwunden werden, wenn nicht mehr die Homogenisierung der Lerngruppe, sondern die Heterogenität als fruchtbare Spannung den Ausgangspunkt zur Förderung individueller und sozialer Lernprozesse bildet." (Laging 1999, S. 3)

Rolle des Lehrers, Rolle von Texten: Der Lehrer wird zum Berater und Lernbegleiter. Nur auf den Wunsch von Schülern hin erklärt er Dinge, gibt Denkanstöße usw. Die Funktion der Wissensvermittlung wird auf den Lehrgang, auf Lehrtexte und dazu formulierte Lernaufgaben sowie auf die anderen Schüler übertragen (z. B. Chefsystem bei der Stationsarbeit). Ein stärker individualisiertes Lernen soll dadurch ermöglicht werden. Der Lehrer kann für das Lernen fertig ausgearbeitete Lehrgänge verwenden und kann sich dadurch stärker der individuellen Beratung widmen.

Wie sich in den letzten Jahren dieses von Laging präferierte Konzept auch in der Politik einiger Bundesländer durchgesetzt hat, mag man aus den folgenden Ausführungen des Ministeriums für Bildung und Frauen des Landes Schleswig-Holstein aus dem Jahr 2007 entnehmen. Auf Seite 3 steht:

> - „Jahrgangsübergreifendes Lernen ist nicht neu: Neben Schleswig-Holstein haben fast alle Bundesländer seit den 90er Jahren vor dem Hintergrund zunehmender Heterogenität die Gestaltung der Schuleingangsphase thematisiert und verschiedene Unterrichtskonzepte erprobt. Im Mittelpunkt dieser **Modellversuche** standen Aspekte, die spätestens mit dem neuen Schulgesetz und den Änderungen der Grundschulverordnung auch für schleswig-holsteinische Schulen relevant geworden sind. Neben dem jahrgangsübergreifenden Arbeiten sind dies vor allem
>   - o der Verzicht auf eine Schulfähigkeitsfeststellung
>   - o die Aufnahme aller Kinder unter Verzicht auf Zurückstellungen
>   - o eine individuelle Verweildauer in der Eingangsphase
>   - o eine individualisierte Lernkultur
>   - o die Ausweitung binnendifferenzierter Unterrichtsverfahren
>   - o die Intensivierung förderdiagnostischer Maßnahmen.

- Aufgrund der positiven Effekte dieser Maßnahmen als Antwort sowohl auf die zunehmende Heterogenität unserer Klassen und Lerngruppen als auch auf die demographische Entwicklung haben neben Schleswig-Holstein u. a. Brandenburg, Nordrhein-Westfalen, Berlin, Sachsen und Sachsen-Anhalt die jahrgangsübergreifende Eingangsphase in je eigener Ausprägung.“

Und auf Seite 9 werden – mit dem Hinweis auf „gemachte Erfahrungen“ – folgende Argumente vorgetragen:

„Strukturelle Veränderungen setzen viel Engagement voraus und bedingen zumindest in der Umstellungsphase ein hohes Maß an konzeptionellem Aufwand. Von daher ist die Frage nicht unberechtigt: Lohnt sich das? Als Resümee bisheriger Erfahrungen lassen sich folgende positiven Aspekte jahrgangsübergreifenden Lernens benennen.

Pädagogische Aspekte

- Eine sozial schon gefestigte Gruppe nimmt eine kleine Gruppe Neuer auf. Die Gewöhnungszeiten sind kürzer.
- **Jüngere übernehmen von Älteren Rituale und andere förderliche soziale Verhaltensschemata.**
- **Die Kinder lernen voneinander etablierte Lernstrategien.**
- **Kooperatives Lernen ist die Regel**: Ältere Schülerinnen und Schüler werden zu Experten und Lernhelfern für jüngere.
- Jüngere lernen von Älteren, sie profitieren von deren Kenntnissen und Wissen und übernehmen wirkungsvolle Lernmethoden.
- Natürliches Helfersystem: Jedes Kind ist einmal junges oder älteres, Hilfe anbietendes und Hilfe annehmendes Kind.
- Die Übernahme von Verantwortung für jüngere Kinder stärkt das Selbstvertrauen.
- Bei sozialer Kontinuität entfällt das emotional belastende Sitzenbleiben.
- Wer drei Jahre in der Eingangsphase verbleibt, bleibt in der ihm bzw. ihr weitgehend vertrauten Lerngruppe.
- Beim verkürzten Durchlaufen der Eingangsphase in einem Jahr können die Kinder an den Angeboten beider Jahrgangsstufen individuell differenziert teilnehmen.
- Auch frühzeitig eingeschulte Kinder profitieren von diesen Bedingungen der Eingangsphase.

(Ministerium für Bildung und Frauen des Landes Schleswig-Holstein (2007): Individuelles Lernen in der Eingangsphase. Ein Leitfaden für die Organisation jahrgangsübergreifenden Unterrichts)

Mittlerweile hat dieses „Reformmodell“ der flexiblen Eingangsphase in vielen Grundschulen Einzug gehalten. Im Internet wird z. B. in folgender Weise für ein solches Reformmodelle geworben:

Jahrgangsübergreifendes Lernen

Jedes einzuschulende Kind beginnt seine Schullaufbahn wie im Kindergarten vorher in bereits bestehenden **Stammgruppen**. Es wird also **jahrgangsübergreifend** unterrichtet. So wird der Schulalltag mit allen Neuerungen und Anforderungen leichter, weil man sich an den “Großen“ orientieren kann, die einem als „Paten“ zugeordnet werden. Das bedeutet, dass die Neuen schneller als bisher **„in der Schule ankommen“** und viele Arbeitsrituale und Unterrichtsarrangements einfach mitmachen, statt sie mühsam von Grund auf zu lernen (z. B.: Wie lerne ich beim Stationslernen?).

Für die **„Großen"**, die schon in der Gruppe sind, bedeutet der Weggang der Zweitklässler gleichzeitig auch eine Übertragung ihrer Verantwortung auf sie selbst, denn nun sind sie die "Großen" und für den reibungslosen Ablauf des Lernens verantwortlich. Dadurch erfahren auch die schwächeren Kinder eine nachhaltige Stärkung ihres Selbstbewusstseins, weil auch sie gebraucht werden und den "Kleinen" in vielem weit voraus sind. Die guten Schülerinnen und Schüler müssen ihre Stärken vor allem als **„Lernexperten"** beweisen und finden so oft nachhaltige Stütze in der Entwicklung ihrer Sozialkompetenz.

Gegenseitige Hilfe

Das **„Prinzip der gegenseitigen Hilfe"** ist ein wichtiger Grundpfeiler unserer NE. Alle Schülerinnen und Schüler können anderen etwas erklären oder zeigen. Das ist oft gefordert, denn wir wollen das Lernen lehren, nicht nur selber „vorne stehen". So gewinnen wir Zeit, die Kinder zu beobachten und individuell zu fördern, ihre Lernfortschritte zu arrangieren und sie in der Kompetenz der Teamfähigkeit und Selbständigkeit, sowie in ihrer Eigenverantwortung für ihr Lernen zu schulen. Sie festigen beim Erklären sehr effizient ihr eigenes Wissen, weil sie die Erklärung so wählen müssen, dass sie nicht nur „vorsagen". Im Rechtschreibkonzept z. B. sind viele Übungen in Partnerarbeit konzipiert, dabei ist der jeweilige Partner dafür verantwortlich, so viele Hilfen zu geben, dass der Schreiber auf jeden Fall richtig schreibt. Damit übernehmen die Kinder auch viel Verantwortung nicht nur für ihr eigenes Lernen, sondern auch für den Lernprozess des Partners. Verbleibt ein Kind ein weiteres Jahr in der NE, so wechselt er nicht die Klasse, sondern verbleibt in der Stammgruppe mit einem Teil der bekannten Kinder. Die „Stigmatisierung" sitzen zu bleiben, wird so zumindest stark gedämpft, wenn auch sicher nicht ganz vermieden. Dazu werden wir als Lehrerinnen anders wahrgenommen. Oftmals treten wir hinter der Stoffvermittlung zurück, sind vielmehr Lernpartner und Berater. Phasen des lehrerzentrierten Unterrichts sind selten, haben aber auch in der NE ihren berechtigten und bedeutsamen Platz. Hier wird lehrgangsorientiert etwas Neues eingeführt, stringent und manchmal auch jahrgangsgetrennt. Diese „Kulturtechniken" und „Arbeitsmethoden" werden dann im weiteren Unterrichtsgeschehen immer wieder angewendet und trainiert, dann aber wieder, wenn nötig, differenziert und auf das jeweilige Kind oder eine bestimmte Gruppe zugeschnitten …

Die oben geschilderten Anforderungen an Förderung und Individualisierung setzen offene Unterrichtsformen voraus. Arbeitsplanarbeit, Lernen an Stationen, Werkstätten und Projekte sind für den Unterrichtsalltag kennzeichnend. Es finden jedoch auch als nötiges Gegengewicht intensive Stammgruppenphasen statt, in denen wir gemeinsam am Thema arbeiten und unsere Kenntnisse zusammenführen und weiterentwickeln. Jede Gruppe hat ihr typisches „Gesicht" und ihre Rituale und Regeln, die für einen engen Zusammenhalt innerhalb der eigenen Stammgruppe sorgen."

In ähnlicher Weise hat auch H. Gudjons argumentiert (vgl. Gudjons 1992). Auch Gudjons erinnert an die veränderte Kindheit. Dennoch gibt es keine Belege dafür, dass früher alles besser war und z. B. die Klassen homogener gewesen wären. Auch hatte die Grundschule schon immer die Aufgabe, die Schüler für den Unterricht zu erziehen und dabei den emotionalen Bedürfnissen Rechnung zu tragen. Selbstwertgefühl wird sich aber in jeder Schule vorrangig dann entwickeln, wenn die Kinder *Selbstwirksamkeitserfahrungen* bei wichtigen Aufgaben machen können. Das kann in Projekten, im Unterricht der sog. Hauptfächer und im Unterricht der Nebenfächer geschehen. Leistungen und Kompetenzen stehen im Mittelpunkt der Schule. Am ehesten können sie diese Selbstwirksamkeitserfahrungen machen, wenn sie im Rahmen der *Zone der nächsten Entwicklung* gefordert werden. Dazu müssen sie bessere Chancen erhalten, in der Phase des Erwerbs neuen Wissens ihre Schemata zu erweitern. Genau dies wird bei offenen Unterrichtsmethoden oft versäumt. Für ein positives Lernklima spielt vor allem ein fehlertolerantes Klima eine Rolle. In diesem wird Kritik und inhaltliches Feedback nicht als summative Bewertung, sondern als Ansporn, Wissenslücken auszuräumen, empfunden. Genau diese Methoden formativer Leistungsbewertung werden aber in solchen Konzepten der flexiblen Schuleingangsstufe nicht erwähnt.

Die Kopplung jahrgangsübergreifender Unterricht mit offenem Unterricht

Bildung leistungshomogener Gruppen: Warum hier die Bildung von leistungshomogenen Gruppen im Rahmen einer flexiblen Eingangsphase von vornherein abgelehnt wird, bleibt unklar. Jahrgangsklassen werden ja vor allem deshalb gebildet, um die Schüler gemeinsam unterrichten zu können. Dabei kann man der Heterogenität der Schüler durch geeignete Differenzierungsmaßnahmen Rechnung tragen. Die leistungsstarken Schüler könne zusätzlich gefordert werden; auf die Lernschwierigkeiten der schwächeren Schüler sollte mit zusätzlichen Hilfen reagiert werden. Die Bildung leistungshomogener Gruppen ist also ein Mittel, um in der Zone der nächsten Entwicklung unterrichten zu können.

Je nach Lernphase sind die Aufgaben unterschiedlich, die durch das gewählte Lernarrangement zu bewältigen sind: Bei der Einführung neuer komplexer Inhalte muss erklärt, an Lösungsbeispielen und visuellen Hilfen Inhalte erläutert, in der Phase der Anwendung und Erprobung des neu gelernten Wissens müssen dann zunehmend komplexe Aufgaben selbständig bearbeitet werden. Hier ist für spezifisches inhaltliches Feedback zu sorgen. Im offenen Unterricht werden stärker schriftliche Texte eingesetzt. Hier stellen sich dann folgende Fragen:

– Sind Schüler in gleicher Weise in der Lage, durch Lesen von Lehrtexten zu lernen oder lernen sie leichter durch die Erläuterungen und Erklärungen ihres Lehrers, vor allem wenn der Lehrer die hierfür bekannten Hilfen wie Lösungsbeispiele, Visualisierungen, und Fehlerdiskussionen geschickt einsetzt? Und in welchem Umfang können Schüler die Erkläraufgaben des Lehrers tatsächlich übernehmen? Es gibt in den Forschungen zur Wirksamkeit verschiedener Methoden kooperativen Lernens sehr deutliche Hinweise darauf, dass im Unterricht nicht ohne Not auf die Fähigkeiten des Lehrers zum Erklären, Erläutern und Strukturieren von Inhalten verzichtet werden sollte (vgl. Kap. 9).
– Wenn die Schüler in Freiarbeit und in Stationsarbeit Aufgaben z.B. über eine Woche verteilt bearbeiten sollen, kann jeder Schüler an unterschiedlichen Stationen bzw. Aufgaben arbeiten. In dieser Situation kann der Lehrer dann nur noch individuell einzelnen Schülern helfen. Dies ist aber offensichtlich weniger effektiv als das gemeinsame Bearbeiten eines Arbeitsblatts. Nach Bearbeiten der Aufgaben kann in diesem Fall eine Nachbesprechung stattfinden, in der besondere Schwierigkeiten diskutiert und Lösungsstrategien modelliert werden können.

Die eigentlichen Gründe, die hinter der schroffen Ablehnung der Bildung leistungshomogener Gruppen und deren systematischer Unterrichtung in der Zone der nächsten Entwicklung liegen, können nur vermutet werden. Offensichtlich erwartet man, dass Schüler durch eine stärkere Berücksichtigung der Interessen und Fähigkeiten und durch einen größeren Dispositionsspielraum bei der Auswahl von Lernaufgaben eher auf das Leben in einer Demokratie vorbereitet werden. Möglicherweise geraten hier zwei Dinge durcheinander: (1) Die Bedingungen, die etwas mit der Förderung der Bereitschaft zur aktiven Teilnahme an demokratischen Prozessen zu tun haben und (2) die Bedingungen, die etwas mit der Entwicklung spezifischer Fähigkeiten und Fertigkeiten zu tun haben. Die Bildung leistungshomogener Gruppen ist ein Mittel, um wirksame Lernprozesse für die Entwicklung von Kompetenzen organisieren zu können. Dies ist insbesondere in Fächern erforderlich, in denen aufeinander aufbauende Inhalte gelernt werden sollen. Ein effektiver Unterricht, der Schülern hilft, diese Fähigkeiten zu entwickeln, macht die Schüler damit noch lange nicht zu unkritischen Untertanen. Ob die kritischen Kompetenzen, die für demokratisches Handeln wichtig sind, durch Gewährung eines Dispositionsspielraums bei der Stationsarbeit oder bei der Wochenplanarbeit tatsächlich entwickelt werden, ist m. E. empirisch nicht belegt.[53]

Sicherlich gibt es spezifische Bedingungen, unter denen Heterogenität eine Ressource für das Lernen ist. Auf solche Bedingungen wird z. B. im Kapitel über kooperatives Lernen näher eingegangen. Allerdings sind Schüler auch beim kooperativen Lernen in großem Umfang auf den Lehrer als professionellen Erklärer angewiesen. Der Lehrer weiß in aller Regel besser als seine Schüler, wie man Lösungsbeispiele und Visualisierungen erfolgreich einsetzen kann. Gerade die leistungsschwächeren Schüler sind auf solche Hilfen durch den Lehrer angewiesen.

Natürliches und schulisches Lernen: Es gibt viele Fähigkeiten und Fertigkeiten, die sich ohne systematisches schulisches Lernen quasi natürlich entwickeln, z. B. die Fähigkeit, sich sprachlich mit anderen zu verständigen, die Entwicklung motorischer Grundfertigkeiten usw. Daneben gibt es Fähigkeiten wie z. B. Lesen und Schreiben, die sich ohne systematische Beschulung nicht entwickeln (vgl. Geary 2007). Dazu zählen auch viele mathematische und naturwissenschaftliche Fähigkeiten und Fertigkeiten. Man kann dies leicht überprüfen, indem man die Entwicklung von Fähigkeiten und Fertigkeiten in Kulturen beobachtet, in denen es keine schulische Bildung gibt. Wenn die Prämissen der neuen „Reformpädagogen" stimmen würden, müsste man annehmen, dass unsere kulturellen Errungenschaften vor allem von Buschvölkern weitab jeder Zivilisation entwickelt wurden. Kulturen, die auf systematische Beschulung setzen, müssten auf einem kulturell sehr niedrigen Stand verblieben sein.

Dies macht deutlich: Nicht die tradierten Formen schulischen Arbeitens, sondern die „innovativen" Reformansätze geraten in Erklärungsnot. Damit bei offenen Lernarrangements alle Schüler, auch die leistungsschwächeren, überhaupt etwas lernen, werden folgende Hilfsmittel eingesetzt:

- Statt mündlicher Erklärungen mit Lösungsbeispielen und Visualisierungen werden schriftliche Erklärtexte mit Lernaufgaben verwendet, und
- Engagierte Lehrer geben Schülern individuelle Hilfen und leiten die leistungsstärkeren Schüler an, Schülern bei Lernschwierigkeiten zu unterstützen.

Wenn Lehrer diese Aufgabe individuellen Helfens in offenen Lernsituationen wirklich ernst nehmen, geraten sie in eine ausweglose Situation: Wenn sie jedem Schüler helfen wollen, müssen die anderen Schüler auf Hilfe warten. Das individuelle Helfen gerät dann rasch an seine Grenzen.

Findige Verlage machen sich dann diese Situationen zu nutze, indem sie z. B. fertige Werkstätten oder Lernstationen anbieten. Das persönliche Engagement des Lehrers kann sich dann zuneh-

[53] Für mich sind dies eher scheindemokratische Spielereien, da der eigentliche Stoffplan immer noch gilt und nach meiner Überzeugung die Reihenfolge der Bearbeitung vor allem inhaltlichen Überlegungen folgen sollte. Die Fähigkeit zu kritischer Partizipation in einer Demokratie entwickelt sich m. E. vor allem durch ein Vorbildverhalten des Lehrers bei Gelegenheiten, in denen kritisches und unabhängiges Handeln gefordert ist.

mend auf das Kopieren der Erklärtexte und der Lernaufgaben konzentrieren. Man mag dies für einen Treppenwitz der Geschichte halten: Gerade die „neue Reformpädagogik" führt in dieser Situation zu einer verstärkten Verwendung von Texten und zu einer Reduktion der Verantwortlichkeit des Lehrers für die Ergebnisse seines Unterrichts. Auch hierfür wird dann eine Rationalisierung angeboten: Da Schüler nur lernen, wenn sie sich alles selbst konstruieren und aneignen, verlagert sich das Gefühl der Verantwortlichkeit für das Lernen in der Schule vom Lehrer auf den Schüler. Wenn Schüler dann wenig lernen, ist dafür der Schüler, und nicht der Lehrer verantwortlich. Der Lehrer braucht also kein schlechtes Gewissen zu haben, wenn manche Schüler wenig lernen. Lehrer können sich dann auch mal zurücklehnen und das Lernen den neuen Unterrichtsmaterialien überlassen. Vielleicht hat die Attraktivität offenen Unterrichts auch etwas mit diesen Möglichkeiten der Stressreduktion zu tun.

Forschungen zum jahrgangsübergreifendes Lernen

1. Forschungen in Deutschland:

Nach Roßbach (2003, S. 83 f.) ist die Forschungslage zum jahrgangsübergreifenden Unterricht in Deutschland sehr unbefriedigend. Er verweist in seiner Übersicht auf Forschungsarbeiten von Furch-Krafft (1979) und von Knörzer (1984, 1985, 1997). In der Regel wurde festgestellt, dass zwischen den Jahrgangsklassen und den jahrgangsgemischten Klassen im Leistungsniveau keine wesentlichen Unterschiede festzustellen waren. Der Einsatz eines Helfersystems erfolgte eher ad hoc und wenig systematisch. Man kann aufgrund verschiedener Angaben vermuten, dass oft nach einem vermischten Modell des jahrgangsübergreifenden Unterrichts gearbeitet wurde, wobei in den Hauptfächern Deutsch und Mathematik die beiden Klassenstufen oft getrennt unterrichtet wurden. Nuber und Sauter (1985, S. 104) beschreiben die tatsächliche Situation in folgender Weise:

> „Beim Vergleich der Stundenpläne aller Schulen fällt auf, dass in etwa gleichem Umfang der Unterricht in den Kernfächern von verschiedenen Lehrern erteilt, dass Fachlehrerunterricht etwa gleich häufig vorkommt. In beiden Organisationsformen unterrichten, rechnet man den Religionslehrer (Pfarrer) dazu, mindestens 4 Lehrer in einer Klasse. In den Schulen mit kombinierten Klassen wird, wo immer es geht, zumindest der Unterricht in den Kernfächern getrennt, d. h. es findet – zwar mit kleineren Schülerzahlen – in gewissem Umfang auch an den kombinierten Klassen der Unterricht innerhalb von Jahrgangsklassen statt. Dies könnte mit ein wichtiger Grund dafür sein, warum die Unterschiede in den Einstellungen und Wahrnehmungen der Lehrer so gering sind."

Zu einem Konzept, das jahrgangsgemischtes Unterrichten konsequent mit offenem Unterricht verknüpft, gibt es in Deutschland m. W. derzeit nur Erfahrungsberichte oder Evaluationen über Befragungen von Lehrern, Eltern und Schülern. Experimentelle Studien zu diesem Konzept gibt es in Deutschland nicht. Eine solche Evaluationsstudie wurde von G. Steins (2004) an der Albert-Schweitzer-Grundschule in Essen durchgeführt. Auf diese Studie möchte ich nun kurz eingehen.

Erprobungsphase der neuen Schuleingangsphase: Von der zweiten Märzwoche 2004 bis zum Beginn der Osterferien, also sechs *Wochen.*

0 *Ziel des Versuchs:* Verbesserung der Primarstufenausbildung bei Kostenneutralität

Modell: Ein Teil des Unterrichts der Schulkindergartenkinder zusammen mit den Erst- und Zweitklässlern , und eine komplette Zusammenfassung der dritten und vierten Klasse, die durch zwei gemischte Gruppen repräsentiert sind.

In der Erprobungsphase wurden folgende grundlegende Elemente des Schulalltags geändert:

Der Tagesrhythmus wurde geändert:

- Fließender Schulbeginn
- Freiarbeitsphasen
- Spätere längere Pause
- Für jeden Tag ein gleicher Schulschluß

Besonders in der dritten und vierten Klasse wurde die Bearbeitung eines **Wochenplans** als zentrale Unterrichtsmethode verwendet (die den Kindern teilweise schon bekannt war), um eine individuelle Förderung besser gestalten zu können. Die Gruppenzusammensetzung wurde entsprechend des gewählten Modells jahrgangsübergreifenden Unterrichts geändert.

Ausgewählte Ergebnisse: Die Einschätzung der Lernquantität nimmt über die drei Messzeitpunkte kontinuierlich ab (vgl. S. 24). Man kann diese Art von Einschätzungen jedoch kaum sinnvoll interpretieren, weil Vergleichsdaten in vergleichbaren Kontrollklassen nicht vorliegen.

Interessant sind m. E. die Einschätzungen der Schüler zu den relevanten Aspekten des Schulversuchs selbst. 47 % der Kinder wollen zum dritten Messzeitpunkt den Schulversuch als beendet ansehen und zur früheren Unterrichtsform zurückkehren, 19 % waren unentschieden und nur 21 % bevorzugten den jahrgangsgemischten Unterricht. Bei der Begründung ihrer Bewertungen verweisen die Schüler vergleichsweise häufig auf den Wochenplan, den viele Schüler hassen.

Zusammenfassend betont Steins (S. 69 f.) den Wert stabiler Jahrgangsklassen:

> „Betrachten wir skandinavische Länder, insbesondere Finnland, welches im internationalen Schulsystemvergleich hervorragende Resultate zeigt, dann ist der Widerspruch zwischen dem finnischen System und dem hier zur Erprobung vorgeschlagenen Modell eklatant. In Finnland und auch anderen skandinavischen Ländern bleiben die Gruppen der Kinder über eine erstaunlich lange Zeit zusammen. Die Kinder erleben die Entwicklung der anderen Kinder und ihre eigene Entwicklung. Durch eine möglichst große Konstanz dieser äußeren Rahmenbedingungen können Kinder überhaupt erst ein vernünftiges Bezugssystem, das erheblich wichtig für die eigene realistische Bewertung ist, herausbilden. Sie erleben eine Entwicklung, die ihnen bei einem Modell, wie es hier erprobt wurde, versagt bleibt. Das hier erprobte Modell unterschätzt die sozialen Funktionen einer Gruppe, die eine solide Vergleichbarkeit gewährt."

2. Internationale Forschungen

Zu den im Ausland durchgeführten experimentellen Forschungen wurden von Gutierrez und Slavin (1992, S. 348) sowie von Veenman (1995; 1996) Meta-Analysen durchgeführt. Ich möchte vor allem auf die Meta-Analyse von Gutierrez und Slavin eingehen, weil deren Analyse sich bemüht, die festgestellten Wirkungen auf Bedingungen der verwendeten Modelle des jahrgangsübergreifenden Unterrichts zurückzuführen. Dabei werden folgende Programme unterschieden:

1) Programme, bei denen nur in einem Fach, meist im Fach Lesen (Reading), jahrgangsübergreifend homogene Lerngruppen gebildet werden, in denen dann nach der Methode der direkten Instruktion unterrichtet wird.

2) Programme, bei denen in mehreren Fächern homogene Lerngruppen gebildet werden, in denen dann nach der Methode der direkten Instruktion unterrichtet wird.

3) Verschiedene Programme, bei denen in jahrgangsübergreifenden und heterogenen Lerngruppen individualisiert unterrichtet wird (Lernstationen, Abteilungsunterricht, Wochenplanarbeit, Formen offenen Unterrichts).

Die Effektivität dieser Differenzierungsmodelle wurde in Grundschulen der USA (Elementary School, die ersten sechs Jahrgangsstufen) untersucht. Dabei wurden Versuchsklassen, in denen in der angegebenen Weise jahrgangsübergreifend differenziert wurde, mit Vergleichsklassen verglichen, in denen in traditioneller Weise (ohne jahrgangsübergreifende Differenzierung, teilweise mit direkter Instruktion, teilweise stärker individualisierend) verfahren wurde.

Die Ergebnisse sind recht eindeutig: In den beiden ersten Modellen jahrgangsübergreifender Differenzierung, bei denen homogene Leistungsgruppen gebildet wurden, werden insgesamt positive Effekte (Effektstärken 0.46 und 0.34) festgestellt, in den restlichen Modellen sind keine nennenswerten Effekte feststellbar. Daraus ergibt sich: Nicht der organisatorische Rahmen allein, sondern die Kombination von organisatorischem Rahmen und direkter Instruktion[54] ist entscheidend. Entscheidend ist, ob in den leistungshomogenen Gruppen die Unterrichtszeit im Sinne direkter Instruktion effektiv genutzt wird. Übrigens kann auch direkte Instruktion allein diese positiven Effekte nicht erklären, da vermutlich in den Kontrollgruppen, mit denen die Klassen mit jahrgangsübergreifender Differenzierung zu den Modellen (1) und (2) verglichen wurden, ebenfalls direkte Instruktion eingesetzt wurde. Dies deutet darauf hin, dass bestimmte Effekte auf die Bildung mehrerer leistungshomogener Lerngruppen innerhalb der gesamten Lerngruppe zurück zu führen waren.

Besonders positiv schneiden Programme ab, die sich auf jahrgangsübergreifende Differenzierung in *einem* Fach, meist Lesen, beziehen (vgl. Roßbach & Wellenreuther 2002). Vielleicht spielte dabei eine Rolle, dass im Fach Lesen die verwendeten Unterrichtsmaterialien besonders gut den Kompetenzniveaus in den Leistungsgruppen angepasst werden konnten.

Wie lässt sich die Effektivität der ersten beiden Differenzierungsmodelle im Unterschied zu anderen Modellen jahrgangsübergreifender Differenzierung erklären? Gutierrez und Slavin (1992, S. 368) schreiben dazu:

[54] Gutierrez und Slavin (1992, S. 368) sprechen nicht nur von direkter Instruktion, sondern auch von „teacher directed instruction“.

„[Die] positiven Wirkungen der jahrgangsübergreifenden Organisation sind dann besonders konsistent und stark, wenn das Programm sich auf die vertikale Organisation der Schule konzentriert und wenn die jahrgangsübergreifende System nicht als ein Rahmen für individualisiertes Unterrichten verwendet wird ... Im Gegensatz dazu zeigten Programme, die individualisierte Instruktion betonten und die damit weniger Wert auf direkte Instruktion legten, weniger deutliche Effekte. Dies bedeutet nicht, dass diese Programme zu einer Reduktion der Schülerleistungen führten, die Effekte sind nur sehr inkonsistent, sie nützen wenig und schaden wenig ...

Falls die Effektivität jahrgangsübergreifenden Unterrichts auf die Zunahme direkter Instruktion zurückzuführen ist, die sich genau auf das jeweils erreichte Niveau bezieht, dann ist es leicht zu sehen, dass eine Bewegung zu größerer Individualisierung die Lernwirksamkeit unterminiert. Individualisierte Instruktion, Lernstationen, Lernaktivitäten und andere individualisierte oder Kleingruppenaktivitäten reduzieren die Zeit für direkte Instruktion, während gleichzeitig ein Unterricht, der den individuellen Bedürfnissen Rechnung trägt, nicht in ausreichendem Maße geleistet wird.“ [55]

Die Bildung homogener Leistungsgruppen kann als Voraussetzung für ein intensives Unterrichten im Sinne eines klassenbezogenen Scaffolding verwendet werden. Vermutlich ist dieses klassenbezogene Scaffolding in einer leistungshomogenen Lerngruppe wirksamer als in einer eher heterogenen Lerngruppe, weil jeder Schüler im Rahmen seiner *Zone der nächsten Entwicklung* arbeiten kann. Der Lehrer wendet sich diesen fachspezifisch homogenisierten Lerngruppen direkt zu, ohne dass durch innere Differenzierungen weitere Subgruppen in der Klasse gebildet werden müssen, die eine Aufteilung der Lehrerzuwendung, ein erhöhtes Maß an unbeaufsichtigter Stillarbeit bzw. an Arbeit mit schriftlichen Materialien erforderlich machen. Es kommt somit zu einer Maximierung der Zeit, in der ein Lehrer sich im Sinne der direkten Instruktion einer relativ großen homogenen Schülergruppe zuwenden kann. Bei jahrgangsübergreifender Bildung von fachspezifischen Lerngruppen kann die Gruppeneinteilung flexibel gehandhabt, häufig überprüft und leicht korrigiert werden. Auch der Einsatz von Unterrichtsmaterialien, die den Leistungsniveaus passgenau entsprechen, ist bei diesem Modell der Leistungsdifferenzierung in 1–2 Fächern besonders gut möglich.

8.6 Zusammenfassung: Effektive Lernarrangements gestalten

In diesem Kapitel sollten Merkmale von Lernarrangements dargestellt und diskutiert werden, die für die Unterrichtsqualität entscheidend sind. Im Vordergrund stand dabei die direkte Instruktion, ergänzt durch Aebli's „modernen Unterricht“ und der segmentierten Stationsarbeit. Die besondere Betonung direkter Instruktion ergibt sich aus zwei Gründen: Einmal ist die Wirksamkeit direkter Instruktion gut belegt (Effektstärke von etwa 0,6); andererseits besteht etwa 90% des normalen Unterrichts aus mehr oder weniger gelungener direkter Instruktion. Bei direkter Instruktion geht es nicht um bornierten Frontalunterricht. Im Mittelpunkt steht dabei

[55] Wörtlich lautet der letzte Absatz des Zitats: „If effectiveness of non-graded organization is due to increased direct instruction delivered at students' precise instructional level, then it is easy to see how a move to greater individualization would undermine these effects. Individualized instruction, learning stations, learning activity packets, and other individualized or small group activities reduce direct instruction time with little corresponding increase in appropriateness of instruction to individual needs (in comparison to the simpler cross-age grouping plans).“

der gesamte Lernprozess, angefangen von der ersten Aneignung neuen Wissen und der Verknüpfung dieses Wissens mit dem vorhanden Wissen, der Übung und Wiederholung dieses Wissens, der Anwendung auf praktische Probleme bis hin zu einem tieferen Verständnis dieses Wissens durch Integration und Abgrenzung zu benachbarten Wissensbereichen.

Bei der Ableitung und Prüfung des Modells einer wirksamen direkten Instruktion wurde in zweifacher Weise empirische Forschung herangezogen: Einmal *indirekt* durch Verweis auf die experimentelle Literatur, die vor allem in den Kapiteln 2–7 dargestellt wurde. Diese Arbeiten wurden auf die Probleme des Unterrichtens angewendet. Zum zweiten *direkt* durch empirische Untersuchungen. Dabei handelte es sich einmal um Längsschnittuntersuchungen, in denen relevante Bedingungen wirksamer direkter Instruktion identifiziert wurden (vgl. Helmke 1988) und zum anderen um Experimente (Klahr & Nigam 2004; Matlen & Klahr 2012) sowie um Trainingsexperimente, in denen zusätzlich Erfahrungen über die Trainierbarkeit bestimmter pädagogischer Fertigkeiten gewonnen werden konnten (vgl. Good, Grouws & Ebmeier 1983).

Für die Einführung neuer Inhalte ist wichtig, dass eine Überlastung des Arbeitsgedächtnisses der Schüler vermieden wird. Eine der wichtigsten Methoden der Entlastung des Arbeitsgedächtnisses besteht darin, zuerst die vorausgesetzten Kenntnisse so einzutrainieren, dass sie sicher und ohne Mühe aus dem Langzeitgedächtnis abgerufen werden können. Auch durch Anknüpfen an vorhandene Wissensbestände durch advance Organizer (vorstrukturierende Hilfen), durch verständliche textliche Erklärungen, durch die Verwendung von Lösungsbeispielen und Beispielen guter Praxis bzw. durch gestufte, gelöste Aufgabenserien und durch graphische Verdeutlichungen mit integriertem Text kann das Arbeitsgedächtnis entlastet werden. Gelöste Aufgabenserien haben den Vorteil, Schüler zu einer eigenen Versprachlichung des zugrunde liegenden Verfahrens herauszufordern.

Für eine effektive direkte Instruktion ist es wichtig, die Aufmerksamkeit der Schüler durch ein effizientes Klassenmanagement auf die zu lernenden Inhalte zu richten (vgl. Helmke 1988, Good, Grouws & Ebmeier 1983). Durch die Art der Wissens- und Übungsstrukturierung werden die Schüler an zunehmend schwierigere Aufgaben herangeführt. Hierbei ist ein klassenbezogenes Scaffolding besonders wichtig, das Schülern direkt oder indirekt durch Beobachtung von Lehrern und anderen Schülern bei der schrittweisen Erweiterung und Prüfung des Wissensnetzes hilft. Daneben ist wichtig, dass der Lehrer sensibel auf die Schwierigkeiten der Schüler reagiert und die Fehler der Schüler nutzt, um wesentliche Punkte erneut zu verdeutlichen. Schüler, die noch Lernschwierigkeiten haben, sollten in einer Gruppe zusammengefasst werden, in der ihnen nochmals Dinge erläutern zu können. Der Lehrer sollte berücksichtigen, dass nachhaltiges Lernen nicht durch ein einmaliges Einführen und Behandeln im Unterricht gewährleistet ist, sondern in vielfältiger Weise eingeübt werden muss. Er sollte deshalb besonderen Wert auf eine gut gegliederte, aufeinander aufbauende Übungsstrukturierung legen, in der er durch seine Rückmeldungen im Sinne eines klassenbezogenen Scaffoldings kontrollierend eingreifen kann. Er wird dann auch Inhalte so lange behandeln, bis sie möglichst für alle Schüler flüssig verfügbar sind. Dies erscheint vor allem für die Inhalte bedeutsam, die als grundlegend zu betrachten sind, weil nachfolgende Inhalte auf ihnen aufbauen.

Diese hier vorgetragenen Überlegungen zu einer wirksamen direkten Instruktion sind sowohl *indirekt* durch experimentelle Forschung zum Gedächtnis, zur Wissensstrukturierung sowie zum Klassenmanagement als auch *direkt* empirisch gut belegt. Zum Beleg wurden folgende empirische Forschungen angeführt:

- Einmal die umfangreiche experimentelle Forschung zu Gedächtnisprozessen, zur Wissensstrukturierung, zum Scaffolding und zum Klassenmanagement. Dieses Wissen wurde auf die direkte Instruktion angewendet. Wenn man diese Forschung ernst nimmt, dann ist eine Berücksichtigung des gesamten Lernprozesses wichtig, eine Eingrenzung der direkten Instruktion auf die Phase der ersten Aneignung ist dann nicht sinnvoll.
- Ferner verschiedene Längsschnittstudien (Helmke (1988), Helmke & Weinert (1997), sowie die Feldstudie von Good, Grouws & Ebmeier (1983) und von Evertson, Emmer & Brophy (1980).

Auch bei direkten Vergleichen zwischen direkter Instruktion und bestimmten offenen Formen des Unterrichts erwies sich die direkte Instruktion als effizientere Methode. So zeigt sich bei homogenen Lerngruppen im Rahmen jahrgangsübergreifender Differenzierung, dass hier direkte Instruktion wirksamer ist als bestimmte offene Unterrichtsformen im Rahmen heterogener Gruppenbildung. Nur die Kombination von jahrgangsübergreifender homogener Gruppenbildung und direkter Instruktion erwies sich als wirksamer als herkömmlicher Unterricht mit heterogenen Lerngruppen (vgl. Roßbach & Wellenreuther 2002; Wellenreuther 2013b)).

Aufgrund der Feldstudien zeigt sich sehr deutlich, dass nur ein kleiner Teil der Lehrerschaft zu einer effizienten direkten Instruktion ohne zusätzliches Training imstande ist. In der Studie von Helmke (1988) waren dies etwa ein Fünftel der untersuchten Lehrer, in der Studie von Evertson, Emmer & Brophy (1980) jeder zehnte Lehrer. Und auch bei diesen „optimalen Lehrern“ kann vermutet werden, dass der Unterricht noch in vielen Hinsichten suboptimal ist. Das Experiment von Good, Grouws und Ebmeier (1983) belegt, dass durch gute schriftliche Manuale und ein kurzes Training im Rahmen einer etwa zweistündigen Nachbesprechung des Manuals schon eine deutliche durchschnittliche Verbesserung der Unterrichtsleistungen von Lehrern erzielt werden können. Solche Trainingserfolge dürften allerdings nur auftreten, wenn die Trainingsmanuale tatsächlich die relevanten und wirksamen Merkmale direkter Instruktion konkret durch Beispiele benennen bzw. verdeutlichen und die Wirkungsweise dieser Merkmale in verständlicher Weise darlegen. Für ein Training in gutem Erklärverhalten dürften solche kurzen Trainings nicht ausreichen. Solche Trainingsstudien machen auch deutlich, wie wichtig eine kontinuierliche Fortbildung der Lehrer im Rahmen einer institutionalisierten Kooperation in der Schule ist.

Wer an einer wirklichen Verbesserung der schulischen Wirklichkeit interessiert ist, muss eine verallgemeinernde Diskussion im Sinne einer Gegenüberstellung aktiver, schülerbezogener, progressiver Methoden und passiver, lehrergesteuerter und konservativer Drillmethoden ablehnen. Auch direkte Instruktion fasst den Schüler als aktiven und konstruktiven Teilnehmer am Lernprozess auf. Eine neuere empirische Studie zeigt, dass nach Meinung der Schüler die Methode der direkten Instruktion eher als motivierender, aktivierender Unterricht empfunden wird und nicht die sog. schülerzentrierten Verfahren (vgl. Moser 1997). Hinzu kommt, dass offene, schülerzentrierte Methoden schwächere Schüler benachteiligen. Kozioff et al. (2001, S. 55) schreiben dazu:

„Konstruktivistischer entdeckender Unterricht betont, dass Schüler Begriffe, Regeln und kognitive Strategien entdecken, wobei auf sorgfältig geplante und getestete Sequenzen von Unterrichtseinheiten und explizitem Unterrichten durch den Lehrer verzichtet wird. Auch sollen Lehrer möglichst wenig in den Lernprozess durch Korrigieren von Fehlern eingreifen. Es wird wenig Wert auf verteilte geplante Übungen bis zum Erreichen von Meisterschaft gelegt… Deshalb versagen diese Handlungsmuster beim Aufbau von Kompetenzen, und begünstigen Kinder aus bildungsnahen Schichten, die gut vorbereitet in die Schule kommen. Ironischerweise verstößt man dadurch gegen Grundsätze der Gleichheit und Gerechtigkeit und verfestigt damit die ungleiche Verteilung von Wissen und Lebenschancen.

Schwach entwickelte Fertigkeiten in den unteren Schulklassen resultieren in immer größeren Wissensunterschieden. Wenn Schüler in der Grundschule Argumentieren, Lesen und Denken nicht lernen, können sie die später darauf aufbauenden Fertigkeiten nicht erwerben (in Mathematik, Naturwissenschaften, Geschichte). Deshalb beginnen diese Schüler die höheren Schulen weit unterhalb des Kenntnisstandes, der für eine erfolgreiche Teilnahme am Unterricht erforderlich ist. Sie sind dann Ursache von Disziplinproblemen und werden zu vorzeitigen Schulabbrechern." **(Kozioff, LaNunziata, Cowardin & Bessellieu 2001, S. 55).**

In diesem Zusammenhang soll noch einmal an das Experiment von Tuovinen & Sweller (1999) erinnert werden. Danach sind Methoden entdeckenden Lernens dann sinnvoll, wenn der Aufbau grundlegender Schemata abgeschlossen ist. Gerade bei den leistungsschwächeren Schülern müssen zunächst diese Schemata aufgebaut werden. In dieser Aufbauphase sind Methoden entdeckenden Lernens Methoden direkter Instruktion deutlich unterlegen. Wer deshalb in dieser Aufbauphase solche Methoden anwendet, wird – ohne dies bewusst zu wollen – gerade die Schüler schädigen, die der Unterstützung des Lehrers am stärksten bedürfen (vgl. Helmke 2003, S. 67).

Auch die vielbeschworenen metakognitiven Strategien werden vorrangig im Rahmen direkter Instruktion vermittelt (modelliert) und sukzessiv von den Schülern angewendet und übernommen. Die Behauptung, die offenen Methoden seien vorrangig geeignet, soziale Kompetenzen zu vermitteln, erscheint somit wenig stichhaltig, da soziale Kompetenzen durch Modellierungen von Lehrern vorgemacht bzw. anhand von Filmen verdeutlicht werden müssen. Erst dadurch können sie schrittweise in das Verhaltensrepertoire der Schüler eingefügt werden, um dann zunehmend selbsttätig in den entsprechenden Situationen angewendet zu werden. Wie weit Schülern dann die Umsetzung solcher sozialer Kompetenzen gelingt, kann auch im Rahmen direkter Instruktion besprochen werden.

Ferner macht eine solche Gegenüberstellung deshalb keinen Sinn, weil die dabei gemachten Annahmen offensichtlich empirisch falsch sind. Es gibt Formen direkter Instruktion, bei der Schüler motiviert und mit Begeisterung bei der Sache sind; in der Praxis offener, schülerzentrierter Methoden ist dies keineswegs zwangsläufig der Fall (vgl. Moser 1997). Insgesamt belegt empirische Forschung eindeutig, dass es zu einer „guten" direkten Instruktion bestimmte sinnvolle Ergänzungen, aber keine insgesamt ernstzunehmende Alternative gibt. Segmentierte Stationsarbeit kann lehrergeleiteten Unterricht sinnvoll ergänzen (Gruber & Nill 2012). Dennoch bleibt direkte Instruktion die Urform des Unterrichts, in deren Rahmen Lehrer Gruppenarbeit sowie bestimmte Formen handlungsorientierten Unterrichts organisieren können.

Sicherlich ist es notwendig, Schüler mit den Formen des Experimentierens, Datensammelns und Auswertens schon in der Schule vertraut zu machen. Lehrer modellieren diese Handlungskompetenzen und erläutern diese an positiven und negativen Beispielen (vgl. Klahr & Nigam 2004, Matlen & Klahr 2012). Sie strukturieren den Weg, den Schüler beim schrittweisen Erwerb dieser Handlungskompetenzen gehen müssen, durch zunehmend schwierigere Aufgaben. Direkte Instruktion bezieht sich somit nicht nur auf kognitive Lernziele, sondern hat auch soziale Ziele wie Erlernen von Selbstständigkeit, von Kooperationsfähigkeit und von Einfühlungsvermögen. Entsprechende Anforderungen hat der Lehrer in der Phase der Anwendung, Erprobung und Sicherung des Gelernten durch Planung von Partnerarbeit, Gruppenarbeit und Projektarbeit zu stellen. Auch ein gut organisierter *Wochenplan* hat in diesem Rahmen einen Platz. Weil Deutschland besondere Schwierigkeiten bei der Förderung lernschwacher Schüler hat, sind die Befunde zur Förderung von Schülern im Bereich der Sonderpädagogik durch Unterrichtsmethoden besonders interessant. Grünke (2007, S. 9) stellt dazu fest:

> *„Für handlungsorientierte, konstruktivistische Ansätze ergab sich … eine mittlere Effektstärke von 0,24. Für ein direktes Instruieren … lag sie dagegen bei 1,56, also 6,5 Mal so hoch. Wie angedeutet, handelt es sich bei diesen Zahlen um Zusammenfassungen des gesamten empirischen Kenntnisstandes aus mehreren Jahrzehnten mit Hunderten von Einzelstudien und Zehntausenden von Kindern mit Lernschwierigkeiten … [D]ie populärsten Ansätze in der Praxis [sind] augenscheinlich nicht der Königsweg -im Gegenteil. Geht man davon aus, dass eher konstruktivistische Unterrichtsmethoden wie Psychomotorik, Bewegungserziehung, Wahrnehmungsförderung, sensorische Integration, … die pädagogische Arbeit mit lernschwachen Kindern prägen, dann müssen die dahinter stehenden Prinzipien meist als konträr zu den empirisch bestätigten Grundsätzen einer effektiven Förderung … bezeichnet werden."*

Zur Erklärung führt Grünke an (2007, S. 9)

> *„Kinder mit Lernschwierigkeiten zeichnen sich … dadurch aus, dass sie relativ schlecht dazu in der Lage sind, Struktur zu schaffen, zu planen, zu ordnen und strategisch vorzugehen. Werden sie nun in einer verhältnismäßig offenen und freien Lernsituation mit Anforderungen konfrontiert, in denen genau diese Qualifikationen gefragt sind, fühlen sie sich zwangsläufig überfordert."*

Wer direkte Instruktion pauschal ablehnt und auf die „geeigneten" offenen Methoden als Alternative verweist, verweigert leistungsschwächeren Schülern eine wirksame Förderung. Angesichts dieses Kenntnisstands auf populäre offene Methoden zu setzen, nur weil Autoritäten der deutschen Schulpädagogik wie Hilbert Meyer oder Herbert Gudjons solche Methoden früher propagiert haben, begeht einen *pädagogischen Kunstfehler,* der an unseren Kindern, und insbesondere an den leistungsschwachen Kindern aus bildungsfernen Schichten, derzeit noch guten Gewissens tausendfach verübt wird. Die Missachtung der Bildung in unserem Land zeigt hier ihr zynisches Gesicht.

> Im Gesundheitswesen gibt es – im Gegensatz zur Pädagogik – *„nur wenige Medizinerinnen und Mediziner, die einem kranken Menschen ein nachweislich hochwirksames Medikament vorenthalten und ihm dafür ein vermutlich unwirksames oder gar schädliches Präparat in der Hoffnung verabreichen, dass es ihm ja vielleicht doch aus irgendwelchen unerfindlichen Gründen helfen könnte."* (Grünke 2007, S. 9)

9. Methoden kooperativen Lernens[56]

Übersicht: Viele Pädagogen empfehlen Methoden der Gruppenarbeit, weil durch sie sowohl kognitive und soziale Lernziele gleichzeitig erreicht werden können. Eine solche Einschätzung kann durch viele empirische Forschungen, die wiederum in Meta-Analysen zusammenfassend analysiert werden, belegt werden. Nach Hattie (2013, S. 250ff.) sind kooperative Lernumgebungen Konkurrenz betonenden Lernumgebungen deutlich überlegen (d = 0,54). Andere Forscher wie z. B. R. E. Slavin kommen zu deutlich geringeren Effektstärken. Um diese Diskrepanzen aufzuklären, ist eine genauere Analyse der Primärstudien, auf die sich die Meta-Analysen stützen, erforderlich. Dabei sollten nicht Äpfel mit Birnen verglichen werden.

9.1 Einführung

Auch wenn in Deutschland viele Pädagogen den Wert kooperativen Lernens betonen, wird in der Praxis Gruppenarbeit eher selten eingesetzt. Hier mag eine Rolle spielen, dass Lehrer, die mit Gruppenarbeit Versuche durchführen, oft eher negative Erfahrungen machen. Huber zitiert aus einer Lehrerbefragung folgende Ergebnisse (vgl. Rotering-Steinberg & von Kügelsen 1984, zit. nach Huber 1985, S. 6):

- „7,4 % haben noch nie Gruppenarbeit durchgeführt; 52,4 % lassen die Schüler gelegentlich in Gruppen zusammenarbeiten;
- 5,2 % haben früher einmal kooperative Lernformen im Unterricht ausprobiert, sind aber wieder davon abgekommen;
- 26,2 % organisieren öfter kooperative Lernformen;
- 7 % bemühen sich regelmäßig, den Schülern kooperative Lernerfahrungen zu ermöglichen.
- ... Zwei Drittel der befragten Lehrer/innen organisieren selten oder nie kooperative Lernformen."

Diesem seltenen Einsatz von Methoden der Gruppenarbeit im Unterricht stehen Ergebnisse der Unterrichtsforschung gegenüber, nach denen diese Methoden *„die Lernleistungen erheblich steigern, die kommunikativen Fähigkeiten erhöhen und das Interesse am Unterrichtsstoff wecken können ..."* (Renkl & Mandl 1995, S. 292).[57]

Ein Merkmal der gängigen Gruppenarbeit ist, dass hier in der Regel die *Herstellung eines Gruppenprodukts* gefordert wird. Auf eine Vertiefung der Ergebnisse der Gruppenarbeit und eine Sicherung ihrer Ergebnisse zur Vorbereitung einer Klassenarbeit wird dann häufig verzichtet. Zu solchen Gruppenprodukten können die einzelnen Schüler mit ihren unterschiedlichen Fähigkeiten jedoch kaum gleichwertige Beiträge leisten. Bei der Erstellung von Gruppenprodukten ist dies auch gar nicht erforderlich. Die Folge davon ist häufig, dass bestimmte Schüler – meist die schwächeren – sehr bald die Lust an der Gruppenarbeit verlieren, weil sie mit den anderen Schülern der Gruppe nicht konkurrieren können und die besseren Schüler auch ohne sie in kürzerer Zeit das „Gruppenprodukt" erstellen.

Über die Wirksamkeit der in Deutschland üblichen Formen der Gruppenarbeit ist wenig bekannt, und das Wenige stimmt wenig optimistisch. Neuere empirische Untersuchungen zu

---

[56] Ich stütze mich bei der folgenden Darstellung vor allem auf R. E. Slavin: Cooperative Learning and Student Achievement. In: Slavin, R. E.: Education for all. Lisse: Swets & Zeithnger 1996, sowie auf Huber (1985).

[57] Die Einschätzung der Lernwirksamkeit kooperativer Methoden hängt jedoch sehr stark davon ab, nach welchen Kriterien die Studien zum kooperativen Lernen ausgewählt werden. (vgl. dazu 9.3.1).

dieser Form traditioneller Gruppenarbeit weisen auf folgende Schwächen hin:

- Lehrer verzichten häufig auf eine Verständnissicherung der Gruppenaufträge,
- sie mischen sich zu häufig in die Gruppenarbeit ein, und
- sie legen häufig zu wenig Wert auf eine sorgfältige Aufbereitung und Sicherung der Gruppenergebnisse.

Lehrer, die mit der hergebrachten Methode der Gruppenarbeit schon vielfältige Erfahrungen gesammelt haben, schöpfen also trotzdem die Möglichkeiten dieser Methode nicht aus (vgl. Haag, Fürst & Dann 2000).

9.2 Formen und Probleme traditioneller Methoden kooperativen Lernens

In den letzten Jahren wurden viele empirische Untersuchungen über Methoden kooperativen Lernens durchgeführt. Mehrere Gründe spielen dabei eine Rolle:

- Durch Gruppenarbeit sollen *kognitive* und *metakognitive Prozesse* angeregt werden. Wenn Schüler in der Gruppenarbeit ein neu gelerntes Schema auf neue Probleme anwenden und übertragen, dann müssen sie zunächst dieses Schema in ihr individuelles Wissensgerüst integrieren. Dies bedeutet, dass sie das Schema in den eigenen Begriffen formulieren müssen. Hierbei können Schüler einer Gruppe, die eher als der Lehrer die eigene Lebenswelt kennen, einen wesentlichen Beitrag leisten. Ferner sollen Schüler durch Gruppenarbeit auch lernen, *wie man lernt:* Wie man kritisch argumentiert und die Begründung von Argumenten kontrolliert, oder wie man selbst fehlende Informationen findet (im Internet, in Lexika) u. a. m.
- Ferner soll Gruppenarbeit *soziales Lernen* fördern. Dieses soziale Lernen bezieht sich auf die Fähigkeiten, sich gegenseitig zu helfen und füreinander Verständnis und Empathie zu entwickeln. Besonders geeignet erscheint kooperatives Lernen für sehr heterogen zusammengesetzte Klassen. Nach Slavin wird durch kooperatives Lernen Heterogenität eher zur Ressource als zu einem Problem. In dieser Form des Lernens stecken besondere Möglichkeiten zur Integration von Schülern verschiedener ethnischer Herkunft oder verschiedener Stärken und Schwächen.

Eine Diskussion von Gruppenarbeitsmethoden hat den verschiedenen möglichen Formen der Gruppenarbeit Rechnung zu tragen. Insbesondere kann man hier drei für die Schule relevante Formen unterscheiden:

1. *Gruppenarbeit zum Nachbereiten und Anwenden von Wissen,* das im Unterricht erarbeitet wurde. Diese Form der Gruppenarbeit tritt an die Stelle von Stillarbeit. Slavin hat den Forschungsstand zu einigen hierzu gehörenden Formen der Gruppenarbeit wie der Gruppenrallye aufbereitet. Das dabei zu lösende Problem ist, wie insbesondere die leistungsstarken Schüler dafür interessiert werden können, ihr Wissen im Rahmen eines guten Scaffolding an die schwächeren Schüler weiterzugeben.

2. *Gruppenarbeit zur Erledigung von kleineren Suchaufträgen:* Dazu gehört die sinnvolle Verwendung von Lexika, z. B. des Dudens, um die richtige Schreibweise von Wörtern zu prüfen, arbeitsteilige Gruppenarbeit, um verschiedene Aspekte eines Problems zu beleuchten, oder die Durchführung von Exkursionen, in denen die Schüler in Gruppen bestimmte Arbeitsaufträge zu erledigen haben. Auch für diese Form der Gruppenarbeit scheint wichtig, dass alle Schüler von der Gruppenarbeit profitieren. Sie müssen erfahren, dass sie durch die Gruppenarbeit für sich mehr lernen konnten als durch Einzelarbeit. Da dies in der Regel für die

stärkeren Schüler nicht zutrifft, müssen hier zusätzliche Anreize überlegt werden. So kann es auch Spaß machen, anderen zu helfen und dann zu sehen, dass auch die schwächeren Schüler die gestellten Leistungsnormen erfüllen können. Dies setzt allerdings voraus, dass auch am Ende solcher Gruppenarbeit die individuellen Leistungen überprüft werden. Die positiven Lernfortschritte der schwächeren Schüler sind dabei ein Indikator für gute Gruppenarbeit.

3. Gruppenarbeit *zum Erstellen von Gruppenprodukten.* Diese Form der Gruppenarbeit kommt häufig im Rahmen von Projektarbeit vor. Um hier zu vermeiden, dass bestimmte Schüler kein Interesse für die Gruppenarbeit aufbringen, scheint es sinnvoll, die Gruppen so zusammenzusetzen, dass jeder Einzelne aufgrund seiner spezifischen Fähigkeiten einen wichtigen Beitrag zum Gruppenprodukt beisteuern kann. Jeder Einzelne sollte also für das Gelingen des Projekts unentbehrlich sein. Wenn diese Bedingung nicht erfüllt ist, sind auch für diesen Fall zusätzliche Anreize erforderlich, die alle Schüler zu einem individuellen Beitrag für das Gruppenprodukt motivieren. Wichtig erscheint, dass eine Sicherung der Gruppenergebnisse im Rahmen des Klassenunterrichts erfolgt. Am Ende solcher Projekte sollte eine individuelle Leistungsprüfung durchgeführt werden, deren Ergebnisse Aufschlüsse über den Erfolg der Gruppenarbeit liefern.

Alle Formen der Gruppenarbeit können unter mehr oder weniger lernwirksamen Bedingungen verwirklicht werden. Insofern ist eine generelle Aussage über die Wirksamkeit von Gruppenarbeit nicht möglich. Auch bei der Anwendung von Gruppenarbeitsmethoden sind gedächtnispsychologische Überlegungen, Gesichtspunkte der Wissensstrukturierung und des Klassenmanagements zu berücksichtigen. Erinnert sei in diesem Zusammenhang an Überlegungen und Befunde, die in früheren Kapiteln schon dargestellt wurden:

- Wenn Schüler in einem Bereich kaum Vorwissen haben und trotzdem komplexe Probleme lösen sollen, die dieses Vorwissen erfordern, dann sind unstrukturierte, entdeckende Verfahren der Gruppenarbeit eher ineffizient: Sie verbrauchen zu viel Lernzeit und überfordern die Schüler (vgl. Tuovinen & Sweller 1999). Für die Gruppenarbeit sind eher einfache Suchaufträge geeignet: So können Schüler in Gruppenarbeit Informationen im Internet oder in Lexika suchen. Bei solchen Aufgaben ist sowohl eine effektive Kontrolle durch den Lehrer als auch eine direkte Anbindung an den normalen Unterricht möglich.
- Vermutlich eignen sich Methoden der Gruppenarbeit besonders für die Einübung und Anwendung von neu erworbenen Kenntnissen. Ein Beispiel für diese Form der Gruppenarbeit ist die Gruppenrallye (vgl. 9.4.1 und 9.4.3). Im Rahmen der Einführung durch den Lehrer werden zuerst bestimmte Kenntnisse vermittelt, die dann in der nachfolgenden Gruppenarbeit angewendet und vertieft werden. Die Arbeit der Schüler findet dann in der Zone ihrer nächsten Entwicklung statt.
- Von entscheidender Bedeutung für das Gelingen von Gruppenarbeit sind Überlegungen zu einem wirksamen Klassenmanagement, vor allem zu den Techniken der Klassenführung wie Allgegenwärtigkeit, Überlappung, Zügigkeit, Gruppenaktivierung und Abwechslung. Somit bleibt der Lehrer auch in der Gruppenarbeit letztlich für das Gelingen des Unterrichts verantwortlich. Er muss ein Arbeitsklima verwirklichen, das die stärkeren Schüler motiviert, den schwächeren Schülern zu helfen.

Es muss geklärt sein, welche Regeln und Verfahrensweisen für die Gruppenarbeit gelten sollen, und diese müssen eingeführt, an Beispielen (z. B. anhand von Videoaufzeichnungen) verdeutlicht und ihre Einhaltung muss kontrolliert werden. Das Trainieren von Fähigkeiten, im Sinne eines guten Scaffolding Hilfen zu geben und Dinge angemessen zu erklären, kann den Gruppenerfolg deutlich steigern (Fuchs, Fuchs, Bentz, Phillips & Hamlett 1994, Fuchs, Fuchs, Hamlett, Phillips, Karns & Dutka 1997). Es macht wenig Sinn, einfach vorauszusetzen, dass Schüler sich gegenseitig Punkte gut erklären können: Gutes Erklären muss demonstriert, diskutiert und eingeübt werden (vgl. dazu 5.2.1 und 5.2.2).

Die Erwartungen an die Methoden kooperativen Lernens sind groß, und viele dazu durchgeführte empirische Studien scheinen diese Hoffnungen zu bestätigen. Manche Pädagogen vertreten die Auffassung, Schüler könnten sich selbst am besten Dinge erklären. Und manche Pädagogen sehen in den kooperativen Methoden Möglichkeiten, den lehrerzentrierten Unterricht teilweise abzulösen und in produktiver Weise kognitives und soziales Lernen zu verbinden. So schreibt Heckt in einem Vorwort zum „Kooperativen Lernen" von Norm und Kathy Green (2005):

> *„So beginnt die Diskussion um kooperatives Gruppenlernen die um den offenen Unterricht abzulösen – und zugleich begegnen wir einem Phänomen, das auch die Bewegung offener Unterricht prägte. Die schulische Praxis ist vielerorts weiter als die Erziehungswissenschaft und die allgemeine Didaktik zur Kenntnis nehmen." (Heckt 2005, S. 23)*

Bei solch hohen Erwartungen ist eine nüchterne Prüfung der Wirkungen kooperativen Lernens unerlässlich. Insbesondere sollte genau geprüft werden, unter welchen Bedingungen kooperative Methoden am ehesten ihre Wirksamkeit entfalten.

9.3 Moderne Methoden kooperativen Lernens in der Schule

Da es viele verschiedene Methoden kooperativen Lernens gibt, ist es sinnvoll, diese Methoden nach wesentlichen Merkmalen zu orden. Alle hier diskutierte Methoden der Gruppenarbeit verwenden heterogene Teams mit drei bis fünf Personen. Heterogenität heißt bei einer Vierergruppe: Ein leistungsstarker Schüler, zwei mittlere und ein leistungsschwächerer Schüler. Heterogenität sollte sich auch auf soziale Merkmale (soziale und ethnische Herkunft sowie Geschlecht) beziehen.

Man kann dann die verschiedenen Methoden der Gruppenarbeit grob in zwei Gruppen unterteilen:

1. *Gruppenrallye* und dazu verwandte Methoden (Gruppenturnier, Individualisiertes Lernen mit Teamunterstützung): Erstreckt sich über mehrere Stunden. (a) Der Lehrer führt in die Thematik ein, erläutert die Inhalte an mehreren Lösungsbeispielen, visualisiert wesentliche Punkte an der Tafel. (b) Die Schüler sollen dann in Gruppenarbeit Aufgaben bearbeiten, zuerst meist allen, dann werden Ergebnisse verglichen und diskutiert. (c) Jeder Schüler schreibt zum behandelten Thema einen Test. Die Gruppen werden ausgezeichnet, die insgesamt die besten Ergebnisse erzielen. (d) Nachbesprechung der Ergebnisse und Diskussion über Probleme der Gruppenarbeit.
2. *Gruppenpuzzle* und verwandte Methoden: Erstreckt sich auch über mehrere Stunden (a) Zuerst wird durch den Lehrer ein kurzer Überblick über die zu bearbeitenden Themen gegeben. (b) In der Stammgruppe wird eine Arbeitsteilung vereinbart. Jeder Schüler einer Stammgruppe soll z. B. in einem von vier Bereichen ein Experte werden. (c) Die Schüler

bereiten sich in den Expertengruppen auf das Thema vor. (d) Danach stellen sich die Schüler in den Stammgruppen ihre Themen gegenseitig vor und diskutieren mögliche Fragen des danach zu bearbeitenden Tests. (e) Schreiben eines individuellen Tests. (f) Nachbesprechung.

Beide Formen kooperativen Lernens erstrecken sich somit über verschiedene Stunden; am Ende der Woche bzw. der jeweiligen Einheit wird immer ein Test geschrieben, um aufgrund der dabei erzielten Ergebnisse die Gruppenarbeit bewerten zu können. Der wesentliche Unterschied zwischen Gruppenralley und Gruppenpuzzle besteht in der Rolle des Lehrers: Bei der Gruppenralley und den dazu verwandten Methoden übernimmt der Lehrer die Erklärung und die Einführung neuer Inhalte, beim Gruppenpuzzle müssen sich die Schüler das neue Wissen selbst aneignen, der Lehrer ist hier vor allem Berater. Entsprechend wichtig ist für das Gruppenpuzzle, geeignete Materialien zusammen zu stellen, damit Schüler sich selbständig die Inhalte erarbeiten können.

Wer vor der Aufgabe steht, in der Schule diese modernen Methoden der Gruppenarbeit zu verwenden, dem stellen sich folgende Fragen:

- Für welche Inhalte eignen sich die verschiedenen Methoden kooperativen Lernens? Welche dieser Methoden eignen sich für die Behandlung komplexer Inhalte und welche zur Einprägung von einzelnen Wissenselementen?
- Können Schüler sich gegenseitig Inhalte erklären, von denen sie keine tiefere Kenntnis besitzen? Oder können sie dies erst, wenn Lehrer anhand von Lösungsbeispielen gute Erklärungen vor der Klasse modelliert haben?
- Lohnt der Aufwand für die Durchführung einer modernen Gruppenarbeit? Schließlich müssen für das Gruppenpuzzle geeignete Lehrtexte ausgewählt oder selbst entwickelt werden; für alle modernen Methoden der Gruppenarbeit müssen zudem Lösungsbögen und Tests erstellt werden.
- Welche Methoden der Gruppenarbeit sind für kognitives und soziales Lernen in gleicher Weise erfolgreich?

Auf diese Fragen soll im Folgenden eingegangen werden.

9.3.1 Kooperative Lernumgebungen versus Methoden kooperativen Lernens in der Schule

Wer erwartet hatte, aufgrund von Meta-Analysen klare Aussagen über die Wirksamkeit von Methoden kooperativen Lernens machen zu können, sieht sich getäuscht. So stellt Hattie zu den Ergebnissen der Meta-Analysen zu den Methoden kooperativen Lernens fest:

> „Alle *Meta-Analysen von Johnson et al. zeigen hohe Effektstärken, während die anderen sich um kleine bis mittlere Effektstärken herumbewegen.*“ (Hattie 2013, 251).

Wie kann es sein, dass die Forschergruppe um die Johnsons hohe Effektstärken für kooperatives Lernen ermittelt, andere Forschergruppen hingegen nur Effektstärken zwischen 0,1 und höchstens 0,4? Eine Klärung dieser Frage ist wichtig, weil viele Pädagogen große Hoffnungen in kooperative Lernumgebungen setzen. Wenn Meta-Analysen hohe Effektstärken für Methoden kooperativen Lernens ermitteln, werden solche Hoffnungen genährt.

Die Qualität einer Meta-Analyse wird in entscheidendem Maße von den Kriterien für die Auswahl der Primärstudien bestimmt. Die entscheidende Frage ist deshalb: Gehen die verschiedenen Meta-Analysen von vergleichbaren Kriterien aus? Was wird konkret unter Kooperation verstanden? Beziehen sich die verwendeten Primärstudien auf präzise definierte Methoden kooperativen Lernens wie Gruppenrallye oder Gruppenpuzzle? Oder werden alle Studien in der Meta-Analyse berücksichtigt, die irgend etwas mit dem Lernen in Gruppen zu tun haben.

Wer sich die empirischen Studien genauer ansieht, die z. B. in die Meta-Analyse von Qin, Johnson & Johnson (1995) mit hoher Effektstärke eingehen, kann feststellen, dass diese Meta-Analyse viele Studien enthält, die nichts über den Zusammenhang von kooperativen Unterrichtsmethoden auf das individuelle Lernen der Schüler aussagen.

1. Eine Studie von Slogett (1971) wurde in der oben genannten Metaanalyse mit einer Effektstärke von + 1,56 berücksichtigt. In dieser Studie wurde ein Münzvertärkungssystem eingesetzt, nach dem Gruppen für angemessenes Verhalten in der Schule systematisch belohnt wurden. Man bildete Teams von sechs Schülern, die aufgrund der gemittelten Gruppenleistung Noten erhielten. Zentraler Punkt war die Aufstellung und Anwendung eines Belohnungsplans, nach dem angemessenes Arbeitsverhalten verstärkt werden sollte. Die Behandlung (= unabhängige Variable) bestand hier somit aus der Anwendung eines Münzverstärkungssystems, abhängige Variable waren Sozialverhalten und Schulleistung.

2. Eine weitere etwas ältere Studie von Julian und Perry (1967) ging in die Metaanalyse mit zwei negativen Effektstärken ein ($d = -1{,}32$ und $d = -0{,}98$). Hier wurden für die gebildeten Vierergruppen folgende Bedingungen hergestellt: (a) Die abgegebenen Leistungen werden einzeln bewertet; die beste erhielt ein A, die nächstbeste ein B usw. Bei dieser individuellen Bewertung spielte es keine Rolle, mit wem zusammen gearbeitet wurde (Individuelle Konkurrenz, keine Gruppenkonkurrenz). (b) Hier wurde die beste Leistung der Mitglieder eines Teams als Basis für die Notengebung genommen. Alle Mitglieder erhielten ein A, wenn ein Gruppenmitglied die beste Arbeit abgegeben hatte (Konkurrenz zwischen Gruppen, innerhalb der Gruppe Kooperation) (c) Hier wurden Noten auf der Basis der Durchschnittsleistung der Gruppe vergeben (Reine Kooperation, Zusammenarbeit der Gruppenmitglieder, keine Konkurrenz der Gruppen). Unter diesen definierten Bedingungen waren die Konkurrenzbedingungen (a) und (b) deutlich lernwirksamer als die reine Kooperationsbedingung.

Die *Mitteilung der Effektstärken* solch unterschiedlicher Studien macht m. E. keinen Sinn. Meta-Analysen sollten sich auf einigermaßen klar definierte Merkmale beziehen. Dies ist z. B. bei der Analyse aller Studien, die die Gruppenralley als Methode gewählt haben, der Fall. In den beiden oben dargestellten Fällen zeigt sich, dass in diese Meta-Analysen Methoden der Kooperation und der Konkurrenz überprüft wurden, die wenig mit den in der Schule üblichen Methoden der Gruppenarbeit zu tun haben. Münzverstärkungssysteme sind, wie man aufgrund der Forschung weiß, äußerst effektiv (vgl. Staats & Butterfield 1965), und bei älteren Schülern ist es sicherlich sinnvoll, Belohnungen kontingent auf der Basis von Gruppenleistungen zu vergeben. Doch prüfen solche Studien mit Münzverstärkungssystemen nicht die Wirkung bestimmter Methoden kooperativen Lernens auf schulische Leistungen.

Slavin (1984) hat darauf hingewiesen, dass die Meta-Analysen der Johnsons deshalb so hohe Effektstärken für kooperatives Lernen erzielen, weil in vielen Studien nicht das individuelle Leistungsvermögen der Schüler, sondern stattdessen der Umfang kooperativen Verhaltens in kooperativen oder konkurrierenden Lernumgebungen oder bei Einzelarbeit gemessen wird.

Natürlich werden Schüler, die zu Kooperation in Gruppen aufgefordert werden, eher untereinander kooperieren als Schüler, die zu Einzelarbeit aufgefordert werden. Auch mache es wenig Sinn, als Ergebnis der Kooperation die Gruppenleistung, und nicht die Leistung, die jeder Schüler in einem Test individuell erbringt, heranzuziehen. Slavin schreibt (1984, S. 9f.):

> „In diesen Studien wird ein Teil der Schüler angewiesen zusammenzuarbeiten, um ein Arbeitsblatt zu bearbeiten (Kooperation), während andere angewiesen werden, allein zu arbeiten (individuelles Arbeiten) oder allein mit dem Ziel zu arbeiten, bessere Leistungen als die Klassenkameraden zu erbringen (Konkurrenz). Wenn die Gruppen dann nach ethnischer Herkunft oder nach Behinderung vermischt werden, wird das Ausmaß an Interaktionen unter kooperativen, individualistischen oder Konkurrenzbedingungen beobachtet. Nicht überraschend zeigen dann die Schüler, die unter kooperativen Bedingungen interagieren, kooperatives Verhalten sowohl bei ethnisch gemischten Gruppen als auch bei Gruppen, die bezüglich der körperlichen Behinderung heterogen zusammengesetzt sind. Die Schüler, die angewiesen wurden, dies nicht zu tun, kooperieren dann auch viel seltener...
>
> **Bei diesen Messungen handelt es sich offensichtlich um Implementierungsmaße**[58]**, und nicht um Maße über zwischenethnische Beziehungen oder Beziehungen zwischen Behinderten und** Nicht-Behinderten, weil individualistische und miteinander konkurrierende Schüler instruiert wurden, nicht miteinander zu interagieren. In vielen dieser Studien wurden ökologisch valide Messungen verwendet, wie z. B. Interaktionen in Pausen, Antworten auf Attitüdenskalen sowie Nominierungen bei soziometrischen Maßen wie „Wer sind deine Freunde?“. Die Effekte bei diesen Messungen sind erheblich niedriger als bei den Implementierungsmaßen. Gleichwohl wird diesen Implementierungsmaßen das gleiche Gewicht eingeräumt und dadurch die Effektstärke für die Kooperationsbedingung ohne Konkurrenz aufgebläht ...
>
> Die Meta-Analyse von Johnson, Maruyama, Johnson, Nelson, and Skon (1981) soll eine Synthese der Forschung über Kooperation, Konkurrenz und Leistung sein. Leistung wird im Titel, in der Zusammenfassung, in der Einführung und im Folgerungsteil betont. Doch eine Mehrheit der Studien, die in der Meta-Analyse berücksichtigt werden, misst gar nicht Leistung, sondern Gruppenproduktivität (d. h. vier Individuen, die zusammen arbeiten, können ein Problem schneller lösen als ein Schüler, der allein arbeitet) ...“

Folgende Kriterien sollten bei der Auswahl der relevanten Studien erfüllt sein:

1. Es sollte sich um experimentelle Studien handeln, in denen schulische Inhalte gelernt werden sollen.
2. Die methodische Qualität der Studien sollte hoch sein.
3. Diese Studien sollten sich über einen längeren Zeitraum erstrecken (mindestens vier Wochen).
4. Es sollten Methoden auf ihre Wirksamkeit überprüft werden, die hinreichend eindeutig definiert sind, so dass die Methode auch im normalen Unterricht verwendet werden kann.
5. Die Studien sollten unter alltagsnahen Bedingungen in Schulen durchgeführt werden.

Wer wie Hattie (2013) auf solche strenge Auswahlstandards verzichtet, erkauft dies damit, dass die gemittelten Effektstärken kaum noch inhaltlich interpretierbar sind. Wenn in jeder Unter-

[58] Implementierungsmaße sind Maße, die überprüfen, ob Anweisungen, die Schülern oder Lehrern bezüglich einer Methode gegeben werden, von diesen auch umgesetzt werden.

suchung ein anderes kooperatives Lernarrangement definiert wird, ist eine Verständigung über die Wirksamkeit kooperativer Methoden kaum möglich. Deshalb werden wir uns im Folgenden vor allem mit den Möglichkeiten und Grenzen einiger weniger Methoden kooperativen Lernens beschäftigen, und zwar mit der Gruppenrallye, dem Gruppenturnier, dem Individualisierten Lernen mit Teamunterstützung (TAI) und dem Gruppenpuzzle.

9.3.2 Ein Beispiel für Teamarbeit[59]

Im Folgenden wird eine Episode aus einer Gruppenrallye dargestellt. Der Lehrer hat in einer früheren Stunde in die Thematik „Berechnung des Volumens am Beispiel eines Würfels“ eingeführt. Die Schüler sollen nun das Gelernte auf die Berechnung des Volumens eines Zylinders anwenden.

„Ihr erinnert euch alle“, begann Herr Dunbar, der Lehrer, seinen Unterricht, *„auf welche Weise wir in der letzten Woche die Fläche eines Kreises und das Volumen eines Würfels berechnet haben. Heute bekommt ihr Gelegenheit zu entdecken, wie das Volumen eines Zylinders zu berechnen ist. Dieses Mal seid ihr ganz auf euch selbst angewiesen. Auf jedem eurer Versuchstische findet ihr fünf verschiedene Zylinder, auf denen keine Maßeinteilungen eingetragen sind. Außerdem findet ihr dort ein Lineal und einen Taschenrechner, und ihr könnt Wasser vom Wasserhahn verwenden. Das wichtigste Hilfsmittel jedoch, das ihr nutzen sollt, ist Euer Verstand und der eurer Partner. Denkt daran: Am Ende der Tätigkeit in der Gruppe sollte jeder nicht nur fähig sein, die Formel für das Volumen eines Zylinders zu erklären, er sollte auch begründen können, wie er zu dieser Formel gekommen ist. Noch Fragen? Ihr könnt nun anfangen.“*

Die Schüler von Herrn Dunbars Mittelschulklasse machten sich an die Arbeit. Sie setzten sich in Viergruppen um die Versuchstische. Eine der Gruppen, genannt „Vierecke“, fing damit an, alle Zylinder mit Wasser zu füllen.

„OK“, sagte Michael, *„wir haben alle unsere Zylinder mit Wasser gefüllt. Was machen wir nun?“*

„Lass sie uns messen“ schlug Marianne vor. Sie nahm das Lineal und bat Dave, die Maße auf die Zylinder zu schreiben.

„Das Wasser in diesem Kleinen ist 36 mm hoch und – Augenblick – die Grundfläche unten hat einen Durchmesser von 42 mm.“

„Was soll's?“, fragte Yolanda. *„Wir können das Volumen auf diese Weise nicht bestimmen. Lasst uns mal ein bisschen darüber nachdenken, bevor wir irgendetwas messen.“*

„Yolanda hat recht“, sagte Dave. *„Wir sollten uns besser einen Plan machen.“*

„Ich weiß“, sagte Miguel, *„lasst uns eine Hypo … aufstellen, eine Hypotha, wie nennt sie sich?“*

„Hypothese“, sagte Yolanda. *„Genau, lasst uns überlegen, was die Lösung sein könnte.“*

„Erinnert euch, wie uns Herr Dunbar an die Fläche eines Kreises und das Volumen eines Würfels erinnert hat? Es könnte sein, dass dies eine wichtiger Hinweis war.“

„Du hast recht, Miguel“, sagte Herr Dunbar, der gerade vorbeikam. *„Aber wie könnt ihr diese Information denn nun ausnutzen?“*

---

[59] Das abgedruckte Beispiel entstammt aus Slavin (1996, S. 16–18) und wurde von mir möglichst wortgetreu übersetzt.

Die Vierecke waren für ein paar Augenblicke still. „*Lasst uns versuchen, die Grundfläche eines dieser Zylinder zu bestimmen*“, warf Dave ein. „*Erinnert euch, dass Margerite sagte, die Grundfläche des kleinen Zylinders habe einen Durchmesser von 42 Millimeter? Gib mir den Taschenrechner … Nun, wie bestimmen wir die Fläche?*“

Yolanda sagte, „*Ich denke, es war Pi mal das Quadrat des Radius.*“ „*Das klingt gut. Also, 42 quadriert …*“

„*Nicht 42, 21 quadriert*“, unterbrach ihn Margerite. „*Wenn der Durchmesser 42 beträgt, dann ist der Radius 21.*“

„Ok, ok, ich hätte mich daran erinnert. Nun, 21, quadriert ist … 441, und Pi ist ungefähr 3,14, so mein heißgeliebter Taschenrechner sagt… 1.384,7.“

„Und nun?“, sagte Yolande.

„*Das sagt gar nichts darüber aus, wie wir das Volumen zu bestimmen haben.*“

Margerite sprang begeistert hoch. „*Einen Augenblick, Yolanda. Nun, ich denke, wir sollten die Grundfläche mit der Höhe des Wassers multiplizieren.*“

„*Aber warum?*“, fragte Miguel.

„*Nun*“, sagte Margerite, „*als wir das Volumen eines Würfels berechneten, multiplizierten wir Länge mit Breite mal Höhe. Ich schätze, wir sollten das Gleiche auch bei einem Zylinder machen.*“

„*Das Mädchen ist brillant!*“, sagte Miguel. „*Klingt überzeugend für mich.* „*Aber wie können wir das beweisen?*“

„*Ich habe dazu eine Idee*“, sagte Yolanda. Sie kippte das Wasser aus allen Zylindern und füllte den kleinsten bis oben hin mit Wasser. „*Das ist meine Idee: Wir wissen nicht, wie groß das Volumen dieses Zylinders ist, aber wir wissen, dass es immer gleich groß ist. Wenn wir das Wasser aus diesem Zylinder nacheinander in alle vier Zylinder umschütten, und wir verwenden unsere Formel, dann sollte immer das gleiche Volumen herauskommen. Lasst uns das einmal probieren!*“

„*Lasst es uns versuchen!*“, sagte Miguel. Er schüttete das Wasser des kleinen Zylinders in einen anderen Zylinder, füllte den kleinen Zylinder erneut mit Wasser, und füllte damit einen weiteren Zylinder. Die Vierecke maßen die Grundflächen und die Höhen der Zylinder, schrieben die Messungen auf, und wendeten die Formel an. Natürlich ergab sich nach der Formel immer das gleiche Ergebnis für das gleiche Volumen an Wasser. Die Vierecke diskutierten die Schritte, die sie zum Erreichen der Lösung vorangegangen waren, und prüften, ob jedes Gruppenmitglied in der Lage war, zu erklären, was sie getan und wie sie es herausgefunden hatten.

Begeistert riefen sie Herrn Dunbar an den Tisch, um ihm zu zeigen, was sie getan hatten. Herr Dunbar bat jeden der Schüler, zu erklären, was sie getan hatten. „*Unglaublich!*“, sagte er. „*Ihr habt nicht nur die Lösung gefunden, jeder von euch hat auch noch mitgemacht und hat verstanden, was ihr gemacht habt. Nun möchte ich gerne, dass ihr mir ein wenig helft. Es gibt noch zwei Gruppen, die gewisse Schwierigkeiten haben. Denkt ihr, ihnen helfen zu können? Gebt ihnen bitte nicht die Lösung, aber helft ihnen, auf den richtigen Weg zu kommen. Wie wär's mit Yolanda und Miguel, wenn diese den Brainiacks helfen würden, und Margerite und Dave dem Dream-Team. OK? Danke!*“

Nach Slavin (1996, S. 18) markiert ein solches kooperatives Lernen[60], wie es an diesem Beispiel verdeutlicht wurde, eine Revolution für das Unterrichten in Schulklassen. Dabei sind verschiedene Formen kooperativen Lernens unterscheidbar. Kooperatives Zusammenarbeiten ersetzt nicht das Unterrichten durch den Lehrer; eher ersetzt es Stillarbeit, individuelles Arbeiten und individuellen Drill. Wenn kooperative Arbeit richtig organisiert wird, dann arbeiten kooperative Gruppen mit dem Ziel zusammen, dass jeder in der Gruppe die Unterrichtsziele auch erreicht. Die Mitglieder der Gruppe „Vierecke" wissen, dass sie mit ihrer Arbeit erst fertig sind, wenn jeder in der Gruppe die Formel entwickeln kann. *Der Erfolg der Gruppe ist davon abhängig, dass jeder in der Gruppe die entscheidenden Ideen verstanden hat.*

In der Regel wird davon ausgegangen, dass bei der Gruppenrallye, die in diesem Beispiel verwendet wurde, Schüler nur einfache Aufgaben lösen und diskutieren. In dem dargestellten Beispiel handelt es sich jedoch um eine vergleichsweise komplexe Transferaufgabe. Bei dieser Aufgabe wird von den Gruppen verlangt, das, was sie über die Berechnung des Volumens eines Würfels gelernt haben, auf die Berechnung des Volumen von Zylindern zu übertragen. Offensichtlich ist es nicht ganz klar, wie weit der Anwendungsbereich der verschiedenen Methoden kooperativen Lernens geht und in welchem Maße sich diese Anwendungsbereiche überschneiden.

9.3.3 Konkurrenz als hässliche Seite bestimmter Formen traditionellen Unterrichts

Es gibt hässliche Seiten des Konkurrenzverhaltens, die man durch bestimmte Formen kooperativen Lernens vermeiden kann. Wenn Konkurrenzkampf richtig kanalisiert ist, dann kann der Wettkampf zwischen Gruppen, die über gleiche Ressourcen bzw. Möglichkeiten verfügen, eine effektive und harmlose Möglichkeit der Motivierung von Schülern darstellen. Zu den negativen Seiten der Konkurrenz in der Klasse führt Slavin (1996, S. 18–19) ein konkretes Beispiel an:

„Wer von Euch," sagt Frau James, *„erinnert sich, zu welchen Teilen von Sprachwörtern solche wie 'es', 'du' und 'er' gehören?"*

Zwanzig Hände gehen in die Höhe in Klasse 5 von Frau James. Die restlichen zehn Schüler der Klasse versuchen sich klein zu machen, in der stillen Hoffnung, dass Frau James sie nicht aufruft. Sie ruft Eddie auf. *„Sprichwort?"* (proverb)

Die Klasse lacht. Frau James sagt, *„nein, das ist nicht ganz richtig."* Die Schüler (andere als Eddie, der vor lauter Scham im Boden versinken möchte) melden sich wieder, einige hängen sich dabei halb aus ihren Sitzen heraus und rufen *„ich, ich"* in ihrem Eifer. Schließlich ruft Frau James eine Schülerin auf. *„Elisabeth, kannst du Eddie helfen?"*

Wichtig an dieser konkreten Begebenheit ist Folgendes: Die Schüler wetteifern um die Gunst und die Anerkennung des Lehrers, und sie können diese nur auf Kosten der anderen Schüler gewinnen. Wenn Eddie verliert, dann freuen sich die meisten Schüler. Die Schüler, die die Antwort kennen, bekommen nun eine zweite Chance, ihr Wissen zu zeigen. Andere Schüler wissen, dass sie in ihrer Unwissenheit nicht allein sind. Es erscheint zweifelhaft, ob die „Hilfe", die von Elisabeth gegeben werden soll, tatsächlich für diesen Schüler eine Hilfe ist und als solche angenommen werden kann.

[60] Es handelt sich hierbei um Gruppenarbeit im Rahmen einer Gruppenrallye. Auf diese Form kooperativen Lernens wird weiter unten noch genauer eingegangen (vgl. 9.4.1).

Im Hintergrund läuft hier Folgendes ab: Ein Großteil der Klasse hofft, dass Eddie (und auch Elisabeth) versagen. Dieses Versagen lässt die Klassenkameraden vergleichsweise besser dastehen. Vor diesem Hintergrund wird verständlich, wenn sich in der Klasse Normen entwickeln, die Schüler von Strebertum und zu hohen Leistungen abhalten sollen. Gute Schüler werden dann als Streber, Lehrerlieblinge etc. abqualifiziert, die Normen des Lehrers (hohe Schulleistungen) geraten dann in Konflikt mit den Normen der Peers (mittelmäßige Schulleistungen).

Besonders bedenklich sind die Auswirkungen für die schwächeren Schüler. Den schwächeren Schülern mögen die Voraussetzungen fehlen, um den neuen Unterrichtsstoff sofort zu verstehen. Wenn Schüler nicht richtig gelernt haben, einfache Subtraktionen oder Multiplikationen (Einmaleins) durchzuführen, dann haben sie vermutlich größere Schwierigkeiten beim Erlernen der schriftlichen Division als Kinder, denen solche Subtraktionen keine Mühe bereiten. Erfolg wird in einem auf Konkurrenz hin orientierten Klassenraum relativ definiert. Auch wenn schwächere Schüler eine Menge lernen, dann lernen sie vermutlich im Gegensatz zu den guten Schülern immer noch weniger dazu. Für kompensatorische Programme gilt das Matthäus-Prinzip: „Wer hat, dem wird gegeben." Ein Förderprogramm wie die Sesamstraße mag tatsächlich auch bei Kindern mit niedrigen Lernvoraussetzungen wirksam sein. Es bewirkt jedoch bei kognitiv weiterentwickelten Kindern mehr, und deshalb wird der erwartete Ausgleichseffekt in sein Gegenteil verkehrt (vgl. dazu Cook et al. 1975, Stanovich 1986).

Eine Möglichkeit, dieses pädagogisch negativ wirkende Konkurrenzverhalten zu vermeiden, besteht in der Verwendung von bestimmten Formen kooperativen Lernens. Slavin wirft die Frage auf, was passiert wäre, wenn Eddie und Elisabeth in einer Gruppe wie die Vierecke bei Herrn Dunbar zusammengearbeitet hätten. Die Teams wären für ihre Leistung als Team insgesamt belohnt worden und hätten sich deshalb bemüht, so lange das Problem in der Gruppe zu diskutieren, bis möglichst jedes Teammitglied die gestellte Aufgabe hätte lösen können. Auf diese Weise hätten sie erfahren, dass sie die gestellte Aufgabe lösen können, die entsprechenden Voraussetzungen dafür mitbringen und dafür nicht zu dumm sind.

9.3.4 Merkmale effektiver Teamarbeit nach Slavin

Gruppenarbeit und soziales Verhalten

Salomon und Globerson (1989) haben typische Probleme der Gruppenarbeit empirisch untersucht, wobei sie Videomaterial über Prozesse der Gruppenarbeit analysierten. Ausgangspunkt ihrer Analyse war die Beobachtung, dass ein Computerprogramm, das Schüler zu metakognitivem Lernen anregen sollte, bessere Lernergebnisse bei Einzelarbeit als bei Partnerarbeit erzielte. Besonders ärgerlich war, dass durch individuelles Arbeiten die schwächeren Schüler besonders vom Programm profitierten, bei Partnerarbeit die besseren Schüler.

Folgendes Beispiel für Partnerarbeit wird von den Autoren gegeben (S. 92):

„Sue:	Ich hasse das Thema, das wir gewählt haben.
John:	Macht nichts, wir müssen daraus was machen.
Sue:	Ja, etwas schreiben.
John:	Ups, hier ist eine andere von diesen Fragen [eine metakognitive Frage]
Sue:	Drück die Eingabetaste, dann geht sie weg.
John:	Lass sie einen Augenblick auf dem Bildschirm. Wir sollen sie laut hörbar beantworten. Kümmern wir uns darum?
Sue:	Na gut, halt sie für eine Minute, und dann lass uns schreiben, dass Drogen schlecht sind und dass man dadurch abdreht. Lehrer lieben es, solche Dinge zu lesen.
John:	OK, da haben wir es. Soll ich noch mehr schreiben?
Sue:	Nicht wirklich, schreib das Ganze nur etwas anders, um das Blatt zu füllen.“

Aufgrund ihrer Videoaufzeichnungen können die Autoren einige der Faktoren, die effektive Gruppenarbeit untergraben, genauer charakterisieren.

Den ersten Effekt bezeichnen sie als Trittbrettfahrereffekt („free *rider-Effekt*“). Darunter wird verstanden, dass einige Gruppenmitglieder die ganze Arbeit verrichten, während der Rest sich einen feinen Lenz macht bzw. für die Lösung nicht benötigt wird. Dieser Effekt tritt vor allem dann auf, wenn die Gruppe einen einzigen Abschlussbericht abgeben soll, ein einziges Arbeitsblatt gemeinsam bearbeiten, oder ein Projekt fertig stellen soll. In solche Situationen passiert es, dass Gruppenmitglieder, die als weniger fähig angesehen werden, von den anderen Gruppenmitgliedern ignoriert werden. Um den Trittbrettfahrereffekt („free rider-Effekt“) zu vermeiden, sollte der Gruppe eine Aufgabe gestellt werden, deren optimale Erledigung vom Einsatz aller Gruppenmitglieder abhängig ist. Bei dem oben dargestellten Beispiel für gute Gruppenarbeit wird dieser Effekt dadurch ausgeschlossen, dass der Erfolg der Gruppenarbeit an der Leistungsverbesserung eines jeden Gruppenmitglieds gemessen wird und die Verbesserung auch eines schwächeren Gruppenmitglieds genauso viel zählt wie die eines besseren Gruppenmitglieds.

Als zweiter Effekt wird der Schmarotzer-Effekt *(„sucker-Effekt“)* beschrieben. Man stelle sich eine Partnerarbeit vor, bei der sich der eine zurücklehnt und erwartet, dass der andere die Arbeit tut. Bei der nächsten Partnerarbeit wird der vormals eifrige Schüler schon erheblich weniger Lust haben, die Arbeit des anderen zu verrichten, entsprechend sich weniger anstrengen und weniger gute Ideen entwickeln. Dieser Effekt tritt vor allem dann auf, wenn der zunächst motivierte Partner Grund zu der Annahme hat, der andere könne mehr leisten, sei aber dazu nicht bereit oder aber, der andere sei unfähig, mehr zu leisten.

Den dritten Effekt nennen die Autoren *„ganging up on the task“*. Man stelle sich dabei eine Gruppenaufgabe vor, für die sich nur ein Gruppenmitglied wirklich interessiert. Die Gruppenmitglieder handeln dann unter sich den Arbeitsaufwand aus, den sie zur Erledigung der Arbeit aufbringen wollen. Sie kommen schnell zur Lösung im Sinne eines minimalen Arbeitseinsatzes. Falls der an der Aufgabe Interessierte die Arbeit allein für die anderen erledigen will, umso besser. Falls er jedoch kooperieren will, muss er sich der niedrigen Arbeitmoral der übrigen anpassen.

Rechenschaftslegung durch Tests

Eine solche Diffusion der Verantwortlichkeit für die Gruppenaufgabe, wie sie in den verschiedenen Effekten sichtbar wurde, kann vermieden werden: Ein *erster* Weg besteht darin, jedes Gruppenmitglied für einen ganz bestimmten Teil der Gesamtaufgabe verantwortlich zu machen. Die Gefahr dabei ist jedoch, durch die Spezialisierung nur in dem jeweiligen Bereich etwas zu lernen und den Gesamtzusammenhang nicht mehr zu sehen. Ein anderer Punkt ist die Berücksichtigung der Wünsche der Schüler, mit wem sie zusammenarbeiten wollen. Wenn man dann aber diese Wünsche übergeht, hat man Reaktanzeffekte der Schüler zu erwarten, z. B. indem sie die Arbeit ablehnen und boykottieren. Eine *zweite, bessere* Möglichkeit besteht darin, jeden Schüler für seinen Lernerfolg durch individuelle Tests zur Rechenschaft zu ziehen. Maß für den Erfolg der Gruppe ist dann nicht die Leistung der Gruppe insgesamt, sondern der individuelle Lerngewinn der einzelnen Gruppenmitglieder im Vergleich zur Ausgangsleistung. Ein schwacher Schüler, der viel dazu gelernt hat, kann bei solcher Bewertung genauso viel zur „Gruppenleistung" beitragen wie ein guter Schüler.

Viele Studien deuten darauf hin, dass Schüler sich nicht von Natur aus altruistisch und hochmotiviert verhalten. Oftmals ist Gruppenarbeit ein Tummelplatz für unsoziales Verhalten, auf dem jeder Schüler sich bemüht, mit dem geringsten Aufwand das Maximum zu erreichen (vgl. Salomon & Globerson 1989).

Slavins Antwort auf dieses Motivationsproblem der Gruppenarbeit war deshalb: Man muss *die* Gruppen auszeichnen, in denen der Lernzuwachs aller Gruppenmitglieder am größten ist. *Nicht das Gruppenprodukt, sondern der individuelle Leistungszuwachs des einzelnen Gruppenmitglieds definiert hierbei den Erfolg der Gruppe.* Der Anspruch an die Gruppe wird damit nicht niedriger, sondern höher: Es kommt nicht auf die Herstellung eines Gruppenprodukts an, das stolz der Klasse präsentiert werden kann oder das eine Ausstellung ziert. Letztlich entscheidend wird, dass alle Gruppenmitglieder möglichst viel begreifen, verstehen und lernen (vgl. Huber 1985, S. 17).

Vor allem Slavin hat diesen Gedanken der Verschränkung von Gruppenerfolg und individuellem Lernzuwachs entwickelt und auf Gruppenarbeitsformen angewandt. Nach Slavin (1996, S. 21) sollte kooperatives Lernen drei Merkmale aufweisen:

Gruppenleistungen belohnen:

Gruppenleistungen und nicht individuelle Leistungen sollten belohnt werden; *bei guten Leistungen können alle Teams Erfolg haben*, eine Konkurrenz um knappe Belohnungen gibt es nicht. Die Belohnung kann erfolgen, indem ein Informationsbrief in der Klasse aufgehängt wird, in dem die besten Gruppen aufgeführt werden.

Individuelle Verantwortung stärken:

Individuelle Zurechenbarkeit sollte dennoch gegeben sein; *der Erfolg des Teams hängt von dem Testergebnis eines jeden einzelnen Gruppenmitglieds* ab. Dadurch soll die Aktivität der Gruppenmitglieder darauf gerichtet werden, jedem Gruppenmitglied den Sachverhalt so lange zu erklären, bis er von diesem verstanden wurde.

Gleicher Beitrag eines jeden Schülers zum Erfolg der Gruppe:

Entscheidend ist dabei, dass *jedes Gruppenmitglied in gleichem Maße zum Erfolgspunktwert der Gruppe beiträgt*, indem es sich gegenüber seinem früheren Leistungsstand verbessert. Dadurch sollen Schüler mit hoher, mittlerer und niedriger Schulleistung in gleicher Weise motiviert werden, etwas zum Teamerfolg beizutragen.

Um diesen auf den ersten Blick widersprüchlichen Forderungen zu genügen, muss ein Belohnungssystem etabliert werden, das die Gruppen für die Verbesserung der Leistung eines jeden Schülers belohnt. Dies erfordert, individuelle Leistungszuwächse in den Mittelpunkt zu stellen: Die Verbesserung der Leistungen der schwächeren Schüler kann dann den Erfolg der Gruppe genauso erhöhen wie die gute Leistung eines leistungsstarken Schülers. Konkret: Wenn ein schwächerer Schüler in früheren Tests von 30 Punkten 8 Punkte erreicht hat, und dieser in einem neuen Test aufgrund der guten Gruppenarbeit 15 Punkte erzielt, dann werden der Gruppe 7 Punkte gutgeschrieben. Ein Schüler, der in dem früheren Test 20 Punkte erreicht hat, und der seine Leistung durch die Gruppenarbeit um 5 Punkte verbessert, steuert zu dem Erfolgsscore der Gruppe 5 Punkte, also vergleichsweise etwas weniger bei. Wenn die Gruppe an einem hohen Gruppenwert interessiert werden kann, der sich aus solchen individuellen Lernzuwächsen ergibt, macht es für sie keinen Sinn mehr, sich nur um schnelle Lösungen zu kümmern, sie muss vielmehr daran interessiert sein, dass alle möglichst viel verstehen und lernen. Das Hauptproblem der Gruppenpädagogik ist dann gelöst: Es macht keinen Sinn mehr, darüber in Wehklagen auszubrechen, dass ein Schüler für die Herstellung eines Gruppenprodukts wenig beisteuern kann. In den Fokus rückt, dass nur durch einen hohen Lernzuwachs der leistungsschwächeren Schüler ein gutes Gruppenergebnis erzielt werden kann. Wenn es der Gruppe nicht gelingt, den schwächeren Schülern möglichst viel beizubringen, dann kann diese Gruppe auch nicht zu den erfolgreichen Gruppen aufschließen.

THINK-PAIR-SHARE – ein Ersatz für individuelle Tests?

Neben der Rechenschaftslegung der Gruppen und Schüler durch individuelle Tests wird die „Think-Pair-Share Methode" als ein Weg zur intensiven Bearbeitung der relevanten Inhalte in der Gruppenarbeit vorgeschlagen (Brüning & Saum 2007). Die Think-Pair-Share Methode unterteilt den Lernprozess in drei Phasen:

THINK-PAIR-SHARE

THINK: Zunächst sollen sich alle Schüler mit dem Lerngegenstand durch Lesen von Texten, Zusammentragen von Informationen und durch Bearbeiten von Aufgaben individuell auseinander setzen.

PAIR: Danach sollen sich die Gruppenmitglieder untereinander austauschen, offene Probleme diskutieren und sich gegenseitig die wesentlichen Punkte erklären.

SHARE: Dadurch bereiten sie sich auf die dritte Lernphase vor, in der alle Schülerinnen und Schüler *„... darauf vorbereitet sein [müssen], ihre Ergebnisse vorzustellen; keiner kann sich ausruhen, denn jeder kann aufgerufen werden."* (Brüning & Saum 2007, Bd. 1, S. 15). Die Gruppe oder ein Schüler stellt also zum Abschluss vor der Klasse das Ergebnis vor.

Doch eignen sich beide Methoden – also Rechenschaftslegung durch Tests und THINK-PAIR-SHARE – in gleichem Maße dafür, alle Schüler zu einem kognitiven Operieren der relevanten Lerninhalte anzuleiten? Analysen der dazu durchgeführten experimentellen Studien deuten darauf hin, dass zum Abschluss einer Lerneinheit die einzelnen Gruppenmitglieder durch einen Test zur Rechenschaft gezogen werden sollten (Slavin 1995; 1996). In diesem Fall ist sichergestellt, dass nur die Gruppen als „gute" Gruppen ausgewiesen werden, in der alle Mitglieder möglichst viel dazu gelernt haben. Die Think-Pair-Share- Methode gewährleistet dies nicht: Wenn ein guter Schüler die Gruppenergebnisse vorstellt, erhält man einen guten Eindruck von der geleisteten Gruppenarbeit, bei der Vorstellung durch einen schwächeren Schüler wird ein eher negativer Eindruck vermittelt. Über die Güte der geleisteten Gruppenarbeit kann auf diese Weise kaum ein zutreffendes Urteil gefällt werden.

Zur Begründung der THINK-PAIR-SHARE – Methode wird darauf hingewiesen, dass dieses Prinzip *„Sicherheit für die schwachen oder stillen Schüler [gibt], die sich nur ungern am Klassengespräch beteiligen. Sie haben die Gelegenheit in einem definierten Rahmen nachzudenken und können sich in der Austauschphase gegenseitig unterstützen."* (Brüning & Saum, 2007, Bd. 1, S. 18). **Dieser These widersprechen die relevanten empirischen Befunde. Bei Gruppenarbeit, in der jeweils die Gruppen aufgrund der individuellen Testleistungen bewertet wurden,** erzielten 78 % signifikante Leistungsverbesserungen im Vergleich zu Kontrollgruppen, und keine einzige Studie erzielte negative Ergebnisse (mittlere Effektstärke lag bei 0,32; Slavin 1996, S. 46, S. 55 f.). Eine Aufweichung dieses Standards führt zu einer Verminderung der Effizienz der Gruppenarbeit. Sie ist dann in der Lernwirksamkeit nicht mehr dem normalen Unterricht überlegen.

Möglicherweise gibt es zu dieser Bewertung eine wichtige Einschränkung: Bei Methoden der Erarbeitung komplexer Inhalte (z.B. das Gruppenpuzzle, s.u.) kann am ehesten auf diese Rechenschaftslegung durch Tests verzichtet werden, weil hier der Gegenstand für viele Schüler intrinsisch motivierend ist (vgl. Cohen 1994). Allerdings liegen die Stärken des Gruppenpuzzles ohnehin eher im Bereich der Motivation und des sozialen Lernens. Mit dem Gruppenpuzzle werden in der Regel kaum bessere kognitive Leistungen als durch den „normalen" Klassenunterricht erzielt.

Neben der Kritik an der individuellen Rechenschaftslegung (Share) gibt es noch eine andere wesentliche Schwierigkeit mit der THINK-PAIR-SHARE – Methode: Von Brüning und Saum (2007) wird diese Methode als allgemeingültige Lernmethode vorgestellt, die bei allen Methoden kooperativen Lernens anzuwenden wäre. Einige dieser Methoden beginnen jedoch mit der Einführung neuer Inhalte durch den Lehrer. Über diese Inhalte haben viele Schüler noch keine Kenntnis. Hier macht es dann wenig Sinn, sich zunächst Aufgabenlösungen zu überlegen (THINK).

9.4 Empirisch geprüfte Formen der Gruppenarbeit

Im Folgenden soll die Umsetzung dieser Merkmale an verschiedenen Formen kooperativen Lernens verdeutlicht werden. Folgende kooperative Methoden werden vorgestellt:

- die Gruppenrallye (STAD für „Student Teams-Achievement Divisions") sowie das damit verwandte Gruppenturnier (TGT für „Teams-Game-Tournament"),
- das individualisierte Lernen mit Teamunterstützung (TAI für „Team Accelerated Instruction") und
- das Gruppenpuzzle.

9.4.1 Die Gruppenrallye[61]

Einführung

Die Gruppenrallye (STAD) erinnert an den Rennsport, weil in dieser Form der Gruppenarbeit die Individuen (Schüler) in *ihrer* Leistungskategorie miteinander konkurrieren. Aufgabe der heterogen zusammengesetzten Gruppe ist dabei, ihre Mitglieder auf diesen Wettkampf möglichst gut vorzubereiten. Die Schüler werden in der Regel Vierergruppen zugeteilt, die in Bezug auf Leistungsniveau, Geschlecht und ethnische Zugehörigkeit gemischt sind. Die Teams sollten etwa gleich leistungsstark sein.

Der Unterricht wird dann in folgender Weise organisiert. Zunächst entwickelt der Lehrer einen neuen Gegenstand, z. B. die Berechnung des Volumens von Würfeln. In der anschließenden Stunde setzen sich die Gruppen zusammen, um die präsentierten Inhalte so nachzuarbeiten, dass möglichst alle Gruppenmitglieder sie verstanden haben. Die Gruppenarbeit soll hier also die vom Lehrer gehaltene Lektion nachbereiten, z. B. verbliebene Unklarheiten klären. Vor allem die schwächeren Schüler erhalten dadurch eine zusätzliche Gelegenheit, *Fragen in der Gruppe zu stellen, die sie vor der Klasse nicht stellen würden.* Dadurch werden die Schüler auf die nachfolgende Einzelarbeit vorbereitet. In einer zweiten Stunde mit Gruppenarbeit kann dann den Schülern die Aufgabe gestellt werden, das neu Gelernte auf ein ähnliches Problem zu übertragen. So könnte den Schülern die Aufgabe gestellt werden, das Volumen von Zylindern zu bestimmen und dazu Versuche mit Messbechern durchzuführen (vgl. 9.3.2). Nach dieser Gruppenarbeit füllen alle Schüler individuell Tests bzw. Prüfungsbögen aus, wobei sie sich gegenseitig nicht mehr helfen dürfen.

Aus dieser Darstellung ergibt sich, dass bei der Gruppenrallye der Gruppenarbeit immer eine Einführung in die Thematik vorausgeht und sich diese Form der Gruppenarbeit auf die Nachbereitung von Erklärungen und Darstellungen des Lehrers bezieht. Von den Schülern wird dabei verlangt, die vom Lehrer gegebenen Informationen möglichst vollständig zu behalten und in ihr schon vorhandenes Wissensrepertoire einzufügen. Schüler mit einem guten Wissen, also auch wenigen Wissenslücken, müssen sich vergleichsweise weniger zusätzliche Informationen einprägen und können sich dadurch viel besser auf die neuen Informationen konzentrieren. Sie sind dann in der Gruppe auch eher in der Lage, dieses neue Wissen zu rekonstruieren und an die anderen Schüler weiterzugeben. In der Regel handelt es sich bei diesen nachzubereitenden Lektionen um Informationen, die auch in Schulbüchern nachgelesen werden können und die zum klassischen Schulstoff zählen. Es handelt sich offensichtlich *nicht* um Aufgaben, die unstrukturiert und offen sind, für deren Beantwortung man von verschiedenen Stellen Informationen zusammentragen und bewerten muss, und die auf eine Erarbeitung neuer Wissensgebiete abzielen.[62]

---

[61] Vgl. dazu Huber 1985b, S. 23ff.

[62] Dieser Punkt ist aus verschiedenen Gründen wichtig: (1) wird dadurch deutlich, dass sich hier Gruppenarbeit auf alltägliches schulisches Lernen bezieht, denn der Großteil schulischen Lernens besteht in der Nachbereitung und Vertiefung dessen, was im Rahmen der Einführung entwickelt und erklärt wurde. (2) Es wird damit einsichtig, auf welche Wissenselemente und Fertigkeiten sich diese Form der Gruppenarbeit vermutlich vorrangig auswirkt. (3) wird klar, warum die Gruppenrallye in fast jeder Unterrichtseinheit sinnvoll eingesetzt werden kann. Wenn man nämlich Gruppenarbeit nur für bestimmte besondere Aufgaben für sinnvoll hält (z. B. zur Vorbereitung von Präsentationen), dann muss man sich nicht wundern, wenn Gruppenarbeit nur selten im Unterricht durchführbar ist.

Merkmale von Gruppenrallyes

Gruppenrallyes eignen sich vor allem für die Einübung und Festigung von Inhalten, die zuvor vom Lehrer eingeführt und erklärt wurden. Dies bedeutet, dass sich durch die Gruppenrallyes ein neuer Anwendungsbereich für die Gruppenarbeit erschließt. Insbesondere in Fächern wie Mathematik, Deutsch oder in den Fremdsprachen ergibt sich häufig die Notwendigkeit einer gezielten Einübung und Festigung von Inhalten, die zuvor vom Lehrer erklärt wurden.

Zunächst werden *heterogene* Gruppen von vier bis fünf Schülern gebildet, und diese Gruppen erhalten Namen (z. B. Quadrate, Mathe-Monster). Eine heterogene Zusammensetzung ist aus verschiedenen Gründen wichtig:

- Sie stellt sicher, dass die stärkeren Schüler den schwächeren gezielt helfen können; dies ermöglicht, den verschiedenen Schülern einer Klasse, die Verständnisschwierigkeiten haben, viel intensiver und den jeweiligen Schwierigkeiten angepasster zu helfen, als dies dem Lehrer im Klassenunterricht möglich ist.
- **Sie schafft bessere Möglichkeiten zum Abbau ethnischer oder sozialer Vorurteile, weil Heterogenität auch soziale Heterogenität umfasst.**

Der normale Ablauf einer Gruppenrallye sieht folgendermaßen aus:

- *Klassenunterricht* von 1–2 Stunden pro Woche:[63] Hierbei werden neue Inhalte eingeführt, Verfahrensweisen diskutiert, und die Regeln der Gruppenarbeit besprochen.
- *Gruppenlernen*, 1–2 Stunden: Das Gruppenlernen findet in den heterogenen Vierer- oder Fünfergruppen statt. Die Gruppen sollten insgesamt in ihrer Leistungsfähigkeit vergleichbar sein. Die Schüler erhalten Aufgabenblätter und Antwortblätter[64] (pro Gruppe jeweils zwei). Innerhalb der Gruppen wird jeweils zunächst in Zweier- oder Dreiergruppen gearbeitet. Während des Gruppenlernens sollen die Schüler in den Zweier- und Dreiergruppen zunächst versuchen, die Aufgaben zu lösen, um danach sofort die Lösung mit den anderen Schülern zu vergleichen. Wenn ein Schüler eine Aufgabe nicht lösen kann, und auch die Teilgruppe nicht zu einer Lösung kommt, sollte sich die gesamte Gruppe um eine Lösung und eine befriedigende Erklärung bemühen, die jeder Schüler verstanden hat und rekonstruieren kann. Die Schüler müssen entsprechend angeleitet werden, ihren Mitschülern Dinge gut zu erklären, nach Erklärungen zu fragen und nicht nur die Lösungen auszutauschen. Die Schüler müssen sich darüber im Klaren sein, dass ihre Gruppe nur dann im anschließenden individuellen Test gut abschneiden kann, wenn jeder Schüler möglichst gut die Sache beherrscht, möglichst alle Erklärungen selbst ohne Hilfe rekonstruieren kann und somit möglichst viel dazu gelernt hat. Der Lehrer hat darauf zu achten, dass die Schüler die Arbeitsblätter genau beantworten und die Lösungen nach den ausgehändigten Antwortbogen auch kontrollieren.

---

[63] Die Zeitangaben beziehen sich auf Fächer mit vier bis fünf Stunden Fachunterricht in der Woche (z. B. in einem Hauptfach wie Mathematik oder Deutsch).

[64] Die Vergabe von Antwortblättern hat den Sinn, den Schülern eine Möglichkeit zur Kontrolle ihrer Lösungen an die Hand zu geben. Die Schüler müssen natürlich den verantwortungsbewussten Umgang mit diesen Antwortblättern lernen. Wenn sie die Lösungen abschreiben, können sie im anschließenden Test nicht erfolgreich sein. Vielleicht müssen sie diese Erfahrung selbst machen. Im Unterricht kann der Lehrer natürlich auf den sinnvollen Umgang mit den Antwortbögen eingehen.

- *Leistungstest, Dauer 1/2 bis höchstens eine Schulstunde.* Ziel ist eine individuelle Leistungsprüfung. Für die Durchführung wird die Sitzordnung verändert. Zur Vermeidung von Mogeln werden möglicherweise Paralleltests ausgehändigt. Eine Zusammenarbeit bzw. ein gegenseitiges Helfen ist hierbei nicht erlaubt.

Aufgrund der Testergebnisse wird die Güte der Gruppenarbeit bestimmt. Durch ein spezielles Berechnungsverfahren wird sichergestellt, dass auch schwächere Schüler den gleichen Betrag zum Gruppenergebnis beisteuern können wie stärkere Schüler. Als Testwert wird der Lösungsprozentsatz genommen. Von Slavin wird folgender Bewertungsschlüssel vorgeschlagen (vgl. Slavin 1995, S. 80): Erreicht ein Schüler im Test mehr als 10 Punkte weniger als im Basistest, steuert er 5 Verbesserungspunkte zum Teamergebnis bei, Ergebnisse zwischen 10 und 0 Punkten unter dem Basiswert werden mit 10 Verbesserungspunkten honoriert, hat er sich um 1 bis 10 Punkte verbessert, steuert er 20 Punkte zum Teamergebnis bei, und wenn er sich um mehr als 10 Punkte verbessert hat, bekommt er dafür 30 Punkte. Auch bei voller Punktzahl erhält er 30 Punkte. Für jede Gruppe wird auf diese Weise ein Gesamtpunktwert gebildet, wobei der Gruppenwert der Fünfergruppen auf einen Vierergruppenwert umgerechnet wird ($: 5 \times 4$).

Der Lehrer sollte die Tests schnell, d.h. bis zur nächsten Stunde auswerten und die Ergebnisse mitteilen. Nur dann kann die Gruppenrallye weitergehen.

- *Rückmeldung an die Gruppen:* Sowohl die individuellen Ergebnisse als auch die Gruppenergebnisse werden mitgeteilt. *Schüler mit maximalem Verbesserungswert sollten namentlich aufgeführt werden.* Zur Übersicht für die ganze Klasse wird eine Wandzeitung, ein Informationsblatt, eine Folie o.a. vorbereitet, auf der die bsten Teams aufgeführt werden. Wichtig ist nicht nur der individuelle Erfolg des einzelnen Schülers, sondern der Erfolg der gesamten Gruppe. Die Gruppe hat ja auch etwas mit dem individuellen Erfolg zu tun. Entsprechend wird das Gruppenergebnis hervorgehoben (z.B. „Mathe-Monster wieder vorn“ oder „Die Quadrate haben aufgeholt“).

Die Rückmeldung sollte sich allerdings nicht nur auf die Leistung beziehen, sondern auch auf den Prozess, durch den die Leistung in den einzelnen Gruppen zustande gekommen ist. Dazu ist erforderlich, dass der Lehrer sich Notizen macht, wenn die Gruppen zusammenarbeiten. Zusätzlich kann am Ende der Sitzung mit Gruppenarbeit ein Bogen an die Schüler ausgehändigt werden, auf dem sie ihre persönlichen Erfahrungen mit der Gruppe durch Ankreuzen deutlich machen können.

Unsere Gruppe war

Interessant	...0	...0	...0	...0	...0	...0	...0...	Langweilig
Ruhig	...0	...0	...0	...0	...0	...0	...0...	laut
Feindselig	...0	...0	...0	...0	...0	...0	...0...	freundschaftlich
Durcheinander	...0	...0	...0	...0	...0	...0	...0...	geordnet
Aufmerksam	...0	...0	...0	...0	...0	...0	...0...	unaufmerksam
Hat auf Fragen gut geholfen	...0	...0	...0	...0	...0	...0	...0...	... schlecht geholfen
Ich hatte große Lust	...0	...0	...0	...0	...0	...0	...0...	... keine Lust, Fragen zu stellen

Die Antworten können für die Rückmeldung der Testergebnisse zusätzlich ausgewertet werden. Über die Probleme in den Gruppen kann in der Klasse gesprochen werden, man kann allerdings auch die Ergebnisse der Befragung den Gruppen zur Beratung und Diskussion vorlegen. Die Gruppen sollten veranlasst werden, sich konkret erreichbare Ziele für eine Verbesserung der Gruppenarbeit zu setzen. Dazu kann der Lehrer auf spezielle Probleme der Zusammenarbeit in den Gruppen gesondert hinweisen (z. B. ein Schüler fühlt sich ausgegrenzt, ihm wird nur widerwillig geholfen).

Die Interaktionsformen lassen insbesondere am Anfang meist zu wünschen übrig. Der Lehrer kann in der Klasse über einige Standards sprechen, die für die Gruppenarbeit bedeutsam sind, z. B. *„Hören wir einander zu"; „Lassen wir einander ausreden"; „Ist es zu laut, stören wir die anderen durch unser Verhalten?"; „Fragen wir gegenseitig um Hilfe, wenn wir etwas nicht verstanden haben?"; „Geben wir uns Erklärungen, die der andere auch verstehen kann?"; „Behandle ich meine Gruppenmitglieder immer so, wie ich selbst von ihnen behandelt werden möchte?"*

Durch die Festlegung der Gruppenzusammensetzung wird in bestimmtem Umfang auch festgelegt, welche Gruppen ein hohes und welche ein eher niedrigeres Entwicklungspotential haben. Manche Gruppen harmonieren sehr gut, manche weniger gut. Deshalb sollte nach einer bestimmten Zeit, – Huber (1985) schlägt sechs Wochen vor – die Zusammensetzung geändert werden, damit die Mitglieder der weniger erfolgreichen Gruppen eine neue Chance für einen Gruppenerfolg bekommen.

9.4.2 Das Gruppenturnier

Eine der Gruppenrallye verwandte Methode der Gruppenarbeit ist das Gruppenturnier. Beim Gruppenturnier (TGT, Teams-Games-Tournaments) ist alles wie bei der Gruppenrallye, nur werden statt der individuellen Tests (Quizzes) wöchentlich Turniere zwischen Teams abgehalten. Schüler der verschiedenen Teams, aber gleicher Leistungsstärke, spielen an Dreiertischen gegeneinander. Der Gewinner eines Turniers gewinnt für sein Team 60 Punkte, egal, an welchem Tisch er spielt. Schwache Schüler können auf diese Weise genauso viele Punkte für ihr Team bringen wie sehr starke Schüler. Wie in STAD erhalten die Teams mit den meisten Punkten Belohnungen bzw. Auszeichnungen.

Wie von Brüning und Saum (2007) berichtet wird, sind Schüler durch das Gruppenturnier besonders leicht zu motivieren. Offensichtlich führt der Wettkampf zwischen den Gruppen dazu, dass die Schüler intensiver die Punkte einüben, die im Gruppenturnier als Wissen abgefragt werden. Sinnvoll erscheint, dass dazu eine Sammlung von Karteikärtchen verwendet wird, durch die das im Gruppenturnier verlangte Wissen definiert wird. Diese Karteikärtchen können vom Lehrer oder von den Schülern selbst erarbeitet werden. Man kann Gruppenturniere in den verschiedensten Fächern durchführen, nicht nur in den Hauptfächern (Mathematik, Deutsch und Fremdsprachen), sondern auch in Geschichte, Geografie und Chemie. Dabei muss es nicht nur um Faktenwissen, sondern auch um offene Fragen gehen, die auf der Rückseite der Karteikärtchen kurz und bündig beantwortet werden. Durch Verwendung des Gruppenturniers werden die Schüler motiviert, mehr Zeit in die Einübung der neu gelernten Inhalte zu investieren. Dies ist eine wichtige Voraussetzung für die Ausbildung einer breiten Wissensbasis in einem Bereich. Eine breite Wissensbasis ist ja wiederum eine Voraussetzung für die Fähigkeit, komplexere Probleme zu lösen.

Brüning und Saum (2007, S. 8) verdeutlichen die Möglichkeiten, die durch das Gruppenturnier eröffnet werden, in folgender Weise:

> „Patrik Schneider hat Aufsicht in der großen Pausenhalle einer Gesamtschule in Hagen. Er beobachtet Julian, den er in Englisch unterrichtet. Julian geht in die 8. Klasse. Er sitzt mit einer Mitschülerin während der Mittagspause am Rand der Pausenhalle und wiederholt Inhalte aus dem Chemieunterricht. Dazu hat seine Mitschülerin ihr Heft und das Fachbuch auf den Knien. Immer wieder blickt sie auf und stellt Julian einzelne Fragen, die er beantworten muss. Offensichtlich wechseln sich beide ab, denn die Unterlagen wechseln zwischen den Schülern. Sie sind sehr konzentriert und nehmen die vielen Schüler in der Pausenhalle kaum wahr.
>
> Interessiert spricht Patrik Schneider die beiden an und fragt, warum sie denn so eifrig lernen. Sie antworten, dass sie sich auf die nächste Stunde im Fach Chemie vorbereiten. Dort werden sie wieder eine Runde im Gruppenturnier durchführen, bei dem sie augenblicklich den dritten Platz einnehmen. Diesen möchten sie auf jeden Fall verteidigen."

9.4.3 Individualisiertes Lernen mit Teamunterstützung

Im *Individualisierten Lernen mit Teamunterstützung* (TAI, Team Accelerated Instruction) werden wie bei der Gruppenrallye heterogene Vierergruppen gebildet. Die Mitglieder eines Teams arbeiten jedoch an unterschiedlichen Lektionen. Auch hier bestehen die Vierergruppen aus Schülern unterschiedlicher Leistungsniveaus, unterschiedlichen Geschlechts und aus verschiedenen sozialen und ethnischen Gruppen. *Die Teams haben die Aufgabe, den Gruppenmitgliedern bei Schwierigkeiten Hilfen zu geben.*

TAI wird nicht in allen Fächern, sondern nur in Mathematik in den Klassen 3–6 eingesetzt. Im Unterschied zur Gruppenrallye wird hier der Unterricht stärker auf das Niveau der verschiedenen Leistungsgruppen in der Klasse abgestellt: Schüler werden aufgrund eines Tests verschiedenen Leistungsniveaus zugeordnet. Die Mitglieder der Teams haben die Aufgabe,

- die Arbeit der Teammitglieder zu kontrollieren,
- die Versorgung mit dem Lern- und Übungsmaterial zu organisieren und
- sich bei Problemen gegenseitig zu helfen.

Da dadurch der Lehrer entlastet wird, kann er sich in größerem Umfang um das Unterrichten der kleinen, nach Leistungsniveau zusammengesetzten Lerngruppen kümmern. Zum Beispiel kann der Lehrer die Gruppe zusammenrufen, die sich gerade mit der Dezimalbruchrechnung befasst, eine Lektion über Dezimalbrüche präsentieren und danach die Schüler in ihre Teams zurückschicken, die in ihren Teams dann weitere Aufgaben zur Dezimalbruchrechnung bearbeiten. Danach ruft der Lehrer die Schüler zusammen, die sich mit der Bruchrechnung befassen usw.

Auch beim Individualisierten Lernen mit Teamunterstützung werden am Ende der Lektion jeweils Tests durchgeführt, bei denen sich die Mitglieder eines Teams nicht gegenseitig helfen dürfen. Jede Woche stellt der Lehrer die Anzahl der Lektionen fest, die von allen Teammitgliedern erfolgreich abgeschlossen wurden. Beim abschließenden Test dürfen sich die Teammitglieder nicht mehr gegenseitig helfen. Zertifikate und andere Teambelohnungen werden an Teams verteilt, die ein bestimmtes Kriterium erreicht haben (z.B. eine Mindestzahl von Lektionen erfolgreich abschießen, erreichte Extrapunkte). Extra Punkte werden für perfekt bearbeitete Arbeitsbögen sowie vollständige Hausaufgaben vergeben.

Die Schüler haben in ihren jeweiligen Leistungsniveaus die *gleichen Erfolgsaussichten:* Es ist für einen Schüler aus der niedrigen Leistungsgruppe genauso leicht oder schwer, drei Lektionen über die Subtraktion abzuschließen, wie für einen Schüler aus der oberen Leistungsgruppe, drei Einheiten über schriftliches Dividieren zu beenden. Die besondere Stärke dieser Form des Unterrichtens mit Teamunterstützung im Vergleich zur Gruppenrallye liegt darin, dass der Konkurrenzgedanke kein wesentlicher Bestandteil des Unterrichtssystems ist. Wichtig ist, dass die Mitglieder eines Teams möglichst viele Lektionen gut bewältigen, nicht, ob sie besser als andere Gruppen sind. Nicht das individuelle Konkurrenzverhalten steht also im Vordergrund, sondern das gegenseitige Helfen in den Gruppen.

Die zeitliche Strukturierung der Gruppenrallye (Stundent Teams-Achievement Divisions) im Vergleich zum individualisierten Lernen mit Teamunterstützung (nach Tarim & Akdeniz 2008)

Methode	**Gruppenrallye** (ca. 5 Stunden)	**Individualisiertes Lernen mit Teamunterstützung** (5 Stunden)
Zeitliche Strukturierung	1. Stunde: Einführung (Erster Teil der Einheit durch den Lehrer) 2. Stunde: Jede Gruppe bekam zwei Arbeitsbögen zur paarweisen Bearbeitung: Zunächst löste der eine Schüler mit lautem Denken die erste Aufgabe und wurde dabei vom Partner unterstützt, danach löste der Partner die nächste Aufgabe usw. Dann: Austausch der Arbeitsbögen und Prüfen der Lösungen mit Hilfe der Lösungsbögen. Wenn sich eine Partnergruppe bei einer Aufgabe nicht über die Lösung verständigen konnte, wird die andere Partnergruppe um Hilfe gebeten, wenn auch diese keine befriedigende Lösung findet, wird der Lehrer um Unterstützung gebeten. 3. Stunde: Vorstellung des zweiten Teils der Lektion durch den Lehrer. 4. Übung wie in 2.	1. und 2. Stunde: Der Lehrer führt in den neuen Gegenstand ein. 3./4. Stunde: Schüler bearbeiten zunächst individuell ein Arbeitsblatt (z. B. 5 Aufgaben), die Lösungen werden gegenseitig mit dem Lösungsbogen verglichen, wenn 80 % der Aufgaben richtig, ist der Schüler zu den Checkout-Tests zugelassen. Wenn er den ersten Checkout-Test wiederum besteht (80 % korrekt), ist er zum Endtest zugelassen. Besteht er den Checkout-Test nicht, kann er individuelle Hilfen vom Lehrer erhalten, um dann den zweiten Checkout-Test zu erhalten.
Test	5. Stunde: Individueller Endtest. Der Erfolg der Gruppe wurde auf der Basis dieser individuellen Testergebnisse ermittelt	5. Stunde: Individueller Endtest. Der Erfolg der Gruppe wurde auf der Basis dieser individuellen Testergebnisse ermittelt

Das Experiment von Tarim und Akdeniz (2008) mit sieben vierten Klassen, das sich über 14 Wochen erstreckte, bestätigte eindrucksvoll die Lernwirksamkeit der beiden kooperativen Methoden. Die Lernergebnisse der Gruppenrallye lagen um 0,4 Standardeinheiten über den Werten des „normalen Unterrichts“. Noch deutlicher waren die Ergebnisse beim Individualisierten Lernen mit Teamunterstützung: Hier lagen die Ergebnisse um eine ganze Standardabweichung über denen des normalen Unterrichts. Ferner lernten die Schüler durch diese Form kooperativen Lernens signifikant mehr als bei der Gruppenrallye.

Die neue Studie von Tarim und Akdeniz ist in vielfacher Hinsicht für eine Bewertung kooperativer Lernformen bedeutsam. So dürfte die zeitliche Strukturierung der beiden Methoden kooperativen Lernens wenig mit den Erwartungen an Gruppenarbeit übereinstimmen. Beide Methoden haben einen hohen Anteil lehrergeleiteten Unterrichts (2 von 5 Unterrichtsstunden). Bei beiden Methoden der Gruppenarbeit wird der schwierige Teil, die Einführung und Erklärung neuer Inhalte, vom Lehrer übernommen. Ein größerer Teil der restlichen Zeit wird für das individuelle Lösen von Aufgaben verwendet, wobei der Anteil individuellen Arbeitens beim Individualisierten Lernen mit Teamunterstützung höher ist.

Auch in anderen Hinsichten entspricht die besonders effektive Form des Individualisierten Lernens mit Teamunterstützung nicht den Erwartungen, die von Vertretern des offenen Unterrichts an Methoden der Gruppenarbeit gerichtet werden. Während der offene Unterricht die Selbststeuerung des Lernens durch die Schüler selbst in den Fokus rückt, übernimmt die Aufgabe der Steuerung bei dieser Form kooperativen Lernens der formative Test. Man wählt dabei ein hartes doppeltes Kriterium: Der Schüler hat sowohl den ersten formativen Test mit einem Mindestlösungsprozentsatz von 80% zu bestehen, um zum Checkout-Test zugelassen zu werden. Auch hier muss er diesem Kriterium genügen. Bei einem unbefriedigenden Testergebnis kann er individuelle Hilfe vom Lehrer beanspruchen. Es kann also sein, dass schwächere Schüler in einer Woche nacheinander vier Tests absolvieren müssen, bevor sie zum abschließenden fünften Endtest antreten dürfen. Durch diese Tests wird sicher gestellt, dass Schüler Schritt für Schritt ihre Kompetenzen erweitern. Wer bestimmte Einheiten nicht hinreichend beherrscht, wird durch die Tests identifiziert und bekommt individuelle Hilfe.

Noch ein weiterer Unterschied zwischen der Gruppenrallye und dem Individualisierten Lernen mit Teamunterstützung ist in der Studie von Tarim und Akdeniz (2008) augenfällig: Bei der Gruppenrallye wird hier die Einführungsphase auf die 1. und 3. Stunde aufgeteilt, beim Individualisierten Lernen mit Teamunterstützung wird hingegen die Einführungs- und Erklärphase in den ersten beiden Stunden vorgenommen. Dies erinnert ein wenig an die Methode des vermischten Lernens (vgl. Rohrer und Taylor 2007, Taylor & Rohrer 2010). Auch hier wird zunächst ein komplexer Gegenstand (z. B. alle drei Aufgabentypen der Prozentrechnung) insgesamt erklärt. Danach haben die Schüler zu diesem Gegenstand vermischte Aufgaben zu lösen. Schüler lernen dadurch nicht nur, wie man bei Kenntnis des Aufgabentyps Aufgaben löst, sondern sie lernen, sowohl den Aufgabentyp zu erkennen als auch darauf bezogen die erforderlichen Lösungsschritte durchzuführen.

9.4.4 Das Gruppenpuzzle

Darstellung der Methode

Diese Methode kooperativen Lernens geht auf die Arbeiten von E. Aronson zurück (vgl. Aronson et al. 1978). Ausgangspunkt ist wie bei der Gruppenrallye eine heterogen zusammengesetzte Gruppe, die hier als Stammgruppe bezeichnet wird. Die Gruppenmitglieder der Stammgruppe sollen sich um verschiedene Aspekte eines Wissensgebietes kümmern und in diesen Gebieten „Experten" werden, die dann das erworbene Wissen in der Stammgruppe weitergeben. Die „Experten" erhalten ihre Aufgabenstellung in der Regel durch einen Arbeitsbogen, haben danach Texte durchzuarbeiten, deren Inhalt in Expertenrunden diskutiert wird. Danach sollen diese Experten ihre Stammgruppe über ihr Thema unterrichten. Ein Beispiel wäre z. B. das

Thema „Frankreich“: Die Experten hätten dieses Thema von verschiedenen Seiten her zu behandeln, z. B. die Geschichte Frankreichs, die geographischen Besonderheiten, die Wirtschaft und die Kultur.

Man kann grob zwei Methoden des Gruppenpuzzles unterscheiden:

Gruppenpuzzle 1: Dieses geht auf E. Aronson und seine Mitarbeiter zurück (vgl. Aronson, Blaney, Stephan, Sikes and Snapp (1978). Bei dieser Form des Gruppenpuzzles erhalten die Schüler zu den Teilgebieten unterschiedliches Informationsmaterial, um durch Studieren und Besprechen in den Expertengruppen die anderen Schüler der Stammgruppe über diesen Aspekt informieren zu können. Der Schüler einer Gruppe, der sich zum Thema „Geschichte Frankreichs“ Expertenwissen aneignen soll, erhält dazu spezifisches Informationsmaterial, über das die anderen Gruppenmitglieder nicht verfügen.

Gruppenpuzzle 2: Dieses ist eine Modifikation des ursprünglichen Gruppenpuzzles durch Slavin (1986). Hierbei erhalten alle Schüler das gleiche Informationsmaterial, um dadurch die Möglichkeit zu haben, sich über das gesamte Wissensgebiet selbständig informieren zu können. **Für die Gruppe sollen sie sich dann auf einen Aspekt konzentrieren und die Informationsmaterialien bezüglich dieses Aspekts auswerten. Durch die Verteilung des gesamten Informationsmaterials** soll sichergestellt werden, dass die Schüler nicht nur ihr Spezialgebiet, sondern die gesamte Thematik, über die ja später auch ein Test geschrieben wird, im Blick behalten.

Das Gruppenpuzzle kann in allen Fächern etwa ab der fünften Klassenstufe verwendet werden, in denen umfangreiche Materialien (z. B. ausführliche Texte) bearbeitet werden müssen. Wichtige Erfordernisse sind dabei das verständige Lesen von Texten, was z. B. in den sachkundlichen Fächern, aber auch in Literatur und beim Übersetzen von Texten eine zentrale Rolle spielt.

Das Gruppenpuzzle hat einige Gemeinsamkeiten mit der Gruppenrallye. *Erstens* werden heterogene Gruppen gebildet (meist Vierergruppen, die als Stammgruppen bezeichnet werden). *Zweitens* werden die Einheiten jeweils durch individuelle Tests und deren Besprechung abgeschlossen. Die Gruppenmitglieder erhalten beim Gruppenpuzzle jedoch unterschiedliche Aufgaben auf einem Aufgabenblatt, während in der Gruppenrallye die Gruppenmitglieder die gleichen Aufgaben erhalten. Ferner konzentriert sich das Gruppenpuzzle auf die Erarbeitung neuer Inhalte, während sich die Gruppenrallye auf die Anwendung und Einübung von Wissen bezieht, das vom Lehrer eingeführt und erklärt wurde.

Beim Gruppenpuzzle wird die Arbeit in folgender Weise organisiert: Zunächst werden die Texte zusammen mit den Expertenfragen verteilt. Dann werden die Materialien (Texte) in der Stammgruppe (bzw. als Hausaufgabe) durchgearbeitet, was 1/2 bis zu einer Stunde Zeit erfordert. Nach dem Durchlesen des Materials treffen sich die Experten („Experten mit Expertenblättern, auf denen ihre Aufgaben beschrieben werden“) zu einer Expertenrunde, in der die ausgewählten Inhalte für 20–30 Minuten diskutiert werden. Sie können dazu noch zusätzliche Materialien (z. B. Arbeitsblätter mit Aufgaben) ausgehändigt bekommen. Nach dieser Diskussion in der Expertengruppe kommen die Schüler wieder in ihren Stammgruppen zusammen, um hier ihr Wissen an die anderen Gruppenmitglieder weiterzugeben. Wie bei der Gruppenrallye wird am Ende dann ein individueller Test bearbeitet. Bei der Entwicklung des Tests sind die Themen der Expertengruppen gleichrangig zu berücksichtigen. Der Test wird in gleicher Weise wie bei der Gruppenrallye ausgewertet und der Erfolg der Gruppe wird auf der Basis der Leistungsverbesserungen ermittelt. Nach Huber (1985, Studienbrief 1 B, S. 44 ff.) sollen die Leistungstests aber nicht bis zu einer Stunde wie bei der Gruppenrallye, sondern nur etwa 10 Minuten andauern.

Entscheidend für die Wirksamkeit dieser Methode ist die Arbeit in den Expertengruppen. Sie hängt vor allem von der Fähigkeit der „Experten" ab, sich aufgrund des Informationsmaterials und durch die Diskussion in der Expertengruppe das relevante Wissen anzueignen und dieses erworbene Wissen an die Gruppenmitglieder in verständlicher Weise weiterzugeben. Huber (1985, Studienbrief 1B, S. 44) schreibt dazu:

> „Der Schlüssel für den Lernerfolg beim Gruppenpuzzle ist die wechselseitige Abhängigkeit, da alle Schüler auf ihre Gruppenkameraden angewiesen sind; diese müssen die notwendigen Informationen in die Gruppe einbringen, aufgrund ihres Expertenwissens Fragen beantworten können usw., damit alle Gruppenmitglieder die Gesamtinformation, die zum Test nötig ist, erhalten."[65]

Damit die Experten ihre Aufgabe erfüllen können, müssen sie u. U. in der Fähigkeit zur Auswertung von Texten und der verständlichen Weitergabe von Informationen an die Stammgruppe trainiert werden. Am besten ist es, wenn dazu Videomaterial über gute Arbeit in Experten- und Stammgruppen zusammengestellt wird, die Schüler die Arbeit in diesen Gruppen durch Ratingskalen bewerten und über auftauchende Probleme in den Gruppen bzw. in der Klasse gesprochen wird. Nach neueren Forschungen hängt die Wirksamkeit von Gruppenarbeit von einer sorgfältigen vorbereitenden und prozessbegleitenden Schulung in pädagogischen und sozialen Kompetenzen ab. Schüler wissen nicht, was eine verständliche von einer weniger verständlichen Erklärung unterscheidet, sie nehmen sich selbst nicht objektiv wahr. Insofern ist das Urteil anderer und das Sehen des eigenen Verhaltens wichtig, um sein eigenes Verhalten verbessern zu können.

Es bleibt aber auch nach einer sorgfältigen Schulung im Helfen und Erklären fraglich, ob die Zeit, in der die Experten ihre Stammgruppen instruieren, ausreichen kann, einen tieferen Einblick in eine Thematik zu erhalten. Auch wenn die Experten ihr Wissen in optimaler Weise präsentieren, stellt sich die Frage, wie viele Informationen die Schüler aufnehmen und behalten können, wenn sie 30 Minuten lang kurze Präsentationen von jeweils fünf bis acht Minuten über sich ergehen lassen müssen. Für eine tiefere Verankerung des Wissens wäre es sicherlich sinnvoller, das jeweils dargestellte Wissen kurz diskutieren und dann auf neue Aufgaben anwenden zu lassen.

Probleme des Gruppenpuzzles

Das Gruppenpuzzle, so wie es von Aronson (Jigsaw I) oder von Slavin (Jigsaw II) konzipiert wurde, hat mit folgenden Problemen zu kämpfen:

1. Die Schüler müssen sich durch Lesen von Texten sowie durch Diskussionen in Expertengruppen zu Experten eines Gebiets weiterbilden. Es ist fraglich, ob dies allen Schülern gelingt.

---

[65] Der Schwachpunkt des Gruppenpuzzles liegt in der zentralen Rolle der Experten. Fraglich ist, ob in den Expertenrunden die Teilnehmer in der Lage sind, in der relativ kurzen Zeit die gestellten Fragen vertiefend zu bearbeiten. Ferner erscheint problematisch, ob die Experten in den zur Verfügung stehenden 5 Minuten es schaffen, den übrigen Mitgliedern der Stammgruppe das Expertenwissen so zu vermitteln, dass diese es auch verstehen können. Und dennoch kann diese zeitliche Strukturierung sinnvoll sein: Für die Experten trägt die Arbeit in den Expertenrunden und das Bemühen um Erklärung in den Stammgruppen zu einer Konsolidierung des durch Lesen erworbenen Wissens bei.

2. Die Experten müssen dann das neu Gelernte an die anderen Schüler ihrer Gruppe weitergeben, so dass diese das Wesentliche lernen können. Es ist fraglich, inwieweit dies den „Experten“ gelingt.
3. Schüler müssen in ihren Stammgruppen die präsentierten Informationen aufnehmen und in ihr Wissensgerüst integrieren. Ob dies ohne eine Herausarbeitung wesentlicher Punkte und ohne zusätzliche Übungen wirklich erfolgen kann, ist eine empirische Frage.

Zur Lösung dieser Probleme hat Slavin den Vorschlag unterbreitet, allen Schülern als Grundlage für das Lernen die gleichen Texte auszuhändigen, die zunächst als Hausarbeit oder in Stillarbeit durchgearbeitet werden sollen. Diese Texte sollen dann von den Experten unter spezifischen Gesichtspunkten bzw. Fragestellungen erneut durchgearbeitet werden. Allen Schülern ist hier also das gesamte Informationsmaterial zugänglich, so dass jeder Schüler die Möglichkeit hat, Unverstandenes in den Texten nachzulesen.

Dies setzt allerdings voraus, dass sich der Lehrer für das Lernen der Schüler verantwortlich fühlt. Gerade das Gruppenpuzzle kann Lehrer dazu verführen, die Verantwortung für das Lernen allein den Schülern zu übertragen. Dies entspricht jedoch einer etwas illusionären Vorstellung vom Lernen in der Schule: Schüler werden auch bei einem gut geplanten Gruppenpuzzle versuchen, mit einer minimalen Kraftanstrengung möglichst viel zu erreichen. Wenn ein Lehrer dies realistisch einschätzt, kann er von vornherein Gegenmaßnahmen ergreifen, die einen höheren Lernertrag sicherstellen. Insbesondere kann er zusätzliche Strukturierungen und Zusammenfassungen einbauen, um auf Wissenslücken und falsche Theorien durch gemeinsame Diskussionen und Verdeutlichungen (z. B. gemeinsames Erarbeiten einer Mind-Map) reagieren zu können. Neuere Studien konnten zeigen, dass solche zusätzlichen Feedbackrunden und Strukturierungen die Effektivität des Gruppenpuzzles wesentlich steigern können (vgl. Walpulski & Sumfleth 2007; Wahser & Sumfleth 2008).

Ein Vergleich zwischen Gruppenrallye und Gruppenpuzzle

In der folgenden Übersicht werden die wichtigsten Merkmale zur Gruppenrallye und zum Gruppenpuzzle nochmals wiederholt:

Übersicht 8: Wesentliche Aspekte zweier Methoden kooperativen Lernens

Methode	**Gruppenrallye** (bei Slavin STAD) Bezug: Eine Lektion bzw. eine kleine Unterrichtseinheit (ca. 5 Stunden)	**Gruppenpuzzle (Jigsaw)** Bezug: Eine Schulstunde oder eine Doppelstunde
Anwendungsbereich	Übung, Festigung und Transfer von Inhalten, die im normalen Unterricht eingeführt wurden, z. B. in Mathematik oder im Rechtschreibunterricht	Einführung neuer Inhalte in Sachunterrichtfächern wie Geographie, Geschichte, Biologie
Anfangsphase	Direkte Instruktion (1–2 Stunden)	Text und Expertenaufgaben werden ausgehändigt (Durchlesen in der Stammgruppe oder zu Hause als Hausaufgabe; 1/2 bis eine Stunde)

Erarbeitung und Anwendung	Übung in Gruppen (1–2 Stunden),	Entsendung der Gruppenmitglieder in die Expertengruppen; Arbeit in den Expertengruppen (20 Minuten), Information der Stammgruppe (30 Minuten, d. h. jeder Experte hat etwa 5 Minuten zur Verfügung)
Aus- und Bewertung	Individueller Test (1/2 Stunde bis zu 1 Stunde), differenzierende Bewertung	Individueller Test (und Auswertung); 10 Minuten
Rückmeldung	Gruppenrückmeldung zur Leistung sowie zum Sozialverhalten.	Gruppenrückmeldung zur Leistung sowie zum Sozialverhalten.
Ergebnisse (Wirksamkeit)	Im kognitiven Bereich: Empirisch ist die Wirksamkeit sehr gut belegt. Im sozialen Bereich: Positive Effekte sind belegt; allerdings wird auf schwächere Schüler ein starker Leistungsdruck ausgeübt.	Im kognitiven Bereich: Es gibt sehr positive und auch negative Ergebnisse, weil die kurzfristige Aneignung von Expertenwissen wie die Weitervermittlung dieses Wissens in der Stammgruppe schwierig ist. Im sozialen Bereich: Hier sind positive Ergebnisse zu vermuten.
Zusätzliche Bedingungen	Der Erfolg der Gruppe wird davon abhängig gemacht, dass jeder Schüler möglichst viel dazulernt. Der Erfolg kann durch ein begleitendes Training der Qualität der Gruppenprozesse erhöht werden.	Wie bei der Gruppenrallye, allerdings ist die Basis zur Beurteilung des Erfolgs aufgrund eines Tests von 10 Minuten etwas schmaler. Der Erfolg hängt zusätzlich davon ab, ob die Materialien für die „Experten" geeignet sind und ob die Experten die wichtigsten Ergebnisse in der Stammgruppe vermitteln können. Ein begleitendes Training der Interaktionsfähigkeiten erscheint erforderlich.
Materialien	Müssen für die Gruppenarbeit überarbeitet werden.	Auswahl geeigneter Texte, die sich für ein verständiges Erarbeiten eignen. Expertenfragen müssen ausgearbeitet werden.

Zur genaueren Einschätzung des Gruppenpuzzles schreibt Huber (1985, Studienbrief 1 B, S. 53)

> „In zahlreichen Untersuchungen hat sich gezeigt, dass durch dieses Verfahren besonders die sozialen Beziehungen In der Klasse gefördert werden. Es stiftet zahlreiche Kontakte, bringt viele Schüler dazu, einander zuzuhören, Fragen zu stellen, anderen etwas zu erklären oder sich etwas erklären zu lassen. Die positiven Wirkungen reichen auch über den Unterricht hinaus In die Pausen- und Freizeltaktivitäten. Daneben fördert die Erfahrung, dass man anderen etwas für sie Wichtiges mitzuteilen hat und dass die anderen einem aufmerksam zuhören, gerade bei leistungsschwächeren Schülern die Fähigkeit, sich selbst positiver einzuschätzen. Allerdings muss die Einschränkung beachtet werden, dass mit dem Gruppenpuzzle nur neue Inhaltsbereiche erarbeitet, nicht aber Übungs- oder Anwendungsziele verfolgt werden: In der relativ kurzen Zeit der Arbeit in Expertengruppen können natürlich schwächere Schüler keine langfristig entstandenen Kenntnis- oder Fertigkeitsdefizite aufholen, z. B. trifft ein rechtschreibschwacher Schüler nach einer halben Stunde Übung in der Anwendung einer bestimmten Rechtschreibregel in seiner Stammgruppe mit Schülern zusammen, die das alles längst und sicher beherrschen, was er sich nun vielleicht teilweise angeeignet hat; von diesem „Experten“ können die anderen wenig lernen. Die Wirkung didaktisch falsch eingeplanter Gruppenpuzzles ist möglicherweise nicht nur gering, sondern für einzelne Schüler sogar negativ.“

9.5 Die Wirksamkeit kooperativer Methoden

Slavin hat eine Meta-Analyse der Wirksamkeit von verschiedenen Methoden der Gruppenarbeit durchgeführt. Die in dieser Meta-Analyse (Slavin 1996, S. 31) berücksichtigten empirischen Untersuchungen mussten folgende Kriterien erfüllen:

- Alle Untersuchungen mussten Kontrollgruppen verwenden, in denen mit dem gleichen Lernmaterial wie in den Versuchsgruppen gearbeitet wurde.
- Es musste gezeigt werden, dass Experimental- und Kontrollgruppen bei Beginn der Untersuchung gleiche Leistungen aufwiesen.
- Die Untersuchungen mussten mindestens vier Wochen andauern (zwanzig Unterrichtsstunden)[66], und
- Leistungsmaße mussten Gegenstände messen, die sowohl in Versuchs- wie in den Kontrollklassen unterrichtet wurden.

Um den Erfolg der verschiedenen Formen des kooperativen Lernens zu beurteilen, wurden Effektstärken berechnet. Die Effektstärke drückt aus, um wie viel Standardabweichungen[67] bzw. um welchen Bruchteil einer Standardabweichung die Ergebnisse der Schüler mit Gruppenarbeit besser sind als die der herkömmlich unterrichteten Schüler. Eine Effektstärke von +0,5 bedeutet, dass die Schüler bei kooperativer Methode um eine halbe Standardabweichung bessere Ergebnisse als beim normalen Unterricht erzielt haben. Dies wäre ein recht deutlicher und starker pädagogischer Effekt.

[66] Dieses Kriterium führte am häufigsten zum Ausschluss von Untersuchungen.

[67] Als Bezugsgröße wird dabei meist die Standardabweichung der Messwerte in der Kontrollgruppe mit herkömmlichem Unterricht genommen (vgl. S. 34).

Tab. 24: Die Wirksamkeit verschiedener Methoden der Gruppenarbeit (vgl. Slavin 1996, S. 53) nach ihrer durchschnittlichen Effektstärke

Median ...	**Gruppenrallye**	**Gruppenturnier**	**Gruppenpuzzle**
... *aller* Effektstärken	+0,32 (26)*	+0,38 (7)	+0,12 (8)
... in standardisierten Tests	+0,21 (9)	+0,40 (4)	/

* In Klammern steht die Anzahl der Untersuchungen, auf die sich die Werte beziehen.

Insgesamt zeigt sich, dass die Methoden der Gruppenarbeit, die das Einführen und Erklären neuer Inhalte dem Lehrern überlassen (Gruppenralley, Gruppenturnier), fast um das Dreifache lernwirksamer sind als das Gruppenpuzzle.

Die Gruppenrallye: Etwa ein Viertel (29 von 99) aller relevanten Untersuchungen zur Wirksamkeit von Methoden der Gruppenarbeit verwendeten die Gruppenrallye. Für die Gruppenrallye liegt der Median[68] der Effektstärken aller Untersuchungen *bei allen Tests* bei +0,32, und bei +0,21 bei *standardisierten Tests.* Die Gruppenrallye (STAD) wurde in allen Unterrichtsfächern eingesetzt, und zwar von der zweiten Klasse bis zum College. Besonders geeignet scheint die Gruppenrallye für folgende Inhalte zu sein: mathematische Berechnungen und Anwendungen, Sprachgebrauch (Rechtschreibung), Geographie (z. B. Kartenkunde) und zentrale Konzepte in den Naturwissenschaften. Die Grundidee der Gruppenrallye besteht ja darin, Schüler zu motivieren, die vom Lehrer präsentierten Inhalte zu verstehen. Wenn die Schüler erreichen wollen, dass ihre Gruppe Erfolg hat, dann müssen sie sich gegenseitig so präparieren, dass sie die nachfolgenden Prüfungen möglichst gut bestehen können. Entsprechend müssen sie ihre Teamkameraden anfeuern, ihr Bestes zu geben.

Merkwürdigerweise waren die Effektstärken in den Untersuchungen, die von den Entwicklern der Gruppenrallye durchgeführt wurden (Slavin und Mitarbeiter an der John Hopkins Universität) im Median weit niedriger (+0,21) als die von anderen Forschern (d=+0,52), was Slavin auf den häufigeren Gebrauch standardisierter Tests in den eigenen Untersuchungen zurückführt. Wenn für die jeweilige Untersuchung eigens Tests entwickelt werden, die die behandelten Inhalte messen, dann treten die Effekte deutlicher hervor. Außerdem wurden an der J. Hopkins Universität größere Stichproben verwendet, was dazu führen kann, dass die gültige Umsetzung kooperativer Unterrichtsformen nicht mehr in ausreichendem Maße kontrolliert werden konnte.[69]

Huber (1985, Studienbrief 1B, S. 19) spricht von einem dramatischen Erfolg der Gruppenrallye, bezogen auf den vergleichsweise geringen organisatorischen Aufwand:

[68] Der Median ist der mittlere Wert einer Datenverteilung, der die nach Größe geordneten Messwerte halbiert.

[69] Auch andere Punkte können eine Rolle spielen. Hohe Effektstärken erhält man bei großen Differenzen zwischen Versuchs- und Kontrollgruppe (bei gleicher Standardabweichung). Wird in der Kontrollgruppe ein miserabler bornierter Frontalunterricht durchgeführt, in der Versuchsgruppe dagegen in der Einführungsphase eine am Verständnis der Schüler orientierte direkte Instruktion, dann wird man auch hohe Effektstärken erzielen. Als Kontrollgruppe wird häufig „normaler Unterricht" verwendet. Möglicherweise würden die gefundenen Effekte deutlich geringer ausfallen, wenn man nicht nur den Unterricht in der Versuchsgruppe (Methode kooperativen Lernens), sondern auch in der Kontrollgruppe im Sinne direkter Instruktion (vgl. Kap. 8) optimiert hätte.

> „Die Schüler beginnen plötzlich einander zu helfen, statt neidisch auf Mitschüler zu sehen, die besser sind, oder andere auszulachen, die ständig Fehler machen. Sie sammeln die Erfahrung, dass Lernaktivitäten soziale Ereignisse sein können und nicht nur isolierte Anstrengung bedeuten, dass Lernen Spaß macht, dass sie selbst Lernfortschritte bewirken können – und nicht völlig abhängig vom Lehrer sind. Sie sehen im Lehrer oder in der Lehrerin vielmehr eine Person, die wichtige Informationen liefern kann, die sie tatsächlich benötigen. In der Regel entsteht relativ rasch ein Gemeinschaftsgeist, den man selten in Klassen findet. Besonders wichtig ist, dass sich dieses Gefühl des Zusammenhalts auch für eher abgelehnte Schüler günstig auswirken kann: Sie werden integriert oder anfangs zumindest in ihren Lernbemühungen unterstützt und nicht zum Sündenbock für alle Probleme gemacht."

Allerdings hat dieses intensive Kümmern um schwächere Schüler auch einen Pferdefuß: Gerade weil der Erfolg der ganzen Gruppe in gleicher Weise von der Leistung der schwächeren wie von der Leistung der leistungsstärkeren Schüler abhängig ist, wird auf die schwächeren Schüler ein Leistungsdruck ausgeübt, der sich in massiver Kritik bei Versagen äußern kann. **Der Lehrer muss sich dieser Gefahr bewusst sein, entsprechend das Interaktionsgeschehen in den Gruppen sorgfältig beobachten und das soziale Lernen gezielt fördern.**

Das Gruppenturnier: Die Wirksamkeit des Gruppenturniers entspricht ungefähr der Wirksamkeit der Gruppenrallye: Der Median aller Effektstärken der relevanten empirischen Untersuchungen betrug +0,38. In den vier Studien, die standardisierte Maße verwandten, betrug der Median der Effektstärken +0,40.

Das Gruppenpuzzle: Weniger überzeugend sind die Ergebnisse beim Gruppenpuzzle. Hier ergibt sich ein Median aller Effektstärken von +0,12 (bei 8 Untersuchungen). Vermutlich spielt hierfür eine Rolle, dass bestimmte Schüler mit der Rolle des Experten überfordert sind und die Erklärungen der Experten in der Stammgruppe für ein tieferes Verstehen der Inhalte nicht ausreichen.

Man mag gegen einen solchen direkten Vergleich zwischen Gruppenrallye und Gruppenpuzzle einwenden, beide Methoden würden sich auf unterschiedliche Inhalte beziehen: Die Gruppenrallye auf die Anwendung und Einübung von Inhalten, die der Lehrer eingeführt hat, und das Gruppenpuzzle auf die selbständige Erarbeitung eines Inhaltes durch die Schüler. Da das selbständige Erarbeiten von Inhalten selbst ein wichtiges Lernziel darstellt, das nur das Gruppenpuzzle berücksichtigt, würde die Bilanz für das Gruppenpuzzle günstiger ausfallen.

Man kann diesen scheinbaren Gegensatz aber auflösen, wenn man als Einheit der Analyse ganze Unterrichtseinheiten nimmt. Im ersten Drittel der Unterrichtseinheit stünde die Einführung in neue Inhalte im Vordergrund. In dieser Phase kann der Lehrer durch Verwendung von Lösungsbeispielen und Visualisierungen in die Inhalte einführen. Aufgrund seines vertieften Wissens ist er dazu in besonderer Weise in der Lage. Wenn man komplexe Erklärprobleme sofort den Schülern überlässt, überfordert man sie, was zu einer Vergeudung von Unterrichtszeit und zu Motivationsverlust führen dürfte. Für nachhaltiges Lernen ist aber die anschließende Übungsphase besonders wichtig. Damit in dieser Phase gelernt wird, müssen Schüler zunächst individuell versuchen, Aufgaben zu lösen, danach müssen die Lösungen zunächst in Partnerarbeit und danach in der gesamten Gruppen besprochen und Unklarheiten beseitigt werden. Es sollte hier nicht nur ein Abgleich mit den Lösungsbögen stattfinden, sondern die unterschiedlichen Lösungen und die gemachten Fehler sollten dabei diskutiert und gelöst werden.

Man kann sich nun fragen, ob in beiden Grundformen kooperativen Lernens a) ein angemessenes Erarbeiten neuer Inhalte und b) ein nachhaltiges Üben der neu gelernten Inhalte möglich ist. Nach meiner Einschätzung trägt die Gruppenrallye, das Gruppenturnier sowie das Individualisierte Lernen mit Teamunterstützung (TAI) diesen Anforderungen eher Rechnung als das Gruppenpuzzle. Im Gruppenpuzzle besteht *erstens* die Gefahr, dass die Schüler bei der Erarbeitung der neuen Inhalte überfordert werden und deshalb Dinge sich falsch erklären und einprägen. In solchen Fällen muss der Lehrer nach dem Gruppenpuzzle die Inhalte erneut darbieten und verdeutlichen. Die *zweite* Gefahr besteht beim Gruppenpuzzle darin, dass die neu gelernten Inhalte nicht ausführlich und nachhaltig eingeübt werden. Wenn es wichtig ist, dass Schüler lernen, sich selbst aufgrund von Informationsmaterialien Wissen anzueignen, sollten solche „Friktionen" des Lehr-Lernprozesses bewusst in Kauf genommen werden. Allerdings sollte der Lehrer dann diese Probleme des Gruppenpuzzles durch zusätzlichen Unterricht ausgleichen, wenn er sicherstellen will, dass bestimmte Kompetenzen tatsächlich erworben werden.

9.6 Zur Theorie der Gruppenarbeit

9.6.1 Erklärungsansätze

Warum kann man durch die Arbeit mit diesen Formen kooperativen Arbeitens einen größeren Unterrichtserfolg erwarten? Slavin (1996, S. 27 ff.) führt dazu drei Erklärungsansätze an:

- Motivationstheorien
- Kognitiv orientierte Entwicklungstheorien, und
- Kognitive Elaborationstheorien

Die *Motivationstheorien* betonen vor allem die Ziel- und Belohnungsstrukturen kooperativen Lernens. Belohnungen können durch die öffentliche Anerkennung von Leistungen erfolgen; gute Leistungen werden z. B. in Form von Urkunden in der Klasse publik gemacht. Der Erfolg des einzelnen Schülers wird mit dem Erfolg der Gruppe verknüpft. Diese Verknüpfung kann aber auf unterschiedliche Weise geschehen:

(1) *Belohnung von Gruppenprodukten:* Die Gruppe wird für die Güte des erstellten Gruppenprodukts (Vortrag, Vorführung, Herstellung eines Ausstellungsstücks) belohnt.

(2) *Belohnung der Gruppe mit den höchsten Lernzuwächsen aller Gruppenmitglieder.* Eine Gruppe kann hier nur erfolgreich sein, wenn auch die schwächeren Schüler viel dazulernen. Hier muss aufgrund individueller Tests überprüft werden, wie viel die einzelnen Mitglieder einer Gruppe hinzugelernt haben.

Aufgrund der Meta-Analyse von Slavin ist davon auszugehen, dass diese zweite Form der Belohnung der Gruppenleistung bei weitem wirksamer als die erste Form ist. Um ihre individuellen Ziele zu realisieren, müssen die einzelnen Schüler ihren Gruppenmitgliedern beistehen. Sie müssen alles tun, damit die Gruppe erfolgreich ist. Wenn ein guter Schüler seinen schwächeren Gruppenmitgliedern nicht hilft, dann führt dies dazu, dass er zwar gut, die *Gruppe* jedoch ziemlich schlecht abschneidet. Um die angestrebte Belohnung zu erhalten, müssen *alle* Schüler möglichst gut in den individuellen Tests abschneiden. Die Leistung der schwächeren Schüler beim individuellen abschließenden Test hat ja das gleiche Gewicht für den Erfolg der Gruppe wie die Leistung der besseren Schüler. Entsprechend müssen sich die Mitglieder der Gruppe gegenseitig anspornen, damit die Leistung der Gruppe, und nicht die Leistung einzelner Schüler, möglichst gut ist. Dies führt dazu, dass Schüler von kooperativen Gruppen, die sich leistungsmäßig verbessern, einen höheren sozialen Status in der Klasse erhalten, während in traditionellen Klassen eine Leistungsverbesserung häufig mit einer Verschlechterung des sozialen Status in der Klasse einhergeht. Auf diese Weise entwickelt sich durch solche Formen kooperativen Lernens eine höhere Leistungsorientierung.

Nach den *kognitiv orientierten Entwicklungstheorien* ist es bedeutsam, die Anforderungen und Aufgaben für den Schüler seinen kognitiven Möglichkeiten anzupassen. Wygotski spricht entsprechend von der Zone der nächsten Entwicklung als „dem Abstand zwischen der aktuellen Entwicklungsstufe, bestimmt durch die Fähigkeit zur unabhängigen Lösung gewisser Probleme, und der Stufe der potentiellen Entwicklung, die durch Lösung von Problemen bestimmt wird, welche unter Anleitung von Erwachsenen *oder in Zusammenarbeit mit fähigeren Gleichaltrigen* gelöst werden." (Wygotski, 1978, S. 86; Hervorhebung durch Slavin). Zusammenarbeiten ist hier deshalb entwicklungsförderlich, weil gleichaltrige Kinder wahrscheinlich innerhalb der Zone der nächsten Entwicklung der Kinder agieren können.

Nach den *kognitiven Elaborationstheorien* kommt es in erster Linie darauf an, dass Schüler die zu lernenden Inhalte mit den schon im Gedächtnis vorhandenen Inhalten verbinden und damit auch tiefer verarbeiten (elaborieren). Durch die Gruppenarbeit wird diese aktive Elaboration induziert: Die Schüler müssen ihre Gedanken und Verständnisweisen für andere hörbar artikulieren. Dabei versuchen sie, ihr Vorwissen mit dem gerade Gelernten zu verknüpfen und neu zu strukturieren. Dementsprechend ist es besser, wenn die Schüler einen gelesenen Text in eigenen Worten zusammenfassen, als wenn sie Bemerkungen an den Textrand schreiben: Durch das Zusammenfassen ist der Lernende gezwungen, sich klar darüber zu werden, was die wichtigsten Inhalte waren und wie diese aufeinander bezogen sind. Als Bestätigung dieser Interpretation wird auf empirische Arbeiten von Dansereau sowie von N. Webb verwiesen.[70]

9.6.2 Welche Faktoren sind für den Erfolg kooperativen Lernens entscheidend?

Für die Wirksamkeit von Methoden kooperativen Lernens kommen viele Faktoren in Betracht, und es ist im Einzelfall nicht zu klären, wie bedeutsam einzelne Faktoren sind. Folgende Faktoren werden in der Literatur diskutiert:

- In allen Methoden kooperativen Lernens werden Schüler motiviert, selbst aktiv Erklärungen zu entwickeln. Dadurch werden die zu lernenden Inhalte gefestigt und in die vorhandene Wissensstruktur integriert.
- Beim kooperativen Lernen bestehen häufiger Möglichkeiten als im Rahmen des Klassenunterrichts, zu individuellen Problemen passende Erklärungen zu erhalten.
- Schüler haben andere sprachliche Möglichkeiten, anderen Schülern Inhalte verständlich zu erklären.
- Die wirksamen Gruppenmethoden verwenden in der Regel die individuelle Bezugsnorm und prämieren Leistungsverbesserungen. Dadurch entsteht eine höhere Lernmotivation als durch eine Orientierung an der sozialen Bezugsnorm.

[70] Diese Arbeiten werden wiederum von Renkl kritisiert (vgl. Renkl 1997). Renkl zeigt in verschiedenen Untersuchungen, dass ein Vorteil durch Erklären gegenüber bloßem Zuhören keineswegs immer gegeben ist. Allerdings verwendet Renkl vergleichsweise schwierige Erkläraufgaben, die möglicherweise die Erklärenden überforderten, die Versuche waren von geringer Dauer (z. B. sechs Unterrichtsstunden) und die Erklärenden unterschieden sich von den Zuhörern nicht in ihrem Kenntnisniveau. Sicherlich hat Renkl recht, wenn er vor allzu euphorischen Erwartungen bezüglich aller Formen kooperativen Lernens warnt.

– Die Abhängigkeit des Erfolgs der leistungsstarken Schüler von den Lernfortschritten der leistungsschwächeren Schüler motiviert diese, den schwächeren Schülern zu helfen.

Die Wirksamkeit der Gruppenarbeit kann jedoch auch durch bestimmte Faktoren vermindert werden. So kann nicht automatisch davon ausgegangen werden, dass Schüler z. B. im Gruppenpuzzle gute „Erklärer" sind. Auch können die langen Erklärphasen beim Gruppenpuzzle die Möglichkeiten der Aufnahme und Verarbeitung von Informationen übersteigen. Es ist vermutlich kein Zufall, dass die effektivsten Formen der Gruppenarbeit wie das Individualisierte Lernen mit Teamunterstützung oder die Gruppenrallye dem Lehrer das Geschäft des Einführens und ersten Erklärens von Inhalten überlassen. Damit modelliert der Lehrer die zu lernenden Schemata zunächst so vor, dass die leistungsstarken Schüler diese verstehen und nachvollziehen können. Sie werden dadurch vor allem befähigt, diese Erklärungen in der Gruppenarbeit zu wiederholen.

Auch im Rahmen der Gruppenarbeit ist ein effektives Klassenmanagement wichtig. Mit den Schülern müssen Regeln und Verfahrensweisen der Gruppenarbeit vereinbart werden. Diese sollten anhand von Rollenbeispielen oder auch anhand von Videoaufzeichnungen eingeführt und eingeübt werden. Der Lehrer kann nicht erwarten, dass ohne explizites Herausstellen der wichtigsten Regeln und Verfahrensweisen die Schüler sich wie gute Gruppenmitglieder aus innerem Antrieb heraus verhalten. Deshalb muss er insbesondere in der ersten Phase der Vorstellung und der Einübung von Gruppenarbeitsmethoden die Einhaltung der Vereinbarungen konsequent überprüfen. Die wichtigsten Techniken des Lehrens müssen dabei auch vermittelt werden. So müssen Schüler lernen, wie Sachverhalte anderen Schülern erklärt werden sollten, dass es wenig hilfreich ist, nur die richtige Lösung zu erfahren, dass manchmal Denkanstöße und unspezifische Hilfen Lernen und Verstehen eher fördern als bloße prozedurale Erläuterungen. Zudem sollte nach jedem Zyklus der Gruppenarbeit eine kurze Evaluation der Gruppenarbeit durchgeführt werden. Das Bild von einem effektiven Gruppenunterricht, bei dem nach H. Meyer der Lehrer am Lehrerplatz sitzt und Hefte korrigiert, ist somit grob irreführend (vgl. Meyer 1987, Bd. II, S. 268).

Nur unter der Voraussetzung, dass sich der Lehrer um die Herstellung all dieser notwendigen Voraussetzungen einer effektiven Gruppenarbeit kümmert, können die spezifischen Vorteile der Arbeit in Gruppen zur Geltung kommen. Schüler werden im Rahmen einer solchen Gruppenarbeit dann eher zu einer aktiven Verarbeitung der relevanten Inhalte angeregt, sie erklären sich gegenseitig mehr, verbessern sich gegenseitig. Insbesondere die schwächeren und schüchternen Schüler werden nun aktiviert. Schließlich wissen die stärkeren Schüler, dass nur dann, wenn die schwächeren Schüler viel dazu lernen, ihre Gruppe gut beim Test abschneiden kann. Hinter dem erzielten Lernergebnis einer Gruppe stehen also viele einzelne Faktoren, über die im Unterricht anhand von Videosequenzen diskutiert werden müsste. Folgende Faktoren sind dabei vermutlich besonders wichtig:

- *Rekonstruktives Erinnern:* Beim Erklären müssen die Schüler ihr Wissen aktiv organisieren und aus dem Gedächtnis rekonstruieren. Dadurch wird eine tiefere Verarbeitung („Elaboration") der relevanten kognitiven Inhalte erzielt.
- *Versuchs-Irrtums-Feedback- Sequenzen:* Im Vergleich zum lehrergeleiteten Unterricht hat jeder Schüler mehr Möglichkeiten, sein Wissen versuchsweise zu erproben und bekommt dazu von den Gruppenmitgliedern Rückmeldung. Durch Einsatz formativer Tests können Schüler mit besonderem Förderbedarf identifiziert werden, denen leistungsstarke Schüler

oder der Lehrer gezielt individuell helfen können. Es besteht in einer solchen Lernumgebung eine größere Chance, dass falsche Vorstellungen rechtzeitig entdeckt, diskutiert und modifiziert werden.

- *Entschleunigung:* Bei der lehrergeleiteten Instruktion entsteht leicht die Illusion, dass Inhalte gekonnt werden, die von der Mehrzahl der Schüler noch kaum verstanden wurden. Der Lehrer orientiert sich dabei an den wenigen Schülern, die in seinem fragend -entwickelnden Unterricht aktiv mitarbeiten. Helmke (1988) hat z. B. festgestellt, dass seine „Optimallehrer" mehr Zeit für das Eingehen auf Lernschwierigkeiten erübrigen. Vermutlich wird auch bei effektiver Gruppenarbeit von vornherein mehr Lernzeit für die Erarbeitung und die Festigung des Wissens eingeplant.
- *Aktivierung aller Schüler:* In der Gruppe ist es für den einzelnen Schüler schwieriger, sich zu verstecken. Er hat auch weniger Angst, in der kleinen Gruppe einen Beitrag zu leisten, der möglicherweise falsch ist. Gerade wenn das individuelle Lernergebnis der schwächeren Schüler für eine gute Gruppenleistung entscheidend ist, werden von diesen Schülern Gruppenbeiträge gefordert und in der Gruppe diskutiert.

Letztlich kann der Erfolg bestimmter Methoden der Gruppenarbeit durch die Wirkung solcher Faktoren erklärt werden. Allerdings kann man sich auch fragen, in welchem Umfang diese Faktoren auch im normalen Unterricht berücksichtigt werden könnten. Nach Evertson, Emmer & Brophy (1980) ist z. B. der Anteil von Erklärungsdiskussionen bei den Mathematiklehrern am höchsten, die besonders gute Lernergebnisse erzielen.

Nach den dazu durchgeführten Analysen ist von herausragender Bedeutung, dass Gruppenziele geteilt werden und individuelle Zurechenbarkeit gegeben ist. Beides wird in der Regel durch die Kopplung des Erfolgs einer Gruppe an den individuellen Leistungszuwachs der einzelnen Gruppenmitglieder erreicht. In Programmen, die dies nicht berücksichtigten, war kein nennenswerter Effekt feststellbar, in Programmen, die dies berücksichtigten, lag der Median aller Effektstärken bei +0,32. Ein zweiter Faktor wird bei den Analysen zur Wirksamkeit der Methoden kooperativen Lernens leicht übersehen: Merkwürdigerweise sind die Methoden der Gruppenarbeit besonders lernwirksam, bei denen der Lehrer das Geschäft des Einführens und Erklärens neuer Inhalte übernimmt. Die Effektstärke ist bei diesen Methoden (Gruppenrallye, Gruppenturnier, TAI) etwa um das Dreifache höher als bei Methoden, die den Schülern das Geschäft des gegenseitigen Erklärens überlassen. Möglicherweise deutet dies darauf hin, dass Schüler mit dem gegenseitigen Erklären Schwierigkeiten haben. Diese Aufgabe kann jedoch dadurch wesentlich erleichtert werden, wenn der Lehrer – wie bei der Gruppenrallye üblich – die schwierigen Inhalte vormodelliert und erklärt hat.

Von den vier Formen der Gruppenarbeit (Gruppenturnier, Gruppenrallye, Individualisierte Lernen mit Teamunterstützung und Gruppenpuzzle) beziehen sich die ersten drei Formen auf die Einübung und Festigung von Inhalten nach Einführung durch den Lehrer. Nur das Gruppenpuzzle überlässt die Erarbeitung der Inhalte den Schülern. Entsprechend sorgfältig muss der Lehrer Materialien zusammenstellen und u. U. selbst entwickeln, damit sich die Schüler selbstständig in die jeweiligen Wissensgebiete einarbeiten können. Leistungsschwächere Schüler sind mit der Aufgabe einer selbständigen Einarbeitung in ein neues Wissensgebiet jedoch leicht überfordert. Dies mag ein Grund sein, weshalb das Gruppenpuzzle im kognitiven Bereich *keine* wesentlich besseren Ergebnisse erzielt als der „normale" Unterricht. Wenn schwächere Schüler mit ihrer Aufgabe überfordert sind, dann können sie ihr Wissen auch nicht gut weitergeben.

Hinzu kommt, dass in der Präsentationsphase alle Schüler der Stammgruppe in gewissem Maße überfordert werden: Es ist schwierig, sich auf drei Präsentationen hintereinander zu konzentrieren und das Wesentliche zu behalten. Dies sind Gründe, warum die Lernwirksamkeit des Gruppenpuzzles, wenn man es mit der Lernwirksamkeit der anderen drei Formen vergleicht, vergleichsweise niedrig ist. Es gibt jedoch Hinweise, dass ein längerer Einsatz des Gruppenpuzzles die Entwicklung einer hohen Lernmotivation fördert.

In aller Regel gilt: Bei komplexen Inhalten ist die Kompetenz des Lehrers gefordert, diese Inhalte an Lösungsbeispielen und Visualisierungen zu verdeutlichen und den Zusammenhang mit früher gelernten Inhalten herzustellen. Der Lehrer muss dabei die Vorkenntnisse und Alltagstheorien der Schüler mit diesen Inhalten kennen, um darauf eingehen zu können. Außerdem sollte er wissen, wo die besonderen Schwierigkeiten beim Lernen der betreffenden Inhalte liegen.

Es ist deshalb vermutlich kein Zufall, dass die besonders effektiven Formen der Gruppenarbeit die Aufgabe der Einführung und des Erklärens der Inhalte dem Lehrer überlassen. Der Gruppe bleibt dann die Aufgabe, noch vorhandene Verständnisschwierigkeiten auszuräumen. Solche Verständnisschwierigkeiten äußern sich bei der Bearbeitung und Lösung der Aufgaben. So bemühen sich Schüler beispielsweise in einem Zeitraum von 10 Minuten in der Gruppenrallye allein oder in Partnerarbeit um die Lösung mehrerer Aufgaben, vergleichen danach die Ergebnisse in der Gesamtgruppe, diskutieren dabei mögliche Lösungswege und Fehler, nehmen sich den nächsten Aufgabenblock vor etc. Diese Anwendung und Übertragung des Wissens, das vom Lehrer eingeführt wurde, ist erheblich leichter als die selbständige Erarbeitung komplexen Wissens. Jeder Schüler hat dabei noch eine Vielzahl von Dingen zu entdecken, um langsam eine gut strukturierte Wissensbasis aufzubauen.

Schüler können in der Gruppenarbeitsphase Wissenslücken im Rahmen der Diskussion der Aufgabenlösungen feststellen und beheben. Durch diese Erklärarbeit wird ein intensives adaptives Lernen unterstützt. Allerdings müssen die Schüler zunächst anhand von Rollenbeispielen sowie der Diskussion von Videosequenzen lernen, wie lernwirksames Feedback aussieht: Dass nicht einfach die Lösung mitgeteilt, sondern unspezifische Hilfen zum selbständigen Problemlösen wichtig sind; dass nicht nur das Beherrschen einer Prozedur, sondern auch ein tieferes Verständnis, warum diese Prozedur hier anzuwenden ist, zum Lernen dazu gehört.

Besonders interessant erscheint eine Untersuchung von Fantuzzo, King & Heller (1992) zum reziproken Peer Tutoring (RPT). Es wurden vier Bedingungen verglichen, in denen Schüler in Zweiergruppen Mathematik lernten.

(1) *Nur Belohnung bei Erreichen eines Kriteriums:* Wenn die erzielten Punktwerte der Zweiergruppen ein bestimmtes Kriterium übertrafen, dann wurden sie mit Gelegenheiten belohnt, spezielle, selbst ausgewählte Aktivitäten ausführen zu dürfen.

(2) *Strukturierte Erarbeitung:* In einer zweiten Bedingung wurde den Schülern eine bestimmte Form der strukturierten Erarbeitung von Inhalten, der Korrektur von Fehlern und des Wechsels der Rolle Tutor / Tutee beigebracht.

(3) *Belohnung + strukturierte Erarbeitung:* In einer weiteren Bedingung wurden diese beiden ersten Bedingungen miteinander kombiniert.

(4) *Weder strukturierte Erarbeitung noch Belohnung:* Es handelte sich hierbei um eine Kontrollbedingung.

Bedingung drei war besonders erfolgreich. Bedingung (2), in der nur die Arbeitsweise genau vorstrukturiert war, erzielte merkwürdigerweise ein schlechteres Ergebnis als die Kontrollbedingung. Am bedeutsamsten für die Effektivität der Gruppenarbeit erwies sich die Belohnung der erzielten Gruppenleistung (nach Slavin 1996, S. 54). Es gibt einige empirische Hinweise, dass neben der großen Bedeutung von Belohnungen auch die Art der Strukturierung der Problembearbeitung eine wesentliche Rolle spielt; allerdings ist hier noch weitere Forschungsarbeit erforderlich.

Ein häufig geäußerter Einwand gegen die Verwendung kooperativer Lernformen ist die These, von ihnen würden vor allem schwächere Schüler auf Kosten der besseren Schüler profitieren. Slavin berichtet von Untersuchungen in Schulen, die zwei Jahre lang überwiegend kooperative Lernformen eingesetzt hatten. Eine Analyse bei den nach Leistung oberen 10 oder 5 % der Schüler zeigte, dass diese besonders starke Leistungszuwächse zu verzeichnen hatten (vgl. Stevens & Slavin 1991). Eine Reihe anderer Studien zeigte, dass Schüler aller Leistungsgruppen im Vergleich zu den Kontrollbedingungen von den kooperativen Lernformen in gleichem Umfang profitierten.

9.6.3 Offene Probleme kooperativer Methoden

Im Folgenden soll auf folgende kritische Punkte kooperativer Methoden eingegangen werden:

(1) Die Motivierung der Gruppe durch Belohnungen
(2) Die Notwendigkeit eines Trainings für Gruppenarbeit
(3) Die Berücksichtigung individueller Verarbeitungsstile wie Gewissheitsorientierung

Zu (1): Die Motivierung der Gruppe durch Belohnungen: Die Entwicklung der neuen Methoden kooperativen Lernens ist vor allem mit dem Namen Robert E. Slavin verbunden. Es ist somit kein Wunder, dass vor allem seine Methoden heiß diskutiert werden. Insbesondere wird an seinem Ansatz kritisiert, er lege zu großen Wert auf die Belohnungsstruktur und zu geringen Wert auf die methodische Strukturierung der Gruppenarbeit selbst. Eine methodische Strukturierung der Gruppenarbeit erscheint jedoch im Ansatz Slavins deshalb nicht dringlich, weil sich die Gruppenarbeit hier auf die Anwendung und Übertragung von Wissen bezieht, das im Rahmen direkter Instruktion erworben wurde. Sie bezieht sich nicht auf die Erarbeitung neuer Inhalte.

Belohnungen sind wirksam, gleichgültig, ob sie im Sinne eines Anreizes für Gruppenarbeit gezielt eingesetzt werden oder dies unterbleibt. Wenn das Gruppenprodukt allein „belohnt" bzw. gewürdigt wird, dann kann es im Interesse vieler Gruppenmitglieder sein, dieses möglichst schnell und ohne großen Energieaufwand herzustellen. Belohnt wird in diesem Falle durch die Beachtung des Gruppenprodukts. Durch Belohnung des individuellen Lernzuwachses der Gruppenmitglieder werden vor allem die leistungsstarken Schüler motiviert, sich intensiver um den Lernerfolg der leistungsschwächeren Schüler der Gruppe zu bemühen. Die Gruppe kann nur erfolgreich sein, wenn auch diese Schüler die Inhalte verstehen und diese auch reproduzieren können. Sie müssen in die Lage versetzt werden, bei Wettbewerben mit „Gleichen" bzw. im Vergleich zu früheren Leistungen gut abzuschneiden und auf diese Weise einen Beitrag zur Gruppenleistung zu erbringen. Die entscheidende Frage ist nun, ob durch Verwendung extrinsischer Verstärker auf Dauer die Sachmotivation bzw. die intrinsische Motivation vermindert wird. In diesem Zusammenhang wird häufig auf experimentelle Befunde verwiesen, nach denen das Belohnen die intrinsische Motivation vermindern solle. Allerdings handelt es sich hierbei um eine falsche Wiedergabe der experimentellen Befunde. Im Kern geht es in der Forschung über abträgliche Wirkungen von Belohnungen auf die intrinsische Motivation um folgenden Sachverhalt: Wenn intrinsisch motivierte Personen für eine Tätigkeit, die sie eigentlich gerne auch ohne Belohnungen ausführen würden, eine Belohnung versprochen bekommen und diese dann auch erhalten, sinkt ihre intrinsische Motivation (vgl. Lepper, Greene & Nisbett 1973). Vorausgesetzt wird hier eine hohe intrinsische Ausgangsmotivation, die bei den hier verwendeten Aufgaben nicht anzunehmen ist. Da diese hohe intrinsische Ausgangsmotivation nicht vorhanden ist, kann sie auch nicht zerstört werden. Vielmehr ist davon auszugehen, dass durch die positiven Erfahrungen beim Lösen der Aufgaben sich bei den schwächeren Schülern wieder eine höhere Motivation entwickelt. Slavin muss deshalb so großen Wert auf extrinsische Belohnungen legen, weil er Gruppenarbeit für Aufgaben vorsieht, die auch im Rahmen individueller Stillarbeit erledigt werden könnten. Insbesondere hat er bei heterogener Gruppenzusammensetzung das Problem eines Ungleichgewichts des Gebens und Nehmens: Er hat das Problem zu lösen, wie er die besseren Schüler dazu bewegen kann, den schwächeren Schülern angemessen zu helfen, während die besseren Schüler von den Erklärungen und Erläuterungen der schwächeren Schüler kaum profitieren können. Die Probleme liegen jedoch anders, wenn man sich Aufgaben zuwendet, die gar nicht sinnvoll in Einzelarbeit zu lösen sind und die einen regen Austausch von verschiedenen Ideen erfordern (vgl. Cohen 1994). Die Lösung solcher Aufgaben ist intrinsisch stärker motivierend; eine Vergabe extrinsischer Verstärker, die nicht in der Sache selbst begründet sind, würde diese intrinsische Motivation unterminieren. Von der Sache her angemessen erscheint, das Endprodukt anderen z. B. im Rahmen von Aushängen oder von Darbietungen zugänglich zu machen. Auch hierbei spielen extrinsische Belohnungen eine Rolle, allerdings in natürlicher Form als soziale Anerkennung durch Personen wie Eltern, Schüler anderer Gruppen oder Schüler anderer Klassen.

Zu (2): Zur Notwendigkeit eines Trainings für Gruppenarbeit: Schüler sind von sich aus in der Regel nicht in der Lage sind, ohne entsprechendes Training gut miteinander zu kooperieren. Häufig kann man feststellen, dass Schüler einseitig darauf fixiert sind, die richtige Lösung zu finden, und es gar nicht für erforderlich halten, über den Weg miteinander zu diskutieren. Sie benötigen Hinweise, dass es zur Lösung der Aufgabe erforderlich ist, Ziele zu spezifizieren, Vorgehensweisen zu planen, Alternativen zu erzeugen und zu diskutieren, Pläne und Lösungsskizzen aufzustellen und Lösungen im Sinne der Ziele und Vorgehensweisen zu kontrollieren. Eine Möglichkeit, für eine genaue Beachtung solcher zusätzlicher Aufgaben zu sorgen, besteht im Verteilen spezifischer Rollen an verschiedene Schüler der Gruppen, wobei diese Schüler für die Erfüllung solcher Aufgaben noch zusätzlich vorbereitet werden sollten. Auch der Lehrer sollte die Bedeutung von Lösungswegen und Reflexionen darüber durch modellhaftes lautes Denken vor der Klasse unterstreichen.

Ein weiterer Punkt ist die Art der *Passung von Hilfebedürfnis und der Art der erhaltenen Hilfe.* Wenn ein Schüler in einer Gruppe um eine Erklärung bittet und bekommt stattdessen die Lösung präsentiert, ergibt sich eine negative Beziehung zwischen Hilfeverhalten und Gruppeneffektivität. Ähnlich verhält es sich, wenn eine Person keine Hilfe nachfragt und dennoch Hilfe bekommt oder um Hilfe nachfragt und keine Hilfe erhält. Entscheidend ist vermutlich jeweils die Qualität der Hilfe, die dem Hilfesuchenden möglichst nur Anregungen geben soll, um selbst die Lösung zu finden. Nach Webb ist die Passung zwischen Hilfeersuchen und Geben von Hilfe wichtig sowie die Anwendung der Hilfe auf die Lösung eines Problems.[71] Eine mögliche alternative Erklärung wäre m. E., dass Gruppenarbeit in dem Maße effektiv ist, wie sie die Teilnehmer dazu bringt, ein angemessenes kognitives Modell bzw. eine Repräsentation des Gegenstands aktiv so zu erarbeiten, dass diese mit den schon vorhandenen Erklärungen und Wissenselementen verknüpft werden. Dies bedeutet bei klar definierten Fragen, dass Erklärungen mit vorhandenem Wissen verknüpft werden müssen. Wenn Schüler die Lehrererklärungen noch nicht verstanden haben, müssen sie in der Gruppe die Gelegenheit erhalten, diese Erklärungen nochmals in einer für sie verständlichen Form zu hören. Entsprechend fand man, dass schwächere Schüler mehr von heterogen zusammengesetzten Gruppen profitieren, wobei entscheidend ist, in welcher Weise die besseren Schüler in diesen Gruppen den schwächeren Schülern helfen. In ähnlicher Weise sind Ergebnisse zu interpretieren, nach denen schwächere Schüler durch heterogene Gruppen dann profitieren, wenn in diesen komplexere Überlegungen angestellt wurden.

Zu (3): Gruppenarbeit und Gewissheitsorientierung. In der bisherigen Diskussion um Gruppenarbeit bzw. kooperatives Lernen wurde auf individuelle Faktoren noch nicht eingegangen. Gruppenarbeit konfrontiert das Individuum mit verschiedenen Sichtweisen eines Problems und löst damit u. U. Unsicherheit und Ängste bei bestimmten Gruppenmitgliedern aus. Dies geschieht insbesondere dann, wenn es sich um gewissheitsorientierte Personen handelt, also Personen, die sich nach Huber (1995, 319) „vor allem auf Aktivitäten einlassen, die keine Ungewissheiten auslösen, die nichts Neues über sie selbst oder ihre Situation ergeben." Gewissheitsorientierte Personen werden Lernsituationen eher vermeiden wollen, deren weitere Entwicklung offen ist und in denen man sich zwischen verschiedenen Alternativen entscheiden muss. Durch Gruppenarbeit werden Personen jedoch gezwungen, sich mit verschiedenen Alternativen auseinander zu setzen. Deshalb ist anzunehmen, dass gewissheitsorientierte Personen durch Gruppenarbeit, vor allem soweit solche Ungewissheiten ausgetragen werden, eher in ihrem Lernen behindert als gefördert werden. Entsprechend fanden Huber, Sorrentino, Davidson, Eppler & Roth (1992), dass gewissheitsorientierte Personen sich bei Gruppenarbeit schlechter als im traditionellen Unterricht fühlten und hier auch schlechtere Leistungen erzielten, während sich unsicherheitstolerante Personen eher beim kooperativen Lernen wohl fühlten und hier bessere Leistungen erzielten. Unsicherheitstolerante Personen machen in der Gruppenarbeit häufiger eigene Vorschläge, stellen mehr Fragen im Entscheidungsprozess und geben mehr Begründungen und Bewertungen (vgl. Huber 1995, S. 323).

Für das pädagogische Handeln ergibt sich aus dieser Situation eine etwas eigentümliche Situation: Durch den deutlich strukturierten traditionellen Unterricht wird die Lernsituation der gewissheitsorientierten Personen stärker berücksichtigt, durch Gruppenarbeit und offenere Fragestellungen mehr die Situation der stärker unsicherheitstoleranten Personen. Huber führt dazu aus (1995, S. 328):

[71] In diesem Zusammenhang sei an die Untersuchung von Anderson, Evertson & Brophy (1979) erinnert, in der die Lehrer angewiesen waren, möglichst so zu helfen, dass der Schüler, der an der Reihe war, seine Leseaufgabe möglichst selbstständig und erfolgreich lösen konnte. Insofern scheint mir von zentraler Bedeutung zu sein, Schülern für Gruppenarbeit diese Art des Helfens beizubringen, sodass die schwächeren Schüler ein Gefühl eigener Kompetenz aufbauen können. Zu spezifisches Helfen sowie das Vorsagen der Lösung vermittelt dem Schüler, der solche Hilfen bekommt, das Gefühl, dass er selbst nicht in der Lage ist, solche Aufgaben zu lösen.

> „Unterricht muss einerseits die Aufmerksamkeit der Lerner auf jene Probleme lenken, für die das Curriculum klare Lösungen bereithält. Die Schüler müssen in ihren Lernaktivitäten so geleitet werden, dass sie die im Curriculum vorgesehenen Kenntnisse und Fertigkeiten erwerben. Andererseits müssen Schulen ihre Schüler auf die einzige Invariante des Lebens in der modernen Welt vorbereiten, nämlich auf ständige Veränderung. Unterricht kann sich daher nicht nur darauf konzentrieren, Lerner zu präparieren, bekannte Antworten auf bekannte Fragen zu geben. Vielmehr müssen sie auch darin gefördert werden, selbstständig neue Fragen zu stellen und selbstverantwortlich passende Antworten zu suchen."

Der Huber'sche Vorschlag (S. 329), auf diese Situation mit „angemessenen" Maßnahmen der inneren Differenzierung zu reagieren, hat etwas Fatalistisches: Schüler sind unterschiedlich, und darauf müsse man eben differenziert reagieren. Vielleicht erweist man den Schülern, die stark gewissheitsorientiert sind, damit gar keinen Dienst: Gerade sie müssen doch an Unsicherheiten gewöhnt werden, es sei denn, bei der Gewissheitsorientierung handelt es sich um ein solch stabiles Merkmal, dass jede pädagogische Bemühung um seine Veränderung hoffnungslos ist. Wenn es stimmt, dass Veränderung die einzige Invariante in unserem Leben ist, dann wäre die Verfestigung dieses Gewissheitsstrebens wahrlich eine fragwürdige schulische Vorbereitung auf die berufliche Wirklichkeit.

9.6.4 Abschließende Bemerkungen: Die Bedeutung von Methoden der Gruppenarbeit für den Unterricht

Ausgangspunkt unserer Analyse war die Feststellung, dass eine große Diskrepanz zwischen der hohen Wertschätzung der Gruppenarbeit in der Pädagogik und der eher seltenen Durchführung der Gruppenarbeit in der Schule besteht. Die Gründe hierfür liegen an den hohen Anforderungen, die Gruppenarbeit an Lehrer und Schüler stellt, wenn diese die gewünschten Wirkungen entfalten soll. Wenn dieser Komplexität durch entsprechende Planungen Rechnung getragen wird, dann stellen sich positive Erfahrungen mit Gruppenarbeit ein, die dann eine Weiterarbeit mit diesen Methoden ratsam erscheinen lassen. Die Komplexität kooperativer Methoden des Lernens zeigt sich in folgenden Punkten:

(1) *Es gibt nicht eine einzige Methode der Gruppenarbeit, sondern viele verschiedene Methoden.* Es kann zwischen drei Anwendungsbereichen für kooperative Methoden unterschieden werden: a) die Nachbereitung von Inhalten des Unterrichts, b) die Erledigung kleinerer Suchaufgaben (Einüben des Umgangs mit Lexika, mit Atlanten, mit Wörterbüchern) und c) unstrukturierte, offene Probleme, die auch von manchen Autoren als die eigentlichen Gruppenaufgaben definiert werden. Die von R. E. Slavin präferierten Methoden wie die Gruppenrallye beziehen sich vor allem auf die Nachbereitung von Unterrichtsinhalten, das Gruppenpuzzle eher auf die unstrukturierten, offenen Probleme.

(2) *Gruppenarbeit muss gelernt und eingeübt werden.* Es sollte möglichst anhand von Videoaufzeichnungen dargestellt und diskutiert werden, was unter einer guten Gruppenarbeit zu verstehen ist: Schülern ist sonst keineswegs klar, was eine angemessene Form des Hilfegebens oder des Erklärens ist und welche Regeln dabei zu beachten sind. Wenn sie dann die beobachteten Formen versuchsweise anwenden, dann sollte die Güte der Umsetzung genau kontrolliert werden: Zunächst sollte der Lehrer die Gruppenarbeit genau beobachten und dazu dann Rückmeldungen geben, später können diese Aufgabe auch einzelne Schüler der

Gruppen übernehmen. Sinnvoll wäre die Aufnahme der Gruppenarbeit mit einer Videokamera, so dass man in Ruhe gemeinsam diese Gruppenarbeit analysieren kann.

(3) *Gruppen sollten für die Lernzuwächse aller Gruppenmitglieder und nicht allein für die Herstellung eines Gruppenprodukts belohnt werden.* Ein entscheidender Punkt für das Gelingen der Gruppenarbeit ist die Art, in der Gruppen für ihre Arbeit belohnt werden. In der Regel führt das Erstellen von Gruppenprodukten dazu, dass die ohnehin motivierten „guten" Schüler die Arbeit schnell erledigen, so dass die schwächeren Schüler durch die Gruppenarbeit kaum etwas lernen können. Dies ändert sich erst, wenn Gruppenerfolg über die Maximierung der Lernzuwächse aller Gruppenmitglieder definiert wird. In diesem Fall kann eine Gruppe nur dann erfolgreich sein, wenn auch die schwächeren Schüler viel dazulernen. Da die guten Schüler in der Regel daran interessiert sind, dass die Gruppe gut abschneidet, werden sie sich anstrengen, den schwächeren Schülern auf die Sprünge zu helfen.

(4) *Die in der Gruppenarbeit zu bearbeitenden Aufgaben sollten möglichst für alle Gruppenmitglieder im Rahmen der Zone der nächsten Entwicklung liegen.* Die Wirksamkeit der von Slavin propagierten Methoden liegt m. E. auch darin begründet, dass sich diese Methoden auf die Nachbereitung und tiefere Durchdringung von Unterrichtsinhalten beziehen. Solche Aufgaben liegen für die Schüler eher im Bereich der Zone der nächsten Entwicklung als offene, eher unstrukturierte Gruppenaufgaben.

Der Lehrer sollte sich auch beim Einsatz kooperativer Methoden letztlich für den Lernerfolg verantwortlich fühlen. Dies bedeutet, dass er sich um eine Sicherung und Wiederholung der wichtigsten Punkte zu kümmern hat. Insbesondere reicht es bei den offenen Aufgaben in der Regel nicht aus, Experten kurz die Ergebnisse ihrer Erarbeitungen präsentieren zu lassen. Meist werden diese Schüler-Experten einige Schwierigkeiten haben, die wichtigsten Punkte in wohl gegliederter und verständlicher Form den anderen Schülern zu präsentieren. Hinzu kommt noch, dass bei längeren Präsentationen – beim Gruppenpuzzle sollten die Schüler immerhin etwa 20 Minuten solche Präsentationen aufnehmen – die Möglichkeiten einer produktiven Informationsaufnahme und -Verarbeitung schnell überschritten sind. Deshalb sollte der Lehrer im Rahmen direkter Instruktion die wichtigsten Punkte wiederholen und diese Nachbereitung durch schriftliche Zusammenfassungen und dazu gestellte Aufgaben vertiefen.

10. Ausblick: Qualitätssicherung im Bildungssystem

Lehrer sind die wichtigsten Agenten schulischer Lernprozesse. Deshalb müssen sich qualitätssichernde Maßnahmen auf die Entwicklung bzw. Veränderung ihres Wissens, ihrer Lehr- und Lernstrategien sowie ihrer Einstellungen beziehen. Solche qualitätssichernden Maßnahmen sollten schon bei der Ausbildung der Lehrer an den Hochschulen zu beginnen. Das vorhandene Wissen über Unterrichtsprozesse müsste in systematischer Weise vermittelt werden, um auf diese Weise eine Basis für Trainings zum Erwerb von Lehr- und Lernstrategien im Unterricht zu schaffen. Eine solche empirische fundierte Lehrerbildung sollte jedoch durch zwei Maßnahmen ergänzt werden: 1. Durch eine verbindliche Einführung der „Lesson Study" und 2. durch eine empirische fundierte Zertifizierung von Schulbüchern.

10.1 Das Ausgangsproblem

Wenn man den PISA-Ergebnissen Glauben schenkt, gelingt es Deutschland weder eine breite Elite zu fördern, noch die leistungsschwächeren Schüler auf ein akzeptables Bildungsniveau zu heben. Länder wie Finnland oder Neuseeland erzielen weit bessere Ergebnisse bei der Eliteförderung sowie bei der Förderung leistungsschwächerer Schüler. Angesichts dieser Ergebnisse ist die Frage der Qualitätssicherung im Bildungswesen in das Bewusstsein der Öffentlichkeit gerückt. Politiker greifen dieses Thema auf, und die Frage einer externen Evaluation der Wirkungen von Unterricht wird nun – nachdem eine solche äußere Überprüfung lange Zeit ein Tabu war – als mögliche Reaktion auf die im internationalen Vergleich negativen Ergebnisse offen diskutiert. Eine Reformdiskussion sollte jedoch berücksichtigen, dass die Gründe für diese deutsche Bildungsmisere vielschichtig sind.

Früher ging man von der Annahme aus, dass Investitionen in Bildung (z. B. die Verringerung der Klassenfrequenz) quasi automatisch zu einer Leistungssteigerung der Schüler führen würde. Als sich herausstellte, dass diese erwünschten Wirkungen ausblieben, setzte man auf Outputorientierung. Nun wurden Lehrer und Schulen für die erzielten Leistungen zur Rechenschaft gezogen, man führte Leistungskontrollen (z. B. Vergleichsarbeiten, zentrale Prüfungen) durch und ließ Schulen durch Schulinspektionen evaluieren.

Ob der Wechsel von der *Inputorientierung* zur *Outputorientierung* die Probleme unseres Bildungssystems wirklich löst, ist eine offene Frage. Manches spricht dafür, dass beide Orientierungen Illusionen aufsitzen:

- Vertreter der Inputorientierung nahmen an, Investitionen wie Verkleinerung der Klassenstärke oder die Behebung baulicher Mängel führe automatisch zu einer Erhöhung der Unterrichtsqualität.
- Demgegenüber vertreten Vertreter der Outputorienierung die These, Lehrer würden sich nach der Rückmeldung über mangelhafte Lehrleistungen von selbst so weiterentwickeln, dass sie in Zukunft bessere Lehrleistungen erzielen (*Selbstheilungsthese*; vgl. Wellenreuther 2011a, S. 91 f.).

Die Einführung eines verschärften Bildungsmonitorings wurde mit Verweis auf die Bildungserfolge bestimmter Länder begründet:

„Die internationalen Ergebnisse der PISA-Studie, insbesondere die sehr guten Ergebnisse der skandinavischen Staaten und einiger anglo-amerikanischer Staaten, lassen vermuten, dass Länder, die systematische Qualitätssicherung betreiben – sei es durch regelmäßige Schulleistungsstudien oder durch ein dichtes Netz von Schulevaluationen – insgesamt höhere Leistungen erreichen." (Klieme, Avenarius, Blum, Döbrich, Gruber, Prenzel, Reiss, Riquarts, Rost, Tenorth & Vollmer 2003, S. 13)

Da sich aber die Bildungssysteme dieser Länder in vielen Punkten unterscheiden, ist es völlig ungewiss, auf welche Faktoren die Bildungsleistungen in Finnland oder in Kanada zurückzuführen sind. Somit handelt es sich bei beiden Orientierungen um versteckte Annahmen, deren Fundiertheit strittig ist. Herrmann (2004, S. 10) bemerkt zum Ansatz der „Outputorientierung" lapidar: *„Das Schwein wird nicht vom Wiegen, sondern vom Füttern fett."*

10.2 Durch Outputkontrollen zum Erfolg?

Häufiges Testen (Wiegen), Kontrollieren und Sanktionieren führt nicht zu besserem Unterricht.[72] Ähnlich wie beim Klassenmanagement (vgl. Wellenreuther 2009, Kap. 5) führt ein System, das sich weitgehend auf die Wirkung von Strafen verlässt, in erster Linie zu mehr Druck und Stress. Vor allem aber regt es die Intelligenz der Verantwortlichen an, das Bestrafungssystem zu umgehen. Dennoch führt ein verschärftes Bildungsmonitoring nicht, wie neuere Studien belegen, automatisch zu höheren Leistungsniveaus. Die wenigen empirischen Forschungen zur Wirkung eines verschärften Bildungsmonitorings in den USA ergeben, dass ein Bildungsmonitoring, wenn dieses gravierende Folgen für die am Bildungsprozess Beteiligten hat („High-Stakes Testing"), im besten Falle kleine positive Effekte auf die Leistungsfähigkeit des Bildungswesens ausübt (vgl. Raymond & Hanushek 2003; Rosenshine 2003).[73] Rosenshine vermutet, dass durch das „high stakes Testprogramm" der Fokus auf die wichtigen Inhalte verstärkt wird; Randthemen und Nebenfächer spielen dann eine geringere Rolle. Man müsste deshalb die festgestellten kleinen positiven Effekte für die im Zentrum stehenden Inhalte mit den negativen Effekten bei den weniger betonten Inhalten verrechnen. Shepard (2008) weist darauf hin, dass die kleinen positiven Effekte allein schon durch das Training der Schüler auf die in den Tests verwendeten Testformate erklärt werden können. Wenn ein neuer Test verwendet wird, dann *„sinken"* die Leistungen der Schüler zunächst beträchtlich. Haben sich Lehrer und Schüler dann aber an die neuen Testformate gewöhnt, steigen die Leistungen im neuen Test.

Diese Vorhersage wurde in einer Studie von Koretz et al. (vgl. Koretz, Linn, Dunbar & Shepard 1991) überprüft.

[72] Die folgende Diskussion orientiert sich an den Ausführungen im Buch „Bildungstheater" (Wellenreuther 2011 a, S. 108 ff.).

[73] Die Forschungslage erlaubt hier noch keine abschließende fundierte Beurteilung. Noch sind die Möglichkeiten eines guten Bildungsmonitorings in vielen Hinsichten nicht ausgeschöpft. Dies gilt z. B. sowohl für die Entwicklung „verständlicher" Bildungsstandards und der zu ihnen formulierten Tests und Vergleichsarbeiten (solche Tests sollten kriterienbezogen und „unterrichtssensitiv" sein, also aufgrund von „effektivem Unterricht" veränderbar), die Überarbeitung der zugehörigen Schulbücher nach Prinzipien, die sich aufgrund experimenteller Grundlagenforschung als gültig erwiesen haben und die Verstärkung der Kohärenz von Schulbüchern zu den Bildungsstandards bzw. zu den Lehrplänen usw.

Wie der Testinflationierungseffekt nachgewiesen wurde!
Im Jahr 1986 wurde aufgrund des bislang üblichen Tests festgestellt, dass die Schülerleistung eine halbe Klassenstufe über der zu erwartenden Leistung lag. 1987 wurde dann ein neuer Test eingeführt. Darauf sank die Leistung der Schüler bei diesem Test um eine halbe Klassenstufe. In den Folgejahren 1988, 1989 und 1990 stieg dann das ermittelte Leistungsniveau wieder insgesamt um eine halbe Klassenstufe an. Im Jahr 1990 wurde unerwartet dann zusätzlich der früher verwendete alte Test eingesetzt. Nach dem alten Test waren die Leistungen der Schüler plötzlich um eine halbe Klassenstufe niedriger!

Erklärt werden diese Schein-Ergebnisse durch Schwindeln, Betrügen sowie vor allem durch spezifische Maßnahmen der Testvorbereitung. Befürworter einer Verschärfung externer Kontrollmaßnahmen von Schulen wenden ein, eine Testvorbereitung sei doch pädagogisch verantwortbar, weil dadurch die relevanten Fähigkeiten trainiert werden würden. Leider ist dieses Argument nicht stichhaltig: Ein Test setzt sich aus kleinen Stichproben von Aufgaben zusammen, die eine Zufallsstichprobe aus allen zugehörigen Aufgaben bilden sollten. Wenn aber Informationen über die Struktur des Tests, über spezifische Schwerpunkte etc. bekannt sind, und die Schüler dann auf diesen Test vorbereitet werden, dann können aufgrund der Testantworten keine Aussagen mehr über die zu messenden Fähigkeiten getroffen werden.

Diese *Inflation von Testwerten* ohne vergleichbare Erhöhung der tatsächlichen Leistungsfähigkeit stellt ein zentrales Problem der Output-Steuerung durch Tests dar. Tests geben dann eine gültige Auskunft über die Kompetenz der Schüler, wenn die gewählte Stichprobe von Aufgaben ohne irgendeine Verzerrung die gewünschten Bildungsstandards misst. Wie Koretz (2010) ausführt, ist es jedoch ein weiter Weg von der Formulierung der Bildungsstandards bis hin zur Formulierung der Aufgaben. Wenn Schüler spezifische Trainings zur Vorbereitung auf diese Testitems erhalten, kann in der Regel keine gültige Aussage mehr über das tatsächlich erreichte Kompetenzniveau getroffen werden.

Koretz (2005) gibt dazu ein überzeugendes Beispiel: Angenommen, die Herausgeber einer neuen Zeitschrift suchen einen neuen Mitarbeiter, der einen besonders guten Wortschatz haben soll. Nehmen wir an, der Wortschatz eines durchschnittlichen Absolventen eines Studiums umfasse 17000 Wörter. Ein Trainer habe aber zuverlässige Informationen darüber, welche 40 Wörter im Test gefragt werden. Ein Training dieser fraglichen Wörter würde zu dramatisch hohen Kompetenzschätzungen führen. Das Training hat sicherlich auch etwas die Wortschatzkompetenz beeinflusst. Falls die einzelnen Aufgaben mittelschwer waren, kann man davon ausgehen, dass die Probanden 50 Prozent der Wörter schon kannten; sie haben also 20 Wörter dazu gelernt. Tatsächlich beträgt der Kompetenzgewinn dann etwa 1 Zehntel eines Prozents! *Dies bedeutet konkret: Durch das „Teaching to the test" erhalten wir Informationen, die Lernfortschritte vermuten lassen, die überhaupt nicht vorhanden sind.*

Vielleicht wird man in Deutschland argumentieren, diese Ergebnisse seien nicht auf andere Länder, und schon gar nicht auf Deutschland übertragbar, weil hier auf ein Versagen von Schulen nicht mit vergleichbaren Sanktionen wie in den USA geantwortet wird. Koretz betont, dass die Effekte der Inflationierung von Testwerten auch auftreten, wenn keine solchen massiven Konsequenzen auftreten. Es spricht nach meiner Überzeugung Einiges dafür, dass die in Deutschland durchgeführten externen Tests mit ähnlichen Validitätsproblemen zu rechnen haben. Schließlich werden die Daten von Vergleichsarbeiten und zu den Leistungen in Abschlussarbeiten auch bei Schulinspektionen verwendet. Schulen werden auf diese Weise auch in Deutschland unter Druck gesetzt, die Testergebnisse zu verbessern. (vgl. Koretz 2008, S. 243)

Doch wie kann man denn das Problem der Inflationierung von Testwerten lösen? Die einfachste Möglichkeit besteht darin, in einer Zufallsstichprobe von Schulen zusätzlich einen anderen Test einzusetzen, für den eine Vorbereitung nicht möglich ist. Ein solcher Test sollte insgesamt die zu messenden Kompetenzen differenzierter erfassen. Damit die Testzeit pro Schüler vergleichbar zum anderen Test ist, kann man den Test in verschiedene Teile unterteilen (Matrix Sampling). Jeder Schüler braucht dann nur einen bestimmten Teil der Testaufgaben zu bearbeiten. Wenn man dann feststellen kann, dass die Leistungen in beiden Tests gesteigert werden konnten, könnte man sicherer sein, dass die gefundenen Leistungssteigerungen echt sind.[74]

Eine neuere Untersuchung kommt zu dem Schluss, dass das „high-stakes-Testprogramm" in den Bundesstaaten zu keinen Leistungsverbesserungen geführt hat (Nichols, Glass & Berliner 2005). **In dieser Studie zur Wirkung von „high stakes tests" in den USA gelangen die Autoren zu folgendem Fazit (vgl. Nichols, Glass & Berliner 2005, Abstract):**

„... standardisierte Testwerte sind der Indikator, um Schulen und Schuldistrikte für die Schülerleistung verantwortlich zu machen. Jeder Staat ist für die Entwicklung eines Rechenschaftssystems verantwortlich, durch das Konsequenzen (stakes) mit der Schülerleistung verknüpft werden. Die dahinter stehende Handlungstheorie besagt, dass Druck durch solche folgenreichen Leistungsmessungen das Leistungsniveau erhöht. Die durchgeführte Studie findet hingegen, dass Druck durch solche Tests fast keine Wirkung auf schulische Leistung ausübt.

... Diese Analysen zeigten, dass:

- Bundesstaaten mit einem hohen Anteil von Schülern aus Minoritätsgruppen einen höheren Druck ausüben. Dies lässt vermuten, dass irgendwelche Probleme, die durch diese folgenschweren Tests verursacht werden, disproportional Schüler aus Amerikas Minoritäten betreffen;
- je stärker der durch die Tests ausgeübte Druck ist, umso kleiner ist der Anteil, der von der 8. oder von der 10 Klassenstufe zur 12. Klassenstufe gelangt. Die Studienergebnisse deuten darauf hin, dass mit einer Erhöhung des Drucks durch „high stakes tests" der Anteil der Schüler, die sitzenbleiben oder die frühzeitig die Schule verlassen, ansteigt;
- ansteigender Testdruck keinen Lernzuwachs produzierte ...

Die Autoren folgern, dass es keine überzeugenden Daten gibt, nach denen der durch „high-stakes-Tests" produzierte Druck eine echte Leistungsverbesserung der Schüler bewirke. Sie plädieren für ein Moratorium der Politik, das öffentliche Bildungssystem zu zwingen, sich auf high-stakes Tests zu verlassen."

[74] In den USA steht mit dem NAEP-Test (National assessment of Educational Progress) ein solcher alternativer Test zur Verfügung (vgl. Koretz 2008). Wenn man diese Effekte der Testinflationierung durch spezifisches Testtraining auf Deutschland überträgt, müssen leichte Verbesserungen bei erneuten Pisa-Untersuchungen m. E. etwas kritischer bewertet werden. Möglicherweise haben Lehrer nur gelernt, Schüler besser auf typische Aufgaben solcher Tests vorzubereiten, und die eigentliche Kompetenz ist gleich geblieben.

Die Verschärfung eines Kontrollsystems verfehlt nicht nur ihr Ziel einer Kompetenzsteigerung, sondern entfaltet darüber hinaus eine explosive korrumpierende Wirkung. Vergegenwärtigen wir uns, in welcher Situation sich eine Schule in Bremen befindet, die in einem Viertel mit hohem Migrationsanteil liegt und der eine Schließung droht, wenn ihre Schüler nicht eine bestimmte Leistungssteigerung im nächsten Test erzielen. Je höher der staatlich ausgeübte Druck ist, umso eher wird nach illegitimen Lösungen gesucht, das Problem zu lösen.

Nichols und Berliner (2007) belegen, in welchem Ausmaß verschärfter Druck zu Kollateralschäden führt: Es treten zunehmend Mogeleien auf Klassen- Schul-, Bezirks- und Bundesstaaten-Ebene auf. Vor allem aber steigt die Neigung, die Schüler, die eine Förderung am dringendsten benötigen, aus der Schule heraus zu komplimentieren bzw. in Bildungsgänge abzuschieben, die nicht dem NCLB-Gesetz unterliegen. Nichols und Berliner (2007) erklären diese „Kollateralschäden“ mit Hilfe einer Gesetzmäßigkeit, die D. T. Campbell schon 1976 (S. 49) formuliert hatte:

> „Je mehr irgendein sozialer Indikator zur alleinigen Grundlage für Entscheidungsprozesse gemacht wird, umso größer wird die Gefahr eines korrumpierenden Drucks und umso stärker werden soziale Prozesse, die kontrolliert werden sollen, korrumpiert.“ [75]

Koretz (2008) macht an verschiedenen Beispielen deutlich, wie allgegenwärtig das Campbell'sche Gesetz wirkt:

1. Wenn der Druck auf Flugzeuggesellschaften erhöht wird, die Fahrtzeiten einzuhalten, werden die Flugzeiten einfach so umdefiniert, dass sich statistisch eine genauere Einhaltung des Fahrplans ergibt.
2. Wenn die Post nachweisen will, dass die Auslieferungszeiten für Briefe und Pakete sehr niedrig sind, dann kann sie eine Stichprobe von Haushalten in einem Bundesstaat ziehen, um die Effektivität des Zustelldienstes nachzuweisen. Auch hier können die Ergebnisse verfälscht werden. So konnten Behörden feststellen, dass die Postangestellten die Adressen der Haushalte bekamen, die in der Stichprobe gezogen worden waren. Diese Haushalte wurden dann bevorzugt betreut.
3. Ein weiteres Beispiel findet man in der Computerindustrie. Hier kann von einem Kundeninteresse nach möglichst schnellen Mikrochips ausgegangen werden. Auch hier kann man mogeln, indem man für die geforderten Tests den Chip besonders auslegt. Allerdings sagen dann diese Testleistungen nichts über die Leistungsfähigkeit des Chips in alltäglichen Anwendungen aus.

Sowohl das Postbeispiel wie auch das Beispiel mit den Microchips verdeutlichen, wie sozialer Druck die Gültigkeit eines Tests korrumpiert. „Teaching to the Test“ zusammen mit konkreten Mogeleien und unverantwortlichen Stundenplanveränderungen verfälschen in gleicher Weise das erzielte Testergebnis.

Nicht eine Verschärfung des Bildungsmonitorings, sondern eine Verbesserung der Lehrerbildung ist der Schlüssel zu einer Verbesserung der Schülerleistungen. Wie entscheidend die Qua-

[75] Der Originalwortlaut ist: „The more any quantitative social indicator is used for social decision-making, the more subject it will be to corruption pressures and the more apt it will be to distort and corrupt the social processes it is intended to monitor.“

lität des Unterrichts für die erzielten Schülerleistungen ist, machen Analysen von Hanushek (2004) deutlich, einem der führenden Bildungsökonomen der USA.

Nach seinen Analysen lernen Schüler in den effektivsten Klassen in einem halben Jahr so viel wie Schüler einer durchschnittlichen Klasse in einem ganzen Jahr. Wenn der Schüler allerdings in einer der am wenigsten effektiven Klassen ist, benötigt er für den gleichen Lernstoff sogar zwei Jahre, also viermal so viel Zeit wie der Schüler, der das Glück hatte, in einer sehr lerneffektiven Klasse zu lernen.

Analysen von Darling-Hammond belegen, dass eine Verbesserung der Qualität der Lehrerbildung zu einer Verbesserung der Schülerleistungen führt (vgl. Darling-Hammond 2010).

10.3 Qualitätssicherung in der Lehrerausbildung

Die Lehrerbildung an Hochschulen zeichnet sich vor allem im pädagogischen Bereich durch **geringe Studierintensität bei hoher Unverbindlichkeit der Inhalte aus. Konkret zeigt sich dies darin, dass**

(1) nicht in ausreichendem Maße Kenntnisse über Theorien zu den Unterrichtsprozessen vermittelt werden, um bei den Studierenden eine flexibel verfügbare Wissensbasis anzulegen. Damit kann auch

(2) eine Integration zwischen Theorien und Praxis nicht gelingen.

Eine Reform der Ausbildung sollte deshalb mit einer Entrümpelungskampagne der gesamten Ausbildung (Oser 2001) beginnen. Von dieser Kampagne wären vor allem die Inhalte der Pädagogik betroffen. Das Studium müsste sich viel stärker auf eine experimentell fundierte Unterrichtspädagogik konzentrieren, um zu den Prozessen des Unterrichts eine flexibel verfügbare Wissensbasis anzulegen. Dieses pädagogische Wissen bereitet den künftigen Lehrer auf die erforderlichen Kompetenzen vor. Im Grundstudium sollte den Studierenden wie bei den Medizinern ein erster Überblick über die wichtigsten Theorien gegeben werden; im Hauptstudium sowie in der anschließenden zweiten Phase sollte dieses theoretische Wissen in vielfältiger Weise in praktischen Situationen angewendet und erprobt werden, um die professionellen Kompetenzen eines Lehrers schrittweise zu entwickeln. Oser schreibt dazu (Oser 2001, S. 333):

„Während im Arztberuf Kunstfehler durch gerichtliche Verfahren geahndet werden können, haben solche Kunstfehler … wenig Konsequenzen für den Lehrerberuf. Die Zerstörung der seelischen Befindlichkeit, die ungerechte Behandlung bei der Selektion, die Tabuisierung von Unterrichtsabläufen etc. führt zu keinen schwerwiegenden Konsequenzen für die Lehrpersonen. Sofern Eltern ihr Kind nicht schützen und intervenieren, können Lehrpersonen, die nicht entsprechend der Standards handeln, nicht zur Rechenschaft gezogen werden."

Und zum ethischen Verhalten der Ausbilder von Lehrern bemerkt Oser (2001, S. 329):

„Es ist … interessant festzustellen, wie Ausbildner und Ausbildnerinnen vieles, was junge Lehrpersonen leisten und hervorbringen, mit kritischer Liebenswürdigkeit akzeptieren. Man sieht nicht ein, dass Handeln im pädagogischen Raum auch unzulässig sein kann. Man findet immer noch etwas Gutes, auch wenn die diskutierte Handlungsweise am Kinde vorbeigeht und sein Lernen und Tun außer Kraft setzt. Es gibt keine andere Berufsbildung, in der Festtagsethik der kollegialen Akzeptanz so umfassend praktiziert wird, wie dies in der Lehrerbildung geschieht."

Es ist klar, auf wessen Kosten die geringe Professionalität der Lehrerbildung letztlich geht: Vor allem auf Kosten von Kindern aus bildungsfernen Schichten, die sich am wenigsten bei unprofessionellem Verhalten von Lehrern wehren können.

10.4 Qualitätssicherung in der Schule

Die Gesellschaft erwartet von der Schule, dass sie allen Schülern eine möglichst „gute"[76] Ausbildung gibt. Dafür werden Lehrer bezahlt. Die Effektivität eines Bildungssystems kann daran gemessen werden, ob es einen großen Anteil der Kinder eines Jahrgangs zu möglichst hohen Bildungsabschlüssen in einer relativ kurzen Zeit führt. Hinter diesen Abschlüssen sollten dabei klar definierte Leistungen stehen. Aber auch die restlichen Schüler, die z. B. den Real- oder den Hauptschulabschluss erreicht haben, sollten für ihr Berufsleben möglichst gut gerüstet sein. Konkret: Ein Bildungssystem kann dann als effizient gelten, wenn etwa die Hälfte der Schüler eines Jahrgangs einen Schulabschluss erreicht, der sie zum Besuch einer Hochschule berechtigt und befähigt. Die andere Hälfte sollte in Mathematik sowie im Schreiben und Lesen auf ein Niveau gebracht werden, das den Anforderungen in der Berufsschule bzw. im Berufsleben genügt. Außerdem sollten möglichst alle Schüler eines Jahrgangs bis zum 25. Lebensjahr im Berufsleben stehen. Gemessen an diesen Zielen kann das deutsche Bildungswesen als vergleichsweise ineffizient gelten.

Das unerwartet schlechte Abschneiden deutscher Schüler in den letzten internationalen Vergleichsstudien (TIMSS, PISA) hat zu einer Vielzahl von Reformvorschlägen des Schulwesens geführt. Folgende Forderungen tauchen dabei immer wieder auf:

1. Eine *stärkere kognitive Förderung im Vorschulalter,* um z. B. den Zahlbegriff sowie bestimmte Voraussetzungen zum Schreiben- und Lesenlernen zu entwickeln (Stichwort „phonologische Bewusstheit"). Dazu zählt auch eine Verstärkung des sprachlichen Unterrichts von Ausländerkindern vor der Einschulung.
2. Der massive *Ausbau des Ganztagsschulwesens zusammen mit der Schaffung zusätzlicher Lehrerstellen,* um vor allem mehr Zeit für eine Förderung von Kindern mit Lernrückständen zu gewinnen und um eine volle Unterrichtsversorgung zu gewährleisten.

Durch die im Rahmen von (1) und (2) erfolgenden Maßnahmen erhofft man sich eine bessere Förderung der sozial schwächeren Schüler.

3. Eine *externe Evaluation der Schulen bzw. der Lehrerleistungen* im Sinne einer Überprüfung, in welchem Umfang bestimmte Leistungsstandards (z. B. bestimmte Mindeststandards beim Lesenlernen) erreicht wurden. Eine solche Überprüfung sollte nach diesen Vorschlägen

[76] Der Konsens über das, was eine gute schulische Grundausbildung ausmacht, ist in der Gesellschaft nicht sonderlich groß. Dies fängt schon bei der Rolle der Rechtschreibung an und setzt sich fort bei der Frage, wie wichtig mathematisch-naturwissenschaftliche Kenntnisse im Vergleich zu sprachlichen Kenntnissen sind. Ein vergleichsweise objektives Kriterium, das bei der Gewichtung von Lernzielen der Schule herangezogen werden kann, sind die vermuteten Anforderungen im späteren Berufsleben. So hat ohne Zweifel die Bedeutung der Mathematik als abstrakte Basiswissenschaft in den letzten Jahrzehnten deutlich zugenommen.

nicht erst am Ende der Schulkarriere, sondern schon in der Grundschule z. B. in Zweijahresschritten durchgeführt werden.

Allerdings sollte man von Maßnahmen externer Evaluation allein nicht allzu viel erwarten. Es ist eine Illusion, wenn von Lehrern, denen unzureichende Lehrleistungen attestiert werden, erwartet wird, dass sie sich alleine verbessern können – vorausgesetzt, sie wollten dies. Mindestens genauso wichtig wie externe Leistungsprüfungen sind Veränderungen in den Lernbedingungen der Lehrer selbst. Die Annahme, ein Lehrer habe nach Bestehen der ersten und zweiten Staatsprüfung ausgelernt, ist empirisch falsch. Externe Evaluationen können wichtige Anstöße zum Weiterlernen geben, indem sie zusätzlichen Lernbedarf in bestimmten Bereichen deutlich machen. Um die Lehrerleistungen zu verbessern, bedarf es vieler aufeinander abgestimmter Maßnahmen.

Für eine Verbesserung der Unterrichtsqualität – und damit auch der Schülerleistungen – ist die Entwicklung und Implementierung eines *Unterstützungssystems* wichtiger als eine Verschärfung der Kontrollen. In den Niederlanden wurde ein solches Unterstützungssystem im Bereich der Schulinspektion aufgebaut. Nach van Bruggen (2006) verfügen die niederländischen Schulen über viel mehr Autonomie,

„z. B.

- bei der internen Organisation (Bildung von Abteilungen, Klassenverteilung, Entscheidungen über Differenzierungsmodelle u. v. m.);
- bei der Anstellung, Beurteilung und eventuell Entlassung von Lehrern, und ebenfalls – innerhalb grober Grenzen – bei der Stellenverteilung auf Fächer und Klassen;
- bei der Verteilung der Gelder aus der „Eintopffinanzierung“ des Staates bezüglich der Personal-, Sach- oder Baukosten.

Die Schulleiter haben also mehr Möglichkeiten als deutsche Schulleiter ihre Vorstellungen durchzusetzen.“ (van Bruggen 2006, S. 110).

Außerdem orientiert man sich am Prinzip der Proportionalität: Schulen mit guten Selbstevaluationen werden weniger durch die Schulinspektion behelligt, man will sich stärker auf Schulen konzentrieren, die in Schwierigkeiten stecken. Auch neue Formen der Schulinspektionen werden erprobt, z. B. werden zu bestimmten Fragen „Themeninspektionen“ angeboten. Der vielleicht wichtigste Punkt aber ist, dass das System der Schulinspektion durch ein Unterstützungsangebot ergänzt wird, in dem z. B. vielfältige Lehrerfortbildungen angeboten werden. Van Bruggen (2006, S. 121) schreibt dazu:

> „Niederländische Schulen haben ein Recht darauf, sich Unterstützungen einzukaufen. Dafür steht im Eintopfbudget Geld zur Verfügung, teilweise ist auch ein „Schulentwicklungsbudget“ vorgeschrieben. Bei einem Netzwerk von ca. 50 Schulbegleitungsdiensten mit insgesamt ca. 2000 Experten kann jede Schule Hilfe, Schulbegleitung, Fortbildung und Coaching, etc. kaufen …
>
> Zum Vergleich: Das Inspektorat zählt ca. 200 Inspektoren (plus ca. 230 Mitarbeiter); die Unterstützungseinrichtungen haben ca. 2500 Mitarbeiter. Das ist ein absolut passendes Verhältnis.“

Die Komplexität des vorliegenden Problems ist somit größer, als die schnellen Rufe nach externer Evaluation und Qualitätssicherung vermuten lassen.

Bevor Kultusbürokratien und Hochschulen von Lehrern eine höhere Unterrichtsqualität einfordern, sollten sie selbstkritisch prüfen, ob sie selbst ihre Hausaufgaben gemacht haben. Insbesondere ist kritisch zu prüfen, ob sich diese Instanzen in ausreichendem Maße um günstige Rahmenbedingungen an Schulen gekümmert haben. Hier stellen sich viele Fragen:

- Haben die zuständigen Behörden sichergestellt, dass in den Hauptfächern nur Lehrer unterrichten, die für dieses Fach an einer Hochschule ausgebildet wurden und die Fortbildungen besucht haben? Werden dafür Fortbildungen in ausreichender Zahl angeboten? Warum erhalten Schüler in Bayern bis zur 9. Klassenstufe fast ein ganzes Jahr länger Mathematikunterricht von Fachlehrern, verglichen mit Bundesländern wie z. B. Nordrhein-Westfalen?
- Warum werden von den zuständigen Ministerialbürokratien nicht nach strengen empirisch fundierten Maßstäben geprüft, ob Schulbücher und Unterrichtsmaterialien dem derzeitigen Wissensstand über Lehr-Lernprozesse entsprechen? Hat sich die entsprechende Instanz um ein *strenges, empirisch fundiertes Zertifizierungsverfahren* gekümmert? Weshalb gibt z. B. nur die Kultusbürokratie in Bayern die Anweisung, „Lesen durch Schreiben“ nicht als alleinige Methode im Unterricht einzusetzen?
- Haben die Ministerien für Wissenschaft und Kultur in den einzelnen Bundesländern dafür Sorge getragen, dass Forschungsinstitute und Forschungsschulen eingerichtet wurden, in denen neue Unterrichtsmaterialien entwickelt und empirisch streng geprüft werden können? Welche Schritte wurden unternommen, um die Bildungseinrichtungen vor unausgegorenen Ideen zu schützen? Die Katastrophen um die Rechtschreibung („Lesen durch Schreiben“) oder um die Neue Mathematik konnten doch nur eintreten, weil die meisten Bundesländer auf einen empirisch gestützten strengen Zertifizierungsprozess für pädagogische Innovationen verzichten. Wer aber selbst seine Hausaufgaben nicht macht, kann auch Lehrern kaum überzeugend Vorschriften über professionelles Handeln machen.
- Haben die Kultusbürokratien dafür gesorgt, dass die Hochschulen in ausreichendem Maße mit Schulpädagogen und Fachdidaktikern ausgestattet sind, die auch über ausreichende Kenntnisse in quantitativen Forschungsmethoden und Statistik verfügen? Nur ein Fachpersonal, das den international verfügbaren Forschungsstand aufbereiten und Lehrern verfügbar machen kann, kann Schulen stark machen gegen die Überflutung durch innovative Methoden, die bei näherer Betrachtung mehr Schaden als Nutzen anrichten.

Ich erinnere in diesem Zusammenhang nochmals an die Analogie zum Automobilbau. Die wichtigsten Verbesserungen in der Sicherheit traten nicht durch Verbesserung der Kompetenz der Autofahrer ein, sondern durch Verbesserung der Sicherheitsarchitektur der Autos (Airbag, Gurte, elektronische Bremshilfen, verstärkte Karosserien). Auch in Schulen kann eine Lernumgebung eingerichtet werden, die Lehrern zum Weiterlernen ansporn. Zu dieser Lernumgebung gehören neben räumlichen Bedingungen (z. B. Arbeitsplätze für Lehrer) professionell entwickelte Unterrichtsmaterialien, beispielhafte Tests für die Kerncurricula bzw. für die Bildungsstandards, und vor allem eine verstärkte Kooperation der Lehrer durch Einführung der „Lesson Study“.

Das deutsche Bildungssystem ist ein unflexibles, kaum noch aus Erfahrungen lernendes System. Leistung und Engagement zahlen sich in diesem System in der Regel nicht aus: Engagierte Lehrer, bei denen die Schüler viel lernen, bekommen in aller Regel das gleiche Gehalt wie unmotivierte Lehrer. Derzeit kann gegen solche unmotivierten Lehrer kaum etwas unternommen werden. Nicht nur Eltern und Lehrer, auch Schulleitung und Schulaufsicht sind gegenüber solchen unmotivierten Lehrern, die ihren Dienst nach Vorschrift versehen, weitgehend machtlos.

Die vielleicht wichtigste Ursache für die geringen Möglichkeiten, auf das Unterrichtsverhalten von Lehrer einzuwirken, hängt mit der quasi hoheitsstaatlichen Stellung eines Beamten zusammen. Mit der zweiten Lehrerprüfung erlaubt der Staat seinen Lehrern nicht nur, eigenverantwortlich Unterricht durchzuführen, er stellt sich außerdem auch im Falle gut begründeter Kritik an Lehrerleistungen vor seine Staatsdiener. Eine Schule gleicht nach Lortie (1975) einem System, in dem selbstgenügsame Zellen aneinandergereiht werden. Die Berufstätigen (Lehrer) arbeiten in diesen Zellen weitgehend selbstständig und unabhängig voneinander. Einflüsse von außen werden als Bedrohung der Autonomie wahrgenommen, die als unverzichtbarer Teil der Lehrerrolle angesehen wird (vgl. Altrichter 2000).

Dafür, dass unser Bildungssystem in Schulen und Hochschulen *auf unterschiedliche Lehrerleistungen* nach der Übernahme des „Anwärters" als Beamter kaum reagiert, gibt es verschiedene **Begründungen und Belege, die ich hier kurz nennen möchte**:

(1) *Keine systematischen externen Leistungsüberprüfungen an den Schulen mit daran anschließender Weiterbildung der Lehrer:* Die Ergebnisse von TIMSS und PISA konnten nur deshalb überraschen, weil sowohl gute Noten von Schülern als auch die hohe Selektivität unseres Bildungssystems den Eindruck vermittelten, als wäre dieses System effizient. Doch haben weder gute Noten einzelner Schüler noch die Selektivität des Bildungssystems mit dessen tatsächlicher Leistungsfähigkeit etwas zu tun. Somit kann es eine systematische, an empirisch festgestellten Defiziten der Lehrerleistung ansetzende Weiterbildung nach dem zweiten Staatsexamen auch nicht geben. Unser Schulsystem geht von der Vorstellung aus, Lehrer müssten *einmal* ordentlich ausgebildet werden, um dadurch ein ganzes Leben lang für die Herausforderungen der Schule gerüstet zu sein.

Keine Schule kann genauere Auskünfte darüber erteilen, in welchem Umfang Schüler in den verschiedenen Klassenstufen bestimmte, vorab festgelegte absolute Leistungsnormen erreichen. So können Grundschulen in der Regel nicht angeben, wie viel Prozent der Schüler am Ende der zweiten Klasse noch nicht flüssig lesen oder rechnen können. Durch empirische Forschung ist belegt, dass Lehrer der gleichen Klassenstufe innerhalb einer Schule bei gleichen Ausgangsleistungen der Schüler sehr unterschiedliche Leistungen bei ihren Schülern erzielen können. Ein besonders krasses Beispiel mag dies belegen. So berichten Lehman, Peek, Gänsfuß, Lutkat, Mücke & Barth (2001, S. 51) von einer 5. Klasse, in der eine Lehrkraft ein herausragendes Ergebnis erzielt hat (Mittelwert etwa 200 Punkte). In der betreffenden Schule gibt es zwei weitere Parallelklassen, von denen die eine ein durchschnittliches (Mittelwert etwa 150 Punkte), und eine weitere ein leicht unterdurchschnittliches Ergebnis (etwa 140 Punkte) in einem sorgfältig entwickelten Mathematiktest erreicht.[77] Wenn in dieser Schule vergleichbare Tests geschrieben würden, dann müssten die enormen Leistungsunterschiede zwischen diesen Parallelklassen auffallen. Beim Vergleich der Leistungsprofile benachbarter Schulen wäre die Wahrscheinlichkeit, solche Klassen mit hohem Leistungsniveau zu finden, noch beträchtlich größer. Für die Weiterbildung wäre es sinnvoll, das Unterrichten und Lernen in solchen Klassen

[77] Die Standardabweichung liegt zwischen 30 und 40 Punkten. Etwa zwei Drittel der Werte einer Klasse liegt eine Standardabweichung um den Mittelwert.

mit hohem Leistungsniveau zum Ausgangspunkt für Hospitationen, Unterrichtsaufzeichnungen und anschließende Diskussionen zu nehmen. Auch dies wird nicht praktiziert (vgl. Helmke 2003,S. 84 f.).[78]

(2) *Mangelnde Kooperation unter Lehrern:* Unsere Halbtagsschulen sind als ein Ort, in dem Lehrer gegenseitig voneinander lernen können, gar nicht organisiert. Weder sind an den Schulen Arbeitsplätze für Lehrer vorgesehen, noch können Lehrer oder Schüler hier das Mittagessen einnehmen. In der Regel verlassen Lehrer das Schulgebäude, wenn ihr Unterricht zu Ende ist. Eine Kooperation unter ihnen findet höchstens aufgrund privater Initiativen, kaum jedoch als verbindliche regelmäßige Veranstaltung (z. B. 4 Stunden pro Woche nachmittags Treffen der Mathematiklehrer) in den Schulen statt. Selten werden Klassenarbeiten für Parallelklassen gemeinsam konzipiert, die Ergebnisse unter den Lehrern dieser Klassen systematisch ausgewertet und in Bezug auf eine Verbesserung des Unterrichts untereinander diskutiert. Eine Bewertung dieser Klassenarbeiten in Bezug auf zu erreichende Mindeststandards erfolgt nicht.

Die hier bestehende Halbtagswirtschaft funktioniert vor allem auf Kosten der Frauen und Kinder. Grundschullehrer sind fast ausschließlich Frauen, und wenn diese Frauen Kinder haben, dann haben sie sich nicht nur um das Mittagessen, sondern auch noch nachmittags um die Betreuung der Hausaufgaben zu kümmern. Durch eine flächendeckende Einführung von Ganztagsschulen würde die Situation für diese Lehrerinnen erheblich verbessert.[79] Zurzeit können sie nur sehr begrenzt mit anderen Lehrern kooperieren, um aus den gemachten Erfahrungen zu lernen.

(3) *Zu hohe Unterrichtsbelastung von Lehrern:* Die Höhe der Unterrichtsbelastung (für Grundschulen in Niedersachsen beträgt sie für eine Vollzeit-Lehrkraft 28 Stunden) lässt eine intensive Kooperation unter Lehrern nur sehr begrenzt zu, da engagierte Lehrer ihre „Freizeit" zum Nachsehen von Klassenarbeiten, zur Vorbereitung von Unterricht und zum Nachsehen von Heften verwenden. Außerdem ist die psychische Belastung bei 28 Unterrichtsstunden so groß, dass eine intensive Kooperation unter Lehrern bei dieser Belastung kaum möglich zu sein scheint. In asiatischen Ländern wie Japan, China, Süd-Korea oder Indien ist die Unterrichtsbelastung mit 18 Stunden (1.–6. Schuljahr) erheblich geringer, die Kooperation unter Lehrern hingegen weit intensiver (vgl. Helmke & Hesse 2002).

(4) *Falsche Theorien über die Möglichkeiten der Förderung von Schülern:* Gerade in Deutschland ist sowohl in der Bevölkerung als auch unter Lehrern der Irrglaube stark verbreitet, dass es vor allem wichtig sei, Schüler in die ihrer Begabung entsprechende Schulform zu schicken. Länder wie Finnland, Schweden und Japan verzichten bis zur neunten Klasse auf eine äußere Fachleistungsdifferenzierung und erzielen dennoch bessere Leistungen als Deutschland: Die Förderung leistungsschwächerer Schüler wie auch die Elitebildung ist in diesen Ländern sowohl quantitativ wie auch qualitativ besser als in Deutschland. Offensichtlich ergeben sich vielfältige Möglichkeiten von Fördermaßnahmen innerhalb heterogener Schulklassen.

---

[78] Es muss dabei natürlich sichergestellt werden, dass Evaluationsergebnisse unter pädagogisch vertretbaren Bedingungen zustande kommen. Es ist nicht sinnvoll, anderen Ländern in Bezug auf unmenschlichen Leistungsdruck, hohe Examensangst und ensprechend hohe Selbstmordquoten nachzueifern. Kurzfristig hohe Leistungsstandards zu erreichen und dabei die Motivation und das Selbstbewusstsein der Lehrer und Schüler zu zerstören, hat längerfristig einen hohen Preis.

[79] Da bei einer Ganztagsbetreuung der Kinder Frauen auch eher ganztags arbeiten könnten und zusätzlich viele Jobs entstehen könnten, würden die entstehenden Kosten der Ganztagsbetreuung durch erheblich höhere Steuereinnahmen weitgehend kompensiert werden.

Allerdings gibt es auch namhafte Beispiele für gute Leistungsergebnisse von gegliederten Schulsystemen. So erzielen die Niederlande und die Schweiz in Mathematik sehr gute Ergebnisse. Allerdings gelingt es der Schweiz, ähnlich wie Deutschland, nicht, Schüler unterer sozialer Schichten angemessen zu fördern. In beiden Ländern ist der Zusammenhang zwischen Sozialstatus und mathematischer Grundbildung besonders hoch.[80]

In Deutschland verbindet sich mit der Idee der Leistungsdifferenzierung die Überzeugung, schon durch diese Sortierung Schüler wirksam zu fördern. Empirisch spricht wenig für diese Annahme (vgl. Roßbach & Wellenreuther 2002). Dieser Irrglaube hat für das Förderverhalten der Lehrer möglicherweise fatale Konsequenzen: Wenn Schüler auf einer Schulstufe versagen, dann kann man immer darauf verweisen, der Schüler sei eben nicht auf der richtigen Schulform. Er ist im Zweifel nicht begabt genug. Die durch die schlechte Leistung *beim Lehrer* ausgelöste kognitive Dissonanz *(„Obwohl ich mich als Lehrer im Unterricht angestrengt habe, lernt der Schüler nichts")* kann durch die naheliegende Erklärung, *„dieser Schüler ist für diese Klassenstufe bzw. für diese Schulform zu unbegabt"*, aufgelöst werden. Ob diese subjektive Einschätzung tatsächlich zutrifft, wird durch objektive, normierte und gültige Tests in der Regel nicht überprüft.[81]

(5) *Eine Abwehrhaltung der Schulen gegen äußere Einflüsse aufgrund negativer Erfahrungen:* Ein Grund für die feindliche Haltung gegen äußere Einflüsse sind vermutlich die vielen Verordnungen und Erlasse, durch die die Autonomie der Schulen stranguliert wird und die in vielen Fällen nicht hinreichend pädagogisch begründet waren. Ferner ergibt sich diese ablehnende Haltung aus konkreten Erfahrungen, die Lehrer mit schulischen Reformen bislang in Deutschland gemacht haben, – man denke hier nur an die Einführung der Mengenlehre (neuen Mathematik) in Grundschulen oder die deutsche Diskussion um Gesamtschulen. Die hier durchgeführten Reformen wurden eher durch ideologische Überzeugungen als durch empirische Forschung gestützt. Dies wiederum hat etwas damit zu tun, dass empirisch-pädagogische Forschung, vor allem experimentelle pädagogische Forschung, in Deutschland nicht heimisch ist.

Besondere Probleme der Weiterbildung dürften bei bestimmten Gruppen von Lehrern auftreten, z. B. bei Lehrern, die von ihren progressiven Ideen zutiefst überzeugt sind. Solche Lehrer erwarten eigentlich Anregungen für eine Verbesserung ihres „offenen" Unterrichts, nicht aber Empfehlungen, wirksame Formen direkter Instruktion anzuwenden. Solche Lehrer, die sich selbst als Experten ansehen, glauben möglicherweise gar nicht, dass ein wirkungsvoller Unterricht vor allem auf eine gute Wissensstrukturierung, auf die Berücksichtigung von Gedächtnisprozessen und auf eine effektive Nutzung der Unterrichtszeit durch ein effektives Klassenmanagement zu

[80] Noch ein Ergebnis ist in diesem Zusammenhang interessant: Während ein enger Zusammenhang zwischen mathematischer Testleistung und dem Selbstkonzept in der mathematischen Begabung für eine Schulklasse als gesichert gelten kann, verschwindet für gegliederte Schulsysteme dieser Zusammenhang, wenn man die Daten auf der Schulebene analysiert. Dahinter steht, dass sich Schüler bei der Bildung ihres Selbstkonzepts am Bezugsrahmen der Klasse orientieren, und nicht an einer absoluten Leistungsskala. Gymnasiasten, die relativ zu ihren Klassenkameraden schwächere Leistungen erzielen, haben dann trotz relativ hoher mathematischer Begabung ein eher negatives Selbstkonzept, während gute Hauptschüler, obwohl sie erheblich schwächere Leistungen als die schwächeren Gymnasiasten erbringen, ein positiveres Selbstkonzept entwickeln.

[81] In einem ungegliederten Gesamtschulsystem, in dem der Lehrer nicht die Möglichkeit hat, Schüler eine Klasse „wiederholen" zu lassen und in dem die Lehrerleistung nach der objektiv erbrachten Förderleistung evaluiert wird, stellt sich diese Frage gar nicht: Der Lehrer hat sich, um eine optimale Förderleistung zu erbringen, um alle Schüler intensiv zu kümmern.

achten hat. Solche „engagierten“Lehrer dürften externen Evaluationen gegenüber große Reserven haben. Wie die problematischen Unterrichtstheorien dieser Lehrer verändert werden können, bedarf zusätzlicher empirischer Forschung.[82]

Die Akzeptanz externer Evaluation kann durch folgende Faktoren gesteigert werden:

(1) *Durch Erweiterung der pädagogischen Autonomie der Schulen.* Dazu zählt eine grundlegende Entschlackung der Verordnungen und Erlasse und eine Reduktion der Zielvorgaben auf präzise definierte Mindeststandards. Eine solche Kopplung zwischen externer Evaluation und Erweiterung der Autonomie der Schulen scheint mittlerweile Konsens in der Bildungsforschung zu sein. Ditton (2000, S. 74) schreibt dazu:

> „Immerhin hat sich inzwischen die Einsicht gefestigt, dass mehr Autonomie für die einzelnen Schulen nur in Verbindung mit begleitenden Evaluationsprogrammen verantwortbar ist, wenn quasi im Sinne einer Nachweispflicht eine Überprüfung vorgenommen wird. Vermehrte Autonomie (z. B. in finanziellen, personellen, teils sogar curricularen Entscheidungen) wird überwiegend nur im Zusammenhang mit verbindlich definierten Zielen und der Etablierung von Verfahren zur Prüfung der Zielerreichung zugestanden und für vertretbar gehalten …“

(2) *Durch Beschränkung auf curriculare Kernbereiche und Mindeststandards,* um in einer ersten Phase der Qualitätssicherung die Maßnahmen auf die vordringlichen Aufgaben zu lenken.

(3) *Durch die Bereitstellung konkreter Unterstützungsleistungen,* z. B. von Angeboten zur Weiterbildung, wobei sich diese Hilfsangebote auf pädagogische und auf inhaltliche Qualifikationen beziehen können. Hier sollten theoretische Kenntnisse, die durch strenge empirische Forschung gestützt sind, mit konkreten Unterrichtsbeispielen verknüpft werden.

(4) *Durch Berücksichtigung der Rahmenbedingungen der Schulen:* Dazu gehören äußere Gründe für ein schlechtes Abschneiden der Schule bzw. Klasse wie soziale Zusammensetzung der Schülerschaft, hoher Ausländeranteil und Ausstattung der Schule.

(5) *Durch Vereinbarung klarer Verbindlichkeiten* als Folge des Ergebnisses von externen Evaluationen. Es sollte Konsens darüber bestehen, dass die Mindeststandards in einem angemessenen Zeitraum von jeder Klasse einer Schule auch erreicht werden. Bei größeren Abweichungen von diesen Mindeststandards sollten mit den Lehrern möglichst schon vor der Durchführung der Evaluation bestimmte Konsequenzen vereinbart werden (Pflicht zur Nachschulung, nach einem Jahr erneute Überprüfung, bei weiter bestehenden Problemen auch Entlassung aus dem Schuldienst).

Gerade unter Bedingungen einer größeren Autonomie und Selbständigkeit können Schulen auf die an sie gestellten Anforderungen flexible und effektive Antworten entwickeln (vgl. Fend 2000). Diese größere Autonomie äußert sich in einem Abbau zentraler Rahmenvorgaben (z. B. detaillierte Angaben zu Zahl und Inhalt der durchzuführenden Prüfungen, verpflichtende Lehrpläne). Eine solche Autonomie wird dann möglich, wenn durch externe Evaluationen das Erreichen wichtiger Leistungsstandards kontrolliert wird. Zur Begründung schreibt Fend (2000, S. 68 f.):

[82] Hier haben problematische Ausbildungsinhalte der Lehrerbildung zu einer teilweisen Immunisierung gegenüber Veränderungen geführt.

„Wer ein Bildungssystem insgesamt 'stark' machen möchte und daran interessiert ist, dass auch weniger privilegierte Bevölkerungskreise in den Genuss eines gut ausgestatteten Bildungswesens kommen, der muss für 'starke' Rahmenbedingungen sein:

- für klare curriculare Vorgaben,
- für eine kontinuierliche Leistungsprüfung in curricular abgestimmter Weise, also für eng an das Unterrichtete angelehnte Prüfungen,
- für extern abgesicherte Leistungsniveaus, die nicht durch ein standardisiertes Testsystem zu lehr-planfernen Prüfungen degenerieren und
- für ein System der Gleichversorgung der einzelnen Schulen in personeller und materieller Hinsicht.

Er muss ein Interesse daran haben, dass die Schulen über glaubwürdige Leistungsausweise Vertrauen bei den Abnehmern erzeugen ...

[Es] gilt, die Selbstgerechtigkeit eines staatlichen Monopols durch Strukturen besserer Kundenorientierung abzubauen und persönliche Initiativen und Anreize für optimale Gestaltung des **Lehr-Lern-Prozesses institutionell zu belohnen und abzusichern.**"

Mehr Autonomie und Glaubwürdigkeit und damit auch wieder ein höheres Ansehen der Lehrer sind an eine bessere Kundenorientierung der Schulen, an eine stärkere Öffnung und vor allem an eine größere Transparenz und intersubjektive Überprüfbarkeit durch externe Evaluation gebunden.

Eine solche Öffnung und stärkere Kundenorientierung könnte auch Chancen für eine engere Kooperation zwischen Schulen und Hochschulen eröffnen. Hochschulen hätten dabei die Aufgabe, *Unterstützungsleistungen für die Weiterbildung von Lehrern* zu erbringen. Durch eine engere Kooperation zwischen Hochschulen und Schulen würden die Hochschulen auch wieder für eine stärkere Orientierung an den tatsächlichen Problemen der Schule motiviert. Hochschulen sollten nicht nur Texte über Ergebnisse neuerer Unterrichtsforschung produzieren, sondern vor allem auch Schulungsmaterialen für Modelle qualitativ guten Unterrichts entwickeln und erproben. Dies entspricht dem Bedürfnis der Schulen, sich an Beispielen guten, beispielhaften Unterrichts orientieren zu können. So könnten Institute für Lehrerfort- und Weiterbildung mit der Aufgabe der Aufzeichnung beispielhaften Unterrichts betraut werden, der als Videoaufzeichnung oder als DVD verfügbar gemacht werden könnte. Sinnvoll wäre es außerdem, zu diesen Aufzeichnungen Texte zu verfassen, welche die zentralen Merkmale eines guten Unterrichts, wie er durch das konkrete Unterrichtsbeispiel verdeutlicht wird, in eine Theorie über die im Unterricht ablaufenden Lehr-Lernprozesse einordnet.

10.5 Zusammenfassung und Ausblick

Unterrichtsprozesse kann sicherlich jeder Pädagoge immer im Nachhinein trefflich analysieren. Erinnert sei an die Aussage Herbart's:

„Wollten wir nur sämtlich bedenken, daß jeder nur erfährt, was er versucht, ein neunzigjähriger Dorfschulmeister hat die Erfahrung seines neunzigjährigen Schlendrians, er hat das Gefühl seiner langen Mühe. Aber hat er auch die Kritik seiner Leistungen und seiner Methode?" (Herbart, 1982², Bd. 2, S. 19)

Haben wir es heute noch nötig, uns so wie der neunzigjährige Dorfschulmeister zu verhalten, dem die „Kritik seiner Leistungen und seiner Methode“ fehlt? Müssen wir immer noch auf die Anwendung quantitativer Methoden verzichten, weil dies bequem ist und weil solche Kenntnisse bisher bei der Einstellung von Pädagogen in den Hochschuldienst kein Auswahlkriterium waren? Theorien über Unterrichtsprozesse erlauben Prognosen, die empirisch überprüfbar sind. Hier geht es nicht um Wissen im Nachhinein, also um sog. „Schlaumeierwissen“. Im Nachhinein wissen wir immer alles, können alles interpretieren, glauben zu wissen, woran etwas gelegen haben könnte. Um empirisch überprüfbare und widerlegbare Theorien auswählen und bewerten zu können, muss man Forschungsberichte über die durchgeführten Unterrichtsexperimente kritisch lesen können. Dies gilt auch für die „Konsumenten“ der Meta-Analysen. Dazu bedarf es methodologischen Wissens (Kenntnisse der Wissenschaftstheorie, der Forschungsmethoden, der Statistik), das bisher Lehrerstudenten weitgehend vorenthalten wird.

Da insbesondere die Dozenten der Schulpädagogik aus der Lehrerschaft rekrutiert werden, setzt sich dieses mangelhafte Wissen auch bei der Mehrzahl der Dozenten der Lehrer der nachfolgenden Generation fort. Bislang wird darauf verzichtet, erweiterte Methodenkenntnisse bei dieser Personengruppe zu verlangen. Dieses Wissen über Forschungsmethoden kann nicht durch schulpraktisches Wissen ersetzt werden, denn jedem Schulpraktiker fehlt *„die Kritik seiner Leistungen und seiner Methoden“*, weil es nicht möglich ist, vergleichende praktische Erfahrungen zu zwei verschiedenen Methoden zu machen. *Ein Lehrer kann sich nicht „wirklich“ zutreffend vorstellen, welche Ergebnisse in einer Kontrollgruppe auftreten würden.* Ihm reicht in der Regel die Auskunft eines anderen Lehrers, dass er diese Methode (z. B. die Stationsarbeit „Frühling“) schon mit großem Erfolg erprobt habe. Wenn ein Lehrer z. B. eine Exkursion in traditioneller Weise durchführt, dann wird er das erzielte Ergebnis positiv bewerten, auch wenn das Lernergebnis bei einer prozessorientierten Exkursion weit besser ausgefallen wäre. Eine gute Praxis basiert deshalb vor allem auf der Anwendung experimentell streng geprüften Theorien. Insofern ist jeder Schulpraktiker auf strenge, insbesondere experimentell orientierte Unterrichtsforschung angewiesen.

Um Glaubwürdigkeit und Ansehen der Pädagogik zu erhöhen, müssen – wie in der Medizin längst üblich – strenge empirische Wirkungsnachweise durch experimentelle Forschung geführt werden (vgl. Levin & O’Donnel 1999). Dies gilt vor allem für die grundlegenden Wissensbestände der Unterrichtspädagogik. Dadurch kann vermieden werden, dass unsere Kinder weiterhin als Versuchskaninchen für unausgegorene Ideen wie „neue Mathematik“, „Lesen durch Schreiben“, „neue flexible Eingangsphase“ oder „lange Stationenarbeit“ missbraucht werden.

Literaturliste

Aebli, Hans (1968[3]): *Psychologische Didaktik.* Stuttgart.

Alexander, PA, Fives, H, Buehl, MM, and Mulhern, J. (2002): Teaching as persuasion. *Teaching and Teacher Education* 18 (7), 795–813

Alloway, T. P. & Alloway, R. G. (2010). Investigating the predictive roles of working memory and IQ in academic attainment. *Journal of Experimental Child Psychology,* 106, 20–29.

Alschuler, A. S. (1969): The effects of classroom structure on achievement motivation and academic Performance. *Educational Technology,* Vol. 9, 19–24.

Altrichter, H. (2000): Konfliktzonen beim Aufbau schulischer Qualitätssicherung und Qualitätsentwicklung. In: Helmke, A., Hornstein, W. & Terhart, E. (Hrsg.): *Qualität und Qualitätssicherung im Bildungsbereich: Schule, Sozialpädagogik, Hochschule.* 41'tes Beiheft der Zeitschrift für Pädagogik, Weinheim, 93–110.

Anand, P. G. & Ross, S. M. (1987): Using Computer-Assisted Instruction to Personalize Arithmetic Materials for Elementary School Children. *Journal of Educational Psychology,* Vol. 79, No. 1, 72–78.

Anderson, J. R. (1988): *Kognitive Psychologie. Eine Einführung,* Heidelberg.

Anderson, J. R., Reder, L., Simon, H. A. (1996): Situated Learning and Education. *Educational Researcher,* 25, No. 4, 5–11.

Anderson, J. R., Reder, L. M., Simon, H. A. (1997): Situative Versus Cognitive Perspectives: Form Versus Substance. *Educational Researcher,* Vol. 26, No. 1, 18–21.

Anderson, L., Evertson, C. & Brophy, J. (1979): An experimental study of effective teaching in first grade reading groups. *Elementary school joumal,* Vol. 79, No. 4, 193–223.

Aronson, E., Blaney, N., Stephin, C., Sikes, J., & Snapp, M. (1978). *The jigsaw classroom.* Beverly Hills, CA: Sage Publishing Company.

Atkinson, J. W.: Motivational determinants of risk-taking behavior. *Psychological Review.* 1957, 64 (6), S. 359–372.

Atkinson, R. C. (1975). Mnemotechnics in second-language learning. *American Psychologist,* 30, 821–828.

Atkinson, R. C., and Raugh, M. R. (1975). An application of the mnemonic keyword method to the acquisition of a Russian vocabulary. *Journal of Experimental Psychology: Human Learning and Memory,* 104, 126–133.

Ausubel, D. P. (1973): Entdeckendes Lernen. In: Neber, H. (Hrsg.): *Entdeckendes Lernen.* Weinheim, 28–69.

Ausubel, D. P, Novak, J. D. & Hanesian, H. (1980): *Psychologie des Unterrichts,* Band 1 & 2, völlig überarbeitete Auflage, Weinheim.

Baddeley, A. (1986): *Working Memory.* Oxford University Press Inc., N. Y.

Baddeley, A. (1990) (rev. ed.): *Human Memory. Theory and Practice.* Allyn & Bacon, Boston.

Baddeley, A. (2000). The episodic buffer: A new component of working memory? *Trends in Cognitive Sciences,* 4 (11), 417–423.

Balke, S. (2001): *Die Spielregeln im Klassenzimmer: das Trainingsraum-Programm:* ein Programm zur Lösung von Disziplinproblemen in der Schule. Bielefeld: Karoi-Verl.

Bandura, A. (1997): *Self-efficacy: the exercise of control.* New York, Freeman.

Bandura, A. & Schunk, D. H. (1981): Self-Efficacy and Intrinsic Interest Through Proximal Self-Motivation. *Journal of Personality and Social Psychology,* 41, No. 3, 586–598.

Bangert-Drowns, R. L., Kulik, C.-L. & Kulik, J. A. (1991): Effects of frequent classroom testing. *Journal of educational Research,* 85, 89–99.

Bangert-Drowns, R. L., Kulik, C. C., Kulik, J. A. & Morgan, M. (1991). The instructional effect of feedback in test-like events. *Review of Educational Research,* 61, 213–238.

Baumert, J. & Lehmann, R. et al (1997): *TIMSS – Mathematisch-Naturwissenschaftlicher Unterricht im internationalen Vergleich. Deskriptive Befunde.* Opladen.

Baumert, J. (1998): TIMSS – Mathematisch-naturwissenschaftlicher Unterricht im internationalen Vergleich. Anlage der Studie und ausgewählte Befunde. In: List, J. (Hrsg.): *TIMSS: Mathematisch-naturwissenschaftliche Kenntnisse Deutscher Schüler auf dem Prüfstand.* Deutscher Instituts Verlag, Köln, 13–65.

Baumert, J. et al ‹Deutsches PISA-Konsortium› (Hg.) (2001): *Pisa 2000. Basiskompetenzen von Schülerinnen und Schülern im internationalen Vergleich.* Opladen.

Baumrind, D. (1975): The contribution of the family to the development of competence in children. *Schizophrenia Bulletin,* 14, 12–37.

Beck, H.: Handlungsorientierter Unterricht als Ergänzung, nicht als Ersatz. (1994): *Wirtschaft und Erziehung,* Bd. 46, No. 6, 192–194.

Beck, M., Bromme, R., Heymann, H. W., Mannhaupt, G., Skowronek & H., Treumann, K. (1988): Gefangene im Datenlabyrinth. Kritische Sichtung eines Forschungsberichts zum schulischen Chancenausgleich. *Zeitschrift für Pädagogische Psychologie,* 2, Heft 2, 91–111 (a).

Beck, M., Bromme, R., Heymann, H. W., Mannhaupt, G., Skowronek, H. & Treumann, K. (1988): Chancenausgleich: Ideologie und Empirie. Eine Antwort auf Weinert. *Zeitschrift f. Pädagogische Psychologie,* Vol 2, Heft 3, 173–178 (b).

Becker, G. E. (1995[7]): *Lehrer lösen Konflikte: ein Studien- und Übungsbuch.* Weinheim.

Bergan, J. R., Sladeczeck, I. E., Schwarz, R. D. & Smith, A. N. (1991) Effects of a measurement and planning system on kindergartners' cognitive development and educational programming, *American Educational Research Journal*, 28, pp. 683–714.

Berliner, David C. (2009): *Poverty and Potential: Out-of-School Factors and School Success.* Boulder and Tempe: Education and the Public Interest Center & Education Policy Research Unit (heruntergeladen am 9.8.2013).

Berlyne, D. E. (1960): *Conflict, arousal, and curiosity.* McGraw-Hill series in psychology. New York, NY, US: McGraw-Hill Book Company.

Beywl, Wolfgang und Zierer, Klaus (2013): Lernen sichtbar machen. Zur deutschsprachigen Ausgabe von „Visible Learning". In: Hattie, J. (2013): *Lernen sichtbar machen.* Baltmannsweiler, S. VI–XXVI.

Biederman, Irving; Shiffrar, Margaret M. (1987): Sexing day-old chicks: A case study and expert systems analysis of a difficult perceptual-learning task. *Journal of Experimental Psychology: Learning, Memory and Cognition*, Vol 13 (4), Oct, 640–645.

Bird, S. (2010): Effects of distributed practice on the acquisition of second language English syntax. *Applied Psycholinguistics*, 31, 635–650.

Bjork, R. A. (1988). Retrieval practice and the maintenance of knowledge. In: M. M. Gruneberg, P. E. Morris, & R. N. Sykes (Eds.), *Practical aspects of memory II* (pp. 396–401). London: Wiley.

Black, Paul & Wiliam, Dylan (1998a): Assessment and Classroom Teaching. *Assessment and Education,* 5, 7–73.

Black, Paul & Wiliam, Dylan (1998b): Inside the Black Box. Raising Standards Through Classroom Assessment. *Phi delta kappan: a Journal for the promotion of leadership in education.* Vol. 80, S. 139–148.

Black, Paul, Harrison, Christine, Lee, Cläre, Marshall, Bethan & Wiliam, Dylan (2003): *Assessment for Learning. Putting it into practice.* Open University Press, Maidenhead.

Bobis, J. & Sweller, J. & Cooper, M. (1994): Demands imposed on primary-school students by geometric modeis. *Contemporary Educational Psychology,* Vol. 19, 108–117.

Boer, K. (2003): *Diagnose und Förderung phonologischer Bewusstheit in Grundschulen – diskutiert an einer praktischen Erprobung in einer ersten Klasse der Grundschule Mühlenweg, Hannover.* Unveröffentlichte Examensarbeit, Universität Lüneburg.

Born, J. (2008): Interview mit M. Wellenreuther. *Rpi* 23.5.2008.

Bower, G. H. (1970): Organizational factors in memory. *Journal of Cognitive Psychology* Vol. 1, 18–46.

Bradley, L., and Bryant, P. E. (1985). *Rhyme and Reason in Reading and Spelling.* Ann Arbor: University of Michigan Press.

Britton, Bruce K. & Gülgöz, Sami (1991): Using Kintsch's Computational Model to Improve Instructional Text: Effects of Repairing Inference Calls on Recall and Cognitive Structures. *Journal of Educational Psychology,* Vol. 83, No. 3, 329–345.

Britton, Bruce K., Gülgöz, Sami & Glynn, Shawn (1993): Impact of Good and Poor Writing on Learners: Research and Theory. In: Britton, B. K., Woodward, A. & Binkley, M.: *Learning from Textbooks: Theory and Practice,* Hillsdale, New Jersey.

Brophy, J. (1986): Teacher Influences on Student Achievement. *American Psychologist,* Vol. 41, No. 10, 1069–1077.

Brophy, Jere & Good, Thomas, L. (1986[3]): Teacher Behavior and Student Achievement. In: Wittrock, Merlin C. (Hrsg.): *Handbook of Research on Teaching*, New York, Macmillan, 328–375.

Brown, Ann L. (1997): Transforming Schools into Communities of Thinking and Learning about serious Matters. *American Psychologist*, Vol. 52, No. 4, 399–413.

Brown, Kathleen J. (1999): What kind of text – For whom and when? Textual scaffolding for beginning readers. *The ReadingTeacher*, Vol. 53, No. 4, 292–307.

Brown, R., Pressley, M., Van Meter, P. & Schuder, T. (1996): A Quasi-Experimental Validation of Transactional Strategies Instruction With Low-Achieving Second Grade Readers. *Journal of Educational Psychology,* Vol. 88, No. 1, 18–37.

Bründel, H. & Simon, E. (2003): *Die Trainingsraummethode:* Umgang mit Unterrichtsstörungen: Klare Regeln, klare Konsequenzen. Beltz, Weinheim.

Brüning, Ludger/Saum, Tobias: *Erfolgreich unterrichten durch Kooperatives Lernen*, Bd. 1: *Strategien zur Schüleraktivierung*. Neue Deutsche Schule, 2006.

dies.: Bd. 2: *Neue Strategien zur Schüleraktivierung, Individualisierung, Leistungsbeurteilung, Schulentwicklung*. Neue Deutsche Schule, 2009.

Bruggen, Johan van (2006): Schulinspektion in den Niederlanden. Metaevaluation und punktuelle Tiefe auf Wunsch der Schule. In: Buchen, Herbert, Horster, Leonhard und Rolff, Hans-Günther: *Schulinspektion und Schulleitung*. Berlin, S. 107–124.

Burg, S. (1997[2]): Schreibwerkstatt – Plädoyer für einen neuen Weg im Schreibunterricht. Bericht aus einem 4. Schuljahr. In: Hegele, I. (Hrsg.): *Lernziel: Offener Unterricht,* 77–96.

Butler, R. (1988): Enhancing and undermining intrinsic motivation: the effects of task-involving and ego involving evaluation on interest and performance. *British Journal of Educational Psychology,* 58, 1–14

Butler, A. C., & Roediger, H. L. (2007). Testing improves long-term retention in a simulated classroom setting. *European Journal of Cognitive Psychology,* 19, 514–527.

Callender, A. A., & McDaniel, M. A. (2009). The limited benefits of rereading educational texts. *Contemporary Educational Psychology,* 34, 30–41.

Cameron, J. & Pierce, W. D. (1994): Reinforcement, Reward, and Intrinsic Motivation: A Meta Analysis. *Review of Educational Research,* Vol. 64, No. 3, 363–423.

Campbell, Donald T. (December 1976), Paper #8, Occasional Paper Series (Reprinted with permission of The Public Affairs Center, Dartmouth College): *Assessing the Impact of Planned Social Change*. Über das Internet verfügbar.

Campbell, D. T. & Stanley, J. S. (1970): Experimental and Quasi-Experimental Designs for Research on Teaching. In: Gage, N. L. (Hrsg.): *Handbook of Research on Teaching,* Chicago 1963. Übersetzt in Gage, N. L.: Handbuch der Unterrichtsforschung, Bd. 1. Weinheim, 446–632.

Campitelli, Guillermo and Gobet, Fernand (2011): Deliberate Practice: Necessary But Not Sufficient. *Current Directions in Psychological Science*, 20 (5) 280–285.

Canter, L. & Canter, M. (1976): *Assertive Discipline: A Take-Charge Approach for today's Educators.* Santa Monica, CA, Canter and Associates.

Cardelle-Elawar, M. C. & Corno, L. (1985): A factorial experiment in teachers' written feedback on student homework: changing teacher behaviour a little rather than a lot. *Journal of Educational Psychology,* 77, pp. 162–173.

Carnine, D. & Gersten, R. (2000): The Nature and Roles of Research in Improving Achievement in Mathematics. *Journal of Research in Mathematics Education,* Vol. 31, No. 2, 138–143.

Carrier, M., & Pashler, H. (1992). The influence of retrieval on retention. *Memory and Cognition*, 20, 632–642.

Carroll, William M. (1994): Using worked examples as an instructional support in the algebra classroom. *Journal of Educational Psychology,* Vol. 86(3), Sep., 360–367.

Catrambone, R. (1996): Generalizing Solution Procedures Learned from Examples. *Journal of Experimental Psychology:* Learning, *Memory and Cognition,* Vol. 22, No. 4, 1020–1031.

Catrambone, R. (1998): The Subgoal Learning Model: Creating Better Examples So that Student can Solve Novel Problems. *Journal of Experimental Psychology.* General. Vol. 127, No. 4, 355–376.

Chandler, R. & Sweller, J. (1991): Cognitive load theory and the format of instruction. *Cognition and instruction.* 8, No. 4, 293–332.

Chase, W. G. & Simon, H. A. (1973): The mind's Eye in Chess. In: W. G. Chase (ed.): *Visual Information Processing.* New York, Academic Press.

Chen, Zhe und Klahr, David (1999): All other Things being equal: Acquisition and transfer oft he control of variables strategy. *Child Development*, September/October, Vol. 70, Number 5, 1098–1120.

Christmann, Ursula (1989): *Modelle der Textverarbeitung: Textbeschreibung als Textverstehen.* Münster.

Clark, Ruth C., Nguyen, F. & Sweller. J. (2006): *Efficiency in Learning: Evidence-based guidelines to manage cognitive load.* San Francisco, CA: Pfeiffer.

Clark, R. & Mayer, R. E. (2008). *E-learning and the science of instruction* (2nd ed). San Francisco: Jossey-Bass.

Clark, Richard E. (2009): How much and what type of guidance is optimal for learning from instruction. In: Tobias, S. and Duffy, T. M. (Eds., 2009): *Constructivist Instruction. Success or Failure.* Routledge: New York, S. 158–183.

Clark, R. E., Kirschner, P. A. und Sweller, J. (Spring 2012): Putting Students on the Path to Learning. The Case of Fully Guided Instruction. *American Educator*, S. 6–11 .

Clay, Marie M. (1993): *Reading recovery. A guidebook for teachers in training.* Portsmouth, NH: Heinemann.

Clymer, J. B., & Wiliam, D. (2006/2007). Improving the way we grade science. *Educational Leadership*, 64(4), 36–42.

Cohen, E. G. (1994): Restructuring the Classroom: Conditions for Productive Small Groups. *Review of Educational Research,* Vol. 64, No. 1, 1–35.

Cohen, Jacob (1988[2]): *Statistical Power Analysis for the Behavioral Science.* New York.

Collins, A. M. & Quillian, M. R. (1969): Retrieval time from semantic memory. *Journal of Verbal Learning and Verbal Behavior,* Vol. 8, 240–247.

Cook, T. D., Appleton, H., Conner, R. F., Shaffer, A., Tamkin, G. & Weber, S. T. (1975): *'Sesame Street' Revisited.* New York, Russel Sage Foundation.

Cook, T. D. 2007. Randomized experiments in education: Assessing the objections to doing them. *Economics of Innovation and New Technology* 16(5): 331–355.

Cooper, G. & Sweller, J. (1987): The effects of Schema acquisition and rule automation on mathematical problem-solving transfer. *Journal of Educational Psychology*, Vol. 79, 747–362.

Cooper, G., Tindal-Ford, S., Chandler, P. & Sweller, J. (2001): Learning by Imagining. *Journal of Experimental Psychology: Applied,* Vol. 7, No. 1, 68–82.

Cooper, H. M. (1989): Synthesis of research in homework. *Educational Leadership,* Vol. 47, No. 3, 85–91.

Cooper, H.; Jackson, K.; Nye, B. & Lindsay, J. J. (2001). A model of homework on the performance evaluations of elementary school students. *The Journal on Experimental Education*, 69(2), 181–202.

Cordova, Diana I. & Lepper Mark R. (1996): Intrinsic Motivation and the Process of Learning: Beneficial Effects of Contextualization, Personalization, and Choice. *Journal of Educational Psychology,* Vol. 88, 715–730.

Covington, M. V. (1998): *The will to learn. A guide to motivate young people.* Cambridge University Press.

Cowan, Nelson (2001). The magical number 4 in short-term memory: A reconsideration of mental storage capacity. *Behavioral and Brain Sciences* 24: 87–185.

Craig, S. D., Sullins, J., Witherspoon, A. & Gholson, B. (2006). Deep-Level Reasoning Questions effect: The Role of Dialog and Deep-Level Reasoning Questions during Vicarious Learning. *Cognition and Instruction, 24(4)*, 563–589.

Craig, Scotty D., Chi, Michelene T. H. and VanLehn, Kurt (2009): Improving Classroom Learning by Collaboratively Observing Human Tutoring Videos While Problem Solving. *Journal of Educational Psychology*, Vol. 101, No. 4, 779–789.

Craik, F. I. M. & Lockhart, R. S. (1972): Levels of processing: A framework for memory research. *Journal of verbal learning and verbal behavior,* Vol. 11, 671–684.

Crandall, B. (2006): *Working Minds. A Practioners Guide to cognitive task analysis.* The MIT Press, Cambridge, MA.

Cunningham, Anne E. and Stanovich, Keith E. (1998): What Reading Does for the Mind. *American Educator*, Spring/Summer, 1–8.

Darling-Hammond, Linda (2010): *The Flat World and Education. How America's Commitment to Equity Will Determine Our Future*. Teachers College Press. Multicultural Education Series.

Dean, D., & Kuhn, D. (2007). Direct instruction vs. discovery: The long view. *Science Education*, 91, 384–397.

Deci, E. L., & Ryan, R. M. (2000). The „what" and „why" of goal pursuits: Human needs and the self-determination of behavior. *Psychological Inquiry*, 11, 227–268.

Dedekind, Brigitte (2009). Veränderter Mathematikunterricht – veränderte Aufgaben? Zur Notwendigkeit einer neuen Hausaufgabenkultur. *Grundschulunterricht Mathematik*, 56, Heft 3, 9–11.

Dehn, M. (1994): *Schlüsselszenen zum Schrifterwerb. Arbeitsbuch zum Lese- und Schreibunterricht in der Grundschule.* Weinheim.

Dempster, F. N. (1996[2]): Distributing and Managing the Conditions of Encoding and Practice. In: Bjork, E. L. & Bjork, R. A.: *Memory.* Academic Press, San Diego, 317–344.

Diener, Carol I. and Dweck, Carol S. (1978): An Analysis of Learned Helplessness: Continuous Changes in Performance, Strategy, and Achievement Cognitions Following Failure. *Journal of Personality and Social Psychology*, Volume 36, Number 5, S. 451–462.

Ditton, H. (2000): Qualitätskontrolle und Qualitätssicherung in Schule und Unterricht. Ein Überblick zum Stand der empirischen Forschung. In: Helmke, A., Hornstein, W. & Terhart, E. (Hrsg.): *Qualität und Qualitätssicherung im Bildungsbereich: Schule, Sozialpädagogik, Hochschule.* 41'tes Beiheft der Zeitschrift für Pädagogik, Weinheim, 73–92.

Doyle, W. (1986). Classroom Organization and Management. In: *Handbook of Research on Teaching.* (3rd ed), edited by M. Wittrock. New York: Macmillan, 392–431.

Druckman, D. & Bjork, R. A. (1994) (Hrsg.): *Learning, Remembering and Believing: Enhancing team and individual Performance.* Washington DC: National Academic Press.

Dubs, R. (1995): *Lehrerverhalten. Ein Beitrag zur Interaktion von Lehrenden und Lernenden im Unterricht.* Zürich.

Düker, H. (1967): Über Reaktive Anspannungssteigerang. *Archiv für die gesamte Psychologie,* Bd. 119, 46–72.

Dumke, D. (1984): Die hierarchische Strukturierung von Unterrichtsinhalten als Lernhilfe in der Grundschule. *Psychologie in Erziehung und Unterricht,* Jg. 31, 43–49.

Dunlosky, John, Rawson, Katherine A., Marsh, Elizabeth J., Nathan, Mitchell J., and Willingham, Daniel T. (2013): Improving Students' Learning With Effective Learning Techniques: Promising Directions From Cognitive and Educational Psychology. *Psychological Science in the Public Interest,* 14 (1), 4–58.

Dweck, Carol S. (1975): The Role of Expectations and Attributions in the Alleviation of Learned Helplessness. *Journal of Personality and Social Psychology,* Vol. 31, No. 4, 674–685.

Ebbesen, E. B., Duncan, B. & Konecni, V (1975): Effects of Content of Verbal Aggression on Future Verbal Aggression: A Field Experiment. *Journal of Experimental Social Psychology,* Vol. 11, 192–204.

Eccles, J. S., Midgley, C, Wigfield, A., Buchanan, C. M., Reuman, D., Flanagan, C. & Mac Iver, D. (1993): Development During Adolescence. The Impact of Stage-Environment Fit on Young Adolescents' Experiences in Schools and in Families. *American Psychologist,* Vol. 48, No. 2, 90–101.

Edelmann, Walter (1996): *Lernpsychologie.* 5., vollständig überarbeitete Auflage, Weinheim.

Einsiedler, W. (1995): Schulpädagogik als empirisch begründete, historisch und systematisch orientierte pädagogische Bereichsdisziplin. In: Apel, H. J. & Grunder, H.-U. (Hrsg.): *Texte zur Schulpädagogik.* Weinheim, 209–220.

Emmer, E. T., Evertson, C. M. & Worsham, M. E. (2003[6]): *Classroom Management for Middle and High School Teachers.* Boston et al., Pearson.

Englert, C. S., Tarrant, K. L., Mariage, T. V. & Oxer, T. (1994): Lesson Talk as the work of reading groups: The effectiveness of two interventions. *Journal of learning disabilities,* Vol. 27, 165–185.

Ericsson, K. S. & Charness, N. (1994): Expert performance: Its structure and acquisition. *American Psychologist*, 49, 725–747.

Ericsson, K. Anders (1996): The acquisition of Expert Performance: An Introduction to Some of the Issues. In: Ericsson, K. Anders (Hrsg.): *The Road to Excellence. The Aquisition of Expert Performance in the Arts and Sciences, Sports, and Games.* Mahwah, 1–50.

Ericsson, K. A., Krampe, R. Th., & Tesch-Römer, C. (1993). The role of deliberate practice in the acquisition of expert performance. *Psychological Review,* 100, 363–406.

Esslinger-Hinz, Ilona/Unseld, Georg/Reinhard-Hauck, Petra/Röbe, Edeltraud/Fischer, Hans-Joachim/Kust, Tilmann/Däschler-Seiler, Siegfried (2007): *Guter Unterricht als Planungsaufgabe. Ein Studien- und Arbeitsbuch zur Grundlegung unterrichtlicher Basiskompetenzen.* Bad Heilbrunn.

Evertson, C. M., Emmer, E. T. & Brophy, J. E. (1980): Predictors of effective Teaching in Junior High Mathematics Classrooms. *Journal of Research in Mathematics Education,* Vol. 11, No. 3, 167–178.

Evertson, C. M., Emmer, E. T, Sanford, J. P., & Clements, B. S. (1983): Improving Classroom Management: An Experiment in Elementary School Classrooms. *The Elementary School Journal,* Vol. 84, No. 2, 173–188.

Evertson, C. M., Emmer, E. T., Clements, B. S. & Worsham, M. E. (1994[3]): *Classroom Management for Elementary Teachers.* Allyn & Bacon, Boston.

Evertson, C. & Harris, A. H. (1999): Support for Managing Learning-Centered Classrooms: The Classroom Orgnization and Management Program. In: Freiberg, H. J. (ed.): *Beyond Behaviorism. Changing the Classroom Management Paradigm.* Allyn & Bacon, Boston, 59–74.

Fantuzzo, John W., King, J. A. & Heller, L. R. (1992): Effects of reciprocal peer tutoring on Mathematics and school adjustment: A Component Analysis. *Journal of Educational Psychology,* Vol. 84, No. 3, 331–339.

Farkas, G. (1998). Reading One-to-One: An intensive program serving a great many students while still achieving large effects. In J. Crane (Ed.) *Social programs that work* (pp. 75–109). New York: Russell Sage Foundation.

Farkas, George and Rachel Durham. (2006): The Role of Tutoring in Standards-Based Reform. Read at the conference: „*Will Standards-Based Reform in Education Help Close the Poverty Gap?*" Institute for Research on Poverty, University of Wisconsin, Madison, WI, Feb. 24.

Faust, G. (2002): Pisa und die Grundschule. Interpretation der Befunde und mögliche Konsequenzen. *Die Deutsche Schule,* Bd. 94, No. 3, 300–317.

Fend, H. (2000): Qualität und Qualitätssicherung im Bildungswesen. In: Helmke, A., Hornstein, W. & Terhart, E. (Hrsg.): *Qualität und Qualitätssicherung im Bildungsbereich: Schule, Sozialpädagogik, Hochschule.* 41'tes Beiheft der Zeitschrift für Pädagogik, Weinheim, 55–72.

Fennema, E., Carpenter, TR, Peterson, PL., Chiang, C.-R & Loef, M. (1989): Using Knowledge of Children's Mathematics Thinking in Classroom Teaching: An Experimental Study. *American Educational Research Journal,* Vol. 26, No. 4, 499–531.

Ferdinand, W./Klüter, M. (1968): Hausaufgaben in der Diskussion. *Schule und Psychologie,* 15. Jg., H. 4, 97–105.

Fernandez, C., Makoto, Y. (2004): *Lesson Study: A Japanese Approach to Improving Mathematics Teaching and Learning.* Mahwah, NJ.: Laurence Erlbaum Associates.

Fisher, Ronald Aylmer (1925): *Statistical methods for research workers.*

Forster, M. & Martschinke, S. (2001): *Leichter lesen und schreiben lernen mit der Hexe Susi.* Übungen und Spiele zur Förderung der phonologischen Bewusstheit. Diagnose und Förderung im Schriftspracherwerb, Band 2. Donauwörth.

Freedman, D. A. (1991): Statistical Models and Shoe Leather. In: Mardsen, R. V.: *Sociological Methodology,* Vol. 21, Washington, 291–358.

Freiberg, J. H. (1999): Beyond Behaviorism. In: Freiberg, H. J. (Ed.): *Beyond Behaviorism. Changing the Classroom Management Paradigm.* Needham Heights, Massachusetts, Allyn & Bacon, 3–20.

Freiberg, J. H. (1999): Consistency, Management & Cooperative Discipline. From Tourists to Citizens in the Classrooms. In: Freiberg, H. J. (Ed.): *Beyond Behaviorism. Changing the Classroom Mangement Paradigm,* Needham Heights, Massachusetts, Allyn & Bacon, 75–97.

Friesen, C. D. (1975): *The effect of exploratory and review homework exercises upon achievement, retention and attitude in a first year algebra course.* Doctoral dissertation, Abstracts International, 76–4516, University of Nebraska.

Fuchs, L. S., Fuchs, D., Bentz, J., Phillips, N. B. & Hamlett, C. L. (1994): The nature of student interactions during peer tutoring with and without prior training and experience. *American Educational Research Journal*, 31, 75–103.

Fuchs, L. S., & Fuchs, D. (1986): Effects of systematic formative evaluation: A meta-analysis. *Exceptional Children*, 53, 199–208.

Fuchs, L. S., Fuchs, D., Hamlett, C. L., Phillips, N. B., Karns, K. & Dutka, S. (1997): Enhancing Students' Helping Behavior during Peer-Mediated Instruction with Conceptual Mathematical Explanations. *The Elementary School Journal,* 97, No. 3, 223–249.

Fuchs, Lynn S., Powell, Sarah R., Hamlett, Carol L., Fuchs, Douglas, Cirino, Paul T. and Fletcher, Jack M. (2008): Remediating Computational Deficits at Third Grade: A Randomized Field Trial. *Journal of Research in Educational Effectiveness*, 1 (1), 2–32.

Furtak, Erin Marie, Seidel, Tina, Iverson, Heidi und Briggs, Derek C. (2012): Experimental and Quasi-Experimental Studies of Inquiry-Based Science Teaching: A Meta-Analysis. *Review of Educational Research*, Vol. 82, No. 3, pp. 300–329.

Fürntratt, E. (1978): Aufgabenschwierigkeit, Übungsfortschritt und Arbeitsmotivation. *Psychologie in Erziehung und Unterricht,* 25. Jahrg., 221–230.

Gage, N. L. (1996): Confronting Counsels of Despair for the Behavioral Sciences. *Educational Researcher,* Vol. 25, No. 4, 5–15 und 22.

Gage, N. L. & Needels, C. (1989): Process-Product Research on Teaching: A Review of Criticisms. *The Elementary School Journal*, Vol. 89, No. 3, 254–300.

Gage, N. L. & Berliner, D. C. (1996[5]): *Pädagogische Psychologie,* Weinheim.

Gates, A. I. (1917): Recitation as a factor in memorizing. *Archives of Psychology,* 6, No. 40.

Gathercole, S. E. (1998): The development of memory. *Journal of Child Psychology and Psychiatry*, 39, 3–27.

Gathercole S., Lamont, E. and Alloway, T. P. (2006): Working Memory in the Classroom. In: *Working Memory and Education,* Kapitel 8, S. 219–241, Academic Press.

Geary, D. C. (2002): Principles of evolutionary educational psychology. *Learning and Individual Differences* 12, 317–345.

Geary, D. C. (2007): An evolutionary perspective on learning disability in mathematics. *Developmental Neuropsychology,* 32, 471–519.

Geary, D. C. (2007). An evolutionary perspective on sex differences in mathematics and the sciences. In S. J. Ceci & W. Williams (Eds.), *Why aren't more women in science? Top researchers debate the evidence* (pp. 173–188). Washington, DC: American Psychological Association.

Geary, D. C. (2007): Educating the evolved mind: Conceptual foundations for an evolutionary educational psychology. In J. S. Carlson & J. R. Levin (Eds.), *Educating the evolved mind* (pp. 1–99, Vol. 2, Psychological perspectives on contemporary educational issues). Greenwich, CT: Information Age.

Geary, D. C. (2008). An evolutionarily informed education science. *Educational Psychologist*, 43, 179–195.

Gersten, R. & Carnine, D. (1984): Direct Instruction Mathematics: A Longitudinal Evaluation of Low Income Elementary School Students. *The Elementary School Journal*, Vol. 84, No. 4, 395–407.

Gersten, Russell, Sybilla Beckmann, Benjamin Clarke, Anne Foegen, Laurel Marsh, Jon R. Star and Bradley Witzel (2009): *Assisting students struggling with mathematics: Response to intervention (RtI) for elementary and middle schools* (NCEE 2009–4060). Washington, DC: National Center for Education Evaluation and Regional Services, Institute of Education Sciences, U.S. Department of Education.

Gersten, Russell, Chard, D. J., Jayanthi, M., Baker, S. K., Morphy, P. & Flojo, J. (2009): Mathematics Instruction for students with learning disablities: A Meta-Analysis of Instructional Components. *Review of Educational Research*, September, Vol. 79, No. 3, 1202–1242.

Giaconia, R. M. & Hedges, L. V. (1982): Identifying Features of Effective Open Education. *Review of Educational Research,* Vol 52, No. 4, 579–602.

Gick, M. L. & Holyoak, K. J. (1980): Analogical problem solving. *Cognitive Psychology,* Vol. 12, 306–355.

Gick, M. L. & Holyoak, K. J. (1983): Schema induction and analogical Transfer. *Cognitive Psychology,* Vol. 15, 1–38.

Ginsburg, Alan; Leinwand, Steven; Anstrom, Terry and Pollock, Elizabeth (2005): *What the United States Can Learn From Singapore's World-Class Mathematics System (and what Singapore can learn from the United States): An Exploratory Study.* American Institutes for Research®, 1000 Thomas Jefferson Street, NW, Washington, DC 20007–3835.

Glowalla, Ulrich, Rinck, Mike & Fezzardi, Gilbert (1993): Integration von Wissen über ein Sachgebiet. *Zeitschrift für Pädagogische Psychologie,* Vol. 7, No. 1, 11–24.

Good, T. L., Grouws, S. A. & Ebmeier, H. (1983): *Active mathematics teaching.* New York, Longman.

Goodlad, J. I. and Anderson, Robert. (1959): *The Non-Graded Elementary School.* New York, Teachers College Press.

Greeno, J. G. (1997): On Claims That Answer the Wrong Questions. *Educational Researcher,* Vol. 26, No. 1, 5–17.

Greeno, J. G. (1998): The situativity of Knowing, Learning and Research. *American Psychologist,* Bd. 53, No. 1, 5–26.

Griesel, H. und Postel H. (1988): *Mathematik heute 6* – Orientierungsstufe Niedersachsen. Schroedel Verlag: Hannover.

Groeben, N. (1981): Verständlichkeitsforschung unter Integrationsgesichtspunkten: Ein Plädoyer. In: Mandl, H. (Hg.): *Zur Psychologie der Textverarbeitung. Ansätze, Befunde, Probleme.* München, 367–385.

Groot, A. D. De (1965): *Thought and choice in chess* (niederländische Erstausgabe 1946). Mouton Publishers, Den Haag.

Gruber, Jana und Nill, Franziska (2012): *Zur Problematik von Unterrichtsmethoden – Ein empirischer Vergleich dreier Lernarrangements direkte Instruktion, Stationenlernen und segmentiertes Stationenlernen am Beispiel der Unterrichtseinheit „Die Spinne".* Masterarbeit Leuphana Universität Lüneburg.

Grünke, M. (2007): Richtig fördern – aber wie? *Zeitnah,* Vol. 4, Nr. 5, 9–23.

Gudjons, H. (1992[3]): *Handlungsorientiert lehren und lernen.* Klinkhart.

Gutierrez, R. & Slavin, R. E. (1992): Achievement effects of the Nongraded Elementary School: A best evidence synthesis. *Review of Educational Research,* Vol. 62, 333–376.

Haag, Ludwig, Fürst, Carl & Dann, H.-Dietrich (2000): Lehrervariablen erfolgreichen Gruppenunterrichts. *Psychologie in Erziehung und Unterricht,* Vol. 47, 266–279.

Hage, K., Bischoff, H., Dichanz, H. et al. (1985): *Das Methoden-Repertoire von Lehrern. Eine Untersuchung zum Schulalltag der Sekundarstufe 1.* Opladen.

Hager, W. (Hrsg.) (1995): *Programme zur Förderung des Denkens bei Kindern. Konstruktion, Evaluation und Metaevaluation.* Göttingen: Hogrefe.

Hager, W. & Hasselhorn, M. (1993): Über den Umgang mit unbotmäßigen Daten. Eine Erwiderung auf Klauers „Evaluation einer Evaluation". *Zeitschrift für Entwicklungspsychologie und Pädagogische Psychologie, 25,* 328–332.

Hagmann, S., Mayer, R. E. & Nenniger, P. (1998): Using structural theory to make a word-processing manual more understandable. *Learning and Instruction,* Vol. 8, No. 1, 19–33.

Harlen, Wynne (2012): The Relationship Between Assessment for Formative and Summative Purposes. Kap. 6. In: Gardner, J. (ed.): *Assessment and Learning.* 2. ed. Los Angeles, Calif.: SAGE, 87–102.

Harris, W. V. & Sherman, J. A. (1974): Homework assignments, consequences, and classroom Performance in Social Studies and Mathematics. *Journal of Applied Behavior Analysis,* Vol. 7, No. 4, 505–519.

Hart, B. & Risley, T. R. (1995): *Meaningful Differences in the Everyday Experience of Young American Children.* Baltimore: Paul H. Brookes.

Hascher, Tina & Bischof, Franziska (2000): Integrierte und traditionelle Hausaufgaben in der Primarschule – ein Vergleich bezüglich Leistung, Belastung und Einstellung zur Schule. *Psychologie in Erziehung und Unterricht,* Vol. 47, 252–265.

Hattie, John A. (2013): *Lernen sichtbar machen.* (Von W. Beywl und K. Zierer überarbeitete deutschsprachige Ausgabe). Baltmannsweiler.

Hattie, John A. & Timperly, H. (2007): The power of feedback. *Review of educational research,* March, 81–112.

Häußler, Peter (2001): *Donnerwetter Physik.* Weinheim.

Heckt, D. H.: Einleitung. In: Green, N. & Green, K. (2005): *Kooperatives Lernen im Klassenraum und im Kollegium. Das Trainingsbuch.* Seelze-Velber, S. 13–23.

Hedges, L. V. & Waddington, T. (1993): From Evidence to Knowledge to Policy: Research Synthesis for Policy Formation. *Review of Educational Research,* Vol. 63, No. 3, 345–352.

Hegele, I. (1997): Einleitung. In: Hegele, I. (Hrsg.): *Lernziel offener Unterricht. Unterrichtsbeispiele aus der Grundschule.* 2. Auflage. Weinheim.

Helmke, Andreas (1988): Leistungssteigerung und Ausgleich von Leistungsunterschieden in Schulklassen: unvereinbare Ziele? *Zeitschrift für Entwicklungspsychologie und Pädagogische Psychologie,* Bd. 20, Heft 1, 45–76.

Helmke, Andreas (2003): *Unterrichtsqualität – erfassen, bewerten, verbessern.* Seelze.

Helmke, A., Schrader, F.-W. & Lehneis-Klepper, G. (1991): Zur Rolle des Elternverhaltens für die Schulleistungsentwicklung ihrer Kinder. *Zeitschrift für Entwicklungspsychologie und Pädagogische Psychologie,* Band XXIII, Heft 1, 1–22.

Helmke, Andreas & Hesse, Hermann-Günter (2002): Kindheit und Jugend in Asien. In: Krüger, H.-H. & Grunert, C. (Hrsg.): *Handbuch der Kindheits- und Jugendforschung.* Opladen, 440–471.

Helmke, Andreas & Renkl, Alexander (1993): Unaufmerksamkeit in Grundschulklassen: Problem der Klasse oder des Lehrers. *Zeitschrift für Entwicklungspsychologie und Pädagogische Psychologie,* Bd. 25, 185–205.

Helmke, Andreas & Weinert, Franz E. (1997): Bedingungsfaktoren schulischer Leistungen. In: F.E. Weinert (Hrsg.): *Psychologie des Unterrichts und der Schule,* Göttingen, 71–176.

Helmke, A., Schrader, F.-W & Hosenfeld, I. (2004). Elterliche Lernunterstützung und Schulleistungen ihrer Kinder. *Bildung und Erziehung.* 57 (3), 251–277.

Helmke, T., Helmke A., Schrader, F.-W., Wagner, W., Nold, G. und Schröder, K. (2008): Die Videostudie des Englischunterrichts. In: Klieme, E. (Hrsg.): *Unterricht und Kompetenzerwerb in Deutsch und Englisch. Ergebnisse der DESI-Studie.* Weinheim, S. 345–363.

Herbart, Johann Friedrich (1982[2]): *Pädagogische Schriften.* Herausgegeben von Walter Asmus. Stuttgart.
1. Band: Kleinere Pädagogische Schriften.
2. Band: Pädagogische Grundschriften.

Heritage, M. (2008): Learning Progressions: Supporting Instruction and formative Assessment. Washington, DC. Der Aufsatz ist über das Internet verfügbar.

Herrmann, Ulrich (2004): *Fördern „Bildungsstandards" die allgemeine Schulbildung?* Vortrag am 24.3.2004 in Münster/Westf. (aus dem Internet am 15.7.2013 unter folgender Adresse heruntergeladen: http://www.gew-bw.de/Binaries/Binary2742/Herrmann-_Bildungsstandards_und_Schulbildung.pdf.

Heymann, H.W. (1998): Üben und Wiederholen – neu betrachtet. *Pädagogik,* Vol. 10, 7–11.

Higgins, S. und Simpson, A. (2011): Review von „John Hattie: Visible Learning: A Synthesis of over 800 Meta-Analyses Relating to Achievement. London: Routledge 2008. *British Journal of Educational Studies,* Vol. 59, No. 2, 197–201.

Hinrichs, Tatjana (2003): *Stationenarbeit oder direkte Instruktion – ein empirischer Vergleich zweier Lernarrangements in vierten Grundschulklassen am Beispiel der Unterrichtseinheit „Die Spinne".* Unveröffentlichte Examensarbeit, Universität Lüneburg.

Hirsch, E.D. (2000): 'You can always look it up', ... or can you? *American Educator,* Spring.

Hopkins, B.L., Schutte, R.C. & Garton, K.L. (1971): The effects of access to a playroom on the rate and quality of printing and writing of first and second-grade students. *Journal of applied behavior analysis,* Vol. 4, No. 2, 77–87.

Hoven, J. und Garelick, B.(2007): „Singapur Math: Simple or Complex?" *Educational Leadership 65,* No. 3, 28–31.

Howe, Michael J.A. and Davidson, Jane W. and Sloboda, John A. (1998): Innate Talents: Reality Or Myth? *Behavioral and Brain Sciences,* 21:3: 399–407.

Huber, G.L. (Hrsg.) (1985): 1: Lernen in Schülergruppen: A, Grundlagen. B, Organisationsmodelle und Materialien. In: Rotering-Steinberg, S. ... [Bearb.]. Pädagogisch-psychologische Grundlagen für das Lernen in Gruppen: Studienbrief [Bearb.]. Deutsches Institut für Fernstudien an der Universität Tübingen, Tübingen: Dt. Inst, für Fernstudien.

Huber, G.L. (1995): Lernprozesse in Kleingruppen: Wie kooperieren die Lerner? *Unterrichtswissenschaft – Zeitschrift für Lernforschung,* Vol. 23, No. 4, 316–331.

Huber, G.L., Sorrentino, R.M., Davidson, M.A., Eppler, R. & Roth, J.W.H. (1992): Uncertainty orientation and cooperative learning: Individual differences within and across cultures. *Learning and individual differences,* Vol. 4, 1–24.

Huntsinger, Carol S.; Jose, Paul E.; Larson, Shari L.; Baisink Krieg, Dana; Shaligram, Chitra (2000): Mathematics, vocabulary, and reading development in Chinese American and European American children over the primary school years. *Journal of Educational Psychology.* Vol. 92(4), 745–760.

Ingenkamp, Karlheinz (Hrsg.) (1971): *Die Fragwürdigkeit der Zensurengebung.* Weinheim.

Ingenkamp, Karlheinz (1995): Beurteilungsfehler minimieren. Lernerfolgsmessung durch Schultests. *Pädagogik*, Bd. 47, No. 3, 25–30.

Ito, Toshiko (1997): Zwischen »Fassade« und »wirklicher Absicht«. *Zeitschrift für Pädagogik.* Heft 3, S. 449–466.

Iversen, S. A., & Tunmer, W. E. (1993): Phonological processing skills and the Reading Recovery program. *Journal of Educational Psychology*, 85, 112–125.

Iversen, S., Tunmer, William E. and Chapman, James W. (2005): The Effects of Varying Group Size on the Reading Recovery Approach to Preventive Early Intervention. *Journal of Learning Disabilities*, Vol. 38; 5, 456–472.

Johnson, M. & Bailey, J. S. (1974): Cross-Age Tutoring: Fifth Graders as Arithmetic Tutors for Kindergarten Children. *Journal of Applied Behavior Analysis*, Vol. 7, No. 2, 223–232.

Johnson, D. W. & Johnson, R. (1985): Classroom Conflict. Controversy Versus Debate in Learning Groups. *American Education Research Journal*, Vol. 22, No. 2, 237–256.

Johnson, D. W. & Johnson, R. (1989): *Cooperation and competition: Theory and research.* Edina, MN: Interaction Book Company.

Johnson, C. I., & Mayer, R. E. (2009): A testing effect with multimedia learning. *Journal of Educational Psychology*, Vol. 101, 621–629.

Johnston, F., Invernizzi, C. & Juel, C. (1998): Book Buddies: *Guidelines for volunteer tutors of emergent and early readers.* New York: Guilford.

Jones, Cindy D., Reutzel, D. Ray (2012): Enhanced Alphabet Knowledge Instruction: Exploring a Change of Frequency, Focus, and Distributed Cycles of Review. *Reading Psychology*, Volume 33, Number 5, pp. 448–464.

Julian, J. W. & Perry, F. A. (1967): Cooperation contrasted with intra-group and inter-group competition. *Sociometry*, 30(1), 79–90.

Juel, C. (1996): What makes Literacy tutoring effective? *Reading Research Ouarterly*, Vol. 31, No. 3, 268–289.

Jürgens, E. und Sacher, W. (2008): *Leistungserziehung und Pädagogische Diagnostik in der Schule. Grundlagen und Anregungen für die Praxis.* Stuttgart.

Kaiser, G. (1998): TIMSS – woher und wohin? *Mathematik lehren,* Heft 90, 4–8.

Kalyuga, S., Chandler, P. & Sweller, J. (1998): Levels of Expertise and Instructional Design. *Human Factors*, Vol. 40, No. 1, 1–17.

Kalyuga, S., Chandler, R, Sweller, J. (2001): Learner Experience and Efficiency of Instructional Guidance. *Educational Psychology,* Vol. 21, No. 1, 5–23.

Kalyuga, S. (2007): 'Expertise Reversal Effect and Its Implications for Learner-Tailored Instruction', *Educational Psychology Review*, Vol. 19, pp. 509–539.

Kameenui, E. L. & Carnine, D. W. (1998): *Effective teaching strategies that accommodate diverse learners.* Upper Saddle River, NJ: Merill.

Kapur, M. (2009): Productive failure in mathematical problem solving. *Instructional Science*, 38, 523–550.

Karpicke, J. D. (2012): Retrieval-based learning: Active retrieval promotes meaningful learning. *Current Directions in Psychological Science*, 21, 157–163.

Karpicke, J., Roediger III, H. (2007): Repeated retrieval during learning is the key to long-term retention. *Journal of Memory and Language,* Bd. 57, 2, S. 151–162.

Karpicke, Jeffrey D. & Roediger III, Henry L. (2008): The Critical Importance of Retrieval for Learning. *Science* 15 February, Vol. 319, no. 5865, pp. 966–968.

Karpicke, J. D. & Blunt, J. R. (2011 a): Retrieval practice produces more learning than elaborative studying with concept mapping. Vol. 331 no. 6018, pp. 772–775.

Karpicke, J. D. & Blunt, J. R. (2011 b): Response to comment on „Retrieval practice produces more learning than elaborative studying with concept mapping“. *Science*, 334, 453.

Kavale, Kenneth A. & Forness, Steven R. (1987): Substance Over Style: Assessing the Efficacy of Modality Testing and Teaching. *Exceptional Child*, Vol. 54, No. 3, 228–239.

King, A., Staffieri, A. & Adelgais, A. (1998): Mutual peer-tutoring: Effects of structuring tutorial interaction to scaffold peer learning. *Journal of Educational Psychology*, 90 (1), 134–152.

Kintsch, Eileen (1990): Macroprocesses and Microprocesses in the Development of Summarization Skill. *Cognition and instruction*. Vol. 7, No. 3, 161–195.

Kintsch, W. & van Dijk, T.A. (1978): Toward a Model of Text Comprehension and Production. *Psychological Review*, Vol. 85, No. 5, 363–394.

Kintsch, W., Britton, B.K., Fletcher, C.R., Kintsch, E., Mannes, S.M. & Nathan, M.J. (1993): A Comprehension – Based Approach to Learning and Understanding. *The Psychology of Learning and Motivation*, Vol. 30, 165–214.

Kirschner, Paul A., Sweller, J., Clark, Richard E. (2006): Why Minimal Guidance During Instruction Does not Work: An Analysis of the failure of Constructivist, Discovery, Problem-Based, Experimental, and Inquiry-Based Teaching. *Educational Psychologist*, 41, No. 2, 75–86.

Klahr, D., Nigam, M. (2004): The Equivalence of Learning Paths in Early Science Instruction: Effects of Direct Instruction and Discovery Learning. *Psychological Sience*, Vol. 15, No. 10, 661–667.

Klauer, K.J.: *Denktraining für Kinder*. I. Hogrefe, Göttingen 1989.

Klauer, K.J.: *Denktraining für Kinder*. II. Hogrefe, Göttingen 1991.

Klauer, K.J.: Situiertes Lernen. In: Rost, D.H. (Hrsg.) (2001): *Handwörterbuch Pädagogische Psychologie*. 2., überarbeitete und erweiterte Auflage, Weinheim, 635–641.

Klauer, K.J. & Phye, G.D. (2008): Inductive reasoning: A training approach. *Review of Educational Research*, 78 (1), 85–123.

Klieme, E./Avenarius, H./Blum, W./Döbrich, P./Gruber, H./Prenzel, M./Reiss, K./Riquarts, K./Rost, J./Tenorth, H.-E./Vollmer, H.J. (2003): *Zur Entwicklung nationaler Bildungsstandards. Eine Expertise*. Hrsg. v. Bundesministerium für Bildung und Forschung. Bonn: BMBF.

Knörzer, Wolfgang (1985): Leistungsvergleich. In: Knörzer, Wolfgang (Hrsg.): *Sind Schüler in kombinierten Grundschulklassen benachteiligt?* Baltmannsweiler, S. 14–21.

Köller, O., Knigge, M. und Tesch, B. (2010, Hrsg.): *Sprachliche Kompetenzen im Ländervergleich*. Waxmann.

König, R.-P. & Wiegers, H. (1992) (Hrsg.): *Sprechakttheorie*. Münster.

Koretz, D. (2005): *Alignment, High Stakes and the Inflation of Test Scores*. CSE Report 655.

Koretz, D. (2008): *Measuring Up: What Educational Testing Really Tells Us*. Cambridge, Harvard College.

Koretz, D. (2010): *Implications of Current Policy for Educational Measurement*. Educational Testing Service. (über Internet abrufbar).

Koretz, D., Linn, R. L., Dunbar, S.B. and Shepard, L.A. (1991). The effects of high-stakes testing: Preliminary evidence about generalization across tests, in R.L. Linn (Chair), *The effects of high stakes testing*. Symposium presented at the annual meetings of the American Educational Research Association and the National Council on Measurement in Education, Chicago, IL.

Kounin, Jacob S. (1976): *Techniken der Klassenführung*. Stuttgart.

Kozioff, M.A., LaNunziata, L., Cowardin, J. & Bessellieu, F.B. (2001): Direct Instruction: Its Contributions to High School Achievement. *High School Journal*, Bd. 84, No. 2, 54–71.

Krashen, Stephen (2009): Anything but Reading. *Knowledge Quest*, Volume 37, No. 5, S. 18–25.

Krumm, V. (1993): Aggression in der Schule. Lehrer können mehr tun, als sie glauben. In: Schmälzle, U. (Hrsg.): *Mit Gewalt leben: Arbeit am Aggressionsverhalten in Familie, Kindergarten und Schule*, Frankfurt/M., 153–202.

Krumm, V., Lamberger-Baumann, B., & Haider, G. (1997): Gewalt in der Schule – auch von Lehrern. *Empirische Pädagogik. Zeitschrift zu Theorie und Praxis erziehungswissenschaftlicher Forschung*, Vol. 11, No. 2, 257–274.

Küspert, Petra (2001): *Wie Kinder leicht lesen und schreiben lernen. Neue Strategien gegen Legasthenie*. Ratingen.

Laging, Ralf (ed., 1999): *Altersgemischtes Lernen in der Grundschule*. Baltmannsweiler.

Lambiotte, J.G., Dansereau, D.F., Cross, D.R. & Reynolds, S.B. (1989): Multi-relational semantic maps. *Educational Psychology Review*, Vol. 1, No. 4, 331–367.

Leahy, Siobhan; Lyon, Christine;Thompson, Marnie; Wiliam, Dylan (2005): Classroom Assessment: Minute by Minute, Day by Day. *Educational Leadership*, November, Volume 63, Number 3, pp 19–24.

Leeming, Frank C. (2002): The Exam-A-Day Procedure Improves Performance in Psychology Classes. *Teaching of Psychology*, Vol. 29, No. 3, S. 210–212.

Leinhardt, G. (1989): Math Lessons: A Contrast of Novice and Expert Competence. *Journal for Research in Mathematics Education*, Vol. 20, No. 1, 52–75.

Leinhardt, G. (1989): Development of an Expert Explanation: An Analysis of a Sequence of Subtraction Lessons. In: Resnick, L. B. (Hrsg.): *Knowing, learning, and instruction: Essays in honor of Robert Glaser,* Hillsdale, New Jersey, 67–124.

Leinhardt, G. & Smith, D. A. (1985): Expertise in Mathematics Instruction: Subject Matter Knowledge. *Journal of Educational Psychology*, 77, No. 3, 247–271.

Lehmann, R. H., Peek, R., Gänsfuß, R., Lutkat, S., Mücke, S. & Barth, I. (2001): QuaSUM. Qualitätsuntersuchung an Schulen zum Unterricht in Mathematik. Ergebnisse einer repräsentativen Untersuchung in Brandenburg. Als *PDF-Datei im Internet,* vermutlich seit 2001 (... s. Endbericht).

Lepper, M. R., Greene, D. & Nisbett, R. E. (1973): Undermining Children's Intrinsic Interest With Extrinsic Reward: A Test Of The „Overjustification" Hypothesis. *Journal of Personality and Social Psychology,* Vol. 28, No. 1, 129–137.

Lepper, M. R., Keavney, M. & Drake, M. (1996): Intrinsic Motivation and Extrinsic Rewards: A Commentary on Cameron and Pierce's Meta-Analysis. *Review of Educational Research,* Vol. 66, No. 1, 5–32.

Levin, Joel R., O'Donnell, Angela M. (1999): What to do about Educational Researchś Credibility Gaps? *Issues in Education*, Vol. 5, No. 2, 177–229.

Lewin, Kurt/Lippitt, Ronald/White, Ralph (1939): Patterns of aggressive behavior in experimentally created „social climates". *The Journal of Social Psychology*, Jg. 10, S. 271–299.

Lewis, C., Perry, R., Hurd, J. (2004): A Deeper Look at Lesson Study. *Educational Leadership*, 18–22.

Lobemeier, K. R. und Dedekind, B. (2008): *Gute Hausaufgaben im Mathematikunterricht der Grundschule: eine Umfrage in Rahmen von SINUS-Transfer Grundschule zur Didaktik der Mathematik in der 4. Klassenstufe;* Modellversuchsprogramm SINUS-Transfer Grundschule „Weiterentwicklung des mathematischen und naturwissenschaftlichen Unterrichts an Grundschulen". IPN.

Locke, Edwin A. & Latham, Gary R. (1990): *A theory of Goal setting & Task Performance.* Prentice Hall, Englewood Cliffs, New Jersey.

Lortie, D. (1975): *Schoolteacher: A sociological study.* Chicago: University of Chicago Press.

Lou, Y., Abrami, P. C., Spence J. C. et al. (1996): Within-Class Grouping (1996): A Meta-Analysis. *Review of Educational Research*, Vol. 66, No. 4, Winter, 423–458.

Lundberg, I., Frost, J. & Petersen, O.-P. (1988): Effects of an extensive program for stimulating phono-logical awareness in preschool children. *Reading Research Quarterly*, Vol. 23, No. 3, 263–284.

Ma, Liping (1999): *Knowing and Teaching elementary Mathematics. Teachers' Understanding of Fundamental Mathematics in China and the United States*. Mahwah, New Jersey.

MacKenzie, A. A., White, R. T. (1982): Fieldwork in Geography and Long-term Memory Structures. *American Educational Research* Journal, Vol. 19, No. 4, 623–632.

Mähler, Claudia und Stern, Elsbeth (2006): Transfer. In. D. H. Rost (Hrsg.): *Handwörterbuch: Pädagogische Psychologie*. 3. überarbeitete und erweiterte Auflage. Weinheim, S. 782–793.

Mannes, Susanne M. & Kintsch, Walter (1987): Knowledge organization and text organization. *Cognition and Instruction,* Vol. 4, No. 2, 91–115.

Mariage, T. V. (1995): Why students learn. The nature of teacher talk during reading. *Learning disability Quarterly,* 18, 214–234.

Martin, M. O. & Kelly, D. L. (Eds., 1996): *TIMSS Technical Report*, Volume I: Design and Development.

Martinez, J. G. R. & Martinez, N. C. (1992): Re-examining repeated testing and teacher effects in a remedial mathematics course. *British Journal of Educational Psychology,* Vol. 62, 356–363.

Marzano, R. J. (2006): *Classroom assessments and grading that work.* Alexandria, VA: Association for Supervision and Curriculum Development.

Mastropieri, M. A. & Scruggs, T. E. (1998): Enhancing School Success with Mnemonic Strategies. *Intervention in School and Clinic,* Vol. 33, No. 4, 201–208.

Mastropieri, M. A. & Scruggs, T. E. (1998): Constructing More Meaningful Relationships in the Classroom: Mnemonic Research Into Practice. *Learning Disabihties. Research and Practice,* Vol. 13, No. 3, 138–145.

Mathes, P. G., Torgeson, J. K. & Allor, J. H. (2001): The Effects of Peer-Assisted Literacy Strategies for First-Grade Readers With and Without Additional Computer-Assisted Instruction in Phonological Awareness. *American Educational Research Journal,* Vol. 38, No. 2, 371–410.

Matlen, B., & Klahr, D. (May 2012): Sequential Effects of High and Low Instructional Guidance on Children's Acquisition and Transfer of Experimentation Skills. *Instructional Science*: Published online.

Mayer, R. E. (1983): Can you repeat that? Qualitative Effects of Repetition and Advance Organizers on Learning from Science Prose. *Journal of Educational Psychology,* Vol. 75, No. 1, 40–49.

Mayer, R. E. (1989): Systematic Thinking Fostered by Illustrations in Scientific Text. *Journal of Educational Psychology,* 81, No. 2, 240–246.

Mayer, R. E. (1997): Multimedia learning: Are we asking the right questions. *Educational Psychology,* Vol. 32, No. 1, 1–19.

Mayer, R. E., & Anderson, R. B. (1991): Animation Need Narrations: An Experimental Test of a Dual Coding Hypothesis. *Journal of Educational Psychology,* Vol. 83, No. 4, 484–499.

Mayer, R. E., Sims, V. & Tajika, H. (1995): A Comparison of How Textbooks Teach Mathematical Problem Solving in Japan and the United States. *American Educational Research Journal,* Vol. 32, No. 2, 443–460.

Mayer, R. E., Bove, W., Bryman, A., Mars, R. & Tapanago, L. (1996): When Less Is More: Meaningful Learning From Visual and Verbal Summaries of Science Textbook Lessons. *Journal of Educational Psychology,* Vol. 88, No. 1, 64–73.

Mayer, R. E., Heiser, J. & Lonn, S. (2001): Cognitive Constraints on Multimedia Learning: When Presenting More Material Results in Less Understanding. *Journal of Educational Psychology,* Vol. 93, No. 1, 187–198.

Mayer, Richard E., Stull, Andrew, DeLeeuw, Krista, Almeroth, Kevin, Bimber, Bruce, Chun, Dorothy, Bulger, Monica, Campbell, Julie, Knight, Allan & Zhang, Hangjin (2009): Clickers in college classrooms: Fostering learning with questioning methods in large lecture classes. *Contemporary Educational Psychology* 34, 51–57.

Mayfield, K. H., & Chase, P. N. (2002): The effects of cumulative practice on mathematics problem solving. *Journal of Applied Behavior Analysis*, 35, 105–123.

McDaniel, M. A. & Pressley, M. (1989): Keyword and context instruction of new vocabulary meanings: Effects on text comprehension and memory. *Journal of Educational Psychology,* 81, 204–213.

McDaniel, M. A. & Fisher, R. P. (1991): Tests and test feedback as learning sources. *Contemporary Educational Psychology,* 16, 192–201.

McDaniel, M. A., Anderson, J. L., Derbish, M. H. & Morrisette, N. (2007): Testing the testing effect in the classroom. *European Journal of Cognitive Psychology,* 19, 94–513.

McDaniel, M., Roediger III, H., Mc Dermott, K. (2007): Generalizing test-enhanced learning from the laboratory to the classroom. *Psychonomic Bulletin & Review,* Vol. 14, No. 2, 200–206.

McDaniel, M. A., Wildman, K. M. & Anderson, J. L. (2012): Using quizzes to enhance summative-assessment performance in a web-based class: An experimental study. *Journal of Applied Research in Memory and Cognition*, 1, 18–26.

McNamara, D. S., Kintsch, E., Songer, N. B. & Kintsch, W. (1996): Are Good Texts Always Better? Interactions of Text Coherence, Background Knowledge, and Levels of Understanding in Learning From Text. *Cognition and Instruction,* Vol. 14, No. 1, 1–43.

Mercer, CD, Campbell, K. U., Miller, D. M., Mercer, K. D. & Lane, H. B. (2000): Effects of a Reading Fluency Intervention for Middle Schoolers with specific Learning Disabilities. *Learning Disabilities Research & Practice,* Vol. 15, No. 4, 179–189.

Meiser, G. & Wolter, U. (1997[2]): Situation Schulwechsel-Unterrichtsvorschläge zur Vorbereitung auf den Übergang in eine weiterführende Schule – 4. Schuljahr. In: Hegele, I. (Hrsg.): *Lernziel: Offener Unterricht, Unterrichtsbeispiele aus der Grundschule.* Weinheim, 21–36.

Metze, Wilfried (2008): *Lernwegsorientierter Schriftspracherwerb im Spiegel der Empirie und des Schulalltags*. Vortrag 31.5.2008, Zürich, heruntergeladen aus dem Internet am 14.5.2013.

Metcalfe, J., Kornell, N., Son, L. (2007): A cognitive science based programme to enhance study efficacy in a high and low risk setting. *European Journal of Cognitive Psychology,* Vol. 19, No. 4/5, 743–768.

Meyer, H. (1987): *Unterrichtsmethoden.* Band 1 und 2. Frankfurt am Main.

Meyer, Thomas (1997): Frontalunterricht oder Handlungsorientierter Unterricht? Konzeption, Entwicklung, Ergebnisse und pädagogische Konsequenzen einer empirischen Untersuchung. *Geographie und ihre Didaktik,* Bd. 25, 19–33 & 70–84.

Midgley, C., Feldlaufer, H. & Eccles, J. S. (1989): Change in teacher efficacy and Student self- and task-related beliefs during the transition to junior high schools. *Journal of Educational Psychology,* Vol. 81, 247–258.

Miller, G. A. (1956): The magical number seven, plus or minus two. Some limits on our capacity for processing information. *Psychological Review,* Vol. 63, 81–97.

Miller, George A. (2003): The cognitive revolution: a historical perspective. *TRENDS in Cognitive Sciences.* Vol. 7, No. 3.

Mintzes, Joel J., Canas, Alberto, Coffey, John, Gorman, James, Gurley, Laine, Hoffman, Robert, Mc-Guire, Saundra Y., Miller, Norma, Moon, Brian, Trifone, James and Wandersee, James H. (2011): Comment on „Retrieval Practice Produces More Learning than Elaborative Studying with Concept Mapping“ *Science 28* October, 453.

Mitchell, M. (1993): Situational Interest: Its Multifaceted Structure in the secondary School Mathematics Classroom. *The Journal of Educational Psychology,* Bd. 85, Nr. 3, 424–436.

Moreno, Roxana & Richard E. Mayer (2000): Engaging Students in Active Learning: The Case for Personalized Multimedia Messages. *Journal of Educational Psychology,* Vol. 92, No. 4, 724–733.

Moreno, Roxana & Richard E. Mayer (2002): Animation as an Aid to Multimedia Learning. *Educational Psychology Review,* Vol. 14, No. 1, 87–99.

Moser, U. (1997): Unterricht, Klassengröße und Lernerfolg. In: Moser, U., Ramseier, E., Keller, E. & Huber, M.: *Schule auf dem Prüfstand.* Ruegger, Chur / Zürich, 182–214.

Mosteller, Frederick (1995): „The Tennessee study of class size in the early school grades.“ *The Future of Children* 5, no. 2, 113–127.

Mosteller, F., Light, R. J., & Sachs, J. A. (1996): Sustained Inquiry in Education: Lessons from Skill Grouping and Class Size. *Harvard Educational Review,* Vol. 66, No. 4, 797–845.

Neber, H. (1973; Hrsg.): *Entdeckendes Lernen.* Weinheim

Nichols, Sharon L., Glass Gene V. and Berliner, David C. (2005): *High-Stakes Testing and Student Achievement: Problems for the No Child Left Behind Act.* Education Policy Research Unit (EPRU) Education Policy Studies Laboratory, College of Education, Division of Educational Leadership and Policy Studies, Box 872411, Arizona State University, Tempe, AZ 85287-2411

Nichols, Sharon L. and Berliner, David C., Foreword by Nel Noddings (2007): *Collateral Damage. How High-Stakes Testing Corrupts America's Schools.* Harvard education publishing group.

Niggli, A. (2000): *Lernarrangements erfolgreich planen. Didaktische Anregungen zur Gestaltung offener Unterrichtsformen.* Aarau: Bildung Sauerländer.

Niggli, A.; Trautwein, U., Schnyder, I., Lüdtke, O., Neumann, M. (2007): Elterliche Unterstützung kann hilfreich sein, aber Einmischung schadet: Familiärer Hintergrund, elterliches Hausaufgabenengagement und Leistungsentwicklung. *Psychologie in Erziehung und Unterricht,* 54, S. 1–14.

Nuber, Franz und Sauter, Rudolf (1985): Unterscheiden sich Lehrer an kombinierten Klassen und Jahrgangsklassen? In: Knörzer, Wolfgang (Hrsg.): *Sind Schüler in kombinierten Grundschulklassen benachteiligt?* Baltmannsweiler 1985, S. 93–104.

Oelkers, J. (1989): *Reformpädagogik. Eine kritische Dogmengeschichte.* Weinheim.

Oelkers, J. (2004): Zum Problem von Standards aus historischer Sicht. *Neue Sammlung* 44, S. 179–200.

OECD 2001 (Organisation für wirtschaftliche Zusammenarbeit und Entwicklung) (Hg.): *Lernen für das Leben. Erste Ergebnisse der Internationalen Vergleichsstudie PISA 2000.* Opladen.

Olweus, D. (1994): *Gewalt in der Schule. Was wir wissen und was wir tun können.* Kiel.

Oser, Fritz (2001): Standards: Kompetenzen von Lehrpersonen. In: Fritz Oser & Jürgen Oelkers (Hrsg.): *Die Wirksamkeit der Lehrerbildungssysteme.* Verlag Ruegger, Chur, 215–342.

Paas, F. G. W. C. & Van Merrienboer, J. G. (1994): Variability of Worked Examples and Transfer of Geometrical Problem-Solving Skills: A Cognitive Load Approach. *Journal of Educational Psychology,* Vol. 86, No. 1, 122–133.

Palincsar, A. S. & Brown, A. L. (1984): Reciprocal Teaching of Comprehension-Fostering and Comprehension-Monitoring Activities. *Cognition and Instruction,* Vol. 1,117–175.

Pashler, H., Rohrer, D., Cepeda, N., Carpenter, S. (2007 a): Enhancing learning and retarding forgetting: Choices and consequences. *Psychonomic Bulletin & Review,* Vol. 14, No. 2, 187–193.

Pashler, H., Bain, P., Bottge, B., Graesser, A., Koedinger, K., McDaniel, M. & Metcalfe, J. (2007 b): *Organizing instruction and study to improve student learning* (NCER 2007–2004). Washington, DC: National Center for Education Research, Institute of Education Sciences, U.S. Department of Education.

Patterson, G. R. (1982): *Coercive Family Process.* Eugine, OR, Castalia.

Patterson, G. R., Reid, J. B. & Dishion, T. J. (1992): *Antisocial Boys. A Social Interactional Approach.* Eugine, Oregon.

Pellegrini, A. D., McGillicuddy-DeLisi, A. V., Sigel, I. E. & Brody, G. H. (1986): The effects of childrens's communicative Status and task on parent' teaching strategies. *Contemporary Educational Psychology,* Vol. 11, 240–252.

Pintrich, P. R. & Schunk, Dale H. (1996): *Motivation in Education. Theory, Research, Applications.* Prentice Hall, Englewood Cliffs, New Jersey.

Pirolli, Peter L. & Anderson, John B. (1985): The Role of Practice in Fact Retrieval. *Journal of Experimental Psychology: Learning, Memory and Cognition,* Vol. 11, No. 1, 136–153.

Pisa 2000. Max-Planck-Institut für Bildungsforschung, Berlin 2002.

Plant, E. Ashby, Ericsson, K. Anders und Hill, Len (2005): Why study time does not predict gradepoint average across college students: Implications of deliberate practice for academic performance. *Contemporary Educational Psychology,* 30, 96–116.

Posner, G. J., Strike, K. A., Hewson, P. W. & Gertzog, W. A. (1982): Accommodation of a scientific conception: Toward a theory of conceptual change. *Science Education*, 66, 211–227.

Pressley, M., Levin, J. R. & Delaney, H. D. (1982): The mnemonic keyword method. *Review of Educational Research*, 52(1), p. 61–91.

Pressley, M., Raphael, L., Gallagher, J. D. & DiBella, J. (2004): Provident-St. Mel School: How a school that works for African-American students works. *Journal of Educational Psychology,* 96(2), 216–235.

Pressley, M., Gaskins, I. W., Solic, K. & Collins, S. (2006): A portrait of Benchmark School: How a school produces high achievement in students who previously failed. *Journal of Educational Psychology,* 98 (2), 282–306.

Preuss-Lausitz, U. (1999): Mehr Gewalt in die Schule. *Pädagogik,* 51. Jg., No. 1, 25–28.

Qin, Z., Johnson, D. W. & Johnson, R. T. (1995): Cooperative versus competitive efforts and problem solving. *Review of Educational Research*, 65 (2), 129–143.

Radatz, Hendrik & Schipper, Wilhelm (1983): *Handbuch für den Mathematikunterricht an Grundschulen.* Hannover.

Randolph, Justus J. (2007): Meta-Analysis of the Research on Response Cards: Effects on Test Achievement, Quiz Achievement, Participation, and Off-Task Behavior. *Journal of Positive Behavior Interventions*, Volume 9, Number 2, 113–128.

Rattan, Aneeta, Good, Catherine and Dweck, Carol S. (2012): „It's ok – Not everyone can be good at math": Instructors with an entity theory comfort (and demotivate) students. *Journal of Experimental Social Psychology,* Vol. 48, 731–737.

Raymond, Margaret E., Hanushek, Eric A. (2003): High Stakes Research. *Education Next*, 3 (3), Summer pp. 48–55.

Reich, K. (Hg.): Methodenpool. In: URL: http://methodenpool.uni-koeln.de 2003 ff.

Renkl, A. (1996): Lernen durch Erklären – oder besser doch durch Zuhören? *Zeitschrift für Entwicklungspsychologie,* 1996, Band XXVIII, No. 2, 148–168.

Renkl, A. (1997): *Lernen durch Lehren. Zentrale Wirkungsmechanismen beim kooperativen Lernen.* Wiesbaden.

Renkl, A. (2011): Aktives Lernen in Mathematik: Von sinnvollen und weniger sinnvollen Konzeptionen aktiven Lernens. *Beiträge zum Mathematikunterricht.* (8 S.)

Renkl, A. & Mandl, H. (1995): Kooperatives Lernen: Die Frage nach dem Notwendigen und dem Ersetzbaren. *Unterrichtswissenschaft. Zeitschrift für Lernforschung,* Jg. 23, No. 4, 292–300.

Renkl, A., Schworm, S. & Hilbert, T.S. (2004): Lernen aus Lösungsbeispielen: Eine effektive, aber kaum genutzte Möglichkeit, Unterricht zu gestalten. In: J. Doll & M. Prenzel (Hrsg.), *Bildungsqualität von Schule. Lehrerprofessionalisierung, Unterrichtsentwicklung und Schülerförderung als Strategien der Qualitätsverbesserung.* Münster, S. 77–92.

Resnick, Lauren B. & Hall, Megan W (1998): Learning Organizations for Sustainable Education reform. *Daedalus,* Bd. 127, No. 4, 89–118.

Reusser, K. (2005): Situiertes Lernen mit Unterrichtsvideos in der Lehrerinnen- und Lehrerbildung. *Journal für Lehrerinnen- und Lehrerbildung* 5, Nr. 2, S. 8–18.

Reusser, K. & Stebler, R. (1997): Every word problem has a solution – The social rationality of mathematical modeling in schools. *Learning and Instruction*, 7, 309–327.

Rezat, S. (2006). Mathematikschulbücher – Struktur und Nutzungsmöglichkeiten. In: GDM (Ed.), *Beiträge zum Mathematikunterricht 2006.* Vorträge auf der 40. Tagung für Didaktik der Mathematik vom 6.3. bis 10.3 2006 in Osnabrück (pp. 425–428). Hildesheim: Franzbecker.

Rheinberg, F. (1998): Paradoxe Effekte von Lob und Tadel. In: Rost, D. (Hrsg.): *Handwörterbuch Pädagogische Psychologie* (S. 393–396). Weinheim.

Rheinberg, Falko & Krug, Siegbert (1999[2]): *Motivationsförderung im Schulalltag.* Göttingen.

Roeder, P.M. (1997): Binnendifferenzierung im Schulalltag. Sichtweise von Berliner Gesamtschullehrern. *Pädagogik,* Jg. 49, No. 12, 12–17.

Roeder, P.M. & Sang, F. (1991): Über die institutionelle Verarbeitung von Leistungsunterschieden. *Zeitschrift für Entwicklungspsychologie und Pädagogische Psychologie,* Band XXIII, No. 2, 159–170.

Roediger, Henry L. (2008): Relativity of Remembering: Why the Laws of Memory Vanished. *Annual Review of Psychology 59*, S. 225–54.

Roediger, H.L. & Karpicke, J.D. (2006a): The power of testing memory: Basic research and implications for educational practice. *Perspectives on Psychological Science*, 1, 181–210.

Roediger, Henry L. & Karpicke, Jeffrey D. (2006b): Test-Enhanced Learning. Taking Memory Tests Improves Long-Term Retention. *Psychological Science,* Vol. 17/3, 249–255.

Roediger, Henry L. und Karpicke, Jeffrey D. (2013): Intricacies of Spaced Retrieval: A Resolution. In: Benjamin, A. S. (Ed.): *Successful remembering and successful forgetting.* Essays in honor of Robert A. Bjork. New York: Psychology Press.

Rohrer, D., Taylor, K. (2006): The Effects of Overlearning and Distributed Practise on the Retention of Mathematics Knowledge. *Applied Cognitive Psychology.* 20, 1209–1224.

Rohrer, Dough & Taylor, K. (2007): The shuffling of mathematics problems improves learning. *Instructional Science,* Vol. 35, 481–498.

Rohrer, Doug & Pashler, Harold (2012): Learning styles: where's the evidence? *Medical Education* 46: 630–635.

Rosenshine, Barak (2003): High-stakes Testing: Another Analysis. *Education Policy Analysis Archive*, Vol. 11, 24, 1–8.

Ross, John A. (1998): The antecedents and consequences of teacher efficacy. In: Brophy, J. (Ed.): *Advances in Research on Teaching,* Vol. 7, Greenwich, Connecticut, JAI Press, 49–73.

Ross, L. & Nisbett, R.E. (1991): *The person and the situation: Perspectives of social psychology.* New York: McGraw-Hill.

Roßbach, H.-G. (1999): Empirische Vergleichsuntersuchungen zu den Auswirkungen von jahrgangsheterogenen und jahrgangshomogenen Klassen. In: Laging, R. (Hrsg.): *Altersgemischtes Lernen in der Grundschule.* Baltmannsweiler, S. 80–91.

Roßbach, H.-G. & Wellenreuther, M. (2002): Empirische Forschungen zur Wirksamkeit von Methoden der Leistungsdifferenzierung in der Grundschule. In: Heinzel, F. & Prengel, A. (Hrsg.): *Heterogenität, Integration und Differenzierung in der Primarstufe.* Jahrbuch Grundschulforschung 6, Opladen, 44–57.

Rotering-Steinberg, S. & Kügelgen, T. (1986): Ergebnisse einer schriftlichen Befragung zum Gruppenunterricht. *Erziehungswissenschaft-Erziehungspraxis*, 2, 26–29.

Roth, Heinrich (1965[8]): *Pädagogische Psychologie des Lehrens und Lernens.* Hannover.

Rowe, M. B. (1987): Wait Time: Slowing Down May Be a Way of Speeding Up. *American Educator* 11, 38–43; 47.

Saldern, M. von (1999): *Schulleistung in Diskussion.* Hohengehren.

Salomon, G. & Globerson, T. (1989): When Teams do not Function the way they ought to. *International Journal of Educational Research,* Vol. 13, 89–99.

Schaafstal, A., Schraagen, J. M. and van Berlo, M. (2000): Cognitive Task Analysis and Innovation of Training: The Case of Structured Troubleshooting. *HUMAN FACTORS,* Vol. 42, No. 1, pp. 75–86.

Schipper, W. (1982): Stoffauswahl und Stoffanordnung im mathematischen Anfangsunterricht. *Journal für Mathematikdidaktik,* Vol. 2, 91–120.

Schipper, Wilhelm (August 2005): *Modul G4: Lernschwierigkeiten erkennen – verständnisvolles Lernen fördern.* Sinus Grundschule, Kiel. (Datei kann im Internet heruntergeladen werden!)

Schmidt, C. (2000): Arbeitsgedächtnis und fremdsprachliches Leseverstehen. *Zeitschrift für Fremdsprachenforschung,* Vol. 11, No. 1, 83–101.

Schmidt, William H., McKnight, Curtis, C., & Raizen, Senta A. (1997): *Splintered vision: An investigation of U.S. mathematics and science education.* Norwel, MA: Kluwer Academic Publishers.

Schneider, W., Küspert, P., Roth, P., Visé, M. & Marx, H. (1997): Short- and Long-Term Effects of Training in Phonological Awareness in Kindergarten: Evidence from Two German Studies. *Journal of experimental child psychology,* 66, 311–340.

Schneider, W., Ennemoser, M., Roth, E., Küspert, P. (1999): Kindergarten prevention of Dyslexia: Does training in phonological awerness work for everybody? *Journal of Learning Disabilities*, Vol. 32, No. 5, 429–435.

Schulz von Thun, F., Göbel, G. & Tausch, R. (1973): Verbesserung der Verständlichkeit von Schulbuchtexten und Auswirkungen auf das Verständnis und Behalten verschiedener Schülergruppen. *Psychologie in Erziehung und Unterricht,* Jg. 20, 223–234.

Schwartz, D. L., Chase, C. C., Oppezzo, M. A. & Chin, D. B. (2011): Practicing versus inventing with contrasting cases: The effects of telling first on learning and transfer. *Journal of Educational Psychology*, 103, 759–775.

Seabrook, R., Brown, G. D. A. & Solity, J. E. (2005): Distributed and massed practice: from laboratory to classroom. *Applied Cognitive Psychology*, 19, 107–122.

Seyd, Christofer (2005): *Das profunde Verständnis fundamentaler Mathematik von Lehrkräften als Ausgangspunkt für eine Verbesserung der Unterrichtsqualität: eine empirische Analyse unter Einschluss eines länderübergreifenden Vergleichs.* Dissertation Universität Lüneburg.

Shepard, Lorie A. (2008): Formative Assessment: Caveat Emptor. In: Dwyer, Carol L. (Ed.): *The future of assessment.* Taylor & Francis: New York, S. 279–303.

Shih, Shu-Shen & Alexander, Joyce M. (2000): Interacting Effects of Goal Setting and Self- or Other-Referenced Feedback on Children's Development of Self-Efficacy and Cognitive Skill within the Taiwanese Classroom. *Journal of Educational Psychology*, 92, No. 3, 536–543.

SingaporeMath (2003): *Primary Mathematics, Textbooks* (5a; 5b; 6a; 6b). US-Edition. Marshall Cavendish Education. ISBN 9-789810-185152.

Singer, J. D. (1993): On Faith and Microscopes: Methodological Lenses for Learning About Learning. *Review of Educational Research,* Vol. 63, No. 3, 353–364.

Singley, Mark K. & Anderson, J. R. (1989): *The Transfer of Cognitive Skill.* Harvard University Press, Cambridge, Massachusetts.

Slavin, R. E. (1984): Meta-Analysis in Education: How Has It Been Used? *Educational Researcher*, Vol. 13, No. 8, pp. 6–15.

Slavin, Robert E. (1986): *Ability grouping and student achievement in elementary schools: A best evidence analysis.* Baltimore, MD: Center for Research on Elementary and Middle Schools.

Slavin, R. E. (1995²): *Cooperative Learning. Theory, Research and Practice.* Allyn & Bacon, Boston.

Slavin, R. E. (1996): *Education for all.* Lisse: Swets & Zeitlinger.

Slogett, B. B. (1971): Use of group activities and team rewards to increase classroom productivity. *Teaching Exceptional Children*, 3, 54–66.

Spitzer, H. (1939): Studies in Retention. *Journal of Educational Psychology*, Vol. 30, 9, 641–656.

Spyri, Johanna und Wagner, Stephanie (1990), nacherzählt von N. Lange-Siemens: *Heidi kehrt heim*. Wiesbaden und Zürich: Parabel.

Staats, A. W. & Butterfield, W. H. (1965): Treatment of nonreading in a cultural deprived juvenile delinquent: An application of reinforcement principles. *Child Development*, Vol. 36, 925–942.

Stanovich, K. E. (1986): Matthew Effects in reading: Some consequences of individual differences in the acquisition of literacy. *Reading Research Quarterly*, 21, No. 4, 360–407.

Stark, R. (1999): *Lernen mit Lösungsbeispielen*. Göttingen.

Stebbins, L. B., St. Pierre, R. G., Proper, E. C., Anderson, R. B., & Carve, T. R. (1977): *Education as experimentation. A planned Variation model* (Vol. IV). Cambridge, Mass.: Abt. Associates.

Steins, G. (2004): *Evaluation eines Schulversuchs zum jahrgangsübergreifenden Unterricht*. Evaluationsbericht. (veröffentlicht als PDF-Datei im Internet)

Stern, E. (1992): Die spontane Strategieentdeckung in der Arithmetik. In: Mandl, H. & Friedrich, H. F. (Hrsg.): *Lern- und Denkstrategien. Analyse und Intervention*, Göttingen, 99–123.

Stevens, R. J., Slavin, R. E. & Farnish, A. M. (1991): The Effects of Cooperative Learning and Direct Instruction in Reading Comprehension Strategies on Main Idea Identification. *Journal of Educational Psychology*, Vol. 83, No. 1, 8–16.

Stevenson, H. W., Lee, S. & Stigler, J. W. (1986): Mathematics achievement of Chinese, Japanese, and American children. *Science* 231, 693–699.

Stigler, James W. & Hiebert, James (1999): *The Teaching Gap*. New York: Free Press.

Stöger, H. & Ziegler, A. (2008): Evaluation of a classroom based training to improve selfregulation in time management tasks during homework activities with fourth graders. *Metacognition and Learning*, 3, 207–230.

Stone, CA. (1998): The metaphor of scaffolding: Its Utility for the field of learning disabilities. *Joumal of Learning Disabitities*, 31, No. 4, 344–364.

Strand-Cary, M. & Klahr, D. (2008): Developing Elementary Science Skills: Instructional Effectiveness and Path Independence. *Cognitive Development*, 23, 488–511.

Stull, A., Mayer, R. (2007): Learning by Doing Versus Learning by Viewing: Three Experimental Comparisons of Learner-Generated Versus Author-Provided Graphic Organizers. *Journal of Educational Psychology*, Vol. 99, No. 4, 808–820.

Sweller, J. (2004): Instructional Design Consequences of an Analogy between Evolution by Natural Selection and Human Cognitive Architecture. *Instructional Science*, 32, 9–31.

Sweller, J. (2011): 'Cognitive load theory', in Jose Mestre & Brian. H. Ross (ed.), *Cognition in education*, Vol 55 *(The psychology of learning and motivation)*, Oxford: Academic Press, pp. 37–76.

Sweller, J. & Cooper, G. A. (1985): The use of worked examples as a substitute for problem solving in learning algebra. *Cognition and Instruction*, 2, 59–89.

Sweller, J., Van Merrienboer, J. J. G. & Paas, F. G. W. C. (1998): Cognitive Architecture and Instructional Design. *Educational Psychology Review*, Vol. 10, No. 3, 251–296.

Sweller, J., Clark, R. E. & Kirschner, P. A. (2010): Teaching general problem solving does not lead to mathematical skills or knowledge. *Notices of the American Mathematical Society*, 57, 1303–1304.

Tarim, K., Akdeniz, F. (2008): The effects of cooperative learning on Turkish elementary students'mathematics achievement and attitude towards mathematics using TAI and STAD methods. *Educational Studies in Mathematics*, Vol. 67, 77–91.

Tausch, R. & Tausch, A. (1977[8]): Erziehungspsychologie. Göttingen.

Taylor, K. & Rohrer, D. (2010): The effects of interleaving practice. *Applied Cognitive Psychology*, 24, 837–848.

Tergan, S.-O. (1981): Ist Textverständlichkeit gleich Textverständlichkeit? In: Mandl, H.: (Hg.): *Zur Psychologie der Textverarbeitung. Ansätze, Befunde, Probleme*. München, 334–366.

Terhart, Ewald (1997): Entwicklung und Situation des qualitativen Forschungsansatzes in der Erziehungswissenschaft. In: Barbara Friebertshäuser/Annedore Prengel (Hrsg.): *Handbuch Qualitative Forschungsmethoden in der Erziehungswissenschaft*. Weinheim, 27–42.

Thomé, Günther (2011): *ABC und andere Irrtümer über Ortographie, Rechtschreiben, LRS/Legasthenie*. ISB Oldenburg. Institut für sprachliche Bildung.

Thurner, F. (1981): *Lehren – Lernen – Beurteilen. Einführung in die Pädagogische Psychologie*. Königstein/Ts.

Tillmann, K.-J. & Meier, U. (2001): Schule, Familie und Freunde – Erfahrungen von Schülerinnen und Schülern in Deutschland. In: Baumert, J. et al. ‹Deutsches PISA-Konsortium› (Hrsg., 2001): *Pisa 2000. Basiskompetenzen von Schülerinnen und Schülern im internationalen Vergleich*. Opladen, 468–509.

Tobias, S. (1985): Test anxiety: Interference, defective skills, and cognitive capacity. *Educational Psychologist,* Vol. 20, 135–142.

Tobias, S. and Duffy, T. M. (Eds., 2009): *Constructivist Instruction. Success or Failure*. Routledge: New York.

Torcasio, S. and Sweller, J. (2010): The Use of Illustrations When Learning to Read: A Cognitive Load Theory Approach. *Applied Cognitive Psycholology* 24: 659–672.

Torgesen, J. K., Wagner, R. K., Rashotte, C. A., Rose, E., Lindamood, P., Conway, T. & Garvin, C. (1999): Preventing reading failure in young children with phonological processing disabilities: Group and individual responses to instruction. *Journal of Educational Psycholog*, 91, 579–593.

Trautwein, U. (2008). Hausaufgaben [Homework]. In: J. Bengel et al. (Series Eds.), W. Schneider & M. Hasselhorn (Vol. Eds.), *Handbuch der Psychologie*: Vol. 10. *Handbuch der Pädagogischen Psychologie* (pp. 563–573). Göttingen: Hogrefe.

Trautwein, U., Köller, O. & Baumert, J. (2001): Lieber oft als viel: Hausaufgaben und die Entwicklung von Leistung und Interesse im Mathematik-Unterricht der 7. Jahrgangsstufe. *Zeitschrift für Pädagogik* 47, 703–724.

Trautwein, U., Niggli, A., Schnyder, I. & Lüdtke, O. (2009): Between-teacher differences in homework assignments and the development of students' homework effort, homework emotions, and achievement. *Journal of Educational Psychology,* 101, 176–189.

Treiber, B. & Weinert, F. E. (1985): *Gute Schulleistungen für alle? Psychologische Studien zu einer pädagogischen Hoffnung*. Münster.

Treinies, G. & Einsiedler, W (1996): Zur Vereinbarkeit von Steigerung des Lernleistungsniveaus und Verringerung von Leistungsunterschieden in Grundschulklassen. *Unterrichtswissenschaft. Zeitschrift für Lernforschung,* Jg. 24, No. 4, 290–311.

Trudewind, Clemens; Windel, Arnim (1991): Elterliche Einfluesse auf die kindliche Kompetenzentwicklung: Schulleistungseffekte und ihre motivationale Vermittlung. In: Pekrun, R. und Fend, H.: *Schule und Persönlichkeitsentwicklung*. Stuttgart, 131 ff.

Tuovinen, J. E. & Sweller, J. (1999): A Comparison of Cognitive Load associated with discovery learning and worked examples. *Journal of Educational Psychology,* Vol. 91, No. 2, 334–341.

Turner, J. C., Meyer, D. K., Cox, K. E., Logan, C, DiCintio, M. & Thomas, CT. (1998): Creating contexts for involvement in mathematics. *Journal of educational psychology,* Vol. 90, No. 4, 730–745.

Ugwu, O. & Soyibo, K. (2004): The effects of concept and vee mappings under three learning modes on Jamaican eighth graders' knowledge of nutrition and plant reproduction. *Research in Science & Technology Education*, 22, (1), 41–58.

Van Gog, Tamara, Kester, Liesbeth und Paas, Fred (2011): Effects of worked examples, example-problem, and problem-example pairs on novices' learning. *Contemporary Educational Psychology* 36, 212–218.

Van Gog T., Kester L. (2012): A test of the testing effect: acquiring problem solving skills from worked examples. *Cognitive Science*, Volume 36, Issue 8, pages 1532–1541, November/December.

VanLehn, K., Graesser, A. C., Jackson, G. T., Jordan, P., Olney, A., & Rose, C. P. (2007): When are tutorial dialogues more effective than reading? *Cognitive Science* 31(1), 3–62.

Veenman, S. (1995): Cognitive and noncognitive effects of Multi-grade and Multi-age classes: A best evidence synthesis. *Review of Educational Research*, 65(4), 319–381.

Veenman, S. (1996): Effects of multigrade and multiage classes reconsidered. *Review of Educational Research*, 66(3), 323–340.

Vernet, M.: *Möglichkeiten und Grenzen des Stabmodells zur Verdeutlichung mathematischer Zusammenhänge – eine empirische Studie an Grundschulen*. Examensarbeit im Lehramtsstudium, Lüneburg 2009.

Wahl, D., Weinert, F. E. & Huber, G. L. (1997[6]): *Psychologie für die Schulpraxis*. München.

Wahser, Isabel, Sumfleth, Elke (2008): Training experimenteller Arbeitsweisen zur Unterstützung kooperativer Kleingruppenarbeit im Fach Chemie. *Zeitschrift für Didaktik der Naturwissenschaften*; Jg. 14; 219–241.

Walpuski, M. und Sumfleth, E. (2007): Strukturierungshilfen und Feedack zur Unterstützung experimenteller Kleingruppenarbeit im Chemieunterricht. *Zeitschrift für Didaktik der Naturwissenschaften*; Jg. 13, 181–198.

Wang, M. C., Haertel, G. D. & Walberg, H. J. (1993): Toward a Knowledge Base for School Learning. *Review of Educational Research,* Vol. 63, No. 3, 249–294.

Wasik, B. (1998): Volunteer tutoring programs in reading: A review. *Reading Research Quarterly,* Vol. 33, No. 3, 266–292.

Wasik, B. A. & Slavin, R. E. (1993): Preventing Early Reading Failure With One-To-One Tutoring: A Review of Five Programs. *Reading Research Quarterly,* 28, 179–200.

Weinert, Franz E. (1967) (Hrsg.): *Pädagogische Psychologie.* Köln.

Weinert, Franz E. (1997): Lernkultur im Wandel. In: Beck, E., Guldimann, T. & Zutavern, M. (Hg.): *Lernkultur im Wandel.* St. Gallen: UVK, Fachverl. Für Wiss. und Studium, S. 11–29.

Weinert, Franz E. (1998): *Neue Unterrichtskonzepte zwischen gesellschaftlichen Notwendigkeiten, pädagogischen Visionen und psychologischen Möglichkeiten.* Vortragsmanuskript für den Bildungskongress des Bayrischen Staatsministeriums für Unterricht, Kultus, Wissenschaft und Kunst am 29.4.1998.

Weinert, F. E. (1999): *Konzepte der Kompetenz.* Paris: OECD.

Weinert, F. E. (2001): Leistungsmessung in Schulen – Eine umstrittene Selbstverständlichkeit. In: Weinert, F. E. (Hrsg.): *Leistungsmessung in Schulen.* Weinheim u. Basel, 17–31.

Weinert, F. E. & Helmke, A. (1997) (Hrsg.): *Entwicklung im Grundschulalter.* Weinheim.

Weinert, F. E. & Helmke, A. (1997): Theoretischer Ertrag und praktischer Nutzen der Scholastik-Studie. In: Weinert, F. E., Helmke, A. (Hrsg.): *Entwicklung im Grundschulalter.* Weinheim, 459–473.

Weinstein, C. S. (1999): Reflections on Best Practices and Promising Programs. In: Freiberg, H. J. (ed.): *Beyond Behaviorism. Changing the Classroom Management Paradigm.* Allyn & Bacon, Boston, 147–163.

Wellenreuther, M. (1970): *Leistungsmotivation in Abhängigkeit von Erziehungspraktiken der Mütter.* Unveröffentlichte Diplomarbeit. Universität Mannheim.

Wellenreuther, M. (1994): Bruchrechnung 1. Grundlagen der Bruchrechnung. In: Zech, F. & Wellenreuther, M. (Hrsg.): *„Stützpfeiler Mathematik“*, Berlin.

Wellenreuther, M. (1995): Schlußrechnung. In: Zech, F. & Wellenreuther, M. (Hrsg.): *„Stützpfeiler Mathematik“,* Berlin.

Wellenreuther, M. (1996): Bruchrechnung 2. Rechnen mit Brüchen. In: Zech, F. & Wellenreuther, M. (Hrsg.): *„Stützpfeiler Mathematik“,* Berlin.

Wellenreuther, M. (2000): *Quantitative Forschungsmethoden in der Erziehungswissenschaft. Eine Einführung.* Grundlagentexte Pädagogik. Weinheim.

Wellenreuther, M. (2009a): *Forschungsbasierte Schulpädagogik. Anleitungen zur Nutzung empirischer Forschung für die Unterrichtspraxis.* Baltmannsweiler.

Wellenreuther, Martin (2009b): Methoden: Quantitativ. In: Andresen, S., Casale, R., Gabriel, T., Horlacher, R., Larcher, S., und Oelkers, J. (Hrsg., 2009): *Handwörterbuch Pädagogik der Gegenwart.* Weinheim/Basel, S. 713–727.

Wellenreuther, M. (2009c): Individualisieren – aber wie? In: *SchulVerwaltung NRW* 3, S. 71– 74.

Wellenreuther, M. (2009d): Der Trainingsraum? Eine kritische Diskussion. *Friedrich Jahresheft 2009*, S. 98–101.

Wellenreuther, M. (2010a): Fördern im Mathematikunterricht – aber wie? *Lehren und Lernen*, 36. Jahrgang, No. 4, S. 20–24.

Wellenreuther, M. (2010b): Schulbücher– eine Lernhilfe für Schüler und Lehrer? *SchulVerwaltung NRW,* 21. Jahrg., Heft 5, S. 144–146.

Wellenreuther, M. (2010c): Zur Vernachlässigung des Experiments in der deutschen Pädagogik. In: R. S. Jäger, P. Nenniger, H. Petillon, B. Schwarz und B. Wolf (Hrsg.): Empirische Pädagogik 1990–2010. *Eine Bestandsaufnahme der Forschung in der Bundesrepublik Deutschland. Band 1: Grundlegende empirisch pädagogische Forschung*. Landau 2010, S. 9–20.

Wellenreuther, M. (2011a): *Bildungstheater: Mit Bildungsstandards, Schulinspektionen, Vergleichsarbeiten und zentralen Prüfungen zum Erfolg?* Baltmannsweiler.

Wellenreuther, Martin (2011b): Kooperativ lernen – aber wie? Teil 1: Möglichkeiten effektiver Gruppenarbeit. *SchulVerwaltung NRW* 11, 292–295.

Wellenreuther, Martin (2011c): Kooperativ lernen – aber wie? Teil 2: Wirksamkeit und Grenzen kooperativer Methoden. *Schulverwaltung NRW* 12, 324–326.

Wellenreuther, M. (2013a): Hausaufgaben stellen: Wann? Welche? Und wie? *SchulVerwaltung Bayern*, Nr. 5, 147–150.

Wellenreuther, M. (2013b): Hausaufgaben effektiv erledigen: Der Einfluss von Eltern und Lehrern. *SchulVerwaltung Niedersachsen*, Nr. 5, 134–138.

Wellenreuther, M. & Zech, F. (1990): Kenntnisstand und Verständnis in der Dezimalbruchrechnung am Ende des 6. Schuljahres, *mathematica didactica*, Vol. 13, No. 3/4, 3–30.

Weltner, K. (1970): Informationspsychologische Ansätze der Unterrichtspädagogik. In: Oppelt, W. & Vossis, G. (Hrsg.): *Der Mensch als Regler.* Berlin (Ost) 239–264.

Wertsch, J. V. & Sammarco, J. G. (1985): Social precursors to individual cognitive functioning: The problem of units of analysis. In: R. Hinde & A. N. Perret-Clermont (Eds.): *Social Relationships and cognitive development.* Oxford, England: Clarendon Press, 276–293.

Wild, E. (2004): Häusliches Lernen – Forschungsdesiderate und Forschungsperspekiven. *Zeitschrift für Erziehungswissenschaft* 7, 3. Beiheft, 37–64.

Wild, E., & Yotyodying, S. (2011). Studying at home— With whom and in which way? Homework practices and conflicts in the family. In M. Richter & S. Andresen (Eds.), *Mapping families: Practices and concepts of children, parents, and professionals in all day schools*. Dordrecht: Springer. (S. 165–180).

Wiliam, D. (2007): Content, then Process: Teacher Learning Communities in the Service of Formative Assessment. In: D. Reeves (Ed.): *Ahead of the curve: The power of assessment to transform teaching and learning.* Bloomington, S. 182–204.

Wilkinson, I. A. G. & Townsend, M. A. R. (2000): From Rata to Rimu: Grouping for instruction in best practice New Zealand classrooms. *The Reading Teacher*, Vol. 53, No. 6, 460–471.

Wisher, R. A., & Graesser, A. C. (2007): Question asking in advanced distributed learning environments. In S. M. Fiore and E. Salas (Eds.), *Toward a science of distributed learning and training* (pp. 209–234). Washington, D. C.: American Psychological Association.

Wittmann, Bernhard (1964): *Vom Sinn und Unsinn der Hausaufgaben: empirische Untersuchungen über ihre Durchführung und ihren Nutzen*; aus der Arbeit des Deutchen Institutes für Internationale Pädagogische Forschung. Berlin.

Wittwer, J., Renkl, A. (2008): Why Instructional Explanations often do not work: A Framework for Understanding the Effectiveness of Instructional Explanations. *Educational Psychologist,* Vol. 43, No. 1, 49–64.

Wood, D., Bruner, J. S. & Ross, G. (1976): The role of tutoring in problem solving. *Journal of Child Psychiatry and Psychology,* 17, 89–100.

Wygotski, L. S. (1978): *Mind in Society: The development of higher psychological processes*. Cambridge: Harvard University Press.

Xin, Y. (2007): Word Problem Solving Tasks in Textbooks and their Relation to Student Performance. *The Journal of Educational Research*, Vol. 100, No. 6, 347–359.

Yeung, A. S., Jin, R., & J. Sweller (1997): Cognitive Load and Learner Expertise: Split Attention and Redundancy Effects in Reading with Explanatory Notes. *Contemporary Educational Psychology,* Vol. 23, 1–21.

Zech, F. (1996a): Dezimalbruchrechnung 2: Rechnen mit Dezimalbrüchen. *„Stützpfeiler Mathematik“*. Wichtige Bausteine alltagsnaher Mathematik der Schuljahre 5–8, herausgegeben von F. Zech und M. Wellenreuther. Berlin.

Zech, F. (1996b): Prozentrechnung. *„Stützpfeiler Mathematik“*. Wichtige Bausteine alltagsnaher Mathematik der Schuljahre 5–8, herausgegeben von F. Zech und M. Wellenreuther. Berlin.

Zech, F. (1996c): Zinsrechnung. *„Stützpfeiler Mathematik“.* Wichtige Bausteine alltagsnaher Mathematik der Schuljahre 5–8, herausgegeben von F. Zech und M. Wellenreuther. Berlin.

Zech, F. & Wellenreuther, M. (1992): Konstruktive Entwicklungsforschung: Eine zentrale Aufgabe der Mathematikdidaktik. *Journal für Mathematikdidaktik*, Vol. 13, No. 2/3, 143–198.

Zeidler, Kurt (1985): *Die Wiederentdeckung der Grenze: Beiträge zur Formgebung der werdenden Schule,* (ursprünglich 1926 bei Diederich in Jena erschienen). Hildesheim.

Zhu, Xinming & Simon, Herbert A. (1987): Learning mathematics from examples and by doing. *Cognition and instruction,* 4, No. 3, 137–166.

Ziegenspeck, Jörg W. (1999): *Handbuch Zensur und Zeugnis in der Schule.* Bad Heilbrunn/Obb.

Zohar, A. and David, A. B. (2008): Explicit teaching of meta-strategic knowledge in authentic classroom situations. *Metacognition Learning* 3, 59–82.

Personenregister[1]

[1] Textstellen mit Unterstreichungen deuten meist auf eine ausführlichere Darstellung eines Experiments bzw. einer Untersuchung hin.

Stichwortverzeichnis